*Allen Opfern
der politischen Justiz
in Vergangenheit,
Gegenwart und Zukunft*

Otto Kirchheimer (1905-1965), Politikwissenschaftler und Jurist, in der Weimarer Republik als kritischer Verfassungstheoretiker bekannt, beschäftigte sich im Exil als Mitarbeiter am Institut für Sozialforschung mit der Analyse des Nationalsozialismus. Anschließend arbeitete er als wissenschaftlicher Mitarbeiter im *Office of Strategic Services* und im US-amerikanischen Außenministerium. Ab Mitte der 1950er Jahre lehrte er an der New School, New York; ab 1960 an der Columbia University.

Seine wissenschaftliche Vielseitigkeit vereint sich in seinem Hauptwerk *Politische Justiz*, in dem Kirchheimer die gesellschaftstheoretische Perspektive kritischer Theorie mit empirisch-historischer Forschung zusammenführt. 1961 erschien das Werk bei der Princeton University Press auf Englisch, bevor es in überarbeiteter und erweiterter Fassung, von Arkadij Gurland übersetzt, erstmals 1965 im Luchterhand Verlag veröffentlicht wurde. 1981 erschien eine Neuausgabe in der Europäischen Verlagsanstalt, 1985 eine Taschenbuchausgabe beim S. Fischer Verlag und schließlich 1993 erneut eine Taschenbuchausgabe in der Europäischen Verlagsanstalt.

Das der überarbeiteten und korrigierten Neuausgabe angefügte Nachwort der Herausgeberinnen schildert die Entstehungs- und Rezeptionsgeschichte im zeitgeschichtlichen Kontext und verweist auf die heutigen aktuellen Bezüge.

Die Herausgeberinnen:
Lisa Klingsporn ist wissenschaftliche Mitarbeiterin am Institut für Politik- und Kommunikationswissenschaft der Universität Greifswald.

Merete Peetz ist wissenschaftliche Mitarbeiterin am Institut für Politik- und Kommunikationswissenschaft der Universität Greifswald.

Christiane Wilke ist Associate Professor am Department of Law and Legal Studies an der Carleton University in Ottawa, Kanada.

Otto Kirchheimer
Politische Justiz

Verwendung juristischer
Verfahrensmöglichkeiten zu
politischen Zwecken

Herausgegeben von
Lisa Klingsporn, Merete Peetz
und Christiane Wilke

Europäische Verlagsanstalt

Titel der amerikanischen Ausgabe: Otto Kirchheimer, *Political Justice.*
The Use of Legal Procedure for Political Ends.

Die vorliegende Ausgabe wurde gedruckt mit freundlicher Unterstützung
der Hamburger Stiftung zur Förderung von Wissenschaft und Kultur.

Bibliografische Information der Deutschen Nationalbibliothek
Die Deutsche Nationalbibliothek verzeichnet diese Publikation
in der Deutschen Nationalbibliografie; detaillierte bibliografische Daten
sind im Internet über http://dnb.dnb.de abrufbar.

© 2020 CEP Europäische Verlagsanstalt GmbH, Hamburg
© 1981 Europäische Verlagsanstalt, Frankfurt am Main
© 1965 der Deutschen Erstausgabe by Hermann Luchterhand
Verlag, Neuwied
© 1961 by Princeton University Press, Princeton, New Jersey
Satz und Umschlaggestaltung: Christian Wöhrl, Hoisdorf
unter Verwendung eines Gemäldes von George Grosz,
„Die Stützen der Gesellschaft", (c) Estate of George Grosz, Princeton, N. J. /
VG Bild-Kunst, Bonn 2020, mit freundlicher Genehmigung,
Bildnachweis: bpk / Nationalgalerie, SMB / Jörg P. Anders
Druck und Bindung: CPI books GmbH, Leck
Signet: Dorothee Wallner nach Caspar Neher »Europa«, 1945
Alle Rechte, insbesondere das Recht der Übersetzung, Vervielfältigung
(auch fotomechanisch), der elektronischen Speicherung auf einem
Datenträger oder in einer Datenbank, der körperlichen und unkörperlichen
Wiedergabe (auch am Bildschirm, auch auf dem Weg der Datenübertragung), vorbehalten.

Printed in Germany
ISBN 978-3-86393-094-3

Informationen zu unserem Verlagsprogramm finden Sie im Internet unter
www.europaeische-verlagsanstalt.de

Editorial zur Neuausgabe

Otto Kirchheimer (1905-1965) war ein der Kritischen Theorie verbundener deutsch-jüdischer Jurist und Politikwissenschaftler. In der Weimarer Republik als kritischer Verfassungstheoretiker bekannt, beschäftigte sich Kirchheimer im Exil als Mitarbeiter am Institut für Sozialforschung mit der Analyse des Nationalsozialismus. Anschließend arbeitete er als wissenschaftlicher Mitarbeiter im *Office of Strategic Services* und im US-amerikanischen Außenministerium. Erst ab Mitte der 1950er Jahre gelang Kirchheimer der Sprung in die amerikanische Politikwissenschaft. Diese wissenschaftliche Vielseitigkeit vereint sich in seinem Hauptwerk *Politische Justiz*, das 1961 bei der Princeton University Press auf Englisch erschien, bevor es in überarbeiteter und erweiterter Fassung, von Arkadij Gurland übersetzt, 1965 im Luchterhand Verlag veröffentlicht wurde.

Otto Kirchheimer führt in seinen Arbeiten die gesellschaftstheoretische Perspektive kritischer Theorie mit empirisch-historischer Forschung zusammen. Während viele seiner kürzeren Texte auf konkrete politische oder verfassungsrechtliche Probleme antworteten und Anregungen für die politische Praxis geben wollten, war *Politische Justiz* das Ergebnis eines langwierigen Projektes. Das Werk gibt eine umfassende historisch-kritische Analyse des Zusammenwirkens von rechtlichen Formen und politischen Machtkämpfen an die Hand. Zusammen mit Hannah Arendts *Eichmann in Jerusalem* (1963) und Judith Shklars *Legalismus* (1964) bildet Kirchheimers *Politische Justiz* ein Dreieck der in den 1960er Jahren entstandenen Klassiker zum Problemkomplex Politik und Strafprozesse.

Der hier abgedruckte Text *Politische Justiz: Die Verwendung juristischer Verfahrensmöglichkeiten zu politischen Zwecken* ist textgleich mit der Version, die im Sammelband *Politische Justiz und Wandel der Rechtsstaatlichkeit*, dem von Lisa Klingsporn, Merete Peetz und Christiane Wilke herausgegebenen vierten Band der Gesammelten Schriften von Otto Kirchheimer, erschien. Unter der Gesamtleitung von Hubertus Buchstein werden seit 2017 die Gesammelten Schriften Kirchheimers im Nomos Verlag veröffentlicht.

Zusätze der Herausgeberinnen in den Texten und Anmerkungen sind in eckige Klammern [...] gesetzt. Soweit sich in den Originaltexten von Kirchheimer eckige Klammern fanden, sind sie in dieser Ausgabe durch geschwungene Klammern {...} ersetzt, um die darin enthaltenen Angaben von denen der Herausgeberinnen unterscheiden zu können. Die Rechtschreibung wurde vorsichtig an die modernisierten Regeln des Dudens angepasst; offensichtliche Druckfehler wurden ohne Nachweis berichtigt. Die Zitationen Kirchheimers wurden durchgehend auf das Fußnotensystem umgestellt und formal vereinheitlicht.

Die Seitenzahlen dieser Ausgabe sind mit denen in den bisher veröffentlichten deutschsprachigen Ausgaben von *Politische Justiz* identisch. Erstmalig erschien das Buch 1965 im Luchterhand Verlag, 1981 erschien ein Nachdruck in der Europäischen Verlagsanstalt, 1985 eine Taschenbuchausgabe beim S. Fischer Verlag und schließlich 1993 erneut eine Taschenbuchausgabe in der Europäischen Verlagsanstalt. Die Seitenzahlen weichen lediglich von der im Sammelband *Politische Justiz und Wandel der Rechtsstaatlichkeit* im Nomos Verlag 2019 veröffentlichten Version ab.

Die Ausgabe ist mit einem Fall-, Personen- und Sachregister versehen, wobei letzteres als Ergänzung zu den bisherigen Ausgaben neu erstellt wurde. Das schon in der Erstausgabe enthaltene Fallregister verzeichnet sämtliche im Buch besprochenen Rechtsfälle. Es ist nach den Ländern geordnet, in denen die Gerichtsentscheidungen gefällt wurden. Das Personenregister verzeichnet alle von Kirchheimer im Fließtext erwähnten Personen. Das Sachregister enthält wichtige Begriffe und Sachbezeichnungen. Ist ein Begriff für einen ganzen Text thematisch, werden nur zentrale Stellen und besondere Bedeutungen verzeichnet. Die Neuausgabe von *Politische Justiz* schließt mit einem Nachwort der Herausgeberinnen. Es stellt das Buch in den Kontext von Kirchheimers Biografie, seines wissenschaftlichen Werdegangs und umreißt die Rezeptionsgeschichte des Werks. Das Nachwort ist vom Personen- und Sachregister ausgenommen.

Die Herausgeberinnen danken Hubertus Buchstein, dem Nomos Verlag sowie den Erben von Otto Kirchheimer, Hanna Kirchheimer-Grossmann und Peter Kirchheimer, für die Abdruckgenehmigung des im Projekt überarbeiteten Umbruchs für diese Neuausgabe bei der Europäischen Verlagsanstalt. Erneut konnten wir von den Materialsammlungen und hilfreichen Hinweisen Frank Schales profitieren. Jodi Boyle und Brian Keough danken wir für ihre Hilfe bei der Sichtung des wissenschaftlichen Nachlasses von Otto Kirchheimer in der *German Intellectual Émigré Collection* der *State University of New York in Albany*. Gedankt sei auch Jenny Swadosh vom Archiv der *New School for Social Research* in New York, Felix Schmidbaur vom *Archiv der Sozialen Demokratie* (Nachlass Horst Ehmke) sowie den hilfsbereiten Mitarbeiterinnen und Mitarbeitern des Archivs der Rockefeller-Stiftung, die uns die umfassenden Dokumente zu den Antragsverfahren Otto Kirchheimers zusandten. Bei den Korrekturarbeiten konnten die Herausgeberinnen auf die unersetzliche Hilfe von Steffi Krohn bauen. Für kritische Kommentare und hilfreiche Anregungen zum *Nachwort* schließlich danken wir Hubertus Buchstein, Jens Hacke, Aaron Jeuther, Tobias Müller und Frank Schale.

Greifswald und Ottawa, im Frühjahr 2020

        Lisa Klingsporn, Merete Peetz und Christiane Wilke

Inhalt

Vorwort 11

ZUR EINFÜHRUNG

Kapitel I	Die Justiz in der Politik	21
	Von der Rolle der Gerichte	22
	Der Staat und seine Gegner	27
	Wer richtet?	33
	Wandel, Ideologie, Opportunität und Gerichte	41

ERSTER TEIL POLITISCHE JUSTIZ: FÄLLE, GRÜNDE, METHODEN

Kapitel II	Wandel in der Struktur des Staatsschutzes	51
	1 Die Anfänge	53
	2 Zeitalter der Rechtsstaatlichkeit	58
	3 Staatsschutz in der Gegenwartsgesellschaft	66
Kapitel III	Der politische Prozess	80
	1 Kriminalprozess und politischer Prozess	81
	2 Der Mordprozess eine politische Waffe	90
	3 Vom Sinn und Zweck des Landesverräterstigmas	102
	a) Der Oppositionsführer: Affäre Caillaux	104
	b) Das geschmähte Staatsoberhaupt: Fall Ebert	121
	4 Erweiterung der Verbotssphäre im politischen Aktionsbereich	134
	a) Freiheit der Forschung stößt auf Schranken	135
	b) Politik ohne Bindungen oder verbotene Verbindungen?	140
	5 Prozesspraxis außerhalb des rechtsstaatlichen Raums	151
	a) Vorstadien des Schauprozesses	154
	b) Fehlschlag eines Inszenierungsplans	159
	c) Prozess im Dienste didaktischer Fiktionen	166
	6 Verwendbarkeit des Prozesses im politischen Kampf	173

Kapitel IV	Gesetzlicher Zwang gegen politische Organisationen	186
	1 Minderheitsdiktat: Wert und Unwert der Legalität	189
	2 Ausnahmegesetze im 19. Jahrhundert	194
	3 Kriterien der Freiheitsbeschneidung bei Mehrheitsherrschaft	204
	a) Vorwegbeurteilung »entlegener Folgewirkungen« straffreien Verhaltens	212
	b) Verbindlichkeit der Parteilehre	218
	c) Bedeutung und Gewicht spezifischer Handlungen	224
	d) Taktische Gesichtspunkte bei Randerscheinungen	229
	4 Unversöhnliche Systemfeindschaft in verschiedener Sicht	240
	a) Politische und administrative Beschränkungen	243
	b) Gleiches Recht für alle	250
	c) Zukunftsaussichten der demokratischen Gesellschaft	254

ZWEITER TEIL DER APPARAT DER JUSTIZ UND DER ANGEKLAGTE

Kapitel V	Institutionelle und gesellschaftliche Voraussetzungen	261
	1 Von den Funktionen des Gerichts	262
	a) Das Legitimierungsamt	263
	b) Richterauslese	268
	c) Die richterliche Entscheidung	276
	2 Wie es zur politischen Strafverfolgung kommt	280
	a) Die Staatsanwälte und ihre Vorgesetzten	281
	b) Strafverfolgung und Regierung	288
	c) Politische Polizei	299
	3 Was es heißt, unparteiisch zu sein	304
	a) Der Richter und das Rechtsbewusstsein der Gesellschaft	306
	b) Exempel Weimar: regimefeindliche Richter	314
	c) Zwischen Siegern und Besiegten	320
	4 Ausstrahlungen des Geschworenengerichts	328

Kapitel VI	Angeklagter, Verteidiger und Gericht	335
	1 Die Gewissheit der Stifter	335
	2 Muss man sich für die Organisation opfern?	341

	3 Von Spitzeln und Verrätern	347
	4 Inseln des Nichtkonformismus	352
	5 Anwalt und Mandant	360
	6 Typen politischer Verteidiger	365
	7 Der politische Anwalt und die Richter	373
	8 Internationalisierte Prozesse	379
Kapitel VII	*Die »Gesetzlichkeit« der Justizfunktionäre*	384
	1 Ballade vom ermordeten Hund	386
	2 Organisation der DDR-Gerichtsbarkeit	390
	3 Richter als politische Funktionäre	397
	4 Gerichte und andere Staatsorgane	405
	5 Richter und Volk	414
	6 Widersprüche der »sozialistischen Gesetzlichkeit«	420
	7 Recht und richterliche Funktion	437
	8 Recht und Hakenkreuz im Rückblick	440
Kapitel VIII	*Siegerprozesse gegen gestürzte Vorgänger*	447
	1 Politische Sondergerichte	447
	2 Richtmaße für die »Abrechnung«?	453
	3 »Verbrecherischer Staat« und individuelle Verantwortung	467
	4 Nürnberg: was einen Prozess ausmacht	473
	a) Charakter der Anklage	474
	b) Einwände der Verteidigung	480
	c) Beitrag eines überstaatlichen Gerichts	496
	5 Ideale Prozesstechnik?	500
DRITTER TEIL	ABWANDLUNGEN UND KORREKTUREN	
Kapitel IX	*Asylrecht*	511
	1 Im Zeitalter des Massenexodus	512
	2 Ehrenpflicht oder beschwerliche Last?	519
	3 Damoklesschwert: Auslieferung ohne Rechtsverfahren	532
	4 Politischer und diplomatischer Schutz	539
	5 Auslieferungsverweigerung im Wandel der Lehrmeinungen	545
	6 Und wieder Asylprinzip!	557

Kapitel X	*Die Art der Gnade*	566
	1 Politischer Kalkül, Willkür oder Milde?	567
	2 Dialektik der Gnade	575
	3 Typen der politischen Amnestie	586
	4 Ein halbes Jahrhundert Amnestieschicksale	595
Kapitel XI	*Versuch einer Zusammenfassung*	606
	1 Strategie der politischen Justiz	607
	2 Geplante Justiz und richterlicher Spielraum	612
	3 Der Richter und das Risiko der politischen Freiheit	616
	4 Gerechtigkeit auf Umwegen angestrebt	622
Kapitel XII	*Vorläufige Nachtragsbilanz*	625
	1 Grenzen der staatlichen Strafmacht	626
	2 Gaullismus und Prozesspädagogik	633
	3 Staatsräson gegen Asylrecht	640
	4 Chancen für die Gerechtigkeit?	652
ANHANG A	DAS RÖMISCHE REICH UND DIE CHRISTEN	655
ANHANG B	TREUBRUCH MIT ERFOLG: GUILLAUME DU VAIR	658
REGISTER DER RECHTSFÄLLE		663
NAMENREGISTER		671
SACHREGISTER		689
Nachwort zur Neuausgabe		700

Vorwort

Vor einer Missdeutung des Titels des vorliegenden Buches braucht der deutsche Leser kaum gewarnt zu werden. Im Gegensatz zum englischen oder französischen *justice* hat das Wort »Justiz« die ursprüngliche Bedeutung des lateinischen *iustitia* weitgehend eingebüßt; es bezeichnet nicht in einem höheren Sinne Gerechtigkeit, sondern faktisch nur noch das, was das organisierte Gebilde Staat auf dem Gebiet der Gerechtigkeit und des Rechts (oder der Rechte) tut, eine ganz konkrete »Rechtspflege«, deren Inhalt durch das bestimmt wird, was das jeweilige Staatsgebilde darstellt. Es geht dem Wortsinn nach weniger um Gerechtigkeit als um *administration of justice*, um die Anwendung bestimmter geronnener Rechtsvorstellungen, um die Verwaltung gegebener Rechtsverhältnisse; so kann »Justiz« mitunter sehr nahe an das lateinische *iustitium* herankommen, das einen Stillstand in der Abwicklung rechtlicher Dinge andeutet und zur Außerkraftsetzung aller Gerechtigkeit ausarten kann.

An den deutschen Leser tritt infolgedessen gar nicht erst die Versuchung heran, »politische Justiz« mit politischer Gerechtigkeit, also mit der Suche nach einer idealen Ordnung menschlichen Zusammenlebens gleichzusetzen, in deren Rahmen sich alle Angehörigen des Gemeinwesens in ständiger gemeinschaftlicher Anstrengung um die größtmögliche Vervollkommnung ihrer politischen Lebensform bemühen. Dass der Begriff »politische Justiz« auf den dubiosesten Abschnitt der »Rechtspflege« angewandt wird, in dem die Vorkehrungen und Einrichtungen des staatlich betreuten Rechts dazu benutzt werden, bestehende Machtpositionen zu festigen oder neue zu schaffen, entspricht dem traditionellen Sprachgebrauch und hat nichts Zynisches an sich. Das griechische Ideal tritt in dieser Ebene nur noch schärfer profiliert hervor, weil Justiz in politischen Dingen so viel schwindsüchtiger ist als in allen anderen Bezirken der Rechtsprechung, weil sie hier so leicht zur Farce werden kann.

Wenn sich die Politik der Vorrichtungen der Justiz bedient, geht sie gewisse Verpflichtungen ein, auch wenn sie nicht klar abgrenzt, ja vielleicht von vornherein nicht zu erfüllen gedenkt. Die ihrem Wesen nach zufällige und widerspruchsvolle Verbindung von Politik und Justiz birgt beides in sich: Verheißung und Verhängnis.

Das vorliegende Buch will das vielschichtige Problem der politischen Justiz darstellen und erhellen. Es ist weder eine Geschichte der politischen Justiz noch eine erschöpfende Sammlung ihrer besonders erwähnenswerten »Fälle« und Episoden; hier wird nicht das Panorama der wichtigsten politischen Auseinandersetzungen, die über die Bühne der Gerichte gegangen sind, nachgezeichnet, sondern der Versuch unternommen, den politischen Inhalt von Machtkämpfen zu der Rechtsform in Beziehung zu setzen, in der sich »Fälle« präsentieren. Zum Beispiel habe ich darauf verzichtet, den Fall Dreyfus zu erörtern, der immer noch als die *cause célèbre* der politischen Justiz in der neueren Zeit gilt. Im Grunde war Dreyfus ein karrierebeflissener Militärbürokrat, dem jegliches Verständnis für die Konflikte und Widersprüche seiner Zeit abging; in den Irrgarten der politischen Justiz war er unschuldig, ohne eigenes Zutun hineingeraten: ein bloßer Statist in dem historischen Schauspiel, in dem sich sein Schicksal entscheiden sollte.

Er hatte keinen Anteil an dem großen Drama aller Zeiten, auch unserer Zeit, in dem es darum geht, inwieweit die bestehenden Gewalten die Unterwerfung, den Gehorsam derer verlangen dürfen, die ihren moralischen Anspruch und ihre Zukunftsperspektive nicht anerkennen. In diesem Drama sind die Mitwirkenden bisweilen mutig und heldenhaft, bisweilen ängstlich und verwirrt, nie aber unschuldig,[1] mögen sie sich als Politiker oder Meinungsbeeinflusser geben, als Beamte oder Richter, als Anwälte, Verschwörer oder Revolutionäre. Der Moskauer Hauptankläger Vyšinskij und der große Angeklagte Bucharin, der New Yorker Richter Medina und seine kommunistischen Widersacher, die französischen Militärgerichte und die FLN-Kämpfer auf der Anklagebank mitsamt ihren Bewunderern in der französischen Öffentlichkeit, sie alle kannten

---

[1] Dem Problem der Todesstrafe habe ich in diesem Buch keine ausdrückliche Behandlung gewidmet. Dem Leser, der sich für meine Meinung über die Vernichtung von Menschenleben im Zusammenhang mit dem Komplex »politische Justiz« interessiert, will ich sie gleichwohl nicht vorenthalten: 1. Das Recht, im Kampf um ein politisches System oder bei der Verteidigung eines politischen Systems Menschen zu töten, setzt voraus, dass man von den unermesslichen Vorzügen dieses Systems unerschütterlich überzeugt ist. 2. Wenn es auf unserem Planeten ein System gibt, das eine so enorme Macht verdiente, habe ich von seiner Existenz – das kann freilich eine Bildungslücke sein – noch nichts erfahren. Möglicherweise kämen solche Befugnisse einer Weltregierung deswegen zu, weil sie es nicht nötig hätte, von ihnen Gebrauch zu machen. (Auch das kann natürlich eine Illusion sein.) Solange es eine Weltordnung von dauerhaftem Bestand nicht gibt, könnte man sich als Träger solcher Befugnisse allenfalls einen umfassenden Mächtezusammenschluss vorstellen, dem zum mindesten die antagonistischen Machtblöcke der Gegenwart angehören müssten. 3. Nicht selten geben politische Systeme jedweder Observanz vor, dass sie Gegner nur aus Notwehr umgebracht haben oder werden umbringen müssen. Häufig ist diese Begründung offenkundig unwahr; aber je seriöser sie präsentiert wird, umso gründlicher entzieht sie sich der Nachprüfung.

den wahren Inhalt der Anklage und den wahren Inhalt der gegen sie gerichteten Argumente; sie wussten, dass beides nur politische Systeme symbolisierte, Systeme von gestern, heute oder morgen, und dass sie alle, Ankläger und Angeklagte, je ein bestimmtes System verkörperten und vertraten.

Je nach Augenblicksbedürfnissen können Anklagebehörde und Verteidigung das, was die Anklagepunkte und die Anklagewiderlegung mit ihrem wirklichen politischen Sinngehalt verbindet, energisch in den Vordergrund rücken oder nach Kräften verschleiern. Je nach der Situation können die Angeklagten von der Unausweichlichkeit ihres kommenden Sieges überzeugt sein, sich in Positur setzen, um der Nachwelt das erwünschte heroische Bild zu übermitteln, oder verzweifelt daran arbeiten, jede Erinnerung an das, was sie einst getan oder gedacht hatten, auszulöschen. Wer das Material kritisch sichten will, kann nur die Referenzen und Leistungen aller Beteiligten unter die Lupe nehmen, ihre Methoden und Voraussetzungen prüfen, ihre Ansprüche und Gegenansprüche miteinander vergleichen.

Die Literatur über politische Justiz ist unübersehbar. Jeder neue Prozess, der irgendwo auf dieser Erde gegen einen wirklichen oder vermeintlichen Gegner der herrschenden Ordnung geführt wird, öffnet die Schleusen literarischer Polemik und füllt die Bücherborde. Wer ein besonderes Interesse zu vertreten hat, unterlässt es nicht, auch noch sein Scherflein beizutragen, sei es in der individualisierten Fassung, die im Westen üblich ist, sei es in der schablonenartigen Form der kommunistischen Martyrologien und Pauschalanklagen. Es fehlt auch nicht an Publikationen der Verbände zum Schutz staatsbürgerlicher Freiheiten und der westlichen und östlichen Juristenorganisationen mit internationalem Geltungsanspruch. Gerade die Sachwalter der Juristenvereine eilen von Land zu Land, um jeweils die Verstöße der Gegenseite anzuprangern. Sie organisieren Protestaufrufe, stellen Fragebogen zusammen und sammeln Auskünfte, um zu zeigen, wie weit es die verschiedenen Länder mit der so schwer fassbaren Rechtsstaatlichkeit oder »Gesetzlichkeit« gebracht haben, auf deren Verankerung in ihren Verfassungen und Verhaltensgrundsätzen sie sich alle berufen.

Hinzu kommen die gelehrten Interpreten des geltenden Rechts und die nicht minder gelehrten Kommentatoren der Rechtsprechung. Von ihrer autoritativen juristischen Exegese sind sie freilich nicht mehr ganz so eingenommen wie ehedem. Da sie nicht mehr den Anspruch darauf erheben, aus der logischen Analyse der Texte unverbrüchliche Vorschriften ableiten zu können, versuchen sie nur noch, in die für den

Tagesgebrauch bestimmte Auslegung der wechselnden Bestimmungen einen gewissen logischen Zusammenhang hineinzubringen. Manchmal sieht es so aus, als sei der Richter, das Hauptorakel des Gesetzes, sogar schon geneigt, ganz und gar darauf zu verzichten, die verschiedenen Auslegungsmöglichkeiten miteinander in Einklang zu bringen; zum mindesten ist er, wenn er dem unbeständigen Geschäft des Staatsschutzes obliegt, versucht, weniger der Partitur zu folgen als nach dem Gehör zu spielen: dann wird der Rechtsgrundsatz vom Lärm der Augenblickserfordernisse übertönt. Schließlich wären die Rechtstheoretiker zu erwähnen: Nicht selten steht ihr intellektueller Aufwand im umgekehrten Verhältnis zu dem Einfluss, den sie auf die Alltagspraxis ausüben. Theorie und Praxis gehen verschiedene Wege.

In sich selbst ist das Auseinanderklaffen von Theorie und Praxis noch kein ausreichender Grund, über das Wesen der Gerechtigkeit keine Erörterung anzustellen. So mancher Leser mag es als unbefriedigend empfinden, dass ich solche fundamentalen Fragen nur aufwerfe, wenn sie sich bei der Behandlung eines konkreten Gegenstandes zwingend aufdrängen. Wie sollte man sich mit politischer Justiz beschäftigen können, ohne nach Gerechtigkeitsprinzipien Ausschau zu halten, an denen die Handlungen der Machthaber und die sie begleitenden Rechtfertigungskonstruktionen ebenso gemessen werden können wie die Taten, Ziele, Absichten und Ideologien ihrer Opfer? Dazu ist einiges anzumerken.

In einem stets wechselnden Maße ist die politische Justiz an die Interessen der jeweiligen Machthaber gebunden. Dennoch muss sie in gewissem Umfang die Billigung der Allgemeinheit, mindestens aber eines überwiegenden Teils der Bevölkerung anstreben. Findet sie diese Billigung nicht, so stößt sie – auf lange Sicht gesehen – ins Leere. In dieser Doppelrolle wurzelt der unaufhebbare Widerspruch, der aller politischen Justiz innewohnt: Sie muss, ohne die Machtverwirklichung zu durchkreuzen, die Macht so legitimieren, dass die Aussicht, die Bevölkerung für die Anerkennung des Machtgebildes zu gewinnen, nicht gefährdet wird oder wenigstens die geringstmögliche Beeinträchtigung erfährt.

Rechtskategorien, mit deren Hilfe politische Machtgebilde anerkannt oder verworfen werden können, stehen seit Jahr und Tage zur Genüge bereit. Von welchen Vorstellungen sich die Masse der Staatsbürger bei ihrer Zustimmung zu einem bestimmten Machtgebilde oder bei ihrer Ablehnung dieses Machtgebildes leiten lässt, ist indes eine Frage, die darüber weit hinausgeht und die außerordentlich komplex ist. Es wäre vermessen, wollte ich sie in diesem Buch beantworten. Ob sich diese Vorstellungen in bestimmten Situationen mit den Anerkennungs- und Verwerfungskategorien decken, die die Rechtslehre zur Verfügung stellt, und inwieweit sie sich überhaupt mit diesen Kategorien vereinbaren lassen, steht wiederum auf einem anderen Blatte.

Die von mir unternommene Schilderung und Kategorisierung der typischen Abläufe der politischen Justiz ersetzt weder eine Untersuchung der Kategorien der Rechtslehre noch eine systematische Erforschung des Verhältnisses dieser Kategorien zu den Legitimierungskriterien, die in dieser oder jener geschichtlichen und gesellschaftlichen Situation bei der Gesamtbevölkerung oder bei einzelnen ihrer Schichten den Vorrang behaupten.

Ich hatte mir eine bescheidenere Aufgabe gestellt: die konkrete Beschaffenheit und Zweckbedingtheit der politischen Justiz in bestimmten politischen und gesellschaftlichen Situationen, in denen an sie appelliert wird, zu beleuchten. Dieser Aufgabe kommt ein nennenswerter Vorteil zugute: der Streit um die konkrete Fixierung von Gerechtigkeitskriterien verweist, wenn auch manchmal in indirekter und verwickelter Form – bei Naturrechtlern nicht weniger als bei Rechtspositivisten –, auf dieselben Kategorien zurück, mit denen politische Kämpfe ausgetragen werden. Könnte nicht der Spiegel, den eine Analyse der politischen Justiz allen Beteiligten vorhält, ein anspruchsloserer, aber auch weniger widerspruchsvoller Anreiz zur Selbstprüfung sein?

An dieser Stelle kann ich unmöglich allen danken, die mir ihren Beistand geliehen haben. Dankbar erwähne ich die Unterstützung der Rockefeller Foundation und das Interesse, das ihr jetziger geschäftsführender Vizepräsident Dr. Kenneth W. Thompson meiner Arbeit entgegengebracht hat. Professor Dr. Karl Loewenstein hatte die Rohfassung des Manuskripts gelesen und mir mit seiner erschöpfenden Kritik wertvolle Winke gegeben, die der endgültigen Gestalt des Buches zugutegekommen sind. Die Hilfsbereitschaft Dr. Edmond Janns und seiner Mitarbeiter in der rechtswissenschaftlichen Abteilung der United States Library of Congress hat meine Streifzüge durch deren Schätze überaus ertragreich und erfreulich gemacht. Dem Museum Busch-Reisinger in Cambridge (Massachusetts) verdanke ich die freundliche Erlaubnis, die Zeichnung von George Grosz zu benutzen.

Mein Freund Dr. A. R. L. Gurland, jetzt Professor für Wissenschaftliche Politik an der Technischen Hochschule Darmstadt, hatte mir in den Anfangsstadien der Arbeit mit vielen kritischen Anregungen und redaktionellen Ratschlägen geholfen. Er hat es dann auf sich genommen, meinem englischen Text eine deutsche Fassung zu geben. Diese Fassung wird jetzt dem Leser vorgelegt. Der englische Text ist, soweit das möglich war, für die deutsche Ausgabe ergänzt, Mängel der amerikanischen Ausgabe sind ausgemerzt worden. Vor allem sind Quellenapparat und Registerteil dank der Sorgfalt und Beharrlichkeit Professor Gurlands und seiner Mitarbeiter, Dipl.-Soz. Rudolf Billerbeck und Assessor Jürgen Seifert, in einer Weise gestaltet worden, die dem deutschen Leser das Auffinden der Quellen und die kritische Auseinandersetzung mit dem von mir vorgelegten Material wesentlich erleichtert. Die mühevolle mehrstufige Herstellung des deutschen Buchmanuskripts wurde dankenswerterweise von cand. phil. Johanna Struckmeier und Frau Helga Bill besorgt.

Einige Abschnitte des Buches hatten deutschen Beiträgen zugrunde gelegen, die ich vor der Fertigstellung des vorliegenden Bandes veröffentlicht habe: in den Publikationen der *Arbeitsgemeinschaft für Forschung des Landes Nordrhein-Westfalen, Geisteswissenschaften*, Heft 82 (Westdeutscher Verlag, Köln-Opladen 1959), im *Archiv des öffentlichen Rechts*, Bd. 85 (H.1, J.C.B. Mohr (Paul Siebeck), Tübingen Juni 1960), in *Politische Vierteljahresschrift*, Jahrgang 2 (Heft 4, (Westdeutscher Verlag), Köln-Opladen Dezember 1961), und in *Staatsverfassung und Kirchenordnung. Festgabe für Rudolf Smend zum 80. Geburtstag*, J.C.B. Mohr (Paul Siebeck), Tübingen 1962. Sie erscheinen hier in revidierter, zum Teil nicht unwesentlich veränderter Fassung.

Da seit der Veröffentlichung der amerikanischen Ausgabe zwei Jahre vergangen sind, habe ich dem deutschen Text als Kapitel XII einen Nachtrag hinzugefügt, der neuere Entwicklungen und markante Ereignisse aus dieser für die Phänomene der politischen Justiz nicht ganz unwichtigen Zeit Revue passieren lässt. Im September 1963 abgeschlossen, hinkt natürlich auch dieser Nachtrag dem tagtäglichen Geschehen nach. Er berücksichtigt weder die entscheidende Gleichgewichtsverschiebung in Südafrika noch neuerliche Verschlechterungen in der internationalen Asylrechtspraxis. Veränderungen, die der Tag mit sich bringt, unterstreichen die ärgerliche Vorläufigkeit aller Nachtragsbilanzen. Einstweilen muss es dabei bleiben: es wäre verfrüht, jetzt schon eine neue Bilanz zu ziehen.

Columbia University, New York, O.K.
im Frühjahr 1964

Zur Quellenbenutzung

Das vorliegende Buch wendet sich an alle Leser, die an Problemen von Staat und Gesellschaft interessiert sind. Es vermeidet daher bei der Angabe der Quellen, vor allem der juristischen Belege, auf die es zurückgreift, die Verwendung hieroglyphenartiger Abkürzungen; statt dessen wird überall ein Klartext geboten, der nicht erst dechiffriert zu werden braucht.

Anfangsbuchstaben von Entscheidungssammlungen oder Zeitschriften werden nur an wenigen Stellen benutzt, wenn dieselbe Publikation mehrmals hintereinander zitiert wird; darauf wird zu Beginn einer solchen Serie jedes Mal besonders hingewiesen.

Gekürzt werden Titel, wenn sie bereits im *selben* Kapitel angeführt worden sind; dabei ist jeweils in Klammern die Ziffer der vorhergehenden Anmerkung angegeben, in der der ausführliche Titel zu finden ist. Wird dagegen ein in einem *anderen* Kapitel genannter Titel wiederholt, so wird weder gekürzt noch auf die frühere Stelle zurückverwiesen, sondern zur Vermeidung unnötiger Suche der volle Titel von neuem wiedergegeben.

Zur Einführung

Kapitel I

Die Justiz in der Politik

> »Erstaunlich ist der meinungsbildende Einfluß, den die Menschen im allgemeinen dem Eingriff der Gerichte einräumen. Dieser Einfluß ist so groß, daß er der Form der Gerichtsbarkeit noch anhaftet, wenn die Substanz bereits dahin ist; er gibt dem Schatten einen Leib.«
> Alexis de Tocqueville,
> *De la Démocratie en Amérique*, I, 8

Jedes politische Regime hat seine Feinde oder produziert sie zu gegebener Zeit. Ausdrücklich soll hier von den Feinden eines Regimes, nicht von den Gegnern dieser oder jener Regierung die Rede sein. Verschieden ist bei »Regime« und »Regierung« die Größenordnung dessen, was sich verändert: Frankreichs Dritte Republik, die Ära Pétain, die Vierte und die Fünfte Republik zeigen verschiedene Regimes an; dagegen sind nur wechselnde Regierungen innerhalb eines Regimes gemeint, wenn aus der Zeit der Dritten Republik Tardieu oder Blum, aus der Pétain-Ära Darlan oder Laval, aus den Tagen der Vierten Republik Laniel oder Mendès-France genannt werden. Bisweilen verwischt sich der Unterschied: Wenn es keinem Zweifel unterliegt, dass die Reichskanzler Hermann Müller-Franken und Gustav Stresemann nur verschiedenen Regierungen unter demselben parlamentarischen Regime der Weimarer Republik ihren Namen gaben, so kommt man anderseits um die Feststellung nicht herum, dass Heinrich Brüning, formal ebenfalls ein Reichskanzler der Weimarer Republik, in Wirklichkeit bereits einem anderen Regime vorstand. Und erst die Zukunft wird darüber befinden, ob Bundeskanzler Konrad Adenauer der Chef einer von vielen Regierungen der Bundesrepublik war, oder ob seine Regierungszeit ein Regime besonderer Prägung verkörperte, von dem sich die Regimes seiner Nachfolger dem Wesen nach unterscheiden werden. Wenn es in dieser Hinsicht eine Unterscheidungsschwierigkeit gibt, so hat sie weniger mit der Terminologie als mit fließenden Übergängen der politischen Realität zu tun, und es wird trotz solchen Schwierigkeiten zweckmäßig sein, an der Unterscheidung von Regime und Regierung festzuhalten.[1]

Einem Regime, dessen Struktur oder dessen Vorkehrungen für den Elitenwechsel den Stempel der Herrscher-Weisen platonischer Abkunft trügen, könnte es vielleicht beschieden sein, die geistigen und materiellen Güter nach diesem oder jenem vorgefassten Plan zur allgemeinen Zufriedenheit zu verteilen. Die Wirklichkeit sieht anders aus: Von fast jedem politischen Regime darf man annehmen, dass es ein Mischgebilde voller Widersprüche sei, aus Tradition, geschichtlichem Zufall und Augenblicksanpassungen an Zeitnöte hervorgegangen; alle Ansprüche und Forderungen, die an die bestehenden Gewalten herangetragen werden und von ihnen sanktioniert werden sollen, lösen infolgedessen in der Regel, welche Behandlung sie auch immer erfahren mögen, gegensätzliche Reaktionen aus. Die sich daraus ergebenden Kämpfe zwischen den jeweiligen Machthabern und ihren Feinden, ja überhaupt zwischen konkurrierenden Bewerbern um die politische Macht, können die mannigfaltigsten Formen annehmen, auch die des Rechtsstreits.

Von der Rolle der Gerichte

Die Anrufung der Gerichte ist gewiss nicht die markanteste Form der Austragung politischer Machtkämpfe, und sie wird auch nicht am häufigsten in Anspruch genommen. Zumeist vollziehen sich dramatische Veränderungen in der Zusammensetzung der Eliten, in der Rangordnung der Gesellschaftsklassen oder im Geltungsbereich politischer Ordnungssysteme unter Umgehung der Gerichte. Das gilt auch von den nicht minder dramatischen Akten der Wiederherstellung einer vorübergehend erschütterten alten Ordnung: Gerichte sind selten dabei, wenn ein Bauernaufstand niedergeschlagen oder wenn der Versuch einer den überlieferten Glaubenssystemen feindlichen Gesinnungsgemeinschaft, die weltliche Macht an sich zu reißen, im Keime erstickt wird. Haben die Gerichte bei einschneidenden Veränderungen überhaupt mitzusprechen, so beschränkt sich ihre eher gefügige Mitwirkung meistens darauf, dass sie Ergebnisse besiegeln, die ganz woanders zustande gebracht worden sind.

Nur selten sind die Gerichte an Entscheidungen beteiligt, die an der Spitze getroffen werden: Ihre regulären Aufgaben verweisen sie auf die

---

[1] Die Merkmale von Regimes und Regierungen sind einer niedrigeren Abstraktionsebene entnommen als die Kennzeichen eines »politischen Systems«; sie bezeichnen einen höheren Grad der Konkretisierung.

mittleren Stufen in der politischen Kampfordnung. Vornehmlich fungieren sie in der Domäne der, wie es scheint, nie aufhörenden Vorstöße und Gegenstöße, mit denen Machtpositionen gefestigt werden, mit denen die Autorität des bestehenden Regimes Freunden und Unentschlossenen aufgeprägt wird; häufig werden aber dieser Autorität von Gegnern des Regimes neue Symbolbilder und Mythen entgegengehalten, mit denen das, was gilt, bloßgestellt und ausgehöhlt werden soll. Hier haben die Gerichte unter Umständen einiges zu sagen. Aber auch auf diesen mittleren Stufen sind sie ebenso wenig wie andere Staatsorgane der alleinige Kampfboden, auf dem die Konflikte zwischen widerstreitenden politischen Ansprüchen ausgefochten werden. Es ist am wahrscheinlichsten, dass der Kampf gleichzeitig im Parlament und in der Verwaltung, in der Presse und in der Wirtschaft, in der Schule und in der Kirche geführt wird.

Der Kampf um politische Herrschaft kann sich mithin auf viele und weite Gebiete erstrecken. Solange die letzte Autorität beim Territorialstaat liegt, werden indes politische Entscheidungen, die sich nicht im Dunkel geheimer Kammern und Konventikel verlieren, durch das Parlament, die vollziehende Gewalt und die Gerichte hindurchgehen müssen. Den Gerichten fällt dabei freilich der schmalste Entscheidungsbereich zu. Das Parlament macht die Gesetze und beaufsichtigt – wenigstens theoretisch – die allgegenwärtige Exekutivgewalt. Die Exekutive legt den politischen Kurs fest und bestimmt die Richtung der Verwaltungsarbeit. Besteht nun etwa die Rolle der Gerichte bei Entscheidungen über Angelegenheiten der Allgemeinheit darin, dass sie an die wichtigsten Probleme mit eigenen inhaltlichen Lösungen herangehen? Keineswegs; sie müssen lediglich bereit sein, in einer Vielzahl von Konfliktsituationen, unter denen der Zusammenprall zwischen den bestehenden Gewalten und ihren Feinden besonders hervorsticht, ordnend und regelnd einzugreifen. Vor mehr als drei Jahrzehnten hat Rudolf Smend zwar eindringlich auseinandergesetzt, dass die Verfassung die Gerichte von der Staatsleitung unabhängig gemacht und sie damit ausdrücklich von der Pflicht befreit habe, sich in den Dienst der staatlichen Integration zu stellen; praktisch aber, meinte er anschließend, könne es sein, dass die Gerichte nicht nur der Integration der Rechtsgemeinschaft, sondern auch der staatlichen Integration dienten.[2]

---

2 Rudolf Smend: »Verfassung und Verfassungsrecht« {zuerst 1928}, in: Staatsrechtliche Abhandlungen und andere Aufsätze, Berlin, 1955, S. 208 f. Mit dem Bemühen, den Gerichten auf den verschlungenen Pfaden dieser ihrer Doppelrolle nachzuspüren, versuche ich, in die Fährnisse der von Smend betonten Befreiung der Gerichte von der Staatsleitung einzudringen.

Allerdings hat es der Staat lange Zeit und in vielen Bereichen abgelehnt, sein Verhalten und die von Privaten gegen seine Organe geltend gemachten Ansprüche der gerichtlichen Entscheidung zu unterbreiten; ja, er lehnt das häufig auch heute noch ab, wenn auch in einem schrumpfenden Sachumkreis. Überdies geschieht es nicht selten, dass Gerichte, die Schwierigkeiten bei der Vollstreckung entsprechender Entscheidungen voraussehen, lieber für Enthaltsamkeitstheorien optieren und bestimmte Komplexe als »politische Fragen« von sich weisen, als dass sie das Prestige der gesamten richterlichen Institution aufs Spiel setzten. Umgekehrt wehren sich Staatswesen, die unter rechtsstaatlichen politischen Ordnungen operieren, im Allgemeinen nicht dagegen, das Schicksal ihrer Gegner zum Gegenstand von gerichtlichen Entscheidungen zu machen, um auf diese Weise die Bewegungsfreiheit oder die politischen Rechte dieser Gegner beschneiden zu können. Daneben ist es durchaus möglich – und seit dem 19. Jahrhundert eine immer häufigere Erscheinung –, dass sich auch Feinde der bestehenden Ordnung mit ihren Beschwerden an die Gerichte wenden: sie verwickeln führende Männer des Regimes in Beleidigungs- oder Verleumdungsprozesse, sie verlangen Schadenersatz von Behörden oder Beamten, denen sie Einschränkung ihrer Bewegungsfreiheit vorwerfen, sie gehen gegen Freiheitsentzug mit Habeaskorpusklagen und ähnlichen Rechtsbehelfen an.

Ist darin ein Zeichen dafür zu sehen, dass die Staatsgewalt ihren Feinden gegenüber großzügig und nachgiebig geworden ist? Ist sie nun bereit, Schutzmaßnahmen gegen Gegner und überhaupt die Auseinandersetzung mit ihnen einem Organ zu überantworten, das ihrer unmittelbaren Kontrolle nicht untersteht? Kommt es ihr mehr darauf an, dadurch Prestige zu gewinnen, dass ein solches unabhängiges Organ den Standpunkt der Machthaber anerkennt, als darauf, die uneingeschränkte Entscheidungsfreiheit in der Behandlung von Widersachern zu behalten? Ergibt sich aus der Unmöglichkeit einer klaren Scheidung zwischen der eingriffssicheren privaten Sphäre und dem Sicherungsbereich des öffentlichen Interesses ein so hoher Vorrang persönlicher Unantastbarkeit, dass damit alle Widerstände gegen wirksame Schutzgarantien für Einzelpersonen und Personengruppen hinweggefegt werden? Oder ist die ganze Justizmaschine nur eine Fata Morgana? Beeinflussen die Erfordernisse des Staatsapparats die Praxis der Gerichte so gründlich, dass sich die gerichtliche Kontrolle der staatlichen Unterdrückungsmaßnahmen als bloßes Ritual erweist? Und wenn es gleichermaßen übertrieben ist, in den Gerichten das Palladium der politischen Freiheit oder bloße Registrierstellen für anderswo getroffene Entscheidungen zu sehen, was ist dann die wirkliche Rolle der Gerichte im politischen Kampf? Was sich auf diese verwickelten Fragen antworten lässt, ist weder eindeutig noch allgemeingültig. Die Behandlung wirklicher oder potentieller Gegner durch die verschiedenen politischen Regimes hat viele politische Wandlungen durchgemacht und ist auch in der Gegenwart nicht minder wechselvoll und wandelbar. In den meisten Geschichtsperioden, von denen wir genug wissen, wurde der politischen Aktion von Gruppen oder Personen, die mit den Zielen der Machthaber in Konflikt gerieten, keine Sphäre garantierter Straffreiheit eingeräumt. Um den Besitz und die Lenkung des staatlichen Zwangsapparates mochte wohl gerungen werden, aber jede der kämpfenden Parteien erachtete es als selbstverständlich, dass, wer siegte, auch über die Leistungs- und Treuebereitschaft der Staatsbürger verfügen durfte. Schon Solon soll diese epikureische Variante menschlichen Verhaltens so schädlich gefunden haben, dass er gegen sie mit einem besonderen Gesetz angehen wollte. »... vermutlich kam es ihm«, interpretierte Plutarch, »darauf an, daß niemand dem Staat gegenüber lau und gleichgültig sein oder sich gar, nachdem er sich und das Seine in Sicherheit gebracht, darin sonnen sollte, daß er an der Not und den Bedrängnissen des Vaterlandes nicht teilhabe; vielmehr sollte jeder sogleich die beste und gerechteste Partei ergreifen, mit ihr Wagnisse auf sich nehmen und ihr helfen – und nicht erst in Ruhe und Sicherheit abwarten, wer wohl die Oberhand behalten werde.«[3]

Solon zum Trotz überwog auf langen Teilstrecken das Prinzip der »Gleichschaltung«. Sofern politische Abweichungen geduldet wurden, beruhte die Großzügigkeit der Machthaber auf der relativen Stärke oder Schwäche der etablierten Machtpositionen; sie entsprang nicht selten einer einmaligen, sich kaum wiederholenden Kräftekonstellation. Erst im 19. Jahrhundert wurde in Staaten, die man damals – vielleicht voreilig – zivilisiert nannte, politischen Feinden der bestehenden Ordnung ein gewisses Maß an verfassungsmäßig verbürgtem Schutz mehr oder minder konsequent zugestanden. Im 20. Jahrhundert ist diese inoffiziell sanktionierte Sphäre systemfeindlichen Verhaltens wieder zusammengeschrumpft; sie ist zwar keineswegs verschwunden, aber doch in den meisten Teilen des Erdballs problematisch geworden. Was ist nun unter diesem Aspekt die Funktion der Gerichte in politischen Auseinandersetzungen? Lässt man die Verzierungen, Funktionserweiterungen und

---

3 Plutarch: Vergleichende Lebensbeschreibungen, Kapitel »Solon«, Abschnitt 20.

Rechtsgarantien des konstitutionellen Zeitalters außer Acht, so stellt sie sich, einfach und ungeschliffen ausgedrückt, so dar: Die Gerichte eliminieren politische Feinde des bestehenden Regimes nach Regeln, die vorher festgelegt worden sind.

Unter den vielerlei Vorkehrungen, die dazu dienen, das jeweils geltende Regime von seinen politischen Feinden zu befreien, erzielt die gerichtliche Aburteilung weder die zeitigsten noch die sichersten Resultate. Das angestrebte Ziel – die Ausschaltung des Gegners aus dem politischen Wettbewerb oder die Fortnahme seiner irdischen Güter – kann auch mit anderen Mitteln erreicht werden. Einige davon bringen die Anwendung brutaler Gewalt ohne jede Rechtsform mit sich und gelten als in höchstem Maße ordnungswidrig. Andere wieder gehören zum normalen Arsenal der Politik: der Stimmzettel, der in neuerer Zeit die Waffengewalt als politisches Kampfmittel zum Teil ersetzt, wenn auch nicht ganz verdrängt hat; die Kanzel, heute in gewissem Umfang von ihrem modernen Äquivalent, dem Massenkommunikationsmedium, abgelöst, das sämtliche Register des psychologischen Druckes zu ziehen weiß; schließlich des Makedonierkönigs Philipp Esel mit den Goldsäcken, die keinen Lärm machen und keine Spuren hinterlassen. Alle diese Mittel besorgen dasselbe, was das Gericht besorgen soll, und tun es, wenn man nur das allernächste Ziel im Auge hat, sogar besser. Gehört das Gerichtsverfahren wirklich ganz und gar in dieselbe Kategorie? Ist es nur ein anderes Werkzeug im kontinuierlichen Prozess der Stabilisierung oder Verschiebung der Machtverhältnisse? Worin besteht das qualitativ andere Element, das über die Ebene des Nächsterreichbaren hinausgreift?

Das Gerichtsverfahren dient primär der Legitimierung, damit aber auch der Einengung politischen Handelns. Die Sicherheitsinteressen der Machthaber mögen von der verschiedensten Art sein; manche sind, wenn sie auch nicht ohne weiteres einleuchten, durchaus rationalen Ursprungs, andere wieder Phantasieprodukte. Dass sich die Machthaber auf die Festlegung eines Maßstabes einlassen, der, mag er noch so vag oder noch so ausgeklügelt sein, die Gelegenheiten zur Beseitigung wirklicher oder potentieller Feinde einengt, verspricht ihnen ebenso reichen Gewinn wie ihren Untertanen. Die gerichtliche Feststellung dessen, was als politisch legitim zu gelten habe, nimmt unzähligen potentiellen Opfern die Furcht vor Repressalien oder vor dem Liquidiertwerden und fördert bei den Untertanen eine verständnisvolle und freundliche Haltung gegenüber den Sicherheitsbedürfnissen der Machthaber.

Je reichhaltiger die äußere Ausstattung der Authentifizierungsapparatur, umso größer die Wahrscheinlichkeit der Anteilnahme der Volksmassen an ihren Mysterien. Ist das Verfahren zum größeren Teil dem Blick der Öffentlichkeit entzogen, so kann das Ja der großen Masse nur durch das Prestige derer, die da Recht sprechen, erlangt werden, ob dies Prestige auf Tradition, auf Magie oder auf der viel dünneren Glorie der rational zu bewertenden beruflichen Qualifikation beruhen möge. In einem Verfahren aber, das der Öffentlichkeit zugänglich ist, kann sich die Authentifizierung, die Regularisierung des Außerordentlichen, unter günstigen Umständen so auswirken, dass die Volksmasse dem Regime Verständnis, Sympathie und Bereitschaft zum Mitmachen entgegenbringt.

Bei den heutigen Massenkommunikationsmitteln ist die Beteiligung am Gerichtsprozess nicht mehr auf die im Gerichtssaal Anwesenden oder – mit Verspätung – auf eine schmale Schicht von Gebildeten und Interessierten beschränkt. Wenn die Prozessveranstalter es wünschen, kann faktisch die ganze Welt dem Ablauf des Verfahrens folgen. Bei dieser Prozedur kann ein praktisch unbegrenztes Publikum Schritt für Schritt an der Offenlegung der politischen Wirklichkeit teilnehmen, wie sie hier dramatisch rekonstruiert und prozessgerecht auf Gesichtspunkte reduziert wird, die dem Massenverständnis leicht eingehen. Mit der Dynamik der Massenteilnahme wird eine neue politische Waffe geschmiedet. Die Massenmobilisierung des Meinens kann ein Nebenprodukt des Gerichtsverfahrens sein; sie kann aber auch – das ist in neuerer Zeit oft genug geschehen – ganz und gar an die Stelle des ursprünglichen Verfahrenszweckes, der Feststellung des politisch Legitimen, treten. Und sie kann die Grenzen, die dem Gerichtsverfahren normalerweise gezogen sind, weit verschieben oder ganz beseitigen.

Der Staat und seine Gegner

Was ein Staatsgebilde mit seinem Arsenal an Gesetzen, Sicherheitsplänen und Blankovollmachten anfängt, richtet sich nach der Geistesverfassung seiner Führung und nach dem Gewicht artikulierter Gegnerschaft, die sich im politischen Leben des Landes geltend macht. Diese beiden Faktoren hängen nicht notwendigerweise miteinander zusammen. Sind weite Schichten der Bevölkerung mit dem Regime unzufrieden, so wird es sich als politisch wirksam nur dann erweisen, wenn es von der Waffe der Justiz planvoll und überlegt Gebrauch macht: Wollte es seinem Justizapparat erlauben, jedem Einzelfall nachzulaufen, der sich zu einem Prozess aufbauschen ließe, so geriete es bald außer Atem und verlöre Gesicht. Die Gegner zu freiwilliger Zustimmung zu bringen, ist im günstigsten Fall ein schwieriges und langwieriges Unterfangen; potentielle Gegner dazu zu bewegen, dass sie Vorsicht walten lassen und sich fügsam verhalten, ist einfacher, setzt aber voraus, dass man nicht jeden gerade greifbaren Widersacher, sondern nur den wichtigen und gefährlichen Feind stellt. Wahllose Versuche, allseitigen Gehorsam zu erzwingen, führen leicht dazu, dass sich niemand mehr an Gesetze und Vorschriften hält, dass also die bestehende Ordnung nicht gefestigt, sondern untergraben wird.

Um für die Niederhaltung politischer Gegner nicht gefühlsmäßige Schlagworte, sondern rationale Kriterien entwickeln zu können, muss das Regime die Fähigkeit aufbringen, zwischen dem isolierten Zufallsgegner und der organisierten Feindesgruppe zu unterscheiden und im Lager des organisierten Feindes Führer und Gefolgschaft auseinanderzuhalten. Ein Regime, dem das nicht gegeben ist, muss sich auf ein Risiko einlassen, das in keinem Verhältnis zum erzielbaren Erfolg steht. Einen unbedeutenden, isolierten Gegner zu schikanieren, mag eine billige Vorsichtsmaßnahme oder auch ein beliebter harmloser Zeitvertreib sein (man beweist sich selbst, wie stark man ist). Das Spiel kann aber auch gefährlich werden: Auf diese Weise werden Sympathiegefühle geweckt, wie sie die Masse gelegentlich für den Märtyrer übrig hat.

Wo nicht mehr das Handeln einzelner Individuen, sondern die Treue der Massen zum Streitobjekt wird, ist das logischere Ziel nicht Vergeltung, sondern die Sicherung äußerer Fügsamkeit. Das regierende System muss auf die Weise in Gang gehalten oder vielleicht sogar gestärkt werden, dass die Masse der Andersdenkenden wirksamer Antriebe zum Angriff auf das Regime beraubt und das Fußvolk im gegnerischen Lager verleitet wird, in der Passivität zu verharren: Dazu kann eine Politik gestaffelter Benachteiligungen und Belohnungen mit demonstrativen Unterwerfungsakten einzelner Gegner oder ganzer Gruppen von Gegnern beitragen. Wenn man moralische Zweifel und Treuekonflikte aus dem Lager des Regimes ins Lager des Feindes verpflanzen kann, hat man unter sonst gleichbleibenden Umständen die Chance, die äußere Verteidigungslinie zu halten und Abweichungen vom disziplinierten Normalverhalten der Bürger zu verhindern; so gibt man niemandem eine billige Gelegenheit, Märtyrer zu spielen, und gewinnt Zeit, um verlorene Seelen wiederzugewinnen. Das Reservoir der potentiellen Gefolgschaft des Gegners füllt oder leert sich mit den Wechselfällen auf dem eigentlichen Schlachtfeld. Wer den richtigen Schlüssel zu handhaben weiß, wird den Zugang zur Schar der Schwankenden, mag sie noch so weit abgeirrt sein, nicht verfehlen.[4]

Die Unterscheidung zwischen Führern und Gefolgsleuten, für die sich in den Strafgesetzbüchern die nötigen Hilfsmittel finden, garantiert in gewissem Umfang passiven Gehorsam und bewahrt den Vollzugsapparat der öffentlichen Ordnung davor, in Ohnmacht zusammenzubrechen oder zu einer bloßen Registriermaschine zu werden. Sie reicht gewiss nicht dazu aus, einem zerfallenden Regime über Katastrophen hinwegzuhelfen, die sich aus tieferen und umfassenderen Gründen nicht abwenden lassen, aber sie erspart ihm unnützen Aufwand und folgenschwere Blamage. Wird auf diese Unterscheidung, die den Mitläufern des Gegners die Gelegenheit gibt, aus der Kampffront auszuscheren, verzichtet, ohne dass gleichzeitig andere, primitive, universale und oft bestialische Formen der »Unschädlichmachung« – zum Beispiel Deportation oder Ausrottung nach »objektiven« Merkmalen der Zugehörigkeit zu einer ethnischen oder nationalen Gruppe, einer Gesellschaftsschicht oder einer Religionsgemeinschaft – angewandt würden, so gerät das Regime in ein schwer lösbares Dilemma. Wer zwischen Führern und Gefolgsleuten einer politisch feindlichen Organisation keinen Unterschied macht, wird nahezu automatisch dazu getrieben, die Strafverfolgung unübersehbarer Massen von Gegnern in die Wege zu leiten.

Ein Dilemma dieser Art beschworen die amerikanischen Besatzungsbehörden in Deutschland herauf, als sie ihre deutschen Schutzbefohlenen veranlassten, Entnazifizierungsverfahren gegen sämtliche Angehörigen bestimmter, formal gekennzeichneter Kategorien einzuleiten, die eine Gesamtzahl von 3.669.230 Fällen ergaben. Diese millionenköpfige Masse hatte sich vor eigens dazu geschaffenen Organen zu verantworten, die ein Zwischending zwischen Strafgericht und Verwaltungsbehörde darstellten. Zweck des mit prozessualen Garantien ausgestatteten Verfahrens war, die zur Verantwortung Gezogenen je nach dem Grad ihrer Beteiligung an der Nazi-Politik in fünf Gruppen einzuteilen und der für die einzelnen Gruppen vorgesehenen Bestrafung zuzuführen.

Schon durch den Massencharakter der geplanten Aktion war die Idee ordentlicher Gerichtsverfahren nach dem Fließbandsystem (die von den anderen Alliierten nur mit großer Zurückhaltung – und nur solange es ihren politischen Interessen und Plänen entsprach – nachgeahmt wurde) zum Scheitern verurteilt; zumeist wurde aus den Verfahren eine papierne Aktenprozedur. Die Entnazifizierungsaktion isolierte nicht die

---

4 Siehe weiter unten Anhang A.

führenden Personen des Nationalsozialismus von ihrer Gefolgschaft, sondern knüpfte im Gegenteil ein festes Band zwischen allen Entnazifizierungsobjekten – von den wirklichen Lenkern des politischen, wirtschaftlichen und Massenbeeinflussungsapparats des Dritten Reiches bis zum letzten Schulmeister und Postbeamten. Sehr bald mussten die Initiatoren der Aktion ihr eigenes Geistesprodukt in einer Sturzflut von Amnestien ertränken, bei denen kaum noch das Gesicht gewahrt wurde; damit begaben sie sich jeder Möglichkeit, die wirkliche Schuld an der nationalsozialistischen Barbarei anzuprangern, denn gerade im eigenartigen Bündnis großer Teile der gesellschaftlichen Oberschicht mit den deklassierten Elementen der deutschen Gesellschaft hatten die Wurzeln des Übels gelegen.

Dieser missliche Versuch, gegen ganze Bevölkerungsschichten strafrechtlich vorzugehen, zeigt, wie wichtig es ist, ein echtes Gerichtsverfahren von automatisch anwendbaren Disqualifizierungsbestimmungen oder einem rein formalen Sühneeid scharf zu trennen. Zieht man den Trennungsstrich, so sichert man sich wenigstens ein diskutables, wenn auch immer noch problematisches Mittel, die gerichtliche Aburteilung der Hauptverantwortlichen durchzusetzen und über die Masse der Gefolgschaft eine gewisse Kontrolle auszuüben; das Ziel wäre, das feindliche Lager im Endeffekt zu zersetzen und die unbestreitbare Tatsache seiner Niederlage im Bild des historisch und moralisch Notwendigen festzuhalten.[5] Auf recht unangenehme Weise rächt sich jetzt die Entnazifizierungsfarce an der Bundesrepublik, der ihre zynischen DDR-Rivalen immer wieder schwer widerlegbare Nazi-Akten aus der anrüchigen Vergangenheit heute noch in der Bundesrepublik amtierender Richter und Staatsanwälte servieren. Wie peinlich solche Dinge sind, ging schon vor einiger Zeit aus einer Darstellung des früheren Generalbundesanwalts[6] hervor und ist danach durch den Fall seines Nachfolgers Wolfgang Immerwahr Fränkel erneut belegt worden.

Allgemeine Betrachtungen über die Unterschiede zwischen der Straf-

---

5 Aus der Fülle der Entnazifizierungsliteratur ist zunächst die amtliche amerikanische Bilanz hervorzuheben: Office of the U.S. High Commissioner: Fifth Quarterly Report, October 1st – December 21st 1950, S. 46-55. Über die Entnazifizierung der Justiz unterrichtet eine recht wirklichkeitsnahe Darstellung aus der Anfangszeit: Karl Loewenstein: »Reconstruction of the Administration of Justice in American-occupied Germany«, in: Harvard Law Review, Jahrgang LXI, S. 419-467 (Heft 3, Februar 1948), insbesondere 442 ff. Ein lebendiges Bild aus der lokalen Perspektive zeichnet John Gimbel: A German Community under American Occupation: Marburg, 1945 - 1952, Kapitel 9 und 10, Stanford (California), 1961.

6 Max Güde: »Justiz im Schatten von gestern. Wie wirkt sich die totalitäre Vergangenheit auf die heutige Rechtsprechung aus?« (Akademie-Vorträge zu sozialethischen Grundfragen in Wirtschaft, Gesellschaft und Kirche, Heft 3), Hamburg, 1959.

verfolgung der gegnerischen Führerschaft und der Zurückdrängung oder Einhegung der Gefolgschaft einer feindlichen Organisation geben Anlass zu konkreteren Feststellungen. Betrachtet man die Gegner eines politischen Regimes nicht als gefährlich widerborstige Einzelpersonen, sondern als politische Bewegungen, so muss man institutionelle Konsequenzen ins Auge fassen. In unserem Zeitalter ist die Gegnerschaft gegen ein bestehendes Regime kaum jemals die Angelegenheit kleiner, locker zusammengefasster Gruppen von Individuen, und noch seltener entspringt sie dem diffusen Aufbegehren privilegierter Gruppen auf den obersten Sprossen der gesellschaftlichen Stufenleiter. Auch geht es bei der Gegnerschaft der größeren organisierten Sektoren nicht um die Verteidigung einer bestimmten Sphäre (Religion, Eigentum und so weiter) gegen Übergriffe von Machthabern, die bereit wären, auf allen anderen Gebieten Kompromisse zu schließen. Seit dem 19. Jahrhundert, seit den Tagen der irischen Nationalisten, der englischen Chartisten und der deutschen Sozialdemokraten hat sich die kunstvolle Technik der regimefeindlichen Organisation, die aus der aufopferungsvollen Hingabe ihrer Anhänger ihre Lebenskraft schöpft, ebenso mächtig entwickelt wie die Herrschaftsorganisation der Staatsgewalt. Gelingt es einer solchen Gegenorganisation, die materiellen und ideologischen Interessen größerer Schichten aufzufangen und mit ihren Zielsetzungen zu verschmelzen, so steht das Staatsgebilde, das sich des faschistischen oder kommunistischen Systems der totalen Unterdrückung politischer Abweichungen nicht bedienen will, vor entscheidenden Problemen der politischen Lenkung und Kontrolle der Massen.

Beim beschleunigten Tempo politischer Umwälzungen in der Zeit, in der wir leben, kommt darüber hinaus dem Problem der gerichtlichen Aburteilung eines besiegten Regimes auf Geheiß des Siegerregimes eine nicht geringe Bedeutung zu. Einen politischen Gegner in Schach zu halten und die Gerichte dafür zu mobilisieren, ist etwas anderes, als einen Gegner, den man glücklich gestürzt hat, strafrechtlich zu verfolgen; die gerichtliche Prozedur entspringt in diesen grundverschiedenen Fällen nicht unbedingt denselben Motiven. In neuerer Zeit hat sich das politische Glück als sehr unbeständig erwiesen, und so manche Hydra, der politische Feinde den Kopf abgeschlagen hatten, hat neue Köpfe wachsen lassen. Aus der Möglichkeit und der Gefahr eines erneuten Umschwungs erklärt sich das intensive Interesse, das ein neuetabliertes Regime den Taten und Untaten seiner Vorgänger zuwendet; es sucht sie als verächtliche Kreaturen hinzustellen und benutzt die gerichtliche Erörterung der jüngsten Vergangenheit dazu, die breiteste Öffentlichkeit davon zu überzeugen, dass das Land denen, die es aus dem Sumpf der

Korruption und des Verrats befreit haben, in alle Ewigkeit Dank und Treue schulde; die jüngsten Illustrationen zu diesem Thema haben die von den neuen türkischen, südkoreanischen und kubanischen Machthabern veranstalteten Prozesse geliefert. Ein Regime, das sich solchermaßen anschickt, seine Vorgänger mit Hilfe der Gerichte zu diffamieren, hat zuvor das schwierige Problem zu lösen, wie es seinen erzieherischen und aufklärerischen Zielen die geeignete juristische Form gibt: Es muss das Element des Parteiischen, das solchen Verfahren unvermeidlich anhaftet, nach Möglichkeit reduzieren, und es muss intelligent genug sein, die politische Verantwortung für Fehlkonzeptionen und für noch so gravierende Irrtümer von der strafrechtlichen Verantwortung der einstigen Machthaber für die von ihnen oder auf ihre Veranlassung begangenen verbrecherischen und unmenschlichen Taten eindeutig und unmissverständlich abzugrenzen.

Mit der ständigen Vermehrung der Gefahren, die den existierenden Staatenordnungen drohen, rückt aber auch noch ein anderes Problem, ein alt vertrautes allerdings, in den Vordergrund. Da das Staatsinteresse als identisch gilt mit dem Interesse jedes Staatsbürgers, wird seit eh und je die Frage erörtert, ob auch jeder Staatsbürger bei akuter Gefahr aus eigener Entscheidung handeln dürfe, um die Erhaltung des Staates zu sichern. Eine uralte Lehre, die in Athen schon 410 v. Chr. Gesetzeskraft erhalten hatte,[7] billigt jedem das Recht zu, den Übeltäter zu töten, der einen Anschlag auf die politische Ordnung der Polis verübte oder wesentliche Eingriffe in ihre Struktur vorgenommen hatte.[8]

Die These, dass wer immer sich gegen das bestehende Regime erhebe, damit auch seine eigenen staatsbürgerlichen Rechte verwirke und als Feind behandelt werden müsse, führt ein zähes Dasein. Sie ist sinnvoll und hat eine gewisse Berechtigung, wenn der Angriff auf das Regime die Organe des Staates nicht nur in der theoretischen Abstraktion, sondern auch in der konkreten Wirklichkeit am Funktionieren hindert: Das ist der ursprüngliche Kern aller Lehren vom Kriegsstandrecht. Wird aber diese These auch auf andere Situationen ausgedehnt, so führt sie zu einer ungerechtfertigten Neuverteilung der verfassungsmäßigen Aufgabenbereiche zugunsten der vollziehenden Gewalt zu einer Zeit, da es unverbrüchlicher Garantien gegen eine solche Funktionsverlage-

---

7 Robert J. Bonner und Gertrude Smith: The Administration of Justice from Homer to Aristotle, Band 2, Chicago, 1938, S. 47.
8 Aus ähnlichen Überlegungen rechtfertigte der englische Oberrichter Lord Mansfield die militärischen Niederwerfungsmaßnahmen gegen die Teilnehmer an den »Gordon-Unruhen« von 1780, obgleich diese Maßnahmen ohne richterliche Legitimation angeordnet worden waren; siehe Simon Maccoby: English Radicalism, {Volume I:} 1762 - 1785, London, 1935, S. 329.

rung am meisten bedarf. Als Cicero die Catilinarier hinrichten ließ, ohne ihnen Gelegenheit zu geben, vom Recht der *provocatio* an die Zenturiatkomitien Gebrauch zu machen, lieferte er der Nachwelt den klassischen Präzedenzfall. Der politischen Anarchie öffnet diese Lehre in dem Moment Tür und Tor, da jeder aus parteipolitischen Gründen ersonnene Mord an einem Gegner damit beschönigt werden darf, dass er dem vaterländischen Interesse diene. Genug Anschauungsmaterial zu diesem Thema haben die ersten Lebensjahre der Weimarer Republik hinterlassen.

Dass ein Staatsgebilde gut funktioniert, erweist sich daran, dass es über das nötige Rüstzeug verfügt, um seine Gegner nach vorher festgelegten Regeln und Zuständigkeitsabgrenzungen im Zaum zu halten, und dass es vom zweifelhaften Beistand ungerufener Parteigänger, die zur Selbsthilfe greifen, nicht überrannt werden kann. Damit es ohne schwere Störungen arbeiten könne, müssen die größtmöglichen Garantien dafür gegeben sein, dass Maßnahmen, die nur einer Partei oder Gruppe zum Vorteil gereichen, nicht als im öffentlichen Interesse erforderlich ausgegeben werden können. Aus dieser Sicht wird im vorliegenden Buch bei der Analyse der Typen geregelter Zuständigkeit für politische Rechtsfälle von der Darstellung des offenkundigen Legitimierungsversuchs begrenzter Sonderinteressen abgesehen. (Besonders häufig sind solche Bestrebungen in rudimentären Staatsgebilden – wie etwa den Barbarenreichen des frühen Mittelalters – wo sie der bloßen Sanktionierung der jeweiligen Ergebnisse einer nie abreißenden Kette privater Fehden gleichen.) Abgesehen wird hier aber auch von dem in unseren Zeitläuften nicht ganz seltenen Fall einer Staatsexekutive, die für sich keinen anderen Rechtstitel in Anspruch zu nehmen weiß als das eigene Bedürftigkeits- und Opportunitätszeugnis. (Eines solchen Stils bediente sich zum Beispiel Hitler beim sogenannten Röhm-Putsch vom Frühsommer 1934.)

Wer richtet?

Je umfassender und je weniger eindeutig bestimmbar die Regeln sind, die erlaubtes politisches Verhalten von unerlaubtem scheiden, desto wichtiger ist die Antwort auf die Frage, wer berufen sei, diese Regeln zu hüten und anzuwenden. In hohem Maße dreht sich die Geschichte der politischen Rechtsprechung um die Grundsätze, nach denen die mit der Urteilsfindung Betrauten ausgewählt werden. Die Vielfalt der Organe, denen im geschichtlichen Ablauf die Zuständigkeit für politische Rechtsprechung übertragen wurde, beweist im Grunde, wie sehr die jeweiligen Machthaber bei der Vervollkommnung ihrer juristischen Waffen ständig wechselnden Augenblicksnotwendigkeiten unterliegen. Weiterreichende Erfordernisse, die über den Augenblick hinausgreifen, führen indes dazu, dass sich in der Art, wie die Machthaber die Gegebenheiten und die Anforderungen des Augenblicks behandeln, gleichwohl bestimmte, des Öfteren wiederkehrende Gefüge herausbilden. Bei näherem Zusehen zeigen sich drei Wege, auf denen die Aufgabe der Authentifizierung des politisch Legitimen besorgt wird:

1. *Über das Charisma der Einzelperson*: des Stammeshäuptlings, des Priesters und (sowohl in der Theorie als auch – in stark wechselndem Maße – in der Praxis) des Herrschers des Altertums, des mittelalterlichen Königs oder des Monarchen der absolutistischen Zeit. Da hier jede Entscheidung unmittelbar dem Urquell des Rechts entspringt, beruht sie auf der überragenden Bedeutung ihres Ursprungs und leitet daraus auch ihre sachliche Berechtigung ab.

2. *Über die politischen Körperschaften des Staates*, ob aristokratischer, ob demokratischer Abkunft. Charakteristische Beispiele: im aristokratischen Zweig der Areopag in Athen, der Senat von Rom, das englische Oberhaus, der Senat in Frankreich; im demokratischen Zweig die athenische Volksversammlung, die römischen Zenturiatkomitien, die englischen Körperschaften, die über Karl I., und die französischen, die über Ludwig XVI. zu Gericht saßen, oder – in einer verkleinerten Form – die athenische Helia und die englisch-amerikanischen Schwurgerichte. Während der Quell der Autorität in diesen Fällen die dominierende und möglicherweise repräsentative Position des mit der politischen Rechtsprechung betrauten Organs ist, beruht jede einzelne Entscheidung auf der Abwägung der gebräuchlichen gesellschaftlichen Normen und der Bedürfnisse des Gemeinwesens; in die Waagschale fallen dabei intuitive, gefühlsmäßige und rationale Momente, die mit Vor- und Nachteilen für die Allgemeinheit und für das von der Entscheidung betroffene Individuum zu tun haben.

3. *Über die Entscheidung des Berufsrichters*: des römischen Quästors aus der Zeit der Republik, des Mitglieds des kaiserlichen Rates im späten Römischen Reich, des in Padua oder Bologna ausgebildeten Mitglieds eines kontinentalen Gerichts, des auf Grund seiner Anwaltserfahrung berufenen englischen Richters oder des von der Pike auf dienenden beamteten Richters der heutigen kontinentaleuropäischen Gerichtsverfassungssysteme. Das Organ, in dessen Namen das Urteil ergeht: Der Herrscher oder das Volk, tritt hier in den Hintergrund; entscheidend ist

die inhaltliche Rationalität, der Zweck, dem das Urteil dient, und die formale Rationalität, das Geflecht der feststehenden Regeln, durch deren Vermittlung das Urteil zustande kommt.

In manchen Fällen kann die Autorität der Einzelperson oder der politischen Körperschaft oder der von ihnen ausgehende, wenn auch nur kurzfristig überwältigende nackte physische Zwang mächtig genug gewesen sein, die Vollstreckung des Urteils durchzusetzen. Aber ob es sich um den Kaiser in Rom oder in Byzanz oder um den französischen König aus der Ära des werdenden Nationalstaats handeln mochte: Das direkte persönliche Interesse des Herrschenden am politischen Rechtsfall stimmte nie ganz mit den Lehrsätzen vom Ursprung der richterlichen Autorität überein, auch dann nicht, wenn das Bedürfnis nach Einheit und Kontinuität eine willkommene Brücke vom Ausgang des Justizverfahrens zu seiner rationalen Rechtfertigung schlug, eine Brücke, die oft und gern benutzt wurde. Je nebelhafter aber auch noch dazu die Autorität war, umso unsicherer musste die Aussicht auf die Vollstreckung des Urteils sein.

Die aufgezählten drei Grundformen der politischen Gerichtsbarkeit treten in vier Hauptkombinationen auf. Die erste, die längst schon Geschichte geworden ist, stellt sich als Kräftegleichgewicht zwischen monarchischen und aristokratischen oder monarchischen und berufsrichterlichen Elementen dar. Das Kräfteverhältnis, das im Mittelalter zwischen dem Monarchen und seinen wichtigsten Vasallen bestand, gab dem Urteil eine Vollstreckungschance nur, wenn die Vasallen an der königlichen Gerichtsinstanz beteiligt waren. Die spätere berufsrichterlich-bürokratische Balance zwischen der königlichen Gewalt und dem Gewicht der rechtskundigen Richter, von der im Spätabsolutismus nur die Urteilsbestätigungsbefugnis des Monarchen übrigblieb, wurde zu einer der wesentlichen Voraussetzungen für das wirksame Funktionieren des Territorialstaates.

Der Geschichte gehört auch die zweite Kombination an, das Gleichgewicht zwischen der Zuständigkeit des Territorialstaates und der Zuständigkeit der Kirche. Diesem Versuch der Herstellung eines Zuständigkeitsgleichgewichts kommt indes gerade in unserer Ära größere Beachtung zu, in der der Territorialstaat an Bedeutung verliert, während überstaatliche Fachbehörden im Aufstieg sind und internationale Bewegungen in zunehmendem Maße, wenn auch ohne förmliche Anerkennung, Ansprüche auf Gefolgschaft und Treue anmelden. Der bewegten Geschichte der Kompetenzteilung zwischen Staat und Kirche lässt sich jedenfalls entnehmen, dass es in der Theorie leichter war als in der Praxis, Bereiche ausschließlicher Zuständigkeit auszusondern und die in Inquisitionsverfahren erforderliche Zusammenarbeit zu erreichen. Von der Gefangennahme Papst Martins I. (653 - 656) bis zu den Tagen der Jeanne d'Arc führten auseinanderstrebende Interessen und Veränderungen im gegenseitigen Kräfteverhältnis immer wieder dazu, dass die Zuständigkeitsgrenzen durchbrochen wurden. Bald lag der Konflikt offen zutage, bald verschleierten ihn mehr oder minder durchsichtige Fiktionen.

Die dritte Kombination stellt ein Gleichgewicht der aristokratischen und der demokratischen Elemente dar, von dem einige Spuren immer noch vorhanden sind. Eine solche Gleichgewichtsvorkehrung war die *provocatio* im republikanischen Rom, die jedem Bürger das Recht gab, gegen ein Todesurteil, von wem auch immer gefällt, bei den Zenturiatkomitien Berufung einzulegen.[9] Das englische, das französische und das heutige amerikanische Verfahren der Anklageerhebung vor der ersten Kammer auf Beschluss der eigentlichen Volksvertretung, der zweiten Kammer, ergibt sich aus dem Erfordernis der Mitwirkung demokratischer Elemente an einer Körperschaft, die ursprünglich aristokratischer Kontrolle unterstand (und heute nur auf abgeleitetem, vermitteltem Wege die Volksherrschaft repräsentiert). Für wichtige politische Urteile ist diese Mitwirkung des »Volkes« eine unerlässliche Vorbedingung. Wird sie umgangen, so kann man daraus schließen, dass sich das politische Gleichgewicht verlagert hat.

Die beiden Gracchen, Tiberius und Gaius Sempronius, hatten ebenso wie die Catilinarier das unbestrittene Recht, ihre Sache dem Volk von Rom zu unterbreiten: obschon die Zenturiatkomitien im Gegensatz zur Volksversammlung von Athen über die ihnen vorgelegten Berufungsfälle nicht debattieren durften, war ihre Beschlussfassung darüber nicht zu umgehen. Nur dann kam das Berufungsverfahren nicht zustande, wenn festgestellt worden war, dass der Verurteilte ein Feind des Staates, *perduellis*, sei und damit automatisch sein Bürgerrecht (also auch das Recht der *provocatio*) verwirkt habe. Dass *perduellio* durch »deklaratorische Sentenz« des Senats verkündet, die Verurteilung Missliebiger auf unkontrollierbare Weise von den Inhabern der Regierungsgewalt vorgenommen und das Einspruchsrecht der Zenturiatkomitien gegen die Liquidierung von Gegnern der Machthaber legal ausgeschaltet werden dürfe, war nach der Formulierung Mommsens »theoretisch wie

---

9 Formal konnte das Organ, von dem das Todesurteil gegen einen politischen Gegner ausging, ein politischer Amtsträger – zum Beispiel der Konsul – sein; in der Praxis dürfte ein solcher Amtsträger kaum Todesurteile verhängt haben, wenn er sich nicht auf die *auctoritas* des Senats stützen konnte. Vergleiche Gustav Geib: Geschichte des römischen Criminalprocesses bis zum Tode Justinians, Leipzig, 1842, S. 41 ff.

praktisch der Kardinalsatz der Optimatenpartei.«[10] Darin, dass sich diese These hatte durchsetzen können, zeigte sich eben die Verschiebung der Verfassungsbalance zugunsten der Aristokratie; die Errichtung des Prinzipats ließ nicht mehr lange auf sich warten.

Umgekehrt lagen die Dinge bei der Anklage gegen William Laud, Erzbischof von Canterbury, und Thomas Wentworth Earl of Strafford, die beiden Hauptstützen Karls I. von England: Nachdem sich das Oberhaus geweigert hatte, der vom Haus der Gemeinen beschlossenen Anklage gegen sie Folge zu leisten, gingen die Gemeinen aus eigener Machtvollkommenheit mit einer *bill of attainder* gegen die verhassten Würdenträger vor. Dieser revolutionäre Akt von 1640 brachte zum Ausdruck, dass das alte Gleichgewicht der Gewalten nicht mehr bestand: Das demokratisch gewählte Unterhaus nahm sich das Recht, über politische Fälle selbst zu Gericht zu sitzen.

Die vierte Kombination, das Gleichgewichtsprinzip der Gegenwartsgesellschaft, geht von der Allgegenwart des fachlich vorgebildeten Berufsrichters aus, der an seine Aufgabe mit spezialisierten Kenntnissen und spezialisierter Erfahrung herangeht. Charakteristisch für ihn sind Professionalisierung, Spezialisierung, gesicherte Amtsausübung mit Versorgungsvorrechten und die Berufung auf das Gesetz, ein dem äußeren Anschein nach neutrales Bezugsschema, das jedoch die Gegenforderung nach politischer – heutzutage also demokratischer – Kontrolle lebendig werden lässt. Die erste Stufe der demokratischen Kontrolle ist die Beteiligung ausgewählter Angehöriger der Volksmasse an einigen Phasen des gerichtlichen Verfahrens, das zur Urteilsfindung führt. (Die kontinentaleuropäische Praxis schließt die Geschworenengerichte von der richterlichen Voruntersuchung aus und ist nach und nach zu einer Regelung übergegangen, bei der die Laienbeisitzer gemeinsam mit den Berufsrichtern an allen Phasen der Urteilsfindung teilnehmen; sowohl in der kontinentaleuropäischen als auch in der englisch-amerikanischen Praxis liegt die Prozessleitung in den Händen des Berufsrichters, und das englisch-amerikanische Verfahren überlässt dem Berufsrichter alle Rechtsfragen ebenso wie die Verhängung der Strafe.)

In diesem Mischtyp volksrichterlich-berufsrichterlicher Gerichtsbarkeit ist das Volkselement schwächer als das berufliche; das liegt daran, dass dem Geschworenen die fachliche Ausbildung fehlt und das Schwurgericht nur in begrenztem Umfang repräsentativ ist. Anders als das politische Staatsorgan, das über politische Gegner zu Gericht sitzt,

---

10 Theodor Mommsen: Römisches Strafrecht, Graz, 1955 (unveränderter photomechanischer Nachdruck der Ausgabe von 1899), S. 258.

vertritt dieser eigens ausgesuchte »Querschnitt« des Volkes, der den Berufsrichtern zur Seite steht, in der Tat Meinungen, die unter dem Volk in Umlauf sind; aber er hat nicht den meinungsintegrierenden und meinungsbildenden Charakter einer echten politischen Vertretung.

Gerichte, die speziell und ausschließlich für politische Komplexe zuständig sind, können für die Aburteilung besonderer politischer Vergehen ohne Berücksichtigung besonderer Kategorien von Tätern oder nur für die Aburteilung politisch hochgestellter Personen bestellt sein. Je nach den Umständen überwiegt in ihnen das politische oder das berufsrichterliche Element. An dem einen Ende der Skala kann man sich das französische Revolutionstribunal von 1793 denken, dessen fünf richterliche und zwölf Laienmitglieder gleichermaßen vom Konvent berufen wurden, und am andern die obersten Gerichte oder Verfassungsgerichte der heutigen westeuropäischen Länder, in denen das politische Element auf diese oder jene Form der Beteiligung des Parlaments an der Berufung der Richter, die Berufsjuristen sein müssen, reduziert ist. Zwischen diesen Extremen hat es mancherlei Mischformen gegeben.

Äußerlich scheint das Auf und Ab eines langwährenden Kampfes mit dem wenigstens zeitweiligen Sieg des bürokratisch-richterlichen über das politisch-demokratische Element geendet zu haben. Die Gerichte werden mit Berufsrichtern besetzt, und die Laien bleiben draußen oder können nur am Rande an der Urteilsfällung teilnehmen. Aber trotz dieses Triumphes des Berufsprinzips in der Besetzung der Gerichte und in der Auswahl des richterlichen Personals haben Veränderungen, die in den letzten hundert Jahren vor sich gegangen sind, der Rolle des Berufsrichters einen abgewandelten Sinn gegeben: Dem berufsrichterlichen Prinzip sind in gewissem Umfang politische Gegengewichte beigegeben worden.

Bis zum Ausgang des 18. Jahrhunderts war der Berufsjurist auf der Richterbank ein Bediensteter des Fürsten; der Fürst berief solche fachlich Vorgebildeten in allgemeine richterliche Ämter oder auch – französisches System – zu besonderer Verwendung bei wichtigen Staatsgeschäften, die er seinen regulären Amtsträgern nicht anzuvertrauen gedachte. Der Fürst war ihr Arbeitgeber, der sie auch unter Umständen, sofern das Amt nicht eine käufliche Pfründe[11] war, aus dem Dienst entfernen konnte und von dem allein sie Beförderung zu erwarten hatten. Aber mit der neuerworbenen Unabsetzbarkeit erhielten die Richter irgendwann zwischen 1701 und 1848 auch einen neuen

---

11 Aus der Käuflichkeit der richterlichen Ämter erwuchsen dem französischen König erhebliche Schwierigkeiten bei der Absetzung unerwünschter Richter; siehe weiter unten Kapitel VIII, Abschnitt I.

Herrn: die öffentliche Meinung. In seiner unmittelbaren richterlichen Eigenschaft als Mitglied des Geschworenengerichts, die er allerdings nur gelegentlich ausübte, war der neue demokratische Herr, oft auch in Dingen der Politik unerfahren, weder sehr anspruchsvoll noch wirklich imstande, die politischen Nuancen und Konsequenzen der ihm vorgelegten Fälle immer und beizeiten zu übersehen. Indes erhob sich hinter dem Geschworenen eine neue Autorität, die weniger ausgeprägt und massiv war als der frühere fürstliche Gerichtsherr, dafür aber in der Regel viel eher allgegenwärtig und jedenfalls viel zäher und beharrlicher: der Kritiker im Parlament und – als sein Auge und Ohr – die Zeitung.

Am leichtesten vollzog sich der Übergang zum Richter der nachabsolutistischen Zeit in der englisch-amerikanischen Atmosphäre. Hier hatte der Richter, der aus den Reihen der erfolgreicheren Anwälte und Politiker kam, Gelegenheit genug, den im öffentlichen Bewusstsein vorherrschenden Strömungen überaus intensiv und mit viel Verständnis zu lauschen. Zwar konnte diese Art Aufnahmebereitschaft für vorherrschende Meinungen der Sache dieser oder jener energischen und hartnäckigen Minderheit, die sich zur übrigen Gesellschaft in Widerspruch setzte, nicht wenig schaden; dieser Schädigung besonderer Gruppeninteressen wirkte indes zweierlei entgegen: einmal der große Spielraum, den eine sorglos-nonchalante und dem Erwerb mit Erfolg ergebene Gesellschaft der persönlichen Freiheit konzedierte, und zum andern die gewohnheitsmäßige Neigung der Richter, den Folgen ihres eigenen Tuns und Lassens, die sich in den verschiedensten Gesellschaftsschichten am Wahltag einstellten mochten, Aufmerksamkeit und Beachtung zu schenken. Wo es – wie etwa im Chicagoer Haymarket-Prozess – zu ernsten Zusammenstößen kam, zeigte sich sogleich, dass in einer Gesellschaft, die vom Meinen beherrscht wird, eine wirklich unparteiische Haltung schwerlich über das Äußerliche, Technische hinausgehen kann; es zeigte sich aber auch, dass dem modernen Gerichtsprozess, der im Scheinwerferlicht der internationalen Publizität stattfindet, die sehr bedeutsame Fähigkeit zuwächst, weithin ausstrahlende Symbolbilder zu prägen.

In den konstitutionellen Monarchien Kontinentaleuropas wurde der Richter zu einer Art Puffer zwischen der öffentlichen Meinung und dem Eigenbereich der Bürokratie. Mit einem Fuß im bürokratischen Bereich und mit dem andern im gemäßigt liberalen Lager der Zeit, zugleich aber von der eigenen Unabhängigkeit und Unbestechlichkeit überzeugt, besah sich der Richter skeptischen Auges sowohl das Betragen der gerade entstehenden Massenparteien als auch die Anstrengungen der

Exekutive, sie zu unterdrücken oder, wenn das nicht gelang, mit Nadelstichen zu traktieren. Oft genug gab sich der Richter große Mühe, den politischen Inhalt des Konflikts zwischen dem Staat und den neuen Massenorganisationen auf seine reine Rechtsform zu reduzieren. Dabei hielt er sich strikt an seinen ureigensten Amtsbereich: Er erfüllte weder die Erwartungen der Exekutivgewalt, die seine tätige Mitwirkung bei der Unschädlichmachung der Hydra des »Umsturzes« forderte, noch die Hoffnungen der Gegner des Regimes, die von ihm verlangten, dass er ihnen helfe, das anzuprangern, was ihnen als Niedertracht und Verrottung der Machthaber erschien.

In der Dynamik der innenpolitischen Machtkämpfe des 19. Jahrhunderts mochte sich der Richter, der gerade dabei war, sich von der politischen Vormundschaft des Regierungs- und Verwaltungsapparats frei zu machen, gelegentlich als Schlichter sehen – mit der besonderen Aufgabe, zwischen der offiziellen Staatsmaschine und der Gesamtgesellschaft zu vermitteln.[12] Während er die Gesetze des Staates anwandte, fühlte er sich vom wachsamen Auge der öffentlichen Meinung beobachtet, denn sie war über die Rolle eines Sprachrohrs der Staatsautorität hinausgewachsen und verwandelte sich immer mehr in die Stimme des Gemeinwesens, wie es sich die gebildete Minderheit vorstellte. Einige der intelligentesten Organe der öffentlichen Meinung glaubten inbrünstig an die Perfektibilität der menschlichen Institutionen; also wollten sie jeden Zwang aufs äußerste Mindestmaß reduzieren und waren schnell dabei, mit dem schwersten kritischen Geschütz auf staatliche Einrichtungen einschließlich der Gerichte zu schießen, die sie bei dem Versuch ertappten, Stimmen des Missklangs zum Schweigen zu bringen. Andere, die das Bedürfnis verspürten, traditionelle Werte gegen den Ansturm ordnungswidriger und begehrlicher Massen hochzuhalten, sahen in Vorstellungen von anhaltendem politischem und sozialem Fortschritt nur Lug und Trug und betrachteten die Gerichte als Bestandteil des Verteidigungssystems der herkömmlichen Gesellschaft, als eine Art zweite Verteidigungslinie, die die vorderste Frontlinie – Beamtentum und Heer – vor geistiger und politischer Zersetzung zu bewahren hätte.

Wo die ständigen Scharmützel zwischen den Staatsorganen und

---

12 In einer ungünstigeren Lage als seine Kollegen in den konstitutionellen Monarchien war von Anfang an der französische *magistrat* der Dritten Republik. Wenn Gesellschaft und offizielles Staatsgebilde, wie es in der parlamentarischen Republik den Anschein hatte, eins werden, kehrt sich der Richter mit verdoppelter Energie gegen die »Feinde der Gesellschaft«, denen dann in der Münze heimgezahlt wird, die sie in Umlauf gebracht haben sollen. Besonders klar trat das bei zahlreichen Anarchistenprozessen zutage; vergleiche zum Beispiel Élisée Reclus: L'Évolution, la Révolution et l'Idéal anarchique, Paris, 1898, S. 101 f.

ihren Feinden immer weiter zunahmen und sich zu einem Konflikt von solcher Ausdehnung und solcher Schärfe auswuchsen, dass seine Zurückführung auf den niedrigsten juristischen Nenner nicht mehr möglich war, fand sich der Richter in einer schwierigen Lage: Jede Stellung, die er bezog, musste ihn vielen als parteiisch und voreingenommen erscheinen lassen. Unter solchen Umständen konnte es leicht passieren, dass die Richterschaft selbst von dem Gegensatz zerrissen wurde, der sich durch die gesamte Öffentlichkeit zog; ein markantes Beispiel war die Dreyfus-Affäre in Frankreich. Wiewohl sich die gesellschaftliche – nicht juristische – Endgültigkeit, die dem gerichtlichen Urteil in einem politischen Fall normalerweise zukommt, ohnehin in bescheidenen Grenzen hält, kann die Staatsgewalt auch noch die Macht eingebüßt haben, die sie braucht, um die Vollstreckung des Urteils gegen das widerspenstige Individuum und seinen Anhang durchzusetzen. Dann ist das Urteil bloß ein vergängliches Moment in der Umwertung der gesellschaftlichen Werte und in der Umgestaltung des Gesamtsystems der institutionellen Vorkehrungen.

Wandel, Ideologie, Opportunität und Gerichte

Viele der innergesellschaftlichen Konflikte, die um die Jahrhundertwende im Vordergrund gestanden hatten, haben sich verflüchtigt; die Springfluten haben nur ein leichtes Wassergekräusel hinterlassen. Dafür sind andere Konflikte entstanden und aus innerstaatlichen zu weltweiten geworden. Der politische und ideologische Kampf erst zwischen dem Faschismus und der Demokratie, dann zwischen dem Kommunismus und den älteren Formen politischer Arrangements (der Massendemokratie, den halbautoritären Systemen und anderen) geht sowohl innerhalb einzelner Staaten als auch unter den Staaten vor sich und bringt neuartige und mit Ausschließlichkeitsanspruch auftretende Klientel-, Freundschafts- und Feindschaftsbeziehungen hervor. Die Justiz wird zwangsläufig in den Strudel dieser Konflikte hineingezogen, denn mit ihnen haben sich – ungeachtet der traditionellen Formeln, die noch in Gebrauch sein mögen – die Grundvoraussetzungen und die Arbeitsmethoden der Rechtsprechung grundlegend gewandelt. Diese Wandlungen lassen sich folgendermaßen kennzeichnen:
  1. Die allgemeine Ausbreitung des politisch-ideologischen Konflikts und der mit ihm verbundenen militärischen und politischen Risiken hat alle politischen Regimes dazu gebracht, die polizeilichen und formlos-institutionellen Kontrollen über den Umgang, die organisatorischen

Verbindungen und die politische Betätigung der Staatsbürger wesentlich zu verschärfen. Alle Staatsgebilde beschränken besonders nachdrücklich die Bewegungsfreiheit der Bevölkerungsteile, von deren Tätigkeit sich in dieser oder jener Beziehung annehmen lässt, dass sie auf die ideologische oder materielle Wehrfähigkeit des Landes Rückwirkungen haben könnte. Da die zu diesem Zweck ausgebauten Überwachungs- und Kontrollfunktionen zu einem beträchtlichen Teil die Wirtschaft, die gesellschaftlichen Beziehungen und Nebengebiete des Politischen betreffen, liegen sie abseits von der Zone direkten politischen Zwanges; sie gelangen daher nur peripher und beiläufig in den Bereich gerichtlicher Prüfung.

2. Solche Kontrollen werden von der großen Mehrheit der Bevölkerung durchaus nicht mit Empörung abgelehnt; ganz im Gegenteil: Sie entsprechen den entscheidenden Meinungstrends der modernen Massengesellschaft.

3. Zum Unterschied von der öffentlichen Meinung des 19. Jahrhunderts vollzieht sich die Meinungsbildung in der heutigen Gesellschaft auf einer Massengrundlage; sie zieht die überwältigende Mehrheit der Bevölkerung in ihren Strahlungsbereich. Dieser Wandel in der Zusammensetzung des erreichbaren Publikums und die entsprechende Ausrichtung der Massenbeeinflussungsmedien haben die öffentliche Meinung einförmiger, einheitlicher, weniger wach und viel unkritischer gemacht; die Politik, die bei der Mehrheit kein erstrangiges Interesse beansprucht, ist für den Genuss der Güter des Massenverbrauchs nur von untergeordneter Bedeutung. In dem Maße, wie die Politik in eine fremdartige, schlecht übersehbare und chaotische Welt neue Anforderungen hineinträgt, löst sie defensive und betont ethnozentrische Reaktionen aus: Die Menschen sind geneigt, die Zeit, in der sie leben, und ihre situationsbedingten Institutionen als allgemeingültige Vorbilder anzusehen. Der im Innern Abweichende und der potentielle äußere Feind erscheinen ihnen gleichermaßen als Todfeinde des Menschengeschlechts.

4. Aus vielfältigen Gründen, die mit den traditionellen Gesellschaftsstrukturen und gesellschaftlichen Gegensätzen und mit der Verschiedenheit der erreichten gesellschaftlichen Entwicklungsstufe zusammenhängen, haben sich Ideologien des 19. Jahrhunderts nicht nur in gewissem Umfang erhalten (so in Italien, in Griechenland und – weniger stark – in Frankreich), sondern auch mit den neuen, im Weltmaßstab ausgetragenen ideologischen Gegensätzen verflochten und verfilzt. Das hat die Herausbildung einer allgemeingültigen und allenthalben akzeptierten Meinung vereitelt und innerhalb der einzelnen Staatsgebilde zu einer politischen Polarisierung geführt, die nur durch die allgemeine Entpolitisierungstendenz der heutigen Massengesellschaft gemildert wird.

Wie beeinflusst dieser Wandel die Teilnahme der Justiz am politischen Geschehen im nationalen Rahmen? Die *De-facto*-Überwachung der potentiell feindlichen Elemente und ihre angestrebte Isolierung werden durch formlose Polizeimaßnahmen und, was noch wichtiger ist, durch innerorganisatorische Vorkehrungen (Eigenkontrollen in Gewerkschaften, Meinungsfabriken, Parteien, Verwaltungsbehörden und mit Staatsaufträgen versehenen Betrieben und Forschungsanstalten) sichergestellt. Die Mitwirkung der Gerichte wird dabei nur in geringem Umfang in Anspruch genommen. In der Regel tritt das Gericht nur noch unter bestimmten Voraussetzungen in Aktion, und zwar: a) Wenn die erfolgreiche Handhabung von Polizei- und Sicherheitsmaßnahmen formale Freiheitsbeschränkungen erfordert; b) wenn die Kontroll- und Überwachungsmaßnahmen die Demarkationslinie zwischen den (gewöhnlich hinreichend wirksamen) formlosen Beschränkungen und echten Zwangsmaßnahmen überschreiten und das Opfer auf einer gerichtlichen Entscheidung besteht; c) wenn sich das herrschende Regime für eine Politik totaler Unterdrückung seiner Gegner oder für eine Ermattungsstrategie entschieden hat, die dem Gegner jede politische Betätigung durch ständige gerichtliche Verfolgung unmöglich zu machen sucht, und d) wenn sorgsam ausgewählte Ausschnitte missliebiger politischer Betätigung den Gerichten unterbreitet werden, weniger zum Zwecke effektiver Unterdrückung als zur sensationellen öffentlichen Plakatierung des Kampfes gegen den Feind, gegen den auf diese Weise die öffentliche Meinung mobilisiert werden soll.

Das ist freilich nur ein begrenzter Katalog möglicher Anlässe zu richterlichen Handlungen im Rahmen der in der nichttotalitären Gesellschaft der Gegenwart denkbaren Unterdrückungsmaßnahmen. In welchem Maße die Gerichte mit solchen Komplexen befasst werden müssen, wird von der jeweiligen innenpolitischen Situation abhängen. Die zahlreichen und vielfältigen nationalen Spielarten reichen von der extremen Weitherzigkeit Großbritanniens, bei der die Notwendigkeit gerichtlicher Entscheidungen minimal ist, bis zur weitgehenden Verbotspolitik, mit der die Bundesrepublik Deutschland der »freiheitlich-demokratischen Grundordnung« zuwiderlaufende Bestrebungen zu bekämpfen sucht.

Angesichts der drastischen Veränderungen in den Arbeitsbedingungen der Gerichte und zugleich auch in der Struktur des nationalen Bewusstseins haben sich die Grenzen verengt, innerhalb deren die Gerichte politische Fragen entscheiden können. Aber aus denselben Gründen ist die mögliche Wirkung ihrer Entscheidungen größer geworden. Abgesehen von der Möglichkeit der Authentifizierung staatlichen Tuns (die eben darum geschrumpft sein mag), sind die Gerichte zu einer neuen Dimension der Politik geworden, die verschiedenen Typen von politischen Ordnungen, aber auch ihren Gegnern, als Medium dient, ihre Politik zu proklamieren und die Bevölkerung an ihre politischen Ziele zu binden.

Im 19. Jahrhundert, als die Massenorganisationen erst begannen, profitierten viel eher die Freunde und Anhänger des Angeklagten als die Staatsgewalt von der Chance, im Gerichtssaal günstige Symbolbilder zu prägen und ihrer Propaganda damit einen neuen Auftrieb gerade dann zu geben, wenn sie zusätzlicher Impulse dringend bedurfte. Und oft genug waren die Behörden heilfroh, wenn es ihnen gelang, einen politischen Fall so durchs Gericht zu manövrieren, dass aus ihm keine neue gegnerische Agitationskampagne entstand. Des Angeklagten propagandistisches Talent und journalistische Zündkraft waren häufig gefährlicher als seine mäßige organisatorische Leistung. Feargus O'Connors *Northern Star* beim Prozess gegen Jack Frost im Jahre 1840, Armand Carrels *National* bei den Pairskammerverhandlungen gegen die Aufständischen von 1834, Karl Marx' ätzende Kommentare zum Kölner Kommunistenprozess von 1852 konnten die Augenblicksniederlage im Gerichtssaal in einen moralischen Sieg ummünzen, der seine Wirkung auf das Publikum nicht verfehlte.

In der Massengesellschaft des 20. Jahrhunderts bedrohen den nichttotalitären Staat und seine Organe die langfristigen Auswirkungen einer absinkenden öffentlichen Moral und der um sich greifenden politischen Apathie; totalitäre Staaten fürchten weniger revolutionäre Anschläge auf den Bestand ihrer Ordnung als Differenzen und Spaltungen in den Reihen der herrschenden Partei. Hier wie dort machen die Behörden infolgedessen viel bewusstere Anstrengungen, das Forum des Gerichtsverfahrens für die Zwecke der inneren Mobilmachung auszunutzen. Von den letzten Tagen des ersten Weltkriegs bis zu Israels Versuch, die einzigartige Gelegenheit des Eichmann-Prozesses mit der Rekapitulation des Hitlerschen Ausrottungsfeldzugs gegen die Juden als Angelpunkt für eine demonstrative Bekräftigung der nationalen Staatsidee im Angesicht der anhaltenden äußeren Bedrohung der staatlichen Existenz zu benutzen, hat es eine lange Kette von Bemühungen gegeben, die Wirksamkeit der politischen Aktion durch die Entfaltung des Gerichtssaaldramas zu erhöhen.

Im ideologischen Ringen um die Beherrschung der Köpfe sind die Gerichte Organe, die mit den öffentlichen Angelegenheiten aufs engste verbunden sind. Zum mindesten in den nichttotalitären Ländern bleiben sie der direkten Kontrolle durch die Staatsexekutive entzogen. Die besondere Vertrauensposition, die sie im öffentlichen Bewusstsein behaupten, macht die Art, wie sie politisch gefärbte Prozesse behandeln, zu einem entscheidenden Element des politischen Geschehens. Damit nimmt aber auch die Gefahr zu, die solchen Prozessen innewohnt: die Gefahr der Verfälschung und Entstellung durch das Parteiische sowohl in den akzeptierten Prämissen der Rechtsprechung als auch in der Verfahrenshandhabung. Mit der neuen Rolle des politischen Prozesses gewinnen darüber hinaus die Techniken des indirekten Druckes an Bedeutung, die einen wesentlichen Teil der Verwandlung der begrenzten öffentlichen Meinung des 19. Jahrhunderts in die gelenkte Massenmeinung der Gegenwart ausmachen.

Geht man davon aus, dass die Justiz mit einem Maß an Toleranz arbeitet, das nicht durch die Befehle eines klar erkennbaren Souveräns bestimmt ist, sondern durch die richterliche Interpretation der obwaltenden Meinungstrends und der verbindlichen politischen und moralischen Maßstäbe, so muss man sich fragen, über welches organisatorische und geistige Rüstzeug das Gericht verfügen kann, wenn es solche Aufgaben zu bewältigen hat. Das ist eins der Hauptthemen der vorliegenden Untersuchung. Greifbare Unterschiede bestehen zwischen einer Richterschaft, die auch noch angesichts der lastenreichen Anforderungen des Zeitalters die Möglichkeit hat, eigene Antworten und Kompromisslösungen zu suchen und zu finden, und einer, die auf die Ziele und Forderungen der politischen Machtorgane eingeschworen sein muss.

Dem westlichen Richter dienen die sichtbaren Tendenzen der öffentlichen Meinung als Mahnmale: Er muss sich dessen bewusst sein, dass seine Entscheidungen, wenn sie dem Verhalten der Gemeinschaft als Norm gelten sollen, am Halbdunkel, am Ungewissen der Möglichkeiten und Zufallssituationen des Tages nicht Vorbeigehen dürfen. Der östliche Gerichtsfunktionär hat es viel einfacher: Er braucht nur die Details einer politischen Linie zu entwickeln, für die das politische Herrschaftsgebilde die Maßstäbe des Handelns und Unterlassens festgelegt hat. Auch angesichts der Zufallsfügungen und konzentrischen Pressionen der modernen Gesellschaft funktioniert, was die Voraussetzungen und Methoden der richterlichen Tätigkeit angeht, die traditionelle Richterschaft, die sich von Ideen und Meinungen leiten lässt, anders als die neuere, die nur Parteidirektiven zu empfangen hat.

Bis zu einem gewissen Grade ist das Handeln des Richters durch das Verhalten des Angeklagten bedingt. Freilich wird, soweit es sich um den Angeklagten im alltäglichen Strafverfahren handelt, die Vertauschung der Rollen zwischen Angeklagtem und Richter über die Sphäre der Tagträume nicht hinausgelangen; einer verständlichen menschlichen Neigung folgend, wird der Angeklagte bestrebt sein, sich in der Zufallsbegegnung mit dem Gericht von einer möglichst gefälligen Seite zu zeigen. Anders beim politischen Angeklagten: Hier tritt eine echte Rollenvertauschung ein; sofern er überhaupt gewillt ist, sich den Situationserfordernissen zu beugen, hält sich seine Anpassungsbereitschaft in engen Grenzen und bezieht sich allein auf die Taktik des Vorgehens. Unter Umständen kann sie davon abhängen, wie er sich zum psychologischen Lavieren des Verteidigers stellt, dem es vielleicht gelingt, die große Kluft zwischen taktischem Augenblickserfolg und der Ausrichtung nach dem unverrückbaren Leitstern des Angeklagten, seinem politischen Fernziel, zu überbrücken. Im Wesentlichen aber bleibt die Rechtfertigung des politischen Angeklagten sein Bekenntnis zu der Sache, der er zu dienen glaubt. Insofern richten sich im politischen Prozess die Züge und Gegenzüge aller Prozessbeteiligten nach dieser einen Grundkonstellation.

Sollte politische Justiz in diesem Sinne ihre letzte Rechtfertigung in den unergründlichen Zwecken der Geschichte finden, in deren Licht die Niederlagen, Missbräuche und Leiden von gestern die Gewähr für den größeren Ruhm von morgen sein mögen? Gemessen an der Zahl verkrüppelter und zerstörter Menschenleben, ist der Wert solcher Erwartungen hypothetisch und ungewiss. Wie viele Menschen, die sich zu einer politischen Sache nicht bekennen oder sich mit einer politischen Sache nicht mehr identifizieren, sind in den Mahlstrom der politischen Justiz hineingerissen worden? Wie viele politische Pläne bleiben ohne Verschulden ihrer Träger für immer zum Fehlschlag verurteilt? Soll in alledem kein Sinn mehr gesucht werden? Soll man sich damit bescheiden, dass die Autorität des jeweiligen Regimes aufrechterhalten werden müsse, und in jedem Gerichtsurteil, weil es ein Urteil ist, auch schon den Beweis dafür sehen, dass es notwendig und legitim gewesen sei? Aber ein Gericht hat – wenigstens offiziell – mit dem wirklichen Bedürfnis nach politischer Strafverfolgung, die im Ermessen der Exekutive liegt, kaum etwas zu schaffen; es befasst sich nur – nach Maßgabe der geltenden Gesetze – mit der Zulässigkeit und Beweiskraft des vorgelegten Anklagematerials. Wichtiger noch: Wer kann je verbürgen, dass sich die Sache des Regimes, das den Beistand des Gerichts anruft, als verteidigungswert erweisen werde?

Selten findet die Erkenntnis Anklang, dass Asylgewährung und Gnadenerweis unzertrennlich zur politischen Justiz gehören. Schon die Gleichheit des Stils ordnet sie diesem Bereich zu: hier herrscht dieselbe Zufälligkeit, dieselbe Regellosigkeit des Vorgehens. Aber auch wenn man von diesen äußeren Merkmalen absieht, gibt es eine innere Logik, eine innere Notwendigkeit, die Asyl und Gnade an den Streitwagen der politischen Justiz kettet. Je weiter sich die Praxis der politischen Justiz auch vom blassesten Abklatsch der Gerechtigkeit entfernt, umso mehr bedarf es dieser außerordentlichen Aushilfsmittel, die miteinander in keinem Zusammenhang zu stehen scheinen, umso mehr ist ihre Anwendung geboten.

Ob ein politisch Verfolgter Asyl findet, ist purer Zufall. Der flüchtige Regimegegner muss zweimal Glück haben: Er muss seinen Verfolgern entkommen, und er muss ein unbeteiligtes Land ausfindig machen, das ihm Zuflucht gewährt. Die Gründe dafür, dass Asyl zugestanden oder abgeschlagen wird, die Vorschriften, die über die Asylgewährung entscheiden, oder das Fehlen solcher Vorschriften, die Prüfung der dem Asylsuchenden zur Last gelegten Handlungen und seiner Beweggründe: Das alles fällt in den Wirkungsbereich der politischen Justiz.

Ist die Asylgewährung ein Glücksfall, der sich vielleicht zu einer für die Verfolgten günstigen Politik ausweitet, so ist der Gnadenerweis der Verzicht auf Strafverfolgungsansprüche, der vielleicht nicht zugegeben werden darf. Unter welchen Umständen wird ein politisches System zur Geste der Milde bereit sein? Wie sehr beruhen solche Gesten darauf, dass das Regime es müde ist, sich immer wieder mit den unabsehbar anmutenden Folgen dessen, was es einst getan hatte, herumzuschlagen? Muss jeder Versuch sinnlos sein, das, was die jeweiligen Machthaber zu bewilligen geneigt sein mögen, in ein System zu bringen? Und wenn ein System darin liegt, wird es nicht von neuem ein Gefüge zusätzlicher Gewinne für diejenigen offenbaren, die das Räderwerk der politischen Justiz in Gang setzen, als ob ihnen aus einer zweifelhaften Kapitalanlage vermehrte Erträge zuflössen? Muss jedes Bemühen um eine rationale Erklärung an dieser Stelle ein Ende finden? Haben wir nur ein bloßes Ablassventil vor uns, das ebenso verwirrend funktioniert wie die politische Justiz selbst?

Wenn aber alle politische Justiz in Unbestimmtheit und Unbestimmbarkeit oder, wie man in weiter östlich gelegenen Gefilden abschätzig meint, in »Praktizismus« gehüllt ist, wozu dann der Aufwand? Wäre es nicht klüger, sich achselzuckend abzuwenden? Doch auch Unbestimmtheit kann, wenn es eine klare und eindeutige Regel nicht gibt, ihre Vorteile haben: Der politische Angeklagte und seine Freunde werden der Niedertracht und Misswirtschaft eines Systems, das sie zu Fall gebracht hat, nicht weniger moralische Genugtuung abgewinnen als der Ankläger und der Richter, die einander Rechtschaffenheit und Amtstreue bescheinigen dürfen.

Oder soll man gar der Geschichte die Entscheidung darüber überlassen, wer im Recht gewesen sei? Die ach so beliebte Berufung auf das

Urteil der Geschichte ist zu aalglatt und zu bequem, um wahr zu sein. Der geschichtliche Prozess, der Tausende von politischen Lösungen ohne Unterlass auf den Misthaufen wirft, ohne sich um den Wert oder Unwert ihrer Urheber zu kümmern, eignet sich schlecht als Maßstab für die Bewertung der politischen Justiz. Dieser Notbehelf der Politik, der darin besteht, dass die Gerichte mit ausgesuchten Teilausschnitten politischer Konflikte befasst werden, muss seine Rechtfertigung wohl oder übel in sich selbst tragen.

Wie funktioniert dieser Notbehelf der Politik? Was haben die Beteiligten auf dieser und auf jener Seite, wenn sie die Gerichte anrufen, zu gewärtigen? Mit welcher Berechtigung dürfen die Gerichte als Organe angesehen werden, die Recht sprechen? Unter welchen Voraussetzungen werden die politischen Konflikte der Justiz unterbreitet, auf ein totes Gleis geschoben oder sang- und klanglos aus der Welt geschafft? Welche Wirkungen übt ihr geplanter, ihr erwarteter, ihr unerwarteter rechtlicher Ausgang auf die politischen Vorhaben aus, von denen sie ihren Ausgang genommen haben? Über all diese Dinge soll hier berichtet und das Berichtete zum Gegenstand des Nachdenkens gemacht werden.

Erster Teil
Politische Justiz: Fälle, Gründe, Methoden

Kapitel II

Wandel in der Struktur des Staatsschutzes

Für die Unterscheidung des politischen Handelns von anderen Typen gesellschaftlichen Handelns gibt es keine allgemeingültigen Kriterien. Politisch nennt man das, wovon man annimmt, dass es in besonders engem Zusammenhang mit den Interessen des organisierten Gemeinwesens stehe. Jede herrschende Gruppe, Klasse oder Person bildet entsprechend der Vorstellung, die sie sich von ihren eigenen Bedürfnissen macht (und die sich nicht immer mit ihren »objektiven« Bedürfnissen deckt), Maßstäbe heraus, nach denen sich entscheidet, welche Handlungen als sträflich gelten und wann sie als so gravierend angesehen werden, dass gegen sie öffentlich eingeschritten wird. In diesem Sinne können im Laufe der Zeit unzählige »politische« Geschehnisse zur öffentlichen Rechtssphäre geschlagen werden, aus ihr ausscheiden und wieder in sie einbezogen werden. Unter vielen römischen Kaisern wurde häufig der geringste Unterlassungsakt, der sich als Zeichen mangelnden Respekts deuten ließ, als Verstoß gegen die *maiestas* behandelt; dazu konnte die Unterlassung einer Ehrenbezeigung vor einem Bildnis des Herrschers ebenso gehören wie die an einen Wahrsager gerichtete Frage nach den Gesundheitsaussichten des Kaisers.[1]

Unserer heutigen westlichen Gesellschaft gilt ein gewisses Maß an Missachtung der jeweiligen obersten Gewalten als Beweis für die Vorherrschaft politischer Freiheit; manchen Trägern der Staatsgewalt erscheint daher eine solche Missachtung der Autorität als psychologisch zuträgliches Zugeständnis an den Geist der Zeit. In anderen Gebietsbereichen werden indes dieselben Tatbestände von den Trägern der Staatsgewalt zum Anlass genommen, die Gesetzbücher mit neuen Bestimmungen zum Schutze ihres Erbteils gegen dessen Verächter zu füllen.

Als sich Heinrich II., der erste Plantagenet-König, mit seinem Kanzler Thomas à Becket, Erzbischof von Canterbury, stritt, war für beide der Zuständigkeitsdisput zwischen Staat und Kirche der eigentliche Inhalt des politischen Machtkampfs. In unserem Zeitalter und in unserem politischen Klima werden solche Auseinandersetzungen eher in

---

[1] P. Cornelius Tacitus: Annalen, I, 72 und 73; III, 22; XVI, 30 f.; vergleiche Theodor Mommsen: Römisches Strafrecht, Graz, 1955 (unveränderter photomechanischer Nachdruck der Ausgabe von 1899), S. 584 f.

Abstimmungen über staatliche Zuschüsse als mit Strafbestimmungen ausgetragen. Schlimmstenfalls geben sie – in katholischen Ländern – den Gegenstand von Beleidigungsklagen mit politischen Untertönen ab. Und der Bischof von Prado kann sich darüber entrüsten, dass der Anspruch der ihm unterstehenden Geistlichen, das Verhalten einzelner Mitglieder ihrer Gemeinde von der Kanzel aus öffentlich zu brandmarken, vor einem Gericht der Italienischen Republik angefochten wird und dass dies weltliche Gericht den beschimpften Gemeindemitgliedern recht gibt.[2]

Viel strenger ist unser Zeitalter in Fragen der äußeren Staatssicherheit und des Schutzes von Staatsgeheimnissen geworden. Ende des 18. Jahrhunderts, zu Zeiten des Oberrichters Lord Mansfield, wurden geschäftliche Beziehungen zwischen Angehörigen von Ländern, die miteinander Krieg führten, bedenkenlos toleriert; unser Zeitalter betrachtet sie als landesverräterisches Unternehmen. Angesichts der verfassungsmäßigen Rolle, die einer modernen »staatsfreundlichen« und regelmäßig am offiziellen politischen Spiel teilnehmenden Partei zugestanden wird, kann es sogar als logisch erscheinen, dass sich der Schutz der Staatsgeheimnisse auch auf die Privatakten einer politischen Partei erstreckt.[3] Einen solchen Staatsschutz für Parteigeheimnisse hätte das 19. Jahrhundert als sinn- und zwecklos abgelehnt, denn es sah in den Parteien günstigstenfalls das Sprachrohr amorpher Massen, die in die Zitadelle der Staatsgewalt einzubrechen trachteten.

2 Das Urteil wurde zwar vom Appellationsgericht aufgehoben, aber nicht etwa weil die höhere Instanz die weltliche Gerichtsbarkeit für unzuständig angesehen hätte. Sie behalf sich mit der unanstößigsten und unüberprüfbarsten aller Rechtskategorien: Dem streitbaren Kleriker wurde das Fehlen eines schuldhaften Vorsatzes zugetragen; siehe Fall Fiordelli, Appellationsgericht von Florenz, Urteil vom 1. März 1958, in: Il Foro Italiano, Jahrgang LXXXIII, Teil II, Sp. 741.
3 Vergleiche das unveröffentlichte Urteil des 3. Strafsenats des Bundesgerichtshofs vom 27. November 1959, 9 StE 4/59 (Verurteilung nach § 100e Abs. 1 des Strafgesetzbuchs wegen »Beziehungen« zu »einer Einrichtung außerhalb des räumlichen Geltungsbereichs des Strafgesetzbuches«, die »die Mitteilung von Staatsgeheimnissen ... zum Gegenstand hatten«). Die Angeklagte war als Sekretärin beim Landesverband Oder-Neiße der CDU beschäftigt und hatte dem Ministerium für Staatssicherheit der DDR Informationen aus dem Parteibereich über Personen, Tagungen, Beschlüsse, Wahlvorbereitungen, Reisen und dergleichen mehr übermittelt. Solche Dinge, sagte das Gericht, stellten »für sich allein keine Staatsgeheimnisse« dar; die Angeklagte habe aber »in einer zentralen Stelle der Regierungspartei« gearbeitet, sei dadurch mit Personen zusammengekommen, »denen Staatsgeheimnisse bekannt sind«, und das Ministerium für Staatssicherheit habe damit rechnen können, »daß die Angeklagte im Laufe der Zeit in nachrichtendienstlich noch ergiebigere Stellungen aufrücken würde«. Mit der Verurteilung der Angeklagten wegen potentieller, nicht tatsächlicher Preisgabe von Staatsgeheimnissen benutzt der Bundesgerichtshof die Wand, hinter der das Gesetz Staatsgeheimnisse verwahren wollte, dazu, auch parteiinterne Vorgänge, die in einer Demokratie im weitesten Umfang publik sein sollten, mit einem Geheimnisschutz zu versehen, dessen Missachtung Gefängnis nach sich zieht.

In gewissem Umfang hält sich auch noch unsere Gesellschaft an die Unterscheidung zwischen *inimicus*, dem privaten Widersacher, und *hostis*, dem Feind des Gemeinwohls. Wenn private Konflikte von strafwürdigem politischem Handeln abgehoben werden sollen, hat diese Unterscheidung als Richtschnur ungefähr dieselbe Bedeutung, wie wenn man die objektiven Wesenszüge und Entwicklungstendenzen des Kapitalismus den persönlichen Eigenschaften der kapitalistischen Unternehmer gegenüberstellt. In der Praxis können beide Elemente ineinandergreifen und einander verstärken. Private Zwistigkeiten zwischen Menelaos und Paris wurden oft zu einem großen Troja-Feldzug aufgebauscht. Nicht immer bleiben die öffentlichen Folgen privater Feindschaften auf so Geringes beschränkt wie im Falle der Entrüstung Bismarcks über seinen allzu eigenwilligen Botschafter Harry von Arnim, der am Ende nicht mehr entsprungen ist als eine obskure strafrechtliche Klausel.[4] Ein Hochverratsdelikt machte der Tudor-König Heinrich VIII. aus dem Versäumnis der Königsgemahlinnen, den gekrönten Ehemann vom vorehelichen Verlust der jungfräulichen Tugend zu unterrichten.[5] Despotische Herrscher des Altertums legen ebenso wie politische Machthaber der Neuzeit, die in der psychologischen Atmosphäre des Einparteienstaates agieren, die Tendenz an den Tag, die Scheidewand zwischen privaten Erwägungen und öffentlichen Bedürfnissen je nach Bedarf zu überspringen, beiseite zu schieben oder zu beseitigen, ja schließlich beides unterschiedslos im Stile Hermann Görings ineinander übergehen zu lassen.

1. Die Anfänge

In all seiner Vielfalt und Verschiedenartigkeit spiegelt sich das wechselnde Schutzbedürfnis des Staates in der Geschichte der Staatsschutzgesetzgebung wider, wobei sich hinter dem Wort »Staat« wiederum die mannigfaltigsten Formen der öffentlichen Organisation verbergen können. Der griechischen Polis, der römischen *res publica*, dem feudalen König, dem Ständestaat, der absoluten Monarchie, den konstitutionellen Regimes des 18. und 19. Jahrhunderts, der Massendemokratie und der

---

4 Im Jahre 1876 eingefügter § 353a des Strafgesetzbuchs für das Deutsche Reich (»Arnim-Paragraph«). Karl Binding: Lehrbuch des gemeinen deutschen Strafrechts, Besonderer Teil, Zweiter Band, Zweite Abteilung, Leipzig, 1905, S. 495, nennt dies Bismarcksche Erzeugnis »ein häßliches und totgeborenes Gelegenheitsgesetz«.
5 The Statutes of the Realm. From Original Records and Authentic Manuscripts, printed by command of H. M. King George the Third in pursuance of an address of the House of Commons, Volume III, London, 1816, S. 859.

totalitären Massengesellschaft sind verschiedene Vorstellungen über ihr Verhältnis zum Volk eigen, und eben diese Vorstellungen finden ihren Niederschlag im Wesen und in der Gestalt der Gesetze zum Schutze des Staates. Wo schon in früheren Zeiten sozusagen inhaltliche Bestimmungen auftreten, sind sie Ausdruck der Notwendigkeit, konkrete Gefahrensituationen formelhaft festzuhalten: Da geht es um den Versuch der Königssöhne, sich des väterlichen Amtes zu bemächtigen, um die unerlaubte Tötung von Geiseln, um die Unterstützung des Feindes bei der Einnahme einer Festung. Der frühe römische Begriff der *perduellio* wurde, seit sich die Volkstribunen dieses Rechtsmittels bemächtigt hatten, zum Instrument für konkrete politische Situationen, vor allem zur Abwehr der Plebs- und Tribunenfeindlichkeit der Aristokratie.[6]

Wenn schon die Definition der *perduellio*, wie sie in die Sprache der späten römischen Gesetzgebung[7] eingegangen ist, das subjektive Element, den *animus* gegen die *res publica*, betonte, so wird der Begriff des *crimen laesae maiestatis*, der zum Teil *perduellio* verdrängt, erst recht zum Prototyp der Unbestimmtheit: Er umschließt jedwede öffentlich zum Ausdruck gebrachte feindselige Haltung gegenüber der *res publica* und ihrer Sicherheit. Kein Wunder, dass er sich, durch unzählige Detailbestimmungen ergänzt, aber nicht von ihnen abgelöst, über viele Jahrhunderte erhalten hat. Die besonderen Bedürfnisse der Machthaber, die nach Abhilfe in einer örtlich begrenzten oder vergänglichen Situation verlangen, treten nun in Konkurrenz mit den kautschukartigsten allgemeinen Formeln, die allen künftigen Bedarfsfällen Rechnung tragen sollen. Wird aber jede Handlung, die gegen die Lebensinteressen des Staatsgebildes verstößt, als politisches Verbrechen angesehen, so haben die Machthaber Blankovollmacht und können nach eigenem Gutdünken bestimmen, wo das Schutzbedürfnis des Staates anfängt und wo es aufhört. Im Gegensatz zum greifbaren und viel enger umgrenzten Tatbestand der Verstöße gegen das Eigentum und vor allem gegen die physische Sicherheit der Person besteht die Gefährdung des Staatsganzen oft in einer kaum fassbaren Beeinflussung zwischenmenschlicher Beziehungen in einem Sinne, der den Augenblicksinteressen der bestehenden Gewalten zuwiderläuft. Aber zumindest ist die behauptete Verletzung der Rechtspflicht, Bestimmtes zu tun oder zu unterlassen, Voraussetzung der Bestrafung.

---

6 Christoph Heinrich Brecht: Perduellio. Eine Studie zu ihrer begrifflichen Abgrenzung im römischen Strafrecht bis zum Ausgang der Republik, München, 1938, S. 191 ff.
7 Corpus iuris civilis, Iustiniani digesta. XLVIII, IV, 11.

Innerhalb des »vagen Umkreises mit mehr als einem Mittelpunkt«,[8] der die mannigfaltigsten Vergehen gegen die Inhaber der Macht umspannt, hatte der ursprüngliche historische Kern wohl primär mit dem Verhalten der Untertanen gegenüber dem äußeren Feind zu tun. Da ließ sich faktisches Verhalten nach den Regeln eines Treuepflichtkodex beurteilen, der sich weitgehend von selbst verstand und nicht viel Raum für Zweideutigkeiten ließ. Die scharfen Konturen verschwimmen jedoch sehr bald, wenn die Tatbestände über den ursprünglichen Inhalt der *proditio*, die unerlaubte Handlung oder Unterlassung vor dem Feind, hinausgehen. Welche psychologischen und politischen Äußerungen und Gebärden, die entlegene oder gar unübersehbare Konsequenzen nach sich ziehen können, gehören unterdrückt, weil sie sich auf die Geschicke der Machthaber nachteilig auswirken könnten?

Der zu erwartende Grad der Ergebenheit und Treue dürfte mit der Art der Beziehungen zusammenhängen, die zwischen den Loyalität heischenden Personen oder Institutionen und den zu Treue und Gehorsam Angehaltenen bestehen; seinerseits richtet sich der Charakter dieser Beziehungen unter anderem danach, ob die Organisation des politischen Gebildes lose oder engmaschig, fest gegliedert oder unstrukturiert ist. Mitunter gleicht die Feststellung dessen, was die Treueverpflichtung ausmacht, einem Kreisschluss: Nur weil sich gerade die Gelegenheit bietet, ein bestimmtes unerwünschtes Verhalten in Acht und Bann zu tun, kann ihm sehr leicht der Stempel der Treulosigkeit oder Staatsgefährdung aufgeprägt werden. Auch kann sich das Abwehrvermögen des Staatsgebildes in umgekehrtem Verhältnis zu seiner Schutzbedürftigkeit entwickeln: Unter Umständen wird einem Feudalherrn, der seinen König zum Kampf herausgefordert hat, mit endloser Geduld und Versöhnungsbereitschaft begegnet, während der kleine Untertan um Kopf und Kragen kommt, weil er sich die Weissagung hat einfallen lassen, König Johann werde um Himmelfahrt nicht mehr König sein.[9]

Ist staatstreues Verhalten damit vereinbar, dass man für politische Neuerungen eintritt? Im republikanischen Rom, meinte Mommsen, sei »der Versuch, die bestehende Staatsform zu ändern«, zulässig gewesen,

---

8 Frederick Pollock und Frederick William Maitland: History of English Law before the Time of Edward I, Band 2, Cambridge, 1895, S. 501.
9 Pollock/Maitland: Ebda., S. 505. Vergleiche auch Heinrich Mitteis: Politische Prozesse des frühen Mittelalters in Deutschland und Frankreich (Jahrgang 1926/27 der Sitzungsberichte der Heidelberger Akademie der Wissenschaften, Philosophisch-historische Klasse), Heidelberg, 1927, insbesondere den Bericht über den Prozess des Markgrafen Ekbert von Meißen, S. 41; über die Unbestimmtheit des fränkischen Infidelitätsbegriffes siehe Victor Ehrenberg: Commendation und Huldigung nach fränkischem Recht, Weimar, 1877, S. 116 f.

obschon diese Freiheit die Wiedererrichtung eines erblichen Königtums nicht einschloss; sie blieb ausdrücklich verboten.[10] Es ist möglich, dass die Treuepflicht gegenüber einer unpersönlichen Institution, zu der viele Unterinstitutionen gehören, einen größeren Spielraum für Veränderungen in diesen untergeordneten Bereichen gewährt als die Treuepflicht gegenüber einer herrschenden Person. Gilt die Treuepflicht einer Einzelperson, so kann es überaus gefährlich sein, die Grenze zwischen einer Einschränkung der Vorrechte des Herrschers und dem Versuch seiner Beseitigung zu überschreiten. Und dass der Historiker in bestimmten religiösen, gesellschaftlichen und politischen Strukturen die Lücken zu erkennen vermag, durch die in diese Gebilde politischer Wandel eingedrungen ist, bedeutet noch lange nicht, dass jedes Regime seinen Untertanen die Freiheit einräumt, sich für Neuerungen einzusetzen und auf ihnen zu beharren. Noch ein anderes kommt hinzu. Das Verlangen nach grundlegendem Wandel kann sich lange Zeit als sein Gegenteil präsentiert haben: sei es als Forderung nach verbürgter Freiheit des Vorgehens gegen Anschläge der Machthaber auf verbriefte politische Rechte und Positionen, sei es als Versuch, das Recht auf Widerstand gegen Übergriffe der Machthaber, das sich nie wirklich organisieren lässt, in eine organisierte Form zu bringen.

Scharfsinnige Versuche, die grundsätzliche Zulässigkeit politischer Veränderungen von der mit mancherlei Verboten bekräftigten Unzulässigkeit konkreter Mittel zu ihrer Herbeiführung abzugrenzen, sind Beschäftigungen der zweiten Hälfte des 18. und des 19. Jahrhunderts, gehören also schon dem Zeitalter des Konstitutionalismus an. In früheren Zeiten gelang es der Obrigkeit in der Regel, die Erörterung der Unvermeidlichkeit und Zulässigkeit von Neuerungen in erheucheltem Abscheu vor den zu ihrer Verwirklichung nötigen Mitteln zu ersticken. Von den Tagen der alten Griechen bis zum 18. Jahrhundert wurden Vergehen gegen den Staat in der unbestimmtesten Form belassen; zu ihnen zählte alles, was die jeweiligen Machthaber, sofern sie die Macht dazu hatten, auf diesen Nenner zu bringen für angebracht hielten. Als Staatsverbrechen konnten persönliche oder dienstliche Zwistigkeiten zwischen dem Souverän und seinen Beratern ebenso wie beliebige Verletzungen der fiskalischen Interessen des Staates behandelt werden. Das alles ging Hand in Hand mit dem festen Glauben daran, dass Vergehen gegen den Staat besonders verwerflich und verabscheuenswert seien und dass bei ihrer Verfolgung nicht nur keine besondere Sorgfalt in der Ermittlung

---

10 Mommsen: Römisches Strafrecht... (siehe oben Anmerkung 1), Viertes Buch, 1. Abschnitt, II, S. 550 f.

der Tatsachen nötig sei, sondern dass man auch umgekehrt, um sie ans Tageslicht zu bringen, Mittel anwenden dürfe, die bei anderen Straftaten nicht geduldet werden könnten. Richelieu, Kardinal und Staatsmann, machte sich zum Fürsprecher einer weitverbreiteten Übung, als er schrieb:»... obwohl die Rechtspflege in gewöhnlichen Angelegenheiten einen echten Beweis erfordert, {ist} es bei Angelegenheiten, die den Staat betreffen, anders..., denn in diesem Fall muß man manchmal das, was durch unabweisliche Vermutungen an den Tag kommt, für genügend geklärt halten... In solchen Situationen muß man manchmal mit der Vollstreckung beginnen, während sonst die Klärung der Rechtslage durch Zeugen und unanfechtbare Beweisstücke immer allem anderen vorangeht...; da auch im schlimmsten Fall der Mißbrauch, den man im Rahmen dieser Praxis treiben kann, nur für die Privaten gefährlich ist, deren Leben aber auf diese Weise nicht angetastet wird, bleibt diese Praxis auch dann noch statthaft, weil sich das Interesse dieser Privaten mit dem der Allgemeinheit nicht vergleichen läßt.«[11]

Das republikanische Rom ließ bei *maiestas*-Delikten die Zeugenaussage eines Sklaven, der gefoltert werden durfte, sowohl zugunsten als auch zuungunsten seines Besitzers gelten. Seit den Zeiten des Tiberius durften in Verfahren, bei denen es um die Verletzung der *maiestas* ging, auch Bürger der Folter unterworfen werden. Von der Werdezeit der westlichen Staaten im 13. Jahrhundert bis zur Mitte des 18. Jahrhunderts akzeptierten die Gerichte der Territorialherrscher ebenso wie die kirchlichen Gerichte die Folter als normalen Bestandteil des Untersuchungsverfahrens. (Heute sind solche Praktiken weniger allgemein oder weisen allenfalls ein offiziöses, kein offizielles Gepräge auf.) Zur Entwicklung der Inquisition hatte das brennende Interesse der Kirche an der Bekämpfung abweichender Glaubensvorstellungen Entscheidendes beigetragen.

In damaligen Zeiten erlegten sich die Machthaber, sofern ihre Interessen betroffen waren, bei der Festlegung und Anwendung der Normen nur minimale Beschränkungen auf, und wo Vorteile zu erlangen waren, wurde auf sie selten verzichtet. Landläufige Vorstellungen über die Förmlichkeit der rechtlichen Handhabung politischer Fälle in früheren Perioden stammen aus der ganz anderen Atmosphäre des 19. Jahrhunderts und müssen in die Irre führen. Politische Strafverfahren wurden oft im Handumdrehen abgewickelt, sofern nicht besondere politisch-taktische Erwägungen, die politische Position des Angeklagten oder die Stärkeverhältnisse unter den Prozessbeteiligten dagegen sprachen; so

---

11 Armand Du Plessis, Cardinal Duc de Richelieu: Maximes d'État, ou Testament Politique, Teil 2, Paris, 1764, S. 27 f.

war es jedenfalls bis zum 18. Jahrhundert: Bis dahin konnte ein Verteidiger kaum Einfluss auf die Prozessführung nehmen, und die Ladung von Zeugen, die zugunsten des Angeklagten aussagen könnten, wurde oft radikal beschnitten. In vielen Ländern wurden politische Fälle hinter verschlossenen Türen als geheime Staatssache erledigt; verhört, und bisweilen endlos verhört, wurde im geheimen, auch dort, wo es dem Staat auf größere Publizität ankam. Mochte der Widersacher der herrschenden Mächte ein Adliger sein, der im Verdacht stand, Ränke geschmiedet zu haben, um einen Personenwechsel an der Spitze herbeizuführen, oder ein Würdenträger, der in Ungnade gefallen war, oder ein gewöhnlicher Bürger, der sich an einem Zusammenschluss religiös Abtrünniger beteiligt hatte: Seine Aburteilung war eher Sache der Staatsräson als Sache der Rechtspflege. In der Regel war der Angeklagte besser beraten, wenn er sich darauf verließ, erhört zu werden, sobald er die Obrigkeit um Gnade anflehte, als wenn er sich darauf versteifte, seiner eigenen Interpretation des Verhaltens, das ihm vorgeworfen wurde, Gehör und Geltung zu verschaffen.

2. Zeitalter der Rechtsstaatlichkeit

In weitem Rahmen vollzog sich ein umwälzender Wandel im 18. Jahrhundert. Die erste Englische Revolution hatte es erreicht, dass dem Staatsbürger die Freiheit zugebilligt wurde, für seine beruflichen, besitzrechtlichen und auch – was allerdings zweifelhaft blieb – religiösen Interessen einzutreten.

Den Auftakt zu Englands Glorreicher Revolution von 1688 bildete der Freispruch der sieben Bischöfe, die Jakob II. aus Gewissensgründen den Gehorsam verweigert hatten. In seiner Schlussansprache an die Geschworenen gab sich Richter Richard Allybone, der den Prozess leitete, die größte Mühe, zwischen dem legitimen Interesse der Einzelperson und den Angelegenheiten des Staates, über die der Privatmann nicht zu befinden habe, eine klare Grenze zu ziehen: »Niemand«, schärfte er den Geschworenen ein, »darf sich anmaßen, gegen die tatsächliche Ausübung der Regierungsgewalt zu schreiben, sofern er keine Erlaubnis von der Regierung hat, sonst begeht er eine Verunglimpfung, möge das, was er schreibt, wahr oder falsch sein. Keine Privatperson darf sich anmaßen, über die Regierung zu schreiben, denn sind wir erst einmal dazu gekommen, die Regierung durch Diskussion in den Anklagezustand zu versetzen, so entscheidet die Diskussion darüber, ob sie die Regierung ist oder nicht die Regierung ist… Was hat denn ein Privatmann mit der

Regierung zu tun, wenn sein Interesse weder angefochten noch angetastet wird? ... Geht die Regierung daran, meine besonderen Interessen anzutasten, so steht mir der Rechtsweg offen, und ich kann auf dem Rechtsweg Abhilfe erlangen... Es ist Sache der Regierung, Angelegenheiten zu verwalten, die zum Regierungsgeschäft gehören, und es ist Sache der Untertanen, nur auf ihr Eigentum und ihre Interessen bedacht zu sein.«[12]

Der Richter hatte sich vergebens abgemüht: Die Geschworenen lehnten es ab, auf ihn zu hören. Dennoch blieb das Recht auf politische Abweichung – außer im Parlament – ein Gegenstand von Meinungsverschiedenheiten. Noch 1773 konnte Boswells Orakel erklären: »Kein Mitglied der Gesellschaft hat das Recht, eine Lehre zu verkünden, die dem, was die Gesellschaft für wahr hält, widerspricht. Der Richter, sage ich, kann mit dem, was er denkt, unrecht haben; aber solange er selbst glaubt, er habe recht, darf er und soll er das durchsetzen, was er für richtig hält.«[13]

Auch wenn die Grenzen des erlaubten politischen Andersdenkens weiterhin umstritten blieben, war der großen uneingezäunten Domäne der *maiestas*-Vergehen ein weiteres Stück Boden entrissen worden. Englische Gesetzgeber und Geschworenengerichte, der unsterbliche Beccaria und die Leuchten der deutschen akademischen Wissenschaft setzten sich einmütig für eine deutliche Scheidung ein: Von der grundsätzlichen Gegnerschaft zum bestehenden politischen Organisationsgebilde sollten, meinten sie, die zahlreichen geringeren Vergehen gegen die Staatsautorität (und auch gegen ihr generelles Interesse an der Aufrechterhaltung der öffentlichen Ordnung) unterschieden werden.[14] Die Französische Revolution, die dem politischen Menschen Freiheit brachte, indem sie ihm volle Teilnahme am politischen Leben zubilligte, bürdete dem Individuum neue Verpflichtungen auf: Sie verlangte von ihm Treue zu

---

12 Thomas Baily Howell (Hg.): A Complete Collection of State Trials and Proceedings for High Treason and Other Crimes and Misdemeanors from the Earliest Period to the Present Time, Band XII (1687 - 1696), London, 1812, S. 427. Vergleiche die Darstellung des Prozesses und seiner Vorgeschichte bei T. B. Macaulay: History of England from the Accession of James the Second, Kapitel VIII (in den deutschen Übersetzungen von Friedrich Bülau in Band 2, Leipzig, 1849, von Heinrich Paret in Band 3, Stuttgart, 1850, von Wilhelm Beseler in Band 3, Braunschweig, 1854).

13 James Boswell: Life of Johnson, Band II, London: Routledge & Sons, ohne Jahr {1890}, Kapitel VII {1773}.

14 Schon 1610 hatte diese Unterscheidung Farinacius (Prospero Farinacci) vorgeschwebt, ohne dass er versucht hätte, sie systematisch anzuwenden; vergleiche Johannes Martin Ritter: Verrat und Untreue an Volk, Reich und Staat, Ideengeschichtliche Entwicklung der Rechtsgestaltung des politischen Delikts in Deutschland bis zum Erlass des Reichsstrafgesetzbuchs (Schriften der Akademie für Deutsches Recht, Gruppe Strafrecht und Strafverfahren, Nr. 12), Berlin, 1942, S. 244, Anmerkung 423.

den jeweiligen politischen Visionen der Mehrheit und Wohlverhalten gegenüber den entsprechend interpretierten Sicherheitserfordernissen des Staates. Zum Wirbel des Revolutionsgeschehens musste wenigstens ein gewisser, wenn auch noch so kleiner Abstand gewonnen werden, ehe sich ein noch so labiler Ausgleich zwischen politischer Freiheit und Ansprüchen der Staatssicherheit herstellen ließ.

Dazu boten einige Prozesse Gelegenheit, die zu den englischen Nachwehen der Französischen Revolution gehörten. An manchen Stellen war die Umgestaltung des englischen politischen Systems nach dem revolutionären Vorbild Frankreichs befürwortet worden; eine bewegte Diskussionskampagne hatte sich angeschlossen. Wegen Teilnahme an dieser Kampagne stand 1794 Thomas Hardy unter der Anklage des Hochverrats vor Gericht. Sein Verteidiger Thomas Erskine, später einmal Lordkanzler, versuchte, dem Gericht die Anerkennung des Menschenrechts auf Umänderung der gesellschaftlichen Verfassung abzuringen, war aber damit nicht an den richtigen Richter gekommen: Sir James Eyre legte den Geschworenen eine wesentlich andere Maxime nahe. Bedächtig sagte er in seiner Schlussansprache: »Erneut wurde hier die Überlegung vorgetragen, daß die Menschen das Recht haben, ihr Regierungssystem zu ändern. Diese These mag unter bestimmten Umständen richtig sein. Sie hätte aber nicht einem Gerichtshof unterbreitet werden dürfen, der verpflichtet ist, das Gesetz der bestehenden Staatsordnung anzuwenden und nicht zu dulden, daß ihm Neuartiges unterlegt werde... {Diese These} ist nur dazu angetan, das Denken der Menschen zu verwirren, das Verlangen nach Neuerungen hervorzurufen und alle Regierungsfundamente zu erschüttern.«[15]

Ganz sicher war, wie man sieht, der Richter seiner Sache nicht. Seine nicht ganz logische Vorstellung, dass das Recht auf politische Neuerungen bedingt akzeptabel, das Gericht jedoch außerstande sei, sich darauf einzulassen, fand bei den Geschworenen keine Gegenliebe: Hardy wurde freigesprochen.[16]

Das 19. Jahrhundert, das mit Angstreaktionen auf die Französische Revolution begonnen hatte, zeigte sich dennoch denen gegenüber, die von der geltenden politischen und sozialen Norm abwichen, in zunehmendem Maße nachsichtig. Und keineswegs insgeheim oder auf Umwegen. Das Recht der Menschen, die Grundlagen der bestehenden

---

15 Howell: A Complete Collection of State Trials... (siehe oben Anmerkung 12), Band XXIV, London, 1818, S. 1371.
16 Er hätte verurteilt werden können, wenn sich die Anklagebehörde weise Zurückhaltung auferlegt und ihn nur des Aufruhrs angeklagt hätte; siehe William H. Holdsworth: History of English Law, Band XIII, London, 1952, S. 163.

politischen Gebilde in Zweifel zu ziehen, wurde nach und nach, wenn auch bisweilen in unsteten Sprüngen, offen anerkannt.

Der Oberflächenanblick des Strafgesetzes vermittelt dabei nicht immer die richtige Sicht. So war in England im 19. Jahrhundert das Verratsgesetz Eduards III. aus dem Jahr 1351 immer noch in Kraft. Es musste mit jüngeren Auslegungsbestimmungen und mit einer neuen Aufruhrgesetzgebung konkurrieren; für Zwecke der politischen Strafverfolgung ließ sich freilich die altertümliche Waffe der Verratsanklage besser verwenden als die neueren Gesetze. Über die Handhabung des Verratsgesetzes in der Gerichtspraxis hat Sir James Stephen, selbst ein führender Strafrechtspraktiker und ein hervorragender Kenner der englischen Strafjustiz, mit trockener Ironie geschrieben: »Der Gesamteffekt des Ganzen ist, daß das so viel gepriesene Gesetz ein ungehobeltes und stümperhaftes Werk ist, das ebenso viele Fragen aufgeworfen hat, wie es gelöst haben kann, und das sich nur dann als erfolgreich erwies, wenn es nicht angewandt zu werden brauchte. Von der einen Partei wurde es gepriesen, weil sich seine Bestimmungen nicht auf verräterische Verabredungen und Verbindungen bezogen, und von der anderen, weil ihr das gefiel, was sich, wie sie feststellte, auf Grund dieses Gesetzes an gekünstelten Konstruktionen hervorbringen ließ. Die Tatsache, daß das Gesetz seit 530 Jahren in Kraft ist, zeigt, wie mir scheint, nur die äußerste Gleichgültigkeit des Publikums gegenüber der Art, wie die Gesetze, die es angehen, abgefaßt sind, ebenso wie die Anhänglichkeit des Juristenberufs an Formulierungen, die seit langem in Gebrauch sind und denen man einen gemachten Sinn beilegt. Sehen wir aber davon ab, wie das vorliegende Ergebnis zustande gekommen ist, und wenden wir uns diesem Ergebnis selbst zu, so läßt es sich, meine ich, nicht als übel bezeichnen, außer insofern, als der Begriff des Kriegführens {›gegen den König in seinem Reich‹ nach dem Wortlaut von 1351} in so weitem Sinne ausgelegt worden ist, daß auch große auf ein politisches Ziel gerichtete Unruhen darunter verstanden wurde.«[17]

Sowohl in England als auch in den Vereinigten Staaten, wo die gegen Ende des 18. Jahrhunderts wiederbelebte Aufruhrgesetzgebung[18] auf Bundesebene nur von begrenzter Lebensdauer war, lag der Bestrafung von Verrat und Aufruhr eine unvorstellbar weite Definition der Delikte

---

17 James Stephen: A History of the Criminal Law of England, Band II, London, 1883, S. 283.
18 Eine ausführliche Darstellung des kläglichen Verlaufs dieses kurzlebigen Vorspiels zur späteren amerikanischen Aufruhrgesetzgebung findet sich bei James Morton Smith: Freedom's Fetters. The Alien and Sedition Laws and American Civil Liberties (in der Schriftenreihe: Cornell Studies in Civil Liberties), Ithaca, New York, ohne Jahr {Copyright 1956}, insbesondere S. 159 ff.

zugrunde. Überwiegend sah indes die Praxis anders aus: Rechtsdenken und Rechtsprechung der angelsächsischen Länder konzentrierten sich in den hundert Jahren von Waterloo bis zur Marne-Schlacht auf ergiebigere und verheißungsvollere Gebiete.[19]

Auf dem europäischen Kontinent richtete das juristische Denken des 19. Jahrhunderts seine Energien auf die Demontage der traditionellen *perduellio*- und *maiestas*-Vorstellungen. Unter dem mächtigen Einfluss der Aufklärungsströmungen bemühte man sich um die gegenseitige Abgrenzung der einzelnen im Komplex der »Staatsverbrechen« enthaltenen Bereiche, während vordem die Aufzählung der verschiedenen möglichen Situationen eher dazu gedient hatte, die weite Ausdehnung dieser Deliktsphäre zu veranschaulichen als sie zu begrenzen.[20] Nunmehr neigte man immer mehr dazu, den gewaltsamen Sturz der verfassungsmäßigen Ordnung, Verbrechen also gegen die innere Sicherheit des Staates,[21] von der Gefährdung seiner äußeren Sicherheit, von der Beschädigung seines militärischen oder diplomatischen Schutzpanzers zu unterscheiden. Außerdem wurden diese beiden Typen von Delikten vom verbleibenden Inhalt des *maiestas*-Begriffes abgegrenzt, der für beleidigende Angriffe oder tätliche Anschläge auf die Person des Monarchen (manchmal auch auf Mitglieder des Herrscherhauses oder Regierungsangehörige) beibehalten wurde.

Eindeutig kam die Trennung der Verbrechen gegen den Fürsten von anderen politischen Delikten, die sich bereits in Preußens Allgemeinem Landrecht von 1786 (1794 in Kraft gesetzt) abgezeichnet hatte, im Code Napoléon zum Ausdruck, der der revolutionären Gesetzgebung von 1791 den letzten Schliff gab. Eine weitere Verfeinerung fand das neue Prinzip in den Schriften Anselm Feuerbachs. Auf Bemühungen um die gesonderte Klassifizierung der verschiedenen Kategorien politischer Delikte folgten schließlich Vorstöße gegen die wiederholten Versuche der Regierenden, die Gerichte für den Abwehrkampf gegen den Vormarsch »umstürzlerischer« Ideen zu mobilisieren. In seinen vielgelesenen Schriften *Des Conspirations et de la Justice politique* (1821) und *De la Peine de Mort en*

---

19 Über die Entwicklung der Verratsgesetzgebung in den Vereinigten Staaten siehe Willard Hurst: »Treason in the United States«, in: Harvard Law Review, Jahrgang LVIII, S. 226-272 (Heft 2, Dezember 1944), S. 395-444 (Heft 3, Februar 1945) und S. 806-857 (Heft 6, Juli 1945). Sogar in der äußersten Notlage der Bürgerkriegszeit zeigte die amerikanische Rechtsprechung ein nicht geringes Geschick darin, Landesverratskonstruktionen aus dem Wege zu gehen; siehe James Garfield Randall: Constitutional Problems under Lincoln, neubearbeitete Auflage, Urbana (Illinois), 1951, S. 91.
20 Zum Teil lässt sich diese Entwicklung an Hand der Darstellung von Ritter: Verrat und Untreue... (siehe oben Anmerkung 14), verfolgen.
21 Seit Ende des 19. Jahrhunderts als Hochverrat bezeichnet und damit – wenigstens im deutschen Sprachbereich – auch terminologisch vom Verrat an der äußeren Sicherheit des Staates abgehoben.

Mutière politique (1822) warnte namentlich François Guizot, Historiker, Staatsbeamter und später Minister Ludwig Philipps, die Inhaber der Regierungsgewalt davor, die eigene Führungsaufgabe mit der ganz andersartigen Aufgabe der Gerichte zu vermengen, die darin bestehen sollte, konkrete Beschuldigungen aus Anlass strafbarer Handlungen – nicht aus Anlass anstößiger Meinungen – zu prüfen. Zunehmend regelte die rechtsstaatliche Ordnung die Ausübung der politischen Macht, und als strafbar wurden vorwiegend nur noch Handlungen angesehen, die einen gewaltsamen Angriff auf die Gesamtstruktur dieser Ordnung darstellten.

Unter einer Voraussetzung wird somit die Umgestaltung der verfassungsmäßigen Ordnung zum legitimen Vorhaben: Zur Erreichung des angestrebten Ziels dürfen ausschließlich legale Mittel angewandt werden. Schon im 19. Jahrhundert wurde politischen Gruppierungen in größerem Maße erlaubt, sich auf eine totale Umwandlung der bestehenden Ordnung zu orientieren. Solange sie sich an die vorgeschriebenen Mittel der Neugestaltung hielten und sich nicht in den Bannkreis der Gewalt hineinziehen ließen, wurde der Ummünzung der Gedanken in Propaganda ein gewisses Maß an Freiheit gewährt. Die neue Art der Behandlung politischer Verbrechen wurzelte in der Vorstellung von der Verfassung als Vertrag, wie sie sich über Kant und Rousseau bis Feuerbach fortgepflanzt hatte; sie wurde kaum angefochten.

In dem Maße, wie die Regierungsgeschäfte zur legitimen Angelegenheit der Allgemeinheit werden, fangen die Gerichte an, einen Unterschied zwischen erlaubten Methoden der Opposition und strafbaren, an Gewalt grenzenden Handlungen und Äußerungen zu machen. Sogar ein gegen die Sache der Angeklagten besonders voreingenommener Richter wie der Irenfeind Pennefather, unter dessen Vorsitz 1843 in Irland Daniel O'Connell und Genossen unter der Beschuldigung der Teilnahme an einer aufrührerischen Verbindung abgeurteilt wurden, sprach den Rebellierenden nicht grundsätzlich das Recht ab, radikale politische Neugestaltungsideen zu erörtern und sich in Eingaben an Königin und Parlament für sie einzusetzen;[22] und im englischen Oberhaus wurde die Verurteilung O'Connells von den richterlichen Mitgliedern mit einer Mehrheit von drei liberalen gegen zwei konservative Stimmen aufgehoben.[23] Was meistens umstritten bleibt, ist die Grenze zwischen legaler

---

22 Siehe die Schlussansprache Pennefathers an die Geschworenen in John E. P. Wallis (Hg.): Reports of State Trials, N.F., Band V, London, 1893, S. 622 (Queen v. O'Connell and others); vergleiche Robert Brendan McDowell: Public Opinion and Government Policy in Ireland, 1801-1846 (Studies in Irish History, Band V), London, o. J. (Copyright 1952).

23 Betont wurde das Fehlen »spezifischer Straftaten«, und außerdem bemängelten die *law lords* Unregelmäßigkeiten bei der Aufstellung der Geschworenenliste; siehe McDowell: a.a.O., S. 94.

Propaganda und nicht-gewaltsamen Bemühungen um die Errichtung eines neuen Regierungssystems, mit denen die bestehende Ordnung so unter Druck gesetzt wird, dass sie im Endeffekt zusammenstürzen kann. Diese Grenze war schon bei der Chartistenpropaganda fraglich. Anders als unter den irischen Rebellen ließ sich unter der bunt zusammen gewürfelten Menge der Chartisten keine strenge Disziplin durchsetzen, und die Vieldeutigkeit ihres Programms, die einerseits auf geistige Konfusion, anderseits auf taktische Entscheidung zurückging,[24] kam den Angeklagten auch vor Gericht nicht zustatten.[25] Blickt man allerdings auf die Dinge von der Warte des 20. Jahrhunderts aus zurück, so tritt besonders anschaulich die nachsichtige Geduld hervor, mit der die englische Regierung die Chartisten mit ihrer Agitation und den daraus erwachsenden Unruhen gewähren ließ.[26] Die im 19. Jahrhundert gezogene Toleranzgrenze mutet den heutigen Beobachter unwahrscheinlich großzügig an.

Viel ernster wurde der als Bedrohung der äußeren Sicherheit des Staates angesehene Verrat genommen. Sofern die Schuldigen fremde Staatsangehörige waren, wurde er oft, wenn auch nicht durchgängig, als Spionage bezeichnet und behandelt. Landesverrat in diesem Sinne traf nicht eine bestimmte verfassungsmäßige Ordnung, deren Umgestaltung bei der nächsten Wendung des politischen Geschicks oder mit dem Anbruch eines neuen Stadiums der gesellschaftlichen Entwicklung fällig sein mochte. Landesverrat bedrohte die Existenz des politischen Gesamtgebildes, nicht die vergängliche und wandelbare Form des Staatswesens, sondern den Nationalstaat selbst, und unterlag entsprechend schwerer Bestrafung.[27]

Seit sich der Nationalstaat als die endgültige Form der politischen Organisation der Gesellschaft durchgesetzt hatte, wurde Einvernehmen mit dem Feind mit den Merkmalen der schlimmsten aller Todsünden ausgestattet, wie sich beispielhaft in der Dreyfus-Affäre gezeigt hat. Umgekehrt wurden Politiker wie Boulanger oder Déroulède, die ja nur

---

24 Vergleiche Mark Hovell: The Chartist Movement, edited and completed by T. E. Tout, London/New York, 1918.
25 Das zeigte sich vor allem im berühmten Fall der Bull-Ring-Versammlung in Birmingham 1839; siehe *Queen v. Collins* in John Macdonell (Hg.): Reports of State Trials, N.F., Band III, London, 1891, S. 1150.
26 Vergleiche F. C. Mathers: »The Government and the Chartist«, in: Asa Briggs (Hg.): Chartist Studies, London, 1919, Kapitel XII, S. 372-405, insbesondere 384, 395.
27 Das italienische Strafgesetzbuch von 1889 (als Kodex Zanardelli bekannt) hebt diese Unterscheidung hervor, indem es im Rahmen des Abschnitts, der sich mit Verbrechen gegen die Staatssicherheit befasst, zwei Komplexe, *delitti contro la patria* und *delitti contro i poteri dello stato*, gesondert behandelt; zitiert nach: Progetto del Codice Renale per il Regno d'Italia, presentato alla Camera dei Deputati, Rom, 1888, S. 258 und 268.

Komplotte schmiedeten, um sich in den Besitz der Macht zu setzen, eher als Gestalten aus einer komischen Oper behandelt. So wurde Déroulède, damals Führer der rechtsradikalen Patriotenliga, nach seinem missglückten Versuch von 1899, den General Roget zum Marsch auf den Elysée-Palast zu bewegen, lediglich eines Vergehens angeklagt und dementsprechend von einem Schwurgericht abgeurteilt. Vergebens verlangte er, wegen versuchten Umsturzes vor die Haute Cour gestellt zu werden. Erst nachdem er von den Geschworenen freigesprochen worden war, versuchte die Regierung, die Haute Cour für zuständig zu erklären, hatte jedoch damit keinen Erfolg.[28] Prinzipiell hatten sich im 19. Jahrhundert der Liberalismus und der Nationalismus als Partner zusammengefunden und als einzig denkbare Daseinsform des politischen Gebildes den nach außen abgegrenzten Nationalstaat aus der Taufe gehoben. Damit war aus der Freiheit eine eingehegte Bahn geworden, auf der man sich innerhalb der Schranken der nationalen Ordnung zu bewegen hatte.

Strafbestimmungen gegen die Verunglimpfung des gekrönten Herrschers wurden beibehalten oder durch neue Bestimmungen zum Schutze des ungekrönten Staatsoberhauptes ersetzt. Jedoch galt der Schutz jetzt mehr der öffentlichen Funktion als der Person des Herrschers; das Gesetz behütete die personifizierte Staatsautorität, nicht mehr das symbolische Bild einer von Vertretern der göttlichen Macht gesalbten Majestät.[29] Im Verlauf des 19. Jahrhunderts erfuhr dieser weniger bedeutende Teil des Schutzpanzers der Staatsgewalt häufigere und heftigere Angriffe als alle anderen Bestandteile der staatlichen Rüstung. Da die Institution, die da geschützt wurde, die konstitutionelle Monarchie, besonders empfindliche Schwächen aufwies, konnte es wohl kaum anders sein.

Strafverfolgungen wegen Majestätsbeleidigung gab es noch in Hülle und Fülle in Ländern, an deren Spitze konstitutionelle Monarchen standen; in Deutschland allein wurden 1894 622 solche Fälle, 1904 noch 275

---

28 Vergleiche P{olydore-Jean-Étienne} Fabreguettes: Traité des Délits politiques et des Infractions par la parole, l'écriture et la presse, Band 2, Nr. 407, Paris, 1901, S. 745 ff.
29 Vergleiche Albert Friedrich Berner: Lehrbuch des deutschen Strafrechts, 15., verbesserte und vermehrte Auflage, Leipzig, 1888, S. 362 ff. Über die außerordentliche Schärfe der überaus persönlichen Angriffe auf die französischen Präsidenten und Regierungschefs in den neunziger Jahren und die Erfolglosigkeit ihrer Verfolgung vor Geschworenengerichten berichtet eingehend Maurice Garçon: Histoire de la Justice sous la IIIième République, Band 3: La Fin du Régime, Paris, 1957. Seitdem sind sowohl die Beleidigungsdelikte als auch die gesamte gerichtliche Überwachung der Druckerzeugnisse der Zuständigkeit der Schwurgerichte entzogen und den Tribunaux Correctionnels, denen keine Laienbeisitzer angehören, übertragen worden; vergleiche Roger Pinto: La Liberté d'Opinion et d'Information. Contrôle juridictionnel et contrôle administratif, Paris, ohne Jahr {1955}, S. 182 f.

Fälle registriert.[30] Das ergab sich aus der Struktur der Staatsform. Angriffe auf Kabinette, die dem Parlament nicht verantwortlich waren und nicht den Willen einer Parlamentsmehrheit repräsentierten, trafen automatisch die Person oder Institution, der es oblag, das Kabinett einzusetzen. Und jedes Mal wenn es vor Gericht verteidigt werden musste, wurde das Prestige der Monarchie von neuem heftig angenagt. Es machte nicht viel aus, dass der Wahrheitsbeweis für die beleidigenden Äußerungen nicht angetreten werden durfte[31] oder dass die Aburteilung der Majestätsbeleidiger durch Geschworenengerichte mit allen Mitteln verhindert wurde.[32] Mochte das Gericht aussehen, wie es wollte: Die Öffentlichkeit der Verhandlungen gestattete eine weithin publizierte Kritik an der Regierung. Von der Parlamentstribüne aus hätte sie nicht wirksamer vorgetragen werden können.

Angesichts der rückläufigen Welle der Verbrechen gegen den Staat mochte die Flut der Strafverfolgungen wegen Beleidigung des gekrönten Herrschers wie eine Anomalie anmuten. Was sich in ihr widerspiegelte, war die charakteristische Tatsache, dass die politische Welt des ausgehenden 19. Jahrhunderts auf die Mängel und Gebrechen der mitteleuropäischen Verfassungssysteme mit Sanftmut, ja fast mit verspielter Duldsamkeit reagierte.

3. Staatsschutz in der Gegenwartsgesellschaft

Im ganzen gesehen hat das System des eingeschränkten, unentschlossenen und von Gewissensbedenken belasteten Staatschutzes, wie es sich im 19. Jahrhundert kundgetan hatte, den ersten Weltkrieg, die symbolische Grenzscheide zwischen dem sterbenden Zeitalter des konstitutionellen Liberalismus und der turbulenten neuen Epoche der Massendemokratie und der totalitären Herrschaft, nicht überlebt. Die Revolution in Russland hat – anders als ihre französische Vorgängerin im

---

30 Karl Birkmeyer und Fritz von Calker (Hg.): Vergleichende Darstellung des deutschen und ausländischen Strafrechts. Vorarbeiten zur deutschen Strafrechtsreform. Besonderer Teil, Band I, Berlin, 1906, S. 587.
31 Justus Olshausen {Senatspräsident am Reichsgericht}, Kommentar zum Strafgesetzbuch für das Deutsche Reich {zuerst 1879 - 1883}, Band I, 8., umgearbeitete Auflage, Berlin, 1909, Teil II, Abschnitt 2, Erläuterungen zu § 95, S. 405.
32 Der Justizminister der österreichischen Monarchie, der renommierte Strafrechtslehrer Julius Glaser, Kleine Schriften zum Strafrecht, 2., umgestaltete Auflage, Wien, 1883, S. 805 f., meinte allen Ernstes, Majestätsbeleidigungsverbrechen dürften – ähnlich wie Gotteslästerungsdelikte – nicht als politische Straftaten angesehen werden und müssten demnach der Zuständigkeit der Schwurgerichte entzogen bleiben.

18. Jahrhundert – nicht eine fünfzigjährige Ära der Konsolidierung, Restauration und Befriedung eingeläutet. Von ihr und ihren Ausläufern wurde – mochte sie siegen oder Niederlagen erleiden, mit Unbehagen geduldet oder von den wütenden Gegenschlägen des Faschismus und des Nationalsozialismus getroffen werden – allen zum Schutz der bestehenden Staatsgebilde unternommenen gesetzgeberischen Bemühungen des Zeitalters ein unauslöschlicher Stempel aufgeprägt. Die Staatsschutzgesetzgebung der Gegenwart weist aber auch andere, nicht minder kennzeichnende Geburtsmale auf: Unverkennbar sind die Spuren, die die wechselvollen Schicksale des nationalstaatlichen Gebildes, sein endgültiges Reifen, sein Niedergang und seine fortschreitende Zersetzung, hinterlassen haben.

Was die Staatsräson des 18. Jahrhunderts zu einer wirksamen Maxime politischen Handelns hatte werden lassen, war die allgemein akzeptierte Daseinsvoraussetzung, wonach die Bevölkerung jedes einzelnen Staates von der Bevölkerung aller anderen Staaten nahezu völlig abgeriegelt war und in diesem Zustand auch belassen werden sollte. Für die aristokratischen Regierungen, die sich in ihren Herrschaftsgebieten sicher fühlten, waren die zwischenstaatlichen Beziehungen eine berechenbare Sache, die ihrem Wesen nach außerhalb der Reichweite innerer Konflikte lag; es bestand nicht die Gefahr, dass das Volk in die Jagdgehege der Regierenden einbrechen könnte.[33] Die Ausweitung des Verkehrs und der Verbindungen über die Staatsgrenzen hinweg, das eigentliche Wahrzeichen des industriellen Zeitalters, kündigte einen Wandel schon zu der Zeit an, da die Nationalstaaten entstanden und sich konsolidierten. Unmittelbar berührte das allerdings noch nicht die Bindung des Staatsbürgers an die Nationalgebilde, die aus der mühevollen Arbeit der Bürokratie, den ideologischen und materiellen Bedürfnissen der Mittelschichten und den Sehnsüchten und Hoffnungen der bis dahin in das staatliche Dasein nicht eingegliederten Massen hervorgegangen waren. Wirkliche Zweifel an der Existenzberechtigung des Nationalstaats brachten erst in der zweiten Hälfte des 19. Jahrhunderts die Jünger Marx' und Bakunins auf; dass ihre drohenden Gesten nicht sehr ernst zu nehmen waren, zeigte dann später das klägliche Versagen der Zweiten Internationale.

Der erste Weltkrieg bezeichnete den Gipfelpunkt der nationalstaatlichen Entwicklung. Seit den ersten Nachkriegsjahren ist der Weg des Nationalstaats mit Zweifeln und Ängsten gepflastert. Die neue Welt,

---

33 Vergleiche Friedrich Meinecke: Die Idee der Staatsräson in der neueren Geschichte, Zweites Buch, München/Berlin, 1924, Fünftes Kapitel: »Friedrich der Große«.

die keine Entfernungen kennt, erlaubt es weltweiten Interessengruppierungen und politischen Bewegungen, sich dem Wirkungsbereich der nationalen Rechtsordnung zu entziehen. Indes höhlen die organisierten Interessen die nationalen Bindungen nur in einer begrenzten, hauptsächlich wirtschaftlichen Ebene aus; von papiernen Projekten abgesehen, haben sie davon Abstand genommen, neue, überstaatliche Treueverpflichtungen zu begründen. Die internationale Partei oder die internationale Bewegung streckt ihre Arme nach weiter gespannten Zielen aus.

Das faschistische Eroberungsprogramm mit dem Aushängeschild einer »Neuen Ordnung«, das einen zugegebenermaßen ethnozentrischen Imperialismus kaum verhüllte, hat die Dämme und Deiche des Nationalstaates und seinen Monopolanspruch auf patriotische Treue so beschädigt, dass sie nicht wieder instand gesetzt werden können; die staatlich begrenzte »Nation« erlag der biologischen »Rasse« mit ihren im operativen Interesse einer Weltreichsstrategie je nach Bedarf neu zu ziehenden Demarkationslinien. Mit noch größerer zerstörerischer Gewalt hat der Universalitätsanspruch der Kommunisten die souveräne Hoheit des Nationalstaats getroffen.

Bewegungen solcher Art erheben, sobald sie an der Macht sind, Anspruch auf bedingungslosen Gehorsam. Und obgleich sie darauf aus sind, die einengenden Eigentümlichkeiten des Nationalstaates zu zerschlagen, hat ihr eigener Expansionsdrang mächtige Gegenantriebe innerhalb und außerhalb ihrer Herrschaftssphäre hervorgebracht, die der Anhänglichkeit der Staatsbürger an ihre jeweiligen Staatsgebilde neue Kraft geben, ganz gleich, ob diese Staatsgebilde dem Begriff »Nation« im Sinne der politischen Philosophie des 19. Jahrhunderts Genüge tun oder nicht. Das Staatsgebilde als solches ist heute die Verkörperung des Nationalen, der das Individuum patriotische Hingabe schuldet; das gilt für das totalitäre Imperium, in dem eine Herrennation über eine Anzahl untergeordneter Nationen herrscht, ebenso wie für einen aus vielen Nationen bestehenden Bundesstaat oder für überlebende Exemplare der alten Nationalstaatsgattung.

Einförmig ist das Bild allerdings ganz und gar nicht. Je größer der Bereich der noch verbleibenden nationalen Aktionsfreiheit, um so größeren Einfluss behalten nationale Bindungen auf das Denken und auf einzelne politische Bewegungen, umso weniger schrumpft das Nationale zum traditionellen Hilfsmittel für den territorialen Umbau von Staatsgebilden zusammen. Aber auch dort, wo – wie etwa in Westeuropa – nationale Bindungen an Bedeutung verlieren, weil neue Mittelpunkte überstaatlicher Zusammenfassung bestimmter gesellschaftlicher

Lebensbereiche entstehen und die Interessenrichtung neue Brennpunkte bekommt, sind neue Symbole noch lange nicht in vollem Umfang an die Stelle der alten nationalen getreten.[34] Die Folge ist eine eigenartige Übergangsperiode, die sowohl den nach festen neuen Bindungen Suchenden als auch denen, die die zerfaserten alten zusammenflicken und verstärken sollen, viel zumutet.

Obschon der Staat nach wie vor im Mittelpunkt des staatsbürgerlichen Bezugssystems steht, überschreiten heute einzelne Staatsbürger in stets wachsender Zahl – sei es in Geschäften, sei es aus Familiengründen, sei es als Touristen – die Landesgrenzen; diplomatische, wirtschaftliche und technische Agenten der internationalen Zusammenarbeit oder des internationalen Umsturzes müssen ohnehin im überstaatlichen Rahmen operieren. Doch sind das kleine Gruppen. Überdies werden die international tätigen Personen dem übernationalen Bereich oft nicht mit dem Auftrag zugeteilt, neue, internationale Bindungen zu begründen, sondern viel eher mit dem eindeutigen Auftrag, die alten nationalen Treueverpflichtungen zum Ausdruck zu bringen, zu vertreten oder zu propagieren. Ihrerseits haben die Volksmassen, sofern sie überhaupt in die Sphäre politischen Handelns hineingezogen werden, auf Umwegen stärkere patriotische Zugehörigkeitsgefühle entwickelt. Ihre Organisationen identifizieren sich mit der nationalen Sache und verschaffen sich damit eine wirksame Möglichkeit, den Druck der Massen gegenüber dem nationalen Staatsgebilde geltend zu machen und zugleich den Zusammenhalt ihrer Mitgliedschaft zu festigen. Das erhöht sowohl ihr eigenes Prestige als auch das Prestige der Massen, in deren Namen sie sprechen. Nationalstolz und nationale Bestrebungen dienen als bequemer Hebel zur Einflussnahme auf das Regierungspersonal und auf die ständig wachsenden Sozialdienste, die der Staat organisiert.[35]

Internationale Vereinbarungen über die Herstellung, Normung und Verteilung zahlreicher Waren – von Rüstungen bis zur Unterhaltung – können die Substanz des nationalen Lebens, namentlich in kleineren Ländern von minderem politischem Rang, zunehmend verarmen lassen. Aber internationale Einflüsse erreichen den letzten Verbraucher und Steuerzahler nur über das nationale Medium. Als Antrieb

---

34 Besonders anschaulich ist die Zweideutigkeit einer Situation, in der die alten Werte zerfallen und neue Werte sich noch nicht durchgesetzt haben, von Ernst B. Haas: The Uniting of Europe. Political, Social and Economic Forces, 1950 - 1957, Stanford (Californien), 1958, insbesondere S. 352 ff., herausgearbeitet worden.

35 Morton Grodzins: The Loyal and the Disloyal: Social Boundaries of Patriotism and Treason, Chicago, 1956; namentlich in Kapitel 2 (S. 20-39) werden die Komponenten der nationalen Treuehaltungen untersucht.

zu politischem Handeln bedeutet der Patriotismus zwar nicht mehr übermäßig viel, aber er erweist sich immer noch als taugliches Fundament für die Gesetzgebung zum Schutze des Staates. Gerade im Wettstreit mit den neuen staatlichen Kristallisationskernen von Treuebindungen und Treueverpflichtungen hat diese einzelstaatliche Gesetzgebung ihre Reichweite sprunghaft und ruckweise ausgedehnt. (Bindungen an die katholische Kirche, die in früheren Zeiten schwerer wogen als patriotische Pflichten, haben einen wesentlichen Wandel durchgemacht: Der übernationale Geltungsanspruch der Kirche ist insofern schwächer geworden, als ihre nationale Hierarchie in der Gegenwart entscheidend daran interessiert ist, sich den in der Demokratie geltenden Bedingungen organisierten Handelns anzupassen; solange die Kirche im gerade herrschenden System nicht einen grundsätzlichen Gegner des Gesamtkomplexes ihrer Glaubensvorstellungen und Integrationsmittel sieht, operieren ihre nationalen Einheiten in einem Rahmen, der in vielem dem Tätigkeitsrahmen der interessenorientierten Pressionsgruppen gleicht.)

Der Schutzpanzer des Staates wird, welche Struktur das einzelne Staatsgebilde auch haben möge, immer vielschichtiger und härter. Um sich den Wandel zu vergegenwärtigen, braucht man nur den hektischen Geist der heutigen Vorkehrungen für die Staatssicherheit mit der ruhigen Gelassenheit zu vergleichen, mit der vor dem ersten Weltkrieg in Kreisen der Regierungsbürokratie über geplante, aber nie verwirklichte Kampfmaßnahmen gegen die erstarkende sozialistische Bewegung und ihre um sich greifenden Agitationskampagnen beraten wurde.[36] Die erste Folge dieses Wandels ist, dass der im 19. Jahrhundert richtunggebende Unterschied in der Einstellung zur äußeren und zur inneren Staatssicherheit seine durchschlagende Wirkung verliert. Die alten traditionellen Bestimmungen, die der inneren Sicherheit des Staates galten, werden, auch wenn sie offiziell in Kraft bleiben, von einem reißenden Strom neuer Gesetze hinweggespült.

Dabei verliert sich die unterschiedliche Behandlung innerer und äußerer Gefahren. Beides verschmilzt in Begriffen wie »moralische Zersetzung« (der Armee oder des Staates) oder »Gefährdung der Unabhängigkeit« (des Staates oder Staatenbundes). Charakteristisch dafür sind beispielshalber: in Frankreich die Artikel 76 Absatz 3 (vom 9. April 1940)

---

36 Eine Zusammenstellung amtlicher deutscher Urkunden aus dieser versunkenen Zeit ist vor einigen Jahren in der DDR veröffentlicht worden: Walter Nissen: »Quellenmaterial«, in: Leo Stern (Hg.): Die Auswirkungen der ersten Russischen Revolution von 1905 - 1907 auf Deutschland, Bd. 2/I der Reihe: Archivalische Forschungen zur Geschichte der deutschen Arbeiterbewegung {Ost-} Berlin, 1954, S. 204-222, 262-277.

und 76 Absatz 3d (vom 11. März 1950) des Code Pénal, die bei der Neufassung der Sicherheitsgesetzgebung im Juni 1960[37] zu einem neuen Artikel 71 Absatz 4 zusammengefasst worden sind; in der Schweiz Artikel 266 des Strafgesetzbuches in der Fassung vom 5. Oktober 1950.[38] In der erwähnten Neufassung der französischen Dauerbestimmungen über Verstöße gegen die Staatssicherheit (die von zahlreichen Sonderbestimmungen für die algerische Kriegssituation zu unterscheiden sind) ist der Begriff der »äußeren Sicherheit« sogar aus den Überschriften verschwunden und in einem allumfassenden Sicherheitsbegriff aufgegangen.[39]

Im Gefolge der neuen politischen Konstellation mit ihren neuartigen Sicherheitsvorstellungen findet ein seit langem schwelender Konflikt zwar keine geistige Lösung, aber eine gesetzgeberische Regelung. Soll der Freiheit des Individuums der größtmögliche Spielraum gewährt, sollen die Verbote und Strafen auf eindeutig definierbare Handlungen beschränkt werden, die ein fortgeschrittenes Stadium in den gewöhnlich als »Unternehmen« oder *attentat* gekennzeichneten Bemühungen um den gewaltsamen Sturz der politischen Ordnung anzeigen? Oder sollen bereits die frühesten Äußerungen einer feindlichen Haltung, die in sich vielleicht gar keine Folgen einschließen, im Keime erstickt werden? Einstweilen überwiegt die Neigung, schon potentiell staatsfeindliches Verhalten unter Strafe zu stellen.

Die Rechtsprechungspraxis war der gesetzgeberischen Neuerung schon lange voraus. So setzte sich in Frankreich schon in den zwanziger Jahren, wenn auch nicht auf die Dauer, eine den strafbaren Tatbestand erweiternde Auslegung des Gesetzes durch: Die Gesetze von 1883/84,

37 Verordnung Nr. 60-529 vom 4. Juni 1960 in: Journal Officiel de la République Française, Jahrgang 92, S. 5107-5119 (Nr. 132, 8. Juni 1960). Über die weite Auslegung der einschlägigen Begriffe in der Rechtsprechung der Militärgerichte siehe Pinto: La Liberté... (siehe oben Anmerkung 29), und die umfangreiche polemische Literatur um den Fall Henri Martin, zum Beispiel Jean-Paul Sartre und andere: L'Affaire Henri Martin, 8. Auflage, Paris, 1953. Die mangelnde Präzision der Beschuldigungen und die Abgabe allzu vieler Fälle an die Militärgerichte kritisiert Émile Garçon: Code pénal annoté, Neubearbeitung von Marcel Rousselet, Maurice Patin und Marc Ancel, Band I, Paris, 1952, Buch III, Kapitel I, Art. 76, Nr. 126-130, S. 317 f.
38 Vergleiche Pierre Achille Papadatos: Le Délit politique. Contribution à l'étude des crimes contre l'État, jur. Diss., Genf, 1954, Kapitel III, S. 142-166, wo die neuere Staatsschutzgesetzgebung vor allem der Schweiz und Griechenlands ausführlich behandelt wird.
39 Die jüngste französische *Ad-hoc*-Gesetzgebung, die erweiternde Auslegung alt vertrauter Begriffe (zum Beispiel Gefährdung der Gebietsintegrität) und ihr mehrdeutiger Gebrauch in Rechtsprechung und Verwaltungspraxis werden neuerdings in einem instruktiven vergleichenden Handbuch der staatsbürgerlichen Freiheiten durchleuchtet, dessen Material sich auf Frankreich, die Vereinigten Staaten und die Bundesrepublik Deutschland erstreckt: Frede Castberg: Freedom of Speech in the West, A Comparative Study of Public Law in France, the United States and Germany, New York, 1960.

die zur Bekämpfung des damaligen Anarchismus der »direkten Aktion« geschaffen und von einem wenig respektvollen Publikum »Schurkengesetze« getauft worden waren, wurden nunmehr auf kommunistische Propagandabemühungen, vor allem auf kommunistische Armeepropaganda angewandt. In Deutschland wurde dasselbe Ziel in einem viel weiteren Rahmen dadurch erreicht, dass die Gerichte dem Begriff des »Unternehmens« einen neuen Inhalt unterschoben. Schon in der Frühzeit der Weimarer Republik[40] hatten die Gerichte entschieden, dass ein staatsfeindliches Unternehmen, jedenfalls ein von Kommunisten ausgehendes, strafbar sei, auch wenn eine konkrete umstürzlerische Absicht nicht bewiesen werden könne und die Erfolgsaussichten nur geringfügig seien.[41] Dieselbe Methode hatte sich in das Bukett von Gesetzen gegen »Aufruhr« und »verbrecherischen Syndikalismus« eingeschlichen, die in den Jahren nach der Russischen Revolution von einzelnen USA-Gliedstaaten erlassen wurden. Viel später, in einer Welt, die nun schon unter dem Eindruck der Konsolidierung und Ausbreitung des Bolschewismus stand, wurde diese Lehre vom amerikanischen Richter Learned Hand in seine Marginalglosse zur »offensichtlichen und unmittelbaren Gefahr« von neuem aufgenommen.[42]

Derselbe Wandel in der Haltung zeigte sich auf einem nahe verwandten Gebiet. Von den dreißiger Jahren des 19. Jahrhunderts bis zum Vorabend des ersten Weltkrieges, in der glücklichen Ära des niedergehenden Absolutismus und des Aufstiegs konstitutioneller Monarchien und liberaldemokratischer Ordnungen, wurde der Unterschied zwischen politischen und gewöhnlichen Straftaten von der öffentlichen Meinung und unter ihrem Druck auch von den Organen der Staatsgewalt oft anerkannt, selten in Frage gestellt. Dass sich der Staat, so wurde argumentiert, gegen seine Feinde sichern müsse, bedeute keineswegs, dass man den erkannten Feind als ehrlosen Schuft brandmarken müsse.[43] Dabei mögen gewiss psychologischer und soziologischer Optimismus und romantische Hoffnungen eine Rolle gespielt haben.[44] Aber jedenfalls führte diese Haltung dort, wo sie sich durchzusetzen vermochte, dazu, dass dem politischen Delinquenten besondere Vorrechte eingeräumt wurden.

40 Näheres darüber weiter unten in Kapitel V.
41 Einer scharfen, aber erfolglosen Kritik wurde diese Praxis vom Hamburger Strafrechtslehrer Moritz Liepmann: Kommunistenprozesse. Ein Rechtsgutachten, München, 1928, unterzogen.
42 Siehe weiter unten Kapitel IV.
43 Über die Ansichten, die im 19. Jahrhundert als klassisch galten, siehe Joseph Ortolan: Eléments de Droit pénal, 5. Auflage, Neubearbeitung von Albert Desjardins, Band 1, Paris, 1886, Teil 2, Titel III, Kapitel II, Nrn. 707 ff., S. 308 ff.
44 Über einschlägige Probleme siehe weiter unten Kapitel VI, Abschnitt 4.

Eine besondere Skala sogenannter Ersatzstrafen wurde ersonnen; bisweilen fiel sogar die Todesstrafe weg; eine besondere Form von *custodia honesta*, der jeder ehrenrührige Beigeschmack abging, wurde geschaffen; unter gewöhnlichen Gefängnisbedingungen wurde den »Politischen« ein Mindestmaß an Sonderbehandlung zugestanden; in der Regel behielten sie die bürgerlichen Ehrenrechte. Seit dem Ersten Weltkrieg ist diese großmütige Haltung überall im Rückgang begriffen. Die neuen gesetzlichen Bestimmungen zeigen eine starke Neigung, den politischen Täter in vieler Beziehung, außer vielleicht in Bezug auf Auslieferung, auf die Stufe des gewöhnlichen Kriminellen zu stellen.[45] Hin und wieder gibt es Proteste und Zweifel, wenn die Streichung der Sondervorrechte gewichtige Bevölkerungsschichten trifft – wie zum Beispiel im Gefolge der Nachkriegsprozesse gegen Kollaborateure in verschiedenen westeuropäischen Ländern.[46] Nur wenige protestierende Stimmen lassen sich indes vernehmen, wenn die Opfer kleineren und weitgehend unpopulären Gruppen am Rande der Gesellschaft angehören.[47]

In den demokratischen Regierungssystemen ist die neue Gesetzgebung, die ältere Modelle der Unterdrückung und Bestrafung festigte und ausweitete, in zwei Wellen emporgekommen. Die erste Welle überzog Westeuropa am Vorabend des zweiten Weltkrieges und in seinen Anfangsstadien. Die zweite folgte dem Nachkriegsansturm der kommunistischen Expansion; sie nahm ihre endgültige Gestalt in den fünfziger Jahren an und ergriff vor allem die Länder, die vor Beginn der kommunistischen Offensive

---

45 Diesen Wandel beschreibt Marc Ancel: »Le crime politique et le droit pénal du XXᵉ siècle«, in: Revue d'Histoire Politique et Constitutionnelle, Jahrgang 2, S. 87-104 (Nr. 1, Januar/März 1938).

46 Vergleiche die vorsichtige Kritik von Garçon: Code pénal…, (siehe oben Anmerkung 37), Band I, Buch III, »Généralités«, Nr. 163, S. 265. Erst in der Verordnung vom 4. Juni 1960, Art. 18 und 19, ist die Unterscheidung zwischen der *détention* genannten politischen und der *réclusion* genannten kriminellen Haftstrafe wiederhergestellt worden. Wie es in der Praxis mit der politischen Haft aussieht, kann man an einer Unterredung des *Le Monde*-Gerichtsberichterstatters Jean-Marc Théolleyre mit Justizminister Foyer entnehmen: »Une déclaration au Monde de M. Jean Foyer sur les condition de détention des ›activistes‹«, in: Le Monde, Jahrgang 19, Nr. 5508, 3. Oktober 1962, S. 4, Sp. 1-3.

47 Bei der Bundestagsberatung der neuen Gesetzgebung gegen politische Gegner (Strafrechtsänderungsgesetz) wurde das Problem von einem Redner wenigstens berührt: Hans Ewers (DP) in: Verhandlungen des Deutschen Bundestages, 1. Wahlperiode 1949, Stenographische Berichte, Band 8, S. 6481 (160. Sitzung vom 11. Juli 1951). Da heißt es: »Der reine Überzeugungstäter ist kein gemeiner Verbrecher, er mag ganz rechts oder links stehen. Hat er aus reiner Überzeugung gehandelt, so ist ihm mit Mitteln eines kriminalen Strafvollzugs nicht beizukommen…« Einen Widerhall gab es im Bundestag nicht. Seitdem haben allerdings Rechtsanwälte, die sich der Opfer der neuen Politik annehmen, ihre Stimmen erhoben: Gustav W. Heinemann und Diether Posser: »Kritische Bemerkungen zum politischen Strafrecht in der Bundesrepublik«, in: Neue Juristische Wochenschrift, Jahrgang 12, S. 121-127 (Heft 4, 23. Januar 1959), üben Kritik sowohl an der Gesetzgebung als auch an der Rechtsprechung.

im Herrschaftsbereich der faschistischen Mächte oder in seiner Nähe gelegen hatten. Eins ist all diesen gesetzgeberischen Neuerungen gemeinsam: Sie beschränken strafbare Handlungen nicht auf die direkte Beteiligung an Bemühungen zum gewaltsamen Sturz der bestehenden Staatsordnung. Indem sie äußere und innere Sicherheit auf einen gemeinsamen Nenner bringen, wollen sie die politische Ordnung vor jeder in der Endwirkung auf eine Revolution gerichteten geistigen, propagandistischen und namentlich organisatorischen Aktivität bewahren.[48] Wenn die Gerichte prüfen, wie sich die angewandten Mittel zum gewollten Zweck verhalten, brauchen sie nun nicht mehr die Größe der Gefährdung des Staatsgebildes zu messen oder die Tragweite der den Angeklagten zur Last gelegten Handlungen zu untersuchen. Solchen Überlegungen scheint deswegen keine große Bedeutung mehr zuzukommen, weil die zentrale und überragende Gefahr darin gesehen wird, dass es angesichts der spezifischen Funktionsweise der Demokratie nicht möglich sei, die politischen Gegner daran zu hindern, von den demokratischen Rechten und Freiheiten zur Zerstörung von Recht und Freiheit Gebrauch zu machen.

Eben deswegen vermögen einschränkende Kriterien die Unbestimmtheit des neuen Umsturzbegriffes nicht zu korrigieren; eben deswegen wird der Gesamthaltung der angeschuldigten Gruppierung größeres Gewicht beigelegt als den tatsächlichen, mitunter belanglosen Erscheinungsformen eines Handelns, von dem angenommen wird, dass es revolutionär sei. Gelegentlich wird der Versuch gemacht, die Grenzen zwischen loyaler und staatsfeindlicher Opposition genau festzulegen. Das unternimmt zum Beispiel der neue § 88 Absatz 2 des Strafgesetzbuches der Bundesrepublik, indem er dem politischen Charakter dessen, was als »Verfassungsverrat« angesehen werden soll, inhaltliche Bestimmungen zu geben sucht. Auf Grund dieser Bestimmungen wurde schon vor dem Verbot der Kommunistischen Partei die Organisation zentral gelenkter Kampagnen für eine Volksbefragung gegen die Remilitarisierung und für ein frühes Ableben des Regimes als Gründung und Förderung einer gegen die verfassungsmäßige Ordnung gerichteten Vereinigung unter Strafe gestellt.[49] Nebenbei machen es die neuen Strafvorschriften unnötig, den Begriff des »hochverräterischen Unternehmens« erweiternd auszulegen. Da der

---

48 Bei der zweiten Lesung des (ersten) Strafrechtsänderungsgesetzes wurde das im Bundestagsplenum sehr deutlich zum Ausdruck gebracht, insbesondere von einem der Berichterstatter des Ausschusses für Rechtswesen und Verfassungsrecht, dem CDU-Abgeordneten Prof. Dr. Eduard Wahl; siehe Verhandlungen des Deutschen Bundestages, 1. Wahlperiode 1949, Stenographische Berichte, Band 8, S. 6504 (158. Sitzung vom 9. Juli 1951).

49 Siehe das Urteil des Bundesgerichtshofs vom 2. August 1954, StE 68/52 und 11/54, in {Bundesanwalt Dr. Walter Wagner (Hg.):} Hochverrat und Staatsgefährdung. Urteile des Bundesgerichtshofes, {Band I,} Karlsruhe, 1957, S. 19-73.

Gesetzgeber einen vollgültigen Ersatz geliefert hat, kann das Gericht jetzt – ein Pyrrhus-Sieg für die Verteidigung – zugeben, dass der Tatbestand eines »bestimmten hochverräterischen Unternehmens« an einen »zeitlich und gegenständlich bestimmten Plan« gebunden sein und mehr umfassen muss als bloß regimefeindliche Propaganda.[50] Zu den konkretisierten Bestimmungen über Verfassungsverrat kommen indes nunmehr auch detaillierte Bestimmungen darüber hinzu, was etwaige Propagandabeziehungen zwischen Einzelpersonen und Gruppen im Inland und Personen oder Institutionen im Ausland gesetzwidrig und strafbar macht.

Da die eigentliche Substanz der staatlichen Autorität ständigen Angriffen ausgesetzt ist, müssen die Träger dieser Autorität über den Schutz der Staatsinstitutionen und des entsprechenden Dekorums wachen. Eine Fülle neuer Bestimmungen bekämpft die Respektlosen, die Übelwollenden, die Widersacher, die Lügen verbreiten. Die zuletzt genannte Spezies kommt nicht selten vor; anstatt die Wirklichkeit so zu nehmen, wie sie ist, und negative Interpretationen der Zustände auszuschlachten, versorgen die der bestehenden Ordnung grundsätzlich feindlichen Gruppen ihre Kundschaft mit einer radikal verzerrten Version der Wirklichkeit: Entweder wissen sie's nicht besser – oder es kommt ihnen nur auf die vorausberechnete Wirkung an. Dagegen wehren sich die Hüter des Bestehenden. Wer sich an der Spitze der Staatsgewalt oder in ihrer Nähe befindet, wird durch einen höheren Straftarif geschützt, obschon die Vergeltung durch die dem Übeltäter belassene Möglichkeit eingeschränkt sein kann, seine Behauptungen zu beweisen.[51] Strafbar ist schon die Beschimpfung oder Verächtlichung der verfassungsmäßigen Ordnung oder ihrer Symbole und Träger als gewollter Ausdruck einer feindseligen Einstellung zur Staatsautorität. Wird die publizistische Herabsetzung bestehender Institutionen als staats- oder verfassungsgefährdend angesehen, so können daraus strafverschärfende Wirkungen entstehen.[52]

50 Ebda., S. 55 ff., 66.
51 Besonderen Schutz für politisch exponierte Personen gewähren in Deutschland der 1951 eingeführte § 187a des Strafgesetzbuches und in Frankreich Art. 26-35 der Verordnung vom 6. Mai 1944; Art. 35c schließt jedoch den Wahrheitsbeweis aus, wenn die behauptete Tatsache das Privatleben der beleidigten Person betrifft oder sich auf Vorgänge bezieht, die mehr als zehn Jahre zurückliegen. Der letzte Teil der Bestimmung beschwört unzählige Auslegungsschwierigkeiten herauf. Siehe Journal Offciel de la République Française, Jahrgang 76, Seite 402 f. (Nr. 42, 20. Mai 1944).
52 Vergleiche § 93 des deutschen Strafgesetzbuches in der Fassung von 1953. Nach dieser Strafvorschrift verurteilte der Bundesgerichtshof einen parteipolitisch nicht organisierten früheren Nationalsozialisten, der 1953 - 1956 Broschüren zur Verteidigung und Verherrlichung der nationalsozialistischen Politik, vor allem auch ihrer antisemitischen Grundhaltung, verfasst und vertrieben hatte. Das Urteil lautete auf zwei Jahre Gefängnis wegen Herstellung und Verbreitung staatsgefährdender Schriften; siehe das Urteil des Bundesgerichtshofs vom 11. September 1957, 1 StE 6/57, in {Bundesanwalt Dr. Walter

Die aus feindseliger Absicht erfolgende Verbreitung tatsächlicher Behauptungen kann auch dann verderblich sein, wenn sich die Behauptungen als erlogen erweisen lassen; wird aber das Behauptete als wahr erhärtet, so entsteht daraus leicht gefährlicher Sprengstoff von hoher Brisanz. Üble Nachrede, die das Prestige der Machthaber vernichten soll, verkleinert oft den Abstand zwischen den machtlosen Verächtern der Staatsgewalt und denen, die ihnen als Zielscheibe dienen. Zwischen diesen beiden Polen ist das Feld echter politischer Kritik von Wolken verhängt; sie lassen die Lichtstrahlen nicht durch, die Tatsachen von Phantasien und Wünschen trennen könnten. Was da zusammenfließt, auseinanderzuhalten und den Beitrag der böswilligen Verleumdung auszuscheiden, ist nicht einfach. Manche neuen Gesetze vernachlässigen diese Schwierigkeit und zerren legitime Kritik in den Bereich strafbarer Handlungen. So sichert der neue § 109d des westdeutschen Strafgesetzbuches der Bundeswehr einen besonderen Schutz vor Verleumdungen zu: »Wer unwahre oder gröblich entstellte Behauptungen tatsächlicher Art, deren Verbreitung geeignet ist, die Tätigkeit der Bundeswehr zu stören, wider besseres Wissen zum Zwecke der Verbreitung aufstellt«, setzt sich einer Gefängnisstrafe aus. Gefängnis droht auch dem, »der solche Behauptungen in Kenntnis ihrer Unwahrheit verbreitet, um die Bundeswehr in der Erfüllung ihrer Aufgabe der Landesverteidigung zu behindern.«

Als Kritiker dieser Bestimmung, ihrer Dehnbarkeit und Unbestimmtheit war im Bundestag der sozialdemokratische Sprecher Adolf Arndt aufgetreten, selbst Anwalt, vor dem Richter und Staatsanwalt.[53] Ihre Anwendung hätte beinahe zu einem wütenden Zusammenstoß zwischen gläubiger pazifistischer Gesinnung und der offiziellen Regierungshaltung geführt, hätte nicht ein weiser Staatsanwalt das eingeleitete Strafverfahren gegen den Beleidiger der Bundeswehr niedergeschlagen. Denn der Beleidiger war Kirchenpräsident Martin Niemöller, der die Ausbildung zum Soldaten im modernen Heer der Ausbildung von »Kommandos« im letzten Krieg gleichgestellt und als »Hohe Schule für Berufsverbrecher« bezeichnet hatte. Die Staatsanwaltschaft umging die Paragraphenfalle,

---

Wagner (Hg.):} Hochverrat und Staatsgefährdung. Urteile des Bundesgerichtshofes, Band II, Karlsruhe, 1958, S. 159-185. In einem stabilen verfassungsmäßigen Regime wäre man geneigt, solche Auslassungen und Publikationen, namentlich wenn sie von isolierten Einzelpersonen ausgehen, als den Preis anzusehen, den man bedauerlicherweise für die Freiheit der Meinungsäußerung zu zahlen hätte. Die deutsche Empfindlichkeit gegenüber mündlichen und schriftlichen Äußerungen extrem antisemitischer Natur, besonders wenn sie die Untaten des Hitler-Regimes preisen, ist die Folge der jüngsten geschichtlichen Erfahrung; ihr entspringt die gegenwärtig fast einhellige Entschlossenheit, jeden Wiederholungsversuch mit allen Mitteln zu verhindern.

53 Verhandlungen des Deutschen Bundestages, 2. Wahlperiode 1953, Stenographische Berichte, Band 35, S. 10910-10920 (191. Sitzung vom 7. Februar 1957).

indem sie feststellte, Niemöller habe »keine unwahren oder gröblich entstellten Behauptungen tatsächlicher Art aufgestellt«, sondern »ein aus den Tatsachenbehauptungen bezüglich der Massenvernichtungswaffen gefolgertes Werturteil« abgegeben, und eine Verurteilung wegen Beleidigung kam nicht in Frage, weil Niemöller niemanden hatte beleidigen wollen und die Staatsanwaltschaft nicht daran zweifelte, dass er seine Äußerungen in Wahrnehmung berechtigter Interessen gemacht hatte.[54]

Mit der Verschärfung der Beleidigungs- und Verleumdungsbestimmungen ist die Fülle der neuen politischen Strafvorschriften nicht erschöpft. Eins der neuesten deutschen Gesetzeswerke, das Sechste Strafrechtsänderungsgesetz vom 30. Juni 1960, sieht in der Aufstachelung »zum Haß gegen Teile der Bevölkerung« einen strafbaren Angriff auf »die Menschenwürde anderer.« Dasselbe Gesetz betritt das gefahrenreiche Terrain des Vorgehens gegen Symbole verbotener Organisationen in der Öffentlichkeit oder in Kommunikationsmedien.[55] Zu beachten sind auch die Strafbestimmungen des neuen Artikels 226 des französischen Code Pénal vom Dezember 1958; hier wird den Gerichten der weitestgehende Schutz gegen jede nicht rein technische Kritik gewährt, sofern sie »unter Umständen, die geeignet sind, der Autorität der Justiz oder ihrer Unabhängigkeit Eintrag zu tun«, gerichtliche Handlungen oder Entscheidungen »in Mißkredit zu bringen sucht.«[56] Nicht umsonst hat Maurice Garçon, der versierte Praktiker der Advokatur, bemerkt, dass das 18. Jahrhundert viel liberaler gewesen sei: Schließlich habe es Voltaire erlaubt, sich mit heftigen Angriffen auf die Richter für die Rehabilitierung des Andenkens des widerrechtlich verurteilten Calas einzusetzen; erst recht gelte das von den Anfängen des Kampfes um die Freilassung von Dreyfus: die Aktion habe in Angriff genommen werden müssen, lange bevor daran gedacht werden konnte, das für eine Revision des Urteils erforderliche Beweismaterial zusammenzutragen.[57]

Dass gesetzliches Rüstzeug für die Richter auf Hochtouren produziert wird, besagt nicht notwendigerweise, dass dies Rüstzeug unbedingt Verwendung finden muss. Die Eilarbeit der Gesetzgebungsfabrik ergibt sich aus den Ängsten des Augenblicks; ihre Produkte wirken wie Beruhigungspillen. Anders ausgedrückt: Man entwirft eine Konstruktions-

---

54 Siehe den Wortlaut des Einstellungsbeschlusses des Oberstaatsanwalts beim Landgericht Frankfurt vom 20. Mai 1959: »Vom Recht auf eigene Überzeugung«, in: Frankfurter Allgemeine Zeitung, D-Ausg., Nr. 120 vom 27. Mai 1959, S. 9, Sp. 1-4.
55 Bundesgesetzblatt, 1960, Teil 1, S. 478.
56 Verordnung Nr. 58-1298 vom 23. Dezember 1958, Journal Officiel de la République Française, Jahrgang 90, S. 11761 (Nr. 300, 24. Dezember 1958).
57 Maurice Garçon: »De l'Infaillibilité de la Justice«, in: Le Monde, Jahrgang 11, Nr. 532, Sélection Hebdomadaire, 25. - 31. Dezember 1958, S. 5.

skizze, die genaueren Daten wird man je nach Bedarf später einsetzen – oder das Ganze in den Papierkorb werfen. Eine Bestandsaufnahme dieser Gesetzgebung entspricht einer Lagerinventur: Was verkauft werden kann, wird sich später herausstellen. Der Sicherheitsschutz des Staates ist überaus dehnbar. Auf keinem anderen Gebiet gibt es eine größere Kluft zwischen dem, was möglich ist, und dem, was wirklich geschieht; auf keinem anderen Gebiet hängt die Handhabung der Praxis in noch höherem Maße ab von den Erfordernissen der Stunde, den Stimmungen der Bürokratie und der Vorausschätzung von Gewinnen und Verlusten, die sich in der Empfindlichkeit der öffentlichen Meinung und in den Reaktionen der von Sanktionen bedrohten Gruppen niederschlagen.

Das seines demokratischen Ausgleichs sichere England darf glauben, dass es sich leisten kann, mit gesetzgeberischen Regelungen und ihrer Vollstreckung sparsam umzugehen; es kann Sicherheitsmaßnahmen auf den Spionagekomplex beschränken und weitergehende Eingriffe ins politische Leben ausschließen. Sogar angesichts der Gefahr einer Lawine von *race riots*, Krawallen und pogromartigen Ausschreitungen gegen Menschen von dunklerer Hautfarbe, zeigt die englische Öffentlichkeit beträchtliche Hemmungen, auf den Hebel einer restriktiven Gesetzgebung zu drücken.

In Frankreich weiß sich der bürokratische Apparat dank umfassender Delegation von Befugnissen vor störender parlamentarischer Einmischung geschützt. Neuerdings konnte er es sich sogar gestatten, vorsichtige Bedenken des Conseil d'État gegen seine Versuche willkürlicher Bevormundung unerwünschten politischen Verhaltens in den Wind zu schlagen.[58] Neben der jüngsten Neufassung der Sicherheitsgesetzgebung hat er immer größere Berge von mitunter äußerst vagen inhaltlichen Sicherheitsbestimmungen und Verfahrensvorschriften aufgetürmt. Ihre Anwendung erfolgte gewöhnlich in sprunghaften Ausbrüchen; sie ist systematischer geworden, seit sich das Regime bemüht, nicht nur seine Gegner in Nordafrika, sondern auch deren Anhang im französischen Inland zu treffen.

Die Bundesrepublik Deutschland hat schon 1951 ein umfassendes Netz gesetzlicher Sicherheitsbestimmungen geschaffen, das sie seitdem ständig vergrößert, um jeden Hasser und jeden Hetzer (etwa Hitlerscher Schattierungen), der sich aus der Zone der gemäßigten Kritik hinauswagen sollte, einzufangen. Bis jetzt ist diese Gesetzgebung überwiegend dazu benutzt worden, die blassen Spuren der politischen Betätigung von

---

58 Eine Übersicht über diese französische *Ad-hoc*-Gesetzgebung gibt Paul Thibaud: »Les Atteintes à la Sûreté des Français«, in: Esprit, Jahrgang 29, S. 353-380 (Nr. 293, März 1961).

Kommunisten systematisch, ohne Aufregung, mit geschäftsmäßiger Routine auszumerzen.

In den Vereinigten Staaten besteht heute, seit die Gewinnung und Nutzung der Atomenergie Tatsache geworden ist, ein neues Gefüge gesetzlicher Bestimmungen, die auf die älteren Spionagebekämpfungsvorschriften aufgepfropft worden sind. Obgleich Verrat besonders schwer bestraft wird, weil der Vertrauensbruch gegenüber der Nation als höchst verwerflich gilt, fehlt in den neuen Bestimmungen die verfassungsmäßige Sicherung, wonach die Verurteilung wegen einer Verratshandlung die Bekundung zweier Augenzeugen voraussetzt. Indes sind die Verrats- und Spionagebestimmungen nur selten angewandt worden, vor allem nachdem das Paket der aus Kriegshandlungen resultierenden Fälle, darunter auch der Fälle feindlicher Propagandaagenten amerikanischer Abkunft, seine Erledigung gefunden hatte. Zum Spionage- und Verratskomplex gesellte sich das verfassungsmäßig zwielichtige Gebiet der Aufruhrgesetzgebung der letzten Jahrzehnte; hier gibt es die Verfolgung von Kommunisten wegen Verstoßes gegen das Smith-Gesetz, die fragwürdigen sporadischen Versuche mancher Politiker der einzelnen Gliedstaaten, die fast vergessene Gesetzgebung wieder zur Anwendung zu bringen, und die Inquisitionsmaschine zur Strafverfolgung unergiebiger Zeugen, die aus politischen Gründen die verlangten Auskünfte schuldig bleiben.[59] Ob es zur Strafverfolgung und zur Verurteilung kommt, hängt von den Wechselfällen der politischen Konjunktur im Inland und vom Auf und Ab des Ringens in den oberen Bundesgerichten ab.[60]

Welche Probleme die Anwendung der Sicherheitsgesetzgebung für Stil und Atmosphäre des politischen Lebens mit sich bringt und wie sie das Gesamtklima der politischen Auseinandersetzungen in verschiedenen Ländern beeinflusst, wird in der weiteren Darstellung zu beleuchten sein.

---

59 Nach einigen Schwankungen – wie zum Beispiel in den Fällen *Watkins v. United States*, United States Reports, Volume 354 (1957), S. 178-233, und *Sweezy v. New Hampshire*, ebda., S. 234-270, – hatten in den letzten Jahren die folgenden mit 5 gegen 4 Stimmen gefassten Entscheidungen des Obersten Gerichts den inquisitorischen Vernehmungsfischzügen mit Strafverfolgung wegen Ungebühr erneute Daseinsberechtigung verliehen: *Barenblatt v. United States*, a.a.O., Volume 360 (1959), S. 109 ff.; *Uphaus v. Wyman*, ebda., S. 72 ff.; *Braden v. United States*, a.a.O., Volume 365 (1961), S. 431 ff., und *Wilkinson v. United States*, ebda., S. 399 ff. Seitdem sind jedoch Personalveränderungen im Obersten Gericht vor sich gegangen, die sich in einer sichtbaren Wendung in der Rechtsprechung auswirken.

60 Die umfangreiche Literatur über die amerikanische Rechtsprechungspraxis lässt sich an Hand der ausführlichen Kommentare und bibliographischen Nachweise bei Thomas I. Emerson und David Haber (Hg.): Political and Civil Rights in the United States. A Collection of Legal and Related Materials, 2. Auflage, Buffalo, New York, 1958, verfolgen.

Kapitel III

Der politische Prozess

»Laßt uns die Übel der Stadt auf den Mönch abwälzen und sie damit alle loswerden!«
Bernardo Rucellai über Savonarola

Dies Kapitel fängt mit einer Klarstellung an. Gibt es einen Unterschied zwischen der gerichtlichen Erledigung gewöhnlicher Strafrechtsfälle und dem politischen Prozess? Und wenn ja, was ist es, wodurch sich die beiden Arten von Prozessen voneinander unterscheiden? Zunächst wird eine Antwort auf diese Fragen skizziert.

Sodann werden an Hand von drei historischen Episoden die Hauptkategorien der politischen Prozesse veranschaulicht. Im Vordergrund stehen: 1. Der Prozess, in dem eine mit politischer Zielsetzung verübte kriminelle Tat abgeurteilt und die Verurteilung des Täters um bestimmter politischer Vorteile willen angestrebt wird; 2. Der klassische politische Prozess, mit dem das herrschende Regime das politische Verhalten seiner Widersacher als kriminell zu brandmarken trachtet, um sie auf diese Weise von der politischen Bühne zu entfernen; schließlich 3. Der gleichsam abgeleitete politische Prozess, in dem zur Diskreditierung des politischen Gegners Delikte eigener Art herhalten müssen: Beleidigung oder Verleumdung, Meineid, Ungebühr vor Gericht.

Aus der oft behaupteten Notwendigkeit verschärften Schutzes der Staatssicherheit und aus der zunehmenden Vernachlässigung der im 19. Jahrhundert für die Rechtsprechung maßgeblichen Unterscheidung der inneren und der äußeren Bedrohung des Staates sind mehrere neue Typen von Delikten hervorgegangen. Die Probleme, die daraus entstehen, werden anschließend an einigen Gerichtsfällen aus der Schweiz und der Bundesrepublik Deutschland illustriert.

Aus früheren Zeiten kennen wir bereits den politischen Prozess, der außerhalb der Domäne des Rechtsstaatlichen liegt: Seine traditionellen Kennzeichen sind die Missachtung der prozessualen Rechte des Angeklagten und der Versuch, tatsächlich Geschehenes so umzubiegen oder zu entstellen, dass es sich propagandistisch ausschlachten lässt. Es wird gezeigt werden, dass sich auch noch dieser Prozess von einigen uns aus der Gegenwart vertrauten Varianten des bis ins Extrem verfeinerten Schauprozesses sehr erheblich unterscheidet.

Im modernen Schauprozess wird das, was wirklich vorgefallen ist, im günstigsten Fall als »Aufhänger« benutzt: Um das verzerrte Faktische rankt sich eine allumfassende didaktische Sage. Wie das gemacht wird, soll einmal an den aufgegebenen Plänen des Dritten Reiches für die Inszenierung eines Prozesses Grünspan, zum andern an der Verwendung der äußeren Form des Gerichtsverfahrens für die Konstruktion einer erdichteten Ersatzwirklichkeit dargetan werden, wie sie im Sowjetbereich vor allem in der Ära Stalin nach den jeweiligen Bedürfnissen des Regimes praktiziert wurde.

Zum Schluss muss die Frage aufgeworfen werden, wovon die Aussichten eines Regimes abhängen, mit einem Prozess politische Wirkungen zu erzielen, die über die Beseitigung des Gegners hinausgehen. Damit hängt die Frage zusammen, in welchem Maße ein politischer Prozess dazu beitragen kann, dem allgemeinen Bewusstsein eine bestimmte Interpretation der Vergangenheit einzuprägen und sie haften zu lassen.

1. Kriminalprozess und politischer Prozess

Sowohl die Staatsgewalt als auch einzelne Gruppierungen von Staatsbürgern haben sich in der Neuzeit immer wieder, welches Rechtssystem auch gelten mochte, darum bemüht, die Unterstützung der Gerichte zu mobilisieren, um das politische Machtgleichgewicht zu konsolidieren oder zu verschieben. Verkleidet oder unverkleidet werden politische Fragen in den Gerichtssaal gebracht; sie müssen aufgenommen und auf der Waage des Rechts gewogen werden, mögen die Richter auch noch so sehnlich wünschen, solchen Komplexen aus dem Wege zu gehen. Politische Prozesse sind unausweichlich.

Das hört sich wie eine Binsenwahrheit an. Dennoch möchte so mancher Jurist schlankweg bestreiten, dass es so etwas wie einen politischen Prozess geben könne. Zu behaupten, dass das Ding existiere und oft weittragende Auswirkungen habe, heißt für diese Jünger des unbefleckten Rechts, die Integrität der Gerichte und das Ethos des Juristenberufes in Frage zu stellen. Allen Ernstes meinen diese Schildknappen der Unschuld, dass, wo Achtung vor dem Gesetz bestehe, Strafverfolgung nur dem drohe, der etwas getan habe, was nach den geltenden Gesetzen strafbar sei; wer beschuldigt werde, sich gegen das Gesetz vergangen zu haben, werde nach feststehenden Regeln abgeurteilt, die genau vorschrieben, wie in den vorgebrachten Anschuldigungen Wahres von Unwahrem zu trennen sei; dass sich politische Motive oder Hinterabsichten dazwischenschalten könnten, werde durch allgemein anerkannte altehrwürdige prozessuale Normen verhindert, nach denen sich die Rechtspflege unter zivilisierten oder, wie man heute zu sagen pflegt, freien Völkern richte. (Wie zweideutig solche Grundbegriffe der heutigen politischen Systeme sind, weiß jeder, der sich für Meinungsbildungsvorgänge und politische Semantik interessiert: Ursprünglich auf die demokratische Struktur politischer Gebilde gemünzt, will der Ausdruck »freie Völker« heute nur noch sagen, dass man dem Sowjetblock nicht untertan sei; er bezeichnet nicht mehr Freiheit von jeder Despotie im Innern noch Freiheit von fremden Ketten jeder Art. Jenseits der Grenzscheide weist der tautologische Begriff »Volksdemokratie« zu einem wirksamen Schutz der Volksrechte oder der demokratischen Freiheiten nur eine negative Beziehung auf.)

In den Augen des naiven Juristen besteht kein grundlegender Unterschied zwischen einem Mordprozess um den unaufgeklärten Tod einer Arztfrau in Cleveland und der Aburteilung des Mordes an einem prominenten Politiker in Kentucky, der auf dem Höhepunkt wütender Wahlkämpfe erschossen worden ist; zwischen einem Meineidsverfahren um Zeugenaussagen bei einer Alimentenklage und einem solchen, bei dem Aussagen vor einem parlamentarischen Untersuchungsausschuss über Zugehörigkeit oder Nichtzugehörigkeit zu regimefeindlichen Organisationen unter die Lupe genommen werden; zwischen einer Klage wegen übler Nachrede, die abschätzige Äußerungen über die Kreditwürdigkeit eines Konkurrenten zum Gegenstand hat, und der Verleumdungsklage gegen einen Minister, der in einer Wahlrede behauptet hat, ein führender Mann der Opposition habe Geld von einer ausländischen Regierung bezogen; oder schließlich zwischen zwei Verfahren über den Missbrauch der Polizeigewalt bei der Aushebung einer geheimen Zusammenkunft, wobei es in dem einen Fall um eine Einbrecher- oder Erpresserbande und im andern um eine zu illegalem Dasein verurteilte politische Partei geht.

Trotz aller Verschiedenheit der politischen Hintergründe im einzelnen Fall stellt sich das Gerichtsverfahren den Anhängern dieser naiven Vorstellungen einheitlich und unverrückbar dar: Erst trägt die Anklagebehörde Belastungsmaterial zusammen, das zur Verurteilung ausreichen müsste, und nimmt die Hürde, die für sie der Untersuchungsrichter, die Grand Jury oder die Chambre des mises en accusation bedeutet, und dann prüft das zur Urteilsfällung berufene Gericht Tatsachen, Aussagen und Beweise und wendet das Gesetz an. Etwaigen Unterschieden im

Verhandlungsgegenstand, in der Statur der beteiligten Personen oder Gruppen, im Grad des öffentlichen Interesses und in den zu erwartenden, vielleicht weitreichenden und vielfältigen Auswirkungen des Urteilsspruchs kommt nach dieser Auffassung keine wesentliche Bedeutung zu. Solche individuellen Züge, die in jedem Verfahren anders sind, müssten sich demnach auf Unwesentliches reduzieren lassen; dazu seien die technischen Möglichkeiten der Verteidigung und die durch Sonderprivilegien geschützte Stellung des Gerichts da. Zwar könnten die einen Prozesse in den Annalen der politischen Geschichte und die anderen in der *chronique scandaleuse* oder in den Epen des Versicherungsbetrugs figurieren, aber die Verschiedenheit der Materie berühre nicht Sinn und Zweck des Gerichtsverfahrens: die Tatsachen zu ermitteln und das geltende Gesetz auf sie anzuwenden. Von diesem Standpunkt aus gibt es keine Rechtfertigung für den Begriff »politischer Prozess«; er erscheint als billige Floskel einer sensationslüsternen Presse oder als dumme Ausrede eines Verlierers, der die Schuld nicht bei sich, sondern bei anderen sucht.

Die ritterlichen Verfechter der Ehre der Gerichte wollen zu viel beweisen. Sie lassen sich davon beeindrucken, dass die Methode, mit der der Richter zu seinem Wahrspruch gelangt, meistens dieselbe ist, und übersehen nur zu leicht, dass das angestrebte Ziel durchaus nicht immer dasselbe zu sein braucht. »Daran, dass jemand zwischen politischen und anderen Delikten keinen Unterschied sieht, kann man mit Sicherheit erkennen, dass er ein Hitzkopf oder ein Dummkopf ist«, meinte im vorigen Jahrhundert ein schottischer Richter, der seine Erfahrungen als Verteidiger in politischen Prozessen gesammelt hatte.[1]

Worum ging es denn, was stand auf dem Spiel, als der Mörder der Arztfrau aus Cleveland ermittelt werden sollte? Ein Mord war begangen worden, der wegen der gesellschaftlichen Position des Opfers und des einzigen greifbaren Mordverdächtigen besonders große Aufmerksamkeit auf sich zog. Man kann die große Spannung und Erregung abziehen; dann bleibt immer noch, dass Polizei und Anklagebehörde (sofern sie unkorrumpiert und tüchtig waren) nur ein Ziel im Auge haben konnten: Den Täter ausfindig zu machen. Sie mussten darauf ausgehen, erstens genug Tatsachen für die Eröffnung des Verfahrens aneinanderzureihen und zweitens dem Gericht so viel Belastungsmaterial vorzulegen, dass mit einem Schuldspruch gerechnet werden konnte. Vom Standpunkt der lokalen Bevölkerung und des Publikums überhaupt hatten Polizei und Anklagebehörde gute Arbeit geleistet: Der mutmaßliche Mörder wurde

---

1 Henry Thomas Cockburn: An Examination of the Trials for Sedition Which Have Hitherto Occurred in Scotland {verfasst 1853}, Band 1, Edinburgh, 1888, S. 68.

relativ schnell gefasst und vor Gericht gestellt; Ankläger und Verteidiger konnten im Gerichtssaal brillieren; der Angeklagte wurde für schuldig befunden und verurteilt. Den Geboten der Ruhe und Ordnung war Genüge getan worden. Den Menschen war das normale Gefühl der Sicherheit, das von einer ungewöhnlichen Mordtat leicht erschüttert wird und beim Entkommen eines unbekannten Mörders ganz und gar ins Wanken gerät, wiedergegeben worden, und sie hatten noch nicht einmal allzu lange darauf warten müssen.

Lässt man den Nervenkitzel einer gruslige Mordgeschichte und seine Ausbeutung durch die Massenkommunikationsmedien, die zu jeder großen Gerichtsaffäre in unserer Gesellschaft die Begleitmusik liefern, beiseite, so ist das, worauf es ankommt, eben die Bejahung und Bekräftigung des gesellschaftlichen Ordnungssystems vermittels der öffentlichen Gerichtsverhandlung. Vom Standort des öffentlichen Anklägers, der den Staat vertritt, ist es nicht von zentraler Bedeutung, ob der Abgeurteilte und Verurteilte der mutmaßliche Täter X ist, oder ob ein hypothetischer anderer, ein Y oder ein Z, an seiner Stelle vor Gericht gestanden hat. Die unmittelbare Wirkung des Prozesses gegen X und seiner Verurteilung verschmilzt mit der weniger greifbaren, aber länger anhaltenden Wirkung der Wiederherstellung des Vertrauens zur öffentlichen Ordnung. Mehr können die Hüter der Ordnung von einem Kriminalprozess nicht erwarten, und mehr erwarten sie gewöhnlich nicht von ihm.

Umgekehrt ist der Freispruch das einzige, worauf es dem Angeklagten ankommt. Für ihn stellt sich der Einsatz sehr hoch: Es geht um sein Leben, seine Freiheit, das Schicksal seiner Familie. Nur ihn betrifft der Sieg oder die Niederlage. Auch wenn dieser oder jener besondere Aspekt seiner Beweggründe oder seiner Lebensumstände, wie er im Prozess zutage tritt, für den Sozialhistoriker oder den Psychologen viel mehr bedeuten und ihnen dazu verhelfen mag, die Problematik einer ganzen Generation oder einer Gesellschaftsklasse in den Brennpunkt zu bekommen, findet der Prozess gleichwohl in der privaten und persönlichen Ebene des Angeklagten statt. Das Verfahren vor Gericht ist das letzte Glied einer langen Kette von Vorkommnissen, die hier nur insofern von Bedeutung sind, als sie in der persönlichen Geschichte des Angeklagten eine Rolle spielen. Für das politische Gebilde als Ganzes sind diese für die Beteiligten schicksalhaften Vorkommnisse nicht mehr als Einzelmeldungen aus dem Polizeibericht. Sie können auch als solche überaus interessant sein; bisweilen erschließen oder entlarven sie schlagartig verborgene Züge und Dimensionen der zeitgenössischen Kultur. Aber bei alledem haften sie im Gedächtnis eher als Einzelfälle denn als Angelegenheiten von gesellschaftlicher und geschichtlicher Tragweite.

Im politischen Prozess erscheint das alles in einem anderen Licht. Das Räderwerk der Justiz und ihre Prozessmechanismen werden um politischer Ziele willen in Bewegung gesetzt, die über die Neugier des unbeteiligten Betrachters und das Interesse des Ordnungshüters an der Erhaltung der staatlichen Ordnung hinausgreifen. Hier ist dem Geschehen im Gerichtssaal die Aufgabe zugewiesen, auf die Verteilung der politischen Macht einzuwirken. Das Ziel kann zweierlei sein: Entweder bestehende Machtpositionen umzustoßen, indem man aus ihnen Stücke heraus bricht, sie untergräbt oder in Stücke schlägt, oder umgekehrt den Anstrengungen um die Erhaltung dieser Machtpositionen vermehrte Kraft zu verleihen. Ihrerseits können solche Bemühungen um die Wahrung des *Status quo* vorwiegend symbolisch sein oder sich konkret gegen bestimmte, sei es potentielle, sei es bereits in vollem Ausmaß wirksame Gegner richten. Manchmal kann es zweifelhaft sein, ob ein solches gerichtliches Vorgehen die bestehende Machtstruktur wirklich festigt; es kann passieren, dass es sie schwächt. Dass es aber in beiden Fällen darauf zielt, die jeweilige Machtkonstellation so oder so zu beeinflussen: Das eben macht das Wesen des politischen Prozesses aus.

Einwenden lässt sich gewiss, dass hier »Macht« zu eng gefasst sei und dass das Gerichtsverfahren an einer viel breiteren Front als Instrument der Machtverschiebung eingesetzt werde. Jeder zivilrechtliche Streit, in dem es um die gegenseitigen Beziehungen großer wirtschaftlicher Unternehmungen oder um die Beziehungen zwischen solchen Unternehmungen und der öffentlichen Hand geht, schließt in Wirklichkeit den Versuch ein, eine Veränderung bestimmter Machtpositionen herbeizuführen oder zu verhindern. Viele nichtpolitische Strafverfahren können entschieden politische Wirkungen auslösen, zum Beispiel die politische Karriere des Staatsanwalts beeinflussen oder das Schwergewicht der Macht innerhalb einer Gewerkschaft, einer Regierungskörperschaft oder eines Konzerns verlagern. All das ist unbestritten. Was jedoch dem eigentlichen politischen Prozess seine besondere Färbung und Intensität verleiht und seine besondere Problematik kennzeichnet, sind nicht die langfristigen politischen Folgen sozialökonomischer Machtkämpfe und nicht die indirekten politischen Auswirkungen der Festigung oder Schwächung persönlicher Machtpositionen, sondern die Tatsache, dass der Prozess unmittelbar zu einem Faktor im Kampf um politische Macht wird.

Wo sich die Aura des Verfassungsstaats behauptet, können theoretisch unbegrenzt viele Privatpersonen die Gerichte in Anspruch nehmen, um Machtverhältnisse zu beeinflussen. Was Begrenzungen und

Regeln unterliegt, ist die Verfahrensweise, die eingehalten werden muss, damit der Machtkampf die Arena der gerichtlichen Auseinandersetzung betreten könne. Ein Verfahren von Amts wegen können nur staatliche Institutionen in Gang bringen.[2] Personen und Organisationen, die nicht an der Macht sind, müssen andere Wege einschlagen, zum Beispiel Beleidigungsklagen einbringen oder andere dazu zwingen, sie zu verklagen. Gegen politische Rivalen innerhalb oder außerhalb des staatlichen Machtgefüges ist diese Waffe meistens leicht zu gebrauchen: Wer an der Macht teilhat oder – das ist oft wichtiger – die Macht anstrebt, kann die Haltungen oder Taten seiner Rivalen und Feinde, sogar solcher außerhalb der Landesgrenzen, mit einer Beleidigungsklage zum Gegenstand gerichtlicher Prüfung machen, das heißt, sie indirekt der Entscheidung des Richters unterwerfen.

In totalitären Herrschaftsordnungen ist eine solche gerichtliche Durchleuchtung des politischen Verhaltens allerdings ausgeschlossen: Sie erlauben keine öffentliche Erörterung der Probleme der Machtverteilung innerhalb der herrschenden Gruppe oder Kaste. Politisch gefärbte Beleidigungsverfahren erreichen den Gerichtssaal im totalitären Bereich nur, wenn sie dem Zweck der Massenbeeinflussung dienen. Überhaupt steht der totalitäre Gerichtssaal nur auf Geheiß der Herrschenden für offene politische Auseinandersetzungen zur Verfügung.

Dort, wo die Tradition noch mächtig genug ist, ein Minimum an prozessualen Garantien zu bewahren, besteht der politische Prozess heute weniger darin, dass unangreifbare Machtpositionen einseitig bestätigt werden, als dass konkurrierende Machtgruppen ihre Kräfte messen. Er braucht gewiss kein Wettstreit von Gleichen zu sein und ist es auch meistens nicht. Aber da er dennoch eine Kraftprobe ist, unterscheidet er sich grundlegend vom politischen Prozess des Mittelalters, zu dem Vasallen, die ihre Domäne zu sehr erweitert hatten, befohlen wurden, damit ihnen ihr Lehen abgenommen oder so beschnitten werden konnte, dass sie keine Gefahr mehr für die Oberhoheit des Lehnsherrn darstellten.[3] Da dieser mittelalterliche Prozess dem Zweck

---

2 Offizialverfahren sind an eine Anzahl formaler Voraussetzungen gebunden und müssen durch einen besonderen bürokratischen Bereich, die Anklagebehörde, hindurch; bisweilen, so vor allem in den Vereinigten Staaten, bedarf es zur Anklageerhebung auch noch der Zustimmung eines Geschworenenkollegiums (Grand Jury). Über einige Aspekte dieses Problems siehe weiter unten Kapitel V, Abschnitt 2.
3 Vergleiche Heinrich Mitteis: Politische Prozesse des frühen Mittelalters in Deutschland und Frankreich (Jahrgang 1926/27 der Sitzungsberichte der Heidelberger Akademie der Wissenschaften, Philosophisch-historische Klasse), Heidelberg, 1927.

diente, den Herrschaftsanspruch des Lehnsherrn zu bestätigen und zu festigen, bedrohte er unmittelbar Sicherheit und Besitz des Angeklagten, der vertrauensselig genug war, der Ladung zu folgen; der Angeklagte war besser daran, wenn er der Verhandlung fernblieb und sich auf das Risiko offener Kriegführung vorbereitete. Im politischen Prozess der Gegenwart ist es wahrscheinlich, dass der Angeklagte vor Gericht erscheint: Nicht nur weil der Staat über die weitaus größeren Zwangsmittel verfügt, die auch ohne große militärische oder polizeiliche Aktionen ausreichen, die Anwesenheit des Angeklagten zu erzwingen, sondern auch, weil ihm das Gerichtsverfahren eine Kampfchance gibt, auf die er nicht zu verzichten wagt.

Es kann gewiss vorkommen, dass der politische Gegner, gegen den die herrschenden Mächte ein Gerichtsverfahren eingeleitet haben, Gelegenheit hat, dem Zuständigkeitsbereich des Gerichts zu entkommen oder gar ins Ausland zu fliehen. Wenn er aber diese Gelegenheit nutzt, läuft er Gefahr, eher der Sache seiner Verfolger als der eigenen oder der seiner Gesinnungsgenossen einen Dienst zu erweisen. Nicht nur totalitäre Organisationen verlangen von ihren Führern und Funktionären, dass sie auf ihrem Posten bleiben und auch bei drohender Gefahr der Strafverfolgung die Bastion halten; nicht nur sie gehen mit Disziplinarstrafen gegen Kampfgefährten vor, die sich eigenmächtig aus dem Staub machen. Zwar braucht Flucht ins Ausland weder die Fortführung des politischen Kampfes auszuschließen noch seine Wirksamkeit entscheidend zu beeinträchtigen; aber sie kann dazu führen, dass der Flüchtende mit ausländischen Gruppen oder Regierungen Vereinbarungen treffen und Kompromisse eingehen muss. Sogar unter günstigen Umständen kann das seine Mitstreiter in Schwierigkeiten bringen, ihre Bewegungsfreiheit einschränken oder unerwünschte politische oder ideologische Verpflichtungen nach sich ziehen. Man denke nur an die peinliche Lage, in die sich General de Gaulle und seine »Freie Französische« Regierung in den Kriegsjahren in England begeben hatten!

Verfolgten totalitären Parteien fällt es leichter, ihr Personal nach Belieben von einem Ort zum andern zu dirigieren. Ihre Apparate halten das aktive Personal unter strikter Kontrolle, sind daran gewöhnt, die Parteiposten auch unter normalen Verhältnissen ständig umzubesetzen, und haben eher die Möglichkeit, eine größere Anzahl von Menschen in verschiedenen Ländern in Parteistellungen zu bringen, ohne damit auch Verpflichtungen in Bezug auf den künftigen Parteikurs zu übernehmen. Aber auch sie können nicht verhindern, dass der einzelne Funktionär durch die Flucht ins Ausland Ansehen einbüßt; so ist es zum Beispiel dem französischen Kommunistenführer Maurice Thorez während seines Aufenthalts in der Sowjetunion ergangen.[4]

Noch viel triftigere Gründe, das Erscheinen vor Gericht einem langen Exil vorzuziehen, haben Angeklagte, die mit totalitären Bestrebungen nichts zu tun haben. Das gilt nicht minder auch für Beleidigungs- und Meineidsprozesse. Zwar kann der Angeklagte oder Angeschuldigte der abträglichen Publizität des Gerichtsverfahrens manchmal dadurch entgehen, dass er seine Ämter niederlegt oder sich auf Erklärungen einlässt, die ein Strafverfahren abzuwenden vermögen; aber in der Regel wird er es vorziehen, den Fall vor Gericht auszufechten, weil damit die Hoffnung verbunden bleibt, dass es ihm gelingen werde, die Anschuldigungen zu widerlegen oder als furchtloses Opfer gegnerischer Schikanen seinen politischen Ruf zu retten oder sogar neues Ansehen zu gewinnen.

Allgemein sind politische Prozesse der neuesten Zeit durch die dramatische Konstellation eines Kampfes gekennzeichnet, dessen Charakter die politische Bedeutung und die öffentliche Wirkung des Verfahrens anzeigt. Trotz dieser Gemeinsamkeit weisen sie in Bezug auf Prozessgegenstand, Rechtsprobleme und Verfahrensmodalitäten mancherlei Varianten auf. Unter Beachtung dieser Gesichtspunkte lassen sich einige klar umrissene Kategorien von Prozessen herausschälen.

Politische Fragen können, wie schon gesagt, auch in Prozessen um gewöhnliche Verbrechen im Vordergrund stehen, in Prozessen um Straftaten also, die von beliebigen Angehörigen des Staatswesens aus vielfältigen Beweggründen begangen worden sein können. Ein solcher Feld-, Wald- und Wiesenprozess kann ein politisches Gepräge infolge bestimmter Motive oder Ziele seiner Initiatoren oder im Zusammenhang mit der politischen Tätigkeit, den politischen Bindungen oder der politischen Position des Angeklagten erhalten. Je nach der politischen Gesamtatmosphäre, der Rechtsprechungstradition und den herrschenden Sitten kann ein solcher Prozess auf sehr konkrete Weise den egoistischen Zwecken der Kreise, die gerade an der Macht sind, dadurch dienen, dass er Material ans Tageslicht bringt oder in aller Öffentlichkeit ausbreitet, das die politischen Widersacher der Regierenden in ungünstigem Licht erscheinen lässt. Dadurch, dass sie

---

4 Etwas anders verhält es sich mit denen, die dem totalitären Bereich entrinnen, um Verfolgungen zu entgehen. Aber auch da gibt es Zweifel: Wie muss die drohende oder eingeleitete Strafverfolgung beschaffen sein, damit sie einem Geistlichen in der DDR einen legitimen Anlass gebe, seine Gemeinde im Stich zu lassen und in die Bundesrepublik zu entfliehen? Zum Teil wurden solche Fluchtakte von Kirchenbehörden missbilligt; um die Mitte der fünfziger Jahre gab es darüber in der Bundesrepublik heftige Diskussionen.

den im Prozess festgehaltenen Tatsachen, die den politischen Gegner belasten, die größte Verbreitung außerhalb des Gerichtssaals geben, können die Regierungsorgane oder auch einflussreiche politische Organisationen außerdem noch weit und breit kundtun, wie strikt sie sich an die Maßstäbe des für alle gleichen und gewiss unparteiischen Gesetzes halten; die politischen Momente des Prozesses lassen sich dann leicht hinter der Fassade eines ordnungsmäßigen und sauberen Verfahrens, das allgemeine Anerkennung verdient, abschwächen, wenn nicht gar verbergen.

Zu einer anderen Kategorie gehören Prozesse um Delikte, die im Strafgesetz eigens dazu konstruiert sind, das bestehende Regierungssystem vor einer ihm bewusst feindlichen Tätigkeit zu schützen, die sich dazu noch in allgemein verurteilten Formen vollzieht. Als solche Delikte kennt die Gesetzgebung Hochverrat, Aufruhr, Landesverrat und ein ganzes Arsenal neuerer Variationen, von denen oben in Kapitel II die Rede war.

Wenn Gerichte immer häufiger dazu angehalten werden, gegen politisches Verhalten einzuschreiten, in dem eine Schädigung der öffentlichen Ordnung erblickt wird, muss erkünstelten juristischen Konstruktionen erhöhte Bedeutung zukommen. Als strafbare politische Handlung erscheinen nicht mehr nur die zwei traditionellen Typen von Straftaten, das kriminelle Vergehen als politisches Werkzeug und das eigentliche politische Delikt. Immer mehr bekommen es die Gerichte mit neuen Deliktfabrikaten zu tun. Kein Gesetz kann Sanktionen für alle Typen des Handelns vorsehen, von denen vermutet werden kann, dass sie in irgendeiner künftigen Situation als kriminell schädlich gelten würden. Oft genug ist infolgedessen die konkrete Tat, in der die Staatsgewalt den sträflichen Niederschlag einer staatsgefährdenden politischen Haltung oder einer staatsfeindlichen politischen Verhaltensweise sieht, nach dem bestehenden Gesetz überhaupt nicht strafbar oder technisch so schwer zu fassen, dass sie sich der Strafverfolgung entzieht. Was dann vom Gericht abgeurteilt werden soll, ist nicht das Tun, das die Organe der Staatsgewalt unterbinden wollen, sondern sind als stellvertretend herausgesuchte Handlungen. Nicht jedes politisch anrüchige Verhalten lässt sich unter ein gesetzliches Verbot bringen. Den, der sich so verhält, kann man dennoch strafrechtlich belangen, wenn er sein Verhalten – aus freien Stücken oder notgedrungen – so bekundet, dass es zum Gegenstand einer Meineids- oder einer Beleidigungsklage gemacht werden kann. Daneben gibt es eine geographisch begrenzte Untergattung: Das Verfahren wegen Ungebühr vor Gericht oder vor parlamentarischen Untersuchungsausschüssen, das im heutigen Amerika dazu dient, politische Gegner dafür zu bestrafen, dass sie sich weigern, die verlangten Auskünfte über bestimmte politische Angelegenheiten zu geben.[5]

In den folgenden Abschnitten sollen die skizzierten Kategorien politischer Prozesse an konkreten Fällen dargetan werden. Dabei werden auch historische Hintergründe, Vorgeschichte und politische Auswirkungen zur Sprache kommen.

2. Der Mordprozess eine politische Waffe

Vielerlei lässt sich in politischen Konflikten mit einem Kriminalprozess anfangen. Wenn ein Verbrechen unzweifelhaft vorliegt, kann die Person des vermeintlichen oder wirklichen Täters die Gelegenheit bieten, aus dem Prozess politisches Kapital zu schlagen. Oder der Prozess selbst entspringt – zum Beispiel bei Korruptionsbeschuldigungen – unablässigen Bemühungen gegnerischer politischer Gruppen, sensationellen Enthüllungen einer Zeitung, die ihre Auflage zu erhöhen sucht, oder der hartnäckigen Verfolgungssucht eines Menschen, der eine persönliche Rechnung zu begleichen hat.

Ebenso gut kann es sein, dass sich eine neue Elitegruppe, der giftsprühende Angriffe auf die Ehre und Sauberkeit ihrer Vorgänger zur Macht verholfen haben, einen Gewinn davon verspricht, dass sie die Vergangenheit der Besiegten durchkämmt und genug Schmutz aufwirbelt, um die Männer des gestürzten Regimes auf die Anklagebank zu bringen. Machthaber vom totalitären Schlage, die gerade an die Macht gekommen sind, können selten der Versuchung widerstehen, mit der alten Ordnung liierte Gruppen, die kaum je den Gefahren politischer Strafverfolgung ausgesetzt waren, auf besondere Art in Misskredit zu bringen: Geistlichen einer Kirche, der man nicht direkt an den Wagen fahren kann, werden beispielsweise Anklagen wegen homosexueller Betätigung, Steuerhinterziehung oder Devisenvergehen angehängt. Dem Gegner werden kleine Unebenheiten auf dem Wappenschild angekreidet (die sich allerdings gegenüber den Verunzierungen auf dem Wappenschild der neuen Herren höchst harmlos ausnehmen), und dem Publikum wird das erschütternde Panorama einer Gesellschaft vorgeführt, die an innerer Entartung hätte eingehen müssen, wäre sie nicht im letzten Augenblick durch den wundertätigen Eingriff der neuen Machthaber gerettet worden.

---

5 In welche Lage diese Gruppe von Menschen gebracht wird, hat besonders deutlich der Prozess *Hannah v. Larche*, United States Reports, Volume 363 (1960), S. 420 ff., demonstriert; siehe vor allem die Begründung des Sondervotums des Bundesrichters William O. Douglas, S. 493 und 501.

Möge die Rahmengeschichte ein belangloser Vorgang aus dem Leben des Alltags, der geplante und vorbereitete Anschlag einer gegnerischen Organisation oder folgerichtige und systematische Ehrabschneiderei sein: Es gibt kaum eine Gattung krimineller Delikte, die banalsten und die ungewöhnlichsten nicht ausgenommen, die man nicht dazu benutzen könnte, politische Leidenschaften zu entfachen. Höchst dramatisch lässt sich die Aufführung gestalten, wenn die Anklage auf Mord lautet, das Mordopfer ein Parteiführer und der Angeklagte ein prominenter Vertreter der Gegenpartei ist. Diese Art Feuerwerk prasselte auf die politische Bühne eines amerikanischen Gliedstaats, des Commonwealth of Kentucky, an der Schwelle des 20. Jahrhunderts hernieder.

Zum ersten Mal seit 1859 hatten es die Republikaner 1895 fertiggebracht, die Gouverneurwahlen von Kentucky zu gewinnen: Eine wirtschaftliche Flaute und die Spaltung der Demokraten in der Frage der Silberwährung hatten die Wahl des republikanischen Kandidaten William O. Bradley mit der geringfügigen Mehrheit von 8.912 Stimmen ermöglicht. Die Volksvertretung des Staates blieb jedoch in den Händen der Demokraten. Nachdem sie 1897 eine starke Gruppe von Anhängern der Goldwährung aus der Partei hinausgedrängt hatten, wurde ihre Organisation mit eiserner Faust von William Goebel (1856 - 1900), Fraktionsführer im Kentucky-Senat, regiert. Goebel hatte sich in zähen und erbitterten Kämpfen emporgearbeitet. Weder ein Anhänger der südlichen Feudaltradition noch ein Vorkämpfer der Bürgerkriegsveteranen der Südstaaten, stand er in enger Verbindung mit dem demokratischen Parteiapparat der industriell höher entwickelten nördlichen und westlichen Kreise des Staates; seinen Aufstieg im politischen Getriebe verdankte er einer schroffen Kampfhaltung gegen mächtige Interessentengruppen, namentlich gegen die Eisenbahngesellschaften und ihre republikanischen Fürsprecher. Unter seiner Führung heimsten die Demokraten bei den Wahlen zu den gesetzgebenden Körperschaften des Staates 1897 und zum Kongress 1898 beträchtliche Gewinne ein; der Machtkampf blieb unentschieden.

Das animierte die Demokraten dazu, ihren Wahlmisserfolg von 1895 auf Wahlbetrug und Fälschung des Wahlergebnisses durch Republikaner und demokratische Goldanhänger zurückzuführen. Auch noch vier Jahrzehnte später konnte Woodson, einer der Hauptmitstreiter Goebels, Gründer und Herausgeber des *Owensboro Messenger*, Verfechter der Bergarbeiterinteressen in West-Kentucky und Apostel der sozialen Reform, voller Empörung schreiben: »Es war allgemein bekannt, daß Bryan {der demokratische Präsidentschaftskandidat} in Kreisen wie Jefferson (Louisville) und in den Bergen, wo die Goldmänner mit den

Republikanern die Bestellung der Wahlvorstände in der Hand hatten, in den Wahlvorständen, unter den Wahlaufsichtsbeamten und unter den offiziellen Wahlberechtigungsprüfern keine Vertreter hatte.«[6] In diesem Sinne unternahm es Goebel, durch die 1897 gewählte Gesetzgebende Versammlung ein neues Wahlgesetz durchzupeitschen. Das Gesetz zentralisierte den Apparat der Wahlüberwachung und stattete die von der Gesetzgebenden Versammlung zu wählenden Wahlleiter mit erweiterten Vollmachten aus; es war dann Sache dieser Wahlleiter, Wahlbeauftragte für die einzelnen Kreise zu berufen, die ihrerseits die Wahlvorstände für die Wahllokale bestellen sollten. Sofern Wahlergebnisse angefochten wurden, sollten Prüfungsausschüsse der Gesetzgebenden Versammlung über die Einsprüche entscheiden, und die Besetzung dieser Ausschüsse wurde dem Los, ohne garantierte Minderheitsvertretung, überlassen.[7]

Die Republikaner sahen in diesem Manöver einen brutalen Machtmissbrauch, der dem neugewählten republikanischen Gouverneur jede Möglichkeit, die Durchführung der Wahlen zu beeinflussen, nehmen und sie in vollem Umfang demokratischen Parteigängern ausliefern sollte.[8] Die Republikaner fühlten sich von »Goebels Wahlgesetz« unmittelbar bedroht und prangerten es weit und breit als heimtückischen Angriff auf demokratische Institutionen an. Das Gesetz gefährdete aber auch die Machtpositionen abtrünniger Demokraten, vor allem der »Goldmänner«, die Industrieinteressen vertraten und die bis dahin einige lokale Parteiorganisationen beherrscht hatten. Einer der einflussreichsten Propheten der Industrialisierung, Henry W. Watterson, ein halbes Jahrhundert lang Chefredakteur des *Louisville Courier-Journal,* sprach von einer »monströsen Usurpation der Macht durch ein Häuflein skrupelloser Menschen«.[9]

Das umstrittene Wahlgesetz war nur eine der verwundbaren Stellen in Goebels Rüstung. In den lokalen Parteiorganisationen verfügten sowohl die agrarischen Traditionalisten als auch die Goldmänner über beträchtlichen Einfluss. Auf dem Parteitag der Demokraten, der die

---

6 Urey Woodson: The First New Dealer. William Goebel, His Origin, Ambitions, Achievements, His Assassination, Loss to the State and Nation, Louisville, (Kentucky), 1939.
7 Diese Bestimmung wurde 1900 abgeändert und der Minderheit eine Vertretung in den Wahlprüfungsausschüssen verbürgt, aber die wichtigsten Vorschriften des vielgelästerten Gesetzes blieben in Kraft. Das Appellationsgericht des Staates Kentucky bestätigte, dass das Gesetz nicht gegen die Verfassung verstieß.
8 Lucien Beckner: »Drifting Sand of Politics, 1900 - 1944«, in: Frederick A. Wallis and Hambleton Tapp (Hg.): A Sesqui-Centennial History of Kentucky, Hopkinsville and Louisville (Kentucky) und Little Rock (Arkansas), Band 2, 1945, S. 722.
9 Thomas D. Clark: A History of Kentucky, New York, 1937, S. 609.

Kandidaten für die Gouverneurwahl aufstellte, entfielen auf Goebel von insgesamt 1.092 Stimmen zunächst nur 168 ½. Erst im 26. Wahlgang brachte er es schließlich mit geheimen geschäftlichen Abmachungen, Geschäftsordnungstricks und einer Taktik, mit der die ermüdeten und verwirrten Delegierten überfahren wurden, zu einer Mehrheit von 561 gegen 529 Stimmen. Das war ein zweifelhafter Sieg: Mit seinen fragwürdigen Methoden hatte sich Goebel das Vertrauen und die Achtung vieler Freunde verscherzt. Es kam eine neue Spaltung der Partei, und es bildete sich eine rebellische Organisation der »demokratischen Anhänger ehrlicher Wahlen«; außerdem stellten die Populisten, die sich acht Jahre lang damit begnügt hatten, ihre Stimmen den Demokraten zu geben, eigene Kandidaten auf. Wie üblich gewannen die Demokraten die Wahlen zur Gesetzgebenden Versammlung,[10] aber ihr Kandidat Goebel, der den ersten republikanischen Gouverneur von Kentucky hatte ablösen sollen, wurde vom Republikaner William S. Taylor, einem prominenten Finanzmann, geschlagen.

Taylor erhielt zwar nur 48,4 Prozent der abgegebenen Stimmen (gegen 50,1 Prozent für den republikanischen Kandidaten McKinley bei den Präsidentschaftswahlen von 1896), aber auf ihn entfielen 2.383 Stimmen mehr als auf Goebel; 4 Prozent der Wähler hatten sich für Splitterlisten entschieden. Nach den Feststellungen der Wahlleiter hatten die einzelnen Kandidaten erhalten: Taylor 193.714, Goebel 191.331, Brown 12.140, Blair 3.038 Stimmen.[11] Neben dem Wahlgesetz, das viele potentielle demokratische Wähler abgeschreckt hatte, war Goebel sein rücksichtsloses Vorgehen zum Verhängnis geworden: Er büßte über 15.000 Stimmen sicherer demokratischer Wähler ein.

Kindisch provozierend hatte Goebel geprahlt: »Ihr könnt mich nicht mit höheren Stimmen schlagen, und ihr könnt mich nicht mit dem Zählen der Stimmen schlagen; das Wählen werden die Republikaner, das Zählen aber die Demokraten besorgen.«[12] Trotz der Parteitreue der Staatswahlleiter und Kreiswahlbeauftragten hatte Goebel auch das Zählen nicht geholfen. Den Demokraten blieb nur noch der Appell

10 Nach den Feststellungen der Kreiswahlbeauftragten waren 54 Demokraten und 46 Republikaner gewählt worden; von den Wahlprüfungsausschüssen der Gesetzgebenden Versammlung wurden jedoch 4 republikanische Mandate den Demokraten zugeteilt. Dem Senat von Kentucky gehörten nach den Wahlen von 1899 26 Demokraten und 12 Republikaner an.
11 Die Kreiswahlausschüsse hatten für beide Hauptkandidaten etwas höhere Zahlen – für Taylor 195.150, für Goebel 192.850 – ermittelt. Die Wahlleiter erklärten bei beiden Parteien ungefähr dieselbe Zahl von Stimmen für ungültig.
12 Nach einer späteren Darstellung der republikanischen Louisville Evening Post, 18. Juli 1900. Die demokratische Presse bestritt nicht, dass sich viele demokratische Wahlreden so angehört hatten.

an die Wahlprüfungsausschüsse der Gesetzgebenden Versammlung: Wenigstens dazu musste »Goebels Gesetz« gut sein. Als die neue Volksvertretung am 2. Januar 1900 zusammentrat, beschloss der Staatsausschuss der Demokratischen Partei – angeblich gegen Goebels Rat –, die Ergebnisse der Wahlen für die Posten des Gouverneurs und des stellvertretenden Gouverneurs anzufechten. Angeführt wurden: Gesetzwidriger Druck auf die Wähler, Nötigung des Bahnpersonals durch die Eisenbahngesellschaften, Einschüchterung der Bevölkerung durch die in den Städten zur Verhinderung von Unruhen stationierten Truppen, dazu in mehreren Kreisen gröbliche Unregelmäßigkeiten bei der Durchführung der Wahl, unter anderem Verletzung des Wahlgeheimnisses durch Ausgabe durchsichtiger Stimmzettel.[13] Trotz oder dank den Zufällen der Auslosung waren in die Wahlprüfungsausschüsse auch einige Republikaner gelangt, aber die Mehrheit stellten unversöhnliche Demokraten. An ihrer Entscheidung war kaum zu zweifeln.

Die Führer der Republikaner, die bereits die Regierungsämter übernommen hatten, beschlossen durchzugreifen. Ihr zum Staatssekretär (etwa Chef der Staatskanzlei) gewählter »starker Mann«, Caleb Powers, ein Mann aus den Bergen, Zögling der Kadettenanstalt West Point und berufsmäßiger Prediger der nationalen Sammlung, holte Verstärkung: Am 25. Januar trafen in Frankfort, der Hauptstadt von Kentucky, 1.200 bewaffnete Gebirgseinwohner ein; siebzehn Eisenbahnwagen waren zu diesem Zweck von der Louisville-Nashville-Eisenbahn gestellt worden. Die öffentliche Meinung – und damit auch die Gesetzgebende Versammlung – sollte auf »friedliche« Manier unter Druck gesetzt werden; ein Teil der Gewehre, die die Bergbewohner mitgebracht hatten, wurde in Staatsministerien abgestellt: In der Generaladjutantur (Kommando der Staatsmiliz) und in der Landwirtschaftsverwaltung. Die Stadt war zum Feldlager geworden. Republikanische Beamte sperrten das Parlamentsgebäude ab und verhinderten die entscheidende Sitzung der Gesetzgebenden Versammlung. Als sich Goebel am 30. Januar in Begleitung anderer demokratischer Politiker auf den Weg zum Parlament begab, wurde er von Gewehrkugeln getroffen. Die Schüsse waren aus dem Amtsgebäude des Staatssekretärs abgegeben worden. Staatssekretär Powers hatte die Stadt eine Stunde früher verlassen.

Unterdes hatten die Wahlprüfungsausschüsse ihre Berichte erstattet. Ohne nochmalige Zählung der Stimmen hatten sie der Anfechtungsklage der Demokraten in vollem Umfang stattgegeben und der

---

13 Näheres in Taylor and Marshall v. Beckham, United States Reports, Volume 178 (1899), S. 548-609, insbesondere 552, 557.

Gesetzgebenden Versammlung empfohlen, die Wahl des Republikaners Taylor und seines Stellvertreters für ungültig zu erklären. Am 31. Januar trat schließlich das Plenum der Gesetzgebenden Versammlung zusammen; die Ausschussberichte wurden gebilligt und Goebel zum rechtmäßig gewählten Gouverneur, der Demokrat J. Cripps Wickliffe Beckham zu seinem Stellvertreter erklärt. Am selben Tag wurde Goebel, von Ärzten umringt, auf dem Krankenbett als Staatsoberhaupt des Commonwealth vereidigt. Am 3. Februar erlag er seinen Wunden. Beide Parteien beanspruchten die Staatsexekutive als rechtmäßigen Besitz. Das Chaos drohte in Bürgerkrieg umzuschlagen. Als amtierender Gouverneur vereidigt, hatte Beckham am 1. Februar einen Befehl erlassen, mit dem der gewählte republikanische Generaladjutant des Kommandos der Staatsmiliz enthoben und durch den Demokraten John B. Castleman ersetzt wurde. Ein bewaffneter Zusammenstoß schien unvermeidlich.

Nüchternere Parteiführer fanden sich dennoch am Verhandlungstisch zusammen. Da die Banken die Einlösung der von beiden Parteien ausgestellten Regierungsschecks verweigerten, kam am 6. Februar eine Einigung zustande, mit der die offene Schlacht verhindert werden konnte. Neben anderen von Beckham und dem republikanischen Gouverneurstellvertreter John Marshall unterzeichnet, verpflichtete der Kompromiss beide Parteien zur Anerkennung des Beschlusses der Gesetzgebenden Versammlung bei gleichzeitiger Anrufung der Gerichte.[14] Das war immerhin ein Waffenstillstand, auch wenn der republikanische Gouverneur Taylor das Abkommen verwarf und nicht zu befolgen gedachte. Am 6. April entschied das Appellationsgericht von Kentucky – drei demokratische und zwei republikanische Richter (von denen nur einer ein abweichendes Votum abgab) –, dass die Gesetzgebende Versammlung im Rahmen ihrer verfassungsmäßigen Befugnisse gehandelt und dass es weiteres nicht zu prüfen habe.[15] Und am 21. Mai stimmte das Oberste Gericht der Vereinigten Staaten dieser Entscheidung zu und stellte das Verfahren wegen Unzuständigkeit ein.[16] Nur Bundesrichter John M. Harlan (1833 - 1911) war anderer Meinung. Er fand, das Recht auf ein Amt sei ein Eigentumsrecht und das Oberste Gericht müsse sich – im Sinne einer damals beliebten Konstruktion des *due process* – für

---

14 Angebahnt hatten die Verständigung die gegnerischen Generaladjutanten, die als Freimaurer eine gemeinsame Sprache fanden. Eine etwas hochtrabende Darstellung des Vorgangs hat John B. Castleman: Active Service, Louisville, Kentucky, 1917, S. 235, hinterlassen.
15 *Taylor v. Beckham*, Kentucky Reports, Volume 108 (1900), S. 278; Southwestern Reports, Volume 56, S. 177-188 (April/Juni 1960).
16 *Taylor and Marshall v. Beckham* (siehe oben Anmerkung 13), S. 549.

zuständig erklären und das Urteil des Appellationsgerichts von Kentucky auf Grund des Vierzehnten Verfassungszusatzes (Schutz staatsbürgerlicher Rechte gegen einzelstaatliche Übergriffe) aufheben; die Gesetzgebende Versammlung von Kentucky habe »unter Außerachtlassung aller Gesetze und in äußerster Mißachtung des verfassungsmäßigen Rechtes freier Menschen, ihre Herrscher zu wählen«, gehandelt.[17] Allerdings war Harlan selbst ein prominenter republikanischer Ex-Politiker aus Kentucky; vorher hatte er freilich als fanatischer »Konservativer« in den Reihen der Republikaner die Rechte der Gliedstaaten gegen Eingriffe des Bundes verteidigt und 1865 sogar eine wütende Pressekampagne gegen den Dreizehnten Verfassungszusatz (Abschaffung der Sklaverei) lanciert, weil er einen »flagranten Einbruch in das Recht der Selbstverwaltung« darstelle.[18] Dieser nicht ganz konsequente Jurist konnte sich indes gegen seine Kollegen nicht durchsetzen. Die Demokraten hatten die erste Runde gewonnen.

Schon aber begann die zweite Runde. Die Gouverneurnachwahl für die von Goebel nicht wahrgenommene Wahlperiode sollte im November stattfinden. Der demokratischen Führung kam es entscheidend darauf an, die Aufmerksamkeit der Wähler vom Wahlgesetz, das so viele Proteste ausgelöst hatte, und von der einseitigen Wahlentscheidung der Gesetzgebenden Versammlung abzulenken. Wie wollte man das besser erreichen, als indem man die Republikanische Partei der Mitschuld an Goebels Ermordung bezichtigte? »Die Republikaner sagten: ›Sie haben die Wahlen in ihr Gegenteil umgefälscht‹, und die Demokraten antworteten: ›Sie haben unseren Gouverneur ermordet‹«.[19] In den sechs Monaten, die folgten, konzentrierten die, wie es in der republikanischen Wahlpropaganda hieß, »vergoebelten« Demokraten alle Anstrengungen darauf, die Schuld der Republikaner anzuprangern. Für die Festnahme und Strafverfolgung der Mörder setzte die Gesetzgebende Versammlung mit ihrer demokratischen Mehrheit den für die damaligen Zeiten phantastischen Betrag von 100.000 Dollar aus!

Dass man Schüsse abfeuerte, um einen Menschen zu töten, war nach dem Sittenkodex, der im 19. Jahrhundert in Kentucky galt, weder außergewöhnlich noch besonders aufregend. Die Ermordung Goebels fiel nur

---

17 Ebda., S. 602, 606.
18 E. Merton Coulter: The Civil War and Readjustment in Kentucky, Chapel Hill (North Carolina), 1926, S. 279 ff. Harlan hatte sich zweimal zum Gouverneur von Kentucky wählen lassen wollen, war aber beide Mal geschlagen worden; 1863 - 1867 hatte er als gewählter Chef der Staatsjustizverwaltung amtiert.
19 Thomas D. Clark: A History... (siehe oben Anmerkung 9), S. 609.

insofern aus dem Rahmen, als sie die einzigartige Gelegenheit bot, einer der führenden Parteien ein Mordkomplott in die Schuhe zu schieben.

Die Anklagebehörde hatte einen Beamten des Staatsrechnungshofs namens Henry E. Youtsey aufgestöbert, der als Mitverschworener dabei gewesen sein wollte, als aus den Amtsräumen des Staatssekretärs auf Goebel geschossen wurde. Als den eigentlichen Täter bezeichnete Youtsey einen gewissen James B. Howard, der mit den Leuten aus den Bergen nach Frankfort gekommen war. Der Attentatsplan sollte in mehreren Besprechungen ausgeheckt worden sein, an denen auch Gouverneur Taylor und Staatssekretär Powers aktiv teilgenommen hätten. In weiteren nicht minder fragwürdigen Zeugenaussagen wurde eine ganze Anzahl Funktionäre und politisch tätiger Anwälte aus den Reihen der republikanischen Parteiorganisation belastet.

Die Erzählungen der Zeugen fügten sich nur zu genau in die Pläne des demokratischen Parteiapparats ein. Zwar hatte Taylor nach der Entscheidung des Obersten Gerichts den Kampf um das Amt des Gouverneurs aufgegeben und war nach Indianapolis geflohen, und der Staat Indiana verweigerte seine Auslieferung mit der Begründung, in Kentucky werde die Justiz in den Dienst der Politik gestellt. Powers aber war festgenommen worden, als er sich zur Flucht rüstete. Dass die führenden Republikaner versucht hatten, sich einem Gerichtsverfahren durch die Flucht zu entziehen, wurde als Eingeständnis ihrer Schuld ausgelegt und in alle Welt hinausposaunt. Und dass Powers bei seiner Verhaftung außerdem noch eine von Taylor unterzeichnete Begnadigungsurkunde im Hinblick auf angebliche Beteiligung am Goebel-Mord mit sich führte, schien ihn nicht zu entlasten, sondern erst recht zu belasten.

Howard, der Mann, der geschossen haben sollte, bestritt nachdrücklich und beharrlich jede Beteiligung am Attentat und jede Kenntnis von einem Mordkomplott; dasselbe galt von Powers und auch von Taylor, der zwar nie vor Gericht erschien, aber eine schriftliche Aussage unterbreitete. Außer Youtsey meldeten sich keine Augenzeugen. Zweifelhaft war sogar, ob die Schüsse überhaupt aus Powers' Amtsräumen gekommen seien. Aussagen, die Powers belasteten, muteten von Anfang fraglich an und wurden im Kreuzverhör vollends zerpflückt. Auch sonst waren die meisten Aussagen konfus und voller Widersprüche.[20] Entscheidende Zeugen waren auf diese oder jene Weise mitbelastet worden

---

20 Die Zeugenaussagen sind jetzt in Francis X. Busch: They Escaped the Hangman, Indianapolis, ohne Jahr {Copyright 1953}, leicht zugänglich; siehe dort auch ausführliche Angaben (mit Berufungsklagen und aufgehobenen Urteilen) über die späteren Prozesse, in denen Powers zwischen 1900 und 1908 immer wieder vor dem Richter stand.

und damit der Anklagebehörde, die ihnen mit Niederschlagung der Verfahren winkte, auf Gnade und Ungnade ausgeliefert. Die Geschworenenbank, die über Powers' Schuld zu befinden hatte, setzte sich ausschließlich aus Demokraten zusammen; der Richter, der den Vorsitz führte, war ein demokratischer Politiker, ehedem stellvertretender Gouverneur von Kentucky.

Die Verantwortung der republikanischen Führung hätte sich nur feststellen lassen, wenn der Zweck der bewaffneten Expedition nach Frankfort eindeutig zu ermitteln gewesen wäre. Hatte Powers die Leute aus den Bergen als Totschläger in die Hauptstadt beordert, damit sie demokratische Politiker umbrächten? Oder waren sie nur gekommen, der Gesetzgebenden Versammlung eine Petition zu unterbreiten, auf dass der Wille der Wähler zur Geltung komme? Der Richter verwarf nicht nur die meisten Rechtsbelehrungsanträge der Verteidigung, sondern gab sich bei der Zusammenfassung des Prozessmaterials auch noch die größte Mühe, dieser überaus wichtigen, wenn nicht gar entscheidenden Frage ihre Bedeutung zu nehmen.[21] Vor den Novemberwahlen wurde der Schuldspruch benötigt. Am 17. August 1900 brauchten die Geschworenen dafür – nach sechswöchiger Prozessdauer – nur 20 Minuten. Das Urteil lautete auf lebenslängliches Gefängnis. Parteiführer und Zeitungsleute reagierten so, wie man es hätte erwarten dürfen. Für die Demokraten gab es keinen Zweifel daran, dass die gesamte Republikanische Partei des Mordes für schuldig befunden worden sei. Den Republikanern bewies das Urteil »blitzlichtartig«, dass der Staat in Lebensgefahr schwebe; er sei, sagten sie, an den Rand des Abgrundes gebracht worden.[22]

Mit dem Powers-Urteil waren indes die Wahlvorbereitungen der Demokraten noch nicht abgeschlossen; zwei weitere Schuldsprüche sollten folgen. Am 5. September wurde auch Howard zu lebenslänglichem Gefängnis verurteilt. Mit demselben Urteil endete das Verfahren gegen Youtsey, das im Oktober stattfand. Youtsey legte keine Berufung ein und machte in späteren Prozessen Aussagen, die noch andere

---

21 Die im Prozess von 1900 von der Verteidigung beantragten und die vom Richter tatsächlich erteilten Rechtsbelehrungen finden sich bei Caleb Powers: My Own Story. An Account of the Conditions in Kentucky Leading to the Assassination of William Goebel, Who Was Declared Governor of the State, and My Indictment and Conviction on the Charge of Complicity in His Murder, Indianapolis, ohne Jahr {1905}. Eine vernichtende Kritik am Verfahren übt die Mehrheitsbegründung des Appellationsgerichts von Kentucky zur Aufhebung des erstinstanzlichen Urteils; siehe *Powers v. Commonwealth*, Kentucky Reports, Volume 110 (1901), S. 386 ff., insbesondere 399; Southwestern Reports, Volume 61, S. 735-756, insbesondere 745 (März/April 1901).
22 Redaktionelle Betrachtungen im demokratischen Louisville Courier-Journal und in der republikanischen Louisville Evening Post, 19. August 1900.

Angeklagte schwer belasteten. Daraus wurde geschlossen, dass er der Schuldige oder einer der Schuldigen gewesen sein müsse. Die volle Wahrheit ist nie ans Tageslicht gekommen.[23]

Scharf kritisiert wurde die Taktik der Verteidigung. Der erfahrene Verteidiger weiß, wie anfällig Geschworene für Propagandaargumente sein können; er weiß – mit oder ohne Zynismus –, dass er daran nicht vorbeigehen darf. Gerade unter diesem Gesichtspunkt hat ein führender Anwalt aus Frankfort auf taktische Versäumnisse der Verteidigung hingewiesen: Im ersten Prozess der Serie, der noch vor dem Powers-Prozess geführt wurde, hätten die Verteidiger mit der Anklagebehörde zusammen das Komplott der republikanischen Führung in den Mittelpunkt gestellt und damit den Freispruch des Angeklagten Garnett D. Ripley erwirkt, dem Beihilfe zur Last gelegt worden war; mit derselben Taktik müsse es möglich gewesen sein, die Verurteilung Howards zu verhindern und ihm Jahre im Gefängnis zu ersparen; diesen Weg hätten zwar Powers' Verteidiger im zweiten Prozess, lauter bekannte Demokraten, eingeschlagen, aber da sei es zu spät gewesen: Ihre republikanischen Vorgänger im ersten Prozess von 1900, denen es hauptsächlich darauf angekommen sei, die eigene Parteiführung reinzuwaschen, hätten bereits zu großen Schaden angerichtet. Allerdings hätte es angesichts der prominenten Stellung des Angeklagten sowieso »ein nahezu hoffnungsloses Unterfangen« sein müssen, Powers zu verteidigen.[24] Das alles mag sehr unverblümt ausgedrückt sein, hat aber manches für sich.

Während die Prozesse weitergingen, näherte sich der Wahlkampf seinem Gipfelpunkt. Bis zum Oktober hatten die Demokraten das Wahlgesetz abgeändert und einen der wichtigsten Streitpunkte hinweggeräumt. Da der Kampf um den Besitz der Macht in Kentucky im Vordergrund blieb und die große nationale Auseinandersetzung zwischen Bryan und McKinley in den Schatten stellte, bemühten sie sich erst recht, die Republikaner als Helfershelfer von Mördern anzuprangern. Die Wahl eines republikanischen Gouverneurs, behaupteten sie, werde automatisch die Begnadigung der bereits Verurteilten und des im Jahre

---

[23] Was vor Gericht vorgebracht wurde, zeigte Youtsey nicht gerade in günstigem Licht. Anderseits sprach aber kaum etwas für eine geheime Abrede zwischen ihm und der Anklagebehörde. Während Powers und Howard schon 1908 begnadigt wurden (von einem republikanischen Gouverneur), sollte Youtsey viel länger im Gefängnis bleiben: Seine Begnadigung kam erst 1917 (von einem demokratischen Gouverneur).

[24] L. F. Johnson: Famous Kentucky Tragedies and Trials. A Collection of Important and Interesting Tragedies and Criminal Trials which Have Taken Place in Kentucky, Louisville (Kentucky), 1916, S. 309 ff.

zuvor gewählten, nun flüchtigen Gouverneur Taylor nach sich ziehen.[25] Die Wähler wurden davor gewarnt, eine Regierung an die Macht zu bringen, die das Schwurgericht des Kreises Franklin wegen gesetzwidriger Freiheitsberaubung zur Rechenschaft ziehen werde, weil es für die Schuldsprüche in Sachen Goebel verantwortlich sei. Der amtierende Gouverneur Beckham, den die Demokraten zum Gouverneur wählen lassen wollten, machte die Verweigerung der Begnadigung zu einem Hauptpunkt seines Wahlprogramms.

Nicht ganz so einfach ließ sich die Sache der Republikaner präsentieren. Natürlich erklärten sie, sie hätten mit dem Mord nichts zu tun; natürlich sagten sie, die wirklichen Täter müssten bestraft werden; natürlich bestritten sie mit Nachdruck die Schuld ihrer führenden Personen. Sie erinnerten aber auch beredt an Fehlurteile der Gerichte, denen Männer wie Titus Oates und Alfred Dreyfus zum Opfer gefallen seien. Mit solchen Mahnmalen sollte die flagrante Ungerechtigkeit der Goebel-Prozesse unterstrichen und die Begnadigung der Verurteilten durch die Staatsexekutive als die einzige Möglichkeit hingestellt werden, das Unrecht wiedergutzumachen. Den Hintergrund gab das tragische Bild der verblutenden Freiheit ab.[26]

Ob die Wahlkampfrhetorik auf die Mörder und ihre Hintermänner einschlug oder ob sie die Bemühungen um den Schutz der Freiheit vor »vergoebelten« Demokraten in den Himmel hob: Der Fall Goebel blieb im Mittelpunkt der Wahlkampagne. Das Wahlergebnis zeigte einen kleinen Vorsprung der Demokraten, aber von einem gewaltigen Sieg konnte keine Rede sein. Das Amt des Gouverneurs fiel an Beckham mit einer knappen Mehrheit von 3.700 Stimmen. Die Republikaner gewannen gegenüber dem Vorjahr einige Hundert Stimmen, während die Demokraten nur etwa die Hälfte der Stimmen zurückerobern konnten, die sie im Jahr zuvor an die abgesplitterten »Anhänger ehrlicher Wahlen« und an die Populisten hatten abgeben müssen.

Da Beckham wieder an der Spitze der Staatsexekutive stand, war die Begnadigung der in den Goebel-Prozessen Verurteilten ausgeschlossen.

---

25 Louisville Courier-Journal, 23. August und 27. Oktober 1900. Auf dem republikanischen Nationalparteitag von 1900 stand der von den Kentucky-Gerichten nach wie vor gesuchte Taylor an der Spitze der Kentucky-Delegation und wurde, als er seinen Sitz einnahm, mit einer stürmischen Beifallskundgebung begrüßt. Man konnte annehmen, dass er im Falle eines Wahlsiegs seiner Partei erneut eine bedeutende Rolle in der Kentucky-Politik spielen würde.

26 Siehe die Reden des mit der Leitung des Staatsausschusses der Republikaner beauftragten früheren Gouverneurs Bradley und des republikanischen Kandidaten für das Gouverneuramt John W. Yerkes nach Berichten der Louisville Evening Post, 18. Juli und 26. September 1900.

Sie legten Berufung ein, die Prozesse zogen sich jahrelang hin. Howard hatte die Urteile zweimal angefochten und zweimal ihre Aufhebung erwirkt; aber auch ein dritter Prozess trug ihm 1902 lebenslängliches Gefängnis ein. Nach zweimaliger Berufung erreichte Powers 1903 einen dritten Prozess und – wurde zum Tode verurteilt. Noch einmal wurde das Urteil angefochten. Im vierten Prozess 1908, an dem auch republikanische Geschworene und ein etwas objektiverer Richter mitwirkten, kam es zu keinem Urteil, da unter den Geschworenen keine Einstimmigkeit zu erzielen war: Zehn von ihnen stimmten für Freispruch und befürworteten Begnadigung. Die Begnadigung kam, nachdem die Republikaner 1907 alle Staatsämter erobert hatten. Powers wurde nach der Freilassung in einem sicheren republikanischen Wahlkreis als Kongresskandidat aufgestellt und diente anschließend, ohne sich besonders bemerkbar zu machen, vier Gesetzgebungsperioden in Washington ab.

Schon lange vorher hatte die Goebel-Affäre jede öffentliche Wirkung eingebüßt. Auf die Staatswahlen von 1903 hatte sie kaum einen Einfluss; Beckham wurde für eine volle Amtsperiode mit einer wesentlich größeren Mehrheit (26.450 Stimmen) gewählt, als sie in Kentucky in zehn Jahren vorgekommen war. Als die Tabakpächter 1907 das Banner der Rebellion gegen die Demokraten entrollten, war die Erinnerung an den Fall Goebel fast ganz verblasst. Vorübergehend sollten noch auf der politischen Bühne andere Morde und andere Begnadigungen auftauchen, aber keiner dieser Fälle war in ein so einzigartiges Geflecht politischer und juristischer Strategie verwoben; keiner von ihnen wurde zum Brennpunkt eines verzweifelten und allumfassenden Kampfes um die Macht.

Im Detail ist der Fall Goebel hier erzählt worden, weil er so ungewöhnlich durchsichtig ist. Im brutalen Konflikt, von dem Kentucky 1900 geschüttelt wurde, verschmolz der politische Streit auf einzigartige Weise mit der strafrechtlichen Auseinandersetzung. Hätte es einen eindeutigen Beweis dafür gegeben, dass die Führer der Republikaner, um an der Macht zu bleiben und ihre Position im Staat zu festigen, auch vor Mord nicht zurückschreckten, so hätte wahrscheinlich das vereinte Gewicht politischer Interessen, empörten Rechtsbewusstseins und moralischer Entrüstung die Republikanische Partei zerschmettert. Der wirkliche Ablauf der Ereignisse brachte es aber mit sich, dass mit der Kette der Prozesse von 1900 die zentralen Fragen verwischt wurden. Der Teil der Öffentlichkeit, der nicht von vornherein Partei ergriffen hatte, gelangte zu keinem klaren Bild: Die Zeugenaussagen widersprachen einander, so mancher Zeuge wurde als höchst unglaubwürdig bloßgestellt, und der Schleier, der die Tatsachen verhüllte, konnte nicht zerrissen werden.

Es wäre eine nur natürliche Reaktion gewesen, wenn sich Menschen weit und breit vom organisierten politischen Getriebe enttäuscht abgewandt und der Rechtspflege kein Vertrauen mehr entgegen gebracht hätten. Nichts dergleichen zeigte sich bei den Wahlen von 1900. Das politische Kräfteverhältnis blieb nahezu unverändert. Geringfügige Wahlenthaltung traf eher die Demokraten als die Republikaner. Der Riss in den Reihen der Demokraten war – wenn auch nur oberflächlich – zusammengeleimt worden; das genügte, der Partei eine schmale Mehrheit zu verschaffen. Dass es im Wahlkampf im Wesentlichen um Prozesse und Begnadigungen gegangen war, hatte kaum auf eine nennenswerte Zahl von Wählern Eindruck gemacht. Gerade die größeren Probleme der nationalen Politik, die beide Parteien in Kentucky aus dem Wahlkampf hatten heraushalten wollen, spielten bei der Stimmabgabe bezeichnenderweise eine größere Rolle als in den leidenschaftlich geführten Wahlkampfdebatten. Bryan siegte in Kentucky mit einer Mehrheit von 8.000 Stimmen, hatte also gegenüber seinem republikanischen Rivalen McKinley einen doppelt so großen Vorsprung wie Beckham gegenüber dem seinigen.

Die Anklägerrolle, die die Demokraten auf sich genommen hatten, hatte ihnen offenbar in gewissem Umfang geschadet. Wären ihnen die Stimmen der Anhänger der Silberwährung, die sie 1899 verloren hatten, wieder zugefallen, so hätten sie weit mehr Stimmen auf sich vereinigen müssen, als Bryan mit seinen etwas über 200.000 Wählern hatte mobilisieren können. Darüber hinaus scheint die offizielle Mordbeschuldigung die Republikaner weniger Stimmen gekostet zu haben, als sie gleich an dem Tag, an dem Goebel ermordet wurde, verloren und im Lauf des Jahres auf dem Altar des »Kreuzes aus Gold« geopfert haben mögen, das die großen Monopole und die Goldwährung nach Bryans geflügeltem Wort dem amerikanischen Volk aufgebürdet hatten.

3. Vom Sinn und Zweck des Landesverräterstigmas

Die beiden Fälle, die hier zunächst besprochen werden, gehören noch der Übergangsära an, wie sie den Anfang der zwanziger Jahre kennzeichnete. Beide hängen mit politischen Vorgängen zusammen, deren Ursprung im Ersten Weltkrieg zu suchen ist. Ihre gerichtliche Behandlung beruhte auf Rechtsvorstellungen, die aus der Vorkriegszeit stammten. Aus der heutigen Perspektive lässt sich jedoch deutlich erkennen, dass in diesen Episoden bereits die politischen Sitten und Denkgewohnheiten einer späteren Zeit vorweggenommen waren.

In beiden Prozessen wird das Bemühen sichtbar, die Mauer niederzureißen, die Rechtsprechung und Rechtslehre im 19. Jahrhundert zwischen dem Nichtdelikt der Gegnerschaft gegen die Politik der Regierung und dem Delikt des Landesverrats, zwischen Meinungsverschiedenheiten über den Kurs der nationalen Politik und tätigem Zusammengehen mit dem auswärtigen Feind errichtet hatten. Auf der vergrößerten politischen Bühne der Massendemokratie wurde das Räderwerk der Gerichte als Hilfsmechanismus für politisches Handeln in Anspruch genommen oder auch schon ganz in die Sphäre politischen Handelns eingegliedert. Die revolutionären Explosionen, für die der Zündstoff im Schützengrabenschlamm des Ersten Weltkriegs zusammengetragen worden war, zerstörten, was von der Scheidung von Opposition und Verrat, der großen Leistung der politischen Justiz in der vorhergehenden Periode, noch übriggeblieben war. Mit dieser Scheidung schwand aber das für sie entscheidende Element der Deliktbegrenzung dahin, das dazu beigetragen hatte, das menschliche Individuum vor politischem Machtmissbrauch des Staates oder privater Gruppierungen und Verbände zu schützen.

Am ersten Fall, der zur Sprache kommt, lässt sich zeigen, wie das schwere Geschütz eines Landesverratsprozesses von der Regierung, die gerade an der Macht ist, zur Ausschaltung und Mundtotmachung eines politischen Gegners benutzt wird, wobei ihr die Ingangsetzung des Gerichtsverfahrens gleichzeitig dazu dient, die Bevölkerung enger an die Sache der Kriegführung zu binden und auf sie zu verpflichten. Der zweite Fall veranschaulicht die Möglichkeit, mit der Strategie eines politischen Derivatverfahrens die Karriere eines politischen Gegners zu vernichten, seine Wirksamkeit zu untergraben und verderbliche politische Symbolbilder zu prägen und sich festsetzen zu lassen. Zu dieser Strategie gehört es, dass man einen bestimmten Abschnitt aus der politischen Lebensbahn des bekämpften gegnerischen Politikers herausgreift und als kriminell unter Beschuss nimmt. Der angegriffene Politiker muss dann klagen und sich als Kläger, um seinen Ruf zu wahren, an seine Deutung der Vorgänge klammern, die der beklagte Angreifer als von seinem Standpunkt besonders ergiebig in verzerrendes Scheinwerferlicht zu rücken für richtig befunden hat.

a) Der Oppositionsführer: Affäre Caillaux

Im Herbst 1917 war Frankreich nach drei Jahren Krieg in einer wenig erfreulichen Verfassung. Die Stimmung der Zivilbevölkerung in der Heimat und der Soldaten an der Front war auf den tiefsten Stand seit Kriegsbeginn gesunken. Verluste an Menschenleben, Verschlechterung der Lebenshaltung, wirtschaftliche Zerrüttung und weitverbreitete Missstände in der Verwaltung hatten jegliche Begeisterung für die siegreiche Weiterführung des Krieges erdrückt. Nach dem langen Stillstand an der Marne hatte die Regierung, weitgehend englischem Druck nachgebend, eine kostspielige Offensive unter der Führung Robert Nivelles (1856 - 1924) angeordnet, der seit Dezember 1916 an der Spitze der nördlichen und nordöstlichen Armeegruppe stand. Die im April begonnene Angriffsaktion erreichte nichts anderes, als dass die vorher geplante Umgruppierung und Positionsbefestigung der deutschen Truppen beschleunigt wurde. Im Mai wurde Nivelle abberufen.

Dass in Russland die Revolution ausgebrochen war, half noch weniger; das Verlangen nach baldiger Beendigung des Krieges wurde dadurch nur gefördert. Unruhen unter den Truppen nahmen zu. Ende des Sommers wurden offene Meutereien unter den französischen Heeresverbänden im Nahen Osten gemeldet und anschließend kam der seit langem schwelende Konflikt zwischen französischen und englischen Heerführern offen zum Ausbruch. Reibungen unter den Alliierten vermehrten sich trotz dem Eintritt der Vereinigten Staaten in den Krieg; Woodrow Wilson hatte sich durchaus nicht darauf festgelegt, den Krieg bis zum niederschmetternden Sieg fortzuführen.

Die wachsende außenpolitische Spannung verschärfte die innenpolitischen Schwierigkeiten der Regierung. Die Allparteienkoalition der *Union Sacrée*, die es der Regierung in den Anfangsphasen des Weltkonflikts ermöglicht hatte, dem Druck der normalen parlamentarischen Auseinandersetzungen auszuweichen, war faktisch auseinandergefallen. Das für die Nivelle-Offensive verantwortliche Kabinett wurde von allen Seiten torpediert: Von innen von Kriegsminister Paul Painlevé (1863 - 1933), der nach links tendierte und die Einbeziehung der Sozialisten forderte, und von außen von Georges Clemenceau (1841 - 1929), der sich zum Siegesapostel aufgeworfen hatte und immer größere Kriegsanstrengungen verlangte. Clemenceau, der jahrzehntelang als Bannerträger der Linken gegolten, viele konservative Regierungen gestürzt, manchen Rechtspolitiker ruiniert und immer wieder Verschwörungen der Militärs gegen die Republik angeprangert hatte, war in den Kriegsjahren zu einer Politik der Allianz mit dem Militär umgeschwenkt und nun eifrig bemüht, monarchistische und ultranationalistische Anschläge auf die Republik zu vertuschen.

Im August 1917 gelang es Clemenceau, den Innenminister Louis Malvy (1875 - 1929) aus dem Amt zu vertreiben: Er hatte monarchistischen Umtrieben zu eifrig nachgespürt und nicht genug nationale Siegesbegeisterung an den Tag gelegt; später sollte ihm wegen Landesverrats der Prozess gemacht werden. Im September hatte das Kabinett keine parlamentarische Mehrheit mehr. Painlevé, der eine neue Regierung (ohne Sozialisten) bildete, hatte aus den allerletzten Ereignissen nicht genug gelernt: auch er enthüllte eine monarchistische Verschwörung unter Armeeoffizieren. Weitere Enthüllungen dieser Art, schloss Clemenceau, würden der Moral der Nation abträglich sein; im November erreichte er den Sturz des Kabinetts Painlevé.

Darüber, was nun geschehen sollte, gingen die Meinungen der führenden politischen Gruppierungen weit auseinander. Einig war man sich darüber, dass defätistische Kampagnen, die von undurchsichtigen Journalisten und Finanzagenten mit deutscher Unterstützung betrieben wurden, mit polizeilichen und gerichtlichen Mitteln unterbunden werden sollten. Über Krieg und Frieden dagegen konnte man sich nicht einigen. Immer von neuem wurden von neutralen Ländern und von den schwächeren Partnern des feindlichen Mächteblocks, namentlich von Österreich, Friedensfühler ausgestreckt. Wie sollte man sich dazu verhalten? Die Anhänger des Krieges bis zum siegreichen Ende, die Clemenceau mit einer beharrlichen und rücksichtslosen Propaganda- und Intrigenoffensive unermüdlich antrieb, konnten sich auf den Präsidenten der Republik Raymond Poincaré (1860 - 1934) stützen; das militärische Kommando war fest in den Händen Ferdinand Fochs (1851 - 1929); im Parlament stand hinter ihnen eine lose Koalition der Mitte und der Rechten. Diese Gruppen betonten vor allem die gegenüber den Verbündeten eingegangenen Verpflichtungen und die Notwendigkeit eines gemeinsamen Vorgehens aller Ententemächte; ihre Abneigung gegen Friedensinitiativen wurde dadurch bestärkt, dass sich die österreichische Regierung wenig geneigt zeigte, sich ein für alle Mal von ihrem deutschen Bundesgenossen zu trennen.

Am Gegenpol, namentlich unter den verschiedenen Linksgruppen, kam zur starken Enttäuschung über den endlosen und ausweglosen Stellungskrieg die wachsende Unzufriedenheit mit der Bevormundung durch England und mit dem Übergewicht der Engländer in der militärischen Führung.

In Russland hatte Lenin die Macht an sich gerissen und sein Land aus dem Krieg herausgezogen. Wilson schien diplomatischen

Friedensvorbereitungen Sympathien entgegenzubringen. Ein Friedensschluss durch Verhandlungen schien sich in der Ungewissheit des Jahres 1917, in dem alles vertagt und hinausgezögert wurde, als die willkommenste Lösung anzubieten.

Doch waren die Gruppen, die zu einem solchen Vorgehen neigten, weder untereinander einig noch endgültig zu einer Politik bereit, die bis dahin stets als Landesverrat gebrandmarkt worden war. Sollten sie gemeinsam agieren, so mussten sie sich von einer starken politischen Persönlichkeit von großem Ansehen und großer Werbekraft führen lassen. Der umsichtige Mathematiker Painlevé war nicht der Mann der Stunde; ebenso wenig war es der große Rhetoriker Aristide Briand (1862 - 1932), obschon er sich als Ministerpräsident und Lenker der Außenpolitik manche Verdienste erworben hatte. Ein einziger Politiker kam als Kristallisationspunkt für eine Friedenskoalition in Frage: Joseph Caillaux. Vielen drängte sich, als das Kabinett Painlevé zu Fall kam, die Alternative Caillaux als unausweichlich auf. Fast sah es so aus, als gebe es nur eine Wahl: Entweder Clemenceau, der Hohepriester des Sieges, oder Caillaux, Symbol der Verständigung. Caillaux hatte sich aus der aktiven Politik am Vorabend des Krieges zurückgezogen, aber man kannte ihn: Er kritisierte die Sinnlosigkeit des Krieges, er war vor dem Krieg für eine deutsch-französische Annäherung eingetreten, und er verfügte über mannigfache politische und finanzielle Beziehungen in allen Hauptstädten der Welt.

War die Alternative echt? Hatte Caillaux überhaupt eine Chance, Parlament und Öffentlichkeit für eine radikale politische Kehrtwendung zu gewinnen? Poincaré scheint wesentlich dazu beigetragen zu haben, die Alternativentscheidung als unumgänglich erscheinen zu lassen.[27] Das Motiv war eindeutig: Gelang es, Caillaux als unmittelbar drohendes Schreckgespenst hinzustellen, so musste es umso leichter fallen, es Clemenceau, dem Gefürchteten und Gehassten, dem »Tiger«, zu überlassen, die Zügel an sich zu nehmen, jedem Verständigungsfrieden den Weg zu versperren und Frankreich vor dem Unheil zu bewahren.

Wenigstens zeitweilig begruben die alten Feinde Poincaré und Clemenceau die Streitaxt, um vereint gemeinsame Feinde zu schlagen. Der Tiger trat an die Spitze der Regierung. Sogleich wurden Pläne entworfen, Caillaux nicht nur eine Niederlage in der parlamentarischen Ebene zuzufügen, sondern ihn auch buchstäblich zu vernichten. Er sollte vor Gericht gestellt und als schlechter Patriot, als schnöder Verräter

---

27 Raymond Poincaré: Au Service de la France. Neuf années de Souvenirs, Band IX: L'année trouble. 1917, Paris, ohne Jahr {Copyright 1932}, S. 370 ff.

an der Nation entlarvt werden. Damit hoffte man alle Friedensinitiativen und alle defätistischen Neigungen tödlich zu treffen. Wer dabei die treibende Kraft war, ist nicht ganz geklärt. Dass Poincaré von tiefem Hass gegen Caillaux erfüllt war, war kein Geheimnis. Zwei Jahrzehnte später sollte Caillaux von Georges Mandel, Clemenceaus politischem Testamentsvollstrecker, Dokumente aus dem Privatarchiv des Tigers überreicht bekommen, die Poincaré als den Initiator und Planer der Ächtungsaktion hinstellten. Wie dem auch sei: Caillaux, der die Chancen für einen wirksamen politischen Eingriff in der damaligen Situation äußerst skeptisch beurteilte, deutete seine Bereitschaft an, von der politischen Bühne ganz abzutreten und sogar für eine Zeitlang ins Exil zu gehen. Aber damit wäre Poincarés und Clemenceaus großer Plan hinfällig geworden. Das Anerbieten wurde zurückgewiesen, und bei der Abgabe der Regierungserklärung vor der Kammer am 20. November 1917 gab Clemenceau bekannt, dass das neue Kabinett beschlossen habe, gegen Caillaux ein Strafverfahren einzuleiten. Am 11. Dezember wurde die Kammer ersucht, Caillaux' Immunität aufzuheben. Und am 14. Januar 1918 wurde Caillaux verhaftet.

Eine Landesverratsanklage gegen Caillaux war freilich ohne erhebliche Vorarbeit nicht zustande zu bringen. Die Voruntersuchung war der Militärjustiz anvertraut worden. Das Belastungsmaterial – *ramassis de ragots*, Klatschmüllhaufen, höhnte Caillaux[28] – veränderte sein Aussehen von Tag zu Tag. Poincaré, ein Jurist von nicht geringem Ansehen, wusste, dass es fadenscheinig war, und war von der Anklage, die ein Unterstaatssekretär zurechtgeschustert hatte, nicht sonderlich beeindruckt. Umso wichtiger war es, Caillaux, bevor er vor Gericht gestellt wurde, von der öffentlichen Meinung verurteilen zu lassen.[29] Poincaré und Clemenceau scheuten keine Mühe. Und in Caillaux' Vergangenheit gab es mancherlei, was ihn verwundbar machte.

Zu hoher Politik und großem Geschäft gleichsam von der Wiege aus bestimmt, stieg Joseph-Marie-Auguste Caillaux (1863 - 1944) in frühen Jahren zu hohen Positionen in Staat und Wirtschaft auf. Den Fünfunddreißigjährigen hatte ein ziemlich konservativer ländlicher Wahlkreis in die Kammer entsandt. Schon zwei Jahre später war er in einer

---

28 Seine eigene Darstellung mit einer Analyse des Verfahrens und vielen Streiflichtern zu dessen Vorgeschichte hat der Angeklagte wenige Jahre später veröffentlicht: Joseph Caillaux: Devant l'Histoire: mes Prisons, Paris, 1923; deutsch: Meine Gefangenschaft. Vor der Weltgeschichte dargelegt, übersetzt von Viktor Henning Pfannkuche, 4. Auflage, Basel/Leipzig, 1921.

29 Die intensivste fortlaufende Beschäftigung mit Vorbereitungen zur Prozessinszenierung bezeugt Poincaré: Au Service ... (siehe oben Anmerkung 27), Kapitel XI und XII; ähnlich a.a.O., Band X: Victoire et armistice. 1918, Paris, ohne Jahr {Copyright 1933}, *passim*.

militanten Linksregierung Finanzminister. Das war kein Renegatenstück. Caillaux war mit einem auf lange Sicht gedachten Programm zur Politik gekommen, und ihm hielt er die Treue. Dies politische Programm umfasste Steuerreform, außenpolitische Neuorientierung und Rüstungsbeschränkung, Ziele, die illusorisch bleiben mussten, wenn sie nicht von einer kampfentschlossenen Allianz der Linken erfochten wurden. Konkrete Maßnahmen in dieser Richtung entsprachen aber auch den wirtschaftlichen Interessen der kleinen Kapitalanleger, das heißt der Masse der Bauern und der städtischen Hausbesitzer. In den vier Jahrzehnten, in denen Caillaux im Vordergrund der französischen Politik bleiben sollte, hatten Linkskoalitionen in der Tat Wahlerfolge dann zu verzeichnen, wenn ihre praktischen Vorschläge breiten Schichten der couponschneidenden Kleinbesitzer klare Kassengewinne versprachen. Caillaux' überwiegend konservative Wählerschaft unterließ es nie, ihn von neuem ins Parlament zu entsenden.[30]

Das Geheimnis seines Appells lag in dem besonderen Zusammenhang zwischen Politik und Wirtschaft, dessen Würgegriff die Dritte Republik etwa um die Jahrhundertwende deutlich zu spüren begann. Seit den Tagen des Zweiten Kaiserreichs hatte die Masse der kleinen Eigentümer ihre Ersparnisse immer wieder in mündelsicheren Staatspapieren angelegt. Faktisch konnte sich der Staat Ausgaben nur leisten, wenn er Schulden machte; zugleich ging ein zunehmender Teil der Ersparnisse in Anleihen, die in Frankreich von ausländischen Regierungen, namentlich vom zaristischen Russland, aufgelegt wurden. Die Auslandsinvestitionen der Kleinbesitzer waren nicht ohne Einfluss auf die Führung der auswärtigen Politik. Aus ihr erwuchs ein Bündnissystem, das die Erhaltung und den Ausbau eines großen Militärapparates nötig machte; dem Staatshaushalt wurden ständig neue Lasten aufgebürdet. Da der Staat den Kapitalmarkt abgraste, gab es kaum Kapitalzufuhr für die Industriewirtschaft – außer in einem privilegierten Bereich: Die »Rüstungsmagnaten« profitierten von den vermehrten Waffen- und Munitionsaufträgen; ihrerseits wurden diese Aufträge aus den französischen oder ausländischen Staatsanleihen bezahlt, die in

---

30 Über Caillaux' Bild in den Augen seiner Wähler, die ihn nach seiner Rückkehr in die Politik in den zwanziger Jahren zum Senator und Generalratspräsidenten seines Departments machten, siehe Emile Roche: Caillaux que j'ai connu, Paris, 1949. Dies Kapitel war bereits abgeschlossen, als eine neue gründliche Arbeit über Caillaux als Politiker erschien: Rudolph Binion: Defeated Leaders. The Political Fate of Caillaux, Jouvenel and Tardieu, New York, 1960, S. 18-116. Diese Studie sieht bei Caillaux allerdings keine geschlossene außen- und innenpolitische Konzeption, sondern neigt eher dazu, seine Haltung in den Jahren vor dem Ersten Weltkrieg aus dem Zusammenspiel von gegensätzlichen Tageseinflüssen und taktischen Schachzügen zu erklären.

erster Linie von Frankreichs kleinen Sparern und Rentnern gezeichnet wurden. Die ständigen Budgetschwierigkeiten und die wachsende Macht der Rüstungsindustrie (und der hinter ihr stehenden Stahl- und Eisenbarone) vermehrten auf dem politischen Kampfterrain den Druck konservativer und militaristischer Strömungen. In der Haltung der Wähler zeigte sich wiederholt beträchtliches Unbehagen ob dieser Machtkonstellation.

Caillaux' Ausweg aus dem Labyrinth war eine Kombination finanzieller und politischer Maßnahmen. Er kämpfte für die Besteuerung der hohen Einkommen, um den Anleihebedarf des Staatshaushalts zu reduzieren. Er wirkte darauf hin, dass die Ersparnisse des kleinen Mannes in Industriewerte[31] oder in Obligationen von Auslandsgesellschaften für die Erschließung unterentwickelter Länder flossen. Er befürwortete – das hing auch damit zusammen – die wirtschaftliche Zusammenarbeit und politische Annäherung zwischen Frankreich und Deutschland. Seine weitreichenden außenpolitischen Ziele verflochten sich mit seinem Finanz- und Wirtschaftsprogramm. Die Verwirklichung seiner Pläne musste Frankreich in die Lage versetzen, sich von den finanziellen und militärischen Verpflichtungen loszusagen, die es an die russischen Balkan-Abenteuer ketteten. Die außen- und innenpolitische Strategie stände dann nicht mehr unter dem Diktat der Schwerindustrie und ihres forcierten Verlangens nach Rückeroberung der lothringischen Eisenerze. Die »Internationale der Metallindustrie« hätte keine Gewalt mehr über die französische Politik. Mit der Dauerbefriedung an der Ostgrenze wäre Abbau der Heeresbestände und des Rüstungsprogramms möglich. Und mit der Zusammenarbeit der französischen Hochfinanz und der deutschen Industrie in unterentwickelten Teilen der Welt wäre militärische Machtsteigerung unnötig, das strategische und politische Interesse am Kolonialbesitz verringert und Frankreichs Abhängigkeit von der englischen Seeherrschaft und der Weltreichsstrategie Englands entscheidend abgeschwächt.

Das war kein abstraktes Theoretisieren. Zum ersten Mal in der französischen Geschichte wurde 1911/12 unter der Ministerpräsidentschaft Caillaux' die progressive Einkommensteuer eingeführt, die niedrige Einkommen von der Besteuerung ausnahm. Um dieselbe Zeit konnte Caillaux den deutsch-französischen Konflikt um Marokko beilegen und damit die Voraussetzungen für eine gemeinsame wirtschaftliche

---

31 In späteren Jahren wurde Caillaux heftig angegriffen, weil er die Emission von Industriepapieren allzu eifrig gefördert, namentlich aber als Chef der Finanzverwaltung die Ausgabe von Schwindelaktien zugelassen habe; auf diese Weise seien den Kleinrentnern erhebliche Sparkapitalien verlorengegangen.

Betätigung in Afrika schaffen.³² Als Hauptverantwortlicher für das deutsch-französische Abkommen von 1911 stieß Caillaux auf erbitterten Widerstand in den Reihen der Regierungskoalition und wurde von seinem eigenen Außenminister desavouiert. Sein Kabinett fiel.

Umso intensiver wurden seine finanziellen Operationen. Er bemühte sich hartnäckig darum, die Investitionen der französischen Kleinbesitzer aus den russischen Anleihen abzuziehen und für die Finanzierung der landwirtschaftlichen und industriellen Erschließung von Gebieten außerhalb der französischen Kolonien zu mobilisieren. Er gewann französisches Kapital für den von deutscher Seite begonnenen Einbruch in Domänen englischer Finanzhoheit. Im Jahre 1913 zum Führer der Radikalen Partei gewählt und von neuem als Finanzminister in die Regierung berufen,³³ gab Caillaux den Anstoß zu einer breiten Massenbewegung gegen den Ausbau des Heeres und vor allem gegen die dreijährige Dienstpflicht. Wieder war eine angriffslustige Linkskoalition auf dem Vormarsch. Im März 1914 waren Kammerwahlen fällig, und alles sprach dafür, dass die Radikalen und die Sozialisten sie gewinnen würden. Eine Friedens- und Reformregierung unter der Führung Caillaux' und mit tätiger Unterstützung des großen sozialistischen Volkstribuns Jean Jaurès war im Werden.³⁴

In diesem Augenblick kam in einem unheimlichen Durcheinander von politischen und persönlichen Verwicklungen eine tragische Wendung. Caillaux' Tätigkeit hatte an vielen Stellen wilden Zorn und tobende Wut ausgelöst. Industriemagnaten, Generale, Zeitungsverleger, deren Käuflichkeit er hatte enthüllen helfen, Royalisten, die sich von den Hasstiraden der *Action Française* inspirieren ließen, und ganze Scharen von Politikern des rechten Flügels, kurzum alle, die jahrelang gegen Dreyfus gehetzt hatten, verspritzten gegen Caillaux ihr konzentriertes Gift. Äußerlich unberührt, hatte Caillaux für seine Widersacher nur Spott und Hohn übrig; er ließ es sich nicht nehmen, sie zu reizen und zu

---

32 Vergleiche seine eigene Version dieses revolutionären Versuchs, den Frieden auf dem Kontinent zu erhalten: Joseph Caillaux: Agadir. Ma politique extérieure, Paris, ohne Jahr {Copyright 1919}.

33 Dass er damals das Kabinett für seine Politik gewann, war nach Caillaux' Meinung der eigentliche Grund der wütenden Feindschaft Poincarés. Diese Meinung wurde von vielen geteilt. Baron Guillaume, der belgische Gesandte in Paris, berichtete seiner Regierung am 10. März 1914, dass Poincaré die Politik Caillaux' schärfstens kritisiere; Caillaux sei ihm als der eigentliche Regierungschef aufgezwungen worden, für dessen Politik Ministerpräsident Gaston Doumergue (1863 - 1937) nur seinen Namen hergebe; siehe Caillaux: Meine Gefangenschaft... (siehe oben Anmerkung 28), S. 25 f. Anmerkung.

34 Die »überwiegende Mehrheit unter den Franzosen« sei für Caillaux' radikale Steuer- und Sozialpolitik, meldete der belgische Gesandte am 10. März (abgedruckt bei Caillaux: ebda.).

provozieren. Einer der brillantesten Köpfe in den Annalen der französischen Parlamentsgeschichte und als politischer Schriftsteller beredt und überzeugend, war Caillaux von seiner Bedeutung nicht wenig eingenommen und nicht abgeneigt, seine intellektuelle Überlegenheit und seinen politischen Scharfblick über Gebühr zur Schau zu stellen. Er gab gern zu verstehen, dass ihm Publikumsreaktionen gleichgültig seien, und nahm auch im Privatleben und in persönlichen Beziehungen keine Rücksicht auf Meinungen und Urteile anderer. Er hatte sich von seiner ersten Frau scheiden lassen und danach eine geschiedene Frau geheiratet. Privatbriefe, die Eheschwierigkeiten und Liebesgefühle mit großer Offenheit und Angelegenheiten von erheblicher öffentlicher Bedeutung mit Frivolität und Zynismus behandelten, wurden nicht sorgfältig verwahrt und gingen von Hand zu Hand. Einige erreichten die Zeitung *Figaro*, die Caillaux am meisten nachstellte. Sie druckte ein paar Leseproben ab und kündigte saftige Enthüllungen an. Von Angst und Sorge getrieben, stürzte Frau Caillaux am 17. März 1914 zur Redaktion des *Figaro* und gab mehrere Schüsse auf den Redakteur Calmette ab. Die Schüsse waren tödlich.

Der Politiker Caillaux war lahmgelegt. Die herrschenden Sitten verlangten, dass er sich bis zur gerichtlichen Entscheidung die größte Zurückhaltung auferlege. Ohne zu zögern, gab Caillaux sein Regierungsamt auf und schied überhaupt aus dem politischen Getriebe aus; er kümmerte sich nur noch um die Verteidigung seiner Frau. In den entscheidenden Sommermonaten des Jahres 1914 gab es keinen Politiker Caillaux.[35] Frau Caillaux wurde von einem Pariser Geschworenengericht freigesprochen.

Seit dem Ausbruch des Krieges war es mit der Hoffnung auf eine Linkskoalition vorbei. Jaurès war ermordet worden. Caillaux war praktisch isoliert und hatte mit politischen Entscheidungen nichts zu tun. Man fürchtete ihn immer noch. Seine außenpolitischen Ansichten hatten sich nicht gewandelt; auch machte er kein Geheimnis daraus, dass ihm ein baldiges Ende des Krieges wichtiger schien als Frankreichs Sieg. Aber er blieb der aktiven Politik fern und äußerte sich nicht in der Öffentlichkeit. Er trat in den Dienst der Armee und zankte sich mit seinen Vorgesetzten. Die Regierung forderte ihn auf, jenseits des Ozeans Rohstofflieferungen zu organisieren. Caillaux übernahm den Auftrag; später wurde ihm für die geleisteten Dienste hohes Lob zuteil.

---

35 Das Kabinett hatte Caillaux den Rücktritt nicht nahegelegt und hätte vielleicht nie gewagt, ihn Caillaux zuzumuten. Sein Abschiedsgesuch kam, bevor Poincaré dazu gekommen war, einen Druck auf das Kabinett auszuüben.

Den Winter 1914/15 verbrachte Caillaux in Lateinamerika. Er war unmutig und nahm kein Blatt vor den Mund. In Rio de Janeiro machte er die Bekanntschaft eines Grafen Minotto, der die Guaranty Trust Company of New York vertrat und in halbamtlichem Auftrag reiste. Caillaux war bekannt, dass Minotto mit Graf Luxburg, dem deutschen Botschafter in Buenos Aires, zusammenkam. Nicht bekannt war ihm, dass vieles, was er in Unterhaltungen mit Minotto sagte, nach Berlin gemeldet wurde. So hieß es in einem dienstlichen Bericht Luxburgs, Caillaux habe sich über die Dummheit der deutschen Presse beklagt, die ihn überschwänglich lobe und damit der französischen Öffentlichkeit verdächtig mache.[36] Da Luxburgs Berichte abgefangen wurden, konnte die französische Anklagebehörde daraus später die Behauptung machen, Caillaux habe die Berliner Regierung gebeten, die Dienste, die er der deutschen Sache leisten könnte, nicht aufs Spiel zu setzen.[37]

Auch nach seiner Rückkehr nach Frankreich blieb Caillaux in seinem gesellschaftlichen Umgang wie immer unvorsichtig und wenig wählerisch. Er unterhielt Beziehungen zu einem etwas anrüchigen Finanzmakler namens Bolo, der sich später als deutscher Sonderagent für Pressebestechungen und Zeitungskauf entpuppte. Er schrieb Artikel für die Zeitung *Bonnet Rouge*, die sich von der Unterstützung der Vorkriegspolitik Caillaux' erst zur Propaganda für den Sieg und dann zur Politik des Friedens bekehrt hatte und deren geschäftsführender Redakteur Duval beim Einlösen schweizerischer Bankschecks gefasst wurde, deren Ursprung aus deutschen Regierungsfonds ermittelt werden konnte. Und er kam mit dem Journalisten Almereyda zusammen, der sich der Reihe nach als halber Anarchist, als Kriegspropagandist und zuletzt als Kriegsgegner und Regierungskritiker betätigt hatte und dem nun auch

---

36 Caillaux hatte keine Illusionen über die deutsche Presse: Nach seiner Ansicht besorgte sie die Geschäfte der deutschen Regierung und der deutschen Industrieführung, denen, wie er glaubte, an einem langen Krieg gelegen war und mit einer starken Friedensbewegung in Frankreich nicht gedient gewesen wäre. Nur hatte er es unterlassen, Minotto in diesem Sinne zu belehren.

37 Minottos Rolle in der Affäre ist nie aufgeklärt worden. Er kehrte nach New York zurück, heiratete eine Erbin des Swift-Fleischkonservenkonzerns und wurde 1917 als feindlicher Ausländer interniert, angeblich als Sohn einer Deutschen. Noch 1921 behauptete Caillaux öffentlich, dass die französische Regierung die Internierung veranlasst habe, um Minotto daran zu hindern, die Anklage im Caillaux-Prozess zu entkräften. Tatsächlich wurde James Minotto, Sohn der weltberühmten deutschen Schauspielerin Agnes Sorma (1921 in Arizona gestorben), in Amerika nie wegen Spionage verfolgt oder auch nur verdächtigt. Seit 1921 amerikanischer Bürger, stieg er nicht nur zu hohen Würden im Bank- und Versicherungsgeschäft auf, sondern war auch wiederholt Mitglied des Staatssenats von Arizona. Später war er stellvertretender Leiter der Marshall-Plan-Mission in Italien (1950/51) und Leiter der USA-Hilfsmission in Portugal (1951 - 1955). Seit 1958 ist er Präsident und Chairman of the Board der Bank of Phoenix (Arizona).

vorgeworfen wurde, im Dienst der deutschen Regierung zu stehen. Caillaux' Schwäche für diese zwielichtigen Gestalten stammte aus der Zeit des Prozesses gegen seine Frau: Damals hatten sie ihm als Leibwächter, Claqueure und Presseagenten manchen Dienst erwiesen, und er glaubte ihnen zu Dank verpflichtet zu sein. Schlimmer noch war, dass er nicht für nötig gehalten hatte, die zuständigen Behörden darüber zu unterrichten, dass deutsche Agenten auf ziemlich durchsichtige Weise versucht hatten, mit ihm brieflich oder durch Mittelsleute Verbindungen aufzunehmen. Bolo und Duval wurden verurteilt und hingerichtet. Almereyda beging im Gefängnis Selbstmord. Und der Unteragent, der an Caillaux herangetreten war, fiel der Polizei in die Hände.

Anfang 1917 wurden Caillaux und seine Frau von einer Horde nationalistischer Rowdys überfallen. Um sich von diesem Schock zu erholen, reisten sie nach Italien. Dort verkehrte Caillaux in Kreisen, die der Kriegspolitik der italienischen Regierung kritisch gegenüberstanden; auch in diese Kreise hatte sich, wie sich später herausstellen sollte, ein feindlicher Agent eingeschlichen. Im Gespräch mit dem einzigen italienischen Politiker von der »richtigen« Couleur, dessen er habhaft werden konnte, machte Caillaux kein Hehl aus seiner wirklichen Meinung. Mit den üblichen Entstellungen und Übertreibungen wurde den Pariser Behörden nicht nur über diese und ähnliche Unterhaltungen, sondern auch noch über die angeblich defätistischen Ansichten berichtet, die Caillaux auf der Heimreise einem Schlafwagenschaffner offenbart haben sollte.

In Frankreich verharrte Caillaux in der politischen Passivität. Im Parlament schwieg er. Die einzige politische Ansprache, die er vor seinen Wählern hielt, unterschied sich kaum von den Durchhaltereden anderer Politiker.

Bei seiner Abreise nach Italien hatte er sich kein Bild davon gemacht, wie lange er wegbleiben wollte, und für den Fall eines längeren Auslandsaufenthalts alle möglichen Papiere mitgenommen. Diese Papiere waren in einem Banksafe in Florenz geblieben, und Caillaux kam nicht auf die Idee, dass er sich damit bei Feinden und Aufpassern besonders verdächtig gemacht hatte. Als die Feinde gegen Ende des Jahres losschlugen, verursachten die »Geheimpapiere in Italien« eine böse Sensation. Auf Ansuchen der französischen Regierung ließen die italienischen Behörden das Bankfach öffnen. Der Presse wurde die Version serviert, dass Aktienpakete im Werte von Millionen Francs gefunden worden seien; kreischende Schlagzeilen malten das phantastische Vermögen aus, das Caillaux aus dem Lande herausgezogen habe, um dessen wirtschaftliche Abwehrkraft zu schwächen. (Die Richtigstellung kam später in einer kaum erkennbaren Zeitungsnotiz.)

In Wirklichkeit hatte das »Versteck« in Florenz hauptsächlich Manuskripte enthalten. Ihnen wandte die Anklagebehörde ihre besondere Aufmerksamkeit zu. Eins der Manuskripte behandelte die Ereignisse, die zum Ausbruch des Krieges geführt hatten: Die Rolle verschiedener französischer Politiker kam zur Sprache, Pardon wurde nicht gegeben, und Poincaré kam besonders schlecht weg. Hieß das nicht, das Ansehen der nationalen Führung in der Zeit schwerer Bedrängnis schädigen? In einem anderen Schriftstück hatte sich Caillaux zu einem früheren Zeitpunkt – unter der Überschrift »Rubikon« – Gedanken darüber gemacht, was er zu tun haben würde, falls er wieder an die Regierung käme. Darin war die Rede von einer Vertagung des Parlaments auf zehn Monate, von Notstandsermächtigungen für die Regierung für die Dauer der Parlamentsvertagung, von einem Hochverratsverfahren gegen die Monarchisten von der *Action Française*, Caillaux' urälteste Feinde. War das nicht ein hochverräterischer Machtergreifungsplan?

Als Caillaux 1920 seinen Richtern, den Senatoren als Haute Cour, gegenüberstand, produzierte der Ankläger – irgendwie musste das Prestige des Präsidenten aus der Kriegszeit und der ihm gefügigen Parlamentsmehrheit gewahrt bleiben! – den bizarren Einfall, den Inhalt der florentinischen Papiere als *crimen laesae maiestatis* zu behandeln. Caillaux beschränkte sich darauf zu bemerken, mehr als hundert Jahre nach der Erklärung der Menschenrechte gehe es doch wohl nicht an, unveröffentlichte private Notizen zur Grundlage eines Strafverfahrens zu machen.[38] (Dreihundert Jahre und ein halbes Jahrzehnt, hätte er hinzufügen können, seien seit 1615, seit dem Fall Edmund Peacham,[39] verstrichen, in dem diese Art Anklage eindeutig verworfen worden war.) Nicht einmal die dem Regime Poincaré-Clemenceau treuen Senatoren, die einen beträchtlichen Teil des Gerichtskollegiums bildeten, ließen sich einreden, dass das Strafgesetz die politische Tätigkeit der Mitglieder einer Kriegsregierung vor jeglicher Kritik schütze. In der Urteilsbegründung wurden die Papiere aus Florenz nur in dem Sinne erwähnt, dass ihnen Hinweise auf die Motive des Angeklagten zu entnehmen seien.[40]

Sogar um ein so dünnes und rissiges Netz zu flechten, braucht man Zeit. Dass der Prozess Caillaux immer wieder hinausgeschoben wurde, war aufschlussreich genug, denn ernste politische Hürden waren nicht

---

38 Verhandlung der Haute Cour vom 25. Februar 1920 nach einem Bericht in: Le Temps, Jahrgang 60, Nr. 21396, 27. Februar 1920, S. 3, Sp. 3.
39 T. B. Howell (Hg.): A Complete Collection of State Trials and Proceedings for High Treason and Other Crimes and Misdemeanors from the Earliest Period to the Present Time, Band II (1603 - 1627), S. 870-879.
40 Wortlaut des Urteils in: Recueil Dalloz, Jurisprudence Générale, 1923, Teil II, S. 34-37.

zu nehmen. Keinerlei Schwierigkeiten bereitete die Aufhebung der parlamentarischen Immunität: Caillaux selbst verlangte ein regelrechtes Gerichtsverfahren. Die Immunitätsdebatte in der Kammer im Dezember 1917 bot ihm eine gute Gelegenheit, seinen Standpunkt darzulegen; er ließ sie nicht ungenutzt und hielt eine der eindrucksvollsten Reden seiner langen Laufbahn. Er bestritt nicht, dass er es im Umgang mit verdächtigen Gestalten an Vorsicht habe fehlen lassen; umso größeren Nachdruck legte er auf die lebenswichtigen Probleme, die die Nation – über die bloßen Kriegsmühen hinaus – zu lösen habe. Er versäumte es nicht, den einstigen Journalisten Clemenceau, den mutigen Wortführer im Kampf um Dreyfus, mit dem Premier Clemenceau zu vergleichen, der einen neuen Fall Dreyfus inszeniere. An der Entscheidung des Parlaments vermochte Caillaux' rednerisches Glanzstück nichts zu ändern. Sie stand im Voraus fest: Einen Monat früher, am 20. November, hatte das Kabinett Clemenceau in einer Abstimmung, in der 418 Abgeordnete für die Regierung, 65 gegen sie stimmten und 41 sich der Stimme enthielten, das Vertrauensvotum erhalten.[41] Bei der Aufhebung der Immunität, die Caillaux selbst verlangte und die mit 418 gegen 2 Stimmen beschlossen wurde, gab es schon 140 Stimmenthaltungen,[42] aber das Kabinett in der Immunitätsfrage zu desavouieren, konnte der Mehrheit nicht in den Sinn kommen.

Der langsame Gang der Voruntersuchung, in deren Verlauf Caillaux immer wieder vom kriegsgerichtlichen Untersuchungsrichter vernommen wurde, die von der Regierung inspirierte Hetzkampagne um den Zwischenfall von Florenz und mancherlei Gerüchte über die angebliche Absicht des Kabinetts, den Fall eher einem willfährigen als dem zuständigen Gericht zuzuleiten, riefen scharfe Kritik der Opposition hervor. Zweimal, im Januar und im Februar 1918, griffen die Sozialisten die Regierung wegen der eigenartigen Handhabung des Falls Caillaux in der Kammer an und verlangten die Einsetzung eines Untersuchungsausschusses. Aber noch hielt Clemenceau seine Mehrheit zusammen: Am 15. Januar wurden 369 Stimmen für die Regierung und 105 gegen sie abgegeben, am 8. Februar waren es 374 gegen 99 Stimmen.[43] Kein parlamentarisches Untersuchungsverfahren sollte den militärischen Untersuchungsrichtern das Leben schwer machen.

Wem aber war die richterliche Entscheidung anzuvertrauen? Von Anfang an scheint sich Clemenceau der Idee eines Kriegsgerichts

---

41 Journal Officiel de la République Française. Débats Parlementaires, Chambre des Députés, 11ᵉ Législature, 1917, S. 2980 (118. Sitzung vom 20. November 1917).
42 A.a.O., 1917, S. 3495 (140. Sitzung vom 22. Dezember 1917).
43 A.a.O., 1918, S. 66 (Sitzung vom 15. Januar 1918); S. 384 (Sitzung vom 8. Februar 1918).

widersetzt zu haben: »Ich bin ein Politiker, der gegen einen anderen Politiker vorgeht«, soll er Poincaré entgegengehalten haben.[44] War er von Caillaux' Anspielung auf seine Dreyfus-Vergangenheit beeindruckt? Oder erwartete er, dem es doch bei der ganzen Affäre nur um Mehrung seines Ansehens ging, bei Militärrichtern ein Todesurteil,[45] das seinem Prestige nur hätte schaden können? Ob so oder so: Am 13. Oktober 1918 erließ die Regierung ein Dekret, das den Fall der ordentlichen politischen Gerichtsbarkeit, das heißt dem Senat als Haute Cour, zuwies. Die von den Untersuchungsrichtern im Waffenrock begonnene Voruntersuchung wurde von einem Untersuchungsausschuss des Senats weitergeführt.

Der Senatsausschuss verbrachte mit der Vorbereitung des Prozesses weitere sechzehn Monate. Im Februar 1920 trat endlich der Senat als Haute Cour zusammen. Der Krieg war längst vorbei, und die Initiatoren des Verfahrens waren aus der aktiven Politik ausgeschieden: Poincaré vorübergehend, Clemenceau für immer. Aber ihre Jünger hatten am 11. November 1919 die ersten Nachkriegswahlen gewonnen, und ihrer überwältigenden Mehrheit in der »horizontblauen« Kammer[46] entsprach ein solider Mehrheitsblock im Senat.

Der Mann Caillaux, wie ihn das dem Senat unterbreitete Belastungsmaterial schilderte, war ein Ausbund der Untugend: in persönlichen Beziehungen mehr als unvorsichtig, in politischen Bindungen von Hass und Ressentiment aus der bösen Zeit des Calmette-Dramas vom Sommer 1914 getrieben, in der Kritik an der Regierungspolitik von Arroganz und Hochmut erfüllt, ein Mensch ohne Wärme, dem kein Mitgefühl zukommt.

Entlastende Aussagen kamen weder von Malvy, dem Freund und Schützling, der von der Landesverratsanklage freigesprochen, aber wegen Amtsmissbrauchs verurteilt worden war, noch von Briand, dem alten Rivalen, der nicht zum horizontblauen Lager gehörte, aber immer noch über großen Einfluss verfügte. Weder der eine noch der andere konnte sich daran erinnern, von Caillaux halbamtlich, wie er behauptete, aber zur richtigen Zeit mitgeteilt bekommen zu haben, dass er die Annäherungsversuche des nämlichen deutschen Agenten zurückgewiesen habe, von

---

44 Poincaré: Au Service ... (siehe oben Anmerkung 27), S. 399.
45 Joseph Caillaux: Mes Mémoires, Band III: Clairvoyance et force d'âme dans les épreuves, 1912 - 1930, Paris, ohne Jahr {Copyright 1947}, S. 203, spielt darauf an, dass sich ein militärischer Untersuchungsrichter für die Anwendung der Todesstrafe ausgesprochen habe; wie andere Armeejuristen darüber dachten, kann nur gemutmaßt werden.
46 »Horizontblau«, die Farbe der französischen Uniform im Ersten Weltkrieg, galt als Symbol des extremen Nationalismus und bezeichnete in der politischen Topographie eine Rechtskoalition mit betont konservativem Vorzeichen.

dem die Anklageschrift sagte, Caillaux habe mit ihm »in Verbindung« gestanden. Briand, der selbst seit drei Jahren nicht mehr im Amt war, tadelte Caillaux wegen Unklugheit und Unaufrichtigkeit und wollte ihm nicht mehr zugutehalten als die Atmosphäre allseitiger Feindseligkeit und gegenseitigem Misstrauen, die Politiker dazu treibe, tadelnswerte Dinge zu tun; wenn Politiker nicht mehr in der Regierung seien, meinte Briand, werde angenommen, dass sie bis zum äußersten gingen, um wieder hineinzukommen: »Das Unglück ist, dass die Politiker nicht genug Verbindung miteinander haben; wenn sie einander in der Regierung ablösen, könnte man meinen, sie täten es nur, um einander in Stücke zu reißen, während doch zwischen ihnen, was immer ihre politischen Differenzen sein mögen, starke Bande der Solidarität bestehen sollten.«[47]

Der Anklage stellte sich Caillaux' Denken und Handeln als Landesverrat dar, der konkret in der Aufnahme von Verbindungen zum Feind zum Ausdruck gekommen sei. Dieser Beschuldigung, in der juristische Gesichtspunkte hinter politischen Überlegungen zurücktraten, lag folgende Argumentation zugrunde: 1. Damit man im Krieg den Sieg erringe, sei es unerlässlich, dass man an ihn glaube und das Vertrauen zur Armee stärke; 2. außer der verantwortlichen Regierung, die allein ausreichend unterrichtet sei, stehe es niemandem, weder einer Person noch einer Institution, zu, darüber zu befinden, wie der Krieg geführt werden solle; 3. wer dem Feind in irgendeiner Form, unmittelbar oder mittelbar, Beistand leiste, begehe ein Verbrechen.[48]

Unzweifelhaft gab es genug Beweise dafür, dass Caillaux weder an den Sieg geglaubt noch je die Absicht gehabt hatte, der Armee dazu zu verhelfen, das Vertrauen des Volkes zu behalten. Dafür, dass er sich das der Regierung vorbehaltene Recht, die Kriegspolitik zu bestimmen, angemaßt habe, gab es wenig Anhaltspunkte. Gewiss hatte ihn die deutsche Propaganda unentwegt als den wahren Staatsmann und den einzigen Franzosen mit politischem Verständnis hingestellt; aber das war psychologische Kriegführung und konnte dem ohne sein Zutun auserkorenen Objekt, dem Opfer, schwerlich zur Last gelegt werden. Und Beistand für den Feind? Das war eine komplizierte, problemreiche und problematische Konstruktion.

---

47 Aussage vor der Haute Cour am 17. März 1920 nach einem Bericht in: Le Temps, Jahrgang 60, Nr. 21417, 19. März 1920, S. 2, Sp. 6. Le Temps brachte detaillierte Prozessberichte, in denen auch die Zeugenaussagen ausführlich wiedergegeben wurden.
48 Beratung der Haute Cour am 16. April 1920 nach einem Bericht in: Le Temps, Jahrgang 60, Nr. 21447, 18. April 1920, S. 4, Sp. 2 f.

Man unterstelle, die Regierung und die Anklagebehörde hätten mit der Behauptung recht gehabt, dass ein Kompromissfrieden notwendigerweise zur Vorherrschaft Deutschlands hätte führen müssen. Hätte das geheißen, dass die Befürwortung eines solchen Friedens mit Hilfe, Unterstützung und Zuspruch für den Feind gleichbedeutend gewesen sei? Kam es nicht im Gegensatz zur Meinung des Anklägers entscheidend auf den Nachweis eines schuldhaften Vorsatzes an, auf den Nachweis, dass der Angeklagte, und sei es auch nur zögernd, zum willentlichen Entschluss gekommen sei, die deutsche Sache zu fördern, und dass er darüber im klaren gewesen sei, dass er sie förderte? Wurde da nicht etwas erschlichen? Lag der Anklage nicht lediglich der Umstand zugrunde, dass das, was den Deutschen hätte zuträglich sein können, zufällig mit dem zusammenfiel, was der Angeklagte im Interesse eines dauerhaften Friedens für zweckdienlich gehalten hatte?

Die Argumentation der Anklage vernachlässigte eine elementare Tatsache: Die Bemühungen und Anstrengungen entgegengesetzter Kräfte können mitunter parallel verlaufen, ohne dass diese Kräfte von denselben Beweggründen ausgingen und dieselben Ziele verfolgten. Von der Verteidigung wurde diese Schwäche der Anklage energisch ausgeschlachtet. Marius Moutet, bewährter Kenner des parlamentarischen Getriebes, und Vincent de Moro-Giafferri, der verdiente Künstler des forensischen Gefechts, nahmen Stück für Stück das Beweismaterial auseinander. Und das Gedankengeflecht der Anklage sezierte der Veteran der Advokateur Charles-Gabriel-Edgar Demange (1841 - 1925), ein hochqualifizierter, wenn auch etwas altmodischer Spezialist der juristischen Analyse. Er hatte durchaus das Ohr der ältlichen Herren im Senat, als er den Anklägern nachwies, dass sie über das subjektive Element der Straftat achtlos hinweggegangen waren. Das Auditorium war beeindruckt.

Das letzte Wort des Angeklagten zeugte eher von politischer Konsequenz und Redlichkeit als von juristischer Logik. Allzu geschickt war die Art nicht, wie Caillaux darzulegen versuchte, dass er sich gegen das Gesetz nicht vergangen habe; unbestreitbar dagegen war die Folgerichtigkeit und Schlüssigkeit seiner politischen Argumentation. »Stahl und Eisen sind die direkten und indirekten Urheber des Krieges«, hatte er in der Anfangsphase der Verhandlungen[49] verkündet, und darauf kam er immer wieder zurück. Dem Vorwurf, dass er sich 1916/17 ohne Rücksicht auf interalliierte Verpflichtungen um einen deutsch-französischen

---

49 Beratung der Haute Cour am 25. Februar 1920 nach einem Bericht in: Le Temps, Jahrgang 60, Nr. 21396, 27. Februar 1920, S. 3, Sp. 3 f.

Frieden bemüht habe, begegnete er stolz mit der Erklärung, mit diesen Bemühungen habe er sich ein großes Verdienst erworben; was er 1911 zur Erhaltung des Friedens getan habe, habe den Ausbruch des Krieges um drei Jahre hinausgeschoben und Frankreich ganz anders als bei der Überraschungskatastrophe von 1870 genug Zeit gelassen, seine Verteidigungsmittel auszubauen. Die unausweichliche Doppeldeutigkeit der Geschichte war ein schwer widerlegbares Entlastungsargument: Wer einen Krieg vermieden hat, kann sich darauf berufen, dass er seinem Land die Chance gesichert habe, künftigen Gefahren besser vorzubeugen. Unwiderleglich war auch Caillaux' Zukunftsperspektive: Sein zentrales Ziel, die Schaffung eines vereinten Europas, hatte seit der Vorkriegszeit weder an Überzeugungskraft noch an Dringlichkeit verloren.

Das Urteil der Haute Cour war ein Kompromiss. Mit einem aus der Französischen Revolution überlieferten Wort nannte es Caillaux »eine Maßnahme«, eine politische Entscheidung, nicht einen Akt der Gerechtigkeit.[50] Das Gericht erklärte, dass eine schuldhafte Absicht des Angeklagten, die Sache des Feindes zu unterstützen, nicht festgestellt worden sei; infolge des »Verkehrs« des Angeklagten mit dem Feinde seien jedoch der feindlichen Koalition gefährliche politische und militärische Informationen zugetragen worden, womit sich der Angeklagte nach Artikel 78 des Code pénal strafbar gemacht habe.[51] Vergebens wies Demange darauf hin, dass Caillaux, der wegen Verstoßes gegen Artikel 79 (Komplott zur Untergrabung der äußeren Sicherheit des Staates) und gegen Artikel 77 (Aufnahme von Verbindungen mit dem Feind) unter Anklage gestanden habe, nun wegen eines Verbrechens verurteilt werde, von dem er schon deswegen nicht habe beweisen können, dass er es nicht begangen habe, weil er dieses Verbrechens gar nicht beschuldigt worden sei. Das Urteil lautete auf Gefängnis für die Dauer von drei Jahren, Aufenthaltsbeschränkung für die Dauer von fünf Jahren und Verlust der bürgerlichen Ehrenrechte für die Dauer von zehn Jahren.[52] Die

50 Caillaux: Meine Gefangenschaft... (siehe oben Anmerkung 28), S. 304. Während des Prozesses, in dem Danton auf die Guillotine geschickt wurde, soll ein Geschworener gesagt haben: »Das ist kein Prozeß; das ist eine Maßnahme. Wir sind keine Geschworenen, wir sind Staatsmänner... Zwei {Führer} können nicht bleiben... Einer muß untergehen.« So sollte auch Clemenceau erklärt haben: »In der Regierung gab es 1917 Platz nur für Caillaux oder für mich.« Caillaux: Mes Mémoires... (siehe oben Anmerkung 45), S. 210, kommentiert: »Derjenige, der nicht auserkoren worden war, mußte verschwinden.«
51 In seiner damaligen Fassung lautete Artikel 78: »Strafbar macht sich, wer einen Verkehr mit Staatsangehörigen einer feindlichen Macht, und sei es auch nicht zu dem Zweck, eins der im voraufgehenden Artikel bezeichneten Delikte zu begehen, unterhält, sofern dieser Verkehr dazu führt, dass dem Feind Informationen geliefert werden, die der militärischen oder politischen Lage Frankreichs oder seiner Verbündeten abträglich sind.«
52 Recueil Dalloz... (siehe oben Anmerkung 40).

Dauer der Gefängnishaft war darauf berechnet, die sofortige Freilassung des Verurteilten, der über zwei Jahre in Untersuchungshaft gehalten worden war, zu ermöglichen. Das Urteil fand die Zustimmung von 150 Senatoren; eine starke Opposition ließ sich jedoch auch durch die Gnadenarithmetik nicht umstimmen: 98 Senatoren gaben ihre Stimme für Freispruch ab.

Die kautschukartige Natur der Strafrechtsklausel über den Verkehr mit dem Feinde war schon früher von Rechtslehrern angefochten worden; Unvorsichtigkeit in Beziehungen solcher Art, meinte ein führender Kommentator, sei eher ein Fehler als ein Verbrechen.[53] Im Gegensatz zum Artikel 78 des französischen Strafgesetzbuches, wie er 1920 in Kraft war, bestraft der jetzt geltende Text (seit Juli 1939 Artikel 79 Absatz 4, neuerdings, seit Juni 1960, Artikel 81) jeden, der in Kriegszeiten ohne Genehmigung der Regierung Beziehungen mit Staatsangehörigen oder Agenten des Feindes unterhält. Jetzt bedarf es nicht mehr des Beweises, dass dem Staat durch die dem Feind zugetragene Information Schaden zugefügt worden sei; die Beweislast liegt auch nicht mehr bei der Anklagebehörde: Der Angeklagte muss nachweisen, dass er im Einvernehmen mit der Regierung gehandelt habe.[54]

Zur Zeit des Caillaux-Prozesses waren diese verschärften Bestimmungen noch nicht in Kraft, und das Urteil der Haute Cour rief allenthalben scharfe Kritik hervor. Weder der Caillaux vorgeworfene Umgang mit Feindesagenten noch die Beschuldigungen nach Art. 77 und Art. 79, die der Senat fallen ließ, hatten sich mit schuldhaftem Vorsatz in Beziehung setzen lassen. Der einzige Brief, den Caillaux je an einen deutschen Agenten geschrieben hatte, sagte, dass der Schreiber mit dem Adressaten nichts zu tun haben wolle. Als Zeuge vor dem Senat hatte Henry de Jouvenel treffend erklärt, Caillaux habe sich nicht des Einvernehmens mit dem Feinde, sondern des fehlenden Einvernehmens mit den Alliierten schuldig gemacht.[55] Der vage Inhalt der Anklage war damit vielleicht noch am besten gekennzeichnet.

Was bewirkte nun eigentlich der so lange hinausgezögerte Prozess? Zweifellos lag seine Bedeutung nicht im Urteilsspruch. Sobald das neue Linkskartell bei den Wahlen vom 11. Mai 1924 die konservative Koalition geschlagen hatte, löschte eine Amnestie das Urteil mit all seinen Folgewirkungen aus; Caillaux wurde zum Senator gewählt, und im

---

53 R. Garraud: Traité théorique et pratique du Droit pénal français, Band III, 3. Auflage, Paris, 1916, § 1193, S. 531 ff.
54 Émile Garçon: Code pénal annoté, Neubearbeitung von Marcel Rousselet, Maurice Patin und Marc Ancel, Band I, Buch III, Kapitel I, Paris, 1952, Art. 79, Nrn. 88 und 89.
55 Zitiert in Alfred Fabre-Luce: Caillaux, Paris, 1933, S. 179.

April 1925 war er von neuem Finanzminister.⁵⁶ Das Entscheidende war, dass ein Zusammentreffen verschiedener Umstände Poincaré und Clemenceau Ende 1917 die Chance in die Hand gespielt hatte, einen Strafrechtsfall Caillaux zu inszenieren. So konnte Caillaux in den letzten Stadien des Krieges vom politischen Schlachtfeld entfernt und nicht nur als schlechter Patriot und Gegner der nationalen Sammlung der öffentlichen Missbilligung preisgegeben, sondern auch als Verräter und feindlicher Agent durch den Schmutz gezogen werden.

Als das Urteil 1920 schließlich gefällt wurde, kam es auf die Verurteilung des Verleumdeten kaum noch an. Aber in den trüben Wintertagen von 1917/18 war die Ausschaltung Caillaux' von überragender Bedeutung gewesen. Und die Möglichkeit, Symbolbilder von anhaltender Wirkung zu prägen, auf die die Regierung in dieser kritischen Zeit besonders angewiesen war, hatte mit dem Klischee »Caillaux unter Beschuldigung des Landesverrats verhaftet« einen gewaltigen Auftrieb bekommen.

Die Symbolik der Kriegszeit verblasste sehr schnell. Von ihr war nichts mehr übrig, als nach zehnjähriger Pause eine neue Linkskoalition unter Herriot zur Macht kam und sich mit der entzauberten und ernüchternden politischen Wirklichkeit der zwanziger Jahre auseinandersetzen musste.

b) Das geschmähte Staatsoberhaupt: Fall Ebert

Ist die Landesverratsanklage die schwerste und ungeschlachteste Waffe im Kampf um die politische Macht, so sind die Mittel, mit denen man einen politischen Gegner zu Beleidigungs- oder Verleumdungsklagen zwingen kann, fast wie ein Florett: handlicher, beweglicher, zweideutiger. Und da diese Mittel auch denen zugänglich sind, die am Genuss der Macht nicht teilhaben, wird von ihnen auch sehr viel häufiger Gebrauch gemacht. Ihre Wirksamkeit ist von Land zu Land verschieden. Sie hängt einerseits mit nationalen Unterschieden in den gesetzlichen Vorschriften, anderseits damit zusammen, wie sich die Allgemeinheit und die Richter zu Verunglimpfungen im politischen Bereich stellen.⁵⁷

---

56 Siehe weiter unten Kapitel X, Abschnitt 3. Schon 1926 schied Caillaux aus dem Amt, weil seine Finanz- und Wirtschaftspolitik bei den Sozialisten auf Widerstand stieß. Er war dann bis ans Ende der Dritten Republik Vorsitzender des Senatsausschusses für Finanzen. Etwa zur selben Zeit amtierte Malvy, der andere amnestierte »Verbrecher«, als Finanzausschussvorsitzender in der Kammer.
57 Eine ausgezeichnete vergleichende Studie bietet David Riesman: »Democracy and Defamation«, in: Columbia Law Review, Jahrgang 42, S. 1085-1123 und 1282-1318 (Heft 7, September 1942).

Diffamierung in der politischen Sphäre mit anschließenden Beleidigungs- und Verleumdungsklagen war in der Weimarer Republik sehr früh zur Alltagserscheinung geworden. Diese Waffe konnten die Deutschnationalen schon 1920 gegen den vielseitigsten und einfallsreichsten, wenn auch vielleicht nicht allerskrupelhaftesten Politiker der Periode, den Zentrumsmann Matthias Erzberger (1875 - 1921), damals Reichsfinanzminister, nicht ohne Erfolg in Anschlag bringen. Von den vielen Fällen, die Erzbergers Vorgänger aus des Kaisers Tagen, sein ärgster Feind Karl Helfferich, Vorsitzender der Deutschnationalen Volkspartei, gegen ihn zusammengetragen hatte, um zu beweisen, dass der republikanische Verwalter der Staatsfinanzen Politik und Geschäft auf unzulässige Weise vermenge, erwiesen sich die meisten als gegenstandslos. Doch auch die wenigen Fälle, in denen Helfferichs Anschuldigungen unwiderlegt blieben, reichten dazu aus, dem verklagten Beleidiger zu einem gewissen moralischen Sieg zu verhelfen und den Kläger Erzberger zum Rücktritt zu zwingen.[58]

Ungleich höher war der Einsatz im Beleidigungsprozess, den Reichspräsident Friedrich Ebert (1871 - 1925) Ende 1924 zu führen genötigt war. Hier ging es nicht mehr um Probleme privater oder öffentlicher Moral. Auf dem Spiel stand hier die Legitimität des neuen republikanischen Staatswesens schlechthin; sie hing wesentlich mit der Beurteilung der historischen Rolle zusammen, die der erste Präsident des jungen Staates in den Januartagen 1918 gespielt hatte, sozusagen in der Inkubationszeit der Republik. Der gerichtlichen Austragung des Konflikts kam umso größere Bedeutung zu, als Eberts Amtszeit ihrem Ende entgegenging. Die Behandlung der Beleidigungsklage und ihr Ausgang mussten sowohl seine Bereitschaft, sich zur Wiederwahl zu stellen, als auch die Möglichkeit beeinflussen, ihn zum Bannerträger einer republikanischen Koalition bei der ersten Volkswahl des Präsidenten im Juli 1925 zu machen.

Es ist mit Ebert nicht viel anders als mit dem anderen führenden europäischen Staatsmann der zwanziger Jahre, der gleich ihm aus den Reihen der Arbeiterbewegung gekommen war: J. Ramsay MacDonald (1866 - 1937). Auf der historischen Leistung beider Männer, die das Heranrücken der organisierten Arbeiterschaft an den Staat symbolisieren, liegen dunkle Schatten. In der Perspektive ist gerade Eberts Lebenswerk verzerrt, weil die großen geschichtlichen Gebilde, mit denen es aufs engste verbunden war, die Sozialdemokratische Partei

---

58 Klaus Epstein: Matthias Erzberger and the Dilemma of German Democracy, Princeton, 1959, bringt in Kapitel XIV (S. 349-369) eine ausführliche Darstellung des Prozesses; seinen Nachwirkungen ist Kapitel XV (S. 370-389) gewidmet.

der vorhitlerschen Zeit und die Weimarer Republik, gescheitert sind. Nachdem das Verhängnis seinen Lauf genommen hat, lassen sich jedoch zwei historische Momente am allerwenigsten aus der Welt schaffen: Ebert hatte bei der in vieler Hinsicht fatalen Spaltung der deutschen Arbeiterklasse Pate gestanden und sie durch seine Haltung während des Krieges vertieft, und während seiner Tätigkeit als Reichspräsident wurde er zum Mittelsmann zwischen den Politikern der Republik und den Generalen und Bürokraten der alten Zeit, die ihn als Schirmherrn und als Schachfigur benutzten. Sind seine gewaltigen Anstrengungen, die Weimarer Republik zu einem lebensfähigen politischen Gebilde zu machen, damit zu abschätzig beurteilt? Gewiss: Hätte Ebert den Vorzug gehabt, nicht im Deutschland der zwanziger, sondern im England der vierziger Jahre zu wirken, so hätte er mit Auszeichnung die Rolle eines Ernest Bevin (1881 - 1951) bewältigen und zum Vollstrecker und Symbol der dauernden Verbindung der endlich als gleichberechtigt anerkannten Volksmassen mit der staatlichen Organisation werden können. In Bevins von Erfolg gekrönter Karriere gibt es mancherlei, was die Geschichte nachsichtig belächelt: eine gewisse Gespreiztheit und Affektiertheit, die unverbesserliche Neigung, sich von einer »fachlich geschulten« Ministerialbürokratie imponieren und an der Nase herumführen zu lassen, ja überhaupt alles, was zum schwierigen Aufstieg eines Politikers aus den unteren Gesellschaftsschichten gehört, wenn er von gleich zu gleich mit den alten herrschenden Schichten umgehen will, deren Beifall und Billigung er sucht, weil er glaubt, das sei für die Erfüllung seiner eigenen geschichtlichen Sendung unerlässlich. All diese Dinge, die die Geschichte dem Erfolgreichen verzeiht, werden zur Tragödie, wenn das Unterfangen mit völligem Fehlschlag endet.

So verschieden die Historiker Eberts Rolle auch beurteilen mögen, eins scheint über jeden Zweifel erhaben: Ebert war genau das, was man in den ersten zwei Jahrzehnten unseres Jahrhunderts unter einem deutschen Patrioten verstand. Im Kriege stand er in der ersten Reihe der sozialistischen Politiker, die ohne jeden Hintergedanken den Sieg der deutschen Sache ersehnten. Erst verhältnismäßig spät, zu Beginn des Sommers 1917, kam er – wie auch die meisten Politiker des deutschen Bürgertums – zu der Einsicht, dass man im allergünstigsten Fall gerade noch einen Kompromissfrieden erhoffen könne, der Deutschland, ginge alles mit rechten Dingen zu, die Erhaltung des *Status quo* brächte. Keineswegs schwächte diese für ihn deprimierende Erkenntnis den Eifer, mit dem er sich abmühte, das Staatsschiff im Innern vor dem Kentern zu bewahren. Dazu warf er alle Machtmittel in die Waagschale, über die er als Vorsitzender der Sozialdemokratischen Partei und einer ihrer einflussreichsten parlamentarischen Vertreter verfügte, obgleich damit die Kluft zwischen breiten Schichten der Arbeiterklasse und der Politik der sozialdemokratischen Führung immer weiter aufgerissen wurde. Unvermeidlich kam das Eberts ehemaligen Parteifreunden zustatten, die die Disziplin der alten Partei nicht mehr gelten ließen und nun dabei waren, eine Konkurrenzorganisation aufzubauen. In den Mittelpunkt ihrer Tätigkeit stellte die neue Organisation, die Unabhängige Sozialdemokratische Partei, die Mobilisierung der Massen für den bald möglichen Abbruch des Krieges.

Kaum war 1919 der Versailler Friedensvertrag unterschrieben worden, als auch schon die Behauptung – von der extremen Rechten und manchen Gruppen der gemäßigten Rechten lanciert – in Umlauf kam, dass der Krieg hätte gewonnen werden können, wenn nicht landesverräterische Unruhen, Streiks und defätistische Strömungen dem tapferen Heer einen »Dolchstoß in den Rücken« versetzt hätten; nur dadurch sei die Revolution ausgelöst, die Niederlage verursacht worden. Für diesen Ausgang des Krieges wurde die gesamte Linke ohne Unterschied der Parteischattierungen verantwortlich gemacht.

Die Geschichtsepisode, um die sich der Ebert-Prozess drehte, hatte der Legende von der auf dem Felde der Ehre siegreichen, aber von Landesverrätern hinterrücks erdolchten deutschen Armee einen ihrer wichtigsten Bausteine geliefert. Ende Januar 1918 waren in zahlreichen Metallbetrieben und anderen Arbeitsstätten der Kriegsindustrie in vielen wichtigen Industriezentren Deutschlands und Österreichs Streiks ausgebrochen. Die Streikenden hatten auf eigene Faust, ohne Unterstützung oder Billigung der Gewerkschaften, Streikleitungen gebildet und politische und wirtschaftliche Forderungen aufgestellt. Einerseits riefen sie nach einem Frieden ohne Annexionen und nach Heranziehung von Arbeitervertretern zu den Friedensverhandlungen: eine überaus populäre Forderung in den Tagen, an denen in Brest-Litowsk über die kaum verschleierten deutschen Ansprüche auf große Teile früher russischen Gebiets erbittert gerungen wurde. Anderseits verlangten sie eine bessere Lebensmittelversorgung, Einschränkung der Befugnisse der Militärgewalt im Innern des Landes, insbesondere in den Betrieben, und entschiedene Demokratisierung des öffentlichen Lebens. Gerade die Demokratisierung war ein brennendes Problem, denn die in Preußen herrschenden Kreise bekämpften wütend jeden Versuch, das ungerechte preußische Dreiklassenwahlrecht zu beseitigen.

Die aktivsten Elemente der Streikleitungen standen in organisatorischer Verbindung mit der sozialistischen Linken, die sich von der offiziellen Sozialdemokratie getrennt hatte. Was sie forderten, drückte indes keinen besonderen Parteistandpunkt aus, sondern entsprach in der Hauptsache dem, was die große Mehrheit der Bevölkerung dachte. Ebenso wie die Gewerkschaftsführung wurde der Vorstand der Sozialdemokratischen Partei vom Ausbruch des Streiks am 29. Januar überrascht und in gewissem Sinne überwältigt; von den Berliner Streikenden aufgefordert, Delegierte in die elfköpfige Streikleitung zu entsenden, beschloss der Parteivorstand, der Einladung Folge zu leisten.

Die Einladung war ohnehin nicht ohne Schwierigkeiten zustande gekommen. Als Wortführer der Unabhängigen Sozialdemokraten, die in der Streikleitung bereits vertreten waren, trat Georg Ledebour (1850 - 1947) mit Vehemenz gegen die Heranziehung der Mehrheitspartei auf; nicht zu Unrecht befürchtete er, dass sich die Bereitschaft zu Kompromissen mit den Behörden in einer so erweiterten Streikleitung stärker bemerkbar machen werde. Für den Augenblick lag aber der Delegiertenversammlung der Streikenden mehr daran, der Streikbewegung einen möglichst breiten politischen Widerhall zu verschaffen; sie entschied sich gegen Ledebour. Zu den drei Abgesandten des sozialdemokratischen Parteivorstandes gehörte auch Ebert. Der Streik, der in seinen letzten Stadien in Berlin allein über eine halbe Million Menschen in den Kampf hineingezogen hatte, wurde nach fünftägiger Dauer abgebrochen. Unter dem Druck der Obersten Heeresleitung (Ludendorff) und auf Anraten der Berliner Polizeibehörde hatte die Regierung den Belagerungszustand verhängt, auf Grund eines Gesetzes von 1851 außerordentliche Kriegsgerichte, gegen deren Urteile (auch wenn es Todesurteile waren) Berufung nicht möglich war, errichtet und Verhandlungen mit den Streikenden abgelehnt.

Die Motive, die Ebert und seine Partei veranlasst hatten, sich an der Streikleitung zu beteiligen, und vor allem auch Eberts Verhalten während des Streiks gaben den Gegenstand der Beleidigungsklage von 1924 ab. Faktisch fand der Prozess zweimal statt. Seine Vorgeschichte begann bei einem Amtsbesuch Eberts in München im Juni 1922, als ein völkischer Hetzer dem Reichspräsidenten auf der Straße »Landesverräter« zurief. Die Angelegenheit kam vor ein Münchner Gericht, das auf Antrag des Beklagten das persönliche Erscheinen des beleidigten Staatsoberhaupts verlangte; um den Gegnern keine neue Gelegenheit zu ungestraften öffentlichen Schimpfkanonaden zu geben, folgte Ebert dem Rat seiner Anwälte und zog den Strafantrag zurück. Unterdes waren die prozessualen Vorschriften abgeändert worden, so dass die Zeugenaussage des Reichspräsidenten auch an seinem Amtssitz eingeholt werden konnte. Als derselbe Täter seine Beschimpfungen in einem »Offenen

Brief« wiederholte und ein nationalistisches Blättchen sie mit eigenen beleidigenden Ergänzungen abdruckte, leitete die Staatsanwaltschaft gegen den verantwortlichen Redakteur der Zeitung ein Verfahren ein, dem sich Ebert als Nebenkläger anschloss. Im Dezember 1924 kam der Fall vor dem Schöffengericht Magdeburg zur Verhandlung. Das Gericht setzte sich aus zwei Berufsrichtern (die, wie sich später herausstellte, zum völkischen Flügel der Deutschnationalen gehörten) und zwei Schöffen zusammen.[59]

Die recht weitschweifigen Zeugenaussagen konzentrierten sich auf zwei miteinander verflochtene Fragen: 1. Welche Beweggründe hatten den sozialdemokratischen Parteivorstand veranlasst, sich an der Streikleitung von 1918 zu beteiligen? 2. Wie hatte sich Ebert in der Streikleitung und namentlich in einer Massenversammlung der Streikenden, die am 31. Januar 1918 in Treptow im Freien abgehalten wurde, verhalten?

Das große Zeugenaufgebot zerfiel in vier deutlich unterscheidbare Gruppen. Zur ersten gehörte die treue Mannschaft sozialdemokratischer Funktionäre, darunter auch der längst nicht mehr radikale frühere USPD-Parlamentarier und Streikleitungsteilnehmer Wilhelm Dittmann (1874 - 1954), der in derselben Treptower Versammlung nach Ebert das Wort genommen hatte, aber von der Polizei am Weiterreden gehindert, vor ein Kriegsgericht gestellt und zu fünfjähriger Festungshaft verurteilt wurde. Die Aussagen dieser Funktionäre kreisten um einen einfachen Gedankengang: Nachdem der sozialdemokratische Parteivorstand von Anfang an gegen den Streik gewesen sei, habe er sich für die Teilnahme an der Streikleitung entschlossen, um den Streik auf diese Weise so schnell wie möglich zum Abschluss zu bringen; selbstverständlich habe Ebert diesen Vorstandsbeschluss befolgt. Darüber hinaus wurde die insgesamt vaterlandstreue Haltung der Sozialdemokratischen Partei hervorgehoben, die 1917/18 von allen

---

59 Siehe die eingehende Erörterung des Prozesses bei Karl Brammer (Hg.): Der Prozeß des Reichspräsidenten, Berlin, 1925. Für die Zeugenaussagen wurden die detaillierten Prozessberichte im Berliner Tageblatt herangezogen. Die kommunistische Position kommt beim führenden DDR-Anwalt, Friedrich Karl Kaul: Justiz wird zum Verbrechen, Der Pitaval der Weimarer Republik, Band I, {Ost-}Berlin, 1953, S. 135-170, zum Ausdruck. Einer der Anwälte Eberts, Otto Landsberg: »Der Prozeß Rothardt«, in: Die Justiz {Organ des Republikanischen Richterbundes}, Band I, S. 124-136 (Heft 2, Dezember 1925), hat das Verfahren namentlich im Hinblick auf die Haltung der Richter einer scharfen Kritik unterzogen. Über das spätere Disziplinarverfahren gegen einen der Richter, dem länger zurückliegende beschimpfende Äußerungen über Ebert lediglich eine »Warnung«, die mildeste Form des disziplinarischen Verweises, eintrugen, siehe Otto Landsberg: »In eigener Sache«, in: Die Justiz, Band III, S. 211 ff. (Heft 2, Dezember 1927).

Regierungsorganen lobend anerkannt worden sei. Eberts eigene Darstellung deckte sich im Wesentlichen mit den Aussagen dieser Zeugengruppe.

Die zweite Gruppe bildeten Zeugen, die linkssozialistischen Gruppierungen entweder früher angehört hatten oder noch angehörten, der Sozialdemokratischen Partei mehr oder minder feindlich gegenüberstanden und am Streik von 1918 in dieser oder jener Form teilgenommen hatten; auch der einstige Vorsitzende der Berliner Streikleitung, der Kommunist geworden war, war darunter. Diese Zeugen betonten, dass der sozialdemokratische Parteivorstand aus höchst eigensüchtigen Motiven zur Streikleitung gestoßen sei, um das Ansehen der Mehrheitspartei in den Augen der Arbeitermassen zu heben; in den Jahren zuvor habe die Partei infolge ihrer überpatriotischen Haltung schwere Einbußen erlitten. Außer einem einzigen Zeugen, der inzwischen zur extremen Rechten abgeschwenkt war, bestätigten diese Linken bereitwilligst, dass Ebert – wenn auch vergebens – versucht habe, die Forderungen der Streikenden abzumildern; von ihrem Standpunkt aus war Ebert damit nur noch mehr als »Sozialpatriot« belastet. Mit dieser Version stimmte die Darstellung eines parteilosen Zeugen überein, der Eberts Treptower Rede vom 31. Januar als Journalist gehört hatte. Eberts Dilemma, meinte er, habe darin bestanden, dass er sich einerseits gegen eine äußerst kritische Zuhörerschaft habe durchsetzen müssen, ihr aber andererseits nicht allzu sehr habe entgegenkommen können, um sich nicht mit seiner eigenen Politik in Widerspruch zu setzen: einer Politik der entschiedensten Landesverteidigung bis zu einem Zeitpunkt, zu dem der Abschluss eines ehrenhaften Friedens möglich geworden wäre.

Die größte öffentliche Beachtung zog die dritte Gruppe auf sich, die gleichsam bestellten Zeugen. Sobald das politische Potential des Prozesses in Rechtskreisen erkannt worden war, unternahm es ein als Berliner Lokalgröße bekannter deutschnationaler Landtagsabgeordneter, im Nebenberuf Pfarrer, Zeugen zu suchen, die mit »interessanten« Aussagen aufwarten könnten. Mit ihrer Vernehmung verschob sich das Schwergewicht der Beweisaufnahme von Eberts umstrittenen Beweggründen und Zielen zu den konkreten Vorgängen in der Versammlung vom 31. Januar. Jetzt tauchte die Behauptung auf, Ebert habe in Treptow auf eine schriftliche Frage, wie sich die Arbeiter gegenüber Einberufungsbefehlen zu verhalten hätten, antworten müssen. Ohne Zweifel war die Frage von brennendem Interesse, denn die Behörden hatten seit Kriegsbeginn »Rädelsführer« der Unzufriedenen und Murrenden dadurch mundtot zu machen gesucht, dass sie sie als Soldaten einzogen. Nun hieß es, Ebert habe den Streikenden den Rat gegeben, Gestellungsbefehle nicht zu beachten. Ebert selbst konnte sich an den Vorgang nicht mit voller Klarheit erinnern. Allerdings widersprachen solche zweifellos präparierten Aussagen nicht nur der bis dahin bekannten Gesamtlinie der Ebertschen Politik, sondern auch dem, was bei Diskussionen im sozialdemokratischen Parteivorstand zu diesem konkreten Punkt geäußert worden war. Überdies wurde das Hauptparadepferd unter diesen organisiert zusammengesuchten Zufallszeugen, dessen Behauptungen den politischen Bedürfnissen der äußersten Rechten am ehesten entgegenkamen, so gründlich diskreditiert, dass das Urteil seiner Aussage keine Beachtung schenkte.

Eine vierte Gruppe stellten offizielle Persönlichkeiten aus der Kriegszeit, darunter auch Generale und Polizeioffiziere, bestimmt keine Freunde oder Anhänger der Sozialdemokraten. Nichts, was Ebert belastet hätte, kam aus Polizeiberichten über den Streik zum Vorschein. Die Aussagen der Generale, Beamten und Politiker zeigten Unterschiede, die offenbar mit ihrer verschiedenen politischen Einstellung zur Zeit des Prozesses zusammenhingen. Die einen sprachen von der Munitionsknappheit, die möglicherweise durch Streiks verursacht worden sei, oder deuteten an, dass ihre Kriegsanstrengungen bei den Sozialdemokraten keine ausreichende Unterstützung gefunden hätten. Die anderen unterstrichen umgekehrt die großen Verdienste der Sozialdemokraten um die Landesverteidigung und die Stärkung der nationalen Abwehrkraft. Eberts Anwälte konnten dem Gericht sogar einen Brief Hindenburgs vom Dezember 1918 vorlegen, in dem Ebert Vaterlandsliebe und patriotische Gesinnung bescheinigt wurden.

In dem eifrigen Bemühen, ihren Mandanten als guten Patrioten erscheinen zu lassen, hatten Eberts Anwälte allerdings eine beachtliche Klippe zu umschiffen: las man das offizielle sozialdemokratische Organ, die Berliner Tageszeitung *Vorwärts*, aus dem Jahre 1918, so mochte man zu einer etwas anderen Lesart der sozialdemokratischen Politik gelangen. Es hörte sich nicht sehr überzeugend an, wenn Eberts Anwälte bestritten, dass die Zeitung die Haltung der Partei repräsentiert habe. Beachtet man aber den Tenor der redaktionellen Stellungnahme der Zeitung in der kritischen Zeit, so treten zwei Gesichtspunkte unmissverständlich hervor: 1. Der Streik war der Partei völlig überraschend gekommen, und sie hatte mit seinem Ausbruch nicht das Geringste zu tun; 2. es war nicht daran zu denken, dass die Sozialdemokratische Partei eine dem Streik feindliche Stellung beziehen könnte. Die Sozialdemokraten hätten Massenstreiks im Krieg zwar nicht gewollt und nicht für möglich gehalten, aber die Dinge seien

»eben oft stärker als die Menschen«, schrieb die Zeitung nach dem Abbruch des Streiks.[60] Denkbar ist, dass die anfängliche Genugtuung der Parteileitung über die Aufnahme offizieller Parteivertreter in die Streikleitung von der Redaktion des *Vorwärts* überbetont wurde; ihre Artikel ließen aber jedenfalls keinen Zweifel daran, dass die Sozialdemokratische Partei, was immer geschehen möge, auf Seiten der Streikenden stehen werde, wenn auch zugleich die Hoffnung ausgesprochen wurde, dass die Regierung die Forderungen der Streikenden »einer gewissenhaften Prüfung unterziehen und alles tun {werde}, was in ihren Kräften steht, um eine Einigung herbeizuführen«.[61] Am 30. und 31. Januar durfte die Zeitung auf Anordnung des Oberkommandos in den Marken nicht erscheinen, weil sie »eine Aufforderung zum Massenstreik veröffentlicht« habe: Der Oberbefehlshaber in den Marken hatte das am 29. Januar bekundete Einverständnis der Redaktion mit den »Forderungen der Arbeiter« wohl nicht ganz falsch gedeutet.

Nach dem Scheitern des Streiks wehrte sich die Zeitung erbittert gegen den von der reaktionären Presse erhobenen Vorwurf des »Landesverrats« wie gegen die in »anonymen Flugblättern« enthaltene Prophezeiung, die Sozialdemokratie werde »Arbeiterverrat« begehen. »Szylla und Charybdis!« rief das Blatt empört aus. »Die Sozialdemokratie«, hieß es weiter, »treibt weder ›Landesverrat‹ noch ›Arbeiterverrat‹. Denn die Arbeiter und das Land gehören zusammen, und man kann nicht das Land verraten, ohne die Arbeiter mitzuverraten; man kann aber auch

60 »Massenstreik und Sozialdemokratie«, in: Vorwärts, Jahrgang 35, Nr. 37, 6. Februar 1918, S. 1, Sp. 1 f. Drei Tage vorher – »Unsere Aufgabe«, a.a.O., Nr. 34, 3. Februar 1918, S. 1, Sp. 1 f. – hatte es unmissverständlich geheißen: »Die Partei hat genauso gehandelt, wie nach alter erprobter Regel die Gewerkschaften handeln, wenn ein wilder Streik ausgebrochen ist. Hat dieser wilde Streik eine gewisse Stärke erreicht, so wird kein Gewerkschaftsführer sich wie ein Bußprediger hinstellen und den Streikenden raten, ins Mauseloch zu kriechen. Er wird ... herauszuholen versuchen, was aus ihr {der Bewegung} herauszuholen ist, {er wird} nachdrücklich die berechtigten Forderungen der Arbeiter durchzusetzen versuchen ...«
61 »Die Forderungen der Arbeiter« in: Vorwärts, Jahrgang 35, Nr. 29, 29. Januar 1918, S. 1, Sp. 1-3; »... diese Arbeiter«, hieß es in demselben Artikel, »streiken in dem guten Glauben, ihrem Land und ihrem Volk dadurch einen großen Dienst zu erweisen, daß sie mit Nachdruck auf der Erfüllung ihrer Forderungen bestehen.« Es wurde kein Zweifel daran gelassen, dass die »mit gesteigertem Nachdruck« vertretenen Forderungen die »grundsätzliche« Billigung der Sozialdemokratie fänden. Linkssozialistische Kreise und die Führer der Streikbewegung glaubten den größeren Nachdruck in der Hoffnung der Sozialdemokraten auf das Einlenken der Regierung zu entdecken. In diesem Sinne wurde ihre Haltung auch schon vor dem Magdeburger Prozess vom einstigen Vorsitzenden der elfköpfigen Streikleitung interpretiert; siehe Richard Müller: Vom Kaiserreich zur Republik. Ein Beitrag zur Geschichte der revolutionären Arbeiterbewegung während des Weltkrieges, ohne Ort, ohne Jahr {Copyright 1924, Malik-Verlag, Wien}.

nicht die Arbeiter verraten, ohne das Land mitzuverraten. Denn wenn sich das Land nach außen verteidigen soll, dann dürfen sich seine Arbeiter nicht ›verraten‹ fühlen!«[62]

In Wirklichkeit hatte Ebert seinen Prozess lange vor der Verkündung des Magdeburger Urteils verloren. Caillaux, der von einer rein politischen Körperschaft abgeurteilt wurde und seine Verteidigung auf dasselbe politische und Verfassungssystem abstellen musste, in dessen Rahmen sein angebliches Verbrechen begangen worden war, wagte nichtsdestoweniger den Gegenangriff und setzte seine politischen Ideen denen seiner Gegner mit aller Schärfe entgegen. Die Anwälte und Freunde Eberts befanden sich in einer viel günstigeren Lage. An die Stelle des politischen Regimes, unter dem Eberts »Verbrechen« begangen worden war, war ein anderes getreten, und der Regimewechsel war gerade durch die Umstände ausgelöst worden, mit denen Eberts vermeintliche Straftat im engsten Zusammenhang gestanden hatte; der Regimewechsel war – genau wie Eberts vorgebliches Delikt – aus der wachsenden Unzufriedenheit des Volkes mit der Politik und den Methoden der kaiserlichen Regierung hervorgegangen. Aber Ebert und seine Anwälte ließen sich den Kampf unter Bedingungen aufnötigen, die ihnen der Feind vorschrieb. Sie beharrten nicht darauf, dass sie mit ihren Handlungen von 1918, wie ein Zeuge sagte, zur Rettung des Vaterlands[63] beigetragen hätte, dass ihr Tun lediglich ein historisches Zufallsmoment im unvermeidlichen und notwendigen Zusammenbruch der alten Ordnung gewesen sei. Stattdessen zogen sie es, um die Dolchstoßlegende zu widerlegen, vor, sich gegen den Vorwurf zu verteidigen, sie hätten sich nicht heldenhaft genug für die alte Ordnung geschlagen und damit die (nicht vorhandene) Möglichkeit des »Durchhaltens auf lange Sicht« zunichte gemacht.

Für die sozialdemokratische Gefolgschaft von 1924 und sogar für die möglichen künftigen Anhänger, die die Sozialdemokratie nun, nach der Verschmelzung der Mehrheitspartei mit den Unabhängigen, dem

62 »Unsere Aufgabe« (siehe oben Anmerkung 60). Zur Verhängung des Belagerungszustands war in einem »Berlin, 31. Januar«, signierten Artikel – Vorwärts, Jahrgang 35, Nr. 30-32, 1. Februar 1918, S. 1, Sp. 1 ff. – gesagt worden: »Die gegenwärtige Bewegung soll die Landesverteidigung nicht treffen, will sie nicht treffen und wird sie nicht treffen, wenn ihre Interessen auch von Seiten der Regierung und der Behörden richtig wahrgenommen werden.« Auf jeden Fall würden die Sozialdemokratische Partei und ihre Reichstagsfraktion »treu zur arbeitenden Bevölkerung stehen.« Am nächsten Tag hieß es in einer Pressepolemik – »Reine Zweideutigkeit!«, a.a.O., Nr. 33, 2. Februar 1918, S. 1, Sp. 3 –, gegen die Sozialdemokratie bleibe gerade noch der Vorwurf bestehen, »daß sie sich in schwerster Zeit von den Arbeitern, ihren Klassengenossen und Brüdern, nicht getrennt hat«, und diesen Vorwurf werde sie »erhobenen Hauptes tragen.«
63 Aussage des früheren Volksbeauftragten Emil Barth am 10. Dezember 1924.

Wirkungsbereich der Kommunisten hätte entziehen müssen, war das, was die sozialdemokratische Führung im Januar 1918 getan hatte, entweder von minimalem Interesse oder geradezu ein Ehrentitel. In den Augen ihrer Gegner aber war Ebert im Voraus verurteilt als Repräsentant der zwiespältigen sozialdemokratischen Haltung vom Januar 1918, die sich eben daraus ergeben hatte, dass zwischen der Politik des offiziellen Deutschlands, des Deutschlands Ludendorffs, und den Gefühlen und Erwartungen der Mehrheit der deutschen Bevölkerung und der sie schlecht oder recht vertretenden Sozialdemokraten ein unüberbrückbarer Abgrund klaffte. Möglich ist freilich, dass sich Ebert und seine Anwälte in Magdeburg nicht nur von Gesinnungszwang, sondern auch von taktischen Überlegungen leiten ließen. Möglich ist, dass Ebert der Meinung war, er müsse als Reichspräsident und eventueller Präsidentschaftskandidat gerade die unentschlossenen und unentschiedenen Teile der Wählerschaft hofieren, die sich an die Vorstellung des kontinuierlichen organischen Zusammenhangs zwischen kaiserlichem und republikanischem Deutschland klammerten und denen es ein inneres Bedürfnis war, alles aus dem Bewusstsein zu verdrängen, was zum Zusammenbruch der alten Ordnung geführt hatte.

Der die Magdeburger Verhandlung leitende Landgerichtsdirektor und der Landgerichtsrat, der ihm zur Seite stand, waren indes nicht von dieser Sorte: Sie waren fanatische Gegner des republikanischen Staatsgebildes. In seiner sorgfältig ausgearbeiteten Urteilsbegründung umging der Vorsitz führende Richter das historische und moralische Problem, das nach dem Urteil eines der Kritiker[64] das eigentliche Problem des Prozesses war; das Urteil, führte er aus, könne nur nach rein rechtlichen Gesichtspunkten gefällt werden. Eberts Beweggründe, so patriotisch sie auch gewesen sein mochten, seien, meinte er, für die Urteilsfindung nicht von Belang: »... es kann eine Handlung, die politisch und historisch als zweckmäßig, ja heilsam erkannt wird, gleichwohl gegen das Strafgesetz verstoßen.«[65] Ebert habe durch seine Teilnahme an der Streikleitung und durch seine Versammlungsrede der Landesverteidigung Schaden zugefügt und damit Landesverrat begangen; seine Absicht, den Streik zu beenden und eine weitere Schädigung des Landes zu verhüten, schließe den Vorsatz des Landesverrats nicht aus. Nachdem das Gericht somit gefunden hatte, dass der Beklagte für seine wichtigsten Behauptungen den Wahrheitsbeweis erbracht habe, denn Ebert habe sich im juristischen Sinne in der Tat des Landesverrats schuldig

---

64 Vergleiche die Darstellung von Hugo Sinzheimer in Brammer: Der Prozeß... (siehe oben Anmerkung 59), S. 183-190.
65 Zitiert bei Landsberg: Der Prozeß... (siehe oben Anmerkung 59), S. 128.

gemacht, verurteilte es den Beleidiger wegen der Form seiner Äußerungen über das Staatsoberhaupt zu drei Monaten Gefängnis.

Als die Reichsregierung, der ein Deutschnationaler und drei Mitglieder der Deutschen Volkspartei angehörten, vom Urteil erfuhr, beschloss sie einstimmig eine Kundgebung an den Reichspräsidenten, in der sie ihre Überzeugung aussprach, seine Tätigkeit habe »stets dem Wohl des deutschen Vaterlands gedient.« Für die Presse der Rechten und für viele Politiker der Rechtsparteien war das wieder ein Anlass, sich zu entrüsten und Ebert zu beschimpfen.

Ebert starb kurz darauf, im Februar 1925. Kein Historiker kann sagen, ob ihm der Ausgang des Prozesses die Möglichkeit genommen hätte, sich zur Wiederwahl zu stellen. Zu einer Überprüfung des Magdeburger Urteils im normalen Instanzenzug ist es nicht mehr gekommen, da eine Amnestie dem Verfahren ein Ende bereitete. Rechtskräftig ist das Urteil nicht geworden. Mehrere Rechtslehrer kritisierten das Verfahren und den Urteilsspruch: sie verneinten den Vorsatz der Schädigung des Staatsinteresses oder waren der Meinung, dass der alte Grundsatz des Nachteilsausgleichs (*compensatio lucri cum damno*) hätte angewandt werden müssen.[66] Akzeptierte man das Prinzip des Nachteilsausgleichs, so fiel nicht nur das subjektive Element der Schuld fort, sondern auch jedes objektive Tatbestandsmoment eines landesverräterischen Unternehmens.

Indes fand auch die gegenteilige Ansicht beredte Wortführer. Wer der Kriegsmacht, hieß es da, durch sein Handeln einen Schaden zufüge, könne sich nicht zum Beweis des fehlenden staatsschädigenden Vorsatzes darauf berufen, dass er beabsichtigt habe, mit derselben Handlung einen größeren Vorteil für die Kriegsmacht zu erzielen, »selbst dann nicht, wenn der Vorteil in der Folge wirklich eintritt.« Auch »die uneigennützige Absicht, dem Vaterland zu helfen«, schütze nicht vor Strafe, »wenn die Verwirklichung der Absicht mit unerlaubten Mitteln angestrebt wird«, schon gar nicht in Kriegszeiten: »Im Krieg vornehmlich kann nur *ein* Wille herrschen, der Wille des Staates, der durch seine berufenen Organe handelt.«[67]

Ebert war schon seit über sechs Jahren tot, als das Reichsgericht mit einer entschiedenen Zurückweisung der Magdeburger Landesverratstheorie seine Ehrenrettung unternahm. In einem neuen Verfahren

---

66 Charakteristisch für die kritische Position unter anderen {Alexander} Graf zu Dohna: »Vorsatz bei Landesverrat«, in: Deutsche Juristen-Zeitung, Jahrgang 30, S. 146-150 (Heft 2, 15. Januar 1925), und Gustav Radbruch in Brammer: Der Prozeß ... (siehe oben Anmerkung 59), S. 167-170.
67 {Ludwig} Träger: »Rechtsgutachten betreffend den Prozeß des Reichspräsidenten Ebert«, in: Der Gerichtssaal, Jahrgang XCI, Stuttgart, 1925, S. 435-440, insbesondere 438 f.

wegen Beleidigung des toten Reichspräsidenten, in dem sich der Angeklagte zu seiner Entlastung auf das Urteil des Magdeburger Schöffengerichts berief, wurde den Magdeburger Kollegen die Belehrung zuteil, dass ihrer Rechtsinterpretation durch eine ältere höchstgerichtliche Entscheidung die Basis entzogen worden sei. Ein Urteil des vereinigten II. und III. Strafsenats des Reichsgerichts vom 5. April 1916 wurde ausgegraben, in dem das Vorliegen eines Landesverrats verneint worden war, obgleich der Angeklagte, ein deutscher Großkaufmann, mitten im Krieg die Belieferung seiner russischen Fabriken mit schwedischem Stahl vermittelt hatte. Hätte der Angeklagte, so wurde argumentiert, keine Stahllieferungen mehr ins Feindesland gehen lassen, so wären die Werke, in denen landwirtschaftliche Geräte hergestellt wurden, von der russischen Regierung beschlagnahmt und in den Dienst der Kriegsproduktion gestellt worden; dem Angeklagten sei also zugute zu halten, dass der größere Schaden mit seiner Hilfe verhütet worden sei. (Vom »totalen Krieg« und davon, dass auch landwirtschaftliche Geräte die Wehrkraft eines kriegführenden Landes erhöhen, war noch nicht viel bekannt.)

Diese Argumentation wurde nun von den Reichsgerichtsräten von 1931 auf den Fall Ebert angewandt. »In ähnlicher Weise«, sagten sie, »ist auch das Verhalten eines Arbeiterführers zu beurteilen, der während eines Kriegs in die Leitung eines von radikalen Elementen angezettelten, für die deutsche Kriegsmacht nachteiligen Streiks eintritt mit der Willensrichtung, wieder Einfluß auf die von den radikalen Elementen aufgehetzten Arbeiter zu gewinnen, sie zur Besonnenheit zu ermahnen und ein möglichst baldiges Ende des Streiks herbeizuführen.«

Dieser Arbeiterführer dürfe sogar Konzessionen an den Radikalismus machen, den Streikenden versprechen, dass er für ihre Forderungen eintreten werde, und diese Forderungen auch wirklich vertreten, »sofern er nur bei allen seinen Maßnahmen das Endziel im Auge behält, von der deutschen Kriegsmacht größeren Nachteil, insbesondere auch eine Ausartung der Streikbewegung in eine revolutionäre Bewegung, abzuwenden.«[68] Unter Berufung auf *compensatio lucri cum damno* wurde der Makel des Landesverrats von Ebert genommen und sein Andenken in Ehren wiederhergestellt.

Das Urteil von 1931 erfreute gewiss die politischen Freunde Eberts. Es war aber kein Damm, mit dem die Sturmflut der nationalistischen und nationalsozialistischen Propaganda hätte aufgefangen werden können. Diese Propaganda hatte sich seit langem der Gerichtsvorgänge und

---

68 Urteil des Reichsgerichts (I. Strafsenat) vom 20. Oktober 1931, I 426/31, in: Entscheidungen des Reichsgerichts in Strafsachen, Band 65, Berlin/Leipzig, 1931, S. 422-433, insbesondere 431 f.

des Urteils von Magdeburg bemächtigt und daraus tödliche Waffen gegen die Weimarer Republik geschmiedet. Unermüdlich und unablässig wurde dem Staat, der nicht aus einer »revolutionären Bewegung« hervorgegangen sein wollte, die Schmach des Vaterlandsverrats vorgehalten.

Man kann dem Ebert-Prozess aber auch noch ein anderes entnehmen: Offenbar charakterisiert die Vergrößerung und Ausweitung der Wirkungen politischer Propaganda mit Hilfe öffentlicher Gerichtsverfahren ganz allgemein das Stadium der Politisierung gesellschaftlicher Konflikte und der Verschärfung politischer Kämpfe in einer Gesellschaft, die zur Massendemokratie wird. Wer ein solches Potential an sich zu reißen und auszunutzen weiß, kann, indem er die Ergebnisse der Justizprozeduren in einer geeigneten Situation gegen den politischen Gegner kehrt, seine Schlagkraft vervielfachen.

4. Erweiterung der Verbotssphäre im politischen Aktionsbereich

Waren die Fälle Caillaux und Ebert aus Ereignissen hervorgegangen, die in die Zeit vor dem Ersten Weltkrieg zurückreichten, so wurzelten die schweizerischen und deutschen Fälle aus den fünfziger Jahren, über die nun berichtet werden soll, in der spezifischen Atmosphäre der Nachwirkungen des Zweiten Weltkriegs; sie illustrieren die für diese Periode typische Ausweitung der Staatsschutzgesetzgebung. Nicht notwendigerweise bestimmen indes die Vorschriften des Gesetzes das Vorgehen der Gerichte. Die hier wiedergegebenen Fälle wurden zu einer Zeit vors Gericht gebracht, für die einerseits die Angst vor der kommunistischen Offensive, anderseits die sorgenvolle Reaktion auf ältere und neuere Auswüchse der politischen Justiz im totalitären Herrschaftsbereich charakteristisch war. Da wurde energisch an den neueren gesetzlichen Regelungen festgehalten, die unter anderem eine Überwachung verdächtiger Auslandsbeziehungen der Staatsbürger erlauben, zugleich aber die Möglichkeit, politisch frei schwebenden oder peripheren Gegnern den politischen Aktionsraum zu sperren, mit einer gewissen Reserve behandelt oder nur mit Beklemmungen ausgenutzt. Nur mühsam ließen sich diese beiden Tendenzen im Gleichgewicht halten.

a) Freiheit der Forschung stößt auf Schranken

Die Stellung eines kleinen Staates in einer Welt von Riesen und weitgespannten übernationalen politischen Bewegungen ist im günstigsten Fall höchst unbehaglich. Sie verschlechtert sich unvermeidlich, wenn ein Krieg ausbricht und der Zwerg darauf besteht, neutral und unabhängig zu bleiben. Ein machtstrotzender Nachbar kann den Druck auf den kleinen Staat vermehren und seine Gefügigkeit trotz aller Neutralität erzwingen, indem er über die Grenze hinweg Kräfte mobilisiert, die ihm freundlich oder gar verehrungsvoll gegenüberstehen. Vom Giganten bedrängt, wird der neutrale Zwerg in die Alternative hineingetrieben, physisch vernichtet zu werden oder moralisch zu kapitulieren. Seine Staatsmänner müssen dann zwischen Mord und Selbstmord lavieren und sich auf Kompromisse und Demütigungen einlassen.

Für den Historiker ist es leichter als für den politischen Führer, zu sagen, wo die Grenze der Anpassung gezogen werden solle. Da sich der politische Führer ohne Zeitverlust entscheiden muss, steht er immer wieder vor einem qualvollen Dilemma. So musste die Regierung der kleinen Schweiz zu Beginn des Zweiten Weltkriegs unter offensichtlichem Druck darauf verzichten, die Nationalsozialistische Partei aufzulösen, die, wenn sich Hitler je entschlossen hätte, die Schweiz in den Umkreis seiner »Neuen Ordnung« einzubeziehen, dem Dritten Reich als Stoßtrupp gedient hätte. Womit wurde diese Selbstknebelung begründet? Der Vorsteher des Eidgenössischen Militärdepartements hatte, wie es später in einer amtlichen Veröffentlichung hieß, den Nationalrat darauf hingewiesen, »daß im deutschen Hauptquartier nicht nur normale, sachliche Erwägungen zu Entschlüssen führten, sondern daß oft aus momentanen Stimmungen, Verstimmungen, in Zorn entschieden würde. Eine Auflösung der deutschen Organisationen in der Schweiz hätte zu einer solchen stimmungsmäßigen Entschlußfassung Hitlers im Sinne einer Aktion gegen unser Land führen können.«[69]

Wird solches Seiltanzen mit allen Demütigungen, die es mit sich bringt, zum einzigen Mittel der Selbsterhaltung, so muss das Land mit nationaler Überempfindlichkeit reagieren. Mit Entrüstung wird jeder verurteilt, der im Innern dazu beiträgt, dass solche untragbaren Zustände entstehen oder von der bedrohlich starken Auslandsmacht ausgeschlachtet werden. Es war nur natürlich, dass Anhänger des

---

69 »Bericht des Bundesrates an die Bundesversammlung über die antidemokratische Tätigkeit von Schweizern und Ausländern im Zusammenhang mit dem Kriegsgeschehen 1939 - 1945«, Bundesblatt der Schweizer Eidgenossenschaft, Jahrgang 98, Band I, S. 39 (Nr. 1, 4. Januar 1946).

Nationalsozialismus, die sich an hitlerfreundlichen Umtrieben in der Schweiz beteiligt hatten, in dem Augenblick vor Gericht gestellt wurden, da die akute Gefahr für die nationale Sicherheit vorbei war.[70] Während des Krieges war patriotisches Verhalten für die meisten Schweizer das Gegebene und Selbstverständliche. Nur am Rande der Gesellschaft gab es kleine nazifreundliche Gruppen; in dem Maße, wie der außenpolitische Druck zunahm, gewannen sie einigen Anhang unter Menschen, die sich weniger aus Überzeugung als aus Opportunitätsgründen anzupassen bereit waren. Solange noch die Gefahr der Invasion drohte, konnte gegen diese durchsichtige Neigung, sich für den Fall der Katastrophe ein schützendes Obdach zu sichern, kaum viel unternommen werden. Umso dringlicher schien radikales Durchgreifen, nachdem der Krieg vorüber war; die moralische Norm patriotischen Verhaltens sollte – zum Teil wenigstens – nicht mehr in Notverordnungen der Exekutive, sondern in Vorschriften der ordentlichen Gesetzgebung verankert werden. Der dringende Wunsch, die Schweiz aus internationalen Verwicklungen herauszuhalten, verflocht sich gewissermaßen mit dem moralischen Verlangen, die Grundsätze patriotischen Verhaltens zu zwingenden Geboten zu machen.

Traditionell waren die Schweizer einer Verschärfung der Staatsschutzbestimmungen wenig zugetan. Vorschläge für eine schärfere Fassung der Sicherheitsbestimmungen waren in den zwanziger und dreißiger Jahren wiederholt durch Referendum verworfen worden. Erst die Erfahrungen der Kriegszeit brachten es mit sich, dass dieser althergebrachte Widerstand ins Wanken kam. Verschiedene Notverordnungen vom Ende der dreißiger und aus den vierziger Jahren wurden 1950 in aufeinander abgestimmten Vorschriften des regulären Strafrechts zusammengefasst.[71]

Eine der weitestgehenden Bestimmungen, der neue Artikel 272 des Strafgesetzbuches, richtet sich gegen politische Nachrichten, die ausländischen Interessen dienen. Anders als in den übrigen Teilen der neuen Gesetzgebung ist die Bestrafung hier nicht an die Weitergabe unwahrer Behauptungen und auch nicht an vorsätzliche Unterstützung antischweizerischer Bestrebungen geknüpft. Strafbar ist schon die Weitergabe von Informationen an ausländische Empfänger, wenn sie der

---

70 Eine Übersicht über die Strafverfolgung von Nazi-Anhängern im »Bericht des Bundesrates an die Bundesversammlung über Verfahren gegen nationalsozialistische Schweizer wegen Angriffs auf die Unabhängigkeit der Eidgenossenschaft« findet sich in Bundesblatt der Schweizer Eidgenossenschaft, Jahrgang 100, Band III, S. 997-1073 (Nr. 48, 2. Dezember 1948). Zwischen 1946 und 1948 sind insgesamt 102 Verfahren durchgeführt worden.
71 Vergleiche Jean-Claude Wenger: Gefährdung der verfassungmäßigen Ordnung. Art. 275 - 275ter StGB, Zürcher Jur. Diss., Aarau, 1954, insbesondere S. 38-51.

Schweiz oder schweizerischen Interessen zum Nachteil gereicht.[72] Angewandt wurde diese verschärfte Bestimmung in einigen Fällen, über die keine ausführlichen Berichte vorliegen: Einmal handelte es sich um einen schweizerischen Geschäftsmann, der die Konsulatsbehörden der Vereinigten Staaten über die nationalsozialistische Vergangenheit eines Konkurrenten informiert hatte, ein andermal um Material über linksgerichtete Personen und Gruppen in der Schweiz, das dem Büro des amerikanischen Senators McCarthy zugeleitet worden war.[73]

Der große Fall, an dem sich die neue Bestimmung zu erproben hatte, kam 1952, als der Bundesrat die erforderliche Zustimmung zur Einleitung eines Strafverfahrens vor dem Bundesstrafgericht gegen Professor André Bonnard, Dozent für griechische Literatur an der Universität Lausanne, erteilte. Kein eingeschriebenes Mitglied der (kommunistischen) Schweizer Arbeiterpartei, hatte sich Bonnard seit einiger Zeit bei verschiedenen von kommunistischer Seite geförderten Aktionen betätigt, war unter anderem Präsident des schweizerischen Zweiges der Weltfriedensbewegung. Am 12. Mai 1952 hatte ihn der französische Physiker Fréderic Joliot-Curie, Sekretär des Weltfriedensrates (Sitz Prag), brieflich aufgefordert, Material über das in der Schweiz residierende Internationale Komitee vom Roten Kreuz zu beschaffen. Besonders wurde um Angaben gebeten, aus denen sich der Charakter des Komitees als einer privaten schweizerischen Gruppe, enge Beziehungen zwischen den führenden Personen des Komitees und bestimmten Bank- und Industrieinteressen und die Größe der englisch-amerikanischen Beiträge erkennen ließen. Der Grund lag auf der Hand und wurde auch nicht verschwiegen. Das Rote Kreuz hatte sich (was Bonnard selbst angeregt hatte) erboten, die Beschwerden Nord-Koreas über die angebliche Verwendung bakteriologischer Waffen durch die Amerikaner unparteiisch zu untersuchen. Nord-Korea hatte mit Unterstützung der Sowjetunion das Angebot verworfen, und jetzt musste bewiesen werden, dass das mit gutem Grund geschehen war.

72 In der Fassung vom 5. Oktober 1950 bestraft Art. 272 mit Gefängnis jeden, der »im Interesse eines fremden Staates oder einer ausländischen Partei oder einer andern Organisation des Auslandes zum Nachteil der Schweiz oder ihrer Angehörigen, Einwohner oder Organisationen politischen Nachrichtendienst betreibt oder einen solchen Dienst einrichtet, ... für solche Dienste anwirbt oder ihnen Vorschub leistet«. Die ältere Fassung – vom 21. Juni 1935 – traf solche Tätigkeiten nur, sofern es sich um einen »Nachrichtendienst über die politische Tätigkeit von Personen oder politischen Verbänden« handelte.
73 Werner Lüthi: »Zur neueren Rechtsprechung über Delikte gegen den Staat«, in: Schweizerische Zeitschrift für Strafrecht, Jahrgang 69, S. 298-334 (1954, Heft 3). Bundesanwalt Lüthi war mit der Verfolgung von Delikten gegen die Staatssicherheit befasst.

Ein Teil des angeforderten Materials war nicht schwer zusammenzutragen. Offizielle Angaben stellte die Verwaltung des Roten Kreuzes selbst einem der beiden Mitarbeiter Bonnards zur Verfügung. Um das übrige musste sich Bonnard, nachdem sich das von seiner Mitarbeiterin gesammelte Material als wenig beweiskräftig erwiesen hatte, persönlich bemühen. Aus Publikationen des Roten Kreuzes, Handbüchern der Aktiengesellschaften und polemischen Schriften sozialistischer Autoren ermittelte er die finanziellen und wirtschaftlichen Positionen und Interessen führender Mitglieder des Internationalen Komitees; ebenso stellte er fest, dass beim Komitee im Zweiten Weltkrieg unter anderem auch Beiträge aus Deutschland und Japan eingegangen waren.

Er gab die Ergebnisse seiner Recherchen zur Post und machte sich auf, eine Tagung der Weltfriedensbewegung in Ost-Berlin zu besuchen. Als er am 30. Juni 1952 auf sein Flugzeug wartete, wurde er von der Polizei angehalten und sein Gepäck durchsucht. Beschlagnahmt wurden Notizen für eine Rede über Abrüstung, europäische Vereinigung, Haltung der schweizerischen Öffentlichkeit und Beziehungen zwischen dem Roten Kreuz und der Genfer Finanzaristokratie. Zu der geplanten Rede hatte Bonnard eine Einleitung ausgearbeitet, in der er sagte, er habe das Internationale Komitee vom Roten Kreuz lange bewundert, sei aber nach gründlichem Studium zu dem Schluss gekommen, dass Nord-Korea mit seiner ablehnenden Haltung recht habe.

Erst im März 1954, nach einer Voruntersuchung von fast einundzwanzig Monaten, kam der Fall zur Verhandlung. Der Tatbestand war kaum umstritten. Die von der Verteidigung geladenen Zeugen, französische und belgische Kollegen Bonnards aus dem Weltfriedensrat, priesen die Friedensarbeit der Organisation. Ähnlich äußerte sich der Angeklagte; er erklärte mit Nachdruck, dass weder seine allgemeine Haltung noch seine Tätigkeit zu der geringsten Kritik Anlass gebe. Die Anklagebehörde beantragte drei Monate Gefängnis für Bonnard und acht Tage Gefängnis für den mitangeklagten Sekretär des schweizerischen Zweiges der Weltfriedensbewegung; die in der Materialbeschaffung weniger tüchtige Mitarbeiterin sollte freigesprochen werden, aber einen Teil der Prozesskosten tragen.

Das Gericht schloss sich den Anträgen nicht in vollem Umfang an. Das Material, das Bonnard für seine Berliner Rede zusammengestellt hatte, erachtete es nicht als »Nachrichten« im Sinne des Gesetzes. Dagegen erblickte es ein strafbares Delikt in der Weitergabe der angeforderten Daten an Joliot-Curie. Vom Standpunkt der Schweiz, meinte das Gericht, seien die Bemühungen des Angeklagten, die finanziellen Verbindungen der Spitzenfunktionäre des Roten Kreuzes nachzuweisen, ohne Bedeutung; seine Handlungen seien aber strafbar, weil seine Auftraggeber einen bestimmten Zweck zum Nachteil schweizerischer Interessen verfolgt hätten. Hätte ein Journalist ähnliches Material für den Zeitungsleser gesammelt, so hätte das keine gerichtlichen Folgen nach sich gezogen; Bonnard aber habe politische Nachrichten für ausländische Auftraggeber zu einem konkreten Zweck zusammengetragen: um die Weigerung Nord-Koreas, einer Untersuchung durch das Rote Kreuz zuzustimmen, zu rechtfertigen. Dass schweizerische Interessen geschädigt worden seien, brauche nicht besonders nachgewiesen zu werden, denn das Vorgehen der Angeklagten habe sich klar gegen eine in der Schweiz ansässige und ausschließlich von Schweizer Bürgern geleitete und verwaltete Organisation gerichtet.[74]

So extrem sich das Gericht in der Auslegung des »Nachrichtendienstes« für ausländische Auftraggeber zeigte, so vorsichtig war es in der Bemessung der Strafen: Der Hauptangeklagte wurde zu fünfzehn Tagen, der mitangeklagte Sekretär der Weltfriedensbewegung zu acht Tagen Gefängnis, die Mitarbeiterin nur zur Tragung der Kosten verurteilt. Dazu wurde die Vollstreckung der Strafe gegen Bonnard ausgesetzt. Bonnard, sagte das Gericht, habe kein Zeichen der Reue an den Tag gelegt, denn hätte er das getan, so hätte er seiner Rechtfertigung, dass er nur von seinen Rechten Gebrauch gemacht habe, den Boden entzogen; anderseits brauche nicht angenommen zu werden, dass er in seinem unrechtmäßigen Tun verharren werde: Sei er einmal verurteilt, so werde er vielleicht in sich gehen und sich zu besserem Verhalten durchringen. Des Gerichts resignierende Urteilsbegründung sagte nicht, dass das Gesetz, nach dem es Recht sprach, widersinnig sei, und es ist nicht einmal sicher, dass die Richter sich dessen bewusst waren. Aber ein anderer Schluss konnte aus dem Sachverhalt schwerlich gezogen werden.

Die Öffentlichkeit reagierte verschieden. Spürbar war ein erhebliches Unbehagen. Offenbar war hier ein Gesetz angewandt worden, das sich wie Kautschuk handhaben ließ: In seiner Unbestimmtheit ermöglichte es die strafrechtliche Verfolgung von Handlungen, die sich eindeutig in den Grenzen legitimer politischer Kritik hielten.[75]

Keine klare Äußerung deckte indes den Kern des Staatssicherheitsproblems auf, wie es gerade die kleine Schweiz betrifft. Der Grundsatz

---

[74] Entscheidungen des Schweizerischen Bundesgerichts, 1954, Band 80, Teil IV, S. 71-96 (Urteil vom 2. April 1954); vergleiche: »Das Urteil im Prozeß Bonnard«, in: Neue Zürcher Zeitung, Jahrgang 175, Fernausgabe, Nr. 93 (4. April 1954), Blatt 7, S. 1.

[75] Zustimmung ohne allzu großen Enthusiasmus fand das Urteil in »Der ehrbare Agent«, in: Neue Zürcher Zeitung, Jahrgang 175, Fernausgabe, Nr. 111 (24. April 1954), Blatt 6, S. 1 f. Andere Zeitungen, hauptsächlich in der Westschweiz und im sozialistischen Lager, äußerten sich in vorsichtig kritischem Sinne.

der Neutralität mag als bequeme Faustregel im Alltag gelten und sich vielleicht sogar in einer wirklich bedrohlichen Situation behaupten. Aber die Neutralität des offiziellen Staatsgebildes kann nicht auch das Denken des einzelnen Staatsbürgers neutralisieren. Der Drang, nach den Geboten der eigenen politischen Einsicht Partei zu ergreifen, kann sehr wohl stärker sein als alle Vorsicht. Menschen handeln nach Maßgabe ihrer Erkenntnisse und werden, wenn das ihren Zielen dienlich ist, den Ergebnissen des eigenen Nachdenkens gestatten, die Staatsgrenzen zu überschreiten. Das wird auch dadurch kaum verhindert werden können, dass man diesen Grenzübertritt »Nachrichtendienst« oder »Verbindung mit fremden Mächten« nennt.

Eine etwas frühere schweizerische Gerichtsentscheidung hatte sich mit einem Kommunisten beschäftigt, der 1951 eine »politische Pilgerfahrt« nach Budapest unternommen hatte, um an der Vollzugsausschusssitzung der kommunistisch orientierten Internationalen Journalistenorganisation teilzunehmen. Auf dieser Sitzung hatte er die Schweiz das Zentrum der USA-Spionage genannt und übertriebene und ungenaue, wenn auch nicht ganz grundlose Angaben über die Rüstungsausgaben im Staatshaushalt der Eidgenossenschaft und über die Entsendung von Rüstungsexperten nach Formosa gemacht. Das Bundesstrafgericht verurteilte ihn zu einer Gefängnisstrafe nach dem neuen Artikel 266bis des Strafgesetzbuches, der Auslandsverbindungen zur Förderung gegen die Schweiz gerichteter Bestrebungen unter Strafe stellt. Den Nachweis, dass der Angeklagte ein bereits existierendes der Schweiz schädliches Unternehmen gefördert habe, hielt das Gericht nicht für erforderlich, sofern aus den Tatsachen geschlossen werde könne, dass sich seine Betätigung auch nur mit einem Eventualvorsatz auf ein solches Ziel gerichtet habe.[76]

b) Politik ohne Bindungen oder verbotene Verbindungen?

Vergleicht man die Sicherheitsprobleme der Schweiz mit denen Nachkriegsdeutschlands, so möchte man die Schweizer Sorgen als beruhigend unkompliziert abtun. Seit langem behauptet sich das Staatsgebilde der Schweiz als besonders beständig und innerlich stabil; in jedem Streit um die nationale Treue seiner Staatsbürger geht es nur um das Ausmaß, in dem sie den seit einiger Zeit gesteigerten Prioritätsansprüchen der Eidgenossenschaft Anerkennung schuldig sind. Dagegen stellten die

---

[76] Entscheidungen des Schweizerischen Bundesgerichts, Band 79, Teil IV, 1953, S. 24-35 (Fall Emil Arnold, Urteil vom 28. April 1953).

Probleme nationaler Bindung und staatsbürgerlicher Treue in Deutschland schon in der Zeit von 1945 bis 1949 ein wirres Knäuel dar. Das geeinte Reich war mit dem verlorenen Krieg dahin. Vier fremde Mächte hatten die Souveränität übernommen und lokale Regierungen eingesetzt, die gleichsam ihrer Lehnshoheit unterstanden. Für die Beziehungen des einzelnen deutschen Bürgers zu seinen neuen, provisorischen Souveränen galt keine feste traditionelle Verhaltensnorm. Angst und Hoffnung, Privatinteresse und Unterwürfigkeit lagen im Wettstreit mit starkem politischem Verantwortungsgefühl und dem Verlangen nach neuem, unabhängigem nationalem Dasein. Gelegentlich klingt noch diese wirre Zeit in Beleidigungsklagen an, und die Streitparteien finden sich denn auch oft genug bereit, das Unentwirrbare auf sich beruhen zu lassen. Wenn man die Maßstäbe von heute an die chaotischen Verhaltensweisen einer Zeit anlegen muss, in der es anerkannte und erkennbare nationale Normen nicht gab, hat man nicht viel davon, dass man die Gerichte bemüht.

Aus dem Chaos kristallisierten sich 1949 zwei gegensätzliche neue Staatsgebilde heraus, die Bundesrepublik Deutschland und die Deutsche Demokratische Republik. Damit, dass sich zwei Staaten bildeten, waren die Folgen der von außen erzwungenen Zerlegung des alten Staatsgebildes durchaus nicht ausgelöscht. Politisch liegen die neuen Staatsgebilde miteinander im Krieg, aus dem sich zahllose Konflikte ergeben.[77] Aber im täglichen Dasein muss man sich in irgendeiner Form aufeinander einstellen. Man erkennt einander nicht an, aber man teilt sich gezwungenermaßen in das einstige gemeinsame Staatsgebiet.

Die Probleme des Agenten, Doppelagenten oder Nachrichtenhändlers, der davon lebt, dass er Nachrichten kauft, verkauft oder fabriziert, brauchen uns hier nicht zu beschäftigen. Auf beiden Seiten der Grenze gibt es ein ganzes Heer von Menschen, die ihren Lebensunterhalt mit Spionage, Berichterstattung und Auslösung von wirklichen oder

---

77 In der Bundesrepublik entsteht zum Beispiel viel Unrecht daraus, dass § 100e Absatz 1 des Strafgesetzbuches sehr weit ausgelegt wird; danach kann jeder Strafverfolgung gewärtigen, der von Staatsorganen der DDR in ein auch nur agentenähnliches Verhältnis hineingepresst worden ist. Die Richter wissen das am besten. Bei einem Landgerichtsrat, H. W. Ruhrmann: »Verfassungsfeindliche landesverräterische Beziehungen. Ein Beitrag zum interlokalen Strafrecht«: in, Neue Juristische Wochenschrift, Jahrgang 12, S. 1201-1207 (Heft 28, 10. Juli 1959), kann man auf S. 1205 lesen: »Was sollen eigentlich jene unfreiwillig mit dem SBZ-ND in Berührung gekommenen SBZ-Bewohner noch tun, um zu erreichen, dass sie nicht verfolgt werden?... welcher SBZ-Bewohner wird vor dem Druck der dortigen ND-Organe noch in die Bundesrepublik flüchten wollen, wenn erst einmal jeder weiß, dass ihm hier mit Sicherheit Strafverfolgung, mit einiger Wahrscheinlichkeit Strafe droht? Müsste er sich nicht sagen, dass es dann schon besser ist, dem mit lukrativen finanziellen Angeboten verbundenen Drängen des SBZ-ND nachzugeben?«.

Ausnutzung von erfundenen Zwischenfällen bestreiten. In einem umfassenden Gesetzgebungswerk mit entsprechender Gerichtspraxis, die beide die größtmögliche Skala von Handlungen einzubegreifen suchen, sind die mannigfaltigen Betätigungsmöglichkeiten solcher Menschen vorausgeahnt oder *post factum* erfasst worden. Einst wurde Landesverrat mit den von ihm abgeleiteten Delikten als das verabscheuungswürdigste aller Verbrechen angesehen, und in vielen Ländern, in denen patriotische Normen nicht so ausgehöhlt worden sind wie im Gefolge der nationalsozialistischen Politik und ihrer katastrophalen Ergebnisse in Deutschland, wird Verrat an der Nation nach wie vor nicht auf die leichte Schulter genommen. Aber unter den heutigen deutschen Existenzbedingungen wiegt Agenten- oder Nachrichtendienstlicher Erwerb kaum schwerer als viele andere dunkle und unsichere Erwerbsbetätigungen, die es am Rande der Gesellschaft gibt.

Wegen Landesverrats und analoger Delikte (§§ 99-101 des Strafgesetzbuches) wurden in der Bundesrepublik 1954 57 Personen, 1955 125 Personen, 1956 202 Personen, 1957 232 Personen und 1958 235 Personen abgeurteilt, in fünf Jahren also 851; nimmt man noch die 1.073 Hochverrats- und Staatsgefährdungsfälle hinzu, so kommt man auf 1.924 abgeurteilte Personen, von denen 1.461 verurteilt wurden.[78] Indes beliefen sich die bekanntgewordenen Fälle von Hochverrats-, Staatsgefährdungs- und Landesverratsdelikten zusammen 1954 auf 8.550, 1955 auf 8.073, 1956 auf 7.975, 1957 auf 12.600 und 1958 auf 13.823.[79] Das ergibt in fünf Jahren die phantastische Zahl von 51.021 »bekanntgewordenen Straftaten« (zu denen 39.835 Täter »ermittelt« wurden).

Dafür, dass von den vielen Fällen, in denen Ermittlungen angestellt werden, nur ein geringer Teil zur Aburteilung kommt, fehlt bis jetzt eine zufriedenstellende Erklärung von amtlicher Seite. Möglicherweise dienen die vielen Ermittlungen, die kein gerichtliches Nachspiel nach sich ziehen, dazu, verdächtige politische Betätigungen, die nicht strafbar, also auch polizeilicher Kontrolle nicht unterworfen sind, aber unter

---

78 Statistisches Jahrbuch für die Bundesrepublik Deutschland, 1956, S. 98; 1957, S. 106; 1958, S. 98; 1959, S. 102; 1960, S. 130. Im Statistischen Jahrbuch wird die Reihe nicht mehr veröffentlicht. Anderen Publikationen des Statistischen Bundesamtes ist zu entnehmen, dass die Zahl der Abgeurteilten 1959 und 1960 bei Landesverrat 257 beziehungsweise 308, bei Hochverrat und Staatsgefährdung 233 beziehungsweise 213 betrug. Verurteilt wurden in denselben Jahren wegen Landesverrats 220 beziehungsweise 272, wegen der anderen Delikte 176 beziehungsweise 177 Personen.
79 Bundeskriminalamt: Polizeiliche Kriminalstatistik für die Bundesrepublik Deutschland, 1954, Wiesbaden, ohne Jahr {1955}, S. 5 und 19; 1955, Wiesbaden, ohne Jahr {1956}, S. 8 und 27; 1956, Wiesbaden, ohne Jahr {1957}, S. 35 und 59; 1957, Wiesbaden, ohne Jahr {1958}, S. 27 und 40; 1958, Wiesbaden, ohne Jahr {1959}, S. 39 und 48. Die Reihe wird nicht fortgesetzt.

Umständen zu strafbaren Handlungen führen könnten, mehr oder minder regelmäßig zu überwachen, das heißt in gewissem Sinne unter Polizeiaufsicht zu stellen.

Vielleicht ist aber die verstärkte politische Überwachungsarbeit der Polizeiorgane ihrerseits nur der Ausdruck einer besonderen politisch-kriminalistischen Atmosphäre. Nach amtlichen Angaben wurden in der Bundesrepublik und West-Berlin zwischen dem 30. August 1951 (bis dahin konnte Spionage strafrechtlich nicht verfolgt werden) und dem 31. Dezember 1959 insgesamt 1.799 »Agenten des Sowjetblocks« verurteilt; gleichzeitig hatten sich 16.500 Agenten freiwillig den Behörden gestellt, womit sie der Verfolgung entgingen. Von amtlicher Seite wird die Zahl der Mitarbeiter, die von östlichen Diensten pro Jahr auf die Bundesrepublik angesetzt werden, auf rund 16.000 geschätzt.[80]

Gewiss darf man unterstellen, dass diese Schätzung aus propagandistischen Gründen zu hoch ausgefallen ist, und man muss auch berücksichtigen, dass die Strafverfolgungsorgane kaum über die nötigen Maßstäbe verfügen, um zwischen Teilnehmern an inneren Umsturzbestrebungen und eindeutigen Spionageagenten zu unterscheiden. Anderseits darf man annehmen, dass die Westmächte ihrerseits ein nicht geringes nachrichtendienstliches Interesse an Vorgängen innerhalb des ostdeutschen Staatsgebildes haben. Schließlich kann man nicht außer Acht lassen, dass es Agenten gibt, die weder erwischt werden noch sich selbst stellen und deren Tätigkeit auch von Schätzungen der Ermittlungsorgane nicht erfasst werden kann. Bei allen Vorbehalten kommt man jedenfalls, wenn man alle Faktoren berücksichtigt, zu dem Schluss, dass die Spionage in Deutschland zu einem nicht unbeachtlichen Gewerbezweig geworden ist. Wahrscheinlich hält man sich noch an der unteren Grenze, wenn man vermutet, dass insgesamt etwa 25.000 Personen in beiden Teilen Deutschlands nachrichtendienstlich tätig sind. Natürlich sind die nichtamtlichen Geheimbeauftragten im Gegensatz zu den Angehörigen der »offiziellen Spionage« keineswegs immer hauptberuflich beschäftigt. Zählt man aber »Profis« und »Amateure« zusammen, so muss man vermuten, dass die Gesamtzahl der Agenten die Zahl der Berufspolitiker (gelegentlich gehen diese Kategorien ineinander über) östlich und westlich der Elbe übersteigt. Das ist etwas symptomatisch Neues und sagt einiges über den Gegenwartsstil der deutschen Politik aus.

In Deutschland ist im Vergleich zu anderen Ländern diese Art von Dienstleistungen besonders angewachsen, weil das Land gespalten ist

---

[80] »Verlorene Agenten«, in: Frankfurter Allgemeine Zeitung, S-Ausg., Nr. 149, 29. Juni 1960, S. 2, Sp. 1.

und die Nachrichteninteressen einer Vielzahl fremder Staaten anzieht. Viel gewichtiger als die fragwürdigen Erfolge der Nachrichtendienstinflation sind ihre politischen Ausstrahlungen. Zu einem erheblichen Teil beruhen auf der Spionageatmosphäre die Neigung zur Geheimniskrämerei, die Seltenheit spontaner Willensbildung im politischen Bereich und der alles durchdringende Bürokratismus. Und gerade weil die Spontaneität im politischen Leben abstirbt, kommt es darauf an, wo in Wirklichkeit die Grenze verläuft zwischen unabhängiger, von Bindungen freier politischer Betätigung und der Tätigkeit von Agenten, die nach Weisungen fremder Auftraggeber und in deren Interesse arbeiten. Die meisten Menschen, die in der »Kontakt«-Domäne tätig sind, haben solche Auftraggeber, bisweilen mehrere gleichzeitig, und ihre »dienstlichen Verrichtungen« sind fast immer zweideutiger Natur.

Aus dieser spezifischen Situation waren einige bezeichnende Fälle entstanden, mit denen sich der deutsche Bundesgerichtshof in den letzten Jahren zu befassen hatte; wie der Unterschied zwischen Agententätigkeit und politischer Betätigung auf eigene Faust und aus eigenem Antrieb festzuhalten und zu bestimmen sei, war in diesen Fällen nicht nur von theoretischem Interesse, sondern auch praktisch bedeutsam. Eine weniger ausführliche Behandlung beansprucht, weil hier Aspekte mehr persönlicher Natur schwerer wogen als politische, das Verfahren gegen Otto John, den ersten Präsidenten des Bundesamtes für Verfassungsschutz. John war auf etwas geheimnisvolle Weise nach Ost-Berlin geraten und hatte dort mit Staatsorganen der DDR eine Zeitlang in begrenztem Umfang zusammengearbeitet. Seine Mitwirkung an der offiziellen östlichen Propaganda spielte sich in einem Rahmen ab, der ungefähr seinen vorher schon bekannten Vorstellungen und Besorgnissen entsprach; über diesen Rahmen hinaus hatte sich John weder auf die kommunistische Ideologie noch auf ihren Jargon festlegen lassen. Aber er hatte Aussagen über eine »geheime Tätigkeit« der Organisation Gehlen in Frankreich und über »Geheimabreden« zur Europäischen Verteidigungsgemeinschaft gemacht, von denen er später zugab, dass sie unwahr waren. Nachdem er etwa ein Jahr die Gastfreundschaft der DDR und der Sowjetunion genossen hatte, entkam er und kehrte freiwillig in die Bundesrepublik zurück. Er wurde wegen Verrats von Staatsgeheimnissen, landesverräterischer Fälschung und landesverräterischer Konspiration angeklagt und im Dezember 1956 vom Bundesgerichtshof abgeurteilt.

Der Aufbau seines Verteidigungsgerüsts ist hier, was die Details angeht, nicht von übergroßem Interesse: Dazu gehörte die Behauptung, die das Gericht nicht gelten ließ, er sei nach Ost-Berlin entführt worden; dazu gehörte die vom Gericht ebenfalls zurückgewiesene

Entschuldigung, er habe sich auf eine Zusammenarbeit mit östlichen Propagandaorganen einlassen müssen, weil seine Sicherheit oder gar sein Leben in Gefahr gewesen sei. Von größerem Interesse ist Johns Gesamtverhalten: Der politische Stil, der sich in der Bundesrepublik herausgebildet hatte, war ihm fremd (oder fremd geworden), ohne dass er zum Gegenstil des Ostens bekehrt worden wäre. Er fand sich im zweigeteilten Land politisch nicht mehr zurecht und wurde zum Wanderer ins Nichts. Die aus einer Augenblickseingebung heraus unternommene Wanderung nach Ost-Berlin, die Halbheiten der Zusammenarbeit mit dem Osten und die Enttäuschung über den Osten, schließlich die überlegte und plangemäß vorbereitete Flucht zurück in die Bundesrepublik (John hätte in ein anderes Land fliehen können): In alledem äußert sich eher die tragische Ratlosigkeit eines labilen und unpolitischen Menschen als zielbewusstes politisches Denken und Handeln. Die vom Bundesgerichtshof verhängten vier Jahre Zuchthaus erschienen nicht nur manchen kritischen Beobachtern, sondern auch dem Vertreter der Staatsanwaltschaft, Oberbundesanwalt Max Güde, der zwei Jahre Zuchthaus beantragt hatte, als eine überaus harte Strafe.[81]

Der Fall John zeigt einige der Schwierigkeiten, die sich bei der Anwendung der neuen Strafbestimmungen dort einstellen, wo ernste Gewissenskonflikte um politische Treueverpflichtungen zu den Handlungen geführt haben, die dem Angeklagten zur Last gelegt werden. Der neue § 100d des Strafgesetzbuchs der Bundesrepublik bestraft landesverräterische Beziehungen »zu einer Regierung, einer Partei, einer anderen Vereinigung oder einer Einrichtung außerhalb des räumlichen Geltungsbereichs« des Gesetzes. (Mit der umständlichen Formulierung sollten vor allem Beziehungen zu Institutionen der DDR getroffen werden, die vom Standpunkt der Bundesrepublik weder ein anerkannter Staat noch eine Auslandsmacht ist.) Bestrafung kann jedoch, wie der Berichterstatter des Ausschusses für Rechtswesen und Verfassungsrecht bei der Bundestagsberatung des Strafrechtsänderungsgesetzes 1951 klarstellte, nur erfolgen, wenn der Nachweis erbracht ist, dass die fraglichen Beziehungen in der Absicht unterhalten wurden, »gegen die Sicherheit der Bundesrepublik

---

81 Zur Begründung des Strafantrags hatte der Oberbundesanwalt den Richtern zugerufen: »Ich werde Ihnen sagen, welche Strafe ich für angemessen halte: keine, die über zwei Jahre Zuchthaus hinausgeht. Und ich bin der Meinung: unser Staat kann es sich leisten, großzügig zu sein, weil er das Recht will und sich abhebt von diesen verdammten Schein- und Afterstaaten, die nur Gewalt und kein Recht wollen.« Siehe »Zuchthausstrafe für John beantragt«, in: Frankfurter Allgemeine Zeitung, S-Ausg., Nr. 295, 18. Dezember 1956, S. 1, Sp. 2 f.; S. 4, Sp. 2 ff. Zur Kritik des Urteils siehe den redaktionellen Kommentar »Politische‹ Strafjustiz«, in: Deutsche Universitätszeitung, Jahrgang 12, S. 5 (Nr. 1, 17. Januar 1957).

gerichtete Unternehmungen oder Bestrebungen zu unterstützen«. Ausdrücklich fügte der Berichterstatter hinzu: »Dabei genügt es nicht, dass diese Unternehmungen oder Bestrebungen den politischen Interessen der Bundesrepublik zuwiderlaufen.«[82]

Wollte aber John, als er Beziehungen zur ostdeutschen Regierung aufnahm, wirklich, wie das Strafgesetzbuch sagt, »Maßnahmen oder Bestrebungen fördern«, die darauf gerichtet waren, »den Bestand oder die Sicherheit der Bundesrepublik Deutschland zu beeinträchtigen«? Entsprach seine in Ost-Berlin ausgesprochene Verurteilung der Aufrüstungspolitik der Bundesregierung mit all ihren innenpolitischen Auswirkungen nicht vielmehr haargenau den Auffassungen, an die er auch schon in der Bundesrepublik geglaubt hatte? Genügt der Hinweis der Urteilsbegründung[83] auf die besonderen »Anforderungen«, die im Hinblick auf seine amtliche Stellung »an ihn zu stellen waren«, zur Widerlegung des Arguments, dass eine landesverräterische Absicht nicht notwendigerweise vorliege, wenn sich Auffassungen des Angeklagten mit bestimmten Interessen einer fremden oder sogar feindlichen Macht deckten? Solche Zweifel an Johns Absicht, dem westdeutschen Staatsgebilde Schaden zuzufügen, fielen allerdings nicht entscheidend ins Gewicht, da er zweifelsohne schuldig war, im Osten falsche Tatsachenangaben gemacht zu haben, mit denen »erfundene Staatsgeheimnisse« bekanntgemacht wurden. Damit war der Tatbestand der landesverräterischen Fälschung (§ 100a Absatz 2) erfüllt, auf den ohnehin Zuchthaus steht, und die gleichzeitige Verurteilung nach § 100d leichter zu bewerkstelligen.

Ebenfalls wegen Vergehens gegen § 100d stand vor demselben Bundesgerichtshof ein Jahr später, im November und Dezember 1957, ein anderer Angeklagter, Viktor Agartz, dessen Fall erst recht davon abhängen musste, wie die Richter den Unterschied zwischen einem Agenten und einem unabhängigen, auf eigene Faust operierenden Politiker und Publizisten beurteilten. Agartz hatte längere Zeit als Leiter des Wirtschaftswissenschaftlichen Instituts der Gewerkschaften (WWI) gewirkt und um 1954 als der theoretische und programmatische Hauptberater des Deutschen Gewerkschaftsbundes gegolten. Seine Tendenz, die deutsche gesellschaftliche Entwicklung in Klassenkategorien zu beurteilen

---

82 Fritz Neumayer {FDP, 1953 - 1956 Bundesjustizminister} in Verhandlungen des Deutschen Bundestages, I. Wahlperiode 1949. Stenographische Berichte, Band 8, S. 6313 (158. Sitzung vom 9. Juli 1951).
83 Urteil des Bundesgerichtshofs vom 22. Dezember 1956, 2 StE 15/36, in {Bundesanwalt Dr. Walter Wagner (Hg.):} Hochverrat und Staatsgefährdung. Urteile des Bundesgerichtshofes, Band II, S. 77-150, insbesondere 133 ff., 146 ff.

und die Gewerkschaften ausdrücklich auf eine Klassenkampfposition festzulegen, hatte sich indes, auch wenn die DGB-Leitung ihn nicht offiziell desavouierte, insofern als störend erwiesen, als sie Kompromisse und Ausgleich innerhalb der weitverzweigten und weltanschaulich keineswegs homogenen Organisation erschwerte. Außerdem hatten politische Gegner dafür gesorgt, dass der Name Agartz in manchen Kreisen zum Kinderschreck geworden war. Innerorganisatorische Zwistigkeiten und persönliche Auseinandersetzungen, in deren Verlauf sich Agartz weder besonders geschickt noch besonders loyal zeigte, endeten damit, dass er im Dezember 1955 aus dem Dienst der Gewerkschaften entlassen wurde. Darauf versuchte er, unter dem Namen *WISO, Korrespondenz für Wirtschafts- und Sozialwissenschaften*, eine eigene Publikation herauszugeben. Unter Mitwirkung verschiedener Freunde und Gesinnungsgenossen, zu denen einige ebenfalls entlassene WWI-Mitarbeiter gehörten, übte er scharfe Kritik sowohl an der Politik der Gewerkschaften als auch überhaupt an gesellschaftlichen und wirtschaftlichen Institutionen der Bundesrepublik; Sprache und Argumentation hörten sich marxistisch an und mochten manche Leser an Sprache und Argumentation östlicher Publikationen erinnern.

An Leser in der Bundesrepublik gingen etwa 400 Exemplare der Zeitschrift; das reichte nicht zur Finanzierung der Publikation. Als ostdeutsche Stellen Agartz Hilfe in Gestalt von 2.000 festen Abonnements anboten, nahm er sie an. Ein unterer Funktionär aus der DDR, der als Fahrer und Kurier fungierte, brachte die »Bezugsgelder« in größeren Beträgen nach Westdeutschland. Diese Geldmittel wurden dann in kleineren Summen, von verschiedenen Orten aus und mit fingierten Absendernamen auf Agartz' Konto überwiesen. Nach außen hin und vor allem auch bei Agartz' nichtsahnenden Mitarbeitern konnte somit der Eindruck erweckt werden, als ob die Gelder von einwandfreien echten Beziehern in Westdeutschland stammten. Das sorgfältig getarnte Finanzierungssystem ging in die Brüche, als ein anonymer Anrufer, der sehr wohl im Auftrag der DDR-Staatsorgane gehandelt haben mag, die West-Berliner Kriminalpolizei auf die Spur des Kraftwagens mit dem Fahrer und einem Geldtransport von 21.000 DM lenkte.

Anders als John, der vor Gericht seinen Antikommunismus betonte und sich auf Zwang und Notstand berief, bekannte sich Agartz ohne Umschweife zu seinem politischen Standpunkt und nahm für sich nachdrücklich die Rolle eines revolutionär-klassenkämpferischen Gesellschaftskritikers in Anspruch. Im Mittelpunkt der Vernehmung des Angeklagten standen Schwarzweißkontraste von Freiheit und Unterdrückung; was Agartz dazu zu sagen hatte, war für die Richter wenig befriedigend, denn er bediente sich in der Beurteilung des gesellschaftlichen Fazits in Ost und West anderer Maßstäbe, als auf die er festgenagelt werden sollte. Seine grundsätzliche Erklärung, dass weder finanzielle Zuwendungen noch persönliche Kontakte mit östlichen Stellen seine politische Unabhängigkeit auch nur im Geringsten beeinträchtigt hätten, fand ihre Bestätigung in einigen Zeugenaussagen und in manchen Schriftstücken, die seinen Akten entnommen worden waren. Dagegen zeichnete die Anklagebehörde unter Berufung auf die östliche Subvention und auf kritische Äußerungen aus Agartz' Briefwechsel das düstere Bild eines westlichen Stützpunkts für die kommunistische Politik, der mit Agartz' Hilfe aufgebaut worden sei. Damit sollte der Fall Agartz dem Fall John angeglichen werden: Nicht Johns politische Einstellung, sondern seine Einsicht in die möglichen politischen Folgen seines Tuns war im John-Urteil als das ausschlaggebende Moment gewertet worden.

Von der Bundesanwaltschaft wurde eine einjährige Gefängnisstrafe beantragt und zur Begründung einiges aus der Entscheidung des Bundesverfassungsgerichts zum KPD-Verbot[84] herangezogen: Zum mindesten sollten bei den Richtern Zweifel an der verfassungsmäßigen Zulässigkeit einer im Agartzschen Sinne geübten Kritik an der Klassenstruktur der heutigen westlichen Gesellschaft geweckt werden. Die Kernfrage, die das Gericht zu beantworten hatte, lässt sich folgendermaßen zusammenfassen: Stellen Kontakte mit DDR-Behörden und die Annahme von DDR-Subventionen für die Veröffentlichung einer marxistisch aufgemachten Zeitschrift auch dann landesverräterische Handlungen dar, wenn sich die Ausrichtung des Angeklagten auf östliche Haltungen nur daraus erweisen lässt, dass zwischen seiner Politik und der Politik des Ostens gelegentlich – und auch dann nicht in vollem Umfang – eine Parallelität besteht, die sich eher aus der Gemeinsamkeit bestimmter theoretischer Ausgangspunkte als aus übereinstimmender Beurteilung konkreter politischer Entscheidungen und Handlungen ergibt?

Das Urteil fiel gnädig aus. Agartz wurde mangels Beweises und seine wenig informierte Sekretärin »mangels Tatverdachts« freigesprochen. Der Kraftwagenfahrer, der die Geschäftsverbindung zwischen Agartz und den Ost-Berliner Gewerkschaftsinstanzen aufrechterhalten und das Geld herübergeschmuggelt hatte, erhielt als »konspirativer Helfer verfassungsfeindlicher Kräfte« acht Monate Gefängnis. Die Geringfügigkeit der Strafe, die auch noch voll auf die verbüßte Untersuchungshaft angerechnet wurde, erklärte das Gericht damit, dass der konspirative

---

84 Siehe weiter unten Kapitel IV, Abschnitt 3.

Fahrer »nicht den Eindruck eines Fanatikers, sondern den eines Geschäftsreisenden« gemacht habe.[85]

Es ist möglich, dass sich die Richter einige Überlegungen zu Herzen genommen hatten, die von der Verteidigung während des Prozesses angestellt worden waren. Auch von ihrem Standpunkt aus musste bedacht werden, dass seit Jahren nicht nur ostdeutsche Gelder nach dem Westen, sondern auch westdeutsche Gelder nach dem Osten flossen, zum Beispiel von kirchlicher Seite für kirchliche Zwecke; als Mitglied des Rates der Evangelischen Kirche musste Agartz' Verteidiger Gustav Heinemann über das Ausmaß dieser interzonalen Spenden ausreichend unterrichtet und in der Lage sein, die Richter gegebenenfalls inoffiziell auf die Tragweite etwaiger östlicher Repressalien aufmerksam zu machen. Nicht nur waren den DDR-Behörden Zuwendungen an Kirchenstellen in ihrem Bereich mindestens ebenso unerwünscht wie in den Augen des Westens östliche Subventionen an westliche Publikationen, sondern es war ihnen auch jeder Vorwand willkommen, die Kontrolle kirchlicher Organisationen zu verschärfen.[86]

Wenn sich die Richter dieser Falle bewusst waren, haben sie in der Urteilsbegründung verständlicherweise nicht davon gesprochen. Aber ihre Eventualdeutung des Rätsels um den geheimnisvollen Anruf bei der Berliner Kriminalpolizei, der die Ostfinanzierung des Agartzschen Unternehmens hatte auffliegen lassen, ließ erkennen, dass ihnen eine mögliche andere Falle nicht entgangen war. Sie wiesen ausdrücklich darauf hin, dass die politische Führung der DDR an einem westdeutschen Verfahren gegen Agartz ein starkes Interesse haben konnte, weil ihre Propaganda damit die Möglichkeit gewann, in den düstersten Farben auszu-

---

[85] Urteil des Bundesgerichtshofs vom 13. Dezember 1957, I StE 8/57, in: Hochverrat ... (siehe oben Anmerkung 83), Band II, S. 186-224, insbesondere 223.

[86] In der DDR war gerade der Schauprozess gegen einen Pfarrer Schmutzler abgelaufen, der als »Hetzer« verurteilt wurde, und die offizielle Presse drohte unverhüllt mit Wiederholungen; was sich als Äußerung eines im Westen herrschenden Terrors hinstellen ließ, war willkommen; siehe zum Beispiel Günter Fleischmann, »Die westliche Freiheit und Viktor Agartz«, in: Neues Deutschland, Berliner Ausgabe, Jahrgang 12, Nr. 283, 30. November 1957, S. 1, Sp. 1 f.: »Wenn das {was Agartz vorgeworfen werde} Landesverrat ist – wie soll man... mit den Verlegern verfahren, deren Zeitungen in die DDR gelangen und natürlich bezahlt werden? Oder was soll aus den Kirchenstellen der DDR werden, die aus NATO- und westdeutschen Regierungskassen hohe Beträge bekommen? ... ein wesentlicher Unterschied besteht zwischen der Bezahlung wissenschaftlicher Leistungen und der Öffnung der NATO-Kassen für die ›schmutzigen‹ Leistungen eines Pfarrers Schmutzler.« Der Wink war nicht misszuverstehen. Auf solche und ähnliche Äußerungen bezog sich die Bemerkung in Heinemanns Plädoyer: »Wo kommen wir hin, wenn Beziehungen zum FDGB hier und Beziehungen zu Evangelischen Akademien drüben als Landesverrat verurteilt werden?« Siehe »Freispruch für Agartz gefordert«, in: Frankfurter Allgemeine Zeitung, S-Ausg., Nr. 288, 12. Dezember 1957, S. 1, Sp. 3 ff.

malen, wie sehr die Bundesrepublik entschlossen sei, den »Weg der Ausschaltung der gesamten linken Opposition und einer Unterdrückung der Gewerkschaften« zu gehen.[87] Im Übrigen bemühten sich die Richter, alles zu vermeiden, woraus sich ein Präzedenzfall hätte konstruieren lassen, mit dem ihre vorher erarbeitete umstrittene Auslegung des Gesetzes eingeengt worden wäre. Nach dieser Auslegung braucht die Beseitigung der in § 88 des Strafgesetzbuches geschützten Verfassungsgrundsätze nicht ein tragendes »oder gar *das* tragende« Motiv des Täters zu sein; er mache sich schon schuldig, wenn er verfassungsfeindliche Bestrebungen anderer wissentlich fördere.

Obwohl das Gericht an dieser Konstruktion ohne Einschränkung festhielt,[88] gelangte es zu Agartz' Freispruch, weil es nicht mit Sicherheit den Schluss glaubte ziehen zu können, dass Agartz den Willen gehabt habe, sich dem feindlichen Unterfangen in vollem Umfang einzuordnen und sich zu »einem dienenden Helfer seiner Partner« zu machen. Mit anderen Worten: Es ist möglich, dass ein Narr, jemand also, der glaubt, dass er für die ihm erwiesene Gunst auch bei der Endabrechnung keinen Preis werde zu erlegen haben, zugleich auch ein Schuft ist; das ist aber auch für das Gericht nur eine Möglichkeit, keine Gewissheit, und auch die Möglichkeit ist umstritten. Weil sie umstritten bleibt, findet sich immer noch ein enger Kanal für Menschen, die gegen den Strom auch dann noch schwimmen wollen, wenn sie in der Zweideutigkeit der eigenen Lage oder doch mindestens in der verrufenen Gesellschaft, in die sie geraten, Warnsignale gegen jegliches Schwimmen erkennen sollten.

Was auf den ersten Blick als kunstvolles Jonglieren mit Abstraktionen hinsichtlich verschiedener Segmente der *mens rea* erscheint, spiegelt in Wirklichkeit die entscheidende Ambivalenz der objektiven Situation wider: Wer sich, um Veränderungen in der inneren Struktur der Bundesrepublik herbeizuführen, nach Hilfe von außen umschaut, verschafft damit, auch wenn er es nicht beabsichtigt und es ihm unwillkommen ist, den geschworenen Feinden des Staatsgebildes eine gewisse Einbruchsmöglichkeit. Möglicherweise hatte das Gericht das Bedürfnis, jedem westdeutschen Bürger das Recht zu sichern, Kontakte mit amtlichen ostdeutschen Stellen aufzunehmen und Gespräche mit ihnen zu führen; jedenfalls stellte es dies Recht nach dem Agartz-Freispruch erneut unter seinen Schutz, als es den Arzt Wolfgang Wohlgemuth, dem John vorgeworfen hatte, ihn nach Ost-Berlin verschleppt zu haben, und der nicht bestritt, das Zusammentreffen Johns mit amtlichen ostdeutschen

---

87 Siehe das Urteil in: Hochverrat ... (siehe oben Anmerkung 85), S. 213.
88 Ebda., S. 213-221.

Gesprächspartnern organisiert zu haben, von der Anklage landesverräterischer nachrichtendienstlicher Verbindungen freisprach.[89] Es bedarf offenbar einer Gerichtsentscheidung, damit es möglich werde, freundliche Begegnungen und gewisse Übereinstimmungen in Denk- und Betrachtungsweisen von etwas wesentlich anderem abzugrenzen: davon, dass man sich in feindliche Pläne hineinziehen lässt und sich ihnen unterordnet. Das allein zeigt, welche schädlichen, aber unvermeidlichen Konsequenzen daraus folgen, dass die Sphäre der als legitim und zulässig angesehenen politischen Betätigung eingeengt wird.

Logischerweise kommen solche Konsequenzen in einem gespaltenen Land, in dem es auch über rein technische Kontakte hinaus noch Gemeinsamkeitsbereiche gibt, am schärfsten zum Ausdruck. Da aber im Spielraum der politischen Freiheit hüben und drüben sehr beträchtliche Unterschiede bestehen, fallen der östlichen Staatsgewalt zusätzliche Möglichkeiten in den Schoß: Sie kann die weiterreichende Freiheitssphäre ihres westdeutschen Gegners für ihre eigenen Zwecke ausnutzen. Jeder Versuch, diesen strukturellen Nachteil des Westens zu reduzieren, ohne dass der Andersdenkende dabei zwangsweise zum Gefangenen würde, scheint der Quadratur des Zirkels zu gleichen. Besonders nachdem es in Westdeutschland Sitte geworden ist, Lehrmeinungen nur zum Umlauf zuzulassen, wenn sie ein einwandfreies Herkunftszeugnis vorweisen können, werden solche subtilen Unterscheidungen umso unerlässlicher sein, je schwieriger sie sich gestalten werden.

5. *Prozesspraxis außerhalb des rechtsstaatlichen Raums*

Rechtsstaatliche, verfassungsmäßige Regierungen haben es in der Geschichte nicht selten zuwege gebracht, die Betätigungsmöglichkeit ihrer

---

89 Schon im Agartz-Urteil – ebda., S. 219 – war ausgesprochen worden, dass das im Grundgesetz verbürgte »Recht der freien Entfaltung der Persönlichkeit für jedermann das Recht einschließt, Beziehungen zu anderen Personen aufzunehmen, ganz gleichgültig, ob diese Personen der freiheitlichen Ordnung der Bundesrepublik feindlich gesonnen sind oder nicht, oder ob diese Personen gar für Einrichtungen oder Vereinigungen tätig sind, die die Beseitigung der freiheitlichen Ordnung der Bundesrepublik erstreben«. Im Wohlgemuth-Prozess ging es nach der Auffassung des Gerichts konkret um den »kläglichen Versuch eines sog. politischen Gesprächs, bei dem auf der einen Seite die politisch gutgläubigen Phantasten gesessen haben und auf der anderen Seite außerordentlich kluge Rechner die genau wussten, worauf es ankommt...« Der 3. Strafsenat des Bundesgerichtshofs sprach Wohlgemuth frei, weil er nicht die Gewissheit gewonnen hatte, dass der Angeklagte das »Abzielen der fremden Partner auf deutsche Staatsgeheimnisse« für möglich gehalten und gebilligt habe. Siehe »Der Rechtsstaat: im Zweifel für den Angeklagten. Aus der Begründung des Freispruchs von Dr. Wolfgang Wohlgemuth«, in: Frankfurter Allgemeine Zeitung, D-Ausg., Nr. 5, 7. Januar 1959, S. 7.

Gegner drastisch zu beschneiden. Wenn sie aber diese Gegner aus dem Leben des Staatsgebildes ganz und gar – sei es durch Tod, sei es durch Freiheitsentzug – ausschalten wollen, müssen sie sich der Apparatur des Gerichts bedienen und alle vorher beschriebenen Risiken und Gefahren, die einem solchen Verfahren anhaften, auf sich nehmen. Wenn hier von rechtsstaatlichem oder nichtrechtsstaatlichem Raum, von verfassungsmäßigen oder nichtverfassungsmäßigen Bedingungen die Rede ist, so ist damit keine polemische Absicht verbunden. Dass ein Regime außerhalb des rechtsstaatlichen Raumes liege oder nicht unter verfassungsmäßigen Bedingungen funktioniere, sind Kurzformeln, die zwei Dinge bezeichnen sollen: einmal ein hohes Maß der Unterordnung des Justizapparats unter die politische Herrschaftsstruktur der Gesellschaft, zum andern das, was daraus folgt: dass die Gerichte beim Ausgleich der Interessen des Einzelmenschen auf der einen und der herrschenden Staatsordnung auf der anderen Seite keine oder eine nur geringfügige Rolle spielen.

Unter solchen nichtverfassungsmäßigen Bedingungen ist der Gerichtsprozess nicht das einzige oder unumgängliche Mittel, mit dem aktive oder früher aktive politische Gegner aus dem Weg geräumt werden können; erst recht gilt das von Menschen, die nur »objektiv« als Gegner erscheinen, das heißt von Angehörigen bestimmter Kategorien, deren Regimefeindlichkeit nicht auf Grund konkreter Beschuldigungen festgestellt, sondern aus abstrakten, der (gesellschaftlichen, nationalen oder ethnischen) Kategorie zugeschriebenen Merkmalen abgeleitet wird. Man kann sich seiner Gegner auch mit rein administrativen Maßnahmen entledigen: Man kann sie ohne jedes Verfahren töten, auf völlig unbestimmte Zeit ins Gefängnis werfen oder verbannen oder auch zeitlich begrenzte Haft- oder Verbannungsmaßnahmen anordnen. Ob administrative oder gerichtliche Beseitigung der Gegner vorgezogen wird, entscheidet sich nach Gesichtspunkten, die selten starr oder für längere Zeit fixiert zu sein pflegen.[90] Warum ist zum Beispiel das Sowjetregime nicht dem Revolutionsvorbild Englands und Frankreichs gefolgt und hat dem Zaren keinen Prozess gemacht, in dem sich das gewaltige Schuldkonto der zaristischen Politik hätte aufrechnen lassen? Dafür sind von Trockij drei Gründe aufgezeichnet worden: die Ungewissheit über den weiteren Verlauf des Bürgerkrieges, das Bedürfnis, Anhängern und Gegnern der neuen Ordnung gleichermaßen einzuprägen, dass es einen Weg zurück nicht geben könne, und die vor allem von Lenin betonte Überlegung,

---

90 Vergleiche Jerzy G. Gliksman: »Social Prophylaxis as a Form of Soviet Terror«, in: Carl J. Friedrich, ed.: Totalitarianism: Proceedings of a Conference held at the American Academy of Arts and Sciences, March 1953, Cambridge (Massachusetts), 1954, S. 460-474, insbesondere 66 ff.

dass die Durchführung eines Gerichtsverfahrens die im Hinblick auf das »Prinzip der dynastischen Erbfolge« notwendige Hinrichtung der gesamten Familie des entthronten Herrschers unmöglich machen werde.[91]
Die gerichtliche Urteilsfindung setzt voraus, dass das konkrete Verschulden bestimmter Personen vorgebracht und erhärtet wird, und damit verengt sich die Möglichkeit der Wahl zwischen gerichtlichen und administrativen Mitteln. Den rein objektiven Kriterien, nach denen die Entscheidung zu treffen ist, kann gewiss, wenn das verhaftete Opfer mitmacht, Genüge getan werden, so dass das Verfahren doch noch den Anschein behält, als werde die persönliche Verantwortung für bestimmte strafbare Handlungen ermittelt; aber die Zahl der Fälle, in denen sich das, was wirklich vorgefallen ist, auf diese Weise zurechtbiegen oder umfrisieren lässt, ist aus praktischen Gründen begrenzt. Rein administratives Vorgehen wird fast unabwendbar, wenn sich die Maßnahmen gegen Massen von Menschen richten und in großer Eile durchgeführt werden sollen; so war es in der Sowjetunion bei der »Liquidierung des Kulakentums« oder bei der Zwangsaussiedlung ganzer Völkerschaften in entlegene asiatische Gebiete, und so war es in der neuesten Zeit in Algerien, als großen Teilen der Bevölkerung Zwangsdomizil zugewiesen wurde.
Ob im Dritten Reich gerichtlich oder außergerichtlich verfahren wurde, hing häufig von dem Zeitpunkt ab, zu dem das Opfer in feindliche Berührung mit dem Regime oder seinen Anhängern geriet: Es passierte oft genug, dass alte Gegner des Regimes, die sich vielleicht neuerdings gar nicht mehr aktiv hervorgetan hatten, in Konzentrationslager gesteckt, Gegner dagegen, die mit neueren oppositionellen Bekundungen aufgefallen waren, vor Gericht gestellt wurden, was allerdings auch nur eine Zwischenstation auf dem Weg ins Konzentrationslager sein konnte. Ausschlaggebende Gesichtspunkte sind das nie; die Gesichtspunkte, die jeweils den Ausschlag geben, ändern sich ständig mit der wechselnden politischen und administrativen Lage.
Einen eindeutigen Schluss auf den für das jeweilige Regime charakteristischen Grad der Brutalität und des Terrors erlaubt weder die ausschließliche Inanspruchnahme der Gerichte noch der ausschließliche Gebrauch administrativer Maßnahmen, weder die relative Verwendungshäufigkeit beider noch die abwechselnde Benutzung des einen oder des anderen Weges: Nach einer gewissen Übergangszeit können sich Gerichte und Organe der Exekutive einander angeglichen und dieselben Wesensmerkmale entwickelt haben. Ein gewisser Unterschied wird

---

91 Leo Trotzki {L. D. Trockij}: Tagebuch im Exil, Köln/Berlin, ohne Jahr {Copyright 1958}, S. 111-115, insbesondere 115 (Tagebuchnotizen vom 9. und 10. April 1935).

allerdings immer bestehen bleiben, weil das Gerichtsverfahren und die Ziele, die mit der Übertragung eines Falles auf die Gerichte verfolgt werden, einen besonderen Charakter behalten. Werden menschliche Schicksale im Zuge eines bürokratischen Verfahrens entschieden, so geschieht das auf Grund allgemeiner Weisungen und für die »Ablieferung« unzuverlässiger oder potentiell unzuverlässiger Elemente festgesetzter Kontingente. Im Gerichtsverfahren muss aber das ausersehene Opfer wenigstens eine begrenzte Möglichkeit haben, eine selbständige Rolle zu spielen. Das Opfer ist nicht mehr eine bloße Nummer in einem allgemeinen Verwaltungsprogramm; es wird zum individuellen Angeklagten, dem die Möglichkeit gewährt wird, seinen Anklägern gegenüberzutreten und ihnen zu antworten, ohne wegen seines Verhaltens im Gerichtssaal physischem Zwang ausgesetzt zu sein. (Das schließt natürlich nicht aus, dass dem Angeklagten in der vorgerichtlichen Phase des Verfahrens mit physischen oder psychischen Druckmitteln zugesetzt wird.) Das sind bescheidene Mindestvoraussetzungen, die dem öffentlichen Gerichtsverfahren in den verschiedensten politischen Regimes zugestanden werden; sie gelten auch für politische Systeme, die in dieser oder jener Beziehung von rechtsstaatlichen Gepflogenheiten abweichen, also auch für die Prozesstechnik des Sowjetbereichs in der Ära Stalin wie vor und nach ihr.

a) Vorstadien des Schauprozesses

Die Sphäre des politischen Prozesses, der sich nicht an rechtsstaatliche Normen hält, wird nicht einmal in Osteuropa von der Prozesstechnik Stalinschen Gepräges ausschließlich beherrscht. Recht beharrlich behauptet sich auch dort eine ältere Praxis des politischen Prozesses: die gerichtliche Erledigung politischer Gegner unter weitgehender Beschneidung der verfahrensmäßigen Rechte des Angeklagten, von Gerichten gehandhabt, die parteilicher und parteiischer sind, als das in politischen Prozessen unter verfassungsmäßigen Bedingungen der Fall zu sein pflegt. Eine große Rolle spielen in solchen Verfahren parteiische Zeugen, ohne dass ihnen das Feld ganz überlassen bliebe. Hier gibt es aber in der Regel noch nicht den Versuch, den Angeklagten zum willenlos Mitwirkenden an dem von den Machthabern ausgeheckten Inszenierungsplan zu machen. Manchmal kann er sogar, auch wenn er damit ein zusätzliches Risiko auf sich nimmt, in dem einen oder anderen Einzelpunkt gegen die Anklagebehörde recht behalten, zumal wenn ihm, was bisweilen vorkommt, ein Verteidiger zugebilligt wird, der keine bloße Marionette ist. Jedenfalls hat der Angeklagte hier noch die Chance, dem Regime einen Fehdehandschuh ins Gesicht zu schleudern und vor Zuhörern den Abgrund zu zeigen, der ihn von der offiziellen Glaubenslehre trennt.

Der Prozess dieser Art ist keine totalitäre Erfindung; er war lange Zeit im Schwange. In der Theorie, wenn auch nicht immer in der Praxis, wurde im 18. und 19. Jahrhundert insofern ein wesentlicher Fortschritt erzielt, als vor Gericht der Monarch und sein Feind auf dieselbe Stufe gestellt wurden. Dieser Fortschritt ist eine der erlesensten Blüten der neueren kulturellen Entwicklung, aber auch sichtlich stärker gefährdet und problematischer als viele ihrer sonstigen Leistungen. Die ältere Form des politischen Prozesses wird auch heute noch vor unser aller Augen in vielen nichtkommunistischen Ländern – in Spanien, Portugal, Griechenland, Algerien und, wenn man von Israel absieht, allüberall im Vorderen Orient – praktiziert.[92]

In Russland wurde dies Modell in den ersten Revolutionsjahren, als die Revolution von innerer Gärung, wirtschaftlichem Chaos und ausländischer Intervention bedroht war, in ziemlich weitem Umkreis befolgt. Neben administrativen Terrormaßnahmen, die ohne Wahrung irgendwelcher Rechtsformen gehandhabt wurden, gab es politische Prozesse. In manchen Fällen waren die Beschuldigungen, die bis vors Gericht kamen, reine Fabrikation. In etlichen Verfahren wegen terroristischer Akte, in denen den Angeklagten Beziehungen zu regierungsfeindlichen Parteien nachgesagt wurden oder nachgewiesen werden konnten, ging die Regierung darauf aus, die Parteiführer für die Handlungen ihrer Mitglieder oder Anhänger verantwortlich zu machen. Solche Prozesse hatten eine Doppelfunktion: einerseits konnte mit ihrer Hilfe die Politik der Unterdrückung der belasteten Parteien gerechtfertigt, anderseits die auch nach und trotz der Verurteilung mögliche und oft praktizierte Prämierung derer plakatiert werden, die bereit waren, sich mit dem Regime zu verständigen.

Im denkwürdigsten dieser Prozesse wurden im Juni und Juli 1922 einige prominente Führer der Partei der Sozialrevolutionäre (SR) abgeurteilt. Auf Grund einer im April 1922 bei einer Berliner Besprechung der drei feindlichen Internationalen (der Zweiten, der »Zweieinhalbten« und der Kommunistischen) getroffenen Vereinbarung nahmen an der ersten Phase deutsche und belgische sozialistische Anwälte als Verteidiger teil; Voraussetzung ihrer Teilnahme war die Zusicherung, dass

---

92 Aus der umfangreichen Literatur über gerichtliche Unterdrückung oppositioneller Gruppierungen außerhalb der Sowjetunion sei nur eine neuere Darstellung erwähnt: {Un détenu politique,} »La Répression en Espagne«, in: Esprit, Jahrgang 29, S. 309-324 (Nr. 292, Februar 1961).

bestimmte prozessuale Garantien eingehalten und keine Todesurteile gefällt werden würden. Die erzieherisch-propagandistische Absicht, die die Sowjetregierung verfolgte, kam darin zum Ausdruck, dass gegen zwei Gruppen von Angeklagten verhandelt wurde: einmal gegen weithin bekannte SR-Führer, die treu zu ihren Parteigrundsätzen standen und ihre Gegnerschaft zur Sowjetregierung nicht aufgaben, zum andern aber gegen weniger bekannte SR-Funktionäre, die sich von der Politik der eigenen Partei losgesagt hatten, ihre Sowjetgegnerschaft bereuten und zur Zusammenarbeit bereit waren. Dass hier »gute« gegen »böse« SR ausgespielt wurden, zeigte aber zugleich auch, dass der Prozess noch zum Bereich der älteren Tradition gehörte.

Den Angeklagten wurde vieles erschwert: Das Gericht war parteiisch, die Anklagebehörde ließ ein großes Aufgebot an übereifrigen Belastungszeugen aufmarschieren, die Möglichkeit der Verteidigung wurde beschnitten und organisierter »spontaner« Druck von außen in den Gerichtssaal hineingetragen. Und trotzdem verlief der Prozess keineswegs zur vollen Zufriedenheit der Regierung. Was klar zum Vorschein kam, war, dass die politisch-taktische Haltung der einzelnen Angeklagten verschiedene Phasen durchlaufen hatte, dass die einen den organisierten Widerstand gegen das Regime völlig aufgegeben und die anderen nur noch gelegentlich vereinzelte Widerstandsaktionen gebilligt oder an ihnen teilgenommen hatten. Dass das weithin publik gemacht werden konnte, kam der Regierung natürlich durchaus zupass. Auf der anderen Seite aber kam ebenso klar zum Vorschein, dass es für die behauptete Zusammenarbeit der SR mit General Denikin und seiner »Weißen Armee« keinerlei Beweise gab. Nur erwiesene Zusammenarbeit mit den »Weißen« hätte die SR-Partei in den Augen ihrer Anhänger und auch der großen Masse der Bevölkerung wirklich in Verruf bringen können. Dass das in dem noch nicht durchgängig manipulierten Prozess nicht gelang, war ein beträchtlicher Misserfolg.[93]

---

[93] Zur Prozessbeteiligung der westlichen Anwälte, die etwa zwei Wochen an den Verhandlungen teilnahmen, siehe Émile Vandervelde und Arthur Wauters: Le Procès des Socialistes-Revolutionnaires à Moscou, Brüssel, 1922. Die Verteidigung wurde von den Anwälten auf Wunsch der Angeklagten niedergelegt, da die Sowjetregierung die von den Komintern-Vertretern in Berlin gemachten Zusagen nicht eingehalten hatte. Übrigens hatte Lenin die von Radek und Bucharin auf der Berliner Konferenz übernommenen Prozess Verpflichtungen sogleich, am 11. April 1922, als unmotiviertes »politisches Zugeständnis an die reaktionäre Bourgeoisie« gebrandmarkt und in der parteioffiziellen Pravda erklärt, die Kommunisten könnten sich nicht das Recht nehmen lassen, Menschen zum Tode zu verurteilen, die auf sie geschossen und Aufstände gegen sie angezettelt hatten; siehe V. I. Lenin: »My zaplatili sliškom dorogo«, in: Sočinenija, Band 33, 4. Auflage,1950, S. 294-298. Zur SR-Politik bis zum Prozess und zur allgemeinen Unterdrückung der Opposition in den Anfängen des Sowjetstaates siehe Leonard

Manche Anhaltspunkte sprechen dafür, dass das in Moskau damals Vorgeführte vom heutigen jugoslawischen Regime in vielem befolgt wird: sowohl in Prozessen gegen oppositionelle Mitglieder der herrschenden Elite, als auch in Prozessen gegen Gegner, die nie zum Regierungslager gehört hatten. Am bezeichnendsten in der zuletzt genannten Kategorie war das im Sommer 1946 gegen den Kardinal Aloysius Stepinać durchgeführte Verfahren. Stepinać war aus mancherlei Gründen in einer taktisch nicht ungünstigen Lage. In seinem Prozess spiegelte sich mehr als ein bloß innerstaatlicher Konflikt. Er war ein hoher Würdenträger der katholischen Kirche, also einer mächtigen internationalen Organisation, auf deren loyale Unterstützung er bauen konnte.[94] Darüber hinaus hatte der Kardinal einen gewissermaßen verbrieften Anspruch auf die Sympathien des kroatischen Volkes, nicht nur als dessen anerkannter religiöser Führer, sondern auch als der konsequente Verfechter der Forderung der Kroaten nach selbständiger nationaler Existenz. Wahrscheinlich hätte ihn Tito überhaupt nicht vor Gericht gestellt, wenn Stepinać der Regierung den Gefallen getan hätte, sein Amt niederzulegen und das Land zu verlassen.[95] Auf der anderen Seite beruhte Titos stärkere Position darauf, dass die Kirche weitgehend zum Unterdrückungsregime der kroatischen Ustaši unter Ante Pavelić, das unter dem gemeinsamen Protektorat Italiens und Nazi-Deutschlands regierte, gestanden und sich mit ihm identifiziert hatte; das galt vor allem für die Bemühungen des Ustaši-Regimes, Massenübertritte Angehöriger der griechisch-orthodoxen Kirche zum Katholizismus zu erzwingen.

Stepinaćs Verteidigung war in vieler Hinsicht beeinträchtigt. Der Eröffnungsbeschluss war so spät gefasst worden, dass die Verteidigung vor Beginn des Prozesses nur sechs Tage zur Vorbereitung des Verfahrens hatte. Während die Anklagebehörde über ein schier unerschöpfliches Zeugenreservoir verfügte, ließ das Gericht nur wenige Entlastungszeugen zu. Es wies einen erheblichen Teil der von der Verteidigung unterbreiteten Entlastungsdokumente zurück. Es akzeptierte die wohlbekannte Vorkehrung des von der Regierung präparierten

---

Schapiro: The Origin of the Communist Autocracy. Political Opposition in the Soviet State, First Phase: 1917-1922, London, 1955, insbesondere S. 166 f., und Edward Hallett Carr: The Bolshevik Revolution, 1917-1923 (first part of A History of Soviet Russia), Band I, London, 1960 {zuerst 1950}, insbesondere S. 181 ff.

94 Umfangreiches Material über den Prozess und seine Vorgeschichte mit zahlreichen Dokumenten zu den politischen und gesellschaftlichen Problemen, die ihm zugrunde lagen, findet sich bei Richard Pattee: The Case of Cardinal Aloysius Stepinac, Milwaukee, ohne Jahr {Copyright 1953}. Das Buch steht der Sache des Kardinals freundlich gegenüber, enthält aber auch die wichtigsten Argumente und Beweisstücke der Gegenseite.

95 Pattee: a.a.O., S. 56.

»Amalgams«: obgleich Stepinać ausdrücklich nur sein Verhalten während der Ustaši-Herrschaft und eine nicht ausreichend scharfe und gründliche Distanzierung von Anhängern des beseitigten Regimes zur Last gelegt wurden, verzerrte die Regierung das Bild absichtlich, indem sie mit dem Kardinal Menschen auf die Anklagebank setzte, die beschuldigt wurden, Terrorakte begangen zu haben. Dennoch wurde dem Angeklagten und seinen beiden Verteidigern in gewissem Umfang die Möglichkeit belassen, bestimmte Dinge herauszustellen und ihre Position klarzumachen. Zum peinlichsten und gefährlichsten Punkt, zur Frage der Zwangsbekehrungen, suchte einer der Verteidiger darzulegen, dass hier ein kleineres Übel einem guten Zweck gedient habe: der Rettung von Menschen, die nur auf diese Weise vor dem sicheren Tod hätten bewahrt werden können.[96]

Wie im Ebert-Beleidigungsprozess ist das Argument zwar plausibel, aber es beseitigt nicht die Ambivalenz des angefochtenen Verhaltens: Die Rettung der Verfolgten durch Bekehrung zum Katholizismus konnte zugleich auch den Zweck verfolgen, denen, die das Rettungswerk unternahmen, einen Ertrag zu sichern. Stepinać selbst lehnte es ab, auf die Frage der Bekehrung einzugehen: Da sein Gewissen rein sei, sagte er, könne er diese Frage dem Urteil der Geschichte überlassen.[97] Sogleich ging er zum Gegenangriff über: Er nahm für sich das Recht in Anspruch, im Namen des kroatischen Volkes zu sprechen; er legte seine Stellung zum besiegten und zum siegreichen Regierungssystem klar; er warf der Regierung vor, dass sie das Jalta-Abkommen und die Atlantik-Charta mit Füßen trete. Was vor Titos Machtübernahme geschehen sei, könne ihm, Stepinać, nicht in die Schuhe geschoben werden. Damals hätten drei Regimes, die Exilregierung in London, Titos Partisanenkommando »in den Wäldern« und Pavelićs Machtapparat in Zagreb, gegeneinander gekämpft, und es sei seine Pflicht gewesen, die besten Mittel zum Schutze seines Volkes zu suchen. Er wandte sich scharf gegen Titos Kirchen- und Erziehungspolitik, bot aber der Regierung im selben Atemzug – als gleichberechtigte souveräne Macht – Verhandlungen über einen Kompromiss an, nicht ohne sie höhnisch aufzufordern, ihn doch zum Märtyrer zu machen. Das Gericht umging die Falle: Es verurteilte den Kardinal zu 16 Jahren Gefängnis; die Regierung wandelte diese Strafe später in Zwangsaufenthalt um: Stepinać war nicht im Gefängnis, durfte aber sein Heimatdorf nicht verlassen und ist dort gestorben.

96 A.a.O., S. 237.
97 A.a.O., S. 239.

Im Grunde lässt ein Prozess dieser Art die Kämpfenden in der Lage verharren, in der sie sich vor dem Prozess befunden hatten. Die entscheidenden Positionen bleiben, sowohl was das herrschende Regime als auch was seine Gegner angeht, in Gefolge des Prozesses unverändert. Da das Regime über sämtliche Machtmittel verfügt, wird es nicht verfehlen, das, worauf es ihm ankommt, gebührend herauszukehren, aber seinem Gegner lässt es – sei es aus Ritterlichkeit, sei es aus Gleichgültigkeit, sei es aus einem unerschütterlichen Überlegenheitsgefühl – die zweifelhafte Genugtuung, an die Geschichte appellieren zu dürfen. Natürlich benutzen beide Seiten alle erreichbaren Propagandakanäle, um ihre gegensätzlichen Versionen an den Mann zu bringen, wobei das Regime den Inlandsmarkt und sein Gegner häufig den Auslandsmarkt monopolisiert.

Bei solchen Prozessen gelten indes immer noch viele traditionelle Vorstellungen. Obgleich auch diese Prozesse dem Sicherheitsbedürfnis des Regimes Rechnung tragen, bleibt die Lösung, die sie bieten, äußerlich und unbefriedigend. Außer, wenn es dem Regime gelingt, den Gegner in einer Frage von unverkennbarer moralischer Tragweite in die Enge zu treiben, lässt das Gerichtsverfahren die Herrschaftsordnung weder legitimer noch weniger legitim erscheinen. Die Hürde, die nicht genommen werden kann, ist augenscheinlich der Angeklagte. Könnte dem Angeklagten im Rahmen eines Inszenierungsplans, der um eine objektive Situation herum aufzubauen wäre, eine bestimmte Rolle zugewiesen werden, so könnten die Machthaber den Prozess eher dazu benutzen, nach ihren Wünschen die Geschichte zu lenken: Der Prozess brächte dann nach den Bedürfnissen des Regimes die verlangten Bilder und Vorstellungen hervor. Er käme also als erzieherische Manipulation dem Ziel näher, in den Köpfen der Menschen eine nach dem Ebenbild der Machthaber veränderte Wirklichkeit entstehen zu lassen.

b) Fehlschlag eines Inszenierungsplans

Wie eine solche erzieherische Manipulation aussehen könnte, lässt sich an Hand des Falles Grünspan in Erfahrung bringen. Der Fall zeichnet sich dadurch aus, dass hier die Strategie und die Ziele derer, die der Anklagebehörde Weisungen erteilen, nicht erst aus dem tatsächlichen Verlauf eines Prozesses rekonstruiert zu werden brauchen: Die Denkschriften und Besprechungsprotokolle der mit der Durchführung des Falles Beauftragten liegen vor. Am 7. November 1938 gab Herschel Grünspan (in polnischer Schreibweise Grynszpan) im Gebäude der deutschen

Botschaft in Paris auf den Gesandtschaftssekretär Ernst vom Rath mehrere Schüsse ab; vom Rath starb an den Folgen zwei Tage später. Der Täter wurde von den französischen Behörden verhaftet, vernommen und ärztlich untersucht, aber zum Prozess war es bis zum Sommer 1940 nicht gekommen; dann wurde er den deutschen Behörden auf deren Verlangen »überstellt«.[98] Zunächst kam er ins Konzentrationslager Sachsenhausen, dann – im Sommer 1941 – ins Moabiter Untersuchungsgefängnis in Berlin. Die Reichsanwaltschaft beim Volksgerichtshof wurde vom Reichsjustizministerium angewiesen, gegen Grünspan Anklage zu erheben; da sich der Anschlag auf vom Rath angeblich mittelbar gegen die deutsche Staatsführung gerichtet habe, wurde er als hochverräterischer Akt ausgelegt und dementsprechend in die Zuständigkeit des Volksgerichtshofs verwiesen.

Ob Grünspan von den französischen Behörden zu Recht ausgeliefert worden war, erschien ebenso zweifelhaft wie die Zuständigkeit der deutschen Gerichtsbarkeit. Schon das allein bereitete den deutschen Behörden einiges Kopfzerbrechen. Darüber hinaus stand aber die Reichsanwaltschaft vor einer viel gewichtigeren praktischen Schwierigkeit. Spätestens 1942, vielleicht schon früher, ließ Grünspan die These fallen, dass er die Tat vollbracht habe, um gegen die Hitlersche Barbarei und namentlich gegen die Deportation seiner in Hannover ansässigen Eltern nach Polen zu protestieren. (Die Familie war nach Deutschland Jahrzehnte früher aus einer russischen Provinz eingewandert, die mittlerweile an Polen gefallen war.) Er behauptete nunmehr, dass seine Tat aus persönlichen Motiven hervorgegangen sei, die mit homosexuellen Beziehungen im Zusammenhang gestanden hätten.

Das waren aber noch kleinere Klippen, so unbedeutend wie die Rolle, die Grünspan selbst in der verwickelten Angelegenheit spielte. Die größten Klippen ergaben sich aus Kompetenzkonflikten darüber, welche Stellen für die Durchführung des Verfahrens verantwortlich seien und über die politische Zielsetzung zu bestimmen hätten. Der erste Entwurf der Anklageschrift stammte von einem Beamten der

---

98 Helmut Heiber: »Der Fall Grünspan«, in: Vierteljahrshefte für Zeitgeschichte, Jahrgang 5, S. 134-172 (Heft 2, April 1957), gibt einen ausführlichen Bericht, der sich auf deutsches amtliches und privates Archivmaterial und Befragungen von Personen stützt, die an der Vorbereitung des Verfahrens beteiligt waren. Mr. Gerald Schwab vom State Department, Washington, bin ich für die freundliche Erlaubnis zu Dank verpflichtet, seine der George Washington University vorgelegte, bis jetzt unveröffentlichte Magisterarbeit einzusehen, der viele weitere Archivdokumente zugrunde lagen; für meine Schlussfolgerungen trägt er selbstverständlich keine Verantwortung. Eine Unterredung, die ich 1958 mit Dr. Friedrich Grimm (siehe den folgenden Text und weiter unten Kapitel VI, Abschnitt 6) hatte, erbrachte keine zusätzlichen Tatsachen.

Reichsanwaltschaft. Er wurde von Reichspropagandaminister Goebbels als völlig unzureichend verworfen, weil er die Tat als unpolitischen Mord behandelt und Grünspan nicht als das ausführende Organ des vom Weltjudentum geschmiedeten Komplotts entlarvt habe. Mit dieser Begründung versuchte Goebbels, die Führung des Verfahrens an sich zu reißen. Nach seiner Darstellung soll Hitler seinen Vorschlag gutgeheißen und die »juristische Führung des Prozesses« dem Volksgerichtshofspräsidenten Georg Otto Thierack übertragen haben. Da Goebbels in der Hierarchie höher rangierte als Thierack, beanspruchte er für sich persönlich das Recht, die Gesamtleitung der Operation zu übernehmen.

Diese Regelung rief jedoch Reichsaußenminister Joachim von Ribbentrop auf den Plan. Er protestierte gegen die ungenügende Berücksichtigung außenpolitischer Gesichtspunkte. Nach seiner Version war die Ermordung vom Raths ein überlegter Sabotageakt, der das von ihm begonnene Werk der deutsch-französischen Verständigung habe torpedieren sollen. Außerdem bemängelte er die ungenügende Herausarbeitung des zentralen Planes des »Weltjudentums«, die westliche Welt in einen Krieg gegen Deutschland zu stürzen. Unter dem Vorsitz Thieracks fanden mehrere Besprechungen der Vertreter der drei Ministerien statt, in denen die verschiedenen Standpunkte aufeinander abgestimmt werden sollten. So eifrig man aber auch suchte: Direkte Beziehungen zwischen Grünspan und dem »Weltjudentum« oder gar konkreten Plänen und Vorhaben des »Weltjudentums« ließen sich nicht ausfindig machen. Zum Schluss einigte man sich auf die Formel von der »intellektuellen Urheberschaft des Weltjudentums«. Auf dieser Grundlage sollte der Prozess aufgezogen werden.

Für die öffentliche Verhandlung waren sieben Tage vorgesehen. Am ersten Tage sollten die Tatumstände erörtert werden. Sodann sollte die Darstellung der humanen Methoden folgen, mit denen die Abschiebung polnischer Juden aus Deutschland praktiziert worden sei. Anschließend sollte die Mordtat selbst rekonstruiert werden. Allzu viel Zeit war für all diese Präliminarien allerdings nicht reserviert. Für die Ermittlung der geistigen Verantwortung für die Tat und für die Feststellung der »Hintermänner« waren dagegen allein dreieinhalb Tage in Aussicht genommen. Das gesamte Arsenal des Antisemitismus und der dazugehörigen Pseudowissenschaft sollte mobilisiert werden.

Als Star des Prozesses war der frühere französische Außenminister Georges Bonnet ausersehen: Ihm war die Aufgabe zugedacht, im Detail darzulegen, wie die deutsch-französische Versöhnung durch den Mord in die Luft gesprengt worden sei. Von Anfang an hatte allerdings

Thierack seine Zweifel am Inhalt der Zeugenaussage Bonnets; im Notfall sollte der Dolmetscher aushelfen, dem damit eine wichtige Rolle zufiel. Nach der Vernehmung Bonnets stand die Verlesung von Auszügen aus französischen und jüdischen Zeitungen und sonstigen Dokumenten auf der Tagesordnung. Als besonderer Clou war anschließend ein Expertenvortrag geplant: Der wohlbekannte Rechtsanwalt Friedrich Grimm, seit eh und je Prozessbeistand deutscher Rechtskreise in politischen Verfahren, der dem Dritten Reich als Sachverständiger für Auslandsprozesse diente und bereits in den Vorbereitungsstadien des Verfahrens herangezogen worden war, sollte vor allem die »intellektuelle Urheberschaft des Weltjudentums« an der Mordtat darlegen. Für den sechsten Tag waren die Plädoyers der Verteidiger angesetzt, darunter das Plädoyer eines Offizialverteidigers, dessen späteres Verhalten in Prozessen um den 20. Juli gezeigt hat, dass er durchaus geeignet gewesen wäre, der Anklagebehörde kräftig unter die Arme zu greifen. Gleichwohl wurde nichts dem Zufall überlassen: Den Protokollen der interministeriellen Besprechungen lässt sich entnehmen, dass der Offizialverteidiger »über seine Pflichten während des Prozesses von Dr. Thierack in zweckentsprechender Form verständigt« worden war. Am siebenten Verhandlungstage sollte schließlich der nominelle Regisseur der Veranstaltung, der *pro forma* mit dem Vorsitz betraute Vizepräsident des Volksgerichtshofs, das Urteil verkünden.

Und aus all der sorgsamen, minuziösen, detailbeflissenen Planung wurde nichts. Der Kompetenzstreit erwies sich als unlösbar. Das Justizministerium wollte nicht hinter anderen Ressorts zurückstehen; es bestand nun darauf, dass geklärt werde, ob Hitler bei der Ausgabe der Weisung, den Prozess endgültig in Gang zu bringen, gewusst habe, was Grünspan über vom Raths Homosexuellenaffären aussage. Ribbentrop wünschte weitere Vorträge über den Zusammenhang zwischen »Weltjudentum« und auswärtiger Politik. Goebbels bezweifelte, ob sich mit der Geschichte von der »humanen« Ausweisung der polnischen Juden im Herbst 1938 gute Propagandawirkungen erzielen ließen. Überhaupt ebbte das Interesse am Prozess ab, als sich herausstellte, dass Bonnet nicht bereit war, vor Gericht zu erscheinen. Ungeklärt blieb nach wie vor, ob eine Chance bestand, die zu erwartende verheerende Wirkung der Grünspanschen Homosexualitätsgeschichten zu neutralisieren.

Gegen Ribbentrops Einspruch wurde der Prozess am 17. oder 18. April 1942 bis auf weiteres ausgesetzt und damit, wie sich später zeigen sollte, endgültig begraben. Offenbar war Hitlers Entschluss, auf den Schauprozess zu verzichten, zum Teil durch das Bedenken hervorgerufen worden, dass Grünspans Homosexualitätsversion die so gründlich geplante Veranstaltung um jede Wirkung bringen könnte. Es gab aber auch noch ein anderes Motiv: Aus mancherlei Gründen war Hitler im April 1942 dem Frankreich von Vichy nicht mehr so gewogen wie vordem; das machte es inopportun, ein Gerichtsschauspiel aufzuführen, das die Machenschaften einer alljüdischen Verschwörung hätte darlegen und damit Frankreichs Vorkriegssünden als weniger gravierend erscheinen lassen müssen.

Ob Grünspan deswegen am Leben geblieben ist, weil sich einerseits Ribbentrop, anderseits Thierack weiterhin beharrlich bemühten, den Prozess um ihrer eigenen Sonderinteressen willen doch noch stattfinden zu lassen, muss dahingestellt bleiben. Die Angaben über Grünspans weiteres Schicksal sind voller Widersprüche. Sein Vater und sein Bruder erklärten am 25. April 1961 im Eichmann-Prozess, keinerlei Nachrichten von ihm seit 1939 erhalten zu haben.[99] Dass Grünspan unter einem angenommenen Namen in Frankreich lebe, wurde dagegen im November 1960 in einem Münchner Prozess behauptet, in dem die Familie vom Rath das Andenken des ermordeten Diplomaten von jedem Makel zu reinigen suchte. Wegen Verunglimpfung des Andenkens eines Verstorbenen hatte sich ein Schriftsteller zu verantworten, der die Behauptungen über angebliche homosexuelle Beziehungen zwischen vom Rath und Grünspan im Druck wiederholt hatte. Das Gericht hatte Grünspan nicht laden können, und so ließ sich der Wahrheitsgehalt der Version, an die er sich zwei Jahrzehnte früher geklammert hatte, nicht prüfen. Dass hohe Nazi-Würdenträger den Prozess zu Propagandazwecken geplant hatten, wurde indes von zwei bestens unterrichteten Zeugen, dem früheren Oberreichsanwalt Ernst Lautz, Hauptankläger beim Volksgerichtshof, und dem früheren Staatssekretär im Reichspropagandaministerium Leopold Gutterer, eindeutig bekundet. »Das Reichspropagandaministerium habe die Schuld des ›Weltjudentums‹ und der Hintermänner herausstellen wollen«, sagte Lautz; man habe einen »Monsterprozess geplant...«, um die Maßnahmen gegen die jüdische Bevölkerung zu unterbauen«, bestätigte – aus etwas engerer Sicht – Gutterer.[100]

Der missglückte Plan hatte einem Schauprozess gegolten, dem eine konkrete Propagandaaufgabe zugedacht war. Das formale Ziel des Prozesses, Grünspans Verbrechen zu vergelten, war lediglich der Haken,

---

99 »Der Vater Herschel Grünspans als Zeuge im Eichmann-Prozeß«, in: Frankfurter Allgemeine Zeitung, S-Ausg., Nr. 97, 26. April 1961, S. 5, Sp. 3 ff.
100 Herwig Weber: »Der ›Herr Oberreichsanwalt‹ im Zeugenstand«, in: Frankfurter Allgemeine Zeitung, S-Ausg., Nr. 268, 15. November 1960, S. 5, Sp. 2 ff.; We. {Herwig Weber}: »Widersprüchliche Auslagen im Soltikow-Prozeß«, a.a.O., S-Ausg., Nr. 269, 17. November 1960, S. 6, Sp. 4 f.

an dem eine belehrende Mär aufgehängt werden sollte. Der Prozess biete die Möglichkeit, der ganzen Welt den maßgebenden Anteil des »Weltjudentums« am Ausbruch des Krieges zu beweisen, schrieb Goebbels an Hitler.[101] Die didaktische Erzählung konnte in Einzelheiten des Hergangs und in Schlussfolgerungen nach Belieben ausgesponnen werden. Wenn es nicht so einfach war, die konkreten Ziele des Prozesses endgültig festzulegen, so lag das an den auseinanderstrebenden Wünschen und konkurrierenden Ressortambitionen der einzelnen Sektoren der Bürokratie, die sich nicht ohne weiteres auf einen gemeinsamen Nenner bringen ließen. Vielleicht fehlte es auch an der nötigen Anzahl überzeugend klingender und beflissen fügsamer Jasager.

Auf den ersten Blick scheint es merkwürdig, dass Grünspan nie dazu gebracht worden ist, seine Homosexuellenerzählung zu widerrufen. Aber auch dafür gibt es eine Erklärung. Im Hitlerschen Deutschland nahm die Justizverwaltung, zu deren Bereich die Voruntersuchung und die Gefängnisorganisation gehörten, nicht direkt an der Handhabung der physischen Gewalt teil, die so viele Bereiche des gesellschaftlichen Lebens eisern umklammerte. Für direkte Gewaltanwendung war der Sicherheitsapparat da, aber auf eigene Faust hätte er angesichts der heftigen und vielseitigen Ressortauseinandersetzungen über die Organisation des Prozesses schwerlich eingreifen mögen. Damit hängt der allgemeinere Grund zusammen, weswegen das nationalsozialistische Deutschland Schauprozesse der Stalinschen Art nie erlebt hat. Die Gegensätze in den Oberschichten der Gesellschaft waren zumindest seit 1938 so tief und so verbreitet, dass die eigentlichen Machthaber es kaum nötig hatten, eine fiktive Alternativwirklichkeit zu konstruieren, mit der die jeweils zur Vernichtung bestimmten Gegner mit vieler Mühe und großer Sorgfalt hätten identifiziert werden müssen, sofern man aus Prozessen einen wesentlichen Macht- und Prestigegewinn hätte schöpfen wollen.

Abgesehen von der gefürchteten Gegenwirkung, die durch die Erörterung dunkler Homosexuellenaffären hätte ausgelöst werden können, waren sämtliche Vorbereitungen zum Grünspan-Prozess mit einem grundlegenden Manko behaftet. Was der größte Nutzeffekt des Prozesses hätte sein sollen, war auch seine größte Schwäche: Geplant war ein großes didaktisches Schauspiel, aber die imaginäre Situation, aus der heraus es sich entfalten sollte, existierte nur in den Köpfen von Nationalsozialisten. Grünspan war als Mensch und als Mitwirkender an

---

101 Goebbels-Tagebücher, Mikrofilm in der United States Library of Congress, Eintragung vom 7. April 1942, S. 1747.

geschichtlichen Ereignissen eine viel zu nebensächliche, viel zu periphere Figur, als dass man aus ihm ein wirksames Symbol der abgründigen Gefahr hätte machen können, die mit der Enthüllung eines infamen Komplotts des »Weltjudentums« an die Wand gemalt werden sollte. Der Abstand zwischen den Nationalsozialisten und ihrem zufälligen Opfer war so groß, dass seine für sie im Grunde uninteressante Tat auch in ihren Augen nicht die Ausmaße einer schweren Bedrohung der Zukunft Deutschlands annehmen konnte.

Eigentlich hätten die strategischen Planer der Prozesspropaganda gewarnt sein müssen, denn schon zu Beginn der nationalsozialistischen Ära hatten sie mit der gerichtlichen Ausschlachtung eines wirksamen Propagandacoups ein eklatantes Fiasko erlebt. Ob die Nazis das Reichstagsgebäude selbst angezündet oder – nach einer plausibleren Deutung – lediglich aus der Tat eines isolierten Einzelgängers Kapital geschlagen hatten, war in der Wirkung gleichgültig. Sie hatten aus dem Reichstagsbrand eine kommunistische Verschwörung gemacht und sich damit den bestmöglichen Ausgang der Reichstagswahlen vom 5. März 1933 gesichert. Damit war ihr Ziel erreicht. Alles andere war nachträgliche Improvisation, ein Bravourstück, ein mangelhaft durchdachter und schlecht ausgeführter Versuch, ein ihnen nicht restlos ergebenes Gericht dazu zu benutzen, der Welt eine erfundene Alternativwirklichkeit mit dem Wahrheitssiegel eines ordnungsgemäßen Rechtsverfahrens vorzuführen. Der Reichstagsbrandprozess fand zu einer Zeit statt, da sich das neuerrichtete totalitäre Regime erst im Konsolidierungsstadium befand. Er wurde einem Gericht anvertraut, das zwar in einer totalitären Atmosphäre amtierte, sich aber dieser Atmosphäre noch nicht richtig angepasst hatte: Die Richter am Reichsgericht waren im Winter 1933/34 in das Hitlersche System noch nicht vorschriftsmäßig eingegliedert. Sie waren zwar bereits hinreichend eingeschüchtert – oder gutgläubig genug, die Geheimnisse der Affäre van der Lubbe, vor allem das Rätsel seines Verhaltens vor Gericht, nicht näher ergründen zu wollen und das unglückselige Opfer ohne großen Aufwand dem Scharfrichter zu überantworten. Aber sie durchkreuzten die Hauptabsicht, die das neue Regime mit dem Prozess verfolgte: Indem sie die mitangeklagten deutschen und bulgarischen Kommunisten freisprachen, verweigerten sie dem Hitlerschen System die nachträgliche Beglaubigung der von ihm konstruierten Alternativwirklichkeit. Zur Strafe wurde dem Reichsgericht mit sofortiger Wirkung die Zuständigkeit für politische Verfahren für alle Zukunft abgesprochen. Das Scheitern des Grünspan-Projekts sollte jedoch noch viele Jahre später dartun, dass die Möglichkeit, die Gerichte jederzeit in den Dienst der politischen Symbolbildung zu stellen, mit der bloßen Verlagerung der Zuständigkeit, ja sogar mit der Auswechslung des richterlichen Personals noch nicht gewährleistet ist.

c) Prozess im Dienste didaktischer Fiktionen

Dem Nationalsozialismus ist nie geglückt, was in der mittleren und in der späten Phase der Stalin-Herrschaft dem politischen Prozess seine eigentliche Würze gab: Die Verbindung der äußeren Mechanismen eines ohne rechtsstaatliche Voraussetzungen gehandhabten Verfahrens, der bequemen, aber noch sterilen Vorausbestimmung des Prozessausgangs, mit der Hervorbringung bleibender politischer Symbolbilder für die Zwecke der Massenbeeinflussung und Massenbeherrschung. Der politische Prozess Stalinscher Prägung hatte die Hauptschwäche des rein didaktischen Schauspiels, seine mangelnde Ausrichtung auf ein einmaliges historisches Ereignis, zu überwinden gesucht. Indem er den Angeklagten als Darsteller seiner eigenen besonderen geschichtlichen Rolle zugleich zum Kronzeugen für das von den Prozessinitiatoren fabrizierte Zerrbild der Wirklichkeit machte, schaltete er auch die Konfrontierung, das Aufeinanderprallen der verschiedenen Deutungen der Wirklichkeit aus, beseitigte also das charakteristische Wesensmerkmal und den wichtigsten Störungsfaktor des politischen Prozesses traditioneller Prägung.

Die bedeutendsten Sowjetprozesse vor dem Zweiten Weltkrieg und die osteuropäischen Prozesse danach – wie etwa die gegen Rajk in Ungarn im September 1949, gegen Kostov in Bulgarien im Dezember 1949 und gegen Slanský in der Tschechoslowakei im November 1952 – folgen alle, auch wenn sie sich in vielen Einzelheiten unterscheiden, demselben Schema.[102] Alle knüpfen sie an eine bestimmte objektive Situation an, in der es primär um die Frage geht, wem die politische Führung zufallen solle. In den Vorkriegsprozessen in der Sowjetunion hing diese Frage mit einer weiteren zusammen: ob ein deutscher Angriff auf den Sowjetstaat wahrscheinlich sei und wie er sich auswirken werde; in den osteuropäischen Nachkriegsprozessen handelte es sich um die möglichen Folgen der Auflehnung gegen die Autorität der Sowjetführung. Auf der Anklagebank saßen Menschen, von denen angenommen wurde, dass sie

---

102 Über die einzelnen Varianten des Schemas siehe Nathan Leites und Elsa Bernaut: Ritual of Liquidation: The Case of the Moscow Trials, Glencoe (Ill.), ohne Jahr {Copyright 1954}, »Epilogue«, S. 350-392. Mit Ausnahme des tschechischen waren alle im Text genannten Prozesse öffentlich. In allen Fällen sind amtliche Prozessprotokolle veröffentlicht worden; allerdings ist das tschechische unvollständig.

die herrschende Führungsgruppe ablösen wollten oder die Chance hätten, sie bei einem durch objektive Faktoren bedingten politischen Kurswechsel ablösen zu können. Diese Annahme hing meistens mit ihrer einstmals führenden oppositionellen Rolle innerhalb der herrschenden Partei, bisweilen mit ihrer prominenten Position in einem Konflikt jüngeren Datums, oft aber lediglich mit der von ihnen bekleideten Stellung zusammen. Von wirklich einflussreichen Stellen waren viele von ihnen – namentlich in der Sowjetunion – lange vorher entfernt worden.

Prozesse gegen Opfer, die zum Mitspielen bereit waren, sollten dazu dienen, die politische Linie der Regierung als gerechtfertigt und unerlässlich zu erweisen, dabei vor allem die dem Lande unmittelbar drohenden Gefahren wirkungsvoll herauszustellen und nebenher auch den engen Zusammenhang zwischen äußerer Bedrohung und regimefeindlichen Tendenzen im Innern augenfällig darzutun. Was die Opfer zur Mitwirkung bewogen haben und welche Abmachungen zwischen ihnen und den Machthabern getroffen worden sein mochten, steht hier nicht zur Diskussion. Zunächst genügt die Feststellung, dass sich die Angeklagten fast in allen Fällen an die zu vermutenden Abmachungen gehalten haben. Bekanntgeworden sind insgesamt nur zwei Ausnahmen: Krestinskij im Moskauer Prozess von 1938 und Kostov im bulgarischen Prozess von 1949.[103]

Was von den Angeklagten gestanden wurde, bildete das im Voraus amtlich präparierte Zerrbild der Wirklichkeit, ihre synthetisch hergestellte Alternativgestalt. Die Anklagebehörde präsentierte ein Sammelsurium von Einzelangaben, in denen sich wirkliches Geschehen unentwirrbar mit erdichtetem verflocht. Die Beimengung des Fiktiven malte die andere, die nichtexistente Wirklichkeit an die Wand: eine unzerreißbare Verkettung von Gefahren, die eingetreten waren, wenn sich die regierende Hierarchie nicht als übermenschlich wachsam erwiesen hätte. Das Faktische suchte man sich aus unzähligen politischen Handlungen oder Entscheidungen heraus, mit denen die Angeklagten auf ihrem politischen oder beruflichen Lebensweg in Berührung gekommen waren. Manches davon hatte mit Vorgängen zu tun, bei denen die Angeklagten als oppositionelle Minderheit in Gegensatz zum tatsächlich eingeschlagenen Kurs geraten waren. Anderes bezog sich auf Verhandlungen mit

---

[103] Über N. N. Krestinskij siehe die Veröffentlichung des Volkskommissariats für Justiz der Sowjetunion: Report of Court Proceedings: The Case of the Anti-Soviet Bloc of Rights and Trotskyites, Moskau, 1938, S. 54-59. Über Trajčo Kostov siehe die ebenfalls amtliche Veröffentlichung: Traitscho Kostoff und seine Gruppe, {Ost-}Berlin, 1951, S. 74-81 und 639, die jedoch das Prozessprotokoll offensichtlich lückenhaft wiedergibt; auf S. 385-400 wird versucht, Kostovs Widerruf früherer Geständnisse zu widerlegen.

Vertretern von Auslandsmächten, die zu führen zu den selbstverständlichen Amtspflichten der Angeklagten gehört hatte und die auch von den zuständigen Parteiinstanzen im Voraus gebilligt worden waren.[104] Anderes wieder belastete die Angeklagten mit Dingen, die, als sie geschahen, im Einklang mit der offiziellen und für alle verbindlichen Parteilinie gestanden hatten, deren parteiamtliche Beurteilung aber seitdem entscheidenden Korrekturen oder radikalen Änderungen unterzogen worden war.[105] Um all diese Dinge nachträglich als verbrecherische Untaten erscheinen zu lassen, produzierte die Anklagebehörde eine endlose Aneinanderreihung von Spionageakten und verräterischen Handlungen der Angeklagten: Irgendwann seien diese bewährten Parteiveteranen aus diesem oder jenem Grund von der Polizei der mittlerweile gestürzten Regierungssysteme oder von der Spionageorganisation fremder Mächte angeworben worden und hätten in deren Auftrag spioniert, sabotiert, Spitzeldienste geleistet, Partei und Vaterland verraten.

Vorgänge, in denen im schlimmsten Fall Gegensätze im Schoße der herrschenden Partei oder zaghafte und mehr oder minder erfolglose Versuche ihren Niederschlag gefunden hatten, mit anderen Befürwortern eines Führungs- oder Kurswechsels Fühlung aufzunehmen, erhielten plötzlich einen ganz anderen, unheilvollen Sinn. Frei erfundene Spionageverbindungen sollten nun begründen, warum die Angeklagten bereit gewesen seien, die schlimmsten Untaten zu vollbringen, und Versuche unternommen hätten, ihre verbrecherischen Pläne zu verwirklichen. Was wurde da nicht in der Anklage aufgezählt: Sabotage, Sachschaden, Zerstörung, Ermordung politischer Führer, Abmachungen mit feindlich gesinnten Mächten zur Vorbereitung kriegerischer Einfälle! In jedem konkreten Fall waren die Beschuldigungen auf tatsächlich oder angeblich erwartete Ereignisse abgestellt, die, wenn sie eingetreten wären, einerseits dem Lande schweren Schaden hätten zufügen und zum Sturz der regierenden Führungsgruppe führen, anderseits den Angeklagten die Gelegenheit hätten verschaffen müssen, in einer Krisensituation wieder an die Macht zu gelangen. Was den Angeklagten in den russischen Vorkriegsprozessen vorgeworfen wurde, entsprach in etwa dem, was nach den Moskauer Vorstellungen Nazi-Deutschland gegen

---

104 Das galt zum Beispiel eindeutig von Krestinskijs Verhandlungen mit deutschen Militärs; vergleiche Report... The Case of the Anti-Soviet... (siehe vorige Anmerkung), S. 259-264. Über eine ähnliche Situation im Prager Prozeß siehe Prozeß gegen die Leitung des staatsfeindlichen Verschwörerzentrums mit Rudolf Slansky an der Spitze, Prag, 1953, S. 193; zur Kritik am Prozess vergl. Marcel Péju: »Hier et aujourd'hui: le sens du procès Slansky«, in: Les Temps Modernes, Jahrgang 8, S. 1775-1790 und 2009-2023 (Nrn. 90, Mai, und 91, Juni 1953); Jahrgang 9, S. 139-164 (Nr. 92, Juli 1953).
105 Dazu siehe Leites/Bernaut: Ritual... (siehe oben Anmerkung 102), S. 388 ff.

die Sowjetunion im Schilde führen musste; die bösen Absichten, die den Angeklagten in den Nachkriegsprozessen in Osteuropa unterstellt wurden, hätten sich vielleicht in das Gebilde einer zur Abwehr der Unterjochung der einzelnen Länder durch die Sowjetunion errichteten Balkan-Föderation eingefügt.[106]

Um die ersonnene Alternativwirklichkeit auf die Leinwand zu projizieren, befolgten die Prozesse bestimmte Techniken, die treffend »Übertragungsregeln« genannt worden sind.[107] Unter bald williger, bald widerwilliger Mitwirkung der Angeklagten wurden manche ihrer Denk- und Debattierschemen in die Sprache der Tat übertragen und für die hypothetischen Konsequenzen der so konstruierten Handlungen, die nie stattgefunden hatten, verantwortlich gemacht. Generalstaatsanwalt Vyšinskij und – mit weniger Geschick und Energie – einige seiner Nachahmer in den Satellitenstaaten brachten ihre Opfer auf diese Weise fast dazu, reumütig zu bekennen, dass sie, weil sie bestimmte Gefahrensituationen vorausgesehen hätten, eigentlich schuldig seien, dazu beigetragen zu haben, diese Situationen entstehen zu lassen. Nachdem die Angeklagten auf ständiges Drängen des Staatsanwalts hin zugegeben hatten, welche Konsequenzen sich aus ihrem hypothetischen künftigen politischen Tun hätten ergeben müssen, war es ein leichtes, mit ihnen weitere extreme Phantasiesituationen durchzuexerzieren, die sich wiederum aus diesen hypothetischen Konsequenzen mühelos folgern ließen. Schritt für Schritt nötigte die Anklagebehörde den Angeklagten Interpretationen ab, die zu den staatsanwaltschaftlichen Ausrechnungen über das Handeln passten, zu dem sich die Angeklagten hätten veranlasst sehen müssen, wären die hypothetischen Situationen je Wirklichkeit geworden.

Die Schwierigkeit, die sich dem Vorhaben der Anklagebehörde entgegenstellte, bestand darin, dass der Schuldbeweis fast nur durch Geständnisse der Angeklagten und Aussagen der Mitangeklagten erbracht und von keinerlei unbeeinflussten Zeugen außerhalb des Machtbereichs der Anklagebehörde bekräftigt wurde. Bei jeder Nachprüfung von Behauptungen der Anklagebehörde oder der Angeklagten über Personen im Ausland stellte sich unweigerlich heraus, dass diese Personen nicht nur die behaupteten Tatsachen unumwunden bestritten, sondern in vielen Fällen auch zu beweisen wussten, dass die in den Prozessen »gestandenen« Begebenheiten nicht stattgefunden haben konnten, weil sie

---

106 Zeugenaussagen in diesem Sinne in: Laszlo Rajk und Komplicen vor dem Volksgericht, {Ost-}Berlin, 1950, S. 84 und 153, und in: Traitscho Kostoff... (siehe oben Anmerkung 103), S. 151 und 158.
107 Vergleiche Leites/Bernaut: Ritual... (siehe oben Anmerkung 102), S. 391 f.

logisch oder physisch gar nicht möglich waren.[108] Diese Schwäche der Anklage konnte auch nicht dadurch wettgemacht werden, dass die Staatsanwaltschaft gelegentlich konkreter und plausibler zu werden versuchte, indem sie zum Beispiel Zeugen auftreten ließ, die mit den zentralen Tatbeständen des Verfahrens nichts zu tun und als völlig Unbeteiligte Tatorte und Begleitumstände der abzuurteilenden Straftaten zu schildern hatten. Diese Zeugen waren zwar in der Lage, über einige wahre, aber im Sinne der Anklage gleichgültige Vorkommnisse dies oder jenes zu sagen, jedoch gänzlich außerstande, den Verratscharakter der Dinge, mit denen sie zufällig in Berührung gekommen waren, zu bestätigen.[109]

Dass abscheuliche Verbrechen gestanden wurden, die um einer anderen politischen Orientierung willen begangen oder geplant worden sein sollten, konnte dazu benutzt werden, die den Staat und seine Politik bedrohenden Gefahren in grellen Farben auszumalen. Den akuten Charakter dieser Gefahren demonstrierte die Anklagebehörde, indem sie die allgemeine Aufmerksamkeit auf eine organisierte Verschwörergruppe lenkte, der sie vorwarf, aktiv auf die Schaffung von Situationen hingewirkt zu haben, wie sie alle verständigen und loyalen Staatsbürger um jeden Preis würden vermeiden wollen. Man kann nur Vermutungen darüber anstellen, ob die zumeist höchst subtilen Einschränkungen und Vorbehalte, die die Angeklagten in ihre Aussagen und Schuldbekenntnisse einfließen ließen, einem nennenswerten Teil der Bevölkerung oder auch nur der Parteimitgliedschaft aufgefallen sind.

Das Geständnis als Ausdruck der Reue und des Zusammenstehens aller in der Stunde der extremen Gefahr ist eine der Methoden, über die das Regime verfügt; die andere bestände darin, dass man es dem Gegner auch im Prozess überließe, seine bleibende Gegnerschaft zum Ausdruck zu bringen, und die Unüberbrückbarkeit des Konflikts bewusst betonte. Beide Methoden haben ihre Vorteile und ihre Nachteile. Die Methode der Geständnisse, die darauf baut, dass der Angeklagte eine Reihe erdichteter Verbrechen zugibt, kann gerade infolge des übertriebenen Ausmaßes der zugegebenen Risse im Mauerwerk des Staates negative Reaktionen in der Bevölkerung auslösen. Das bestehende System, zu dem die Angeklagten lange als fester und wichtiger Bestandteil gehört hatten, muss von Korruption zerfressen sein und auf tönernen Füßen stehen, wenn man daran glauben soll, dass es beim geringsten Anstoß

---

108 Über die systematische Durchführung solcher Kontrolluntersuchungen siehe: Not Guilty. Report of the Commission of Inquiry into the Charges Made against Leon Trotsky in the Moscow Trials {John Dewey, Chairman}, New York, 1938.
109 Siehe zum Beispiel Laszlo Rajk... (siehe oben Anmerkung 106), S. 273-278.

zusammenstürzen kann. Anderseits kann die Tatsache, dass man das offen ausspricht, einen Schock auslösen und die Bevölkerung dazu bringen, die Reihen zu schließen oder doch mindestens darauf zu verzichten, aus der Unzufriedenheit mit konkreten Missständen weitgehende politische Forderungen abzuleiten. Schließlich aber entlarvt das Geständnis die Gegner des Regimes als bösartige und niederträchtige Geschöpfe und bringt sie (sofern sie überleben sollten) um die Chance, jemals wieder zum Kristallisationspunkt oppositioneller Kräfte zu werden. Vielleicht kommt es auf diese Überlegung am meisten an, wenn das Regime die Vor- und Nachteile der beiden Methoden – des präparierten Geständnisses und des offenen Auftretens des Gegners im Gerichtssaal – miteinander vergleicht. Sogar wenn man den Angeklagten ein für alle Mal zum Schweigen gebracht hat, kann die mythisch verklärte Erinnerung an seinen Widerstand zum ewigen Memento, zum unauslöschlichen Symbol werden.

Die grundsätzliche Entscheidung darüber, wie man in einer nichtrechtsstaatlichen Situation mit vor Gericht gestellten Gegnern verfahren solle, kann, zumal wenn es sich um Mitglieder der herrschenden Partei handelt, aus vielen komplexen Faktoren hervorgehen. Mitwirken können dabei die Bilanz der historischen Erfahrung, die konkreten zeitlichen und räumlichen Bedingungen und die persönlichen Züge der Akteure hüben und drüben. In Polen, Jugoslawien und Ostdeutschland haben die herrschenden kommunistischen Parteien die Methode nicht übernommen, die Tiefe der fortbestehenden Gegensätze mit dem Schauspiel der Strafverfolgung wegen scheußlicher, von den Übeltätern wenigstens teilweise vor aller Welt eingestandener Verbrechen zu verdecken. Anlässlich der Wiedereinführung einer schärferen Unterdrückungspolitik hat Hilde Benjamin, Justizminister der DDR, eine Erklärung dafür offeriert, warum Länder, die diese Methode lange praktiziert hatten, von ihr inzwischen abgerückt sind oder sie sogar scharf tadeln. Sie zitierte, was M. A. Šolochov vor vielen Jahren im Roman *Der stille Don* über die »Härte« des Terrors beim »Übergang zum Sozialismus« geschrieben hatte: »Diese Arbeit ist schmutzig, doch muss man auch hier sich seiner ganzen Verantwortung vor der Partei bewusst sein. Und man muß – verstehe mich nur recht – die Menschlichkeit bewahren. Wir vernichten aus einem eisernen Muß die Gegenrevolutionäre, aber man darf keinen Zirkus daraus machen.« Die Leiterin der DDR-Justizverwaltung betonte zwar, das sei »inmitten des von Imperialisten angezettelten Bürgerkrieges« und »angesichts der von den Weißgardisten begangenen unmenschlichen Verbrechen« gesagt worden, ließ aber keinen Zweifel daran, dass das Prinzip der »Härte« ohne »Zirkus« erst recht »in konsequentem parteilichem Handeln« angewandt werden müsse, wenn es sich nicht um außergewöhnliche Bürgerkriegsumstände handle.[110]

Im durchschnittlichen politischen Prozess außerhalb des Raums der Rechtsstaatlichkeit lässt sich der Sinn der Handlungen, die dem Angeklagten vorgeworfen werden, auf mannigfache Weise verzerren. Geständnisse können dem Angeklagten nicht nur mit der Zusicherung von Belohnungen, was schließlich auch unter »zivilisierteren« Bedingungen möglich ist, entlockt werden, sondern auch mit dem Druckmittel der Angst: Dem, der nicht mitspielt, wird auch der geringe letzte Schutz versagt, den ein öffentliches Gerichtsverfahren noch bietet. Die Energie der Staatsorgane richtet sich in jedem Fall darauf, den gewünschten didaktischen Effekt zu erzielen und grell zu beleuchten. Je gründlicher die freie Äußerung des Angeklagten und des Verteidigers eingeengt und kritische Regungen der Öffentlichkeit unterdrückt werden können – auch wieder ein beträchtlicher Unterschied zur rechtsstaatlichen Atmosphäre –, um so wirksamer kann sich dieser Kraftaufwand des Staates geltend machen. Unter solchen Umständen kann ein bestimmter Teilausschnitt der Wirklichkeit in überdimensionaler Vergrößerung gezeigt und der Angeklagte mit den hypothetischen Projektionen des aus seinen Gedanken und Vorstellungen herausdestillierten Handlungsschemas belastet werden.

Indes hängt die Wirkung auch der phantasiereichsten Projektion, und sei es auch nur in geringem Maße, davon ab, ob es der Anklagebehörde gelingt, aus der Projektion doch noch ein Stückchen Wirklichkeit herauszuholen, das als Beweis für die großen dämonischen Anschläge auf das Gemeinwohl zurechtgebogen und öffentlich dargeboten werden kann. Der Horizont der Erziehung durch Prozesse bleibt eng. Im Durchschnittsprozess älteren Stils ist er offenkundig viel enger als dort, wo das Bühnenbild durch die Stalinsche Art von Wissensbereicherung vorgeschrieben ist, wo die Anklagebehörde je nach den wechselnden politischen Bedürfnissen des Augenblicks und unter wenigstens bescheidener Mitwirkung des Angeklagten die Wirklichkeit von Grund auf neu konstruiert. Bis auf die äußere Form bleibt im Schauprozess

---

110 Hilde Benjamin: »Leninsche Prinzipien des Gerichts«, in: Neue Justiz, Jahrgang XI, S. 673 f. (Nr. 21, 5. November 1957). Auszüge aus dem Ost-Berliner Urteil gegen die oppositionelle SED-Gruppe um Wolfgang Harich lassen erkennen, dass die von Frau Benjamin später formulierte Ansicht auch in diesem Verfahren, das sich leicht hätte zu einem Schauprozess nach dem Moskauer Modell ausbauen lassen, überwogen haben muss; siehe »Die staatsfeindliche Tätigkeit der Harich-Gruppe. Aus dem Urteil des Obersten Gerichts vom 9. März 1957 – 1 Zst (I) 1/57«, in: Neue Justiz, Jahrgang XI, S. 166-170 (Nr. 6, 20. März 1957).

Stalinscher Prägung nichts mehr übrig, was den politischen Prozess noch als Gerichtsverfahren charakterisiert: Hier wird um die Richtung oder den Sinn wirklicher historischer Geschehnisse nicht mehr gerungen.

6. Verwendbarkeit des Prozesses im politischen Kampf

Im Prozess Stalinscher Prägung war die Gewissheit, dass das im Voraus festgelegte Ergebnis erzielt werden würde, auf die denkbar sicherste Weise verbürgt; damit war auch die Schranke aufgerichtet, die diese Form der reinen Schaustellerkunst nicht durchbrechen konnte. Wenn sich jedoch die Führung des politischen Prozesses mehr dem Normalen nähert, nimmt der Prozess in höherem Maße die Eigentümlichkeiten alles politischen Handelns an: Sowohl in seinen unmittelbaren Wirkungen als auch in seinen Fernstrahlungen haftet ihm das Element des Ungewissen, Lotteriehaften an.

Bei politischen Entscheidungen geht es darum, von den verschiedenen möglichen Richtungen des künftigen politischen Geschehens eine zu wählen. Da die Menschen die schwer dechiffrierbare Schlüsselkombination von Varianten, aus der diese Richtung hervorgeht, nicht überschauen können, denken sie über Ereignisse der Vergangenheit nach, um Anhaltspunkte für ihr Handeln zu finden. An die Stelle des Unbekannten oder Unübersehbaren tritt das Vertraute oder das, was einem vertraut vorkommt. Als eine Methode der Vertretung des Unbekannten durch Bekanntes kann neben den Parlamentsdebatten auch der politische Prozess fungieren. In den Parlamentsdebatten greifen Vergangenheit und Gegenwart ständig in die persönliche Geschichte des Machtbewerbers ein, dessen Leistung von den Wählern danach beurteilt wird, wie gut er es verstanden hat, die Vergangenheit als Leitbild für die Zukunft zurechtzubiegen oder, wenn es sein muss, auszulöschen. Dagegen gibt der Prozess vor, die Beurteilung des Vergangenen von allen Zukunftserwartungen abzuriegeln. Er will ein bestimmtes Element vergangenen Geschehens isolieren, es aus dem, was Chronos, das Fließband der Zeit, laufend und ziellos anliefert, als Rohmaterial herausgreifen. Hat der Prozess die gewünschte Episode aus dem geschichtlichen Geschehen herausgerissen, so kommt es darauf an, sie mit dem grellsten Licht zu bestrahlen, damit auch noch das winzigste Detail bloßgelegt werde.

Was damit bezweckt wird, ist nicht Altertumsforschung und hat nur beiläufig mit Vergeltung zu tun. Rekonstruiert wird die Vergangenheit um der Zukunft willen: Vielleicht wird sie als Waffe im Kampf um politische Herrschaft zu gebrauchen sein. Zwischen dem Geschichtsabschnitt, der seziert werden soll, und dem Gespinst, aus dem er herausgelöst worden ist, liegt nur eine künstliche Isolierschicht. Aber das Gesichtsfeld zu verengen, ist ein anerkanntes Verfahren, wenn man eine Situation der Vergangenheit näher beobachten will. Je kleiner der zu rekonstruierende Abschnitt, je einfacher und klarer seine Umrisse sind, umso weniger komplex wird bei seiner Beurteilung die wertende Entscheidung sein. Aber die Suche nach dem Konkreten ist zugleich auch die Suche nach Wertmaßstäben. Weil jedoch Gegenwart und Zukunft voller komplexer Zusammenhänge sind, gibt es keine Lösungen ohne widerstreitende Gegenlösungen und Gegenansprüche, die Anerkennung verlangen.

Zum Gegenstand hat der Prozess einen Geschichtsabschnitt, zum Wertmaßstab das Gesetz und zum Wegweiser für die Zukunft das Urteil. Um den Gegenstand des Prozesses richtig wahrzunehmen, muss man den gewählten Abschnitt rekonstruieren. Für die gerichtliche Entscheidung ist es unumgänglich, dass einem Einzelnen die Rolle zur Last gelegt wird, die er in einem bestimmten geschichtlichen Zusammenhang gespielt hat. Nur unter dieser Voraussetzung kann der Richter zur zuständigen Person für die Beurteilung eines politischen Konflikts werden. Befasste man ihn mit dem Konflikt in einer über die konkrete geschichtliche Konstellation hinausgreifenden Gestalt, etwa als Programm- oder Grundsatzfrage, so stände ihm ein Urteil nicht zu. Ob Demokraten oder ob Republikaner die Macht übernehmen sollen, ob der Krieg bis zum bitteren Ende fortgeführt oder ein Kompromissfrieden geschlossen werden soll: Das zu entscheiden, ist der Richter weder berufen noch qualifiziert. Der Strafrichter kann sich aber im Gegensatz zu Kollegen, die es mit anderen Zweigen des Rechts zu tun haben, auch nicht einfach in Schweigen hüllen. Er kann nicht einfach feststellen, dass eine politische Frage oder ein Staatsakt vorliege; über die besondere Natur solcher Akte lassen sich gewiss abstrakte Theorien entwickeln, aber recht eigentlich entspringen solche Begriffe doch nur empirischen Feststellungen darüber, dass eine öffentliche Erörterung der Tatsachen und dessen, was aus ihnen folgen müsste, den Wünschen der Regierenden nicht entspräche oder dass die Gerichte vor einer unlösbaren Aufgabe stünden, wollten sie Urteile gegen den Willen der Regierung vollstrecken lassen. Zum Glück für den Strafrichter und das Staatsgebilde, dem er dient, werden indes die Konfliktsituationen auf einen bescheidenen Ausschnitt reduziert und als Geschichte behandelt, bevor sie ihm unterbreitet werden. Der Ausschnitt gehört zu früheren Phasen des Konflikts, der noch anhält, so dass der Richter dessen Gegenwartselemente unberücksichtigt lassen und das ihm Vorgelegte als ein Stück Vergangenheit behandeln kann.

Da die Parteien selbstverständlich verschiedene Standpunkte vertreten, müssen für das Gericht die Rollen rekonstruiert werden, die Angeklagte oder Kläger gespielt hatten; den Aussagen von Zeugen kann entscheidende Bedeutung zukommen. Den bekannten Schwierigkeiten der Rekonstruktion im Gerichtssaal fügt der politische Prozess noch zusätzliche Komplikationen hinzu. Den Zeugen wird eingeschärft, dass sie sich beim Rekapitulieren ihrer Rolle an das zu halten haben, was ihr wirklicher Anteil am vergangenen Geschehen war. Machen sie aber an dieser Grenze halt? Sogar in einem zivilrechtlichen Streit wird das, was früher geschehen ist, von der einen Partei im Lichte ihrer Prozessbeziehungen zur anderen Partei umgedeutet. Auch dann, wenn es sich nur um frühere Beziehungen handelt, hängt die Zuverlässigkeit eines Zeugen davon ab, welches Maß an Objektivität er gegenüber Erlebnissen von früher aufbringt. Solchen Entstellungen der Aussage entgeht nur der völlig Unbeteiligte, sofern er nicht von der Vorstellung besessen ist, er müsse um jeden Preis eine eigene Verfehlung vertuschen, die mit dem Gegenstand des Verfahrens nichts zu tun hat, die aber im Prozess dennoch an die Oberfläche kommen könnte. Unbeteiligte Zeugen, die nicht selbst in diesem oder jenem Maß Partei sind, gibt es in einem politischen Prozess nur selten.[111]

Der Zeuge kann verschiedenerlei Bindungen und Verpflichtungen haben. Zuallererst ist er an die Rolle gebunden, die in dem zur Erörterung stehenden Geschehen ihm selbst zugefallen war. Was der Zeuge über die Handlungen, Äußerungen oder Motive des Angeklagten zu sagen hat, ist notwendigerweise durch seine eigene Stellung in dem Ereignis gefärbt, das nun der Geschichte angehört. Er kann, was die weitergespannten Ziele angeht, des Angeklagten oder Klägers politischer Gegner gewesen sein oder mit Angeklagtem oder Kläger im Wettstreit um Gefolgschaft oder Einfluss gestanden haben. Er kann dessen politischer Partner und persönlicher Freund oder Gesinnungsgenosse und persönlicher Rivale gewesen sein. Wird er jetzt aufgefordert, die Rolle des Angeklagten oder des Klägers in eine lose Folge von Handlungen, Stellungnahmen, Äußerungen, Beziehungen aufzulösen, die den nun unter die Lupe genommenen Vorgang ausgemacht hatten, so bestimmt natürlich

---

[111] Die verschiedenen Beweismittelkategorien in einem politisch orientierten Mordprozess behandelt David D. Bien: The Calas Affair: Persecution, Toleration, and Heresy in Eighteenth-Century Toulouse, Princeton, 1960, Kapitel 6.

seine eigene Rolle von damals in der Hauptsache seine Aussage von heute.

Heute sind jedoch die politische Stellung und die politischen Bindungen des Zeugen nicht notwendigerweise dieselben, die sie gestern waren; das kann zur Folge haben, dass seine Rolle oder die des Angeklagten im Lichte der neueren Bindungen eine mehr oder minder deutliche Verschiebung erfährt. Die Verschiebung kann minimal sein, wenn der Zeuge von der politischen Bühne als aktiver Kämpfer abgetreten ist. Aber dann ist es möglich, dass seine Ansichten und Perspektiven in dem Zeitpunkt, da er abtrat oder hinausgedrängt wurde, »eingefroren« sind, so dass jedes Wort, das er heute äußert, nur dem Zweck dient, seine frühere Haltung und seine Deutung des Ablaufs der Dinge »posthum« zu rechtfertigen. Spielt aber der Zeuge weiterhin auf einer Bühne mit, auf der seine Zukunft und die des Angeklagten noch unentschieden sind, so kann sein erster und einziger Gesichtspunkt Vorsicht sein. Ohne so sehr interessiert zu sein, dass ihm daran liegen müsste, die Tatsachen zu verfälschen, mag er geneigt sein, sie im Halbdunkel zu lassen; im Zwielicht sieht sich manches anders an: *Tout comprendre c'est tout pardonner.* Wer dagegen von der Vorstellung ausgeht, dass sein Schicksal oder das Schicksal seiner Organisation davon abhängt, wie er den umstrittenen geschichtlichen Vorgang darstellt, wird sich nicht scheuen, das Libretto umzuschreiben. Was an jeder unabgeschlossenen Situation vieldeutig und unentschieden bleibt, verschwindet dann radikal. Wer das, was geschehen ist, aus einer späteren Sicht rückblickend betrachtet, kann es so retuschieren, dass nur noch *eine* Deutung übrigbleibt.

Neben solchen Zeugen treten in Prozessen, in denen es nicht auf gestellte Geständnisse, sondern auf echte Beweismittel ankommt, unweigerlich auch die altvertrauten Gestalten des Spitzels und des Überläufers auf. Als Zeugen sind sie deswegen nicht ganz geheuer, weil sie zu perfekt sind. Ihre Enträtselung des Geheimnisses liefert die auf den ersten Blick plausibelste und brauchbarste Rekonstruktion dessen, was vorgefallen sein könnte. Muss aber das Einleuchtende die Wahrheit sein? Die logische Lösung braucht dem wirklichen Ablauf der Dinge nicht näher zu sein als ein Gewirr widerspruchsvoller Details, aus dem sich ein Bild nur mühselig zusammenstückeln lässt. Mit dem logisch einwandfreien Ergebnis können aufschlussreiche Zwischenstadien, die den dunklen Vorgang erst verständlich machen, verwischt werden oder ganz ausfallen, denn die logische Rekonstruktion ist nicht die Wiedererweckung dessen, was war, sondern eine Neuinszenierung nach einer erdachten Vorlage.

Was mit Hilfe von Zeugenaussagen rekonstruiert wird, kann in vieler Hinsicht Unergiebiges hervorbringen. Der Drang, auf dem Wege der Umdeutung der Vergangenheit die eigene Rolle von gestern zu rechtfertigen und auf die Realität von morgen einzuwirken, ist mitunter mächtiger als alle Wahrheitsliebe. Erinnerung und Umdeutung werden dann auswechselbare Größen. Allerdings gibt es eine Art des politischen Prozesses, auf die das weniger zutrifft. Beobachtete Bruchstücke ungeklärter Tatzusammenhänge sind nicht unbedingt der Niederschlag komplizierter Ereignisse, die nur dadurch zustande gekommen sind, dass viele Menschen auf verschiedene Weise aufeinander und auf Dritte eingewirkt haben. So manche verwickelt anmutende Situation reduziert sich bei näherem Zusehen auf einen einfachen Alltagsvorgang, mit dem jeder vertraut ist, weil er ihn selbst miterlebt oder die Geschichte im lokalen Teil der Zeitung gelesen hat. Ob die Person A die Person B gekannt, ob die Person C Geld oder Papiere in Empfang genommen oder ob die Person D die Person E mit einer Schusswaffe verwundet hat, braucht nicht zweifelhafter oder komplizierter zu sein als ein beliebiger Vorgang aus dem normalen Tagesablauf.

Wenn sich der politische Prozess in dieser Ebene des tagtäglichen Geschehens abwickeln lässt, ist die Hürde der zweifelhaften Zeugenaussagen nicht gefährlicher als im gewöhnlichen Strafverfahren: Der Doppelrolle des Zeugen, der an der geronnenen Geschichte mitgewirkt hat und die werdende Geschichte aktiv zu beeinflussen sucht, kommt in diesem Fall keine große Bedeutung zu. Freilich gehört dazu noch eine weitere Voraussetzung: Damit aus den einfachen Alltagstatsachen Schlüsse gezogen werden können, die allgemeine Anerkennung finden, muss weitgehende Übereinstimmung darüber herrschen, was diese Tatsachen besagen.

Das lässt sich an einem Beispiel verdeutlichen, das vielleicht noch nicht vergessen ist. Im Spionage- und Landesverratsprozess gegen Alger Hiss, den langjährigen hohen Beamten des amerikanischen State Departments, hatte der Angeklagte selbst die umstrittenen Probleme ausgeschaltet, denen bei den oben wiedergegebenen Verfahren so große Bedeutung zukam: Da Hiss seine unbedingte Staatstreue betonte und die ihm vorgeworfenen Handlungen leugnete, stand hier nicht zur Diskussion, wo staatstreues Verhalten an die Grenze des Verbotenen herankomme und welches äußerlich staatsfeindliche Verhalten gerechtfertigt werden könne und dürfe. Da 1949, als der Prozess stattfand, in den Vereinigten Staaten fast absolute Übereinstimmung darüber bestand, wie die Außenpolitik des Staates aussehen sollte, hätte Hiss schwerlich eine andere Stellung beziehen können. Damit entfiel aber auch die Frage, ob die geheimen Staatspapiere, die er dem für die Sowjetspionage tätigen Mittelsmann Chambers geliefert haben sollte, wichtig oder unwichtig gewesen seien oder ob ihre Weitergabe aus dem Gesichtswinkel einer anderen außenpolitischen Orientierung als den nationalen Interessen abträglich oder zuträglich angesehen werden könne; ebenso entfiel die Frage, ob die Befürwortung einer anderen Politik ein entschuldbares Motiv hätte sein können.[112] Weil Hiss für sich unanfechtbaren Patriotismus und einwandfreies dienstliches Verhalten in Anspruch nahm, ging es im Prozess nicht darum, seine politische Einstellung zu durchleuchten oder zu interpretieren oder die edlen Motive strafbarer Handlungen herauszustellen; zu klären war nur, ob sich bestimmte Dinge ereignet oder nicht ereignet hatten. Damit glitt aber der Prozess in die Ebene der Quidproquos, Tarnungen, Tricks und Verschlüsselungen eines verwickelten Kriminalromans ab. Wenn sich aus dem Beweismaterial eindeutig feststellen ließ, dass Hiss auch nach seinem Eintritt ins Außenministerium mit dem ihm als Kommunist bekannten Chambers verkehrt hatte, und wenn ausreichende Beweise – dem Gericht lag eine problematische, aber durch recht beachtliche Indizien bekräftigte Zeugenaussage vor – dafür beigebracht werden konnten, dass Hiss dem Chambers geheime Kabel aus seinem Amt hatte zukommen lassen, war der Fall für die Gerichte damit abgeschlossen. Alles, was darüber hinausging, mochte Sache der Öffentlichkeit sein, ging aber die Gerichte nichts an.

Ist das Verfahren vor Gericht abgeschlossen, so setzt ein anderer Prozess ein: Die vor Gericht erörterten Bruchstücke von Geschehnissen und Handlungszusammenhängen verdichten sich zu einem vereinfachten Bild der politischen Wirklichkeit. Das ist ein kollektiver Prozess, der sich gleichzeitig in Millionen von Köpfen vollzieht; er ist intensiver als die eher passive Aufnahme der vorfabrizierten künstlichen Wirklichkeit, die für die Zwecke des totalitären Gerichtsverfahrens produziert wird. In den Köpfen von Millionen wird die gleichsam auf der Leinwand fixierte Episode mit der dem Angeklagten unterstellten politischen Gesinnung gleichgesetzt, derentwegen er aber keineswegs vor Gericht gestanden hatte.

Allerdings ist es nicht immer ganz so einfach, die für den Prozess herausdestillierte wirkliche oder erfundene Straftat mit den politischen Zielen in Zusammenhang zu bringen, die von ihr angeblich hatten gefördert werden sollen. Ob sich das Gleichsetzungsbild voll entfalten und dem Massenbewusstsein einprägen lässt, hängt je nach den Umständen

---

112 Dazu J. Alistair Cooke: A Generation on Trial. The United States v. Alger Hiss, New York, 1950, S. 161 ff.

von gesetzlichen und strafprozessualen Vorschriften ab, davon, wie die Vorschriften vom Gericht gehandhabt werden, und davon, wie sehr die Prozessbeteiligten an der eingehenden Darstellung der Zusammenhänge interessiert sind. Vor allem gibt das Interesse der Parteien im Rahmen des englischen und amerikanischen Strafprozesses den Ausschlag, wo ihnen denkbar große Freiheit in der Heranziehung oder Ausschaltung von Beweismitteln eingeräumt wird. Die Prozessparteien können sich – aus diametral entgegengesetzten Gründen – einen günstigeren Ausgang davon versprechen, dass der Umkreis der gerichtlichen Untersuchung in den engsten Grenzen gehalten wird und im Verfahren nur ein winziger Ausschnitt der Wirklichkeit zum Vorschein kommt. Nun kann das beschnittene Bild an Sinn und Bedeutung verlieren und dennoch politisch überaus wirksam sein.

Auch dafür liefert der Fall Hiss ein Beispiel. Von der Verhandlung war nur ein symbolisches Bild übriggeblieben: Der Intellektuelle als Verräter. Was aber wäre aus dem politischen Schlagereffekt dieses Bildes geworden, wenn man versucht hätte, bestimmten Dingen auf den Grund zu gehen? Hätte man nicht erfahren können, welche geistigen oder seelischen Vorgänge Hiss zu diesen oder jenen Handlungen geführt hatten? Hätte man nicht die Bedeutung der weitergegebenen Dokumente mit der Bedeutung anderer Dokumente vergleichen können, zu denen Hiss ebenfalls Zugang hatte und die nicht entwendet wurden? Hätte man nicht feststellen können, ob beziehungsweise in welchem Sinne Hiss sich je bemüht hatte, außenpolitische Entscheidungen zu beeinflussen? Nichts von alledem ist im Prozess zur Sprache gekommen. Gewiss hatte Hiss geleugnet, mit einem Dokumentendiebstahl etwas zu tun gehabt zu haben, und damit bekundet, dass ihm an der Klärung solcher Dinge nichts lag. Wesentlich aber ist, dass auch die Anklagebehörde daran kein Interesse hatte. Um das effektvolle Bild eines Verräters entstehen zu lassen, rückte sie einmal die romanhaften Erzählungen des Zeugen Chambers, zum andern den thematischen Inhalt der gestohlenen Staatspapiere in den Vordergrund. Sie hütete sich aber, nach den Motiven zu fragen, die vielleicht auf die Gedanken und Überlegungen des Angeklagten ein Licht geworfen hätten; der Versuch, das Bild klarer und plastischer hervortreten zu lassen, hätte zu Korrekturen und Vorbehalten Anlass geben können, womit sich die politische Wirkung des Prozesses verringert hätte.

Auch der umgekehrte Fall kann eintreten: Der politische Effekt des erzeugten Bildes kann sich erhöhen, wenn nicht Bruchstücke der umstrittenen Geschehnisse, sondern diese Geschehnisse als Ganzes rekapituliert werden. Als der einstige Sowjetbeamte Viktor Kravčenko, Verfasser von *I Chose Freedom*, die unter kommunistischer Regie herausgegebene Zeitschrift *Lettres Françaises* wegen übler Nachrede verklagte, erschöpfte sich die Beweisaufnahme nicht in der Erörterung des Lebenslaufs des Klägers, seines Charakters und seiner intellektuellen Qualitäten. Da Kravčenko in seinem Buch auch die gesamte wirtschaftliche und gesellschaftliche Situation in Russland geschildert hatte, ließ sich seine Wahrheitsliebe nicht nur an Hand seiner Lebensgeschichte, sondern auch an Hand der Aussagen des Buches über Probleme allgemeinerer Natur kontrollieren. Unter diesem Aspekt machte das Tribunal des Seine-Departements von dem größeren Beweiserhebungsspielraum nach der Verordnung von 1944 Gebrauch und verwarf die Anträge der Verteidigung, die das Beweisthema auf Kravčenkos Charakter, Familienleben, Partei- und Regierungstätigkeit und die heftig umstrittenen Versionen seines Ausscheidens aus der Washingtoner Sowjetvertretung hatte beschränken wollen.

Wenn die Bekundungen der vielen Zeugen, die über manches aus eigener Anschauung berichteten, als Bestätigung eines wesentlichen Teils der Darstellung Kravčenkos aufgefasst werden konnten, so ließ sich sein Bericht nicht als unwahr abtun, auch wenn er, wie es im Urteil hieß, »viele evolutionäre Aspekte außer acht gelassen« haben sollte.[113] Die Zustände in der Sowjetunion, wie sie die Zeugen zeichneten, glichen dem von Kravčenko entworfenen Bild in so vielem, dass das Gericht dies Bild nicht als »völlig irrig und übertrieben« ansehen konnte. Es fand infolgedessen, obgleich die Verhandlung einige durchaus nicht bewundernswerte Züge in Kravčenkos Charakterbild enthüllt hatte, dass er nicht hätte als Lügner bezeichnet werden dürfen. Damit, dass das Gericht Beweismaterial zugelassen hatte, das sich nicht auf Kravčenkos Persönlichkeit und die Entstehungsgeschichte seiner Schriften beschränkte, hatte es eine ausführliche Erörterung der Sowjetgesellschaft mit all ihren Widersprüchen ermöglicht. Damit wurde aber der Prozess zu einem überaus wirkungsvollen Mittel politischer Beeinflussung weiter Bevölkerungskreise: Statt des gewöhnten Galabildes des im Kriege bewährten Bundesgenossen wurde dem Publikum die Schilderung des Werktags der Sowjetunion mit all seinen Schattenseiten geboten.

Da das Funktionieren der Justiz, wie sie sich die westliche Gesellschaft wünscht, seine Eigengesetzlichkeit hat, werden Prozess und Urteil zusammen bisweilen zu einem bloßen Nachtragskommentar zu den Ereignissen, zur Fußnote zur Geschichte. Dann wird im Gerichtsverfahren ein Vorgehen für rechtmäßig oder rechtswidrig erklärt, dessen

---

113 Le Procès Kravchenko contre les »Lettres Françaises«. Compte-rendu des audiences d'après La sténographie (Pour Servir à l'Histoire de Ce Temps, n° 9), Paris, ohne Jahr {Copyright 1949}, Appendice.

politische Wirkung zu einem viel früheren Zeitpunkt hatte eintreten sollen und sich mittlerweile längst erledigt hatte. So war es im Fall Caillaux: Prozess und Urteil zwei Jahre nach einem Eröffnungsbeschluss, wie ihn Frankreich bis dahin noch nie erlebt hatte, zwei Jahre nach der aufsehenerregenden Verhaftung des prominenten Politikers; schon damals aber hatten die Eröffnung des Verfahrens und die Festnahme des Angeklagten den von Clemenceau und Poincaré vorausberechneten und gewünschten politischen Effekt erzielt. Was im Fall Caillaux einen gewaltigen Aufwand an politischen und juristischen Anstrengungen erforderte, kann in einer anderen Situation und in einer unteren Ebene das Produkt normaler Alltagsroutine sein. Eine *ad hoc* getroffene Ermessungsentscheidung der Verwaltung kann das Verbot einer Kundgebung oder die Auflösung einer Versammlung veranlassen. Dass diese Verwaltungsmaßnahme ein Jahr später von einem Verwaltungsgericht oder in einem peripheren Strafverfahren für gültig oder ungültig erklärt wird, kann eine gewisse Sensation auslösen oder den Gegenstand einer Anfrage im Parlament oder einer Zeitungspolemik bilden; die Wirkung braucht in keinem Verhältnis zu den unmittelbaren Folgen zu stehen, die die Maßnahme selbst seinerzeit mit sich gebracht hatte. In solchen Fällen hinkt das Gericht den Ereignissen hinterher. Der Zeitabstand zwischen dem Vorgang und seiner gerichtlichen Überprüfung trägt dazu bei, dass das Gericht in seinen Entscheidungen relativ frei ist, dass diesen Entscheidungen aber nur beschränkte Wirkung zukommt; das Gericht begutachtet eigentlich nur die grundsätzliche Legitimierbarkeit der Verwaltungsmaßregel.

Dass das Gericht als spanische Wand benutzt wird, hinter der man ein wohlüberlegtes Schema des Nichthandelns den Blicken der Allgemeinheit entzieht, ist nicht ungewöhnlich. Es kommt alle Tage vor, dass über Lebenslauf, Charakter, Methoden oder Ziele einer lebenden Person oder einer bestehenden Organisation in Wort oder Schrift mehr oder minder verschleierte Behauptungen diffamierender Art aufgestellt werden. Häufig wird darauf eine Beleidigungsklage angekündigt, gelegentlich auch eine einstweilige Verfügung gegen die Wiederholung der ehrenrührigen Behauptungen erwirkt; beides kann mit der größten Publizität ausgestattet werden. Häufig ist indes das, was über die als Zielscheibe ausersehene Person oder Gruppe gesagt worden ist, entweder aus mangelnder Überlegung oder aus wohlüberlegter Absicht ein schwer zu entwirrendes Gemisch von Wahrem und Unwahrem. Wenige im öffentlichen Leben tätige Menschen sind, zumal wenn ihre Position einigermaßen gut etabliert ist, geneigt, Zeit, Geld und Energie für eine Beleidigungsklage zu opfern. Es kann ihnen erst recht nicht erwünscht sein, dass zahlreiche Anwälte, frühere und gegenwärtige Gegner und persönliche Feinde (denen es in hohem Maße willkommen sein mag, ihre Animosität vor Gericht zu äußern) die Gelegenheit bekommen, in ihren persönlichen, geschäftlichen oder politischen Angelegenheiten herumzustochern.[114] Nur politische Einzelgänger, berufsmäßige Hetzer und erfolglose Anwärter auf gesellschaftlichen Erfolg, die wenig zu verlieren und alles zu gewinnen haben, nutzen begierig solche Aussichten aus, sich auf diese Weise billige Publizität – wenn nicht mehr – zu verschaffen.

Der Politiker, der eine Position zu verlieren hat, lässt Vorsicht walten. Außer wenn die Behauptungen eindeutig unsinnig sind und kein anderes Beweisthema zugelassen zu werden braucht, wird er versuchen, die Angelegenheit durch Vergleich mit der bestmöglichen Ehrenerklärung, die er seinem Angreifer abringen kann, beizulegen und die mit Publizitätsfanfaren angestrengte Klage baldigst und, wenn es geht, lautlos zurückzuziehen. Die sofortige Ankündigung der Klage zeigt seine Unerschrockenheit in dem Augenblick, da man gespannt darauf wartet, wie er reagieren werde, und das kann genügen. Die Ankündigung ist auf dieselbe öffentliche Wirkung berechnet wie die Klage und kann diese Wirkung oft erzielen: Der symbolische Wert des mutigen Appells an die Gerichte darf dann die wirkliche Schlacht im Gerichtssaal ersetzen.

Ein solches Vorgehen kann sich der diffamierte Politiker jedoch nicht immer leisten – oder er glaubt nicht daran, dass er es darauf ankommen lassen könnte. So war Ebert – davon war bereits die Rede – der Meinung, dass er es seinem Amt und seinem Ruf schuldig sei, auf einem Gerichtsverfahren zu bestehen. Ähnlich war es mit Harold Laski. Eine Zeitung hatte in einem Wahlversammlungsbericht geschrieben, Laski habe den Weg der Revolution befürwortet, wenn es der Arbeiterpartei nicht gelänge, ihre Ziele mit Zustimmung der Mehrheit zu verwirklichen. Laski klagte. Später hat Sir Patrick Hastings, der Anwalt der beklagten Zeitung, gesagt, ihm sei nie aufgegangen, warum Laski seine Klage nicht nach dem Wahlkampf von 1945 zurückgezogen habe; das Wahlergebnis zeigte deutlich, dass es den Konservativen auch mit Hilfe der Affäre nicht gelungen war, wesentliche Wahlerfolge zu erringen.[115] Auch hier hätte es genügen können, das Symbolische der eingereichten Klage an die Stelle der Durchführung des Verfahrens treten zu lassen. Aber

---

114 Zu welcher Tortur ein Beleidigungsprozess im Scheinwerferlicht der heutigen Publizität werden kann, wusste Harold Laski beredt zu schildern; siehe seine Äußerungen bei Kingsley Martin: Harold Laski, 1893 - 1950, A Biographical Memoir, London, 1953, S. 274.
115 Patrick Hastings: Cases in Court, London, 1949, S. 55 und 71.

wahrscheinlich hielt es Laski für seine Pflicht gegenüber der Arbeiterpartei, auch nicht den geringsten Zweifel an seinem Bekenntnis zu den Grundregeln der Demokratie bestehen zu lassen. Die Zweifel der Geschworenen vermochte er nicht zu zerstreuen: Sie erklärten den *Newark Advertiser*, den Laski verklagt hatte, für nicht schuldig.

Dass Laskis Schlappe nicht dieselbe Lawine auslöste wie zwei Jahrzehnte früher Eberts Niederlage in Magdeburg, erklärt sich aus den andersgearteten politischen Zuständen und Traditionen. Es ist zwar denkbar, dass der Ausgang des Prozesses für Laski persönlich ein schwerer Schock war; aber an seiner Möglichkeit, in einem gewissen (auch vorher schon nicht weitgesteckten) Rahmen für die Arbeiterpartei nutzbringend und erfolgreich zu wirken, hatte sich nichts geändert. Wenn Laski als Schreckgespenst der Revolution die Wähler trotz konservativer Propaganda nicht davon hatte abhalten können, für die Arbeiterpartei zu stimmen, so half es auch nicht, dass ein Geschworenenspruch zusätzlich bestätigte, Laski habe sich bedingt für eine revolutionäre Politik ausgesprochen. Dass es zu einer solchen Politik schwerlich kommen könne, bewies vermutlich tagaus, tagein das Labour-Kabinett Attlee in seiner Regierungspraxis.

Ob ein politischer Prozess unter rechtsstaatlichen Voraussetzungen denen, die ihn gewollt haben, politische Gewinne oder Rückschläge bringen muss, ist ebenso unsicher wie Sieg oder Niederlage bei Wahlen. Man kann ein Gerichtsverfahren als Teilaktion im Rahmen eines politischen Feldzugs planen. Als Musterbeispiel einer solchen Parallelschaltung von Justiz und Politik ist oben der Fall Powers angeführt worden. Dass der Angeklagte Powers mit der Republikanischen Partei gleichgesetzt wurde, machte das Gerichtsurteil zu einem Element des Wahlkampfs; Strafverfahren und politischer Kampf ergänzten einander: Prozess und Urteil sollten das gewünschte politische Resultat erbringen, und das politische Resultat, die Wahl eines demokratischen Gouverneurs, sollte die Verwirklichung des gerichtlichen Ergebnisses, die Vollstreckung des Urteils, verbürgen. Demselben Fall Powers ist aber zu entnehmen, dass die Parallelschaltung von Justiz und Politik nur dann Früchte trägt, wenn der Prozess als Ganzes glaubwürdig ist. Der Koordinierung von strafrechtlichem und politischem Vorgehen sind ziemlich feste Grenzen gezogen.

Wiederholt haben kommunistische Kritiker behauptet, dass dieser Parallelschaltung auch in rechtsstaatlichen Ordnungen große Bedeutung zukomme. Außenpolitische Ereignisse – der Krieg in Korea, die Niederlage in Indochina – können ebenso wie innenpolitische Schwierigkeiten des Regimes dazu führen, dass politisch motivierte

Strafverfahren eingeleitet werden.[116] Da sie von der Praxis ihrer eigenen Partei auf die Praxis anderer schließen, vergessen die kommunistischen Autoren indes nur zu gern, dass Regierungen im rechtsstaatlichen Raum bei der Einleitung von Strafverfahren Beschränkungen unterworfen sind, die unter einem totalitären Regime nicht unbedingt immer gelten. Gewiss legen grundlegende politische Entscheidungen auch verfassungsmäßiger Regierungen zum Teil die Voraussetzungen fest, unter denen die Äußerung und die Propagierung von Meinungen strafrechtlich verfolgt werden können; aber die Entwendung geheimer Dokumente oder die aus politischen Gründen begangene Mordtat muss erst stattgefunden haben, ehe sie ihren Weg durch die Gerichte antritt. Polizeiapparate in der ganzen Welt mögen erfinderisch sein und sich einer »Tue-es-selbst«-Gebrauchsanweisung bedienen, sofern ihnen die Gegner nicht entgegenkommenderweise Vorwände zum Einschreiten liefern.[117] Doch kann diese Technik dort nur geringen Nutzen stiften, wo es zuallererst darauf ankommt, dass ein Fall mit Erfolg durch ein Gerichtsverfahren gesteuert werden kann, in dem Zeugenaussagen und sonstige Beweismittel in voller Freiheit geprüft werden dürfen. Unter solchen Umständen verheißt die Parallelschaltung von Justiz und Politik möglicherweise größere Dividenden, als aus der verfügbaren Gewinnmasse ausgeschüttet werden kann.

Wollen die Urheber eines politischen Prozesses die Rechtsform für Zwecke benutzen, die über die Schikanierung oder Ausschaltung eines politischen Gegners hinausgehen, wagen sie sich auf das Gebiet der Schaffung oder Zerstörung von Vorstellungen und Symbolbildern vor, so müssen sie mit Unsicherem und Ungewissem rechnen. Das gewählte Medium des Rechtsverfahrens erweist sich für solche Zwecke als launisch und unberechenbar, weil man hier auf Zeugen bauen muss, die möglicherweise in einer besonderen, eigenen politischen Welt leben, und weil man auch auf Widersacher stoßen kann, denen es womöglich gelingt, Richter oder Geschworene für ihre Interpretation zu gewinnen. Je enger das Beweisthema eingegrenzt wird, umso größer die

---

116 Vergleiche Marcel Willard: La Défense accuse, 3. Auflage, Paris, 1955, S. 293-312.
117 Polizeibeamte, die solche Heldentaten voller Stolz zugeben, sind allerdings nur selten zu finden. Der Lyoner Politiker und Pariser Polizeichef Louis Andrieux: Les Souvenirs d'un Préfet de Police, Band I, Paris, 1885, S. 101, führt sich selbst als solche Rarität vor: Er habe eine Thiers-Statue in Versailles in die Luft sprengen lassen, um die Untaten der Anarchisten zu beweisen und schärfere Unterdrückungsmaßnahmen gegen sie durchzusetzen. (»Um die Unterdrückung möglich zu machen, musste die Tat vollbracht sein.«) Über ein ähnliches Vorkommnis – die von Andrieux veranlasste polizeiliche Finanzierung des anarchistischen Organs *Révolution Sociale* – berichtet auch der anarchistische Schriftsteller Jean Grave: Le Mouvement Libertaire sous la 3ᵉ République, Souvenirs d'un Révolté, Paris, 1930, S. 192 ff.

Wahrscheinlichkeit, dass die Operation gelingt, aber umso geringer die Aussicht, dass dabei mehr herausspringt als die Erledigung politischer Augenblickserfordernisse vergänglicher Art. Auf längere Sicht dürfte der Propagandazwecken dienende Prozess nur paradoxe Wirkungen erzielen. Die inszenierte Sittenparabel wird, nachdem sie den politischen Bedürfnissen des Tages Genüge getan hat, hauptsächlich als Dokument der geistigen Verfassung ihrer Urheber fortleben, und es kann passieren, dass die Nachwelt darin eine viel ärgere Trübung und viel größere Störungen entdecken wird als in der geistigen Verfassung der wehrlos gemachten Opfer.

Kapitel IV

Gesetzlicher Zwang gegen politische Organisationen

> »Mit allen anderen Parteien kann man sich vertragen und unter Umständen paktieren, mit dieser {der Sozialdemokratie} nicht.«
> Theodor Mommsen 1884[1]

> »Dem ebenso falschen wie perfiden Köhlerglauben muß ein Ende gemacht werden, daß die Nation sich teile in Ordnungsparteien und eine Umsturzpartei ... Jede Partei ist eine Umsturzpartei.«
> Theodor Mommsen 1902[2]

Welche Art, welche Formen der Behandlung werden von dem jeweils herrschenden Regime feindlichen Gruppen vorbehalten? Sowohl ein Regime, das eine Minderheitsherrschaft vertritt, als auch eine unterdrückte Bevölkerungsmehrheit können in gewissen Grenzen zeitweilige Vorteile darin erblicken, dass sie sich im Rahmen der geltenden Rechtsordnung halten, so ungerecht diese Rechtsordnung vom Standpunkt der Mehrheit auch sein mag. Und den Erfahrungen Europas im 19. Jahrhundert lässt sich entnehmen, dass es ein vergebliches Unterfangen ist, bedeutende Gruppen mit Hilfe diskriminierender Gesetze zu unterdrücken, wenn man gleichzeitig die parlamentarischen Institutionen beibehält und die staatsbürgerlichen Freiheiten unangetastet zu erhalten sucht. Was hier zunächst von Interesse ist, ist einmal die Behandlung einer unzufriedenen und von der Macht ausgeschlossenen Mehrheit durch die herrschende Minderheit, zum andern das Verhalten von Mehrheitsregierungen gegenüber Minderheitsgruppen, die der bestehenden Ordnung eine grundsätzliche Feindschaft entgegenbringen. Für die Überwachung und Beherrschung solcher feindlichen Minderheiten, seien sie nun kleine Gruppen von Dissidenten oder größere Bewegungen, gibt es verschiedene Methoden und technische

---

1 Aus einem Zeitungsbeitrag zur Diskussion über die Verlängerung des Sozialistengesetzes, zitiert bei L. M. Hartmann: Theodor Mommsen, Gotha, 1908, S. 124.
2 Theodor Mommsen: »Was uns noch retten kann«, in: Die Nation, Jahrgang XX, S. 163 f. (Nr. 11, 13. Dezember 1902).

Verfahren, die ebenso wie die Motive, denen sie entspringen, einer Betrachtung bedürfen. Möglich ist durchaus, dass sich die staatlichen Verteidigungsmaßnahmen auf die Abwehr greifbarer und konkreter Gefahren für die öffentliche Ordnung beschränken und nicht ideologische Konformität anstreben. Es wird sich zeigen, dass solche Zurückhaltung dem Funktionieren einer demokratischen Ordnung zugutekommt.

Primär geht es hier darum, dass auch Staatsgebilde, die sich zu rechtsstaatlichen Grundsätzen bekennen und willkürliche Unterdrückung politischer Widersacher zumindest offiziell ablehnen, die organisierte politische Betätigung von Gegnern in dieser oder jener Form unterdrücken oder einschränken. Dass sie im Prinzip die Souveränität des Gesetzes proklamieren, schließt nicht automatisch Diskriminierung und ungleiche Behandlung aus; ebenso wenig wird durch die Anerkennung verbindlicher Rechtsnormen Willkür ausgeschaltet, die sich der Ungleichheit als treue Begleiterin anzuschließen pflegt. Von zentralem Interesse ist in diesem Zusammenhang der gesetzliche Charakter der Maßnahmen, mit denen der politische Spielraum eingeengt wird. Aus jüngster Zeit gibt es da genug Besorgniserregendes und Aufwühlendes. Kann die Beschränkung der politischen Betätigungsmöglichkeit legitim sein? Verneint sie nicht, indem sie diese oder jene Personen oder Verbände der Rechte beraubt, die allen garantiert sind, Sinn und Wesen des Gesetzes? Muss sie nicht mit Notwendigkeit die Fundamente des demokratischen Regierungssystems untergraben? Und anderseits: Sind nicht gesetzliche Beschränkungen und Zwangsmaßnahmen, sofern sie mit den nötigen Rechtsgarantien eingezäunt sind, ein noch erträglicher Preis dafür, dass man einer gesetzlosen und rechtswidrigen Unterdrückung und willkürlichen Repressalien entrinnt?

Worin besteht aber, aus diesem Gesichtswinkel gesehen, der gesetzliche Charakter der Freiheitsbeschneidung? Darin, dass Zuständigkeitsbereiche festgelegt und die Durchführung der Zwangs- und Unterdrückungsmaßnahmen im Einklang mit den politischen Erfordernissen des Regimes auf einzelne Ressorts oder Apparate aufgeteilt werden, liegt nur *ein* Element der Legalität. Das Hitlersche Reich hatte zwar eine weitgehende Arbeitsteilung zwischen den einzelnen Ressorts, dem Justizministerium, dem Volksgerichtshof, den Sondergerichten, der Gestapo und der SS.

Das machte aber sein Unterdrückungssystem nicht zu einem Werkzeug des Gesetzes.[3] Etwas anderes muss noch hinzukommen.

---

3 Einen interessanten Zuständigkeitsstreit zwischen den verschiedenen Repressivorganen des totalitären Staates beschreibt Helmut Heiber: »Zur Justiz im Dritten Reich: der Fall Eliáš«, in: Vierteljahreshefte für Zeitgeschichte, Jahrgang 3, S. 275-296 (Heft 3, Juli 1955): Die SS konnte 1941 die beschleunigte Hinrichtung des tschechischen

Beschränkungs- und Unterdrückungsmaßnahmen können ihrem Wesen nach nicht gesetzlich sein, wenn kein fester Rahmen inhaltlicher und verfahrensmäßiger Normen besteht, die für Regierende und Regierte gleich bindend und beiden dienstbar sind, wenn nicht für den Staatsanwalt und für die Menschen, die er vor Gericht stellt, dieselben Maßstäbe gelten. Die Bemühungen der Staatsgewalt, Widersacher zu bestrafen, müssen von einem Dritten kontrolliert werden können, an den sich jeder wenden kann, von einer Institution, die keine Befehle der Exekutive entgegennimmt, die Pflicht hat, ein geltendes Normensystem anzuwenden, und sich einem gewissen Maß an öffentlicher Kritik nicht entzieht.

Solche rechtlichen und politischen Sicherungen gegen den Missbrauch von Unterdrückungsbefugnissen können sich natürlich als unzulänglich erweisen und am Ende vielleicht nur noch ambivalent funktionieren. Es kann sein, dass weder die Exekutive noch die Gerichte genug Energie und Willenskraft übrig haben, um die Legalität gegen übermächtige gesellschaftliche Explosivkräfte aufrechtzuerhalten. Ob von der Vollzugsgewalt gefördert oder lediglich von ihr toleriert, kann nackte Gewalt so sehr um sich gegriffen haben und die Autorität der Gerichte so geschwächt worden sein, dass über das Schicksal derer, die sich den herrschenden Tagesströmungen widersetzen oder von ihnen bedrängt werden, außerhalb der Sphäre der Gesetzlichkeit entschieden wird. Haben sie den Anschluss an eine Entwicklung verpasst, von der eine entscheidende Kräfteverlagerung in der Gesellschaft ausgeht, so werden sie vergebens darauf hoffen, dass das Gesetz, weil es doch alle schützen sollte, die seine Schranken nicht missachten und sich seiner Mechanismen bedienen, auch ihnen Schutz gewähren werde; es wird dafür gesorgt worden sein, dass die mit der Vollstreckung der Gesetze Betrauten die Augen zudrücken oder in eine andere Richtung schauen.

Wenn die Legalität nicht bloß kurzfristig auf Urlaub geschickt wird, sondern aus den Ferien überhaupt nicht mehr zurückkommt und der Zustand der Gesetzlosigkeit zur Regel wird, weicht das System gesetzlicher Beschränkungen einer ganz anderen Unterdrückungsweise. Solange aber die Schutzvorkehrungen – und sei es noch so unvollkommen – funktionieren und solange die Machthaber aus Interesse und ideologischer Sympathie in der Rechtsordnung etwas erblicken, was mit derselben Autorität für die Herrschenden und für die Beherrschten zu gelten habe, besteht die Aussicht, dass sich Zwangsmaßnahmen gegen

> Ministerpräsidenten Eliáš dadurch erreichen, dass sie mit Unterstützung des Präsidenten des Volksgerichtshofs die ihm gleichgeordnete Reichsanwaltschaft von der Erhebung und Vertretung der Anklage ausschloss und sie kurzerhand der Gestapo übertrug.

feindliche Kräfte im gesetzlichen Rahmen halten werden. Welche Veränderungen, die unter Umständen zu seiner Selbstzerstörung führen können, dies politisch-rechtliche Gefüge durchmacht, soll im Folgenden skizziert werden; die Skizze ist allerdings fragmentarisch und behandelt nur die Rechtsform eines politischen Wandels, dessen Wurzeln bis in die Tiefen des gesellschaftlichen Seins reichen.

1. Minderheitsdiktat: Wert und Unwert der Legalität

Der gesetzliche Charakter von Unterdrückungsmaßnahmen ist kein Beweis dafür, dass sie von einer Regierung ausgehen, die ihr Mandat von einer demokratisch herrschenden Mehrheit erhalten hat. In der langen Periode des Übergangs vom Absolutismus zur demokratischen Ordnung hat so manche Regierung, die an eine Verfassung gebunden war und sich ehrlich zu den Grundsätzen der Rechtsstaatlichkeit bekannte, immer wieder versucht, den Fortschritt der Demokratisierung mit Unterdrückungsgesetzen aufzuhalten, die im organisierten Ausdruck demokratischer Bestrebungen strafbare Umsturzversuche sahen und solche Betätigung schlechterdings untersagten. Das Gesetz also sollte die legale Herrschaft einer Minderheit vor der Gefahr behüten, von der Herrschaft der Mehrheit auf legale Weise abgelöst zu werden.

Diese Praxis war im 19. Jahrhundert in halbkonstitutionellen Monarchien oft, in kolonialen Gebieten durchgängig anzutreffen. Eine kleine Minderheit von Kolonisatoren erklärte sich zum legal konstituierten politischen Gebilde, das seine Herrschaft über die überwältigende Mehrheit der einheimischen Bevölkerung ausüben durfte. Die Eingeborenen galten als rückständig und noch nicht reif zur Teilnahme an einer demokratisch gebildeten Regierung. Ihnen wurde jede Vertretung im Parlament verweigert; Ausnahmen gab es günstigstenfalls für kleine privilegierte Gruppen. Jeder Versuch, diese Schranke zu durchbrechen, wurde mit Hilfe des Gesetzes unterdrückt.

In der zweiten Hälfte des 20. Jahrhunderts gibt es nur noch wenige Überreste der Kolonialherrschaft, die an das System der gesetzlichen Knebelung der Mehrheit zwecks Verewigung einer Minderheitsherrschaft erinnern. (Totalitäre Systeme, die auf der Herrschaft einer einzigen Partei und auf der völligen Unterdrückung jeglicher anders gerichteten politischen Tätigkeit beruhen, gehören nicht in diesen Zusammenhang.) Aber solche Überreste haben sich durchaus erhalten. Die traditionelle Philosophie der kolonialen Unterdrückung hat ihr Gepräge nicht geändert. Immer noch gibt es die These, dass Wohlstand und

Sicherheit für alle nur zu gewährleisten seien, wenn das Leben der überwältigenden Mehrheit der Bevölkerung von einer legal auf den Thron gehobenen Minderheit geregelt werde.

So wird zum Beispiel die gesetzlich garantierte Herrschaft der Weißen in der Südafrikanischen Union begründet. Noch 1952 hat der Ministerpräsident der Union in einem Schreiben an den Südafrikanischen Nationalkongress dessen Verlangen nach parlamentarischer Vertretung und nach Wiederherstellung der Freiheiten und demokratischen Rechte mit der Begründung abgelehnt, dass die Hoffnung des Kongresses auf eine allmähliche Entwicklung der Union zu einem gemeinsamen Staat von Menschen verschiedener Hautfarbe »notwendigerweise zu einer Katastrophe für alle Gruppen der Bevölkerung führen« müsse.[4] Eine solche Lösung, meinte er, werde gerade die Bantus die vollen Auswirkungen der freien Konkurrenz verspüren lassen und ihnen am Ende den Grund und Boden nehmen, der ihnen unter dem geltenden Rechtssystem gesichert sei.[5] Die Herrschenden wollen nicht Unterdrücker, sondern Schutzengel der unterworfenen Mehrheit sein, und natürlich wird dieser Anspruch von den beiden führenden politischen Organisationen der farbigen Bevölkerung, dem Südafrikanischen Nationalkongress und dem Südafrikanischen Inderkongress, entschieden bestritten. Indes ist bisher jeder Wandel daran gescheitert, dass die weiße Minderheit die Wirtschaft und den staatlichen Zwangsapparat fest in ihrer Hand hält. Die Mehrheit war lange Zeit zu apathisch, zu zersplittert und zu sehr von allen Bildungsmöglichkeiten abgeschnitten, als dass sie eine andere Lösung hätte erzwingen können. Die Rechtsordnung, die im Dienst der Minderheit steht, hat allen Angriffen und Anfechtungen der fortgeschrittenen Teile der Mehrheit standgehalten.

Gleichwohl ist hinter den durchsichtigen Machtverhältnissen die Schutzfunktion der Rechtsordnung, auch wenn sie durch und durch ungerecht ist, immer noch erkennbar. Dieser Schutzfunktion dienen eher die verfahrensmäßigen Aspekte der Rechtsordnung als ihr Inhalt. Allerdings wird das grundlegende Prinzip der Gleichheit vor dem Gesetz, das auch für die Rassenbeziehungen nicht formal aufgehoben ist, durch neue gesetzliche Bestimmungen immer mehr durchbrochen. Die letzten Schlupflöcher, die sich dadurch erhielten, dass die Gerichte den Grundsatz der Gleichheit vor dem Gesetz verteidigen,[6] werden damit auch zugestopft.

---

4 Zit. bei Leo Kuper: Passive Resistance in South Africa, New Haven, 1957, S. 237.
5 Siehe die kritische Auseinandersetzung bei Leopold Marquard: The Peoples and Policies of South Africa, London, 1952, S. 46.
6 Zu dieser Gerichtspraxis s. Rex v. Zihlangu, in: South African Law Reports, 1953, 3. Vierteljahr, S. 871 (Kapprovinz); Tayob v. Ermelo Local Road Transportation Co., a.a.O., 1951, 4. Vierteljahr S. 440 (Berufungskammer). Dagegen vgl. Regina v. Sachs, a.a.O., 1953, 1. Vierteljahr S. 393 (Berufungskammer), wo das Urteil nach der Einführung

Aber eben hier macht sich die Schutzfunktion der Rechtsordnung bemerkbar. Dass sich die Gerichte mit der Ungleichheit der Rassen abfinden müssen, heißt immer noch nicht, dass sie der Willkür Tür und Tor öffnen. Gewaltakte der Polizei können, wenn sie ans Tageslicht kommen, von den Gerichten eingedämmt werden. Bis zu einem gewissen Grad beeinflussen die höheren Gerichte die Ortsrichter, die in ihren richterlichen und Verwaltungsfunktionen auf zweierlei Hindernisse stoßen: Einerseits sind sie dem gesellschaftlichen Druck der Weißen ausgesetzt, anderseits durch die Anwendung der schikanösen Gesetze, die auf Schritt und Tritt in die Lebensbedingungen und die Freizügigkeit der nichtweißen Bevölkerung eingreifen, schwer überlastet.[7] Die Zahl der Strafverfolgungsfälle gegen Angehörige der farbigen Bevölkerung ist außerordentlich hoch.[8] Sie wäre wahrscheinlich noch höher, wenn Verstöße gegen die Ausweispflichtbestimmungen nicht in vielen Fällen, sofern kein Einspruch erhoben wird, durch eine Art Arbeitszwang polizeilich geahndet würden.[9]

Die Richter der Appellationsgerichte versuchen, sich an verfahrensmäßige Garantien und Normen zu halten. Obwohl das den Unterdrückungscharakter der herrschenden Gesellschaftsordnung nicht zu ändern vermag, werden Gewalt und Brutalität durch die Klarstellung und Auslegung der Rechtsbegriffe, um die sich die höheren Gerichte bemühen, in gewisse Schranken gewiesen. Während das Parlament Gesetze macht, wie sie die Regierung wünscht, üben die Gerichte, wenn sie sagen, wie das Gesetz zu verstehen sei, einen einigermaßen mäßigenden Einfluss aus.[10] Es gibt viele Fälle, in denen die Gerichte die Auswirkungen der scharfen behördlichen Kontrolle der Gewerkschaftsarbeit unter den Nichtweißen einschränken.[11]

So kamen 1955 nur (!) 75 Gewerkschaftsfunktionäre, darunter 35 Europäer, 21 schwarze Afrikaner, 12 Mischlinge und 7 Asiaten, auf die

neuer gesetzlicher Bestimmungen gefällt wurde und das Gericht der ausdrücklichen Willensentscheidung des Parlaments gefolgt ist. S. auch Edgar H. Brookes und J. B. Macaulay: Civil Liberty in South Africa, Kapstadt/New York, 1958, Kap. 4.
7 Zur allgemeinen Beurteilung der Auswirkungen der Rechtsprechung siehe Marquard: The Peoples... (siehe oben Anmerkung 5), S. 118.
8 Union of South Africa, Senate Debates, S. 1482 (Sitzung vom 5. März 1956).
9 Vergleiche James Fairbairn: »The Case of Nelson Langa«, in: New Statesman, Jahrgang LIV, S. 640-642 (Nr. 1392, 16. November 1957).
10 Siehe beispielsweise *Regina v. Mtetve*, South African Law Reports, 1957, 4. Vierteljahr S. 298 (Oranje-Freistaat): Dem angeklagten Einheimischen war in der ersten Instanz keine Gelegenheit gegeben worden, sich durch einen Rechtsbeistand vertreten zu lassen; in der Berufungsverhandlung wurde das Urteil aufgehoben und der Fall an einen anderen Richter zurückverwiesen.
11 Vgl. *Regina v. Npta*, South African Law Reports, 1956, 4. Vierteljahr, S. 257 (Kapprovinz). Ein Versuch, das rigorose Vorgehen der Behörden gegen rein politische Verstöße einzuschränken, wurde im Fall *Regina v. Sibande*, ebda., S. 23 (Transvaal), unternommen. Über die Verwaltungspraxis s. Kuper: Passive Resistance... (s. o. Anm. 4), S. 47-71 und 148-180, und neuerdings Brookes/Macaulay: Civil Liberty... (s. o. Anm. 6), *passim*. Die

»Liquidationsliste«, was Verbot jeglicher öffentlicher Betätigung und erzwungenen Austritt aus allen Organisationen, in denen der »Liquidierte« aktiv war, bedeutet; dagegen wurden vom selben Schicksal 529 Funktionäre anderer Organisationen betroffen, darunter 198 Europäer, 237 schwarze Afrikaner, 54 Mischlinge und 40 Asiaten.[12]

Vermutlich wissen die Menschen, die für die Avantgarde der unterdrückten Mehrheit sprechen, nicht genau, in welchem Maße sie mit der Gefolgschaft der breiten Massen rechnen können. Das ist wohl der Grund, weswegen sie sich lange damit begnügten, die von der herrschenden Minderheit erlassenen Vorschriften nur symbolisch zu verletzen. Gelegentlich kündigten sie sogar den Behörden den geplanten Verstoß im Voraus an; so wurde zum Beispiel der Plan, in einen den Weißen vorbehaltenen Wartesaal einzudringen, der Polizei offiziell gemeldet.[13] Die Behörden konnten ihre Vorkehrungen treffen und die strafbare Ungehorsamshandlung in engen Grenzen halten. Das verringerte aber auch das politische Risiko für die Urheber der Ungehorsamsaktion: Allzu umfangreiche Aktionen dieser Art hätten Bumerangwirkungen auslösen können. Mangelnde Publizität, Angst, Unverständnis für die Tragweite der Aktion und die eingefleischte Gewohnheit, den weißen Behörden zu gehorchen, hindern Sympathisierende oft daran, den Parolen des Nationalkongresses Folge zu leisten; anderseits könnten undisziplinierte und unkontrollierbare Massen den Appell der Führung nur zu gut befolgen, und bei Gesetzübertretungen großen Stils wäre es möglich, dass sich die Behörden nicht mehr mit legaler Unterdrückung der Gegner, das heißt Einzelverhaftungen und Einzelprozessen, die eine Verurteilung ohne konkretes Belastungsmaterial ausschließen, begnügten, sondern zur allgemeinen Verfolgung wirklicher oder vermeintlicher, organisierter und unorganisierter Widersacher übergingen. Die staatliche Rechtsordnung beschützte die »umstürzlerische« Mehrheit insofern, als sie die in der vorsätzlichen demonstrativen Verletzung der Unterdrückungsgesetze beschlossenen Risiken genau umriss und damit einengte.

Eindeutige Vorteile sicherte das gesetzliche Unterdrückungssystem aber auch der herrschenden weißen Minderheit. Sie konnte die Schritte der organisierten Opposition in gewissem Umfang voraussehen und abwehren. Für den gesetzlichen Schutz, der den Angehörigen der Mehrheit noch gewährt wurde, erwartete die Regierung eine Gegenleistung: Die

---

Entwicklung der rechtspolitischen Situation bis 1960 behandelt Elizabeth S. Landis: »South African Apartheid Legislation«, in: Yale Law Journal, Jahrgang 71, S. 1-52 (Heft 1, November 1961) und 437-500 (Heft 2, Januar 1962).
12 Union of South Africa: House of Assembly Debates, Volume 90 (1956), S. 182.
13 Näheres bei Kuper: Passive Resistance... (siehe oben Anmerkung 4), Kapitel 5.

Mehrheit sollte um größerer Dinge willen darauf verzichten, zu offener Gewalt aufzurufen (passiver Ungehorsam war etwas anderes), ja sogar die größte Energie entfalten, um Gewaltakte zu verhindern.[14]

Die günstigen Seiten der Beibehaltung eines gewissen Rechtsgefüges machen aber auch das äußerst labile Gleichgewicht sichtbar, auf dem dies Gefüge beruht. Die Führer der Mehrheit wollten bei all ihren Aktionen auf dem Boden der Legalität bleiben, weil sie mit einem Massenreservoir potentieller Anhänger rechneten, aus denen sie mit der Zeit eine zuverlässige und disziplinierte Gefolgschaft zu machen hofften; das sollte durch Erziehungsarbeit und durch die Einbeziehung der Massen in immer größere Ungehorsamskampagnen gegen einzelne Aspekte der Minderheitsherrschaft erreicht werden: Eines Tages hätte man es dann mit der scheinbar unbesiegbaren Macht der Minderheit, die sich noch auf die bessere Organisation, Technik und Bildung stützt, aufnehmen können. Umgekehrt duldeten die Führer der herrschenden Minderheit die Legalität, die sie zugleich als Deckmantel benutzten, weil sie auf die Beständigkeit der vorhandenen gesellschaftlichen Vorkehrungen vertrauten: Es schien möglich, die wichtigsten gesellschaftlichen und organisatorischen Abwehrwaffen gegen die Machtergreifung der Mehrheit auch weiterhin in gesetzliche Formen einzuhüllen.

Eine Verringerung der grundlegenden Spannungen war unter diesen Umständen vom System der gesetzlichen Zwangsmaßnahmen schwerlich zu erwarten. Die Ära des »Stellungskrieges« versprach auch für die Zukunft keine stabilen oder wirksameren Formen der Zusammenarbeit. Da wurde ein Krieg von Kräften geführt, denen die Wahl der Waffen durch das gegebene, aber seinem Wesen nach vergängliche Stärkeverhältnis vorgeschrieben schien. Bei einer fühlbaren Schwächung der Position der Minderheit musste eine Wendung unvermeidlich werden, sofern die Mehrheit keine Kompromissbereitschaft mehr zeigte; das wäre vom Standpunkt der Herrschenden das Ende der Unterdrückung mit gesetzlichen Mitteln und der Zwang, zu stärkeren, nachhaltigeren, weniger an das Gesetz gebundenen Herrschaftsmitteln zu greifen; sofern die Gerichte immer noch im Namen von Menschen mit Vorbehalten gegenüber der politischen Führung der Minderheit zu sprechen glaubten, wäre es an der Zeit, sie umzubesetzen, auf ein Nebengleis zu schieben oder der restlichen Macht zu berauben, die es ihnen noch erlaubt, stabilisierend zu wirken.

Es gibt nicht wenig Hinweise darauf, dass sich das labile Gleichgewicht, bei dem die Unterdrückung unter dem Schutz der Rechtsordnung

---

14 Natürlich können die Organisationen der Mehrheit die vielen individuellen Gewaltakte, die das Unterdrückungssystem hervorbringt, nicht unter Kontrolle halten; vgl. Cornelia Willem de Kiewiet: The Anatomy of South African Misery, London, 1956, Kapitel 3.

verwirklicht wird, gründlich verschiebt. Die Minderheit hat den Bereich der Unterdrückungsgesetzgebung ungeheuer ausgedehnt; immer weitere Gebiete der gesellschaftlichen Tätigkeit werden in ihn einbezogen.[15] Darüber hinaus wird versucht, der Mehrheit mit Hilfe von langwährenden, wenn auch nicht erfolgreichen Hochverratsprozessen ihre Führer zu nehmen.[16] In dem Maße, wie sich die unterdrückten Massen mit der Technik verschärften Widerstands[17] vertraut machen und die gemäßigten Führungsgruppen durch das Auftreten des aggressiveren Panafrikanischen Kongresses in ihrer Position bedroht werden, verlässt die Unterdrückungspraxis in beschleunigtem Tempo die Sphäre des Gesetzlichen. So etwa haben sich die Dinge in Südafrika seit dem Sharpeville-Drama von 1960 entwickelt.

Für eine Minderheitsherrschaft ist das System gesetzlicher Unterdrückung der Mehrheit häufig nichts anderes als mühselige Verteidigung der letzten Bollwerke. Das Alltagsleben verläuft im Wesentlichen ungestört, die Unsicherheit wird in Schranken gehalten, die Unterdrückung vermeidet Maßlosigkeit, und Gewalt wird auf beiden Seiten im Zaum gehalten. Ein solches System kann sogar, wie sich beim Ende der britischen Herrschaft in Indien gezeigt hat, die Ansammlung von Bitterkeit und Hass zurückdrängen; eine Minderheit, die der Mehrheit ein gewisses Maß an gesetzlichem Schutz zugestanden hatte, kann, wenn ihre Herrschaft unhaltbar geworden ist, mit wenig Blutvergießen und in höchst geordneten Bahnen abtreten. Freilich vermag auch die beste gesetzliche Regelung die Folgen einer grundlegenden Störung des gesellschaftlichen Gleichgewichts nicht aus der Welt zu schaffen; sie kann sie im günstigsten Fall mildern.

2. Ausnahmegesetze im 19. Jahrhundert

Im Verlauf der Kämpfe um die Demokratisierung der politischen Ordnung, wie sie im 19. Jahrhundert geführt wurden, hat das ureigenste

---

15 Die wichtigsten Gesetze sind bei Brookes/Macaulay: Civil Liberty... (siehe oben Anmerkung 6), *passim*, besprochen. Über neuere diskriminierende Bestimmungen und die entsprechende Verwaltungspraxis siehe Internationale Juristen-Kommission: South Africa and the Rule of Law, Genf, 1960.
16 Eine ausgezeichnete Darstellung der Rechtslage und der politischen Auswirkungen gibt Thomas G. Karis: »The South African Treason Trial«, in: Political Science Quarterly, Jahrgang 76, S. 227-240 (Heft 2, Juni 1961).
17 Die Technik des ausgeweiteten Widerstands hatte 1957 mit dem Autobus-Boykott in Johannesburg begonnen; vergleiche Joe Rogolly: »The Bus Boycott«, in: The Forum (Johannesburg), Jahrgang 5, Nr. 12 (März 1957), S. 11-16; hier hätten die Afrikaner erfahren, wie stark sie seien.

Wesen der politischen Aktion einen grundlegenden Wandel durchgemacht. Das Zeitalter der Industrie hat die Mittel und Techniken des politischen Konflikts radikal umgewälzt. Die gesetzliche Unterdrückung politischer Tätigkeit erlebt eine atemberaubende Vertauschung ihrer Objekte. Am Ende macht sie sich selbst zunichte. Man sollte sich vergegenwärtigen, wie es dazu gekommen ist.

In den frühen Stadien wurden die herrschenden Mächte von der Unzufriedenheit und wachsenden Entfremdung der Volksmassen ernsthaft nur bedroht, wenn sich der aufgestaute Groll in Aufständen, Straßenkämpfen und physischen Zusammenstößen zwischen schlecht bewaffneten Insurgenten und besser ausgerüsteten, aber nicht immer verlässlichen Polizei- und Heeresverbänden äußerte. Gewöhnlich erfassten die Kämpfe nur wenige städtische Zentren. Auf Seiten des Volkes machten die aktiven Teilnehmer nur einen winzigen Bruchteil der Volksmassen aus, um deren Forderungen und Bestrebungen es ging. Wurden die Rebellen im physischen Zusammenstoß besiegt, so war die gesetzliche Unterdrückung ähnlicher Bestrebungen einfach, wenn auch nur selten von anhaltender Wirkung.

Mit dem Ansturm der Urbanisierung, Industrialisierung und Verkehrsmechanisierung, mit der Ersetzung der Söldnerheere durch die Armee der allgemeinen Wehrpflicht, der allgemeinen Verbreitung des Lesens und Schreibens und dem Ausbau des Nachrichtenwesens ist das alles anders geworden. Mehr noch: Jeder Erfolg im Kampf gegen die Minderheitsherrschaft zeigte einen entscheidenden Wandel in den Regeln der politischen Kriegführung an. In dem Maße, wie immer größere Teile des Volkes das Wahlrecht eroberten und Mindestgarantien der freien Meinungsäußerung und der Versammlungsfreiheit erhielten, geriet die Gewalt als Mittel der politischen Massenaktion nachgerade in Vergessenheit. Massenorganisation, Propaganda in weitem Umkreis, Massenversammlungen, der Stimmzettel und die organisierte Arbeitsniederlegung traten an die Stelle von Straßenzusammenrottungen und Barrikadenkämpfen.

Vordem hatte sich die Aktion auf kleine Verschwörergruppen, wenige Barrikadenkämpfer und eine erregbare Menge beschränkt, die sporadisch bald hier, bald dort in Erscheinung trat, einen geringen Zusammenhalt aufwies, selten mobilisiert werden konnte und sich schnell verlief. Nunmehr beherrschten den Schauplatz organisierte Massen, die aus gemeinsamen Interessen und ihnen systematisch anerzogenen gemeinsamen Vorstellungen feste Disziplin und engen Zusammenhalt entwickelten, einer autoritativen zentralisierten Führung willig folgten und rasch lernten, jedem ungeordneten, gewaltsamen und ungesetzlichen

Vorgehen die kalte Schulter zu zeigen.[18] Wenn solche Massenbewegungen Gleichberechtigung, unbeschränktes Wahlrecht und einen Anteil an der politischen Macht, also Ablösung der Minderheitsherrschaft durch die gesetzlich geregelte und verbürgte Entscheidungsgewalt der Mehrheit, forderten, waren sie nicht mehr niederzuhalten. Wer sie mit nackter Gewalt kleinkriegen wollte, musste einen gewaltigen Zwangsapparat aufbieten, und auf die Dauer war die Armee der allgemeinen Wehrpflicht dazu nicht zu gebrauchen. Und auf dem Weg der Unterdrückung mit gesetzlichen Zwangsmaßnahmen stellten sich bald uneinnehmbare Hindernisse ein.

Die legale Unterdrückung des politischen Wollens einer Bevölkerungsmehrheit ist undenkbar, wenn es nicht eine fest gegründete verfassungsmäßige Ordnung gibt, die die herrschende Position der Minderheit sanktioniert und alle legalen Zugänge zu einem nichtrevolutionären Machtantritt der Mehrheit dicht verriegelt. Aber eben das verfassungsmäßige Regieren macht es unmöglich, das Volk ganz von der Macht fernzuhalten. Hatten die gesellschaftlichen Mittelschichten auf dem Weg über die parlamentarische Vertretung einen gesetzlichen Zugang zur Macht erhalten, so mussten sich die Einbruchsstellen ständig vermehren.

Die konstitutionellen Monarchien des 19. Jahrhunderts verfügten über mancherlei ineinandergreifende Mittel, den Druck der Volksmasse abzuwehren. Dazu gehörten die mehr oder minder weitgehende Bindung des Wahlrechts an Besitz oder Bildung, die es ermöglichte, die Zahl der Wähler niedrig zu halten, und die scharfe Trennung der Gesetzgebung und Haushaltsbewilligung – als gemeinsamer Domäne der Legislative und der Exekutive – von der Ausübung der vollziehenden Gewalt durch den Monarchen, das heißt durch Militär und Bürokratie. Aber im Gegensatz zum kolonialen System der Herrschaft einer ethnischen Minderheit sperrten sich die verfassungsmäßigen Ordnungen des 19. Jahrhunderts weder gegen die grundsätzliche Anerkennung der Gleichheit vor dem Gesetz noch gegen weitgehende gesellschaftliche und wirtschaftliche Freizügigkeit, die es mit sich brachte, dass den auf der sozialen Stufenleiter Aufsteigenden in zunehmendem Maße auch politische Rechte zugestanden werden mussten.

An die Wiederherstellung des absolutistischen Systems, wie es vor 1789 bestanden hatte, wurde auch in Perioden der Reaktion kaum gedacht. Chateaubriand sprach für sehr viele, als er sagte: »Europa bewegt sich eiligen Schrittes auf die Demokratie zu. Ist Frankreich noch

---

18 Näheres über diese Entwicklung bei A. R. L. Gurland: »Die Masse in ihrer Aktion«, in: Hessische Hochschulwochen für staatswissenschaftliche Fortbildung, 20. April bis 30. April 1954, Bad Wildungen, Homburg v. d. H. / Berlin, 1955, S. 23-52.

etwas anderes als eine Republik, die von einem Geschäftsführer in Fesseln gehalten wird?«[19] Der herrschenden Minderheit entgingen nicht die Zweideutigkeiten des nachrevolutionären Arrangements. Die umgemodelte Legitimität ihrer Herrschaft, nun auf die Nation als Mittelpunkt bezogen, hatte durchaus ihre brüchigen Stellen. Die traditionelle Heiligung der Monarchie war aufgegeben worden, aber man akzeptierte ebenso wenig die alleinige andere Quelle der Staatsautorität, die demokratische Mehrheit. Dabei konnte man aber auch nicht mehr die Augen davor verschließen, dass Gleichheit vor dem Gesetz sowohl in der juristischen Logik als auch in der politischen Wirklichkeit gleichberechtigte Teilnahme an der Ausübung der politischen Macht nach sich ziehen musste.

Revolutionäre Erhebungen wurden allerdings auf der Stelle niedergeworfen. Die Aufstände in Paris (rue Transnonain) und Lyon 1834, die Chartistenunruhen 1839, die Erhebungen von Berlin und Wien 1848 und die Pariser Kommune 1871 waren blutige Meilensteine, die den Weg der Volksmassen säumten. Aber besiegt war nur eine rudimentäre Form der politischen Aktion. Die Niederlage zerbrach die frühen demokratischen Organisationen. Da und dort brachte sie die losen Bündnisse ins Wanken, in denen sich die ersten Keimzellen von Arbeiterorganisationen mit unbeständigen Gruppierungen liberaler Reformfreunde und parlamentarischen Wortführern eines radikalen Republikanertums zusammengefunden hatten.[20] Nachdem aber das Schießen vorbei war, kam die Parlamentstribüne wieder zu ihrem Recht als Mittelpunkt regierungsfeindlicher Kritik und reformerischer oder revolutionärer Agitation, und bald legten auch die Vorläufer moderner Massenorganisationen die ersten Schritte zurück. Solange das Wahlrecht beschränkt blieb, hielt sich jedoch die Massenagitation in den Grenzen des Kontrollierbaren, wenn nicht gerade – wie in Irland – nationales Ressentiment und ständige Hungersnöte zusätzliche Unzufriedenheit schürten.

Schließlich kam auch das allgemeine Wahlrecht: 1848 in Frankreich, wo Ludwig Philipps Finanz- und Börsenvorstellungen von den Staatsgeschäften dazu geführt hatten, dass sich der Machtanspruch der Mittelschichten mit demokratischen Massenströmungen verband; und 1867 und 1871 in Deutschland, wo sich Bismarck ausgedacht hatte, dass der Stimmzettel der breiten Masse die liberalen Stimmen der Mittelschichten neutralisieren werde. Damit aber, dass er die städtische

---

19 Zitiert bei Georges Weill: Histoire du parti républicain en France de 1814 à 1870, Paris, 1900, S. 135.
20 Vergleiche Paul Thureau-Dangin: Histoire de la Monarchie de Juillet, Band II: La Politique de Résistance (13 mars 1831 - 22 février 1836), 2. Auflage, Paris, 1888.

Arbeiterschaft und die benachteiligten Schichten der Landbevölkerung zu Wählern machte, verschob Bismarck das Gleichgewicht der politischen Kräfte. Konnte eine wachsende Volksbewegung immer noch mit gesetzlichen Zwangsmitteln in Schach gehalten werden?

Bismarck tat, was er nur konnte. Ein Regierungssystem, das allen und jedem das Wahlrecht gab, aber eisern daran festhielt, dass der Stimmzettel die Verfügung über die Staatsgewalt nicht antasten dürfe, litt an einer schweren organischen Krankheit. Über diese Krankheit sollte ihm das Sozialistengesetz von 1878 hinweghelfen. Aber das parlamentarische System beibehalten und die entstehenden demokratischen Massenorganisationen zerstören zu wollen, hieß, Dinge anzustreben, die sich gegenseitig ausschlossen. Das bis 1890 immer wieder verlängerte Gesetz verfolgte weitgesteckte Ziele; zu verbieten, sagte es, seien Organisationen, die »den Umsturz der bestehenden Staats- und Gesellschaftsordnung bezwecken« oder in denen auf solchen Umsturz »gerichtete Bestrebungen in einer den öffentlichen Frieden, insbesondere die Eintracht der Bevölkerungsklassen gefährdenden Weise zutage treten«. Die Organe der Staatsgewalt wurden in diesem Sinne ermächtigt, nicht nur Vereine zu unterdrücken, sondern auch Versammlungen aufzulösen, Agitatoren auszuweisen und Druckschriften zu verbieten. Auf diese Weise konnten alle Gliederungen und Unternehmungen der Sozialdemokratie, die erst kurze Zeit vorher – 1875 – aus der Verschmelzung der »Eisenacher« und der »Lassalleaner« hervorgegangen war, polizeilich vernichtet werden. Allerdings waren die Unterdrückungsbefugnisse der Behörden von Anfang an in einer entscheidenden Hinsicht beschnitten: Wahlversammlungen und Wahlvorbereitungen fielen nicht unter das Verbot. Bismarck hatte von vornherein klar gesehen, dass im Reichstag die Ermächtigung nicht durchzudrücken war, das neueingeführte Prinzip der Gleichheit parlamentarischer Repräsentation zu durchbrechen (jedenfalls nicht im Reichsmaßstab).

Damit wurde der Unterdrückungsgesetzgebung viel von ihrer Schlagkraft genommen. Dass die Bewegungsfreiheit der als Vertreter der verbotenen Partei ins Parlament entsandten sozialistischen Wortführer wiederholt behindert wurde, vermochte ihre Tätigkeit in der parlamentarischen Ebene nicht wesentlich zu beeinträchtigen; ihnen blieb trotz allem ein beträchtlicher Spielraum für die politische Agitation außerhalb des Parlaments. Sie erfreuten sich einer beträchtlichen Publizität, konnten die Verbindung mit ihren Wählern aufrechterhalten und machten überhaupt von den Propagandamitteln, die ihnen belassen wurden, recht ausgiebig Gebrauch. Die sozialistischen Parlamentarier bildeten die politische Zentrale der verbotenen Organisation und waren in

ständiger Fühlung mit ihrer organisatorischen und Publikationszentrale im Ausland.[21]
Natürlich bemühten sich Polizei und Staatsanwaltschaft überaus eifrig, die »gemeingefährlichen« Staatsfeinde aufzuspüren. Dennoch hatten ihre Opfer in gewissem Umfang die Möglichkeit, richterliche Instanzen anzurufen. Einsprüche gegen Publikationsverbote und Vereinsauflösungen wurden von einer besonderen aus Richtern und hohen Beamten gebildeten Stelle, der »Reichs-Commission«, behandelt; mitunter, namentlich in den letzten Jahren der Geltung des Gesetzes, fielen ihre Entscheidungen zugunsten der Beschwerdeführer aus.[22] Ein erheblicher Teil der verbotenen Betätigung der aufgelösten Partei entzog sich ohnehin jeglicher Kontrolle: Vieles geschah vom Ausland her oder unter dem Schutz der parlamentarischen Immunität. Überdies fand die mit Acht und Bann belegte Volksbewegung zunehmend Sympathie in den unteren Schichten des bürokratischen Apparats.

Mehr und mehr ging die mit gesetzlichen Mitteln betriebene Knebelung der aufstrebenden Massenbewegung an ihrem Ziel vorbei. Der Aufschwung der Bewegung konnte nur kurze Zeit aufgehalten werden. Nach geringen Verlusten, die bei den ersten Wahlen unter dem Sozialistengesetz eintraten, zeigten die sozialistischen Stimmen einen ununterbrochenen Aufstieg. Als 1893 zum ersten Mal nach der Aufhebung des Sozialistengesetzes wieder Reichstagswahlen stattfanden, entfielen auf die Sozialdemokratie 23 Prozent der abgegebenen Stimmen. Sie war zur stärksten Partei im Lande geworden.

Sollte der Versuch, und sei es nur in geringerem Ausmaß, wiederholt werden? Ein Gesetzentwurf, der einen Teil der aufgehobenen Bestimmungen des Sozialistengesetzes ins Strafgesetzbuch übernehmen wollte, die sogenannte »Umsturzvorlage«, wurde von der Regierung im Dezember 1894 vorgelegt. Im Reichstag zog Carl Ferdinand Freiherr von Stumm-Halberg, Großgrundbesitzer, Großindustrieller und Vertrauter des Hofes und der Armeespitze, eine logischere, wenn auch

21 Die lebendigste Darstellung der Verfolgungsjahre gibt August Bebel: Aus meinem Leben, 3 Bände, Stuttgart, 1910 - 1914, der namentlich in Band 3 unter dem Sozialistengesetz Erlebtes erzählt. Eine spätere Bilanz hat Paul Kampffmeyer: Unter dem Sozialistengesetz, Berlin, 1928, gezogen. Eine Zusammenfassung der parlamentarischen Diskussion über das Gesetz ist: Die Sozialdemokratie vor dem Deutschen Reichstag, Hamburg, 1878.
22 Umfangreiche Aktenwiedergabe jetzt bei Herbert Buck: »Quellenmaterial«, in: Leo Stern (Hg.): Der Kampf der deutschen Sozialdemokratie in der Zeit des Sozialistengesetzes. 1878 - 1890. Die Tätigkeit der Reichs-Commission, Bände 3/I und 3/II der Reihe Archivalische Forschungen zur Geschichte der deutschen Arbeiterbewegung, {Ost-} Berlin, 1956; vergleiche die statistische Aufschlüsselung der Entscheidungen, Band 3/I, S. 10.

zugegebenermaßen theoretische Schlussfolgerung: Er schlug vor, dass alle Sozialisten und Anarchisten des aktiven und passiven Wahlrechts beraubt und ihre Agitatoren ausgewiesen oder interniert werden sollten. Das wäre das Ende der gesetzlichen Unterdrückung und der Übergang vom Rechtsstaat zum Polizeistaat gewesen. Für eine solche umgekehrte Revolution fand sich im Reichstag keine Mehrheit.[23]

Aber auch an die begrenzte Unterdrückung, wie sie unter dem Sozialistengesetz praktiziert worden war, hatte die Reichstagsmehrheit den Glauben verloren. Sie verwarf die Regierungsvorlage mitsamt allen Abänderungsanträgen und stellte die normalen Bestimmungen des Strafgesetzes wieder her. Sie hatte nichts dagegen, dass Behörden und Gerichte die Sozialdemokraten weiter mit Nadelstichen belästigten, aber besondere Unterdrückungstechniken, mit denen der weitere Aufschwung der sozialistischen Arbeiterbewegung verhindert werden sollte, waren ihr nicht mehr ganz geheuer. Namentlich die Vertreter der liberalen und katholischen Mittelstandsgruppen, die sich die volle Anerkennung gegen den heftigen Widerstand der alten bevorzugten Schichten immer noch zu erkämpfen hatten, schreckten davor zurück, den freien und gleichberechtigten Zugang zur politischen Entscheidungssphäre für einen Teil der Staatsbürger zu sperren; ihr eigener Legitimitätsanspruch beruhte auf dem Prinzip gleicher Rechte für alle. Freundschaftliche Gefühle gegenüber den Sozialisten spielten hier nicht mit; gerade diese Gruppen sahen es mit Sorge und Misstrauen, dass sich die Arbeiter von der Vormundschaft der Mittelschichten frei machten und für ein Programm eintraten, das nicht nur soziale Verbesserungen, sondern auch den radikalen Umbau der Gesellschaftsordnung verhieß. Sie befürchteten jedoch, dass verschärfte gesetzliche Knebelung die umgekehrte Wirkung haben und den Sozialdemokraten eher nutzen als schaden könnte; anderseits gab es aber auch keine Gewähr, dass sich dieselben Waffen nicht eines Tages gegen sie kehren würden.

Ähnliches Unbehagen löste staatlicher Zwang fast zwei Jahrzehnte später in England aus. Die letzten großen Gefechte um die Demokratisierung der politischen Ordnung Europas wurden ausgefochten. Jetzt, 1912, stand die stürmische Offensive der »Suffragetten« für das Frauenwahlrecht im Mittelpunkt des öffentlichen Interesses. Keine Massenerregung ohne parlamentarischen Widerhall! Die Verhaftung der Suffragettenführerin Sylvia Pankhurst löste im englischen Unterhaus heftige Wortgefechte aus: Dem Premierminister Herbert Asquith opponierte

---

23 Umsturz und Sozialdemokratie. Verhandlungen des Deutschen Reichstags am 17. Dezember 1894 und 8. - 12. Januar 1895 nach dem offiziellen stenographischen Bericht, Berlin, 1895; Stumm-Rede siehe S. 63-76.

leidenschaftlich George Lansbury, Sprecher der Labour Party und Verteidiger der Suffragetten. Ja, Lansbury legte sogar sein Mandat nieder, um die öffentliche Meinung zum Kampf gegen ein Parlament aufzurufen, das seinem Auftrag untreu geworden sei. Was darauf geschah, schuf eine Sensation. Die liberale Regierung Seiner Majestät ließ Lansbury wegen Landstreicherei (nicht wegen Aufruhrs) festnehmen. Sowohl ihm als auch den Suffragetten wurde Freilassung angeboten, falls sie sich künftighin wohlanständig verhalten wollten; sie lehnten das Angebot ab. Verstärkte Agitation und neuerliche Unruhen folgten im Londoner Stadtteil East End. Zugleich stand aber die Irland-Politik der Regierung zur Debatte, die auf scharfen Widerstand bei den Konservativen stieß. Einigen Vertretern der Konservativen wie Edward Carson, Andrew Bonar Law und Frederick Edwin Smith (dem künftigen Lord Birkenhead) wurde sogar vorgeworfen, ihre Anhänger zu bewaffneter Sabotage aufgefordert zu haben. Ihnen gegenüber ließ aber das Kabinett auffällige Nachsicht walten. Das goss noch mehr Öl ins Feuer. Die Regierung sah sich unversehens einem umfassenden Kampf um mehr Freiheit und Demokratie gegenüber, dem sie nicht mit einer systematischen Unterdrückungspolitik entgegentreten wollte. In die Defensive gedrängt, zog sie es vor, den Kampf abzubrechen, und gab das Signal zum Rückzug.[24]

Die englische Öffentlichkeit sympathisierte keineswegs unbedingt mit dem Programm der vollen Gleichberechtigung der Frau. Worauf sie so empfindlich reagierte, war die Anwendung von Zwang und physischer Gewalt in einem politischen Konflikt. Und Englands reifes parlamentarisches Regime erwies sich als feinfühliges Barometer der Massenstimmung. Ungefähr um dieselbe Zeit erreichte die Wahlrechtskampagne der deutschen Sozialdemokraten ihren Höhepunkt. Die bürokratischen Herrscher Preußens reagierten auf die energischen Vorstöße der Sozialdemokraten zugunsten eines besseren Wahlsystems nicht grundsätzlich anders als das liberale Kabinett Englands auf die Frauenwahlrechtsbewegung. Preußens starke Männer hingen kaum von der Gunst der Wähler ab, aber wenn sie auch nicht nachgaben, so verzichteten sie doch bewusst darauf, eine neue Unterdrückungsmaschine zur Abwehr der sozialdemokratischen Agitation zu errichten. Alle Versuche der Armee und der Marine, Ausnahmegesetze zum Schutz der Streitkräfte vor revolutionärer Zersetzung, wie sie Russland 1905 erlebt

---

24 Raymond Postgate: The Life of George Lansbury, London/New York/Toronto, 1951, S. 131. Ober eine spätere Episode (Ausgleich der Tarife zwischen den einzelnen Stadtbezirken), bei der Lansbury dieselbe Taktik mit vollem Erfolg anwandte, siehe S. 218 ff.

hatte, einzuführen, waren am Widerstand der Regierungsbürokratie in Preußen und im Reich gescheitert.[25] Es war immer noch gesetzlich zulässig und entsprach auch der Verwaltungspraxis, jede auf Demokratisierung gerichtete politische Aktion entschieden abzuwehren und nötigenfalls mit verschärften Mitteln »durchzugreifen«; aber offenkundige Unterdrückung wäre nicht mehr im Einklang mit dem Zeitgeist gewesen, im halbautokratischen Preußen nicht mehr als im parlamentarischen England.

Freilich kann man sich vorstellen, dass strenge gesetzliche Unterdrückungsmaßnahmen mit Hilfe einer eilig zusammengebrauten Sondergesetzgebung oder auch ohne sie sogar in der Atmosphäre fortschreitender Demokratisierung einen ganz bestimmten konkreten Zweck hätten verfolgen können: die Verhinderung anarchistischer Gewalttaten. In den achtziger und neunziger Jahren des vorigen Jahrhunderts hatte es tatsächlich solche Gewaltakte gegeben, auch wenn sie einen geringeren Wirkungskreis hatten, als offiziell behauptet wurde; auch gingen sie nicht von einer gefährlich zentralisierten, weitverbreiteten Bewegung aus, sondern von kleinen isolierten Gruppen. Doch erwies sich der staatliche Zwangs- und Unterdrückungsapparat auch im Hinblick auf anarchistische Terroraktionen nicht als sonderlich wirksam. Allzu große Sorgen machten sich die Organe der Staatsgewalt über die anarchistischen Bomben und Morde überhaupt nicht, und schon gar nicht wollten sie sich mit dem Unterschied zwischen dem weiteren Feld anarchistischer Propaganda und dem sehr engen Bereich der anarchistischen Taten befassen; viel wichtiger war für sie der Anarchist als Kinderschreck. Nachdem eine Atmosphäre der Panik geschaffen worden war, lohnte sich der Versuch, die Sozialisten als verkappte anarchistische Sprengstoffattentäter und Brandstifter hinzustellen und diese Gleichsetzung, wie es Bismarck 1878 getan hatte, zur Rechtfertigung einer antisozialistischen Ausnahmegesetzgebung zu benutzen.[26]

---

25 Darüber jetzt näheres bei Gerhard Schrader: »Quellenmaterial«, in: Leo Stern (Hg.): Die Auswirkungen der ersten russischen Revolution von 1905 - 1907 auf Deutschland, Band 2/II der Reihe Archivalische Forschungen zur Geschichte der deutschen Arbeiterbewegung, {Ost-}Berlin, 1956, S. 168-242.
26 Noch 1929 versuchte ein deutscher Geschichtsprofessor, seine Leser davon zu überzeugen, dass die Sozialdemokraten gleichsam die intellektuellen Urheber des Vorgehens der Anarchisten seien; siehe Adalbert Wahl: Deutsche Geschichte. Von der Reichsgründung bis zum Ausbruch des Weltkriegs (1871 - 1914), Stuttgart, 1916, Band 2, S. 167. Sachlich richtig beurteilt das Sozialismus-Anarchismus-Verhältnis G. D. H. Cole: Marxism and Anarchism, 1850 - 1890, London, 1954, S. 336 ff. Markante Beispiele für die heftige Abneigung der Sozialisten gegen die Anarchisten führt Marius Boisson: Les Attentats anarchistes sous la Troisième République, 2. Auflage, Paris, 1931, S. 143, an. Über die

In Wirklichkeit hatte es zwischen den frühen demokratischen und späteren sozialistischen Organisationen auf der einen und dem Anarchismus auf der anderen Seite nur wenig Kontakte gegeben, und wenn es sie gab, waren sie alles andere als freundlich. Mit dem Ausbau der Organisation und mit der Festigung der organisatorischen Disziplin im sozialistischen Lager verschärfte sich der Gegensatz zum Anarchismus in Theorie und Praxis. Regierungen, die nach besonderen Instrumenten für sozialistenfeindliche Maßnahmen suchten, gelang es nur selten, Parlamentsmehrheiten von der fadenscheinigen Gleichsetzung von Sozialismus und Anarchismus zu überzeugen. Indes malte die amtliche Propaganda die schrecklichsten Bilder vom Abschaum der Gesellschaft, der alle Kultur zu vernichten drohe, und schadete damit der eigenen Sache. Die Regierungen ließen sich von der eigenen Propaganda die Sicht vernebeln und gingen mit der aufsteigenden Arbeiterbewegung, einer gesellschaftlichen Erscheinung von großer historischer Tragweite, so um, als hätten sie einen Gegenstand alltäglicher polizeilicher oder staatsanwaltschaftlicher Ermittlungen vor sich. So wurden die mit der Anwendung der Unterdrückungsgesetze betrauten Staatsorgane mit der Zeit zum Gespött der Bewegung, die sie hatten überwachen oder niederhalten sollen.

Außer bei einigen revolutionären Ausbrüchen von kurzer Dauer und bei den ewigen Unruhen im geplagten Irland[27] blieb die Unterdrückung politischer Gegner im 19. Jahrhundert im Großen und Ganzen im gesetzlichen Rahmen. Wenn sie gelegentlich bei der Abwehr der neuen politischen Massenorganisationen extreme Formen annahm, sahen meistens schon die Behörden darauf, dass ihr Aktionsbereich und ihre Ergebnisse nicht allzu weit gingen, denn ihnen lag daran, das neuartige Phänomen genau zu beobachten und zu assimilieren; das wiederum lieferte der Opposition neues Rüstzeug. Man hatte auf beiden Seiten einiges gelernt. Es ließ sich kaum noch leugnen, dass die gesetzliche Knebelung der gegen die bestehende Ordnung gerichteten politischen Bestrebungen eine zu umfassende Aufgabe darstellte, der die Machthaber des 19. Jahrhunderts nicht gewachsen waren.

Entwicklung des französischen Anarchismus siehe die ausführliche Darstellung von Jean Maitron: Histoire du Mouvement Anarchiste en France (1880 - 1914), Paris, 1951.

27 Weil irische revolutionäre Kräfte eigene Zentren der Regierungsautorität errichteten, glaubte sich die Londoner Regierung dazu genötigt, die Habeaskorpusakte zu suspendieren und sonstige Verfahrensgarantien aus dem Weg zu räumen. Dagegen blieb Irlands Vertretung im Haus der Gemeinen unangetastet.

3. Kriterien der Freiheitsbeschneidung bei Mehrheitsherrschaft

Als der brutalste Unterdrückungsakt des 19. Jahrhunderts darf die Niederschlagung der revolutionären Pariser Kommune von 1871 gelten, die weitgehend auch noch ohne den mildernden Einfluss gesetzlicher Verfahren vonstattenging. Das Massaker von Paris, das sich von allen früheren Unterdrückungsakten scharf abhebt, war die Heldentat einer mit dem Öl demokratischer Legitimität gesalbten Regierung; erst fünf Monate früher hatten sie freie Wahlen an die Macht gebracht. Da sie demokratischen Ursprungs war, glaubte sie sich offenbar wilden Repressalien hingeben zu dürfen, die einem Minderheitsregime alten Stils gegen den Strich gegangen wären.

Gehen Unterdrückungsmaßnahmen von Menschen aus, die unbestreitbar die Mehrheit der Bevölkerung vertreten, so sind sie von einer ganz anderen Aura der Legitimierung umgeben als entsprechende Maßnahmen eines Minderheitsregimes. Der Mehrheit kann vorgeworfen werden, dass sie die Wahlen verfälscht, die Macht durch Ausnutzung der Unwissenheit der Massen erobert, der Minderheit Propagandamittel und -möglichkeiten genommen oder beschnitten habe, aber was nutzt das alles der besiegten Minderheit? Ist eine Gruppe erst einmal als Mehrheit anerkannt, so zieht sie daraus psychologischen Nutzen: Sie erwirbt damit die Legitimation, den Willen des Volkes – vielleicht nicht hundertprozentig, aber in einem praktisch völlig ausreichenden Maße – auszudrücken.

Die kommunistische Position in der durch die russische Sowjetrevolution von 1917 ausgelösten Debatte über Demokratie und Diktatur war nicht bloß deswegen taktisch schwach, weil die marxistische Autorität Karl Kautskys, der den sozialdemokratischen Standpunkt vertrat, auch für die Kommunisten viel bedeutete; wichtiger noch war, dass die Sozialdemokraten mit ihrer Betonung der demokratischen Legitimität der Mehrheitsherrschaft schwer zu widerlegen waren. Lenin und Trozkij blieb nicht viel anderes übrig, als sich darauf zu berufen, dass die wirkliche proletarisch-sozialistische Mehrheit die Anerkennung als Mehrheit nie erlangen könne, solange die kapitalistische Minderheit die Wirtschaft, den staatlichen Zwangsapparat und die Mittel der Meinungsbeeinflussung in der Hand halte; um ihr diese Möglichkeit der Verfälschung des tatsächlichen Mehrheitsverhältnisses zu nehmen, müsse man vorübergehend eine proletarische Diktatur errichten; erst diese Diktatur werde dafür sorgen können, dass die in den »bürgerlichen« Parlamenten nicht voll zur Geltung kommende echte Mehrheit auch wirklich die Macht ausübe; die Kommunisten seien bereit, sich Mehrheitsentscheidungen zu fügen, sobald in ihnen anstelle eines parlamentarischen Zerrbildes der unverfälschte revolutionäre Wille der Mehrheit zum Ausdruck komme. Anders ausgedrückt: Ehe der Mehrheit gestattet werden konnte, Entscheidungen zu treffen, musste das Risiko einer Mehrheitsentscheidung gegen die »proletarische Revolution« ausgeschaltet werden. Auf diesem Umweg nahm die »leninistische« Lehre das Mehrheitsprinzip auch für sich in Anspruch. Nur durfte es nicht angewandt werden, solange die Diktatur des Proletariats die (möglicherweise sehr langwierige) Arbeit der Ersetzung der »falschen« Mehrheit der »bürgerlichen Demokratie« durch die »wahre« Mehrheit nicht zum Abschluss gebracht hatte.[28]

Es versteht sich von selbst, dass die »revolutionäre Vorhut« der vermeintlichen »wahren« Mehrheit eine demokratische Legitimierung nicht erlangen kann. Auch wenn sich die herrschenden »kapitalistischen Minderheiten« dem vorgeblich revolutionären Willensausbruch der Mehrheit noch so hartnäckig widersetzen sollten, könnte das Recht der »revolutionären Vorhut«, sie abzusetzen, keine andere Grundlage haben als ihren eigenen Glauben daran, dass ihr Vorgehen seine Legitimierung irgendwann in einer klaren Mehrheitsentscheidung finden werde. Moralisch mag eine unterdrückte Minderheit gerechtfertigt sein, wenn sie sich der gesetzlichen Autorität einer Regierung nicht beugen will, die von den Unterdrückern, auch einer Minderheit, beherrscht wird; aber ihr revolutionärer Anspruch allein verleiht ihr noch keine demokratische Legitimierung, solange er nicht durch eine Mehrheitsentscheidung des Volkes bekräftigt wird. Und auch der moralische Anspruch fiele weg, wenn die revolutionäre Minderheit darauf aus wäre, die Mehrheitsherrschaft mit der Begründung zu stürzen, dass sich die Mehrheit von heute, eines Tages zur Minderheit reduziert, bestimmt weigern werde, abzutreten und die dann bereits von der Mehrheit des Volkes getragenen revolutionären Kräfte an ihre Stelle zu lassen.[29]

---

28 Auf Karl Kautsky: Die Diktatur des Proletariats, Wien, 1918, antwortete V. I. Lenin: Die proletarische Revolution und der Renegat Kautsky {zuerst 1918}, Verlag für fremdsprachige Literatur, Moskau, 1947; da heißt es unter anderem (S. 27), es sei »der größte Stumpfsinn«, ein liberales Vorurteil »ein Betrug an den Massen« und »Verheimlichung der offenkundigen geschichtlichen Wahrheit« wenn man annehme, »daß bei einer auch nur einigermaßen tiefgehenden und ernsten Revolution die Dinge durch das Verhältnis von Mehrheit und Minderheit entschieden werden.«

29 Diese Meinung vertrat, wenn auch nur in bedingter und hypothetischer Form, das Linzer Programm der Sozialdemokratischen Arbeiterpartei Österreichs von 1926: Die Anwendung der Gewalt wurde für den Fall des undemokratischen Vorgehens einer geringfügigen Mehrheit gegen eine starke Minderheit ins Auge gefasst. Die Geschichte hat gezeigt, dass die Hypothese von der Vergewaltigung einer sehr beträchtlichen Minderheit richtig war, auch wenn dahingestellt bleiben muss, ob die Minderheit nicht durch ihre eigene Beurteilung der Lage und eine entsprechende Haltung zum negativen Ausgang beigetragen hatte. Seitdem hat sich die Situation gründlich gewandelt, und die hypothetische Formel von 1926 ist aufgegeben worden.

Um den Anspruch auf demokratische Legitimität zu behalten, muss die Mehrheit bereit sein, sich der periodischen Wahlentscheidung einer Wählerschaft zu stellen, die zwischen einer Vielzahl von Wahlbewerbern frei wählen kann. Ist aber eine Absetzung der Mehrheit nicht durch die Voraussage der Minderheit gerechtfertigt, dass die Mehrheit von heute nicht abdanken werde, wenn sie morgen zu einer Minderheit zusammengeschrumpft ist, wie weit darf dann die Mehrheit gehen, wenn sie ihre Position, ohne den Boden der demokratischen Legitimität zu verlassen, verteidigen will? Hat sie das Recht, eine Minderheit auf den bloßen Verdacht hin zu unterdrücken, dass diese Minderheit die Absicht habe, die herrschenden mehrheitlichen Kräfte, sobald es sich nur machen lasse, gewaltsam zu stürzen? Oder soll sie einer solchen Minderheit die Freiheit garantieren, ihren Plänen nachzugehen? Wer soll darüber entscheiden, ob die Aussagen der Mehrheit über die bösen Absichten der Minderheit zutreffen oder lediglich dem Zweck dienen, die Minderung des eigenen Einflusses und der eigenen Macht wettzumachen und die Opposition zu schwächen? Und was ist der Legitimitätsanspruch der Mehrheit wert, wenn sie die Widersacher, die ihr eines Tages als die mächtigsten Gegenspieler entgegentreten könnten, von der Teilnahme am Wettbewerb um Wählerstimmen und Mehrheitsposition kurzerhand ausschließen darf?

Das ist der Kern des Problems: Wie soll man mit Gruppen verfahren, von denen man annimmt, dass sie dem herrschenden demokratischen Regime feind sind, die aber darauf bestehen, innerhalb dieses Regimes eine sozusagen grundsätzliche Opposition zu betreiben? Was birgt die von einem Mehrheitsregime mit gesetzlichen Mitteln gehandhabte Unterdrückung oder Knebelung zugegebenermaßen oder vermeintlich revolutionärer Minderheiten in sich? Kann sie statthaft sein? Lässt sie sich rechtfertigen? Oder ist sie gar eine Notwendigkeit?

Im Hinblick auf die Freiheit der Meinungsäußerung ist das Problem oft behandelt worden. Ist der Schutz der freien Meinungsäußerung, so wesentlich sie für das Funktionieren der Demokratie auch ist, ein Absolutum? Oder soll man in die eine Waagschale die ungehinderte Herausbildung des Konsensus als Voraussetzung demokratischer Mehrheitsentscheidungen und in die andere die einem solchen System innewohnende Tendenz zur Selbstzerstörung legen? Soll die Demokratie durch Beschränkung der freien Meinungsäußerung und der Teilnahme an Entscheidungen vor dieser Tendenz geschützt werden? Diese Fragen sind ohne Zweifel wesentlich. Aber die freie Meinungsäußerung ist nur eine Kurzfassung: In Wirklichkeit geht es um alle Erscheinungen, Formen und Mittel der organisatorischen Betätigung, deren die moderne Demokratie zu ihrem Funktionieren bedarf, in der sie erst wirklich lebendig wird.

Im Vordergrund standen in neuerer Zeit im Wirkungsbereich demokratischer Institutionen drei Antworten: 1. Volle Gleichberechtigung der feindlichen Gruppen, 2. Formale Gleichberechtigung bei gleichzeitiger Beschränkung verschiedener Formen der Beteiligung am staatlichen und gesellschaftlichen Leben und 3. Unterdrückung der feindlichen Gruppen und Verbot jeder in ähnlicher Richtung verlaufenden Tätigkeit.

Am gründlichsten werden Betätigungen, in denen eine Schädigung der bestehenden politischen Ordnung gesehen wird, natürlich dann unterdrückt, wenn die als feindlich geltende Gruppe der Auflösung verfällt. Die Auflösung kann mancherlei einschließen: Nichtzulassung zu Wahlen, Verbot jeder öffentlichen Tätigkeit und Amtsausübung für Mitglieder oder frühere Mitglieder der aufgelösten Organisation, Bestrafung der Zugehörigkeit zu ihr und ihren Nachfolgeorganisationen. Befristete Verbote, die jeweils nur für eine eindeutig gekennzeichnete Notstandsperiode gelten, brauchen in diesem Zusammenhang nicht besonders erörtert zu werden. Ebenso kann auf eine nochmalige Betrachtung der Situation in Südafrika verzichtet werden: Dort ergibt sich die gesetzliche Ächtung des Kommunismus als logisches Nebenprodukt der Verwirklichung der staatlichen Rassenpolitik mit den Mitteln des Verbots »aller Lehren oder Systeme, die darauf abzielen, feindselige Gefühle zwischen den europäischen und den nichteuropäischen Rassen der Union zu fördern«. Abgesehen wird auch von der Entwicklung in verschiedenen lateinamerikanischen Ländern, wo die Dinge noch im Fluss sind (auch wenn das Regime, das an der Macht ist, die demokratische Legitimität ohne Zweifel für sich hat), und von den Sonderfällen Algerien und Griechenland. Die Besonderheiten der nationalen Geschichte ändern nichts am grundsätzlichen Problem.[30]

Am besten lässt sich die Problematik am Beispiel der wichtigsten demokratisch regierten Länder dartun, die bestimmte politische Gruppierungen verboten oder zu verbieten versucht haben. Das sind die Bundesrepublik Deutschland und die Vereinigten Staaten; rechtliche Hindernisse und politische Augenblicksschwierigkeiten hatten allerdings in der amerikanischen Entwicklung größere Fluktuation und geringere Konsequenz zur Folge. Auch in Australien gab es Versuche eines gesetzlichen Verbots politischer Organisationen, die jedoch ergebnislos ausgegangen sind.[31]

---

30 Über die Entwicklung in den dreißiger Jahren siehe Karl Loewenstein: »Legislative Control of Political Extremism in European Democracies«, in: Columbia Law Review, Jahrgang 38, S. 591-622 und 726-774 (Heft 3 und 5, März und Mai 1938).
31 Leicester Webb: Communism and Democracy in Australia: A Survey of the 1951 Referendum, Melbourne, 1954. Webb spricht (S. 176) davon, dass die Arbeiterpartei an

Da die demokratische Ordnung aus der Unterdrückung feindlicher Gruppen Vorteile ziehen soll, muss eine solche Rechtsbeschränkungspolitik in das verfassungsmäßige System eingebaut werden; das hat seine theoretischen und praktischen Konsequenzen. Verfassungen, die in der allerneuesten Zeit entstanden sind und in denen die politischen Erfahrungen des 20. Jahrhunderts ihren Niederschlag gefunden haben, geben für die Bewältigung bestimmter demokratischer Phänomene unserer Zeit eine ganz andere Grundlage ab als ältere Verfassungen von der Art der amerikanischen oder australischen. Den deutschen Verfassungsgebern von 1949 lag zum Beispiel sehr konkret daran, die demokratischen Institutionen vor offenen oder versteckten Angriffen antidemokratischer Massenbewegungen zu schützen. In das Bonner Grundgesetz wurde daher als Artikel 21 eine besondere Vorschrift eingefügt, die eine Barriere gegen verfassungswidrige Parteien aufrichtet: »Parteien, die nach ihren Zielen oder nach dem Verhalten ihrer Anhänger darauf ausgehen, die freiheitliche demokratische Grundordnung zu beeinträchtigen oder zu beseitigen oder den Bestand der Bundesrepublik Deutschland zu gefährden, sind verfassungswidrig«, und die Feststellung ihrer Verfassungswidrigkeit bedeutet Auflösung. Darüber hinaus verbietet Artikel 9 desselben Grundgesetzes ausdrücklich alle Vereinigungen, »die sich gegen die verfassungsmäßige Ordnung ... richten«.[32]

Keine solche zweckbestimmte Außerkraftsetzung des verfassungsmäßigen Schutzes war 1787 in der Verfassung der Vereinigten Staaten vorgesehen worden, und gegen manche amerikanischen Strafgesetze – so zum Beispiel die sogenannten Aufruhrgesetze – wurde mit Nachdruck eingewandt, dass sie in Widerspruch ständen zu der in der Verfassung garantierten Freiheit der Meinungsäußerung. Neuere Rechtsbeschränkungsgesetze, vor allem das Gesetz über die Überwachung kommunistischer Tätigkeit von 1954, mögen auch noch aus anderen Gründen rechtlich anfechtbar sein. Über die Verfassungsmäßigkeit der Aufruhrgesetzgebung ist eine vorläufige Entscheidung 1950 im Fall Dennis ergangen: Mit 7 gegen 2 Stimmen lehnte es das Oberste Gericht ab, den Abschnitt II des Smith-Gesetzes von 1940, der das Befürworten oder Lehren des gewaltsamen Sturzes der Regierung oder organisatorischen Zusammenschluss zu diesem Zweck unter Strafe stellt, für ungültig zu

---

der Abänderung der Regierungsvorlage wenig Interesse gezeigt habe; sie habe sich – wie sich herausgestellt hat, mit Recht – darauf verlassen, dass die Gerichte das Gesetz für verfassungswidrig erklären würden.

32 Vergleiche Hermann von Mangoldt: Das Bonner Grundgesetz, Band I, 2., von Friedrich Klein neubearbeitete Auflage, Berlin/Frankfurt, 1957, Abteilung II, »Der Bund und die Länder«, Art. 21, Anmerkung VII, S. 627-632.

erklären.³³ Ohne diese Gerichtsentscheidung wäre die spätere, weitergehende Sicherheitsgesetzgebung zur Abwehr kommunistisch beeinflusster Bestrebungen, namentlich die Krönung aller Sonderregelungsversuche im Gesetz von 1945, schwer durchzusetzen gewesen.³⁴ Verhältnismäßig einfach dagegen hat sich die Arbeit des deutschen Bundesverfassungsgerichts gestaltet. Da das Parteienverbot eine verfassungsmäßig sanktionierte Prozedur darstellt, braucht die Autorität des Gerichts nur für die Feststellung des Tatbestands in Anspruch genommen zu werden. Bis jetzt hat es zwei solche Feststellungen getroffen: Im Oktober 1952 wurde die Sozialistische Reichspartei, im August 1956 die Kommunistische Partei Deutschlands für verfassungswidrig erklärt; damit waren diese Parteien verboten.

Die Tätigkeit einer revolutionären Partei in einem demokratischen System hat einiges Paradoxe an sich. Darin, dass sie existiert, verkörpert sich das eigentliche Wesen einer freien Gesellschaft. Aber all ihr Tun und Trachten richtet sich darauf, diese Gesellschaft aus den Angeln zu heben. Trotzdem muss eine offene Gesellschaft, auch wenn sie nicht von brennenden sozialen oder Rassenproblemen zerrissen wird, immer wieder zu solcher feindlichen Betätigung Anlass geben, jedenfalls solange sich nicht alle darüber einig sind, dass sie eine grundlegende gesellschaftliche Umgestaltung wollen; politische Mythen behalten ihre Anziehungskraft, und die Verteilung der gesellschaftlichen und politischen Macht bleibt ungleich, was weder freie Wahlen noch der Aufmarsch immer neuer Pressionsgruppen aus der Welt schaffen können. Wie aber kann dann eine Demokratie, die wie jedes andere politische System auf Selbsterhaltung bedacht sein muss, das unbehinderte Wirken von Organisationen erlauben, die nicht nur die jeweils amtierende Regierung, sondern auch das Wesen eines Systems bekämpfen, in dem jede Veränderung an eine Mehrheitsentscheidung gebunden ist?

Der Mann der Theorie kann Betrachtungen darüber anstellen, dass eine in ihrem Wesen gesunde demokratische Gesellschaft die Anziehungskraft antidemokratischer Lehrmeinungen nicht zu fürchten brauche. Aber der Praktiker der Politik wird sich eher darauf verlassen wollen, dass die Regierenden eine feindliche Tätigkeit, die greifbaren Schaden anrichten könnte, nie und nimmer dulden würden. Soll also als Kriterium der Zulässigkeit gegnerischer Betätigung ihre Wirkungslosigkeit gelten? Aussicht, die Probe zu bestehen, hätte dann nur der fliegende Straßenredner, der seine Tiraden auf uninteressierte Passanten loslässt: Da er

---

33 *Dennis v. United States*, United States Reports, Volume 341 (1950), S. 494-592.
34 Siehe den Bericht »The Communist Control Act of 1954«, in: Yale Law Journal, Jahrgang 64, S. 712-765 (Heft 5, April 1955).

nur sich selbst oder eine kleine esoterische Gruppe vertritt und mit seinen Heilsvorstellungen an den vorherrschenden gesellschaftlichen Haltungen vorbeiredet, kann er schwerlich eine gefährliche politische Flamme entfachen; aus den Gefühlen des Mitleids, Hohns, Vergnügens oder Verzücktseins, die er erweckt, erwächst kein politisches Handeln. Gewiss kann auch in diesem Mikrokosmos eine gefährliche Spezies hochkommen, die religiöse Prophetie mit politischer Ausbeutung von Sorge, Angst und Ressentiment zu verbinden weiß. Die Isolierung, in der sich der Prophet befindet, braucht ihn nicht daran zu hindern, eine Bewegung religiöser Neuorientierung ins Leben zu rufen, die auch politische Ausstrahlungen hat. Solange seine Lehre jedoch keine Massen ergreift und in organisatorische und institutionalisierte Betätigung nicht umgesetzt wird, bleibt der Prophet der lebendige Beweis politischer Tatenlosigkeit. Gerade darin erblickt vielleicht der mit Staatssicherheitsfragen befasste Polizist das ideale Höchstmaß zulässigen politischen Andersseins. Aber der polizeiliche Drang, die Ordnung zu behüten, ein Antrieb, der keine Differenzierung kennt, eignet sich schlecht dazu, als Wegweiser für die Erhaltung demokratischer Lebensformen und einer demokratischen Atmosphäre zu dienen. Es muss doch wohl andere Maßstäbe geben, nach denen sich beurteilen ließe, einen wie großen Bereich aktiven Neinsagens die Gesellschaft zu ertragen vermöchte.

Vom Ideal der garantierten Wirkungslosigkeit, das dem Sicherheitsbeamten vorschwebt, schweift der Blick zum Horizont des Richters, der nach einem besseren Messgerät sucht, um zu ermitteln, welche Beschaffenheit und welche Ausdehnung einer revolutionären Opposition als tragbar anzusehen seien. Er muss viele Momente überblicken können: Welche Erfahrungen bisher mit der zu beurteilenden revolutionären Gruppe gemacht worden sind, was von ihr in Zukunft zu erwarten ist, welche Ziele sie verfolgt, welche Mittel sie anwendet, zu welcher Lehre sie sich bekennt und wie sich diese Lehre, sofern es da einen Zusammenhang gibt, in ihren Methoden, ihrer Arbeit, ihrem Verhalten auswirkt.

Was die amerikanischen Gesetzgeber und Richter, die Bonner Verfassungsgeber und das Karlsruher Gericht vornehmlich bewegte, waren offenkundig die Lehren der jüngsten Geschichte; weniger wirkungsvoll war in Amerika zwischen 1949 und 1957 der nur noch Scham und ungläubiges Kopfschütteln hervorrufende Nachhall der Fremden- und Aufruhr-Gesetze vom Ende des 18. Jahrhunderts[35] oder der Verfolgung poli-

---

35 Vergleiche James Morton Smith: Freedom's Fetters. The Alien and Sedition Laws and American Civil Liberties (in der Schriftenreihe: Cornell Studies in Civil Liberties), Ithaca, New York, ohne Jahr {Copyright 1956}.

tischer Überzeugungen zwischen 1918 und 1920.[36] Hüben und drüben aber machte einen tiefen Eindruck auf Gesetzgeber und Richter die Art der Errichtung der kommunistischen Herrschaft in der Tschechoslowakei im Jahre 1948, das Musterbeispiel dafür, wie sich eine gut organisierte Minderheit unter dem Deckmantel eines völlig legalen Kabinettwechsels der Staatsgewalt bemächtigen kann. Und schließlich war sowohl in Deutschland als auch außerhalb Deutschlands die Erinnerung an die nationalsozialistische Machtergreifung von 1933 lebendig, den triumphalen Aufmarsch einer Aufstandspartei, der alle gesetzlichen Rechte garantiert waren und die sich ihrer bediente, um die Regierungsmacht nach den Bestimmungen einer Verfassung zu übernehmen, der sie Todfeindschaft geschworen hatte und die in Stücke zu reißen sie nicht zögerte.[37]

Dem Denken der Juristen und der politischen Führer im ersten Nachkriegsjahrzehnt prägte das einen unverwischbaren Stempel auf. Am akutesten wurde die große Gefahr empfunden, die darin liegt, dass die revolutionäre Minderheit die Möglichkeit hat, das demokratische Regierungssystem zur Errichtung des Machtmonopols einer einzigen Partei zu benutzen, die sich weder an Verfassungsgarantien noch an Rechtsnormen überhaupt hält. Festzustellen, bei welchem Ausmaß der Gefahr Sofortmaßnahmen zur Abwehr ergriffen werden müssen, ist indes keine juristische, sondern eine politische Aufgabe. Begreiflicherweise haben es die deutschen Nachkriegsgesetzgeber – sowohl im Grundgesetz als auch im Gesetz über die Errichtung des Bundesverfassungsgerichts – der Bundesregierung überlassen, darüber zu befinden, ob ein Gerichtsverfahren mit dem Ziel der Auflösung einer antidemokratischen Partei eingeleitet werden solle. Mit besonderem Nachdruck hat auch das Bundesverfassungsgericht in seiner Entscheidung über die Auflösung der KPD betont, dass es ausschließlich Sache der vollziehenden Gewalt sei und »in ihrem politischen Ermessen und unter ihrer ausschließlichen politischen Verantwortung« stehe, ob Schritte zur Feststellung der »Verfassungswidrigkeit« einer Partei nach Artikel 21 des Grundgesetzes zu unternehmen seien; das Gericht habe nicht darüber zu entscheiden, ob ein solches Vorgehen politisch ratsam sei.[38] Ähnlich

---

36 Näheres bei Robert K. Murray: Red Scare. A Study in National Hysteria, 1919-1920, Minneapolis, 1956.
37 Siehe die erschöpfende Darstellung bei Karl Dietrich Bracher: Die Auflösung der Weimarer Republik (Schriften des Instituts für politische Wissenschaft, Band 4), Stuttgart/Düsseldorf, 1955.
38 Gerd Pfeiffer und Hans-Georg Strickert {Oberregierungsräte beim Bundesverfassungsgericht} (Hg.): KPD-Prozess. Dokumentarwerk zu dem Verfahren über den Antrag der Bundesregierung auf Feststellung der Verfassungswidrigkeit der KPD vor dem Ersten Senat des Bundesverfassungsgerichts, Band 3, Karlsruhe, 1956, S. 583; Urteil

ist die Vollstreckung der amerikanischen Bundesgesetze gegen »umstürzlerische« Bestrebungen Sache der vollziehenden Gewalt, genauer: des Attorney General der Vereinigten Staaten.

Dies strategische Aushilfsmittel löst jedoch nicht das entscheidende Problem. Bis zu einem gewissen Grade bleibt es dennoch eine Aufgabe der Gerichte, darüber zu entscheiden, wann, wie und unter welchen Voraussetzungen die als antidemokratisch angesehenen Handlungen, Haltungen und künftig zu erwartenden Verhaltensweisen einer politischen Organisation einen Tatbestand darstellen, der ein Verbot rechtfertigt. Der Beitrag der Gerichte zur Beantwortung dieser Frage verdient eine ausführlichere Betrachtung.

a) Vorwegbeurteilung »entlegener Folgewirkungen« straffreien Verhaltens

Bei der Entscheidung darüber, wie gefährlich eine antidemokratische Gruppe sei, ist der Richter oft geneigt, nicht so sehr von der Beurteilung früherer Geschehnisse als davon auszugehen, wie er mögliche Zukunftsentwicklungen sieht. Sein Urteil wird, wie es Bundesrichter Robert H. Jackson einmal genannt hat, zur »Prophezeiung in der Form einer Rechtsentscheidung«.[39] Wenn das, was über eine revolutionäre Organisation, ihre Ziele, ihre Struktur und ihre Tätigkeit faktenmäßig bekannt ist, dem gegenübergestellt werden soll, was im Hinblick auf sie aus der Wechselwirkung vieler Determinanten von unbekannter Richtung und Größe zu irgendeinem künftigen Zeitpunkt hervorgehen könnte, darf nicht erwartet werden, dass ein unzweideutiges Ergebnis zustande kommt. Natürlich stützt sich diese skeptische Ansicht in erster Linie auf geschichtliche Beispiele. Aber auch sie können dazu beitragen, in hypothetische Überlegungen Klarheit hineinzubringen.

Von einem bayerischen Gericht wurde 1924 der Ausländer Adolf Hitler für schuldig befunden, einen Staatsstreichversuch organisiert und geleitet zu haben. Das Urteil lautete auf fünf Jahre Festungshaft, aber das Gericht lehnte es ab, vorsorglich zu verfügen, dass der verurteilte Ausländer nach Verbüßung der Strafe des Landes verwiesen und über die Grenze gebracht werde. Nachdem er ein Zehntel der verhängten Strafe

---

des Ersten Senats des Bundesverfassungsgerichts vom 27. August 1956, 1 BvB 2/51, in: Entscheidungen des Bundesverfassungsgerichts, Band 5, Tübingen, 1956, Nr. 14, S. 85-343, insbesondere 129 f. (Pfeiffer/Strickert, a.a.O., S. 606).

39 *Dennis v. United States* (siehe oben Anmerkung 33), Begründung des zustimmenden Votums des Bundesrichters Robert H. Jackson, S. 570.

verbüßt hatte, genehmigte das Gericht seine Haftentlassung. Hätte eine richtige Vorwegbeurteilung der Rolle, die Hitler in der Zukunft spielen sollte, zu einer anderen Entscheidung führen können? Oder kam in der Haltung des Gerichts die Tatsache zur Geltung, dass hinreichend einflussreiche deutsche Kreise von energischen, durchschlagenden Maßnahmen zur Sicherung der demokratischen Ordnung nichts wissen wollten?

Wenn das der Grund war, so musste die weitere Entwicklung in der Hauptsache von Faktoren abhängen, die nicht ohne weiteres beeinflussbar waren: also etwa von Hitlers Gemütsverfassung und Willensstärke oder von der deutschen Gesamtsituation in den zwanziger Jahren; das hieße, dass der Gang der Ereignisse auch nicht durch schärfere Zwangsmaßnahmen und weniger Milde und Nachsicht ins Gegenteil hätte verkehrt werden können. Wollte man dagegen unterstellen, dass das Münchener Gericht und seine Mitspieler in der bayerischen Verwaltung ohne große Probleme auch zu anderen Entscheidungen hätten gelangen können, so käme man zu dem Schluss, dass Hitlers vorzeitige Freilassung und die Tatsache, dass er nicht ausgewiesen wurde, für seinen Aufstieg zur Macht von nicht unwesentlicher Bedeutung waren. Wie die Veränderungen einer einzelnen Komponente in einem komplexen Prozess das Endergebnis beeinflussen, kann man selten rückblickend feststellen und schon gar nicht im Voraus erahnen. Nicht von der Hand zu weisen ist aber die hypothetische Möglichkeit, dass vielfältige gleichzeitige Veränderungen mehrerer Komponenten ein anderes als das bekannte Ergebnis bewirken. Hätte Hitler die Höhen der Macht auch dann erklimmen können, wenn jedes Glied in der Kette der Repressivmaßnahmen, über die der Weimarer Staat verfügen konnte, anders eingesetzt worden wäre?

Für die Entscheidung, zu der die Mehrheit des amerikanischen Obersten Gerichts im Fall Dennis 1950 gelangen sollte, hatte Appellationsrichter Learned Hand mit der Begründung des Urteils des Appellationsgerichts im selben Fall den Weg gewiesen. Er legte dar, dass das Gesetz, wenn es die verfassungsmäßige Ordnung schützen solle, auch solche Handlungen treffen müsse, die zwar an sich nicht unbedingt strafbar seien, von denen aber anzunehmen sei, dass ihre »entlegenen Folgewirkungen« eine Schädigung des Staates mit sich bringen würden; allerdings müsse, damit Bestrafung eintrete, die der inkriminierten Tat innewohnende schadenbringende Tendenz festgestellt und die Absicht, die ferne Endwirkung herbeizuführen, erwiesen werden.[40] Zwischen der nicht an sich strafbaren Tat und ihren »entlegenen Folgewirkungen« lie-

---

40 *United States v. Dennis,* United States Federal Reporter, Second Series, Volume 183 (1950), S. 201-237, insbesondere 212 f. (Appellationsgericht für den 2. Bundesgerichtsbezirk).

gen indes unzählige Zwischenglieder der verschiedensten Art; die Bestrafung oder Nichtbestrafung der Ausgangstat ist nur eins dieser Zwischenglieder – und nicht das wichtigste. Stellt man das in Rechnung, so erscheint die ganze Hand-Konstruktion als reichlich brüchig. Nur ein dünner Faden hält das »Entlegene« mit dem Wahrscheinlichen zusammen. Und überdies kommt der Gedankengang der Vorstellung, dass eigentlich nur wirkungsloses Tun zulässig sei, so nahe, dass man ihn schon deswegen kaum als logisch befriedigende Lösung ansehen kann.

Dennoch kommt der These Learned Hands mehr als nur beiläufiges Interesse zu. In ihr äußerte sich das wachsende Unbehagen, das die am Ausgang der vierziger Jahre vorherrschende Rechtsprechungspraxis auslöste: Nur zu häufig hatte sich bei den Gerichten die Neigung gezeigt, zur Unterbindung unerwünschter politischer Tätigkeit, für die der verfassungsmäßige Schutz der Redefreiheit in Anspruch genommen wurde, recht kritiklos das Vorliegen der »offensichtlichen und unmittelbaren Gefahr« zu konstatieren, dass der formal erlaubte Akt der freien Meinungsäußerung ein inhaltlich strafbares Übel bewirken werde; für solche konkreten Fälle hatte eine vom Obersten Bundesrichter Oliver Wendell Holmes 1919 formulierte höchstrichterliche Entscheidung der Gesetzgebung und Verwaltung das Recht zugestanden, in die im Ersten Verfassungszusatz garantierte Rede- und Pressefreiheit einzugreifen.[41] In Wirklichkeit war die reichlich abgegriffene Theorie von der Unmittelbarkeit der Gefahr zu einer »Kurzschriftformulierung«[42] der beliebig anwendbaren These geworden, dass der Erste Verfassungszusatz die Presse- und Redefreiheit nicht immer und nicht unter allen Umständen garantiere.

Überlegungen, die sich um die »offensichtliche und unmittelbare Gefahr« bestimmter Folgen konkreter Akte drehten, schienen zum Mindesten im Hinblick auf kommunistische oder von kommunistischer Seite dirigierte Betätigung überholt. Die Holmessche Formel war auf konkrete Handlungen in einer konkreten Situation gemünzt. Sie wird unanwendbar, wenn sich die handelnde Gliederung der vermeintlich revolutionären Organisation zu dem, was sie tut, nicht mehr spontan durch die unmittelbaren Eindrücke bestimmen lässt, die sie aus einer konkreten lokalen Situation oder – mehr emotional als verstandesmäßig – aus der politischen Gesamtsituation empfängt, sondern nur noch die Weisungen einer nationalen oder internationalen Zentrale ausführt, ohne zu wissen, was diese Weisungen im Einzelnen bezwecken, und

---

41 *Schenck v. United States*, United States Reports, Volume 249 (1919), S. 47 ff., insbes. 52.
42 Dennis v. United States (siehe oben Anmerkung 33), S. 508.

ohne beurteilen zu können, was sich aus ihrer Befolgung ergeben wird. In dem Maße, wie die Entscheidungen immer weiter von der unteren Organisationsebene wegrücken, in der die »Aktionen« durchgeführt werden, zerflattert die individuelle Verantwortung derer, die am Handeln teilnehmen. Der Zusammenhang, den es zwischen ihrem Alltagshandeln und den von der Organisation verfolgten Zielen möglicherweise noch gibt, geht ihnen im selben Maße verloren.

Das geht nicht nur die Anklagebehörde etwas an. Das tangiert in hohem Maße auch die revolutionäre Partei selbst. Eine revolutionäre Politik ist auf künftig mögliche Situationen abgestellt. Es gibt keinerlei Aussichten für eine revolutionäre Aktion, wenn nicht in den Köpfen der Menschen, deren aktiver Einsatz für die revolutionäre Sache unentbehrlich ist, eine klare, unmittelbare, elementare Beziehung zwischen dem Erlebnis und Handeln des Tages und der großen Verheißung der kommenden »neuen Welt« hergestellt werden kann. Wo soll aber diese Verknüpfung des Werktags mit dem Endziel herkommen, wenn die Ausführung der Befehle in einer anderen Welt vor sich geht, als wo die richtunggebenden Beschlüsse gefasst werden? Wenn jemand in einem überfüllten Zuschauerraum »Feuer!« ruft, sind die Folgen – nach Oliver Wendell Holmes' berühmter Parabel – fast mit Gewissheit vorauszuberechnen. Zur selben Kategorie gehört John Stuart Mills Unterscheidung zwischen dem erlaubten Kampfruf »Die Getreidehändler hungern die Armen aus« und dem strafbaren Versuch, diesen Kampfruf mit einer tumultuarischen Demonstration vor dem Haus eines Getreidehändlers zur Geltung zu bringen.[43] Werden unter eingezogenen Soldaten, die gerade zur Front abtransportiert werden, Flugblätter gegen den Krieg verteilt, so sind die möglichen Folgen leicht zu übersehen. Handelt es sich dagegen um die Auswirkungen politischer Vorgänge von größerem Ausmaß, so kann man nur raten, was eintreten und welche Bedeutung es haben könnte. Wenn zum Beispiel die Sowjetführung die Theorie akzeptiert, dass es verschiedene Wege zum Sozialismus geben könne und dass man sich für den einen oder den anderen frei entscheiden dürfe, und wenn sich zweifelsfrei bestätigt, dass das Bekenntnis zu dieser neuen Lehre ernst gemeint ist, kann das dazu führen, dass die Sache des Kommunismus bei den Volksmassen der westlichen Welt größeren Widerhall findet. Ob diese Folge aber auch wirklich eintritt, ist reine Spekulation.

Mit den Kategorien der Nachwirkung und der entlegenen Folgewirkung hat man nicht viel gewonnen, wenn man die möglichen Folgen politischer Handlungen im Voraus berechnen will. In bestimmten

---

43 John Stuart Mill: On Liberty, Kapitel 3.

historischen Situationen können andere Elemente des ursächlichen Zusammenhangs viel wichtiger sein. Nur sehr selten ist es möglich, die Wirkung einer einzelnen Ursache auch nur halbwegs genau zu bestimmen. Es war beispielsweise nicht allzu schwer vorauszusehen, dass der Hitler-Stalin-Pakt von 1939 die französische kommunistische Führung dazu bringen musste, ihre bis dahin von Moskau gebilligte patriotisch angestrichene Anti-Hitler-Politik an den Nagel zu hängen, aus dem »Krieg gegen den Faschismus« einen »Konflikt der imperialistischen Mächte« zu machen und einem solchen Krieg gegenüber absolute Neutralität zu propagieren. Das, wie gesagt, war leicht vorauszusehen; nicht vorauszusehen war, welche Folgen der radikale Kurswechsel nach sich ziehen werde. Wäre die Kommunistische Partei nicht sofort von der Regierung verboten und damit der peinlichen Aufgabe enthoben worden, ihren Umfall theoretisch zu begründen und moralisch zu rechtfertigen, so ist es vorstellbar, wenn auch keineswegs sicher, dass ihr innerer Zusammenhalt schwer erschüttert worden wäre und dass sich manche ihrer Anhänger gegen sie gekehrt hätten.

Ob sich die Politik einer revolutionären Partei in unübersehbar verschiedenartigen und unberechenbaren Zukunftssituationen als wirksam und erfolgreich erweist, hängt nicht zuletzt davon ab, wie eng ihr sichtbares Vorgehen mit ihren programmatischen Zielen und ihren theoretischen Lehren verknüpft ist. Lehre und Ziele können kein Mysterium sein, das nur einer Handvoll von Gläubigen und Getreuen in geheimen Zusammenkünften enthüllt, der Außenwelt aber ausschließlich aus Berichten von Spitzeln und Überläufern bekannt wird. Ob die Parteilehre mehr für die Wirkung nach außen oder für den inneren Gebrauch bestimmt ist, kann gewissen Schwankungen unterliegen, und taktische Rücksichten können ein bestimmtes Maß an Geheimhaltung und Verstellung vorschreiben; es bleibt aber bei alledem immer ein unabweisbares Gebot, Sympathisierende für die Weltanschauung der Partei zu gewinnen, die aktiven Mitglieder zu schulen und die Parteifunktionäre unter eine strenge weltanschaulich-theoretische Disziplin zu stellen. Damit sind der Unbeständigkeit der Parteilehre und der Auswechselbarkeit der programmatischen Ziele enge Grenzen gezogen. Namentlich die kommunistischen Parteien sind auf ein Glaubenssystem festgelegt, das sich in einem geschlossenen Lehrgebilde verkörpert; ihre Glaubenssätze sind keine nachträglichen Einfälle, mit denen eine rein pragmatische Handlungsweise aufs Geratewohl verziert würde. Der besonderen Struktur dieses Gebildes, das einerseits als analytisches Denken Anspruch auf absolute und unwiderlegbare Erkenntnis erhebt, andererseits aber als Heilslehre auftritt, fällt die Aufgabe zu, einen

Zusammenhang zwischen dem tagtäglichen Handeln und dem erstrebten Endziel herzustellen. Dem Inhalt der kommunistischen Lehre lässt sich ohne große Mühe entnehmen, dass die Tätigkeit jeder kommunistischen Partei auf dem Ineinandergreifen von Endziel, Theorie und Technik der Alltagspraxis beruhen muss.

Insofern hatten der amerikanische Richter Harold Medina 1949 und das deutsche Bundesverfassungsgericht 1955/56 allen Grund, diesen grundlegenden Zusammenhang in den Mittelpunkt der gerichtlichen Untersuchung zu stellen. Systematisch und zielstrebig konnte vor allem das deutsche Gericht dem Thema nachgehen, weil es nur die eine zentrale Frage zu beantworten hatte, ob die von der Kommunistischen Partei propagierte und mit Vorbedacht auf die deutschen Verhältnisse angewandte Lehre mit der »freiheitlichen demokratischen Grundordnung« des in der Bundesrepublik geltenden Regierungssystems vereinbar sei oder nicht. Insofern dürfte der Karlsruher Prozess auf lange Sicht größeres Interesse beanspruchen als der von New York. Richter Medina führte – wenigstens der Form nach – einen Strafprozess: Den Angeklagten wurden konkrete Straftaten vorgeworfen; sie wurden beschuldigt, eine Doktrin gelehrt zu haben, die sich für Gewaltanwendung einsetzte und entsprechende, konkret zu einem späteren Zeitpunkt zu bestimmende Taten auslösen sollte. Der eigentliche Inhalt der Lehre war in der Gerichtsverhandlung häufig überhaupt nicht mehr zu entdecken, weil sich die Anklagebehörde, um den strafrechtlichen Tatbestand zu beweisen, immer wieder bemühte, die Formulierungen der Lehrmeinung wörtlich festzunageln, und sie dementsprechend zu eng auslegte; außerdem lag ihr besonders daran, ihre Interpretation der Texte durch Aussagen von Zeugen zu belegen, die nicht gerade als unvoreingenommen angesehen werden konnten: abtrünnigen Kommunisten und in die Kommunistische Partei eingeschleusten Spitzeln. Ihrerseits boten die Angeklagten eine Schar von Zeugen auf, deren Urteil nicht minder parteiisch anmutete: Für sie marschierten lauter treue Parteisoldaten auf.

Mit solchem oft widrigen Beiwerk brauchten sich die Verfassungsrichter in Karlsruhe ebenso wenig zu befassen wie mit der lauten Begleitmusik, die das New Yorker Verfahren störte. Sie konnten sich in Ruhe dem Studium des gedruckten Beweismaterials und der sowohl von der Regierung als auch von der Kommunistischen Partei selbst unterbreiteten umfangreichen Darstellungen widmen; sie nahmen auch ausgiebige mündliche Erläuterungen namhafter kommunistischer Führer entgegen. Fast unbegrenzt konnten die deutschen Kommunisten ihre theoretischen Rechtfertigungsgründe vortragen. Sie waren trotzdem in einer recht schwierigen Lage. Wer auf eine politische Umwälzung hinarbeitet, die das Fundament des demokratischen Regierungssystems gefährden muss, kann nach dem Grundgesetz das verbriefte Recht der freien Meinungsäußerung und der ungehinderten Parteibetätigung nicht für sich in Anspruch nehmen. Die kommunistischen Angeklagten mussten also unter anderem zu beweisen suchen, dass die Beschränkung der demokratischen Freiheiten kein organischer Bestandteil ihrer Parteilehre sei.

Auf diese Weise rückten denn auch wirklich die entscheidenden Fragen in den Vordergrund. Im New Yorker Prozess waren sie ziemlich verwischt worden, denn keiner konnte sagen, mit welchen Maßstäben die höheren Gerichte an die angefochtene Bestimmung des Smith-Gesetzes über das Verbot der »Befürwortung« gewaltsamen Umsturzes herangehen würden. Ihrerseits kommt die Einteilung undemokratischer Bestrebungen in erlaubte und unerlaubte je nach hypothetisch vorausberechneten Folgewirkungen aus der Sphäre des Vagen und Zweideutigen nicht heraus und ist juristisch von zweifelhaftem Nutzen. Von wesentlich größerer Tragweite ist unter diesen Umständen der von einer festen verfassungsmäßigen Grundlage aus unternommene deutsche Versuch, eine Partei nach ihrer Lehre zu beurteilen.

b) Verbindlichkeit der Parteilehre

Das Bundesverfassungsgericht sah in der Lehre der Kommunistischen Partei ein unteilbares Ganzes, das für das Verhalten der Parteiorganisation und jedes einzelnen Parteimitglieds verbindlich sei. Es tat damit genau das, was der Leninismus von seinen Anhängern verlangt. Die Partei war in eine Klemme geraten. Den Vorwurf der Verfassungswidrigkeit versuchten ihre Anwälte mit Ausflüchten und gewundenen Erklärungen zu widerlegen; zugleich vollbrachten sie die merkwürdigsten Kunststücke, um der Erörterung der Konsequenzen auszuweichen, die sich für die Parteitätigkeit aus der uneingeschränkt geltenden Lehre unausweichlich ergeben.[44] Da sich das Gericht damit nicht abspeisen ließ, schlugen sie schließlich einen komplizierteren Kurs ein. Nun wurde der Standpunkt verfochten, dass das Gericht nur die unmittelbaren Ziele prüfen dürfe, die die Partei in der gegebenen geschichtlichen Situation verfolge; diese Ziele aber seien nicht durch irgendwelche revolutionären Schlussfolgerungen aus der Gesellschaftstheorie der Partei

---

44 Pfeiffer/Strickert: KPD-Prozeß... (siehe oben Anmerkung 38), Band 1, Karlsruhe, 1955, S. 450 ff., 898 ff., 942 ff.

bestimmt und hingen mit ihnen nicht zusammen; bei solchen Schlussfolgerungen handle es sich nur um Zukunftssituationen, die irgendwann zu erwarten seien.

Konkret präsentierte sich diese in der Geschichte des Kommunismus einmalige Ablösung der Tagesaufgaben von den revolutionären Endzielen als Zweistadientheorie der Politik der Partei mit scharfer Trennung der konstruierten Geschichtsabschnitte: Im ersten Stadium, bis zur Wiedervereinigung Deutschlands, habe die Partei in der Bundesrepublik, da sie das Grundgesetz als geltendes Recht anerkenne und da eine objektiv-revolutionäre Situation nicht gegeben sei,[45] die Aufgabe, für die Erhaltung und Ausweitung der demokratischen Rechte und Freiheiten zu kämpfen; im zweiten Stadium, nach dem Zusammenschluss der zwei getrennten deutschen Staaten, falle der Partei unmittelbar die Aufgabe zu, die »sozialistische Demokratie« zu errichten, der dann das Verfassungsgefüge des Bonner Staates logischerweise nicht mehr im Weg stehen könne.

Bei der Verteidigung der amerikanischen Kommunisten waren derlei gequälte Konstruktionen unnötig. Im Dennis-Prozess zum Beispiel stellte sich das Problem ganz anders: Die Beschuldigung, die zu widerlegen war, war viel enger, und aus den amerikanischen Beweiserhebungsvorschriften ergab sich eine viel mechanischere Erledigung des Tatbestandsnachweises. Die Aufmerksamkeit konzentrierte sich auf zwei Punkte: einmal die Feststellung dessen, was als das »Lehren« des gewaltsamen Umsturzes zu verstehen sei, und zum andern die Präzisierung des schwer fassbaren Unterschieds zwischen der erlaubten Darstellung der Parteitheorie und der unerlaubten Befürwortung von Handlungen zur Verwirklichung bestimmter Teile dieser Theorie. Nichts hinderte die Angeklagten, zuzugeben, dass es zum Bereich ihrer Theorie gehöre, geschichtliche Situationen zu erörtern, in denen der gewaltsame Sturz des kapitalistischen Systems unvermeidlich werde; bestreiten mussten sie aber, dass sie eine Theorie »gelehrt« hätten, die den gewaltsamen Sturz des amerikanischen Regierungssystems fordere.[46] Die Anklagebehörde dagegen musste beweisen, dass die Angeklagten über rein abstrakte Erörterungen hinaus die Befürwortung des gewaltsamen Umsturzes nicht

---

45 Ebda., S. 590 f., 896 f.
46 Im Prozessprotokoll (United States Supreme Court Record, Volume 341, S. 491-532, Teil 6, S. 3907), ist folgendes Zwiegespräch verzeichnet: »{Verteidiger Richard} *Gladstein:* ›Während der ganzen Zeit, da Sie Redakteur des *Worker* waren, hat man sich da je offen und ausdrücklich dahingehend geäußert, daß man den Sturz der Regierung befürworten wollte?‹ {Von der Anklage geladener Zeuge Louis} *Budenz:* ›Nein, aber die marxistisch-leninistische Unterstellung war da.‹«

als später einmal mögliche Konsequenz in Kauf genommen,[47] sondern den Umsturz tatsächlich auch »befürwortet«, das heißt für nötig befunden und propagiert hätten.

Von taktischen Prozesspositionen abgesehen, mag man vielleicht in akademischen Diskussionen festzustellen suchen, wie die Besprechung und Darstellung der Unvermeidlichkeit des gewaltsamen Umsturzes als theoretische Abstraktion vom tatsächlichen »Lehren und Befürworten« einer solchen Theorie zu unterscheiden sei; in der Praxis ist diese Unterscheidung nicht gerade sinnvoll.[48] In jeder politischen Organisation ist es ungeachtet ihrer besonderen Weltanschauung vom Standpunkt des Wirkungserfolgs ebenso wichtig, die Parteilehren darzustellen wie sie als Richtschnur für die Praxis zu befürworten. Einen Unterscheidungsmaßstab braucht möglicherweise der Jurist, der Parteifunktionäre darüber berät, wie ein garantiert verbotssicheres Dokument abzufassen sei, der Verteidiger vor Gericht oder schließlich der Berufsrichter, der in einem Wust politischer Schriften oder in Zeugenaussagen darüber, wer was in welcher Versammlung gesagt hat, nach festen Orientierungspunkten sucht. Wenn aber eine Grenze gezogen werden kann, so sollte sie dort verlaufen, wo sich die abstrakte Darlegung der Theorie nebst Befürwortung und Propagierung von der noch so vagen und embryonalen planenden Vorbereitung konkreter Schritte oder Aktionsdispositionen abhebt.

Führer einer gerade ins Leben gerufenen, noch unförmigen und rudimentären Organisation vom Schlage der Sozialistischen Reichspartei verlassen sich möglicherweise darauf, dass aus gemeinsamen Erlebnissen und Traditionen erwachsende Zusammengehörigkeitsgefühle bei überlegter Auslese neuer Mitglieder gleichsam automatisch eine bestimmte Art des Auftretens und Handelns hervorbringen müssen; sie brauchen sich um eine klare und artikulierte Theorie nicht zu bemühen, und ein Gericht, das zu erkennen sucht, was denn eine solche Partei im wirklichen Leben darstelle, hat recht, wenn es ihren theoretischen Auslassungen die geringste Bedeutung beimisst. Das theoretische Verhalten der Kommunistischen Partei ist etwas grundsätzlich anderes. Nach der »marxistisch-leninistischen« Lehre von der »Einheit von Theorie und Praxis« schreibt die Theorie die Ziele, die Richtung und die Methoden des Handelns vor. Aus der theoretischen Erkenntnis wird die historische

---

47 Im Fall Yates v. United States, United States Reports, Volume 354 (1957), S. 298-350, insbesondere 325, wollte die Anklagebehörde schon in der Forderung der hypothetischen Bereitschaft für theoretisch vorausgesehene künftige Umsturzsituationen das strafbare »Befürworten« sehen. Das Gericht ist ihr nicht gefolgt.
48 Vergleiche Urteil des Ersten Senats des Bundesverfassungsgerichts vom 27. August 1956 ... (siehe oben Anmerkung 38), S. 145 ff. (Pfeiffer/Strickert: a.a.O., Band 3, S. 615).

Notwendigkeit der Ablösung des Kapitalismus durch den Sozialismus abgeleitet; aus der theoretischen Erkenntnis lernt man, dass dieser grundlegende gesellschaftliche Wandel in der Form einer revolutionären Umwälzung vor sich gehen müsse; die theoretische Erkenntnis zeigt die zu diesem Ziel führenden Mittel revolutionären Handelns; und wiederum aus der theoretischen Erkenntnis geht hervor, dass es unumgänglich sei, in stetiger, ununterbrochener Arbeit alle »fortschrittlichen« Kräfte zusammenzufassen, zu mobilisieren und einer strengen, einförmigen, allumfassenden geistigen und organisatorischen Disziplin zu unterstellen.

Die Gewalt tritt in diesem »geschichtlich notwendigen« oder sogar »naturnotwendigen« revolutionären Prozess unter zweierlei Aspekten auf. Einmal ist sie unentrinnbares Schicksal: Die in der kapitalistischen Gesellschaft herrschende Klasse, deren Stellung im Produktionsprozess während einer langen Periode Schritt für Schritt untergraben worden ist, muss enteignet und ausgeschaltet werden, und da keine Klasse in der Geschichte je kampflos abgetreten ist, kann der gewaltsame Zusammenstoß gar nicht vermieden werden.[49] Zum andern ist die Gewalt eine Aufgabe, die um des Fortschritts willen erfüllt werden muss, eine historische Pflicht der Kräfte, denen es im gegenwärtigen Zeitalter beschieden ist, das eherne Muss der Geschichte zu verwirklichen: der Arbeiterklasse unter der Führung der revolutionären marxistisch-leninistischen Kommunistischen Partei. Was fallen muss, soll man stoßen. Nur die wohldurchdachte und schnell zupackende gewaltsame Aktion kann den dornenreichen Weg der Menschheit zu harmonischem Dasein abkürzen.

Mit der Befolgung der verfassungsmäßigen Ordnung in einem demokratischen Staat ist diese geschichtliche Mission der Kommunistischen Partei offensichtlich schlecht zu vereinbaren. Hier greifen die kommunistischen Interpreten zu einer weiteren, für die amerikanischen Gerichte ebenso wie für das Bundesverfassungsgericht in Karlsruhe bestimmten Unterscheidung. Die marxistisch-leninistische Theorie gebietet eine gründliche, eindringliche Analyse der jeweils gegebenen »objektiven« Situation. Im gegenwärtigen Abschnitt, behaupten nun die Interpreten, schließe die »objektive« Situation ein revolutionäres Vorgehen aus; infolgedessen könne man den Kommunisten nur aus Unwissenheit und bösem Willen die Absicht unterstellen, das Funktionieren der Demokratie in Deutschland zu stören oder einen gewaltsamen Sturz des Regierungs-

---

49 Der die KPD vertretende ostdeutsche Anwalt, Professor Dr. Herbert Kröger, der den gelehrten Karlsruher Richtern so elementare Zusammenhänge auseinanderzusetzen hatte, verhehlte kaum, wie empörend er es fand, erwachsenen und gebildeten Menschen Binsenwahrheiten beibringen zu müssen; siehe Pfeiffer/Strickert: KPD-Prozess ... (siehe oben Anmerkung 38), Band 1, Karlsruhe, 1955, S. 560.

systems in den Vereinigten Staaten zu befürworten. Gebührt der kommunistischen Lehre eine Vorzugsstellung vor Gericht, weil sie sich darauf beruft, die »Bewegungsgesetze der Geschichte« erkannt zu haben? Sind die kommunistischen Anwälte die einzigen Sachverständigen, denen man ihre Auslegung der kommunistischen Lehre aufs Wort glauben muss? Man kann der kommunistischen Theorie nach dem Grundsatz der Freiheit der Forschung durchaus zugestehen, dass ihr Wahrheitsgehalt durch ein Gerichtsurteil ebenso wenig bestätigt oder widerlegt werden kann oder darf wie der Wahrheitsgehalt eines beliebigen anderen politischen Lehrgebildes; daraus folgt aber nicht, dass es dem Gericht verwehrt sei, seine eigenen Untersuchungen und Überlegungen darüber anzustellen, was aus dieser Theorie logischerweise gefolgert werden müsse.

Das Karlsruher Gericht hat der Kommunistischen Partei und ihren theoretischen und juristischen Sachverständigen das von ihnen beanspruchte Auslegungsmonopol nicht einräumen wollen; zum Verständnis des praktischen Verhaltenszuschnitts und der politischen Aktionsgepflogenheiten der Partei schien ihm die eigene Kenntnis der kommunistischen Theorie, soweit sie das Handeln der Kommunisten richtunggebend beeinflusst, unerlässlich,[50] und es hat beträchtliche analytische Arbeit geleistet. Im Hinblick auf den Artikel 21 des Grundgesetzes kann man diesem Verfahren Sinn und Berechtigung nicht absprechen. Jedes kommunistische Parteimitglied hat nicht nur das Recht, sondern auch die Pflicht, die Richtigkeit jedes einzelnen Schrittes im Lichte der Grundgebote der Parteitheorie zu prüfen. Weshalb darf also der außen stehende Beobachter nicht die Mühe auf sich nehmen, Sinn und Bedeutung dessen, was die Kommunistische Partei tut, aus der logischen Verkettung abzulesen, in der sich jedes Einzelmoment in Theorie und Praxis in den Gesamtzusammenhang der parteioffiziellen Lehre einfügen muss?

Im Verlauf des Prozesses betonten die kommunistischen Vertreter immer wieder, dass ihre Partei in der Nachkriegszeit nichts getan habe, was gegen die Spielregeln der Demokratie hätte verstoßen können; es habe gar keine andere Möglichkeit gegeben, die Aufgabe zu erfüllen, die der Partei der deutschen Arbeiterklasse in dieser Situation von der Geschichte auferlegt gewesen sei; es sei geradezu selbstverständlich gewesen, dass man sich an das Bonner Grundgesetz gehalten habe. Parteierklärungen vor Gericht beriefen sich auf die geltende Verfassungsordnung, um das zu begründen, was den Inhalt des politischen Vorgehens der Kommunisten in Westdeutschland ausmachte. Stärkste Betonung

---

50 Urteil ... des Bundesverfassungsgerichts vom 27. August 1956 ... (siehe oben Anmerkung 38), S. 335 ff. (Pfeiffer/Strickert: a.a.O., Band 3, Karlsruhe, 1956, S. 716).

der Wiedervereinigung Deutschlands, Kampf gegen eine Regierung, die eine Remilitarisierungspolitik betreibe und zugleich einer ausländischen Macht zuliebe die Unabhängigkeit Deutschlands verrate, Mobilisierung der Arbeiterklasse gegen eine drohende Wiederaufstehung des Faschismus: All diese Themen der kommunistischen Kampagnen, mit denen das Volk aufgerufen werden sollte, die Regierung Adenauer als Verkörperung des herrschenden politischen Systems aus dem Sattel zu heben, wurden als notwendige Beiträge zur Verteidigung der Verfassungsgrundlagen der Bundesrepublik hingestellt.

Dem Gericht fiel es nicht schwer, dies Gebäude zum Einsturz zu bringen. Es zeigte, dass die Scheidewand zwischen der behaupteten Anerkennung des Bonner Verfassungssystems in der Gegenwart und der revolutionären Aktion im wiedervereinigten Deutschland der Zukunft im Alltagsdasein der kommunistischen Organisation nicht existierte, sondern eine bloße Rechtfertigungskonstruktion darstellte,[51] dass jeder Schritt der Partei darauf berechnet war, den revolutionären Gesamtplan voranzutreiben, den die leninistische Vorstellung von der geschichtlichen Entwicklung vorschrieb, und dass die gesamte kommunistische Strategie gleichsam für zwei verschiedene Ebenen[52] vorgezeichnet war: In der einen war die Ausnutzung verfassungsmäßiger Möglichkeiten (Koalitionsregierungen, Regierungen der nationalen Einheit und so weiter) zur Erreichung unmittelbarer Ziele vorgesehen, und in der anderen erschienen diese taktischen Schritte als Etappen auf dem revolutionären Marsch zum Endziel, zur Errichtung der klassenlosen kommunistischen Gesellschaft. Nach der Überzeugung des Gerichts mochten zwar einzelne Handlungen und Haltungen der Partei unter keinerlei gesetzliche Verbote fallen und jede für sich strafrechtliche Schritte nicht rechtfertigen, aber als Glieder einer auf die revolutionäre Endumwälzung zielenden Kette kontinuierlicher Aktion sah es sie in einem anderen Licht. Die isolierten Einzelelemente stellten, fand das Gericht, ein unteilbares Kontinuum dar; es hielt die Absicht der Kommunistischen Partei für erwiesen, aus quantitativen Veränderungen, sobald es die Umstände erlaubten, qualitative werden zu lassen.[53]

51 Urteil..., ebda., S. 344 ff. (Pfeiffer/Stricker: ebda., S. 720).
52 Was dem Karlsruher Gericht als Konstruktion in zwei Ebenen erschien, entsprach dem Sinne nach dem, was im New Yorker Prozess die Benutzung einer äsopischen Sprache genannt wurde.
53 Vgl. Helmut K. J. Ridder: »Streitbare Demokratie«, in: Neue Politische Literatur, Jahrgang 12, Sp. 351-368 (Heft 5, Mai 1957), insbes. Sp. 364. Zu den Beteuerungen der Kommunistischen Partei, dass sie auf dem Boden der demokratischen Ordnung operiere, stellt Ridder fest, »daß die geistig-propagandistische Tätigkeit der KPD... in harter Gratnähe zur artverwandten Tat steht«. S. auch Wolfgang Abendroth: »Das KPD-

Konkret musste das Bundesverfassungsgericht die Frage beantworten, ob die Kommunistische Partei in den Grenzen des sinngemäß nach Artikel 21 des Grundgesetzes Erlaubten geblieben sei. Es konnte also gar nicht umhin, aus dem für die Kommunistische Partei charakteristischen Ineinandergreifen von Theorie, Endziel und Tageshandeln Schlüsse zu ziehen. Es kam zu dem Ergebnis, dass die Partei verfassungswidrig und deswegen aufzulösen sei. Die Vollstreckung wurde den Ländern überlassen; etwaiges Zuwiderhandeln sollte gegebenenfalls von den Gerichten geahndet werden.

c) Bedeutung und Gewicht spezifischer Handlungen

Problematischer sind sowohl die inhaltliche Bestimmung des Umkreises erlaubter revolutionärer Propaganda und Tat als auch die einheitliche Durchführung einer gegen politische Parteien gerichteten Politik der Rechtsbeschränkungen dort, wo Verfassungen der älteren, liberaleren Art gelten. Auf Grund der im Juni 1957 im Fall Yates (von dem die kalifornische Führung der Kommunistischen Partei betroffen war) getroffenen Entscheidung des Obersten Gerichts[54] blieben in den Vereinigten Staaten zunächst die Gesichtspunkte theoretisch ausschlaggebend, die in der Dennis-Entscheidung von 1951 formuliert worden waren. Das Yates-Urteil billigte ausdrücklich die Stellungnahme Richter Medinas im ersten Dennis-Prozess mit ihrer klaren Unterscheidung zwischen dem »Lehren« einer abstrakten Theorie und der Benutzung einer Ausdrucksweise, die darauf berechnet sein musste, zum Handeln anzuspornen.[55]

Dennoch wurde durch diese Entscheidung der Bereich der Handlungen, auf die das Smith-Gesetz künftighin angewandt werden sollte, in doppelter Hinsicht nicht unwesentlich eingeengt. Einmal beschränkte das Yates-Urteil das im Sinne des Abschnittes II Ziffer 3 des Smith-Gesetzes strafbare »Organisieren« auf die ersten Anfangsschritte organisatorischen Zusammenschlusses, so dass Verjährungsbestimmungen in höherem Maße in Anspruch genommen werden konnten. Zum andern folgte das Oberste Gericht in der Yates-Entscheidung weder dem deutschen Präzedenzfall noch den Ansichten des Obersten Bundesrichters Vinson und vor allem des Bundesrichters Jackson, die den größten

---

Verbotsurteil des Bundesverfassungsgerichtes. Ein Beitrag zum Problem der richterlichen Interpretation von Rechtsgrundsätzen der Verfassung im demokratischen Staat«, in: Zeitschrift für Politik, N.F., Jahrgang 3, S. 305-327 (1956, Heft 4).
54 *Yates v. United States* (siehe oben Anmerkung 47), S. 321.
55 Ebda., S. 326.

Nachdruck auf ein aus allen Komponenten zusammengetragenes Bild der Gesamtstruktur der Partei gelegt wissen wollten; das Gericht verlangte umgekehrt, dass die einzelnen Schritte nachgewiesen werden sollten, in denen sich das »Befürworten« umstürzlerischer Handlungen kundgetan hatte, also etwa Unterricht über die Ausführung von Sabotageakten, Ausbildung für Straßenkämpfe oder Schulung in Methoden der Auslösung von Massenaktionen in Krisenzeiten.[56]

An der Entscheidung im Fall Yates zeigt sich, wie verschieden die in einer revolutionären Partei angelegten Möglichkeiten und Gefahren beurteilt werden können, je nachdem ob sich das Urteil auf die Analyse des Gesamtcharakters und der Struktur der Partei oder auf das erwiesene Vorliegen bestimmter konkreter Handlungen stützt. Bei der Vorbereitung des Falles Yates hatte die Anklagebehörde das Oberste zuunterst gekehrt und trotzdem nur spärliche Beweisfetzen aufgelesen. Eine neue Mehrheitsgruppierung im Gericht, die den mageren Nachweis spezifischer Akte der Anstiftung durch das feinste Sieb presste, ließ nur weniges gelten. Von den vierzehn Angeklagten sprach es fünf frei; bei der Zurückverweisung der übrigen neun Fälle an die unteren Instanzen formulierte es gegen den Einspruch der Bundesrichter Black und Douglas bestimmte Gesichtspunkte für die Bewertung des vorhandenen bruchstückhaften Belastungsmaterials.

Das war für die Anklagebehörde Veranlassung genug, vor dem Bundesdistriktgericht, der untersten Instanz, die Einstellung des Verfahrens zu beantragen. In einem anderen Verfahren gegen sieben kommunistische und Gewerkschaftsfunktionäre aus Hawaii hob das Appellationsgericht für den 9. Bundesgerichtsbezirk – wiederum auf Grund der Entscheidung im Fall Yates – die erstinstanzliche Verurteilung der Angeklagten mit der ausdrücklichen Begründung auf, das Yates-Urteil habe, soweit Strafverfolgung in Frage komme, vom Smith-Gesetz »praktisch nur einen Abfallhaufen« übriggelassen.[57]

Seitdem scheint sich das Bild von neuem geändert zu haben: Im Juni 1961 hat das Oberste Gericht festgestellt, dass das Gesetz über die

---

56 Ebda., S. 331 f. Zur Widerlegung des Arguments, dass eine Partei schlechterdings als Verbrecherbande angesehen werden könne, siehe die Begründung zum abweichenden Votum des Bundesrichters Hugo L. Black im Fall *Barenblatt v. United States*, United States Reports, Volume 360 (1959), S. 109 ff., insbesondere 146.
57 *Fujimoto v. United States*, United States Federal Reporter, Second Series, Volume 251 (1958), S. 342 (Appellationsgericht für den 9. Bundesgerichtsbezirk). Einheitlich war allerdings die Haltung der Gerichte in den damals noch schwebenden Verfahren nicht. In manchen Fällen fand die Berufungsinstanz, dass das Belastungsmaterial den im Fall Yates präzisierten Anforderungen genüge, und hob das erstinstanzliche Urteil nicht auf; siehe solche Fälle bei Walter Gellhorn: American Rights: The Constitution in Action, New York, 1960, Kapitel IV, Anmerkung 17 (S. 210 f.).

Überwachung umstürzlerischer Bestrebungen von 1950 (McCarran-Gesetz) und die Bestimmungen des Smith-Gesetzes über die Strafbarkeit der Mitgliedschaft in Organisationen, die für staatsfeindlich befunden werden, nicht verfassungswidrig seien. Die lange erwarteten und nur mit knapper Mehrheit (5 gegen 4 Stimmen) gefassten Entscheidungen beantworten zwar einige Fragen, werfen aber auch neue auf. So hat sich die Mehrheit des Gerichts mit der Frage des Zwangs zur Selbstbezichtigung, die akut werden muss, sobald die Registrierungsvorschriften des Gesetzes von 1950 angewandt werden, noch nicht befassen wollen.[58] Sie hat der Mitgliedschaftsklausel des Smith-Gesetzes eine neue, einschränkende Deutung gegeben, indem sie beiläufig erklärte, nur aktive Mitgliedschaft in staatsfeindlichen Organisationen sei im Sinne dieses Gesetzes strafbar.[59] Sie hat darüber hinaus, wie sich aus einem Vergleich der Entscheidungen in den Fällen Scales und Noto ergibt, weiterhin völlig ungeklärt gelassen, was unter dem verbotenen »Befürworten« des Umsturzes zu verstehen sei.[60] Unter diesen Umständen lässt sich noch nicht sagen, ob die Versuche, jede öffentliche Betätigung der Kommunistischen Partei zu unterbinden, zum Ziel führen werden oder ob es der Partei auch in Zukunft möglich sein wird, wenigstens Tagungen abzuhalten und ihre Literatur zu publizieren und zu verbreiten.[61]

Das australische »Gesetz über die Auflösung der Kommunistischen Partei« von 1950 sollte – wie die verschiedenen USA-Gesetze der fünfziger Jahre – dazu dienen, die Partei zu unterdrücken und den kommunistischen Einfluss in den Gewerkschaften lahmzulegen. In der Präambel führte das Gesetz alle bekannten Anklagen gegen die Kommunistische Partei als erwiesene Tatsachen an; mit dieser Begründung wurden in

---

58 *Communist Party of the United States v. Subversive Activities Control Board*, United States Reports, Volume 367 (1961), S. 1-202, insbesondere 105-110.
59 Scales v. United States, United States Reports, Volume 367 (1961), S. 203-289, insbesondere 257. Die Frage, ob die bloße Mitgliedschaft in einer staatsfeindlichen Organisation strafbar sein könne, wie es das Smith-Gesetz vorsieht, war vom Obersten Gericht bis dahin mit der wiederholten Vertagung des seit 1956 anhängigen Falles Scales in der Schwebe gelassen worden. Zur Prüfung der Verfassungsmäßigkeit der Registrierungsbestimmungen nach dem McCarran-Gesetz von 1950 und dem Gesetz über die Überwachung kommunistischer Tätigkeit von 1954 siehe Gellhorn: American Rights (s. o. Anm. 57), Kapitel IV.
60 Im Fall *Noto v. United States*, United States Reports, Volume 367 (1961), S. 290-302, entschied das Oberste Gericht, dass der Angeklagte wegen Verstoßes gegen die Mitgliedschaftsklausel des Smith-Gesetzes nicht habe verurteilt werden dürfen, weil nicht eindeutig bewiesen worden sei, dass er auf Umsturz zielende Handlungen befürwortet habe.
61 Über die Folgen des rechtlichen Schwebezustands für das Funktionieren der Kommunistischen Partei im Rahmen der gesetzlichen Bestimmungen siehe Milton R. Konvitz: Fundamental Liberties of Free People: Religion, Speech, Press, Assembly, Ithaca, New York, 1957, S. 336.

den weiteren Abschnitten die Auflösung der Partei und die Einziehung ihres Vermögens verfügt. Darüber hinaus schrieb das Gesetz zwei weitere Maßnahmen vor, für die es präzise Verfahrensregeln festsetzte: Alle von Kommunisten beherrschten Organisationen sollten aufgelöst und sowohl Kommunisten als auch sonst in einem staatsfeindlichen Sinne tätigen oder zu solcher Tätigkeit tendierenden Personen die Wählbarkeit zu staatlichen Vertretungsorganen wie auch zu Ämtern und Funktionen in Berufsorganisationen aberkannt werden.

Da sich nach der australischen Verfassung die Zuständigkeit der Bundesgesetzgebung nur auf einige genau abgezirkelte Bereiche beschränkt, hatten sich die Väter des Gesetzes besondere Mühe gegeben, die vorgesehenen Maßnahmen als Vorkehrungen zum Schutze der äußeren Sicherheit des Staates und zur Sicherung der Landesverteidigung erscheinen zu lassen. Trotzdem entschied das Oberste Bundesgericht mit allen gegen eine Stimme, die seines Präsidenten, dass das Parlament seine Befugnisse überschritten habe und dass das Gesetz verfassungswidrig sei.[62] Zur Begründung dieses Beschlusses sagte das Gericht, der Gegenstand des Gesetzes habe mit Landesverteidigung nichts zu tun, solange es sich nicht um offenkundigen nationalen Notstand handle.[63] Einer der Richter nahm vor allem daran Anstoß, dass das Gesetz die in Aussicht genommenen Unterdrückungsmaßnahmen nicht davon abhängig gemacht habe, dass die staatsfeindlichen Ziele der Kommunistischen Partei in konkreten Straftaten ihren Niederschlag fänden.[64] Zwei Richter widersprachen – wenn auch nicht zu energisch – der Rechtlosmachung einer Partei durch ein Einzel- und Sondergesetz, das gegen den obersten rechtsstaatlichen Grundsatz der allgemeinen Geltung der Gesetze verstoße; es hätten, meinten sie, objektive, für alle gültige Normen und Kriterien des Erlaubten und Verbotenen aufgestellt werden müssen.[65] Auch den Erklärungen der Präambel sei kein zusätzliches Argument zu entnehmen, das für die Verfassungsmäßigkeit des Gesetzes spräche; bestenfalls könne man aus ihnen einen begründeten Tatverdacht, der zwar zur Anklageerhebung, aber nicht zur Verurteilung ausreiche, oder eine Wiedergabe der Motive des Gesetzgebers herauslesen.[66] Die Kritik der sechs Richter am Ausnahmegesetzexperiment fand den Beifall der australischen Wählerschaft: Ein Verfassungszusatz

---

62 Commonwealth Law Reports, Jahrgang 83 (1950/51), S. 1-285.
63 In diesem Sinne a.a.O. die Bundesrichter Dixon (S. 195, 202), Fullagar (S. 262) und McTiernan (S. 208).
64 A.a.O., S. 192 (Bundesrichter Dixon).
65 A.a.O., S. 192 (Bundesrichter Dixon) und S. 278 (Bundesrichter Kitto).
66 A.a.O., S. 223 (Bundesrichter Williams) und S. 264 (Bundesrichter Fullagar).

wurde im Wege des Volksentscheids mit über 50.000 Stimmen Mehrheit verworfen.[67]

Wie also soll man mit den Mitteln des Gesetzes Bestrebungen entgegentreten, die sich gegen den Bestand des demokratischen Regierungssystems richten? Worauf läuft der grundlegende Unterschied zwischen durchgreifendem und gemäßigtem, zwischen aggressiverem und konservativerem Vorgehen hinaus? Wer das radikalere Verfahren gutheißt, wie es etwa im Urteil von Karlsruhe zum Ausdruck kommt, beruft sich vor allem auf die ständige Bereitschaft der verdächtigen Gruppierung, in jeder Situation die Schritte zu ergreifen, die eine unabänderlich zentral manipulierte Lehrmeinung vorschreibt und die – je nachdem – Ausnutzung der Parlamentstribüne, Propaganda, verkapptes Eindringen in die Herrschaftsapparate, Auslösung gesetzwidriger Teilaktionen oder organisierte Gewaltanwendung sein können. Die konservativere Haltung, die aus den Entscheidungen der amerikanischen und australischen Gerichte spricht, verlangt, dass die Rechtsprechung in einer rechtsstaatlichen Ordnung von spezifischen Verstößen, von konkret bestimmbaren gesetzwidrigen Handlungen ausgehe. Wer diese Methode für richtig hält, will nicht schon deswegen mit radikalen Zwangsmitteln eingreifen, weil er weiß, dass die als gefährlich angesehene Organisation ständig damit beschäftigt ist, der gläubigen Gefolgschaft und denen, die sie als brauchbare Mitläufer ausersehen hat, beizubringen, wie und wann die verschiedenartigsten politischen Aktionsmittel aus ihrem reichhaltigen Arsenal zu gebrauchen sind; er meint, dass Urteile über diese hypothetische Waffenkammer erst gefällt werden sollten, wenn ihre Besitzer sie nicht mehr unter Verschluss halten. Die Organisation dürfe nicht schon deswegen verboten werden, weil ihre Führung sich darum bemühe, ihre Gefolgschaft in den Zustand psychologischer Bereitschaft und Mobilisierbarkeit für künftige Aktionen zu versetzen.

Die radikalere Betrachtungsweise neigt also zur völligen und gründlichen Unterdrückung der Organisation, von der angenommen wird, dass sie jederzeit, wenn es ihren Zwecken entspricht, gewillt ist, zum Generalangriff auf die demokratische Ordnung anzusetzen. Die weniger radikale Betrachtungsweise resultiert in weniger rigorosem und starrem Vorgehen und verlangt – je nach den Erfordernissen der Lage – häufigen Positionswechsel und wiederholte Frontverlegung im Ringen zwischen der Staatsgewalt und der feindlichen Gruppierung. Wenn man sich zugunsten der einen oder der anderen Methode zu entscheiden hat, muss man allerdings noch zwei weiteren Elementen des Problems

---

67 Webb: Communism und Democracy... (siehe oben Anmerkung 31).

Beachtung schenken: den Motiven, die in typischen Situationen den Ausschlag geben, und etwaigen Alternativlösungen, die sich anbieten.

d) Taktische Gesichtspunkte bei Randerscheinungen

Die Unterdrückung politischer Parteien mit gesetzlichen Mitteln hat dem Beobachter in neuerer Zeit manches Rätsel aufgegeben. Verboten wurden kommunistische oder faschistische Organisationen, die einflusslos waren und schwerlich die Möglichkeit hatten, der Sicherheit des Landes oder der Stabilität des politischen Systems einen Schaden zuzufügen. Warum aber soll man sich die Mühe machen, praktisch unbedeutende, wenn nicht gar unbekannte Gruppierungen zu unterdrücken? Sicher wurde die Ausschaltung dieser Gruppierungen gerade durch ihre Bedeutungslosigkeit erleichtert; stärkere zu verbieten, wäre eine schwierigere und kompliziertere Aufgabe gewesen. Außerdem lässt sich die Auflösung kleinerer Organisationen mit Routinemaßnahmen bewerkstelligen; man kann da mit gewöhnlichen polizeilichen und gerichtlichen Prozeduren auskommen und braucht keine sensationellen politischen Auswirkungen zu befürchten.

Ein charakteristisches Beispiel war die Auflösung der Kommunistischen Partei Deutschlands nach dem Urteil des Bundesverfassungsgerichts vom 17. August 1956. Die Regierung konnte mit Gewissheit erwarten, dass die Durchführung des Verbots keine gewaltige Erregung auslösen werde, und sie ist auch faktisch sang- und klanglos vor sich gegangen. Spätere Schwierigkeiten wären nur zu befürchten gewesen, wenn man hätte annehmen müssen, dass die verbotene Partei viel Zeit, Mühe und Geld darauf verwenden werde, einen großen illegalen Apparat aufzubauen. Wahrscheinlich war das nicht. Die Kommunistische Partei erfreute sich nur geringer Sympathien unter der Bevölkerung und konnte nicht damit rechnen, dass ihre illegalen Funktionäre nennenswerte Resonanz und Hilfe außerhalb der eigenen Reihen finden würden; lohnend wäre eine illegale Tätigkeit großen Ausmaßes nur gewesen, wenn eine Wiedervereinigung Deutschlands nach östlichem Muster in Sicht gewesen wäre.

Noch geringere Schwierigkeiten waren vom Verbot der Sozialistischen Reichspartei zu erwarten. Organisationen der äußersten Rechten konnten in der Nachkriegszeit nicht an Geldmittel herankommen, wie sie die Kommunistische Partei, wenn sie wollte, für illegale Arbeit aufbringen könnte. Ohne Geld hätten aber rechtsradikale Gruppierungen keine umfassende illegale Tätigkeit in einem für das bestehende

Regierungssystem und seine innere Festigkeit bedrohlichen Umfang entfalten können.

Bei allen Unterschieden in mobilisierbaren Reserven für verbotene Betätigung war den beiden aufgelösten Parteien eins gemeinsam: Weder die eine noch die andere stellte eine wirkliche Gefahr für die politische Ordnung der Bundesrepublik dar. Die Verbotsgründe sind eher in psychologischen Reaktionen auf früher Erlebtes und strategischen Überlegungen weniger unmittelbarer Natur zu suchen.

Die Sozialistische Reichspartei (SRP) wurde zu einer Zeit verboten, da die politische und wirtschaftliche Stabilität des westdeutschen Staatswesens noch bezweifelt werden konnte. In den nordwestdeutschen Bezirken, in denen die stärksten Stützpunkte der Partei lagen, herrschte infolge der Demontage der Industrie und des Zustroms zahlloser Vertriebener und Flüchtlinge aus dem Osten noch beträchtliche Arbeitslosigkeit. Die Partei, die ihre Verwandtschaft mit dem Nationalsozialismus kaum verhüllte, hatte sich vor allem bei den niedersächsischen Landtagswahlen von 1951 bemerkbar gemacht. Sie schwelgte in nationalistischer Demagogie; sie machte das »Diktat der Alliierten« für das noch weithin spürbare Elend verantwortlich; sie sagte allen deutschen Nachkriegsregierungen und Nachkriegsparteien nach, dass sie sich von fremden Eroberermächten dazu gebrauchen ließen, das Land zu ruinieren; sie brandmarkte die im Dritten Reich hingerichteten Widerstandskämpfer als Vaterlandsverräter. Kurzum, die SRP ließ den extremsten Nationalismus Wiederaufleben und bediente sich für ihre massiven Angriffe auf die Vertreter des demokratischen Systems der altbewährten nationalsozialistischen Verunglimpfungs- und Verdächtigungsmethoden. Dieser »Neo-Nazismus« zog nicht nur unwillkommene Aufmerksamkeit im Ausland auf sich, sondern rief auch in Deutschland unter den führenden politischen Gruppierungen Empörung und lauten Protest hervor.[68] Die Presse reagierte außerordentlich heftig. Von demokratischen Organisationen, an deren Spitze sich die Gewerkschaften stellten, wurden gemeinsame Gegenaktionen organisiert. In den weitesten Kreisen wurde einhellig die Meinung vertreten, dass die Grundgesetzbestimmungen über das Verbot verfassungswidriger Parteien gerade im Fall der SRP in die Tat umgesetzt werden sollten.

Trotz all ihrer Lautstärke hatte die SRP weder die innere Stärke noch die organisatorischen Mittel, um den demokratischen Staat wirklich in

---

68 Vergleiche Otto Büsch und Peter Furth: Rechtsradikalismus im Nachkriegsdeutschland. Studien über die »Sozialistische Reichspartei« (SRP) (Schriften des Instituts für politische Wissenschaft, Band 9), Berlin/Frankfurt, 1957, insbesondere S. 192.

Gefahr zu bringen.[69] Aber sie provozierte Zusammenstöße, die an die verlorenen Schlachten der Weimarer Republik erinnerten, sie nötigte die Behörden zu polizeilichen Eingriffen, sie stiftete Unruhe, und ihre weitere Tätigkeit hätte Folgen explosiver Art nach sich ziehen können. Die Bundesregierung zögerte dennoch, den Verbotsmechanismus in Gang zu setzen: Einmal widerstrebte es ihr, neo-nazistischen Tendenzen unverdiente Publizität zu verschaffen, und zum andern scheute sie das Experimentieren mit noch nicht erprobten Verfassungsbestimmungen.[70] Als sie am 4. Mai 1951 feststellte, dass sich die SRP gegen Bestimmungen des Grundgesetzes vergangen habe, geschah das eigentlich unter dem Druck besonders streitbarer demokratischer Kräfte; maßgebliche Kreise im Regierungslager waren nach wie vor gegen ein Gerichtsverfahren.

Zwei Tage später gaben indes die Ergebnisse der Landtagswahlen in Niedersachsen denen recht, die in der SRP eine akute Gefahr gesehen hatten: Nicht nur hatte die SRP 11 Prozent der abgegebenen gültigen Stimmen auf sich vereinigt, sondern es war ihr auch ein fühlbarer Einbruch in die konservative Wählerschaft der Deutschen Partei, der nordwestlichen evangelischen Hilfstruppe der Regierung Adenauer, gelungen. Das Bundeskabinett sah sich zunehmendem Druck gegenüber. Hätte es sich weiterhin dagegen gewehrt, den Fall vor das Bundesverfassungsgericht zu bringen, so wäre ein Verfahren auf Feststellung der Verfassungswidrigkeit der SRP möglicherweise vom Bundesrat[71] eingeleitet worden, in dem einer entsprechenden sozialdemokratischen Initiative weithin freundliche Aufnahme sicher war. Nach weiterem halbjährigem Zögern wurde der entsprechende Antrag von der Bundesregierung am 19. November 1951 eingebracht, und am 24. Januar 1952 beschloss das Bundesverfassungsgericht, das Verfahren zu eröffnen.

Das Verfahren wurde nicht überstürzt. Erst am 15. Juli ließ das Bundesverfassungsgericht erkennen, dass es zu einem für die SRP ungünstigen Ergebnis gekommen sei: Es erließ eine einstweilige Anordnung, die der Partei jede weitere Propaganda und öffentliche Betätigung untersagte. Drei Monate später wurde das Urteil verkündet. Seit die Regierung ihren Auflösungsantrag gestellt hatte, waren elf Monate vergangen, und das Gericht berief sich keineswegs auf eine unmittelbare Bedrohung der

---

69 Über den Niedergang der Partei schon vor Beginn des Prozesses siehe Büsch/Furth: Ebda., S. 92.
70 Ebda., S. 176.
71 Nach § 43 Abs. 1 des Gesetzes über das Bundesverfassungsgericht vom 12. März 1951, Bundesgesetzblatt, 1951, Teil I, S. 243-254, kann der Bundesrat ein Parteiverbot beantragen; nach § 43 Abs. 2 steht jeder Landesregierung dasselbe Recht zu, soweit es sich um eine Partei handelt, die sich ausschließlich innerhalb der Landesgrenzen betätigt.

bestehenden Ordnung. Sein besonderes Interesse wandte es der Zusammensetzung und Auslese der SRP-Führung zu; es kam zu dem Ergebnis, dass sich die SRP selbst als Nachfolgeorganisation der NSDAP angesehen habe. Diese Feststellung ebenso wie die »Wesensverwandtschaft der SRP mit der NSDAP in Programm, Vorstellungswelt und Gesamtstil« und der autoritäre Aufbau der Parteiorganisation ließen es das Gericht als erwiesen ansehen, »daß die SRP, und zwar seit dem Beginn ihres Wirkens, darauf ausgeht, die freiheitliche demokratische Grundordnung zu beeinträchtigen und schließlich zu beseitigen«.[72]

Zum Verbot der Sozialistischen Reichspartei hatten offensichtlich zwei Momente entscheidend beigetragen: Auf der einen Seite ihre fast kindische Unverfrorenheit in der Plakatierung von Nazi-Techniken, Nazi-Manieren und Nazi-Gestalten, auf der anderen Seite die unerwartete Stärke aktiver Nazifeindschaft auch bei den sanftmütigsten und unaggressivsten Demokraten, die als Antwort auf die freche Herausforderung ihrer Toleranzbereitschaft sichtbar geworden war. Greifbare Gefahren für den Bestand der demokratischen Ordnung wurden daneben, sofern überhaupt festgestellt, nur am Rande vermerkt.

Schwieriger sind die Motive auseinanderzuhalten, die zum Verbot der Kommunistischen Partei geführt hatten. Den Antrag auf Feststellung der Verfassungswidrigkeit der KPD stellte die Bundesregierung am 23. November 1951, vier Tage nach der Einleitung des Verfahrens gegen die SRP. Schon lange vorher war die Kommunistische Partei in stetem Niedergang begriffen. Nachdem auf sie bei früheren Gemeinde- und Landtagswahlen sehr viel höhere Stimmenzahlen entfallen waren, hatte sie bei den ersten Bundestagswahlen im August 1949 nur noch 5,7 Prozent der Gesamtstimmenzahl aufbringen und nur in wenigen Industriebezirken nennenswert höhere Anteile – bis zu 15 oder sogar 20 Prozent – erzielen können. Landtagswahlen, die 1950 und 1951 abgehalten wurden, zeigten einen weiteren, beschleunigten Rückgang der KPD-Stimmen. Bis 1953 war der Anteil der Kommunisten an den im Bundesmaßstab abgegebenen Stimmen auf 2,2 Prozent zurückgegangen und damit unter die für die Zuteilung von Bundestagssitzen erforderliche 5-Prozent-Grenze gefallen.

---

72 Urteil des Ersten Senats des Bundesverfassungsgerichts vom 23. Oktober 1952, 1 BvB 1/51, in dem Verfahren über den Antrag der Bundesregierung auf Feststellung der Verfassungswidrigkeit der Sozialistischen Reichspartei, Entscheidungen des Bundesverfassungsgerichts, Band 2, Tübingen, 1953, Nr. 1, S. 1-79, insbesondere 68 ff. Über die organisatorische Struktur der SRP siehe Büsch/Furth: Rechtsradikalismus... (siehe oben Anmerkung 68) S. 164 und 276, wo der Charakter der SRP als eines exklusiven Eliteordens hervorgehoben und die Vorstellungen der Partei mit der nationalsozialistischen Führerkonzeption verglichen werden.

Die Zahl der eingeschriebenen Parteimitglieder bewegte sich zu Beginn der fünfziger Jahre in der Nähe von 70.000. Wie viele von diesen Mitgliedern treue Anhänger der Parteilinie waren, lässt sich nicht schätzen. Bestimmt gab es unter der Mitgliedschaft die verschiedensten Kategorien: Gediente Parteisoldaten, die schon vor 1933 zur Partei gestoßen waren und ihr nominell die Treue wahrten, aber den Glauben an die auch für Westdeutschland maßgebende östliche Führung verloren hatten; Opportunisten, die es für ratsam hielten, Parteibeiträge gleichsam als Versicherungsprämie für den Fall einer einschneidenden politischen Wendung zu entrichten; schließlich Sozialisten alten Stils, die der ideologischen Unklarheit und politischen Kompromissfreudigkeit der Sozialdemokraten misstrauten und sich dadurch beeindrucken ließen, dass sich die Kommunisten nach wie vor der altvertrauten Klassenkampfsprache bedienten. Die aus so heterogenen Bestandteilen zusammengesetzte kommunistische Organisation hatte weder die Macht noch das moralische Gewicht, um im innenpolitischen Kampf auch nur mäßige Erfolge erwarten zu können. Man kann sich daher kaum vorstellen, dass die Bundesregierung die Auflösung der unbedeutenden und zum Teil schon zerfallenden Partei betrieben haben soll, um das demokratische Staatsgebilde vor inneren Erschütterungen und Anschlägen zu bewahren. Und weder die Masse der demokratischen Wähler noch die politischen Führungsgruppen zeigten sich an einem Gerichtsverfahren gegen die KPD interessiert; noch weniger verlangten sie danach.

Einen übermäßigen Eifer bei der Bearbeitung des Regierungsantrages auf Auflösung der Kommunistischen Partei legte auch das Bundesverfassungsgericht nicht an den Tag. Der Prozess vor dem Ersten Senat begann genau drei Jahre nach der Einreichung des Antrags. Mehrmals beschloss das Gericht mehrwöchige Vertagungen. Erst nach fast acht Monaten, am 14. Juli 1955, wurden die Verhandlungen ohne Urteil oder einstweilige Anordnung abgeschlossen. Bis zur Urteilsverkündung vergingen weitere dreizehn Monate. Insgesamt hat das Gericht siebenundfünfzig Monate gebraucht, um zu einem Ergebnis zu gelangen; für die SRP hatten ihm elf Monate genügt. Dass es sich im August 1956 zur Verkündung des Urteils entschloss, hatte sichtbar mit dem von der Regierung und ihrer Parlamentsmehrheit ausgeübten Druck zu tun: Bei der am 21. Juli 1956 beschlossenen Änderung des Gesetzes über das Bundesverfassungsgericht, mit der eine bessere Verteilung der Arbeitslast auf seine beiden Senate gewährleistet werden sollte, wurde die Zuständigkeit für Parteiverbote dem Zweiten Senat übertragen; nur bereits schwebende Verfahren wurden beim Ersten Senat unter der

Voraussetzung belassen, dass sie bis zum 31. August 1956 abgewickelt würden.[73] Unter diesem Druck blieb dem Ersten Senat kaum etwas anderes übrig, als das Urteil zu verkünden. Dass das Gericht zur Feststellung der Verfassungswidrigkeit der KPD gelangen musste, war nach dem Wortlaut des Artikels 21 des Grundgesetzes so gut wie unvermeidlich. Umso strittiger war die Zweckmäßigkeit einer solchen Gerichtsentscheidung. Sogar die Bundesregierung hatte jahrelang davon abgesehen, den Fall allzu energisch zu betreiben. Als sie schließlich 1955 und 1956 hart wurde, war mit bloßem Auge zu sehen, dass die unversöhnliche Haltung durch keinerlei plötzliches Aufflammen kommunistischer Umsturzbemühungen verursacht worden war. Was also hatte die Bundesregierung dazu gebracht, auf dem Verbotsurteil zu bestehen?

Was ihre politische und organisatorische Tätigkeit anging, war die westdeutsche Kommunistische Partei seit Kriegsende nie etwas anderes als eine von der ostdeutschen Sozialistischen Einheitspartei, der getreuen und gefügigen Verbündeten der Kommunistischen Partei der Sowjetunion, hundertprozentig beherrschte Tochtergesellschaft. Und dass die SED und die Bonner Regierung in Fragen der Außenpolitik und der deutschen Wiedervereinigung diametral entgegengesetzte Standpunkte vertreten, versteht sich von selbst. Für die SED ist die Wiedervereinigung nur ein Durchgangsstadium auf dem Weg zur völligen Eingliederung Deutschlands in den Sowjetblock. Die Bonner Regierung ist der Gegenpol: Sie erstrebt die Beseitigung des im Osten herrschenden Regimes durch freie Wahlen, denen die Eingliederung der heute von den Kommunisten beherrschten Gebiete in den westdeutschen Staat folgen soll.

Erfolgsaussichten hat im gegenwärtigen Zeitabschnitt weder die eine noch die andere Politik. Möglich ist aber, dass die deutsche Frage zum Gegenstand von Viermächteverhandlungen oder von erweiterten internationalen Verhandlungen gemacht wird; seit 1955 sind solche Pläne von der Tagesordnung der internationalen Politik nicht mehr verschwunden. Deswegen sind die klugen Bonner Taktiker für Erwägungen der Positionsstärke besonders empfänglich. Die Bonner Regierung wollte offensichtlich nicht mit einer als westdeutsche Partei firmierenden östlichen Agentur belastet sein, die sich der verfassungsmäßigen Anerkennung als demokratische Organisation erfreute. Es mögen auch Überlegungen über den Nutzen, den man aus dem Verbot bei internationalen Verhandlungen ziehen könnte, eine Rolle gespielt haben.

---

73 Gesetz zur Änderung des Gesetzes über das Bundesverfassungsgericht, Bundesgesetzblatt, 1956, Teil I, S. 662-665.

Wichtiger waren jedoch vermutlich die taktischen Vorteile der gerichtlich festgestellten Verfassungswidrigkeit der KPD für die innere Situation. Der Regierung lag daran, eine »weiche« Haltung im Ost-West-Konflikt möglichst unpopulär zu machen. Es stärkte ihre innenpolitische Position, wenn sie zeigen konnte, dass wer für eine »sanftere« Außenpolitik eintrete, in Wirklichkeit Kompromisse mit einer politischen Kraft befürworte, der das oberste Gericht des Landes bescheinigt habe, dass sie die demokratische Staatsordnung mit allen Mitteln bekämpfe. Es war zweifellos einfacher, Bemühungen um freundlichere Beziehungen oder intensivere Verhandlungen mit dem Osten entgegenzutreten, wenn sich mit Hilfe eines Gerichtsurteils beweisen ließ, dass eine solche Politik Kräfte in den Sattel zu heben drohte, deren wichtigstes Ziel die Zerstörung der demokratischen Grundlagen jeder staatlichen Ordnung war. Freilich lässt sich logisch überzeugend einwenden, dass die Bekämpfung des Kommunismus mit Parteiverboten auf Trugschlüssen beruhe: dass das Mittel der »Verfassungswidrigkeit« hier gar nicht dem Schutz der demokratischen Ordnung diene, für den es die Verfassungsgeber (unter dem Vorsitz Konrad Adenauers) geschaffen hatten; dass die erzielten Vorteile die Preisgabe der Freiheit auch am Rande des politischen Systems nicht rechtfertigten; dass es schließlich höchst unklug sei, den Kommunisten fortgesetzte Wahlniederlagen zu ersparen. Das alles bestärkt nur die Vermutung, dass die wirklichen Beweggründe der Regierung mit der Notwendigkeit der Verteidigung der demokratischen Ordnung wenig, sehr viel mehr dagegen mit dem Bedürfnis zu tun hatten, ihre Außenpolitik auf eine breitere Basis zu stellen und ihre Frontstellung in dem zweigeteilten Land zu festigen.

Wie stellen sich im Vergleich dazu die amerikanischen Versuche dar, kommunistische Organisationen mit gesetzlichen Mitteln außer Kurs zu setzen? Die politische Stärke der Kommunisten in den Vereinigten Staaten ist höchstens ein Bruchteil dessen, was ihre deutschen Genossen im allerungünstigsten Fall aufbringen können. Worin also besteht die akute Gefahr? Immer wieder wird darauf hingewiesen, dass sich die Kommunistische Partei der Vereinigten Staaten besonders dazu eigne und bereitwillig dazu hergebe, fremder Spionage Vorschub zu leisten. Zum Teil drehen sich darum auch die Überlegungen des Obersten Gerichts.[74] (Mit demselben Thema befasste sich die Präambel des inzwischen für ungültig erklärten australischen Gesetzes über die Auflösung der Kommunistischen Partei.) Lässt sich aber ernsthaft behaupten, dass die Spionage-

---

74 Dennis v. United States (siehe oben Anmerkung 33), Begründung des zustimmenden Votums des Bundesrichters Felix Frankfurter, S. 547 f.

eignung kommunistischer Organisationen auf ihrer legalen, erlaubten Tätigkeit beruhe? Allgemein wird unterstellt, dass sich Anhänger der kommunistischen Lehre grundsätzlich nicht ablehnend verhalten, wenn der Spionagedienst eines kommunistischen Staates sie anzuwerben sucht. Ändert sich, sofern das richtig ist, etwas daran, wenn sich die kommunistische Parteiorganisation nicht mehr aktiv am öffentlichen Leben beteiligen darf, sondern in die sterile Atmosphäre illegalen, geheimen Verschwörerdaseins hineingezwungen wird? Wird den Revolutionsgläubigen die Geringschätzung nationaler Interessen und patriotischer Pflichten dadurch anerzogen, dass sie ihre revolutionäre Lehre in aller Öffentlichkeit legal propagieren dürfen und mit anderen politischen Richtungen offen konkurrieren müssen? Werden die lockeren Bande, die den Anhänger des Kommunismus vielleicht noch an die bestehende Gesellschaft binden, dadurch, dass er sich politisch frei betätigen darf, weiter gelockert und nicht unter Umständen gefestigt? Als wesenlos darf man solche Fragen nur abtun, wenn man annehmen kann, dass das Verbot einer legal funktionierenden kommunistischen Organisation auch ihr inneres Parteigerüst zerschlägt und alle Verbindungskanäle, die den Zusammenhalt der Parteimitglieder verbürgen, so gründlich zuschüttet, dass sie in den Zustand völliger Isolierung geraten müssen. Dass man das mit gutem Grund annehmen könnte, ist unwahrscheinlich.

Nicht unwesentlich ist ein weiterer Gesichtspunkt. Die Tätigkeit eines echten Spions ist mehr und mehr zu einer hauptberuflichen Beschäftigung geworden, die fachliche Schulung und besondere Befähigung verlangt. Für diese Laufbahn sind ideologische Haltungen ebenso nebensächlich wie einwandfreie Parteivergangenheit. Der Apparat der Sowjetspionage für die Vereinigten Staaten beschäftigt nicht in erster Linie amerikanische Parteiveteranen, und man darf erst recht vermuten, dass die zunehmende Durchsetzung der amerikanischen Parteiorganisation mit Polizeispitzeln dem Spionageapparat tiefes Misstrauen gegenüber jüngeren Parteiangehörigen eingeflößt hat. Moderne, in hohem Maße bürokratisierte Geheimdienste stützen sich längst nicht mehr auf die Mitarbeit von Amateuren, die sich eventuell unter Spezialisten der Parteipropaganda, der »marxistisch-leninistischen« Schulungsarbeit oder der gewerkschaftlichen Zellenbildung anwerben ließen.[75]

Schließlich spricht noch eine zusätzliche Überlegung gegen das Verbot einer grundsätzlichen Opposition, die im Verdacht steht, mit dem äußeren Feind enge Beziehungen zu unterhalten. Die Bedeutung der Geheimhaltung für den Schutz der Lebensinteressen der Nation ist

---

75 Vergleiche David J. Dallin: Soviet Espionage, New Haven, 1955.

fragwürdig geworden. Es ist eine der Paradoxien des Atomzeitalters, dass das Überleben nunmehr in viel höherem Maße von der Nichtgeheimhaltung abhängt, das heißt davon, dass der potentielle Feind über die dem Lande zur Verfügung stehenden Waffen genau und zutreffend unterrichtet ist.[76]

Von welchem Gesichtspunkt aus der Zusammenhang zwischen Parteiarbeit und Spionage auch betrachtet werden möge: Dem verfügbaren Material lässt sich nur entnehmen, dass die legal funktionierenden kommunistischen Organisationen an Nutzen und Bedeutung als Rekrutierungsstellen und Übermittlungsstationen der Sowjetspionage sehr erheblich verloren haben. Das macht die Betätigung dieser Organisationen zweifellos nicht bedrohlicher für die nationale Sicherheit, als sie es vor fünfzehn oder fünfundzwanzig Jahren gewesen ist.

Die zunehmende Neigung, die Tätigkeit der kommunistischen Parteien zu unterbinden, entspringt anderen, psychologisch triftigeren Motiven. Die internationale Atmosphäre hat am Ausgang des Zweiten Weltkriegs einen ruckartigen Wandel durchgemacht. Es kam die Konsolidierung der zwei gegensätzlichen Blöcke, die heute die Weltbühne beherrschen. Der Ablauf des Korea-Krieges und die geringe Aussicht auf eine dauerhafte Lösung des Weltkonflikts brachten im westlichen Lager und namentlich in den Vereinigten Staaten Gefühle des Versagens, der Ohnmacht, der Hilflosigkeit mit sich. Es war nur natürlich, dass sich die Aufmerksamkeit auf einheimische Vertreter sowjetfreundlicher Lehrmeinungen richtete, die als sichtbares Symbol und greifbares Werkzeug des Weltkommunismus erschienen, ganz gleich, welchen Beweggründen ihre Sympathien für die Sowjetherrschaft entsprungen oder wie stark oder dauerhaft sie sein mochten.

Solche Stimmungen erfassten die verschiedensten Gesellschaftsschichten. Hinzu kamen echte Angst vor dem einheimischen Kommunismus und mangelhafte Kenntnis der Tatsachen, die als beängstigend empfunden wurden. Eine neuere Untersuchung hat diesen Teilausschnitt aus der gesellschaftlichen Meinungsbildung gut beleuchtet.[77] Zwischen solchen gefühlsmäßigen Haltungen und der Verabschiedung immer strengerer Verbotsgesetze von mindestens zweifelhafter verfassungsmäßiger Gültigkeit bestand ein deutlicher Zusammenhang. Bei parlamentarischen Auseinandersetzungen ging es weniger um die praktische

---

76 Nachdrücklich wird das u.a. von Henry A. Kissinger: Nuclear Weapons and Foreign Policy, New York, 1957, S. 226 und 420, hervorgehoben; deutsche Ausgabe: Kernwaffen und auswärtige Politik, München, ohne Jahr {Copyright 1959}, S. 294 f. und 356.
77 Samuel Stouffer: Communism, Conformism, and Civil Liberties: A Cross-section of the Nation Speaks Its Mind, New York, 1955.

Verwendbarkeit der neuen Bestimmungen bei gleichzeitiger Aufrechterhaltung der bestehenden Garantien staatsbürgerlicher Rechte und Freiheiten als darum, wie die Wähler auf die unzureichende Kommunistenfeindlichkeit ihrer Vertreter reagieren könnten. Indes gibt es keine Beweise dafür, dass der Kommunistenkomplex die Wähler tatsächlich so erregte, wie von ängstlichen Gesetzgebern vermutet wurde.[78]
Die amerikanischen Kommunisten haben längst alle Stützpunkte verloren, die sie sich innerhalb der großen Interessenverbände geschaffen hatten; von Kommunisten beherrschte Gewerkschaften sind entweder auseinandergefallen oder zu kleinen isolierten Splittergruppen zusammengeschrumpft. Die Folge ist, dass Kommunisten nicht einmal mehr so viel politischen Schutz genießen, wie sich angegriffene Gruppen normalerweise – und sei es auch nur gegen Bezahlung – mit Hilfe politischer Mittelsmänner und ihrer »Beziehungen« verschaffen können.[79] Sie sind zum politischen Spielball für Politiker und Parteiapparate in der einzelstaatlichen oder lokalen Ebene geworden. So hat sich zum Beispiel in der Kongressauseinandersetzung um das Gesetz über die Überwachung kommunistischer Tätigkeit von 1954 deutlich gezeigt, dass sich so mancher Gesetzgeber nicht nach den eigenen Sympathien für das eine oder andere Verfahren und nicht nach deren Vorzügen oder Schwächen richtete, sondern danach, wie sich Antikommunismus am lautesten und auffälligsten (zum Nachteil weniger rabiater Kollegen) betätigen ließ.[80] Trat man für strengere Knebelungsmaßnahmen ein, so brauchte man ungünstige Publikumsreaktionen nicht zu befürchten. Der Parlamentarier war immerfort versucht, seinen unerschütterlichen Willen zum Kampf gegen den »Umsturz« dadurch zu bekunden, dass er für Bestimmungen von zweifelhaftem Nutzen und fragwürdiger Verfassungsmäßigkeit stimmte.

78 Ebda., S. 88.
79 Über die wenig freundliche Haltung der New Yorker Gerichte gegenüber kommunistischen oder kommunistisch angehauchten Gruppen oder Personen in gerichtlich ausgetragenen innergewerkschaftlichen Streitigkeiten siehe Clyde W. Summers: »The Law of Union Discipline. What the Courts Do in Fact«, in: Yale Law Journal, Jahrgang 70, S. 176-224, insbesondere 196 (Heft 2, Dezember 1960).
80 Was herauskommt, wenn die Gesetzgeber einander in Antikommunismus zu übertrumpfen suchen, kann man dem Fall *Fleming v. Nestor*, United States Reports, Volume 362 (1960), S. 603 ff., entnehmen: Mit 5 gegen 4 Stimmen bestätigte das Oberste Gericht unter Führung des Bundesrichters John Marshall Harlan die Verfassungsmäßigkeit einer Novelle zum Sozialversicherungsgesetz (United States Code, Titel 42, § 402 n, in der Fassung von 1954), wonach bei Ausländern, die wegen Zugehörigkeit zur Kommunistischen Partei ausgewiesen worden sind, keine Altersrente gezahlt werden soll. In der vom Kongress beschlossenen Fassung trifft diese Bestimmung auch Personen, die der Partei in den dreißiger Jahren angehört hatten, zu einer Zeit also, da von den in den vierziger und fünfziger Jahren eingeführten Beschränkungen der Parteitätigkeit noch nicht die Rede sein konnte.

Die Autoren solcher Gesetze standen nicht im Verdacht politischer Unwissenheit. Sie waren sich dessen bewusst, dass die rechtsstaatliche Ordnung neben Staatsbürgern von untadeligem Wohlverhalten auch Anhänger extremer und der Allgemeinheit noch so unsympathischer und verdächtiger Richtungen schützt, solange diese Richtungen mit dem Makel krimineller Betrügerei oder pogromartiger Gewalttätigkeit nicht behaftet sind. Es war ihnen nicht unbekannt, dass dieser Schutz in gewissem Maß nach wie vor wirksam ist, auch wenn die entsprechenden Schutzvorkehrungen der Verfassung nur auf gewundenen Wegen in Anspruch genommen werden können und solche Prozeduren viel Zeit kosten. Natürlich ist es denkbar, dass sich die Gesetzgeber, als sie die untraditionellsten Bestimmungen der neuen Gesetze verabschiedeten, darauf verlassen haben mögen, dass Korrekturen in der Praxis automatisch angebracht werden würden, weil es so etwas gibt wie rechtsstaatliche Alltagsgepflogenheiten und erlernte Kunstgriffe der Richter, die wissen, wann sie die Notbremse zu ziehen haben.

An der Entstehung und anfänglichen Handhabung der neueren amerikanischen Rechtsbeschränkungsvorschriften gegen feindliche Organisationen hat sich sehr deutlich die Doppelnatur jeder *ad hoc* zusammengezimmerten Verbots- und Strafgesetzgebung offenbart. Erwünschte Wirkungen im öffentlichen Bewusstsein und in den obwaltenden politischen Stimmungen zu erzielen, ist etwas anderes, als sinnvolle Richtlinien für Strafverfolgung und Rechtsprechung aufzustellen. Versucht man, beides zugleich zu tun, so schafft man für längere Zeit ein erhebliches Maß an Rechtsunsicherheit. Man kann dann nicht der Gefahr entgehen, dass die Organe, die solche Gelegenheitsgesetze in die Praxis umzusetzen haben, sie wörtlich nehmen und sich nicht mehr daran erinnern, dass für die Abfassung der Gesetzestexte bestimmte Regeln des politischen Spiels und demagogisch-propagandistische Bedürfnisse entscheidend waren, die nie jemand zur Richtschnur richterlichen Verhaltens hatte machen wollen.

Bei aller Verschiedenheit der Methoden und Rechtsformen hatte die neuere amerikanische Praxis mit der deutschen Nachkriegspraxis bisher dies eine gemeinsam: Grad und Umfang der gesetzlichen Zwangs- und Rechtsbeschränkungsmaßnahmen gegen antidemokratische Gruppierungen ergaben sich nicht aus der Größe oder Dringlichkeit der Gefahren, die dem demokratischen Staatswesen drohten, sondern wurden durch politisch-taktische Augenblicksnotwendigkeiten bestimmt.

4. Unversöhnliche Systemfeindschaft in verschiedener Sicht

Bis jetzt haben sich gesetzliche Unterdrückungs- und Zwangsmaßnahmen, die von einem Mehrheitsregime ausgingen, immer nur gegen kleine Gruppen ohne nennenswerten Einfluss auf das innenpolitische Geschehen gerichtet. Es gibt keine Erfahrungstatsachen, aus denen zu ersehen wäre, was eintreten könnte, wenn dieselben Maßnahmen mächtigere Organisationen träfen, denen die Unterstützung breiterer Bevölkerungsschichten sicher wäre. Wo es solche starken systemfeindlichen Organisationen gab, wurde oft versucht, die Rechte und Freiheiten der feindlichen Gruppierung nicht förmlich anzutasten, sie aber dafür einem Trommelfeuer parlamentarischer und verwaltungsmäßiger Beschränkungen auszusetzen, das in diesem oder jenem Fall einem wohlüberlegten System gezielter Schikane gleichkam.

Offene Unterdrückung muss, wie schon mehrfach ausgeführt, in der Regel ihr Ziel verfehlen und Freunde abstoßen, sobald die verfolgte Richtung zu einer Massenbewegung geworden ist, die einen beträchtlichen Teil – vielleicht 20 und mehr Prozent – der Wählerstimmen auf sich vereinigt. Die Bewegung, die sich grundsätzlich gegen die bestehende Ordnung richtet, kann sich dabei als politischer Integrationsfaktor erweisen, der mit dem Regime konkurriert; in den Köpfen ihrer Anhänger, aber auch mancher anderer Bevölkerungsgruppen verdrängen ihre Symbole die staatlich-nationalen, und ihren Führern wächst eine Autorität zu, die sich mit der Autorität der gesetzlich etablierten Regierung messen kann. Man braucht nur an die Rolle August Bebels im wilhelminischen Kaiserreich oder an die Jean Jaurès' in der französischen Republik vor 1914 zu denken.

Gewiss: Die Reichweite des gesellschaftlichen Konflikts war auf dem europäischen Kontinent vor dem Ersten Weltkrieg, sofern man sie in realer Macht messen wollte, begrenzt. Das hing in erster Linie damit zusammen, dass die Parteien überhaupt noch nicht zu Transmissionsriemen der Staatsautorität geworden waren und dass sich der internationale Zusammenhalt der Gegner des bestehenden Systems in festlichem Ritual erschöpfte und keine Aktionsgemeinschaft hervorbrachte. Bebel und Jaurès waren bewunderte Volkstribune und Künder einer besseren Welt, nicht zur Übernahme der Regierungsgewalt bereite Chefs von Schattenkabinetten, Propagandisten der internationalen Verbrüderung, nicht einzelstaatliche Beauftragte einer überstaatlichen Autorität. Die von ihnen vertretenen Parteien – teils Sprachrohr organisierten Massendruckes, teils Medium prophetischer Sehnsucht und religiöser Hingabe – nahmen eine viel zu ambivalente

Position ein, als dass aus ihr echtes Ringen um die Macht hätte hervorgehen können.

Für die demokratisch orientierten sozialistischen und Arbeiterparteien änderte sich das in der Zeit zwischen den Weltkriegen. Dafür gerieten nach dem Zweiten Weltkrieg die kommunistischen Parteien in Italien und Frankreich in eine zweideutige Position, in der sich vieles von dem wiederholte, was die sozialistische Bewegung von 1914 gekennzeichnet hatte. Ihre Regierungsteilnahme in den frühen Nachkriegsjahren (1945 - 1947) war von Ambivalenz umwittert. Anhänger und Gegner erwarteten von ihnen gleichermaßen die Umsetzung der Wahlziffern und Parlamentsmandate in effektive Macht: sei es mit Hilfe der Koalitionsregierungen, in die sie eingetreten waren, sei es gegen sie – mit den Mitteln der Aushöhlung oder der gewaltsamen Zerschlagung jeglichen Widerstands. So verschieden ihre Strategie sein mochte: An ihrem Endziel der totalen Machtergreifung bestand kaum ein Zweifel; ihre Teilnahme an Koalitionsregierungen galt allgemein als bloßes Mittel zum Zweck. Offenbar waren jedoch die kommunistischen Parteien Frankreichs und Italiens keine einheitlichen Aktionsverbände, die den ausgegebenen Parolen mit eiserner Disziplin gefolgt wären. Zu einem erheblichen Teil waren sie bloße Kristallisationspunkte unartikulierter Massengefühle der Unzufriedenheit, der Auflehnung, der Hoffnung; daraus ergab sich nicht unbedingt die Möglichkeit einer organisierten und zentral gesteuerten Aktion. Nichts geschah, als die Kommunisten von ihren Koalitionspartnern aus den Kabinetten hinausgedrängt oder hinausgeworfen wurden. Der Vormarsch des westeuropäischen Kommunismus hatte lautlos sein Ende erreicht.

Sowohl in Italien als auch in Frankreich waren die kommunistischen Parteien damit in die Rolle von Minderheitsgruppen zurückverfallen, denen die Teilnahme an der Staatsgewalt verschlossen bleibt. Sie mussten sich infolgedessen nicht gegen diese oder jene parlamentarische Kombination, sondern gegen das bestehende System in seiner Gesamtheit auflehnen. Anderseits war aber auch die Konsolidierung der wackligen Regierungsmehrheiten, die sich nicht mehr auf kommunistische Stimmen stützen konnten, eine schwierige Angelegenheit. Die gegenseitigen Positionen der Regierung und der systemfeindlichen kommunistischen Opposition schienen bereits zehn Jahre später – in Frankreich ebenso wie in Italien – völlig erstarrt und unverrückbar, ähnlich der Kräftelagerung im internationalen Maßstab. Die Anhänger der kommunistischen Parteien waren gewissermaßen dazu verurteilt, auf eine sensationelle Wendung zu warten, von der das Signal zur Wiederaufnahme der Generaloffensive käme. Bis dahin blieb ihnen nichts anderes übrig, als sich mit dem Fortbestehen der alten Ordnung abzufinden und das möglichste aus ihr herauszuholen. Um den organisatorischen Kern der auf die Zerstörung der bestehenden Ordnung zielenden kommunistischen Parteien blieb die Masse der Anhänger geschart, die dem Ruf der Partei am Wahltag folgen; vielleicht waren sie auch noch bereit, sich der Führung der Partei in außergewöhnlichen Situationen anzuvertrauen. Aber im gewöhnlichen Alltag zogen sie es ganz entschieden vor, in Ruhe gelassen zu werden; was sie tun und auf wen sie hören würden, wenn es irgendwann zu einer entscheidenden Kraftprobe kommen sollte, war ihrem Verhalten nicht mehr zu entnehmen.

Ein Verbot der kommunistischen Parteiorganisation wäre unter solchen Umständen – das gilt ebenfalls sowohl für Frankreich als auch für Italien – ein riskantes Unterfangen gewesen, dessen Folgen man nicht hätte voraussahen können. Wahrscheinlich hätte die Rechtlosmachung einer Partei, die einen beachtlichen Teil der Wählerschaft – ein Fünftel oder mehr – vertrat, der demokratischen Legitimierung des Regimes großen Schaden zugefügt. Auch wenn Polizeimaßnahmen mit Hilfe wirtschaftlichen und gesellschaftlichen Drucks ausgereicht hätten, das Parteiverbot wirksam durchzuführen, hätte so großer Widerstand ausgelöst werden können, dass der Mechanismus der Justiz aus den Fugen geraten und das zunichte gemacht worden wäre, was gesetzliche Unterdrückungsmaßnahmen erzielen sollen: die Erhaltung der Rechtsstaatlichkeit und der institutionellen Voraussetzungen der Demokratie. Die Folge hätte eine politische Umwälzung mit radikaler Umkrempelung des politischen Systems sein können.

Gruppierungen, die das bestehende System aus Prinzip bekämpfen, verrichten eine wichtige Funktion im politischen Getriebe. Sie dienen als Kanäle, durch deren Vermittlung grundsätzliche Systemfeindschaft – die in Frankreich und Italien viel Anklang findet – auf mehr oder minder geordnete Weise zum Ausdruck gebracht werden kann. Dass solche organisatorischen Gebilde da sind, trägt nicht unerheblich zum Funktionieren der Mechanismen bei, über die sich die regimetreuen parlamentarischen Parteien der Zustimmung der Massen versichern. Mit der Ausschaltung großer regimefeindlicher Parteien könnten diese Mechanismen ins Stocken geraten oder unnötig werden. Das träfe aber die wichtigste Funktion der Parteien, auf die sich das Regime stützt, denn ihre Daseinsberechtigung gegenüber anderen Machtgebilden, den Interessenorganisationen, der Bürokratie, dem Militär und so weiter, beruht nur darauf, dass sie das gesellschaftliche System in seiner Gegensätzlichkeit zusammenhalten, indem sie die auseinanderstrebenden Willensrichtungen aufeinander abstimmen.

Gäbe es keine Organisation der systemfeindlichen Opposition mehr, so müsste die Bedeutung dessen, was die Parteien tun, zusammenschrumpfen; das Feld wäre dann den anderen Machtgebilden überlassen. Die illegale Tätigkeit der verbotenen Organisation unter Kontrolle zu halten, ist nicht Sache des Parlaments oder der Parteien, sondern der Zwangsapparate der vollziehenden Gewalt, und ihre heimatlos gemachte Gefolgschaft aufzufangen und zu betreuen, ist eine Aufgabe für neue Organisationen besonderer Art. Alles in allem müsste das Verbot systemfeindlicher Organisationen die Stellung der parlamentarischen Parteien eher schwächen als stärken. Außerdem wäre der Einfluss der verbotenen Kräfte auf die gesellschaftliche Meinungsbildung nicht mehr erkennbar, sondern nur noch Gegenstand von Vermutungen, die ihn ebenso überschätzen wie unterschätzen können. Dieser Unsicherheitsfaktor wäre der internationalen Position des Verbotslandes viel abträglicher, als es das ungehinderte Ablesen des Wahlbarometers der Massenunzufriedenheit je sein könnte. Aus diesen Gründen sind die maßgebenden politischen Richtungen, die eine radikale gesellschaftliche Umwälzung nicht wollen und nicht erwarten und deswegen einer grundsätzlich systemfeindlichen Kraft keine gewaltigen Erfolge zutrauen, zumeist auch wenig angetan von der Perspektive eines Vakuums, das mit dem Verbot jedes organisatorischen und politischen Ausdrucks der Systemfeindschaft entstehen müsste.

a) Politische und administrative Beschränkungen

Den systemfeindlichen Kräften selbst bietet uneingeschränkte Teilnahme an der politischen Willensbildung beträchtliche Vorteile. Sie erlaubt die ungehinderte Fühlungnahme mit Bevölkerungsschichten, die, ohne sich festzulegen, mit dem oppositionellen Gebilde von fern sympathisieren, aber von der Parteiorganisation nicht erfasst werden können; auf diese Weise lässt sich der Erfolg oder Misserfolg des Parteiapparats und seines politischen Kurses häufiger kontrollieren und die Gefahr eines plötzlichen Stimmungsumschwungs der Volksmassen in engeren Grenzen halten. Wahlerfolge versorgen die Funktionäre der Partei mit Parlamentsmandaten, Diäten und parlamentarischer Immunität; Gesetze und Gerichte können die Immunitätsvorrechte einschränken, aber nicht abschaffen. Da parlamentsfeindlicher Anarchosyndikalismus bei den Massen keinen Widerhall mehr findet, gewinnt die systemfeindliche Gruppierung dadurch, dass sie im Parlament – als Vortrupp in Feindesland – vertreten ist, größere Autorität. Das ist gewiss ein Pluspunkt in den

Augen der vielen, die zwar von revolutionären Veränderungen träumen, aber nichtsdestoweniger zu einem Gebilde gehören möchten, das schon in der Gegenwart ein bisschen Respekt genießt.

Wenn sie sich legal um Wählerstimmen und Wahlämter bemühen darf, kann auch eine revolutionäre Partei, die von einer allmächtigen Führungsgruppe beherrscht wird und Massenunterstützung sucht, mit mancherlei Vorteilen rechnen. Dies umso mehr, als eine solche Partei, sofern sie mit der leninistischen Lehre zur Genüge vertraut ist, alle legalen Möglichkeiten auszunutzen vermag, ohne sich auf Verpflichtungen festzulegen, die über rein formale Zulassungsbedingungen hinausgehen.

Darin steckt eine Portion Doppelzüngigkeit, und die entsprechenden Reaktionen sind bei den Regimes, gegen die sie sich richten, nicht ausgeblieben. Demokratische Staaten sind weitgehend dazu übergegangen, die Rechtsstellung systemfeindlicher Gruppierungen mit einer besonderen Elle zu messen. Dem Risiko und der Belastung radikaler Verbotsmaßnahmen wollen sie sich nicht aussetzen; immer mehr neigen sie aber dazu, Teilbeschränkungen einzuführen, um die Fortschritte des Feindes zu blockieren und seine Tätigkeit zu behindern. Ein Beispiel unter vielen möge genügen. Im Jahre 1953 ersuchte die französische Regierung das Parlament, die Immunitätsvorrechte einer Anzahl führender Kommunisten aufzuheben. Sie sollten wegen »Demoralisierung« der Armee zum Nachteil der Landesverteidigung von einem Militärgericht abgeurteilt werden. Die Aufhebung der Immunität wurde aus einem besonderen Grunde verweigert: Die Mehrheit folgte denen, die einen Prozess im Sinne des Regierungsantrags für schädlich hielten, weil er die entscheidende Frage vernebeln werde, ob die Kommunistische Partei nicht überhaupt verboten werden sollte.[81]

Da sie weder in Frankreich noch in Italien verboten wurde, sind in beiden Ländern zahlreiche Versuche unternommen worden, ihre Tätigkeit mit besonderen Gesetzen und Verwaltungsbestimmungen zu erschweren, soweit sich das ohne grundsätzliche Preisgabe staatsbürgerlicher Rechte und der Gleichheit vor dem Gesetz machen ließ. Manche dieser Beschränkungen griffen in das Wahlverfahren ein. In beiden Ländern wurden Anfang der fünfziger Jahre die Wahlgesetze mit dem Ziel revidiert, die parlamentarische Vertretung extremer Parteien einzuschränken. Zu diesem Zweck wurde das in Europa in den ersten Nachkriegsjahren allgemein akzeptierte Prinzip der Verhältniswahl in dem Sinne abgewandelt, dass Listenverbindungen verschiedener Parteien

---

[81] Journal Officiel de la République Française. Débats Parlementaires, Assemblée Nationale, 2ᵉ législature, Nr. 82, S. 5055 ff. (147. Sitzung vom 13. November 1953).

zugelassen und den Gemeinschaftslisten zusätzliche Mandate oder sogar sämtliche Mandate zugeteilt wurden, sofern auf sie mehr als 50 Prozent der Stimmen entfielen (innerhalb je eines einzelnen Departements in Frankreich, im Landesmaßstab in Italien). Das war eine Begünstigung der Parteien, die Wahlbündnisse eingehen wollten und konnten (was für die Kommunisten nicht in Frage kam). Nach solchen Wahlgesetzen wurden drei Parlamentswahlen abgehalten: 1951 und 1956 in Frankreich und 1953 in Italien. Nur die Wahlen von 1951 in Frankreich erfüllten die Erwartungen der Regierung. In Italien lehnten sich viele Wähler gegen ein Verfahren auf, das sie als ungerecht empfanden und das faschistischen Vorbildern nachzueifern schien, und in Frankreich fanden es viele bezirkliche Parteiorganisationen mit der Zeit vorteilhafter, sich auf Wahlbündnisse nicht einzulassen.

Das italienische Gesetz, in weiten Kreisen *legge truffa*, Betrugsgesetz, genannt, wurde 1954 aufgehoben. Die Wahlen von 1958 wurden nach dem vorher geltenden Verhältniswahlsystem abgehalten; fast wie zuvor wurden 140 Kommunisten in die Kammer und 59 in den Senat entsandt. In Frankreich brachte die Errichtung der autoritär-bürokratischen Fünften Republik viel gründlichere Eingriffe in das Wahlsystem. Hauptsächlich gegen die Kommunisten richtete sich die Wiedereinführung des Mehrheitswahlsystems der dreißiger Jahre mit Einmannwahlkreisen und Stichwahlen bei Nichtzustandekommen der absoluten Mehrheit im ersten Wahlgang; hinzu kam eine ausgeklügelte Wahlkreisgeometrie, die Industriebezirke mit anders strukturierten zusammenwarf. Das Ergebnis der ersten Wahlen entsprach den Erwartungen: Auf die Kommunisten entfielen im ersten Wahlgang 18,9 Prozent der Stimmen, aber insgesamt nur 10 Mandate; dagegen erhielt die Partei mit der nächsthöheren Stimmenzahl, der gaullistische Sammelverein Union Nationale Républicaine, 188 Parlamentssitze bei nur 17,6 Prozent der Wählerstimmen.

Solange in den Parlamenten noch starke kommunistische Fraktionen bestanden, gab es freilich auch noch andere Mittel, ihren tatsächlichen Einfluss zu reduzieren: Verweigerung des Vorsitzes in Parlamentsausschüssen, Entzug des Rechtes, vertrauliches Material einzusehen, und vor allem Ausschluss von der Regierungsbildung. In manchen Fällen, in denen Verfassungsbestimmungen die Berufung des Kabinettschefs von einer qualifizierten Mehrheit abhängig machten, erklärten Kandidaten im Voraus, sie würden die Wahlhilfe der Kommunisten unter keinen Umständen annehmen. Die Kommunisten behielten zwar das Recht, die Regierung zu kritisieren, Anträge einzubringen und an der Beratung der Gesetze teilzunehmen, hatten aber nicht die geringste Möglichkeit, die

Besetzung der Regierungsämter oder die Amtsführung der Regierung zu beeinflussen. Dort, wo Kommunisten noch in einiger Stärke in Parlamenten vertreten sind, ist es auch so geblieben.

Die einzige Ausnahme ist Finnland. Die Position der Kommunistischen Partei Finnlands, die eine starke Fraktion im Parlament hat, erinnert noch an den Zustand, der in den ersten Nachkriegsjahren für die meisten Länder Westeuropas charakteristisch war. Die strategische Position des Landes verbietet eine einseitige Bindung an den Westen; im Gegenteil: Die geringsten Reaktionen des großen Sowjetnachbarn müssen beachtet und berücksichtigt werden. Solange die Sowjetregierung darauf verzichtet, das kleine Finnland zu unterjochen oder unerträglichem Druck auszusetzen, sind die nichtkommunistischen Parteien bereit, sich die Unabhängigkeit des Landes einiges kosten zu lassen und die nicht bloß formale, sondern auch effektive Mitwirkung der Kommunisten in der parlamentarischen Ebene hinzunehmen. Obgleich seit 1948 in keiner Koalitionsregierung vertreten, genießt die Partei alle Vorteile, die aus ihrer streng respektierten Gleichberechtigung fließen, und nimmt im vollen Umfang am politischen Willensbildungsprozess teil. Vieles kann in Finnland mit verfassungsändernden Dringlichkeitsanträgen[82] gemacht werden, die aber im Parlament eine Fünfsechstelmehrheit erfordern. Diese Bestimmung machte es den Kommunisten 1957 zum Beispiel möglich, die Annahme bestimmter rückwirkender sozialpolitischer Vorschriften zu verhindern.[83] Die strenge Wahrung der Verfassung verschaffte somit der im Grunde verfassungsfeindlichen Opposition der Kommunisten nicht unwesentliche taktische Vorteile. Aber natürlich ist die finnische Konstellation ein einzigartiger Fall. In der Regel folgt das Regierungssystem in den demokratischen Ländern, in denen die kommunistische Minderheit stark ist, dem Rezept, den Kommunisten nur das verfassungsmäßig verbürgte Mindestmaß an politischen Rechten zuzugestehen.

Wenn es nicht um Regierungsbeteiligung und Mitwirkung an der Gesetzgebung geht, bleibt es bis zu einem gewissen Grade dem Ermessen der Verwaltung überlassen, in welchem Maße dem Verlangen der Kommunisten nach voller Gleichberechtigung stattgegeben wird. Inwieweit kann man aber Systemfreunde und Systemfeinde unterschiedlich

---

82 Mit Hilfe dieser Prozedur kann den Veränderungen der »objektiven« Situation nötigenfalls sehr schnell Rechnung getragen werden, was sich natürlich verschieden auswirkt. Anfang der dreißiger Jahre wurde auf diese Weise die Tätigkeit kommunistischer Organisationen radikal eingeengt, 1944 dagegen jede Beschränkung über Nacht pauschal aufgehoben; vergleiche Paavo Kastari: »Constitutional Protection of Civil Rights in Finland«, in: Finnish Political Science Association (Hg.): Democracy in Finland, Helsinki, 1960, S. 58-73.

83 Kastari: a. a. O, S. 69 f.

behandeln, ohne dass der Grundsatz der Gleichheit vor dem Gesetz auf flagrante Weise verletzt wird? In einer Bekanntmachung vom 4. Dezember 1954 hatte beispielsweise die italienische Regierung angekündigt, sie werde künftighin ihren Kampf gegen die Kommunistische Partei und verwandte Gruppen ausschließlich in der Verwaltungsebene führen, ohne dafür besondere Gesetze zu beanspruchen.[84] So wurde kommunistischen Parteimitgliedern, die als Arbeiter Beschäftigung im Ausland suchten, die Ausstellung von Reisepässen verweigert.

Frankreich kennt mehrere Fälle, in denen Kommunisten aus Regierungsämtern entfernt oder kommunistischer Einstellung verdächtige Bewerber zu Aufnahmeprüfungen an der Verwaltungshochschule nicht zugelassen wurden. Der Conseil d'État hat solche Verwaltungsakte rückgängig gemacht, sofern die Regierung die angeforderten zusätzlichen Auskünfte nicht beibrachte.[85] Auf Grund älterer und auch neuerer Fälle kann man vermuten, dass die Behörden bei ausreichendem Beweismaterial eine Aufhebung ihrer Verfügung nicht zu befürchten brauchen.[86] Auf anderen Gebieten wurde weniger systematisch diskriminiert: Die Behörden suchten sich zum Eingriff bestimmte Arten der Betätigung aus oder trafen entsprechende Ermessensentscheidungen in Fällen, in denen

---

84 Piero Calamandrei: »La Costituzione e le Leggi per attuarla«, in: Achille Battaglia, Piero Calamandrei, Epicarmo Corbino, Emilio Lussu, Gabriele de Rosa, Mario Sansone und Leo Valiani: Dieci Anni Dopo. 1945 - 1955. Saggi sulla vita democratica italiana, Bari, 1955, S. 209-316, insbesondere 295; vergleiche auch die mehr theoretische Abhandlung von Marino Bon Valsassina: »Profilo del opposizione anticostituzionale nello stato contemporaneo«, in: Revista Trimestrale di Diritto Pubblico, Jahrgang 7 (1957), S. 531-623. Zusammen geben diese beiden Arbeiten den besten Abriss der Theorie und Praxis politischer Diskriminierung in rechtsstaatlich regierten Ländern Westeuropas, in denen systemfeindliche Organisationen nicht grundsätzlich verboten sind.

85 Über eine der neueren Entscheidungen, im Fall Lemaire, siehe: Revue du Droit Public et de la Science Politique en France et à l'Étranger, Jahrgang 65, S. 804 (Heft 4, Juli/August 1959): Die Entlassung des Beamten, die nur wegen seiner politischen Auffassung erfolgt war, wurde für rechtswidrig befunden. Über den reichlich aufgebauschten Fall Barel (Nichtzulassung zu Aufnahmeprüfungen an der Verwaltungshochschule), in dem ebenfalls gegen die Verwaltung entschieden wurde, siehe Marcel Waline, »Notes de Jurisprudence«, mit Schlussbericht und Urteilsbegründung, a.a.O., Jahrgang 60, S. 509-538 (Heft 2, April/Juni 1954).

86 Im Fall Grange: Revue du Droit Public et de la Science Politique en France et à l'Étranger, Jahrgang 65, S. 798 f. (Heft 4, Juli/August 1959), hob der Conseil d'État den über einen algerischen Anwalt verhängten Zwangsaufenthalt mit der Begründung auf, dass die Behörde keine näheren Angaben zur Rechtfertigung der angeordneten Maßnahme gemacht habe; der Conseil d'État erklärte, dass er es als stichhaltigen Grund akzeptiert hätte, wenn sich die Behörde auf die Zugehörigkeit des Beschwerdeführers zu einer kommunistischen Gruppierung berufen hätte. Über die liberalere Haltung einer unteren verwaltungsgerichtlichen Instanz, die von der Behörde den Nachweis der Nichtdiskriminierung verlangt, siehe René Bourdoncle: »De l'obligation de réserve qui s'impose aux fonctionnaires français«, in: Recueil Dalloz Hebdomadaire, 1960, Chroniques XXXVII/XXXVIII, S. 237-248, insbesondere 247.

gleiche Behandlung nicht ausdrücklich vorgeschrieben war. So wurden kommunistische Bürgermeister und Stadtverordnete wegen Teilnahme an Unruhen abgesetzt; Resolutionen von Stadtvertretungen, zumeist propagandistischer Natur, die auf Betreiben von Kommunisten angenommen worden waren, wurden von der Aufsichtsbehörde aufgehoben; von Kommunisten beherrschte Gewerkschaften wurden zu Verhandlungen mit Behörden, sofern keine ausdrückliche gesetzliche Bestimmung vorlag, nicht hinzugezogen, und dergleichen mehr. Daneben wurden Interessenverbände, die einer systemfeindlichen politischen Richtung nahestanden, um ihre Vertretung in staatlichen Körperschaften gebracht; mit einer solchen zweischneidigen Maßnahme lässt sich vielleicht der Einfluss solcher Verbände verringern, doch wird damit zugleich auch das wirkliche Gewicht der Verbände verschiedener Richtungen in sozialen Konflikten verfälscht, so dass es der Bürokratie schwerfallen muss, wohl abgewogene, für alle Beteiligten annehmbare Dispositionen zu treffen.[87]

In Italien nahm 1956 das neugeschaffene Verfassungsgericht seine Arbeit auf. Für die Verwaltungspraxis der Benachteiligung und Fernhaltung politisch Verdächtiger konnte das mancherlei Neues bedeuten. Die frühesten Urteile des Gerichts beseitigten verschiedene Polizeibefugnisse, die der Staat auf Grund des faschistischen Gesetzes über die öffentliche Sicherheit vom 18. Juni 1931 auch unter der Republik geltend gemacht hatte. (Danach war unter anderem die Verbreitung politischen Propagandamaterials genehmigungspflichtig.) Das Verfassungsgericht kann jedoch nicht von politischen Parteien angerufen werden. Bestimmte Fälle können dem Gericht von Provinzregierungen unterbreitet werden, die aber bis jetzt nur in wenigen Regionen gebildet worden sind, so dass systemfeindliche Gruppierungen auch diesen Weg kaum beschreiten können. Nun kann zwar die Verfassungsmäßigkeit von Gesetzen oder Verwaltungsvorschriften auch von Privatpersonen in jedem gerichtlich anhängigen Verfahren angefochten werden, aber bevor das mit dem Fall befasste Gericht die Akten an das Verfassungsgericht weitergibt, muss es feststellen, dass die Einrede der Verfassungswidrigkeit

---

87 Markante Beispiele der Benachteiligungspraxis französischer Behörden führen Jean Meynaud und Alain Lecelot, »Groupes de pression et politique de logement«, in: Revue Française de Science Politique, Jahrgang VIII, S. 821-860 (Heft 4, Dezember 1958), an. Über den Ausschluss sozialistischer und kommunistischer Gewerkschaften von der Vertretung in öffentlichen Körperschaften in Italien und seine Folgen siehe Joseph La Palombara: »The Utility and Limitations of Interest Group Theory in Non-American Field Situations«, in: The Journal of Politics, Jahrgang 22, S. 29-49, insbesondere 45 (Heft 1, Februar 1960). Analoge Erscheinungen in überstaatlichen europäischen Gebilden streift Ernst B. Haas: The Uniting of Europe. Political, Social and Economic Forces, 1950 - 1957, Stanford (California), 1958, S. 409.

nicht »augenscheinlich unbegründet« sei oder dass es ohne vorherige Klärung der Frage nicht zu einem Urteil gelangen könne.[88] Schon wegen dieser Beschränkung des Zugangs zum Verfassungsgericht ist es nicht wahrscheinlich, dass seine Rechtsprechung die Verwaltungspraxis in der unteren Ebene ernsthaft beeinflussen könnte. Außerdem wird es in vielen Fällen schwierig sein, vorsätzliche Diskriminierung aus politischen Gründen zu beweisen; und den Diskriminierungsopfern kann der Zeitverlust, den ein Prozess bedeutet, nicht geringeren Schaden zufügen als ein abschlägiges Gerichtsurteil. Schließlich kann die Ermessensfreiheit der Verwaltung, die dazu benutzt wird, den Grundsatz der Gleichheit vor dem Gesetz zu umgehen, ohne gegen ihn offen zu verstoßen, zu einem Mittel werden, die unterschiedliche Behandlung der Parteien je nach ihrer Einstellung zur verfassungsmäßigen Ordnung zum System zu machen. Man kann sich darüber streiten, ob die Anhänger der systemfeindlichen Gruppierungen dadurch abgeschreckt werden oder sich erst recht veranlasst fühlen, sich um die Fahnen ihrer Organisationen zu scharen. Bringt es die systemfeindliche Opposition zuwege, ihren politischen Kampf in nennenswertem Umfang zum Kampf um den Schutz der Rechte einer freien Gesellschaft gegen verfassungswidrige Übergriffe zu machen (wie beispielsweise in Italien gegen das Wiederaufleben der alten Allianz von Staatsapparat und Kirche), so kann sie in größeren Kreisen von Intellektuellen, an die sie sonst nicht leicht herankommt, Anklang finden.

Als Waffe im Kampf zwischen dem bestehenden Regierungssystem und den ihm feindlichen Kräften ist die Legalität ein zweischneidiges Schwert. Sie lässt das Vorgehen der Staatsgewalt als gerecht und billig erscheinen, aber sie zieht ihm enge Grenzen und nimmt ihm seine Schlagkraft. Zweifellos gilt das auch für die Opposition. Die Legalität erlaubt es der Minderheit, den Schutz des Gesetzes für sich in Anspruch zu nehmen, aber zugleich weckt sie bei den Anhängern der Minderheit das Bedürfnis, geschützt zu werden; sie verlangen dann von ihren Führern, dass sie sich in den Grenzen erlaubten Handelns halten, damit der große Bereich, für den der Schutz erwirkt werden kann, nicht aufs Spiel gesetzt werde.

---

88 Über die Anfänge des italienischen Verfassungsgerichts und seine erste Entscheidung zur Gültigkeit des faschistischen Sicherheitsgesetzes von 1931 siehe Paolo Biscaretti di Ruffia: »Die Tätigkeit des italienischen Verfassungsgerichtshofes während der zwei ersten Jahre seines Bestehens«, in: Schweizer Juristen-Zeitung, Jahrgang 54, S. 317-326 (Heft 21, 1. November 1958). Zu Verfahrensfragen siehe Giovanni Cassandro {Mitglied des Verfassungsgerichts}: »The Italian Constitutional Court«, in: American Journal of Comparative Law, Jahrgang 8, S. 1-14, insbesondere 10 (Heft 1, Winter 1959).

Solange Recht und Gesetz gelten, verhindern sie die Ausweitung der Konfliktzone. Natürlich können Konflikte ausbrechen, wenn der Staat die Rechtsgleichheit verletzt oder die Grenzen zwischen politischer Entscheidung und behördlichem Ermessen überschreitet; sie können aber auch ausbrechen, wenn die Opposition die Massen ihrer potentiellen Anhänger zur Generaloffensive aufruft und den Stellungskrieg, der für die Zeit zwischen 1947 und 1959 kennzeichnend war, in einen Bewegungskrieg verwandelt. Solange sich die kämpfenden Kräfte, weil sie der Zukunft nicht sicher sind und das Risiko gewaltsamer Zusammenstöße scheuen, ein gewisses Maß an Zurückhaltung auferlegen, tendiert die Rechtsordnung dazu, die Ebenen explosiver Reibungen nicht auszudehnen, sondern zu begrenzen. Dass das autoritär-bürokratische Regime de Gaulles diesen Zustand nicht umgeworfen hat, spricht dafür, dass es sich in gewissem Umfang der objektiven Faktoren bewusst war, die eine Politik bewaffneten Waffenstillstands zwischen dem Regime und der grundsätzlich systemfeindlichen Opposition begünstigen. Obgleich eine absichtlich vage Bestimmung in Artikel 4 der Verfassung von 1958 – über die Achtung, die die Parteien dem Grundsatz der nationalen Souveränität und der Demokratie schuldig seien – einen Vorwand für das Verbot der Kommunistischen Partei hätte liefern können, hat de Gaulle auf ein solches Verbot verzichtet. Auch zu der Zeit, da die Kommunisten ihre frisch-fröhliche Agitation gegen die offizielle Algerien-Politik munter weiter betrieben, wurde ihnen die Freiheit belassen, ihre Parteilinie der schon gewonnenen oder erst zu werbenden Kundschaft schmackhaft zu machen. Das neue Regime zeigte sich nicht willens, eine neue Kraftprobe zu versuchen, die es überbelastet und auf jeden Fall genötigt hätte, das politische System radikaleren Eingriffen zu unterwerfen, als es sich vorgenommen hatte.

b) Gleiches Recht für alle

Über die dritte Art der Behandlung fundamental systemfeindlicher Gruppierungen im Rahmen einer rechtsstaatlichen demokratischen Ordnung ist nicht viel zu sagen. In ihr kommt das für Rechtsstaatlichkeit und Demokratie Wesentliche zum Ausdruck: gleiches Recht für alle und Mehrheitsherrschaft mit vorbehaltlosem Schutz der Rechte der Minderheit einschließlich des Rechts, zur Mehrheit zu werden. Die Regelung des politischen Lebens nach diesen Maximen war ursprünglich die Grundlage, von der sich die anderen Varianten – gesetzliche Unterdrückung feindlicher Gruppierungen und ihre Benachteiligung in der Praxis unter

Beibehaltung der Gleichberechtigung im Prinzip – ablösten, an die sie aber wieder Anschluss finden müssen: Sei es nur zum Teil und vorübergehend, sei es ganz und für immer. Erfolgt der Wiederanschluss nicht, so bedeutet das, dass sich das politische System grundsätzlich verändert hat; infolge zwingender Umstände oder weil es so bequem ist, die Macht, die man hat, willkürlich zu gebrauchen, ist dann die uneingeschränkte Unterdrückung der Gegner an die Stelle der gesetzlich begrenzten getreten.

In seiner reinsten Form hat sich das System gleicher Rechte und gleicher Behandlung der Gegner in Großbritannien, in Teilen des Commonwealth und in den skandinavischen Ländern erhalten. Rechtlich beruht das System darauf, dass das großzügig weit gehaltene Feld erlaubten Handelns und verbürgter Freiheit der Überzeugung, der Propaganda und des organisatorischen Zusammenschlusses im Einklang mit der Tradition streng geschieden wird von der Sphäre gesetzwidriger Handlungen, die Gewalt, Anschläge auf die rechtsstaatlichen Einrichtungen, Betrug, Erpressung, Nötigung und so weiter und Anstiftung zu solchen Taten umfasst. In diesem Rahmen gibt es kaum Antriebe dazu, eine bestimmte Art von Organisationsgetriebe oder politischem Verhalten, die sich aus dem Bekenntnis zu einer besonderen revolutionären Lehre ergibt, in den Begriff strafbaren Handelns hereinzunehmen, es sei denn, dass sich das Organisatorische und Politische in konkrete und spezifische Taten umsetzt, die gegen die gesetzliche Ordnung verstoßen.

Ein demokratisches Regime, das an einem solchen System festhält, schreckt vor behördlich verfügter Diskriminierung zurück; dagegen ist es durchaus möglich, dass auch unter einem rechtsstaatlich-demokratischen Regime gesetzliche und administrative Schranken gegen das Eindringen feindlicher Elemente in wichtige Schlüsselpositionen und gegen die unerlaubte Weitergabe von Nachrichten errichtet werden, deren Geheimhaltung als wesentlich für den Schutz des Staatsgebildes erscheint. Das Regime mag es für zweckmäßig halten, das Tragen privater Uniformen zu verbieten, um der Verschärfung bestehender Gegensätze entgegenzuwirken. Seinen Gegnern gewährt es volle Gleichberechtigung bei Wahlen und im Parlament. Es sind ihm aber auch bis jetzt aus der Freiheit, die es schützt, keine wesentlichen Schwierigkeiten entstanden. Allerdings ist auch das politische Gleichgewicht in Ländern mit uneingeschränkten demokratischen Rechten und Freiheiten noch nie durch Beteiligung systemfeindlicher Gruppen an der Regierung gestört worden: Dazu sind die antidemokratischen Parteien kommunistischen oder nationalsozialistischen Gepräges in solchen Ländern zu klein und zu schwach.

Nur an verteidigungswichtige Positionen und an geheimes Material kann in solchen Ländern nicht jeder heran; in jeder anderen Beziehung bleiben Parlamentarier, die systemfeindlichen Gruppierungen angehören oder mit ihnen sympathisieren, unbehindert. Erklärte Gegner betätigen sich auf verschiedenen Gebieten des öffentlichen Lebens, üben öffentliche Funktionen aus, bekleiden Ämter in Universitäten, Gewerkschaften, Genossenschaften und so weiter. Sie haben jede erdenkliche Möglichkeit, ihr Programm zu vertreten und die Tradition, die Institutionen und die Zustände der bestehenden Gesellschaft zu kritisieren, anzuklagen und anzuprangern. Wenn auch das letzte Wort vielleicht noch nicht gesprochen ist, hat die Gleichberechtigung systemfeindlicher Gruppierungen in diesen Ländern weder zu einem Verfall ihrer demokratischen Staatsorganisation noch zu einer Beeinträchtigung ihrer nationalen Sicherheit oder internationalen Position geführt.[89]

Gewiss sind die antidemokratischen Parteien in diesen Ländern so unbedeutend, dass sie das Funktionieren der Demokratie nicht gefährden können. Eine Zeitlang gelang es der Kommunistischen Partei Großbritanniens, einen Abgeordneten ins Unterhaus zu entsenden; auch das ist seit vielen Jahren vorbei. In den skandinavischen Ländern sind die Kommunisten etwas stärker, aber dennoch einflusslos. In keinem dieser Länder haben sich die Kommunisten je getraut, etwas zu unternehmen, was das Funktionieren der Demokratie behindert hätte, auch nicht dort, wo sie – wie in Schweden – gelegentlich das Zünglein an der Waage sind und den Sozialdemokraten die parlamentarische Mehrheit verschaffen können. Das ist kein glücklicher Zufall. Es geht nicht darum, dass man es sich hier leisten kann, den Feinden des Systems gleiches Recht einzuräumen, sondern darum, was diesen Luxus möglich macht. Warum es hier keine faschistische Gefahr gibt, bedarf keiner besonderen Erörterung. Dass aber auch keine Bedrohung des politischen Systems durch einen kommunistischen Anschlag zu befürchten ist, hat mit zwei geschichtlichen Phänomenen zu tun. Einmal ist die in diesen Ländern tief verwurzelte demokratische Legalität seit langem zum einzig möglichen Boden gesellschaftlichen und politischen Handelns geworden; dass legale Regierungen die Rechtsordnung antasten könnten, um endlos im

---

89 In ihrer instruktiven Darstellung der inneren Staatssicherheitsprobleme Englands gehen H. H. Wilson und Harold Glickman: The Problem of Internal Security in Great Britain, 1948 - 1953, Garden City, New York, 1954, auf Strafverfolgung wegen Aufruhrs oder wegen staatsfeindlicher Hetze (Incitement to Disaffection Act, 1934) nur summarisch ein, ohne neuere Fälle zu registrieren. Ihr Hauptinteresse gilt der im Wesentlichen zurückhaltenden Sicherheitspolitik der Regierung und ihren Auswirkungen auf Bildungs- und Erziehungsarbeit. Als das wichtigste (und eindeutig politische) Kampfterrain des Kommunismus werden mit Recht die Gewerkschaften angesehen. Im Vergleich zur inneramerikanischen Situation wird hervorgehoben, dass für englische Politiker bloßer Antikommunismus kein günstiges Karrieresprungbrett darbiete.

Amt zu bleiben und Veränderungen zu verhindern, erscheint hier als eine absurde, durch die Tatsachen hinreichend widerlegte Befürchtung. Zum andern werden die Kommunisten von den Gesellschaftsschichten, an die sie sich wenden, gerade deswegen abgelehnt, weil sie sich nicht als verlässliche Anhänger der demokratischen Ordnung bewährt haben. Britische oder skandinavische Arbeiter brauchen sich nicht von Kommunisten sagen zu lassen, wie man Industrie oder Verkehr in öffentliches Eigentum überführt, private Investitionen staatlicher Kontrolle unterwirft, den Arbeitsmarkt nach einem Plan reguliert, die Verbraucher gemeinwirtschaftlich oder genossenschaftlich versorgt, die Landwirtschaft industrialisiert und ihre Produktion lenkt, eine lückenlose Sozialversicherung aufbaut oder das Gesundheitswesen »sozialisiert«. Soweit die Arbeiter sozialistischen Gedankengängen zugänglich sind, haben ihnen die Kommunisten nichts anzubieten, was sie nicht schon hätten; soweit die kommunistischen Parteien demokratischen Gepflogenheiten nicht zu folgen wünschen und auf ihr organisatorisches Sonderdasein nicht verzichten, begeben sie sich der Chance, auch nur vorübergehend wohlwollende Beachtung zu finden.

Dass es erwiesenermaßen möglich ist, weitgehende gesellschaftliche Veränderungen auf demokratischem Boden durchzusetzen, hat zur Folge, dass der Durchschnittsstaatsbürger größeres Interesse für öffentliche Angelegenheiten bekundet und am öffentlichen Leben aktiver teilnimmt. Das wiederum führt dazu, dass in der Verwaltung, in der Justiz, in öffentlichen Betrieben, in Organen der Sozialfürsorge, in Gewerkschaften und so weiter besser gearbeitet und Korruption ausgeschaltet wird. In den erwähnten demokratischen Musterländern gibt es kaum noch gesellschaftliche und wirtschaftliche Benachteiligung religiöser oder ethnischer Minderheiten. In der Regelung des Arbeitsverhältnisses haben sich in diesen Ländern in zunehmendem Maße gesetzlich geregelte Verfahren durchgesetzt; brutale Gewalt von oben und anarchische Zerstörungswut von unten sind nur noch blasse Erinnerungen an ein Zeitalter der Finsternis. Aus alledem ist ein ungeschriebener Verhaltens- und Sittenkodex für das politische und soziale Handeln hervorgegangen, der sich allgemeiner Anerkennung erfreut, so dass der Übertreter auf öffentliche Missbilligung, wenn nicht gar auf Ächtung stößt. Der ständige Druck eines »demokratischen Klimas« hat die Auslese der politischen Eliten so strengen Anforderungen unterworfen, dass die Partei-, Kabinetts- und Parlamentsämter bei allen bedeutenden politischen Richtungen Menschen Vorbehalten sind, die in Bezug auf Intellekt, Bildung und Führungsqualitäten über den Durchschnitt hinausragen. Angesichts einer solchen Entwicklung können die kommunistischen Parteien nichts in Aussicht stellen, was verlockender wäre als die demokratische Atmosphäre des politischen Lebens und die Möglichkeit, soziale Veränderungen auf dem Boden der demokratischen Legalität zu verwirklichen.

c) Zukunftsaussichten der demokratischen Gesellschaft

Lässt sich nicht mit guten Gründen einwenden, dass nur einzigartige geschichtliche Situationen so einfache, günstige, demokratische Lösungen erlauben und dass dort, wo solche Ausnahmebedingungen fehlen, eine unabänderliche Zwangslage dazu führt, dass greifbareren und akuteren Gefahren für die Demokratie mit anderen Mitteln begegnet werden muss? Der Einwand abstrahiert von konkreten Bedingungen. Auf welche Weise sollte eine Tätigkeitsbeschränkung oder ein Verbot der Kommunistischen Partei der Vereinigten Staaten dazu beitragen, dass die Lebensverhältnisse in den überfüllten Städten verbessert, dunkle Geschäfte und Gangsterunwesen beseitigt, das geistige und Bildungsniveau der Inhaber politischer Ämter gehoben, die politische Unwissenheit bekämpft, Korruption im öffentlichen Leben ausgeschaltet, Rassenhass entwurzelt und alle Spuren des herkömmlichen Faustrechts bei Arbeitskonflikten ausgelöscht werden? Mit derselben Berechtigung darf man erwarten, dass ein solches Verbot der Masse der College-Studenten eine bessere Kenntnis der Regel der Rechtschreibung beibringen könnte.

Wenn die Demokratie in den Vereinigten Staaten um ein weniges stärker bedroht erscheint als in Ländern, die es sich »leisten« können, den systemfeindlichen Gruppierungen dieselben Rechte einzuräumen wie allen anderen Staatsbürgern, so hat das seinen Grund ohne jeden Zweifel in einigen ererbten Funktionsstörungen der demokratischen Lebensprozesse. Da aber diese Funktionsstörungen zur amerikanischen Tradition gehören, wäre die Einführung neuer Beschränkungen schwerlich das geeignete Mittel, alte Gebrechen zu überwinden und Fehler, die man im Laufe der Zeit liebgewonnen hat, zu korrigieren. Das ist fast zu selbstverständlich, als dass man es zu betonen brauchte. Einige Richter geben das zu, wenn sie das von ihnen gutgeheißene rechtliche Gefüge eines die politische Bewegungsfreiheit beschneidenden Urteils von dessen gesellschaftlicher und politischer Tragweite oder Nützlichkeit unterschieden sehen wollen, zu der sie aber wiederum keine Stellung zu beziehen gedenken; sie beschränken sich auf die Auslegung der Gesetze und gehen dem entscheidenden Problem aus dem Weg. Die Schlussfolgerungen darf dann der unbeteiligte Beobachter ziehen.

Man braucht nicht besonders scharfsinnig zu sein, um zu sehen, dass die gesetzliche Knebelung demokratischer Massenbewegungen auf die Dauer zu nichts führt. In bestimmten Fällen kann sie freilich die Gefahr ungehemmter Gewaltanwendung, die Unterdrücker und Unterdrückte in den Abgrund zu stürzen droht, verringern; der Weg der Anpassung und des geordneten Rückzugs braucht nicht unbedingt versperrt zu werden. Werden die gesetzlichen Zwangsmaßnahmen von einer herrschenden Minderheit angewandt, so können sie unter Umständen der unterdrückten Mehrheit zugutekommen, weil dem Unterdrücker keine Wahl bleibt, als Zugeständnisse zu machen oder auf die Segnungen des Rechtsstaats zu verzichten.

Sind die systemfeindlichen Kräfte schwach, so ist es unnötig, sich aus dem Arsenal gesetzlicher Rechtsbeschränkung Waffen zu holen, und genug Gründe sprechen dagegen, dass man es tut. In einer Gesellschaft, die ihre Energien darauf konzentriert, die Unzufriedenen zu knebeln, statt die Lebensprobleme der Menschen zu lösen, lockern sich die Bindegewebe der demokratischen Institutionen; wie sehr, hängt von der Reichweite der Unterdrückungsmaßnahmen ab, die sich der Staat aufhalsen lässt.

Keine demokratisch organisierte Gesellschaft kann gesetzwidrige Gewalt als Lebensform akzeptieren. Die schwierigen Probleme kommen daher, dass totalitäre Parteien, wie sie in der modernen Massengesellschaft geworden sind, so aufgebaut sind und so gesteuert werden, dass es für sie selbstverständlich ist, je nach Bedarf ideologisch-propagandistische Beeinflussung und nackte Gewalt als Kampfmittel zu benutzen. Nur ihre Parteileitungen entscheiden darüber, wann die einen und wann die anderen Mittel angewandt werden; von außen ist dem nicht beizukommen. Deswegen gibt es auch keine unwandelbare feste Grenze zwischen Propaganda und Massenbeeinflussung einerseits und organisierter und geplanter Gewaltanwendung anderseits. Legt man aber Wert darauf, dass der demokratische Willensbildungsprozess ungehemmt und unverfälscht funktioniere, so ist es immer noch das Beste, gesetzlichen Zwang nur gegen die erwiesenen konkreten Handlungen einzusetzen, die über Propaganda und Massenbeeinflussung unverkennbar hinausgehen.

Wenn gesetzlicher Zwang nur in so engem Rahmen gebraucht wird, müssen dem Vorgehen der Staatsgewalt zweifellos Schwächen anhaften. Es wäre aber nicht unvernünftig zu erwarten, dass sie nicht unbegrenzt von den Treueaposteln einer angeblich verfolgten und unterdrückten Sache ausgenutzt werden können, sondern ihr Gegenstück darin finden, dass im feindlichen Lager und mehr noch unter seinen unentschiedenen Mitläufern Gärungs- und Zersetzungserscheinungen eintreten. Der Zerfall der gegnerischen Kräfte dürfte eher durch Verbesserung der gesellschaftlichen Zustände gefördert werden als durch den Fanatismus der Opferbereitschaft, wie er in Katakomben gezüchtet wird.

Richten sich gesetzliche Unterdrückungsmaßnahmen gegen Bewegungen von beachtlichem Umfang und mit beträchtlicher Massengefolgschaft, so beschwören sie die Gefahr herauf, dass wer diese Maßnahmen in Gang setzt und handhabt, viel weiter geht, als ursprünglich vorgesehen war. Man kann größere Massen nicht auf die Dauer in den unterirdischen Verliesen der Illegalität halten. Wenn die Gefolgschaft der verbotenen Bewegung nicht in bestehende demokratische Massenorganisationen eindringen kann, was wiederum die Staatsgewalt veranlassen könnte, den Anwendungsbereich der Unterdrückungsmaßnahmen immer mehr auszuweiten, werden plötzlich Millionen von potentiellen Revolutionären ohne die starken Bindemittel ihrer traditionellen organisatorischen Zugehörigkeit und ideologischen Treue auf die Gesellschaft »losgelassen« sein. Nachdem sie gerade erst vor dem organisierten revolutionären Ansturm bewahrt worden ist, wird die Gesellschaft unorganisiertem Protest, chaotischer Zügellosigkeit und Gewaltausbrüchen von anarchischen Dimensionen ausgesetzt sein. Der Versuch (der einer demokratischen Gesellschaft ohnehin gegen den Strich geht), solche Massenaggressionen in staatlich vorgezeichnete und regulierte Kanäle zu lenken, hätte wahrscheinlich die Entstehung leicht kommandierbarer und manövrierbarer Kohorten entwurzelter Menschen zur Folge, eine neue tödliche Gefahr für die Lebensprozesse der Demokratie.

In Frankreich und Italien, wo das gesetzliche Verbot kommunistischer Organisationen von beträchtlicher Größe und Strahlungskraft nach dem Krieg in bedenkliche Nähe gerückt war, ist diese Verzweiflungstour mit unbekanntem Bestimmungsziel hauptsächlich deswegen unterblieben, weil die kommunistischen Führer ihrerseits keine große Neigung zeigten, sich auf die Strategie offener Zusammenstöße mit den bestehenden Gewalten einzulassen. Es gibt keine Gewähr dafür, dass sie immer bei dieser weisen Vorsicht bleiben werden. Wie die Unruhen in Italien im Juli 1960 haben erkennen lassen, kann sich das Problem jederzeit von neuem ergeben.

Das ist das Dilemma einer demokratischen Gesellschaft: Man muss sich entscheiden, ob man die Anwendung gesetzlicher Zwangsmaßnahmen dazu benutzen will, seine vorgefasste Meinung zu erhärten. Ob man für oder gegen Verbote sein möge: Die Warntafeln sind errichtet. Das Schicksal der gesetzlichen Unterdrückung von Gegnern ist in einer demokratischen Gesellschaft bis zum Grotesken paradox. Kann sie nach menschlichem Ermessen zum Ziel führen, so ist sie in der Regel unnötig; ist sie aber angesichts einer ernsten Bedrohung der demokratischen Einrichtungen angezeigt, so ist ihr Nutzen zumeist begrenzt, und sie birgt dann die Keime neuer, womöglich größerer Gefahren für die Demokratie in sich.

Ist aber, von dieser gesellschaftlichen und politischen Paradoxie abgesehen, Unterdrückung überhaupt – in einem weiteren Zusammenhang – ein Gegenstand rationaler Entscheidung? Sollte man in ihr nicht den mühselig rationalisierten Ausdruck eines tief verwurzelten Verlangens der Menschen nach Aggression, Gewalt, Machtausübung und expansiver Herrschaft sehen? Wenn ja, dann ist es umso bemerkenswerter, dass sich jeder, der in einer demokratischen Gesellschaft für die Unterdrückung anderer eintritt, genötigt sieht, nach einer rationalen Rechtfertigung jeder vorgesehenen oder unternommenen Unterdrückungsmaßnahme zu suchen. Bezeugt das nicht zum Mindesten den Wert der im demokratischen System angelegten rechtsstaatlichen Verfahren, Modalitäten und Garantien?

Mit der Darstellung des historischen und begrifflichen Rahmens der politischen Justiz, der verschiedenen Prozesstypen und Prozesskonstellationen, schließlich auch der verschiedenen Möglichkeiten der staatlichen Politik gegenüber widerspenstigen, systemfeindlichen Gruppierungen sind einige der Gegebenheiten des Justizdramas skizziert worden. Aber das Drama ist ohne die handelnden Personen nicht denkbar. Ihnen soll die folgende Darstellung gelten. Es geht um den Richter und den Angeklagten, den Anklagevertreter und den Verteidiger.

Der organisatorische und gesellschaftliche Rahmen des Gerichtsverfahrens im rechtsstaatlichen Bereich bedarf ebenso der Betrachtung wie der Rahmen des Verfahrens dort, wo die staatliche Ordnung auf der Herrschaft einer Partei beruht und wo rechtsstaatliche Grundsätze nicht gelten. Schließlich verdient eine häufig vorkommende charakteristische Untergattung der politischen Justiz Beachtung: der Prozess, in dem ein siegreiches Regime über seine besiegten Vorgänger zu Gericht sitzt. Nicht zuletzt muss hier die Stellung des Richters zu dem Regime, unter dem er seinen Dienst verrichtet, ins rechte Licht gerückt werden. Aber auch die Unterscheidung zwischen politischer und strafrechtlicher Verantwortung tritt ins Blickfeld. Erst von hier aus lässt sich ein symbolisch so wichtiges Gerichtsverfahren beurteilen, wie es der Nürnberger Prozess gegen die Repräsentanten des besiegten nationalsozialistischen Herrschaftssystems war.

Zweiter Teil
Der Apparat der Justiz und der Angeklagte

Kapitel V

Institutionelle und gesellschaftliche Voraussetzungen

> »Damit, daß man der Richterschaft mißtraut, fängt schon die Auflösung an; ihr könnt die Institution zerstören, ihr könnt sie auf einer anderen Grundlage aufbauen,... aber ihr müßt an sie glauben!«
> Honoré Balzac: Splendeurs et Misères, 3. Teil

Im Herbst 1933 hielt Sir Thomas Inskip (1876 - 1947), Attorney General Seiner Britischen Majestät, einen Vortrag von der Kanzel einer der kleinen Kirchen rund um den Londoner Bloomsbury Square. Eine ältere Dame fragte ihn anschließend: »Wenn unser Herr Jesus wieder zur Erde käme, Sir Thomas, würden wir ihn wohl erkennen und entsprechend behandeln?« Dem verdutzten Juristen kam es nicht in den Sinn, die Fragestellerin einfach auf Dostoevskij zu verweisen. Verlegen stotterte er eine Antwort zusammen, wie sie sich für einen treuen Diener der geltenden Ordnung gehörte. Was blieb ihm anderes übrig? Wie kann der Sachwalter eines bestehenden Regimes die Berechtigung anderer Treueverpflichtungen gelten lassen, auch wenn zu ihrer Begründung dieselben Symbole und Werte angerufen werden, auf die sich die herrschende Ordnung beruft? Wie ein Mühlstein hängt dem Richter seine Bestallungsurkunde um den Hals.

Ansprüche, die Menschen geltend machen, muss man mit einem bestimmten Maßstab messen; der Maßstab, von dem der Richter ausgehen muss, ist die Ordnung, die ihn ins Amt berufen hat. Wäre der normale Richter Camus' Büßerrichter, der da weiß, dass sein Amtstitel gewogen und zu leicht befunden worden ist, so könnte er dem ihm anvertrauten Amt nicht gerecht werden. Will der Richter seinem Auftrag Genüge tun, so muss er unterstellen, nicht nur, dass die Mächte, die ihn auf seinen Platz gestellt haben, ihn an diesem Platz zu halten und zu stützen imstande sind, sondern auch, dass die Rechtstitel seiner Auftraggeber jeder Prüfung standhalten können.

1. Von den Funktionen des Gerichts

Die Frage der Legitimation braucht sich den Richtern nicht Tag für Tag aufzudrängen. Die meisten ihrer »Kunden« leben in derselben Welt wie sie. Wird das Gesetz verletzt, so liegt schon im Akt des Verstoßes, wie Hegel es gesehen hat, eine Bejahung des Gesetzes. Die Ziele des Missetäters unterscheiden sich nicht von denen seiner Umgebung; er versucht lediglich, kürzere Wege einzuschlagen, was ihm der Richter üblicherweise nicht gestatten kann, denn er muss die anderen schützen, die denselben Zielen auf eine von der Gesellschaft gebilligte, vielleicht umständlichere Weise nacheifern. Wenn jemand in eine Bank einbricht, weil Bankraub seine Normalbeschäftigung ist (eine höchst spezialisierte Tätigkeit und ein reichlich unsicherer Erwerb), besteht zwischen dem Einbrecher und der Gesellschaft kein Prinzipienkonflikt. Für seine Abweichung vom Hergebrachten muss er büßen, ganz gleich, ob der einzelne Richter je nach der Straftheorie, die er vertritt, in der Strafe Vergeltung, erzieherische Einwirkung auf den Delinquenten oder Abschreckung etwaiger anderer Missetäter sieht. Ist der Einbrecher ein seltsamer Heiliger, ein später Nachzügler Robin Hoods und der heiligen Elisabeth, der den Ertrag seiner Beutezüge hungernden und darbenden Opfern der Gesellschaft zugutekommen lassen will, so wird man ihn für einen armen Irren erklären, wenn er sich auf eine einmalige Bravourleistung beschränkt. Wiederholt er sie aber, so erscheint er als besonders gefährlicher Verbrecher: Dann gibt es für ihn keine Nachsicht; er mag derselben Kategorie zugezählt werden wie der junge Stalin, der es für richtig hielt, die revolutionäre Organisation aus der Beute von Banküberfällen, »Expropriationen« genannt, zu finanzieren.

Verstöße gegen die bestehende Ordnung können in unzähligen Variationen auftreten. Das rechtliche Bollwerk, hinter dem sich die Machthaber verschanzen, braucht ihnen nicht deswegen größeren Schutz zu gewähren, weil sie statt im Frontalangriff mit einem Umgehungsmanöver angegriffen werden. Aber für ein rechtsstaatliches System kann im Unterschied zwischen Frontalangriff und Umgehungsmanöver die Differenz zwischen Verbotenem und Erlaubtem liegen. Der Richter, der die Aufgabe hat, die bestehende Ordnung zu schützen, kann sich trotzdem nicht der Pflicht entziehen, die verschiedenen Nuancen der gegen diese Ordnung gerichteten Handlungen auseinanderzuhalten.

a) Das Legitimierungsamt

Als vereidigter Hüter des Bestehenden und zugleich als Garant der Rechtlichkeit und Gerechtigkeit der institutionellen Ordnung ist der Richter in einer zwiespältigen Position. Er kann diesem Zwiespalt nicht dadurch entgehen, dass er sich auf seine Gehorsamspflicht beruft. Das beliebte Aushängeschild »Soldat des Gesetzes« hat wenig für sich. Als der französische Staatsanwalt Quesnay de Beaurepaire es 1892 im Prozess gegen den Anarchisten Ravachol den Richtern vorhielt, warnte er sie im Grunde davor, der Angst vor anarchistischen Gewalttaten nachzugeben, denen einer ihrer Kollegen zum Opfer gefallen war. Nur diesen Sinn hatte der Appell an das Soldatische: »Sehe ich denn nun so aus, meine Herren, als ob ich Angst hätte? Wir alle hier, die wir Diener des Rechts sind, stehen auf unserem Kampfposten und werden ihn nicht verlassen. Wenn der eine fällt, hebt der andere die Fahne hoch und stürmt vorwärts. Solange es Gesetze, solange es eine Fahne und ein Vaterland gibt, wird es auch immer Soldaten und Diener des Rechtes geben.«[1] Wer sich auf die »soldatischen« Pflichten des Richters am eifrigsten beruft, hat vor allem die Pflicht im Auge, mit der Autorität des richterlichen Amtes das zu decken und zu schützen, was die jeweiligen Machthaber tun.

Nun gehört zwar der Schutz der öffentlichen Ordnung zu den Funktionen des Richters; wenn er aber wie ein Soldat handelte, verlöre seine Tätigkeit ihren eigentlichen Sinn. Der Richter und der Soldat sind dem Staat Treue und Verlässlichkeit schuldig. Indes bedingt die Verschiedenheit des Schaltmechanismus – in dem einen Fall hierarchischer Befehl, in dem andern Prokura der Rechtsordnung – auch eine verschiedene Struktur des Treueverhältnisses. In der hierarchischen Befehlskette gehorcht der Soldat Befehlen, deren Ausführung er nur im Falle extremer und offensichtlicher Rechtswidrigkeit verweigern darf, und auch dann nur auf eigene Rechnung und Gefahr. Die Rechtsordnung mit ihren Aufträgen und Vollmachten ist keine Befehlskette und kennt keine Soldaten, die ihre Befehle ausführen. Da sie Direktiven erteilt, aus denen sich Tatbestandsermittlungen, Tatbestands- und Rechtsdeutungen und abschließende Feststellungen ergeben, verlangt sie etwas grundsätzlich anderes

---

[1] Pierre Bouchardon: Le Magistrat, Paris, 1926, S. 121. Desselben Bildes bediente sich Clemenceau, als er die parlamentarische Opposition gegen sein Verfahren im Fall Caillaux (s. o. Kapitel III) niederzuknüppeln versuchte. Auf den »soldatischen« Charakter des richterlichen Amtes berief sich auch Günter Nebelung, einer der in Nürnberg freigesprochenen Justizfunktionäre des Dritten Reichs; siehe: Juristenprozeß (The Justice Case. Amtliche Protokolle in englischer und deutscher Sprache, in hektographierten Exemplaren hergestellt von dem Generalsekretariat der Nürnberger Militärgerichtshöfe, Fall III), englisch S. 10600, deutsch S. 10353 (Verhandlung vom 18. Oktober 1947).

als den unbedingten Gehorsam des Ausführenden, Tätigen. Der Tätige trägt Veränderungen in das Gefüge der Wirklichkeit hinein, schafft also jeweils eine neue Wirklichkeit; der Richter ist in den meisten Fällen mit einer Situation befasst, die von anderen geschaffen worden ist, und gewährt oder verweigert die Legitimierung des Geschehenen.

Der Polizist nimmt eine Verhaftung vor, der Verwaltungsbeamte lehnt eine Baugenehmigung ab, der Gewerkschaftsvorstand schließt ein Mitglied aus, die Ehefrau verlässt ihren Gatten: Die Folgen solcher Handlungen kann das Gericht nicht auslöschen, ganz gleich, ob es sie im Nachhinein für rechtlich gültig oder ungültig erklärt. Wer von der Polizei verhaftet worden ist, erleidet in der Regel eine Einbuße an gesellschaftlicher Achtung, auch wenn er später auf Grund eines Alibibeweises freigelassen wird. Wer ein oder zwei Jahre einen Kampf mit Behörden und Gerichten hat ausfechten müssen, um seine Baugenehmigung zu erhalten, kann in der Zwischenzeit die Gelegenheit verpasst haben, unter günstigen Bedingungen Kredite aufzunehmen. Was immer die gerichtliche Klärung bringen mag, kann das Gewerkschaftsmitglied durch Ausschluss aus der Berufsorganisation den Lebensunterhalt verloren haben, sei es dass der Arbeitsplatz an die Gewerkschaftszugehörigkeit gebunden ist, sei es dass ihm Feindschaft der gewerkschaftstreuen Kollegen die Arbeit unmöglich macht. Dass die Ehefrau aus der ehelichen Gemeinschaft ausscheidet, verändert automatisch die Beziehungen zwischen den Ehepartnern, welche dramatische und unvorhergesehene Wendung ihr gegenseitiges Verhältnis im Verlauf des Scheidungsverfahrens auch nehmen mag.

Bei den allergrößten Befugnissen kann das Gericht eine Situation, die durch Handeln unwiederbringlich verändert worden ist, nicht in ihrer ursprünglichen Gestalt Wiedererstehen lassen. Die unwiderrufliche Wirkung der Tat ist manchmal so einschneidend, dass sich die betroffene Partei mit den Folgen abfindet, zumal wenn der Täter klug genug ist, sich die Anerkennung des neuen *Status quo* etwas kosten zu lassen. Es gibt aber genug Fälle, in denen ein solcher Verzicht nicht erfolgt oder die Erhaltung der neuen Situation, wie sie im Gefolge des Handelns – zum Beispiel einer Verhaftung – entstanden ist, die Bestätigung der Rechtmäßigkeit des Geschehenen voraussetzt. Beide Eventualitäten führen zu einem Rechtsstreit, in dem es darum geht, ob das, was geschehen ist, rechtmäßig war oder nicht. Anderseits kann es sein, dass die beteiligten Parteien von vornherein die Möglichkeit haben oder durch materielle oder rechtliche Hindernisse gezwungen werden, das Handeln aufzuschieben, bis ihre Ansprüche durch Gerichtsurteil bestätigt worden sind; dann ist die Zeitabfolge in ihr Gegenteil verkehrt, und die Legitimierung wird zu einer Voraussetzung, die dem Handeln voraufgeht.

Was vom Gericht erwartet wird, ist jedenfalls die Legitimierung oder »Illegitimierung« einer bestimmten Art des Handelns. In vielen derartigen Fällen ist es wahrscheinlich, dass die handelnde Partei – sei sie eine staatliche Einrichtung oder eine Privatperson – ihr Handeln mit Hilfe sachverständiger Rechtsberatung darauf abstellt, die für sie günstigen Inhalte der Gesetzgebung und früherer Gerichtsentscheidungen auszuschlachten. Aber so vorteilhaft ihre taktische Position auch sein mag, ein vollstreckbarer Rechtsanspruch lässt sich aus ihr erst herleiten, wenn er durch das eine Staatsorgan, dem das zusteht, bekräftigt worden ist. Wird das Gericht darum angegangen, so muss es sich zur konkreten Aufgabe machen, darüber zu befinden, welche von den vielen möglichen Anspruchskombinationen legitimiert, das heißt als mit Hilfe von Staatsorganen vollstreckbar anerkannt werden soll.[2]

Die Notwendigkeit der Legitimierung des Handelns durch eine unbeteiligte neutrale Instanz braucht nicht immer auf der Hand zu liegen. Der Handelnde mag diesen Weg verwerfen, weil er ihn für unvereinbar hält mit dem Sinn, der Würde und dem offenkundigen Wesensinhalt dessen, was er tut; oder dieser Weg mag für überflüssig gehalten werden, weil die Zustimmung der Volksmassen es unnötig macht, an eine weitere Legitimierungsquelle zu appellieren. Das sind aber Fälle, in denen sich das Handeln von vornherein revolutionär gibt. Sieht man von ihnen ab, so wird man feststellen, dass sich die Träger der Macht um gerichtliche Billigung umso eifriger bemühen, je wichtiger es ihnen ist, das Ungewöhnliche und Schockartige einer Neuerung hinter einer traditionellen Verfahrensweise zu verbergen. Ob sie jeweils bereit sind, den dafür erforderlichen Preis zu zahlen, steht allerdings auf einem anderen Blatt. Manchmal versuchen sie die Quadratur des Zirkels, indem sie die Früchte der Sanktionierung ihrer Handlungsweise ernten wollen, ohne sich dem Risiko auszusetzen, das mit der Anrufung einer gerichtlichen Entscheidung einhergeht. Hier verläuft, wie sich zeigen wird, die mitunter nur als Schattenlinie sichtbare Grenze zwischen einem echten und einem betrügerischen »Legitimierer«, zwischen Gericht und Gerichtsstaffage. Umgekehrt werden Menschen, die unter staatlichen und privaten Machthabern mancherlei durchzumachen hatten, schwerlich darauf verzichten, an die Gerichte zu appellieren, auch wenn die Aussichten nicht die besten sind; dabei wird es noch nicht einmal entscheidend sein,

---

2 James Goldschmidt: Der Prozeß als Rechtslage. Eine Kritik des prozessualen Denkens, Berlin, 1925, S. 151, 490 ff.

ob das gerichtliche Vorgehen ihre einzige Chance oder eine von vielen in verschiedenen Kombinationen zu verwendenden Abwehr- und Angriffswaffen ist.

Die Legitimierungsautorität beruht darauf, dass die Allgemeinheit dem Richter die Fähigkeit zugesteht, jeder beliebigen Tat Rechtmäßigkeit zu verleihen oder abzusprechen. Die richterliche Funktion setzt damit voraus, dass das Handeln nicht mit dem Legitimieren zusammenfällt. Nur geoffenbarte Wahrheit birgt ihre Legitimierung schon im Wesen ihrer Botschaft, und auch dann noch wird ihr Legitimitätsanspruch von Gegnern und Konkurrenten bestritten. So hat ihn Kardinal Bérulle seinen Gegnern, den Protestanten, streitig gemacht: »Diese Menschen haben von Jesus keine Autorität; es ist, als habe Gott (von dem sie sagen, er habe sie um so großer und so göttlicher Leistungen willen ausgesandt) schlechthin vergessen, sie mit einer legitimen Autorität zu versehen und ihnen die Zeichen des Himmels mitzugeben, wie sie die von ihm Ausgesandten stets begleitet haben.«[3]

Das Auseinanderfallen von Handeln und Legitimieren ist etwas anderes als die Divergenz zwischen der Schaffung von Normen und ihrer Anwendung.[4] Auf der Norm beruht die formale Autorität sowohl des Verwaltungsbeamten als auch des Richters. Wo gesellschaftliche Beziehungen rechtliche Formen annehmen, berufen sich gewöhnlich sowohl die Verwaltungsmaßnahme als auch das richterliche Urteil auf die Autorität der Norm, das Kennwort und die Herkunftsbescheinigung der Entscheidung, wenn auch nicht notwendigerweise deren Hauptbestimmungsgrund. Welche Arten von Anwendungen der Normen werden aus der endlosen Fülle der Anwendungsmaßnahmen ausgesondert und der besonderen Prozedur der gerichtlichen Legitimierung unterworfen? Und welche gelten auch ohne ein solches Plazet traditionsgemäß oder kraft politischer Entscheidung als rechtmäßig? Es gibt kein allgemeingültiges Prinzip, wonach die Auseinandersetzung zweier Parteien über die Regelung ihrer gegenseitigen Beziehungen der Gegenstand einer Gerichtsentscheidung sein müsse und der Antrag auf Erteilung einer Genehmigung oder Konzession durch die zuständige Behörde der allein

---

3 Cardinal Pierre de Bérulle: Correspondance, herausgegeben von Jean Dagens, Band I: 1599 - 1618, Paris/Löwen, 1937, S. 110 f.
4 Allmählich setzt sich die Ansicht durch, dass die Trennung der Staatsfunktionen eher eine Zweiteilung – hie Normsetzung, hie Entscheidung der einzelnen Fälle – als die traditionelle Dreiteilung der Gewalten hervorbringt; siehe die eindringliche Erörterung des komplexen Problems bei Hermann Jahrreiß: Mensch und Staat. Rechtsphilosophische, staatsrechtliche und völkerrechtliche Grundfragen unserer Zeit, Köln/Berlin, 1957, Kapitel »Die Wesensverschiedenheit der Akte des Herrschens und das Problem der Gewaltenteilung«, S. 175-197.

angemessene Gegenstand einer Verwaltungsentscheidung sei.[5] Zwischen einem gewöhnlichen Antrag und einem regelrechten Rechtsstreit zweier Parteien gibt es so viele Zwischenstufen, dass sich schwerlich im Vorhinein entscheiden lässt, welche Handhabung erforderlich ist. Überdies müsste eine unverrückbare theoretische Grenze das, was der Verwaltungsmaßnahme und dem richterlichen Urteil gemeinsam ist, unwesentlicher erscheinen lassen, als es in Wirklichkeit ist. Beides setzt denselben Denkvorgang voraus: die Feststellung, inwieweit sich die Norm auf den vorliegenden Tatbestand anwenden lässt; wer die Norm von Amts wegen zu interpretieren hat, verfügt mithin in beiden Fällen über einen gewissen Ermessensspielraum.[6]

Die Unterscheidung hängt davon ab, mit welchen Aspekten der verschiedenen Gegenstände sich das Staatsgebilde jeweils befasst. Wenn es sich um eilige oder technisch besonders verwickelte Dinge handelt, wird die Frage der Zuständigkeit anders entschieden, als wenn es auf absolut unparteiische Haltung oder besondere Erfahrung in der Handhabung persönlicher Konflikte ankommt. Bisweilen wird versucht, die Vorteile beider Verfahrensweisen zu kombinieren, so dass sowohl spezielle Fachkenntnisse als auch souveräne Bewältigung persönlicher Konfliktstoffe zur Geltung kommen. Schaut man aber weniger auf das beiden Verfahren Gemeinsame als auf das, was das Gerichtsverfahren von einer Verwaltungsmaßnahme unterscheidet, so sind für die Gerichte zwei Dinge kennzeichnend: die Bedeutung der festgelegten, in gewissem Rahmen unwandelbaren Form und – nicht minder deutlich – die herausgehobene Position des Amtsträgers, der dem Verfahren vorsteht.

Der Verwaltungsbeamte waltet seines Amtes im Rahmen eines hierarchischen Zusammenhangs; seine Entscheidungen können durch Entscheidungen seiner Vorgesetzten außer Kraft gesetzt und abgelöst, er selbst kann von seinen Vorgesetzten abberufen und durch andere ersetzt werden; die Vorgesetzten können sich mit einem Mindestmaß an Reibungen und Störungen durchsetzen. Mit dem Richter – ob in der Verfassungs-, Verwaltungs-, Straf- oder Zivilrechtssphäre – ist es anders.

---

5 Richard Thoma: »Die Funktion der Staatsgewalt, § 71: Grundbegriffe und Grundsätze«, in Richard Thoma und Gerhard Anschütz (Hg.): Handbuch des Staatsrechts, Band II, Tübingen, 1932, S. 108-159, insbesondere 132; vergleiche die Kritik von Ernst Friesenhahn: »Über Begriff und Arten der Rechtsprechung unter besonderer Berücksichtigung der Staatsgerichtsbarkeit nach dem Grundgesetz und den westdeutschen Landesverfassungen«, in: Festschrift für Richard Thoma, Tübingen, 1950, S. 21-69.

6 Chester I. Barnard, The Functions of the Executive, 2. Auflage, New York, 1950, S. 280, nennt das gerichtliche Verfahren ein »stark spezialisiertes Verwaltungsverfahren«; vergleiche Hans Kelsen: Justiz und Verwaltung, Wien, 1929, wo diesem Gesichtspunkt allerdings zu großes Gewicht beigemessen wird.

Gegenüber dem Druck der Regierung oder anderer Stellen hat er eine hochgradige Immunität dadurch erlangt, dass eindeutige Vorschriften seine Unabsetzbarkeit garantieren und dass Gerichtsfälle, die nach vorher festgelegten Regeln der Geschäftsverteilung in seine Hände gelangen, ihm nicht mehr entzogen werden können.

Dem Richter ist darüber hinaus verbürgt, dass seine Entscheidung, sofern sie überhaupt einer Nachprüfung unterliegt, nur von Personen und Körperschaften überprüft werden kann, die unter denselben Bedingungen wie er operieren und entscheiden. Nur in ganz engen Grenzen kann der Richter einen Teil seiner Amtsgeschäfte einem Ersatzmann übertragen, auch wenn der Ersatzmann derselben gerichtlichen Körperschaft angehört. Im Gegensatz zu einem Verwaltungsamt ist der Auftrag des Richters betont persönlich und unübertragbar.[7] Was ins Gewicht fällt, ist nicht die Haltung oder Politik der Behörde, sondern die Wahrnehmungs- und Urteilskraft der mit dem Fall unmittelbar betrauten Person. Weil Person und Amt des Richters aus dem Ozean der Verwaltungsämter und behördlichen Handlungen herausgehoben sind, braucht der Richter den vermutlich vorher geklärten Fragen der praktischen Opportunität und Zweckmäßigkeit nicht mehr als oberflächliche Aufmerksamkeit zuzuwenden. Von ihm wird erwartet, dass er sich darauf konzentriere, private wie öffentliche Handlungen mit einem wetterbeständigeren Zeugnis der Rechtmäßigkeit, der Übereinstimmung mit dem Gesetz zu versehen – oder ihnen ihre Rechtswidrigkeit vorzuhalten.

b) Richterauslese

Zu einem erheblichen Teil hängen die Bedeutung des richterlichen Amtes und die Autorität des Gerichts von den Methoden ab, nach denen die Gerichte besetzt und die Richter ausgewählt werden. In groben Umrissen herrschen in der westlichen Welt gegenwärtig zwei Systeme der Richterauslese vor. Auf dem europäischen Kontinent hat sich im Wesentlichen eine Praxis herausgebildet, bei der die Ausübung des Richteramtes durch starre Laufbahnvorschriften geregelt ist. Nach Absolvierung der vorgeschriebenen Hochschulausbildung und nach Ablegung entsprechender Prüfungen kann ein junger Mann in die unteren Ränge der richterlichen Laufbahn hineinkommen und damit die Sicherheit

---

7 Vergleiche Helmut K. J. Ridder: »Empfiehlt es sich, die vollständige Selbstverwaltung aller Gerichte im Rahmen des Grundgesetzes gesetzlich einzuführen?«, in: Verhandlungen des 40. Deutschen Juristentages, Hamburg, 1953, Band I (Gutachten), Tübingen, 1953, S. 91-134, insbesondere 128 f.

lebenslänglicher Beschäftigung erwerben. In einigen Ländern steht dieser Weg seit einiger Zeit auch jungen Frauen offen. Seit 1946 lässt Frankreich, das sich am längsten gegen weibliche Richter gesperrt hat, Frauen zu Prüfungen für den Eintritt in den richterlichen Dienst zu; unter den 202 Bewerbern, die sich 1958 zu den Prüfungen meldeten, waren 120 Frauen.[8] Ein Rückschlag könnte allerdings im Gefolge der französischen Gerichtsreform von 1958/59, die eine wesentliche materielle Besserstellung der Richter mit sich bringt, eintreten.[9] In England stellen Frauen ein Viertel aller Friedensrichter, auf die insgesamt etwa über 95 Prozent der Strafsachen entfallen.[10]

Anders als auf dem europäischen Kontinent, wo die richterliche Laufbahn in allen Einzelheiten vorgeplant ist, wird das Richteramt in England und den Vereinigten Staaten als Krönung eines erfolgreichen Aufstiegs in verschiedenen Zweigen der Rechtspflege angesehen: Man kann zu ihm aus der privaten Anwaltspraxis, aus der Tätigkeit bei der Anklagebehörde oder neuerdings aus der (freilich noch etwas scheel angesehenen) Rechtsvertretung staatlicher Behörden oder Körperschaften gelangen. Während man sich hier um die gegenseitige Durchdringung verschiedener Sphären der Rechtspraxis bemüht, bleibt der kontinentaleuropäische Richter das Produkt einer viel schmalspurigeren Erziehung und Ausbildung. Mit Ausnahme der Tätigkeit an einigen spezialisierten obersten Gerichten (zum Beispiel dem Conseil d'État, den Verfassungsgerichten und den höchstinstanzlichen Arbeitsgerichten) ist der Aufstieg auf den Sprossen der Gerichtsleiter fast ausschließlich denen vorbehalten, die auf der untersten Stufe angefangen haben. Die gegenseitige Durchdringung der einzelnen Sphären spielt sich nur in engen Ressortgrenzen ab. Sie erschöpft sich darin, dass Staatsanwälte richterliche Ämter bekommen[11] oder dass in die obersten Gerichte Richter, Staatsanwälte oder Verwaltungsjuristen berufen werden, die einen Dienstabschnitt in der zentralen Justizverwaltung hinter sich gebracht haben. Solche Ernennungen lösen aber erbitterte Proteste bei denen aus, die sich im eigentlichen Gerichtsapparat von Stufe zu Stufe emporzuarbeiten suchen.

---

8 »La Magistrature de la Ve République sera-t-elle exclusivement féminine?«, in: Le Pouvoir Judiciaire, Jahrgang 13, Nr. 134 (September 1958), S. 4.
9 Das richterliche Amt als Frauenberuf behandelt in mehreren Beiträgen in: Le Pouvoir Judiciaire, Jahrgang 11, Nr. 110 (April 1956).
10 Sir Carlton Allen: »Der Laie und das Gerichtswesen in England«, in: Journal der Internationalen Juristen-Kommission, Band II, S. 63-93 (Nr. 1, Frühling/Sommer 1959).
11 »Je me fais asseoir«, »ich lasse mich mit einem {richterlichen} Sessel versehen«, kann man nicht selten von französischen Staatsanwälten zu hören bekommen.

Die Gerichtskader auf dem Kontinent sind recht umfangreich. In der Bundesrepublik Deutschland mit West-Berlin gab es zum 1. Januar 1957 insgesamt 11.340 Richter und 1.627 Staatsanwälte.[12] In Frankreich wurden zum 1. Januar 1960 zusammen 4.337 Richter und Staatsanwälte gezählt.[13] In beiden Fällen ist nur Gerichtspersonal erfasst, das den Justizministerien unterstellt ist, ohne Angehörige der Verwaltungs-, Arbeits- und anderen spezialisierten Gerichte. Da der Zugang zum richterlichen Beruf vom traditionellen Ausbildungsgang abhängt, rekrutiert sich das richterliche Personal überwiegend noch aus den traditionell mit dem Bildungsprivileg ausgestatteten Gesellschaftsschichten. Nach den Ergebnissen einer neueren Untersuchung über die soziale Herkunft der Richter im europäischen Frankreich und in Nordafrika stammten am 1. Januar 1958 von 1.233 befragten Richtern (nicht ganz 46 Prozent der Gesamtzahl) 8 aus Arbeiterfamilien, denen man vielleicht noch einen Teil der 80 aus ländlichen Familien kommenden Richter hinzuzählen kann; im Übrigen verteilten sich die Berufe der Väter der aktiven Richter wie folgt: Richter 104, sonstige Juristen 130, Pfarrer 4, Lehrer 87, Ärzte 56, Militärs 72, Beamte 153, Handel 117, Industrie 30, Banken und Versicherung 60; in 332 Fällen waren nähere Angaben nicht erhältlich.[14] Da die Erstberufung in ein richterliches Amt, sofern die Ausbildungsvoraussetzungen erfüllt sind, eine Routineangelegenheit ist, bleibt die Achillesferse des kontinentalen Systems nach einem Ausdruck Iherings[15] nach wie vor die Frage der Kriterien, nach denen die Beförderung erfolgt. Einstweilen überwiegt das Dienstalterprinzip.

---

12 »Zahl der Richter, Staatsanwälte und Vertreter des öffentlichen Interesses in der Bundesrepublik und Berlin am 1. Januar 1957«, in: Deutsche Richterzeitung, Jahrgang 35, S. 110 (Heft 5, Mai 1957).

13 »Les Magistrats de la France«, in: Le Pouvoir Judiciaire, Jahrgang 15, Nr. 154 (September/Oktober 1960), S. 5. Nach derselben Quelle, Jahrgang 17, Nr. 176 (Februar 1963), S. 11, betrug die Gesamtzahl der Richter und Staatsanwälte am 1. Januar 1963 nur noch 4.195; der Rückgang, der in der Hauptsache auf Richter bei Gerichten erster Instanz entfällt, kann durch den Ausfall des 1960 offenbar zur *magistrature métropolitaine* gezählten Personals der algerischen Departmens entstanden sein.

14 André Sauvageot: »Les origines sociales de la magistrature d'aujourd'hui«, in: Le Pouvoir Judiciaire, Jahrgang 14, Nr. 147 (Januar 1960), S. 6 f. Über eine vor wenigen Jahren durchgeführte deutsche Untersuchung, die sich mit Herkunft und sozialem Standort der Richter an den Oberlandesgerichten beschäftigte, siehe Rolf Dahrendorf: Gesellschaft und Freiheit. Zur soziologischen Analyse der Gegenwart, München, ohne Jahr {Copyright 1961}, S. 176-196, insbesondere 181 ff. Danach stammte jeder zweite Richter aus einer Beamtenfamilie, jeder vierte aus einer Juristenfamilie, jeder vierzehnte hatte einen Richter oder Staatsanwalt zum Vater, und fast alle Richter rekrutieren sich »aus Schichten, zu denen die oberen zwei Fünftel der Bevölkerung gehören.«

15 Rudolf Ihering: Der Zweck im Recht, Leipzig, Band I, 4. Auflage, 1904, S. 317.

Im englisch-amerikanischen System gibt es weniger Richter. Sie werden nicht wie ihre kontinentalen Kollegen nach der Beamtenbesoldungsordnung bezahlt, sondern nach Sätzen, die sich mit den unteren Einkommensklassen der Wirtschaftsführer vergleichen lassen. Entsprechend sind die Beförderungsaussichten gering, aber auch nicht sehr wichtig.[16] Ausschlaggebend sind daher die Gesichtspunkte, nach denen die Erstberufung in ein richterliches Amt erfolgt.

Die Ersternennung beruht in der englisch-amerikanischen Praxis – ähnlich wie die Beförderung auf dem europäischen Kontinent – auf einer Mischung von Kooptation und Auswahl durch die politischen Machthaber. Die Volkswahl der Richter, die in den Vereinigten Staaten bei der Besetzung der Ämter in den Gerichten der einzelnen Gebietsgliederungen noch praktiziert wird, verwandelt sich allmählich in eine bloße Bestätigung der kombinierten Praxis der Kooptation und der politischen Auslese. Bei der Kooptation, ob auf Empfehlung der gesamten Juristengemeinschaft, etwa der Anwaltschaft, oder – wie in Kontinentaleuropa – der älteren Richter, die die Leistungen ihrer jüngeren Kollegen begutachten, liegt der Nachdruck auf persönlicher Integrität, Übereinstimmung mit der vorherrschenden Denkweise und intelligenter Arbeitsverrichtung. Bei der verschiedenen Zusammensetzung und Haltung derer, die zu Rate gezogen werden, zeigt sich im europäischen System eine stärkere Berücksichtigung des Dienstalters, bei der englisch-amerikanischen Auslese dagegen die Begünstigung des persönlichen Erfolgs und der persönlichen Ausstrahlung, auch wenn sich solche individuellen Charakteristika in mehr oder minder rigoros vorgeschriebenen und gesellschaftlich gebilligten Bahnen zu erweisen haben.[17]

Als ausschließliches Ausleseprinzip wurde Kooptation nur selten akzeptiert, denn sie gäbe einer sich selbst fortzeugenden Gruppe eine viel zu große Verfügungsgewalt über das Tun und Denken ihrer Mitglieder und zwänge zugleich die Maßstäbe und Haltungen dieser Gruppe dem Land als Ganzem auf. Damit wäre nach Ridders treffendem Bild »nur ein pseudo-demokratischer Mikrokosmos gewonnen, einem autonomen Kreiselkompaß vergleichbar, der, seinen eigenen Gesetzen gehorchend und frei im Bauch des demokratischen Staatsschiffs aufgehängt, ... alsbald den Kurs des Staatsschiffs bestimmte, ohne dem Gebot des

---

16 Vergleiche die Begründung, mit der Richter Charles E. Wyzanski, Jr., die Beförderung vom Bundesdistriktgericht zum Bundesappellationsgericht ablehnte: »2 Federal Judges Will Be Elevated«, in: The New York Times, Jahrgang CVIII, Nr. 36888, 22. Januar 1959, S. 16, Sp. 3.
17 Einige nützliche Hinweise finden sich bei Arthur von Mehren: »The Judical Process: A Comparative Analysis«, in: American Journal of Comparative Law, Jahrgang 5, S. 197-228 (Heft 2, Frühjahr 1956).

Steuermanns unterworfen zu sein.«[18] Mit anderen Auslesemethoden in veränderlichen Proportionen je nach den Erfordernissen der politischen Kräftelagerung kombiniert, hat indes die Kooptation schon immer eine beträchtliche Rolle in der Richterauslese gespielt.

Die endgültige Ernennungsentscheidung der vollziehenden Gewalt geht bei aller Berücksichtigung des Kooptationsprinzips von komplexeren Überlegungen aus. In einem politischen System, das den persönlichen Faktor – wie in den Vereinigten Staaten – entschieden in den Vordergrund stellt, haben persönliche und politische Verpflichtungen des Ernennungsberechtigten den Vorrang: er muss sich denen, die seinen Aufstieg zur Macht gefördert haben, erkenntlich erweisen, auch wenn das nur im Rahmen regionaler Quoten und unter Berücksichtigung der anerkannten Ansprüche der verschiedenen konfessionellen, nationalen und ethnischen Gruppierungen geschehen kann. Natürlich sind solche Quoten und Proportionen ständigen Veränderungen unterworfen: Mitunter bringen die ernennenden Stellen genug Fingerspitzengefühl auf, die Bedeutung der Ansprüche einer neuen Gruppe beizeiten zu erkennen, so dass sie den Dank ihrer Angehörigen ernten können. Ist ein solcher Anspruch einmal anerkannt, so wird ihn jeder politische Machtbewerber im Verteilungsschlüssel für künftige Ernennungen berücksichtigen müssen.

Sieht man vom rein persönlichen Element ab, so kommt der politische Charakter der Auslese in zwei Momenten zur Geltung, die sich nicht notwendigerweise in derselben Richtung auswirken. In der Regel beschränkt sich die Auswahl auf Mitglieder der Mehrheitspartei, die mit den von ihr gewählten führenden regionalen Wahlbeamten in engen Beziehungen stehen, in ihrem Amtsbereich arbeiten oder von ihnen empfohlen sind. Gewiss gibt es auch hier Ausnahmen: In der zweiten Hälfte der fünfziger Jahre war zum Beispiel in den Vereinigten Staaten die vollziehende Gewalt, die die richterlichen Ernennungen vornimmt, in den Händen der Republikaner, die Mehrheit des Senats aber, der die Ernennungen bestätigen muss, in den Händen der Demokraten; die Ansprüche zweier Patronageorganisationen mussten also aufeinander abgestimmt werden, wenn ein unlösbarer Konflikt mit einer stetig wachsenden Zahl unbesetzter Positionen vermieden werden sollte.

Der andere politische Gesichtspunkt, der die Auslese bestimmt, besagt, dass Kandidaten begünstigt werden, die mit den sozialen und ökonomischen Ansichten der amtierenden Regierung im Großen und Ganzen übereinstimmen. Wenigstens teilweise kommt das auch in der Verteilung der Auserkorenen auf die verschiedenen Bereiche der

---

18 Ridder: »Empfiehlt es sich ...« (siehe oben Anmerkung 7), S. 124.

Juristenberufe zum Ausdruck: Hochschullehrer, Mitglieder staatlicher Regulierungsbehörden, Anwälte der großen Wirtschaftsunternehmungen und so weiter. In gewissem Umfang wird für die Unterbringung von Politikern, die bei Wahlen unterlegen sind, Sorge getragen. Die neuerdings unumgängliche Voraussetzung, dass die Amtsbewerber einer umfassenden Untersuchung durch die Bundeskriminalbehörde (Federal Bureau of Investigation) unterworfen werden, fügt dem Erfordernis der »richtigen« Ansichten auch noch das einer unanfechtbaren Vergangenheit hinzu; damit wird es weniger wahrscheinlich, dass Personen, deren frühere Tätigkeit Anlass zu heftigen Kontroversen gegeben hatte, wie das bei den Bundesrichtern Louis D. Brandeis oder Hugo L. Black der Fall war, in hohe richterliche Ämter berufen werden könnten.[19]

Trotz so offensichtlichen Schwächen der Ausleseverfahren liegt etwas Positives darin, dass die Ernennung zu hohem Richteramt (in der Bundesebene fast nur auf Lebenszeit) auf dem Höhepunkt einer erfolgreichen juristischen Karriere erfolgt. Der Richter kann es sich erlauben, sich von früheren Verbindungen und Bindungen, wenn nicht notwendigerweise von alten Denkgewohnheiten zu lösen. Wer auf ein hohes Richteramt reflektiert – und erst recht wer es erlangt hat –, sieht sich veranlasst, sich um ein Ansehen zu bemühen, das den Maßstäben des Berufes entspricht; diese Maßstäbe sind hoch, und das traditionelle Prestige des hohen richterlichen Amtes ist in Amerika viel größer als in Europa, wo sich der Richter von anderen gleichrangigen Beamten nicht abhebt. Der amerikanische Richter braucht sich keine Beförderungssorgen[20] zu machen, erliegt nicht der eigenartig neurotischen Geistes-

---

19 Zur offiziellen Lesart der Richterauslese siehe die Darstellung des Urhebers der geltenden Praxis William P. Rogers: »Judicial Appointments under the Eisenhower Administration«, in: Journal of the American Judicature Society, Jahrgang 41, S. 38-42 (Heft 2, August 1957). Zum Problem der Richterauslese und richterlichen Unabhängigkeit in europäischer Sicht siehe neuerdings Kurt Eichenberger: Die richterliche Unabhängigkeit als staatsrechtliches Problem (Abhandlungen zum schweizerischen Recht, N.F., Heft 341), Bern, 1960, S. 134-162 und 219-226.

20 Selbstverständlich gibt es auch in den Vereinigten Staaten Fälle, in denen eine von der Öffentlichkeit als besonders verdienstvoll angesehene Handhabung eines bestimmten Prozesses zur Beförderung führt. Die Beförderung des aus dem New Yorker Kommunistenprozess bekannten Richters Harold Medina kann man in ihrer Bedeutung nur würdigen, wenn man sich vergegenwärtigt, dass die Prozessberichterstattung den Eindruck erweckt hatte, als sei der Richter von den kommunistischen Anwälten fast mit terroristischen Mitteln bedrängt worden. Sachlicher Prüfung hielt dieser Eindruck nicht stand: s. die unparteiische Analyse des Bundesrichters Felix Frankfurter im Fall *Sacher v. United States*, United States Reports, Volume 343 (1951), S. 1 ff., insbes. 28 und 38, und United States Supreme Court Record, Volume 341, S. 494-532, insbes. Teil 6, S. 3863-8571. Aber Medinas Prozessführung, seine Schlussansprache an die Geschworenen, die von ihm verhängten Strafen und das spätere Verfahren gegen die Verteidiger der kommunistischen Angeklagten wegen ihres Verhaltens im Gerichtssaal waren in der

haltung, die in einem gelehrten Urteil mehr sieht als in einem gerechten,[21] und betrachtet sich viel eher als Sachwalter der Gesamtgesellschaft denn als Beauftragten eines zeitgebundenen politischen Machtgebildes.

Im Vergleich zum amerikanischen Modell scheinen Berufung und Beförderung der Richter sowohl in England als auch auf dem Kontinent gerade in der neueren Zeit einige Wandlungen durchgemacht zu haben. Rein berufliche Eignungsmomente scheinen bewusster und nachdrücklicher betont zu werden. In zunehmendem Maße gilt das für England: Gegenüber der früher kaum umstrittenen Vorstellung, wonach für die Besetzung hoher richterlicher Ämter politische Gesichtspunkte wichtiger seien als berufliche, haben sich führende Personen der Regierung nach dem Zweiten Weltkrieg merklich kühl verhalten.[22] Das Amt des Polizeirichters oder des Friedensrichters (mit Ausnahme der vierzig Fachjuristenposten in Hauptstadtbezirken) wird allerdings wie entsprechende Ämter in Amerika, vielleicht sogar noch in höherem Maße, weil hier berufliche Qualifikation nicht verlangt wird, die der »Schreiber« des Richters haben muss, als Belohnung für politische Dienste angesehen.

In Kontinentaleuropa ist mit der größeren Beachtung der beruflichen Eignung ein neues Verfahren für die Sichtung der Gesamtleistung der Bewerber eingeführt worden; dazu werden Körperschaften herangezogen, die alle Bevölkerungsschichten repräsentieren sollen. Aus diesem Grunde gehören die Richterernennungen nicht mehr zur ausschließlichen Zuständigkeit der Justizministerien. Während die Normalpraxis früher so war, dass sich die Justizministerien meistens an die mehr oder minder formal unterbreiteten Beförderungsvorschläge der dienstältesten Richter der Bezirke oder Provinzen hielten, war der Ministerialeinfluss doch so erheblich, dass politisch verdiente Richter und Staatsanwälte belohnt, politisch missliebige Kandidaten dagegen übergangen oder auf Eis gelegt werden konnten.[23]

<small>Öffentlichkeit überaus beifällig aufgenommen worden. Medinas Beförderung zeigte, dass sich die Regierung die Reaktion der Öffentlichkeit zu eigen gemacht hatte. Unfehlbar ist weder die Regierung noch die Öffentlichkeit. In englischen Gerichtsfällen aus dem 18. und 19. Jahrhundert findet sich passendes Vergleichsmaterial, das den zweifelhaften Charakter der Billigung richterlichen Vorgehens durch Exekutive und Legislative in unserer Zeit dartut; siehe Henry Thomas Cockburn: An Examination of the Trials for Sedition Which Have Hitherto Occured in Scotland, Band I, Edinburgh, 1888, S. 90.
21 Piero Calamandrei: Procedure and Democracy, New York, 1956, S. 41.
22 Eine ausgezeichnete Darstellung gibt R. M. Jackson: The Machinery of Justice in England, 3. Auflage, Cambridge, 1960, S. 236 f.
23 Der Untersuchungsrichter Bouchardon, der die Voruntersuchung im Fall Caillaux geführt hatte (und ein Vierteljahrhundert später die Kommission leiten sollte, die das Verfahren gegen Laval betrieb), beschwerte sich bei Camille Chautemps, dem Justizminister des Linkskartells von 1924, darüber, dass er nicht befördert worden sei. Chautemps gab ihm den guten Rat: »Sorgen Sie dafür, daß man Sie vergißt!« Erzählt</small>

Die neuen Richterberufungsausschüsse oder Richterschaftskomitees, die sich aus Beauftragten der Justizministerien, Vertretern der Richterschaft und Parlamentariern oder vom Parlament berufenen Mitgliedern zusammensetzen, tragen dazu bei, dass sich Kooptation und politische Auslese verflechten; zum Teil schleifen sich dabei die Ecken und Kanten beider Systeme ab.[24] (Hier ist nicht die Rede von der Besetzung von Verfassungsgerichten, wie sie in der Nachkriegsära der Bemühungen um eine rechtsstaatlich gesicherte Demokratie als gleichsam der politischen Sphäre übergeordnete Organe nach amerikanischem Modell geschaffen worden sind; man hatte sie maximal unabhängig machen wollen, aber ihre Unabhängigkeit stößt auf eine Grenze dort, wo ihre Struktur je nach politischen Tagesbedürfnissen fast beliebig geändert werden kann und wo Verfassungsrichter, die nicht auf Lebenszeit berufen sind, unter Druck gesetzt oder nach politischen Gesichtspunkten eliminiert werden können.)

Nur in Frankreich hat das neue autoritär-bürokratische Regime nicht nur jede Spur parlamentarischen Einflusses auf die Besetzung des Obersten Rates der Magistratur ausgelöscht, sondern darüber hinaus diesen Rat entscheidend geschwächt und in kaum verschleierter Form das Ernennungs- und Beförderungsmonopol der vollziehenden Gewalt wiederhergestellt. Kennzeichnend dafür sind zwei Verordnungen (Nrn. 58-1270 und 58-1271) vom 22. Dezember 1958. Dem Obersten Rat der Magistratur verbleibt nur noch das Vorschlagrecht für die Ämter der ersten Präsidenten der Appellationsgerichte und der Mitglieder des Kassationsgerichtshofs (VO 58-1271, Art. 12). In allen anderen Fällen darf der Rat nur zu Vorschlägen des Justizministeriums seine Meinung äußern. Für Beförderungen wird eine Liste von einem besonderen Beförderungsausschuss (VO 58-1270, Art. 35) aufgestellt, dem die Ressortchefs des Justizministeriums, die Präsidenten des Kassationsgerichtshofs, der Generalstaatsanwalt beim Kassationsgerichtshof und sechs auf Vorschlag des Justizministers ernannte Vertreter der Richterschaft angehören.[25] Während der algerischen Wirren ermöglichte eine Verordnung (Nr. 60-1380) vom

vom wandlungsfähigen Richter selbst: Pierre Bouchardon: Souvenirs, Paris, 1953, S. 181.
24 Das Ausschlussverfahren hat freilich die Chancen der Angehörigen der Anklagebehörde verringert, eine Beförderung durch Berufung in richterliche Ämter zu erlangen. Eine verspätete Korrektur brachte in Frankreich Art. 1 der Verordnung 58-1270 (siehe folgende Anmerkung). In der ersten Hälfte der fünfziger Jahre wurden in Frankreich im Jahresdurchschnitt 26 Staatsanwälte zu Richtern ernannt; vergleiche P. Lantecaze: »Siège et Parquet«, in: Le Pouvoir Judiciaire, Jahrgang 14, Nr. 141 (Mai 1959), S. 4.
25 Journal Officiel de la République Française, Jahrgang 90, S. 11551-11556 (Nr. 299, 23. Dezember 1958). Über die Bedingungen, unter denen der Oberste Rat der Magistratur zu Hunderten von Richterernennungen der Regierung de Gaulle Stellung zu nehmen hatte, siehe Henri Rossignol: »L'Unité retrouvé«, in: Le Pouvoir Judiciaire, Jahrgang 14, Nr. 139 (März 1959), S. 1.

21. Dezember 1960 die Versetzung von Richtern aus dem kontinentalen Frankreich nach Algerien (jeweils für sechs Monate, aber mit Verlängerungsmöglichkeit) und gefährdete damit die Unabsetzbarkeit der Richterschaft.[26]

c) Die richterliche Entscheidung

Die Aufgabe des Richters besteht darin, die Norm auf individuelle Fälle anzuwenden. Die Kluft, die den Normgeber vom Interpreten der Norm trennt, soll gleichsam als Schutzmechanismus für beide dienen. Dass der Richter nicht tun kann, was der Gesetzgeber tut, um zu allgemeinen Regeln zu gelangen, und dass es anderseits dem Gesetzgeber nicht zusteht, den regulären Verpflichtungen des Richters nachzukommen und Tatbestände zu ermitteln oder sie im Hinblick auf die allgemeine Norm einzuordnen: Das ist eine der Garantien der Freiheit im gesellschaftlichen Zusammenleben.[27] Bestechend einfach in der Theorie, ist diese Grenzziehung nicht ganz so einfach in der Alltagspraxis. Normen sind nicht für die Ewigkeit gedacht. Ihr Inhalt bezieht sich nicht nur auf langfristige Erfordernisse des Staatsgebildes, sondern auch auf individuelle Situationszusammenhänge und besondere soziale und politische Konstellationen einer bestimmten Zeitperiode. Mitunter können solche Konstellationen so einzigartig, überwältigend, komplex und fein verästelt sein, dass zwischen der Konstruktion eines Grundsatzes und der nur für den Einzelfall geltenden Regel kaum noch unterschieden werden kann. Das eine verflicht sich mit dem anderen, und der vollziehenden Gewalt kann durchaus daran gelegen sein, dass die letzte Entscheidung ihr Vorbehalten bleibt. Aber der außergewöhnliche Einzelfall von gestern kann heute schon eine Normalerscheinung sein und der Entscheidung der Gerichte im Rahmen allgemeiner Rechtsvorschriften unterliegen, in denen ein neues gesellschaftliches Gleichgewicht seinen Niederschlag gefunden hat.

Nicht immer begnügt sich der Gesetzgeber mit solchen allgemeinen Vorschriften. Er kann Wert darauf legen, auf die Regelung der Arbeit der Gerichte im Sinne seiner im Augenblick ausschlaggebenden Vorstellungen besondere Anstrengungen zu verwenden. Er kann den Sachverhalt,

---

26 Journal Officiel de la République Française, Jahrgang 92, S. 11573 (Nr. 297, 22. Dezember 1960). Verschiedene Protesterklärungen zu dieser Verordnung sind in: Le Pouvoir Judiciaire, Jahrgang 16, Nr. 157 (Januar 1961), S. 1, und Nr. 158 (Februar 1961), S. 1, abgedruckt.
27 Vergleiche Adolf Arndt: Das Bild des Richters (Juristische Studiengesellschaft Karlsruhe, Heft 27), Karlsruhe, 1957, S. 16.

den er regeln will, mit so konkreten Details definieren, dass daraus fast eine Sonderregel für den Einzelfall wird. Über die Schwierigkeit der Unterscheidung zwischen Gesetzen für einzelne Fälle, die sich aus besonderen Situationen oder aus dem Fehlen einer allgemeinen Gesetzgebung ergeben, und rechtswidrigen gesetzgeberischen Eingriffen, die gegen den Grundsatz der Gleichheit vor dem Gesetz verstoßen, Sondervorrechte einführen, Einzelpersonen von der Wirkung der Gesetze ausnehmen oder mit Ausnahmestrafen belegen, ist viel gesprochen worden.[28] Nur selten schreibt ein Gesetz eindeutig diskriminierende Bestimmungen *ad personam* vor.[29] Wenn aber die generalisierende Verkleidung zu dünn gerät,[30] wenn die gesetzliche Vorschrift offenkundig dazu bestimmt ist, dem Richter die Freiheit zu nehmen, darüber zu befinden, ob der einzelne Fall unter die Vorschrift fällt oder nicht, wird der Richter auf eine neue Definition seiner Aufgabe dringen müssen: Der mit der Legitimierung Betraute wird zu einem bloß Registrierenden; das schädigt nicht nur die Menschen, die darunter zu leiden haben, sondern auch das Ansehen derer, die einen solchen Inhaltswandel des richterlichen Amtes dekretieren, und derer, die unter den so geänderten Voraussetzungen »richten« müssen.

Dass zwischen der Normschaffung und der Anwendung der Norm auf den individuellen Fall ein erheblicher Unterschied besteht, besagt indes nicht, dass die dem Bereich der politischen Entscheidung entrückte Aufgabe des Richters unpolitisch sei. Die Polarität von allgemeiner Vorschrift und Entscheidung im Einzelfall ist keineswegs dasselbe wie die Unterscheidung zwischen der Festlegung des politischen Kurses eines Staatsgebildes und der Durchführung politischer Entscheidungen in der unteren Ebene. Mit dem idyllischen Bild einer starken politischen Führung, die die grundlegenden Entscheidungen trifft, während sich eine Richter- und Beamtenelite liebevoll um die Bedürfnisse und Nöte des Volkes kümmert,[31] wird in die Welt der Massendemokratien des 20. Jahrhunderts nicht etwa die versunkene Wirklichkeit der konstitutionellen Monarchien des 19. Jahrhunderts hinübergerettet, sondern ein bloßes Phantasiegebilde hineingetragen. In der Realität der

---

28 Zu neueren Diskussionen siehe: Das Gesetz als Norm und Maßnahme (Veröffentlichungen der deutschen Staatsrechtslehrer, Heft 15), Berlin, 1957, und – mit einer Fülle von Material – Hans Schneider: »Über Einzelfallgesetze«, in: Hans Barion, Ernst Forsthoff und Werner Weber (Hg.): Festschrift für Carl Schmitt. Zum 70. Geburtstag dargebracht von Freunden und Schülern, Berlin, 1959, S. 159-178.
29 Um ein Gesetz, das unverkennbar diesen Charakter hatte, ging es im Fall *United States v. Lovett*, United States Reports, Volume 328 (1947), S. 303-330.
30 Über eine neuere deutsche Entscheidung, die peripher an diese Thematik herankommt, siehe weiter unten Kapitel VIII, Abschnitt 3-b, Anmerkung 37.
31 So zum Beispiel Werner Weber: Spannungen und Kräfte im westdeutschen Verfassungssystem, 2. Auflage, Stuttgart, 1958, S. 112 ff.

konstitutionellen Monarchien des 19. Jahrhunderts fiel dem Richter eine eindeutig politische Funktion zu: Einerseits repräsentierte er die staatliche Bürokratie, anderseits interpretierte und hütete er die Sicherheitsinteressen der bürgerlichen Gesellschaft.

Die Trennung der juristischen von der politischen Funktion lässt sich weder aus dem Treueverhältnis des Richters zur vorgegebenen Norm noch aus irgendwelchen Varianten der berühmten Sprachrohranalogie Montesquieus ableiten. Zwar beharren Richter im allgemeinen darauf, das Gesetz so anzuwenden, wie sie es vorfinden, aber dennoch steht fest, dass viele von ihnen gelegentlich und manche ständig bereit sind, die Weisheit der Bestimmungen, über deren Anwendung sie wachen sollen, mehr oder minder höflich anzuzweifeln. Wenn sich der Richter in Ländern, in denen sein Ermessensbereich nicht ausdrücklich durch den Auftrag oder die Ermächtigung, die Verfassungsmäßigkeit der Gesetze zu prüfen, erweitert worden ist, zur Erklärung oder zur Entschuldigung darauf beruft, dass er dem Gesetz untertan sei, ist das bestenfalls eine Ausrede, die nicht ganz ernst gemeint ist; schlimmstenfalls kommt darin zum Ausdruck, dass der Richter nicht bereit ist, seine eigene Rolle im gesellschaftlichen Geschehen zu begreifen. Seine Arbeit: In einzelnen Konfliktsituationen Entscheidungen zu treffen, kann der Richter nur im zweifach begrenzten Rahmen der hergebrachten Verfahrensweise und der Vorschriften der Gesetze verrichten. Er kann sie aber darüber hinaus nur verrichten, wenn er – sei es ausdrücklich, sei es implizite – zu einer Entscheidung über die erwünschten, möglicherweise widerstreitenden sozialen und politischen Lösungen gelangt ist und Klarheit darüber gewonnen hat, wie man zu solchen Entscheidungen auf die günstigste und unschädlichste Weise kommen kann.

Der mit der Norm zu erfassende Gegenstand kann zu komplex sein, als dass er sich eindeutig und unmissverständlich[32] regulieren ließe; der Gesetzgeber kann es mit Vorbedacht darauf angelegt haben, denen, die die Norm auszulegen haben, die größte Ermessensfreiheit in der Feststellung ihres Anwendungsbereichs einzuräumen; oder es kann ein außerordentlich starkes Bedürfnis vorliegen, mit einer gewaltigen gesetzgeberischen Aktion auf die Pauke zu hauen, in das Gesetz aber gleichzeitig Vorkehrungen einzubauen, die den Gerichten die Möglichkeit geben,

---

32 Vergleiche Glanville L. Williams: »Language and the Law«, in: Law Quarterly Review, Jahrgang 61, S. 71-86, 179-195, 193-303, 384-406, insbesondere 82 (Hefte 241-244, Januar, April, Juli und Oktober 1945): »Es ist viel leichter, ein Gesetz zu machen, das umfassende Bestimmungsmomente enthält, als eins mit begrenzten; aber wenn wir klar sehen wollen, müssen wir Ausdrücke wie ›gerecht‹ und ›vernünftig‹ und ›angemessen‹ und ähnliche fast unendlich dehnbare Begriffe vermeiden. Die Wörter haben so wenig eigene Farbe, dass man ihnen fast jede erwünschte Nuance verleihen kann.«

es nicht anzuwenden; von welcher Warte aus man die Dinge betrachten möge: Über den Lebensweg einer Norm entscheidet die Art ihrer Anwendung. Dass eine Norm gilt, folgt nicht einfach daraus, dass sie besteht, sondern ergibt sich erst aus dem Schicksal, das ihr in Verwaltungs- oder Gerichtsvorgängen bereitet wird.[33] Auch eine kristallklare Norm bleibt bedeutungslos, wenn Behörden und Gerichte beharrlich einen Bogen um sie machen. Und die Klarheit und Präzision einer Norm kann im umgekehrten Verhältnis zur Bedeutung ihres Gegenstandes stehen.

Aus diesen Gründen hat die richterliche Entscheidung mit der Geltendmachung der von der Gesellschaft anerkannten Werte nicht weniger zu tun als die Entscheidungen der anderen Faktoren des politischen Geschehens. Wenn es einen Unterschied gibt, so besteht er darin, dass sich das gerichtliche Handeln nur gelegentlich und bruchstückhaft dazwischen schiebt. Der Regierungsapparat und seine Verwaltungsorganisation sind ebenso wie politische Parteien in der Gesellschaft der neueren Zeit gleichsam ununterbrochen vierundzwanzig Stunden am Tag tätig – oder wenigstens arbeiten ihre Publizitätsagenten unentwegt daran, diesen Eindruck zu erwecken. Der ungeregelte Zustand der internationalen Beziehungen, die dadurch bedingte Wehrpolitik und die Notwendigkeit, die Volksmassen ständig in der nötigen Dosierung von Angst, Spannung und Zustimmung zu halten, bringen einen endlosen Strom staatlicher Aktionen, Vorhaben und Pläne hervor. Aber diese überströmende fieberhafte Aktivität berührt nur zu einem geringen Teil die Alltagsbeziehungen zwischen dem Staat und den Staatsbürgern oder der Staatsbürger untereinander. Sogar in unserer Gesellschaft, die tiefgehende strukturelle Veränderungen in verhältnismäßig kurzen Abständen durchmacht, richten sich die Beziehungen der Menschen untereinander in vieler Hinsicht nach Regeln, die allgemeine Anerkennung finden. Werden Neuerungen eingeführt, so sorgen die an ihnen hauptsächlich Interessierten dafür, dass man ihnen weithin positive Wirkungen zubilligt; häufig werden sie entweder freiwillig von allen akzeptiert oder mit einer so massiven und einprägsamen Billigung der gesellschaftlich tonangebenden Kreise forciert, dass sich auch Gegner und Protestierende resignierend mit dem Neuen abfinden. Nur wenn der Konsensus ausbleibt, entstehen Rechtsstreitigkeiten, mit denen sich Gerichte befassen müssen.

Gewiss gibt es, wie vorher erwähnt, mancherlei Situationen, in denen die normale Lebensweise der Gesellschaft gerichtliche Eingriffe in

---

33 »Positive Normen lassen sich mit Kristallen vergleichen, die man in eine gesättigte Lösung tut und die diese Lösung in ihrem Zustand erhält, die aber auseinanderfielen, wenn man sie in eine andere Flüssigkeit versetzte«, heißt es bei Alf Ross: On Law and Justice, London, 1958, S. 98.

zahllosen Einzelfällen erfordert, ohne dass die geltenden Regeln in Zweifel gezogen würden oder neue gesellschaftliche Verhaltensgewohnheiten Anerkennung verlangten: Gerichte müssen Scheidungsurteile fällen, Haftbefehle bestätigen, Straftaten aburteilen. Diese alltägliche Beschäftigung der Gerichte ist nicht gemeint, wenn vom gelegentlichen und bruchstückhaften Charakter richterlichen Handelns die Rede ist; gemeint ist vielmehr die intermittierende Ausübung des Überwachungsrechts der Gerichte, der Eingriffe ins politische Geschehen, mit denen sie das Verhalten der anderen Teilnehmer am politischen Leben kritisieren, kontrollieren, beeinflussen und korrigieren oder diese anderen Faktoren zwingen, ihr Verhalten zu ändern. Freilich steht es den Gerichten immer frei, jedes bis dahin unbeanstandete Routineverhalten ohne besondere Vorankündigung einer Prüfung zu unterziehen, es in neuem Licht zu betrachten und einer grundsätzlichen Auseinandersetzung zuzuführen. Dass der Eingriff »gelegentlich und bruchstückhaft« erfolgt, bedeutet mithin, dass sich die Gerichte am entscheidenden, richtunggebenden Handeln der Staatsorganisation nicht regelmäßig und ständig, sondern nur von Fall zu Fall beteiligen. Nur ein begrenzter Teilausschnitt des politischen Geschehens landet im Gerichtssaal, und nicht immer das, was dringlich und wichtig ist. Was jeweils zu diesem Teilausschnitt gehört, hängt einerseits von der Strategie der einzelnen gesellschaftlichen Gruppierungen, anderseits von den wechselnden Erfordernissen der Organe der Staatsgewalt ab.

Das »Gelegentliche und Bruchstückhafte« im gerichtlichen Vorgehen bringt es mit sich, dass das Gericht warten muss, bis es mit einem Fall befasst wird. Für die Tätigkeit des Gerichts ist es infolgedessen von erheblicher, oft von entscheidender Bedeutung, auf welche Weise beschlossen wird, womit es befasst oder nicht befasst, in welcher Form oder unter welchem Rubrum ihm etwas vorgelegt werden, wann und – bis zu einem gewissen Grad – wo das geschehen soll.

2. Wie es zur politischen Strafverfolgung kommt

Unter denen, die den Mechanismus der Gerichte in Gang setzen können, kommt dem Staatsapparat eine besondere Stellung zu. Dass er einen Stab von fachlich ausgebildeten, mit der Vorbereitung und Einleitung von gerichtlichen Schritten wohl vertrauten Juristen beschäftigt, ist nicht wirklich entscheidend; solche Stäbe gibt es in unseren Zeitläuften auch bei allen größeren privatwirtschaftlichen Gebilden. Aber während die bürokratische Apparatur der Wirtschaft eigentlich nur an

Auseinandersetzungen über die Abgrenzung, Aufrechterhaltung und Ausweitung privater Machtpositionen teilnimmt, kann der Staatsapparat direkt darauf hinwirken, dass einem Menschen Leben oder Freiheit genommen wird. Die hierarchisch organisierten Amtsträger, die der Staat mit diesem sensitiven Geschäft betraut, müssen sich nach zwei Bezugssystemen orientieren: einmal nach der Rechtsnorm, zum andern nach den politischen Notwendigkeiten der jeweils herrschenden Gruppen des bestehenden Regimes.

Theoretisch können aus den Vorschriften der Gesetze und der geltenden Praxis ihrer Anwendung verschiedene Ansätze zur Handhabung der Arbeit der Anklagebehörde entwickelt werden. So kann man beispielshalber davon ausgehen, dass eine Strafverfolgung gegen den mutmaßlichen Täter immer eingeleitet werden muss, sobald die Übertretung einer Norm zur Kenntnis der Behörden gelangt. Man kann aber auch umgekehrt davon ausgehen, dass die Vollziehung der Gesetze innerhalb bestimmter gesetzlicher Schranken im Ermessen der Behörden liegt; die Anklagebehörde darf dann dies oder jenes erlauben oder dulden und muss in der Verfolgung der Verstöße gegen die gesetzliche Norm bestimmte Auslesegesichtspunkte walten lassen. In dem einen Fall spricht man von Legalitätsprinzip, in dem andern von Opportunitätsprinzip.

a) Die Staatsanwälte und ihre Vorgesetzten

Der Ermessensentscheidung der Anklagebehörde kommt besondere Bedeutung zu, wenn die Verwaltungspraxis, wie das in neuerer Zeit häufig vorkommt, Fallen aufstellt, in die man leicht ohne böse Absicht hineintappen kann. Ein charakteristisches Beispiel ist das bekannte amerikanische Formular 57, das jeder ausfüllen muss, der sich um eine Stellung im Dienste der Bundesbehörden der Vereinigten Staaten bewirbt. Der Bewerber muss alle Verhaftungen und Verfahren anführen, denen er sich seit seinem 16. Lebensjahr ausgesetzt hatte, und zugleich angeben, wie jeder einzelne Fall ausgegangen ist; nur mindere Verkehrsvergehen brauchen nicht aufgezählt zu werden. (Offenbar schätzt die vollziehende Gewalt die Motive, aus denen Richter zum Freispruch oder zur Verfahrenseinstellung gelangen, nicht allzu hoch ein.) Im Gegensatz zu den europäischen Bestimmungen gestatten es die amerikanischen Bundes- und Gliedstaatgesetze den Amtsbewerbern nicht, lange zurückliegende Vergehen und Verbrechen zu verschweigen, die mit der Zeit oder dank späterem Wohlverhalten in Vergessenheit geraten sollten und die nach kontinentaleuropäischem Brauch im Strafregister gelöscht werden. Der Bewerber muss sich also entscheiden, ob er sich mit der Angabe irgendwelcher Jugendsünden um die Aussicht bringt, die gewünschte Anstellung zu erlangen, oder ob er seine Vergangenheit verschweigt und es auf sich nimmt, in ständiger Gefahr der Entdeckung und Strafverfolgung wegen falscher Angaben[34] zu leben. Zu welchem Entschluss er kommt, ist eine Frage des Charakters und der Lebensumstände.

Werden die unrichtigen oder unvollständigen Angaben entdeckt, so wird der Schuldige aus dem Dienst entlassen, und sein Dienstherr kann die Akten ans Justizministerium zwecks etwaiger Strafverfolgung leiten. Das mag zwar eher die Ausnahme als die Regel sein: Meistens geben sich die Behörden damit zufrieden, dass sie den Missetäter schnell und geräuschlos aus ihrem Amtsbereich losgeworden sind. Auch wenn die Akte an die Justizverwaltung gelangt, kann immer noch von der Strafverfolgung Abstand genommen werden; die Justizverwaltung verzichtet bisweilen auf die Anklageerhebung, sofern es sich nicht um Verschleierung »umstürzlerischer« Betätigungen oder Beziehungen handelt.[35] Weil die Strafbestimmungen unnötig weit sind und weil es kein Gesetz gibt, das die obligatorische Löschung der Vorstrafen vorschriebe,[36] bleiben indes die vielen gesetzlichen Fußangeln für die Unvorsichtigen bestehen. Damit werden Gefühle der Angst, Sorge und Ohnmacht geweckt und eine servile Gesinnung großgezüchtet; das alles trägt nicht dazu bei, eine aktive staatsbürgerliche Haltung zu fördern.[37]

In der Praxis sind die Unterschiede zwischen dem kontinentaleuropäischen Prinzip der pflichtmäßigen Anklageerhebung bei Gesetzesübertretungen und der englisch-amerikanischen Ermessensfreiheit der Anklagebehörde, die sich zum Teil aus dem übergroßen Umfang der Aufgabe[38]

---

34 United States Code, Titel 18, § 1001; United States Statutes, Volume 62 (1948), S. 749.
35 Vergleiche Annual Report of the Attorney General of the United States for 1957, Washington, D.C., 1958, S. 58.
36 Die Wichtigkeit eines solchen Gesetzes betont Aaron Nussbaum: First Offenders – A Second Chance, New York, 1956, *passim*.
37 Auch aus der Scheu des Antragstellers, nebensächliche politisch getönte Ansichten bei Vernehmungen im Einbürgerungsverfahren zu bekennen, lässt sich etwas konstruieren, was nach kriminellem Vorleben aussieht; wie das gemacht wird, zeigt Bundesrichter Tom Clark in der Begründung seines ablehnenden Votums im Fall *Chaunt v. United States*, United States Reports, Volume 364 (1960), S. 350 ff, insbesondere 356 ff. Die Angst vor der Strafe und ihre Begleiterscheinung, das Kniebeben vor jeder beamteten Person, hat ein großer Schriftsteller die »Dschungelpanik des Primitiven« genannt; siehe Hermann Broch: Erkennen und Handeln, als Band II der Essays herausgegeben von Hannah Arendt, in: Gesammelte Werke, Zürich, 1955, S. 237.
38 Eine realistische Behandlung der Funktionen des öffentlichen Anklägers in Amerika findet sich beim früheren Attorney General, dann Bundesrichter, Robert H. Jackson: »The Federal Prosecution«, in: Journal of the American Judicature Society, Jahrgang 24,

erklärt, nicht so einschneidend, wie sich angesichts der Schärfe des theoretischen Gegensatzes vermuten ließe. Auch das kontinentaleuropäische System hat Vorkehrungen dafür treffen müssen, dass die Anklagebehörde in gewissem Ausmaß eine Auswahl vornehmen kann: sowohl bei minderen Verstößen als auch in politischer Hinsicht. Die neuesten deutschen Bestimmungen (§ 153c der Strafprozessordnung) ermächtigen die Bundesanwaltschaft im Zusammenwirken mit dem Bundesgerichtshof, die Strafverfolgung in politischen Fällen einzustellen, und zwar nicht nur bei tätiger Reue, die sich im freiwilligen Verzicht auf die strafbare Handlung und in der Abwendung ihres schädlichen Erfolgs niederschlägt, sondern auch wenn bei Durchführung der Strafverfolgung der Sicherheit des Staates Schaden droht; dieser Gesichtspunkt hat mit der Schuld des Angeklagten nichts mehr zu tun, sondern hängt nur noch mit der Beurteilung der politischen Situation zusammen.[39] Im Ganzen folgt jetzt Frankreich dem Opportunitätsprinzip,[40] auch wenn der Wortlaut des Artikels 1 der Strafprozessordnung zweideutig ist; grundsätzlich gilt das auch für Italien.[41] Darüber hinaus wird aber das »Legalitätsprinzip«, das Prinzip der automatischen Strafverfolgung dadurch durchbrochen, dass die an der Strafverfolgung zu Recht interessierten Privatpersonen auf dem europäischen Kontinent ebenso wie in den angelsächsischen Ländern in gewissem Umfang die Möglichkeit der gerichtlichen Beschwerde haben, so dass am Ende die Anklagebehörde doch dazu gebracht werden kann, eine Strafverfolgung in die Wege zu leiten, die sie auf Grund der gesetzlichen Lage nicht in Angriff nehmen wollte.

Was aber viel wichtiger ist: Die Beurteilung der Aussichten des Strafverfahrens, vor allem der Art des verfügbaren Belastungsmaterials und seiner Beweiskraft, eröffnet der legitimen Ermessensentscheidung in beiden Systemen ein weites Feld. In Fällen ohne politische Färbung

S. 18-30 (Heft 1, Juni 1940). Einige vergleichende Hinweise gibt J. C. Smith: »The Personnel of the Criminal Law in England and the United States«, in: Cambridge Law Journal, Jahrgang 13, S. 80-100 (Heft 1, April 1955). Deutliches Unbehagen ob der Anwendung des Legalitätsprinzips in politischen Fällen äußerte der damalige Chef der Bundesanwaltschaft Max Güde: Probleme des politischen Strafrechts (Veröffentlichungen der Gesellschaft Hamburger Juristen, Heft 4) Hamburg, ohne Jahr {1957}, insbesondere S. 13 ff., 23 ff.

39 Zur Verteidigung dieser Neuerung führte Generalbundesanwalt Max Güde: »Legalitätsprinzip und Rechtsstaat«, in: Monatsschrift für Deutsches Recht, Jahrgang 12, S. 285-287, insbesondere 285 (1958, Heft 5), unter anderem an, mit der neuen Regelung verliere »das Legalitätsprinzip seine unwirkliche Absolutsetzung und damit seine Verwendbarkeit für eine klirrende Antithetik«.

40 André Vitu: Procédure Pénale, Paris, 1957, S. 242 f.

41 Über den Anwendungsbereich des Opportunitäts- und des Legalitätsprinzips siehe das Referat von François Clerc in: Actes du 5ᵉ Congrès International de Droit Pénal tenu à Genève du 28 au 31 juillet 1947, Paris, 1952, S. 217-227.

betätigt sich dies Ermessen meistens in einer sinnvollen Weise: Der Räuber, der Mörder, der Brandstifter wird normalerweise, wenn das Belastungsmaterial zur Anklageerhebung ausreicht, vor Gericht gestellt, und dass die Anklagebehörde theoretisch den politischen Gewalten unterstellt ist, ändert daran gar nichts. Komplizierter werden die Dinge, wenn die Person des mutmaßlichen Täters oder sein Umgang oder der Charakter des abzuurteilenden Delikts oder das Zusammentreffen dieser Faktoren Unsicherheitsmomente hervorbringt, zu Beschwerden Anlass gibt, ja dazu führt, dass auf die Behörde von verschiedener Seite und auf verschiedene Art Druck ausgeübt wird. Wenn ein Politiker eine anfechtbare Steuererklärung abgibt, wenn ein Geschäftsmann mit guten politischen Beziehungen einen Schwindelvertrag abschließt oder wenn, was inzwischen häufiger vorkommt, der Inhaber eines strategisch wichtigen öffentlichen Amtes zwischen der Amtspflicht und anderen Interessen zu wählen hat und eine angreifbare Entscheidung trifft, wenn sich bei alledem intensives politisches Interesse an die Hauptfigur des umstrittenen Vorfalls heftet, kann der Beschluss darüber, ob Strafverfolgung erfolgen oder das Verfahren eingestellt werden soll, zu einer äußerst heiklen Angelegenheit werden; er kommt in solchen Fällen selten ohne Beteiligung politischer Stellen zustande.

Vieles hängt von der Person ab, die das Bindeglied zwischen der behördlichen Hierarchie und der eigentlich politischen Sphäre bildet: dem Justizminister oder – in den angelsächsischen Ländern – dem Attorney General. In den Vereinigten Staaten und bis zu einem gewissen Grade auch in England kann der Chef der Justizverwaltung, der gewöhnlich von Hause aus Jurist ist (sogar Hitler musste sich diesem Monopol des Juristenberufs wenigstens der Form nach fügen), aber eine politische Laufbahn hinter sich hat, damit rechnen, dass er für gute Dienste mit einem gesuchten höchstrichterlichen Amt belohnt werden wird. Aber auch wenn sein politischer Rang bedeutender ist als seine berufliche Statur in Juristenkreisen, bleibt ihm nie die Aufgabe erspart, zwischen dem Druck des politischen Gebildes, dem er angehört, und womöglich noch einer unsichtbaren politischen Gruppierung hinter oder neben der Regierung einerseits und den gesetzlichen Erfordernissen anderseits zu vermitteln. In seinem Amt verzahnen sich die rechtlichen mit den politischen Mechanismen der Staatsgewalt, aber er ist zugleich auch der Puffer zwischen beiden. In den Augen der Juristen stattet er die politischen Entscheidungen des Kabinetts mit einer gewissen Aura der Achtbarkeit aus, und seinen Kollegen im Kabinett muss er ständig einschärfen, dass er die Autorität seiner Person und seines Amtes für ihre politischen Pläne nur bis zu einer bestimmten Grenze einsetzen darf. In diesem Sinne lässt sich der Unterschied zwischen einem rechtsstaatlichen und einem totalitären Justizminister auf eine knappe Formel bringen: Der Justizminister eines Rechtsstaats sagt seinen Kabinettskollegen, was von dem, was sie vorhaben, legal durchführbar ist; dagegen muss der totalitäre Justizminister versuchen, sich bei seinem Chef als unentbehrlich durchzusetzen, das heißt ihm klarmachen, dass der Justizapparat die anbefohlene Erledigung der Gegner des Regimes ebenso schnell und fast ebenso wirksam besorgen könne wie die reinen Praktiker der nackten Gewalt.[42]

Die gesetzlichen Erfordernisse, die der Chef der Justizverwaltung gegenüber der politischen Sphäre geltend machen muss, treten an ihn selbst als fachmännische Beratung heran, die ihm sein Ministerialpersonal aus gründlicher Kenntnis der Sachlage mit all ihren Eigentümlichkeiten und aller Varianten und Unsicherheitsfaktoren der Rechtsinterpretation darbietet. Ob sich im Konfliktsfall die Ministerialsjuristen oder die politischen Auftraggeber ihres Chefs durchsetzen, ist wiederum eine rein politische Frage.

Der Grad der behördlichen Zentralisierung, das Spannungsgefälle zwischen der Spitze der Justizverwaltung und den öffentlichen Anklägern bei den verschiedenen Gerichtsinstanzen, ist von Fall zu Fall verschieden. In einigen Ländern – der Bundesrepublik Deutschland, Großbritannien und der Schweiz – untersteht die Anklagebehörde einer besonderen Zentralverwaltung, die sich nicht nur die letzte Entscheidung darüber vorbehält, welche Fälle im Berufungsverfahren vor das höchste Gericht gebracht werden sollen, sondern sich auch mit der Anklageerhebung, der Verfahrenseinstellung oder dem Vorgehen in der Hauptverhandlung bei den wichtigsten politischen Deliktsfällen oder sogar – wie in England – bei allen wichtigen Straftaten befasst. Auf Grund ihres fachlichen und bürokratischen Gewichts und vielleicht auch auf Grund des Ansehens, das ihre Leiter bei der Regierung, bei den Juristen und in der Öffentlichkeit genießen, können solche Zentralbehörden der Staatsanwaltschaft einen beträchtlichen Einfluss ausüben. In jedem Fall aber trägt das Zeitalter des Telefons und des wissbegierigen Reporters, der etwaige Nuancenunterschiede in amtlichen Kommuniqués und Interviews immer wieder zu ergründen und aufzuklären sucht, dazu bei, dass die

---

42 Charakteristisch sind in dieser Beziehung die Beschwerden des Reichsjustizministers Franz Gürtner und später auch seines provisorischen Nachfolgers Franz Schlegelberger darüber, dass Hitler die von den ordentlichen Gerichten verhängten Strafen (darunter eine Verurteilung zu zehn Jahren Zuchthaus) als zu »mild« beiseite schob und die gerichtlich Abgeurteilten einfach umbringen ließ; siehe das entsprechende Material bei Martin Broszat: »Zur Perversion der Strafjustiz im Dritten Reich«, in: Vierteljahreshefte für Zeitgeschichte, Jahrgang 6, S. 390-443, insbesondere 408 ff. (Heft 4, Oktober 1958).

direkte Verbindung zwischen der zentralen Justizverwaltung und den ausführenden Organen der Anklagebehörde nie abreißt.

In Europa bilden die Angehörigen der Anklagebehörde einen besonderen Dienstbereich, der mit anderen Zweigen des Verwaltungsdienstes nicht zusammenfällt; sie sind in mancher Hinsicht dem Gerichtsapparat angeglichen, wenn sie auch, was vielen von ihnen Kummer bereitet, nicht überall als Teil dieses Apparats gelten. Unter Umständen können sie in die richterliche Laufbahn übernommen werden; bis zu einem gewissen Grad sind sie gegen ungerechtfertigte Rangminderung oder Entlassung gesichert, was sie allerdings – in äußerst seltenen Fällen – nicht davor schützt, im Interesse des Dienstes in eine gleichrangige Position bei einer anderen Staatsanwaltschaft versetzt zu werden. In einem jüngsten französischen Fall hatte der Conseil d'État über den Einspruch eines Staatsanwalts gegen eine Disziplinarstrafe zu entscheiden: Er war gemaßregelt worden, weil er gegen die vorläufige Haftentlassung eines Angeklagten, der bei Streikzusammenstößen wegen Gewalttätigkeit festgenommen worden war, keine Einrede erhoben hatte, obschon die Staatsanwälte durch eine Rundverfügung des Justizministeriums angewiesen worden waren, Haftentlassungsanträgen in solchen Fällen zu widersprechen. Der Conseil d'État wies die Beschwerde mit der Begründung ab, dass er in den internen Dienstbetrieb der Staatsanwaltschaft, die einen Teil der Gerichtsorganisation bilde, nicht eingreifen könne.[43] Natürlich kann man einen störrischen oder politisch unangenehmen Staatsanwalt auch auf andere Weise aus einer Schlüsselposition entfernen: Man verschafft ihm eine neue, vielleicht sogar besser bezahlte Stellung in einem anderen Dienstbereich oder macht ihn zum Richter. Dies elegantere Verfahren wird gelegentlich in der Bundesrepublik Deutschland vorgezogen.

Eine gewisse Stütze finden Korpsgeist und Berufsstolz der Angehörigen der Anklagebehörde in der tröstlichen Überlegung, dass sie zwar, soweit es um die Einleitung von Strafverfahren oder sonstige schriftliche Eingaben an die Gerichte geht, in hierarchischer Unterordnung Weisungen von oben befolgen müssen, dass sie aber in der Hauptverhandlung weitgehend nach eigenem Ermessen vorgehen dürfen. Allzu viel sollte man indes in die alte französische Maxime, wonach die Feder eine Sklavin, das gesprochene Wort jedoch frei sei, nicht hineinlesen. Man beruft sich auf sie nur, wenn man die Vorstellung festigen will, dass der

---

43 Fall Dorly, Recueil Sirey, Paris, 1954, Teil III, S. 3 ff. Diese formalistische Entscheidung hat kritische Einwände hervorgerufen; siehe zum Beispiel Georges Vedel: »Le contrôle juridictionnel des mesures disciplinaires frappant les magistrats du Parquet«, in: Le Pouvoir Judiciaire, Jahrgang 8, Nr. 83 (Oktober 1953), S. 6 f.

Staatsbeauftragte mitten im Gefecht – im Gerichtssaal – die nötige taktische Gewandtheit aufbringen werde, aus dem raschen Wechsel der Situationen im rechten Augenblick die rechten Schlüsse zu ziehen.

Ein Tier von etwas anderer Artung ist der amerikanische Jurist im Dienste des Department of Justice, namentlich der Federal District Attorney, der direkt vom Präsidenten der Vereinigten Staaten auf Zeit ernannte Staatsanwalt bei den Bundesdistriktgerichten; erst recht andersartige Tiere sind die völlig politisierten Anklagevertreter der einzelnen Gliedstaaten oder der einzelnen Kreise, jedenfalls die vom Volk gewählten Behördenchefs. Dem Bild des Bürokraten, der nur an sein Gewissen, seine Vorgesetzten und seine dienstlichen Aufstiegsaussichten zu denken braucht, entspricht dieser amerikanische »Anwalt des Staates« etwas weniger als sein europäischer Kollege mit der gesicherten Laufbahn. Der Aufstieg des amerikanischen Anklägers hängt weniger von unanfechtbarer Verlässlichkeit, Gründlichkeit und Exaktheit im Werktag ab als von besonders bemerkenswerten, nach Möglichkeit mit der Werbetrommel untermalten Einzelleistungen. Da das Amt meistens nur auf Zeit – bei den Einzelstaaten und Kreisen für die Dauer einer Wahlperiode – besetzt wird, da häufig Sonderankläger für einzelne Fälle berufen werden, sind die für die Anklagebehörde tätigen Juristen zumeist darauf bedacht, während der Amtszeit Ansehen und Resonanz zu gewinnen und sich damit die Möglichkeit zu verschaffen, zu besseren und lukrativeren Ämtern aufzusteigen.

Diese Tendenz zur »Selbstbeförderung«, der das Bedürfnis entspringt, die Rolle des Anklägers in größeren Prozessen aus Publizitätsgründen zu überspielen, hat nicht nur ertragreiche, sondern auch groteske Seiten. Da gibt es hoffnungslose Narren, die bis zum äußersten gehen, um eine Grand Jury dazu zu bringen, einen unfundierten Eröffnungsbeschluss zu fassen, weil sie sich vom Prozess einen besonderen politischen Fang mit großer Reklame erhoffen,[44] und den naiven oder hinterlistigen Übereifer mit der Entlassung büßen müssen, wenn das Belastungsmaterial, das sie verheißen hatten, ausbleibt oder in sich zusammenfällt. Da gibt es – häufiger noch – Staatsanwälte, die einfach deswegen entlassen werden, weil sie ein Strafverfahren mit politischen Untertönen nach Ansicht ihrer Vorgesetzten »falsch« angefasst haben und damit in Ungnade gefallen sind. Allerdings können sie, wenn sie sich anschließend als Anwälte niederlassen, aus der Schule plaudern und auf die Politik der Anklagebehörde von außen Einfluss nehmen. Ein solches Sicherheitsventil steht

---

44 House of Representatives, 84th Congress, 1st Session: Hearings before the Subcommittee of the Committee on Appropriations, Department of Justice, Washington, 1955, S. 85-96 (Aussagen zum Fall Lorwin).

ihren europäischen Kollegen nicht zur Verfügung; haben sie erst einmal Mühe, Zeit und Geld in eine Laufbahn hineingesteckt, die sie fürs ganze Leben sichern soll und aus der sie ohne Verlust der Pensionsansprüche nicht ausscheren können, so haben sie kaum die Aussicht, Vorgesetzte, mit denen sie in Konflikt geraten, mit den Mitteln der Publizität unter Druck zu setzen. Das bedeutet indes nicht, dass der Staatsanwalt politischem Druck gegenüber schutzlos sei und dass sein Amt, wie bisweilen gesagt wird, zu größerer Geltung gebracht werden müsse,[45] zum Beispiel durch Entpolitisierung des Justizministeriums, die nur eine Fiktion sein kann, oder durch Einschaltung einer höheren richterlichen Instanz, der die Staatsanwälte innerdienstliche Schwierigkeiten unterbreiten könnten. Mit solchen Mitteln lässt sich der ständige Widerstreit zwischen den jeweiligen politischen Zielsetzungen und den in der Verfassungs- und Rechtsstruktur des Staatswesens verankerten Werten nicht aus der Welt schaffen; damit wird dieser Widerstreit, der nötig und fruchtbar ist, nur in eine andere Ebene verschoben.

b) Strafverfolgung und Regierung

In der Praxis ist die innerdienstliche Stellung des Staatsanwalts von Land zu Land und von Periode zu Periode verschieden. Störungen des erstrebten Gleichgewichts zwischen Politik und Justizapparat treten immer wieder auf. Sie können von beiden Seiten kommen. Das klassische Beispiel des Übergewichts des politischen Apparats lieferte Frankreichs Dritte Republik. Dort war es üblich, dass sich Anwälte, die zugleich Abgeordnete waren, zugunsten ihrer Klienten – sei es auf eigene Faust, sei es mit Unterstützung des Justizministers – in die Arbeit der Staatsanwaltschaft einmischten; zum Beispiel konnten sie prozesstaktisch wichtige Terminverlegungen ziemlich mühelos erreichen.[46]

---

45 In der deutschen Literatur wird darüber immer wieder diskutiert; siehe unter anderem Eberhard Schmidt: »Probleme der Struktur des Strafverfahrens unter rechtsstaatlichen Gesichtspunkten«, in: Deutsche Richterzeitung, Jahrgang 37, S. 16-21 (Heft 1, Januar 1959) und Karl S. Bader: »Staatsanwalt und Rechtspflege«, in: Juristenzeitung, Jahrgang 11, S. 4-6 (Heft 1, 5. Januar 1956).
46 Reichhaltiges Material, allerdings ohne Angabe der zeitgenössischen Quellen, hat Maurice Garçon: Histoire de la Justice sous la IIIe République, Paris, 1957, gesammelt. An das ältere französische Modell erinnerte die Art der Eingriffe in den Gang der Justizmaschinerie, die einige Berliner Staatsanwälte 1960 dem Justizsenator des Landes Berlin glaubten vorwerfen zu können: Vor allem wurde er beschuldigt, die Durchführung von Bestechungs- und Korruptionsverfahren, in die höhere Beamte und politisch exponierte Personen verwickelt waren, behindert zu haben; vergleiche Dettmar Cramer: »Die Staatsanwälte und die Bestechungsfälle. Das umstrittene Weisungsrecht

Das umgekehrte, nicht minder verhängnisvolle Bild bot die Weimarer Republik dar. Hier hatte sich ein mächtiger Apparat des Reichsjustizministeriums, der mit der Reichsanwaltschaft und der Richterschaft am Reichsgericht aufs engste zusammenhing, den Anschein politischer Unabhängigkeit zu geben gewusst. Die häufig wechselnden Reichsjustizminister waren kaum mehr als Strohmänner, eine wirksame parlamentarische Kontrolle gab es nicht, und die beamteten Juristen konnten für ihre Amtsführung unter dem Vorwand strikter Neutralität und völliger Freiheit von äußeren Einflüssen eindeutig parteiische Kriterien entwickeln. Dass sie die Autorität von Parlament und Regierung nicht gelten ließen, bewies nicht ihre Neutralität, sondern war der Ausdruck ihrer eindeutigen politischen Haltung, die – vorsichtig ausgedrückt – nicht republikfreundlich war.

Der frühere Generalbundesanwalt Güde stellt die Weimarer Vorgänge auf den Kopf, wenn er sich um den Nachweis bemüht, dass das Berufsbeamtentum der Weimarer Republik jegliche politische Einmischung energisch abgewehrt habe.[47] Er beruft sich auf Vorgänge, die sich 1930 und 1931 im Reichstag abgespielt haben. Im Rechtsausschuss hatte sich schon im Mai 1930 eine beträchtliche Mehrheit für eine engere Fassung des Begriffes des hochverräterischen Unternehmens ausgesprochen. Da aber die entsprechenden gesetzlichen Bestimmungen noch nicht zustande gekommen waren, wurde im Zusammenhang mit den gemeinsamen Amnestievorstößen der Kommunisten und der äußersten Rechten wiederholt die Frage erörtert, ob der Reichsjustizminister die Reichsanwaltschaft nicht anweisen könne, die Auffassung des Rechtsausschusses schon vor der Schaffung neuer gesetzlicher Bestimmungen bei der Strafverfolgung zur Geltung zu bringen. Auch der Vorsitzende des Rechtsausschusses, ein äußerst konservativer Jurist, vertrat die Auffassung, dass der Spielraum des staatsanwaltschaftlichen und richterlichen Ermessens eine engere Auslegung des »Unternehmens«begriffes erlaube.

---

in der Berliner Justizkrise«, in: Frankfurter Allgemeine Zeitung, S-Ausg., Nr. 295, 17. Dezember 1960, S. 2, Sp. 2 ff. Nach vielen öffentlichen Vernehmungen und langen Beratungen kam ein parlamentarischer Untersuchungsausschuss unter dem Vorsitz des SPD-Abgeordneten Stein zu einem den CDU-Justizsenator Kielinger entlastenden Ergebnis. Zum Gesamtkomplex siehe Adolf Arndt: »Der Berliner Konflikt zwischen Justiz und Verwaltung«, in: Deutsche Richterzeitung, Jahrgang 39, S. 373-375 (Heft 12, Dezember 1961).

47 Max Güde: »Das Weisungsrecht des früheren Reichsjustizministers gegenüber dem früheren Oberreichsanwalt«, in: Deutsche Richterzeitung, Jahrgang 36, S. 4-6 (Heft 1, Januar 1958).

Der Justizapparat aber leistete Widerstand: Sowohl die Ministerialbürokratie als auch die führenden Kreise der Richterschaft wehrten sich beharrlich gegen eine Engerfassung des Hochverratsbegriffes. Unter diesem Gesichtswinkel sind die von Güde mit lobenden Worten herangezogenen Erklärungen des Staatssekretärs Kurt Joël, der im Parlament den Standpunkt des Reichsjustizministeriums vertrat, zu werten. Natürlich zog sich Joël, der Hauptstratege der äußerst parteiischen Rechtsprechungspolitik des Justizapparats, bei einer Absage an das Parlament im Januar und Februar 1931 hinter »Legalitätsprinzip« und unparteiische Gesetzestreue zurück: Er weigerte sich, dem Oberreichsanwalt, der auf ein nicht existierendes Gesetz nicht vorgreifen könne, eine »Verletzung des Legalitätsprinzips« zuzumuten. Je nach der politischen Kräftelagerung kann die vielgerühmte »Unabhängigkeit der Justiz gegenüber der Politik« Verschiedenes bedeuten.[48] Ein Vierteljahrhundert später stand Güde als Generalbundesanwalt weder einer schwachen Regierung noch einem machtlosen Reichstagsausschuss gegenüber, sondern einem kompakten Regierungsblock mit mächtiger Exekutive und starker Parlamentsmehrheit; gegenüber so starken und unnachgiebigen politischen Vorgesetzten mochte ihm eine Erweiterung der begrenzten Bewegungsfreiheit der Berufsjuristen im Interesse einer unparteiischen Rechtspflege als geboten erscheinen. Nur ist hier das Weimarer Beispiel fehl am Platze. Damals hätte eine unparteiische Rechtspflege auf jeden Fall ein scharfes Durchgreifen der politischen Gewalten gegen die parteiische politische Haltung des Justizapparats vorausgesetzt. Freilich waren diese politischen Gewalten bereits so stark, wie man heute sagen möchte, »unterwandert«, dass sie nicht durchgreifen konnten und vielleicht auch gar nicht mehr durchgreifen wollten.

Das französische und das deutsche Beispiel bezeichnen extreme Positionen mit schweren Gleichgewichtsstörungen und schwerer Schädigung der staatlichen Gesamtorganisation; im deutschen Fall führte das Übergewicht des »unabhängigen« Justizapparats unmittelbar in den Abgrund der nationalsozialistischen Barbarei. Aber auch unter günstigeren Umständen, auch in einer Gesellschaft, in der zwischen den vorherrschenden Gruppierungen, der Autorität der politischen Führung und den Ansprüchen des Justizapparats mit seiner Berufung auf Berufsethos

---

48 Einen ähnlichen Konflikt zwischen Justizapparat und politischen Gewalten, der die Missachtung des Willens des Gesetzgebers durch die höchstrichterlichen Instanzen aufs grellste beleuchtet, schildert neuerdings Gotthard Jasper: Der Schutz der Republik. Studien zur staatlichen Sicherung der Demokratie in der Weimarer Republik, 1922 - 1930 (Band 16 der Tübinger Studien zur Geschichte und Politik), Tübingen, 1963, S. 185 f. Über die politischen Hintergründe des von Güde herangezogenen Falles siehe weiter unten Kapitel X, Abschnitt 4.

und richterliche Integrität ein stabileres und der Demokratie zuträglicheres Gleichgewicht besteht, sind Entscheidungen, die mit politisch getönter Strafverfolgung zu tun haben, voller verborgener Minen und mit unvorhersehbaren Konsequenzen behaftet; in extremen Fällen lasten sie wie Bleigewichte auf dem Gewissen des Regimes und können seinem politischen Prestige unermesslichen Schaden zufügen.

Bei Strafverfolgungsfällen mit politischem Beigeschmack braucht es sich nicht immer um Komplexe zu handeln, die mit unorthodoxen politischen Haltungen zusammenhängen. Das zum Gegenstand des Strafverfahrens gemachte anstößige Verhalten kann sich in klar abgezirkelten Handlungen niedergeschlagen haben, die von der Staatsanwaltschaft als Steuerhinterziehung, Unterschlagung, passive Bestechung, Amtsmissbrauch in gewinnsüchtiger Absicht, Sexualverbrechen oder Spionage, begangen durch Weitergabe geheimer Nachrichten an ausländische Agenten,[49] präsentiert werden oder den Gegenstand von Meineids- oder Beleidigungsverfahren, die sich auf solche Delikte beziehen, bilden können. In solchen Fällen kann die Regierung, sofern ihr daran gelegen ist oder sofern es ihr opportun erscheint, eine Politik strikter Nichteinmischung befolgen. Sie kann dafür sorgen, dass das Gesetz »seinen Lauf nimmt«; sie kann, anders ausgedrückt, darauf verzichten, dem Staatsanwalt Weisungen und Instruktionen zukommen zu lassen; sie überlässt es ihm, sich mit seinem Berufsgewissen und dem Diktat der rechtlichen Routinevorschriften auseinanderzusetzen.

Indes liegt dem Staatsanwalt selbst nicht selten daran, die Last der Verantwortung auch in solchen Fällen auf stärkere Schultern abzuwälzen. Passieren kann auch, dass besonders angriffslustigen Regierungsmitgliedern oder Beamten die Finger jucken; oder es mag darum gehen, der Regierung eine peinliche Situation zu ersparen, weil ein Mitglied ihres engeren Zirkels, ein treuer Untergebener oder Freund betroffen ist. Da das politische Geschäft meistens mit gegenseitigen Rückversicherungsgarantien betrieben wird, kommt die Regierung selten dazu, aus wirklichen oder vermeintlichen privaten »Betriebsunfällen« bedeutender Gegner Kapital zu schlagen; hin und wieder gibt es aber doch einmal die Gelegenheit, einen wirklichen oder vermeintlichen Staatsfeind dabei zu ertappen, dass er sich wie ein gewöhnlicher Sterblicher gegen ein Gesetz vergeht. Ist das Verfahren in Gang gekommen, so kann sich der direkte

---

49 Bei Spionage kann es sich um Dinge verschiedener Art handeln: Man kann Spionage treiben, um Geld zu verdienen; man kann aber auch zum Spion werden, weil man die Gesellschaft, in der man lebt, aus politischen, sozialen oder ethischen Motiven ablehnt und mit allen Mitteln bekämpfen will, also die extremste Form politischer Gegnerschaft an den Tag legt.

Eingriff der Regierung darin erschöpfen, dass sie einem Minister oder einem Beamten die Erlaubnis verweigert, über Dinge auszusagen, von denen er in seiner amtlichen Eigenschaft Kenntnis erlangt hat; oder sie kann eine Amtsperson zu einer Äußerung veranlassen, in der die Handlungsweise und das Ansehen eines der Beschuldigten gepriesen oder angegriffen werden. Die Regierung kann dabei übereifrig oder ungeschickt sein, ausweichen oder sich zu weit vorwagen. Solange es sich um Gebiete handelt, auf denen die Tradition, die öffentliche Meinung und eine mehr oder minder konsequente Rechtsprechung relativ eindeutige Grenzen zwischen Erlaubtem und Unerlaubtem gezogen haben, ist das alles nicht übermäßig wichtig. Am Ende setzt sich, wenn auch vielleicht auf opferreichen Umwegen, das durch, was allgemein üblich ist und was der Berufsjurist in seinen täglichen, weniger umstrittenen Fällen immer wieder als Verhaltensnorm verkündet.

Das normale Verhältnis zwischen den üblichen Verfahrensvorschriften der Justiz und den politischen Weisungen der Regierung verkehrt sich jedoch in sein Gegenteil, sobald der Gegenstand des strafrechtlichen Vorgehens politisches Handeln ist, das vom traditionell Erlaubten und Gutgeheißenen abweicht. Der Eingriff der Regierung in das Verfahren, der auf anderen Gebieten der Rechtspflege eine Ausnahme ist, wird hier zur Regel. Ob auf Grund einer bloßen Verwaltungsanordnung oder wie in der Schweiz auf Grund einer ausdrücklichen Gesetzesvorschrift (Artikel 105 der Strafprozessordnung), gibt nicht der lokal zuständige Staatsanwalt das Signal zur Einleitung des Verfahrens und die Verfahrensmarschroute; das übernimmt die höchste politische Instanz, die Regierung. Angesichts der vagen Begriffsbestimmungen, mit denen in der Sphäre des Staatsschutzes gearbeitet wird, sind hier den Entscheidungen der Regierung keine allzu engen Grenzen gezogen. Gerade auf dem Gebiet der Verfolgung politischer Abweichungen können Regierungen und juristische Fachleute, die sich mehr durch Übereifer als durch Gewissen auszeichnen, den größten Scharfsinn entfalten, um Angeschuldigte von vornherein ins Hintertreffen geraten zu lassen; dazu gehört auch die besondere Kunst, gezielt zu planen, wer und was in die Anklage einbezogen oder von ihr verschont werden soll.[50]

Wer es, ohne die erwünschte politische Wirkung aus dem Auge zu verlieren, besonders gut machen will, bedient sich eines Trickverfahrens, das schon zur Zeit der Französischen Revolution als »Amalgam« bekannt

---

50 Um zunächst bei der Vergangenheit zu bleiben: Im Verfahren von 1888 gegen die Anhänger Boulangers wurden mehrere prominente und einflussreiche Hintermänner von der Anklage ausgenommen; siehe Garçon: Histoire... (siehe oben Anmerkung 46), Band I, S. 171 ff.

war: Politische Gegner, die im Gerichtsverfahren »erledigt« werden sollen, werden mit Kriminellen, mit denen sie nichts zu tun haben, in ein gemeinsames Anklageverfahren verwickelt, so dass wenigstens nach außen hin der Eindruck erweckt werden kann, sie seien gemeiner Verbrechen schuldig. Einer der berühmtesten »Amalgam«-Fälle der vorbolschewistischen Zeit war der Pariser Prozess von 1894 gegen dreißig Mitglieder einer angeblichen »Verbrechervereinigung«: Neben kriminellen Mitgliedern der »Ortiz-Bande«, die Spaß daran gefunden hatten, ihre Verbrechen mit anarchistischen Floskeln auszuschmücken, saßen bekannte anarchistische Schriftsteller wie Jean Grave und Paul Réclus auf der Anklagebank. Die Mühe war allerdings unnütz vertan: Von den Geschworenen wurden die »theoretischen Anarchisten« freigesprochen.[51] In so eindeutig politischen Fällen greifen juristische und politisch-taktische Erwägungen ständig ineinander; was an hoher Stelle beschlossen wird, hängt von den Zielen, die die Regierung verfolgt, ebenso ab wie von den Überlegungen der juristischen Fachleute darüber, was sich rechtlich vertreten lässt.

»Man kann die Berichte über Hochverratsprozesse«, sagt Cockburn, »schwerlich ohne das Gefühl lesen, daß von den politischen Anklagen, mit denen diese Annalen gespickt sind, kaum auch nur jede zehnte erhoben worden wäre, hätte es sich nicht darum gehandelt, einen politischen Gegner loszuwerden oder ein Parteiziel zu fördern. Diesem Mitgefühl mit Verbrechen kann man nur entgehen, wenn man ganz sicher ist, daß wirkliche Schuld verfolgt wird, weil es nur um Schuld geht, und daß die Aburteilung auf ordentliche Weise erfolgt. Es genügt aber noch nicht einmal, daß es sich um wirkliche Schuld handle. Es muß sich auch noch um schwere Schuld handeln. Sogar die Verurteilung nutzt nichts, wenn der Fall nicht ernst ist. Ins Gehege des ›Aufruhrs‹ gerät man so leicht und so unbesehen, daß über einen beträchtlichen Teil solcher Fälle hinweggesehen werden sollte.«[52] Dass aus politischen Gründen verfolgt und aus einer Kombination von politischen und juristischen Opportunitätserwägungen von der Verfolgung abgesehen wird, ist zwar bei der politischen Strafverfolgung die Regel, aber sie lässt sich nicht immer anwenden: Eine Regierung kann sich selbst Fesseln auferlegen, indem sie zum Beispiel, wie das in der Bundesrepublik geschehen ist, das Verbot einer revolutionären Organisation durchsetzt und es den eigenen

---

51 Garçon: Ebda., S. 238 f., vergleiche Jean Maitron: Histoire du Mouvement Anarchiste en France (1880 - 1914), Paris, 1951, S. 233.
52 Cockburn: An Examination... (siehe oben Anmerkung 20), Band 1, S. 68. Allerdings schrieb Cockburn zu einer Zeit, da die englische Regierung als Sachwalterin der privilegierten Oberschicht und des begüterten Mittelstandes die große Angst vor der Massenbewegung des Chartismus und die entsprechende massive gerichtliche Unterdrückung der »aufrührerischen« Opposition bereits hinter sich hatte.

Behörden zur Pflicht macht, einen selbsttätigen Mechanismus fortgesetzter Strafverfolgung auszulösen.[53] Freilich ist das auch nur das Resultat einer überlegten politischen Entscheidung: Anstatt jeden Tag von neuem Entscheidungen über die Bekämpfung von Feinden des bestehenden Staatsgebildes zu treffen und dabei ständig wechselnden taktischen Erwägungen zu erliegen, hatte die politische Führung der Bundesrepublik die Verbotsmaschinerie vorgezogen, die, einmal in Gang gesetzt, lange Zeit automatisch läuft und ebenso automatisch Strafverfolgungsmechanismen ankurbelt.

Wenn eine Regierung gegnerische Haltungen strafrechtlich verfolgt, setzt sie sich mancherlei Gefahren aus. Das am wenigsten bedeutende Risiko ist noch, dass die Gerichte nicht mitspielen: Eine Schlappe dieser Art ist selten ganz eindeutig und braucht nichts Definitives zu sein; häufig folgt ein langes gerichtliches Hin und Her. Und im Allgemeinen sind die Gerichte und die Geschworenen – ungeachtet der amerikanischen Entscheidung im Fall Yates[54] – doch geneigt, der Regierung die größeren Fachkenntnisse in Umsturzsachen zuzuschreiben und bei der Verfolgung von »Staatsfeinden« ihren Parolen zu folgen[55] oder sie gar zu überbieten.[56]

Das zweite Risiko, das die Regierung auf sich nimmt, ist rein politisch: Es besteht darin, dass Inkonsequenzen und Schwächen im Vorgehen des Regierungsapparats der Opposition, auch und vor allem der »loyalen«, die Möglichkeit geben, der Regierung auf einem Gebiet Ungelegenheiten zu machen, auf dem die weniger einwandfreien politischen Kampfmittel – zum Beispiel bedenkenlose Ausnutzung *ad hoc* konstruierter juristischer Formeln – hinter der Fassade unbeugsamer Rechtlichkeit und hoher Grundsätze unsichtbar bleiben sollten. Vom Standpunkt des Gesetzes lässt sich beispielsweise nichts dagegen einwenden, dass ein eingeleitetes Strafverfahren eingestellt wird; dem Ansehen der Regierung kann das aber, wenn es sich um einen politischen Fall handelt, erheblich schaden.

---

53 Siehe oben Kapitel IV, Abschnitt 3-b.
54 *United States v. Yates*, United States Reports, Volume 356 (1957), 363-367.
55 Bezeichnend dafür sind die skeptischen Betrachtungen des Bundesrichters Oliver Wendell Holmes über das Strafverfahren gegen den Sozialistenführer Eugene V. Debs: Nachsichtige Toleranz hatte der greise Jurist nicht nur für den Umstürzler übrig, den er für weltfremd hielt, sondern ebenso auch für die übereifrigen Verteidiger der bestehenden Ordnung; siehe Mark DeWolfe Howe (Hg.): Holmes-Laski Letters: The Correspondence of Mr. Justice Holmes and Harold J. Laski, Cambridge (Massachusetts), 1953, Band I, S. 203 f.
56 Dass Juristen in richterlichen Amt dem Staat ein Expertenvorrecht, das ihm zuzustehen scheint, nur selten absprechen, war die sachverständige Meinung des Generalbundesanwalts Güde: Probleme… (siehe oben Anmerkung 38), S. 24, der mit allzu verfolgungsbereiten Richtern mehr als einmal Konflikte auszufechten hatte; von seinem Strafantrag im John-Prozess, über den die Richter um ein Erhebliches hinausgingen, war bereits (siehe oben Kapitel III, Abschnitt 4-b) die Rede.

Ein solcher Vorfall führte 1924 zum Sturz der ersten Regierung der Arbeiterpartei, des Minderheitskabinetts MacDonald. Gegen einen Redakteur des *Workers' Weekly*, John Ross Campbell, war wegen Anstiftung zur Meuterei Anklage erhoben worden. Zum vorgesehenen Termin (13. August 1924) gab jedoch der Prozessvertreter der Regierung bekannt, dass sie auf die Strafverfolgung verzichte; die Begründung war: es sei geltend gemacht worden, dass der Artikel, auf dem das Verfahren beruhte, nicht das beabsichtigt habe, was ihm unterstellt worden sei.

Am 30. September und am 8. Oktober befasste sich das Unterhaus in einer ausgiebigen Aussprache mit der »Rechtsbeugung« der Regierung. Die konservative Opposition, unterstützt vom Sprecher der Liberalen, bemühte sich, den Eindruck zu erwecken, als habe Sir Patrick Hastings, der Attorney General, den Einstellungsbeschluss nicht aus eigener Initiative, sondern unter schwerem Druck gefasst; äußerlich sei der Druck vielleicht vom Kabinett oder führenden Kabinettsmitgliedern ausgeübt worden, in Wirklichkeit sei er aber vom linken Flügel der Arbeiterpartei ausgegangen. Der Regierung wurde gleichzeitig unterstellt, dass sie das Verfahren nur niedergeschlagen habe, um für den Abschluss eines Schuldenregelungs- und Handelsvertrages mit der Sowjetunion eine günstigere Atmosphäre zu schaffen.[57] Dem Attorney General fiel der Nachweis nicht schwer, dass sich auch frühere Kabinette mit politischen Strafverfolgungsfällen beschäftigt und entsprechende Beschlüsse gefasst hätten; das wurde von den Sprechern der Opposition nicht bestritten oder sogar ausdrücklich bestätigt. Während sie aber zugaben, dass es das gute Recht der Regierung sei, aus politischem Ermessen eine Strafverfolgung anzuordnen, bestanden sie darauf, dass die Einstellung eines bereits schwebenden Verfahrens an ganz besondere Voraussetzungen gebunden sei, die im Fall Campbell nicht vorgelegen hätten.[58] Auf Antrag des Liberalen John Simon beschloss das Unterhaus mit 364 gegen 198 Stimmen die von der Regierung abgelehnte Einsetzung eines Untersuchungsausschusses.

MacDonald appellierte an die Wählerschaft, wurde aber bei den Parlamentswahlen geschlagen. In der Wahlkampagne benutzten die Konservativen den Campbell-Zwischenfall dazu, die Gefahren an die Wand

---

57 House of Commons, Parliamentary Debates, Band 177, S. 8-17 und 581-694 (Sitzungen vom 30. September und 8. Oktober 1924); vergleiche Carl Eric Bechhofer Roberts: Sir John Simon, London, 1938, S. 84-207.
58 House of Commons. Parliamentary Debates, Band 177, S. 597 ff., 615, 622 f. Eine jüngst veröffentlichte Denkschrift von Sidney Webb: »The First Labour Government«, in: Political Quarterly, Jahrgang 32, S. 6-44, insbesondere 28 ff. (Heft 1, Januar/März 1961), gibt eine wohlausgewogene Darstellung der Episode aus der Sicht eines unmittelbar Beteiligten; Webb plädiert für weitgehende Ermessensfreiheit der Regierung in Fragen der politischen Strafverfolgung.

zu malen, die entstehen müssten, wenn sich unverantwortliche »Hinterbänkler«, der Arbeiterpartei in die Rechtspflege einmischten. Allerdings hing die Wahlniederlage der Arbeiterpartei weniger damit zusammen als mit der Wirkung des sogenannten »Zinov'ev-Briefs«, eines offenkundig gefälschten Schreibens der Kommunistischen Internationale; die konservative Propaganda machte daraus einen Bürgerkriegsaufruf der Sowjetregierung – und mit dieser Regierung habe MacDonald folgenschwere Verträge abgeschlossen! Diesem Propagandagespenst traten MacDonald und sein Kabinett mit einfältiger Naivität entgegen; den Konservativen trug das eine Zweidrittelmehrheit ein.[59]

Die größte Gefahr, die ein politisches Strafverfahren für eine rechtsstaatliche Regierung mit sich bringt, besteht freilich nicht darin, dass Bumerangwirkungen eintreten können, die politische und juristische Schwierigkeiten nach sich ziehen. Sehr viel ernster ist das sozusagen historische Risiko. Wenn spätere Generationen auf Grund genauerer Kenntnis der Zusammenhänge die Motive, Erwartungen und Befürchtungen aller Beteiligten beurteilen, können sie für die Urheber politischer Strafverfolgungsaktionen schwerlich allzu nachsichtiges Verständnis aufbringen. Und es macht nicht sehr viel aus, ob das Urteil der Geschichte einzelne Fälle müßiger Versuche betrifft oder in einem größeren Rahmen das politische Gesamtgeschehen eines Zeitabschnitts zum Gegenstand hat. Zur Illustration sei für beide Varianten je ein Beispiel angeführt.

Die Regierung Roosevelt, die für gerichtliche Schritte gegen missliebige politische Haltungen im Allgemeinen nicht viel übrig hatte, hatte 1941 die Strafverfolgung der »Trotzkisten« von Minneapolis angeordnet. Besonderes Interesse kommt dem Verfahren nicht nur im Hinblick auf die merkwürdige Auswahl der Beschuldigten, sondern auch wegen der eigenartigen Umstände zu, unter denen es in Gang kam. Die Vorgeschichte war die innergewerkschaftliche Auseinandersetzung zwischen dem von Dan Tobin und Dave Beck geführten Vorstand des Transportarbeiterverbandes (Teamsters Union), einer der Hauptsäulen der »alten« American Federation of Labor (AFL), und den Brüdern Dunne, die sich mit ihrer Organisation der Lastwagenfahrer von Minneapolis zum »neuen« Congress of

---

59 Über MacDonalds ungeschickte Winkelzüge im Fall Campbell siehe seinen Brief an Lord Stamfordham, den Sekretär des Königs, abgedruckt in Harold Nicolson: King George the Fifth. His Life and Reign, London, 1953, S. 398. Wie Hastings MacDonalds Taktik beurteilte, berichtet H. Montgomery Hyde: Sir Patrick Hastings. His Life and Cases, London, ohne Jahr {Copyright 1960}, S. 141-161. Über die unglückliche Strategie der Regierung MacDonald und ihren vergeblichen Versuch, die Wählerschaft nicht über ihre Russland-Politik, sondern über die Campbell-Angelegenheit entscheiden zu lassen, siehe Stephen R. Graubard: British Labour and the Russian Revolution, 1917 - 1924, Cambridge (Massachusetts), 1956, Kapitel 13.

Industrial Organizations (CIO) geschlagen hatten und die außerdem glühende Anhänger der »trotzkistischen« Lehre waren. Nun hatte sich aber der damalige CIO-Präsident John L. Lewis kurz vorher mit der Regierung Roosevelt unwiderruflich zerstritten, während Tobin zu den treuesten Stützen der Regierung gehörte. Als es Beck absolut nicht gelingen wollte, die Abtrünnigen von Minneapolis mit Druck, Einschüchterung und Beschimpfungen zurückzuerobern, wandte sich Tobin hilfesuchend an die Regierung. Die erbetene Hilfe wurde gewährt.[60]

Gegen die »Trotzkisten« von Minneapolis wurde mit einer Anklage wegen Verstoßes gegen das neuerlassene Smith-Gesetz vorgegangen und dabei auch noch von den Bestimmungen über Anstiftung zur »Insubordination in den Militär- und Marinestreitkräften«[61] Gebrauch gemacht. Was wurde den Angeklagten nicht alles vorgeworfen! Sie sollten ihrem Idol L. D. Trockij die Treue gewahrt und in Beziehungen zu ihm gestanden, gewerkschaftliche Abwehrtrupps (die längst wieder aufgelöst worden waren) gegen die Gewaltakte der faschistischen »Silberhemden« organisiert und über den Ausbau dieser Trupps zu Keimzellen einer späteren »Arbeiterkontrolle der Produktion« theoretisiert, marxistische Broschüren verbreitet, organisatorische Verbindungen mit zum Militärdienst eingezogenen Gesinnungsgenossen gepflegt und ihnen Ratschläge (reichlich vorsichtiger Art) erteilt haben. Das reichte für einen Prozess vor dem Bundesdistriktgericht in Minneapolis, der einen ganzen Monat – vom 30. Oktober bis zum 30. November 1941 – dauerte und mit einer Verurteilung der Hauptangeklagten endete. Bei der Kommunistischen Partei gab es lauten Beifall.

Die ebenso undifferenzierte wie nebelhafte Beschuldigung, »zur Insubordination geraten, aufgefordert oder angespornt« zu haben, stützte sich – wie nur zu oft bei Prozessen dieser Art – auf Aussagen von Zeugen, die alles andere als unvoreingenommen waren: Ehemaligen Dunne-Anhängern, die bei der inzwischen neuerrichteten Ortsverwaltung des AFL-Transportarbeiterverbandes bezahlte Posten bekommen hatten.[62] Das Urteil wurde nichtsdestoweniger vom Bundesappellationsgericht unangefochten gelassen. Der Versuch, den Fall bis ans Oberste Gericht zu bringen, um eine grundsätzliche Entscheidung herbeizuführen (solche Versuche sind meistens ein Glücksspiel), ging ebenfalls zuungunsten der

---

60 Näheres im redaktionellen Leitartikel »Civil Liberties in Minneapolis«, in: New Republic, Band 105, S. 103 (Nr. 4, 18. Juli 1941).
61 United States Code, Titel 18, § 2387; United States Statutes, Volume 62 (1948), S. 811.
62 Siehe Auszüge aus dem Prozessprotokoll: Docket no. 12195, United States Court of Appeals, 8th District (Verhandlungen vom 1. April 1942), Vernehmung der Zeugen Bartlett (S. 277 ff.), Brennan (S. 685 f.), William (S. 741 f.).

Verurteilten aus: Obgleich die Anwendung des Smith-Gesetzes ein Novum war, das Zweifel auslöste, lehnte es das Oberste Gericht ab, die Akten an sich zu ziehen.[63] Verantwortlich für die Durchführung des Prozesses war die zentrale Justizverwaltung; auf die sonst anerkennenswerte Amtsführung ihres Chefs, des Attorney General Francis Biddle, wirft die Minneapolis-Affäre einen peinlichen Schatten.

Das andere Beispiel, mit dem das historische Risiko der Entscheidungen in Fragen politischer Strafverfolgung illustriert werden soll, fällt in die Zeit der nationalsozialistischen Generaloffensive gegen den Weimarer Staat. Der Polizei waren Nazi-Papiere, die sogenannten Boxheimer Dokumente, in die Hände gefallen, in denen die Strategie der Machtergreifung skizziert wurde: Das »Manifest« von Boxheim entwickelte in Etappen die wichtigsten Maßnahmen, die die Nazi-Partei zwecks Eroberung der Staatsmacht und systematisch organisierter Vernichtung der Gegner durchführen müsste. Später hat sich gezeigt, dass der Plan kein Phantasiegebilde war, sondern im Wesentlichen das vorgezeichnet hatte, was bald zur Wirklichkeit wurde. Damals, 1931, weigerte sich jedoch der Oberreichsanwalt, gegen die ermittelten Verfasser der detaillierten Umsturzpläne Anklage zu erheben. Was im Einzelnen zur Begründung angeführt wurde, braucht kaum erörtert zu werden. Die Hauptthese der Anklagebehörde besagte, dass es sich bei den geplanten Aktionen lediglich um Gegenmaßnahmen zur Abwehr eines kommunistischen Staatsstreichs handle, dass sie sich also nicht gegen die bestehende Staatsordnung richteten und dass ihre Urheber aus diesem Grund nicht verfolgt zu werden brauchten.[64]

---

63 *Dunne v. United States*, United States Federal Reporter, Second Series, Volume 138 (1944), S. 137-156 (Appellationsgericht für den 8. Bundesgerichtsbezirk); Ablehnung der Überprüfung durch das Oberste Gericht: United States Reports, Volume 320 (1944), S. 790. Aus welchen Motiven die Anklagebehörde in einem Prozess wegen »Aufruhrs« mit einem »Amalgam« aufwarten kann, wird mit aller Gründlichkeit, wenn auch höchst einseitig von Maximilian J. St. George und Lawrence Dennis: A Trial on Trial. The Great Sedition Trial of 1944, National Civil Rights Committee, ohne Ort, ohne Jahr {Copyright 1946}, erörtert. Dennis, ein Ideologe der extremen Rechten, stand 1944 wegen »Aufruhrs« vor dem Bundesdistriktgericht für die Bundeshauptstadt Washington und wurde von St. George, dem Mitverfasser des Buches, verteidigt; der Prozess wurde, weil der Vorsitz führende Richter plötzlich gestorben war, nach siebeneinhalb Monaten Hauptverhandlung abgesetzt. Bei aller Voreingenommenheit der Autoren, die sich in Spekulationen über dunkle Einflüsse auf die Vorbereitung und Durchführung des Verfahrens ergehen, gibt der Bericht des Angeklagten und seines Verteidigers Stoff zum Nachdenken. Ein zweites Verfahren wurde nicht anberaumt und die Anklage schließlich, weil keine Strafverfolgung erfolgte, niedergeschlagen; siehe *United States v. McWilliams*, United States Federal Reporter, Second Series, Volume 163 (1948), S. 695-699 (Bundesgericht für den Columbia-Distrikt).

64 Wolfgang Heine: »Staatsgerichtshof und Reichsgericht über das hessische Manifest«, in: Die Justiz, Band VII, S. 154-166 (Heft 4, Januar 1932), und Gustav Radbruch:

Solche Thesen sind aus ähnlichen Situationen zur Genüge bekannt. Ein Staat, der die Funktionäre einer schwächeren revolutionären Gruppe mit allen gesetzlichen Mitteln polizeilich und gerichtlich verfolgt, aber vor der viel gefährlicheren Betätigung anderer staatsfeindlicher Organisationen – sei es aus ideologischer Wahlverwandtschaft, sei es weil sie die stärkeren sind – die Augen schließt, hat bereits den Weg beschritten, der zur Kapitulation führt.

c) Politische Polizei

Die Strafverfolgung der vielen politischen Ketzereien, die es in heterogen zusammengesetzten Gesellschaften gibt, ist also im Grunde durch zwei polare Situationen abgegrenzt: An dem einen Pol die politische Stärke eines fast allgemein gebilligten Regimes, in dem die Strafverfolgung kleiner Grüppchen politischer Feinde wie eine nichtswürdige, allzu billige Spielerei anmutet; am andern Pol die Gebrechlichkeit eines mit Wucht und Ausdauer berannten Regimes, das bereits so schwach ist, dass es das Rüstzeug der Gesetze nicht mehr zu handhaben und in eine koordinierte Abwehraktion gegen offene Aufstands- und Umsturzpläne nicht einzubauen vermag.

Dass die Abwehr koordiniert werden muss, besagt, dass der Gebrauch strafrechtlicher Mittel nur eine Komponente (vielleicht die sichtbarste, aber nicht unbedingt die wichtigste) im Kampf gegen die Feinde der bestehenden Ordnung ist. Vom Standpunkt der Hüter des Rechts sollten die verschiedenen Arten der Ausübung der Staatsgewalt in einem rechtsstaatlichen System reibungslos ineinandergreifen und ein Netz gegenseitiger Kontrollen darstellen; von diesem Standpunkt aus ist die Polizei nur ein Hilfsorgan der Anklagebehörde, unter deren Aufsicht und für deren Zwecke sie Material zusammenträgt und aufbereitet. Aber in der Praxis des modernen Staates ist die Polizei eine gewaltige Verwaltungsbürokratie für sich, die nach eigenen Methoden arbeitet und eigene Zwecke verfolgt.[65] Dabei ist es nicht entscheidend, ob Anklagebehörde und Polizei wie auf dem europäischen Kontinent zwei verschiedenen

»Der Boxheimer Hochverrat«, ebda., S. 195-197. Ähnliches begab sich in Frankreich am Ausgang der Vierten Republik, wenn Organe der Staatsgewalt die Wegbereiter des nächsten Regimes wegen ihrer nicht allzu geheimen Aufstandsvorbereitungen zur Rechenschaft zu ziehen suchten; siehe Merry und Serge Bromberger: Les 13 Complots du 13 Mai ou la Délivérance de Gulliver, Paris, 1959.
65 Vergleiche den zurückhaltenden, aber dennoch lehrreichen Beitrag von J. Engster: »Rechtsstellung und Befugnisse des Bundesanwalts«, in: Neue Zürcher Zeitung, Jahrgang 178, Fernausgabe, Nr. 136 (19. Mai 1957), Blatt 7, S. 1.

Ressorts, dem Justizministerium und dem Innenministerium, oder wie in den Vereinigten Staaten formal der alleinigen Autorität des Chefs der Justizverwaltung unterstehen. Auch im europäischen Strafverfahrensrecht wird bisweilen die Theorie vertreten, dass die Polizei, soweit sie sich mit der Verhütung und Verfolgung von Verbrechen befasst, Gerichtspolizei sei, das heißt im Weisungs- und Verantwortungsbereich des Staatsanwalts oder des zuständigen Untersuchungsrichters handle.

Oft genug ist versucht worden, eine eindeutige hierarchische Unterstellung der Polizei unter die Anklagebehörde durchzusetzen, und auch in den Gesetzestexten gibt es entsprechende Formulierungen. In der Bundesrepublik Deutschland ist neuerdings gegen die Tendenz der Polizei, die Anklagebehörde aus der Voruntersuchung hinauszudrängen und ihre Zuständigkeit auf die Vorbereitung der Anklageschrift zu reduzieren, von hoher amtlicher Stelle Einspruch erhoben worden.[66] Indes bedient sich die Polizei nach wie vor, besonders fühlbar in Frankreich, ihrer eigenen, durchaus nicht immer gesetzlichen Methoden, und dies nicht nur in politischen Fällen.[67] Die französische Strafprozessordnung vom 31. Dezember 1957 sieht zwar eine strenge Trennung zwischen der allgemeinen Ordnungspolizei und der in den Disziplinarbereich der Justizverwaltung eingegliederten Kriminalpolizei[68] vor; aber den Übergriffen und der Brutalität der Polizei in politischen Fällen kommt die Tatsache zustatten, dass die Frist, bis zu der die Polizei einen Verdächtigen in Gewahrsam halten darf, ohne ihn einer richterlichen Behörde vorzuführen, durch Verordnung verlängert worden ist, woraus sich im kontinentalen Frankreich offene Konflikte zwischen Justiz und Polizei ergeben haben.[69] Anders ist die Praxis in England: Die Polizei verfügt über

66 Bundesanwalt {Wilhelm} Herlan: »Die Rechtsstellung des Staatsanwalts«, in Bundeskriminalamt (Hg.): Kriminalpolitische Gegenwartsfragen, Wiesbaden, 1959, S. 121-126. Zur neueren deutschen Diskussion siehe Eberhard Schmidt: »Probleme der Struktur...« (siehe oben Anmerkung 45), S. 16, und Heinrich Henkel: Strafverfahrensrecht. Ein Lehrbuch, Stuttgart/Köln, ohne Jahr {Druck 1953}, S. 196 ff.
67 Vergleiche Alec Mellor: Les grands problèmes contemporains de l'Instruction Criminelle, Paris, 1952.
68 Antonin Bessin: »L'origine, l'esprit et la portée du Code de Procédure pénale«, in: Revue de Science Criminelle et de Droit Pénal Comparé, Jahrgang XIV, S. 271-289 (Heft 2, April/Juni 1959). Der Verfasser, Generalstaatsanwalt am Kassationsgerichtshof, wollte die angesichts ständiger polizeilicher Übergriffe misstrauische Öffentlichkeit von der Ernsthaftigkeit der Reform überzeugen. Ironischerweise ist er, nachdem er zum Sonderberater der Regierung in Fragen der Rechtspflege avanciert war, inzwischen über Differenzen in justizpolitischen Fragen gestolpert und in den Ruhestand getreten. Der Gesamtkomplex der Beziehungen zwischen Polizei und Justiz findet eine ausgezeichnete illusionsfreie Darstellung bei {Louis} Casamayor: Le Bras Séculier. Justice et Police, Paris, 1960, Kapitel IV, S. 43-63; siehe auch Casamayor: Les Juges, Paris, 1957.
69 Vergleiche Robert Badinter: »Le Juge et le Commissaire«, in: L'Express, Jahrgang 7, Nr. 456 (10. März 1960), S. 8. Auf die weithin bekannten Exzesse der französischen

einen beachtlichen Spielraum und kann große Initiative entfalten, muss sich aber an allgemeine »richterliche Vorschriften« halten und kann der Überprüfung ihrer Tätigkeit durch den Richter, der die Untersuchungshaft anordnet, und vor allem durch den die Hauptverhandlung leitenden Richter nicht entgehen.[70]

Eine durchgreifende Unterordnung der Polizei unter die Justiz gibt es im wirklichen Leben kaum. Im Allgemeinen besteht zwischen Polizei und Anklagebehörde eine gewisse Zusammenarbeit, teils auf freundschaftlicher, teils auf Konkurrenzbasis. Häufige Reibungen und Gegensätze erwachsen nicht nur aus der normalen bürokratischen Rivalität zweier Ressorts, die auf eng benachbarten Gebieten tätig sind, sondern auch daraus, dass die für die innere Sicherheit des Landes Verantwortlichen andere Ziele im Auge haben als die hauptberuflichen Ankläger. Das Hauptinteresse der politischen Polizei besteht darin, die Gegner der bestehenden Ordnung zu überwachen und nötigenfalls ihre Umsturzpläne zu durchkreuzen. Der Staatsanwalt aber ist in erster Linie damit beschäftigt, die Grenze zwischen erlaubtem und verbotenem politischem Verhalten zu ziehen und das strafrechtliche Verschulden derer, die diese mitunter nur angedeutete Grenze überschreiten, in aller Öffentlichkeit zu beweisen. Die Funktionen der politischen Polizei und der Anklagebehörde sind nicht dieselben, sosehr sie sich überschneiden mögen.

In rechtsstaatlichen Systemen ist die politische Polizei gewöhnlich der Meinung, dass sie in ihrer Arbeit von der Justiz teils behindert, teils unterstützt wird. Die Behinderung, deren Ausmaß wechselt, äußert sich darin, dass die Justiz Menschen, die in ihrer Freiheit und in ihren privaten Bereichen durch offene oder kaschierte Eingriffe der Polizei bedroht werden, Möglichkeiten der Beschwerde und der Rechtsabhilfe eröffnet. Unterstützung erhält die Polizei von der Justiz dadurch, dass die Justiz ihr, sofern ein begründeter Anlass glaubhaft gemacht werden kann, gestattet, diese Schranken mit den Mitteln der Verhaftung, Haussuchung und Beschlagnahme legitim zu durchbrechen. In welchem Maße die Polizei von dieser Unterstützung Gebrauch macht, hängt einmal davon ab, ob sie auf einen Beistand verzichten kann, der dazu führt, dass ihr Beschränkungen und Kontrollen auferlegt werden, zum andern aber auch von der allgemeinen Strategie, die die Staatsgewalt ihren Feinden gegenüber anwendet. Dass der Staat Wert darauf legt, über alle Schattierungen der gegnerischen Meinungen, Haltungen und Betätigungen unterrichtet zu sein und sie zu überwachen, bedeutet nicht notwendigerweise, dass er

---

Sicherheitsbehörden in Algerien kann hier nicht im Einzelnen eingegangen werden.
70 Mit Umsicht und manchen Bedenken schildert die kriminalistische Arbeit der Polizei Sir Patrick Devlin: The Criminal Prosecution in England, New Haven (Connecticut), 1958.

sie mit strafrechtlichen Maßnahmen einzuhegen oder zu vernichten trachtet. Einmal umfasst die Sphäre der Meinungen und Betätigungen, über die sich die Polizei in jedem modernen Staat auf dem Laufenden zu halten sucht, sehr viel mehr, als was eine rechtsstaatliche Regierung einer gerichtlichen Prüfung und Klärung würde zuführen können oder wollen. Zum andern verfügt die Polizei über zahlreiche Überwachungs- und Kontrollmittel einschließlich der Verwendung von Spitzeln (heute beschönigend »Infiltration« genannt), der Einschüchterung und der Bestechung, die unendlich viel wirksamer sein können als strafrechtliche Prozeduren, gerichtliches Vorgehen überflüssig oder geradezu unerwünscht erscheinen lassen und zum Teil auch die Erfolgsaussichten der Strafverfolgung verringern.[71] Schließlich kann ein offizielles Strafverfahren die erfolgreiche Überwachung der Gegner – wenigstens vorübergehend – beeinträchtigen, da die Polizei unter Umständen im Zuge des Verfahrens bekanntgeben muss, was sie über die Organisation und die Pläne der strafrechtlich belangten Gegner weiß.

In letzter Instanz muss die Regierung entscheiden, welche Fälle der strengeren Bewährungsprobe des Strafverfahrens unterworfen werden sollen, und zu dieser Entscheidung trägt nicht unerheblich das Material der Sicherheitsorgane bei. Offiziell beruhen die Beziehungen zwischen einer rechtsstaatlichen Regierung und diesen Organen auf der These, dass die »neutrale« Polizei in einem strikten hierarchischen Subordinationsverhältnis zur Regierung stehe.[72] Wiederum sieht die Praxis anders aus. Ob als Berufsbeamter oder Parteibeauftragter, ob als bloßer politischer Kontrolleur des Apparats oder wie in den Vereinigten Staaten faktischer Leiter der gesamten Bundespolizei, kann der Chef der politischen Geheimdienste so manche Regierung überdauern, wenn auch vielleicht nicht einen echten Regimewechsel. (Eine der ersten Amtshandlungen des neuen Regimes de Gaulle 1958 war die Beseitigung Wybotts, des Leiters der französischen Konterspionage, allerdings nicht wegen seiner heftigen Zusammenstöße mit den Untersuchungsrichtern des Seine-Tribunals, die Protestdemarchen des Rates der Magistratur ausgelöst hatten.) Im Regierungsgefüge fällt dem Chef der politischen Polizei häufig

---

71 Richard C. Donnelly: »Judicial Control of Informants, Spies, Stool Pigeons, and Agents Provocateurs«, in: Yale Law Journal, Jahrgang 60, S. 1091-1131 (Heft 7, November 1951).
72 Don Whitehead: FBI Story: A Report to the People, New York, ohne Jahr {Copyright 1956}, eine mehr oder minder offiziöse Darstellung, betont nachdrücklich die »Neutralität« des FBI-Apparats beim Schutz der gesetzlichen Ordnung. Die zur Illustration sorgfältig ausgesuchten Dokumente können jedoch nicht darüber hinwegtäuschen, dass die »Vollstreckung der Gesetze« je nach Umständen und Personen Verschiedenes bedeutet.

eine Schlüsselposition, jedenfalls aber eine weitgehend unabhängige Stellung zu, denn er bleibt länger im Amt als die politischen Ressortchefs, er kennt die persönlichen Verhältnisse aller im politischen Leben Tätigen, und sein Apparat, dem die Sicherheit des Staates anvertraut ist, erfreut sich oft eines besonderen Ansehens in den Augen der Allgemeinheit.

Offiziell soll zwar der Chef der politischen Polizei die Regierung nur darüber beraten, ob dieser oder jener Schritt zweckmäßig sei; werden aber seine Ratschläge in den Wind geschlagen, so kann es der unweisen Regierung, wenn der Streit in der Öffentlichkeit ausgetragen wird, passieren, dass ihr politisches Urteilsvermögen, ja ihre patriotische Gesinnung in Zweifel gezogen wird. Als sich USA-Präsident Truman 1953 über die Meinung des FBI-Chefs J. Edgar Hoover bezüglich der patriotischen Zuverlässigkeit des Ministerialbeamten Harry Dexter White hinwegsetzte, zeigte die erregte öffentliche Diskussion, dass eine »Empfehlung« des Leiters der politischen Polizei in Sicherheitsangelegenheiten einem geheiligten Orakelspruch gleichkommt.[73] In der Affäre der Weitergabe von Sitzungsprotokollen des französischen Verteidigungsrates an die kommunistische Parteizentrale (später gab es deswegen den sogenannten »Schwundprozess«) hatten völlig unfundierte Verdächtigungen, die von einer Sicherheitsbehörde ausgegangen waren, dazu geführt, dass zahlreiche französische Politiker über ihre höchst achtbaren Kollegen und Konkurrenten Mitterand und Mendès-France zeitweilig einen regelrechten Boykott verhängten.[74] Vermeintlich objektive und neutrale Sicherheitsüberlegungen verflechten sich nur zu leicht mit Parteifeindschaften und Parteirivalitäten.

In rechtsstaatlichen Systemen der Gegenwart besteht nicht die für den totalitären Bereich charakteristische Gefahr, dass die Leiter der Sicherheitsbehörden dank ihren Auslandsbeziehungen und ihrer intimen Kenntnis der Umsturztechnik zur ständigen Quelle potentieller Regimefeindschaft werden. In einer rechtsstaatlichen Ordnung stößt die politische Polizei auf manche Schranken: Hier gibt es die Möglichkeit einer normalen Befriedigung lebenswichtiger Interessen der Bevölkerung, hier kann sich die öffentliche Meinung geltend machen, hier dürfen die Gegner der Regierung die Gerichte anrufen, und hier muss die Polizei, wenn sie die Gegner des Regimes erledigen will, mitunter selbst an die Gerichte

---

[73] Siehe die ursprüngliche Hoover-Version: »Hoover Says Truman Hampered FBI«, in: The New York Times, Jahrgang CIII, Nr. 34997, 18. November 1953, S. 1, Sp. 7; S. 20, Sp. 1-5; S. 23, Sp. 2-5.

[74] Jacques Fauvet: »Après le Verdict sur l'Affaire des Fuites. Le Procès continue«, in: Le Monde, Jahrgang 9, Nr. 396, Selection Hebdomadaire, 17. - 23. Mai 1956, S. 1; Jean-Marc Théolleyre: Le Procès des Fuites, Paris, 1936.

appellieren. Unter solchen Umständen bleibt der Polizei nichts übrig, als sich bis zu einem gewissen Grad an die übliche Verhaltensweise der Regierungsbürokratie zu halten. Sie führt Zuständigkeitskämpfe mit konkurrierenden Sicherheitsorganen, deren es immer mehr gibt, und sie verwendet viel Scharfsinn darauf, den Grundsatz der Geheimhaltung im politischen Alltag so zu verankern, dass ihre Beliebtheit darunter nicht leidet.

Ihre besondere Funktion und das erhöhte Prestige, das ihr zugebilligt wird, sichern der politischen Polizei noch einen zusätzlichen Vorteil gegenüber anderen Regierungsdiensten: solange sich das Regime, dem sie dient, am Leben erhält, ist sie davor geschützt, dass ihre Methoden, Leitsätze und Arbeitsmaßstäbe durchleuchtet werden. Ob ein Systemwechsel mit einer wirklichen Revolution einhergeht, sollte man, so paradox es anmuten mag, daran messen, ob die neuen Machthaber bereit sind, die Archive der politischen Polizei ihrer Vorgänger zu öffnen. Legt man diesen Maßstab an, so kommt man allerdings zu dem Ergebnis, dass es in der neueren Geschichte nur wenige Revolutionen gegeben hat.[75]

3. Was es heißt, unparteiisch zu sein

Aus den strategischen Plänen und taktischen Berechnungen privater Personen und Gebilde und staatlicher Institutionen lassen sich die vielen Situationen erklären, in denen die Gerichte tätig werden müssen. Damit ist aber nicht die Frage beantwortet, was die Gerichte, wenn sie in Aktion treten, dazu bringt, diese oder jene Entscheidung zu treffen. Um beurteilen zu können, wie die Entscheidungen zustande kommen, muss man sich klarzumachen versuchen, wie die Richter zu ihren Ansichten gelangen.

Die verschiedenen realistischen Richtungen in der Rechtswissenschaft haben der Theorie wenigstens eine Erkenntnis vermacht, die inzwischen fast Allgemeingut geworden ist: Nur ein Student, der noch seine Prüfungen machen muss, geht an einen Rechtsfall auf die Weise heran, dass er nach einschlägigen Texten und passenden Autoritäten sucht, von denen er sich leiten lassen könnte; der Richter verlässt sich eher auf seinen Instinkt, auf die richtige Eingebung, die ihm sagt, wie eine brauchbare

---

[75] Im Vergleich zum gut präsentierten Loblied von Whitehead: FBI... (s. o. Anmerkung 72), ist Max Lowenthal: The Federal Bureau of Investigation, New York, ohne Jahr, {Copyright 1950}, eine fleißige Sammlung nachteiligen Materials, durch die Enge des Ausblicks beeinträchtigt. Weder das Bild patriotischer Selbstlosigkeit noch die traditionelle Sorge um bedrohte staatsbürgerliche Freiheiten passt zur komplexen Wirklichkeit der heutigen Organisationsgebilde der politischen Polizei. Allerdings ist es nicht einfach, das Gebilde entweder nach dem Material, das es selbst liefert, oder nach den Resultaten seiner Tätigkeit zu beurteilen, die der Allgemeinheit per Zufall zugänglich werden.

Entscheidung angesichts der besonderen Umstände des Falles aussehen sollte. Ist er zum Routinier geworden, will er sich geistig nicht überanstrengen und hat er genug Erfahrung darin, wie Fälle zu verlaufen pflegen, so verzichtet er bald auf das vielleicht allzu mühselige Geschäft des Durchdenkens der ersten instinktiven Eingebung, die ja noch in die Form einer vertretbaren Lösung gegossen werden muss; er greift dann ohne weitere Umstände zu einem anerkannten Paragraphenkästchen, in dem sich der Fall bequem unterbringen lässt. Bei solchem Verfahren entstehen keine weiteren Schwierigkeiten; nur müssen natürlich in der offiziellen Begründung die Lücken ausgefüllt werden, die sich bedauerlicherweise auftun, weil die Formeln von gestern vielleicht doch nicht ganz genau zu den Problemen von heute passen. Der Richter, der dies Kurzverfahren vermeiden will, der das unabweisbare Bedürfnis verspürt, das ihm aufgegebene Problem doch im Sinne seiner ursprünglichen Eingebung zu lösen, muss allerdings die Eingebung zu einer durchdachten und wohlbegründeten Position ausbauen.

Dann setzt ein neuer Vorgang ein: Die Eingebung muss in eine rationale Form gebracht und mit den Maßstäben der Präzedenzfälle und Normen gemessen werden. Das Staatsgebilde muss der gesellschaftlichen Wirklichkeit ins Gesicht schauen, sie verarbeiten und formen; in diesem Zähmungsprozess werden an Hand der Erfahrung bestimmte Reaktionsweisen erarbeitet, die sich in Präzedenzfällen und Normen niederschlagen. Es kommt, wenn auch nur selten, vor, dass die instinktive Eingebung des Richters, an diesem Substrat der Erfahrung gemessen, die Bewährungsprobe nicht besteht. Viel häufiger aber gelangt der Richter mit Hilfe seiner Eingebung zu einer Klassifizierung des Tatbestandes, die eine in den Rahmen der anerkannten und bestätigten Regeln genau hineinpassende Entscheidung ermöglicht. Wenn nötig, kann man freilich, ohne die Rechtmäßigkeit der Präzedenzentscheidung anzufechten, Präzedenzfälle auf zweierlei Weise umgehen: indem man das Gewicht der im Präzedenzfall enthaltenen *ratio decidendi* reduziert und dann feststellt, der zu entscheidende Fall sei mit dem Präzedenzfall nicht ausgeschöpft, oder indem man die Verschiedenheit der Tatbestände hervorhebt und damit die Anwendbarkeit des Präzedenzfalls bestreitet.[76] Nur selten ist die ursprüngliche Eingebung so durchschlagend, dass

---

76 Paul H. Sanders hat in dem Vortrag »The Warren Court and Lower Courts« auf der Jahrestagung der American Political Science Association 1959 überzeugend dargetan, wie häufig die unteren Gerichte in den Vereinigten Staaten den Entscheidungen des Obersten Gerichts widersprechen, sie umgehen oder unberücksichtigt lassen, in Bezug auf die Rechte der Gegner des Systems scheint allerdings die Yates-Entscheidung (siehe oben Kapitel IV, Abschnitt 3-c) nicht angefochten worden zu sein. Das kann ebenso sehr auf die veränderte Gesamtatmosphäre wie auf die von Bundesrichter John M. Harlan

sie den Richter zu einem Frontalangriff auf die geltende Regel verleitet; dann wird eine auf den Fall, der gerade entschieden werden soll, zugeschnittene neue Vorschrift konstruiert und über die Parteien, die an ihr ein Interesse haben mögen, höheren Gerichten zur Genehmigung und formalen Inkraftsetzung zugeleitet.[77]

Auf seine Eingebung wird sich der Richter vor allem dort verlassen müssen, wo er sich durch das Gestrüpp gegensätzlicher Aussagen der Parteien über Dinge, die vergangen sind, hindurchwinden und auf die Rekonstruktion eines bestimmten Vorgangs konzentrieren muss, weil er ihn anders nicht beurteilen kann. Des Richters unreflektierte Reaktion ist besonders wichtig, weil wir nicht mehr wie frühere Generationen daran zu glauben vermögen, dass sich historische Ereignisse mit Selbstverständlichkeit objektiv rekonstruieren lassen.[78] Der Ausgang vieler politischer Prozesse, in denen es um Mord, Spionage oder einen gestellten Meineidsfall geht, hängt davon ab, wie Richter oder Geschworene das, was geschehen ist, rekonstruieren. Ob eine bestimmte Politik befolgt werden soll, wird offiziell nur erörtert, wenn zweifelhaft geworden ist, welche Norm angewandt werden muss oder welches Strafmaß in Frage kommt. Allerdings kann die ursprüngliche Eingebung des Richters, die den Totalanblick des Falles formt (wobei sich das von den Zeugen Berichtete in die Vision des Richters einfügt oder ihr angehängt wird), von vornherein in einem unterschwelligen, vorbewussten, wenn auch wahrscheinlich selten ganz unbewussten Zusammenhang mit dem gesellschaftlichen und politischen Gesamtkomplex stehen, aus dem der Fall hervorgegangen ist.

a) Der Richter und das Rechtsbewusstsein der Gesellschaft

Wenn es sich nicht in der Hauptsache darum handelt, wem bei der Rekonstruktion der Tatsachen geglaubt werden soll, wenn es darum geht,

---

skizzierten Richtlinien zurückgehen, die den Gerichten genug Möglichkeiten belassen haben, Verurteilungen auszusprechen, sofern sie sich auf den Nachweis konkreter Straftaten stützen; vergleiche Yates v. United States, United States Reports, Volume 354 (1957), S. 298-350, insbesondere 326.

77 Unter den neueren Erörterungen des Themas sind von besonderem Nutzen Ross: On Law... (siehe oben Anmerkung 33), S. 84 ff., und Calamandrei: Procedure... (siehe oben Anmerkung 21), S. 23 ff. Gewiss sind Gerichte durch Präzedenzentscheidungen nicht überall gebunden und können es aus auf die eigene Kappe nehmen, sie beiseite zu schieben. In der Praxis werden untere Gerichte selten einen Instanzenkampf entfachen, wenn sich dasselbe Ergebnis auf einfachere Weise erreichen lässt.

78 Dieser naive Glaube tritt in den Schriften eines der Meister der klassischen Strafrechtsschule deutlich zutage: s. Karl Binding: Strafrechtliche und strafprozessuale Abhandlungen {zuerst 1878, umgearbeitet 1914}, München/Leipzig, Band 2, 1915, S. 188.

wie die Tatsachen zu einem Sinnzusammenhang gefügt werden können, wird es weniger wichtig, sich mit Hilfe von Eingebungen, Urbildern und Rechts- und Unrechtsgefühlen den Weg durch ein Gewirr umstrittener Tatsachen zu bahnen. In einem Aufruhrprozess kann manches kleinere Detail strittig bleiben und allen Beteiligten Gelegenheit geben, ihre widerstreitenden Versionen von der Bedeutung und rechtlichen Zulässigkeit bestimmter politischer Betätigungen zu belegen. Im Fall einer politischen Organisation sind aber die typischen Propaganda- und Aktionsmethoden ebenso wie die Äußerungen der verantwortlichen Führer in der Regel weithin bekannt. Ohne dass es über die Tatsachen, von denen die Strafverfolgung ausgeht, einen Streit gäbe, unterliegen die Lehrmeinungen solcher Organisationen und die diversen Varianten der daraus abgeleiteten konkreten Pläne und Absichten verschiedenen Deutungen und Auslegungen. Ob man in der Propaganda gegen die Weiterführung der französischen Militäraktion in Indochina einen Versuch der Zersetzung der französischen Armee[79] sehen solle, oder ob deutsche Kommunisten, die vor einem Gerichtsgebäude demonstrieren und die Freilassung ihrer vor Gericht stehenden Genossen fordern, einen so starken Druck auf die Organe der Staatsgewalt ausüben, dass damit eine »Untergrabung« der »pflichtmäßigen Bereitschaft zum Schutze des Bestandes oder der Sicherheit der Bundesrepublik Deutschland oder der verfassungsmäßigen Ordnung« im Sinne des § 91 des Strafgesetzbuchs gegeben[80] sei: Das sind politische Fragen, und der Richter, der sie beantwortet, nimmt ebenso, wie es andere Staatsorgane tun, Einfluss auf die Gestaltung der staatlichen Politik.

Man kann durchaus die Meinung vertreten, dass die französischen Gerichte die konzentrische Propaganda der Kommunisten gegen den Indochina-Krieg sehr viel schärfer hätten anpassen können, wenn sie die drakonischen Bestimmungen des jetzigen Artikels 71 (früher 76, 3) des Code Pénal über die Untergrabung des Kampfgeistes der Truppe »in Kriegszeiten« auch für Indochina hätten gelten lassen; andersseits kann gerade die Härte dieser Bestimmungen der politische Grund gewesen sein, weswegen die Gerichte wenig Neigung verspürten, zu Verurteilungen zu gelangen. Umgekehrt hätten die deutschen Richter die erwähnte harmlose Demonstration – das Ganze spielte sich lange vor dem Verbot der Kommunistischen Partei ab – unter den Schutz der in den Artikeln

---

79 Tribunal Correctionnel, Château-Thierry, 21. April 1950, und Montpellier, 28. März 1950, in: Gazette du Palais, Supplement au Journal Judiciaire Quotidien, Jahrgang 1950, 1. Halbjahr, S. 370.
80 H. von Weber: »BGH, Urteil vom 3. Juli 1953, 2 StR 867/52«, in: Juristenzeitung, Jahrgang 9, S. 198 f. (Heft 6, 20. März 1954).

5 und 8 des Grundgesetzes verbrieften Rede- und Versammlungsfreiheit stellen können, obschon der Sprechchor der Demonstranten in den Büroräumen des Staatsanwalts vernehmbar war und sich, sofern die Richter es darauf anlegten, als Beamtennötigung, und dazu noch »in verfassungsfeindlicher Zersetzungsabsicht«, konstruieren ließ. Dass die Gerichte in dem einen Fall milder, in dem andern strenger urteilten, hing mit ihren unterschiedlichen Vorstellungen von der Staatsautorität, mit ihrer verschiedenen politischen Erfahrung und demnach auch mit den Unterschieden in der politischen Struktur ihrer Länder zusammen.

Lässt sich daraus folgern, dass die Haltung der Richter zu politischen Problemen in ihren Grundzügen gleichsam als photographisch getreues Abbild der jeweiligen Geistesverfassung der Gesellschaft zustande kommt? Genügt die Feststellung, dass der Richter oft geneigt ist, sich, bevor er seinen Urteilsspruch formuliert, darüber zu orientieren, was für Meinungen und Haltungen im Umlauf sind und als richtig oder akzeptabel gelten? Besteht eine direkte und eindeutige Beziehung zwischen den beiden gedachten Gebilden, dem jeweiligen »Volksbewusstsein« und dem jeweiligen »richterlichen Bewusstsein«? Ganz gewiss nicht. Sogar in einem relativ homogenen politischen System, wie es die Vereinigten Staaten sind, kann die Haltung der Allgemeinheit gegenüber einem bestimmten Problem, wie der amerikanische Jurist Jerome Frank sagt, »etwas Unfassbares, ein vorbeihuschender Schatten«[81] sein. Es ist darum auch keineswegs immer aufschlussreich oder lohnend, sich statt mit dem Bewusstsein des Richters mit seinem vermeintlichen Nährboden, dem in der Gesellschaft geltenden »allgemeinen Bewusstsein«, zu befassen. Die allgemein akzeptierten Vorstellungen stehen zu den Vorstellungen der Richter nicht im Verhältnis des Schöpfers zu seiner Schöpfung; das Verhältnis der beiden Vorstellungskreise ist nicht einseitig determiniert, sondern hat alle Merkmale eines kontinuierlichen Prozesses wechselseitiger Beeinflussung, in dem sich die Gesellschaft ihrer Reaktionen auf die »Herausforderungen« des Zeitgeschehens bewusst wird und diesen Reaktionen Ausdruck verleiht. In dem Bild, dass »der Strom des Rechts nicht ständig in größerer Höhe fließen {kann} als eine Quelle«,[82] ist

---

81 *United States v. Rosenberg*, United States Federal Reporter, Second Series, Volume 195 (1952), S. 583-611, insbesondere 608 (Appellationsgericht für den 2. Bundesgerichtsbezirk).
82 Wallace Mendelson: »Mr. Justice Frankfurter, Law and Choice«, in: Vanderbilt University Law Review, Jahrgang 10, S. 335-341 (Heft 3, 1957). Dagegen im Sinne der im Text vertretenen Auffassung nachdrücklich Harold D. Lasswell und Richard C. Donnelly: »The Continuing Debate over Responsibility: An Introduction to Isolating the Condemnation Sanction«, in: Yale Law Journal, Jahrgang 68, S. 869-899 (Heft 5, Mai 1959), insbes. S. 876: »Wer aus klarer Einsicht entscheidet, muss seine Ziele selbst wählen. Auf diese

diese Wechselwirkung unterschätzt. Dem Richter fällt die Aufgabe zu, die noch unausgereiften, ungeformten, unartikulierten Rechtsvorstellungen der Gesellschaft zu einem von der Gesellschaft akzeptierten Rechtsbewusstsein zu gestalten, und diese seine Rolle sollte nicht gering bewertet werden.

Das lässt sich an einem einprägsamen Beispiel illustrieren. Immer wieder geben sich Geschäftsleute die größte Mühe, sich bei Beamten, mit denen sie amtlich zu tun haben, gut einzuführen. Sehr häufig erschöpft sich diese Mühe darin, dass man dem umworbenen Beamten und seinen Angehörigen den befristeten Genuss einiger irdischer Güter ermöglicht: Man lässt sie einen kostspieligen Kraftwagen fahren, in einem Luxushotel übernachten oder in einem teuren Restaurant essen und trinken. Für den Unternehmer oder leitenden Angestellten eines Wirtschaftsbetriebes gehört das zum normalen Alltag und geht dazu noch, auf Spesenkonto verbucht und vom steuerpflichtigen Ertrag abgezogen, zu Lasten der großen Masse der kleinen Steuerzahler; dem Beamten wären solche Genüsse ohne das großzügige Entgegenkommen des »Mannes der Wirtschaft« kaum zugänglich. In vielen Fällen, vor allem wenn nicht noch Darlehen oder hochwertige Geschenke hinzukommen, gibt es kaum Anhaltspunkte dafür, dass das vorübergehende Interesse des Geschäftsmanns am Wohlergehen des Beamten dessen dienstliches Verhalten beeinflusst haben kann. Darüber, ob das Geben und das Empfangen zu tadeln seien, gehen die Meinungen mitunter heftig auseinander; führende Anwälte, manche prominenten Publizisten und selbstverständlich »die Wirtschaft« neigen dazu, in den erörterten »Gefälligkeiten« normale »Usancen« zu sehen, in denen der großzügigere Stil des modernen Wirtschaftslebens zur Geltung komme.

Wenn aber Richter, wie das vor nicht allzu langer Zeit in der Bundesrepublik geschehen ist, an den »Usancen« Anstoß nehmen und den Beamten, der die Gunstbeweise akzeptiert, wegen passiver Bestechung bestrafen,[83] so liegt darin mehr, als dass altmodische Maßstäbe geschäft-

---

Weise kann er sich in seinem Handeln mit dem einen oder anderen System aus früherer Rechtsprechungspraxis verbünden und es dann beschützen oder ausweiten...«
[83] Gemeint sind die Bonner »Leihwagen«fälle, in die Beamte der Bundesministerien und der Bundestagsverwaltung verwickelt waren und in denen Direktoren namhafter Firmen mit die Anklagebank zierten oder als nicht sehr willige Zeugen aussagten. Noch unentschieden ist die eher belustigende Angelegenheit des Perserteppichs, den die größte Firma am Ort dem Stuttgarter Oberbürgermeister zum 50. Geburtstag gestiftet hatte. Ein im Beschwerdeverfahren aufgehobener Einstellungsbeschluss einer unteren Instanz hatte sich unter anderem darauf berufen, dass am Geburtstagsaufmarsch der mit Gaben beladenen Gratulanten prominente Vertreter der Wirtschaft in großer Zahl teilgenommen hatten, so dass der Gemeindevater schwerlich den Eindruck habe gewinnen können, mit der Entgegennahme der Geschenke Unrechtes zu tun. Gegen den

licher Korrektheit zur offiziellen Norm erhoben werden. Damit, dass die Richter den Gefälligkeitsusancen die rechtliche und gesellschaftliche Zulässigkeit absprechen, verpflanzen sie die dumpfe gefühlsmäßige Reaktion des »Mannes auf der Straße«, dies Gemisch aus Neid, Feindseligkeit, Skepsis und Misstrauen, mit dem die Tätigkeit der Wirtschaftsmagnaten und der staatlichen Beschaffungsstellen betrachtet wird, aus der Welt privaten Meinens in die Welt der staatlichen Entscheidungen. Dass solche Vorstellungen mit der herrschenden Moral der gesellschaftlichen Oberschichten und auch mit der Denkweise derer, die normalerweise die Richtlinien der staatlichen Politik und der politischen Gesittung bestimmen, im Widerstreit sind, verringert nicht ihre Bedeutung für die Herausbildung des gesellschaftlichen Rechtsbewusstseins.

Von führenden deutschen Presseorganen wurde Gerichten, die in der Verurteilung der »Usancen« unnachgiebig blieben, vorgeworfen, dass sie sich mit den verbreiteten Misstrauensstimmungen identifiziert, gleichsam dem Druck der Straße nachgegeben und sich als parteiisch und befangen erwiesen hätten.[84] Umgekehrt hat der Bundesgerichtshof unter Berufung auf eine seit langem geltende Rechtsprechung jegliche Annahme von Geschenken durch öffentliche Bedienstete für strafbar erklärt, unabhängig davon, »ob der Beamte die betreffende Amtshandlung wirklich vornimmt, vornehmen will oder kann«; für die Strafbarkeit komme es auch nicht darauf an, ob der Beamte entschlossen gewesen sei, sich beeinflussen zu lassen, und ob er sich tatsächlich pflichtwidrig verhalten habe.[85] In immer größerer Breite wird der Komplex in der Fachliteratur behandelt, ohne dass dabei allerdings die zentrale gesellschaftliche Konfliktlage herausgearbeitet würde, aus der sich der Streit ergibt: offensichtlich versucht ein Teil des Justizapparates (dem vorgehalten wird, dass er den Staatswillen verfälsche), eine striktere Kontrolle der Geschäftsmoral der Wirtschaft und der Dienstmoral ihrer beamteten Kontrahenten durchzusetzen, als die Wirtschaft, die Beamten und die zahlreichen politischen Bundesgenossen beider hinzunehmen bereit sind.

In den Vereinigten Staaten befasst sich die Rechtsprechung im All-

Eröffnungsbeschluss des 1. Strafsenats des Oberlandesgerichts Stuttgart, 1 Ws 397/60, hat der Oberbürgermeister Verfassungsbeschwerde erhoben.

84 Fabian von Schlabrendorff: »Fiat Justitia«, in: Frankfurter Allgemeine Zeitung, S-Ausg., Nr. 165, 21. Juli 1959, S. 2, Sp. 2 ff.; ähnlich Hermann Schreiber: »Das allgemein Übliche«, in: Stuttgarter Zeitung, Jahrgang 15, Nr. 168, 25. Juli 1959, S. 1; siehe auch Dettmar Cramer: »Verwirrung über den Bestechungstatbestand«, in: Frankfurter Allgemeine Zeitung, S-Ausg., Nr. 275, 24. November 1960, S. 2, Sp. 2 ff., und Heinrich Henkel: »Die Bestechlichkeit von Ermessensbeamten«, in: Juristenzeitung, Jahrgang 15, S. 507-512 (Heft 17, 9. September 1960).

85 Urteil des Bundesgerichtshofs vom 27. Oktober 1959, 5 StR 411/59, in: Neue Juristische Wochenschrift, Jahrgang 13, S. 830 f. (Heft 18, 29. April 1960).

gemeinen nicht mit den »Gefälligkeiten« der Geschäftsleute, die sich darauf beschränken, Staatsbedienstete zu einer wohlwollenden Haltung zu bewegen, ohne sie zu konkreten pflichtwidrigen Handlungen zu verleiten. Das Interesse der Gerichte gilt den Fällen, in denen Geschenke und Darlehen eindeutig zu dem Zweck gegeben werden, bestimmte behördliche Entscheidungen in dem den Geldgebern erwünschten Sinn herbeizuführen. Aber sogar in solchen Fällen kann es der Anklagebehörde, wie sich im ersten Mack-Whiteside-Prozess gezeigt hat, passieren, dass sich die Geschworenen widerspenstig zeigen.

Nicht immer hat der Richter einen so großen Ermessensspielraum wie etwa in der Auslegung der Strafbarkeit der Geschenkannahme nach deutschem Recht. Oft ist die Rechtsvorschrift vom Staat so unmissverständlich abgefasst worden, dass der Richter sie ungeachtet seiner persönlichen Meinung respektieren und anwenden muss. Hat der Staat die Berücksichtigung und Würdigung eines bestimmten Faktors ausdrücklich ausgeschlossen, so verhielte sich der Richter gesetzwidrig, wenn er daraus hergeleitete Ansprüche anerkennen wollte.[86] Die Pflicht des Richters, sich den gesetzlich festgelegten Forderungen der herrschenden Gesellschaftsordnung zu beugen, erlegt ihm in bestimmten Situationen schwere moralische und geistige Opfer auf. Wenn an einen südafrikanischen Richter bei der heutigen Rechtslage das Ersuchen herantritt, ein Aufenthaltsverbot aufzuheben, das die zuständige Verwaltungsbehörde mit der Begründung ausgesprochen hat, dass der Aufenthalt des Betroffenen im fraglichen Bezirk feindselige Gefühle zwischen den einzelnen Volksgruppen auslösen könnte, muss der Richter den Antrag wegen Unzuständigkeit zurückweisen.[87] Erklärte er sich aus Gründen allgemeinerer Natur für zuständig, so begäbe er sich damit auf eins der vielen Gebiete des Schutzes persönlicher Freiheiten, auf denen nach dem unzweideutigen Willen des südafrikanischen Gesetzgebers kein Richter etwas zu suchen hat.

Mit der Bindung des Richters an ein unabänderliches Gesetz klingt ein weiteres Problem an. Bis jetzt wurde in der Darstellung von einem mehr oder minder homogenen gesellschaftlichen Gebilde ausgegangen, in dem allgemeiner Konsensus dem Richter die Aufgabe zuweist, die jeweilige Gestalt des kollektiven Bewusstseins autoritativ auszudrücken und zu interpretieren. Was aber ist die Rolle des Richters in der ausgedehnten gesellschaftlichen und staatlichen Region, in der es einen gemeinsamen Boden kaum oder gar nicht gibt? Wieder drängt sich das

---

86 Vergleiche dazu Otto Brusiin: Über die Objektivität der Rechtsprechung, Helsinki, 1949, S. 33.
87 Art. 3 Ziff. 5 der Riotous Assembly Act no. 17 von 1956; vergleiche Edgar H. Brookes und J. B. Macaulay: Civil Liberty in South Africa, Kapstadt/New York, 1958, S. 68.

Beispiel der Südafrikanischen Union auf, wo eine weitgehend einheitliche ethnische Minderheit das Leben der unterjochten ethnischen Gruppen, das heißt der großen Mehrheit der Bevölkerung, beherrscht. Diese Machtkonstellation spiegelt sich in der Struktur der Rechtsordnung wider. Das in Gesetzen niedergelegte südafrikanische Recht, das traditionsgemäß den Grundsatz der Gleichheit vor dem Gesetz voraussetzt, wird fortwährend mit dem Ziel abgeändert, die Kluft zwischen der herrschenden und der dienenden Klasse in jeder Einzelheit zur Geltung zu bringen. Über einen solchen Abgrund hinweg lässt sich von richterlichem Ermessen nicht viel Gebrauch machen.

Die Machtverhältnisse und die unabänderliche Zugehörigkeit der Richter zur herrschenden Minderheit sind aber nur eine Seite des Problems. Der Richter sieht sich nicht nur den Erfordernissen der Machterhaltung der Herrschenden gegenüber, sondern auch der Notwendigkeit der Erhaltung des Gesamtsystems; er muss dafür sorgen, dass es möglichst reibungslos funktioniere. Bei der Erfüllung dieser Aufgabe muss er immer in Widerstreit geraten mit den täglichen Auswirkungen des Systems, mit den Verboten, Ungerechtigkeiten, Schikanen, Brutalitäten, die unabsehbares Leid und Elend mit sich bringen. In dieser Situation kann er höchstens versuchen, das Rüstzeug des Rechtspositivismus so zu handhaben, dass er einerseits seine Amtswürde wahrt und sein Gewissen salviert und sich anderseits einen wenn auch kleinen Spielraum sichert, um die Härten der offiziellen Politik mildern zu können.

Die rechtsstaatliche Tradition beschränkt das Recht des Richters, Beschlüsse des Parlaments direkt anzufechten. Sofern ein solches Recht aus den geltenden Verfassungsbestimmungen und den selbstverständlichsten Vorstellungen über Wesen und Funktion der Gerichte abgeleitet werden konnte, hat es sich im Kampf der Gerichte um die sogenannten *entrenched clauses* der South Africa Act von 1909 verbraucht. Die ordentlichen Gerichte hatten ihr Möglichstes versucht. Das Parlament hatte das in Artikel 152 der South Africa Act garantierte Wahlrecht ohne die erforderliche qualifizierte Mehrheit aufgehoben; die Gerichte verneinten die Rechtmäßigkeit dieser Neuregelung.[88] Das Parlament hatte sich selbst durch Gesetzesakt zum Staatsgerichtshof (High Court of Parliament) gemacht, um rechtskräftige höchstrichterliche Urteile außer Kraft setzen zu können; die höchsten Richter des Landes sprachen dieser Vermummung des Parlaments den Charakter eines Gerichtes ab,[89] denn sie sei rechts-

---

[88] *Harris v. Minister of Interior*, South African Law Reports, 1951, 2. Vierteljahr, S. 428 (Berufungskammer).
[89] *Minister of Interior v. Harris*, South African Law Reports, 1952, 4. Vierteljahr, S. 769 (Berufungskammer).

widrig geschaffen worden, damit die Mehrheitserfordernisse für die Abänderung des Artikels 152 umgangen werden könnten.[90] Erst nachdem die umstrittenen Gesetzesvorlagen mit der vorgeschriebenen qualifizierten Mehrheit erneut verabschiedet worden waren, strichen die Gerichte die Segel: Ihrem entscheidenden Rechtsvorbehalt war Rechnung getragen worden.[91] Gegen Parlamentsbeschlüsse, die vorschriftsmäßig zustande gekommen sind, kann der Richter als Richter nicht kämpfen.

Dennoch bleibt dem Richter nach wie vor das Recht, Gesetze auszulegen. Es gibt nicht mehr viele Fälle, in denen der Wortlaut des Gesetzes verschiedene Deutungen zulässt.[92] Wo es aber noch dehnbare Bestimmungen gibt, kann der Richter sie gelegentlich immer noch zugunsten der Opfer des Systems auslegen.[93] Tut er das, so muss er sich hüten, sich mit der eigentlichen Absicht des Gesetzgebers auseinanderzusetzen.[94] Ein Richter, der die Lehren des Rechtspositivismus befolgt und sich damit begnügt, die Gesetzestexte auszulegen und miteinander in Einklang zu bringen, kann es sich gelegentlich auch leisten, das immer größere Auseinanderklaffen des Rechtsbewusstseins der Mehrheit und der herrschenden Minderheit mit scharfen Worten zu kritisieren. Als der Oberste Bundesrichter A. van de S. Centlivres aus dem Amt schied, konnte die Fachzeitschrift der südafrikanischen Juristen mit Genugtuung schreiben: »... Centlivres hat immer wieder die große Sorgfalt be-

---

90 Über diese zwei Etappen des richterlichen Widerstands siehe V. D. Cowen: »The Entrenched Sections of the South Africa Act: Two Great Legal Battles«, in: South African Law Journal, Jahrgang 70, S. 238-263 (Teil III, August 1953).

91 *Collins v. Minister of Interior*, South African Law Reports, 1957, 1. Vierteljahr, S. 552 (Berufungskammer).

92 In den Bestimmungen über rechtswidrige Niederlassung (*squatting*) verfügt die Südafrikanische Verwaltung über eine ebenso niederträchtige wie wirksame Waffe im Kampf gegen die einheimische Bevölkerung. In früheren Entscheidungen konnten sich die Gerichte noch nach der Provinzgesetzgebung richten und nur unerlaubtes Betreten eines für Eingeborenensiedlung nicht freigegebenen Bezirks als *squatting* ansehen; siehe Tsose v. Minister of Justice and others, South African Law Reports, 1951, 3. Vierteljahr, S. 10 (Berufungskammer). Seitdem sind aber die Bestimmungen über *squatting* für die gesamte Südafrikanische Union vereinheitlicht worden, und die Neufassung von 1951 wird so ausgelegt, dass auch Eingeborene, die in einem Bezirk seit eh und je gelebt hatten und an ihrem alten Wohnort ohne Erlaubnis geblieben sind, als *squatters* gelten; siehe Regina v. Zulu, a.a.O., 1959, 1. Vierteljahr, S. 263 (Berufungskammer).

93 So wurde ein Eingeborener, der sein Kontrollbuch einem anderen zur Benutzung überlassen hatte, von der Anklage des Verstoßes gegen die Ausweisgesetze freigesprochen: *Regina v. MPekwa* and others, South African Law Reports, 1938, 1. Vierteljahr, S. 10 (Transvaal).

94 Wenn es nicht um Beschwerden von Schwarzen oder Mischlingen, sondern um die finanzielle Schädigung eines weißen Autobuskonzessionärs geht, kann es sich ein Gericht sogar erlauben, die Anwendung einzelner Apartheid-Vorschriften abzulehnen, weil sie unvernünftig seien: *Pieter Maritzburg City Council v. Road Transportation Board*, South African Law Reports, 1959, 3. Vierteljahr, S. 758 ff., insbesondere 774 f. (Natal).

tont, mit der die Gerichte die Gesetze prüfen, die der vollziehenden Gewalt Befugnisse zum Eingriff in die Freiheiten der Untertanen einräumen, und in einem beträchtlichen Maße die unbefugte Diskriminierung zwischen Klassen und Rassen zunichte gemacht;... er hat aber stets darauf bestanden, daß das Gericht den Willen des Parlaments zur Geltung bringen müsse, sobald eindeutig feststehe, daß das Parlament entschlossen sei, der Exekutive autokratische Befugnisse zu gewähren.« Centlivres sei vorbildlich für eine »positivistische Analyse«, die für die Rechtsprechung in Verfassungsfragen »bisher und, wie in einem rassisch gespaltenen Land allgemein angenommen wird, mit gutem Grund, charakteristisch« gewesen sei.[95] Centlivres selbst, der vom Gericht zu einem hohen akademischen Amt hinübergewechselt ist, übt seitdem scharfe Kritik an der Politik der südafrikanischen Regierung und nimmt für die Gerichte »strikten und durchgängigen Legalismus« in Anspruch.[96]

b) Exempel Weimar: regimefeindliche Richter

Im südafrikanischen Fall steht einer herrschenden Minderheit eine unterdrückte Mehrheit gegenüber, und die Richter finden sich im Prinzip mit dem bestehenden Zustand, auch wenn sie ihn nicht mögen, ab; sie versuchen hin und wieder, die Tradition und das geschriebene Recht gegen die Übergriffe der Machthaber zu mobilisieren. Ganz anders war die Situation in der Weimarer Republik. Von Anfang an war die Richterschaft nicht gewillt, das Bestehende hinzunehmen; von Anfang an wirkte sie aktiv auf eine Machtverschiebung hin.

Im 19. Jahrhundert hatte das Gros der deutschen Richterschaft an den Liberalismus geglaubt; Richter waren Vorkämpfer einer rechtsstaatlichen, einer konstitutionellen Ordnung. Erst am Ausgang der Bismarck-Zeit waren sie vorsichtiger geworden, hatten sie ihr politisches Engagement abgeschwächt. Für die Bewusstseinsbildung der nächsten Richtergeneration spielte das »realpolitische«, prestigeorientierte, nationalistisch

---

[95] South African Law Journal, Jahrgang 74, S. 1-5, insbesondere 3 f. (Teil I, Februar 1957).
[96] A. van de S. Centlivres: »The Constitution of the Union of South Africa and the Rule of Law«, in: Arthur E. Sutherland (Hg.): Government under Law: A Conference Held at Harvard Law School on the Occasion of the Bicentennial of John Marshall, Cambridge (Massachusetts), 1956, S. 423-427; vergleiche auch Centlivres' Urteilsbegründung im *Fall Regina v. Sachs*, South African Law Reports, 1953, 1. Vierteljahr, S. 392 ff., insbesondere 399 f. (Berufungskammer). Wie eine rein positivistische Auffassung in Australien auf einem viel enger begrenzten Gebiet zur Geltung gebracht wurde, damit das Vertrauensverhältnis zwischen Einzelstaaten und Bund keinen Schaden nehme, wurde bereits berichtet (siehe oben Kapitel IV, Abschnitt 3-c).

ausgerichtete Denken des Reserveoffiziers eine nicht unerhebliche Rolle. Der brutale Schock der Niederlage von 1918, des politischen Aufstiegs der Arbeiterklasse und vor allem der Verarmung der Mittelschichten infolge der reißenden Inflation zu Beginn der zwanziger Jahre hatte die Richter wie auch viele Angehörige anderer »Bildungsberufe« zu Feinden des neuen Staatsgebildes gemacht. Im Rahmen einer zunächst labil anmutenden Machtstruktur machte sich der Justizapparat daran, die Rechtsbrüche und schwerwiegenden Gesetzesübertretungen von Menschen, denen patriotische Ziele zugebilligt wurden, als achtbar und schutzwürdig erscheinen zu lassen; das geschah – wenigstens in der Anfangszeit – gegen den Willen der neuen Machthaber, bisweilen in offener Kampfstellung gegen sie.

Als »patriotisch«, »vaterländisch«, »national« galt in dieser Sicht alles, was darauf gerichtet war, die an der Niederlage von 1918 angeblich Schuldigen ihre Schuld büßen zu lassen, die Folgewirkungen der Niederlage aus der Welt zu schaffen und eine starke Staatsautorität zu errichten. Die herzliche Zuneigung zu dieser Art »Patriotismus« brachte die Richter in die geistige Nähe der politischen Rechten, zum Teil der äußersten Rechten. Sie förderte die weitverbreitete Tendenz, das neue Staatsgebilde abzuwerten, es mit dem Maßstab vermeintlich höherer Werte zu messen. Was diese höheren Werte sein sollten, war schwer auszumachen: da gab es den schwachen Widerhall eines völlig verweltlichten Naturrechts; da gab es die Berufung auf eine idealisierte Vergangenheit, die sich mit verschwommenen Vorstellungen von einer besseren Zukunft verflocht. Da dem Staat keine echte Autorität mehr zugesprochen wurde, konnte auch das von ihm gesetzte Recht nur noch bedingt gelten.

Diese Entwicklung muss man im Auge behalten, wenn man die gelegentlich vertretene Meinung beurteilen will, wonach die Richterschaft die Machtergreifung des Nationalsozialismus durch ihr Festhalten am Rechtspositivismus ermöglicht habe.[97] Wenn damit nicht mehr gemeint

---

97 Siehe zum Beispiel Lon L. Fuller: »Positivism and Fidelity to the Law«, in: Harvard Law Review, Jahrgang LXXI, S. 630-672 (Heft 4, Februar 1958). Die Überlegungen, die ich dieser Meinung entgegenhalte, haben seit dem Erscheinen der amerikanischen Ausgabe des vorliegenden Buches in der ausgezeichneten kleinen Studie von Friedrich Karl Kübler: »Der deutsche Richter und das demokratische Gesetz. Versuch einer Deutung aus richterlichen Selbstzeugnissen«, in: Archiv für die civilistische Praxis, Band 162, S. 104-128 (Heft 1/2, Januar 1963), eine fundierte Bestätigung gefunden. Die von Kübler systematisch zusammengetragenen Äußerungen von Richtern aus mehreren Jahrzehnten veranschaulichen höchst einprägsam die »Metamorphose liberaler Honoratioren zu Reserveoffizieren« (S. 107), die schon in der Kaiserzeit deutlich erkennbare »antiparlamentarische Einstellung« der Richterschaft (S. 110 ff.), ihre unverhüllte Ablehnung des Weimarer Staates (S. 113 ff.) und ihre unreflektierte Übernahme antidemokratischer Leitbilder aus bürokratisch-mittelständlerischen Vorstellungskreisen (S. 117 ff.).

ist, als dass der Nachdruck auf der Legalität der Machtübergabe zur reibungslosen Errichtung des Hitler-Regimes im Februar 1933 und zur Bereitschaft der Bürokratie und des Justizapparats, das neue Regime zu akzeptieren, beigetragen habe, ist dagegen nicht viel einzuwenden. Ist aber damit mehr und Konkreteres gemeint, soll damit ausgesagt werden, dass sich die deutsche Richterschaft der Weimarer Zeit so sehr an den Buchstaben des Gesetzes geklammert habe, dass ihr eine »dem Recht innewohnende Moral« uninteressant und fremd geblieben sei, so ist viel eher das Gegenteil richtig. Was die Richter einem abstrakten Recht an inneren Gehalten zuschrieben, war zwar nebelhaft und alles andere als demokratisch; dass sie sich aber nur dem positiven Recht verschrieben und sich um übergreifende Gesichtspunkte nicht gekümmert hätten, trifft nicht zu. Aus den schon erwähnten Gründen sozialer und politischer Natur hatte der Positivismus zunehmend an Einfluss verloren; die weitverbreitete antipositivistische Gefühlshaltung der beamteten Juristen und ihrer akademischen Inspiratoren hatte sogar in gereimter Dichtung ihren literarischen Niederschlag gefunden.[98] Der erfolgreiche Feldzug der Gerichte gegen die Währungsfiktion »Mark gleich Mark« und die zumindest ambivalente Einstellung der Strafrichter zum Begriff des außergesetzlichen Notstands bekundeten nicht gerade den Willen des Justizapparats, den weisen Ratschluss des Gesetzgebers vertrauensselig hinzunehmen.

Dass sich die Richter dann in den ersten Jahren der Hitler-Herrschaft den Gesetzesvorschriften gegenüber viel weniger kritisch verhielten, hatte mit Rechtspositivismus sehr wenig zu tun: Diese unkritische Haltung ergab sich einmal daraus, dass die Richter ebenso wie große Teile der Oberschicht und des Mittelstandes mit der Grundrichtung der vom neuen Regime befolgten Politik einverstanden waren und dass es viel zu gefährlich war, abweichende Meinungen in dem begrenzten Bereich zu äußern, in dem eine kritische Haltung überwog. In späteren Jahren wurde es einfach zur Frage persönlichen Mutes, ob man Kritik zu bekunden wagte; da war es für den einzelnen Richter kaum noch wesentlich, dass das Regime ursprünglich in der erforderlichen legalen Form zur Macht gekommen war und dass die Gesetzgebungsmühle beim Erlass neuer Gesetze und Verordnungen die entsprechenden Ermächtigungsgesetze aus der Anfangszeit korrekt zu zitieren wusste. Wenn man da die Frage aufwerfen will, inwieweit das grundsätzliche System einer Rechtslehre die richterliche Praxis beeinflusst, so kommt man zu dem Ergebnis, dass Rechtstheorien zwar verbreitete gesellschaftliche Haltungen ungefähr

---

98 Fritz Freiherr Marschall von Bieberstein: Vom Kampfe des Rechts gegen die Gesetze, Stuttgart, 1927.

widerspiegeln mögen, dass sie jedoch schwerlich die entscheidenden Bestimmungsgründe richterlichen Handelns sind. Man kann eben auch im historischen Rückblick nicht darüber hinwegsehen, dass sich die Richter der Weimarer Zeit dem positiven Recht gegenüber zutiefst ambivalent verhielten: Sie misstrauten ihm, weil es in ihren Augen zum Spielball unkontrollierbarer gesellschaftlicher Kräfte geworden war, die sich noch nicht als fähig erwiesen hatten, die dringlichsten Probleme der Gesellschaft zu lösen; zugleich aber sahen sie im positiven Recht eine hervorragende Rückzugs- und Rechtfertigungsposition, von der sich Gebrauch machen ließ, wenn das Tun und Lassen des Justizapparats selbst wegen seiner parteiischen und parteilichen Ausschreitungen in die Schusslinie geriet. Nur in Fragen, in denen sie der Zustimmung weiter Kreise der Bevölkerung sicher waren, trauten sich die Richter, von der getarnten Einflussnahme auf die Politik durch Anwendung und Auslegung passender Rechtsvorschriften zur ausdrücklichen eigenen Formulierung einer neuen politischen oder wirtschaftlichen Marschroute vorzustoßen. So rebellierten sie zum Beispiel mit Emphase gegen die Rechtsfiktion, dass die wertlose Papiermark das gesetzliche Äquivalent der vollwertigen Vorkriegsmark sei,[99] und forcierten damit die Lösung des komplizierten Entschädigungsproblems bei inflationsbedingten Vermögens- und Ersparnisverlusten. Im Übrigen blieben sie – ebenso wie die anderen Intellektuellenschichten – angesichts weiterreichender sozialer und wirtschaftlicher Probleme verwirrt und desorientiert. Nur auf dem Gebiet der Politik im engeren Sinne war, was sie taten, schmerzhaft unzweideutig. Unter größtmöglicher Ausnutzung der These von der richterlichen Unabhängigkeit betätigten sich die meisten Richter mit ziemlicher Konsequenz als wohlwollende Schirmherren der

---

99 Siehe zum Beispiel das Urteil des V. Zivilsenats des Reichsgerichts vom 28. November 1923, V 31/23, in: Entscheidungen des Reichsgerichts in Zivilsachen, Band 107, Berlin/Leipzig, 1924, S. 78-94, wo gesagt wurde, dass die Währungsvorschriften zurücktreten müssten, weil ihrem Erlaß die Möglichkeiten eines derartigen Währungsverfalls... nicht in Betracht gezogen waren«; dem Gesetzgeber wurde vorgeworfen, dass er zwar den »Grundsatz ›Mark = Mark‹ nicht ohne Einschränkung aufrechterhalte«, aber nicht die letzte Konsequenz aus der Tatsache ziehe, dass »an den Währungsgesetzen nicht mehr festgehalten werden kann.«. Noch unumwundener äußerten sich die Mitglieder des Reichsgerichts {Louis} Busch, {Julius} Erler, {Adolf} Lobe, {Richard} Michaelis, {Friedrich} Oegg, {Otto} Sayn, {Ernst} Schliewen und {Fritz} Seyffarth in ihrem Kommentarwerk: Das Bürgerliche Gesetzbuch mit besonderer Berücksichtigung der Rechtsprechung des Reichsgerichts, 6., neubearbeitete Auflage, Band I, Berlin/Leipzig, 1928, S. 370: »Die Gesetzgebung, die... rechtzeitig hätte eingreifen müssen, versagte gegenüber dieser Aufgabe völlig... So fiel denn der Rechtsprechung, insbesondere der höchsten Instanz, die schwierige Aufgabe zu, ohne Überschreitung der ihr gesogenen Grenzen wenn möglich zu verhüten, das *summum ius summa iniuria* werde.«

sogenannten »vaterländischen Kräfte«.[100] Schritt für Schritt trugen sie dazu bei, das politische Gleichgewicht zugunsten dieser Kräfte zu verschieben; sie verhalfen ihnen zum verhängnisvollen totalen Sieg über die Teile der Gesellschaft, die, wie es hieß, die Niederlage von 1918 mit verursacht und von ihr profitiert hätten.

Ohne Einbuße an Zahl oder Autorität hatte die Justiz ihren gesamten Apparat einschließlich der Staatsanwälte und der juristischen Beamten der Justizministerien aus der Monarchie in die Republik hinübergerettet. Dieser Apparat stand nun einer neuartigen Situation gegenüber. Er war in den segensreichen Zeiten groß geworden, in denen die Staatsgewalt bemäkelt und kritisiert, aber nie frontal angegriffen wurde, und sah jetzt eine Gesellschaft vor sich, deren innerer Zwiespalt durch den Krieg und die Halbheiten einer unvollendeten Revolution vertieft worden war. Die rasch wechselnden Regierungen des neuen Staates waren nicht stark genug, die auseinanderstrebenden sozialen und politischen Gruppierungen zu integrieren und autoritative Entscheidungen hervorzubringen, zu denen maßgebliche Teile der Bevölkerung gestanden hätten. Ununterbrochen wurden die Machtfaktoren des neuen Staatsgebildes sowohl von links als auch von rechts berannt; fast ausschließlich von rechts wurde als Mittel des politischen Kampfes der Mord von Gegnern betrieben. Was blieb einer von rechtsstaatlichem Denken erfüllten Regierung übrig, als um der Sicherung und Verteidigung der öffentlichen Ordnung willen unablässig an die Justiz zu appellieren?

Von Anfang an war die Mehrzahl der Richter eifrig beflissen, der Regierung in ihrem Kampf gegen Feinde von links Beistand zu leisten; von Anfang an weigerte sie sich aber systematisch, gegen politische Delinquenten auf der Rechten vorzugehen. In den kritischen Werdejahren der Republik (1919 - 1923) nahmen die Gerichte Straftaten von rechts, die sich gegen den neuen Staat richteten, ebenso wenig zur Kenntnis wie die mehr oder minder offenen Vorbereitungen der äußersten Rechten zur gewaltsamen Sprengung des republikanischen Regierungssystems; wurden die Täter *in flagranti* erwischt, so ließen sie die Gerichte laufen oder mit lächerlich geringen Strafen davonkommen; sie bewilligten ihnen

---

100 Schon in den zwanziger Jahren hatte der Strafrechtslehrer Hermann Kantorowicz: »Der Landesverrat im deutschen Strafrecht«, in: Die Justiz, Band II, S. 92-102 (Heft 1, Oktober 1926), die Ehe zwischen Nationalismus und politischer Rechtsprechung verurteilt; er schrieb (S. 101): »Ich empfinde es als tief schmerzlich, daß wir heute einen Gesetzentwurf nicht nur wie bisher mit der Frage unter die Lupe nehmen müssen, wie schützen wir ihn vor der Umgehung durch die Gesetzesunterworfenen, sondern auch mit der Frage, wie schützen wir ihn vor dem Mißbrauch durch die zur Gesetzesanwendung Berufenen. Bei einem solchen grundsätzlichen Mißtrauen verliert eigentlich jede Gesetzesreform ihren Sinn. Das ist unerträglich.« Vergleiche auch E. J. Gumbel: »Landesverrat, begangen durch die Presse«, ebda., S. 75-92.

Pensionen; sie verwischten die Spuren der Mörder von rechts; sie wuschen sie rein.[101] Die Akzente verschoben sich bis zu einem gewissen Grad in den Jahren der wirtschaftlichen Stabilisierung (1925 - 1929), doch die Grundtendenz blieb unverändert. Die Kernfrage in dieser Zeit war, welchen Teilen der Gesellschaft Schutz gewährt und welchen er verweigert werden sollte. Und geschützt wurde die geheime Aufrüstung der Reichswehr, indem Pazifisten, die sich ihr widersetzten, als Landesverräter – wegen Verrats militärischer Geheimnisse – bestraft wurden. Verweigert wurde der Schutz der Gerichte den Symbolen der Republik und den Personen, die als ihre Schildknappen galten: Sie durften ungestraft *ad infinitum* verunglimpft werden.

Dass der Justizapparat in den letzten Lebensjahren der Republik (1930 - 1932), in denen sich das Machtgleichgewicht rapid zugunsten der Rechten verschob, keine Ursache fand, von seiner politischen Rechtsprechung Abstand zu nehmen, versteht sich fast von selbst. Dass die Justiz im politischen Kampf Stellung bezog, und zwar eindeutig gegen den republikanischen Staat und seine tragenden Kräfte, war damit für einen beträchtlichen Teil des Volkes klar enthüllt. Die politische Neutralität der Gerichte war nur noch ein Mythos. Aber die höchsten Würdenträger der Justiz hielten es für ihre Pflicht, den Mythos weiterhin zu verbreiten. Einem Mitglied der Anklagebehörde beim höchsten Gericht der Republik, dem Reichsanwalt Jorns, war in einem Beleidigungsverfahren von zwei Berliner Gerichten nach intensivem Aktenstudium und ausgiebiger Zeugenvernehmung das Schlimmste bescheinigt worden, was einem Diener der Justiz nachgesagt werden kann: Er hatte 1919, als

---

101 Die Geschichte der Strafrechtspflege in der Weimarer Republik ist bis jetzt ungeschrieben geblieben; deutsche Historiker und Juristen sind offenbar wenig geneigt, einen so »umstrittenen« Gegenstand zu ergründen. Eine verdienstvolle Ausnahme ist die materialreiche Arbeit von Jasper: Der Schutz der Republik... (Siehe oben Anmerkung 48), die der ungleichen Verteilung der Gewichte zuungunsten der Republik auf dem Gebiet gerade der Staatsschutzjustiz nachgeht und die politischen Hintergründe der Tätigkeit des Justizapparats auf Grund zum Teil unerschlossenen Aktenmaterials aufweist. Daneben gibt es freilich eine reichhaltige, das Bild nicht selten verzerrende Richtungsliteratur: Beiträge von Beteiligten und zeitgenössischen Journalisten, daneben auch neuere Studien ostdeutscher Fachleute, die den eigenen Thesen durch Dogmatismus und Übertreibungen Abbruch tun. Was sich wirklich ereignet hat, ist in den unschätzbaren Büchern von E. J. Gumbel: Vier Jahre politischer Mord, Berlin, 1922, und: Verräter verfallen der Feme, Berlin, 1928, verzeichnet; siehe auch Philipp Löwenfeld: Das Strafrecht als politische Waffe, Berlin, 1933. Für die spätere Zeit, die Gumbel nicht erfasst hatte, wurde manches von dem, was geschah, in: *Die Justiz. Zeitschrift des Republikanischen Richterbundes*, (1925 - 1933), festgehalten. Eine kleine Blütenlese aus der politischen Rechtsprechung der Weimarer Zeit findet sich in dem 1934 geschriebenen Buch von Wilhelm Hoegner {1945/46 und 1954 - 1957 Ministerpräsident von Bayern}: Die verratene Republik, München, 1958. Einige der markantesten Fälle sind bei Max Hirschberg: Das Fehlurteil im Strafprozeß, Stuttgart, 1960, dargestellt.

Kriegsgerichtsrat mit der Untersuchung des feigen und brutalen Mordes an Karl Liebknecht und Rosa Luxemburg betraut, den fast schon überführten Mördern Vorschub geleistet und ihre Flucht begünstigt.[102] Dieser Mann wurde nicht aus dem Dienst der Justiz entfernt, sondern das Reichsgericht sah sich bemüßigt, den Fall zur nochmaligen Beweiserhebung an ein anderes Berliner Gericht zurückzuverweisen, dem es für die Beweiswürdigung unerfüllbare Kriterien auferlegte.[103] Im vierten Verfahren zogen es die Richter, um einer erneuten Aufhebung des Urteils durch das Reichsgericht zu entgehen, vor, dem Freispruch des Journalisten, der dem Reichsanwalt Mörderbegünstigung vorgeworfen und nachgewiesen hatte, dadurch auszuweichen, dass sie sagten, dem beleidigten Reichsanwalt sei keine willentliche Vorschubleistung nachgewiesen worden.[104] Angemessenerweise wurde der nach so mühevollen Anstrengungen immer noch nicht rehabilitierte Jorns 1936 von der Hitler-Regierung zum Reichsanwalt beim Volksgerichtshof berufen.[105]

c) Zwischen Siegern und Besiegten

Von Richtern geprägtes Rechtsbewusstsein hat, wie man sieht, in einer heterogenen Gesellschaft seine besondere Problematik. Wenn es eine formlose allgemeine Übereinstimmung über grundlegende Probleme der Gesellschaft nicht gibt, können die Richter ihrer traditionellen Rolle nicht gerecht werden: Ein nicht mehr anerkanntes gesellschaftliches Wertsystem können sie weder in Verhaltensnormen ummünzen noch in seiner Bezogenheit auf bestimmte Komplexe herausarbeiten. Das besagt nicht, dass die Richter nicht auch trotzdem noch eine recht wichtige

---

102 Der Verteidiger des wegen Beleidigung des Reichsanwalts verklagten Journalisten nannte Jorns einen »Kriegsgerichtsrat, der so nicht wie der Hund zur Jagd geht, sondern zur Jagd getragen wird«; siehe {Paul Levi}: Der Jorns-Prozeß. Rede des Verteidigers Dr. Paul Levi-Berlin nebst Einleitung, Berlin, ohne Jahr {1929}, S. 54.
103 Der als Urteil des II. Strafsenats des Reichsgerichts vom 7. Juli 1930, II 439/30, in: Entscheidungen des Reichsgerichts in Strafsachen, Band 64, Berlin/Leipzig, 1931, S. 284-288, wiedergegebene Auszug berührt diesen Gesichtspunkt fast überhaupt nicht; die Reichsrichter haben ihn jedoch recht ausführlich behandelt, – siehe zum Beispiel die Wiedergabe unter »Reichsgericht (II. Senat, 7. Juli 1930, 2 D 434/30)«, in: Juristische Wochenschrift, Jahrgang 60, S. 2795-2800 (Nr. 18, 3. Oktober 1931). Vergleiche auch Josef Bornstein: Der Fall Jorns und das Reichsgericht, Berlin, 1930.
104 Josef Bornstein: »Abschied vom Fall Jorns«, in: Das Tage-Buch, Jahrgang 12, S. 213 ff. (Heft 6, 7. Februar 1931), und {Redaktionsbeitrag}: »Tagebuch der Zeit«, a.a.O., S. 884 f. (Heft 23, 6. Juni 1931).
105 Deutscher Reichsanzeiger und Preußischer Staatsanzeiger, 1936, Nr. 114 (18. Mai 1936), S. 1. In derselben Verlautbarung wurde die Ernennung Thieracks zum Präsidenten des Volksgerichtshofs bekanntgegeben.

Funktion in der Gesellschaft verrichten. Sie können sich wie in Südafrika der Aufgabe widmen, die für die Mehrheit der Bevölkerung schwer erträglichen Auswirkungen eines ungerechten Gesellschaftssystems in gewissem Umfang zu mildern; oder sie können sich wie in der Weimarer Republik mehr oder minder konsequent mit einem der kämpfenden Machtblöcke, wenigstens auf rein politischem Gebiet, identifizieren. Je nachdem, was sie tun, erhält ihre Rolle in der Gesellschaft einen verschiedenen Anstrich. Weder in dem einen noch in dem anderen Fall erfüllen sie ihre traditionelle Aufgabe: die noch gestaltlosen Elemente des gesellschaftlichen Bewusstseins in die geformte Sprachgestalt des Rechtsbewusstseins zu übersetzen. Anders ausgedrückt: Die Vorstellung der Überparteilichkeit, die wir mit der Ausübung des richterlichen Amtes verbinden, wird in diesen Fällen inhaltsleer.

Überparteilichkeit setzt voraus, dass von allgemein akzeptierten Prämissen ausgegangen werden kann. Geht der Richter von Grundvoraussetzungen aus, die von bedeutenden Teilen der Gesellschaft mit Nachdruck verworfen werden, so kann er sich nicht darauf verlassen, dass seinem Amt die ihm gebührende Gehorsamshaltung entgegengebracht werden wird, auch dann nicht, wenn er zeigen kann, dass er seiner Ausgangsposition nicht untreu geworden ist. Richter werden gemeinhin als parteiisch angesehen, wenn sie Angehörige der einen Gruppe zu schweren Zuchthaus- oder Gefängnisstrafen verurteilen, dagegen Angehörige der anderen, nicht minder gefährlichen, wenn nicht gar gefährlicheren Gruppe, mit deren Zielen sie eher sympathisieren, mit leichten Freiheitsstrafen oder Ehrenhaft belegen oder – wie bei den französischen Militärrichtern im März 1961 – straffrei ausgehen lassen. Natürlich ergeben sich keinerlei Streitfragen, wenn die überwältigende Mehrheit der Bevölkerung mit dem Richter von vornherein darin übereinstimmt, dass die erste Gruppe aus Feinden der Gesellschaft, die zweite aber schlimmstenfalls aus falsch beratenen Patrioten bestehe, die sich nur in der Wahl ihrer Freunde oder ihrer Kampfmittel vergriffen hätten. Fehlt diese gemeinsame Auffassung, so tritt von neuem das Element des Zwanges hervor, das in der richterlichen Funktion zwar immer enthalten ist, das aber meistens durch den der richterlichen Entscheidung allgemein zugestandenen Respekt verschleiert oder zurückgedrängt wird; damit wird die Gesellschaft des Vorteils beraubt, den sie sich zu sichern suchte, als sie dem Richter erlaubte, zum Hüter ihres Bewusstseins zu werden. Ob sich solche Mängel aus der objektiven Stellung der Justiz in einer bestimmten Gesellschaft oder aus den eigenen politischen Neigungen und Gefühlen der Richter ergeben: In jedem Fall tasten sie die Überparteilichkeit der Gerichte empfindlich an.

In einer milderen, weniger konzentrierten, mehr persönlich geprägten

Form stellt sich ein ähnliches Problem unvermeidlich in jedem gesellschaftlichen und politischen System ein. Auf dem psychologischen Umweg über den juristischen Realismus sind die vielen Faktoren in der Persönlichkeitsstruktur des Richters, die sein richterliches Handeln bestimmen können, ins Blickfeld gerückt. Solche Faktoren, die nicht immer konstant und oft nicht einmal bewusst sind, werfen leicht jede Vorhersage über richterliche Haltungen über den Haufen; daher die aparte Aufforderung an den Richter, er möge psychiatrische Forschungsreisen in sein Inneres unternehmen.[106] Nun kann es gewiss sehr schwierig sein, der unendlichen Vielfalt der individuell verschiedenen psychischen Reize nachzugehen, die auf den Richter als Person einwirken mögen; viel leichter lassen sich die großen sozialen und politischen Bestimmungsgründe richterlichen Verhaltens verfolgen und identifizieren, wenn auch vielleicht nicht aus der Welt schaffen.

Bringt man solchen kollektiven Einstellungen der Richter keine außergewöhnliche Toleranz entgegen, so kann man kaum umhin, in ihnen Vorurteile oder Voreingenommenheit zu sehen. Solange zum Beispiel das politische Leben in den Vereinigten Staaten von ethnisch-nationalen und konfessionellen Überlegungen beeinflusst wird, werden viele in einem Richter, der jüdischer Abstammung oder praktizierender Katholik ist, nicht den besten Vorsitzenden für einen Prozess erblicken, in dem ein jüdischer Angeklagter beschuldigt wird, für die Landesverteidigung wichtige Tatsachen an Agenten einer ausländischen Macht weitergegeben zu haben, zumal wenn diesem Angeklagten nachgesagt wird, er habe für die politischen Ideen der fremden Macht mehr übrig als für die des eigenen Landes. Von einem jüdischen Richter wird in einem solchen Fall angenommen, dass er kaum der Versuchung werde widerstehen können, die Gleichsetzung von Judentum und Radikalismus, an die noch viele glauben, mit allen Mitteln als unbegründet darzutun; umgekehrt wird von einem katholischen Richter erwartet, dass er sich über das Unrecht nicht werde hinwegsetzen können, das die dem Angeklagten angeblich nahestehende politische Bewegung seinen Glaubensgenossen angetan hat. Oder, um einen Fall anzuführen, der eher an eine Farce erinnert: Kann ein Richter, der in seinen Mußestunden Enthüllungswerke über die Übel der Spekulation schreibt, einem Prozess vorstehen, in dem ein Finanzier wegen Betruges[107] abgeurteilt werden soll?

---

106 Ein Lieblingsthema Jerome Franks; noch im letzten Beitrag, der aus seiner Feder geflossen ist, erging an die Richter die Aufforderung zur Selbstanalyse: Jerome N. Frank: »Some Reflections on Judge Learned Hand«, in: Chicago Law Review, Jahrgang 24, S. 666-705, insbesondere 676 (Heft 4, Sommer 1957).
107 *Rex v. Milne and Erleigh*, South African Law Reports, 1951, 1. Vierteljahr, S. 1 ff.

Nur ein politisches System, das schon im Sterben liegt, kann die Zugehörigkeit des Richters zu einer bestimmten Partei oder Organisation oder seine Weltanschauung zum Anlass nehmen, ihm Unvoreingenommenheit abzusprechen, ihn für befangen zu erklären und von der Überzeugung abzugehen, dass solche Dinge ungeachtet seiner Herkunft und seiner persönlichen Erlebnisse weniger schwer wiegen würden als seine Rechtschaffenheit und Selbstkritik.[108] Was am Begriff der Befangenheit allein sinnvoll sein kann, ist etwas ausschließlich Persönliches: Befangenheit kann vorliegen, wenn zwischen dem Richter und der Streitpartei oder deren Rechtsbeistand eine besondere Beziehung besteht. Die Gerichtsverfahrensordnung der Vereinigten Staaten beschränkt die Befangenheitseinrede auf »persönliche Voreingenommenheit und persönliches Vorurteil«.[109] Die Unterstellung eines »unterbewußten Vorurteils«, das durch psychiatrisches Material zu erweisen wäre,[110] könnte einem viel weiteren Befangenheitsbegriff den Weg ebnen; es ist nicht gerade wahrscheinlich, dass solche Vorschläge bei denen Gegenliebe finden, denen es obliegt, die Gerichtsmaschinerie in Gang zu halten.

Mit welcher Berechtigung kann man erwarten, dass sich ein Richter seiner Herkunft und seiner Erfahrung in dem Augenblick entledigen kann und wird, da er den Talar des Hüters des Rechtsbewusstseins anzieht? Das ist eine andere, vielleicht sehr persönliche Frage. In einem begrenzten Rahmen kann ein scharfsichtiger Verteidiger oder ein weiser Gerichtspräsident oder ein mit der Geschäftsverteilung befasstes richterliches Gremium im Zweifelsfall darauf dringen, dass eine Probe aufs Exempel unterbleibt. Vom Standpunkt des Gesamtsystems der Gerichtsbarkeit muss jedoch normalerweise von der Arbeitshypothese ausgegangen werden, dass die Geltung allgemein akzeptierter gesellschaftlicher Werte, die richterliche Berufsdisziplin und die von jedem Richter verlangte Selbstdisziplin ausreichen müssen, die Objektivitätstrübungen,

(Berufungskammer); vergleiche die Stellungnahme dazu in: South African Law Journal, Jahrgang 68, S. 151 f. (Teil II, Mai 1951).
108 »Die Chemnitzer Richterablehnung«, Die Justiz, Band VII, S. 259-263 (Heft 5/6, Februar/März 1932). Vor dem Landgericht Chemnitz waren einige Nationalsozialisten angeklagt. Sie lehnten zwei Richter wegen Befangenheit ab, den einen weil er für die Deutsche Staatspartei, den anderen weil er für jüdische Organisationen aktiv tätig sei. Das Gericht gab ihnen mit einer Entscheidung vom 23. Januar 1932 recht, weil es fand, dass es nur auf die »von den Angeklagten erwartete innere Stellungnahme des Richters« ankomme. Nachdem sich ein Gericht dem nationalsozialistischen Einwand zugänglich gezeigt hatte, wurde es zur allgemeinen Praxis, dass Nazi-Angeklagte Richter wegen ihrer politischen Ansichten oder ihrer politischen Betätigung als befangen ablehnten.
109 United States Code, Titel 28, § 144, in der Fassung von 1958.
110 Anregung von Lois Forer: »Psychiatric Evidence in the Recusation of Judges«, in: Harvard Law Review, Jahrgang 73, S. 1325-1331 (Heft 7, Mai 1960).

die persönlichen Momenten entspringen, auf das Mindestmaß zu reduzieren. Nicht ohne einen Seitenblick auf einen Bonner Fall, der einen Mitarbeiter des Bundeskanzlers Adenauer betraf, hat ein Mitglied des deutschen Bundesverfassungsgerichts die Objektivitätserfordernisse auf einen charakteristischen Nenner gebracht: »Das Vertrauen des Rechtsuchenden in die Objektivität des Richters wird durch den verfassungsmäßig gesicherten Grundsatz des gesetzlichen Richters gestärkt: der den einzelnen Fall entscheidende Richter oder Spruchkörper muß im voraus nach abstrakten Regeln feststehen. Mit ihren Maßnahmen der Geschäftsverteilung, besonders während des Geschäftsjahres, muß die Justizverwaltung peinlichst den Eindruck vermeiden, daß beabsichtigt sei, eine bestimmte Sache einem bestimmten Richter wegzunehmen, wenn auch bestehen bleibt, daß der Richter B genauso objektiv zu entscheiden hat wie der Richter A.«[111]

Von einem anderen Standpunkt freilich hat es nicht viel Sinn, zwischen den immanenten Grenzen, die das gesellschaftliche System dem »unparteiischen« Wirken des Richters zieht, und der vorübergehenden Verbiegung zu unterscheiden, die das System unter Umständen dadurch erleidet, dass beim einzelnen Richter die persönliche Gleichung nicht aufgeht. Wenn wir es mit einer Welt antagonistischer Klassenbeziehungen zu tun haben, sind die Begriffe »unparteiisch« und »befangen« gleich inhaltsleer. Indes ist die Hypothese einer alldurchdringenden Klassenjustiz doch wohl zu allgemein, als dass man mit ihrer Hilfe eine wesentlich komplexere gesellschaftliche Wirklichkeit durchleuchten könnte. Dass sich kein Richter über den Gesamtzusammenhang der gesellschaftlichen und politischen Einrichtungen seiner Zeit ungestraft hinwegsetzen, ihm kraft eigenen Entschlusses zu weit vorauseilen oder hinter ihm zurückbleiben kann, ist zweifellos richtig, gibt aber kein vollständiges Bild.

Als sich Karl Liebknecht 1907 vor dem Reichsgericht in Leipzig wegen »hochverräterischer« antimilitaristischer Agitation zu verantworten hatte, wurde er vom Vorsitz führenden Richter gefragt, was er unter »Klassenjustiz« verstehe. Liebknecht erwiderte, dass »das Richteramt nur von Angehörigen der herrschenden Klasse oder Klassen ausgeübt« werde und dass »solche Richter…, wenn sie über Angehörige anderer Bevölkerungsschichten zu befinden haben, naturgemäß nicht objektiv zu urteilen« vermöchten. Auf die weitere Frage, ob sich nicht auch sozialdemokratische Richter, wenn es solche gäbe, »dem

---

111 Ernst Friesenhahn: »Richterliche Objektivität«, in {Peter Schneider und Henning Müller (Hg.)}: Objekt und Objektivität in der Wissenschaft (Mainzer Universitätsgespräche, Wintersemester 1959/60), ohne Ort, ohne Jahr, S. 26-31, insbesondere 30.

Verdacht der Klassenjustiz aussetzen« würden, erklärte Liebknecht: »Die Tatsache der Klassenjustiz beruht auf allgemein menschlichen Eigenschaften. Für mich besteht kein Zweifel, daß, wenn eine andere Klasse als heute judizieren würde, diese einer ihr feindlichen Klasse ebensowenig unbefangen gegenüberstände wie der heutige Richterstand der Sozialdemokratie.«[112]

Vielleicht war Liebknecht auf die Frage des Senatspräsidenten nicht vorbereitet. Jedenfalls unterließ er es, ein Argument anzuführen, das seit Jahrzehnten bis zum Überdruss heruntergeleiert wird: dass die Geschichte unabwendbar zu stets höheren Formen fortschreite und dass auch die Klassenjustiz in diesen Fortschritt einbezogen und von ihm beeinflusst, unaufhaltsam gereinigt und veredelt werde, weil sich ihr Inhalt nach den objektiven Gesetzen der gesellschaftlichen Entwicklung auf jeder neuerklommenen Stufe wandeln müsse. Nur sind ihre Opfer – im Unterschied zu Koestlers Rubašëv[113] und den heutigen Chinesen – auf diese Theorie vermutlich noch nicht ganz eingespielt. Die guten Kenner der Theorie, die sich in den totalitären Schauprozessen des Verrats an der Revolution selbst bezichtigten, waren von der historischen Notwendigkeit und Richtigkeit des Vorgehens ihrer Ankläger überzeugt, und da sie den Gang der Geschichte als objektiv notwendig und als Fortschritt auf dem Weg zu Höherem mit Freuden bejahten, erlosch in diesem Geschichtsenthusiasmus ihre erste spontane Auflehnung dagegen, dass gerade sie als Opfer erkoren worden waren. Was aber geschieht, wenn die Opfer der allerfortschrittlichsten Klassenjustiz dieselben subjektiven Hassgefühle entwickeln, die ihre historischen Vorgänger empfanden, da sie sich im Netz der antiquierten »bürgerlichen Klassenjustiz« verfingen? (In analogen Klassensituationen gelten ja auch heute noch solche Hassgefühle als notwendiger revolutionärer Zündstoff.) Entwickeln die Opfer solche Gefühle, dann muss die Klassenjustiz auch in Zukunft das melancholische Bild der ewigen Wiederkehr des Gleichen darbieten; dann bleibt die Welt eine Welt der Unterdrückung, in der die Kerkermeister und ihre Opfer nur von Zeit zu Zeit die Rollen vertauschen. Kann jemand bestreiten, dass die gegenwärtigen Zeitläufte nur zu viele Gelegenheiten bieten, den Wahrheitsgehalt dieser These zu erhärten?

---

112 Der Hochverratsprozeß gegen Karl Liebknecht 1907 vor dem Reichsgericht. Verhandlungsbericht (Nachdruck von: Der Hochverrats-Prozeß gegen Liebknecht vor dem Reichsgericht, Berlin, 1907), {Ost-}Berlin, 1957, S. 66; vergleiche auch Antimilitarismus und Hochverrat. Das Hochverratsurteil gegen Karl Liebknecht nebst einem kritischen Beitrag zur Naturgeschichte der politischen Justiz, Berlin, 1908.
113 Hauptfigur in Arthur Koestlers Roman Sonnenfinsternis, der die Selbstbezichtigung der Angeklagten in den Moskauer Schauprozessen von 1936 - 1938 zu enträtseln sucht.

Freilich: Wenn der Richter nichts anderes zu tun hätte, als die Befehle des bestehenden Regimes mit Präzision und Sorgfalt und, soweit mit der Wahrung des äußeren Dekorums verträglich, ohne Zeitverlust auszuführen, geriete er – und mit ihm das Regime – sehr bald in eine ausweglos widerspruchsvolle Situation. Die Augenblicksbedürfnisse des Regimes, die Notwendigkeit, Gehorsam zu erzwingen, könnten sich sehr leicht seinen langfristigen Bedürfnissen, seinem Verlangen nach Legitimität und Respektabilität, in den Weg stellen. Gerade aus diesem Verlangen ergibt sich die dem Richter anvertraute Mission, bei der Festsetzung der äußersten Grenzen, in denen gegnerische Haltungen gerade noch geduldet werden, seiner eigenen Einsicht zu folgen. Auch hierzu liefert der aufschlussreiche Hochverratsprozess von 1907 einen Beitrag: Der Reichsanwalt hatte eine zweijährige Zuchthausstrafe, fünfjährige Aberkennung der bürgerlichen Ehrenrechte und sofortige Verhaftung des Angeklagten beantragt; aber dieselben Richter, die Liebknecht als Sachwalter der Klassenjustiz apostrophiert hatte, gaben als ihre »Ansicht« bekannt, »daß der Angeklagte aus einer politischen Überzeugung gehandelt hat, die, mag sie verkehrt sein oder nicht, den Voraussetzungen, die das Gesetz für eine ehrlose Gesinnung verlangt, nicht entspricht«, verurteilten ihn zu anderthalb Jahren Festungshaft, beließen ihm die Ehrenrechte (also auch die Möglichkeit der weiteren Ausübung des Anwaltsberufes) und lehnten den Haftantrag »mangels Vorliegens eines Fluchtverdachts« ab.[114]

Natürlich können besonders eifrige Anhänger der Klassenjustiztheorie auch für dies Verhalten des Gerichts die richtige Formel finden: gemessen an der Härte der Urteile, die dasselbe Gericht in verjüngter Zusammensetzung über die Angeklagten der zwanziger Jahre verhängte, wäre das milde Liebknecht-Urteil demnach nur ein Ausdruck der Tatsache, dass die Klassengegensätze im ersten Jahrzehnt des Jahrhunderts noch nicht die Intensität erreicht hätten, die sie nach dem Ersten Weltkrieg kennzeichnete. Solche Interpretationen tendieren, auch wenn die historisch-soziologischen Tatbestände zutreffen, dazu, die Reaktion des Richters auf die Anforderungen der Gesellschaft (oder der Herrschaftsordnung) seiner Zeit für einen geradlinig automatischen Vorgang zu halten. Das ist sie nicht. Gerade das Verhalten der Leipziger Reichsrichter von 1907 angesichts einer vom preußischen Kriegsministerium veranlassten Strafverfolgung deutet auf einen gewissen Spielraum hin, innerhalb dessen der Richter an der Ausprägung des gesellschaftlichen Bewusstseins schöpferisch teilnimmt.

114 Der Hochverratsprozeß … (siehe oben Anmerkung 112), S. 157 und 164.

Die Leipziger Reichsrichter beriefen sich auf den Wortlaut der Gesetze, um den Ansprüchen der bestehenden Gewalten Rechnung zu tragen; sie bekundeten aber zugleich, dass sie die von vielen vertretene Ansicht teilten, wonach die antimilitaristische Agitation des Angeklagten zwar bedauerlich und unstatthaft, angesichts der gegebenen Umstände aber doch zum Mindesten als verständlich anzusehen sei. In einem ihnen durch Zeitverhältnisse und Amtspflichten vorgeschriebenen Rahmen gaben sie sich Mühe, die anerkannten und dringlichen Herrschaftserfordernisse der Gegenwart und die gerade erst am Horizont in unklaren Umrissen hervortretenden Ansprüche der Zukunft gegeneinander abzuwägen. Wenn man das Klassenjustiz nennt, so überbewertet man das in diesem Verhalten zweifellos vorhandene, aber es nicht dominierende Element des Festhaltens am Bestehenden, des Nichtändern-Wollens. Und man unterschätzt die Tatsache, dass der Richter, so gebunden er sein mag durch das in Staats- und Gesellschaftsstruktur und geschriebenem Recht geronnene Erbe der Vergangenheit,[115] in der Lage ist, die jedem Staatsgebilde innewohnenden Unvollkommenheiten und Ungerechtigkeiten zu berücksichtigen und zu korrigieren; allerdings muss er das mit leichter Hand und unauffällig tun und darf dabei die bestehenden Gewalten nicht erkennbar herausfordern.

Die Sitten und Gebräuche der Richter erstarren nur dann zum unverrückbaren Schema, wenn sie von Panik und tödlicher Angst befallen sind, weil das Gebäude der staatlichen Macht so bedrückend und monolithisch oder, was oft dasselbe ist, so brüchig geworden ist, dass es jeden Augenblick zusammenkrachen kann. Simone Weil hat einmal das Bild von der Gerechtigkeit verwendet, »die aus dem Lager der Sieger entflieht«.[116] Als Diener der Gerechtigkeit in einer unvollkommenen Welt kann der Richter immer dafür sorgen, dass die Tür ins Freie nie ganz verschlossen wird, mag es ihm auch als Hüter einer bestehenden Ordnung versagt sein, im Ernst über die Schwelle zu treten.

---

115 Gerhart Husserl: Recht und Zeit, Frankfurt am Main, 1955, S. 58 ff.; vergleiche auch die soziologisch nuancierten Betrachtungen bei Ernst Fraenkel: Zur Soziologie der Klassenjustiz (in: Jungsozialistische Schriftenreihe), Berlin, 1927. Zu der Art, wie sich zum Beispiel die Richter der Bundesrepublik mit dem Erbe der Vergangenheit auseinandersetzen, und zu ihrem tiefen Misstrauen gegenüber den Strukturen der Gegenwart siehe Kübler: »Der deutsche Richter...« (siehe oben Anmerkung 97), S. 121-128. Mit den verschlungenen ideologischen Pfaden, auf denen diese Auseinandersetzung erfolgt, beschäftigt sich Martin Drath: Grund und Grenzen der Verbindlichkeit des Rechts. Prolegomena zur Untersuchung des Verhältnisses von Recht und Gerechtigkeit (Heft 272/273 der Reihe Recht und Staat in Geschichte und Gegenwart), Tübingen, 1963.
116 Simone Weil: La Pesanteur et la Grâce, Paris, 1948, S. 195.

4. Ausstrahlungen des Geschworenengerichts

In welchem Maße erhöhen die Geschworenengerichte die Kompliziertheit, die Verflechtungen der richterlichen Arbeit? In welchem Maße verbiegen sie ein System, das die Arbeit des Gerichts vor der Einwirkung unkontrollierbarer Einflüsse bewahren soll? Von erheblichem Interesse sind diese Fragen nach wie vor für die englisch-amerikanische Rechtspflege, in der das Geschworenengericht einiges von seiner historischen Bedeutung behalten hat, auch wenn es häufig genug vorkommt, dass Angeklagte auf ihr Recht, von Geschworenen abgeurteilt zu werden, verzichten. Auf dem europäischen Kontinent sind die Geschworenengerichte dagegen im letzten halben Jahrhundert nach und nach verdorrt. Einerseits wurden sie weitgehend in Schöffengerichte verwandelt, in denen eine kleine Zahl von Berufsrichtern mit einer größeren Zahl von Laienrichtern in allen Phasen des Prozesses zusammenwirkt; andererseits wurde auch diesen ausgehöhlten Ersatzeinrichtungen, die vom eigentlichen Geschworenengericht nur den Namen »Laiengericht« geerbt haben, ein gut Teil ihrer ursprünglichen Zuständigkeit genommen. Da sich die Menschen für Dinge, die außerhalb ihrer unmittelbaren Erlebnissphäre liegen, immer weniger interessieren, ist schwer zu sagen, ob das Sterben dieser Institution, die im 19. Jahrhundert ein Fanal im Kampf um Recht und Verfassung auf dem Kontinent war, mehr als bedauerndes Achselzucken hervorgerufen hat.

Wie Menschen von heute Bedeutung und Funktion der Geschworenengerichte einschätzen, kann man am Rande einer in Frankreich durchgeführten Befragung von Laienbeisitzern entnehmen, die 1948 und 1952 beim Assisengericht des Seine-Departements amtiert hatten. Fragebogen waren an 81 Personen versandt worden; Antworten gingen von 52 ein (11 waren verstorben). Zu beantworten waren folgende Fragen: 1. Hatte der Vorsitz führende Richter während des Prozesses ein parteiisches Verhalten zugunsten oder zuungunsten des Angeklagten an den Tag gelegt? Hatte er versucht, die Wahrheit ans Licht zu bringen? 2. Hatten Sie die Möglichkeit, Ihre Meinung offen und ohne jede Art von Druck zu äußern? War auf Sie vom Vorsitz führenden Richter oder von den beiden anderen Berufsrichtern Druck ausgeübt worden, damit eine Verurteilung oder ein Freispruch gegen die Wünsche der Mehrheit der Laienbeisitzer zustande komme? 3. Ziehen Sie das gegenwärtige Verfahren vor oder finden Sie, dass die Geschworenen ohne Beteiligung der Berufsrichter zu einem Spruch gelangen sollten? Fast einmütig zeigten sich die Schöffen von 1948 mit der Verfahrensordnung zufrieden. Differenzen gab es nur bei der letzten Frage: Eine Minderheit von sieben Personen fand das geltende System nicht zufriedenstellend.[117] Ob ein besser ausgearbeiteter, weniger mit Suggestivfragen gespickter Fragebogen andere Antworten erbracht hätte, lässt sich kaum erraten, zumal das Begleitschreiben zum Fragebogen auf aktuelle Presseaktionen gegen die Arbeitsweise der französischen Rechtspflege anspielte.

Kritik an den Geschworenengerichten wurde auch schon im vorigen Jahrhundert geübt. Manche europäischen Juristen sahen in ihnen eine Institution, die den Wirkungsbereich des gewissenhaften, wohlunterrichteten und unparteiischen Berufsrichters zugunsten des weniger tüchtigen, unkundigen und durch heftig schwankende Augenblicksstimmungen leicht beeinflussbaren Amateurs einschränkte. Ihering, der es sich nicht nehmen ließ, bei jeder Gelegenheit ein geflügeltes Wort in Umlauf zu bringen, meinte, zwischen Berufsrichtern und Geschworenen wählen zu müssen, bedeute so viel, wie sich zwischen »Berufssoldat« und »Bürgersoldat« zu entscheiden.[118] Dass ein Stabschef für den aktiven Frontdienst lieber eine reguläre Armeekompanie als eine Kompanie von »Nationalgardisten« nehmen wird, ist kaum zu bezweifeln. Sein Urteil wird indes nicht unbedingt den Ausschlag geben, wenn zu entscheiden sein wird, ob die Streitkräfte des Landes als reine Berufsarmee aufgebaut oder aus Berufssoldaten und Zivilisten in Uniform gebildet werden sollen; Überlegungen allgemeinerer Natur könnten ebenso ins Gewicht fallen wie die Gesichtspunkte des Stabschefs. Die Vorliebe für die Geschworenengerichte, die der Konstitutionalismus zu Anfang des 19. Jahrhundert an den Tag legte, entsprang dem politischen Kampf des aufsteigenden Bürgertums um wenigstens indirekte Beschränkung der Machtfülle der Exekutive und ein Mindestmaß an Vorkehrungen gegen die Wiederkehr politischer Unterdrückung.[119]

Mit dem Emporkommen der Massendemokratie gerieten die Geschworenengerichte in eine einigermaßen zweideutige Lage. Die Ernennung und Beförderung von Richtern und die Aufsicht über die Anklagebehörde waren jetzt Sache parlamentarisch verantwortlicher Regierungen geworden. Dementsprechend waren die Geschworenengerichte kein politisches Kontrollinstrument mehr, sondern eher ein erzieherisches Mittel, eins der vielen, mit denen die Sphäre der direkten

---

117 Robert Chadefaux: »Contribution à l'étude de la réforme de la Cour d'Assises«, in: Le Pouvoir Judiciaire, Jahrgang 10, Nr. 101 (Mai 1955), S. 6.
118 Ihering: Der Zweck... (siehe oben Anmerkung 15), S. 321; ähnlich Binding: Strafrechtliche... (siehe oben Anmerkung 78), S. 62 ff. Dagegen Julius Glaser {Österreichs Autorität auf dem Gebiet des Strafprozesses, später Justizminister}: Schwurgerichtliche Erörterungen, 2. Auflage, Wien, 1875, S. 76 ff.
119 Erich Schwinge: Der Kampf um die Schwurgerichte bis zur Frankfurter Nationalversammlung, Breslau, 1926.

Teilnahme der Volksmassen an Staatsgeschäften ausgeweitet wurde. Heute sieht man sie bisweilen als Abschlagszahlung an die herrschende Ideologie der Volkssouveränität oder womöglich als spanische Wand, die die Richter bei der Erfüllung ihrer Aufgaben abschirmt. Das Verhältnis des Richters zu den Geschworen wird gelegentlich mit dem Verhältnis der Exekutive zur Legislative verglichen,[120] kaum ein Kompliment für die Geschworenen in einer Gesellschaft, in der der Glaube an die Rolle und Bedeutung der Volksvertretung immer mehr dahinschwindet. In Juristenkreisen neigt man offenbar dazu, dem Geschworenengericht zwar historische Verdienste zuzubilligen, es aber sonst als heilige Kuh zu betrachten, die in einer modernen Welt Störungen verursacht; immerhin: Behandle man die Institution richtig, so brauche sie keinen großen Schaden anzurichten und könne sogar noch nützlich sein,[121] es sei jedoch im ungünstigeren Falle nicht ausgeschlossen, dass sie das ordnungsgemäße Funktionieren der Rechtspflege behindere.[122]

Das ist wohl die Mehrheitsstimmung in den Kreisen der Fachleute; über Lippenbekenntnisse gehen ihre Sympathien für das Schwurgericht kaum hinaus. Eine kleinere, wenn auch gewichtige Gruppe glaubt allerdings inbrünstig daran, dass die Institution der Geschworenengerichte, wenn man sie nur so repräsentativ gestaltet, dass sie die Gesamtbevölkerung vertritt, auch weiterhin als funktionsfähige demokratische Einrichtung gelten könne, der mehr als symbolische Bedeutung zukomme. Am klarsten sind die verschiedenen Nuancen der Meinungen und Prognosen bei gerichtlichen Auseinandersetzungen in den Vereinigten Staaten zum Ausdruck gekommen, bei denen es um Einwände der Verteidigung gegen die Auswahl der höher qualifizierten sogenannten *blue-ribbon*-Geschworenen in New York und gegen das Überwiegen von Regierungsbeamten auf der Geschworenenbank in Washington ging.[123] In neuerer

120 Sir Patrick Devlin: Trial by Jury, London, 1956, S. 163. Über die älteren französischen Geschworenengerichte vgl. Bouchardon: Souvenirs... (s. o. Anm. 23), S. 182, 198.
121 Vergleiche die unübertreffliche Belehrung, die der Richter, Lord Goddard, den Geschworenen im Laski-Beleidigungsprozess zuteilwerden ließ: »Nach dem englischen Gesetz darf ein Mensch das sagen, was die Geschworenen für schicklich halten. Er darf nicht sagen, was nach Ansicht der Geschworenen zu sagen unschicklich ist, vorausgesetzt, daß die Geschworenen in angemessener Weise darüber belehrt worden sind, wann eine Sache schicklich und wann sie unschicklich werden kann.« Siehe: *Laski v. Newark Advertiser*, London, 1947, S. 396.
122 Glanville L. Williams: Proof of Guilt: A Study of the English Criminal Trial, London, 1955. Vergleiche dazu im Sammelbeitrag »Trial by Jury« in: University of Cincinnati Law Review, Jahrgang 11 S. 119-246 (Heft 2, März 1957), die Meinung eines Verteidigers, Benton S. Oppenheimer, S. 141-147; dagegen s. ebda., S. 161 ff., die Ansicht eines Geschworenen, der die Behandlung des Beweismaterials durch die Verteidigung für die mangelhafte Urteilsfähigkeit der Geschworenen verantwortlich macht.
123 *Fay v. New York*, United States Reports, Volume 332 (1948), S. 261-300; *Moore v. New*

Zeit hat namentlich Bundesrichter Hugo L. Black die Bedeutung der Schwurgerichte als einer demokratischen Institution hervorgehoben; im Kampf gegen die in den fünfziger Jahren und zum Teil auch danach verbreitete Methode, politisch Andersdenkende in Verfahren zu verwickeln, in denen Verstöße gegen die Prozessordnung (zum Beispiel Aussageverweigerung) ohne Geschworene abgeurteilt werden, beruft sich Black auf das traditionelle Geschworenengericht als ein Bollwerk gegen Unterdrückung.[124] Angesichts der üblichen Ausrichtung der Geschworenenkollegien ist das doch wohl ein etwas problematisches Argument im Dienst einer guten Sache.

Die *blue-ribbon*-Geschworenenkollegien, bei denen bewusste Anstrengungen gemacht werden, bildungsmäßig und geistig besonders qualifizierte Geschworene auszuwählen (eine Praxis, die in England 1949 aufgegeben worden ist), widersprechen der Idee eines repräsentativen Querschnitts der Gesamtbevölkerung[125] nicht minder, als ihr die Ausschaltung von Arbeitern aus europäischen Schwurgerichten in einer früheren Zeit widersprach; damals hieß es immerhin noch, man wollte die Last der ehrenamtlichen öffentlichen Tätigkeit denen ersparen, die sie sich am wenigsten leisten könnten.[126]

Wäre aber ein repräsentativerer Querschnitt zugleich auch ein politisch besser ausgewogener Querschnitt? Obgleich es darüber nur spärliches Material gibt, darf unterstellt werden, dass zu Beginn des 20. Jahrhunderts ein Schwurgericht in einer europäischen Großstadt, in dem die arbeitende Bevölkerung entsprechend ihrem Anteil an der Gesamtbevölkerung vertreten gewesen wäre, den herrschenden Mächten ebenso viele Hindernisse in den Weg gewälzt hätte, wie es die Schwurgerichte des um seine Rechte kämpfenden Bürgertums bei Prozessen politischer

---

York, a.a.O., Volume 333 (1948), S. 565-570; *Frazier v. United States*, a.a.O., Volume 335 (1949), S. 497-520; *Dennis v. United States*, a.a.O., Volume 339 (1950), S. 162-185.
124 Siehe z. B. Bundesrichter Blacks Begründung zu seinem ablehnenden Votum im Fall *Green v. United States*, United States Reports, Volume 356 (1958), S. 165 ff., insb. 193, 215.
125 Begründung des Bundesrichters Frank Murphy zu seinem ablehnenden Votum im Fall *Fay v. New York* (siehe oben Anmerkung 123), insbesondere S. 296, 300, und im Fall *Moore v. New York* (siehe oben Anmerkung 123), insbesondere S. 569.
126 Darauf gingen im Hochverratsverfahren gegen Georg Ledebour sowohl der Vorsitz führende Richter als auch der Angeklagte ein; siehe: Der Ledebour-Prozeß, Berlin, 1919, S. 18. Interessante Einzelangaben finden sich bei Rudolf Herrmann: Die Schöffen in den Strafgerichten des kapitalistischen Deutschland, {Ost-}Berlin, 1957. Einseitig besetzte Geschworenengerichte oder entsprechend ausgewählte Beisitzer in gemischten Gerichten ließen in den ersten Lebensjahren der Weimarer Republik, woran Jasper: Der Schutz der Republik... (s. o. Anm. 48), S. 108, 111, 180, zu Recht erinnert, so manchen antirepublikanischen Terroristen und Putschisten jeder ernsten Strafe entgehen. Das mag dazu beigetragen haben, dass von liberaler oder sozialistischer Seite kaum Widerspruch laut wurde, als die Geschworenengerichte 1923 durch Notverordnung abgeschafft wurden.

Art im 19. Jahrhundert getan hatten. Daher die bis zum Absterben des eigentlichen Schwurgerichts immer wieder fortgesetzten Bemühungen vieler europäischer Regierungen, möglichst viele politische Fälle (einschließlich der Verfahren wegen Beleidigung in Druckschriften) der Zuständigkeit der Geschworenengerichte zu entziehen.

Kann etwas Ähnliches in der heutigen Zeit als möglich oder gar wahrscheinlich gelten? Gibt es auch nur einen Anhaltspunkt dafür, dass ein höherer Anteil von Vertretern der Arbeiterklasse am Geschworenenkollegium im Dennis-Prozess ein anderes Urteil bewirkt hätte? Die Verteidiger, die im Anfangsstadium des Dennis-Prozesses mit großem Aufwand an statistischem Material und Beredsamkeit den unrepräsentativen Charakter der *blue-ribbon*-Auslesemethode nachwiesen,[127] müssen das mit einem Augurenlächeln getan haben. Sie wussten nur zu gut, dass das Massenbewusstsein heutzutage durch den erreichten materiellen Wohlstand bestimmt wird, dass es auf die geistige Kost eingestellt ist, die von den Medien der Massenkommunikation dargeboten wird, und diese Kost nur zu gern wiederkäut; sie mussten also auch wissen, dass eine sozial repräsentativere Zusammensetzung der Geschworenenbank der Sache der Angeklagten nicht wesentlich geholfen hätte.

Was bedeutet das für die Wirkung der Geschworenengerichte auf den Stil der Strafjustiz? Sieht man von der wichtigen Frage der Hautfarbe der Geschworenen in Fällen, in denen Rassenvorurteile eine Rolle spielen,[128] ab, so kann man kaum erwarten, dass auch die gerechteste Zusammensetzung eines amerikanischen Geschworenengerichts den Menschen zustattenkommen wird, die sich den Luxus leisten, von den vorherrschenden Meinungen mit Nachdruck abzuweichen. Darüber, ob die Beteiligung aller Bevölkerungsschichten an der Arbeit der Geschworenen die Chancen von Vertretern unpopulärer Meinungen nicht noch verschlechtern würde, kann man natürlich nur Vermutungen anstellen. Man kann aber jedenfalls nicht sagen, dass ein Geschworenengericht in

---

127 Siehe die Betrachtungen des Richters Learned Hand im Fall *United States v. Dennis*, United States Federal Reporter, Second Series, Volume 183 (1950), S. 201-237, insbesondere 216 (Appellationsgericht für den 2. Bundesgerichtsbezirk).
128 Die gerechte Vertretung der einzelnen Volksgruppen unter den Geschworenen kann in einer Gesellschaft, die sonst weitgehend Rassendiskriminierung gelten lässt, Probleme eigener Art hervorbringen. In neuerer Zeit zeigte sich das, als im Juli 1957 ein überwiegend aus Negern bestehendes Geschworenengericht in Washington den in unzählige Korruptionsaffären verwickelten Transportarbeiter-Boss Hoffa freisprach. Was der Anklagebehörde oft genug gelingt, wenn sie mit dem Schreckgespenst der kommunistischen Gefahr emotionale Reaktionen der Geschworenen auszulösen versucht, gelang hier Hoffas Verteidiger E. B. Williams: Er inszenierte im Gerichtssaal einen Verbrüderungsakt zwischen dem Negerboxer Joe Louis und dem Angeklagten und mobilisierte damit die Rassensolidarität der Geschworenen zugunsten seines Klienten.

Washington, dem zahlreiche Beamte angehören, der Angst vor dienstlichen Repressalien nachgeben und deswegen für einen der Regierung unsympathischen Angeklagten gefährlicher sein müsse als ein Geschworenenkollegium, in dem weniger öffentliche Bedienstete sitzen. So primitiv und mechanisch wirkt sich der soziale Druck in unserer Gesellschaft nicht aus.[129] Der Drang zu spontaner Konformität ergibt sich weniger aus der Angst vor konkreten negativen Berichten oder Vermerken bösartiger oder übereifriger Recherscheure oder Vorgesetzter als aus dem Druck des institutionellen Gesamtgefüges der Gesellschaft. Dass man mitunter auch konkrete Einzelrepressalien zu befürchten hat,[130] ist unbestreitbar; zu große Betonung dieser Gefahr lenkt indes die Aufmerksamkeit von einem viel gewichtigeren Punkt ab.

Wie der schottische Richter Cockburn im 19. Jahrhundert meinte, geben Geschworenengerichte jedem Gerichtsfall die Farbnuance, die ihrer eigenen Geisteshaltung entspricht.[131] Das mag sich gelegentlich unfair auswirken, bringt aber im Allgemeinen hilfreiche Korrekturen dort an, wo die Bevölkerung, der die Geschworenen entnommen werden, mit den Wesenszügen der vom Geschworenengericht erwarteten idealen Haltung begnadet ist: Klugheit, Unabhängigkeit und Aufrichtigkeit. Die Kritik der Bundesrichter am *blue-ribbon*-Ausleseverfahren und am Übergewicht der Beamten unter den Washingtoner Geschworenen stellt diese Gesichtspunkte, auf die sich jede vernünftige Verteidigung des gesellschaftlichen Nutzens des Geschworenengerichts stützen muss, durchaus nicht in Abrede; sie geht aber von der Annahme aus, dass ein Geschworenengericht, das einen getreuen Querschnitt der Bevölkerung darstellt, diesen Voraussetzungen am ehesten genügen müsse. Es ist denkbar, dass die Geschworenengerichte des 19. Jahrhunderts, die die gebildeten und besitzenden Schichten vertraten, solchen Anforderungen gerecht wurden; vielleicht gilt das auch für die *blue-ribbon*-Geschworenengerichte des 20. Jahrhunderts, die ähnlich zusammengesetzt sind. Aber auch unter so günstigen Voraussetzungen ist es möglich, dass die Fähigkeit des Geschworenen, zu einem rationalen Urteil zu gelangen, dem die Urteilskraft verbiegenden Druck nicht gewachsen ist, wenn der Geschworene zu Recht oder zu

---

129 Siehe die Begründung des Bundesrichters Robert H. Jackson zu seinem ablehnenden Votum im Fall *Frazier v. United States*, United States Reports, Volume 335 (1949), S. 497-520, insbesondere 514.
130 *Gold v. United States*, United States Federal Reporter, Second Series, Volume 237 (1957), S. 764-776 (Bundesgericht für den Columbia-Distrikt), und United States Reports, Volume 352 (1957), S. 985; vergl. die ausgiebige Erörterung des Problems im Fall *Dennis v. United Staates*, United States Reports, Volume 339 (1950), S. 162-185, insbesondere die Votumsbegründungen der Bundesrichter Black, S. 180, und Frankfurter, S. 181 f.
131 Cockburn: An Examination ... (siehe oben Anmerkung 20), Band 1, S. 65.

Unrecht den Eindruck gewinnt, dass die Stellung oder die Interessen seiner Gruppe vom Ausgang des Prozesses abhängen.
Natürlich trifft das auch für den Berufsrichter zu. In beiden Fällen lässt sich indes die Meinung vertreten, dass die Fähigkeit, ein komplexes Gewirr von Gefühlen, Handlungen und Zielerwartungen in seine Bestandteile zu zerlegen und rational zu sezieren, etwas Positives ist und erwarten lässt, dass, wer sie aufbringt, auch dem Ansturm der Impulse zu widerstehen vermag, die sein Blickfeld verengen oder verzerren.[132] Fraglich ist jedoch, in welchem Maß ein Staatsbürgerquerschnitt, der so zusammengestellt worden ist, dass er die durchschnittlichen geistigen und beruflichen Qualifikationen aller Bevölkerungsgruppen am getreuesten widerspiegelt, die verlangten geistigen Fähigkeiten aufweisen kann.[133] Vieles muss davon abhängen, ob sich unter den Geschworenen auch Menschen finden, die genug Gelegenheit hatten, die ihnen von ihrer Umgebung und den Massenmedien eingeprägten Meinungen und Vorstellungen mit grundsätzlich anderen Lebenssituationen, Erwartungen und Werturteilen zu vergleichen.

In vieler Hinsicht gleicht das heutige Geschworenengericht einem Echo, das von den aufgenommenen Tönen die kräftigsten widerhallen lässt. Bisweilen sind die Empfangsbedingungen ungünstig, so dass die Töne verzerrt oder grotesk verstärkt wiedergegeben werden. Ist die Umgebung sorgfältig ausgesucht, so kann mit einem relativ sauberen Widerhall gerechnet werden. Nur reproduziert er nicht die schwächer wahrnehmbaren Töne. Wollte die Gesellschaft auch diese Töne adäquat wiedergeben, so müsste sie bewusstere, besser durchdachte und weniger zufällige Anstrengungen unternehmen, ihr menschliches Rohmaterial zu gestalten. Den größten Schwierigkeiten ist die Gesellschaft bei der Auswahl geeigneter Personen – auch geeigneter Richter – bis jetzt dort begegnet, wo es sich darum handelte, Situationen zu bewältigen, die sich nicht oft genug wiederholen, um vereinfachte, widerhallähnliche Lösungen zu ermöglichen.

132 Jackson: The Machinery ... (s. o. Anm. 22), S. 250 f., gibt eine lehrreiche Darstellung der Haltung englischer Geschworenengerichte in politischen Strafsachen; er geht von der Annahme aus, dass die Reaktionen der Geschworenen in der Hauptsache durch realistische Einschätzung lokaler Sonderinteressen in wechselnden Situationen bedingt seien. Solcher Scharfblick setzt offensichtlich ein entwickeltes Urteilsvermögen voraus.

133 Rita M. James: »Status and Competence of Jurors«, in: The American Journal of Sociology, Jahrgang LXIV, S. 563-570 (Heft 6, Mai 1959), hebt in einem Teilbericht über eine Untersuchung aus Chicago durch den Bildungsgrad bedingte Unterschiede im Geschworenenverhalten hervor. Betont wird namentlich die unterschiedliche Fähigkeit, der Rechtsbelehrung des Berufsrichters zu folgen. Schlussfolgerungen von größerer Tragweite lassen sich allerdings aus dem zugrunde gelegten Einbruchsprozess, bei dem für den Angeklagten verminderte Zurechnungsfähigkeit geltend gemacht wurde, kaum ziehen.

Kapitel VI

Angeklagter, Verteidiger und Gericht

»Jede dumpfe Umkehr der Welt hat solche Enterbte,
denen das Frühere nicht und noch nicht das Nächste gehört.«
Rainer Maria Rilke, *Duineser Elegien*, VII.

Wie stellt sich dem Angeklagten, der eine überpersönliche Sache vertritt, sein Verhältnis zum Gericht dar? Wo beginnt der grundlegende Unterschied zwischen einer normalen Verteidigung und der anderen, der Verteidigung auf höherer Ebene, die auf andere Werte blickt als auf eine dem Angeklagten günstige Entscheidung des Gerichts? In der Haltung der Angeklagten in zwei Prozessen, die zu den folgenschwersten in der Geschichte der Menschheit gehören, liegt der Schlüssel zur Beantwortung dieser Fragen.

1. Die Gewissheit der Stifter

Unter den vielen Vorwürfen, die das Verfahren des Synedrions gegen Jesus auf sich gezogen hat, wiegt die Behauptung am schwersten, dass die meisten Gerichtsmitglieder von Anfang an nach Mitteln gesucht hätten, Jesus wegen eines Kapitalverbrechens zu verurteilen. Nicht zur Widerlegung, sondern zur Klarstellung muss festgehalten werden, dass Jesus selbst dem Gericht, was immer dessen Vorsatz gewesen sei, das Stichwort gab. Auf die Frage des Hohenpriesters, ob er Christus, der Sohn des Herrn sei, sagte er (Markus 14, 62): »Ich bin's; und ihr werdet sehen des Menschen Sohn sitzen zur rechten Hand der Kraft und kommen mit des Himmels Wolken.«

Im Lichte dieser Aussage konnten die Mitglieder des Synedrions aus Jesus' Äußerungen eine wenigstens implizierte Inanspruchnahme der Messias-Eigenschaft heraushören; dagegen kehrte sich ein aus der Stammestradition fließendes abgründiges Misstrauen nicht minder als der engherzige Berufsegoismus der Hüter und Interpreten der herkömmlichen Glaubenslehre. Darüber, wie das Synedrion solche Äußerungen ausgelegt haben kann, um in ihnen einen Verstoß gegen das Gesetz zu finden, sind endlose Vermutungen angestellt worden. Große Bedeutung kommt ihnen nicht zu, denn die Berichte der Evangelisten sind zu fragmentarisch, als dass sie über die wirkliche Natur des Verfahrens Aufschluss geben könnten; ihnen lässt sich nicht einmal entnehmen, welcher Zusammenhang zwischen der prozessualen Rolle des Synedrions und den Machtbefugnissen der römischen Verwaltung bestand. Von überragendem Interesse sind aber diese Berichte insofern, als sie erkennen lassen, wie sich ihren Verfassern die Rolle Jesus' darstellte.[1]

Das zentrale Problem ist, was Ernest Renan die »große Doppelsinnigkeit« genannt hat: die Tatsache, dass die Antworten so gefasst waren, dass sie nicht nur das Synedrion nicht befriedigen, sondern auch Pontius Pilatus, dem »lokalen Befehlshaber der Militärregierung einer fremden Besatzungsmacht«,[2] nicht die Gewissheit verschaffen konnten, die auch dem rückgratlosesten Bürokraten genug Rückgrat gegeben hätte, dem Druck der Eingeborenen zu widerstehen und nötigenfalls seinen Vorgesetzten gegenüber den Entschluss zu vertreten, lieber lokale Unruhen als einen Justizmord in Kauf genommen zu haben.

In der theologischen Ebene bedarf allerdings die Frage keiner Antwort: Hier sind alle Handlungen und Regungen der Beteiligten vorherbestimmt, notwendige Etappen der Passions- und Heilsgeschichte. Aber auch aus der Rolle, die Jesus in seiner Ära spielte, lässt sich seine Haltung gegenüber den in Ursprung und Charakter grundverschiedenen Autoritätsträgern erklären. Er durfte keine Missverständnisse über das Wesen seiner Sendung aufkommen lassen. Ihm wurde eine gefährliche Äußerung vorgehalten, die er getan haben sollte (Matthäus 26, 61-62): »Zuletzt traten herzu zwei falsche Zeugen und sprachen: Er hat gesagt: Ich kann den Tempel Gottes abbrechen und in drei Tagen ihn bauen.« Nahm man das wörtlich, so hörte es sich – auch in der wesentlich abgewandelten nicht bestrittenen Form (Matthäus 24, 2) – nach offener Rebellion gegen die bestehenden Gewalten an. Hier ließ sich einer eindeutigen Antwort ausweichen: da sich die Aussagen widersprachen (Markus 14, 59), konnte Jesus die Beschuldigung des gewaltsamen

---

[1] Über Parallelen zwischen hellenischen und römischen »Erlöser«berichten und der in den Evangelien erzählten Lebensgeschichte Jesus' siehe Arnold J. Toynbee: A Study of History, Band VI, London, 1939, S. 378-539. Trotz mancher Ähnlichkeit in äußeren Vorgängen bleibt Toynbees Sokrates-Analogie (S. 486-495) im Entscheidenden zweifelhaft: Von Jesus, der als Führer eines »inneren Proletariats« erscheint, und von Sokrates, dem von Söhnen der Oberschicht geehrten intellektuellen Kritiker, gehen Gewissheiten verschiedener Art aus. Der Prophet, der in sich ruht, weil er um die letzte Wahrheit weiß, und der Schutzpatron des forschenden, suchenden, zweifelnden Intellekts berühren sich nur in der zwingenden inneren Folgerichtigkeit ihrer Axiomatik.

[2] Karl Barth: Dogmatik im Grundriß im Anschluß an das apostolische Glaubensbekenntnis, München, 1949, S. 127.

Umsturzes unter Berufung auf den Gesamtinhalt seiner öffentlich vorgetragenen Lehren zurückweisen (Johannes 18, 20-21): »Ich habe frei öffentlich geredet vor der Welt; ich habe allezeit gelehrt in der Schule und in dem Tempel, da alle Juden zusammengekommen, und habe nichts im Verborgenen geredet. Was fragst du mich darum? Frage die darum, die gehört haben, was ich zu ihnen geredet; siehe, diese wissen, was ich gesagt habe.«

Direkt zur Erklärung seiner Sendung aufgerufen, konnte Jesus jedoch Zweifel und Verdächtigungen nicht unwidersprochen lassen. Auch in Hörweite einer offensichtlich feindlichen, gefährlichen Menschenansammlung musste er bekennen (Lukas 22, 67-70; ähnlich Matthäus 26, 64): »Und sprachen: Bist du Christus? Sage es uns. Er aber sprach zu ihnen: Sage ich's euch, so glaubt ihr's nicht. Frage ich aber, so antwortet ihr nicht und lasst mich doch nicht los. Darum von nun an wird des Menschen Sohn sitzen zur rechten Hand der Kraft Gottes. Da sprachen sie alle: Bist du denn Gottes Sohn? Er sprach zu ihnen: Ihr sagt es, denn ich bin's.« Die Antwort ging darauf aus, der Beschuldigung der Gegner, die seiner Sendung einen feindseligen und aggressiven Gehalt unterschoben, seine viel komplexere Deutung entgegenzusetzen. Freilich war sie nicht dazu angetan, die Erregung der empörten Hüter der herkömmlichen Glaubenslehre zu beschwichtigen. Eine Prophetie, die ihre Inhalte dem von den Angeredeten Gesagten oder Gedachten entlockt, festigt die Hingabe derer, die an sie glauben, und bringt schäumende Wut bei denen hervor, die einen perfiden Angriff auf ihre Autoritäten darin sehen, dass an Kräfte appelliert wird, die sie nicht zu beherrschen vermögen.

Da sich die Prophetie darauf stützt, dass die bestehenden Zustände akute Unzufriedenheit auslösen, kann sie von Böswilligen leicht als getarntes Kampfsignal ausgelegt werden, auch wenn dem Propheten nichts ferner liegt als der Aufruf zu gewaltsamen Auflehnungsaktionen. Angesichts der feindlichen Menge und der eisig ablehnenden Haltung der Glaubensautoritäten, die aus Jesus' Erklärung nur das heraushörten, was die Anklage bestätigte (Lukas 22, 71), hatte eine ausführlichere Darlegung seiner Mission und dessen, was er getan hatte, keinen Sinn; vorerst mussten der Hinweis auf die Beweismittel und die Umrisse des moralischen Appells genügen. Eine umfassende Verkündung dieses Appells musste zurückgestellt werden, bis sich die günstigere, die entscheidende Gelegenheit bot: die Vernehmung durch Pilatus.

Wäre Jesus bei der Nichtaussage geblieben oder hätte er den Bericht des Synedrions über seine erste Aussage ebenso apodiktisch und einsilbig bestätigt, so wäre es schwer vorstellbar gewesen, dass Pilatus immer wieder zu den Anklägern zurückgegangen wäre, um ihnen zu sagen, dass er am Angeklagten keine Schuld finde (Lukas 23, 4-22; Markus 15, 14; Johannes 18, 38). Es ist auch nicht gerade wahrscheinlich, dass Pilatus die vom Synedrion vorgebrachte Anklage nur deswegen nicht habe gelten lassen, weil sich seine Frau gegen eine Verurteilung ausgesprochen hatte (Matthäus 27, 19); alles spricht dafür, dass er überzeugend gefunden haben muss, was ihm Jesus von Angesicht zu Angesicht über den Sinn seiner Sendung sagte (Johannes 18, 36): »Mein Reich ist nicht von dieser Welt. Wäre mein Reich von dieser Welt, meine Diener würden kämpfen, dass ich den Juden nicht überantwortet würde; aber nun ist mein Reich nicht von dannen.«

Beim Gouverneur der Besatzungsmacht, dessen Erfahrung, Horizont und Interessen ganz andere waren als die der ihm unterstellten einheimischen Behörden, hatte Jesus eine gewisse Aussicht, seine Auffassung zur Geltung zu bringen, sein Reich als das Reich der Wahrheit zu proklamieren, das, wenn auch allumfassend, mit den Machtansprüchen Roms nicht (wenigstens noch nicht) kollidierte. Jesus konnte nicht mehr tun, als Auskunft über das Wesen seines Reiches geben und seine umstrittenen Ansprüche authentisch interpretieren. Er konnte aber damit rechnen, dass Pilatus keine Neigung haben werde, sich dafür zu interessieren, ob das, was die kleine Schar der Anhänger Jesus' getan und was Jesus selbst erklärt hatte, mit der traditionellen jüdischen Vorstellung von der Rolle des Messias eher übereinstimmte, als was das Synedrion in seinen Anklagen vorbrachte, obschon sich die Ankläger Mühe gegeben hatten (Lukas 23, 2), die Jesus zur Last gelegten Äußerungen als Anstiftung zum Aufstand gegen die römische Herrschaft zu präsentieren. Und als dann die Ankläger erneut auf ihren Beschuldigungen bestanden und von Pilatus die Verurteilung verlangten, verzichtete Jesus auf jede Antwort, und auch Pilatus konnte ihm keine zusätzlichen Erklärungen abringen (Markus 15, 3-5). Was über seine Sendung zu sagen war, hatte er Pilatus ungestört und unbelauscht im Gouverneurspalast auseinandergesetzt. Mit Ergänzungen und Erläuterungen hätte er nur das stets prekäre Gleichgewicht zwischen der Verkündung eines transzendentalen Appells und der Zurückweisung von Missdeutungen und Beschuldigungen ins Wanken bringen können.[3]

---

3 Die verschiedenen Deutungsversuche hat neuerdings Josef Blinzler: Der Prozeß Jesu. Das jüdische und das römische Gerichtsverfahren gegen Jesus Christus, auf Grund der ältesten Zeugnisse, 2., erweiterte Auflage, Regensburg, 1955, zusammengestellt und beleuchtet. Am einen Ende der Skala erscheint Pilatus als willenloses Werkzeug der Juden, am anderen die römische Besatzungsmacht als allein verantwortlich. Solche Versionen heben sich gegenseitig auf.

Die Geschichte des Verfahrens gegen Sokrates ist uns nicht bloß bruchstückhaft zugänglich. Ein hervorragender Augenzeuge, Platon, hat sie im Detail niedergelegt; eine zuverlässige Zweitquelle, Xenophon, erhärtet den Originalbericht. Freilich ist hier – wie auch im Bericht der Evangelisten – vornehmlich der Standpunkt der Verteidigung wiedergegeben. Dennoch erfahren wir über den Prozess von Athen mehr als über den von Jerusalem: Nicht nur ist die Berichterstattung besser; die Verteidigung ist durchsichtiger, weil die Gestalt des Angeklagten dem Alltag nicht entrückt ist. Sokrates, diese »unvergleichliche Originalfigur«, in der »die freie Persönlichkeit aufs sublimste charakterisiert ist«,[4] war kein Künder einer ewigen Wahrheit. Ihm ging es um Denken und Urteilen. Ihn beschäftigten die Antinomien des trügerischen Meinens, die Zirkelschlüsse der Vorurteile, das Vernunftwidrige des Glaubens. Vor allem lag ihm daran, sein System unsystematischen freien Forschens zu entwickeln und darzustellen. Das Dämonische in Sokrates, das sein Ankläger Meletos anprangerte,[5] war, wie Pareto sagt, »ein Vetter der Vernunft und ein Bruder des von liberalen Protestanten sogenannten Gewissens«.[6]

Der logisch wohlgefügte erste Teil seiner Verteidigung reiht schlüssige Gedankenketten aneinander; hier wird in die schwächste Position der Anklage, den in sich widerspruchsvollen Vorwurf der Gottlosigkeit, eine Bresche nach der anderen geschlagen; über die unausgesprochenen Konsequenzen der Beschuldigung, neue religiöse Bräuche eingeführt zu haben, setzt sich Sokrates mit Geschick hinweg. Dann aber setzt Sokrates den Richtern auseinander, worin er selbst die Bedeutung seines Wirkens und seiner Persönlichkeit sieht, und da zeigt sich deutlich, dass seine Methode des freien Forschens der Dialektik der Bestätigung unterliegt. Da er die letzte Gewissheit nicht zu bieten vermag, muss er zum Ausgleich der Einzigartigkeit seiner Persönlichkeit eine übergroße Bedeutung beimessen.

Bei näherem Zusehen erweist sich, dass diese hohe Selbsteinschätzung ebenso wie die Aggressivität der Kritik, mit der sich Sokrates mehr Feinde als Freunde erworben hatte, notwendig zur Kompromisslosigkeit gehörten, ohne die Sokrates sein frei gewähltes Lebensziel nicht hätte

---

4 Jacob Burckhardt: Griechische Kulturgeschichte (hg. von Jacob Oeri), Band III, 4. Auflage, Stuttgart, ohne Jahr {Vorwort 1900}, S. 384.
5 Platon: »Euthyphron« (übersetzt von Friedrich Schleiermacher), in: Sämtliche Werke (Ausgabe Lambert Schneider), Band I, Berlin, ohne Jahr, S. 380.
6 Vilfredo Pareto: Traité de Sociologie Générale, Band 2, Paris/Lausanne, 1917, § 2348.
Über den Wandel im Begriff der Überzeugung – von der objektiven, von Gott eingegebenen Gewissheit bis zu den verschiedenen seit Kant entwickelten Varianten subjektiver Annahme – siehe Ernst Rudolf Huber: Deutsche Verfassungsgeschichte seit 1789, Band I, Stuttgart, ohne Jahr {Copyright 1957}, S. 711-717.

erreichen können: »Aufsuchung der Weisheit«, »Prüfung meiner selbst und anderer«. Den Bürgern, die über ihn zu Gericht sitzen, sagt Sokrates herausfordernd: »Solange ich noch atme und es vermag, werde ich nicht aufhören, nach Weisheit zu suchen und euch zu ermahnen und zurechtzuweisen.« Er erinnert sie höhnisch daran, dass er nie ein Amt im Staat bekleidet, dafür aber in den öffentlichen Funktionen, die ihm zugefallen seien, sich in Lebensgefahr begeben habe, um Unrecht zu verhindern oder seinen Protest gegen Unrecht kundzutun.[7] Mit dem Hinweis auf seine Kriegsverdienste will er nicht an die Gefühle der Richter appellieren, sondern ihnen sagen, dass die Furcht vor dem Tode ihn nicht davon abbringen könne, der Pflicht nachzugehen, die er für die höchste erachte: die Weisheit zu suchen und andere an seinen Erkenntnissen teilhaben zu lassen.

Sokrates' Lebensweg und sein Verhalten vor Gericht waren eine Einheit. Er drängte sich nicht danach, Märtyrer zu sein, bestimmt nicht vor seiner Verurteilung, wahrscheinlich auch nicht danach. Als aber, wie Burckhardt es sieht, die Geschichte auf ihn zukam, blieb er, ohne sich überwinden zu müssen, bei dem Verhalten, das seinem Bild des Weisheit suchenden entsprach. Der Prozess stellte ihn vor drei Probleme. Davon verlangten zwei eine taktische Entscheidung: Einmal ging es darum, die Verteidigung so aufzubauen, dass sich die Behauptungen der Gegner am besten widerlegen ließen; zum andern musste der Anspruch auf Fortführung der freien Suche nach Weisheit kompromisslos aufrechterhalten werden. Das dritte Problem, das aus dem Todesurteil erwuchs, war die Charakterprobe: Sollte Sokrates fliehen oder dem Grundsatz der Befolgung der Gesetze, den er stets vertreten hatte, treu bleiben und damit dem Staat den schwersten und größten Dienst erweisen, der sich erweisen ließ? Freunde hatten die Flucht vorbereitet, aber Sokrates weigerte sich, an den Fundamenten des staatlichen Lebens zu rütteln. Das Urteil, das gegen ihn ergangen war, war ungerecht, aber formal unanfechtbar. Entfliehen hieß, »schmählich Unrecht und Böses mit gleichem vergelten«. Sokrates ging in den Tod, um nicht »ein Verderber der Gesetze« zu werden.[8]

Jacob Burckhardt spricht einmal davon, dass die Großen der Kirche gegenüber weltlichen Größen im Vorteil seien, weil sie »im Leiden groß scheinen« könnten und »in der Niederlage nicht *eo ipso* unrecht... behalten« müssten. »Aber«, fügt er hinzu, »sie müssen von diesem Vorteil Gebrauch machen; denn wenn sie in eine Gefahr kommen und sich ohne

---

7 Platon: »Des Sokrates Verteidigung« (übersetzt von Friedrich Schleiermacher), Sämtliche Werke (Ausgabe Lambert Schneider), Band I, Berlin, ohne Jahr, S. 20 ff., 25.
8 Platon: »Kriton«, a.a.O., S. 49 ff., insbesondere 54.

Martyrium herausziehen wollen, machen sie einen schlechten Effekt«.[9] Was Burckhardt vorschwebt, ist die Chance der »Hierarchen«, das von einem bestehenden religiösen System aufgespeicherte Kapital an Tugenden und Verdiensten zu vermehren, eine Chance, die aber nur mit großem Aufwand an bewusster Mühe und Anstrengung wahrgenommen werden kann. Im Gegensatz dazu tritt in den Prozessen gegen Jesus und Sokrates die offensichtlich mühelose Folgerichtigkeit hervor, mit der sich ihr Auftreten vor Gericht in das Gesamtbild einfügt, das die Überlieferung vom Sinn und Wesen ihrer geschichtlichen Gestalten übermittelt hat. Die Sicherheit, die es Jesus und Sokrates erlaubte, dem Gericht gegenüberzutreten und es als Tribüne zu benutzen, um ihre Lehren darzulegen, war innere Gewissheit. Bei Jesus beruhte sie auf dem Bewusstsein der objektiven Teilhabe an Gott, bei Sokrates auf der subjektiven, mit für ihn ausreichenden objektiven Gründen untermauerten Beurteilung des großen gesellschaftlichen Nutzens seiner Methode des Forschens und Erkennens.

Bei aller Verschiedenheit des Ausgangspunktes – hier religiöses Erlebnis, dort unaufhörliches Suchen nach breiteren Grundlagen der erkennenden Vernunft – und bei allen dadurch begründeten Unterschieden in der Art der Beweisführung bekunden beide dieselbe Gewissheit in der Verkündung und Verteidigung ihrer Grundpositionen. Der Gefolgschaft und der Nachwelt hat diese Gewissheit einen unauslöschlichen Stempel aufgeprägt.

2. Muss man sich für die Organisation opfern?

Was bei der hervorstechenden Persönlichkeit, dem geschichtlichen Individuum, selbstverständlich ist und keiner weiteren Erörterung bedarf, wird in den meisten politischen Prozessen zum Streitobjekt zwischen Angeklagtem und Richtern; in diesem Streit muss man sich bewähren und durchsetzen. Die Gewissheit des durchschnittlichen politischen Angeklagten leitet sich von seiner Bindung an eine weltanschauliche Lehre und an ein Kollektivgebilde, eine Gruppe her. Die Lehre, die überpersönlich ist, muss sich das Individuum in einem Lern- und Nachbildungsprozess aneignen. Art und Intensität der Beziehungen innerhalb des Loyalitätsverbandes – sei es einer neugeschaffenen Gruppe, an deren Gründung man teilnimmt, sei es einer bestehenden, der man sich

---

9 Jacob Burckhardt: Weltgeschichtliche Betrachtungen, Kröners Taschenausgabe, Band 55, 7. Auflage, Fünftes Kapitel: »Das Individuum und das Allgemeine. (Die historische Größe)«, Stuttgart, 1949, S. 241.

anschließt – bestimmen die Widerstandsfähigkeit der Gruppenbindungen gegenüber Angriffen von außen. Aus der Perspektive des Angeklagten gesehen, kann daher ein politischer Prozess in erster Linie dazu bestimmt sein, seine Bindungen an Weltanschauung und Gruppe anzunagen und zu zerreißen.

Die relative Bedeutung der weltanschaulichen Lehre und des organisatorischen Gebildes kann von Fall zu Fall verschieden sein. In einem von Intensität und Leidenschaft getragenen Loyalitätsverband – häufig sehen revolutionäre nationalistische Gruppen so aus – ist der Anteil einer artikulierten Lehrmeinung meistens nicht hoch. Die Ziele des Zusammenschlusses ergeben sich fast automatisch aus einem offensichtlichen Sachverhalt: der Unterdrückung durch national oder ethnisch fremde Herrscher. Zum mindesten seit Mitte des 19. Jahrhunderts erscheinen erschwerte Verfolgungen fast als notwendige Vorstufe zum Sieg der Revolutionäre. Beweggründe, Handlungsweise und Treuekodex der revolutionären Nationalisten stehen mithin fast von vornherein fest. Ein typisches Beispiel aus neuerer Zeit ist der Fall der arabischen Mitglieder des Front de Liberation Nationale (FLN), die ein Attentat auf Jacques Soustelle unternommen hatten, weil er in ihren Augen die französische Unterdrückungspolitik in Nordafrika symbolisierte. Nicht nur die am Attentat unmittelbar beteiligten FLN-Mitglieder, sondern auch solche, die mit ihm nur peripher zu tun hatten, nahmen freudig alle Verantwortung auf sich. Natürlich war ihnen von vornherein klar, dass sich kein französisches Militärgericht darauf einlassen werde, ihnen die Eigenschaft von Kriegführenden zuzubilligen und sie als Kriegsgefangene zu behandeln; natürlich wussten sie, dass ihnen Verurteilung wegen Mordversuchs sicher war. Aber weder dies Wissen noch die Brutalität der Polizei noch auch die unverkennbare explosive Feindseligkeit des Publikums im Gerichtssaal hielt sie davon ab, sich vorbehaltlos zu ihrer Organisation zu bekennen, die ringsherum nur auf Hass und Verachtung stieß. »Als Soldat der Armee der nationalen Befreiung«, sagte der Angeklagte Mouloud Ouraghi, »habe ich meinen Offizieren aus freien Stücken gehorcht. Es war der Befehl ergangen, einen Kriegsverbrecher zu liquidieren, der für den Tod von Tausenden meiner Landsleute verantwortlich war. Ich bedaure nichts. Ich hätte mich glücklich geschätzt, wenn mir die Sache gelungen wäre.«[10]

---

10 Le Monde, Jahrgang 16, Nr. 4367, 6. Februar 1959, S. 5, Sp. 1 f. Über die Art der Solidaritätsbekundung der Angeklagten im FLN-Prozess in Rennes (27. Februar - 13. März 1961) siehe Marcel Péju: »Un procès paradoxal«, in: Les Temps Modernes, Jahrgang 16, S. 1437-1444 (Nr. 185, April 1961).

Gemessen an der inneren Sicherheit des revolutionären Nationalismus, der es angesichts der Einfachheit und Klarheit seiner Ziele im Wesentlichen nur bei taktischen Fragen mit inneren Zerwürfnissen und problematischen (gelegentlich allerdings auch schmerzlichen) Entscheidungen zu tun hat, sind die inneren Schwierigkeiten einer revolutionären Gruppe, die sich eine radikale Änderung des gesellschaftlichen Gefüges vorgenommen hat, viel größer und tragischer. Hinter scheinbar nur taktischen Differenzen verbergen sich gewöhnlich Konflikte grundsätzlicher Natur. Solange die Gruppe klein ist und sich mit der Durchführung konkreter Aktionen beschäftigt, über die man sich einig ist, werden ihre Mitglieder durch das unmittelbare Erlebnis gemeinsamer Gefahr eng zusammengeschweißt. Dafür gibt es viele Beispiele aus dem Heldenepos der russischen revolutionären Terroristen der siebziger und achtziger Jahre oder ihrer Nachfolger, der Sozialrevolutionäre, zu Beginn des 20. Jahrhunderts.

Als Mitglied des Vollzugsausschusses der Organisation, der 1881 die Ermordung Alexanders II. gelungen war, drei Jahre später vor ein Petersburger Militärgericht gestellt, erklärte Vera Figner:»Stets habe ich von der Persönlichkeit, sowohl von anderen als – selbstredend – auch von mir selbst, Konsequenz und Übereinstimmung von Wort und Tat verlangt, und mir schien: wenn ich theoretisch zu der Erkenntnis gekommen war, dass man nur durch Gewaltanwendung etwas erreichen könne, so wäre ich damit auch verpflichtet, unmittelbar an den Gewaltmaßnahmen teilzunehmen, die von der Organisation, der ich mich angeschlossen hatte, unternommen werden würden... Ich hätte nicht mit ruhigem Gewissen andere zur Beteiligung an Gewaltmaßnahmen hinzuziehen können, wenn ich selbst daran nicht beteiligt gewesen wäre.«[11] Der enge persönliche Zusammenhalt, das Gefühl der Verantwortung für die Mitkämpfer und die Einsicht in die Unumgänglichkeit der gewählten Kampfmethoden führen in solchen Situationen dazu, dass sich Revolutionäre zu bestimmten Handlungen moralisch verpflichtet fühlen, zu denen sie sich vor Gericht weniger als Angeklagte denn als Ankläger bekennen.

In der anders gelagerten Situation, in der das politische Programm einer umfassenden, aber unklaren Zukunftsperspektive der gesellschaftlichen Entwicklung gilt, ist es viel wahrscheinlicher, dass Unterschiede in der Interpretation und in der Gefühlsintensität auch theoretische Gegensätze unter den Mitgliedern entstehen lassen. Unter solchen Umständen

---

11 Vera Figner: Nacht über Rußland. Lebenserinnerungen, Berlin, ohne Jahr {Copyright 1928}, S. 136.

kann ein Angehöriger der Gruppe gleichzeitig in einen Konflikt mit der Staatsgewalt und der eigenen Gruppe geraten. Als Friedrich Adler (1879 - 1959) am 21. Oktober 1916 den österreichischen Ministerpräsidenten Karl Graf von Stürgkh erschoss, protestierte er nicht nur gegen die Kriegspolitik der Regierung, sondern auch gegen den politischen Kurs seiner eigenen Parteileitung. Die Führung der österreichischen Sozialdemokratie war nach seiner Meinung verhängnisvoll regierungsfromm und viel zu unentschlossen und kampfunlustig in der Vertretung der Arbeiterinteressen und im Ringen um den Frieden geworden. Da die Sozialdemokratie individuellen Terror immer verworfen hatte, musste Adler für seinen Terrorakt eine überzeugende Begründung finden. Darin, dass er sich selbst opferte, sah er ein Mittel, seine Parteifreunde aus ihrer Lethargie aufzurütteln; er wollte sie dazu bringen, sich ihrer Verpflichtung zur Kollektivaktion wieder bewusst zu werden und dieser Verpflichtung besser nachzukommen.[12] Deswegen kam es ihm bei seiner Verteidigung wesentlich darauf an, von vornherein zu verhindern, dass von der Regierung (und vielleicht auch von der Verteidigung) Versuche unternommen würden, die Frage seiner vollen Zurechnungsfähigkeit bei der Begehung der Tat aufzuwerfen. Von seinem Standpunkt war seine Schuld nicht größer als die des Offiziers im Krieg, der seinen Soldaten den Befehl zum Schießen gibt. Auch er glaubte unter unabweisbarem Zwang gehandelt zu haben – eben wie eine Militärperson, die als Glied einer Kommandokette einen Befehl weitergibt, ohne sich frei entscheiden zu dürfen.

Die gerichtliche Erledigung eines Falles, der mit revolutionärer Tätigkeit zusammenhängt, braucht die Zukunft der revolutionären Bewegung nicht entscheidend zu berühren. Der Prozess kann ein bloßes Geplänkel in einem lang währenden Kampf sein – oder müßiges Waffengeklirr, nachdem die Entscheidung bereits gefallen ist. Er kann aber auch eine der seltenen Gelegenheiten sein, bei denen der oft diffuse Konflikt zwischen den bestehenden Gewalten und ihren Feinden schärfere Umrisse bekommt. Beide Seiten werden ihr Beweismaterial und ihre Argumente so wählen, dass sie sich in der Öffentlichkeit ausschlachten lassen, und darauf ausgehen, sich dem Publikum in möglichst vorteilhaftem Licht zu zeigen. Es kann sich auf beiden Seiten um ein völlig verschiedenes Publikum handeln. In einem südafrikanischen Hochverratsprozess werden sich zum Beispiel Angeklagte und Regierung nicht an dieselben Kreise wenden; freilich wird die Verteidigung die Hoffnung nie aufgeben, mit den traditionellen Symbolen so

---

12 Friedrich Adler vor dem Ausnahmegericht. Die Verhandlungen vor dem §-14-Gericht am 18. und 19. Mai 1917 nach dem stenographischen Protokoll, Berlin, 1919, S. 97 f.

hantieren zu können, dass sie auf ein größeres Auditorium Eindruck machen kann. Seit geraumer Zeit bemühen sich kommunistische Parteien, fast wissenschaftliche Methoden zu entwickeln, um Prozesse mit sowohl kommunistischen als auch nichtkommunistischen Angeklagten zu politischen Zwecken ausnutzen zu können; mehr als einmal haben sie versucht, sich passender Prozesse zu bemächtigen, ohne sich um die Wünsche der Verteidigung zu kümmern.[13]

Wo das Kollektivgebilde, zu dem sich der Angeklagte bekennt, von seinen Mitgliedern absoluten Gehorsam verlangt, muss auch die Verteidigung weniger auf Reaktionen der Öffentlichkeit als auf die organisatorischen Interessen dieses Gebildes bedacht sein. Sie muss danach trachten, die Selbstverleugnung, Opferbereitschaft und volle Identifizierung der Angeklagten mit der Sache, der sie sich verschrieben haben, so wirksam herauszustellen, dass der Prozess, wie immer er ausgehen möge, bei der Gefolgschaft die Bindung an die Organisation erst recht festigt. Das Verhalten des Angeklagten wird in erster Linie danach beurteilt, ob es genug zu diesem Ergebnis beiträgt. Das Vorgehen der Verteidigung richtet sich dann nicht nach den Interessen der angeklagten Personen, sondern danach, was die Organisationsführung gerade für das wichtigste Anliegen hält.[14] Mitunter ist es für die Organisation wichtig, die Vorstellungen, die sich die Öffentlichkeit von ihr und ihren Rivalen und Gegnern macht, in wichtigen Punkten zu ändern. Dazu kann eine auf dramatische Höhepunkte zielende Regie im Prozessgefecht dienen. Der Angeklagte kann veranlasst werden, dem Gericht eine offene Herausforderung ins Gesicht zu schleudern, seine Zuständigkeit zu bestreiten oder den Richter als voreingenommen und parteiisch zu entlarven.

Am eindrucksvollsten lässt sich das dort machen, wo die Verfahrensvorschriften dem Angeklagten die Möglichkeit geben, wenn nicht während seiner Vernehmung, so doch in seinem letzten Wort eine zusammenhängende Erklärung abzugeben. Das ist die Regel auf dem europä-

---

13 Johannes Zelt: Proletarischer Internationalismus im Kampf um Sacco und Vanzetti. Unter besonderer Berücksichtigung der Solidaritätskampagne in Deutschland und der Tätigkeit der Internationalen Roten Hilfe, {Ost-}Berlin, 1958, macht aus der Geschichte der kommunistischen Taktik im Fall der beiden Anarchisten eine Art Gebrauchsanweisung dafür, wie man relativ geringfügige Vorkommnisse (S. 304 ff.) in große politische Kampagnen ummünzen könne; das Buch ist eine Publikation des Instituts für Gesellschaftswissenschaften beim ZK der SED.
14 Felix Halle: Wie verteidigt sich der Proletarier in politischen Strafsachen bei Polizei, Staatsanwaltschaft und Gericht, Berlin, 1929. Berichte über bekannte kommunistische Angeklagte, die sich vor Gericht wunschgemäß verhielten, stellt Marcel Willard: La Défense accuse, 3. Auflage, Paris, 1955, zusammen. In der neuesten Auflage des Buches fehlen allerdings einige der früher gepriesenen Helden, nicht etwa wegen verspätet entdeckter Fehltritte vor Gericht, sondern weil sie nicht mehr die Parteilinie einhalten.

ischen Kontinent. Dagegen spielt der Angeklagte im englisch-amerikanischen Verfahren gewöhnlich die Rolle eines »freiwilligen« Zeugen, der nur bestimmte Fragen beantwortet. Da bedarf es einer subtileren Prozedur, deren Rahmen sich ausweiten lässt, wenn der Angeklagte als sein eigener Rechtsbeistand auftritt. Mit solchen und ähnlichen Mitteln kann die Organisation, zu der die Angeklagten stehen, Kampfgeist, Idealismus und Selbstlosigkeit vor aller Welt demonstrieren und die Schlechtigkeit eines Regimes zeigen, das eine bestimmte Gruppe nur verfolgt, weil sie sich zu verpönten Meinungen bekennt und sie auch zu verbreiten sucht. Das erreichten die amerikanischen Kommunisten – allerdings nicht ohne Mitwirkung des Richters – im mehrfach erwähnten New Yorker Dennis-Prozess von 1949 (Verstöße gegen das Smith-Gesetz).

Erst allmählich entdeckten sie, dass der Appell an liberale Werte keinen allzu großen Widerhall findet, wenn er von einer Gruppe ausgeht, die den Menschen seit eh und je beibringt, dass freiheitliche Grundsätze nicht ernst genommen zu werden brauchen. Bald wurde der New Yorker Prozess zu einem Wettkampf: Während die Kommunisten die Öffentlichkeit – mit abnehmenden Erfolgschancen – gegen die Anklagebehörde aufzubringen suchten, strengte sich der Richter – mit immer größerem Erfolg – an, dem Publikum (und sich selbst) klarzumachen, dass die Angeklagten den Spieß umgedreht und ihn, den Hüter des Gesetzes, als Opfer ausersehen hätten. Auch noch nachträglich stellte der Richter seine Gastrolle im politischen Prozess so dar, als sei er auf einsamem Posten vom gegnerischen Terror überfallen worden und habe das fleischgewordene Böse dennoch allein besiegt.[15] Nicht ganz unberechtigt war die Replik eines der Angeklagten: »Bei dem Wirbel, den der Richter macht, könnte man auf die Idee kommen, er sei das Opfer gewesen und er – nicht wir – habe eine fünfjährige Strafe absitzen müssen.«[16]

Im Dennis-Prozess ist besonders deutlich geworden, wie sehr sich der Richter von den jeweils herrschenden Meinungen abhängig fühlen kann. Wenn er sich das nicht leisten kann, was an der richterlichen Aufgabe wirklich ehrwürdig und schöpferisch ist, wenn er an den Geboten der herrschenden Gesellschaftsordnung nicht einmal den leisesten Zweifel

---

15 Harold R. Medina: The Anatomy of Freedom, hg. von C. Waller Barrett, New York, ohne Jahr {Copyright 1959}, eine Sammlung von Reden ohne tiefere Bedeutung; die erwähnte Darstellung findet sich in einer Ansprache von 1955.
16 John Gates: The Story of an American Communist, New York, ohne Jahr {Copyright 1958}, S. 124. Die vielgestaltigen Meinungen und Äußerungen der Angeklagten sind treffend »Gegenverurteilung« genannt worden; siehe Harold D. Lasswell und Richard C. Donnelly: »The Continuing Debate over Responsibility: An Introduction to Isolating the Condemnation Sanction«, in: Yale Law Journal, Jahrgang 68, S. 869-899 (Heft 5, April 1959).

aufkommen lassen darf, wird er zum bloßen Techniker des Rechts, der die richtigen Formeln heraussucht, um der Aufgabe des Tages zu genügen. Die Kommunistische Partei, die in Wirklichkeit auf der Anklagebank saß, hatte es sich einiges kosten lassen, den Richter eben in dieser Hinsicht bloßzustellen. Vorteile wurden ihr auf diese Weise nicht zuteil. Sie hatte nicht geringe Opfer an Energie, Personal und Prestige gebracht, um den Prozess durchzufechten; als er vorbei war, musste sie ihre Taktik ändern. In den zahlreichen Verfahren, die sich aus dem New Yorker Prozess ergaben, richteten sich die kommunistischen Angeklagten und ihre Verteidiger in höchst sachlicher Form nach der jeweiligen prozessualen Situation. Zwar schöpften sie alle verfahrensmäßigen Möglichkeiten aus, ohne die Treuepflichten gegenüber der Organisation zu verletzen und ohne es je zu unterlassen, sich feierlich zu ihr zu bekennen, aber sie gaben sich nunmehr auch erhebliche Mühe, ihren Anhängern unnötige Schwierigkeiten und vermeidbares Leid zu ersparen.

3. Von Spitzeln und Verrätern

Da der stärkste Rückhalt des politischen Angeklagten die Bindung an seine Gruppe ist, hängt sein Schicksal häufig davon ab, ob er die Kraft aufbringt, sich von dem drückenden Gefühl der Vereinsamung, das die Trennung von den Kameraden auslöst, nicht übermannen zu lassen und den unvermeidlichen Zweifeln nicht zu erliegen, die sich einstellen, wenn er Erstrebtes und Vollbrachtes aus der neuen Perspektive der Bedrängnis für sich selbst und für die Gruppengemeinschaft zu überdenken beginnt. Das ist der Zeitpunkt, in dem ihn die Machthaber unter Druck setzen, ihm ein Tauschgeschäft schmackhaft zu machen versuchen können, das ihn seiner Organisation entfremden muss.

Das Problem des Verräters als Kronzeugen wird im Allgemeinen im Hinblick auf die speziellere Frage aufgeworfen, ob denn der Staat das moralische Recht habe, sich seiner zu bedienen. In der Regel wird dem Aussagewilligen eine Sonderstellung eingeräumt, Straffreiheit oder bevorzugte Behandlung nach der Verurteilung versprochen. Es können auch noch andere Verlockungen hinzukommen: Man offeriert sie dem reumütigen Gegner, der ein gutes Gedächtnis hat und sich zum Dauerzeugen eignet, ebenso wie dem Menschen, der – sei es aus Patriotismus, sei es aus Geldnot – für Spitzeldienste in Frage kommt. Man vergesse nicht: Jeder Prozess dreht sich um die Frage, ob eine bestimmte Behauptung der Anklagebehörde der Wahrheit entspricht, und es steht der Anklagebehörde frei, mehr oder minder nach eigenem Gutdünken das

Gerüst aufzuführen, aus dem das Gebäude der Anklage entstehen soll. Außer in den seltenen Fällen, in denen das ganze Bauwerk einstürzt und die Baumeister unter seinen Trümmern begräbt, ist es Sache der Anklagebehörde, wie sie die einzelnen Stufen des Gerüsts zusammenfügt.

Für und gegen die Ehrenhaftigkeit der Benutzung von Renegaten und Spitzeln werden seit undenklichen Zeiten dieselben Gründe und Gegengründe vorgetragen. Schon Guizot, damals allerdings noch Hauptakteur der Opposition, nicht Minister Ludwig Philipps, nannte die Tätigkeit des Spitzels ein »abstoßendes Handwerk«.[17] Aber der Preußenkönig Friedrich Wilhelm IV. unterbreitete seinem Minister von Manteuffel einige Jahrzehnte später die Überlegung, die er selbst »nicht gerade unter die lauteren klassifizieren« wollte, ob nämlich der geübte Geheimpolizist Stieber »nicht eine kostbare Persönlichkeit ist, das Gewebe der Befreiungsverschwörung zu entfalten und dem preußischen Publikum das lange und gerecht ersehnte Schauspiel eines aufgedeckten und (vor allem) bestraften Komplotts zu geben«; ungeduldig fügte der königliche Inspirator der verschwörerischen Lockspitzelei hinzu: »Eilen Sie also mit Stiebers Anstellung und lassen Sie ihn sein Probestück ablegen. Ich glaube, der Gedanke ist folgenreich, und ich lege großen Wert auf eine sofortige Realisierung.«[18]

Zwischen dem einfachen Spitzelbericht über tatsächliche politische Betätigungen der Verdächtigen und der künstlichen Verfertigung von Umsturzvorbereitungen auf Wunsch der Behörden, die mit der Bekämpfung von Umsturzbestrebungen betraut sind, gibt es unzählige Übergangsschattierungen.[19] Im Dennis-Prozess verlangte die Verteidigung, dass die Aussage eines Zeugen im Protokoll gelöscht werde, weil er vom FBI in die Kommunistische Partei abkommandiert worden war, denn die bloße Tatsache der Abkommandierung von Polizeiagenten in die politische Organisation der Angeklagten beschränke deren Recht, sich politisch zu betätigen.[20] Da der Kommunismus das Spitzeln und Denunzieren zur alltäglichen Praxis hat werden lassen und es seinen Funktionären zur Pflicht macht, ist freilich die Kommunistische Partei taktisch nicht gerade im Vorteil, wenn sie sich gegen Spitzel und Denunzianten auf

---

17 François Guizot: Des Conspirations et de la Justice politique, Kapitel V, Paris, 1821, S. 65.
18 Franz Mehring: Geschichte der Deutschen Sozialdemokratie, Band II, 4. Auflage, Stuttgart, 1909, S. 199.
19 Siehe oben Kapitel III, Abschnitt 6.
20 United States Supreme Court Record, Volume 349, S. 494-532; Teil 6, S. 4501; zur Begründung führte die Verteidigung die denkwürdige, wenn auch keineswegs typische Entscheidung des Richters Anderson im Fall *Colyet v. Skeffington* an: United States Federal Reporter, Volume 265 (1920), S. 17-80 (Bundesdistriktgericht für Massachusetts).

Recht und Gesetz beruft. Aber trotz der Autorität des Richters Learned Hand[21] sollte diese Berufung auf Gesetz und Recht in Staatsgebilden Beachtung finden, die nicht nur die äußeren Formen, sondern auch die Substanz freiheitlicher Einrichtungen erhalten wollen.[22] Dass amerikanische Behörden es schon in der milden Luft der Jahre nach dem Ersten Weltkrieg verlockend fanden, die Politik ihrer extremen Gegner in eine Richtung zu stoßen, die zur Rechtfertigung polizeilicher Unterdrückungsmaßnahmen brauchbar schien,[23] verleiht solchen Methoden weder einen politischen noch einen moralischen Nimbus.

Welche Rolle Spitzel- und Denunziantenbetätigungen im gesamtgesellschaftlichen Rahmen erlangen, hängt davon ab, welchen Wertgesichtspunkten man den Vorrang einräumt. Wenn die Benutzung von Spitzeln im Kampf gegen staatsfeindliche Bestrebungen dem Bedürfnis nach politischer Stabilität entspringt, so steht dem zweierlei entgegen: Zur Stabilität des Staatsgebildes trägt es unter Umständen mehr bei, wenn sich das politische Gleichgewicht einspielt, ohne dass periphere Bereiche von Behörden ständig kontrolliert und gesteuert würden, und an eine stabile Regelung des politischen Geschehens ist ohnehin nicht zu denken, wenn es der Rechtspflege an Glaubhaftigkeit mangelt. Es ist aber kein Gewinn für die Rechtspflege, wenn Verurteilungen, was bei amerikanischen Geschworenengerichten häufig genug vorkommt, ausschließlich auf Aussagen von ständig wiederkehrenden Zeugen – Polizeispitzeln oder abtrünnigen Ex-Systemgegnern – beruhen.[24] Man denkt da an Pieter Breugels Parabel vom Blinden, die sich auch Staatsanwälte und Polizeikommissare im Nationalmuseum zu Neapel ansehen dürfen.

Der politische Angeklagte muss im Spitzel und Verräter eine schwere Bedrohung seiner Organisation sehen. Dass Verrat und Spitzelei Möglichkeiten der Verteidigung vor Polizei und Gerichten einschränken

---

21 *United States v. Dennis*, United States Federal Reporter, Second Series, Volume 183 (1950), S. 201 ff., insbesondere 224.
22 Richard C. Donnelly: »Judicial Control of Informants, Spies, Stool Pigeons, and Agents Provocateurs«, in: Yale Law Journal, Jahrgang 60, S. 1091-1131, insbesondere 1129 (Heft 7, November 1951).
23 Theodore Draper: The Roots of American Communism, New York, 1957, S. 373, berichtet von einem Polizeiagenten, dessen Stimmabgabe auf einem Parteitag einem »radikalen« politischen Programm zum Sieg verholfen hatte.
24 Die planmäßige Verwendung von Spitzeln wird typischerweise auch damit begründet, dass die Geschworenen ihnen oft Glauben schenken; siehe {William F. Tompkins, Assistant Attorney General} »Tompkins: Informant System Has Paid ›Rich Dividends‹«, in: U.S. News and World Report, Band XXXV, S. 107 ff. (Nr. 2, 14. Oktober 1955). Die problematischen Aspekte des Tauschgeschäfts »Aussage gegen Straffreiheit« beleuchtet in einer bahnbrechenden Arbeit Joseph Goldstein: »Police Discretion Not to Invoke the Criminal Process: Low Visibility Decisions in the Administration of Justice«, in: Yale Law Journal, Jahrgang 69, S. 543-594 (Heft 4, März 1960).

oder zunichte machen, kann dabei sogar weniger ins Gewicht fallen als der Schaden, der dem Glaubens- und Wertsystem der bedrohten Organisation zugefügt wird. Je engere Beziehungen zwischen ihren Mitgliedern bestehen, umso mehr ist ein jeder auf Treue, Zuverlässigkeit und Opferbereitschaft aller anderen angewiesen. Je stärker der innere Zusammenhalt, umso empfindlicher trifft es die Gruppe, wenn ein Mitglied, dem man vertraut, auf das man sich verlassen hatte, der Sache untreu wird oder sich als eingeschleuster Agent des Feindes erweist. Über den seelischen Schock, den ihr im Gefängnis die Mitteilung versetzte, dass ein vertrauter Kampfgefährte die Polizei mit Nachrichten versah, schreibt die russische Revolutionärin Vera Figner: »Einen solchen Verrat überleben war ein Unglück, das zu ertragen über menschliche Kräfte ging; das hieß, die Menschen ihrer moralischen Schönheit berauben, die Schönheit der Revolution und die des Lebens einbüßen. Von den Höhen meiner Ideale fühlte ich mich in den tiefsten Erdensumpf hinabgezerrt.«[25]

Natürlich kann die Regierung, um in die feindlichen Reihen Zersetzung und Verwirrung hineinzutragen, einen funktionierenden Spitzeldienst vortäuschen, den sie nicht hat, oder einen Revolutionär fälschlicherweise als Verräter hinstellen; denunziert sie ihn, wenn er ihr entschlüpft ist, im Ausland, so hat sie noch die zusätzliche Genugtuung, einen Asylsuchenden als Betrüger anzuschwärzen.[26] Für die Revolutionäre selbst bedeutet der Beitritt zur verbotenen revolutionären Organisation die vorbehaltlose Anerkennung ihrer Normen und ihres Sittenkodex; in ihrem Bewusstsein nimmt die Verschwörergemeinschaft die Stelle aller Autoritäten der bestehenden Gesellschaft ein.[27] Tritt in ihren Reihen ein Verräter auf, so ist es, als stürze alles ein, woran man geglaubt hatte. In einer kleinen konspirativen Organisation revolutionärer Terroristen ist diese demoralisierende Wirkung des Verrats umso

---

25 Figner: Nacht... (siehe oben Anmerkung 11), S. 221.
26 So verfuhr die zaristische Regierung unter anderem mit dem flüchtigen Revolutionär Lev Gartman {Hartmann}, der an den Vorbereitungen zur Ermordung Alexanders II. teilgenommen hatte; siehe Avrahm Yarmolinsky: Road to Revolution. A Century of Russian Radicalism, London, ohne Jahr {Copyright 1957}, S. 298.
27 In der ersten Hälfte, zum Teil auch noch in den sechziger Jahren des 19. Jahrhunderts hatten die russischen Revolutionäre diese Stufe noch nicht erklommen; der »hypnotisierende Nimbus« der zaristischen Regierung sei noch so groß gewesen, dass es manche Rebellen für statthaft gehalten hätten, der Polizei Auskünfte über ihre Gesinnungsgenossen zu geben, berichtet V. G. Korolenko: Die Geschichte meines Zeitgenossen, {Ost-}Berlin, 1953, Band 2, S. 342 f. (Viertes Buch, übersetzt von Hermann Asemissen); gesträubt hat sich dagegen bei aller Bereitschaft, die Freiheit mit geheuchelten Reuebekenntnissen zu erkaufen, M. A. Bakunin: Beichte aus der Peter-Pauls-Festung an Zar Nikolaus I., hg. von Kurt Kersten, Vorwort von Vjačeslav Polonskij, Berlin, 1926.

größer, je mehr sie ihre besondere Kampfmethode von der Berührung mit Außenstehenden ausschließt und ihren Umgang auf das Häuflein der Mitverschworenen reduziert. Da die Massen draußen auf ihre Taten nur gelegentlich und selten eindeutig reagieren können, müssen die Verschwörer einen Halt darin suchen, dass sie sich den Sinn und Wert der konspirativen Tätigkeit gegenseitig bestätigen. Diese elementare Lebensvoraussetzung wird zerschlagen, wenn es der Staatsgewalt gelingt, ein Mitglied des Geheimbundes zum Abtrünnigen und Verräter werden zu lassen.

Ist die Zerstörung der systemfeindlichen Organisation etwas, was sich mit solchen Mitteln auf dem Boden eines politischen Prozesses erreichen lässt, so kann doch ein Prozess auch zum gegenteiligen Ergebnis führen: dazu, dass sich die öffentlichen Gewalten zur Sache der Angeklagten »bekehren« lassen. Um gegen Frankreichs Politik in der Frage der italienischen Einheit zu protestieren, hatte der italienische Nationalist Felice Orsini 1858 Bomben auf die Karosse Napoleons III. geworfen, denen statt des Kaisers mehrere Unbeteiligte zum Opfer gefallen waren. Vor Gericht bekannte sich Orsini freimütig zu seiner Tat; dabei kam ihm zustatten, dass Staatsanwaltschaft und Gericht den Prozess so führten, als ob nur die Wirkung habe registriert werden sollen, die der Anschlag beim Kaiser der Franzosen erzielt hatte. Dem Verteidiger Orsinis, Jules Favre, gestattete Napoleon ausdrücklich, im Gerichtssaal den Brief zu verlesen, den ihm der Angeklagte »von den Stufen der Guillotine« geschrieben hatte. Darin wurde der Kaiser beschworen, »Italien seine Unabhängigkeit zurückzugeben«, die die Italiener 1849 »durch die Schuld Frankreichs verloren« hätten. Dass der Brief verlesen werden durfte, besagte, dass der Attentäter sein Hauptziel, die Revision der französischen Politik der Nichteinmischung in italienische Angelegenheiten, faktisch erreicht hatte. War der Kaiser angesichts des Druckes der Bürokratie und der Opposition von unten nicht stark genug, Orsini vor der Guillotine zu bewahren, so starb der italienische Revolutionär wenigstens in dem Bewusstsein, seine Mission vollbracht zu haben: Ihm war es gelungen, Napoleon zu einer Änderung der französischen Italien-Politik zu bewegen.[28] Nicht die revolutionäre Organisation, sondern ihre Gegner waren »zersetzt« worden.

Spitzel und Verräter sind eine geringere Gefahr für große Bewegungen, die die Gewalt nicht als notwendiges oder ausschließliches Mittel zur Untergrabung der Grundlagen eines bestehenden Regimes

---

28 Orsinis Brief gibt Jules Favre: Discours du Bâtonnat, Paris, 1867, S. 165, in seinem Plädoyer wieder. Über Napoleons Reaktion auf das Attentat siehe Michael St. John Packe: The Bombs of Orsini, London, 1957, S. 151-170.

anzusehen brauchen oder anzusehen wünschen, sondern in der Lage und willens sind, ihre Bemühungen an einer breiteren Front zu entfalten. Da ihre Werbekraft von größerer Reichweite ist, können ihnen Renegaten und Denunzianten nicht sehr viel anhaben. Mag ihre Stärke auf ihrer Weltanschauung oder auf einer gesicherten Massenbasis oder auf beidem beruhen: dass feindliche Agenten in die Reihen der Bewegung eindringen, kann ihr vielleicht taktische Rückschläge bringen, kann aber ihre Erfolgsaussichten, denen verschiedene Faktoren zugrunde liegen, auf die Dauer nicht schmälern. Irgendwann war es der zaristischen Polizei sogar geglückt, in die kleine Bol'ševiki-Fraktion der Duma und ins Zentralkomitee der Leninschen Partei einen Spitzel einzuschleusen, was Lenin widerwilligst erst zugab, als nach der Revolution die Polizeiarchive geöffnet wurden. Das Eindringen feindlicher Agenten kann in solchen Fällen als unvermeidliches Risiko gelten. Und natürlich kann es als moralische Waffe gegen den Feind gekehrt werden – in solcher Kunst moralischer Bloßstellung des Gegners war Karl Marx ein Meister – und vielleicht dazu dienen, die Spreu vom Weizen zu scheiden.

4. Inseln des Nichtkonformismus

Der Versuch, politische Gegner zur Preisgabe der Namen ihrer Mitstreiter oder Freunde zu zwingen, ist in unserer Ära zu einer amerikanischen Spezialität geworden. Der Zwang besteht darin, dass Gegner, die vor Ausschüssen der Legislative als geladene Zeugen aussagen müssen oder vor Gericht in eigener Sache freiwillig aussagen, bei Aussageverweigerung Strafverfahren wegen Ungebühr zu gewärtigen haben.

Dass diese Praxis moralisch anfechtbar ist, wissen auch die Richter, die sie üben. In höchst missvergnügtem Ton äußerten sich zum Beispiel die Mitglieder des Obersten Gerichts der Vereinigten Staaten, auch die am meisten sicherheitsbeflissenen, über einen besonders anstößigen Versuch, mit den Bestimmungen über Ungebühr Denunziationen zu erzwingen.[29] Bundesrichter Clark, der die Meinung der Mehrheit des Gerichts formulierte, sprach von der »verständlichen Abneigung der Beschwerdeführer«, sich als Denunzianten zu betätigen, auch wenn sie keine Rechtsgründe für die Verweigerung der Aussage anführen konnten. Bundesrichter Douglas, der die Auffassung der Minderheit begründete, nannte die kumulierten Verfahren wegen Ungebühr, wie sie das Bundesdistriktgericht und die Anklagebehörde bei jedem einzelnen Fall der

---

29 *Yates v. United States*, United States Reports, Volume 355 (1957), S. 66 ff.

verweigerten namentlichen Erwähnung einzelner Parteimitglieder veranlassten, ein »empörendes Beispiel des Missbrauchs richterlicher Gewalt« und konzedierte einer Zeugin fast als selbstverständlich, dass sie »keine Denunziantin sein wollte«.[30] In diesem Fall hatte die Urteilsbegründung der Vorinstanz die Weigerung, politische Freunde zu denunzieren, mit der Weigerung eines Mordverdächtigen verglichen, den Namen des am Morde Mitbeteiligten zu nennen.[31] Damit war dem Brauch Genüge getan, keinerlei Unterschiede zwischen einem politischen Prozess und einem gewöhnlichen Strafprozess anzuerkennen.[32]

Über den moralischen Aspekt braucht unter solchen Umständen kaum diskutiert zu werden. Wichtig aber ist, wie die weitverbreitete Aussageerzwingung rational begründet wird. Dass auf Schwache und Wankelmütige Druck ausgeübt wird, damit sie mehr aussagen, liegt auf der Hand. Das tritt aber (in Amerika) zurück, sobald der Fall in den Händen des Gerichts ist. Nur wer in einem früheren Stadium nicht genug auf Druck reagiert hat, wird neuem Druck unterworfen. Aber gerade diese Standhaften werden nicht nur weiterhin dem Druck trotzen, sondern auch noch die Gelegenheit benutzen, erneut zu bekunden, dass sie zu ihrer Sache stehen; wird also weiter nah Namen und Personen geforscht, so heißt das nichts anderes, als dass den Angeklagten – wenn auch in verkleideter Form – zusätzliche Bußen und Strafen auferlegt werden. Hinter dieser Absicht, bei deren Verfolgung das äußere Gewand des Rechts dazu dient, die jeweils angestrebten politischen Ziele zu erreichen, verbirgt sich ein Motiv, das weniger offen zutage liegt.

Die Politik ist in der Industriegesellschaft zunehmend zum rationalen Wettbewerb von Interessenverbänden geworden, der sich nach außen hin als ständige gigantische Popularitätshascherei darbietet. Die Regeln dieses Wettrennens müssen auch die Angehörigen des Juristenberufes befolgen, denen die Regulierung des politischen Kräftespiels obliegt. Warum sollen sie einem anderen das Recht einräumen, die bestehende politische Ordnung abzulehnen und zu verlangen, dass die Politik nah dem Modell eines Gemeinwesens umgestaltet werde, in dem Gruppenbindungen und Bekenntnisse zu einer Sache den

---

30 Ebda., S. 75 ff.
31 United States Federal Reporter, Second Series, Volume 227 (1956), S. 825 ff., insbesondere 855 (Appellationsgericht für den 7. Bundesgerichtsbezirk).
32 Siehe dagegen *National Association for the Advancement of Colored People v. Alabama*, United States Reports, Volume 357 (1957), S. 449 ff., insbesondere 462: Das Gericht billigte den Angeklagten das Recht zu, Verzeichnisse der Mitglieder nicht preiszugeben, sofern niemand konkreter Straftaten beschuldigt wurde; ähnlich die Begründung des Bundesrichters William O. Douglas zu seinem ablehnenden Votum im Fall *Uphaus v. Wyman*, United States Reports, Volume 364 (1960), S. 388 ff., insbesondere 401.

Ausschlag geben sollen und nicht mehr kalkulierbare, rational geordnete, wenn auch wenig begeisternde Gewinn- und Verlustüberlegungen? Eine scharf artikulierte Erklärung gibt die psychoanalytische Theorie: »Dadurch, daß wir das Verlangen nach Sühne befriedigen, erzielen wir einen Sieg über das Böse in uns und sind dem Verbrecher dankbar, der für das gezahlt hat, was wir selbst unterbewußt tun wollten.«[33] Wer nicht mitspielen will, wer das hergebrachte politische Gefüge der Massengesellschaft verwirft, sollte eine ebenso hohe Strafe zahlen müssen wie jeder andere, der den Erzeugnissen der Massenproduktion aus dem Wege geht.

Das ergibt sich nicht unbedingt daraus, dass die Gesellschaft vor gefährlichen Auswirkungen des Nichtmitspielenwollens Angst hat. Sondern man muss ganz einfach dafür zahlen, dass man ein nichtkonformes Verhalten zur Schau stellen darf, vor allem wenn dies Verhalten den Zusammenhang mit Lebensformen, Werthaltungen und Gemeinschaftszielen verrät, die außerhalb der Sphäre des persönlichen Erfolgs liegen und auf etwas Solidarisches bezogen sind; das wird nachgerade zur Seltenheit in einer Gesellschaft, die ihre sozialen Probleme vielleicht noch löst, ihren Angehörigen aber die ersehnte psychologische Befriedigung nicht unbedingt zu verschaffen vermag.

Was wir über persönliche Beziehungen, Bindungen, Freundschaften innerhalb revolutionärer Organisationen wissen, ist widerspruchsvoll; in biographischen Darstellungen kommen die verschiedensten Nuancen zum Vorschein: Sie entsprechen der großen Vielfalt der Menschentypen, die da auftreten. Von Bedeutung war zweifellos vor dem Ersten Weltkrieg die Intensität persönlicher Bindungen in Sozialrevolutionären und anarchistischen Kreisen. In den revolutionären Massenbewegungen spielte der enge persönliche Zusammenhalt auf der oberen und mittleren Ebene auch schon vor dem Stalinismus eine beträchtliche Rolle unter Mitgliedern, die aus gemeinsamen politischen Haltungen festere Beziehungen entwickelten; recht häufig entstand diese Gemeinsamkeit aus dem Gegensatz zur herrschenden Parteihierarchie. Bis heute sind solche Bindungen in der unteren Ebene für Funktionäre und Mitglieder wichtig, bei denen das stolze Zugehörigkeitsgefühl nicht durch Disziplin- und Karrieregesichtspunkte überlagert ist. Mehr lässt sich darüber kaum sagen: Zusammengehörigkeit, die aus der Gemeinsamkeit politischer Ziele erwächst und in ihr fortlebt, unterscheidet sich

---

33 Franz Alexander und Hugo Staub: The Criminal, the Judge, and the Public. A Psychological Analysis {zuerst deutsch 1929}, revidierte Ausgabe, Glencoe (Ill.), ohne Jahr {Copyright 1956}, S. 216.

wesentlich von der abstrakten geistigen Freundschaft nach den Romanen von Hermann Hesse.³⁴

Außerhalb des Bereichs patriotischer oder humanitärer Opferbereitschaft konzediert die Gesellschaft nur wenigen traditionellen Inseln, hauptsächlich in der religiösen Erlebnissphäre, das Recht, sich allgemein akzeptierten Normen und Verhaltensmodellen gegenüber ablehnend zu verhalten. Sogar in der religiösen Sphäre ist freilich die erlaubte Narrenfreiheit, wie sich in der Behandlung der Zeugen Jehovas erweist, nicht allzu groß. Aber auch die begrenzte Toleranz, deren sich der religiöse Kämpfer erfreut, wird dem politischen Kämpfer selten zuteil. Mit politischen Dingen soll man nicht spaßen: Sie sind viel zu gefährlich, als dass sie für den allgemeinen Gebrauch anders als in standardisiertem Format und Einheitsverpackung freigegeben werden könnten. Wenn man Pazifist ist, wegen unbefugter Bootfahrt in die gesperrte Atomtestzone von Eniwetok zu zwei Jahren Gefängnis verurteilt wird und während des schwebenden Berufungsverfahrens den Antrag stellt, den Zuständigkeitsbezirk des Gerichts verlassen zu dürfen, soll man sich nicht wundern, dass man von einem Richter am amerikanischen Bundesdistriktgericht über seine Vermessenheit belehrt wird: »Will einer Kreuzfahrer und Märtyrer sein, dann versteht es sich von selbst, daß er sich auf solche gewagten Unternehmungen in dem Wissen einläßt, daß er irgendwann auf diesem Weg Ungemach erleiden muß, – oder er wird kein erfolgreicher Märtyrer sein«.³⁵

Umgekehrt hat in der amerikanischen Gesellschaft der reumütige Feind, der sich mit dem Über-Ich verbündet hat und von der Insel des Opfers und der Revolte zurückgekehrt ist, eine wesentlich bessere Chance. In den totalitären Regimes ist es anders: sie wissen zwar die Geste der Rückkehr zur Herde, auch wenn sie im letzten Augenblick erfolgt, zu schätzen, aber sie halten nicht viel von ihrer Bedeutung für die Allgemeinheit oder für die weitere Entwicklung des reuigen Sünders selbst. Die mechanische Sicherheit der Vernichtung ist ihnen lieber. Im Hinblick auf amerikanische Verhältnisse sollte man vielleicht der folgenden chinesischen Köpfungsgeschichte Gehör schenken: »Unter den zum Tode Verurteilten werden Lose gezogen. Wer so auserkoren wird, kommt mit dem Leben davon, wenn es ihm gelingt, jeden seiner Gefährten mit einem Hieb zu enthaupten. Mißlingt es ihm, so muß er sich

---

34 Mit diesem Vorbehalt sollte man an das statistische Material und seine Erörterung bei Gabriel A. Almond: The Appeals of Communism, Princeton, 1954, Teil 2, herangehen.
35 Zitiert in der Begründung des Bundesrichters William O. Douglas zur höchstrichterlichen Genehmigung des Antrags: *Reynolds v. United States*, United States Supreme Court Reports, Lawyers' Edition, Second Series, Volume 4 (1960), S. 46 ff.

neben die anderen legen, und dann darf der nächste sein Glück versuchen«.[36]

Entschiedene Verweigerung der Solidarität mit den ehemaligen Gefährten dient als Unterdrückungshebel und trägt dazu bei, Menschen, die sich der rebellischen Organisation anschließen könnten, von diesem Wagnis abzuhalten.

Unter solchen Voraussetzungen kann die amerikanische Industriegesellschaft die Politik als ein ungefährliches Spiel ansehen, in dem es nur um die Zuteilung von bevorzugten Status- und Konsumberechtigungen geht. Gehen aus dem Spiel Normen hervor, die als nahezu selbstverständlich gelten, so wird die Weigerung einer unbeachtlichen Minderheit, das Spiel mitzuspielen, nicht bloß als Anmaßung, sondern geradezu als Sakrileg angesehen. In anderen Industriegesellschaften können allerdings geschichtliche und strukturelle Eigentümlichkeiten bewirken, dass eine solche Auffassung der Politik ernsten Hemmnissen begegnet. Gemessen beispielsweise an dem, was die deutsche Gesellschaft vor nicht allzu langer Zeit durchgemacht hat, verliert die Vorstellung von einer radikalen gesellschaftlichen Umwälzung ihren abschreckenden Charakter; sie bleibt zwar weiter unerwünscht, wird aber kaum als frevelhaftes Sakrileg betrachtet. Den psychologischen Bedürfnissen einer Gesellschaft, die eher nach Sicherheit als nach Kreuzzügen verlangt, entspräche es kaum, in der Haltung von Menschen, die an Gegensymbolen und grundsätzlich anderen Lösungen hängen, abgründigen Frevel zu sehen, dem sich nur mit allgemeinen Teufelbeschwörungsriten beikommen ließe. In einer solchen Gesellschaft sind extreme Haltungen jeder Art unbeliebt.

Wie aber kann eine solche Gesellschaft ihre inneren politischen Feinde behandeln? Gewiss möchte sie vermeiden, dass etwaige Gefahren, die den bestehenden Institutionen drohen, überdimensional aufgebauscht werden. Sie kann sich aber anderseits schwerlich mit der vagen Ungewissheit abfinden, wie sie etwa am Ausgang des 19. Jahrhunderts der naturalistischen Vorstellung Lombrosos vom politischen Delinquenten anhaftete. Sie könnte sich nicht auf den Standpunkt stellen, dass sich im politischen Delikt nur eine Zeitdifferenz in der Beurteilung des Tempos der gesellschaftlichen Weiterentwicklung geltend mache – je nach den Vorstellungen der herrschenden Schichten der Gesellschaft auf der einen, der Revolutionäre auf der anderen Seite.

---

36 Alexander/Staub: The Criminal... (siehe oben Anmerkung 33), S. 217. Aus mittelalterlichen Quellen ist bekannt, dass Verbrecher gelegentlich begnadigt wurden, wenn sie bereit waren, Mitverurteilte hinzurichten; siehe Office of the Attorney General of the United States, Survey of Release Procedures, Band 3, Washington, D. C., 1939, S. 431.

Beruhte das politische Delikt lediglich auf einer fehlerhaften oder übertrieben optimistischen Berechnung der Geschwindigkeit, in der sich geschichtlicher Fortschritt durchsetzt, so könnte nur Erfolg oder Misserfolg darüber entscheiden, was Recht und was Unrecht ist.[37] Auf eine so unsichere Basis kann man Legitimitätsansprüche nicht stellen. Jede bestehende politische Ordnung beruft sich darauf, dass die obwaltende politische und militärische Konstellation den inneren Notwendigkeiten des gesellschaftlichen Ganzen entspreche oder (je nach der vorherrschenden Ideologie) die Krönung des geschichtlichen Entwicklungsprozesses darstelle; damit wird ein sicher verankertes moralisches Recht proklamiert, das den gesetzlichen Machtanspruch der *beati possidentes* bekräftigt. Die dem herrschenden Regime dienenden Richter können dann nicht nur die moralische Überlegenheit ihrer Ordnung gegenüber all ihren Verächtern und Rivalen behaupten und alle gegnerischen Ansprüche implizite als unmoralisch hinstellen, sondern auch die Überzeugung vertreten, dass alle, die guten Willens sind, notwendigerweise zu demselben Ergebnis gelangen müssen. Bezeichnend dafür ist ein Urteil des deutschen Bundesgerichtshofs gegen leitende Funktionäre der Gesellschaft für Deutsch-Sowjetische Freundschaft. Die Angeklagten, urteilte der Bundesgerichtshof, durften »sich nicht darauf berufen, da sie als sog. Überzeugungstäter milder zu behandeln wären«. Denn: »Es mag zwar sein, daß der sittliche Wert einer Handlung und eine achtenswerte Überzeugung eine geringere Schuld begründen... Für solche Überlegungen ist aber grundsätzlich kein Raum, wenn die Überzeugung mit dem Sittengesetz nicht in Einklang steht und der Täter in der Lage ist, dies zu erkennen«.[38]

In der zweiten Hälfte des 19. Jahrhunderts setzte sich immer wieder ein dem politischen Gegner günstigeres Klima durch. Wiederholt waren – wenigstens in zeitlicher und räumlicher Begrenzung – Bestrebungen erfolgreich, es den Gerichten freizustellen, sich dem politischen Angeklagten gegenüber ritterlich zu verhalten und ihm ehrenhafte Motive zuzubilligen. In kontinentaleuropäischen Staaten, die so häufig an politischer Bewusstseinsspaltung litten und an schlechtem Gewissen zu

---

37 An Cesare Lombroso und Rodolfo Laschi: Il Delitto politico e le Rivoluzioni, Turin, 1890 (deutsch: Der politische Verbrecher und die Revolution in anthropologischer, juristischer und staatswissenschaftlicher Beziehung, Hamburg, 1891 und 1899), wurde deswegen von Gabriel Tarde: Études pénales et sociales, Paris, 1892, S. 106, scharfe Kritik geübt. Tarde verteidigte das Recht des Deterministen, moralische Urteile zu fällen, verlangte die Prüfung der Motive des Täters und wandte sich heftig gegen Entscheidungen nach Nützlichkeitsgesichtspunkten; der Tatbestandsbereich des politischen Verbrechens erschien ihm (S. 110) als die »nahezu letzte Freistatt des Utilitarismus im Strafrecht.«
38 Urteil des Bundesgerichtshofs vom 28. Juli 1955, StE 213/52, in {Bundesanwalt Dr. Walter Wagner (Hg.):} Hochverrat und Staatsgefährdung. Urteile des Bundesgerichtshofes, {Band I.}, Karlsruhe, 1957, S. 241-284, insbesondere 260.

laborieren hatten, geschah das allerdings häufiger als in den robusteren englisch-amerikanischen Staatsgebilden mit ihrer historisch nicht ganz unerklärlichen Überzeugung von der eigenen Rechtschaffenheit, Rechtlichkeit und Freiheitlichkeit. Auf dem Höhepunkt der amerikanischen Diskussion über die Begnadigung des sozialistischen Kriegsgegners Eugene Debs[39] erklärte der Chef der Bundesjustizverwaltung vor der American Bar Association, dass keine der »Entschuldigungen« für den Begriff des politischen Delikts, wie er in der Alten Welt gehandhabt werde, dort Anwendung finden dürfte, »wo sich der souveräne Wille des Volkes äußern kann und wo die Abstimmungsurne verfügbar ist«.[40]

Aber auch in Europa war der Ritterlichkeit in der Politik kein langes Dasein beschieden: Politische Ereignisse und praktische Notwendigkeiten bereiteten der Praxis der ehrenhaften Behandlung des Gegners ein vorzeitiges Ende. Mit der verschiedenen moralischen Beurteilung von Systemfeinden und Kriminellen konnte man eine Zeitlang sogar eine bessere Sicherung der öffentlichen Ordnung erreichen; aber dann kehrte sich diese moralische Differenzierung gegen das System und seine Ordnungsprinzipien. Die Kräfte, denen die Vorzugsbehandlung gewährt wurde, benutzten die Sonderstellung politischer Delinquenten als zusätzliches Mittel, auf den Staatsapparat massiven Druck auszuüben. Hinzu kamen nicht minder gewichtige ideologische Gründe. Es ist nicht einfach, einem Ketzer die Reinheit der Motive zu bescheinigen, die zu seinen staatsfeindlichen Taten geführt haben, und ihn gleichzeitig strafrechtlich zu verfolgen. Eine Verfolgung hat auf lange Sicht nur dann einen gewissen Sinn, wenn man nicht nur nachweist, dass sich der Systemfeind für einen falschen Glauben und für eine schädliche Handlungsweise einsetzt, sondern auch überzeugend dartun kann, dass hier Überzeugung und Tat einer unheilbaren geistigen und moralischen Verderbtheit entspringen. Die dabei angewandte Methode kann sehr wohl ein gewollter Zirkelschluss sein, der es unmöglich macht, den wahren Ursprung des Abfalls der verfolgten Gegner aufzudecken. Aber schließlich ist, sosehr man sich darum bemüht hat, der Begriff des Ketzers nicht dadurch elastischer und einleuchtender geworden, dass man ihn aus dem Kirchlichen ins Weltliche übersetzt hat.

Bei alledem kann natürlich in einer bestimmten Gesellschaft die Zahl der potentiell Andersdenkenden und Andershandelnden so groß sein, dass nur die Handlungen verfolgt werden, die an offene Rebellion grenzen; das ist in vielen Ländern Westeuropas der Fall. Es kann aber

---

39 Siehe weiter unten Kapitel X, Abschnitt 1.
40 Harry M. Daugherty: »Respect for Law«, in: American Bar Association Journal, Jahrgang 7, S. 505-511, insbesondere 508 f. (Oktober 1921).

auch die Versorgung eines Staatsgebildes mit Systemgegnern von einem Gebiet aus manipuliert werden, das außerhalb seiner Hoheitssphäre liegt; das ist in der Bundesrepublik Deutschland der Fall. Die Polizei- und Staatsanwaltschaftsbeamten der Bundesrepublik, die kommunistische Gegner aufspüren, sie von den potentiell Sympathisierenden trennen und den Zustrom von Agenten aus der DDR zu unterbinden suchen, sind zu Technikern eines höchst spezialisierten Spiels geworden. Das sind aber auch ihre Gegenspieler in Ost-Berlin, deren Arbeit darin besteht, die Zufuhr von Umsturzagenten aufrechtzuerhalten und deren Aufträge den wechselnden Bedürfnissen anzupassen. Beide Seiten wissen, dass weitergehende Operationen großen Ausmaßes die mehr oder minder stabilisierte Gesamtkonstellation verschieben würden. Das steht nicht auf der Tagesordnung. Zum normalen Tagesablauf gehören einstweilen nach wie vor kleinere Vorstöße, mindere Scharmützel und laufende Belästigungen.

Hauptberufliche Betätigung in der Umsturzsphäre kann von echter politischer Überzeugung oder von einer technischen Gelegenheitsbeschäftigung ihren Ausgang genommen haben. Ungeachtet des verschiedenen Werdegangs der Fachleute ist – jedenfalls in Deutschland – spezialisierte Ausbildung ideologischer und praktischer Natur schon längst an die Stelle der Bereitschaft zu spontanen Aktionen oder zu selbständig und freiwillig geplanter organisatorischer Tätigkeit getreten. Funktionäre, die in der Bevölkerung, in der Gemeinde, im Betrieb verwurzelt sind, werden immer knapper, und einen Nachwuchs gibt es so gut wie überhaupt nicht. Die Arbeitsgebiete werden infolgedessen bürokratisch eingeteilt und an spezialisierte Apparatfachleute vergeben. Bürokratische Prozeduren entscheiden auch im Umsturzberuf über Eignung und Bewährung.

Trotz fortwährender Bemühungen der Kommunisten, das Interesse der Öffentlichkeit auf die westdeutschen Prozesse wegen Fortführung der verbotenen Kommunistischen Partei und ähnliche Verfahren zu lenken, bleibt der Widerhall minimal; die Gerichtsfälle können im üblichen langsamen Tempo ihren normalen bürokratischen Gang gehen. Die Untersuchungshaft, die nicht selten ein halbes oder ein ganzes Jahr und gelegentlich noch länger dauert, kann bei geringeren Straftaten einen beträchtlichen Teil der irgendwann doch verhängten Strafe ausmachen, auf die sie gewöhnlich angerechnet wird. Die Repressalien halten sich also in gewissen Grenzen. Lebendig ist noch die Erinnerung an die nationalsozialistische Barbarei; ausreichend bekannt sind die Unterdrückungsmaßnahmen im kommunistischen Teil Deutschlands; dass die politische Entwicklung plötzlich eine neue Wendung nehmen könnte, gilt nicht als ausgeschlossen. Das alles dämpft den Eifer der Strafverfolgungsbehörden: Diese fast automatische Bremswirkung ist ein gewisser Ersatz für den fehlenden Druck der öffentlichen Meinung, die auf politische Strafverfolgung nur selten reagiert. Die erwerbsmäßige Natur der Agententätigkeit und die strenge Überwachung der Agenten durch ihre Auftraggeber haben zur Folge, dass die »Bekehrung« von Zeugen und ihre Verwandlung in ständige »Enthüller« in Deutschland nur selten vorkommt. Dies Überraschungsmoment des politischen Prozesses bleibt Ländern Vorbehalten, in denen aktive Systemfeindschaft noch nicht zur bürokratisierten Erwerbstätigkeit geworden ist.

5. Anwalt und Mandant

Von Juvenal[41] bis Lenin hat der Anwalt oft reichlich unfreundliche Gefühle auf sich gezogen. Er kann nicht umhin, für sich selbst und für seinen Mandanten Propaganda (oder auch nur Reklame) zu machen. Er muss seine Talente einer ständig wechselnden Klientel zum Kauf anbieten. Ob er Erfolg hat oder nicht, ist häufig ein Glücksspiel. Das Resultat ist manchmal ein bisschen Bewunderung, sehr viel häufiger aber Kritik und Verachtung. Die Sprecher des Anwaltsberufs haben seine Leistung stets mit dem Hinweis auf die enge und eindeutig begrenzte Aufgabe verteidigen wollen, die ihm zukommt: Im Rahmen eines konkreten Falles den Mandanten zu vertreten und zu beraten. Wenn diese Aufgabe vom Anwalt verlangt, dass er sich bis zu einem gewissen Grad mit seinen Mandanten identifiziere, so bleibt diese Identifizierung auf die berufliche Ebene beschränkt. Der Anwalt stellt dem Mandanten seine Kenntnisse und Fähigkeiten gegen Bezahlung zur Verfügung, ohne sich zu verpflichten, die Sache, die dem Mandanten am Herzen liegt, zu der seinigen zu machen.

Diese Antwort ist nicht immer als befriedigend angesehen worden. So sagt Boswell: »Aber, verehrter Herr, beeinträchtigt nicht die Tatsache, daß man Wärme vorgibt, wenn man keine Wärme hat, und daß man so tut, als bekenne man sich eindeutig zu einer Meinung, wenn man in Wirklichkeit einer anderen Meinung ist, beeinträchtigt eine solche Verstellung nicht die Ehrlichkeit? Besteht da nicht die Gefahr, daß ein Anwalt dieselbe Maske im Umgang mit seinen Freunden im normalen Alltag aufsetzt?« Dieser spitze Pfeil dringt in das Problem viel tiefer ein als Johnsons verständig-banale Antwort: »Aber nicht doch, Verehrter! Jeder weiß, daß Sie dafür bezahlt werden, daß Sie Wärme für Ihren Mandanten vorgeben, und deswegen ist das im Grunde keine Verstellung: in

---

41 Decimus Iunius Iuvenalis: Saturae, VII, S. 105-140.

dem Augenblick, da Sie das Gericht verlassen, legen Sie wieder Ihr gewöhnliches Verhalten an den Tag«.[42] Dass der Anwalt eine notwendige gesellschaftliche Funktion verrichtet, beseitigt nicht die Kluft zwischen seiner gesellschaftlichen Rolle und seinem privaten, menschlichen Dasein. Ein Jahrhundert nach Boswell kam Dostoevskij in seinen bitteren Bemerkungen zum Kroneberg-Prozess (Freispruch eines Vaters, der beschuldigt worden war, sein Kind schwer misshandelt zu haben) »auf das unsinnigste Paradox, daß ein Advokat überhaupt nicht imstande sei, nach seinem Gewissen zu handeln«; er beklagte, »daß diese traurige Sachlage... als der normalste Zustand angesehen werde«, und fand, im ganzen Institut der Anwaltschaft stecke »etwas Trauriges«.[43]

Was hier den Kern der Beschwerde ausmacht, ist der hohe Grad der Identifizierung mit einem besonderen Anliegen, der für die erfolgreiche Ausübung des Berufes unerlässlich ist. In einer Gesellschaft, in der die menschliche Leistung weitgehend mechanisiert und standardisiert ist, in der das Individuum das Endprodukt seiner Arbeit zumeist als einen ihm fremden Gegenstand erlebt, kann der Anwalt immerhin noch zu denen gehören, die einen wesentlichen individuellen Beitrag zur Erledigung der anfallenden Aufgabe beisteuern. Es liegt ein Moment schöpferischer Klugheit und Findigkeit darin, dass man die diffusen Elemente einer bestimmten Situation in ein so einleuchtendes Gefüge einordnet, dass ein für den Mandanten günstiger Ausgang erreichbar wird. Aber in diesem schöpferischen Prozess, in dem Tatbestände rekonstruiert und eine bestimmte Richtschnur für ihre Beurteilung und Eingruppierung dem Gericht nahegebracht wird, ist es mitunter schwierig, des Anwalts berufliche Identifizierung mit dem Fall von einer engeren Beziehung zum Mandanten, einer Art Partnerschaft, abzugrenzen. Eben darum hat die Rechtsordnung schematische Regeln geschaffen, die feststellen, wie weit der Anwalt gehen darf, wenn er dem Gericht seine – möglicherweise zweifelhafte – Interpretation des Falles aufzudrängen sucht, und wo seine Hilfe in Beihilfe zu Unrechtem Tun umschlägt; wie weit er gehen darf, wenn er die Version des Mandanten im günstigsten Licht darstellt, und wo aus einer bestimmten Art der Schilderung der Tatsachen die verbotene Fabrikation von Tatsachen wird, die eine günstige Gerichtsentscheidung herbeiführen sollen.[44]

42 James Boswell: Life of Johnson, London: Routledge & Sons, ohne Jahr {1890}, Band II, Kapitel II {1767/68}.
43 F. M. Dostoevskij: Tagebuch eines Schriftstellers, herausgegeben und übersetzt von Alexander Eliasberg, 2. Band: Januar bis September 1876, Februar, 2. Kapitel, II, München, 1921, S. 95.
44 In einem Gerichtssystem, das den Anwälten Fühlungnahme mit Zeugen vor der Hauptverhandlung als durchaus reguläres Vorgehen gestattet, ist diese Unterscheidung

Aber solche Regeln und die sich daran knüpfenden Versuche, für die Stellung des Anwalts im Rechtsverfahren handliche Formeln zu schaffen, können nur die äußerste Grenze der erlaubten Identifizierung des Anwalts mit dem Mandanten abstecken. Der Anwalt kann sich bei der Verteidigung seines Mandanten durchaus erlaubter Mittel bedienen, ohne dass damit auch den Interessen und Zielen des gesellschaftlichen Ganzen Rechnung getragen würde. Nach welchen Gesichtspunkten trifft der Anwalt beispielsweise die nicht unwichtige Entscheidung, ob er einen Fall übernimmt oder nicht? Solange die Gesellschaft von gegensätzlichen Interessen regiert wird, kann diese Entscheidung nur subjektiv sein. Die Antwort muss der einzelne Anwalt im privaten Kämmerlein seines Gewissens und nach seinen privaten Vorstellungen vom Wesen der Gesellschaft finden.

Nur eine Gesellschaft, die den Anspruch erhebt, ihre inneren Widersprüche überwunden zu haben, kann sich dazu berufen fühlen, objektiv gerechtfertigte Interessen von solchen zu unterscheiden, die dem gesellschaftlichen Zweck nicht entsprechen. Eine interessante Umschreibung liefert da ein Funktionär der »Zentrale der Advokaturberatungsstellen«, der offiziellen tschechischen Anwaltsorganisation: »Der Advokat ist dazu berufen, die Interessen seiner Klienten zu wahren. Soll er den Grundsatz einhalten, daß er die Interessen des Klienten im Einklange mit den Interessen der Gesellschaft und mit den Prinzipien der objektiven Wahrheit zu wahren hat, {so} muß er bei der Lösung jedes einzelnen Falles die Sache gründlich analysieren, d. h. er muß sich klarmachen, welche Interessen, deren Schutz der Klient wünscht, im Einklang mit dem Prinzip der objektiven Wahrheit und mit den Interessen der Gesellschaft sind und welche nicht. Aus diesem Grunde wenden wir den Terminus ›berechtigte Interessen des Klienten‹ an, und nur solche Interessen darf der Advokat wahren«.[45] Aber auch eine totalitäre Gesellschaft, die sich die Funktion zudiktiert, das objektive gesellschaftliche Interesse autoritativ zu interpretieren, nimmt dem Anwaltsberuf seine traditionelle Rolle weniger durch direkte Verbote als auf Umwegen und

in der Theorie zwar einfach und in den Standesvorschriften der Anwaltskammern formuliert, in der Praxis aber recht schwierig. Der bekannte englische Anwalt und Ex-Politiker Sir Hartley Shawcross: »The Functions and Responsibilities of an Advocate«, in: The Record of the Association of the Bar of the City of New York, Jahrgang 13, S. 483-509, insbesondere 491 (Heft 8, November 1958), hält sie dennoch für durchführbar. Die realistischere Betrachtungsweise eines amerikanischen Anwalts aus dem 19. Jahrhundert findet ihren Ausdruck bei Joseph B. Warner: »The Responsibilities of the Lawyer«, in: Reports of the American Bar Association, Jahrgang 19 (1896), S. 319-342.

45 Konrad Glatz: »Aus der Arbeit der Advokatur in der CSR«, in: Ministerium der Justiz der Deutschen Demokratischen Republik (Hg.): Über die Rechtsanwaltschaft in der Volksdemokratie, {Ost-}Berlin, ohne Jahr {Verlagslizenz 1956}, S. 25-32, insbes. 26 f.

mit Druckmitteln verschiedener Art. Nach Möglichkeit will sie Anwälte nicht, wie es in vorkonstitutionellen oder halbkonstitutionellen Systemen gemacht wurde,[46] von bestimmten Teilbezirken der großen Sphäre der Staatsverbrechen grundsätzlich ausschließen.

Natürlich kann man dem Boswell'schen Diktum, dass jeder das Recht auf Anwaltsdienste habe und dass die Entscheidung über Recht und Unrecht einer Sache dem Gericht, nicht dem Anwalt zustehe, ein modernes Mäntelchen umhängen.[47] Aber nur äußerlich werden damit die Probleme des Anwalts gelöst; hat er sich entschlossen, einen Fall zu übernehmen, so kann er sich vielleicht unter Berufung auf solche Grundsätze eines feindlichen Druckes erwehren. Aber ob er sich auf die Seite eines Klienten stellt, ob er sich entschließt, bestimmte Interessen zu vertreten, hängt auch dann noch davon ab, wie er die Anforderungen (oder – in bestimmten Situationen – die Aussichten) der bestehenden Gesellschaftsordnung mit seinen persönlichen Neigungen und auch mit seinen Vorstellungen darüber, was das Wesen der Gesellschaft ist und was es sein sollte, in Einklang bringt. Anders als der Arzt hilft er nicht jedem Hilfesuchenden, dem er helfen kann,[48] und er bedient auch nicht immer und nicht unbedingt den Kunden, der ihm für seine Dienste den höchsten Preis bietet.

Insofern unterscheidet sich die Beziehung des Anwalts zu seiner Aufgabe von der des durchschnittlichen Funktionsträgers in der Industriegesellschaft in doppelter Hinsicht. Will er gute Arbeit leisten, so muss er im Dienste des Mandanten ein hohes Maß an intellektuellem Engagement und zweckgerichteter Ausdauer entwickeln. Und seine Ertragsaussichten richten sich nach seiner Entscheidung – für die er einen gewissen Spielraum hat – über die Konfliktbereiche, auf die er sich einlassen will.

Man könnte daher vermuten, dass die Übereinstimmung zwischen der beruflichen Rolle und persönlicher Neigung und Hingabe am größten ist, wenn sich der Anwalt erbietet, einem Mandanten im Kampf gegen die Staatsgewalt und die von ihr vertretenen Herrschaftsprinzipien beizustehen. In der Praxis stellen sich die Dinge nicht immer ganz so

---

46 Zum Beispiel im zaristischen Russland; vergleiche Samuel Kucherov: Courts, Lawyers, and Trials under the Last Three Tsars (Praeger Publications in Russian History and World Communism, Nr. 7), New York, ohne Jahr {Copyright 1953}, S. 200-212.

47 Zur neueren Diskussion siehe Hans Dahs: »Stellung und Grundaufgaben des Strafverteidigers«, in: Neue Juristische Wochenschrift, Jahrgang 12, S. 1158-1162 (Heft 27, 3. Juli 1959), wo für die Entscheidung des Anwalts eine geistreiche neue Formel entwickelt wird.

48 Die abweichende britische Regelung, neuerdings wieder von Shawcross: »The Functions…« (siehe oben Anmerkung 44), S. 498, hervorgehoben, ist mehr Schein als Wirklichkeit; siehe die Erörterung der Stellung des Barristers bei R. M. Jackson: The Machinery of Justice in England, 3. Auflage, Cambridge, 1960, S. 209 ff.

einfach dar. Welche Komplikationen sich da ergeben können, zeigen die heftigen Ausfälle eines Wortführers der kämpfenden Organisation. Im Januar 1905 erhielt Lenin einen Kassiber aus einem zaristischen Gefängnis, in dem ihn verhaftete Parteifreunde fragten, wie sie ihre Verteidigung organisieren sollten. Zunächst setzte ihnen Lenin auseinander, dass ihre zentrale Aufgabe vor Gericht darin bestehe, Programm und Ziele der Partei in aller Breite zu entwickeln; dieser Aufgabe müssten alle anderen Überlegungen untergeordnet werden. Was die Verteidiger angehe, sei das schärfste Misstrauen gegenüber diesen »jämmerlichen Liberalen« geboten. Lenin schilderte die Anwälte als prinzipienlose Opportunisten, die stets geneigt seien, dem Gericht Märchen über die Friedfertigkeit der Sozialisten aufzutischen und den revolutionären Charakter der Sozialdemokratie zu leugnen oder zu beschönigen. Dass die Anwälte nichts weiter wollten, als die Angeklagten mit milderen Urteilen davonkommen zu lassen, interessierte Lenin nicht im geringsten, denn er sah den Sinn des Auftretens vor Gericht nicht in der Milderung des Schicksals der von der Anklage Bedrohten, sondern in der öffentlichen Bekanntgabe der politischen Auffassungen der Partei. Daher sein Rezept: »Die Rechtsanwälte muß man unter der Fuchtel halten und unter Belagerungszustand stellen, denn dieses Intellektuellenpack macht oft Bockmist.« Daraus ergab sich eine klare Abgrenzung der Rollen im Gerichtssaal. Für den Anwalt galt: »Sei nur Jurist, verspotte die Zeugen der Anklage und den Staatsanwalt,... aber laß die Überzeugungen des Angeklagten beiseite, unterstehe dich nicht, auch nur mit einem Ton anzudeuten, wie du seine Überzeugungen und seine Handlungen bewertest.« Nur die Beweiswürdigung wurde dem Verteidiger belassen. Die Darlegung der Motive der Tat, der politischen Gesinnung, des Programms und der Ideale der kämpfenden Partei sollte »Sache der Angeklagten selbst sein«.[49]

Am entgegengesetzten Pol wäre der Standpunkt des gewissenhaften und penibel genauen Verteidigers einzuordnen, der seine Aufgabe nur durch die Juristenbrille sieht. Für ihn ist insofern ein Fall wie der andere, als sich seine Aufgabe nicht ändert: er muss immer dafür sorgen, dass das Ergebnis des Gerichtsverfahrens für seinen Mandanten am günstigsten ausfällt. Deswegen muss er darauf bestehen, dass weder der

---

49 V. I. Lenin: »Brief an E. D. Stasova und die Genossen im Moskauer Gefängnis«, in: Sämtliche Werke {nach der 2. russischen Ausgabe}, Band VII, Wien/Berlin, ohne Jahr {Copyright 1929}, S. 79-84, insbesondere 81 f. Bezeichnenderweise gibt sich Willard: La Defense... (siehe oben Anmerkung 14), S. 19, die größte Mühe, dem Leser zu erklären, dass sich Lenins Invektiven nicht auf einen kommunistischen Parteianwalt beziehen könnten, der mit Mittelstandsgewohnheiten und beruflicher Einseitigkeit gebrochen habe.

Mandant selbst noch erst recht eine außenstehende Körperschaft seinen Verteidigungsplan störe; die Verantwortung liegt bei ihm, und der Angeklagte geht gewissermaßen die vertragliche Verpflichtung ein, der von ihm vorgezeichneten Marschroute zu folgen.[50]

6. Typen politischer Verteidiger

Wenn die Verteidigung die Lebensgeschichte des Angeklagten vor Gericht abrollen lässt, kann sie entweder das Individuum hinter der Sache zurücktreten lassen oder die Sache so unterbetonen, dass sie nur einen blassen Hintergrund abgibt. Das sind die extremen Positionen, zwischen denen es zahllose Kombinationsmöglichkeiten gibt. Nur die wichtigsten Typen der Verteidigungstaktik in politischen Fällen werden im Folgenden berührt; zu beachten ist allerdings, dass man es gerade auf diesem Gebiet mit besonders vielen Übergängen, Sonderkonstellationen und einmaligen Kombinationen zu tun hat, die eine Erfassung des vielfältigen Geschehens mit Hilfe starrer Kategorien unmöglich machen.

Uneingeschränkten Einfluss auf die Prozessführung und, was noch wichtiger ist, ungehinderten Zugang zum Angeklagten im Untersuchungsstadium – wenn er in Haft ist – kann sich seine Organisation am ehesten verschaffen, wenn die Verteidiger aus ihrem eigenen Lager kommen. In Bezug auf Kenntnis und Beachtung der taktischen Notwendigkeiten, die sich von einem Augenblick zum andern verschieben können, dürfte eine Parteiorganisation von heute ohnehin wesentlich höhere Ansprüche stellen als ihre Vorgängerinnen im 19. Jahrhundert. Die Brüder Freytag, die August Bebel und Wilhelm Liebknecht verteidigten, oder Francesco Merlino (1856 - 1930), Anwalt, Theoretiker und politischer Vorkämpfer des italienischen Anarchismus,[51] konnten die Verteidigung souverän handhaben, weil ihre Mandanten ihnen, ihrer Unbestechlichkeit, ihrem politischen Fingerspitzengefühl, ihrem taktischen Geschick und ihrer Treue zur gemeinsamen Sache absolutes

---

50 Mit sichtlichem Wohlbehagen druckt Steve Nelson: The 13th Juror. The Inside Story of My Trial, New York, ohne Jahr {Copyright 1955}, S. 121, ein bezeichnendes geschäftsmäßiges Anwaltsangebot ab. Über den entsprechenden Standpunkt eines bekannten englischen Anwalts siehe Sir Henry Herman Slesser: Judgement Reversed, London/Melbourne, 1941, S. 175. Politischen Angeklagten kann es nachträglich bitter aufstoßen, dass sie einer solchen Abmachung zugestimmt haben; vergleiche John McNair: James Maxton, the Beloved Rebel, London, ohne Jahr {Copyright 1955}, S. 63.
51 Über manche Erfahrungen, die er mit Gerichten gemacht hat, berichtet Francesco Saverio Merlino: Politica e Magistratura del 1860 ad oggi in Italia, Rom, 1925. Zu seiner Biographie siehe die Einleitung zu Merlino: Questa è l'Italia, Mailand, 1953.

Vertrauen entgegenbrachten. Seitdem hat die Hingabe an politische Ideale diese bestechende Einfachheit und Geradlinigkeit eingebüßt. Der Jurist von heute, der mit der strafrechtlich bedrängten politischen Organisation sympathisiert oder ihr formal angehört, ist grundsätzlich nur als gelernter Fachmann gelitten. Er kann zwar die Parteileitung beraten und ihr sagen, welche Ergebnisse bei diesem oder jenem Vorgehen zu erwarten sind; aber inzwischen hat sich die Meinung durchgesetzt, dass der Unterschied zwischen der juristischen und der politischen Prozessauffassung nichts sei als ein leeres Schlagwort,[52] und wenn die sachverständige Empfehlung des Anwalts den politischen Erfordernissen der Stunde nicht entspricht, kann sie ebenso verworfen werden wie der Vorschlag jedes anderen Spezialisten; so haben sich zum Beispiel die Dinge im New Yorker Dennis-Prozess abgespielt.[53]

Jedenfalls ist es heutzutage Sache der Parteileitung oder besonderer von ihr geschaffener Organe, zu entscheiden, welches taktische Verfahren vor Gericht befolgt werden soll, und die Ziele der Partei für den Prozess so elastisch zu formulieren, dass sie einerseits nicht für verfassungswidrig erklärt werden können, anderseits aber unter den Anhängern der Partei und ihrer potentiellen Gefolgschaft keine Verwirrung stiften. Ebenso befindet die Partei darüber, wie der Taktik der Anklagebehörde und ihren Zeugen entgegengetreten wird, ob man der traditionellen symbolischen Figur des unparteiischen Richters Reverenz erweist oder den Richter als Vertreter der Staatsgewalt bloßstellt und angreift, ob man sich von vornherein auf ein negatives Urteil einstellt und die Propaganda darauf konzentriert, es anzuprangern, bevor es ergangen ist.

Freilich hängt es von den Umständen ab, inwieweit der grundsätzliche Vorrang der Partei bei allen Entscheidungen über die Prozesstaktik das Vorgehen der Verteidigung auch tatsächlich beeinflusst. Wenn interne Spaltungen oder äußere Arbeitserschwerungen der Parteileitung

---

52 Formulierung von Paul Levi in einem Schreiben vom 15. August 1914 an ein Mitglied des sozialdemokratischen Parteivorstandes, das Bedenken gegen Levis Plan hatte, seine Verteidigung Rosa Luxemburgs in einem Verfahren wegen Beleidigung des Heeres mit einer Versammlungskampagne einzuläuten. Damals ein blutjunger Frankfurter Rechtsanwalt, war Levi später, nach der Ermordung Rosa Luxemburgs und Karl Liebknechts, zwei Jahre lang Vorsitzender der Kommunistischen Partei Deutschlands, kehrte danach zur Sozialdemokratie zurück und wurde zum glanzvollsten politischen Strafverteidiger der Weimarer Zeit. Schon 1914 wusste er, dass politische Prozesse nicht immer in Gerichtssaal entschieden werden. (Levis Handakten befinden sich neben anderen nachgelassenen Papieren im Gewahrsam bei Joseph Buttinger in New York, dem ich für die Erlaubnis, sie einzusehen, Dank schulde). Über einen ähnlichen amerikanischen Fall aus den fünfziger Jahren, in dem es um die Zulässigkeit der öffentlichen Kritik des Verteidigers am Verhalten des Gerichts in einem noch schwebenden Prozess ging, siehe *re* Sawyer, United States Reports, Volume 360 (1959), S. 622.

53 Vergleiche Gates: The Story... (siehe oben Anmerkung 16), S. 126.

Fesseln anlegen, können ihre Prozessdirektiven zu unverbindlich oder zu dogmatisch ausfallen; oder die Organisation ist so aufgelockert, dass keine echten Direktiven mehr zustande kommen. In solchen Fällen kann die Initiative wieder auf den Anwalt übergehen, der je nach Temperament, politischem Interesse und Situationserfordernissen entweder zur »aggressiven Verteidigung« greift oder den Parteiauftrag nur pflichtgemäß erledigt und alles vermeidet, was das Gericht verärgern könnte.[54]

Am nützlichsten ist der Parteianwalt im Rahmen einer festgefügten Organisation, deren Lehrmeinung er vorbehaltlos übernimmt und deren Mitglieder er in enger Verbindung mit dem Organisationsapparat vertritt. Aber die Organisation kann ihre eigenen Gründe haben, die Verbindung des Angeklagten zu ihr nicht bekanntwerden zu lassen; das machte sich zum Beispiel in den Anfangsstadien des Falles Rosenberg bemerkbar. Oder sie kann es für vorteilhafter halten, sich eines neutralen Anwalts zu bedienen. Wenn der Parteianwalt nicht selbst ein angesehener Politiker ist, kann es sein, dass er über großes Prestige nicht verfügt; was er tut, erscheint dann als Abklatsch der Beschlüsse eines anonymen Parteibüros und wird weder vom Gericht noch von der Öffentlichkeit ernst genommen.

Nicht minder oft kann es passieren, dass der Angeklagte einer so gearteten Organisation überhaupt nicht angehört hat oder aus ihr ausgeschieden ist. Vielleicht hat er die ihm zur Last gelegte Tat auf eigene Faust oder im Zusammenwirken mit einem kleinen Häuflein von Freunden vollbracht – oder vielleicht ist seine Organisation dem Debakel erlegen, das ihn auf die Anklagebank gebracht hat. Hier kommt ein Anwalt anderer Prägung zum Zuge. Ohne der politischen Organisation des Angeklagten verbunden zu sein und ohne die Art oder Richtung seiner politischen Betätigung gutzuheißen, kann der Anwalt genug Verständnis für die Notlage haben, in die der Angeklagte geraten ist, oder seinen Idealen genug Sympathie oder Achtung entgegenbringen, um die Verteidigung zu übernehmen. In absoluten oder konstitutionellen Monarchien des 19. Jahrhunderts gab es, was heute seltener vorkommt, genug Anwälte, die einer weniger radikalen politischen Richtung angehörten oder nahestanden als die Angeklagten, die sie verteidigten, aber gleichwohl entschiedene Gegner des herrschenden Systems waren:

---

54 Siehe das im Verfahren gegen leitende Funktionäre des »Zentralrats zum Schutze demokratischer Rechte und zur Verteidigung deutscher Patrioten« bekanntgewordene KPD-Material aus dem Jahre 1952: Urteil des Bundesgerichtshofs vom 20. Mai 1958, I StE 7/57, in {Bundesanwalt Dr. Walter Wagner (Hg.):} Hochverrat und Staatsgefährdung. Urteile des Bundesgerichtshofes, Band II, Karlsruhe, 1958, S. 253-307, insbesondere 270 ff., 284 ff.

Whig-Konstitutionalisten vertraten »Radikale« alten oder neuen Stils; der Gemäßigte Erskine plädierte 1794 für Thomas Hardy; der Liberale Gruzenberg trat 1905 als Anwalt für den revolutionären Sozialdemokraten Trockij auf. Bisweilen sind in solchen Fällen politische Sympathien von Karriereberechnungen nicht leicht zu trennen. Jules Favre, führender Mann der französischen Opposition von den vierziger bis zu den sechziger Jahren und Thiers' Außenminister 1871, hatte seine politische Laufbahn damit begonnen, dass er die Verteidigung der Lyoner Teilnehmer am Aufstand von 1834 übernahm, die sich gegen den Mehrheitsbeschluss ihrer Mitangeklagten dafür entschieden hatten, sich im Hochverratsprozess vor der Pairskammer zu verantworten. Die Mehrheit hatte auf jede Verteidigung verzichtet, nachdem ihr Verlangen, sich von Politikern, auch Nichtjuristen, vertreten zu lassen, von der Pairskammer verworfen worden war. Von seinen Zeitgenossen wurde Favre heftig angegriffen, weil er die Einheitsfront der Angeklagten mit der Übernahme der Verteidigung zerschlagen habe.[55]

Die Beziehungen, die ein Anwalt zu Beginn seiner beruflichen Tätigkeit mit einer bestimmten Kundschaft aufnimmt, können seine gesamte künftige Praxis beeinflussen. Ein typisches Beispiel ist der amerikanische Anwalt G. F. Vanderveer (1875 - 1942), der zum ständigen Verteidiger der Industrial Workers of the World (IWW) in den Pazifik-Staaten der USA wurde.[56]

Ein Anwalt, der sich auf die Prozessvertretung einer bestimmten politischen Richtung spezialisiert hat, kann, wenn die Schicksale seiner Mandanten eine Wendung erfahren, genötigt sein, seine gesamte Gerichtsstrategie radikal zu ändern. So war es mit Friedrich Grimm (1888 - 1955), der sein Leben vor dem Dritten Reich damit verbracht hatte, Angeklagte von rechts vor Gericht zu vertreten. Bekanntgeworden war er während der Rheinland-Besetzung nach dem ersten Weltkrieg als Strafverteidiger deutscher Industrieller und Beamter, die mit den französischen Besatzungsbehörden in Konflikte gerieten; in den zwanziger Jahren verteidigte er nationalistische Fememörder, das heißt Angehörige illegaler militärischer Geheimformationen, die wegen Ermordung eigener Kameraden als angebliche Verräter verfolgt wurden (und allerdings nur in den seltensten Fällen vor Gericht kamen). Seine guten Beziehungen

---

55 Louis Blanc: Revolution Française. Histoire de dix ans. 1830 - 1840, Band 13, Brüssel, 1844, Kap. XLI, S. 29-98, insbesondere 42 ff. Die Favre entschuldigende Version seines Biographen Maurice Reclus: Jules Favre, 1809 - 1880, Paris, 1912, S. 70, ist nicht sehr überzeugend.

56 Siehe die Vanderveer-Biographie von Lowell S. Hawley und Ralph Bushneil Potts: Counsel for the Damned: A Biography of George Francis Vanderveer, Philadelphia, ohne Jahr {Copyright 1953}.

zu früheren Mandanten, die 1933 zur Macht aufgestiegen waren, benutzte er in den Anfängen der Hitler-Ära dazu, einige ehemalige Beamte des Weimarer Staates bei Korruptionsverfahren in Schutz zu nehmen. Etwa zur Zeit des Reichstagsbrandprozesses nahm sein Metier einen neuen Anstrich an: Bei Strafverfahren im Ausland, an denen das nationalsozialistische Regime ein Interesse hatte, wurde er zum juristischen Bevollmächtigten, Verhandlungsführer und Prozessvertreter für die deutschen Behörden. Mit diesem Auftrag stellte er – so zum Beispiel im Verfahren wegen der Ermordung Wilhelm Gustloffs, des nationalsozialistischen Hauptagenten in der Schweiz – seine sämtlichen Rechtstheorien auf den Kopf: Von der Rechtfertigung des politischen Mordes schwenkte er zu dessen schärfster Verurteilung.[57] Ihren logischen Abschluss fand seine Karriere im westdeutschen Nachkriegsstaat: nun betätigte er sich als Wortführer und juristischer Vertreter aller, die eine schleunige allgemeine Amnestierung der nationalsozialistischen Verbrechen forderten.[58] Grimm verkörperte den Typ des Anwalts, der sich mit Ausschließlichkeit an einer Sache festbeißt. In seinem Fall war es der extreme deutsche Nationalismus in allen Gestalten, in denen er sich im Verlauf von über zwei Jahrzehnten darbot; er begleitete ihn in all seinen Manifestationen und Wandlungen und versorgte ihn getreulich mit den juristischen Argumenten, die jeweils eine nützliche Wirkung zu verbürgen schienen.

Ebenso häufig begegnet man – wenigstens in der amerikanischen Praxis – dem Anwalt, bei dem sich politische Sympathie oder politisches Mitgefühl in etwas verwässerter Form äußert: als gleichsam spezialisiertes Eintreten für einen bestimmten Verfassungsgrundsatz. Organisationen, die sich den Rechtsschutz staatsbürgerlicher Rechte und Freiheiten in Theorie und Praxis zur Aufgabe machen, fördern diese Art der Anwaltstätigkeit und führen sie über konkrete Augenblicksziele hinaus. Zum Beispiel versucht die American Civil Liberties Union das verletzte oder bedrohte Verfassungsprinzip aus der konkreten politischen Sondersituation des Einzelfalles herauszulösen und zur Erhaltung oder Ausweitung seines Anwendungsbereichs dadurch beizutragen, dass sie Schriftsätze ausarbeitet, Prozessvertreter besorgt, sich als *amicus curiae* in manche Prozesse einzuschalten sucht und mit Erklärungen und Publikationen an die Öffentlichkeit tritt. Ihr Interesse gilt dabei nicht dem politischen Vorgang, aus dem das Problem erwächst, sondern dem Rechtsprinzip, das auf dem Spiel steht.

57 Friedrich Grimm: Politischer Mord und Heldenverehrung, Berlin, 1938.
58 Eine extrem einseitige Selbstdarstellung ist Friedrich Grimm: Politische Justiz, die Krankheit unserer Zeit, Bonn, 1953; siehe oben Kapitel III, Abschnitt 5-b.

Ob diese Unterscheidung sehr sinnvoll ist, sei dahingestellt; als Verteidigungstechnik hat sie jedenfalls ihre Vorteile, wenn auch vielleicht nur in engem Rahmen. Ohne sich mit einer Sache identifizieren zu müssen, die viele abstößt oder irritiert, kann sich ein Anwalt dieser Sache als Verteidiger in einem politischen Prozess auf die Weise zur Verfügung stellen, dass er auf die rechtlichen Konsequenzen des Falles vom Standpunkt der Erhaltung der verfassungsmäßigen Ordnung hinweist und vor der Gefährdung der Verfassungsgrundlagen warnt. So kann die Öffentlichkeit zwar nicht für die Sache, um die es sich handelt, dafür aber für das bedrohte Prinzip und Symbol – sogar der vertretenen Sache zum Trotz – mobilisiert werden. Diese Position erlaubt es Anwälten, die verschiedenen Gesellschaftsschichten angehören und verschiedene Kundenkreise vertreten mögen, sich vor Gericht für die Rechtmäßigkeit bestimmter Betätigungen von Feinden der bestehenden Ordnung einzusetzen. Sogar frühere Präsidentschaftskandidaten konservativer Couleur treten in diesem Sinn als Strafverteidiger auf.

Oft muss der Anwalt jedoch mehr hergeben als die bloße Bereitschaft, sich für eine freiheitliche Auslegung der Verfassungsgrundsätze zu schlagen. Wenn es im Strafverfahren nicht um Meinungen geht, sondern um irgendeine Form der Gewalttätigkeit, bedarf es eines intensiveren Interesses des Verteidigers an seinem Mandanten. Ein Anwalt, der es übernimmt, mit den Schwierigkeiten fertig zu werden, die sich dabei auftürmen, muss schon eher von der Unschuld des Angeklagten oder von der Berechtigung seiner Tat überzeugt sein. Viele Illustrationen dafür gab es in der langjährigen Anwaltspraxis von Clarence Darrow, der in der Führung politischer Prozesse alles andere als unerfahren war. Aber sogar gegenüber einem Anwalt dieser seltenen Art, der sich einem Prozess mit Haut und Haaren verschreibt, kann sich Misstrauen geltend machen: »versteht« er denn auch wirklich den politischen Sinngehalt des Prozesses? Typisch dafür ist die Bemerkung eines IWW-Journalisten über die Taktik Vanderveers in dem ersten Mordprozess, in dem er einen IWW-Anhänger verteidigte: »Nur mit offensichtlicher Mühe gelang es Rechtsanwalt Vanderveer, auf dem ihm fremden Boden des Klassenkampfes zu bleiben, während er doch von Hause aus dazu neigte, den Fall als eine ganz gewöhnliche Mordbeschuldigung zu behandeln.«[59]

Kann der Anwalt den Glauben an die Vertretbarkeit der von ihm verteidigten Tat nicht aufbringen, so bleibt er der bloße juristische Fachmann, für den sich auch der politische Fall auf eine alltägliche Strafsache reduziert. Dass ein Verteidiger so beurteilt wird, braucht nicht

---

59 Hawley/Potts: Counsel... (siehe oben Anmerkung 56), S. 213.

immer an seinem Verhalten zu liegen: Nicht selten verkennt der Angeklagte, was der Verteidiger zu tun versucht. In manchen Situationen verflüchtigt sich der ursprüngliche politische Kern des Prozesses, so dass nur die hilfsbedürftige Einzelperson vor feindlichen Stimmungen in der Bevölkerung und im Gerichtssaal geschützt werden muss, woraus dem Anwalt, der den Schutz gewährt, Gefahren erwachsen können.[60] Schließlich ist es, auch wenn der Mandant dem Rat seines Rechtsbeistandes widerspruchslos zu folgen bereit ist, nicht immer einfach, einen tüchtigen unpolitischen Anwalt zu finden, der für einen politischen Angeklagten kämpfen will. Der Anwalt mag seine strikt fachmännische Dienstleistung vom politischen Anliegen des Angeklagten noch so sorgsam und umsichtig abgrenzen; das braucht nicht zu hindern, dass in der Öffentlichkeit das eine mit dem anderen gleichgesetzt wird. Bei einer Umfrage der Juristischen Fakultät der Universität Pittsburgh waren 92 Prozent der befragten Studenten der Meinung, dass das Publikum den Anwalt in politischen Strafsachen mit der Schuld des Angeklagten identifiziere; fast 50 Prozent erklärten, sie würden solche Fälle nicht übernehmen, und vier Fünftel dieser Vorsichtigen führten als Grund die Angst vor einer feindseligen öffentlichen Meinung an.[61]

Wenn der Anwalt die Vorteile der Publizität, auch der ungünstigsten, den Nachteilen gegenüberstellt, die ihm daraus erwachsen müssen, dass er mit dem Staatsfeind in einen Topf geworfen wird, wird er schwerlich geneigt sein, Fälle, die solche Gefahren in sich bergen, auch auf rein geschäftlicher Basis zu übernehmen. Ablehnende Haltungen gegenüber Vorstößen ins Politische liegen überhaupt im Zuge der Entwicklung. Als führend und autoritativ gelten in der Anwaltschaft nicht mehr – wie in vergangenen Zeiten – die großen Rhetoriker, die sich für alles und jedes interessieren und zwischen Politik und Jurisprudenz hin- und herpendeln, sondern die spezialisierten Fachanwälte. Der Spezialist aber vertritt – häufig in enger Zusammenarbeit mit mehreren anderen Fachjuristen – einen engbegrenzten Auftraggeberkreis, dessen Interessen er gegenüber anderen Interessengruppierungen, bei Behörden, im Gerichtssaal und, was vielfach wichtiger ist, außerhalb des Gerichtssaals wahrnimmt. Diesen Interessen, an die er in manchen Ländern als ständiger Rechtsbeistand durch langfristige Abmachungen gebunden ist,

---

60 Anschaulich schildert die Rolle des Verteidigers bei den französischen Nachkriegsprozessen gegen Kollaborateure ein ehemaliger Angeklagter: Philippe Saint-Germain: Article 75, Paris, 1951, insbesondere S. 65 f.; hier wird auch (S. 70 f.) auf die psychologische Wirkung des Beistands eines hilfsbereiten Anwalts hingewiesen.
61 Jack H. Olender: »Let Us Admit Impediments«, in: Symposium: »The Right to Counsel in the ›Unpopular Cause‹«, in: University of Pittsburgh Law Review, Jahrgang 20, S. 725-753, insbesondere 751 (Heft 4, Juni 1959).

liefe es zuwider, wenn er sich außerhalb seiner spezialisierten juristischen Arbeit an öffentlichen Kontroversen oder an politisch oder ideologisch umstrittenen Rechtsfällen beteiligte. Seine beruflichen Verpflichtungen färben auf seine Teilnahme am öffentlichen Leben ab und bannen sie in enge Grenzen.

Sein weniger prominenter und weniger spezialisierter Kollege, der eine allgemeine Rechtspraxis betreibt, muss zwar überall nach Aufträgen Ausschau halten, muss aber gerade deswegen besonders darauf achten, dass er nicht aus dem sicheren Gehege allgemein akzeptierter Ansichten und Verhaltensmaximen ausbricht. Er schließt sich gern allen möglichen Organisationen und Vereinen an, aber nur solange er damit das Renommee eines tüchtigen Juristen, der für Sonderbedürfnisse einzelner Gruppen oder für die unumstrittenen Vorhaben der Allgemeinheit von Nutzen sein kann, nicht gefährdet; organisatorischen und geschäftlichen Verbindungen, die ihn als Befürworter oder Sachwalter unpopulärer Strömungen oder Gruppierungen abstempeln könnten, geht er doch lieber aus dem Weg.[62]

Gelingt es einem Angeklagten nicht, sich die Dienste eines Anwalts auf dem Weg privater Vereinbarungen zu sichern, so wird in vielen Fällen der Vorstand der Anwaltschaft versuchen, einen Verteidiger zu besorgen. In Fällen, in denen Anwaltszwang besteht, ist es Sache des Gerichts, einen Offizialverteidiger zu bestellen. Natürlich kann es vorkommen, dass der Angeklagte – wie Dimitrov im Leipziger Reichstagsbrandprozess von 1933 – eine solche Vertretung von vornherein ablehnt. Oder er wehrt sich gegen eine bestimmte Argumentation des Verteidigers: Das kann passieren, wenn der Angeklagte das schwarze Schaf ist, dem die Familie einen Rechtsbeistand als Mentor zuweist.

Der Unterschied zwischen dem politischen Kämpfer auf der Anklagebank und einem Angeklagten, der durch ein Zufallsmalheur in einen politischen Prozess hineingerät, ließ sich im August 1960 im Moskauer Prozess gegen den amerikanischen Flieger Powers studieren. Ohne Rücksicht auf die unmittelbare Reaktion des Gerichts hätte ein politischer Angeklagter spätestens in seinen Schlussbemerkungen einen Offizialverteidiger zurechtgewiesen, der es in seiner Verteidigungstaktik darauf angelegt hatte, weniger die Interessen seines Mandanten als die Propagandageschäfte der Regierung wahrzunehmen. Powers tat nichts

---

62 Welche Stimmung bisweilen in Prozessen gegen politisch Missliebige vorherrscht, zeigte sich im Fall *re* Sawyer, United States Federal Reporter, Second Series, Volume 260 (1959), S. 189 ff. (9. Bundesgerichtsbezirk), als ein Richter (S. 214) es besonders bemerkenswert fand, dass ein Anwalt »so weit geht, Angeklagte zu vertreten, die sich nach dem Smith-Gesetz zu verantworten haben«.

dergleichen, solange seine Stellungnahme für den Ausgang des Prozesses von Bedeutung war; erst nach dem Urteil gab er Erklärungen ab, die ihm bei seiner Rückkehr nach Amerika einen freundlichen Empfang sichern mochten.[63]

Ebenso wenig wie privat beauftragte Anwälte neigen Offizialverteidiger dazu, sich auf eine politisch bedingte Taktik der Mandanten einzulassen. Das erhöht vielleicht ihre Beliebtheit bei amtlichen Stellen,[64] macht es aber dem politischen Angeklagten nicht leicht, ihre Hilfe in Anspruch zu nehmen. Auch wenn sie – wie zum Beispiel in westlichen Ländern – nur dem Angeklagten verpflichtet sind und nur auf ihn Rücksicht nehmen sollen, können sie sich nicht dazu hergeben, den Prozess außer im Gerichtssaal auch noch vor einem Sektor der Öffentlichkeit, den sich der Angeklagte aussucht, zu führen. Manchmal versuchen sie nach Kräften, diese Art Demonstrationstaktik auch dem Angeklagten auszureden; häufig geben sie sich Mühe, ihn davon abzuhalten, in den Prozess Dinge hineinzutragen, von denen sie – aus ihrer engeren Sicht – meinen, sie hätten mit dem Prozessgegenstand nichts zu tun.

7. *Der politische Anwalt und die Richter*

Der latente Konflikt zwischen dem politischen Anwalt und den Gerichten oder der großen Juristengemeinde im Ganzen rührt daher, dass die Aufgabe des Verteidigers je nach dem Standort verschieden gesehen wird; er lässt sich daher auch verschieden behandeln. Verbreitet war lange Zeit eine gewisse *Laissez-faire*-Haltung. In Frankreich zum Beispiel standen die Gerichte den Anwälten und vor allem ihrer forensischen Leistung seit jeher mit einem beträchtlichen Wohlwollen gegenüber; sie brauchten ja auch nicht daran zu zweifeln, dass sie das letzte Wort behalten würden. Die Frage, ob die Pflicht des Verteidigers in erster Linie dem Gesetz oder dem Angeklagten gelte, wurde demzufolge kaum jemals aufgeworfen. Wie die Disziplin und Ordnung im Gerichtssaal aufrechtzuerhalten sei, wurde von Fall zu Fall entschieden. Wird im

---

63 Nach dem Prozess äußerte sich Powers seiner Frau gegenüber ganz anders als in seinem letzten Wort vor Gericht; siehe »Flier's Final Plea to Court« und »U-2 Pilot Rejects Attacks on U.S.«, in: The New York Times, Jahrgang CIX, Nr. 37464, 20. August 1960, S. 1, Sp. 5 und 6.

64 Siehe die lobenden Bemerkungen des Richters Goodrich (Appellationsgericht für den 3. Bundesgerichtsbezirk) über den sogenannten Philadelphia-Plan, eine interne Regelung der Anwaltschaft über die Auswahl von Anwälten für politische Angeklagte, in Symposium: »The Right to Counsel...« (siehe oben Anmerkung 61), S. 733.

Scheinwerferlicht der Öffentlichkeit und in einer Atmosphäre leidenschaftlicher politischer Erregung verhandelt, so kann es einem aggressiven Anwalt passieren, dass er aus dem Gerichtssaal verwiesen, von der weiteren Prozessführung ausgeschlossen oder disziplinarisch gerügt wird. Die Geschichte der französischen Advokatur kennt viele solche Explosionen: es gab sie bei der Verhandlung gegen die Ustasi-Mörder des Königs Alexander von Jugoslawien und des französischen Außenministers Louis Barthou vor dem Geschworenengericht von Aix 1935; im Prozess gegen FLN-Mitglieder wegen des Attentats auf Jacques Soustelle vor dem Pariser Militärgericht 1959;[65] im Verfahren gegen Mitglieder der Gruppe Jeanson wegen Hilfeleistung für FLN-Angehörige 1960.

Im Allgemeinen hatte jedoch der politische Anwalt – mochte er Angeklagte der Linken, oder, was neuerdings häufiger vorkommt, Angeklagte der Rechten oder algerische Nationalisten vertreten – die Möglichkeit, seine oft beachtlichen politischen Gaben und Energien innerhalb und außerhalb des Gerichtssaals in den Dienst jeder Sache zu stellen, die er für verteidigenswert hielt. Dabei konnte ihm freilich auch Schlimmes widerfahren: Anwälte, die sich der Sache der algerischen Revolution annahmen, weil sie selbst revolutionäre Ziele verfolgten oder es als Juristen für ihre Pflicht hielten, für die Rechte algerischer Angeklagter einzustehen, setzten sich im Lauf der Jahre zunehmend schärferen Repressalien aus. Mehrere wurden mit physischer Gewalt davon abgehalten, algerische Angeklagte zu verteidigen; andere wurden verhaftet; einige wurden wegen Äußerungen, die sie als Verteidiger vor Gericht getan haben, strafrechtlich verfolgt.[66]

---

65 Le Monde, Jahrgang 16, Nr. 4365, 4. Februar 1959, S. 4, Sp. 1 f. Dem Verteidiger wurde Verletzung der Berufspflicht zur Last gelegt, weil er der Staatsanwaltschaft in einem konkreten Fall Verschleppung vorgeworfen hatte. Die Strafe war »Verwarnung«, die mildeste disziplinarische Sanktion nach Art. 32 des Dekrets Nr. 54-406 vom 10. April 1954; siehe Journal Officiel de la République Française, Jahrgang 86, S. 3494-3497 (Nr. 85, 11. April 1954). Nach Art. 31 kann der Ordnungsrat der Anwaltschaft, nach Art. 41 das Gericht, vor dem verhandelt wird, Disziplinarstrafen verhängen. Bei der Errichtung der neuen Cour de Sûreté de l'État im Januar 1963 sind verschärfte Bestimmungen disziplinarischer Natur hinzugekommen: Das neue Gericht kann dem Anwalt wegen Verletzung der Amtspflicht im Gerichtssaal die Verteidigungsbefugnis entziehen und diesen Beschluss ungeachtet etwaiger Anfechtung mit sofortiger Wirkung in Kraft setzen; es muss nur vorher einen Vertreter der Anwaltschaft hören; siehe Gesetz Nr. 63-23 vom 13. Januar 1963 in: Journal Officiel de la République Française, Jahrgang 95, S. 508-512 (Nr. 13, 16. Januar 1963), insbesondere Art. 34, S. 511. Nach Le Monde, Jahrgang 20, Nr. 5596, 13. Januar 1963, S. 2, hat das Justizministerium zugesichert, dass bei Anwendung dieser Bestimmung die Gerichtsverhandlung bis zur Bestellung eines neuen Verteidigers vertagt werden sollte.

66 Siehe die dem Internationalen Komitee vom Roten Kreuz vorgelegte Denkschrift über die Ausweisung von Anwälten aus Algerien: Jacques Vergas, Michel Zavrian, Maurice Courrégé: »Lettre au President du Comité International de la Croix Rouge«, in: Les Temps Modernes, Jahrgang 15, S. 1208-1211 (Nr. 167-168, Februar/März 1960).

Natürlich können Sicherheitsbehörden gegen Anwälte wie gegen andere Sterbliche Vorgehen, auch ohne dass Gerichte oder Anwaltskammern von ihren Disziplinarbefugnissen Gebrauch machen. Als Folge von Zusammenstößen im Gerichtssaal beim Jeanson-Prozess sind auch noch durch eine besondere Verordnung (Nr. 60-1067 vom 6. Oktober 1960) die Disziplinarbefugnisse der Gerichte erweitert worden. Die Position der Verteidigung in der langen Kette politischer Prozesse wurde damit in drei wesentlichen Punkten verschlechtert: 1. für alle Strafverfahren gelten neue prozessuale Vorschriften, so dass von der Verteidigung geladene Zeugen zum Beispiel keine zusammenhängenden grundsätzlichen Erklärungen mehr abgeben dürfen (Art. 1); 2. Sondervorschriften für Verfahren vor Militärgerichten ermöglichen es dem Gericht, über einzelne Beweisanträge der Verteidigung in einer Sammelentscheidung zu befinden (Art. 5); 3. in Strafverfahren, die mit den Vorgängen in Algerien zusammenhängen, darf das Gericht Disziplinarmaßnahmen gegen den Verteidiger (zum Beispiel Ausschluss vom Prozess) mit sofortiger Wirkung verhängen, ohne dass durch Berufung Aufschub erzielt werden könnte (Art. 9).[67]

In Ländern, in denen Gerichtssaalrhetorik weniger Anklang findet, wird neuerdings in zunehmendem Maße darauf gesehen, dass potentielle politische Störenfriede aus der Anwaltschaft ausgestoßen oder gar nicht erst zur Anwaltschaft zugelassen werden. Neue gesetzliche Bestimmungen erschweren die Zulassung in der Bundesrepublik Deutschland.[68] In den Vereinigten Staaten hatten manche Juristen in der jüngsten Zeit um ihre Zulassung zur Anwaltschaft gegen widerspenstige Zulassungsausschüsse anzukämpfen, die ihnen aus politischen Gründen die sittliche Befähigung zum Anwaltsberuf absprachen.[69] Erschwerte Zulassungsbe-

---

Vergleiche auch Gisèle Halimi: »La Defense hors la loi«, a.a.O., S. 1185-1191. Vor einiger Zeit wurde vorgeschlagen, Straffreiheit für die Anwaltstätigkeit im Gerichtssaal – etwa nach dem Vorbild der parlamentarischen Immunität, aber ohne Schmälerung der Disziplinarbefugnisse des Gerichts und des Ordnungsrates – einzuführen; siehe Pierre Gonzalez de Gaspard: »L'Immunité de la Defense«, in: Le Monde, Jahrgang 17, Nr. 4698, 28./29. Februar 1960, S. 6, Sp. 1.

67 Verordnung vom 6. Oktober 1960 in: Journal Officiel de la République Française, Jahrgang 92, S. 9108 f. (Nr. 234, 7. Oktober 1960). Der Vorsitzende der Anwaltschaft André Tolouse sah in der Verordnung eine verallgemeinernde Reaktion auf eine vergängliche konkrete Situation; siehe Le Monde, Jahrgang 17, Nr. 4889, 8. Oktober 1960, S. 3, Sp. 4 ff. Diese nervöse Hast ist typisch für ein Regime, in dem die gesetzgebende Gewalt zu einem erheblichen Teil auf eine weitgehend unabhängige Exekutive übergegangen ist.

68 § 7 Ziffer 6 der Bundesrechtsanwaltsordnung vom 1. August 1959, Bundesgesetzblatt, 1959, Teil I, S. 565-609 (Nr. 35, 6. August 1959), versagt die Zulassung zur Anwaltschaft, »wenn der Bewerber die freiheitlich-demokratische Grundordnung in strafbarer Weise bekämpft.«

69 *Königsberg v. State Bar of California*, United States Reports, Volume 353 (1957), S. 252-

stimmungen und verschärfte Ausschlussvorschriften wegen ungehörigen Verhaltens im Gerichtssaal werden damit begründet, dass von Anwälten strikte Befolgung der Verfassungsgrundsätze und erhöhte Verantwortung verlangt und Obstruktion im Gerichtssaal, die gegen die Würde des Gerichts und der Anwaltschaft verstoße, verhindert werden müsse.[70] Die Gegenargumente beziehen sich weniger auf die Beschränkung der Verteidigungsmöglichkeiten in politischen Prozessen als auf die Verletzung bestimmter verfassungsmäßiger und verfahrensrechtlicher Garantien, die in verschärften Ausschluss- und Disziplinarvorschriften liege.

Auf welche Verfassungs- und Rechtsprinzipien man sich auch immer berufen mag, die gerichtliche Beurteilung solcher Konflikte zwischen politischen Anwälten und ihren Gegnern in Anwaltskammern, Justizministerien oder Gerichten (die Anwälte wegen Ungebühr belangen) muss von bestimmten Überlegungen darüber ausgehen, wie das möglichst reibungslose Funktionieren des Gerichtssystems mit den Verpflichtungen des politischen Verteidigers gegenüber seiner besonderen Klientel in Einklang gebracht werden sollte. Es kann schwieriger sein, einen politisch verdächtigen Juristen auf Grund von Indizien oder amtlichen Feststellungen über seine politische Gesinnung oder eine von ihm früher vertretene politische Meinung von der Anwaltschaft fernzuhalten, als sein tatsächliches Verhalten vor Gericht zum Anlass von Disziplinarmaßnahmen zu nehmen. Nichtzulassung aus Gesinnungsgründen gehört zum Bereich vorsorglicher Planung der lückenlosen politischen Abschirmung eines bestehenden Regimes, was immer eine problematische Angelegenheit ist; disziplinarisches Vorgehen dagegen ist eine Kontrollmaßnahme gegen konkrete Missbräuche bei der Verrichtung der Anwaltsfunktion.

In einem Prozess wegen aktiver Teilnahme an einer kommunistischen Tarnorganisation verfügte der Karlsruher Bundesgerichtshof den

---

312; *Schware v. Board of Bar Examiners*, a.a.O., S. 232; *Sheiner v. Florida*, Southern Law Reports, Second Series, Volume 82 (1956), S. 657-672; *Anastaplo v. Illinois*, Northeastern Reporter, Second Series, Volume 121 (1954), S. 826-833; Prüfung durch das Oberste Gericht abgewiesen: United States Reports, Volume 348 (1955), S. 946. Vergleiche auch die Mehrheits- und Minderheitsberichte des Anwaltschaftsausschusses für den 1. Appellationsgerichtsbezirk des Staates Illinois über Charakter und Eignung zweier Bewerber: »Heresy and the Bar: The Cases of Leo Sheiner and George Anastaplo«, in: Lawyers Guild Review, Jahrgang XIX, S. 64-75 (Nr. 2, Sommer 1959).

70 *Sacher v. United States*, United States Reports, Volume 343 (1952), S. 1-89; *re* disbarment of Abraham J. Issermann, United States Reports, Volume 345 (1953), S. 286-294; dagegen siehe die Begründung zum ablehnenden Votum des Bundesrichters Robert H. Jackson, ebda., S. 290 ff., mit der Feststellung, dass Verfahren wegen Ungebühr im 19. Jahrhundert keineswegs die Ausstoßung aus der Anwaltschaft nach sich gezogen hätten. Das Oberste Gericht scheint 1953 die Mittel zu billigen, mit denen New Yorker Richter 1733 im Verfahren gegen den Drucker John Peter Zenger vergeblich versuchten, die gerichtliche Anerkennung der Pressefreiheit zu verhindern.

Ausschluss eines Verteidigers, der dem Gericht eine DDR-Protestresolution gegen das Verfahren übermittelt hatte. Die Entscheidung berief sich auf die reichlich dehnbare Lehre vom Anwalt als Organ der Rechtspflege und sagte, mit der Übermittlung der Resolution habe der Verteidiger auf das Gericht gesetzwidrigen Druck ausüben wollen.[71] Eher ließe sich vielleicht eine andere Entscheidung desselben Gerichts rechtfertigen: der Ausschluss des DDR-Spitzenverteidigers Kaul, der als in West-Berlin zugelassener Anwalt auch vor westdeutschen Gerichten plädieren darf, von der Verteidigung in einem Spionageprozess, in dem Geheimmaterial zur Sprache kommen musste; das Gericht wollte sich nicht darauf verlassen, dass Kaul die im Gerichtssaal gewonnenen Kenntnisse seinen politischen Vorgesetzten vorenthalten werde.[72]

Später ging der Bundesgerichtshof noch einen Schritt weiter: Er untersagte Kaul jede Teilnahme an einem Prozess, dessen konkreter Gegenstand in diesem Zusammenhang nicht angegeben wurde; die Bundesrichter begnügten sich mit dem Hinweis, dass Kaul seine Rechtspraxis im Einklang mit der Politik der DDR und in deren Interesse ausübe. Anschließend wurden einige theoretische Überlegungen über die unerlässliche Unabhängigkeit des Verteidigers angestellt, die offenbar darauf zielten, die missbräuchliche Ausnutzung des Anwaltsprivilegs zu staatsfeindlichen Zwecken zu unterbinden.[73] Obgleich die Bundesrichter die Möglichkeit gar nicht erwähnten, dass sich der Angeklagte gegen die von seiner Partei vorgeschriebene Verteidigungstaktik auflehnen könnte, hatten sie unverkennbar gerade eine solche Situation im Auge: guter Angeklagter, böser Anwalt! Damit kommt aber das Gericht peinlich nah an die Konstruktion heran, wonach es Interessen gibt, die sich mit den vorherrschenden gesellschaftlichen Tendenzen in »objektiver« Übereinstim-

---

71 Beschluss des Bundesgerichtshofs vom 15. Februar 1956, StE 1/56, in: Entscheidungen des Bundesgerichtshofs in Strafsachen, Band 9, Karlsruhe, 1957, S. 20-23; scharf kritisch Adolf Arndt: »Anmerkung«, in: Juristenzeitung, Jahrgang 11, S. 376 f. (Heft 12, 20. Juni 1956). Sechs Jahre und zehn Monate später ist der Ausschließungsbeschluss des Bundesgerichtshofs vom Bundesverfassungsgericht aufgehoben worden. Zwar gebe es ein vorkonstitutionelles Gewohnheitsrecht, wonach ein Verteidiger ausgeschlossen werden könne, wenn er sich der Beteiligung an Straftaten oder der Begünstigung schuldig mache, aber bei der Anwendung dieses Gewohnheitsrechts sei jedes Übermaß verboten, und daran habe sich der Bundesgerichtshof nicht gehalten; der Ausschluss von der Verteidigung stehe außer Verhältnis zum Verschulden des so bestraften Verteidigers. Näheres in: Entscheidung des Bundesverfassungsgerichts vom 19. Dezember 1962, 1 BvR 163/56, Deutsches Verwaltungsblatt, Jahrgang 78, S. 291 ff. (Heft 7, 1. April 1963).
72 Beschluss des Bundesgerichtshofs vom 15. November 1955, StB 44/55 (2 B Js 241/55), in: Entscheidungen des Bundesgerichtshofs in Strafsachen, Band 8, Karlsruhe, 1956, S. 194-200.
73 Beschluss des Bundesgerichtshofs vom 2. März 1961, 3 StR 49/60, in: Neue Juristische Wochenschrift, Jahrgang 14, S. 614 f. (Heft 13, 30. März 1961).

mung befinden, und andere, unzulässige, den vorherrschenden Tendenzen zuwiderlaufende Interessen, die ein Angeklagter vor Gericht »rechtswidrig« nur durchzusetzen sucht, wenn er darin von einem gleichgesinnten Anwalt bekräftigt wird. Wie weit ist es von hier bis zu der Auffassung,[74] dass nur »objektiv gerechtfertigte« Interessen von Anwälten vertreten werden sollen? Immerhin vermeidet es das Bundesanwaltsgesetz von 1959, die Zulassung zur Anwaltschaft von politischem Wohlverhalten abhängig zu machen und missliebige politische Betätigung mit Widerruf der Zulassung zu ahnden.

Die höchstgerichtliche Rechtsprechung in den Vereinigten Staaten ist bis jetzt weder dem politisch verdächtigen Bewerber um die Zulassung zur Anwaltschaft noch dem wegen Ungebühr aus der Anwaltschaft ausgeschlossenen oder disziplinarisch bestraften Anwalt zu Hilfe gekommen.[75] Hier herrscht aber noch ein Zufallselement vor: die Mehrheitsverhältnisse in den höheren Gerichten ändern sich; auch für den politischen Verteidiger können bessere Zeiten kommen.[76] Rosig sind seine Aussichten dennoch nicht. Die Kontrolle gerichtlicher Disziplinarmaßnahmen gegen Anwälte durch die höheren Instanzen wäre gleichbedeutend mit recht heikler Einmischung in die Beziehungen zwischen Anwälten und Richtern in den Prozessgerichten. In einem Beruf, in dem der Korpsgeist eine hervorragende Rolle spielt, wäre das ein gewagtes Unterfangen, ein besonders gewagtes, wenn es Anwälten zugutekommen müsste, denen immer wieder wenig reguläres Verhalten oder verdächtiger Umgang nachgesagt wird. Damit werden die Gerichte erst recht veranlasst, das Problem der Gerichtssaaldisziplin und die These vom »Anwalt als Organ der Justiz« in den Vordergrund zu rücken. Sie verlieren dann das besondere Wesensmerkmal des politischen Prozesses aus den Augen, das es in dieser Form in anderen Prozessen nicht gibt: ihre eigenen politischen Sympathien und Antipathien, ihr eigenes politisches Engagement. Mit der Glaubwürdigkeit der Richter und der von ihnen geleiteten Prozesse ist aber die Glaubwürdigkeit des Staatsgebildes, dem sie dienen, unzertrennlich verbunden.

---

74 Siehe oben Abschnitt 5 und weiter unten Kapitel VII, Abschnitt 4.
75 Zur Zulassungsfrage ergingen am 24. April 1961 mit 5 gegen 4 Stimmen Entscheidungen des Obersten Gerichts in Sachen *Königsberg v. United States*, United States Reports, Volume 364 (1961), S. 805 f., und *Anastaplo v. United States*, ebda., S. 806.
76 *Sacher v. Association of the Bar of the City of New York*, United States Reports, Volume 347 (1954), S. 388-395; *re* Sawyer, a.a.O., Volume 360 (1939), S. 622 ff. über die wechselnde Disziplinarpraxis der Anwaltschaft in einzelnen Gerichtsbezirken siehe Benjamin Dreyfus und Doris Brin Walker, »Grounds and Procedure for Discipline of Attorneys«, in: Lawyers Guild Review, Jahrgang XVIII, S. 67-78 (Nr 2., Sommer 1958).

8. Internationalisierte Prozesse

Sich dieser unentrinnbaren Verbundenheit bewusst zu sein, ist umso wichtiger, als sich Bedeutung und Gewicht des politischen Prozesses im letzten halben Jahrhundert wesentlich verschoben haben. Der politische Prozess des 19. Jahrhunderts war eine nationale Angelegenheit, auch dann, wenn Menschen von internationalem Ruf – wie Blanqui, Malatesta, Bebel, Kropotkin – auf der Anklagebank saßen. Ihre Freunde und Anhänger konnten zwar schwärmerisch davon träumen oder sich nüchtern ausrechnen, dass alle staatlichen Unterdrückungsmaßnahmen im Endeffekt – und in einer nicht allzu fernen Zukunft – ihrer Sache zustattenkommen müssten; sie gaben sich aber, was den unmittelbaren Widerhall ihres Auftretens vor Gericht anging, keinen übermäßigen Illusionen hin. Man war sicher, dass der Sieg auf die Dauer nicht ausbleiben konnte, aber man erwartete von den Reden und Gesten des Tages keine unmittelbare Veränderung der politischen oder gesellschaftlichen Zustände. Die heroischen Taten der russischen Revolutionäre der siebziger oder achtziger Jahre mochten das zaristische System schwächen und das Denken der russischen Intelligenz einer späteren Zeit entscheidend beeinflussen; die Reden, die August Bebel und Wilhelm Liebknecht vor den Leipziger Geschworenen 1872 hielten, mochten ihnen die willkommene Gelegenheit verschaffen, ihre Ansichten über den Zusammenhang zwischen gesellschaftlichem Wandel und politischer Umwälzung darzulegen und eine Saat auszustreuen, die eines Tages in gewaltigen Wahlerfolgen ihrer Partei aufgehen sollte. Das Ersehnte kam aber erst zwei oder drei Jahrzehnte später und wurde auch kaum früher erwartet. Der politische Prozess war die Begleiterscheinung einer Zeit des Keimens und Werdens.

Im 20. Jahrhundert ist die Zeit, in der die politische Saat ausreift, drastisch verkürzt, und die Früchte werden nicht nur auf nationalem Boden geerntet. Das verändert den Charakter des politischen Prozesses. Von der Lehrzeit auf der Anklagebank und im Gefängnis führt ein fast direkter Weg zur Staatsführung; er ist beinah schon zur normalen Methode des Aufstiegs zu hohen Regierungsämtern geworden: De Valera, Gandhi, Nehru, Lenin, Stalin, Rákosi waren die Vorboten einer langen Reihe jüngerer Führer der einst kolonialen Welt. Das Schrumpfen der Entfernungen, die Entfaltung der Verkehrs- und Verbindungswege, das Aufkommen einer nationalen Grundsatzopposition, die über Hilfstruppen in Staatsapparaten des Auslands verfügt, und die Vermehrung und gewaltige Vergrößerung der Spionage- und Nachrichtendienste haben den politischen Prozess zum Brennpunkt der politischen Strategie gemacht: nicht nur für die Prozessbeteiligten, sondern auch für zahlreiche Organisationen in der ganzen Welt.

Die Auswertung der politischen Prozesse für die Produktion wirksamer politischer Gegensymbole war bis zum Beginn der dreißiger Jahre ein fast ausschließliches Monopol der Kommunisten. Ihre Vorherrschaft in dieser Sphäre erreichte ihren Höhepunkt – dank der einzigartigen Rolle Dimitrovs – mit dem Reichstagsbrandprozess. Das ist seitdem anders geworden. In dem Maße, wie das kommunistische Regierungssystem einen immer offensichtlicheren Unterdrückungscharakter annahm, kehrte sich die Technik der Prozessausschlachtung gegen die Kommunisten selbst.

Eine Geschichte der fachlich aufgezogenen Juristenorganisationen, die sich dem Kampf gegen die Ungerechtigkeit und Unrechtmäßigkeit der politischen Justiz widmen oder widmen sollten, soll hier nicht geschrieben werden. Wichtig scheint es dennoch, die drei Haupttypen solcher Organisationen zu kennzeichnen.

Da ist zunächst die richtunggebundene Organisation, die sich in den Dienst bestimmter Aufgaben stellt. Diese Aufgaben können von so allgemeiner Natur sein wie die Förderung von Recht und Humanität im Sinne liberal-demokratischer »Links«ideen, wie sie die französische Liga für Menschenrechte kennzeichnete, deren Ruhm verblichen ist, nachdem der irreparable Bruch zwischen Kommunisten und Nichtkommunisten ihre Schlagkraft untergraben hatte.[77] Diese Aufgaben können aber auch in der Vertretung einer bestimmten Partei bestehen, für die der Juristenverband eine eigene Rechtsschutzorganisation ersetzt. So war es mit der von Kommunisten organisierten Internationalen Juristenassoziation der zwanziger und dreißiger Jahre; sie kümmerte sich in der ganzen Welt um die gegen Kommunisten geführten Prozesse, betrieb Propaganda für die Sache der Angeklagten und setzte sich daneben aus taktischen Gründen hin und wieder auch für angeklagte oder verfolgte Nichtkommunisten ein. Ihr Nachfolger, der Internationale Bund demokratischer Juristen, leidet an der Unvereinbarkeit seiner Aufgaben: einmal soll er Kommunisten vor Verfolgung und Unterdrückung schützen und zum andern die Unterdrückung, die von kommunistischen Herrschaftsordnungen geübt wird und oft sehr viel schlimmer ist, als gerechte Sache hinstellen.[78]

---

77 Vergleiche Jean und Monica Charlot: »Un Rassemblement d'Intellectuels. La Ligue des Droits de l'Homme«, in: Revue Française de Science Politique, Jahrgang IX, S. 995-1028 (Nr. 4, Dezember 1959), die Beteiligung der Liga an Prozesskampagnen wird hier jedoch nicht im Einzelnen untersucht.
78 Die minuziöse Untersuchung von Vladimir Kabes und Alfons Sergot: Blueprint of

Einen anderen Organisationstyp weist die zu einem konkreten Zweck aufgebaute Organisation auf, die es sich zur Aufgabe macht, die Interessen einer bestimmten Gruppe von Angeklagten (zum Beispiel der Opfer der Hochverratsprozesse in Südafrika) im nationalen und im internationalen Rahmen juristisch, moralisch und finanziell zu fördern. Auch sie ist richtunggebunden, aber nicht von vornherein die Hilfstruppe einer bestimmten Partei.

Mit einem dritten Typ haben wir es schließlich bei der Organisation zu tun, die ein bestimmtes Prinzip – Gewährleistung der Rechte der Staatsbürger oder Sicherung der Rechtsstaatlichkeit schlechthin – vertritt und einerseits den einzelnen Stadien der Verwirklichung des Prinzips Publizität und Widerhall verschafft, andererseits in Rechtsfällen, bei denen seine Anwendung eine Rolle spielt, für Rechtshilfe und Rechtsberatung sorgt; im Allgemeinen hütet sich eine solche Organisation jedoch, sich an den konkreten politischen Kämpfen zu beteiligen, aus denen die von ihr vertretenen Rechtsfälle erwachsen. Das ist zum Beispiel gegenwärtig die Haltung des Vorstands der American Civil Liberties Union. Bis zu einem gewissen Grade gilt das auch für die jüngere Internationale Juristenkommission. Von westlichen Juristen 1957 ins Leben gerufen, versucht sie, in der ganzen Welt ein ebenso umfassendes Netz von Mitgliedern und Sympathisierenden aufzubauen, wie es ihren kommunistischen Konkurrenten zur Verfügung steht. Sie bemüht sich, an Prozessen durch Beobachter teilzunehmen, Regierungen zu beeinflussen und mit Hilfe von Kundgebungen, Denkschriften, Erhebungen und Forschungsberichten meinungsbildend zu wirken. Im Gegensatz zu ihren kommunistischen Kollegen legt sie Wert darauf, als fair und objektiv anerkannt zu werden, und untersucht daher auch Probleme des Verhaltens der Gerichte und der Polizei in westlichen Ländern, zu denen sie auch von Zeit zu Zeit Stellung nimmt. Neuerdings hat sie sich zusätzlich auf afrikanisches Terrain begeben. Das Hauptinteresse ihrer führenden Personen scheint indes weiterhin den gerichtlichen und außergerichtlichen Verstößen gegen Menschenrechte und rechtsstaatliche Grundsätze zu gelten, die von kommunistischer Seite begangen werden.

Die Hauptschwierigkeit der Kommunisten liegt darin, dass eine vorgeblich den Prinzipien der Rechtlichkeit dienende Organisation, die den

Deception. Character and Record of the International Association of Democratic Lawyers, Den Haag, 1957, unterschätzt in gewissem Umfang die Schwierigkeiten, denen die Kommunisten begegnen, wenn sie Sympathisierende, die nicht hundertprozentig festgelegt sind, an die Parteimarschroute binden wollen und die verschiedenen Standpunkte der Juristen aus weit auseinander liegenden Satellitenstaaten aufeinander abzustimmen suchen; hier machen sich die verschiedenen Stufen der gesellschaftlichen Entwicklung und des Aufbaus der Rechtsinstitute bemerkbar.

Kampf der »fortschrittlichen« Angeklagten gegen die ihnen feindlichen Regierungen zu dem ihrigen macht, aber sich bei demselben Tatbestand der Verfolgung oder Rechtsbeugung in »fortschrittlichen« Staaten auf die Seite der Regierungen schlägt, schwerlich den Anspruch erheben kann, für aufrichtig und konsequent gehalten zu werden. Solchen Schwierigkeiten suchen die westlichen Organisationen aus dem Wege zu gehen, indem sie sich nicht für konkrete geschichtliche Bewegungen oder Strömungen, sondern für abstrakte Rechts- oder Verfassungsprinzipien einsetzen; sie geraten in Konflikte, sobald sich diese Trennung von Konkretem und prinzipiell Gefordertem als künstlich erweist.

In den zwanziger Jahren hatten die Kommunisten internationale Juristenorganisationen auf die Beine stellen und zur Wahrung der Grundsätze eines ordentlichen Verfahrens und zur Klärung der Umstände des Einzelfalles Delegierte und Beobachter zu Prozessen in vielen Ländern entsenden können. Diese in weitem Umfang angewandte Technik dient heute den Kommunisten ebenso wie ihren Feinden, ja schließlich jeder Bewegung überhaupt, die sich irgendwo auf dieser Erde der Politik der Staatsgewalt widersetzt. Die Entsendung solcher Beobachter und die Verbreitung ihrer Berichte tragen nicht nur dazu bei, ein Gegenbild des angefochtenen Prozesses hervorzubringen, sondern werden auch zum Bestandteil einer konsequenten Mobilisierung der Öffentlichkeit des Auslands gegen Unterdrückungs- und Knebelungspraktiken der Regierungen.

Die Internationalisierung der politischen Prozesse, die sich daraus ergibt und die allen im Prozess geschaffenen regimefeindlichen Symbolen und Bildern eine größere Breitenwirkung sichert, verringert nicht notwendigerweise den Nutzen, den man im Inland daraus ziehen kann, dass man mit Hilfe von Prozessen die politische Arena ausweitet. Doch kann der erwartete Gesamtertrag des Prozessunterfangens mit der Internationalisierung der Prozessebene schrumpfen.[79] Je größer die internationalen

---

79 Für jedes Regime, das politische Prozesse mit einkalkulierter internationaler Wirkung veranstaltet, ergibt sich ein schwieriges Problem, wenn die Zulassung ausländischer Anwälte – sei es als Verteidiger, sei es als Nebenkläger, sei es auch nur als Beobachter – verlangt wird. (Mit diesem Problem hatte zum Beispiel die Sowjetregierung – siehe oben Kapitel III, Abschnitt 5-a – schon 1922 beim Prozess der Sozialrevolutionäre zu tun.) Ob ausländische Anwälte zugelassen werden oder nicht, ist eine gewichtige taktische Entscheidung: ist die Propagandawirkung, die man sich von der international wirksamen Feststellung verspricht, dass man »nichts zu verbergen« habe, größer als die Nachteile, die man einhandelt, wenn man ausländischen Juristen die Möglichkeit gibt, in die Prozessführung einzugreifen? Einen neueren Beitrag zu diesem Thema hat das unabhängige Marokko geleistet: bei der Vorbereitung des Prozesses gegen regierungsfeindliche »Verschwörer« wurde vom Untersuchungsrichter in Rabat die Beteiligung französischer Anwälte zurückgewiesen, obgleich der französisch-marokkanische

Ausstrahlungen, umso nützlicher kann es sein, Prozesse so abzuwickeln, dass dramatische Konflikte, aus denen ergiebige regimefeindliche Symbolbilder gewonnen werden können, nach Möglichkeit unterbleiben und das Sachliche und Routinemäßige überwiegt. Kein Regime kann die Gesamtheit der politischen und sozialen Bedingungen, die den Rahmen eines Prozesses abgeben, nach Belieben verändern. Mit überlegter Auswahl des Materials, das im Gerichtssaal ausgebreitet werden soll, kann man indes versuchen, den Prozess so zu steuern, dass er nicht an gefährliche oder allzu aufschlussreiche Themen herankommt.

Ist das wirklich möglich? Ist es nicht gerade die Eigentümlichkeit des politischen Prozesses, dass in ihm auch das geringfügigste Geschehen politische Färbung und Bedeutung annehmen und dass der Ablauf des noch so sorgsam inszenierten Verfahrens, wenn es ungestört vonstattengeht, Überraschungen[80] bringen kann?

Justizvertrag vom 5. Oktober 1957 französischen Anwälten die Rechte der einheimischen Anwälte zusichert. Von der marokkanischen Botschaft in Paris kam alsbald die Erklärung, dass nach einem Gesetz vom 18. Mai 1959 die Gerichtssprache in Marokko Arabisch sei, das die französischen Anwälte nicht beherrschten. Dazu ironisierte Le Monde, Jahrgang 20, Nr. 5791, 30. August 1963, S. 5, Sp. 3-4: »Aus dem Kommuniqué der scherifischen Botschaft geht hervor, daß es möglich sei, Bestimmungen eines internationalen Vertrags durch Bestimmungen eines achtzehn Monate später erlassenen Inlandsgesetzes abzuändern.« Siehe auch Jean Lacouture: »Les autorités marocaines dénient aux avocats français le droit de défendre les inculpes progressistes«, a.a.O., Nr. 5788, 27. August 1963, S. 5, Sp. 1-2.

80 Der Versuch, einen völlig unpolitischen Fall ins Politische hinaufzuheben, führt, wenn das Ziel nicht erreicht wird, nur dazu, dass die Partei, die sich darum bemüht, schlechten Eindruck macht. Nur vor einem willfährigen Gericht oder mit politisch abgerichteten Zeugen ließe sich aus einer Schlägerei von Betrunkenen in einer westdeutschen Kneipe – mit tödlichem Ausgang für einen ganz und gar unpolitischen Arbeiter aus Mitteldeutschland – die Hetzjagd falscher westdeutscher Freunde auf einen tapferen werktätigen Vorkämpfer der DDR konstruieren. Sind solche Voraussetzungen nicht gegeben, so misslingt der angestrebte Zaubertrick auch dem glanzvollsten politischen Anwalt der DDR; siehe Klaus Wagner: »Herrn Kauls Plädoyer und plötzliche Abreise«, in: Frankfurter Allgemeine Zeitung, S-Ausg., Nr. 77, 31. März 1960, S. 5, Sp. 2-4.

Kapitel VII

Die »Gesetzlichkeit« der Justizfunktionäre

> »Mit wem säße der Rechtliche nicht zusammen,
> dem Recht zu helfen? ...
> Welche Niedrigkeit begingst du nicht, um
> die Niedrigkeit auszutilgen?
> Könntest du die Welt endlich verändern, wofür
> wärest du dir zu gut?
> Wer bist du?
> Versinke in Schmutz,
> umarme den Schlächter, aber
> ändere die Welt: sie braucht es!«
> Bert Brecht, *Die Maßnahme*, 1930

Dem Problem des Richters, der in der Rechtspflege der westlichen Gesellschaft tätig ist und unter den von ihr vorgezeichneten Bedingungen arbeitet, haben die voraufgehenden Kapitel im Hinblick auf einige konkrete Gesichtspunkte nachgespürt. Es ging dabei um die wechselnden typischen Situationen, in denen der Richter seine Tätigkeit entfaltet, um den Nachhall seines beruflichen Werdegangs, um sein Verhältnis zu anderen Organen der Staatsgewalt und um den Zusammenhang zwischen seiner Tätigkeit und den allgemeinen Voraussetzungen, von denen die Gesellschaft ausgeht. Das Verhältnis des Richters zum gesellschaftlichen Ganzen ist bedeutsamen Wandlungen unterworfen. Es ändert sich mit der sozialen und politischen Struktur des gesellschaftlichen Gebildes; es umfasst einen veränderlichen Spielraum, in dem die Zwänge des Tages und die unfertigen, unabgeschlossenen Inhalte des gesellschaftlichen Bewusstseins zu Urteilen über die dem Richter zur Prüfung unterbreiteten Einzelsituationen verarbeitet werden.

Unter solchen Umständen ist es unvermeidlich, dass sich Unterschiede bemerkbar machen zwischen dem, was die Exekutive des Staatsgebildes will, und dem, was der Richter aus der allgemeinen Vorschrift des Gesetzes herausliest und der gegebenen konkreten Situation entnehmen zu müssen glaubt. Solche Unterschiede sind zwar nicht die Regel, ergeben sich aber gleichwohl fast zwangsläufig aus den organisatorischen

Vorkehrungen einer Gesellschaft, die in den mithin unausweichlichen Reibungen einen positiven Beitrag zum Wohlergehen ihrer Angehörigen sieht. Solange die Richterschaft die jeweilige Situation nicht unbedingt und unter allen Umständen genauso begreift und beurteilt wie die Staatsexekutive, behält das menschliche Individuum einen zwar nicht fest verbürgten, aber immerhin erreichbaren Betätigungsbereich, der keiner amtlichen Kontrolle unterliegt.

Wo jedoch die staatlichen Institutionen nach Sowjetmodellen aufgebaut sind, gehört es umgekehrt zur Wesensbestimmung des richterlichen Amtes, dass keine Einzelsituation von den mit der Rechtspflege Betrauten (die im Einklang mit den Tatsachen »Justizfunktionäre« heißen) anders beurteilt werden soll als von den Trägern der politischen Macht, und schon gar nicht im entgegengesetzten Sinne. Das angestrebte Ziel ist die größtmögliche Übereinstimmung der richterlichen Entscheidungen mit der jeweiligen Regierungspolitik; im Idealfall soll jeder Einzelfall so entschieden werden, dass ein möglichst großer Beitrag zur Erfüllung der gerade auf der Tagesordnung stehenden gesamtgesellschaftlichen Aufgaben anfällt. Diesem Ziel dienen verschiedene in aller Form festgelegte Regelungen und mancherlei Praktiken, die, ohne förmlich festgelegt zu sein, längst verbindlich geworden sind und umso größeres Interesse beanspruchen. Natürlich beeinflusst diese Praxis das Verhältnis der Justizfunktionäre zu den anderen Teilen des Staatsapparats und zur Bevölkerung. Und da die Gerichte an der Herausarbeitung der Wertmaßstäbe für die Beurteilung der in der Gesellschaft auftretenden Konfliktsituationen nicht teilnehmen sollen, bestimmt die Staatsgewalt die Rangfolge der gesellschaftlichen Zielsetzungen, nach denen die vor die Gerichte gebrachten Konflikte zu bewerten sind. Diese Mechanismen bedürfen einer gründlicheren Erörterung.

Das hier besprochene Material ist zum allergrößten Teil der Praxis der DDR entnommen. Das dort herrschende Regime liefert die anschaulichsten Beispiele, weil es keine extreme Form der totalitären Herrschaft darstellt. Seine Ausdrucksmöglichkeiten sind nicht nach dem Vorbild der Sowjetunion und einiger ihrer Satelliten durch eine kontinuierliche Serie blutiger Säuberungen in den Reihen der herrschenden Partei in ein eisernes Korsett gepresst worden. Die Regierungstechnik ist weder der Spielball umwälzender innerparteilicher Kämpfe noch das Barometer der Kursveränderungen in Moskau geworden; sie richtet sich nach einer ziemlich stabilen eigenen Schablone. Die von den Machthabern gewünschte Entstellung des Wirklichkeitsbildes ist weder den Trägern des Staatsapparats noch der Gesamtbevölkerung durch Schauprozesse aufgeprägt worden.

Anderseits haben es die DDR-Herrscher mit einer Bevölkerung zu tun, die etwas weniger schicksalsergeben ist als die Bevölkerung einiger Nachbarstaaten; sie fühlen sich bisweilen weniger sicher als ihre benachbarten Kollegen und bewegen sich dementsprechend etwas vorsichtiger. Wenn sie aber die Schrauben anziehen, zögern sie viel länger, sie wieder zu lockern; Liberalisierungsexperimente finden bei ihnen keinen Beifall. Da demnach sowohl extreme Schärfe und Brutalität als auch übermäßige Nachgiebigkeit und Milde gemieden werden, treten die typischen Züge des Herrschaftsmodells umso plastischer hervor. Wie sich das im Zusammenwirken der Justizpraxis und des innerparteilichen Organisationsgetriebes auswirkt, lässt sich an einem schon fast klassischen Beispiel zeigen.

1. Ballade vom ermordeten Hund

Die traurige Geschichte der bösartigen Verfolgung eines altgedienten Parteigetreuen wurde dem IV. Parteitag der regierenden SED 1954 von Parteichef Walter Ulbricht vorgetragen.[1] Das Opfer der Hetzjagd war der Kommunist M. aus Mühlhausen in Thüringen, der sich für die Partei vor 1933 und ab 1945 unentwegt brav geschlagen hatte. In den ersten Nachkriegsjahren hatte sich M. um die lokale Entnazifizierungsstelle verdient gemacht; später wurde er zum Leiter des Betriebsschutzes eines volkseigenen Betriebes bestellt. Durch dienstlichen Übereifer hatte er sich zahlreiche Betriebsangehörige zu Feinden gemacht; die Belegschaft wartete nur auf die passende Gelegenheit, ihm einen Denkzettel zu verabreichen. Die Gelegenheit kam in unvorhergesehener Form.

In einer Oktobernacht 1953 entdeckte M. auf dem Betriebsgelände ein Lebewesen, das alle Merkmale eines Hundes hatte, jedoch durch Hundemarke nicht ausgewiesen war. Zuerst nahm der als Hund nicht legitimierte Hund gegenüber dem vigilanten Chef der VEB-Wache eine drohende Haltung ein; dann wich er zur Seite. Der Bedrohte ließ sich durch das Manöver nicht täuschen, sondern ergriff eine Holzlatte und setzte dem Eindringling nach; zugleich wies er die ihm unterstellten Wachmänner und in Reichweite befindlichen Jungarbeiter an, ihm bei der Festnahme des betriebsfremden Elements Beistand zu leisten. Der

---

1 Protokoll der Verhandlungen des IV. Parteitages der Sozialistischen Einheitspartei Deutschlands, 30. März - 6. April 1954, in der Werner-Seelenbinder-Halle in Berlin, {Ost-}Berlin, 1954, {Band I,} S. 180; vergleiche Diskussionsrede Kiefert {SED-Bezirkssekretär, Erfurt}, S. 559.

von M. mit strategischem Geschick angeführten Hundefängerkompanie gelang es denn auch, den Feind einzukreisen.

Über den erfochtenen Sieg noch nicht im Klaren und immer noch mit der Latte bewaffnet, schlug M. mehrmals auf den Hund ein; in der Annahme, dass das Tier schwer verletzt sei, versuchte er dann, es zu töten, angeblich, wie er später sagte, um ihm Qualen zu ersparen. (Belastungszeugen dagegen sagten aus, M. habe das schutzlose Tier in rasender Tobsucht bestialisch geprügelt.) M. glaubte nun, der Hund sei tot, und gab den Befehl, seine Überreste in den Ofen zu werfen. Der Befehl wurde nicht ausgeführt. Als M. am nächsten Tag zum Dienst kam, fand er auf einem Schubkarren das zerschundene Tier, das er bereits nachts zum Hundeleichnam gestempelt hatte. Er riss den Gegenstand hoch und schleuderte ihn in eine Aschengrube, die noch voller Glut war. (Wiederum erklärte ein Belastungszeuge, er, der Zeuge, habe das Tier aus der Aschengrube herausgeholt und festgestellt, dass es noch lebte; der Tod sei erst später eingetreten, er habe dann das zu Tode gefolterte Tier begraben.)

Nun setzte eine gespenstische Affäre ein. Von allen Seiten wurde M.s Darstellung des nächtlichen Vorfalls als elendes Lügengespinst zerfetzt. Über Nacht war er zum grausamen Sadisten, zum gemeingefährlichen Verbrecher geworden. Die Bevölkerung war in hellem Aufruhr. Die Redaktion des lokalen Parteiblatts wurde mit Briefen überschüttet, in denen M. der gemeinsten Tierquälerei beschuldigt wurde; einige der Briefe wurden abgedruckt. Im Betrieb wurde ein Schriftstück in Umlauf gebracht, das die sofortige Entlassung des M. forderte; zahlreiche Belegschaftsmitglieder setzten ihren Namen darunter. Vor dem Gerichtsgebäude, in dem das Verfahren gegen M. stattfand, rottete sich eine Menschenmenge zusammen, die schwere Bestrafung des Verbrechers verlangte; etliche schrien nach dem Henker.

Die unmittelbaren Folgen waren beängstigend: M. wurde aus dem Betrieb entlassen, aus der Partei ausgeschlossen und vom Kreisgericht wegen Sachbeschädigung in Tateinheit mit Tierquälerei zu einem Jahr Gefängnis und Schadenersatz verurteilt. Im Berufungsverfahren bestätigte das Bezirksgericht das Urteil der unteren Instanz, wandelte aber die Gefängnisstrafe in eine verhältnismäßig milde Geldstrafe um.

Dabei hätte es wahrscheinlich sein Bewenden gehabt, wenn sich M. nicht an die höchsten Parteiinstanzen gewandt hätte, die ihm Gehör schenkten. Knapp ein halbes Jahr nach dem Tod des Hundes wurde dem SED-Parteitag über das ruchlose Komplott berichtet, das einen tapferen Parteikämpfer als Opfer ausersehen hatte. Der lokale Parteiapparat wurde der Mittäterschaft beschuldigt. Die lokalen Parteifunktionäre hätten sich, sagte Ulbricht, als Werkzeug reaktionärer Kräfte missbrauchen lassen; sie hätten nicht erkannt, was der Klassenfeind gewollt und vollbracht habe; sie hätten sich schwerer Verstöße gegen die Gebote der Parteidemokratie schuldig gemacht.

Eine Woche später hob das Oberste Gericht der DDR auf Kassationsbeschwerde des Generalstaatsanwalts das Urteil der unteren Instanz auf. M. wurde freigesprochen. In der Urteilsbegründung hieß es, er habe das Eigentum und die Sicherheit des Betriebes, die der streunende Vierbeiner gefährdet habe, geschützt und damit seine Pflicht getan. Was er über seine Beweggründe und über den Zeitpunkt, zu dem der Hund verendet sei, sagte, hielt das Gericht für glaubhaft; von vorsätzlicher Tiermisshandlung war keine Rede mehr. Hinzugefügt wurde, dass die Affäre von Feinden des neuen Staates aufgezogen worden sei; in der Unterschriftensammlung im Betrieb, in den Briefen an die Zeitung und in den Zusammenrottungen vor dem Gerichtsgebäude sei ein einheitlicher Plan sichtbar gewesen. Staatsanwalt und Kreisgericht wurden wegen Nichterfüllung der Pflicht, die Staatsbürger und den Staat vor Feindesangriffen zu bewahren, schwer getadelt; sie hätten Charakter und Vorleben des Beschuldigten unberücksichtigt gelassen und feindlichen Anschlägen auf einen bewährten Kämpfer für Frieden und nationale Einheit Vorschub geleistet.[2]

Seitdem ist das Lehrbeispiel des Hundes von Mühlhausen als Vermächtnis des IV. Parteitages an die Justizorgane, als Exempel der »dialektischen Einheit von strikter Einhaltung der Gesetze und Parteilichkeit ihrer Anwendung«[3] in die parteioffizielle Heiligengeschichte eingegangen. Allerdings hatte es das Oberste Gericht verabsäumt, die Feststellung zu treffen, dass auch der lokale Parteiapparat an dem schwer gerügten Anschlag auf die »demokratische« Staatsordnung beteiligt war. Ohne Billigung der Parteiinstanzen von Mühlhausen wäre es weder zu den Zeitungsberichten noch zum Massenauflauf vor dem Gericht noch zum erstinstanzlichen Urteil gekommen. Was steckte dahinter? Zweifellos war die lokale Bevölkerung gegen M. aufgebracht. Und offenbar hatten die lokalen Parteigewaltigen irgendwann – aus welchen Gründen auch immer – beschlossen, mit dem Strom zu schwimmen. Wie hätte das Kreisgericht ahnen sollen, dass die oberste Parteispitze die Vorgänge in einem anderen Licht sehen würde?

---

2 Urteil des Obersten Gerichts vom 29. März 1954, 2 Zst III 55/54, in: Neue Justiz, im Folgenden abgekürzt NJ, Jahrgang 8, S. 242 ff. (Nr. 8, 20. April 1954).
3 Hilde Benjamin {Minister der Justiz der DDR}: »Vom IV. zum V. Parteitag der Sozialistischen Einheitspartei Deutschlands«, in: NJ, Jahrgang 12, S. 437 ff. (Nr. 13/14, 5. Juli 1958).

Welch eigenartiges Missgeschick! Unter normalen Umständen üben DDR-Regierung und SED-Parteiapparat einen Druck auf die Gerichte in zweierlei Richtung aus: Sie achten darauf, dass die Gerichte die Verwirklichung der beschlossenen Politik verbürgen und sie halten die Richter dazu an, den atmosphärischen Schwingungen zu lauschen und alles zu vermeiden, was der Bevölkerung Misstrauen gegenüber der Autorität der Gerichtsbarkeit einflößen könnte. Sogar unter günstigen Bedingungen ist das eine schwer erfüllbare Aufgabe. Da sich die Gerichte die größte Mühe geben, die offizielle politische Linie zur Geltung zu bringen, fällt es ihnen schwer, den Stimmungen und Gefühlen der Bevölkerung mehr als nur oberflächliche Aufmerksamkeit zu schenken. Der Fall M. muss dem Kreisgericht Mühlhausen wie ein ungewöhnlicher Glücksfall vorgekommen sein: Hier stimmte endlich einmal das Parteiinteresse mit der Massenstimmung überein! Und wie enttäuschend muss es dann gewesen sein, gesagt zu bekommen, dass man den Rufmord an einem bewährten Kämpfer für Partei und Staat gerichtlich sanktioniert habe!

Die Fabel hat ihre Moral. Es zeigt sich unwiderleglich, dass es einer lokalen Organisation nicht ansteht, aus eigenem Ermessen beurteilen zu wollen, ob diese oder jene Einzelhandlung in das Gesamtgefüge der zur Erhaltung und Festigung der politischen Ordnung erwünschten Taten hineinpasst. In einem Regime, dessen Massenbasis nicht ganz fest ist, besteht immer die Gefahr, dass Organe der Verwaltung und der Justiz in feindliche Machenschaften hineingezogen werden oder angesichts feindseliger lokaler Stimmungen bei der Durchführung der an der Spitze beschlossenen Politik schlappmachen.[4] Je größer die Gefahr ist, umso wichtiger muss es sein, dafür zu sorgen, dass Amtshandlungen in allen Ebenen den Erfordernissen der Partei- und Staatspolitik gerecht werden. Wie lassen sich die zweckdienlichen Sicherungen in die Organisation der Rechtspflege einbauen?

---

4 Über neuere Vorkommnisse dieser Art siehe Gustav Jahn {Vizepräsident des Obersten Gerichts der DDR}: »Zu einigen Fragen der Durchsetzung der neuen Konzeption für die Arbeit der Justizorgane aus der Sicht des Obersten Gerichts«, in: NJ, Jahrgang 14, S. 152 ff. (Nr. 5, 5. März 1960).

2. Organisation der DDR-Gerichtsbarkeit

Mit dem Bestreben, die Arbeit der Gerichte so genau wie nur möglich auf die Politik der Staatsexekutive abzustimmen, verändert sich die Funktion der Gerichtsbarkeit. Das kann nicht ohne Rückwirkung auf die Organisation der Justizverwaltung und des Gerichtssystems selbst bleiben. In den kontinentaleuropäischen Demokratien gehört zur Kompetenz der Justizministerien normalerweise nicht mehr als Auswahl der Richter und Staatsanwälte, Weisungsbefugnis gegenüber der Anklagebehörde, einige Verwaltungsarbeit für die Gerichte und Ausarbeitung von Gesetzgebungsvorlagen, soweit sie nicht von anderen Ministerialressorts vorbereitet werden. Auf die beiden wichtigsten Justizbehörden der DDR, das Justizministerium und die Oberste Staatsanwaltschaft, entfallen sehr viel größere Aufgaben: Ihr Verantwortungsbereich erstreckt sich auch auf die Kontrolle des täglichen Ablaufs der gesamten Rechtspflege und des politischen und theoretischen Inhalts der Gerichtsentscheidungen; sie haften dafür, dass die von den Gerichten gefällten Urteile mit den Zielsetzungen der Regierung übereinstimmen.

Die 1959 revidierte Fassung des Gerichtsverfassungsgesetzes wendet den Grundsatz des »demokratischen Zentralismus«, der offiziell dem gesamten Staatsgetriebe zugrunde liegt, auf die Organisation der Gerichte folgendermaßen an: »Die Kreis- und Bezirksgerichte werden in ihrer Tätigkeit durch das Ministerium der Justiz angeleitet und kontrolliert. Die Anleitung und Kontrolle haben die Erfüllung der Aufgaben der Rechtsprechung und der politischen Arbeit unter den Werktätigen zu gewährleisten.«[5] Auch schon vor der Verabschiedung dieser abgeänderten Fassung betonte Frau Benjamin, Justizminister der DDR, die Notwendigkeit der zentralisierten Steuerung der Arbeit der Gerichte.[6] Aus der russischen Diskussion über die Grenzen der Bevormundung der Gerichte durch die vollziehende Gewalt und über die dafür zuständigen Organe, die in der Neufassung des § 10 der Richtlinien der Strafprozessordnung der UdSSR ihren Niederschlag fand, wurden in der DDR keine Konsequenzen gezogen.[7] Justizminister Benjamin und ihre

---

5 Gesetz zur Änderung und Ergänzung des Gerichtsverfassungsgesetzes vom 1. Oktober 1959, § 15 Abs. 1 und 2, in: Gesetzblatt der Deutschen Demokratischen Republik, 1959, Teil I, S. 753-755 (Nr. 57, 17. Oktober 1959); vergleiche die recht eindeutigen Erläuterungen von Hilde Benjamin: »Zehn Jahre Justiz im Arbeiter- und Bauernstaat – Rückblick und Ausblick«, in: NJ, Jahrgang 13, S. 656-663, insbesondere 661 (Nr. 19, 5. Oktober 1959).

6 Benjamin: »Vom IV. zum V. Parteitag...« (siehe oben Anmerkung 3), S. 438.

7 Über diese Diskussion war indes im amtlichen Informationsblatt der DDR, das der Darstellung der Justiz in den Ländern des Sowjetblocks dient, ausführlich berichtet

Mitarbeiter beriefen sich auf das Beispiel der Tschechoslowakei: Nicht nur die DDR, sondern auch andere jüngere Sowjetsatelliten hatten sich demnach genötigt gesehen, die Unterstellung der Gerichte unter die zentrale Leitung des Justizministeriums beizubehalten; der neuen Orientierung der UdSSR habe sich die DDR wegen ihrer besonderen politischen und wirtschaftlichen Lage nicht anschließen können.[8]

Für den Aufbau des Gerichtssystems und die Hierarchie der Gerichte ist diese besondere Rolle des Justizministeriums von gewaltiger Bedeutung. Die höchste gerichtliche Instanz der DDR, das Oberste Gericht, ist nur formal die Spitze der hierarchischen Pyramide. In der Praxis reicht die Pyramide höher und endet erst in den beiden nebeneinander geordneten Regierungsstellen, dem Justizministerium und der Obersten Staatsanwaltschaft. (Der Generalstaatsanwalt ist nicht dem Justizminister unterstellt und darf neben ihm, obgleich er dem Ministerrat nicht angehört, an dessen Sitzungen teilnehmen.) Beide Behörden verfügen über genug gesetzliche und außergesetzliche Mittel, auf die Behandlung sämtlicher Gerichtsverfahren Einfluss zu nehmen und den Gerichten ihre künftigen Entscheidungen vorzuschreiben. Weder in seiner (vom Generalstaatsanwalt von Fall zu Fall zu bestimmenden) erstinstanzlichen Zuständigkeit noch als Berufungsgericht hat das Oberste Gericht, wenn es mit einem Verfahren befasst wird, das letzte Wort; es ist nur eine Art Transmissionsorgan, das die Willensäußerungen der höchsten Justizverwaltungsbehörden an die unteren Gerichte weiterleitet. Eine solche Willensäußerung kann sich auf ein völlig neues Vorhaben oder auf die bloße Korrektur eines vereinzelten, aber symptomatisch wichtigen Fehlers beziehen, den das Ministerium oder die Oberste Staatsanwaltschaft aufgespürt hat. In der Erfüllung seiner Übermittlungsaufgabe soll das Oberste Gericht der Regierungspolitik nicht vorauseilen, aber auch nicht hinter ihr zurückbleiben. Es bemüht sich, allen Windungen und Wendungen der höchsten Stellen getreulich zu folgen und so den wechselnden Anforderungen gerecht zu werden, die an es herantreten.

Die Grundsätze des »demokratischen Zentralismus« verlangen, dass alle Entscheidungen unten nach den Richtlinien gefasst werden, die die

---

worden: Rechtswissenschaftlicher Informationsdienst, Jahrgang 6 (1957), S. 341 ff. Zum Inhalt der Diskussion siehe »Judical v. Executive Supervision over the Courts« in: The Current Digest of the Soviet Press, Jahrgang 10 (1958), Nr. 20, S. 6.

8 Hilde Benjamin: »Aktuelle Fragen der Gerichtsorganisation«, in: Staat und Recht im Lichte des großen Oktober. Festschrift zum 40. Geburtstag der Großen Sozialistischen Oktoberrevolution, {Ost-}Berlin, 1957, S. 189-224, insbesondere 220; siehe auch Helmut Ostmann {Hauptabteilungsleiter im Justizministerium}: »Über die Organisation der Justizverwaltung«, in: NJ, Jahrgang 11, S. 357-361 (Nr. 12, 20. Juni 1957).

politischen Machtorgane oben festlegen, und zu den Machthabern führt vom Justizminister und vom Generalstaatsanwalt eine viel direktere Leitung als vom Obersten Gericht. Aber auch zu den unteren Stellen stehen sie in unmittelbarer Verbindung: »Das Ministerium der Justiz und der Generalstaatsanwalt haben im Gegensatz zum Obersten Gericht durch die in den Bezirken und Kreisen operativ arbeitenden Kräfte in viel stärkerem Maße die Möglichkeit, Schwerpunkte und Probleme unserer gesellschaftlichen Entwicklung auf der örtlichen Ebene schnell zu erkennen.«[9]

Das Oberste Gericht ist infolgedessen keine selbständige Quelle der Rechtsautorität, sondern ein Hilfsorgan der zentralen Regierungsbehörden. Dafür stehen ihm technische Mittel zur Verfügung, die höchste Gerichte in westlichen Ländern nicht haben. Um die absolute Anpassung der Arbeit der Gerichte an die Richtlinien und Beschlüsse der Regierung zu sichern, hat die DDR den Strafprozessordnungen der Sowjetunion und des Dritten Reiches ein außerordentliches Rechtsmittel entlehnt, das sie nach russischem Vorbild »Kassation« nennt. Danach kann jede von einem unteren Gericht oder von einem dreiköpfigen Senat des Obersten Gerichts abgeurteilte Zivil- oder Strafsache vom Generalstaatsanwalt oder vom Präsidenten des Obersten Gerichts vor dessen Plenum zur Neuverhandlung gebracht werden,[10] und zwar innerhalb eines Jahres nach Rechtskräftigwerden des angefochtenen Urteils;[11] im Kassationsweg kann jedes Urteil angefochten werden, das »auf einer Verletzung des Gesetzes beruht«, oder »im Strafausspruch gröblich unrichtig« ist.[12]

Vom Standpunkt der Träger der Staatsgewalt bietet die Kassation einen sehr wesentlichen Vorteil. Da das Rechtssystem der DDR die Unabänderlichkeit rechtskräftiger Urteile beibehalten hat, lässt es in der Theorie zu, dass heikle Probleme von den Gerichten definitiv

---

9 Kurt Schumann {bis April 1960 Präsident des Obersten Gerichts}: »Das Oberste Gericht am 10. Jahrestag der DDR und seine künftigen Aufgaben«, in: NJ, Jahrgang 13, S. 673-677, insbesondere 674 (Nr. 19, 5. Oktober 1959).
10 Gerichtsverfassungsgesetz vom 2. Oktober 1952, §§ 55 Abs. 1 Ziffern 3 und 56, in: Gesetzblatt der Deutschen Demokratischen Republik, 1952, Teil I, S. 983-988 (Nr. 141, 9. Oktober 1952).
11 In der Sowjetunion gab es bis zu den jüngsten Reformen keine zeitliche Begrenzung der Kassationsmöglichkeit, so dass Gerichtsurteile – anders als in der DDR – nie als endgültig angesehen werden konnten; über die praktische Handhabung des Verfahrens siehe Vladimir Gsovski und Kazimierz Grzybowski (Hg.): Government, Law, and Courts in the Soviet Union and in Eastern Europe, London/Den Haag, ohne Jahr {Copyright 1959}, Band 1, S. 507-587; Band 2, S. 1905-1941.
12 Gesetz über das Verfahren in Strafsachen in der Deutschen Demokratischen Republik (Strafprozessordnung): Gesetzblatt der Deutschen Demokratischen Republik, 1952, Teil I, S. 997-1029 (Nr. 142, 11. Oktober 1952).

entschieden werden können. Das verträgt sich schlecht mit der für kommunistische Staatsgebilde stets kennzeichnenden Wandelbarkeit des politischen Kurses; erst das Kassationsverfahren beseitigt die Ungelegenheiten, die daraus entstehen können. Wenn praktisch alle rechtskräftigen Urteile »kassiert« werden können, kann keine folgenreiche Entscheidung je zum Präzedenzfall werden, sofern sie nicht dem Sinn der jeweils geltenden Regierungspolitik entspricht. In der Regel folgt das Oberste Gericht der vom Generalstaatsanwalt vorgezeichneten Route; damit wird es zur brauchbarsten Apparatur für die Weitergabe richtunggebender Beschlüsse der Regierung an die unteren Gerichte.[13] Auf diese Weise können die politischen Machtorgane jederzeit über das Gerichtssystem verfügen. Es ist aber auch dafür gesorgt, dass es nicht als Waffe gegen die Staatsgewalt eingesetzt werden kann: Vor keinem Gericht dürfen Ansprüche gegen Regierungsorgane oder wegen dienstlicher Handlungen gegen Staatsbedienstete geltend gemacht werden.[14]

Die Justizorganisation der DDR – 207 Kreisgerichte, 14 Bezirksgerichte, Oberstes Gericht und Oberste Staatsanwaltschaft – arbeitet mit einem Personalbestand, der seit 1945 fast ganz ausgewechselt worden ist.[15] So gut wie alle Richter und Staatsanwälte, die am Ausgang des Zweiten Weltkriegs im Amt waren, sind durch andere ersetzt worden. Etwa 80 Prozent des Personals wurden als Nationalsozialisten oder sonst Belastete ausrangiert. Von der Mehrzahl der restlichen 20 Prozent wurde vermutet, dass ihre kühlen Beziehungen zum nationalsozialistischen Regime nur mit ihrer Abneigung gegen dessen plebejischen Charakter

---

13 Während die Kassation in Strafsachen ganz in staatlichen Händen ist, gibt es in der zivilrechtlichen Praxis noch ein Verfahren, mit dem die Anwälte der betroffenen Partei dies Rechtsmittel als zusätzliche Berufungsmöglichkeit zu benutzen versuchen; siehe Jahn: »Zu einigen Fragen ...« (siehe oben Anmerkung 4), S. 152.
14 Gerichtsverfassungsgesetz (siehe oben Anmerkung 10), § 9; auch Streitigkeiten unter »volkseigenen« Betrieben gehören nicht mehr vors ordentliche Gericht: Ihre Regelung ist dem Staatlichen Vertragsgericht überlassen, während in grundsätzlichen Fragen die Staatliche Plankommission entscheidet. Dazu siehe Verordnung über die Organisation der volkseigenen örtlichen Industrie und der kommunalen Einrichtungen vom 22. Februar 1951, Gesetzblatt der Deutschen Demokratischen Republik, 1951, Teil I, S. 143 f. (Nr. 25, 28. Februar 1951), und Bekanntmachung der neuen Fassung der Verordnung über die Bildung und Tätigkeit des Staatlichen Vertragsgerichts vom 1. Juli 1953, a.a.O., 1953, Teil I, S. 855 ff. (Nr. 85, 9. Juli 1953). Einige Behörden bewilligen den von ihnen Benachteiligten je nach deren Wirtschaftslage einen gewissen Schadenersatz. Über die in engen Grenzen geplante Wiedereinschaltung der Gerichte siehe Gerhard Schreier {Hauptreferent im Justizministerium}: »Gedanken zu einer gesetzlichen Regelung der Staatshaftung«, in: NJ, Jahrgang 17, S. 195 ff. (Nr. 6, 20. März 1958).
15 Über die ersten Gehversuche der neuen Richterschaft berichten aus eigener Erinnerung Max Berger {Oberstaatsanwalt der Volkspolizei}, Alfred Lindert {Direktor des Kreisgerichts Wittenberg} und Luise Kroll {Rechtsanwalt}: »Aus der ersten Zeit des Aufbaus unserer Justiz«, in: NJ, Jahrgang 9, S. 267-270 (Nr. 9, 5. Mai 1955).

zusammenhingen; auch sie waren den neuen Machthabern wenig willkommen. Hätten die neuen kommunistischen Herren nur einen politischen Dekorationswechsel gewollt, so hätten sie es vermutlich für riskant und kostspielig gehalten, die gesamte Rechtspflege unerfahrenen Neulingen anzuvertrauen; da sie aber einen radikalen Umbau der Gesellschaft und namentlich der Eigentumsordnung vorhatten, konnten sie sowohl das Risiko als auch die Kosten einer durchgängigen Neubesetzung des Justizapparats in Kauf nehmen.

Die anfänglich »Volksrichter« und »Volksstaatsanwälte« genannten neuen Wahrer und Hüter der Gerechtigkeit, wurden zuerst im Sommer 1945 in ihre Ämter berufen. Verlangt wurden von ihnen zunächst nur abgeschlossene Volksschulbildung und die Empfehlung einer politischen Organisation, die sich des Vertrauens der Besatzungsmacht erfreute. Etwas später wurde die Ernennung vom Abschluss eines vier- bis sechsmonatigen Vorbereitungskursus abhängig gemacht. Im April 1953 entstammten bereits 91 Prozent der Richter und über 98 Prozent der Staatsanwälte der neuen Auslese; der SED gehörten von den Richtern 85, von den Staatsanwälten 98 Prozent an. Von den früheren Angehörigen des Justizapparats waren nur einige der SED ergebene Überlebende von Weimar, einige unter dem Nationalsozialismus Verfolgte und ein Häuflein hartnäckig anpassungswilliger Karrieremacher übriggeblieben. Mit der Zeit wurde die Dauer der Vorbereitungskurse für Justizfunktionäre wesentlich verlängert, etwa entsprechend der Dauer der herkömmlichen Universitätsausbildung. Im Mittelpunkt des Lehrplans stand die politische Schulung. Die praktische Ausbildung erfolgte beim Gericht oder bei der Staatsanwaltschaft, die ihrerseits einen radikalen organisatorischen Umbau erfuhren. Wichtiger als die Kenntnis überholter Rechtstheorien oder die technische Fertigkeit in der Regelung von Rechtsansprüchen waren Verlässlichkeit und Willigkeit bei der Durchführung der vorgeschriebenen Politik. Das vor 1945 geltende Recht wurde auf vielen Gebieten nicht förmlich abgeschafft, siechte aber allmählich dahin.[16]

Nach neueren Bestimmungen mussten alle Justizfunktionäre ohne Hochschulbildung bis Anfang 1960 einen Befähigungsnachweis durch Ablegung einer Prüfung erbringen; vorgesehen war zu diesem Zweck ein drei- bis fünfjähriges Fernstudium an der Deutschen Akademie für Staats- und Rechtswissenschaft »Walter Ulbricht«, dem wahren Born

---

16 Vergleiche die von den beiden wichtigsten Organisatoren des Systems gegebene Darstellung seiner Entwicklung: Hilde Benjamin und Ernst Melsheimer {bis zu seinem Tod - 1960 – Generalstaatsanwalt der DDR}: »Zehn Jahre demokratische Justiz in Deutschland«, in: NJ, Jahrgang 9, S. 259-266, Nr. 9, 5. Mai 1955).

politischer Weisheit nach amtlicher Vorschrift. Die Regelung des Zugangs zur Justizlaufbahn für den Nachwuchs entspricht dem Hauptziel der Regierungspolitik: die Hauptkader des Justiz- und Verwaltungspersonals anderen Gesellschaftsschichten zu entnehmen, als in Westeuropa und vor allem in Westdeutschland üblich ist. Diesem Ziel dienen sowohl die Zulassungsvorschriften der Universitäten als auch die Sonderbestimmungen über die Eingliederung bewährter »Produktionsarbeiter«[17] in die Reihen der Justizfunktionäre.

Bis zum Herbst 1960 wurden die Richter der unteren Instanzen für die Dauer von drei Jahren vom Justizministerium ernannt, die Mitglieder des Obersten Gerichts für die Dauer von fünf Jahren von der Volkskammer gewählt. Ab Herbst 1960 werden auch die Richter der unteren Gerichte gewählt, und zwar von den Kreistagen beziehungsweise Bezirkstagen; für spätere Zeiten ist die direkte Wahl der Richter durch das Volk in Aussicht genommen. Eine nennenswerte Änderung in den Ausleseprinzipien bedeutet die »Reform« von 1960 nicht. Der entscheidende Einfluss liegt nach wie vor beim Justizministerium: Aus der Zahl derer, die ein anderthalbjähriges Praktikum mit Erfolg absolviert haben, werden im Justizministerium die Listen der für die Besetzung der Gerichte vorgesehenen Kandidaten zusammengestellt; die Besetzung der leitenden Positionen hat sich das Ministerium ohnehin auf allen Stufen der Justizhierarchie vorbehalten.[18]

Von der Stelle, der sie ihre Berufung verdanken, können Richter vorzeitig abgesetzt werden: Wenn sie »rechtskräftig zu einer gerichtlichen Strafe verurteilt worden sind«, wenn sie »gegen die Verfassung oder andere Gesetze verstoßen« oder wenn sie – ein reichlich dehnbarer Grund – »sonst ihre Pflichten als Richter gröblich verletzen«.[19] Die Abberufung von Richtern wegen Untüchtigkeit oder Unzuverlässigkeit (die sich bei Auseinandersetzungen über die zu befolgende Politik offenbart) ist eine

---

17 Die Suche nach Werktätigen, die für die richterliche Tätigkeit angeworben werden können, beschreibt Ernst Horeni {Staatsanwalt der Stadt Dresden}: »Auf neue Art zu neuen Kadern«, in: NJ, Jahrgang 14, S. 124 f. (Nr. 4, 20. Februar 1960).
18 Siehe »Die Wahl der Richter – eine weitere Etappe in der Schaffung sozialistischer Gerichte. Begründung des Gesetzes ... durch den Minister der Justiz, Dr. Hilde Benjamin, vor der Volkskammer am 1. Oktober 1959«, in: NJ, Jahrgang 13, S. 689-694 (Nr. 20, 20. Oktober 1959); Gesetz über die Wahl der Richter der Kreis- und Bezirksgerichte durch die örtlichen Volksvertretungen (Richterwahlgesetz) vom 1. Oktober 1959, Gesetzblatt der Deutschen Demokratischen Republik, 1959, Teil I, S. 751 ff. (Nr. 57, 17. Oktober 1959); Gemeinsame Anordnung ... über die Einführung einer Praktikantenzeit für juristische Kader bei den Justizorganen der Deutschen Demokratischen Republik (Praktikantenanordnung) vom 1. August 1959, GVG. Loseblatt-Textausgabe, {Ost-} Berlin, 1960.
19 Gerichtsverfassungsgesetz (siehe oben Anmerkung 10), § 16 Abs. 1.

normale, wenn nicht gar häufige Erscheinung; nicht selten scheint dazu die SED-Betriebsorganisation beim Gericht beizutragen.[20] Hin und wieder werden Richter auch aus Gründen der »politischen Optik« aus dem Amt entfernt; im April 1960 musste zum Beispiel der Präsident des Obersten Gerichts den Ministerrat bitten, »ihn von seinem Amt zu entbinden«.[21] Der Grund war durchsichtig: In dem Augenblick, da eine lautstarke Kampagne gegen westdeutsche Richter mit krimineller Nazi-Vergangenheit entfacht wurde, eignete sich ein ehemaliges Mitglied der NSDAP schlecht zum höchsten Richter der DDR.

Der Richter weiß nie, wie lange er seinen Posten behalten wird. Alle seine Entscheidungen können im Kassationsverfahren zunichte gemacht werden. Und schließlich kann auch noch eine gesetzgebende Körperschaft, die willfährig alles tut, was die Exekutive von ihr verlangt, durch die Folgewirkungen missliebiger Gerichtsurteile einen Strich machen. Das alles verringert das Gewicht des richterlichen Amtes. Die gerichtliche Entscheidung kann aus der Flut der Verwaltungsakte, die mit neuen Antrieben oder mit der veränderten Beurteilung der politischen Lage in rascher Folge ihren Inhalt wechseln, nur dadurch herausgehoben werden, dass sie während einer beträchtlichen Zeitspanne unerschütterlich ihre Geltung behält. Die Urteile, die in der DDR gefällt werden, sind mit einer solchen Dauergeltung nicht ausgestattet.

Freilich heißt es in Artikel 127 der DDR-Verfassung (und auch in § 5 des DDR-Gerichtsverfassungsgesetzes): »Die Richter sind in ihrer Rechtssprechung unabhängig und nur der Verfassung und dem Gesetz unterworfen.« Aber wie diese grundsätzliche Proklamation auszulegen ist, sagt die Novelle zum Gerichtsverfassungsgesetz vom 1. Oktober 1959: »Ein Richter muß nach seiner Person und Tätigkeit die Gewähr dafür bieten, daß er sein Amt gemäß den Grundsätzen der Verfassung ausübt, sich vorbehaltlos für den Sieg des Sozialismus in der Deutschen Demokratischen Republik einsetzt und der Arbeiter- und Bauernmacht treu ergeben ist.«[22] Nach einer weiteren Interpretation sind »die Justizorgane ein Teil des einheitlichen volksdemokratischen Staatsapparates«

---

20 Diese Methode der Absetzung von Richtern, zum Teil wegen »revisionistischen Verhaltens«, schildern ungeniert die Aufsätze von Josef Streit: »Für einen neuen Arbeitsstil in der Justiz. Über die Arbeit einer Brigade im Bezirk Gera«, in: NJ, Jahrgang 12, S. 368 ff. (Nr. 11, 5. Juni 1958), und »Aus den Erfahrungen einer Brigade im Bezirk Potsdam«, a.a.O., S. 620-624, insbesondere 623 (Nr. 18, 10. September 1958), wobei an der Kaderabteilung des Justizministeriums wegen mangelnder Strenge und Konsequenz in der Personalpolitik Kritik geübt wird. Über Rang und Amt des Verfassers wurden um diese Zeit noch keine Angaben gemacht (siehe weiter unten Anmerkung 38).
21 NJ, Jahrgang 14, S. 289 (Nr. 9, 5. Mai 1960).
22 Änderungsgesetz zum Gerichtsverfassungsgesetz (siehe oben Anmerkung 5), § 1.

und müssen »zu einem wichtigen und schlagkräftigen Instrument unseres Arbeiter- und Bauernstaates« gemacht werden.[23] Der Richter soll »Agitator und Propagandist des sozialistischen Aufbaus, Organisator der Massen im gesellschaftlichen Prozeß der Rechtsbildung und Rechtsverwirklichung« sein, nicht »Schiedsmann zwischen streitenden Parteien«, von denen »die eine... der Staat schlechthin, die andere der Angeklagte« sei.[24]

Schon diese eindeutigen Feststellungen und Forderungen widerlegen die Vorstellung, als stehe es dem DDR-Richter unter Berufung auf die Verfassung frei, die ihm vorgelegten Fälle auf Grund des verfügbaren Beweismaterials nach feststehenden Vorschriften zu entscheiden. Gewiss sieht es so aus, als könnten die Entscheidungen des Richters nur unter Beachtung vorgeschriebener Verfahrensformen außer Kraft gesetzt werden, als unterscheide er sich eben dadurch von anderen Staatsbediensteten, deren Beschlüsse von ihren Vorgesetzten ignoriert oder bedenkenlos beiseitegeschoben werden dürfen. Das ist aber nur der äußere Anschein, mit dem die Wirklichkeit nicht übereinstimmt.

3. Richter als politische Funktionäre

Was aus einer Gerichtsentscheidung wird und wie sie sich auswirkt, hängt in der DDR nicht nur und nicht unbedingt von gesetzlichen Vorschriften, sondern in hohem Maße von einer Anzahl förmlich nicht festgelegter, nach dem Buchstaben des Gesetzes unverbindlicher Vorkehrungen ab, die einen gewaltigen Einfluss auf alle Bereiche der Rechtspflege ausüben. In der Welt der DDR-Justiz gibt es keine privaten Gesetzeskommentare und keine von privater Seite publizierten juristischen Zeitschriften. Die Auslegung der Gesetze und die Kommentierung der Gerichtsentscheidungen sind das uneingeschränkte Monopol der obersten Justizbehörden. Bedarf der Richter der Erläuterung einer Rechtsvorschrift, die er in den offiziellen Entscheidungssammlungen oder in den offiziell genehmigten Lehrbüchern nicht findet, so kann er in der ebenso offiziellen juristischen Zeitschrift Rat suchen. Aber diese Zeitschrift ist nicht nur ein Auslegungs-, sondern auch

---

23 Walter Krutzsch und Heinz Richter {Abteilungsleiter beziehungsweise Hauptreferent im Justizministerium}: »Erste Schlußfolgerungen aus den Parteiaktivtagungen in den Bezirken«, in: NJ, Jahrgang 13, S. 756-758, insbes. 757 (Nr. 22, 20. November 1959).
24 Heinz Strohbach und Günter Rohde {Assistenten am Institut für Zivilrecht der Humboldt-Universität}: »Sorgfältiges Studium der Parteibeschlüsse verhindert Dogmatismus und Formalismus«, in: NJ, Jahrgang 12, S. 689-694, insbesondere 693 (Nr. 20, 20. Oktober 1958).

ein Erziehungsorgan. Auch wenn sie künstlich zu didaktischen Zwecken heraufbeschworene Diskussionen veröffentlicht, befasst sie sich doch in erster Linie mit der »richtigen«, verbindlichen »Anleitung« des richterlichen und Anklagepersonals und bringt nur Artikel und Entscheidungsauszüge, die diesem Zweck dienen.

Echte Auseinandersetzungen gibt es, wenn die neuesten Beschlüsse oder Direktiven der Partei verschiedene Lesarten erlauben; ist aber der offizielle Kommentar ergangen und das, was – vielleicht mit Absicht – zweideutig belassen worden war, aufgeklärt worden, so hört jede Debatte schlagartig auf. Es kommt allerdings vor, dass ungeklärte politische Positionen, von deren Klärung die Auslegung bestimmter neuer juristischer Begriffe – wie etwa »gesellschaftsgefährlich« – abhängt, lange Zeit in der Schwebe bleiben. Irgendwann wird die Klarstellung durch einen Beschluss der höchsten Parteiinstanzen vorgenommen.[25]

Dass private Kommentare nicht existieren, ist kein Zufall. Vor etlichen Jahren wurde einem Richter erlaubt, im offiziellen Justizorgan die Frage aufzuwerfen, warum in der DDR keine Gesetzeskommentare und insbesondere keine Kommentare zu den Justizgesetzen veröffentlicht würden.[26] Die Antwort erteilte als rangältester Beamter der Staatssekretär des Justizministeriums, der seitdem zum Präsidenten des Obersten Gerichts gemacht worden ist. Er empfahl den Lesern die neuen amtlichen Textausgaben, die nicht mit ausgiebigen Anmerkungen ausgestattet werden sollten, weil die Anmerkungen dann zu »Kurzkommentaren« geworden wären, »über deren Fragwürdigkeit für die Anleitung der Praxis heute keine Zweifel mehr bestehen«.[27] Mit dem Hinweis auf die »Anleitung der Praxis«, in der es natürlich nur eine Meinung geben darf, war klargelegt, dass umfassende Kommentare, in denen gegensätzliche Rechtsansichten erörtert werden, tabu sein müssen.[28]

Dass keine Privatperson Gesetzestexte kommentieren darf, hat allerdings nicht das Geringste mit der »Grammophontheorie« zu tun, die den großen Kodifizierungswerken des Aufklärungszeitalters, dem Allgemeinen Landrecht in Preußen und den Gesetzbüchern der

---

25 Vergleiche die überzeugende Analyse von Ernst Richert: Macht ohne Mandat. Der Staatsapparat in der Sowjetischen Besatzungszone Deutschlands (Schriften des Instituts für politische Wissenschaft, Band 11), Köln/Opladen, 1958, S. 137, Anmerkung 606.
26 Eberhard Volkland {Richter am Kreisgericht Gotha}: »Über das Verhältnis zwischen Rechtswissenschaft und Justizpraxis«, in: NJ, Jahrgang 8, S. 227 ff., insbesondere 229 (Nr. 8, 20. April 1954).
27 Heinrich Toeplitz {ab 1960 Präsident des Obersten Gerichts}: »Zum Erscheinen der neuen Textausgaben«, in: NJ, Jahrgang 8, S. 292 f. (Nr. 10, 20. Mai 1954).
28 Über analoge Erscheinungen in der Sowjetunion siehe René David, John N. Hazard und L. Julliot de la Morandière: Le Droit Soviétique, Band I; René David: Les Données Fondamentales du Droit Soviétique, Paris, 1954, S. 220.

Französischen Revolution, zugrunde lag. Die DDR-Theorie ist weit davon entfernt, im Recht ein abgeschlossenes System zu sehen, in dessen Rahmen der Richter nur logische Schlüsse aus feststehenden, unabänderlich starren Prämissen zu ziehen hätte. Das Verbot der privaten Interpretation entspringt einer klaren politischen Absicht: Es soll verhindern, dass eine mit dem Staat konkurrierende Stätte der Rechtslehre entstehe, die von unbeeinflussbaren Köpfen zur Verbreitung eigener, selbständiger Ansichten benutzt werden könnte. Das einzige Ergebnis einer solchen Unabhängigkeit juristischen Denkens müsste eine schwere Behinderung der Anstrengungen sein, die der Staat auf sich nimmt, um dem Richter beizubringen, dass er die häufig wechselnde Norm auf den Fall, der ihm zur Entscheidung vorliegt, anzuwenden habe, ohne sie anzuzweifeln oder müßige Fragen aufzuwerfen.

Trotz der ständigen Betonung der nie aufhörenden »Erziehung« des Richters, trotz Ermahnungen und Verlockungen kann nicht einmal die DDR den Richter dazu bringen, die ihm eifrigst dargebotene offizielle Weisheit aus eigenen Stücken aufzunehmen und zu verarbeiten. Wenn die Aufforderung zu freiwilligem Lernen versagt, wird schwererer und deutlicherer Druck angewandt. In jeder Rechtsordnung gibt es Fälle, bei denen sich, wenn sie von höheren Gerichten überprüft werden, zeigt, dass die unteren Instanzen die Entscheidung verschleppt und einen oder mehrere Aspekte des Verfahrens vernachlässigt hatten; dennoch legen die Berufungsgerichte oft erhebliche Abneigung an den Tag, aus solchen Mängeln zu folgern, dass das gefällte Urteil aufgehoben werden müsse. Wenn sie es aber bestehen lassen, können sie die Mängel trotzdem feststellen. Im Rahmen des DDR-Systems, wo es nur eine gemeinsame Urteilsbegründung des gesamten Kollegiums gibt und artikulierte abweichende Meinungen einzelner Richter unbekannt sind, betont das Urteil des Berufungsgerichts notwendigerweise die Gründe, die es veranlasst haben, die Entscheidung der unteren Instanzen nicht anzutasten, und geht auf die strittigen Punkte nur am Rande ein. Das untere Gericht braucht sich also normalerweise um die Urteilsbegründung der Berufungsinstanz, auch wenn sie teilweise kritisch ausfällt, keine großen Sorgen zu machen.

Das ist offensichtlich eine Lücke im Kontrollsystem, und die institutionalisierte Gerichtskritik, die in § 4 der DDR-Strafprozessordnung vorgesehen ist, soll sie schließen. In jedem Berufungsverfahren, auch schon auf der unteren Stufe, im Bezirksgericht, kann die Berufungsinstanz gegen das untere Gericht Stellung nehmen, auch wenn sie keinen Grund sieht, dessen Urteil aufzuheben oder abzuändern. Wenn zum Beispiel gegen eine festgenommene Person verspätet Anklage erhoben, wenn Termine unberechtigt vertagt oder Verfahrensfehler dieser oder jener Art begangen worden sind, kann das Berufungsgericht die Mängel, die den Richtern auf der unteren Stufe unterlaufen sind, in einer erzieherisch-kritischen Veröffentlichung anprangern, ohne dass dadurch die Rechtskraft des erst- oder zweitinstanzlichen Urteils berührt würde. Die Veröffentlichung der Kritik in der offiziellen juristischen Zeitschrift soll das kritisierte Gericht und andere, die ähnlichen Problemen gegenüberstehen, veranlassen, nicht wieder in die getadelten Praktiken zu verfallen. Die oberen Gerichte sind darüber hinaus befugt, eine Art Sündenregister anzulegen, in dem die typischen politischen und juristischen Fehler der Kollegen von den unteren Gerichten verzeichnet werden und das dann als Leitfaden für die Formulierung der einzugehenden »Selbstverpflichtungen« dient.[29]

Sowohl die öffentliche Kritik der oberen Gerichte an den unteren als auch die gelegentlichen Kataloge typischer Fehler betreffen natürlich nur die Fälle, die im Wege der Berufung, des »Protests« der Staatsanwaltschaft oder der Kassation zur Kenntnis der oberen oder obersten Instanz gelangen. Die Aufmerksamkeit der höheren Gerichte ziehen im Allgemeinen nur wenige Urteile der unteren Instanzen auf sich. Und auf Veranlassung des Generalstaatsanwalts oder des Präsidenten des Obersten Gerichts werden Urteile der unteren Gerichte in der Regel nur überprüft, wenn ein bestimmter Sektor der SED, der ein Interesse an der Aufhebung eines Urteils hat, genügenden Druck ausübt.[30]

Vom Standpunkt der Machthaber leiden diese offiziellen Kontrollen – Berufung, Kassation, Gerichtskritik –, denen in gewissem Umfang die Stellungnahme der offiziellen Zeitschrift zu Hilfe kommt, an einem entscheidenden Mangel: Sie stellen nicht fest, wie oft und wie schnell die unteren Gerichte Entscheidungen in Übereinstimmung mit der von höherer Stelle bekanntgegebenen politischen Direktive werden zustande bringen können. Aus diesem Grund ist ein System politischer und moralischer Druckmaßnahmen aufgebaut worden, die die Haltung der Richter beeinflussen und formen und damit die erzieherischen

---

29 Charakteristische Dokumente: »Schafft die Voraussetzungen dafür, daß das Jahr 1954 auch in der Justiz das Jahr der großen Initiative wird!« (Entschließung der Belegschaft des Bezirksgerichts Leipzig), in: NJ, Jahrgang 7, S. 725 f. (Nr. 23, 5. Dezember 1953); »Die Selbstverpflichtungen des Bezirksgerichts Leipzig zum Jahr der großen Initiative« von Direktor Grass, Oberrichter Trautzsch und Oberrichter Stiller, Bezirksgericht Leipzig, a.a.O., S. 759 f. (Nr. 24, 20. Dezember 1953).
30 Zur Widerlegung von Kritikern führte Walter Ziegler (Vizepräsident des Obersten Gerichts}: »Zur Kritik am Obersten Gericht«, in: NJ, Jahrgang 10, S. 715 ff. (Nr. 23, 5. Dezember 1956), solche Arbeitsstörungen als Grund der Schwächen des Obersten Gerichts in der Durchführung der Regierungspolitik an.

Bemühungen der Justizverwaltung und die organisierte Überprüfung der richterlichen Einzelentscheidungen ergänzen sollen. Die zentrale Achse dieses Drucksystems ist die permanente Aufforderung zu »Selbstverpflichtungen«.

Die Selbstverpflichtungen kommen nicht von selbst. Sie werden durch einen Mechanismus mit zwei Stoßgetrieben in Bewegung gesetzt: auf der oberen Ebene dem Justizministerium und – für die Anklagebehörde – dem Generalstaatsanwalt, auf der unteren Ebene den Justizverwaltungsstellen der Bezirke und den SED-Betriebsorganisationen bei den einzelnen Gerichten. Den Justizverwaltungsstellen fällt neben normalen Verwaltungsfunktionen die besondere Aufgabe zu, die Arbeit der Kreisgerichte und – seit 1952 – auch der Bezirksgerichte zu prüfen und zu steuern; dabei überwachsen sie – im Sinne der Erfordernisse und Vorschläge des Justizministeriums – sowohl die »Gesetzlichkeit« als auch die Qualität der Arbeitsleistung der Justizorgane.[31]

Zur Betriebsparteiorganisation gehören alle beim Gericht beschäftigten SED-Mitglieder vom dienstältesten Richter bis zur Putzfrau. Häufig haben die Organisationsbeamten des Gerichts, die die Geschäftsverteilung vornehmen und den Terminkalender überwachen, einen höheren Parteirang als die Richter und üben infolgedessen größeren Einfluss auf die Beschlüsse der Parteiorganisation aus. Vor diesem Gremium lässt der Richter wie jeder andere Parteifunktionär das Ritual der Selbstverpflichtung über sich ergehen. Das heißt: Er übernimmt die Verpflichtung, auf

---

31 Der maßgebende Einfluss der Justizverwaltungsstellen der Bezirke auf die Bezirks- und Kreisgerichte beruht auf einem Mosaik von Anordnungen des Justizministeriums aus den Jahren 1954 - 1959, die in: GVG. Loseblatt-Textausgabe ... (siehe oben Anmerkung 18) gesammelt vorliegen. Das gewünschte Ergebnis hat bisher keine der vielen periodischen Reorganisationen der DDR-Justiz zu erzielen vermocht. Ende 1962 wurde vom Staatsrat der DDR wieder eine neue Umstellung des Justizapparats angeordnet: Danach werden die Justizverwaltungsstellen in den Bezirken aufgelöst; entsprechend werden die Revision der Bezirks- und Kreisgerichte, die »Kaderarbeit in diesen Gerichten« und die Gerichtsverwaltung wieder beim Justizministerium zentralisiert. Damit sollen die Bezirksgerichte »höhere Verantwortung« bekommen, und »kein Verwaltungsorgan ist befugt, in die Rechtsprechung einzugreifen.« Ausdrücklich wird festgestellt, dass das Oberste Gericht nur der Volkskammer und dem Staatsrat verantwortlich sei; wahrscheinlich damit es diese Verantwortung nicht vergesse, soll ein Mitglied des Staatsrats »ständig« an den Sitzungen seines Plenums teilnehmen. Für die korrekte Weitergabe der Entscheidungen der Staatsspitze an alle Justizorgane wird auch sonst nach alter Manier Sorge getragen: »Die Revision der Gerichte hat den Zweck, die Erfahrungen und Tendenzen in der Rechtsprechung zu studieren und daraus Schlußfolgerungen für die Gesetzgebung und die Leitung der Rechtsprechung durch das Oberste Gericht zu ziehen.« Siehe »Grundsätze zum Erlaß des Staatsrats der Deutschen Demokratischen Republik über die grundsätzlichen Aufgaben und die Arbeitsweise der Organe der Rechtspflege«, in: Neues Deutschland, Jahrgang 17, Ausgabe B, 336, 7. Dezember 1962, S. 3, insbesondere Sp. 5 f.

bestimmten Gebieten – sei es auf Grund konkreter Kritik der Partei oder höherer Dienststellen, sei es einfach in Befolgung der jüngsten politischen Direktiven der Partei – bessere Arbeit zu leisten. Außerdem werden in geringem Zeitabstand Arbeitstagungen der Richter und Staatsanwälte abgehalten, auf denen jeder Richter einen Arbeitsbericht zu erstatten hat; die wunden Stellen der einzelnen Teilnehmer werden besprochen, und die Erfolgreicheren korrigieren die Versager. Bei beharrlicher Wiederholung gerügter »Fehler« wird nötigenfalls wieder die Betriebsparteiorganisation mit den Missetaten befasst.

Was erreicht die massive Förderung der Selbstverpflichtungsaktionen durch die obersten Gerichte und den Druck der Partei? Die Antwort hängt, so misslich das für die Staatsspitze sein mag, vom Eifer und von der Hingabe des einzelnen Richters ab, was wieder Ungewissheit hineinträgt. Besondere Bedeutung wird daher der laufenden Überwachung der Gerichte durch »Instrukteure« beigemessen, die der tagtäglichen Arbeit der Richter eine festere Richtung verleihen sollen, als es den übergeordneten Gerichtsinstanzen gelingt. In der Funktion des Instrukteurs verschmilzt die arbeitstechnische Aufsicht mit der politischen: Der Instrukteur prüft, beurteilt und kritisiert die Arbeit des Richters sowohl unter fachlichen als auch unter politischen Gesichtspunkten. Der Kontrollbereich der Instrukteure des Justizministeriums und der Obersten Staatsanwaltschaft reicht bis zur Ebene der Bezirksgerichte und der Bezirksstaatsanwaltschaft; die Instrukteure der Justizverwaltungsstelle des Bezirks inspizieren ihrerseits die Kreisgerichte und die Kreisbehörden der Staatsanwaltschaft.

Außerdem nimmt eine Instrukteurbrigade, zu der alle Instrukteure des Bezirks, einige Richter des Bezirksgerichts und die zuständigen Kaderleiter, begleitet vom Direktor des der Prüfung unterzogenen Gerichts, gehören, eine alljährliche Revision der Arbeit jedes einzelnen Kreisgerichts vor.[32] Von großem Wert ist dabei die Mitwirkung des Direktors des Kreisgerichts, denn er ist über die Leistung der einzelnen Richter genau informiert und ein einflussreicher Mann in der Parteiorganisation;

---

32 Die Revisionsergebnisse werden häufig in offiziellen Veröffentlichungen besprochen und geben Anlass zu zahlreichen Verbesserungsvorschlägen; siehe zum Beispiel Fritz Böhme und Gerhard Krüger {Hauptabteilungsleiter beziehungsweise Hauptinstruktur im Justizministerium}: »Die Arbeit der Instrukteurbrigaden bei Revisionen verbessern!«, in: NJ, Jahrgang 10, S. 11-14 (Nr. 1, 5. Januar 1956); Helmut Ostmann {Hauptabteilungsleiter im Justizministerium}: »Über die Justizverwaltung«, in: NJ, Jahrgang 8, S. 37-42 (Nr. 2, 20. Januar 1954); Streit: »Aus den Erfahrungen...« (siehe oben Anmerkung 20); Gernot Windisch {Staatsanwalt beim Generalstaatsanwalt}: »Die Veränderung der Instrukteurtätigkeit in der Staatsanwaltschaft«, in: NJ, Jahrgang 12, S. 839 f. (Nr. 24, 20. Oktober 1958).

er wird damit gewissermaßen zum ständigen politischen Kontrolleur des Gerichts.³³

In einem der vielen Berichte ist von einem allzu eifrigen Oberinstrukteur die Rede, der Zweifel an einer bestimmten Gerichtsentscheidung verspürt und darauf beschlossen hatte, die lokale Bevölkerung auszufragen. Die Tatsachen, die er zusammentrug, bestätigten, dass das Gericht im Unrecht war, und ließen sogar die Hintergründe der Fehlentscheidung hervortreten.³⁴ War das aber die wirkliche Aufgabe des Instrukteurs? Offenbar nicht in der zweiten Hälfte der fünfziger Jahre. In den meisten Berichten kam die Ansicht zum Ausdruck, dass es nicht Sache des Instrukteurs sei, über gerichtlich abgeurteilte Fälle von neuem zu Gericht zu sitzen.³⁵ Worauf es ankam, war nicht, der Gerechtigkeit in einzelnen Fällen zum Sieg zu verhelfen, sondern die Arbeit der Gerichte zu »verbessern«. Die Instrukteure sollten kulturellen und politischen Problemen nachgehen; sie sollten die Richter über die politischen und gesellschaftlichen Notwendigkeiten aufklären und ihnen klarmachen, dass Urteile, die sich auf saubere Tatsachenermittlung und wohlbegründete juristische Überlegungen stützen, dennoch völlig falsch sein können, weil sie die möglichen politischen und gesellschaftlichen Auswirkungen der Straftat und des Richterspruches außer Acht lassen. Die Urteilsbegründungen der Richter werden unter diesen Aspekten einer gründlichen Prüfung unterzogen. Was der einzelne Richter leistet und wie sich seine gesamte richterliche Tätigkeit politisch auswirkt, wird von den Instrukteuren begutachtet und mit dem Richter durchgesprochen. Darüber hinaus soll die jährliche Revision feststellen, inwieweit die Kollektivleistung des Gerichts zur Erfüllung der politischen und ideologischen Pflichten der Richterschaft beigetragen hat.

Aber natürlich kann auch die Rolle der Inspektionsbrigade im Zuge eines politischen Kurswechsels einen anderen Charakter annehmen. Je mehr und je energischer die Justizfunktionäre zu aktiver politischer Betätigung angehalten werden, umso stärker muss sich auch bei den Instrukteuren die Tendenz durchsetzen, einzelne Fälle neu aufzurollen und dabei ihren Klassengehalt, die Rolle der Streitparteien und die

---

33 Instrukteurbrigaden, die einzelnen Ressorts – dem Gericht, der Staatsanwaltschaft oder der Vopo – zugeteilt sind, sind zwar nicht immer miteinander einig, koordinieren aber ihre Arbeit in gewissem Umfang, um Ressortzwistigkeiten aufzudecken und einheitliche Verbesserungsmaßnahmen durchzusetzen; siehe Gerhard Eberhardt [Oberinstrukteur bei der Justizverwaltungsstelle des Bezirks Brandenburg]: »Über die Durchführung von Revisionen«, in: NJ, Jahrgang 10, S. 600 f. (Nr. 19, 5. Oktober 1956).
34 Max Becker [Leiter der Justizverwaltungsstelle des Bezirks Potsdam]: »Eine praktische Methode der Revision«, in: NJ, Jahrgang 10, S. 359 ff. (Nr. 12, 20. Juni 1956).
35 Vergleiche Böhme/Krüger: »Die Arbeit...« (siehe oben Anmerkung 32).

»formalistische« Vernachlässigung solcher Faktoren durch den Richter herauszustellen.[36]

Unter den Methoden, mit denen der Richter gezwungen wird, sich mit aller Kraft der politischen Arbeit zu widmen, die ihm der Staat zuweist, ist am wirksamsten die Verbindung der täglichen Aufsicht und Unterweisung durch Instrukteure mit der Jahresrevision. Dieser Kombination kann sich der Richter schwer entziehen; sie symbolisiert die Rolle und Stellung des Gerichts. Ob ein Richter gut oder schlecht ist, wird auf einer Waage gemessen, die seine Fähigkeit registriert, die Beurteilung der politischen und gesellschaftlichen Lage durch die Staatsspitze jederzeit ohne Verzug richtig zu verstehen und zu übernehmen. Die Hauptarbeit des Instrukteurs als »Helfer und politischer Berater« besteht darin, »die unmittelbare Transmission der politischen Leitung von oben nach unten« sicherzustellen.[37]

So pflichteifrig und staatstreu diese Übertragungsorgane aber auch sein mögen, die politische Aufgabenstellung der Staatsspitze können sie nicht unbeeinträchtigt bis an die untersten Stellen heranbringen. Irrtümer, Abweichungen und unzureichende politische Wendigkeit können auch von Übertragungsagenten, die hinter alle Schliche gekommen sind und alle berechenbaren Fehler zu korrigieren wissen, weder beseitigt noch vermieden werden. Was sie zuwege bringen, sieht man daran, wie oft und wie intensiv die Richter freiwillig, spontan zu erkennen geben, dass sie unbedingt zur politischen Führung der DDR stehen und an sie glauben. Ideologisch wird dies Heranrücken an den Staat gefördert, wenn sich der Richter nicht mehr als Urheber einzelner konkreter Entscheidungen sieht, sondern die von oben propagierte These akzeptiert, dass er als aktiver Mensch nur Bestandteil und Organ eines »sozialistischen Kollektivs« sei, dem das Attribut anhafte, »immer gerecht« zu sein.[38] Damit ginge alle gesellschaftliche Differenzierung in

---

36 Das zeigt sich zum Beispiel in der Arbeit der Instrukteure im Bezirk Potsdam; siehe Streit: »Aus den Erfahrungen ...« (siehe oben Anmerkung 20). Etwas später wurde auf Grund von Instrukteurberichten ausführliche Kritik an einzelnen Urteilen Potsdamer Richter geübt: Lucie von Ehrenwall {Richter am Obersten Gericht} und Horst Bürger {Hauptinstrukteur im Justizministerium}: »Über einige Mängel in der Arbeitsweise des Bezirksgerichts Potsdam«, in: NJ, Jahrgang 13, S. 256-259 (Nr. 8, 20. April 1959).
37 Hilde Benjamin: »Der Instrukteur – Helfer und politischer Berater«, in: NJ, Jahrgang 8, S. 285-290 (Nr. 10, 20. Mai 1954); spätere Erörterungen bei Hermann Eildermann {Richter am Bezirksgericht Leipzig}, »Einige Hinweise für die Revision der Kreisgerichte«, in: NJ, Jahrgang 11, S. 272 f. (Nr. 9, 5. Mai 1957).
38 Josef Streit {den Lesern erstmalig als Sektorenleiter in der Abteilung Staats- und Rechtsfragen beim Zentralkomitee der SED vorgestellt}: »Die Justizorgane sind wichtige Hebel bei der sozialistischen Umgestaltung«, in: NJ, Jahrgang 13, S. 789-793 (Nr. 23, 5. Dezember 1959); seitdem ist Streit zum Generalstaatsanwalt der DDR avanciert.

einer gesamtgesellschaftlichen Identität auf, und das Bewusstsein des
»richterlichen Kollektivs« wäre in ständiger, gleichsam unbewusster
Kommunikation mit dem alles durchdringenden Bewusstsein der Träger
der Staatsgewalt: totalitäre Wirklichkeit, als ultrademokratisches Hirngespinst verkleidet.

4. Gerichte und andere Staatsorgane

Ob es im deutschen Strafprozess jemals ein Kräftegleichgewicht zwischen der Verteidigung und der Anklagebehörde gegeben hat, ist zweifelhaft. Obgleich er theoretisch als Organ der Rechtspflege galt, konnte es der Verteidiger doch nie recht mit dem Prestige des Staatsanwalts aufnehmen, der, wie es in der offiziellen Sprache hieß, die objektivste Behörde der Welt vertrat. Die Gleichgewichtsstörung, die vorher schon da war, wurde in der Praxis der DDR gewaltig vergrößert. Der Anwalt hat als Fachmann an Statur verloren und ist daher auch für seinen Mandanten von viel geringerem Nutzen. Das rührt einmal daher, dass die DDR zu sehr damit beschäftigt ist, die Lebensgewohnheiten der Menschen umzuwälzen, als dass sie sich sehr dafür interessieren könnte, mit welchen Mitteln sich diese Menschen, wenn sie einmal vor Gericht kommen, verteidigen sollten; zum andern hängt das mit den Sondermaßnahmen zusammen, mit denen die Rechte der Rechtsanwälte beschnitten worden sind.

Die Strafprozessordnung der DDR widmet den Rechten der Verteidigung nur geringe Aufmerksamkeit. Am meisten ist das Betätigungsfeld der Anwälte dadurch eingeengt, dass Staatsanwälte und Richter die entsprechenden Bestimmungen der Strafprozessordnung nicht übermäßig ernst nehmen.[39] Hinzu kommt als überaus wichtiger Faktor die neue Interpretation des gegenseitigen Verhältnisses von Verteidigung und Anklagebehörde, auf die die Anwälte immer wieder mit der Nase gestoßen werden. Im neuen System soll der Anwalt nur die »berechtigten Interessen« des Mandanten wahrnehmen. Daher darf er an der Lösung gesellschaftlicher und zwischenmenschlicher Konflikte nur

---

39 Eine Art Beschwerdekatalog wurde während der kurzen Tauwetterperiode von 1956 vom Vorsitzenden des Berliner Anwaltskollegiums zusammengestellt; siehe »Fragen des Strafverfahrens vom Standpunkt des Verteidigers. Bericht über die Tagung der Vorsitzenden der Kollegien der Rechtsanwälte am 9. und 10. Juni 1956«, in: NJ, Jahrgang 10, S. 434 ff. (Nr. 14, 20. Juli 1956).

teilnehmen, soweit damit nicht gegen die großen Linien der wirtschaftlichen und sozialen Entwicklung verstoßen wird.[40]

Seit 1953 ist es den Anwälten außerdem in zunehmendem Maße erschwert worden, sich als freiberuflich tätige Rechtsberater zu behaupten. Neu zugelassen werden überhaupt nur Juristen, die beim staatlich kontrollierten »Kollegium der Rechtsanwälte« Mitglied sind.[41] Vorzugsbehandlung der bei den Kollegien eingetragenen und Beschränkungen für nichteingetragene Anwälte machen eine freie Praxis zum Wagnis; die Folge ist, dass das für den Strafverteidiger unerlässliche Vertrauen des Mandanten untergraben wird. Den Kollegien, deren Geschäftsstellen den einzelnen Anwälten Mandanten und Fälle zuteilen, galt Ende der fünfziger Jahre das besondere Interesse des Justizministeriums. Ihnen wurde ungenügendes gesellschaftliches Bewusstsein vorgeworfen; ein ganzer Katalog amtlich empfohlener Gegenmittel wurde entworfen.[42] Gemischte Instrukteurbrigaden unter Beteiligung des Ministeriums, der SED und der Vereinigung Demokratischer Juristen sollten die mangelhafte Arbeit der Kollegien verbessern und sie zu besserer Erfüllung ihrer Aufgaben anhalten.[43]

Ob die Entprofessionalisierung der Anwaltschaft, die solche bürokratischen Fesseln bewirken, wettgemacht wird dadurch, dass das Geldverdienen nicht mehr – wie nach der DDR-Theorie beim »kapitalistischen Anwalt« – die berufliche Tätigkeit des Rechtsanwalts bestimmt, ist eine interessante Frage, die sich nicht so eindeutig beantworten lässt, wie es die offizielle Lehre postuliert; zum Beispiel wird behauptet, dass die Kollegien der Rechtsanwälte ihre Mitgliedschaft künstlich niedrig halten, um ihren Mitgliedern ein höheres Einkommen zu garantieren.[44] Der Anwaltsberuf ist jedenfalls in der DDR viel weniger angesehen als andere Juristenberufe; der Aufbau der neuen Gesellschaft und der von

---

40 Heinz Heidrich {Oberinstrukteur bei der Justizabteilung des Groß-Berliner Magistrats}: »Über die Funktion des Verteidigers in der Deutschen Demokratischen Republik«, in: NJ, Jahrgang 14, S. 168-172 (Nr. 5, 5. Mai 1960).
41 Verordnung über die Bildung von Kollegien der Rechtsanwälte vom 15. Mai 1953, Gesetzblatt der Deutschen Demokratischen Republik, 1953, Teil I, S. 725 f. (Nr. 66, 22. Mai 1953); das der Verordnung beigegebene Musterstatut ist später im Sinne einer verschärften Staatsaufsicht über die Kollegien abgeändert worden: Anordnung zur Änderung des Musterstatuts für die Kollegien der Rechtsanwälte vom 22. März 1958, a.a.O., 1958, Teil I, S. 311 f. (Nr. 24, 14. April 1958).
42 Rolf Helm {Abteilungsleiter im Justizministerium}: »Fragen der Entwicklung einer sozialistischen Rechtsanwaltschaft«, in: NJ, Jahrgang 12, S. 298-301 (Nr. 9, 5. Mai 1958).
43 »Probleme einer sozialistischen Rechtsanwaltschaft. Bericht von einer Arbeitstagung mit den Vorsitzenden und Parteisekretären der Anwaltskollegien und den Mitgliedern des Beirats für Fragen der Rechtsanwaltschaft beim Ministerium der Justiz am 29. August 1958« in: NJ, Jahrgang 12, S. 665 ff. (Nr. 19, 5. Oktober 1958).
44 Helm: »Fragen der Entwicklung ...« (siehe oben Anmerkung 42).

ihr entwickelte Lebensstil geben dem Anwalt auch nicht allzu viel Gelegenheit, von seinem intellektuellen Rüstzeug Gebrauch zu machen. Unter solchen Umständen können Anwälte schwerlich ein Gegengewicht gegen die Vertreter der Anklagebehörde bilden, deren Funktionen ausgebaut worden sind. Wie im Westen, wenn auch nicht aus denselben Gründen, liegt die Zukunft des Anwaltsberufs in der DDR mehr in der Rechtsberatung als in der Prozessvertretung.[45]

Da die Arbeit des Generalstaatsanwalts und des Justizministers eine gemeinsame Grundlage im ständigen Auftrag hat, die von den obersten Parteiinstanzen kommenden und vom Ministerrat in rechtsverbindliche Form gebrachten Aufforderungen und Befehle in administrative Praxis zu verwandeln, kommt der Unabhängigkeit des Generalstaatsanwalts und seiner Behörde im Alltagsgetriebe der DDR mehr symbolische als reale Bedeutung zu. Aber in Stil und Methode des Geschehens im staatlichen Bereich wirkt sich die herausgehobene Stellung des Generalstaatsanwalts nichtsdestoweniger in erheblichem Umfang aus. Der Generalstaatsanwalt entscheidet aus eigener Machtvollkommenheit, welches Strafgericht für welches Verfahren zuständig ist, und hat das Recht, jederzeit nach eigenem Gutdünken Kassationsanträge zu stellen; bei der Festlegung des Grundrisses der Strafrechtspolitik ist daher seine Position von grundlegender Bedeutung.

Nicht die hohe Kunst der Einordnung der Fälle in die richtigen juristischen Kästchen, sondern die politische Bedeutung, die dem einzelnen Fall beigemessen wird, entscheidet darüber, wann Strafverfolgung stattfindet und welchen Weg sie nimmt. Politische »Anleitung« kann dabei die verschiedensten Formen annehmen. Die Hauptaufgabe der Anklagebehörde besteht darin, die politischen Elemente, die in einer gegebenen Situation stecken, aufzuspüren und ihre möglichen Auswirkungen vorauszusehen. Je gründlicher der Staatsapparat den gesellschaftlichen Meinungsbildungsprozess kontrolliert, umso deutlicher muss die politische Färbung jeder privat anmutenden Situation hervortreten; Ehescheidung, Beleidigung, Körperverletzung, Tierquälerei: Alles kann einen politischen Sinn bekommen. Das leise Geflüster von Beklemmungen, Zweifeln, passivem Widerstand oder aktiverer Unbotmäßigkeit kann durch umwegige Kanäle gegangen sein, ehe es im Prozess in den

---

45 Friedrich Wolff {Vorsitzender des Anwaltskollegiums von Groß-Berlin}: »Der Weg zur sozialistischen Rechtsanwaltschaft«, in: NJ, Jahrgang 13, S. 682-685 (Nr. 19, 5. Oktober 1959); nach Walther Rosenthal, Richard Lange und Arwed Blomeyer: Die Justiz in der Sowjetischen Besatzungszone Deutschlands, 4. Auflage, Bonn, 1959, S. 83, betrug die Gesamtzahl der zugelassenen Rechtsanwälte 863. Bis zum 15. Januar 1961 war sie auf 703 zurückgegangen; davon gehörten 447 den Kollegien an.

grelleren Tönen privater Streitigkeiten oder minderer Zusammenstöße mit den unteren Randbezirken der Staatsgewalt präsentiert wird. Die Häufigkeit solcher Fälle bezeugt die Bedrängtheit und Beengtheit des Daseins in einer politischen Wetterzone, in der Nörgelei und kleinliche Missgunst an die Stelle persönlichen Ausdrucksgepräges und individueller Leistung treten. Der belangloseste, lächerlichste, banalste Zusammenstoß wird in den Augen der Machthaber notwendigerweise zu etwas düster Gefährlichem. In jeder ungezielten Einzelreaktion fahnden die Organe der Staatsgewalt nach Spuren eines allgegenwärtigen rebellischen Vorhabens.

Tagaus, tagein müssen Richter und Staatsanwalt, ohne dass ihnen dazu besondere Signale von höheren Behörden gegeben würden, solche Situationen auf die vorgeschriebene politische Weise anpacken. Sie sind – zum Mindesten im Stadium der Hauptverhandlung – auf sich allein gestellt; in gewissem Sinne sind Szenerie und Bühnenhintergrund für den einzelnen Prozess nicht vorgezeichnet, und sowohl die Beteiligten als auch die Außenstehenden verfolgen die Entfaltung der Handlung mit gespannter Aufmerksamkeit. Da es eine echte Prozessberichterstattung in der Presse nicht gibt, rufen Szenen, die sich auf der Gerichtsbühne abspielen, nur schwachen Widerhall hervor. Es ist Sache der Obersten Staatsanwaltschaft, den Apparat bis zu den untersten lokalen Funktionären so zu schulen, dass keimende politische Spannungen und ihre möglichen Folgewirkungen schon in leisem Gemurmel erkannt werden.

Wenn ein Fall der Obersten Staatsanwaltschaft von politischen Stellen überwiesen worden ist und wenn er die Elemente einer *cause célèbre* in sich birgt oder wenigstens vermuten lässt, dass er sich zu propagandistischer Ausbeutung eignet, kann der Generalstaatsanwalt angewiesen worden sein, dem Gericht unmissverständlich zu sagen, wie er den Fall, was die Strafe und die anzuwendende Gesetzesbestimmung angeht, behandelt wissen will. Wird es als Sache des Justizapparates angesehen, »mit einem richtigen Urteil zur richtigen Zeit am richtigen Ort hervorzutreten«,[46] so muss die Hauptlast der Rechtsprechung denen zufallen, die für die Inszenierung der politischen Massenwirkungen zuständig sind: den Staatsanwälten. Die Rollen, die den einzelnen Faktoren erwartungsgemäß obliegen sollten, sind vertauscht. In der Theorie ist es nach den Gesetzen der DDR – nicht anders als nach den Gesetzen der meisten kontinentaleuropäischen Länder – die Aufgabe des Gerichts,

---

46 Josef Streit: »Zur Vorbereitung der Arbeitstagungen der Richter und Staatsanwälte in den Bezirken«, in: NJ, Jahrgang 13, S. 439-447, insbesondere 440 (Nr. 13, 5. Juli 1959).

darüber zu befinden, welche Rechtsnorm auf den vorliegenden strafbaren Tatbestand angewandt werden soll. Da ihm in der Praxis diese Auslegungsfunktion entzogen ist, ist das Gericht auch in seiner Rolle als Straforgan an Händen und Füßen gebunden. In Bezug auf die Festsetzung der Strafe darf sich das Gericht nach einer weithin akzeptierten Lehre über die vom Staatsanwalt vertretene Regierungsautorität nur hinwegsetzen, wenn es eine grundsätzlich andere Auffassung vertritt.[47]

In einem Fall, der im Scheinwerferlicht der organisierten Propaganda abgeurteilt wird, kann dem Richter ein Teil der Last von den ihm übergeordneten Stellen abgenommen werden. Der offizielle Eingriff der Anklagebehörde kann mit einem direkten, wenn auch hinter den Kulissen erfolgenden Eingriff der obersten Ränge des Justizministeriums einhergehen. In einem solchen Fall wird die Gerichtsentscheidung von hohen Beamten des Ministeriums mit dem Richter durchgesprochen. Das beschränkt sich zumeist allerdings auf Ausnahmesituationen, die eine sensationelle juristische oder propagandistische Schaustellung erfordern. Bei einer zu häufigen Wiederholung dieses Verfahrens würden zu große Risse zum Vorschein kommen; Schauprozesse als tägliche Nahrung könnten statt der tiefen Erschütterung, die dem Gläubigen einen elektrischen Schock versetzt und den Zögernden zum offenen Treuebekenntnis bringt, Gleichgültigkeit und Zynismus hervorrufen. Die minuziöse Vorbereitung der Inszenierung und der Massenreaktionen, die auf das Schauspiel zu folgen haben, lohnt sich daher nur in Fällen von außergewöhnlicher politischer Bedeutung. Darum wird die Ausarbeitung von Inszenierungsplänen und Regieanweisungen für erstklassige Aufführungen von hoher Publikumswirkung nur selten angeordnet. Aber nie wird auf die politische Handhabung der Rechtspflege verzichtet.

In den älteren kontinentaleuropäischen Theorien galt die Anklagebehörde als bloßes Gegengewicht zur Verteidigung. Den Strafrechtspraktikern der DDR erscheint das heute – offensichtlich nicht zu Unrecht – als unrealistisch. Da die gesamte Rechtspflege politisch gehandhabt wird, kommt dem Staatsanwalt heute ein viel größeres Gewicht im Prozessstadium zu. Er verkörpert die Kontinuität des Staatsinteresses und kennt (wenigstens nach der theoretischen Annahme) die tatsächlichen Bedürfnisse der politischen Gewalten in jedem gegebenen Augenblick. (Allerdings klafft zwischen der theoretischen Annahme und der praktischen Ausführung eine beträchtliche Lücke: In den Revisionsberichten wird immer wieder über politische Fehldiagnosen, unzureichende

---

47 Ernst Melsheimer: »Sozialistische Gesetzlichkeit im Strafverfahren«, in: NJ, Jahrgang 10, S. 289-296 (Nr. 10, 20. Mai 1956).

politisch-ideologische Klarheit und fehlende Einheitlichkeit der politischen Linie bei den Staatsanwaltschaften der Bezirke und Kreise[48] Klage geführt.) Es stimmt zwar, dass im Stadium des Ermittlungsverfahrens Haftbefehle von einem Richter unterzeichnet werden müssen. Hier aber endet die Macht des Richters; alles andere liegt – wenigstens auf dem Papier – in der Hand des Staatsanwalts. Die richterliche Voruntersuchung ist abgeschafft, so dass die gesamte Prozessvorbereitung der Staatsanwaltschaft oder den »Untersuchungsorganen« überantwortet ist. Haussuchung und Beschlagnahme werden vom Staatsanwalt, »bei Gefahr im Verzuge« auch vom »Untersuchungsorgan« angeordnet. (Richterliche Bestätigung muss binnen 48 Stunden eingeholt werden.) In der Hauptverhandlung kann der Staatsanwalt Angeklagte und Zeugen direkt befragen, während Angeklagter und Verteidiger nur »durch Vermittlung des Vorsitzenden« Fragen stellen dürfen. Der Staatsanwalt setzt die Bedingungen fest, unter denen der Verteidiger mit dem in Untersuchungshaft genommenen Beschuldigten mündlich oder schriftlich in Verbindung treten darf.[49]

In der Tagespraxis scheint die gegenüber der Verteidigung und dem Gericht gewaltig verstärkte Position der Anklagebehörde nicht ganz so überwältigend zu sein. Die »Untersuchungsorgane«, die die Strafprozessordnung schamhaft nicht beim Namen nennt, die Volkspolizei und der Staatssicherheitsdienst (SSD), haben die Tendenz, das Ermittlungsverfahren an sich zu reißen und dem Staatsanwalt nur noch organisatorische Maßnahmen und die Unterzeichnung von Verfügungen und Anordnungen zu belassen. Das jedenfalls wurde während der kurzen Tauwetterperiode von 1956 zugegeben: Die zweitrangige Rolle der Staatsanwaltschaft im Vergleich zum SSD wurde beklagt und Abhilfe gefordert. Man darf das freilich nicht missverstehen: Es geht hier um die allgemeine Neigung bürokratischer Apparate, ihren Machtbereich auszuweiten; die Beziehungen anderer Polizeiapparate zur Anklagebehörde sehen im Prinzip nicht viel anders aus.[50] Begünstigt wird jedoch der Expansionsdrang der Polizei dadurch, dass sie sich sozusagen in größerer Nähe zur Straftat bewegt. Und das Übergewicht der Polizei wirkt sich dort sehr viel tragischer aus, wo – wie in der DDR – die Privatperson nur über wenige und sehr dünn gesäte Mittel verfügt,

---

48 Siehe zum Beispiel Martin Spranger {Abteilungsleiter im Justizministerium} und Rudolf Wunsch {Staatsanwalt beim Generalstaatsanwalt}: »Überwindung von Mängeln in der Arbeit der Justizorgane und der Staatsanwaltschaft im Bezirk Magdeburg«, in: NJ, Jahrgang 12, S. 267-272 (Nr. 8, 20. April 1958).
49 Strafprozessordnung (siehe oben Anmerkung 12), §§ 116, 140, 201 Abs. 2 und 3 und 80 Abs. 3.
50 Siehe oben Kapitel V, Abschnitt 2-c.

Gegenmaßnahmen in die Wege zu leiten. Politisch gesehen, spielt weder die Vopo noch der SSD eine selbständige Rolle. Alle wichtigen Entscheidungen behält sich das Politbüro des Zentralkomitees vor,[51] und die »Untersuchungsorgane« bleiben ihm untergeordnet.

Bei allem Kompetenzstreit mit den »Untersuchungsorganen« hat die Staatsanwaltschaft eine Schlüsselposition inne, vor allem seit die DDR sie nach Sowjetvorbild zum Haupthebel der Bemühungen gemacht hat, ein Gleichgewicht der bürokratischen Apparate herzustellen. Da den parlamentarischen Körperschaften des kommunistischen Regimes jeder Rückhalt in der Bevölkerung fehlt und da sich die Interessen ihrer Mitglieder viel zu eng mit denen der Exekutive verflechten, als dass sie als ihres Bruders Hüter auftreten könnten, können sie unmöglich die Aufgabe der Überwachung des Regierungsapparats und der ständigen Kritik an ihm erfüllen. Will man verhindern, dass die hierarchischen Chefs alle Kontrollmöglichkeiten in einer Hand vereinigen, so muss man die Pflichten und Befugnisse der einzelnen Ressorts so aufteilen, dass das eine die Tätigkeit des anderen überwacht und kritisiert. Dabei wird von der Voraussetzung ausgegangen, dass die oberen Ränge innerhalb jedes einzelnen Ressorts in der Arbeitsqualität und den Details der Verrichtungen ihres eigenen Bereichs völlig aufgehen und die Fähigkeit einbüßen, es in echter Unvoreingenommenheit kritisch zu sehen. Die Aufgabe der Kritik muss also einem Organ anvertraut werden, das außerhalb des Ressorts steht. So etwa lauten die Überlegungen, die die DDR veranlasst haben, dem Beispiel der Sowjetunion zu folgen und der Staatsanwaltschaft die Aufgabe zu übertragen, über die Gesetzlichkeit der Verwaltungspraxis in sämtlichen Regierungsbereichen zu wachen. Der rein bürokratische Charakter der Überwachungstätigkeit der Staatsanwälte als Wächter der Gesetzlichkeit wurde 1957 vom Stellvertreter des Generalstaatsanwalts festgelegt: Danach sollte sich ihre Aufsichtstätigkeit darin erschöpfen, den durch Beschwerden gegebenen Alarmsignalen nachzugehen; keineswegs sollten sie Untersuchungen aus eigener Initiative anstellen.[52]

Seitdem ist jedoch festgestellt worden, dass dieser autoritative Interpret der Regierungspolitik der imperialistischen Offensive erlegen war und in Verbindung mit der Wollweber-Gruppe einen revisionistischen

---

51 Vergleiche Richert: Macht... (siehe oben Anmerkung 25), S. 126-130.
52 Bruno Haid {Stellvertreter des Generalstaatsanwalts}: »Einige aktuelle Probleme der staatsanwaltschaftlichen Arbeit«, in: NJ, Jahrgang 11, S. 794-798 (Nr. 24, 20. Dezember 1957).

Standpunkt eingenommen hatte.[53] Der V. Parteitag der SED verfügte einen neuen »Arbeitsstil«, und seit Mitte 1958 wurde in den Staatsanwaltschaften eifrig an der Verwirklichung des Parteitagsbeschlusses gearbeitet. Das kann so weit gehen, dass ein Staatsanwalt für eine gewisse Zeit zu »körperlichem Einsatz« in einem LPG-Dorf[54] berufen wird, um jederzeit zur Hand zu sein, wenn sein Rat oder seine Mitwirkung benötigt wird. Trotz solcher fieberhaften Aktivität darf man bezweifeln, ob die staatsanwaltschaftliche Überwachung tatsächlich einer systematischen, ununterbrochenen und von der Staatsanwaltschaft selbst beschlossenen Dauerinspektion der »Gesetzlichkeit« gleichkommt. Sogar die Vorbemerkungen des Generalstaatsanwalts zu den neuen Direktiven vom 23. Juli 1958 verhehlten nicht, dass die Staatsanwälte kaum die Zeit hatten, auch nur ihre »Eingänge« zu bearbeiten. Gerade darum verlangte der Generalstaatsanwalt – außer der immer wieder platonisch geforderten Zusammenarbeit mit anderen Staatsorganen – besonderen Arbeitseifer zur Bewältigung der gerade aktuellen »Schwerpunkte von Verletzungen der Gesetzlichkeit«.[55]

Die Idee der Betrauung des staatsanwaltschaftlichen Apparats mit der Überwachung anderer Regierungsapparate leidet an einem zentralen Fehler. So eifrig die Beamten der Staatsanwaltschaft die Gesetzes- und Verordnungssammlungen durchackern, ihre Inspektionsreisen unternehmen und den Beschwerden einzelner Staatsbürger nachgehen mögen, sie bleiben immer »draußen«. Sie sind mit dem alltäglichen Getriebe, den technischen Tricks und den routinemäßigen Umgehungsmanövern der inspizierten Behörde nicht vertraut und können deshalb auch nicht mehr tun, als offenkundige Verstöße gegen gesetzliche Vorschriften festhalten. Die Staatsanwaltschaft kann dann eine Beanstandung anmelden und, wenn sie im Augenblick gerade mächtig genug ist, eine Änderung erzwingen. Aber diese Änderung vermag nicht das Übel auszurotten, das in der hierarchischen Befehlskette des betroffenen Apparats seine Wurzeln hat, weil die Staatsanwaltschaft den hierarchischen Aufbau nicht antasten darf. Diese Schwierigkeit könnte nur überwunden werden, wenn die staatsanwaltschaftliche Kontrolle der »Gesetzlichkeit« mit einer gleichzeitigen Kontrolle der sachlichen

---

53 Bericht des Politbüros an die 36. Tagung des Zentralkomitees, in: Neues Deutschland, Jahrgang 13, Berliner Ausgabe, Nr. 138, 13. Juni 1958, S. 4; siehe auch Günther Bohm {Staatsanwalt beim Generalstaatsanwalt und Parteisekretär der Obersten Staatsanwaltschaft}: »Verbesserung der Arbeit in der Obersten Staatsanwaltschaft«, in: NJ, Jahrgang 12, S. 629 f. (Nr. 18, 20. September 1958).
54 Ernst Melsheimer: »Die Aufgaben der Staatsanwaltschaft nach dem V. Parteitag«, in: NJ, Jahrgang 12, S. 511 ff., insbesondere 513 (Nr. 15, 5. August 1958).
55 Ebda., S. 512.

Arbeit durch spezialisierte, fachlich vorgebildete Inspektionsbeamte zusammengelegt und damit entscheidend ausgeweitet würde. Eine allgemeine Verdichtung des Kontrollprogramms hätte dann zur Folge, dass der Staatsanwaltschaft ein zusätzlicher Aufgabenkreis – über die bloße »Gesetzlichkeitsaufsicht« hinaus – übertragen werden müsste. Gelegentlich gab es Vorschläge, die sich in dieser Richtung vortasteten. Und dass die »Diskrepanz« zwischen formalistischer »Gesetzlichkeitsaufsicht« und einer auf das gesamte Staatsgebilde einwirkenden umfassenden Leitungstätigkeit überwunden werden müsse, wurde sogar von hoher Parteistelle aus vertreten.[56] Dieser aktivistische Standpunkt deckt sich jedoch nicht mit der offiziellen Sowjetlehre, die sich mit der bloßen »Gesetzlichkeitsaufsicht« begnügt und weiterreichende Eingriffe ins staatliche Räderwerk ablehnt.[57] Wenn aber der kritisierte »sporadische und ziellose« Charakter des existierenden Kontrollsystems ohne grundsätzliche Ausweitung der Anlage und Zielsetzung der staatsanwaltschaftlichen Kontrolle aufgegeben wird, kann die neuersonnene »komplexe Gesetzlichkeitsaufsicht«[58] nur dazu führen, dass in die bestehende Kette der hierarchischen Befehls- und Unterordnungsverhältnisse in Wirtschaft und Verwaltung ein neues Glied eingebaut wird, dessen Funktionen nicht genau abgegrenzt werden können. Dann wird das Kontrollnetz so ausgedehnt, dass es entweder unwirksam wird oder seine eigentliche Zweckbestimmung bei der Erfüllung von Aufgaben, die ihm nicht zugewiesen waren, verfehlt.

Im Rahmen der diversen Pläne für die gegenseitige Überwachung der bürokratischen Apparate, mit denen das innerbürokratische Gleichgewicht aufrechterhalten werden soll, sind die Gerichte Subjekt und Objekt in einem. Die Einrichtung der Gerichtskritik gibt ihnen, sofern entsprechende Tatsachen zu ihrer Kenntnis gelangen, die Möglichkeit,

---

56 Josef Streit: »Zur Vorbereitung einer zentralen Konferenz der Justizfunktionäre«, in: NJ, Jahrgang 14, S. 73 ff. (Nr. 3, 5. Februar 1960).
57 Den deutschen Lesern wurde das von zwei Dozenten der Staatlichen Zdanov-Universität Leningrad autoritativ mitgeteilt: D. A. Kerimov {Direktor des Instituts für Theorie und Geschichte von Staat und Recht} und L. A. Nikolaeva {Stellvertreterin des Dekans der Juristischen Fakultät}: »Die allgemeine Aufsicht der Staatsanwaltschaft über die Gesetzlichkeit in der Sowjetischen staatlichen Verwaltung«, in: NJ, Jahrgang 14, S. 413-418 (Nr. 13, 5. Juli 1960). Über neuere Regelungen der Staatsanwaltschaftlichen Praxis in der Sowjetunion siehe Glenn G. Morgan: »The ›Proposal‹ of the Soviet Procurator – A Means of Rectifying Administrative Illegalities«, in: The International and Comparative Law Quarterly, Jahrgang 9, S. 191-207 (Heft 1, April 1960).
58 Annemarie Grevenrath, Walter Schultz und Wolfgang Seifart {Staatsanwälte beim Generalstaatsanwalt}: »Neue Aufgaben der Gesetzlichkeit«, in: NJ, Jahrgang 14, S. 149 ff. (Nr. 5, 5. März 1960), insbesondere S. 149: »Die Allgemeine Aufsicht... hat sich schon weitgehend von der sporadischen und ziellosen Arbeit gelöst und die Initiative für eine komplexe Gesetzlichkeitsaufsicht ergriffen.«

Verwaltungsarbeit, die mit dem Gesetz nicht im Einklang ist, anzuprangern. Bisher haben sie von dieser Möglichkeit keinen großen Gebrauch gemacht; angeblich, wie es in kritischen Betrachtungen heißt, aus Faulheit.[59] Die Gerichte sind aber ihrerseits zu regelmäßiger Rechenschaftslegung vor den Kreis- und Bezirksausschüssen für Inneres, Vopo und Justiz verpflichtet. Außerdem müssen sie den Kreis- und Bezirkstagen Jahresberichte vorlegen und zu etwa erhobenen Einwänden binnen vier Wochen Stellung nehmen.[60]

Die innerbürokratische Kritik ersetzt nicht die aktive Teilnahme der Bevölkerung am öffentlichen Leben, kann aber unter bestimmten Umständen eine echte Reaktion des Publikums hervorrufen, in bestimmte Kanäle lenken – oder auch nur vortäuschen. Ob die verschiedenen lokalen Machtpositionen dadurch Einbuße erleiden werden, dass man sie gegeneinander ausspielt, oder ob sie sich in geschlossenen Machtblöcken zusammenfinden und alle miteinander einen Verein für gegenseitige Hilfe bilden werden, lässt sich nicht voraussagen. Auch wenn hierarchische Abhängigkeitsverhältnisse, obligatorische Rechenschaftslegung und strikte Terminfestsetzung dazu da sind, das innerbürokratische Gleichgewicht mit mechanischen Mitteln vor störenden Verschiebungen zu bewahren, sollte man sich nicht darauf verlassen, dass es erhalten bleibt.

5. Richter und Volk

Ob innerbürokratische Kontrollen funktionieren oder nicht, ist Glückssache. Deswegen müssen sie immer wieder vervollständigt werden, und dazu muss die Bevölkerung die von den bürokratischen Einrichtungen mangelhaft verrichtete Funktion übernehmen und selbst der freundliche Kritiker werden, der am Aufbau und Ausbau der institutionellen Gebilde aus freien Stücken aktiv teilnimmt. Was die Sphäre der Justiz anlangt, heißt es im Richterwahlgesetz der DDR: »In der Tätigkeit der Richter der Arbeiter- und Bauernmacht bilden die Rechtsprechung und die politische Arbeit unter den Werktätigen eine feste Einheit. Die Richter

---

59 Josef Streit: »Einige Hinweise zur Auswertung der 3. Parteikonferenz der SED«, in: NJ, Jahrgang 10, S. 257 ff, (Nr. 9, 5. Mai 1956); Wolfgang Berg {Direktor des Kreisgerichts Cottbus-Land}: »Zur Anwendung der Gerichtskritik«, in: NJ, Jahrgang 10, S. 307 f. (N. 10, 20. Mai 1956).
60 Gesetz über die örtlichen Organe der Staatsmacht vom 18. Januar 1957, § 8, Gesetzblatt der Deutschen Demokratischen Republik, 1957, Teil I, S. 65-72 (Nr. 8, 26. Januar 1957); siehe auch § 4 des Richterwahlgesetzes (siehe oben Anmerkung 18) und § 13 des Änderungsgesetzes um Gerichtsverfassungsgesetz (siehe oben Anmerkung 5).

sind verpflichtet, durch regelmäßige Aufklärung über den sozialistischen Staat und sein Recht, insbesondere durch Erläuterung der Gesetze und durch Auswertung geeigneter Verfahren, die Bevölkerung zur Einhaltung der sozialistischen Gesetze und zur aktiven Mitwirkung bei ihrer Durchsetzung zu erziehen«.[61] Dies Ziel kann nur erreicht werden, wenn es dem Richter gelingt, das Vertrauen der Bevölkerung zu gewinnen. Immer wieder bemüht sich das Regime mit großem Eifer darum, in seinen Amtsträgern die Fähigkeit zu entwickeln, diese Großtat zu vollbringen.

Wie aber soll der Richter beweisen, dass er Vertrauen verdient? Was nutzt dem Publikum seine gründliche Kenntnis der geltenden Normen oder sein großes Verständnis für die Nöte und Konflikte des täglichen Daseins, wenn er dort, wo der Einzelmensch und der Staatsapparat aufeinander geraten, nicht mehr als unabhängiger Schiedsrichter wirken darf? Gewöhnlich findet ein Richter Zustimmung und Anklang nur, wenn er die Möglichkeit hat, ein gutes Gesetz anzuwenden oder dem Staat bei der Verwirklichung eines Vorhabens zu helfen, das den Menschen vernünftig und sinnvoll vorkommt. Die Juristen der Sowjetunion und ihre Kollegen in der erweiterten Sowjetsphäre scheinen das Problem begriffen zu haben: Als die Parteiinstanzen sie nach dem 20. Parteitag der Kommunistischen Partei der Sowjetunion beschuldigten, das Recht unmenschlich, bürokratisch und formalistisch zu handhaben, antworteten sie mit einem Gegenangriff, indem sie die Forderung erhoben, dass man dem Volk gute, das heißt mit aller Sorgfalt ausgearbeitete und für jeden verständliche Gesetze geben möge.

Was sind aber in der Vorstellung des Volkes »gute« Gesetze? Viele Normen, die die Richter einhalten müssen, sind rein technische Regulierungsvorschriften oder haben mit der wirklichen Machtverteilung nichts zu tun; für den Durchschnittsbürger sind sie kein Streitgegenstand. Auf anderen Gebieten, zum Beispiel auf dem der Anschläge auf Leib und Leben, wird ein System im weitesten Umkreis Beifall finden, wenn es Ruhe und Frieden in zwischenmenschlichen Beziehungen mit den unauffälligsten Mitteln sichert und stürmische Ausbrüche verhindert.

In jedem Fall sind die Träger der Staatsgewalt im östlichen Bereich immer eifrig dabei, die Beziehungen, die zwischen dem Richter und der Bevölkerung bestehen, auszunutzen, um dem Regime größeren Widerhall zu verschaffen. Den Funktionären der Gerichtsbarkeit werden schwere Aufgaben aufgebürdet, die mit richterlichen Funktionen nach

---

61 § 5 des Richterwahlgesetzes (siehe oben Anmerkung 18).

westlicher Vorstellung nichts gemein haben. Die Richter müssen sich an Wahlkampagnen verschiedener Art aktiv beteiligen; manchmal erhöht sich dadurch – was sich verschieden deuten lässt – ihr politisches Prestige. Sie müssen – das gehört zu ihrem normalen Tagesablauf – an Betriebsversammlungen, LPG-Konferenzen und sonstigen von Partei und Staat organisierten oder geförderten Veranstaltungen teilnehmen und dort Reden halten. Dabei können sie auf Gebieten allgemein politischer Natur Schaumschlägerei betreiben oder über ihre eigene Tagesarbeit sprechen und sich um Verständnis für die Probleme und Schwierigkeiten der Gerichte bemühen. Besondere Aktivität wird seit einiger Zeit in Veranstaltungen entfaltet, die speziell den Fragen der Rechtspflege gelten. In dem einen Jahr 1957 wurden von Richtern 11.288 »Justizaussprachen« abgehalten, an denen 530.000 Zuhörer teilnahmen. Noch aktiver waren die Staatsanwälte: Sie hielten 15.130 »Justizaussprachen« mit 837.000 Besuchern ab. Hinzu kamen noch 11.000 »Rechenschaftslegungen« in Versammlungen anderer Art und 14.000 Wahlversammlungen für die Schöffenwahlen.[62]

Im Bemühen, die Richter näher an die Bevölkerung heranzubringen, sind verschiedene Kampagnen ausprobiert worden. Zwei solche Kampagnen wurden nach sorgfältiger Vorarbeit und mit vielem Propagandaaufwand lanciert, um aktives Interesse der Öffentlichkeit für die Schöffenwahlen zu mobilisieren. Nachdem die Geschworenengerichte schon 1923 abgeschafft und durch Laienbeisitzer, die gemeinsam mit den Berufsrichtern entscheiden, ersetzt worden waren, war, als der Nationalsozialismus zusammenbrach, die Wiederherstellung des Geschworenensystems nicht mehr aktuell: Im Osten wie im Westen wurde das Weimarer Schöffensystem wiedererrichtet. Die wesentlichste Neuerung, die die DDR zu einem späteren Zeitpunkt einführte, war – statt der westlichen Aufstellung der Schöffenlisten durch die Gemeindevertretungen – die Wahl der Schöffen an der Arbeitsstätte, in den Industriebetrieben, Büros, landwirtschaftlichen Produktionsgenossenschaften und so weiter. Diesen Wahlen galt das besondere Interesse der Parteiinstanzen. Nicht wenig Energie wurde auch darauf verwandt, die Staatsbürger dazu zu bringen, der Arbeit der Gerichte Aufmerksamkeit zu schenken und sich an ihr zu beteiligen. Besondere Kurse wurden für die Ausbildung von Schöffen veranstaltet; die als Schöffen Gewählten werden in »Kollektiven« zusammengefasst und müssen den Betrieben, von denen sie gewählt worden sind, Bericht erstatten. An manchen Stellen nehmen

---

[62] Hilde Benjamin: »Die dialektische Einheit von Gesetzlichkeit und Parteilichkeit durchsetzen!«, in: NJ, Jahrgang 12, S. 365-368 (Nr. 11, 5. Juni 1958).

Schöffen außer an den Prozessen, in denen sie ihre eigentlichen Funktionen ausüben, auch an Gerichtssitzungen teil, die der kritischen Besprechung bereits erledigter Fälle gelten. Da der Durchschnittsbürger die Schöffentätigkeit meidet, zog das nebenberufliche Schöffenamt im Anfang die falschen Leute an; viele mussten ihrer Pflichten als unbrauchbar enthoben werden. Mit der Betonung der erzieherischen Aspekte der richterlichen Tätigkeit hofft der Staat, größeres Interesse auf breiter Basis zu wecken. Vielleicht ist die Hoffnung insofern nicht unbegründet, als der Staatsbürger der DDR »Ehrenämtern« dieser oder jener Art kaum entrinnen kann und die Schöffentätigkeit als nicht politisch gefärbt und nicht kompromittierlich einen gewissen Reiz darstellen mag.

Die dem Richter vom Staat auferlegte Pflicht, Anhänger und Funktionäre des Regimes vor feindlichen Ausbrüchen dieser oder jener Teile der Bevölkerung zu schützen, hindert ihn daran, ein enges Vertrauensverhältnis zu »denen unten« herzustellen. Der erklärte Feind der herrschenden Ordnung, der Spion oder der zum Volksfeind gestempelte Andersdenkende auf den oberen Stufen der Parteihierarchie, ist für den Durchschnittsbürger eine fremdartige Gestalt, ein Mensch aus einer anderen Welt. Aber jedem wohlvertraut ist der lokale »Held der Arbeit«, der Parteigewaltige auf dem flachen Lande, der Gamaschenknopf als Polizeibeamter. Bei einem im Alkoholdunst geborenen Wirtshausradau können manche auf gespeicherten Hassgefühle in Schimpfkanonaden gegen solche Ehrenmänner oder, wenn weiter getrunken wird, in tätlichen Angriffen auf sie durchbrechen. Der Richter am Kreisgericht darf, wenn sich die Dinge mit Hilfe ortsansässiger Zeugen günstig fügen, immerhin den Versuch unternehmen, die nicht gar zu seltene Straftat auf den niedrigsten gesetzlich zulässigen Strafnenner zu bringen; häufig genug beschweren sich parteioffiziöse Autoren über Richter der unteren Instanzen, die den staatsfeindlichen politischen Inhalt solcher Verbal- und Brachialinjurien nicht zu durchschauen vermögen.[63] Aber selbstverständlich sind dann die Parteifunktionäre, die Richter der höheren Instanzen und die Instrukteure des Justizministeriums wachsam genug, den Vorstoß der Staatsfeinde abzuwehren: Sie sorgen dafür, dass Schmähreden und Schläge nicht zu harmloser öffentlicher Ruhestörung verniedlicht, sondern angemessener Weise als schwere Verstöße gegen die Staatssicherheit gekennzeichnet und geahndet werden. Da wird dann ein trunkener Angriff auf einen »Helden der Arbeit« als ein

---

63 Vergleiche Spranger/Wunsch: »Überwindung von Mängeln...« (siehe oben Anmerkung 48), Streit: »Für einen neuen Arbeitsstil...« (siehe oben Anmerkung 20), und derselbe: »Aus den Erfahrungen...« (ebda.).

schwerer Fall der »staatsgefährdenden Hetze«[64] einrubriziert und muss mit anderthalbjährigen Zuchthausstrafen gesühnt werden.[65] Nie darf ein Richter in seinen freundschaftlichen Beziehungen zu seinen Gemeindebürgern so weit gehen, dass ihm die völlige Identifizierung mit den herrschenden Gewalten zweifelhaft wird oder gar ganz abhandenkommt.

Dieselbe Notwendigkeit, brave Anhänger des Regimes zu schützen, liegt dem neugeprägten Begriff »gesellschaftlich nützliche Kritik« zugrunde. Was hier auf dem Spiel steht, ist nicht so sehr das Vertrauen, dessen sich der Richter bei der Bevölkerung erfreuen könnte, wie die Pflicht des Gerichts, die Interessen Dritter zu schützen. Unter dem Mäntelchen der »gesellschaftlichen Nützlichkeit« wird gerichtlicher Schutz der Beleidigung oder üblen Nachrede gewährt, mit der eine Privatperson der anderen Abtrag tut, einer Handlungsweise also, die unter den hier vorliegenden besonderen Umständen gemeinhin Denunziation genannt wird und die gewöhnlich auf dem Nährboden kleinlicher Interessen, schäbigen Neides, akuter Rivalität und persönlicher Animosität gedeiht.

Man überbringe dem Personalchef des Betriebes bösartigen Klatsch über den Arbeitskollegen X oder mache auf dem Dorfplatz, wo es jeder hören kann, abfällige Bemerkungen über den Nachbarn Y, und man wird, sofern die Handlungen des X oder des Y oder deren mögliche Folgen als gesellschaftsgefährdend ausgelegt werden können, vom Obersten Gericht der DDR für »gesellschaftlich nützliche Kritik« belobigt werden. In dieser Atmosphäre kann eine Frau, die eine Wut auf ihre Nachbarin hat, als bewährtes SED-Mitglied zur Personalstelle des Betriebes, in dem die Nachbarin arbeitet, marschieren und dort zum besten geben, dass sie männliche Besucher die Wohnung der Nachbarin hat betreten oder verlassen sehen (auch wenn die Nachbarin gar nicht zu Hause war); vergisst sie nicht, gleich von vornherein anzugeben, dass die verdächtige Nachbarin jeden Abend eine Aktenmappe mit Papieren heimbringt, so wird ihr dummer Tratsch als »Kritik« gewürdigt, als »gesellschaftlich nützlich« gepriesen und mitnichten bestraft werden.[66]

64 § 19 des Gesetzes zur Ergänzung des Strafgesetzbuchs, Gesetzblatt der Deutschen Demokratischen Republik, 1957, Teil I, S. 643-647 (Nr. 78, 23. Dezember 1957).
65 Urteil des Obersten Gerichts vom 11. März 1958, 1 b Ust 11/58, in: NJ, Jahrgang 12, S. 323 f. (Nr. 9, 5. Mai 1958); zu einem ähnlichen Fall, in den Teilnehmer an Parteilehrgängen verwickelt waren, siehe Urteil des Obersten Gerichts vom 25. April 1958, 1 b Ust 28/58, in: NJ, Jahrgang 12, S. 391-394 (Nr. 11, 5. Juni 1958).
66 Prozess in der unteren Instanz bei Josef Streit: »Über die Abgrenzung von Kritik und Beleidigung«, in: NJ, Jahrgang 10, S. 176 f. (Nr. 6, 20. März 1956); Urteil des Obersten Gerichts vom 2. März 1956, 3 Zst III 52/55, a.a.O., S. 217 f. (Nr. 7, 5. April 1956);

Oder: Ein wachsamer Bürger der DDR sagt einem anderen nach, er habe Milch, die für die Molkereizentrale bestimmt gewesen sei, eine Nacht lang auf der Toilette aufbewahrt. Ein Beleidigungsverfahren führt bis zum Obersten Gericht, das den Tatbestand gar nicht erst prüft, sondern grundsätzlich entscheidet, es sei die Pflicht des Beleidigers gewesen, unhygienische Zustände zu kritisieren, da bessere Hygiene zum gesellschaftlichen Fortschritt gehöre.[67] Gefährdet war der gesellschaftliche Fortschritt offenbar durch die abstrakte Möglichkeit sanitätswidriger Zustände, und dagegen musste eingeschritten werden. Dem Obersten Gericht gebührt so die Ehre, einen Schutz für Lästermäuler, nicht für Gelästerte geschaffen zu haben. Die Ermittlung der Wahrheit ist überflüssig; bei »gesellschaftlich nützlicher Kritik« darf ein Wahrheitsbeweis nicht gefordert werden.[68] Konnte bisher von einem Beleidiger, auch wenn die beleidigende Behauptung zugegebenermaßen auf Wahrheit beruhte, der Nachweis verlangt werden, dass er in Wahrnehmung berechtigter Interessen gehandelt habe, so ist der »Kritiker« davon befreit. Der »gesellschaftlich nützliche« Denunziant braucht sein Haupt nicht schamhaft zu verhüllen: Er hat seine vaterländische Pflicht getan, und der Dank der Obrigkeit ist ihm sicher. Eine spätere Entscheidung hat diesen Grundsatz bestätigt: auf Kassationsantrag des Generalstaatsanwalts hob das Oberste Gericht eine Verurteilung wegen Beleidigung mit der ausdrücklichen Begründung auf, dass, was »isoliert betrachtet, ehrenkränkend erscheint,... gesellschaftlich nützliche Kritik sein« könne.[69]

Jede Regierung darf Denunzianten benutzen, fördern und schützen. Aber dass man sie hoch in Ehren hält und den von ihnen Beschimpften und Verleumdeten den Ehrenschutz verweigert, ist – ungewöhnlich.

Diskussion: Hans Schauz {Professor an der Hochschule für Ökonomie und Planung, Berlin}, Heinz Such {Direktor des Instituts für Zivilrecht an der Universität Leipzig} und Herbert Kröger {Rektor der Deutschen Akademie für Staats- und Rechtswissenschaft »Walter Ulbricht«}: »Zu einigen Aufgaben der Rechtsprechung«, a.a.O., S. 230-235 (Nr. 8, 20. April 1956).

67 Urteil des Obersten Gerichts vom 1. September 1955, 2 Zst III 65/55, in: NJ, Jahrgang 9, S. 634 f. (Nr. 20, 20. Oktober 1955).
68 Eine ähnliche Entwicklung in Polen beschreibt Jerzy Sawicki: Schutz der Ehre und Freiheit der Kritik, aus dem Polnischen übersetzt, {Ost-}Berlin, 1960, insbesondere S. 112-120; danach wird zwar nach der polnischen Rechtsprechung eine verleumderische Behauptung nicht ohne weiteres als »gesellschaftlich nützlich« entschuldigt, aber Straffreiheit gewährt, wenn der Verleumder von der Richtigkeit seiner objektiv falschen Behauptungen überzeugt war; bösartiger Ehrabschneiderei ist damit wiederum Tür und Tor geöffnet.
69 Urteil des Obersten Gerichts vom 21. Februar 1958, 2 Zst III 88/57, in: Entscheidungen des Obersten Gerichts der DDR in Strafsachen, Band 4, {Ost-}Berlin, 1960, Nr. 47, S. 125-129; juristische Erläuterungen in derselben Richtung: Harry Creuzburg {Assistent am Institut für Strafrecht der Humboldt-Universität}: »Ist der öffentliche Vorwurf einer Anzeigeerstattung eine Beleidigung?«, in: NJ, Jahrgang 12, S. 315 f. (Nr. 9, 5. Mai 1958).

Vermutlich trägt das Prädikat der »gesellschaftlichen Nützlichkeit« dazu bei, die Reihen der Denunzianten zu vermehren. Aber ist damit nicht die Manipulierbarkeit der Meinungen überschätzt? Wird das Urteil der Massen nicht viel eher durch eine nüchterne Bewertung der Motive des »Kritikers« und der Sache, der er zu dienen behauptet, bestimmt sein?

Was die Reaktionen der Bevölkerung sind und worin sich ihr staatsbürgerlicher Betätigungsdrang äußert, ist angesichts des unermüdlichen Überwachungssystems der DDR schwer zu erfahren. Aber als Ertrag der unaufhörlichen Anstrengungen der Staatsgewalt, eine aktive Beteiligung der Bevölkerung am neuen Regierungssystem zu erreichen, scheint die Prestigeerhöhung für Denunzianten auch unter diesen Umständen nicht ganz auszureichen. Kann man nicht daran die Tiefe der Kluft zwischen der Parteitheorie und der Aufnahmebereitschaft der Volksmassen erkennen? Dennoch kann der »gesellschaftlich nützliche«, eifrig gepriesene Denunziant mit seiner Unberechenbarkeit das in seinen Ausschlägen kontrollierte innerbürokratische Pendel in schnellere, unruhigere, regellosere Schwingungen versetzen.

6. Widersprüche der »sozialistischen Gesetzlichkeit«[70]

Seit der Verkündung der Entstalinisierung auf dem 20. Parteitag der Kommunistischen Partei der Sowjetunion ist der Appell, »sozialistische Gesetzlichkeit« zu praktizieren und die persönlichen Rechte der Staatsbürger zu schützen, ein beliebtes Thema vieler Partei- und Regierungsproklamationen in der DDR nicht minder als in anderen Ländern des Sowjetblocks geworden. Schon im Bericht des Zentralkomitees an den 20. Parteitag[71] war von beidem die Rede, und die zum Bericht angenommene Entschließung verlangte die »Festigung der Sowjetgesetzlichkeit« und die »strenge Beachtung« der von der Sowjetverfassung garantierten staatsbürgerlichen Rechte. Das gehörte noch zum Protest gegen die angeprangerten »Ausschreitungen« der späten Stalin-Zeit.

Was hat es mit der »Gesetzlichkeit« im Sowjetsystem auf sich? Von westlicher Seite wird gelegentlich die Ansicht vertreten, das Rechtssystem des Sowjetstaates sei ein zwiespältiges Nebeneinander von Gewalt und Legalität, deren Geltungsbereiche – der eine im politischen, der andere im unpolitischen Sektor – von den Umständen und der

---

70 Auszüge aus dem mir im russischen Originalwortlaut nicht zugänglichen Sowjetmaterial sind für diesen Abschnitt freundlicherweise von A. R. L. Gurland besorgt worden.
71 N. S. Chruščëv: Otčëtnyj deklad CK KPSS XX s'ezdu partii, Moskau, 1956, S. 109.

jeweiligen Kräftelagerung abhingen: »Ein totalitäres Regierungssystem, das mit despotischen Methoden auf politischem Gebiet vorgeht, kann eine Rechtsordnung schaffen, die mit beachtlicher Stabilität und Unabhängigkeit in als unpolitisch geltenden Angelegenheiten wirksam wird«.[72] Die gegenwärtige Periode wäre in dieser Sicht – natürlich mit Gegenströmungen und Rückfällen – durch die Ausweitung der unpolitischen Lebenssphäre und das Vordringen der Legalität gekennzeichnet. Gerade im kommunistischen System muss jedoch die »Koexistenz« gleichsam autonomer Bereiche von Gesetzlichkeit und Gewalt bezweifelt werden. Mit dem Begriff »Gesetzlichkeit« ist im kommunistischen Sprachgebrauch ein Ergänzungs- oder Gegenbegriff unzertrennlich verbunden: »Parteilichkeit«. Damit ist ausgedrückt, dass alle Ideen und Institutionen der Partei untertan sind und dass alle Menschen, die zur Partei halten, ihre unbedingte, uneingeschränkte, unanfechtbare Führungsrolle vorbehaltlos akzeptieren. Gegenüberstellungen von »Legalität« und »Gewalt« oder »politisch« und »unpolitisch« haben nur einen Sinn, wenn sie auf den Primat der »Parteilichkeit« bezogen sind. Nur unter diesem Aspekt ist das Verhältnis von Gesetzlichkeit und Parteilichkeit zu betrachten, das den Wesensinhalt der kommunistischen »Rechtsordnung« bestimmt.

Die Vorstellungen von »sozialistischer Gesetzlichkeit« oder »Sowjetgesetzlichkeit« (in früheren Jahren hieß sie »revolutionär«) sind keine Schöpfungen der Entstalinisierung, und ihr Inhalt hat mit Garantien der persönlichen Sicherheit grundsätzlich nichts zu tun. In den Anfangsjahren des Sowjetsystems war »revolutionäre Gesetzlichkeit« der Ausdruck bestimmter praktischer Erfordernisse einer konkreten politischen Situation. Die kommunistische Lehre erklärte, die Arbeiterklasse habe sich der Staatsgewalt bemächtigt und werde sich ihrer im eigenen Interesse bedienen. Aus der Unterstellung der Staatsgewalt unter das proletarische Klasseninteresse wurde kein Hehl gemacht; rechtliche »Formalitäten« schienen weitgehend unnötig. Die Sprecher der siegreichen Revolution verkündeten stolz, sie hätten die wirklichen Machtverhältnisse ihrer juristischen Verzierungen beraubt. Sie entlarvten die »bürgerliche Gesetzlichkeit« als Täuschungsmanöver, das die Unterdrückten habe hindern sollen, die wirkliche Kräftelagerung zu erkennen. Recht und Gesetz waren demnach nur ideologische Vermummungen der Herrschaft, und vielleicht nicht einmal die wichtigsten.

---

72 Harold J. Berman: »Soviet Law Reform-Dateline Moscow 1957«, in: Yale Law Journal, Jahrgang 66, S. 1191-1215, insbesondere 1212, Anmerkung 75 (Heft 8, Juli 1957).

Nicht nur aus abstrakten theoretischen Gründen fand es Lenin überaus lästig, dass der nichtkommunistische Volkskommissar für Justiz, der Linke Sozialrevolutionär Steinberg, immer wieder von Gerechtigkeit und persönlicher Freiheit sprach. Solche Dinge erschienen ihm als Formalien ohne Eigenwert, wenn er auch die gelegentliche Befolgung des Legalitätsprinzips aus Zweckmäßigkeitsgründen für ratsam hielt. Steinberg erzählt von einem recht bezeichnenden Wortwechsel im Rat der Volkskommissare: »Wir berieten über eine drückende polizeiliche Maßnahme, die weitreichende terroristische Möglichkeiten in sich barg. Lenin war über meinen Widerstand, bei dem ich mich auf revolutionäre Gerechtigkeit berief, ungehalten. Erbittert rief ich aus: ›Wozu geben wir uns dann überhaupt mit einem Justizkommissariat ab? Nennen wir es doch offen Kommissariat für gesellschaftliche Ausrottung und lassen es dabei bewenden!‹ Plötzlich leuchtete Lenins Gesicht auf, und er erwiderte: ›Gut gesagt – ganz genau so müßte es sein. Nur können wir das nicht sagen‹«.[73]

Wenn Lenin seinerseits die strikte Einhaltung der revolutionären Gesetzlichkeit forderte, meinte er nicht mehr, als dass alle von den Organen des revolutionären Staates ausgehenden Handlungen dem von den Zentralinstanzen festgelegten Schema folgen und sich strengstens an zentrale Direktiven halten müssten. Die Parole »Gesetzlichkeit« richtete sich im Wesentlichen gegen jede Dezentralisierung der Macht, gegen unkoordiniertes Vorgehen und gegen spontane Initiative von unten, soweit nicht ausdrücklich von der Parteiführung oder von Organen, an die sie ihre Machtbefugnisse delegiert hatte, anbefohlen oder genehmigt. In diesem Sinne sollte »revolutionäre Gesetzlichkeit« den Amts- und Machtmissbrauch einzelner Regierungsbeamter oder Parteifunktionäre unmöglich machen. In den Krankheitsmonaten 1922, in denen er noch aktiv eingreifen konnte, erörterte Lenin wiederholt die Notwendigkeit, gegen Übergriffe der Machtträger einzuschreiten; es schien ihm am richtigsten, die Staatsanwaltschaft mit der Verfolgung der Missbräuche zu betrauen und ihr aufzugeben, alle festgestellten Verstöße gegen die Grundsätze der revolutionären Gesetzlichkeit der gerichtlichen Aburteilung zuzuführen.[74]

Stalin sah die Dinge anders, primitiver und einfacher. Für ihn gab es in der Geschichte des Problems eigentlich nur zwei Stadien: In

---

73 I. N. Steinberg {das ist Isaak Zacharovič Štejnberg}: In the Workshop of the Revolution, New York/Toronto, ohne Jahr {Copyright 1953}, S. 145.
74 V. I. Lenin: »Über ›doppelte‹ Unterordnung und Gesetzlichkeit« {niedergeschrieben am 20. Mai 1922}, in: Werke {nach der 4. russischen Auflage}, Band 33, {Ost-}Berlin, 1960, S. 349-353.

den Jahren der NEP, in denen die ungestörte wirtschaftliche Betätigung von Privatbetrieben für unerlässlich erachtet wurde, sei der Sinn der revolutionären Gesetzlichkeit die Verhinderung übersteigerter Abgaben und der Enteignung privaten Besitzes gewesen; später, in der Zeit der Errichtung der »Grundlagen des Sozialismus«, sei der revolutionären Gesetzlichkeit die Aufgabe zugefallen, das sozialistische Eigentum zu schützen. Da Stalins Wort, solange er lebte, unverbrüchliches Gesetz war, wurde diese Ansicht allgemein nachgebetet. Aber schon im ersten offiziellen juristischen Kommentar, der nach dem 20. Parteitag erschien, wurde sie aufs Korn genommen: Stalins Darstellung sei weder »genau« noch »vollständig« gewesen; Sowjetgesetzlichkeit sei 1. »Vorbedingung und Mittel der Organisation und Entfaltung der gesellschaftlichen Beziehungen«, 2. »Grundpfeiler der staatlichen Disziplin«, und 3. wahre sie »die Rechte und legitimen Interessen der Sowjetmenschen.«[75] Gesetzlichkeit ist demnach bloße Herrschaftstechnik. Die Partei allein befindet darüber, ob dem Gesetz oder einem anderen Werkzeug der gesellschaftlichen Herrschaft der Vorrang gebührt. Das Gesetz dient der herrschenden Klasse als Instrument zur Gestaltung der gesellschaftlichen Entwicklung, und revolutionäre Gesetzlichkeit bedeutet planmäßige, koordinierte und disziplinierte Ausübung der Klassenherrschaft.[76]

In ihrem Wesen nicht durch den institutionellen Aufbau bestimmt, in dessen Rahmen sie sich durchsetzt, wird die Gesetzlichkeit von der Klasse geprägt, die sie in der Hand hat. Das Recht ist ein Mittel der Unterdrückung, des Betrugs und der Reaktion, solange es von einer Klasse gehandhabt wird, die zum Untergang verurteilt ist; es wird zum Rüstzeug der Freiheit und des Fortschritts, wenn es einer Klasse dient, die die Zukunft der Gesellschaft gestaltet. Nach den Aufgaben, die ihr zugedacht sind, ist die Gesetzlichkeit gleichsam die achtbare Zwillingsschwester des Terrors; sie soll die Regelmäßigkeit und Berechenbarkeit menschlichen Verhaltens verbürgen. Oder, wie es Lenin einmal formuliert hat: »In dem Maße, wie die Hauptaufgabe des Staates nicht militärische Unterdrückung, sondern Verwaltung wird, wird der typische

---

75 M. S. Strogovič {Korrespondierendes Mitglied der Akademie der Wissenschaften der UdSSR}: »Teoretičeskie voprosy Sovetskoj zakonnosti«, in: Sovtskoe Gosudarstov i Pravo, im Folgenden abgekürzt SGiP, 1956, Nr 4 {Druckgenehmigung 22. Juni 1956}, S. 15-25, insbesondere 17.
76 Vergleiche Rudolph Schlesinger: Soviet Legal Theory. Its Social Background and Development, New York, 1945, S. 43. Eine für die DDR ungewöhnlich offenherzige Darstellung, die kaum etwas beschönigt, gibt Hermann Klenner: Formen und Bedeutung der Gesetzlichkeit als einer Methode in der Führung des Klassenkampfes, {Ost-}Berlin, 1953.

Ausdruck der Unterdrückung und des Zwanges nicht Erschießen auf der Stelle, sondern gerichtliche Aburteilung sein«.[77] Anders ausgedrückt: »Das Gericht soll den Terror nicht beseitigen – das zu versprechen wäre Selbsttäuschung und Betrug –, sondern ihn begründen und auf eine gesetzliche Grundlage stellen, grundsätzlich, unmißverständlich, ohne Heuchelei und ohne Beschönigung.«[78]

Von der geschichtlichen Funktion, die die revolutionäre Gesetzlichkeit verrichten muss, bezieht sie nach der leninistischen Geschichtsauffassung zusätzliche Geltung als Richtschnur des Handelns. Die Übernahme des Staatsapparats durch die Vorhut des Proletariats ist nicht das Resultat eines zufälligen Zusammentreffens vergänglicher Tatsachen, sondern ein historisch notwendiges Ereignis, das eine bestimmte Stufe in der gesellschaftlichen Entwicklung der Menschheit bezeichnet. Die revolutionäre Arbeiterklasse, die erste Klasse in der Geschichte, die die objektiven Gesetze der gesellschaftlichen Entwicklung wissenschaftlich zu erfassen vermag, ist dadurch imstande, im Einklang mit der geschichtlichen Notwendigkeit zu handeln. Aus den Gesetzen der Geschichte leitet die Arbeiterklasse verbindliche Verhaltensnormen ab, denen objektive Gültigkeit zukommt. Die revolutionäre Gesetzlichkeit ist die Zusammenfassung dieser Normen, soweit sie nach der Eroberung der politischen Macht anwendbar sind; mit ihrer Hilfe kann die siegreiche Arbeiterklasse ihre geschichtliche Sendung erfüllen. Für die Menschen, die das neue System in Gang setzen sollen, ist Gesetzlichkeit mehr als eine von vielen miteinander konkurrierenden Direktiven, und sie ist mehr als bloße Warnung für die, denen die Zwangsmaßnahmen des neuen Staates gelten mögen. Als Ausdruck des objektiven geschichtlichen Prozesses prägt das sozialistische Recht das unabweisbare Vorbild des Handelns in einer eindeutig bestimmten Geschichtsperiode und legt Verhaltensnormen fest, denen die erkennbare und erkannte geschichtliche Notwendigkeit ihre Weihe verleiht.

Diese historische Funktion der revolutionären Gesetzlichkeit hat Lenin zwar nicht im Einzelnen beschrieben, aber sie folgt zwangsläufig aus seiner Theorie der proletarischen Revolution. Indes war Lenin ein eminent pragmatischer Denker: Unter keinen Umständen durfte in seiner Sicht die souveräne Rolle der kommunistischen Partei geschmälert

---

77 V. I. Lenin: »Die nächsten Aufgaben der Sowjetmacht« {zuerst 1918}, in: Sämtliche Werke {nach der 2. russischen Auflage}, Band XXII, Wien/Berlin, ohne Jahr {Copyright 1934}, S. 491-534, insbesondere 522.

78 V. I. Lenin: Brief an Volkskommissar der Justiz D. I. Kurskij vom 17. Mai 1922, in: Sočinenija, 4. Auflage, 1950, Band 33, S. 321. (Die Übersetzung in Werke, {Ost-}Berlin, 1960, Band 33, S. 344, ist nicht ganz originalgetreu.)

werden; die Gesetze der Geschichte machten sie in seinen Augen zum allein denkbaren revolutionären Instrument. Als der einzigen Quelle »objektiv richtigen« Denkens und Handelns musste der Partei die unumstrittene Vorherrschaft zufallen. Was immer die Funktion des vom revolutionären Staat begründeten sozialistischen Rechts sein mochte, keine legale Norm sollte jemals mehr gelten als die Beschlüsse der Partei.

Gewiss: Die Erfordernisse zentraler Koordinierung und disziplinierten Vorgehens brachten es mit sich, dass gesetzliche Normen, die auf lange Sicht unannehmbar schienen, aber noch nicht förmlich aufgehoben oder abgeändert worden waren, Geltung behielten. Das Recht, Gesetze zu erlassen, wurde – wenigstens theoretisch – den Institutionen des Staates belassen. Aber schon zu Lenins Lebzeiten wurde den Bedürfnissen der Partei auch in dieser Beziehung Rechnung getragen: Die Gesetzgebungsverfahren wurden so gründlich vereinfacht, dass von der Heiligkeit der Gesetze nicht viel übrigblieb; zaghafte theoretische Versuche, den mit Zustimmung der Partei beschlossenen, zunächst unabänderlichen Gesetzen einen Vorrang vor Parteibeschlüssen einzuräumen, die jederzeit umgestoßen werden konnten, verliefen im Sande.

Später, in den drei Jahrzehnten der Herrschaft Stalins, die immer mehr zur unumschränkten Alleinherrschaft wurde, entfaltete sich die Kunst der interpretierenden Entstellung und rückwirkenden Abänderung von gesetzgeberischen Akten und Regierungsverfügungen, denen Autorität und Dauer zukommen sollten, zur höchsten Blüte. Auf dem Fundament der Leninschen Lehre von der Rolle der Partei im revolutionären Geschehen wurde ein ganzes theoretisches Lehrgebäude errichtet, das die alles durchdringende Qualität des Parteilichkeitsprinzips begründete. Als sakrosankt galten nun der unantastbare Vorrang der Parteibeschlüsse, die unabänderliche Autorität der Partei als des obersten Schiedsrichters in allen Fragen der Grundsätze und Ideen und die allumfassende Natur der Parteiverpflichtungen dessen, der sich der Partei anschloss.

Die Vormachtstellung der Partei erlaubte es dem Sowjetstaat, die sozialen Kräfteverhältnisse auf den Kopf zu stellen und die wirtschaftliche Grundstruktur der Sowjetgesellschaft mehr als einmal radikal umzubauen. Jedes Mal wenn die Entwurzelung von Millionen von Menschen gesellschaftliche Unruhe erzeugte, die immer eine Gefahr für die Produktion darstellt, und der Sowjetstaat aus einer Zwangslage heraus nach stabilisierenden Faktoren Ausschau halten musste, wurde die Autorität des Gesetzes verstärkt und die geschichtliche Rolle der sozialistischen Gesetzlichkeit mit dem ihr innewohnenden Element objektiver

Notwendigkeit in den Vordergrund gerückt. Und jedes Mal gab es dann eine Fülle theoretischer Erörterungen über die dauerhafte normative Geltung des Gesetzes.

So sah es auch 1956 nach dem 20. Parteitag aus. »Fehler« der Stalin-Ära wurden angeprangert und Bekenntnisse zur Souveränität des Gesetzes mit allem Nachdruck abgelegt. In der offiziellen juristischen Fachzeitschrift *Sovetskoe Gosudarstvo i Pravo {Sowjetstaat und Recht}* wurde die Wiederherstellung der Gesetzlichkeit zum obligatorischen Thema. In dem Heft, das den Druckgenehmigungsvermerk vom 4. Mai 1956 trägt, verkündete Generalstaatsanwalt Rudenko die große Wende: »im Lichte der Entscheidung des 20. Parteitages« müsse Gesetzlichkeit zum Angelpunkt aller Bestrebungen auf dem Gebiete des Rechts werden. Größerer Nachdruck werde auf die Arbeit der Staatsanwälte als der Hauptwahrer der Gesetzlichkeit gelegt werden. Neue gesetzliche Bestimmungen auf dem Gebiete des Strafrechts würden die Aufgabe der Staatsanwaltschaft erleichtern. Nur die gesetzgebenden Körperschaften, denen die Sowjetverfassung diese Aufgabe zuweise, würden fortan Gesetze erlassen. Obwohl es keinen Grund gab, den Entscheidungen des Obersten Gerichts der Sowjetunion geringeren Wert beizumessen, hob der Generalstaatsanwalt besonders hervor, dass dem Obersten Gericht nicht die Befugnis zustehe, neue Gesetzesnormen oder mit Gesetzeskraft ausgestattete »Richtlinien« zu beschließen.[79]

Sechs Wochen später brachte die verspätet veröffentlichte nächste Ausgabe der Zeitschrift eine theoretische Prinzipienerklärung, in der der Stalinismus für alle Rechtsunsicherheit im Alltag verantwortlich gemacht wurde: »Als wichtige Ursache der Verstöße gegen die Gesetzlichkeit wirkte seinerzeit der Persönlichkeitskult. Der Persönlichkeitskult ist unvereinbar mit einer konsequenten Einhaltung der Gesetzlichkeit, denn er schafft eine Atmosphäre, die die strenge Befolgung der Gesetze erschwert und dazu beiträgt, dass einzelne Gesetzesvollstrecker die Neigung verspüren, sich über das Gesetz zu stellen, statt sich ihm, wie es die Gesetzlichkeit verlangt, vorbehaltlos unterzuordnen.« Im Sowjetdasein und in der Sowjetwissenschaft fehle das »Pathos der Gesetzlichkeit«.

---

79 R. A. Rudenko: »Zadači dal'nejšego ukreplenija socialističeskoj zakonnosti v svete rešenij XX s'ezda KPSS«, in: SGiP, 1956, Nr. 3 {Druckgenehmigung 4. Mai 1956}, S. 15-25. (Rudenko gehörte damals als Ersatzmann dem Zentralkomitee der KPdSU und als Vollmitglied dem Obersten Sowjet der UdSSR an.) Wie solche Diskussionen die Rechtsverbindlichkeit der »Richtlinien« der Obersten Gerichte der UdSSR und der DDR beeinflussen, kann hier nicht näher erörtert werden; siehe hierzu Otto Kirchheimer: »Die Rechtspflege und der Begriff der Gesetzlichkeit in der DDR«, in: Archiv des öffentlichen Rechts, Band 85, S. 1-65, insbesondere 10, Anmerkung 33 (Heft 1, Juni 1960).

Viele beriefen sich sogar auf die Autorität Lenins, um die Befolgung der Gesetze von Zweckmäßigkeitserwägungen abhängig zu machen. Aber nach Lenin »kann Zweckmäßigkeit nur die für den gegebenen Fall zweckmäßige Anwendung der vom Gesetz erlaubten Maßnahmen auf Grund des Gesetzes und in Übereinstimmung mit ihm bedeuten, keineswegs aber die Abkehr vom Gesetz, die Umgehung des Gesetzes oder dessen Verletzung.«[80]

Auf das Stichwort des Generalstaatsanwalts hin wurde die offizielle Rechtslehre der Vernachlässigung der Probleme der Gesetzlichkeit beschuldigt. Die höchste juristische Autorität der Stalin-Ära habe die strikte Befolgung der Gesetze als »undialektisch« verurteilt. Tatsächlich hatte dieser Jurist geschrieben: »Beim dialektischen Zugang zur Auslegung der Gesetze ist die schablonenartige Auslegung und die schablonenartige Anwendung von Rechtsnormen ausgeschlossen«.[81] Das durfte es jetzt nicht mehr geben. Bei der Vollstreckung der Gesetze dürfe nicht »Biegsamkeit«, sondern müsse »Unbeugsamkeit« obwalten. Schärfstens verurteilt wurden die Teilnehmer an einer Debatte von 1954/55, weil sie sich für »Biegsamkeit« ausgesprochen hätten: »Unter dem Vorwand des Kampfes gegen den Formalismus bei der Gesetzesanwendung oder unter dem Vorwand der dialektischen Behandlung des Gesetzes werden manchmal Thesen herausgestellt, die mit einer echten Verwirklichung der Gesetzlichkeit entschieden unvereinbar sind. In diesen Fällen begibt sich die Rechtswissenschaft, statt für die Festigung der Gesetzlichkeit zu kämpfen, auf den gefährlichen Weg der theoretischen Rechtfertigung der Möglichkeit, vom Gesetz abzuweichen.«[82]

Monatelang riss das Thema nicht ab. In vielen Variationen wurde das Prinzip der »unbeugsamen« Befolgung der Gesetze abgehandelt. Ende 1956 gab es noch einmal eine redaktionelle Formulierung der unmittelbaren Ziele, die im Einklang mit dem Bekenntnis des 20. Parteitags zur Gesetzlichkeit verfolgt werden müssten. Gefordert wurden: aktive Verteidigung der staatsbürgerlichen Rechte, Beseitigung der »gröbsten Verstöße gegen die sozialistische Gesetzlichkeit«, die sich aus dem Persönlichkeitskult ergeben hätten, Verbesserung der Gesetzgebungsarbeit, Kodifizierung der bestehenden Gesetze, bessere Ausbildung des

---

80 Strogovič: »Teoretičeskie ...« (siehe oben Anmerkung 75), S. 16 f.
81 A. I. Denisov: Teorija gosudarstva i prava, Moskau, 1948, S. 480. (Der 1956 als geistiger Vater der »biegsamen« Missachtung der Gesetze gegeißelte Verfasser wurde 1957 zum Vorsitzenden des Rechtsausschusses beim Ministerrat der UdSSR ernannt.)
82 Strogovič: »Teoretičeskie ...« (siehe oben Anmerkung 75), S. 20.

Justizpersonals und klare Kompetenzabgrenzung.[83] Unmittelbar darauf muss die offizielle Linie geändert worden sein: das Gesetzlichkeitsthema verschwand schlagartig aus den Spalten der Zeitschrift.

Als die Diskussion im April 1957 von neuem aufflammte, hatte sich die Stimmung gewandelt. Die Verletzung der Gesetzlichkeit war nicht mehr Gegenstand schwerer Sorge. Was die Gemütsruhe der Machthaber störte, war die Befürchtung, dass Uneingeweihte alle gesetzlichen Normen für heilig halten könnten. Eine Klarstellung brachte ein vom stellvertretenden Chefredakteur der Zeitschrift gezeichneter Leitartikel: »Im ganzen drücken die Kommunistische Partei und der Sowjetstaat richtig aus, was das Volk denkt; daraus folgt aber nicht, daß jeder beliebige normative Akt dem oder jenem wirtschaftlichen Erfordernis, das reif geworden ist, immer sozusagen automatisch adäquat ist oder immer mit Exaktheit das ausdrückt, was das Volk denkt... Indes wurde in den juristischen Arbeiten jede beliebige, oft auch eine unrichtige Gerichtspraxis, wurden beliebige normative Akte, darunter auch solche, die später im Hinblick auf ihre vergängliche, vorübergehende Bedeutung oder ihre Fehlerhaftigkeit aufgehoben wurden, des öfteren auf den Schild gehoben; sie wurden auf theoretische Fundamente gestellt, die dem Ziel dienten, die Richtigkeit dieser Praxis oder dieser Akte, ihre Übereinstimmung mit den Interessen und dem Willen des Volkes zu beweisen.« Dies Vorgehen sei im Widerspruch mit der Lehre Lenins und müsse abgestellt werden.[84] War es nun doch wieder »undialektisch« geworden, jeden »normativen Akt« – lies: Gesetz – befolgen zu wollen?

Die Antwort sollte nicht lange auf sich warten lassen. Die Anti-Stalin-Litanei unterblieb; vom Schutz der Rechte des Sowjetbürgers war nur noch am Rande die Rede. Nach wenigen Schweigemonaten kam dann der Signalschuss: wie so oft im totalitären Bereich ein dem Anschein nach peripherer polemischer Angriff auf eine exponierte Persönlichkeit, als Buchbesprechung geschrieben, aber auffälligerweise als grundsätzlicher Artikel aufgemacht. Ein weniger bekannter Jurist erhielt das Wort zu einer massiven Attacke[85] auf denselben führenden Rechtsgelehrten, dem ein Jahr zuvor die Aufgabe zugefallen war, gegen den Stalinismus die »richtige« Theorie der Gesetzlichkeit zu vertreten. Jetzt stellte sich heraus, dass dieser Gegner der »dialektischen«

---

83 {Redaktioneller Leitartikel} »Dal'nejsee ukreplenie socialističeskoj zakonnosti«, in: SGiP, Nr. 10 {Druckgenehmigung 11. Dezember 1956}, S. 3 ff.
84 S. N. Bratus': »Učit'sja u V. I. Lenina reseniju teoretičeskich i praktičeskich voprosov prava«, in: SGiP, 1957, Nr. 4 {Druckgenehmigung 20. März 1957}, S. 3-11, insbes. 6.
85 A. L. Rivlin: »Zakonnost' i istinnost' sudebnogo prigovora«, in: SGiP, 1957. Nr. 7 {Druckgenehmigung 5. Juli 1957}, S. 114-118, insbesondere 117.

Missachtung »schablonartiger« Gesetzesbefolgung einer höchst »undialektischen« Betrachtungsweise schuldig war. In einem Buch über Strafverfahrensrecht und Beweiswürdigung im Strafprozess[86] hatte er zwischen der »materiellen Wahrheit« des Beweismaterials und der gesellschaftlich bedingten, nur relativen Geltung der richterlichen Bewertung der Tatsachen unterschieden. Solchen undialektischen Ansichten, hieß es jetzt, könne man »unmöglich beipflichten«. Der erst kurz zuvor als zu »biegsam« abgewiesene »dialektische« Ansatz war wieder hoffähig geworden.

Der klare Frontwechsel folgte einen Monat später in einem redaktionellen Leitartikel, der die »parteifeindliche Gruppe« (Molotov, Kaganovič, Malenkov) an den Pranger stellte. Im Mittelpunkt stand nicht mehr die »Festigung der sozialistischen Gesetzlichkeit«. Die erste Schlagzeile proklamierte in Lautsprecherstärke als vordringlichste Aufgabe »die Festigung des sozialistischen Sowjetstaates unter der Führung der Kommunistischen Partei«. Die Partei, bis dahin in der juristischen Diskussion über die Durchführung der Beschlüsse des 20. Parteitags kaum genannt, trat wieder hervor als einzige Schöpferin und Hüterin der sozialistischen Gesetzlichkeit. Im Namen der Rechtswissenschaft legte die Redaktion der juristischen Zeitschrift den feierlichen Eid ab, den Beschlüssen des 20. Parteitags zu folgen und mit aller Kraft gegen die »glücklicherweise entlarvte parteifeindliche Gruppe« zu kämpfen. Die Rechtswissenschaft, hieß es, habe »der Partei gegenüber eine gewaltige Schuld abzutragen«. Die juristische Literatur habe es verabsäumt, »die führende Rolle der Kommunistischen Partei beim Aufbau und in der Tätigkeit des Staates« und als »lebendiges Fundament der rechtlichen und staatlichen Sowjetinstitutionen« ausführlich und gründlich darzustellen. Diese große Schuld müsse nunmehr eingelöst werden.[87]

Die demonstrative Überbetonung der Gesetzlichkeit hatte sich verflüchtigt. Im Mittelpunkt des juristischen Denkens stand von neuem die Rolle der Partei, des wieder unmissverständlich definierten »lebendigen Fundaments« von Staat und Recht. Im Inhalt der neuen gesetzlichen Vorschriften bahnte sich zwar eine merkliche Abkehr von der stalinistischen Praxis an – das galt zum Beispiel für die Strafrechtsreform –, aber der Partei wurde wieder die Vorzugsstellung eingeräumt, der alleinige Motor, das einzige Regulierwerk der gesellschaftlichen Entwicklung und des gesellschaftlichen Rechtssystems zu sein. Nur der

---

86 M. S. Strogovič: Material'naja istina i sudebnoe dokazatel'stvo v Sovetskom ugolovnom processe, Moskau, 1956.
87 {Redaktioneller Leitartikel} »Pod rukovodstvom Kommunističeskoj partii za dal'nejsee ukreplenie Sovetskogo socialističeskogo gosudarstva«, in: SGiP, 1957, Nr. 8, S. 3-11.

Partei steht es zu, die Aufgaben der Justiz zu bestimmen. Eine Anzahl neuer Aufgaben hat der 21. Parteitag der Sowjetjustiz zugewiesen: Vorbereitung einer Neufassung der Verfassung, wie sie im Hinblick auf den Aufbau des Kommunismus erforderlich sein wird, weitere Stärkung der Partei, Kampf gegen den Revisionismus und – bezeichnenderweise! – Abwehr von Versuchen, Kategorien und Formen bürgerlicher Systeme ins Sowjetrecht zu übernehmen, auch wenn sie dem gesellschaftlichen Inhalt der Sowjetgesetze nicht entsprechen.[88] Man hat fast den Eindruck, es müsse sich um ein großes Bauprojekt handeln, für das die Sowjetjustiz in Eile Sicherheits- und Verkehrsvorschriften zu liefern hätte.

Den komplizierten Windungen der Rechtstheorie des großen Sowjetstaates folgte die DDR weitgehend, wenn auch nicht im Gleichschritt. Was dem deutschen Konsumenten geliefert wurde, war nicht unbedingt eine getreue Nachbildung des Originals. Trotz ihrer großen Nachahmungsbereitschaft benutzte die DDR-Führung neben den allerneuesten Klischees auch solche, die in Moskau bereits abgelegt und durch neue ersetzt worden waren. Mit nur geringer Verspätung wurde die Moskauer Parole der Festigung der Gesetzlichkeit mit der Lobpreisung der Souveränität des Gesetzes übernommen; die neuen Thesen wurden schon im Frühjahr 1956 zur offiziellen Lehre. Aber nur für kurze Zeit, denn die Sowjetunion legte den neuen Kurs schon knapp ein Jahr nach seiner Verkündung auf Eis. Freilich brachten es einige deutsche Apostel der Gesetzlichkeit auch in dieser kurzen Zeit fertig, das Prinzip der Parteilichkeit fast ganz über Bord zu werfen. Der extremste Vertreter dieses voreiligen Revisionismus, der mit einer nahezu »objektivistischen« oder »positivistischen« Theorie der Gesetzlichkeit hervortrat,[89] hat seitdem ein Sündenbekenntnis abgelegt und reumütig zugegeben, dass seine Vorstellungen von einer »gewissen Unabhängigkeit des Gesetzes« und von der notwendigen Loslösung der Gesetze von Entscheidungen der Parteigremien den »marxistisch-leninistischen« Erkenntnissen über das Wesen von Staat und Recht widersprochen hätten.[90]

Diese ketzerische Auffassung brachte deutlich zum Ausdruck, was ein weniger extremer »Positivismus« nur leise andeutete. Da sie in der

---

88 SGiP, 1959, Nr. 2, S. 3-11.
89 Werner Artzt {Direktor des Instituts für Zivilrecht der Deutschen Akademie für Staats- und Rechtswissenschaft »Walter Ulbricht«}: »Zu einigen Fragen der sozialistischen Gesetzlichkeit in der Deutschen Demokratischen Republik«, in: NJ, Jahrgang 10, S. 581-586 (Nr. 19, 5. Oktober 1956).
90 Staats- und rechtswissenschaftliche Konferenz in Babelsberg am 2. und 3. Mai 1958, {Ost-} Berlin, 1958, S. 154.

sozialistischen Gesetzlichkeit den Niederschlag objektiver Erfordernisse der Entwicklung sah, fand sie, dass die eigentlichen Ziele der Gesellschaft nur mit gesetzlichen Mitteln erreicht werden könnten. Richtlinien für das Handeln müssten aus »normativen Akten« der gesetzgebenden Körperschaften des Staates, nicht aus Gelegenheitsentscheidungen von Parteiinstanzen herausgeschält werden. Richterliche Interpretation könne sich infolgedessen nicht darin erschöpfen, dass der Richter, wenn er einen Fall abzuurteilen habe, darauf achte, dass das Gesetz oder der Grund seiner Anwendbarkeit dem Wunschzettel der Partei entspreche. Akzeptierte man diese Konzeption, so konnte der Grundsatz der Parteilichkeit das Gesetz nicht mehr ausstechen. Dann müsste man aber auch annehmen, dass er sich in der gesetzlichen Norm verkörpere, dass dem normativen Akt im Gesetzgebungsprozess die Qualität der Parteilichkeit dadurch verliehen werde, dass der Gesetzgeber bei der Ummünzung der objektiven Entwicklungsgesetze in konkret anwendbare Vorschriften den Willen der Partei vertrete.

Mit solchen Überlegungen wurde der Partei das Recht abgesprochen, Gesetzesnormen, die ihr nicht mehr passten, ohne jede formale Prozedur über den Haufen zu werfen. Erwies sich eine Gesetzesnorm als überflüssiger Ballast, weil die Gesetzgeber die »objektiven Erfordernisse« der Geschichte missdeutet oder die Manipulierbarkeit der gesellschaftlichen Wirklichkeit überschätzt hatten, so konnten nach dieser Theorie nur die gesetzgebenden Körperschaften im Wege der Gesetzesänderung den Missstand beheben.[91] In der Absicht, die Willkür des Parteieingriffs zu begrenzen, vernachlässigte diese Konzeption die mögliche Willkür des Gesetzgebers. Was aber geschieht, wenn der Gesetzgeber, um Position und Ansehen nicht einzubüßen, den Zwiespalt zwischen Norm und Wirklichkeit nicht zur Kenntnis nimmt, das sozialistische Gesetz nicht »in Übereinstimmung mit dem Leben« bringt, die wirklichkeitsferne Norm als Druckmittel benutzt und darauf besteht, dass die von ihr vorgeschriebenen Ziele verwirklicht werden, auch wenn das einen noch größeren Aufwand an gesellschaftlicher Energie erfordert, als bereits vertan wird? Wer soll dann den Gesetzgeber zur Räson bringen?

91 Freilich kommt diesem »normativen Akt« auch nur formale Bedeutung zu, wenn Normen, die die gesellschaftlichen Beziehungen nicht nach den Geboten des wirklichen Lebens regeln, sowieso »in Wirklichkeit nicht mehr gültig« sind, wie es bei D. A. Kerimov: Fragen der Gesetzgebungstechnik, {Ost-}Berlin, 1958, S. 81, heißt. Mit einem früheren russischen Buch: Zakonodatel'naja dejatel'nost' Sovetskogo gosudarstva. Osnovnye principy i organizacionnye formy, Moskau, 1955, das in Bezug auf die Einhaltung der Gesetze fast »unbeugsam« war, hatte sich der Verfasser als »Normativist« und »Objektivist« noch 1956 schwere Vorwürfe zugezogen.

Verherrlichung der Gesetzlichkeit in dieser extremen Form widerspricht offensichtlich der traditionellen Lehre der Partei, denn hier bedient sich die »geschichtliche Notwendigkeit«, um sich durchzusetzen, der Rechtsnorm statt der Aktion der Partei. In Wirklichkeit wird damit allerdings nur ein institutioneller Vollstrecker der »geschichtlichen Notwendigkeit« durch einen anderen ersetzt: der Parteiapparat durch die Gesetzgebungsmaschine. Dem Vollstrecker, wie immer er heißen mag, wird auch hier eine mystische Mission zugeschrieben: die vermeintlichen Ziele einer abstrakten Gesellschaft zu verwirklichen, und diesen Zielen wird ein höherer Wert beigemessen als den Interessen der lebendigen Menschen, aus denen die konkrete empirische Gesellschaft besteht.

Doch wenn die Gesetzlichkeit, nicht mehr als bloße Hülle der Klassenherrschaft betrachtet, bestimmte konkrete Vorhaben sozialer und wirtschaftlicher Natur in die Praxis umsetzt, ist es unvermeidlich, dass der konkrete Mensch, den man zum Hauptportal hinausgeworfen hat, durch eine Seitentür wieder hineinschlüpft. Wenn das Gesetz als Mittel dient, konkrete langfristige Pläne des Staates zu verwirklichen, so muss natürlich auch die Tätigkeit der konkreten Menschen geplant werden; um Planziele erfüllen zu können, muss der Einzelmensch einen gewissen Spielraum haben – wenigstens innerhalb eines im Plan festgesetzten Bereiches. Verharrt er in absoluter Passivität, so können die Planziele nicht erreicht werden; damit sie erreicht werden können, werden ihm theoretisch gewisse Rechte zugestanden. Solange freilich sein freier Spielraum nur für die planerfüllende Tätigkeit reserviert ist, bleibt von diesen Rechten in der Praxis nicht viel übrig.

Der Kampf um die Erfüllung der Planziele, der nie nachlassen darf, behält seinen verbrieften Vorrang. Partei und Staat sind in erster Linie darum bemüht, jeden erdenklichen Widerstand gegen das Planvorhaben niederzuzwingen, mag dieser Widerstand aus rebellischen Stimmungen, persönlichen Schwierigkeiten, getrübter Erkenntnis der Ziele oder sonstigen in der konkreten gesellschaftlichen Situation wurzelnden Faktoren herrühren. Der Rechtsordnung, die auf diese übergreifende politische Notwendigkeit abgestimmt ist, liegt primär weder am Schutz des Individuums und seiner Freiheit noch an der richterlichen Beschränkung der Verwaltungswillkür, weder an der gesetzlichen Verankerung privater Positionen noch an der Sicherung erworbener Rechte.

Technische, organisatorische und Arbeitskraftengpässe verzögern und bedrohen ständig die Erreichung der Ziele, die Partei und Staat in ihren Beschlüssen vorschreiben. Es versteht sich von selbst, dass die Machthaber solche Hürden nicht noch dadurch vermehren wollen, dass sie etwa privaten Interessen Unterstützung und garantierte Rechte einräumen. (Das betrifft natürlich nicht Interessen, die sich als staatliche Autorität oder öffentliches Privileg verkleiden.) Gewiss: Einzelpersonen dürfen bei den ihnen hierarchisch Übergeordneten Beschwerde einlegen, und die Staatsanwaltschaft nimmt Anträge auf Überprüfung von Verwaltungsmaßnahmen entgegen, denen Unrechtmäßigkeit nachgesagt wird.[92] Darüber hinaus gibt es jedoch keinerlei Rechtsmittel, die das Recht der Einzelperson gegen den Staatsapparat in Schutz nähmen.

Gesetzesnormen zum Schutz solcher Rechte bleiben leere Worte, solange es keine organisierten gesellschaftlichen Gruppen gibt, die ihren Vollzug erzwingen könnten. In pluralistischen Gesellschaften werden Normen in dem Maße wirksam, wie sie subjektive Rechte schaffen, deren Anrufung für Individuen oder Gruppen von Vorteil ist und deren Verwirklichung durch organisiertes gemeinsames Handeln erreicht werden kann. Welche Normen vollstreckt werden und welche nicht, entscheidet dann der Wettstreit aufeinanderprallender Interessen von Einzelnen, Gruppen und Staatsinstitutionen. Während also die Wahl der anzuwendenden Norm vom Stärkeverhältnis der beteiligten oder betroffenen Interessen abhängt, fällt die Aufgabe der Auslegung umstrittener Normen einem unabhängigen Schiedsmann zu: Der Richter, von dem angenommen wird, dass er mit den widerstreitenden Interessen nichts zu tun habe, soll an den Streit Maßstäbe anlegen, die nicht von einer der Streitparteien einseitig abgeändert werden können.

Anders in einer Gesellschaft, die freiwillige Zusammenschlüsse verbietet und an ihre Stelle zentralisierte Planung und Lenkung setzt. Hier ist der freie Wettbewerb von Ideen und gesellschaftlichen Kräften mit dem Bann belegt. Der Einzelmensch hat kaum die Möglichkeit, den Schutz des Gesetzes anzurufen, und nur Staatsorgane befinden darüber, welche Norm wirksam sein soll. Die These, wonach jede einmal erlassene Norm deswegen vollstreckt werden müsse, weil das allumfassende Programm der Vervollkommnung der gesellschaftlichen Institutionen die Festigung der Gesetzlichkeit verlange, ist eine Abstraktion. Sie gilt dann nicht, wenn nicht auch die Rechte, die mit dem staatlichen Monopol des Handelns kollidieren, durch organisierten Druck geschützt werden können. Für den isolierten Einzelmenschen gelten unumstößlich vollstreckbare Normen nur in wenigen Lebensbereichen, die sich fast ausschließlich auf persönliche Beziehungen erstrecken.

---

92 Deutsches Institut für Rechtswissenschaft: Das Verwaltungsrecht der Deutschen Demokratischen Republik. Allgemeiner Teil, {Ost-}Berlin, 1957, S. 197.

Die zentrale Staatsgewalt, deren Aufmerksamkeit vor allem den Planzielen gilt, bestimmt, mit welcher Wirkkraft und Intensität jede einzelne gesetzliche Regelung im Alltag wirksam werden soll. Sie kann auf diese Weise verhindern, dass ein weiter Bereich freien Ermessens den einzelnen Ressorts oder regionalen Behörden überlassen bleibt, die in der Regel weniger gewissenhaft sind und dazu neigen, verschiedene zentrale Vorhaben außer Acht zu lassen, namentlich solche, die ihre administrativen und propagandistischen Obliegenheiten vermehren. Nach der offiziellen Darstellung war zum Beispiel der Plan der DDR-Regierung, ein Riesenheer von Schöffen zu mobilisieren, auf allgemeine Gleichgültigkeit in der unteren Ebene, das heißt unter Kommunal- und Gewerkschaftsfunktionären und Kreisrichtern, gestoßen, so dass er nur dank der Hartnäckigkeit und Unnachgiebigkeit der obersten Justizbehörden verwirklicht werden konnte.[93]

Da mindestens das Schwergewicht, wenn nicht gar der Inhalt der Normenvollstreckung ständigen Veränderungen unterliegt, wird der tiefere Sinn der »Gesetzlichkeit« für die ausführenden Organe ebenso wie für die Masse der Betroffenen mit der Zeit unverständlich. Zur Begründung des Auf und Ab muss dann eine Formel offeriert werden, die den wechselnden Inhalt der Gesetzlichkeit erklärt: von Zeit zu Zeit werden einzelne Sachbereiche ausgesondert und zu »Schwerpunkten« erklärt, was besagt, dass in diesen Bereichen auf die Geltung der Normen, das heißt auf die Einhaltung der gesetzlichen Vorschriften besonders geachtet werden soll. So waren zum Beispiel die für 1958 bekanntgegebenen »Schwerpunkte«: Steigerung der Arbeitsproduktivität, Schutz des gesellschaftlichen Eigentums und Förderung der sozialistischen Umgestaltung der Landwirtschaft.[94] Zwei Jahre später galt das Schwerpunktinteresse der Gerichte wie aller anderen Organe unverkennbar der Zwangsüberführung der gesamten Agrarproduktion in »landwirtschaftliche Produktionsgenossenschaften«.

Die Schwerpunktauswahl ist ein integrierender Bestandteil der Rechtsordnung, denn sie beeinflusst sowohl die verwaltungsmäßige Ausführung der Gesetze als auch ihre Auslegung durch die Gerichte, zumal sich diese beiden Sphären im Rahmen der »sozialistischen Gesetzlichkeit« weitgehend überschneiden. Dabei können Verschiebungen im »Inhalt der Gesetzlichkeit« zweierlei bedeuten: Auswechslung der Sachbereiche, auf denen gegen die Normenübertretung besonders

---

93 Hilde Benjamin: »Zu Fragen der Gesetzlichkeit und der Leitung innerhalb des Justizapparates«, in: NJ, Jahrgang 9, S. 387-391 (Nr. 13, 5. Juli 1955).
94 Melsheimer: »Die Aufgaben der Staatsanwaltschaft...« (siehe oben Anmerkung 54), S. 513.

angegangen werden soll, und Abänderung der inhaltlichen Bedeutung dieser oder jener Normen im Wege der Auslegung.

Damit, dass einem bestimmten Programm Vorrangbedeutung zugewiesen wird, löst sich auch das Problem der Behandlung des Normenwiderstreits. Wenn die Gesetzlichkeit gleichsam nur die Gesetzmäßigkeit der geschichtlichen Entwicklung ins Staatlich-Rechtliche übersetzt, entscheidet das konkrete Programm, das jeweils der Verwirklichung des »geschichtlich Notwendigen« gilt, auch über den Vorrang bestimmter Normen. Der Staatsapparat braucht bloß bestimmte Normenkomplexe zu vertauschen und umzugruppieren, um einem neuen Programm, das bereits durchgeführt wird, Rechnung zu tragen. Heißt das nun, dass jedes Parteimitglied, das sich im Einvernehmen mit der Parteiobrigkeit wähnt, auch das Recht hat, jede beliebige Norm zu missachten, weil sie überholt sei? Dass das keine bloß theoretische Frage ist, zeigte sich vor einiger Zeit recht drastisch, als die landwirtschaftliche Bautätigkeit, die sich aus dem Programm der beschleunigten Mehrerzeugung tierischer Produkte ergab, mit den von den Baubehörden festgelegten Bauplänen in Konflikt geriet. Wer hatte hier recht: der Agrarsektor, der die Dynamik der Entwicklung, oder der Bausektor, der die Gültigkeit der Norm vertrat?

Theoretisch gab Frau Justizminister Benjamin beiden Unrecht. Es sei richtig, schrieb sie, dass die »vom Begriff der sozialistischen Gesetzlichkeit nicht zu trennende Forderung der Einhaltung der Gesetze nicht zu einem undialektischen, positivistischen Verhältnis zum Gesetz führen darf«; zugleich erklärte sie kategorisch, »daß eine individuelle Lösung, die in dem Beiseiteschieben eines nicht mehr passenden Gesetzes besteht und die Gefahr des Subjektivismus in sich birgt, nicht die im Sinne von Partei und Regierung liegende Lösung ist«.[95] Weder »undialektische« Befolgung der Gesetze noch »subjektivistische« Missachtung solcher, die »nicht mehr passen«? Was ist das Dritte, das gilt?

Von den Zweideutigkeiten der offiziellen Theorie beflügelt, hat die Praxis längst entschieden, dass eine Norm nur eine Anleitung zum Handeln ist oder bereits vollbrachtem Handeln im Hinblick auf neue Situationserfordernisse einen generalisierenden Ausdruck verleiht. Die so gedeutete »Gesetzlichkeit« tendiert dazu, mit der »Tatsächlichkeit« zu verschmelzen; in beidem äußert sich kein durchdachtes Prinzip, kein

---

95 Hilde Benjamin: »Das 7. Plenum des Zentralkomitees der SED und die Arbeit der Justizorgane«, in: NJ, Jahrgang 14, S. 1-6, insbesondere 4 f. (Nr. 1, 5. Januar 1960).
Eine klarere Antwort geben zwei Juristen der Ulbricht-Akademie, Julius Leymann und Siegfried Petzold: »Zum Wesen der sozialistischen Gesetzlichkeit in der Deutschen Demokratischen Republik«, in: Staat und Recht, Jahrgang 8, S. 691-795 (Nr. 6, Juni 1959).

Ordnungsgesichtspunkt, sondern höchstens eine gewisse Bereitschaft, die komplexen Elemente der jeweiligen Augenblickssituation auf sich wirken zu lassen. Im Parteijargon heißt das: »Heute ist die neue Stufe der Gesetzlichkeit dadurch gekennzeichnet, daß die Gesetzlichkeit in immer stärkerem Maße die Gesetzmäßigkeit der Entwicklung in sich aufnimmt.«[96]

Aus diesen Gründen hat die deutsche Variante der russischen Gesetzlichkeitsapotheose von 1956, was immer ihre theoretischen Früchte gewesen sein mögen, nicht gerade viel an praktischen Konsequenzen mit sich gebracht. Schon im März 1956, als in Moskau der Kult der Gesetzlichkeit im Gefolge der Entstalinisierung in Blüte stand, wurde in Berlin eine genial einfache Formel ersonnen, in der sich das Bekenntnis zur Gesetzlichkeit mit der vorbehaltlosen Anerkennung von Normen unbekannten, jedenfalls nicht gesetzgeberischen Ursprungs verbinden ließ. Auf der Konferenz der Richter und Staatsanwälte der DDR in Berlin erklärte Ministerpräsident Otto Grotewohl: »Die demokratische Gesetzlichkeit besteht nicht nur in der Beachtung vorhandener niedergeschriebener Gesetze, sondern auch darin, all das, was unser sozialistisches Recht ist und immer mehr in unseren Gesetzen seinen Ausdruck finden wird, schon jetzt durchzuführen.«[97]

In konkreterer Form wurde dieselbe Auffassung des Verhältnisses von Tagespolitik und Gesetz einige Jahre später von Parteichef Ulbricht entwickelt. In einer Rede über die Erfolge der Zwangskollektivisierung der Landwirtschaft erteilte er dem Zentralkomitee der SED eine rechtstheoretische Belehrung: »Als die Zahl der landwirtschaftlichen Produktionsgenossenschaften so zugenommen hatte, dass ... sichtbar wurde, daß die LPG die weitere wirtschaftliche und gesellschaftliche Entwicklung in den Dörfern und Landstädten bestimmen, beschloß auf Vorschlag der IV. LPG-Konferenz die Volkskammer das Gesetz über die landwirtschaftlichen Produktionsgenossenschaften. Die neuen Produktionsverhältnisse und die gesellschaftlichen Verhältnisse, die sich auf dem Lande herausgebildet hatten, wurden durch das Gesetz der Volkskammer gültiges Recht.«[98] Die Anpassung an politische Umstellungen, mögen sie noch so radikal sein, braucht keinerlei ideologische

---

96 Josef Streit: »Erfahrungen einer Justizbrigade im Bezirk Potsdam«, in: Staat und Recht, Jahrgang 9, S. 979-989, insbesondere 984 (Nr. 8, August 1960).
97 »Unser neues Recht entwickelt sich mit dem sozialistischen Aufbau. Ministerpräsident Grotewohl zu den Aufgaben der Justiz« in: Neues Deutschland, Jahrgang 11, Berliner Ausgabe, Nr. 121, 20. Mai 1956, S. 3, Sp. 1-4, insbesondere Sp. 2.
98 Neues Deutschland, Jahrgang 15, Berliner Ausgabe, Nr. 92, 1. April 1960, S. 4, Sp. 5.

Schwierigkeiten zu bereiten, wenn das, »was in die Praxis umgesetzt wird«, beanspruchen kann, als Gesetz zu gelten.[99]

7. Recht und richterliche Funktion

Der kommunistischen Rechtswissenschaft scheint besonders viel daran zu liegen, das normative Element[100] zu betonen; mit großem Eifer wird an der engen Verbundenheit der Rechtsnorm mit ihrem Schöpfer und Hüter, dem von der Partei kontrollierten Staatsapparat, festgehalten. Die Ähnlichkeit mit dem Rechtspositivismus ist indes nur äußerlich. Als wichtigstes Medium der Kommunikation mit den Untertanen dient dem Souverän im DDR-System keineswegs ein umfassendes Gebilde fest ineinandergefügter Gesetze, und die Befehle des Souveräns werden nicht unbedingt von den für das jeweilige Sachgebiet zuständigen Behörden mit verfassungsmäßig abgegrenzten Kompetenzbereichen ausgegeben.

Den Behörden in der unteren Ebene kann mancherlei als verbindlicher Wegweiser gelten: ein Gesetz, eine Verwaltungsanordnung, die Entschließung eines Parteigremiums, die Rede eines hohen Funktionärs, ein Artikel in einem Parteiorgan oder ein Vortrag über ein kompliziertes Problem theoretischer Interpretation. Solche Dokumente, von denen offiziell nur wenige zu den »normativen Akten« gezählt werden, können höchst konkrete Weisungen enthalten oder umgekehrt – was häufiger vorkommt – die Konkretisierung den ausführenden Organen überlassen. Für den unteren Amtsträger, der sich selbst schützen und auf Gehorsam bei seinen Untergebenen rechnen will, empfiehlt es sich, ständig auf die Reaktion des berufenen Interpreten erster Hand zu achten; es ist durchaus möglich, dass das von den höchsten Stellen angestrebte Ziel auf Umwegen bekanntgegeben wird, zum Beispiel bei der Kritik an Fehlern der praktischen Durchführung oder bei der Bestimmung neuer Schwerpunkte im Kampf gegen Abirrungen vom Weg der Gesetzlichkeit.

Dies elastische System, das meistens der strikten Einhaltung der Gesetzlichkeit zuwiderläuft, bringt in das Getriebe ein wohl berechnetes Element der Konkretheit hinein. Es verschafft denen, die an den Kommandohebeln sitzen, die Gelegenheit, sich jeweils unter den

---

99 Über die Wandlungen der Justizpraxis in der DDR seit 1953 siehe Kirchheimer, »Die Rechtspflege...« (siehe oben Anmerkung 79), S. 736-747.
100 Vergleiche David/Hazard/Julliot de la Morandiere: Le Droit... (siehe oben Anmerkung 28), und Hans Kelsen: The Communist Theory of Law (Praeger Publications in Russian History and World Communism, Nr. 12, New York, 1935, S. 129.

Verhaltensweisen der Untergebenen die eine herauszusuchen, auf die sich das Feuer der Kritik am besten konzentrieren lässt. Als Führungsmittel benutzt der Souverän Schmähungen, Kritik, Ermahnungen auf der einen, eindeutige Befehle und in aller Form erlassene Gesetze und allgemeine Verhaltensvorschriften auf der anderen Seite. Misserfolge oder Bumerangwirkungen einzelner Maßnahmen lassen sich immer den unteren Instanzen in die Schuhe schieben, denn es gehört zu ihren Obliegenheiten, die von einer höheren Stelle verfügte Politik in institutionelle Form zu bringen und auf den Einzelfall anzuwenden.

Die Bestimmungen der formgerecht erlassenen Gesetze verlieren sich fast im Gestrüpp der Auslegungs- und Ausführungsvorschriften verschiedenen Ursprungs und Alters, denen dieselbe rechtliche Geltung zukommt wie dem Gesetz selbst. Der Richter, der zugleich Administrator ist, muss auf die letzten Signale von oben aufpassen und dabei auch den möglichen Reaktionen eines nicht immer übersehbaren und nicht klar bestimmbaren Publikums unten Rechnung tragen. Auf die herkömmliche Art lässt sich das nicht mehr tun: Der DDR-Richter hat nicht die Aufgabe, zwischen den Erfordernissen der Norm und den divergierenden Interessen der betroffenen Parteien zu vermitteln; er ist eigentlich nur noch der Bürobote, der den Auftrag hat, einen Brief abzuliefern und einen unterschriebenen Empfangsschein zurückzubringen. Als Empfangsschein kann man sich den Erfolg oder Misserfolg der »erzieherischen Funktion« des Gerichts denken, für die so viel Reklame gemacht wird. Natürlich werden die staatlichen Programme durchgeführt, ganz gleich, ob die Bevölkerung mitmacht oder nicht; aber auf allen Stufen der hierarchischen Pyramide ist der Träger des öffentlichen Amtes auf jeden Fall gehalten, den passiven Gehorsam oder die hartnäckig undurchdringliche Gleichgültigkeit der Staatsbürger in freudige Bereitschaft zum Mittun zu verwandeln.

»Sozialistische Gesetzlichkeit« läuft, wenn man sich's genau besieht, nur darauf hinaus, dass die unbeirrte Beachtung aller Befehle und Signale in allen untergeordneten Ebenen garantiert wird. Ein gewisses Maß an Gehorsam kann dadurch gesichert werden, dass für die Durchführung ständige reguläre Verbindungswege geschaffen werden; darunter kann es sogar Vorkehrungen dafür geben, dass sich Menschen frei äußern, – natürlich nur in den Grenzen, die der Regierung passen und ihren Zielen entsprechen.

Was wirklich zählt, sind eben diese Ziele, nicht größere oder geringere Übereinstimmung zwischen dem, was der Staat will, und dem, was aus den institutionellen oder rechtlichen Positionen erwächst, die man einzelnen Personen oder Gruppen eingeräumt hat. Wechselt die Politik und mit ihr die offizielle Auslegung der geltenden Normen, so heftet sich »Gesetzlichkeit« an die neue Aufgabe, die bewältigt werden muss. Nie fällt ihr aber die Aufgabe zu, zwischen den heutigen Zielen des Souveräns und den gestrigen Erwartungen der Untertanen einen Kompromiss zustande zu bringen. Da sie einer bestimmten Politik dient und nicht die Mission hat, das Gleichgewicht der Gesellschaft herzustellen, ist die Gesetzlichkeit das Sinnbild der Ehe zwischen Recht und Leistungssteigerungsdiktat. Sie vertritt die Vermeidung unnützen Kräfte Verbrauchs: Sie wird zur Knute, mit der der Staat die Erreichung der jeweiligen Vorrangziele sichert.

Was kann in diesem Rahmen das Wesen des Rechts sein? Die SED und die Regierung der DDR wissen zweifellos sehr genau, dass alle Faktoren, die den Einzelmenschen zur Zusammenarbeit mit den Mitmenschen und der Obrigkeit bewegen können, dadurch günstig beeinflusst werden können, dass man den Menschen die Erfüllung bestimmter Erwartungen garantiert. Zahlreiche Bemühungen, die in gesetzlichen Bestimmungen ihre Rechtsform erhalten haben, ließen sich zum Beweise dafür anführen, wie angestrengt die verschiedenen behördlichen Ressorts der DDR daran arbeiten, möglichst viele Möglichkeiten solcher Bedürfnisbefriedigung zu schaffen.[101] Hätte der Richter genug Einfluss im Staatsgebilde, um nicht nur diese isolierten Normenkomplexe auf einzelne Fälle anzuwenden, sondern um darüber hinaus unabhängig zu befinden, welchen von diesen Komplexen der Vorrang zukommen sollte, so könnte er dazu beitragen, einen dauerhaften Ausgleich zwischen den Ansprüchen der Menschen und denen des Staates herbeizuführen.

Im gegenwärtigen Entwicklungsstadium der DDR-Gesellschaft stellt sich das Problem gar nicht erst unter diesen Aspekten. Entweder lässt sich das Regime auf zu viele neue Wagnisse ein und gibt sich zu viele neue Gesichter – oder es beschwört absichtlich zu viele Probleme herauf, als dass es dem Richter, der jedenfalls nicht zu seinem politischen Führungsgremium gehört, erlauben könnte, die Elemente zu bestimmen, die in den jeweiligen Kompromiss zwischen den Erfordernissen des Regimes und der gerade noch statthaften Befriedigung der Bedürfnisse der Bevölkerung eingehen sollten. Sollten die wichtigsten Ziele des Regimes einmal verwirklicht und seine geistige und gesellschaftliche

---

101 Das Verlangen nach persönlicher Sicherheit wurde zum Beispiel in einem Aufsatz betont, der sich bemühte, in das chaotische Geschäft der Normsetzung ordnende Gesichtspunkte hineinzutragen; siehe Jürgen Gentz {wissenschaftlicher Mitarbeiter im Büro des Präsidiums des Ministerrates der DDR}: »Zu einigen Grundsätzen der Rechtsetzung«, in: NJ, Jahrgang 12, S. 225-230 (Nr. 7, 5. April 1958).

Herrschaft sicher verankert worden sein, so könnte vielleicht auch die ewige Sperre, die das Nachlassen des Arbeits- und Betätigungseifers der Menschen verhindern soll, gelockert und ein Schiedsrichter beauftragt werden, aus den Leistungen und Forderungen beider Seiten den Saldo zu ziehen.

Bis dahin bleibt der Richter ein bloßer Diener der Partei, ein »Funktionär des Justizapparats«. Wie seine Kollegen in anderen Ressorts kann er müde werden oder zu viel Mitgefühl mit den Säumigen, Abirrenden, Strauchelnden empfinden, in denen er sein eigenes Ebenbild aufleuchten sieht. Solange aber die politische Frontlinie vorrückt und man hinter der Front zur Essensausgabe antritt, stellt auch er sich in Reih und Glied. Die Variablen in dem Rätselspiel, das Auslegung der Gesetze heißt, schrumpfen infolgedessen sinnfällig zusammen; der einzige veränderliche Faktor bleibt die unbeständige Politik des kommunistischen Regimes.

8. Recht und Hakenkreuz im Rückblick

Über anderthalb Jahrzehnte nach dem Ende des Nationalsozialismus stellen sich das politische Gedankengut des nationalsozialistischen Rechts und die kommandierte Rechtspflege des Dritten Reiches fast wie ein primitiver, bis zum äußersten vereinfachter Konstruktionsentwurf für das in der DDR geübte System dar: eine Justiz, die durch die politische Herrschaft geformt wird und ihr untertan ist. Ein genauerer Vergleich zeigt jedoch charakteristische Unterschiede. Auch ohne detaillierte Erörterung des Rechtssystems des Dritten Reiches lohnt es sich, auf Ähnlichkeit und Differenzen einen Blick zu werfen.

Das juristische Denken der nationalsozialistischen Führung drehte sich – nicht anders als das der SED-Regenten der DDR – um die eine zentrale Vorstellung, dass es für die Richter unabweisbar sei, sich mehr oder minder automatisch mit den Inhabern der politischen Macht zu identifizieren. Was ihr am fernen Horizont als die ideale Lösung vorschwebte, war nach der Darstellung des geübten Terrorpraktikers und geständigen Massenmörders SS-Brigadeführer Otto Ohlendorf eine Richterschaft, deren Kollektivbewusstsein in spontaner Übereinstimmung wäre mit dem Bewusstsein der politischen Führung.[102] In Bezug auf eine solche geistige Gleichschaltung waren

---

102 Peter Schneider: »Rechtssicherheit und richterliche Unabhängigkeit aus der Sicht des SD«, in: Vierteljahrshefte für Zeitgeschichte, Jahrgang 4, S. 399-422 (Heft 4, Oktober

die Führer des Nationalsozialismus anfänglich in einer günstigeren Position als ihre Nachfolger in Mitteldeutschland. Um ihr Ziel in der Sphäre der Justiz zu erreichen, brauchten sie das Rechtssystem nicht auf den Kopf zu stellen und das amtierende Personal nicht in Massen zu entlassen.

Im Gegensatz zu den kommunistischen DDR-Planern erstrebte die nationalsozialistische Führung weder einen grundlegenden Umbau der Eigentumsordnung noch eine gesellschaftliche Umschichtung. Sie hatte keine Veranlassung, die entscheidenden Züge des ererbten Rechts auszuradieren. Von der Beseitigung der »Verwelschung«, der angeblichen Überlagerung einer echt germanischen Rechtsgrundlage durch das römische Recht, redeten zwar Ideologen, und mit dem Studium des Problems befasste sich ein besonderes Institut, aber nichts dergleichen färbte auf die Tagespraxis ab. In Wirklichkeit klammerten sich sowohl die Führer der NSDAP als auch die vorgeblich unpolitischen Staatsbeamten hartnäckig an die Version von der Legalität des nationalsozialistischen Umsturzes; und die einen wie die anderen verkündeten immer von neuem die Kontinuität des Rechts. Auf dieser Basis fiel es dem Gros der Richterschaft nicht schwer, die neue politische Ordnung zu akzeptieren und über ihre revolutionären Züge und den ihr angeborenen Willen zur Rechtsbeugung und Gesetzesverachtung hinwegzusehen. Ihrerseits hatten es die neuen Herren nicht eilig, einen neuen Typ von Richtern und Staatsanwälten zu züchten; auf Justizfunktionäre, die sich als Hilfstruppen der Exekutive hätten betrachten und das Recht als technisches Gerät zur Durchführung politischer Beschlüsse hätten behandeln sollen, waren sie nicht von vornherein angewiesen.

Diese Konstellation erleichterte den Nationalsozialisten die Verwirklichung ihrer ersten Ziele; um Gesetz, Gerichte, Richter brauchten sie sich kaum zu kümmern. Auf lange Sicht aber zog diese günstige Anfangssituation offenkundige Nachteile nach sich. Das Regime musste sich mit einer Richterschaft abgeben, die zwar manchen Aspekten der neuen Ordnung nicht unfreundlich gegenüberstand, anderseits jedoch von starren Kastenvorstellungen regiert wurde und vom unerschütterlichen Glauben an die eigene Selbstverewigung durch entsprechende Auslese und Ausbildung des Nachwuchses erfüllt war. Ohne das begriffliche Rüstzeug des »Marxismus-Leninismus«, der die Gesetze der Geschichte spielend herbeizitiert, um die souveräne Vorherrschaft der

---

1956), mit Wiedergabe eines Vortrags des SS-Brigadeführers Otto Ohlendorf, Chef des Amtes III des Reichssicherheitshauptamtes.

Partei zu heiligen, war es nicht gar so einfach, der Unterstellung des Rechts unter politische Diktate eine rationale Begründung beizugeben; Juristen, die in der Tradition der diskursiven Logik und der deduktiven Argumentation aufgewachsen waren und mit aller Überzeugung an der Kontinuität des Rechtssystems festhielten, waren im Allgemeinen von dem Dogma nicht hingerissen, dass der charismatische Führer die Personifizierung des Volkswillens und – mehr noch – des rassischen Schicksals des Volkes darstelle. Im Großen und Ganzen fanden sie, dass das Recht ihre ureigenste Domäne sei und Eingriffe von außen nicht erlaube.[103]

Diese Richterschaft alten Stils war nicht einfach zu behandeln. Eine stumme Marionette war nicht einmal Franz Gürtner, der Mann, der Hitler 1924 aus dem Gefängnis entlassen und dem Nationalsozialismus bis zu seinem Tod (1941) als Reichsjustizminister gedient hatte. Sogar die anpassungswilligsten Richter träumten von der Errichtung einer überragenden Position für den Justizapparat zur besseren Abwehr des Ansturms konkurrierender Autoritätszentren, die unter den neuen Herren wie die Pilze aus dem Boden schossen: Aus der großen Masse der Beamtenschaft herausgehoben, sollten die Richter ihre Autorität auf das Vertrauen stützen, das der Führer in ihre Prominenten setzte; seinerseits würde sich der Führer der hierarchischen Wege der Gerichtsbarkeit bedienen und im Labyrinth der neuen Probleme, die über seinen Horizont hinausgingen, den Richter bevollmächtigen, eigene individuelle Entscheidungen zu treffen.

Eine Denkschrift in diesem Sinne wurde am 11. Mai 1942 vom Hamburger Oberlandesgerichtspräsidenten Curt Rothenberger, den die Nationalsozialisten 1933 zum Führer der Landesjustizverwaltung gemacht hatten, dem »Führer und Reichskanzler« unterbreitet. Dies Dokument und Rothenbergers ehrliche Bemühungen, den Richtern die Staatsnotwendigkeiten des Dritten Reiches plausibel zu machen, beeindruckten Hitler so sehr, dass er den Hamburger Richter als Staatssekretär ins Reichsjustizministerium berief. Ein Jahr verging, ehe er merkte, dass Rothenberger den Korpsgeist höher in Ehren hielt als die Treue zur

---

103 Eine umfassende Analyse der Rolle der Richterschaft im nationalsozialistischen System liegt bis jetzt nicht vor. Hubert Schorn: Der Richter im Dritten Reich. Geschichte und Dokumente, Frankfurt am Main, ohne Jahr {Copyright 1959}, ist eine gutgemeinte, zum Teil allzu wohlwollende Materialsammlung, von der sich etwa 200 Seiten mit der oft zweifelhaften Tätigkeit einzelner Gerichte und Amtsträger befassen und weitere 500 Seiten Detailangaben über richterliche Blutzeugen, Opfer und Gegner des Nationalsozialismus enthalten, ohne dass die staatliche und gesellschaftliche Funktion der Gerichte und der Richter einer Analyse unterzogen würde.

Partei, die ihm eine politische Karriere eröffnet hatte. Natürlich wurde der vermessene Staatssekretär entlassen.[104]

Richter, die eine so hohe Meinung von ihrer eigenen Bedeutung hatten, beugten sich höherem Befehl nicht so reibungslos, wie sie sollten. Der Kastengeist, der den Machthabern reichlich unbequem war, verlieh den Gerichten den Anschein einer gewissen Unabhängigkeit und ließ kein allgemeines Misstrauen gegenüber der Rechtspflege aufkommen. Außer in Fragen eindeutig politischer oder »rassischer« Natur machten die Gerichte nicht von vornherein den Eindruck willenloser Terrorwerkzeuge der Diktatur. Hinzu kam – anders als im ersten Jahrzehnt der Nachkriegsherrschaft der SED – ein entscheidender materieller Faktor, von dem das nationalsozialistische Regime (wenigstens bis zum Ausbruch des Krieges) profitierte: Die fühlbare Verbesserung der Wirtschaftslage löste in weiten Schichten freundliche Reaktionen aus. Da der nationalsozialistische Staat demzufolge auf aktiven Widerstand nur in einem verengten Bereich stieß, konnte er echte oder angebliche Widerstandszentren mit Stumpf und Stiel ausrotten, ohne zu diesem Zweck die Gerichtsbarkeit gründlich umorganisieren zu müssen; er begnügte sich mit außergerichtlichen Unterdrückungsmaßnahmen oder nutzte die einstige Autorität der Gerichte für sich, indem er die Gerichtsfälle, bei denen es ihm auf unumwundene Pervertierung des Rechts ankam, eindeutigen Nazi-Richtern oder Opportunisten zuwies, die zu Sonderleistungen aus Karriere- oder Erwerbsgründen bereit waren.

Das Nebeneinander verschiedenen Personals und verschiedener Grundsätze führte dazu, dass sich im Bereich des Rechts zwei gegensätzliche Systeme behaupteten: Rechtskontinuität und legalistischer Konservativismus auf der einen, Rechtlosigkeit, Gewalt und willkürliche Neuerung auf der anderen Seite. Solange sich die beiden Sektoren nur in einem schmalen Streifen überschnitten, war es kein großes Kunststück, diesen Dualismus hinter den gewöhnten Dekorationen einer altehrwürdigen Rechtsordnung verschwinden zu lassen.[105]

Ewig blieb allerdings die idyllische Arbeitsteilung nicht bestehen. Da die Richterschaft nicht in einen perfekten Transmissionsmechanismus im Dienste der politischen Führung verwandelt worden war,

---

104 Wortlaut der Rothenberger-Denkschrift in: Trials of War Criminals before the Nuremberg Military Tribunals under Control Council Law No. 10, Volume III {The Justice Case}, Washington, 1951, S. 469-483. Siehe auch August Jaeger: Der Richter. Wesen und verfassungsrechtliche Stellung, Berlin, 1939, S. 72 ff.
105 Näheres bei Ernst Fraenkel: The Dual State. A Contribution to the Theory of Dictatorship, New York, ohne Jahr {Copyright 1941}.

unterlag die Gerichtswirklichkeit notwendigerweise stetig zunehmendem Druck von außen, einmal politischer, zum andern administrativer Art. Um die erwünschten Ergebnisse zu erzielen, griff der Staat zu einem Bündel verschiedenartiger Maßnahmen: Sondergerichte im ganzen Lande und ein zentraler Volksgerichtshof an der Spitze urteilten die wichtigeren politischen Fälle ab; Strafrechtsbestimmungen wurden verschärft; jeweils vor Prozessbeginn wurden in den Gerichten besondere Instruktionssitzungen abgehalten, in denen die Gerichtspräsidenten und die Vorsitz führenden Richter mit Beamten der Staatsanwaltschaft und der Sicherheitsdienste zusammengebracht wurden; durch Vermittlung von Gerichtspräsidenten und Staatsanwälten wurde auf einzelne Richter persönlicher Druck ausgeübt; besondere Dienstanweisungen verbreitete das Justizministerium in Runderlassen; besondere Nachprüfungsprozeduren dienten dazu, rechtskräftige Urteile, die an höherer Stelle für zu milde erachtet wurden, aufzuheben oder zu verschärfen; als letztes Aushilfsmittel blieb die Versetzung oder Dienstentlassung allzu widerspenstiger Richter.

An der Spitze der Justizpyramide regierte ein eigenartiges Konglomerat. Neben dem von der NSDAP besetzten Volksgerichtshof und dem von ihr teilweise besetzten Reichsjustizministerium blieb, wenn auch der Zuständigkeit für politische Fälle beraubt, das konservativere, traditionsdurchtränkte Reichsgericht in Leipzig bestehen, der höchste Gerichtshof im Land. Sofern und solange das Personal auf den obersten Stufen zur Zufriedenheit des Regimes funktionierte, bereiteten Lücken in der Gleichschaltung der richterlichen Haltung in der mittleren und unteren Ebene dem Regime nur geringfügige Schwierigkeiten. Als sich diese Schwierigkeiten zu häufen begannen, wurde eine weniger schwerfällige Apparatur in Gang gesetzt. In einer zunehmenden Zahl von Fällen, stellte Ohlendorf 1942 fest, habe die Polizei die Aufgabe übernommen, unbefriedigende strafrechtliche Entscheidungen zu korrigieren.[106] So mancher Angeklagte hoffte, nicht freigesprochen, sondern ins Gefängnis gesteckt zu werden, und manch einer gab es dem Richter zu verstehen, denn nur so konnte er dem Schicksal entgehen, von der Geheimen Staatspolizei ins Konzentrationslager verbracht zu werden. Mehr und mehr wurde die Verhandlung vor Gericht zu einer unverbindlichen, vorläufigen Prozedur degradiert. Die Strafaktionen der Polizei stellten, wenn es den Behörden geboten schien, die Arbeit des Richters auf den Kopf; mit voller Zustimmung des Justizministeriums nahm die Polizei überhaupt alle Fälle an sich,

---

106 Schneider: »Rechtssicherheit ...« (siehe oben Anmerkung 102), S. 416.

die Menschen außerhalb der »Volksgemeinschaft« betrafen: Juden, Polen, Russen, Zigeuner. Nachdem der Krieg den wirtschaftlichen Aufschwung unterbrochen, nachdem vor allem der Krieg im Osten, da es nicht gelungen war, den russischen Widerstand in wenigen Monaten zu brechen, alle verfügbaren Hilfsquellen abgeschöpft hatte, nahm das Elend zu und die Regimefreundlichkeit ab; im gleichen Maße wurde der Terror verschärft und abermals verschärft. Der nationalsozialistische Staat forderte und begrüßte zwar nach wie vor den Beistand der Richterschaft, aber er tobte immer wütender über die Ausflüchte und Umschweife der »reaktionären« Juristen. Nur ließ er sich durch die Feindschaft oder den Widerstand der Richter nicht von seinem Ziel abbringen; er ließ die »ewig Gestrigen« links liegen und übertrug der Polizei oder dem Volksgerichtshof die Terrorgeschäfte, die sich mit dem Ehrgefühl oder den fachlichen Bedenken der alten Richter nicht vereinbaren ließen.

Für den Luxus eines dualistischen Gerichtssystems nach dem Vorbild des Dritten Reiches hatten die kommunistischen Erben des Nationalsozialismus keinen Sinn und an der Beibehaltung des Justizpersonals, das vor 1945 amtiert hatte, kein Interesse. Von Anfang an war ihr Hauptziel die grundlegende Umstülpung der Sozial- und Wirtschaftsstruktur; über kurz oder lang war damit die Schaffung eines neuen Rechtssystems unvermeidlich. Die auf dem Papier eine Zeitlang beibehaltene Kontinuität des Rechts kümmerte sie wenig; sie diente nur dazu, die Kluft zwischen Volk und Gesetz nicht allzu schnell aufbrechen zu lassen. Aus materiellen und ideologischen Gründen fand das neue Regime bei großen Teilen der Bevölkerung von Anfang an wenig Liebe und Vertrauen. Da sich aber die SED-Machthaber auf die Besatzungsmacht stützen konnten, fühlten sie sich stark genug, den allseitigen Umbau von Wirtschaft und Gesellschaft in Angriff zu nehmen. Um diese Arbeit bewältigen zu können, brauchten sie verlässliche Gerichte und eine neue Gattung richterlicher Beamter. Die Straf- und Unterdrückungsfunktionen der Gerichtsbarkeit mussten mit der allgemeinen Politik der Staatsspitze abgestimmt werden.

Das lässt den grundsätzlichen Unterschied sichtbar werden. Das Dritte Reich hatte sich nie veranlasst gesehen, das gut dosierte Gebräu aus Überredung und Zwang zusammenzumixen, das heute in den Gerichten der DDR verabfolgt wird; die Gelegenheit, ein solches System zur Festigung der Heimatfront im Krieg zu benutzen, hatte sich nicht mehr eingestellt. Erzieherische Herrschaftsmittel – außer Terror und

Eigennutz – waren nicht gefragt. Wären sie später gebraucht worden, so hätte man sie erst planen und entwerfen müssen – je nach den durch Sieg oder Niederlage bedingten Bedürfnissen.

Kapitel VIII

Siegerprozesse gegen gestürzte Vorgänger

> »Unparteilichkeit im politischen Prozeß steht ungefähr auf einer Linie mit der unbefleckten Empfängnis; man kann sie wünschen, aber nicht sie schaffen.«
>
> Theodor Mommsen, *Römisches Strafrecht*

Während die Logik des kommunistischen Systems zur völligen Umgestaltung der Bedingungen führt, unter denen die Gerichte zu arbeiten haben, interessieren sich die mehr traditionsgebundenen politischen Ordnungen viel eher dafür, dass politisch gefärbte Prozesse von eigens dafür bestimmten Gerichten abgeurteilt werden. In verschiedenen Regimes gibt es auch verschiedene Typen politischer Sondergerichte, denen die Aufgabe zufällt, bestimmte Kategorien politischer Delikte rasch und reibungslos abzuurteilen. Man sollte sich diese Gerichtsbarkeit mit ihrer besonderen Zuständigkeit und Organisation vergegenwärtigen, ehe man sich einem anderen Sektor der politischen Justiz zuwendet: der Aburteilung von Gegnern, die unterlegen sind, durch ein Regime, das im politischen oder militärischen Kampf den Sieg davongetragen hat.

1. Politische Sondergerichte

Als das Schicksal Karl I. von England und Ludwig XVI. von Frankreich ereilte, bestand nicht viel Zweifel daran, dass Gerichtszuständigkeit und Gerichtsverfahren allen hergebrachten Regeln widersprachen; die beiden Könige und ihre juristischen Berater protestierten dagegen mit großem Nachdruck. In Wirklichkeit waren die Menschen, die die Anklage erhoben, fast identisch mit denen, die über die Könige zu Gericht saßen. Da die beiden Fälle und die Entscheidung, die getroffen wurde, die konstituierenden Akte einer neuen Ära waren, waren die Urteile und die ihnen zugrunde gelegten Prinzipien Bekundungen des nämlichen politischen Willens. Hatten aber die Herrscher des 15., 16. und 17. Jahrhunderts, wenn ihre politischen Interessen auf dem Spiel standen, auch nur im Geringsten anders gehandelt?

Der König von England konnte seine Richter nicht nur vor der Gerichtsverhandlung zu sich bestellen und ihnen seine Wünsche für jeden schwebenden Rechtsfall, der ihn interessierte, mitteilen, sondern sie auch jederzeit absetzen, falls ihm ihre Gerichtspraxis zu sehr missfiel. Der König von Frankreich konnte das nicht ohne weiteres, denn er hätte jedem entlassenen Richter den hohen Preis erstatten müssen, den er hatte zahlen müssen, als er die richterliche Pfründe von der Krone erwarb; dennoch war es von den Tagen des Jacques Coeur bis zu denen des Marquis de Cinq-Mars, des Nicolas Fouquet und der Mademoiselle de Montespan das gute Recht des Königs gewesen, Anklagen gegen seine Feinde oder sonstige delikate Angelegenheiten zur Untersuchung und Aburteilung an extra zu diesem Zweck berufene außerordentliche Kommissionen abzugeben, in denen rechtskundige Freunde des Königs oder des regierenden Kardinals und offene Feinde der Beschuldigten das entscheidende Wort zu sprechen hatten. Erst im 18. Jahrhundert, mancherorts sogar erst später, wurde es zur allgemeinen Übung, dass Richter, solange sie sich einwandfrei verhielten (*quamdiu se bene gesserint*), nicht abgesetzt und schwebende Verfahren, die das Gesetz einem bestimmten Richter zuwies, ihm nicht entzogen werden durften.

Dieser epochemachende Wandel löste indes nicht das Problem der Zuständigkeit bei politischen Strafsachen. Oft fand politische Strafverfolgung gerade in der kritischen Situation statt, in der das alte Regime abgelöst worden war und ein neues es sich angelegen sein ließ, seine entmachteten Vorgänger vor Gericht zu stellen. Im Zuge einer politischen Umwälzung kann natürlich auch das gesamte Gerichtssystem umgekrempelt werden; zum Mindesten baut sich ein neues Regime in der Regel ein eigenes juristisches Abwehrsystem gegen politische Feinde auf und besetzt die wichtigsten gerichtlichen Bollwerke mit eigenen Vertrauensleuten. Aber auch in einem Regime, das lange existiert und auf festen Füßen steht, können besondere Ereignisse – zum Beispiel bürgerkriegsähnliche Unruhen – eintreten, die der herkömmlichen Gerichtsorganisation über den Kopf wachsen. Gewiss gibt es Verfassungsbestimmungen, die Ausnahmegerichte verbieten, und Staatsrechtler, die zu ihrer Interpretation berufen sind, mögen sich endlos darüber streiten, ob damit nur Gerichte gemeint sind, die eigens für einen besonderen Fall bestellt und besetzt werden, oder ob das Verbot ebenso auch jede Sondergerichtsbarkeit ausschließt, der bestimmte Kategorien von Delikten auf lange Sicht Vorbehalten sein sollen. Es gibt genug kunstreiche Konstruktionen, mit denen man solchen Verboten entgehen kann, und die Einrichtung von Sondergerichten für größere Zeiträume und für besondere, meistens politische Delikte ist in vielen Ländern in dieser oder jener Form oft genug ein regulärer Bestandteil normaler Verfassungspraxis gewesen.

Auch wenn man von den politischen Erfordernissen neuer Regimes oder schwacher Regierungen, denen Gegner schwer zu schaffen machen, absieht, bleibt eine lange geschichtliche Tradition der politischen Sondergerichtsbarkeit. Erzbischof Laud, Earl of Strafford und Warren Hastings vor dem englischen Oberhaus; der Bundesrichter Samuel Chase und der Präsident Andrew Johnson vor dem Senat der Vereinigten Staaten; Fürst Polignac, die Aufständischen von 1834, Caillaux und Malvy vor dem französischen Senat: Sie alle sind in das Geschichtsbewusstsein und den politischen Wissensschatz ihrer Länder eingegangen. Die reguläre, das heißt durch Verfassung und Tradition sanktionierte politische Sondergerichtsbarkeit gibt es heute in vielen Variationen und Kombinationen. Drei Typen lassen sich dabei mit ziemlicher Deutlichkeit unterscheiden.

Zu nennen ist da zunächst die parlamentarische Körperschaft, die nebenher – in seltenen besonderen Fällen – auch als politischer Gerichtshof in Erscheinung tritt: das britische Oberhaus (bis 1948) oder der Senat der Vereinigten Staaten; in beiden Fällen war beziehungsweise ist die parlamentarische Körperschaft für die Aburteilung von Angeklagten zuständig, die kraft ihrer besonderen Stellung vor kein anderes Gericht gestellt werden dürfen: der Peers in England, des Präsidenten oder der Mitglieder der Bundesgerichte in den Vereinigten Staaten. Ähnlich war die gerichtliche Zuständigkeit des französischen Senats bis zum Ende der Dritten Republik: Als Haute Cour urteilte der Senat bestimmte Kategorien von Delikten (*ratione materiae*) und Inhaber bestimmter politischer Ämter (*ratione personae*) ab, und zwar bei Hochverrat und kriminellen Delikten den Präsidenten der Republik und bei Amtsmissbrauch die Mitglieder des Kabinetts.

Mit den Verfassungen der Vierten und der Fünften Republik hat sich die Zusammensetzung der Haute Cour ebenso wie ihre Zuständigkeit geändert. Nach der 1960 geltenden Regelung besteht die Haute Cour aus 24 Mitgliedern, je zur Hälfte von Kammer und Senat zu wählen. Zuständig ist sie nur noch für die Aburteilung des Staatschefs und der Minister. Nur bei Staatssicherheitsdelikten können auch andere Angeklagte, sofern sie ihre Straftaten im Einvernehmen mit einem Regierungsmitglied verübt haben, von der Haute Cour abgeurteilt werden. Die Bestimmungen über die Haute Cour entsprechen insofern dem parlamentsfeindlichen Grundzug der Verfassung von 1958, als das parlamentarische Sondergericht nicht mehr zur Hilfswaffe des Parlaments im Kampf gegen den Präsidenten oder gegen das Kabinett werden kann.

Nicht nur muss die Anklage, was in der Theorie und Praxis des Verfassungsrechts eine Anomalie ist, von beiden Kammern zugleich erhoben werden, sondern es kann auch keine der beiden Kammern irgendeinen Einfluss auf den Verlauf des Untersuchungsverfahrens ausüben. Die Untersuchung ist fünf Richtern vorbehalten, die vom Präsidium des Kassationsgerichtshofs jeweils für ein Jahr gewählt werden; sie können den Anklagebeschluss des Parlaments nach eigenem Ermessen abändern oder aufheben.[1] Der alte Streit über die Straftatbestände ist – außer im Fall des undefiniert belassenen Hochverrats des Staatsoberhaupts – zugunsten einer einengenden Interpretation entschieden worden: Der Haute Cour sind nur Delikte zugewiesen, die das Strafgesetzbuch in eindeutigen Bestimmungen unter Strafe stellt.

Den umgekehrten Weg ist die geltende italienische Verfassung gegangen. Sie überlässt es dem Verfassungsgerichtshof, der zu diesem Zweck durch 16 Laienrichter erweitert wird, festzustellen, was ein »Anschlag auf die Verfassung« und was »Hochverrat« ist; außerdem soll der Verfassungsgerichtshof aus eigenem Ermessen entscheiden, welche »der Straftat angemessenen« straf- oder zivilrechtlichen Sanktionen zu verhängen sind; das gilt ebenso für Straftaten des Präsidenten wie für strafbare Handlungen, die Regierungsmitglieder in Ausübung ihres Amtes begehen.[2]

Die altersgraue Ausübung der politischen Gerichtsbarkeit durch parlamentarische Körperschaften war ein kostspieliges und schwerfälliges Verfahren. Es war schon weitgehend überholt, ehe es formal abgeschafft wurde. Einmal hatte ein Teil der außerhalb des Parlaments immunen Angeklagten, zum Beispiel die Pairs, an politischem Gewicht stark verloren; zum andern waren seit der Zeit des Hauses Hannover in England und Benjamin Constants in Frankreich andere Mittel gefunden worden, einen auf Abwegen wandelnden Minister oder auch Präsidenten politisch zur Rechenschaft zu ziehen, ohne auf die katastrophenartige atmosphärische Veränderung zu warten, die erst eine parlamentarische Anklageerhebung ermöglicht.

Bei gewichtigeren politischen Delikten weniger prominenter Personen scheint der zweite Typ der politischen Sondergerichtsbarkeit für die gegenwärtige Epoche charakteristisch zu sein. Einige Länder – so zum Beispiel Frankreich und Italien – überlassen zwar im Allgemeinen die

---

1 Französische Verfassung: Art. 68, und Verordnung Nr. 59-1 vom 2. Januar 1959, Art. 18, 25 und 26, in: Journal Officiel de la République Française, Jahrgang 91, S. 179 ff. (Nr. 2, 2/3. Januar 1959).

2 Italienische Verfassung: Art. 90, 96 und 134, und Ausführungsgesetz vom 11. März 1953, §§ 43-52.

Handhabung politischer Delikte den ordentlichen Gerichten der unteren Instanzen, behalten sich aber das Recht vor, besondere Fälle den Militärgerichten zuzuweisen, vor denen dann Anklage wegen Einvernehmens mit dem Feinde oder wegen Staatsgefährdung erhoben wird. Andere Länder – wie die Bundesrepublik Deutschland und die Schweiz – verlagern die Zuständigkeit für politische Fälle weitgehend zu den obersten Gerichtsinstanzen. Für den Angeklagten bringt dies Verfahren offensichtlich dieselben Nachteile mit sich wie die historischen Prozesse vor der ersten Kammer oder einem Kronrat. Da es beim obersten Gericht des Landes weder Berufung noch Revision gibt, entscheidet es in letzter Instanz sowohl über die Tatsachen als auch über die Rechtslage; politische Verschiebungen, die das Delikt in einem günstigeren Licht erscheinen lassen könnten, kommen somit dem Angeklagten gerade in den Fällen nicht zugute, in denen das politische Moment am stärksten mitspielt. Überdies zeigt der Prozentsatz der Irrtümer, die korrigiert werden sollten, in der Regel keine abnehmende Tendenz dort, wo die Überprüfung des Urteils ausgeschlossen ist.

Den dritten Typ der politischen Gerichtsbarkeit, der seit dem Zweiten Weltkrieg im Vordergrund steht, kennzeichnet der Verfassungsgerichtshof, jetzt in Deutschland, Österreich und Italien zu Hause. Seine Hauptaufgaben sind zumeist: Konflikte zwischen den obersten Staatsorganen der rechtsstaatlichen Ordnung zu schlichten (besonders wichtig bei föderativem Staatsaufbau!), die in der Verfassung verbrieften Rechte des Individuums zu wahren und allgemein über die Verfassungsmäßigkeit aller gesetzgeberischen Akte und Verwaltungsverfügungen zu wachen. Ihm sind aber auch Funktionen zugefallen, die den traditionellen richterlichen Obliegenheiten des Oberhauses, der ersten Kammer entsprechen. Vor dem Verfassungsgericht kann die Parlamentsmehrheit gegen das Staatsoberhaupt – in einigen Ländern auch gegen die Minister – Anklage wegen »vorsätzlicher Verletzung der Verfassung« erheben: wiederum ein theoretischer, bisweilen sogar reichlich unpraktischer Widerhall der Dinge, mit denen sich ein Benjamin Constant unter einem konstitutionellen, aber vorparlamentarischen System herumschlagen musste.[3] Das deutsche Bundesverfassungsgericht verrichtet daneben, wie bereits erörtert, eine mehr oder minder repressive Funktion, die umfassende Maßnahmen zur Niederhaltung politischer Gegner in das Gewand strafrechtlichen Vorgehens kleidet: Vor dem Verfassungsgericht

---

3 Benjamin Constant: Cours de Politique constitutionnelle {zuerst 1818 - 1820}, insbesondere Band I, Paris, 1861, *passim*, Kapitel XXVI, S. 371-384.

kann die Exekutive nach eigenem Ermessen das Verbot einer Partei betreiben, deren Gesamthaltung sie als verfassungsgefährlich ansieht.

Politische Sondergerichtsbarkeit im beschriebenen Sinne gibt es in vielen Ländern: Sie kann mit einem neuen Regime geradezu automatisch ins Leben getreten sein; ein durchaus festfundiertes Regime kann sie als vielleicht unnötige Sicherheitsvorkehrung geschaffen haben: Dass es ihrer unter Umständen gar nicht bedarf, zeigen die Wahrsprüche regulärer amerikanischer Geschworenengerichte in zahlreichen Fällen politischer Strafverfolgung in den letzten Jahrzehnten; sie kann sich aber auch einfach als einigermaßen anachronistisches Überbleibsel früherer Epochen akuter gesellschaftlicher Kämpfe erhalten haben.

Häufig haben neuetablierte Regimes besondere politische Gerichte ins Leben gerufen, um die Führungsschichten der von ihnen besiegten politischen Gebilde strafrechtlich zu belangen. Diese besondere Kategorie politischer Strafverfahren kann man nicht erörtern, ohne die Maßstäbe zu prüfen, mit denen das Nachfolgeregime die politische Verantwortung der Angehörigen des von ihm besiegten Herrschaftsapparats zu messen wünscht.

Gibt es überhaupt Wertstrukturen, die über die Lebensspanne eines politischen Regimes hinaus Geltung behalten und nach denen sich die Handlungen der Vorgänger der neuen Herrschaftsordnung beurteilen lassen? Konkreter: In welchem Kausal- oder Funktionszusammenhang steht das rechtswidrige Verhalten des einzelnen Funktionärs der gestürzten Ordnung mit der Gesamtbilanz des Regimes? Kann man bei der Klärung dieses Zusammenhangs mit dem Begriff *État criminel* viel anfangen? An welchem mehr oder minder exakt zu bestimmenden Punkt verwandelt sich moralisch vertretbares Handeln im Dienste eines politischen Ziels in kriminelles Verhalten? Natürlich und zugegebenermaßen stößt die Justiz des Nachfolgeregimes auf sehr beträchtliche Hindernisse. Welche dieser Hindernisse sind durch die spezifische Situation in einem Prozess dieser besonderen Art bedingt? Und welche gehören zu den allgemeinen, schlechthin unvermeidlichen Störungsfaktoren, die jeder bedeutendere Prozess in sich birgt?

2. Richtmaße für die »Abrechnung«?

Die juristischen Formeln, mit denen Siegerprozesse gegen gestürzte Vorgänger arbeiten, können den juristischen Formeln des kriminellen Allerweltsprozesses außerordentlich ähnlich sein. Aber sowohl für ihre Initiatoren als auch für die Opfer haben sie einen anderen Sinn und eine andere Bedeutung als gewöhnliche Strafverfahren, hinter denen die Autorität eines festgefügten, seit langem etablierten Regimes steht und die nach feststehenden, allen vertrauten Regeln abgewickelt werden. Die Aburteilung der Großen von gestern ist nicht eine beliebige Durchgangsstation auf dem langen Weg der Schwierigkeiten und Anpassungskünste, die einem Regime entweder größere Festigkeit verleihen oder es dem Zerfall entgegenführen. Die Abgrenzung des neuen Regimes vom alten und die Aburteilung der Politik und der Praxis dieses alten Regimes können zu den konstituierenden Akten der neuen Ordnung gehören. Das neue Regime, das moralische und politische Erneuerung anstrebt oder gar das gesamte gesellschaftliche Gefüge von Grund auf umgestalten will, hat es, wenn es sein Verhalten gegenüber dem Vorgängerregime festzulegen sucht, mit zweierlei Druck, mit Druck entgegengesetzter Art zu tun.

Die treuesten Anhänger der neuen Ordnung und alle die, die unter der Unterdrückungspraxis des alten Regimes besonders schwer zu leiden hatten, wollen nicht nur Rache, sondern vor allem auch die Errichtung unübersteigbarer Mauern, die das neue Werden von der alten Tyrannei abheben. In der leidenschaftlichen Sprache, in der Saint-Just den Konvent aufforderte, mit Ludwig XVI. kurzen Prozeß zu machen, scheinen sie zu proklamieren: »Ein Gesetz ist ein Gerechtigkeitsverhältnis: welches Gerechtigkeitsverhältnis besteht aber zwischen der Menschheit und den Königen? Welche Gemeinsamkeit verbindet das französische Volk mit Ludwig, daß man ihn nach seinem Verrat schonen müßte?«[4]

Auf der anderen Seite wirkt auf das neue Regime ein vielleicht weniger heftiger, aber nichtsdestoweniger beharrlicher und wahrscheinlich auch vielseitiger Druck ein, der darauf zielt, die allgemeine Unsicherheit einzudämmen, die mit den strengen Repressalien und Verfolgungsmaßnahmen gegen die Träger des allgemein verurteilten alten Regimes zusammenhängt. Ob der Kampf gegen die alte Ordnung lang und blutig war oder ob der Sieg leicht errungen werden konnte: Beides färbt in der Regel auf die Haltung der neuen Herren ab. Manche von ihnen

---

4 Antoine de Saint-Just: Rede im Konvent am 13. November 1792, in: Œuvres Complètes, eingeleitet und erläutert von Charles Vellay, Band I, Paris, 1908, S. 364-372, insbesondere 369.

betreiben mit Brutalität die Unterdrückung des besiegten Feindes: Das tat das Franco-Regime in Spanien, nachdem es im dreijährigen Bürgerkrieg den Sieg davongetragen hatte; das tat in bescheidenerem Umfang die Provisorische Regierung in Frankreich 1944, als sie die Trümmer des Regimes Pétain und der Kollaboration zu beseitigen suchte; das tat in der allerneuesten Zeit Fidel Castro, dem es wichtig schien, auf die kläglichen Überreste des Batista-Regimes mit schweren Keulenhieben einzuschlagen.

Anders war es mit den englischen und französischen Restaurationsregimes von 1660 und 1814: In einer Situation, in der die breiten Volksmassen weitgehend uninteressiert blieben oder der Umwälzung in vorsichtiger Zurückhaltung zusahen, fanden die neuen Herren genug überzeugende Gründe, ihren Hass gegen die Träger der alten Ordnung im Zaum zu halten; erst recht galt das von Englands »Glorreicher Revolution«: Nachdem Jeffreys tot war, lag ihr nicht viel an der Verfolgung ihrer Vorgänger. In der neuesten Zeit vollzog sich der Übergang von der Vierten zur Fünften Republik in Frankreich nicht nur in den für normale Verfassungsänderungen vorgeschriebenen äußeren Formen, sondern dazu auch noch in einem politischen Rahmen, in dem die Kategorien Sieger und Besiegte, Nutznießer und Opfer, Ankläger und Angeklagte gar nicht erst in Erscheinung treten durften: Der politische Streit sollte vom Bild des Vaters überschattet werden, der all seine Kinder in Liebe umarmt.

Möglich ist, dass die Absichten des neuen Regimes den Interessen einflussreicher Gesellschaftsschichten entsprechen: Karl II. verhieß Sicherheit und Unverletzlichkeit nicht nur alten und neuen Freunden, sondern auch im Sinne der Deklaration von Breda der großen Masse derer, die an der Durchführung der Politik Cromwells in diesem oder jenem Bereich teilgenommen hatten. Mit Zustimmung des Parlaments, ja auf dessen Betreiben nahm er von dieser Bekundung der königlichen Güte nur die wenigen Personen aus, die zum Sturz des Regimes seines Vaters aktiv beigetragen oder bei seiner Hinrichtung mitgewirkt hatten.

Ludwig XVIII. ging noch weiter: Er erklärte sich bereit, die Königsmörder in die nationale Gemeinschaft aufzunehmen. In der weniger freundlichen Atmosphäre der zweiten Restauration wollte jedoch die royalistische Kammermehrheit, die königstreuer war als der König, aber den irregulären weißen Terror in der Provinz nicht durch eine allgemeine gesetzliche Proskription zu unterbauen vermochte, wenigstens das letzte Wort über die Königsmörder sprechen: Von den noch lebenden Königsmördern wurden drei Viertel aus Frankreich verbannt. Die entscheidende Abstimmung vom Januar 1793 wurde freilich nur den Konventsmitgliedern zum Verhängnis, die dem weit zurückliegenden Verbrechen des Königsmordes die Unvorsichtigkeit hinzugefügt hatten, sich in den »Hundert Tagen« von 1815 auf die Seite Napoleons zu schlagen.

Den tatsächlichen Ablauf der politischen Unterdrückung bestimmen nicht immer die erklärten Absichten des neuen Regimes. Neuer Druck kann das ursprüngliche politische Vorhaben in eine andere Richtung lenken. Wenn sich die Struktur des neuen Regimes wandelt und zäher Widerstand des nicht abgelösten Personals der Verwaltung und der Gerichte hinzutritt, wird die geplante Unterdrückungspolitik abgebogen oder ganz unwirksam gemacht. Auf dem Papier schien die Unterdrückung des Faschismus in Italien, wie sie im Dekret vom 27. Juli 1944 vorgesehen war, allumfassend werden zu müssen. Die weitgefassten, vagen und rückwirkenden Bestimmungen des Dekrets trafen die Angehörigen der faschistischen Regierung, die Vollstrecker der Gewaltakte, alle, die durch ihre Taten dazu beigetragen hatten, den Faschismus an der Macht zu erhalten, und schließlich alle, die mit den deutschen Eindringlingen zusammengearbeitet hatten. Aber die Rechtsprechung, die die Vorschriften der Amnestie von 1946 überaus großzügig ausgelegt hatte, gab dem Dekret von 1944 eine denkbar enge Deutung, und da die Verwaltungsbeamten und Richter des faschistischen Regimes in ihren Ämtern belassen worden waren, konnte sie dem Versuch, die politische Hinterlassenschaft des Faschismus mit der Wurzel auszuroden, ein frühes Ende bereiten.[5]

Erhebliche Variationen zeigt nicht nur die Praxis der Behandlung der besiegten Vorgänger, sondern auch die Wahl der entsprechenden juristischen Formeln. Augenblicksbedürfnisse, vergängliche taktische Überlegungen und Vorkehrungen gegen künftige Gefahren verbinden sich zu einem eigenartigen Gemisch mit *ad hoc* konstruierten juristischen Prozeduren. Nur äußerst selten wird offen oder wenigstens andeutungsweise zugegeben, dass das neue Regime einen Weg einschlägt, für den es keine Vorbilder gibt. Gelegentlich ist allerdings ein solches Eingeständnis unvermeidlich. Im Prozess gegen Karl I. standen zwei entgegengesetzte

---

[5] Über die juristischen und politischen Faktoren beim Fehlschlag der »Entfaschistisierung« siehe Achille Battaglia: »Giustizia e Politica nella Giurisprudenza«, in: Achille Battaglia, Piero Calamandrei, Epicarmo Corbino, Emilio Lussu, Gabriele de Rosa, Mario Sansone und Leo Valiani: Dieci Anni Dopo. 1945 - 1955. Saggi sulla vita democratica italiana, Bari, 1955, S. 317-408. Die faschistische Version findet sich bei Luigi Villari: The Liberation of Italy, 1943 - 1947, Appleton (Wisconsin), 1959, Kapitel 25. Sogar in diesem parteiischen Bericht wird (S. 219) zugegeben, dass die Ungerechtigkeiten, die den seit dem 25. Juli 1943 amtierenden Regierungen vorgeworfen wurden, korrigiert worden sind, sei es von den Gerichten, sei es von Ministern oder ranghohen Beamten, die von den ursprünglichen Plänen einer radikalen Personaländerung abgekommen waren.

Verfassungstheorien einander gegenüber. Ging man von der Prämisse des traditionellen Verfassungsrechts aus, so ließ sich gegen die Weigerung des Königs, die Zuständigkeit des Hohen Gerichts anzuerkennen, kaum etwas einwenden. »Keine Anklage«, sagte er, »kann gegen den König geltend gemacht werden; alle Anklagen werden in seinem Namen erhoben.«[6] Verlangte aber der König von seinen Anklägern darüber hinaus, dass sie die Grundlagen des neuen Rechts dartun sollten, so hatten sie freilich eine Antwort parat, die schon in der Art der Anklage und des Urteils beschlossen war. Der ausführlichen Darstellung der verschiedenen staatsfeindlichen Handlungen, die dem König vorgehalten wurden, lag die Vorstellung von einer übergeordneten Autorität, dem Parlament, zugrunde, und dieser Autorität wurde die Befugnis zugebilligt, für den Staat Entscheidungen zu treffen. Nur schreckten viele Gefährten Cromwells davor zurück, aus dieser Auffassung die logische Konsequenz zu ziehen und das Festhalten des Königs an seinen traditionellen Prärogativen für Hochverrat zu erklären.

Stärkeres Geschütz konnte der Konvent gegen Ludwig XVI. auffahren, denn der König hatte einen Eid auf die Verfassung von 1791 geleistet und damit, wenn auch mit stillem Vorbehalt, die Rolle eines konstitutionellen Monarchen akzeptiert. Die Ansicht Saint-Justs, der in der Hinrichtung des Königs einen weltanschaulichen Akt, einen Gradmesser der Verwirklichung der in der Verfassung verheißenen Freiheit sah, brauchte sich der Konvent daher nicht zu eigen zu machen. Er begnügte sich nicht mit Saint-Justs Pauschalverurteilung, die in der Feststellung gipfelte, dass man »nicht unschuldig herrschen« könne, sondern brachte gegen den König die konkreten Beschuldigungen vor, er habe sich immer wieder gegen die ihm durch die Verfassung zugewiesene Stellung vergangen und ständig im Einvernehmen mit den auswärtigen Feinden Frankreichs gehandelt. Wenn der Konvent keine andere Lösung sah, als den König hinzurichten, so entschlossen sich viele seiner Mitglieder – wie die englischen Parlamentarier im Fall Karls I. – nur widerwillig dazu, und es kam darauf an, die Anklage so schlüssig wie nur möglich zu präsentieren. Dem Historiker, der weiß, wie intensiv Ludwig mit dem Ausland konspiriert hatte, mögen die fadenscheinigen Konstruktionen, mit denen die verfassungsmäßig verbürgte Unverletzlichkeit des Königs umgangen werden sollte, beinah noch eher einleuchten als so manchem Mitglied des Konvents. Aber wenigstens ersetzten die Entdeckungen im berühmten *cachet*, die einige Hinweise auf die Natur der Auslands-

---

6 S. R. Gadinec: The Constitutional Documents of the Puritan Revolution, 1625 - 1660, 3., neubearbeitete Auflage, Oxford, ohne Jahr {Copyright 1951}, S. 375.

beziehungen des Königs lieferten, die fehlenden verfassungsmäßigen Voraussetzungen des Königsprozesses durch den Nachweis der schuldhaften Absichten und Pläne des Angeklagten.

Staatsordnungen brechen indes nicht nur in schweren revolutionären Zuckungen zusammen, nachdem sie Jahrhunderte lang bestanden hatten, so dass der konstituierende Akt der Gewalt – die Ermordung des Monarchen oder die Auflösung der verfassunggebenden Versammlung – in brutaler Nacktheit dasteht und alle halben Herzens unternommenen Legalisierungs- und Rechtfertigungsversuche zunichtemacht; viele Regimes, die nur ephemere Durchgangsstufen in der Entwicklung neuer Gesellschaften darstellen, finden ihr Ende schon nach kurzer Lebensdauer und öffnen ihren Nachfolgern verschiedene Verhaltensmöglichkeiten. In der Theorie kann man die Vorgänger ignorieren und das beseitigte Regime so behandeln, als habe es nie existiert. Das ist aber nicht Politik, sondern politisches Versteckspiel. »Die Staatsakte der vorangegangenen Herrschaft«, sagt ein deutscher Beobachter, »werden in ihrem Rechtsbestand angegriffen, wenn auch nur wenige ideologische Narren mit voller Konsequenz dies durchzuführen unternehmen.«[7]

Karl II. und Ludwig XVIII. taten so, als hätten sie den Thron unmittelbar nach der Hinrichtung ihrer rechtmäßigen dynastischen Vorgänger durch die Revolutionäre bestiegen. Das hinderte sie nicht, die meisten Veränderungen, die seit diesen Gewalttakten vor sich gegangen waren – in dem einen Fall lagen elf, in dem andern einundzwanzig Jahre dazwischen –, mit ihrem Plazet zu versehen. Nicht anders verhielt sich Frankreichs Provisorische Regierung nach dem Zweiten Weltkrieg gegenüber dem Pétain-Regime: Mit der Verordnung vom 9. August 1944 verneinte sie schlechthin dessen rechtliche Existenz, ging aber anschließend daran, ein kompliziertes System von Regeln festzulegen, in denen den gesetzgeberischen und Verwaltungsakten ihrer Vorgänger verschiedene Grade der Gültigkeit oder Gültigkeitspräsumtion zugestanden wurden. Da sie jedoch Pétains staatsrechtliche Konstruktion nicht anerkannte, sicherte sie sich genug juristische Möglichkeiten für die Anklageerhebung gegen alle, die unter Pétain Dienst getan hatten.

Zentral bleibt immer die Frage, wie die Taten oder Unterlassungen derer beurteilt und gemessen werden sollen, die unter einem beseitigten Regime amtiert hatten. Hier können aus der Unbestimmtheit oder Neuheit der Normen, die auf die Tatsachen und Ereignisse des gestürzten Staatsgebildes angewandt werden sollen, unzählige rechtliche

---

7 Hans Dombois: Politische Gerichtsbarkeit. Der Irrweg der Entnazifizierung und die Frage des Verfassungsschutzes, mit einem Nachwort von Hermann Ehlers, Gütersloh, ohne Jahr {1950}, S. 12.

Komplikationen entstehen. Für die Gerichte eines entschlossenen Nachfolgeregimes sind solche Schwierigkeiten allerdings nie zu unüberwindlichen Barrieren geworden.

Nachdem die Juli-Revolution von 1830 Karl X. gestürzt hatte, übernahm Ludwig Philipp das Regiment auf Grund der revidierten Charta vom 4. Juni 1814. Auf Grund eben dieser Verfassungsurkunde, die in ihren einschlägigen Bestimmungen unverändert geblieben war, wurden Strafverfahren gegen Mitglieder der gestürzten Regierung eingeleitet, weil sie unter Führung des Erzroyalisten Polignac versucht hätten, der durch die Charta festgelegten monarchischen Ordnung eine absolutistische Wendung zu geben. Von dem, was sie getan hatten, mochte einiges als Missbrauch des nach der Charta dehnbaren königlichen Ermessens gedeutet werden, anderes wieder verstieß unzweifelhaft gegen ausdrückliche Bestimmungen der Charta. Vicomte de Martignac, der Vorgänger Polignacs, der zu seinem Verteidiger geworden war, brachte grundsätzliche Einwände vor: Da die Revolution den König abgesetzt habe, sei auch unter die Verantwortung des von ihm berufenen Kabinetts Polignac der Schlussstrich gezogen worden, so dass für eine Strafverfolgung kein Rechtsgrund übriggeblieben sei. Da jedoch die Verfassungsurkunde von 1814 auch unter Ludwig Philipp in Kraft geblieben war, ließ sich die Pairskammer, die als Haute Cour über die gestürzten Minister zu Gericht saß, von Martignacs Argument nicht überzeugen.[8]

Indes stellten sich noch ernstere juristische Schwierigkeiten ein. Wären die Angeklagten keine Minister gewesen, so hätte es nicht strittig sein können, dass ihr Anschlag auf die Staatssicherheit strafbar sein müsse. Aber die Charta von 1814 kannte die strafrechtliche Verantwortung von Ministern nur bei »Verrat und Zweckentfremdung öffentlicher Gelder«; sie hatte diese Begriffe nicht näher definiert, und die geplanten Ausführungsgesetze waren nie erlassen worden. Der Pairskammer blieb, wenn sie den Freispruch der Angeklagten vermeiden wollte, nichts übrig, als sie auf Grund analog angewandter Artikel des Strafgesetzbuches zu verurteilen; die Strafen, die sie verhängte, musste sie aus der Luft greifen.[9]

Fünfzehn Jahre bevor die Pairskammer den vagen Verratsbegriff der Charta zu einer Waffe gegen Polignacs besiegte Mannschaft umschmiedete, hatte Benjamin Constant, der geistige Vater des frühen französischen Konstitutionalismus, eine Hochverratskonzeption ohne den

---

8 Procès des Ex-Ministres, Relation Exacte et Détaillée, Band 2, 3. Auflage, Paris, ohne Jahr, S. 353.
9 A.a.O., Band 3, S. 266.

Beigeschmack des Ehrlosen zu entwickeln versucht, die nur auf unzulässiges politisches Verhalten gemünzt sein sollte. In der kurzlebigen »Zusatzakte«, die er für Napoleon nach der Rückkehr aus dem Elba-Exil ausgearbeitet hatte, war der Senat als richterliche Körperschaft vorgesehen, vor der die zweite Kammer Minister und Armeebefehlshaber wegen »Gefährdung der Sicherheit und Ehre der Nation« sollte anklagen dürfen; logischerweise wurde diesem politischen Gerichtshof auch das Recht zugebilligt, Strafen nach eigenem Ermessen festzusetzen.[10] Das war kein strafrechtlicher Tatbestand, sondern eine politische Vorkehrung für die gesetzliche Erledigung von Sündenböcken oder politischen Gegnern. Eine ähnliche Formel hatte das Pariser Parlament 1766, in der Endphase des *ancien régime*, dazu benutzt, die Verurteilung des Generals Thomas Arthur Lally-Tolendal zu begründen, der Misserfolge in Indien mit dem Leben bezahlen musste. Schließlich wurde 1918, unter der Dritten Republik, der frühere Innenminister Malvy wegen »Verletzung der Amtspflicht«, wofür es keinen klaren Gesetzestext gab, vom Senat verurteilt und ins Exil geschickt.

Die Vereinigten Staaten haben seit ihrer Entstehung keinen Regimewechsel erlebt. Sie kennen dennoch ähnliche Streitfragen. Nach Artikel II Abschnitt 4 der immer noch geltenden Verfassung von 1787 kann gegen den Präsidenten, den Vizepräsidenten und andere Amtsträger wegen Verrats, Bestechung und »anderer schwerer Verbrechen und Verstöße« Anklage vor dem Senat erhoben werden. Die Ansichten der Väter der Republik, die in diesem Verfahren eine »Methode der staatlichen Prüfung des Verhaltens von Männern im öffentlichen Leben«[11] sahen, und die Tatsache, dass die Verurteilung nach Art. II Abschnitt 4 nur den Amtsverlust zur Folge hat, brachten es mit sich, dass die »anderen schweren Verbrechen und Verstöße« sehr weit ausgelegt wurden. Die Bestimmung ist aber auch ohnehin schwer zu handhaben; bei all ihrer Schwerfälligkeit ist sie verschiedentlich zur Entfernung nicht ganz einwandfreier Richter aus den unteren Instanzen der Bundesgerichtsbarkeit benutzt worden, dagegen in gravierenden politischen Fällen insgesamt nur dreimal: 1805 gegen den Bundesrichter Samuel Chase, 1868 gegen

---

10 Constant: Cours… (siehe oben Anmerkung 3), Band I, S. 428-488, macht es sich mit der Abgrenzung der politischen Verantwortung des Amtsträgers von seiner strafrechtlichen Verantwortung für gemeine Verbrechen etwas zu einfach; zu seiner Zeit ließ sich Finanzielles und Politisches wenigstens in der Theorie noch leicht auseinanderhalten.
11 Alexander Hamilton: »No. LXV. Objections to the Senate as a Court of Impeachment«, in: The Federalist. A Collection of Essays by Alexander Hamilton, John Jay and James Madison {zuerst 1787/88}.

den Präsidenten Andrew Johnson[12] und 1876 gegen den Kriegsminister William W. Belknap, wobei es in keinem dieser drei Fälle zur Verurteilung gekommen ist. Das alles lässt darauf schließen, dass die Verfassungsgeber doch nur konkrete kriminelle Delikte im Auge hatten, als sie die umstrittene Kurzformel prägten.

Mit einer ebenso vagen Formel hatte in neuerer Zeit das Vichy-Regime sein Glück versucht: Zur Aburteilung seiner Vorgänger hatte Pétain am 30. Juli 1940 einen Obersten Justizhof geschaffen, vor den alle früheren Minister und die ihnen unmittelbar unterstellten Zivil- und Militärpersonen nicht nur wegen konkreter Straftaten, sondern auch wegen »Verrats bei der Ausübung ihrer Amtspflichten« gestellt werden konnten. Im Gegensatz zu den im Code-Pénal festgehaltenen Tatbeständen blieb dieser »Verrat« – ebenso wie der Verrat nach Artikel 51 der Verfassungsurkunde von 1814 – undefiniert. Das heißt: Die Machthaber dachten nicht an konkrete verbrecherische Handlungen, sondern an eine Politik, die sie als falsch und verhängnisvoll verurteilt wissen wollten. Dabei ging es, sofern es zu Gerichtsverhandlungen kam, um zweierlei: Vom Standpunkt der deutschen Behörden, die ein lebhaftes Interesse am Prozess von Riom bekundeten, kam es darauf an, dass offizielle französische Stellen die These bestätigten, wonach die Verantwortung für den Kriegsausbruch auf den führenden Männern der entschlafenen Dritten Republik lastete; und vom Standpunkt des Vichy-Regimes sollten die behaupteten Unterlassungssünden der Staatsmänner herausgestellt werden, denen vorgeworfen wurde, die für die Kriegführung nötigen Vorbereitungen nicht getroffen zu haben. Die Anklageschrift von Riom war ebenso wie die Begleitpropaganda zum Prozess darauf angelegt, jede Erörterung der tatsächlichen Kriegführung auszuschließen und stattdessen die Unzulänglichkeit und mangelnde Urteilsfähigkeit der Führer der Dritten Republik in den Jahren, die dem Krieg unmittelbar vorausgegangen waren, hervorzuheben.[13]

---

12 Johnsons Rechtsbeistand Benjamin A. Curtis, ein früherer Bundesrichter, betonte wiederholt, dass eine Verurteilung nur hätte erfolgen dürfen, wenn ein Verstoß gegen ein bestehendes Gesetz, so zum Beispiel »eine vorsätzlich falsche Auslegung der Tenure of Office Act«, vorgelegen hätte; siehe: Trial of Andrew Johnson, published by order of the United States Senate, Band 1, Washington, 1868, S. 147, 383 und 691. Den gegenteiligen Standpunkt vertritt Westel Woodbry Willoughby: The Constitutional Law of the United States, Band III, 2. Auflage, New York, 1929, § 931, S. 1449 f. Er beruft sich dabei auf den Obersten Bundesrichter und früheren Präsidenten William Howard Taft; aber die Fälle, die Taft im Auge hatte, bezogen sich auf die unteren Instanzen der Bundesgerichte und betrafen das den Richtern auferlegte »Wohlverhalten«, das ohne Zweifel streng zu interpretieren war.
13 Unter den Veröffentlichungen über den Prozess sind am aufschlussreichsten: Maurice Ribet: Le Procès de Riom, Paris, 1945, und Léon Blums eigene Darstellung in: L'Œuvre

Bevor jedoch die Ergebnisse der Voruntersuchung die Hauptverhandlung ermöglicht hätten, berief Pétain, der nur die Verurteilung der Führer der Dritten Republik wollte, zum August 1941 einen besonderen Justizrat ein, der nach den Bestimmungen des Dekrets vom 30. Juli 1940 über die zu verhängenden Strafen beraten sollte. Auf seinen Bericht hin wurden vier politische und militärische Führer der beseitigten Republik, ohne bei dieser Verwaltungsberatung vernommen worden zu sein, in eine Festung verbracht. Damit war, was immer der Präsident des Obersten Justizhofes dazu sagen mochte, von vornherein festgelegt, wie der Prozess, der am 19. Februar 1942 in Riom begann, ausgehen musste. Das Gericht ließ sich auf die undefinierbare Verratsanklage im Sinne des Dekrets vom 30. Juli 1940 ein, strich dafür aber die Beschuldigung, die sich den deutschen Wünschen entsprechend auf die Kriegsschuld bezog. Verhandelt wurde nur gegen Angeklagte, denen man die Verantwortung für Lücken und Schwächen in der Organisation und Ausrüstung der französischen Streitkräfte aufbürden zu können glaubte.

In Siegergerichten dringt man mit Einreden gegen die Verfassungsmäßigkeit des Verfahrens und die rückwirkende Kraft der angewandten Gesetze höchst selten durch. Auch hier verwarf das Gericht die Verfahrenseinwände der Verteidigung, die dem Prozess die verfassungsmäßige Grundlage abgesprochen und außerdem geltend gemacht hatte, dass die den Angeklagten zur Last gelegten Handlungen zu der Zeit nicht strafbar waren, zu der sie begangen worden sein sollten.[14] Da das nicht durchschlug, wurde Material zusammengetragen, das den Vorwurf der Unzulänglichkeit der Kriegsvorbereitungen entkräftete; mit der Verantwortung für viele der festgestellten Missstände wurde Marschall Pétain selbst belastet, der vor der Ära der Volksfront das Amt des Kriegsministers innegehabt hatte. Unter solchen Umständen legten weder die Deutschen, die um die gewünschte Kriegsschulderörterung gebracht worden waren, noch das Pétain-Regime, an dessen Autorität das im Prozess ausgebreitete Material rüttelte, Wert auf die Weiterführung des Verfahrens.

Was aus Frankreich werden würde, war im Frühjahr 1942 schwer vorauszusehen. Der Propaganda der Vichy-Regierung fiel es infolge-

de Léon Blum, Band 2: Mémoires – La Prison et le Procès – À l'Échelle Humaine, Paris, 1955, S. 220-348. Ribet, der Verteidiger Blums, gibt unter anderem (S. 38 f.) Sprachregelungen der Vichy-Regierung für die Presse wieder, aus denen hervorgeht, was das Regime vorhatte und welche Probleme es nicht vor Gericht und schon gar nicht in der Öffentlichkeit behandelt sehen wollte. Über die Stellung des Hitler-Regimes zum Prozess siehe Friedrich Grimm: Mit offenem Visier. Aus den Lebenserinnerungen eines deutschen Rechtsanwaltes, als Biographie bearbeitet von Hermann Schild, Leoni am Starnberger See, 1961, S. 227-231.
14 Ribet: a.a.O., S. 41-50.

dessen nicht leicht, der in Riom von Blum und Daladier, den Sprechern des sonst zum Schweigen verurteilten Vorkriegsregimes, vorgebrachten Deutung des Geschehens entgegenzutreten. In einer Zeit, in der nur das Dritte Reich und seine Vasallen zu Worte kommen durften, bot ihnen der Prozess die einzigartige Gelegenheit, ihre Politik mit überzeugenden Argumenten zu verteidigen und den Geist der Kapitulation, den die Vichy-Politiker vor dem Krieg vertreten hatten, öffentlich bloßzustellen. Welches Missvergnügen der Gang des Prozesses in Berlin erregte, wurde der Vichy-Regierung bei einem Sonderbesuch Friedrich Grimms, des Auslandsprozessspezialisten des Hitler-Reiches, mit aller Deutlichkeit klargemacht. Nun konnte auch die Vichy-Regierung nicht mehr übersehen, dass ihre Entstehungsgeschichte und ihre politische Position zu viele fragwürdige Momente aufwiesen, als dass sie mit ihren Vorgängern in offener Auseinandersetzung hätte abrechnen können. Am 14. April 1942 verfügte sie den Abbruch der Gerichtsverhandlung von Riom; nur der Form halber wurde das Gericht angewiesen, für die Fortführung der Ermittlungen Sorge zu tragen. Der Versuch, den politischen Kurs, den Vichy aus eigener Machtvollkommenheit eingeschlagen hatte, durch gerichtliche Feststellungen bekräftigen zu lassen, war gescheitert.

Die große politische Wendung kam im Sommer 1944. Das neue Regime in Frankreich, die Provisorische Regierung General de Gaulles, und die wiedereingesetzten verfassungsmäßigen Regierungen in Belgien, Holland und Norwegen erkannten die rechtliche Existenz ihrer Pétain- und Quisling-Vorgänger nicht an. Je deutlicher es wurde, dass die Angehörigen solcher Regimes als einheimische Hilfstruppen des Feindes gedient hatten, umso eher konnte man sie dieser Behandlung unterwerfen; sie galten dem neuen Regime als Verräter, und jede Diskussion über den Nutzen oder die Berechtigung ihrer Politik, die eine Erörterung ihrer Ziele und Programme nötig gemacht hätte, war damit hinfällig. Das Problem der führenden Kollaborateure war auf diese Weise mit der Formel von den einheimischen Verrätern, die der feindlichen Invasion Vorschub geleistet hätten, relativ einfach gelöst; aber sogar in Ländern wie Holland, Norwegen und Belgien blieb als leidige Hinterlassenschaft eine beträchtliche Anzahl von Grenzfällen. Ist es Staatsbediensteten, die im Amt verbleiben, um den schlimmsten Nöten der Bevölkerung abhelfen zu können, möglich, sich von einem Verhalten abzugrenzen,[15] mit dem der Rechtstitel der Eindringlinge anerkannt wird?

---

15 Wo und wie die Grenze gezogen werden kann, zeigt an einigen Beispielen Henry L. Mason: The Purge of Dutch Quislings. Emergency Justice in the Netherlands, Den Haag, 1952, S. 85 ff. Das unerfreuliche Verhalten des holländischen Obersten Gerichts während der deutschen Besetzung, das der autoritätsbildenden Gerichtsfunktion

Welche Form, welchen Stil muss das bloße Gehorchen annehmen, das nicht mehr ausdrückt, als dass man sich der Gewalt beugt, und jeden Schritt vermeidet, der dazu beitragen könnte, nackte Gewalt als echte Autorität erscheinen zu lassen? Auch heute noch wäre manch einer glücklich, wüsste er die Antwort.

Dort, wo die physische Übermacht der feindlichen Besatzungsarmeen von vornherein vollständige Unterwerfung erzwang, so dass freiwillige Bereitschaft zur Mitarbeit, »Kollaboration« eben, als offenkundiger Verrat erschien, mag die patriotische Norm als Richtschnur gelten. Schwieriger und komplizierter wird, was immer die juristischen Texte sagen mögen, das Problem in Frankreich und Italien. Weder in Frankreich noch in Italien ließen sich die Kollaborationsfälle mit der bloßen Verneinung der rechtlichen Existenz der beseitigten Regimes und der Verratskonstruktion reibungslos aus der Welt schaffen. Der Versuch der italienischen Gesetzgebung, die führenden Personen des faschistischen Regimes und ihre Helfershelfer nach mehr als zwei Jahrzehnten faschistischer Herrschaft strafrechtlich zur Verantwortung zu ziehen, versagte in der Praxis. Ein Fehlschlag war auch das weitere Dekret vom 22. April 1945, das die strafrechtliche Verantwortung aller, die mit den deutschen Behörden zusammengearbeitet oder ein Amt in der kurzlebigen, nach der Flucht Mussolinis in Salò in Norditalien errichteten Sozialen Republik bekleidet hatten, festlegen wollte; die Gerichte vereitelten die Absicht des Gesetzgebers. So mancher arme Teufel musste daran glauben; dagegen durften die Hauptbeteiligten den Nachweis führen, dass sie nicht nur für die Faschisten, sondern insgeheim auch für die Antifaschisten – als Künstler des *doppo gioco*, wie die Italiener es nannten – tätig gewesen seien.[16]

Die Zusammenarbeit mit dem deutschen Nationalsozialismus hatte in Italien der offiziellen Politik einer Regierung entsprochen, die sich immerhin seit zwanzig Jahren an der Macht behauptet hatte. Gewiss waren das herrschende Regime und seine Politik seit 1942 in steigendem Maße unpopulär geworden, und in den Krisenjahren 1942 - 1944 gab es sogar etwas, was nach einer allgemeinen nationalen Einheitsfront aussah: gemeinsame Anstrengungen der verschiedensten Kräfte, der alten vorfaschistischen Politiker, der katholischen Kirche und der Wider-

---

Abbruch tat, wurde im Referat von Gerald I. Jordan, »The Impact of Crises on Judicial Behavior«, auf der Tagung der American Political Science Association in New York, 8. - 10. September 1960, behandelt.

16 Näheres, vor allem über die vergeblichen Bemühungen der Gesetzgebung, die Teilnahme am Salò-Regime als unwiderleglichen Beweis der Kollaboration zu werten, bei Giuliano Vassalli und Giuseppe Sabatini: Il Collaborazionismo e l'Amnistia Politica nella giurisprudenza della Corte di Cassazione (Diritto materiale – Diritto processuale – Testi legislativi), Rom, ohne Jahr {Druck 1947}.

standsbewegung sowohl überparteilicher als auch kommunistischer Färbung, Italien dazu zu verhelfen, die Vormundschaft der deutschen Gebieter abzuschütteln. Aber diese noch sehr zerbrechliche und schmalspurige nationale Einheit, deren Auswirkungen sich nicht abschätzen ließen, konnte nicht eine patriotische Norm von so fragloser Gültigkeit hervorbringen, dass sich auf ihr die Strafverfolgung politischer Handlungen und Haltungen hätte aufbauen lassen, die sich nicht zu ausgesprochenen Exzessen von besonderer Abscheulichkeit und Brutalität verdichtet hatten.

Was das Gesicht des Vichy-Regimes bestimmte, waren einerseits direkte und indirekte Einwirkungen der Fremdherrschaft, anderseits einheimische Bestrebungen, an die Stelle des politischen Systems der Dritten Republik ein neues autoritäres Modell zu setzen. Da die Vichy-Regierung mehr oder minder legal in den Besitz der Staatsmacht gelangt war, war ihr Regime auch mit den Institutionen der Dritten Republik verbunden. Das Verhältnis von Freiwilligkeit und Zwang beim Regimewechsel von 1940 dürfte kaum viel ungünstiger gewesen sein als 1958 bei der Überleitung der Vierten in die Fünfte Republik. Und die Nähe der deutschen Panzerdivisionen beschleunigte die Geburt des Pétain-Regimes nicht minder als die drohende Gefahr der Fallschirmjäger Massus die Geburt des Regimes de Gaulle. Gewiss bewirkte der Druck der äußeren Umstände, dass das Pétain-Regime nicht auf Widerstand stieß und dass sich der Übergang vom parlamentarischen zum autoritären Regime reibungslos vollzog; nicht zu leugnen ist aber auch, dass die Bevölkerung die neue Ordnung ziemlich bereitwillig, wenn auch weitgehend passiv hinnahm und damit zu ihrer Festigung beitrug. Wenigstens bis zur Besetzung ganz Frankreichs (November 1942) behielt Pétains Staatsgebilde auch noch eine gewisse Manövriermöglichkeit: Eine viel größere haben auch manche heutige Staaten nicht.

Wie immer man es wenden und drehen wolle: In dem Moment, da man dem Vichy-Regime den rechtlichen Bestand absprach, hatte man die Möglichkeit, seine Führer nachträglich für den gewollten Sturz der republikanisch-parlamentarischen Ordnung, das heißt für die Gefährdung der inneren Sicherheit des Staates zur Verantwortung zu ziehen; ebenso musste es möglich sein, sie wegen Landesverrats strafrechtlich zu verfolgen. Da der Waffenstillstand mit Deutschland, auch wenn man ihm Rechtskraft zubilligen wollte, den Krieg mit Deutschland nicht beendete, ließen sich die Beziehungen des Vichy-Regimes zur deutschen Regierung als »Einvernehmen mit dem Feind« kennzeichnen. Die Gesetzesverordnung vom 29. Juli 1939 hatte die Landesverratsbestimmungen (insbesondere Art. 75 Abs. 4 und 5 des Code Penal, jetzt Art. 71) in dem Sinne abgeändert, dass »Einvernehmen mit einer ausländischen Macht« mit dem Ziel der Förderung der Bestrebungen dieser Macht nunmehr ebenso strafbar war wie die Hilfeleistung für Militärpersonen, die sich im Krieg in den Dienst einer fremden Macht stellten.

Unterstellte man die Richtigkeit der Ausgangshypothese, dass das Vichy-Regime *de iure* nie existiert hatte und dass der Zustand des Krieges mit Deutschland nicht beendet worden war,[17] so hatte man genug detaillierte Strafrechtsbestimmungen über Landesverratsdelikte zur Verfügung, um die wichtigsten Führer von Vichy unter Anklage stellen und verurteilen zu können. In Bezug auf verschiedene Beamtenkategorien brachten mehrere Verordnungen ergänzende Bestimmungen, die die strafrechtliche und disziplinarische Verantwortung abstuften, und zwar je nach der Bedeutung des in der Vichy-Zeit bekleideten Amtes und je nach der Möglichkeit, der Übernahme des Amtes oder dem Verbleiben im Dienst auszuweichen. Die Konstruktion des »Einvernehmens mit dem Feind« gab den Gerichten die Möglichkeit, das Verhalten jedes Angeklagten an einer patriotischen Norm zu messen, von der unterstellt wurde, dass sie auch in der Zeit verbindlich geblieben war, in der sich die Träger der Staatsgewalt, das heißt die Häupter des Vichy-Regimes, nicht nach ihr richteten. Auf diese Weise konnte, und sei es auch nur offiziell, die Frage umgangen werden, ob sich das Vichy-Regime nicht auf eine echte Massenbasis im Inland gestützt und manchen Antrieben durchaus nicht deutschen Ursprungs nachgegeben habe.

Seit Beginn der fünfziger Jahre ist die juristische Konstruktion des »Einvernehmens mit dem Feind« infolge einer rapiden Verlagerung des politischen Kräftegleichgewichts immer mehr verblasst und schließlich fast ganz in Vergessenheit geraten. Anders ausgedrückt: Sie ist aus einem Bestandteil der offiziellen Politik der Staatsgewalt zum geistigen Sondereigentum der äußersten Linken geworden. Das ändert nichts daran, dass sie in den ersten Nachkriegsjahren einen wesentlichen psychologischen, politischen und juristischen Dienst verrichtet hatte. Es brauchte sozusagen nicht zur Kenntnis genommen zu werden, dass die patriotische Norm des traditionellen Staates in vielen Gesellschaftsschichten ausgehöhlt worden war. Damit, dass man diese Norm als

---

17 Darüber Näheres bei Emile Garçon: Code pénal annoté, Neubearbeitung von Marcel Rousselet, Maurice Patin und Marc Ancel, Paris, 1952, Band I, Buch III, Kapitel I, »Généralités«, Nrn. 192-194, S. 270 f., mit ausführlicher Besprechung eines Urteils des Kassationsgerichtshofes in Sachen Suarez vom 3. November 1944 (Recueil Sirey, Paris, 1945, Teil I, S. 29).

unwandelbar gültig unterstellte, auch wenn sie in weitem Umkreis fiktiv geworden sein mochte, schuf man eine Rechtsbasis, die es den Gerichten ermöglichte, der Erörterung des Wesens und der Ziele des Vichy-Regimes aus dem Wege zu gehen und an seine Taten einen kleineren Maßstab anzulegen: den des patriotischen Verhaltens im Angesicht des deutschen Feindes und im Umgang mit ihm.

Freilich konnte nicht einmal die These vom »Einvernehmen mit dem Feind« und noch weniger die nachträglich ersonnene Hypothese, wonach die Männer von Vichy vor 1940 am Sturz des verfassungsmäßig errichteten Regierungssystems gearbeitet hätten, die grundlegende Zweideutigkeit beseitigen, die einige Prozesse gegen Vichy-Amtsträger – aber keineswegs alle! – fragwürdig erscheinen lässt.[18] Zwei Interpretationen der geschichtlichen Vorgänge sind da im Widerstreit. Die eine geht – im Nachhinein ist man immer klüger – von der Feststellung aus, dass die Kollaborationspolitik von Vichy zum Scheitern verurteilt gewesen sei und deswegen zu Frankreichs Nachteil habe ausschlagen müssen. Die andere meint, dass sich das besiegte Frankreich der deutschen Sache habe zum Schein anschließen müssen, um insgeheim auf die Befreiung von der deutschen Oberhoheit hinarbeiten zu können; sie beruft sich darauf, dass solche Vorstellungen und die aus ihnen abgeleitete Politik zu einer Zeit entstanden seien, da über die künftige Entwicklung nur vage Vermutungen angestellt werden konnten. Lässt man dies Argument vom »Doppelspiel«[19] nicht gelten – das Gericht hat es im Fall Pétain zurückgewiesen –, und hält man es umgekehrt für erwiesen, dass Vichy, jedenfalls seit der Wiedereinsetzung Lavals im Frühjahr 1942, alles auf die deutsche Karte gesetzt habe, so bleibt doch noch ein großes Fragezeichen. Lässt sich denn eindeutig entscheiden, ob die prodeutsche Politik des Vichy-Regimes ein fataler Fehler oder ein Verbrechen war?

Als Verbrechen kann die von Vichy befolgte Politik unter zwei Voraussetzungen gewertet werden. Die erste, für die es reichlich viel Beweise gibt, besagt, dass Vichy die Politik der Kollaboration nicht nur betrieb,

---

18 Es gibt eine Fülle einseitig parteiischer Schriften, von denen die meisten die Sache einzelner Angeklagter vertreten; auch das Buch von José Agustín Martínez: Les Procès Criminels de l'Après-Guerre, Paris, 1958, gehört, wenn es auch nützliches biographisches Material darbietet, zur selben Kategorie.
19 Als Entlastungszeuge für Pétain erklärte André Trochu, der frühere Präsident des Pariser Gemeinderats: »Es gibt viele, die das Doppelspiel im Munde führen; aber bei einer Privatperson ist das Doppelspiel nichts wert, während ein Staatschef und ein Außenminister mitunter die Pflicht haben, es zu spielen!« Siehe Maurice Garçon (Hg.): Le Procès du Maréchal Pétain. Compte-Rendu Sténographique, Paris, ohne Jahr {Copyright 1945}, S. 181; das Gericht (S. 386) war diesem Argument nicht zugänglich.

um die geschwächte nationale Position Frankreichs zu stärken, sondern mit dieser Politik zugleich auch darauf ausging, die Wiedererrichtung eines demokratischen Regierungssystems unmöglich zu machen. Dieser politisch ernst zu nehmende Gesichtspunkt braucht in der Ebene des Rechts nicht im Einzelnen erörtert zu werden: Im Grunde drückt er nur das Urteil des siegreichen Nachfolgeregimes über die politischen Auffassungen und Pläne seiner Vorgänger aus; dass sie keine passionierten Demokraten waren, war auch schon vor 1940 nicht unbekannt. Rechtlich viel gravierender und in ihren Konsequenzen einer gründlicheren Betrachtung wert ist die zweite Voraussetzung: Spätestens seit Mitte 1942 musste sich das Vichy-Regime darüber im Klaren sein, dass die Zusammenarbeit mit dem nationalsozialistischen Deutschland teils die stillschweigende Hinnahme, teils die aktive Unterstützung einer Politik in sich schloss, die über die traditionellen Mittel und Ziele der legalen oder außerlegalen Machtbehauptung weit hinausgriff: Spätestens von diesem Zeitpunkt an war Kollaboration gleichbedeutend mit tatkräftiger Beteiligung an der Zwangsarbeits- und Judenausrottungspolitik des Hitler-Reiches.

3. »Verbrecherischer Staat« und individuelle Verantwortung

Hier drängt sich eine Frage auf, die wichtiger und umfassender ist als das immer problematische Urteil der Nachfolger über die Vorgänger. Jenseits der zeitbedingten Kriterien der Nachfolgeregimes, deren Organisationsprinzipien, Glaubenssysteme und Interessenzusammenhänge umstritten sein mögen, sollte es verbindliche Gesichtspunkte geben, denen alle Völker, alle Menschengruppen vielleicht nicht begeistert zustimmen, aber sich doch wenigstens grundsätzlich beugen müssten. Sollte es nicht Übereinstimmung darüber geben können, dass die Menschenwürde geachtet, die Entwürdigung des Menschen zum bloßen Gegenstand verworfen werden müsse? Es ist aber einfacher, solche Grundsätze zu proklamieren, als ihren Sinn, ihre Bedeutung, die Art ihrer Nutzanwendung in einer konkreten Situation festzulegen. Die Versuchung liegt nahe, sich einen idealen Normalstaat auszudenken, der in seinen Rechtsvorschriften und organisatorischen Vorkehrungen den Mindestanforderungen der Achtung der Menschenwürde genügt und das Gegenmodell eines *État criminel* darstellt. Angesichts seiner grundsätzlichen Geringschätzung des Menschen und seiner Misshandlung der von ihm Beherrschten könnte ein »verbrecherischer Staat« gewiss nicht verlangen, dass seinen Taten Vertrauen entgegengebracht, den

Handlungen seiner Bediensteten die Präsumtion der Rechtmäßigkeit eingeräumt werde. Gibt es aber einen solchen Staat, gibt es ein Staatsgebilde, das der Konstruktion der verbrecherischen Organisation im Sinne des Londoner Abkommens über die Kriegsverbrechen entspräche?

In einer weniger widerspruchsvollen und verworrenen Geschichtsperiode ersann Talleyrand, einer der intelligentesten Schurken aller Zeiten, in seiner unnachahmlichen Art eine Antwort, die, obschon für einen konkreten Einzelfall konzipiert, auch noch heute von allgemeinerem Interesse ist. Der Anlass war eine schwere Beschuldigung, die Napoleons einstiger Polizeiminister, General Savary Herzog von Rovigo, 1823 gegen Talleyrand erhoben hatte: Als Napoleons Außenminister sollte Talleyrand 1804 nicht nur die widerrechtliche Entführung des Bourbonensprosses Herzog von Enghien aus dem Kurfürstentum Baden, sondern auch dessen Hinrichtung in der Festung von Vincennes veranlasst haben. In seinen Aufzeichnungen, die zwar erst lange nach seinem Tod veröffentlicht werden sollten, deren Inhalt er aber niemandem vorenthielt, behauptete Talleyrand, ohne ziemlich schlüssiges Belastungsmaterial widerlegen zu können, dass sein Anteil an der Affäre minimal gewesen sei: Er habe lediglich im Rahmen seiner normalen Amtsobliegenheiten einen Routineauftrag erledigt, während die gravierenden Entscheidungen ohne sein Wissen von Napoleon getroffen worden seien. Dem kühnen Dementi ließ der große Rabulist eine ebenso verwegene staatsphilosophische Begründung folgen.

»Wenn man«, schrieb Talleyrand, »durch die Umstände in die Zwangslage gebracht wird, unter einer Regierung zu leben und Dienst zu tun, die durch nichts anderes legitimiert ist als durch die Ereignisse, die sie errichtet haben, und das Bedürfnis der Völker, mit Hilfe ihrer Macht geschützt zu werden, können Situationen entstehen, in denen man sich überlegen muß, was man der Stellung, die man einnimmt, schuldig ist. Befiehlt dir die Regierung, der man gehorchen muß, ein Verbrechen?... Wenn das Verbrechen die öffentliche Ordnung aufs Spiel setzt, wenn es das Land einer großen Gefahr aussetzt oder auszusetzen droht, wenn es zu gesellschaftlichen Wirren und gesetzlosen Zuständen führen kann, muß man zweifellos nicht nur Widerstand leisten, sondern sich auch gegen das Joch auflehnen und sich gegen eine Staatsgewalt zur Wehr setzen, die nunmehr zum Feind des Landes geworden ist und das Recht eingebüßt hat, das Land zu regieren. Wenn jedoch das Verbrechen seinem Wesen nach ein Einzelfall, wenn es in Ziel und Wirkungen engbegrenzt ist und keine anderen Folgen nach sich zieht, als dass es den Namen der Person, die es ausführt, entehrt und die Namen derer, die sich zu seinen Werkzeugen, Scharfrichtern und Helfershelfern machen, dem Abscheu der Öffentlichkeit preisgibt, muß man sich bitterem und untröstlichem Schmerz hingeben; dann muß man diese Mischung von Größe und Schwäche, Höhenflug und Erniedrigung, Lebenskraft und Verderbtheit beklagen, die in Gestalten zum Durchbruch kommt, wie sie die Natur bisweilen hervorzubringen beliebt. Man muß es aber der Gerechtigkeit der Jahrhunderte überlassen, ihnen den Anteil von Ruhm und Schmach zuzumessen, der ihnen zukommt. Bloßgestellt wird in diesen Verbrechen nur der Ruf derer, die sie begehen; und wenn die Gesetze des Landes, die allgemeine Gesittung, die Sicherheit des Staates und die öffentliche Ordnung nicht angetastet werden, muß man auch weiterhin seinen Dienst versehen. Man stelle sich – wäre es anders – eine Regierung vor, die plötzlich von allen fähigen, selbstlosen, aufgeklärten, gewissenhaften Menschen, die es im Lande nur gibt, im Stich gelassen und deren sämtliche Verwaltungsressorts mit einem Schlag vom Abschaum und Bodensatz der Bevölkerung überflutet würden. Welch furchtbare Folgen müßten sich einstellen! Und was anderes wäre die Ursache als die Mißachtung des soeben dargestellten Prinzips? Es rechtfertigt nicht nur die Verpflichtungen, die sogar die ärgsten Feinde der illegitimen Regierungen sich gehalten sehen können ihnen gegenüber freiwillig zu übernehmen, sondern gebietet ihnen auch, diesen Verpflichtungen treu zu bleiben, solange deren Einhaltung zum Ergebnis hat, daß das gesellschaftliche Gebilde erhalten bleibt und die Rechte der Nation vor Anschlägen des Auslands geschützt werden.«[20]

Talleyrands Lehrsatz ist in vielen Varianten nachgebetet worden; in den ersten Jahren nach dem Zweiten Weltkrieg wurde er auch noch gern mit der Behauptung ausgeschmückt, die beschuldigte Person sei in einer gesetzlosen Zeit nur im Amt geblieben, um Schlimmeres zu verhüten.[21]

---

20 Memoires du Prince de Talleyrand, Band IV, Paris, 1954, S. 119 f.
21 Darauf berief sich unter anderem der Stellvertreter des Reichsjustizministers Franz Schlegelberger; siehe: Juristenprozeß (The Justice Case. Amtliche Protokolle in englischer und deutscher Sprache, in hektographierten Exemplaren hergestellt von dem Generalsekretariat der Nürnberger Militärgerichtshöfe, Fall III), englisch S. 4409, 4446 ff., deutsch S. 4347, 4384 ff. (Sitzungen vom 27. und 30. Juni 1947). Der Einwand wurde vom Militärgerichtshof verworfen; siehe: Trials of War Criminals before the Nuremberg Military Tribunals under Control Council Law No. 10, Volume III, Washington, 1951, S. 1086. Zustimmend dazu Gustav Radbruch, »Des Reichsjustizministeriums Ruhm und Ende«, in: Süddeutsche Juristenzeitung, Jahrgang 3, S. 58-63 (Nr. 2, Februar 1948). Manchmal freilich lassen die besonderen Umstände der konkreten Situation das Argument, dass »Schlimmeres« habe verhütet werden müssen, relativ sinnvoll erscheinen; solche Fälle erörtert Hans-Heinrich Jescheck: Die Verantwortlichkeit der Staatsorgane nach dem Völkerstrafrecht. Eine Studie zu den Nürnberger Prozessen (Rechtsvergleichende Untersuchungen der gesamten Strafrechtswissenschaft, N.F., Heft 6), Bonn, 1952, S. 398.

Annehmbar wäre der Lehrsatz nur, wenn seine logische Prämisse der Wirklichkeit entspräche, das heißt wenn es in der Tat einen deutlich wahrnehmbaren Unterschied gäbe zwischen dem gelegentlichen Sündenfall eines normalen Staatsgebildes und dem abscheulichen, unmenschlichen Treiben des verbrecherischen Staates, der Sackgasse, in die eine von Grund auf böse politische Ordnung einmünden müsste. Das Argument gewinnt nicht an Überzeugungskraft, wenn man es auf den Kopf stellt. In seinem theoretischen Abriss der Verteidigungsgrundlagen für den Nürnberger Hauptkriegsverbrecherprozess gab der Staatsrechtler Hermann Jahrreiß bereitwilligst zu, dass Hitler nicht bloß wie Napoleon – in Talleyrands Vorstellung – gelegentlich von der gesellschaftlichen Norm abwich, sondern schlechterdings das Prinzip des Bösen verkörperte. Damit sollte aber nur bewiesen werden, dass, da alle Entscheidungsgewalt in Hitlers Händen lag, die ihm unterstellten Träger der Staatsgewalt, die auf seine Willensentscheidungen keinen Einfluss hatten, nicht mit der strafrechtlichen Verantwortung belastet werden dürften.[22] Zwischen der so mühelos entschuldigten gelegentlichen Abirrung im Rahmen einer noch »unantastbaren« gesellschaftlichen Ordnung und der leichten Herzens proklamierten Allgegenwart des leibhaftigen Bösen, dem alle Schuld aufgelastet wird, geht der Grundsatz der persönlichen Verantwortung des Einzelnen ganz und gar verloren.

Im wirklichen Leben gibt es keinen reinen »verbrecherischen Staat«. Ein verbrecherisches Genie, dem es gelingen könnte, ein ganzes Volk zu absolutem Gehorsam zu überreden, zu verführen oder zu zwingen, hat nie existiert. Wie im Alltagsdasein der Menschen sind die Elemente der Freiheit und des Zwanges, des begeisterten, selbstverständlichen, resignierenden oder widerwilligen Gehorsams und der mehr oder minder versteckten Widerspenstigkeit und Aufsässigkeit auch im Grenzfall unentwirrbar verflochten. Ein modernes Staatswesen kann nicht nach der Art eines Konzentrationslagers verwaltet, seine Bevölkerung nicht auf die Dauer in den Stand von Lagerhäftlingen versetzt werden. Um funktionieren zu können, muss auch ein despotisches Staatsgebilde für die

---

[22] Trial of the Major War Criminals before the International Military Tribunal, Nuremberg, 14. November 1945 - 1. October 1946, im Folgenden abgekürzt IMT, Band XVII, S. 458-494; deutsche Ausgabe: Der Prozeß gegen die Hauptkriegsverbrecher vor dem Internationalen Militärgerichtshof, Nürnberg, 14. November 1945 - 1. Oktober 1946, im Folgenden abgekürzt HKV, Band XVII, S. 499-536. Vergleiche die ausgewogene Widerlegung der Jahrreiß-These bei Henri Donnedieu de Vabres: »Le Procès de Nuremberg devant les principes modernes du droit pénal international«, in: Recueil des Cours de l'Académie Internationale de la Haye, Band 70, S. 477-582 (1947, Nr. 1), insbesondere 483 und 570.

elementarsten Bedürfnisse eines beträchtlichen Teils der Bevölkerung sorgen und viele mehr oder minder »neutralen« Dienste betreiben, die sich von denen anderer moderner Staaten wenig unterscheiden.[23]

Die Grenze zwischen einem »normalen« und einem »verbrecherischen« Staat verwischt sich indes nicht nur in dem Maße, wie beide bestimmte notwendige gesellschaftliche Funktionen verrichten müssen. Die Vorstellung von ihrer grundsätzlichen Verschiedenheit berücksichtigt überhaupt nur einen Teil der Erfahrungen der neueren Geschichte. Eigentlich fängt sie mit dem Dritten Reich an, dessen Ziel, die Unterjochung der Völker des europäischen Kontinents, ebenso übel war wie die Mittel, die es anwandte: Ausrottung oder Versklavung von Millionen wirklicher oder vermeintlicher, gegenwärtiger oder zukünftiger Feinde. Aber die verfolgten Ziele brauchen weder erschreckend noch abstoßend zu sein. Die Kollektivisierung der Landwirtschaft und die forcierte Industrialisierung, wie sie im Sowjetbereich durchgesetzt werden, entspringen – wenn auch nicht ausschließlich – der Absicht, den Lebensstandard der Bevölkerung zu heben. Und zweifellos haben die Franzosen in Algerien, sosehr sie ihre Vorherrschaft mit Zähnen und Klauen verteidigen mochten, auch im letzten Jahrzehnt zur Verbesserung der kulturellen und materiellen Lage der einheimischen Bevölkerung beigetragen.

In beiden Fällen bedeutete die Art, wie die angestrebten Ziele von den Machthabern verwirklicht wurden, unsagbares Elend für eine Unzahl von Menschen, auch für Menschen, die »mitmachten«, weil sie sich nicht anders zu helfen wussten. Aber die Politik der Machthaber kann viele Schwankungen durchmachen und in verschiedener Dosierung in die Praxis umgesetzt werden. Andere Teile der Bevölkerung oder auch des regierenden Apparats können bemüht sein, nicht nur die Durchführungsmaßnahmen zu mildern oder zu sabotieren, sondern auch die zentrale Zielsetzung abzuändern. Das kann – wie in Frankreich vor dem Verzicht auf Algerien – zu der eigenartigen Situation führen, dass zwei Teilausschnitte der Gesellschaft nebeneinander bestehen: Der normale Bereich, in dem traditionelle Regeln staatlichen Daseins gelten und die Beziehungen zwischen dem Staat und dem Einzelmenschen nach rechtsstaatlichen Grundsätzen geregelt werden, und die

---

23 Wörtlich heißt es im Beschluss des Bundesverfassungsgerichts vom 31. Mai 1960, 2 BvR 234, 235, 236/60, in: Entscheidungen des Bundesverfassungsgerichts, Band 11, Tübingen, 1961, Nr. 16, S. 150-167, insbesondere 163, »daß auch ein Unrechtssystem nicht umhin kann, alltägliche Fragen des Gemeinschaftslebens auf weite Strecken in einer Weise zu lösen, die sich äußerlich von einer formalrechtsstaatlichen Lösung fast nicht unterscheidet.«

militärisch-polizeiliche Zone, in der dem Ziel der Behauptung der Machtposition in Algerien bedenkenlos alle erdenklichen Mittel dienstbar gemacht werden: von der Überredung und ideologischen Beeinflussung bis zum offenen Terror.

Freilich ist das eine extreme, besonders einprägsame Illustration. Inseln, für die rechtsstaatliche Grundsätze nur bedingt, teilweise oder überhaupt nicht gelten, gibt es in jeder Gesellschaft. Sie können mit bestimmten Gebietsteilen oder mit besonderen Bereichen innergesellschaftlicher Konflikte zusammenfallen oder auch nur dadurch angedeutet sein, dass bestimmten gesellschaftlichen Gruppen die Tendenz eignet, sich auf das Terrain der Rechtlosigkeit zu begeben, sobald sich die gesellschaftliche und politische Konstellation verschiebt und hemmende Einflüsse geschwächt werden. Der wesentlichste Unterschied zwischen einem »normalen« und einem »verbrecherischen« Staat zeigt sich in dem Ausmaß, in dem solche Inseln unter Kontrolle gehalten werden können; das »Verbrecherische« wird zum Kennzeichen des Staatsgebildes, wenn aus den Inseln zunehmend größere Sphären gesellschaftlicher Betätigung werden.[24]

Unternimmt man es, die Verantwortung für politische Entscheidungen in strafrechtliche Formen zu kleiden, so muss man damit rechnen, dass schon der Versuch als vergeblich hingestellt wird, zwei Arten von Verantwortung zu unterscheiden: Verantwortung für eine Politik, die nur das Pech hatte, versagt zu haben, und Verantwortung für eine Politik, die verbrecherisch ist, weil sie ihrem Wesen nach alle Grundregeln menschlichen Verhaltens mit Füßen tritt. Man kann zum Beispiel die zur Verwendung in allen künftigen Kriegen bestimmten Zerstörungsmittel für so furchtbar und die unvermeidlichen Folgen ihrer Verwendung für so verhängnisvoll halten, dass man zu der Meinung gelangen muss, es werde jeder ungeachtet seiner Ziele und Motive notwendigerweise zum Verbrecher werden, der fortan an einem größeren kriegerischen Unternehmen teilnehme. Alle Machthaber und all ihre Beauftragten, die über das mit der Erhaltung der heutigen Zivilisation vereinbare Maß hinaus Gewalt anwenden sollten, wären damit automatisch als Verbrecher gekennzeichnet.[25] Dass es dazu

---

24 Über die fortschreitende Ausweitung des Bereichs der Rechtlosigkeit in der Frühzeit des nationalsozialistischen Staates siehe Ernst Fraenkel: The Dual State. A Contribution to the Theory of Dictatorship, New York, ohne Jahr {Copyright 1941}.
25 Prägnant stellt Guenter Lewy, »Superior Orders, Nuclear Warfare, and Dictates of Conscience: The Dilemma of Military Obedience in the Atomic Age«, in: American Political Science Review, Jahrgang 55, S. 3-23, insbesondere 21 (Heft 1, März 1961), die Frage, die der Antwort bedarf: Wo hört gesetzlich erlaubte Kriegführung auf, und wo fängt Menschlichkeit an?

kommen kann, ist wahrscheinlich, wiewohl das Wort »Verbrecher«, in dem der Gedanke eines geregelten Verfahrens gegen die Täter anklingt, der Situation möglicherweise nicht angemessen wäre: Man könnte sich eher vorstellen, dass gegen solche Verbrecher etwa nach der Methode vorgegangen werden würde, mit der die italienischen Partisanen, nachdem ihnen Mussolini in die Hände gefallen war, seinen »Fall« aus der Welt schafften. Dennoch würde es militärische Gewalt in einzelnen Ländern oder Regionen geben können, vielleicht mit unausgesprochenen oder ausdrücklichen Vereinbarungen darüber, dass nur konventionelle Waffen verwendet werden dürfen. Den in solchen Konflikten siegreichen Nachfolgeregimes würde das erlauben oder sogar nahelegen, Motive, Ziele und Handlungsweise der Besiegten besonders zu klassifizieren.

In jedem Fall kann es nützlich sein, sich klarzumachen, inwieweit die Unterscheidung zwischen der Verantwortung für politischen Misserfolg und der Verantwortung für Verbrechen gegen die Menschlichkeit mehr ist als utopische Konstruktion oder pure Heuchelei zur Verklärung bestimmter Taktiken eines Regimes, das die Nachfolge der Unterlegenen angetreten hat.

4. Nürnberg: was einen Prozess ausmacht

Zweifellos war der Kriegsverbrecherprozess vor dem Internationalen Militärgerichtshof in Nürnberg der bedeutendste »Nachfolge«prozess der neueren Geschichte. (Auf Prozesse vor dem Internationalen Militärgerichtshof für den Fernen Osten oder auf Verfahren vor fernöstlichen Kriegsgerichtskommissionen der Vereinigten Staaten wird im Folgenden nur am Rande eingegangen.) Verhandelt wurden in diesem Prozess traditionelle politische Anklagepunkte ebenso wie die Beschuldigung, Menschenwürde und Menschenrechte verletzt, vernichtet, zertreten zu haben. Mindestens über das Nebeneinander dieser Komplexe muss dem Nürnberger Prozess Entscheidendes entnommen werden können.

Von anderen Siegerprozessen gegen besiegte Vorgänger unterschied sich das Nürnberger Verfahren in einer wesentlichen Beziehung: Es wurde nicht von einem einheimischen Nachfolgeregime, sondern von einem aus vier fremden Mächten bestehenden Konsortium durchgeführt. Man mochte sich über die Rechtstheorien streiten, mit denen die Zuständigkeit eines solchen Gerichts begründet werden sollte; unbestreitbar war jedenfalls die Tatsache, dass die vier am Nürnberger Gericht beteiligten Mächte 1945 zu provisorischen, aber fest etablierten Nachfolgern des Hitler-Regimes geworden waren.

a) Charakter der Anklage

Die Beschuldigungen, die in die Nürnberger Anklage eingingen, waren durchgängig doppelten, zwieschlächtigen Ursprungs. Begonnen hatte der Prozess als Verfahren der siegreichen Nachfolger, die dem gestürzten nationalsozialistischen Regime den entscheidenden Inhalt seiner Politik zur Last legten: die auf gewaltsame Unterjochung des europäischen Kontinents gerichtete zerstörerische Kriegführung. Da aber die Anklage eben von einem Konsortium der Siegermächte ausging und da deren erklärtes Ziel die Beseitigung von Angriffskriegen war, änderte sich bald der politische Gehalt der Anklage: Untersucht wurde nicht, warum und wieso die Angeklagten den Krieg, der die Krönung ihrer Politik war, verloren hatten, sondern sie mussten sich dafür verantworten, dass sie den Krieg angefangen hatten. Diese Tatsache bestimmte die gesamte Prozesskonstellation. Was gewöhnlich den Gegenstand der Prozesse der Sieger gegen die Hauptpersonen des besiegten Regimes bildet: Dass sie durch verbrecherische Politik und gröbliche Misswirtschaft das Land ins Verderben gestürzt und vordem in strafbarer Weise die verfassungsmäßige Ordnung untergraben hätten, trat dagegen in den Hintergrund. Im Mittelpunkt standen die Klagen derer, die unter der mutwilligen, zügellosen Aggression des nationalsozialistischen Deutschlands gelitten hatten.

Diese politische Anklage verflocht sich mit anderen Beschuldigungen, mit denen die Verantwortung der Angeklagten für die Benutzung bestialischer Mittel zur Erreichung ihrer politischen Ziele festgehalten werden sollte. Hinzu kam eine weitere Komplikation: Zum Teil bezog sich die Anklage wegen Kriegsverbrechen nicht auf Taten von noch nie dagewesener Brutalität und Grausamkeit wie die Ermordung von Millionen von Juden und Kriegsgefangenen oder die Versklavung der Bevölkerung ganzer Länder, sondern auf die Verletzung der ungewissen und schwankenden Grenzen erlaubter Kriegführung, zum Beispiel Festnahme und Tötung von Geiseln und ähnliche umstrittene Probleme der Partisanenkämpfe oder des U-Boot-Krieges. Natürlich verwischte sich das Bild dadurch, dass solche Verstöße gegen das »Kriegsrecht« in vielen Fällen eben von dem Regime angeordnet worden waren, das den Angriffskrieg geplant und sich die physische Vernichtung ganzer Völker und Rassen zum Ziel gesetzt hatte. Es war nicht immer einfach, typische Begebenheiten, die sich unter den Bedingungen jedes modernen Krieges ereignen, von Handlungen zu unterscheiden, die sich zwangsläufig aus den Hitler'schen Kriegs- und Eroberungsplänen ergaben.

In einer solchen zwieschlächtigen Strafverfolgung, in der sich politische Verantwortung für die Planung und Auslösung eines Angriffskrieges mit der strafrechtlichen Verantwortung für Barbarei und Bestialität verbindet, müssen Menschen der neuesten Geschichtsepoche etwas politisch Berechtigtes und Notwendiges sehen. In der Gesellschaft der Gegenwart bringt jeder echte Krieg fast notwendigerweise bestialische Folgen hervor. Mit Recht konnte der amerikanische Bundesrichter Jackson das überragende politische Ziel des Nürnberger Verfahrens darin sehen, dass ein Präzedenzfall für die Bestrafung kriegerischer Aggression geschaffen werden sollte. Hätte die edle Absicht, Verbrechen gegen den Frieden unter Strafe zu stellen, zum Erfolg geführt, hätte der Prozess zur Errichtung der Fundamente einer neuen Weltordnung beigetragen, so wäre man heute in der glücklichen Lage, über die zweifelhafte juristische Basis der Anklage hinwegzusehen und das Nürnberger Verfahren als das Bollwerk zu preisen, an dem das Recht der Staaten, Angriffskriege zu führen, zerschellt ist. Aber das Mächtebündnis, das den Nürnberger Versuch unternommen hatte, ist auseinandergebrochen, bevor die Unterschriftstinte von Nürnberg trocken geworden war. Konflikte unter den einstigen Kriegspartnern haben auf das Nürnberger Beginnen einen dunklen Schatten geworfen. Kritik an der Anklage, Verbrechen gegen den Frieden begangen zu haben, einer der inhaltlich wesentlichsten Anklagen im Nürnberger Prozess, aber auch der juristisch problematischsten, wird immer wieder als strategisches Mittel benutzt, das gesamte Nürnberger Unterfangen in Misskredit zu bringen.

Wenn man die Nürnberger Variante der Prozesse gegen besiegte Vorgänger näher betrachtet, kann man schwerlich bestreiten, dass da zwei Straftatbestände vorliegen, die sich in der Struktur und in der rechtlichen Schlüssigkeit wesentlich unterscheiden: Auf der einen Seite Verbrechen gegen den Frieden mit der juristisch unnötigen, aber im Urteil mit ihnen verflochtenen Konstruktion der verbrecherischen Verbindung,[26] auf der anderen Seite die eigentlichen Kriegsverbrechen.

Die Anklage, die Verbrechen gegen den Frieden betraf, war in doppeltem Sinn eine politische Anklage: Sie belastete die Angeklagten mit

---

26 Eine »interessante, aber etwas romanhafte Konstruktion der Anklageschrift« nennt sie Henri Donnedieu de Vabres: Le Procès de Nuremberg. Cours de doctorat de Droit de Paris professé à la Faculté, Paris, ohne Jahr {1947}, S. 254.

einer bestimmten Art politischen Verhaltens, konkret: mit der Teilnahme am nationalsozialistischen Unterfangen, Europa mit allen Mitteln, auch mit dem Mittel des Angriffskrieges zu unterjochen; und in welchem Maße die den Angeklagten unter diesem Aspekt zur Last gelegten Taten rechtswidrig und zur Zeit ihrer Begehung strafbar waren, blieb ebenso hypothetisch wie in einigen der bisher schon erörterten Verfahren. Die Ächtung des Angriffskrieges war zwar schon 1929 zu Papier gebracht und von den führenden Staaten ordnungsgemäß ratifiziert worden, aber der damit verurteilte Verstoß gegen internationales Recht wurde erst im Londoner Kriegsverbrechenabkommen vom 8. August 1945 zu einer strafbaren Handlung erklärt, also sechs Jahre nach dem Beginn der Handlungen, die den Gegenstand der Nürnberger Anklage bildeten. Bei der Beratung des Londoner Abkommens hatten die französischen und zum Teil auch die Sowjetdelegierten die Schwierigkeiten vorausgesehen, die sich bei der Verfolgung eines solchen Delikts ergeben mussten.[27] Sie gaben – ebenso wie ihre Regierungen – dennoch dem Missionarseifer des amerikanischen Vertreters Robert H. Jackson nach, der sogar die Aufgabe eines »Kodifizierungsausschusses« auf sich nehmen wollte.[28] Jackson setzte sich indes darüber hinweg, dass ein Kodifizierungsausschuss nur eine bestehende und anerkannte Praxis – die es auf diesem Gebiet ganz gewiss nicht gab – bekräftigen kann oder sich darauf beschränken muss, Regeln für die Zukunft zu formulieren, keineswegs aber Vorschriften erlassen darf, nach denen bereits vollzogene Handlungen abzuurteilen wären.

Die Erfahrung lehrt, dass jedes Nachfolgeregime von der Überzeugung durchdrungen ist, der Schlüssel zur Zukunft der Menschheit liege darin, dass es die Taten seiner Vorgänger verurteile. So skeptisch man diesen Bekehrereifer auch bewerten mag: Über die wahrscheinliche Gestalt künftiger Kriege ist heute so viel bekannt, dass sich der Position Jacksons bei all ihrer unvermeidlichen Selbstgefälligkeit ein gewisses Maß an zwingender Logik nicht absprechen lässt. Jackson ging von der unbestreitbaren Notwendigkeit aus, gegen künftige Angriffskriege eine Barriere aufzurichten, so schwach sie auch sein mochte, und dazu schien

---

27 Die Beratungen der Londoner Konferenz, in vieler Hinsicht nicht minder interessant als das Nürnberger Urteil, sind in United States Department of State: Report of Robert H. Jackson, United States Representative to the International Conference on Military Trials, London 1945, Publication 3080, Washington, 1948, nachzulesen; siehe insbesondere S. 335, 378 f., 385.

28 Ebda., S. 335. Einwände gegen unnötig anmutende Tatbestandsbestimmungen des Verbrechens gegen den Frieden wurden im Anschluss an die Konferenz von Erich Hula: »Punishment for War Crimes«, in: Social Research, Jahrgang 13, S. 1-24, insbesondere 22 ff. (Heft 1, Frühjahr 1946), vorgebracht.

ein gerichtlicher Präzedenzfall ein brauchbares Mittel zu sein. So hat denn auch der eine Angehörige des Internationalen Militärgerichtshofs, der sein Leben mit dem Studium des internationalen Strafrechts verbracht hatte, der Sorbonne-Professor Donnedieu de Vabres, ohne seine Bedenken gegen die Fassung des neuen Delikts zu verschweigen, dem Nürnberger Urteil die Rolle zugebilligt, zu einem »Präzedenzfall von unvergleichbarer Tragweite« zu werden.[29] Freilich wäre der einzigartige Präzedenzfall ein Bumerang, wenn er die Matadoren eines künftigen Krieges dazu brächte, bis zum bitteren Ende zu kämpfen, statt sich zu ergeben und das Schicksal von Kriegsverbrechern zu erleiden.[30]

Wenn die Verfolgung wegen Verbrechens gegen den Frieden insofern eine rechtliche Neuerung war, als sie das Delikt des Angriffskrieges einführte,[31] so war sie aber auch ein besonderes Anliegen des Nachfolgeregimes, denn sie postulierte die strafrechtliche Verantwortung der herrschenden Gruppen des Vorgängerregimes für die von ihnen eingeschlagene Politik. Mit den eigentlichen Kriegsverbrechen und den mit ihnen verwandten Verbrechen gegen die Menschlichkeit gelangt aber die Strafverfolgung in eine Ebene, in der die Beschaffenheit menschlichen Handelns ohne Rücksicht auf die hierarchische Stufe, auf der es stattgefunden hat, gewogen werden muss. Gewiss gibt es einen Zusammenhang zwischen der an hoher Stelle beschlossenen Politik und den Straftaten, die den unteren Stellen zur Last gelegt werden: das strafbare Ziel der Unterjochung Europas durch einen Angriffskrieg und die verbrecherischen Mittel der barbarischen Behandlung der betroffenen Menschen sind Teile eines einheitlichen Gefüges.

Aber genug erwiesene Tatsachen sprechen dafür, dass es nicht wenige Menschen gab, die die Grundsätze der Machtpolitik einschließlich

---

29 Donnedieu de Vabres: »Le Procès...« (siehe oben Anmerkung 22), S. 577.
30 Vergleiche auch Robert K. Woetzel: The Nuremberg Trials in International Law, London/New York, 1960, S. 170 f. und 242, der davon ausgeht, dass das Londoner Abkommen und das Nürnberger Urteil von der überstaatlichen internationalen Gemeinschaft sanktioniert worden seien. Angesichts der späteren Geschichte dieser Gemeinschaft wird man einen offenen Versuch, die Fesseln des Rechtspositivismus zu durchbrechen, vorziehen, zumal wenn der Rechtspositivismus der Erhaltung alles Bestehenden als »wertblinde Garantie« gilt; einen solchen Versuch unternimmt Helmut K. J. Ridder: »Nürnberger Prozesse«, in: Staatslexikon, 6. Auflage, Band 5, Freiburg, 1960, Sp. 113-1136, insbesondere 1133 f.
31 Genau genommen, ist der Vorwurf, dass diese »Neuerung« gegen das Prinzip *nulla poena sine lege* verstoßen habe, rechtlich nicht durchschlagend, denn zur Zeit der Nürnberger Prozesse war dies Schutzprinzip, das in die meisten modernen Verfassungssysteme Eingang gefunden hat, nicht Bestandteil des positiven internationalen Rechts. Woetzel: The Nuremberg Trials..., a.a.O., S. 111-117, zeigt, dass es weder für die Entwicklung des internationalen Rechts noch für die Feststellung klaren Unrechts dort, wo ein Verstoß gegen übernommene Verpflichtungen vorliegt, eine brauchbare Grundlage darstellt.

der Bereitschaft zum Angriffskrieg bejahten, ohne von vornherein zu erkennen, dass eine solche Politik den Gebrauch bestialischer Mittel unausweichlich nach sich ziehen musste.[32] Manche von ihnen begriffen zu spät, welche Geister sie gerufen hatten. Anderseits steht fest, dass sich untergeordnete Organe der Ausführung barbarischer Befehle – zum Beispiel der angeordneten Ausrottungsmaßnahmen gegen Juden – entziehen konnten, ohne sich extreme Repressalien zuzuziehen. Von den vielen Fällen dieser Art, die in den letzten Jahren ans Tageslicht gekommen sind, sei nur der markanteste erwähnt: Am 26. Juli 1942 verhinderte der Adjutant des Wehrmachtskommandanten von Przemysl, Oberleutnant Dr. Albert Battel, ein Rechtsanwalt aus Breslau, den Abtransport einer Kolonne zur Tötung bestimmter Juden, indem er seine Soldaten mit Maschinengewehren auf einer Brücke postierte und ihnen den Befehl gab, nötigenfalls auf die SS-Bewachungsmannschaft zu schießen. Trotz allen Bemühungen der höchsten SS-Stellen kam Battel mit einer Rüge und der Versetzung an die Front davon.[33]

Der neugeprägte Begriff »Verbrechen gegen die Menschlichkeit« (Artikel 6c des Londoner Abkommens) entspringt der tiefempfundenen Sorge um die Auswirkungen der Politik der Auspowerung oder Ausrottung ganzer Völker und Rassen, wie sie in unserem Zeitalter grausige Wirklichkeit geworden ist. Nun ist zwar der gesellschaftliche und politische Mechanismus, dessen sich diese Politik bedient, tragisch eindeutig und übersichtlich, aber die juristischen Formeln, mit denen solche Untaten erfasst und strafrechtlich belangt werden sollen, bleiben problematisch. Vielleicht könnte eine Weltregierung eine klare Grenze zwischen unerträglichen Greueln und der legitimen politischen Eigenentscheidung der einzelnen Staaten ziehen. Solange es sie nicht gibt, bleibt es der französischen Regierung und ihren algerischen Feinden, der Regierung der Südafrikanischen Union und den Vertretern der unterdrückten südafrikanischen Neger- und Mischlingsbevölkerung, dem ungarischen »volksdemokratischen« Regime und seinen Gegnern und Opfern unbenommen, gegensätzliche Auffassungen über das Wesen der

---

32 Vergleiche die bezeichnende Aussage des Feldmarschalls von Paulus, IMT (siehe oben Anmerkung 22), Band VII, S. 284; HKV, Band VII, S. 314.
33 Der Vorfall ist im Massenmordprozess gegen SS-Sturmbannführer Fellenz vor dem Schwurgericht Flensburg zur Sprache gekommen. Für den Gerichtsvorsitzenden und den Staatsanwalt »war diese Tat Anlaß für den Hinweis, daß es auch unter der nationalsozialistischen Schreckensherrschaft der SS in Polen für Männer von Charakter möglich gewesen sei, ihre menschliche Gewissenspflicht nicht zu verleugnen«; siehe »Mit der Waffe gegen SS-Einheiten«, in: Frankfurter Allgemeine Zeitung, S-Ausg., Nr. 19. 23. Januar 1963, S. 7, Sp. 1 f.

»Verbrechen gegen die Menschlichkeit« zu vertreten und, wenn sie über die nötigen Machtmittel verfügen, in die Tat umzusetzen.

Obgleich der Internationale Militärgerichtshof in den konkreten Fällen, die er abzuurteilen hatte, wenig Zweifel am genauen Sinn des neuen Straftatbestandes haben konnte, nahm er sowohl auf die zum Teil vage Ausdrucksweise des Artikels 6c als auch auf die Neuheit des Delikts Rücksicht. Wo es sich machen ließ, zog er es vor, die Angeklagten wegen traditioneller Kriegsverbrechen zu verurteilen, zu denen alle altbekannten gemeinen Verbrechen gehören mochten, und die verübten Straftaten nach Möglichkeit nicht als Verbrechen gegen die Menschlichkeit zu klassifizieren. Nur in zwei Fällen, bei der Verurteilung Julius Streichers und Baldur von Schirachs, bezog sich der Schuldspruch ausschließlich auf Verbrechen gegen die Menschlichkeit; allerdings hatte sich das Gericht auch in diesen Fällen Mühe gegeben, anwendbare Kriegsverbrechenmerkmale aufzuspüren.[34]

Nach der treffenden Charakterisierung des französischen Anklägers François de Menthon ging es um Verbrechen gegen die Menschenwürde als Inbegriff der menschlichen Daseinsnorm, also im Grunde gegen die Daseinsvoraussetzungen jeder zivilisierten Gesellschaft.[35] Die Gerichtsurteile konzentrierten sich jedoch auf Kriegsverbrechen im engeren Sinne. Wären noch als besondere Kategorie »Verbrechen gegen den Frieden« akzeptiert worden, so wäre allerdings Verurteilung auch nur im Falle konkreter Herbeiführung ausschlaggebender politischer Entscheidungen möglich gewesen, die Prozesse hätten also – wie beim früheren Vorgehen der Siegerregimes gegen ihre Vorgänger – nur gegen das leitende Personal des gestürzten Regimes geführt werden können. Bei Tatbeständen, die sich als Kriegsverbrechen erfassen ließen, konnten dagegen auch untere Schichten des Regierungspersonals zur Verantwortung gezogen werden.

Es gibt, wie gesagt, keinen reinen »verbrecherischen Staat«. Auch in den Fällen, in denen das Londoner Abkommen in milderer Form dem Gericht die Feststellung hatte überlassen wollen, welche der Organisationen, denen die einzelnen Angeklagten angehörten, pauschal und kollektiv als kriminell angesehen werden sollten, begrenzten die Empfehlungen des Gerichts, die einen Teil des Urteils bildeten, die für die Angeklagten negativen Folgen der Zugehörigkeit zu solchen

---

34 Zu den Verbrechen gegen die Menschlichkeit siehe die kritische Stellungnahme von Donnedieu de Vabres: Le Procès… Cours… (siehe oben Anmerkung 26), S. 243 ff.
35 Vergleiche IMT (siehe oben Anmerkung 22), Band V, S. 407; HKV, Band V, S. 457. Der Begriff Menschenwürde wurde als »die Gesamtheit der Fähigkeiten, deren Ausübung und Entwicklung den Sinn des menschlichen Lebens bilden«, definiert.

Organisationen sehr erheblich, wenn sie sie nicht ganz annullierten. Da es mit der Verfolgung krimineller Kollektivgebilde weder auf die eine noch auf die andere Weise klappte, blieb dem Gericht am Ende nur die Möglichkeit, sich an die Verantwortung der einzelnen Täter für die von ihnen begangenen Untaten zu halten. Auf der Suche nach der Täterschaft bei gemeinen Verbrechen, die im Zusammenhang mit der Verwirklichung totalitärer Politik verübt worden waren, stießen aber die verschiedenen Kriegsverbrechertribunale und die damit mehr gelegentlich und am Rande befassten regulären deutschen Gerichte auf einige Einwände der Verteidigung, denen nicht bloß technische Bedeutung zukam. Von diesen Einwänden beanspruchen vier eine gründlichere Betrachtung.

b) Einwände der Verteidigung

Erster Einwand: Erfüllung gesetzlicher Verpflichtungen. Im Rahmen dieses Einwands berufen sich angeklagte Richter oder Beamte darauf, dass sie zu den Handlungen, die ihnen vorgeworfen werden, durch die zur Zeit der Tat geltende Rechtsordnung verpflichtet gewesen seien. So entschuldigten sich im Nürnberger Juristenprozess angeklagte Beamte damit, dass sie die für strafbar erachteten Handlungen nur im Zuge der Vollstreckung bestimmter Gesetze begangen hätten, deren Rechtsgültigkeit auch zur Zeit des Prozesses nicht angefochten worden sei. Diesem Argument ist eine grundsätzliche Erwägung entgegenzuhalten. Nicht jedes Stück Gesetzgebung, das ein Staat unter Beachtung seiner eigenen Formvorschriften erlassen hat, wird schon dadurch, dass es erlassen worden ist, verbindlich für alle, auch die unteren Ränge des Regierungspersonals. Wenn es wie die Strafrechtsverordnung gegen Polen und Juden in den eingegliederten Ostgebieten[36] offensichtlich den Charakter der Unmenschlichkeit hat, können sich die, die solche »gesetzlichen« Vorschriften vollstrecken, nicht zur eigenen Entschuldigung auf deren Gültigkeit berufen. Der Wert der Rechtssicherheit, die durch Anerkennung aller gültigen Normen erhöht wird, kann in so offenkundigen Ausnahmefällen nicht als so überragend angesehen werden, dass ihm der Grundsatz geopfert werden müsste, wonach vorsätzliche Verletzung

---

36 Verordnung über die Strafrechtspflege gegen Polen und Juden in den eingegliederten Ostgebieten vom 4. Dezember 1941«, Reichsgesetzblatt, 1941, Teil I, S. 759 ff. (Nr. 140, 16. Dezember 1941).

bestimmter Mindesterfordernisse den Gültigkeitsanspruch einer Gesetzesvorschrift zunichtemacht.[37]

Dass eine besondere organisatorische Prozedur für die mutwillige Vernichtung von Menschen wegen Zugehörigkeit zu einer nationalen oder ethnischen Gruppe nicht durch Einzelbefehle, sondern durch eine allgemeine Vorschrift angeordnet wird, verleiht einer solchen Vorschrift nicht die Würde eines Gesetzes, macht sie nicht zu gültigem Recht. Eine solche Vorschrift verneint Sinn und Zweck des Rechts, das auch noch in der Form des schäbigsten gesetzgeberischen Aktes das Losungswort enthalten muss: menschliche Beziehungen zu ordnen und zu regeln. Jedoch haben die Verfasser solcher und ähnlicher Dokumente der Barbarei ihre »Gesetzesvorschriften« auch zur Zeit der Herrschaft offenen Terrors selten in eine auffallend anstößige Form gekleidet. Und das Bedürfnis nach Rechtssicherheit macht es nicht leicht, die Gültigkeit eines gesetzgeberischen Aktes deswegen anzufechten, weil das Regime, von dem es ausgegangen ist, oder die Politik, die damit verfolgt werden sollte, rechtswidrig oder verbrecherisch gewesen sei. Das deutsche Bundesverfassungsgericht unterscheidet in diesem Sinne zwischen dem Teil der nationalsozialistischen Gesetzgebung, der »offenbares Unrecht gesetzt hat und daher jeder Wirkung entbehrt«, und der übrigen Gesetzgebung des Dritten Reiches, die »zwar nicht als ihrem Ursprung nach legitime Rechtsordnung, wohl aber kraft ›soziologischer Geltungskraft‹ zu beachten ist und nicht etwa als nur tatsächliche Behinderung der Geltung des wirklichen Rechts beiseitegeschoben und nachträglich ungeschehen gemacht werden kann«.[38]

Die unterstellte Rechtsgültigkeit eines Gesetzesaktes tilgt nicht notwendigerweise die Schuld der Menschen, die jedem Schuldspruch glauben entgehen zu können, wenn sie sich nur auf das Gesetz berufen. Ein Gesetzesakt ist eine bloße Chiffre, deren wirklicher Bedeutungswert, der sich von Situation zu Situation verändert, von den Menschen bestimmt wird, die ihn geschaffen oder in ständiger Praxis zu formen gelernt haben. Die Leichtigkeit, mit der die jeweiligen Herrscher die Gesetzgebung

---

37 Siehe die Formulierungen von Gustav Radbruch: Rechtsphilosophie, 5. Auflage, Stuttgart, 1956, S. 353. Aus der neueren Diskussion vergleiche Lon L. Fuller, »Positivism and Fidelity to the Law«, in: Harvard Law Review, Jahrgang LXXI, S. 630-672 (Heft 4, Februar 1958).

38 Beschluss des Ersten Senats des Bundesverfassungsgerichts vom 19. Februar 1937, I BvR 357/52, in: Entscheidungen des Bundesverfassungsgerichts, Band 6, Tübingen, 1957, S. 131-221, insbesondere 199. Vermutlich soll damit gesagt sein, dass solche nur »soziologisch« gültigen Vorschriften einerseits kein Recht setzen, das auch nach dem Ende des Unrechtsregimes gültig bleibt, andererseits aber als Unrechtsausschließungsgrund angeführt werden können, sofern dem Täter nicht schuldhafter Vorsatz nachgewiesen werden kann.

manipulieren, gibt nicht auch dem untersten Interpreten die Blankovollmacht, alle Möglichkeiten auszuschöpfen, die im Gesetzesakt beschlossen sind. Mit dem Gesetz wird dem Ausführenden nur ein Kredit eingeräumt, ohne dass damit gesagt wäre, ob es nötig, zweckmäßig oder sträflicher Missbrauch ist, den Kredit in Anspruch zu nehmen. Wer über die Vollstrecker des Gesetzes zu Gericht sitzt, muss die Umstände prüfen, unter denen es im konkreten Einzelfall angewandt worden ist.

In einem Fall, der in Nürnberg vorgebracht wurde, ging es um das Todesurteil eines deutschen Sondergerichts gegen einen polnischen Landarbeiter, der sich mit seinem Arbeitgeber gestritten und der Frau des Arbeitgebers gegenüber Annäherungsversuche gemacht hatte. Der angeklagte Vorsitzende des Sondergerichts wurde vom Militärgerichtshof gefragt, wie ein »Volksdeutscher« behandelt worden wäre, hätte er sich wegen eines analogen Tatbestandes vor dem Reichsgericht zu verantworten gehabt. Die Antwort lautete: »Herr Vorsitzender, es ist sehr interessant, aber ich kann mir die Möglichkeit nicht einmal theoretisch vorstellen, weil eben die Punkte, die die Schwerpunkte ausmachen, auf einen Deutschen schwer zu übertragen sind«.[39] Diesem Richter war gar nicht zum Bewusstsein gekommen, dass er die Mindesterfordernisse des Anstands und der Gleichheit vor dem Gesetz, die für alle gelten, verletzt hatte. Er hatte nur das Gesetz angewandt und war sich keines Unrechts bewusst. Sollte er deswegen der Strafe entgehen?

Einer der beharrlichsten Kritiker der Nürnberger Prozesse, namentlich der »Nachfolgeprozesse« vor den amerikanischen Militärgerichten, der im IG-Farben-Prozess freigesprochene Chefjurist des Chemietrusts August von Knieriem, versucht, die Verfasser der erwähnten Strafrechtsverordnung gegen Polen und Juden vom 4. Dezember 1941 mit dem Argument zu entschuldigen, dass der eigentliche Zweck der Verordnung noch nicht die Ausrottung der Polen und Juden und dass es für die Betroffenen immer noch besser gewesen sei, auf Grund einer drakonischen und geradezu zum Missbrauch herausfordernden Verordnung abgeurteilt als ohne jede Gerichtsverhandlung, was kurze Zeit danach verfügt wurde, umgebracht zu werden.[40] Das heißt aber doch wohl, das Argument vom kleineren Übel auf reichlich gleisnerische Art handhaben. Entschuldigt der Umstand, dass von anderen eine Blitztechnik zur Ausrottung

---

39 Juristenprozeß (siehe oben Anmerkung 21), englisch S. 10892, deutsch S. 10625 (Verhandlung vom 4. Dezember 1947); auch in: Das Nürnberger Juristenurteil (Sonderveröffentlichungen des Zentral-Justizblatts für die Britische Zone, Heft 3), Hamburg, 1948, S. 212.
40 August von Knieriem: Nürnberg. Rechtliche und menschliche Probleme, Stuttgart, 1953, S. 297 ff.

von Millionen erfunden worden ist, die Anfänger, die eine weniger wirksame Apparatur in Gang gesetzt und nur Hunderte umgebracht hatten? Zu ähnlichen Argumenten im Fall Schlegelberger hatte schon Radbruch bemerkt: »... für den Mann des Rechts bleibt, wenn der Frontalangriff gegen die Herbeiführung {der extremen} Notlage ... unmöglich erscheint, nur die Einsicht übrig, daß dem Recht kein Mittel der Abhilfe zur Verfügung stehe außer jenem, mit dem es sich selbst beflecken würde.«[41]

Mit dem eigenartigen Argument vom kleineren Übel werden aber nicht nur die Urheber eines der, wie Knieriem selbst sagt, »dunkelsten Punkte der deutschen Strafgesetzgebung« entschuldigt, sondern auch die Kriterien in Abrede gestellt, die ein unmenschliches Gesetz zu einem »Scheingesetz« machen. Sei aber ein Gesetz nicht nichtig gewesen, so habe es von Richtern angewandt werden müssen; alle darauf gestützten Verurteilungen seien »als damals rechtmäßig vorgenommen anzusehen (wenn auch vielleicht heute nicht mehr zu billigen...)« und »können daher keine strafbaren Handlungen darstellen.«[42] Im Gegensatz zu Knieriem sieht der Bundesgerichtshof die offenkundig durch die Umstände nicht gerechtfertigte Anwendung übertrieben harter Strafen als rechtswidrig und strafbar an, auch wenn sich der belastete Richter darauf berufen kann, dass die drakonische Strafe nach dem Gesetz erlaubt gewesen sei.[43]

Zweiter Einwand: Befehl und Notstand. Darf man von den konkreten Umständen absehen, unter denen Amtspersonen des Dritten Reiches, sofern sie sich unterhalb der obersten Regierungsebene befanden, ihre Tätigkeit zu verrichten hatten? Das Londoner Abkommen hatte in Artikel 8 die Berufung auf verbindliche Befehle mehr oder minder pauschal abgetan und sie höchstens als mildernden Umstand gelten lassen. Das Problem des Befehlsnotstands, das indes immer wieder zur Debatte gestellt wird, wird meistens im Hinblick auf das militärische Unterordnungsverhältnis erörtert. Über den Zwiespalt zwischen Moral und Disziplin, der sich aus der Anwendung des Londoner Abkommens ergeben muss, haben sich manche Autoren in vielen Ländern geäußert, vor allem im Gefolge des Korea-Krieges, in dem weder die eine noch die andere Seite stark genug war, die Bestrafung der Gegner wegen behaupteter Kriegsverbrechen durchzusetzen. Diese Autoren bestreiten, dass die

---

41 Radbruch: »Des Reichsjustizministeriums Ruhm...« (siehe oben Anmerkung 21), S. 62.
42 Knieriem: Nürnberg... (siehe oben Anmerkung 40), S. 304.
43 Urteil des Bundesgerichtshofes vom 8. Juli 1952, 1 StR 123/51, in: Entscheidungen des Bundesgerichtshofes in Strafsachen, Band 3, Köln/Berlin, 1954, S. 110-129, insbesondere 118 f.; Urteil des Bundesgerichtshofs vom 7. Dezember 1956, 1 StR 56/56, a.a.O., Band 10, Köln/Berlin, 1958, S. 295-304, insbesondere 301.

Nichtbeachtung zwingender Befehle jemals mit der gesellschaftlichen Realität hierarchischer Befehlsverhältnisse in Einklang gebracht werden könnte.[44] Dies schroffe Urteil ist gewiss nicht unbegründet. Nichtsdestoweniger sollte man auch hier differenzieren.

Auf den unteren Stufen der militärischen Hierarchie ist es zweifellos so, dass Verstöße gegen die strikteste Disziplin oder gar die Weigerung, das persönliche Urteil hinter dem Befehl der Vorgesetzten zurücktreten zu lassen, häufig mit dem Leben bezahlt werden müssen. Auf den oberen Stufen sieht es aber im wirklichen Leben anders aus. Sieht man von der äußeren Form des Militärischen ab, so entspricht das Befehlsverhältnis in der höheren Ebene eher den Beziehungen innerhalb der Elite der Mächtigen und sollte auch entsprechend beurteilt werden.[45] Innerhalb der bürokratisierten Institutionen der heutigen Zeit sind die Alltagsroutine und die Verteilung der Arbeitsverrichtungen nur in der unteren Ebene, der eine sich mehr oder minder wiederholende, zum Teil mechanische Arbeit zufällt, durch feststehende Regeln festgelegt und die Möglichkeit, Arbeitstempo und Arbeitsbedingungen aus eigenem Ermessen zu bestimmen, auf das Mindestmaß reduziert; für viele Arbeitsplätze bedeutet das, dass es sogar Schwierigkeiten bereitet, um die Zuweisung einer anderen Arbeit anzusuchen. Dagegen beruht die Aufgabenverteilung bei den leitenden Positionen – ob im öffentlichen, ob im privaten Bereich – viel weniger auf ausdrücklichen, formalen Regeln als auf den Gepflogenheiten und zentralen Zielsetzungen des Unternehmens oder Ressorts.

Je wichtiger die Stellung dieser Personen in ihrem organisatorischen Gebilde ist, desto genauer kennen sie dessen Verfahren und Methoden, und je bedeutsamer ihre Schlüsselposition im System der internen und über das eigene Gebilde hinausgreifenden Cliquen und Bündnisse ist, desto eher ist es ihnen möglich, Ausmaß, Dringlichkeit und Intensität der an das organisatorische Gebilde von außen herantretenden

---

44 Siehe unter anderem Pierre Boissier: L'Épée et la Balance, Genf, ohne Jahr {Copyright 1953}, S. 89 und 104 (deutsch: Völkerrecht und Militärbefehl, Stuttgart, ohne Jahr {Copyright 1953}, S. 69 f., 83 f.), und Jean-Pierre Maunoir, La Répression des Crimes de Guerre devant les Tribunaux français et alliés, Genf, 1956, mit Angaben darüber, wie sich die Genfer Rot-Kreuz-Konvention von 1949 im Korea-Krieg ausgewirkt hat.

45 Eine Auseinandersetzung über die Rechtswirksamkeit des sogenannten »Kommissarbefehls« und die Haltung höherer deutscher Offiziere zu ihm bringt »Der verbrecherische Befehl«, in: Das Parlament, 17. Juli 1957, Beilage BXXVII/57; siehe vor allem die Äußerungen des Oberstaatsanwalts Hölper (S. 438) über den Zusammenhang zwischen dienstlicher Stellung und Informiertheit und des Freiherrn von Gersdorf (S. 439), der die Antwort eines Oberbefehlshabers auf die Aufforderung zur Teilnahme an einem gemeinsamen Protest gegen den rechtswidrigen Befehl wiedergibt: »Wenn ich das tue, schickt Hitler euch den Himmler als Oberbefehlshaber her!« Als Vergeltungsmaßnahme wird Amtsenthebung, nicht drakonische Strafe erwartet.

Anforderungen zu beurteilen und über die Mittel zu entscheiden, mit denen man diesen Anforderungen gerecht werden kann. Kein Inhaber eines höheren Amtes könnte seine Aufgabe richtig erfüllen oder seine Position sichern, wenn er sich nicht bemühte, sich ein möglichst genaues Bild von der Arbeitsweise und Methode verwandter und erfolgreicherer organisatorischer Gebilde zu verschaffen, die seinem eigenen gefährlich werden könnten. Bei einem radikalen Wechsel des politischen Regimes wird er sich vielleicht eine Weile einreden, dass er sein Gebilde (Firma, Institut, Behörde) vor Eingriffen bewahren kann, wenn er zum Schein einen Kurs mitmacht, von dem er weiß, dass er sich mit den Geboten menschlichen Anstands nicht verträgt. Irgendwann kommt aber ein Punkt, an dem von der Illusion, man könne durch persönlichen Einfluss allgemeinere Entwicklungen abbiegen oder aufhalten, nichts übrigbleibt. Soll man nun offen Widerstand leisten oder stillschweigend abtreten?

Kein siegreiches Regime kann wirklich beurteilen, ob die Elite der Vorgänger die innere oder äußere Möglichkeit hatte, ernsthaft Widerstand zu leisten. Aktiver Widerstand bleibt immer Sache der persönlichen Entscheidung. Mag Widerstand noch so berechtigt sein und das Recht auf Widerstand gegen Unrecht und Tyrannei noch so feierlich in Verfassungsurkunden verkündet werden, – jedes bestehende Regime betrachtet Widerstand gegen die herrschenden Gewalten als Sakrileg. Seine Berechtigung wird nur in den Gerichten und Propagandamedien eines Nachfolgeregimes, das sich stark fühlt, mit Nachdruck vertreten.

Wenn aktiver Widerstand gegen den Unterdrücker ein reichlich illusorischer Maßstab ist, so ist es auf der anderen Seite durchaus legitim, Personen, die unter dem besiegten Regime eine Rolle gespielt hatten, danach zu beurteilen, ob sie sich je dazu haben entschließen können, die Ämter, Ehrenposten oder wirtschaftlichen Kommandopositionen, die sie unter diesem Regime innehatten, aufzugeben. Nur dann wäre dieser Maßstab unanwendbar, wenn Rücktritt im gegebenen konkreten Fall lebensgefährlich gewesen wäre. Erfahrungsgemäß legen viele Menschen die verhängnisvolle Neigung an den Tag, sich in Positionen zu drängen oder drängen zu lassen, von denen sie im Voraus wissen, dass es bei der Entgegennahme von Ehrungen und Belohnungen nicht bleiben, sondern über kurz oder lang aktives Mitmachen verlangt, Übernahme der Verantwortung erzwungen werden wird. Schorns umfangreiches Material über die Richter des Dritten Reiches bestätigt das; es zeigt, dass sich charakterfeste Richter jeder Berufung zu einem Sondergericht zu entziehen, ja sogar die Zurücknahme vollzogener Ernennungen durchzusetzen wussten, dass es aber auch anderseits genug Richter gab, die von der Tätigkeit an einem Sondergericht, das Fälle von politischer Bedeutung bearbeitete, eine beachtliche Verbesserung ihrer Karriereaussichten erwarteten.[46] Die logische Schlussfolgerung zieht Schorn allerdings nicht: dass ein stiller Streik der Richterschaft, eine Weigerung der großen Mehrheit der Richter, bei Sondergerichten Dienst zu tun, dem nationalsozialistischen Regime große Ungelegenheiten bereitet und seinem Ansehen in den Augen der Bevölkerung schweren Schaden zugefügt hätte.

Es gibt natürlich auch gegenteilige Behauptungen.[47] Mit der Berufung auf extremen Notstand haben es die amerikanischen Militärgerichte in Nürnberg wiederholt zu tun gehabt. In ziemlich schroffer Form ist diese Einrede im Krupp-Urteil zurückgewiesen worden.[48] Hier wie auch in anderen Fällen, darunter im sogenannten Wilhelmstraßen-Urteil, wurde die Entschuldigung nicht akzeptiert, weil nach der Überzeugung des Gerichts »keiner der Angeklagten unter Zwang gehandelt« hatte.[49] Umgekehrt hat das Gericht im Flick-Prozess, ohne auf Einzelheiten einzugehen, die Einrede der Lebensgefahr in drei Fällen gelten lassen.[50] Sooft der Einwand aber auch gemacht worden ist: dass Amtsträger, die unter irgendeinem Vorwand aus dem Dienst ausschieden, ein beachtliches Risiko auf sich genommen hätten, ist in den zahlreichen Strafprozessen vor deutschen Gerichten, die sich in den letzten Jahren mit der kriminellen Erbschaft des Dritten Reiches zu befassen hatten, keineswegs erwiesen worden. Nur wenn sich ein Regime dem Todeskampf nähert, gibt es für die in letzter Minute Desertierenden keinen Pardon: weder bei denen, die sie im Stich lassen, noch bei denen, zu denen sie flüchten.

Unter weniger extremen Umständen buchen terroristische Regimes die Schwankenden einfach ab und verhöhnen die Skrupel derer, die zu schwach sind, ihnen treue Dienste zu leisten. Wer zu unentschlossen ist, Widerstand zu leisten oder in Treue auszuharren, kann vom Standpunkt

---

46 Hubert Schorn: Der Richter im Dritten Reich. Geschichte und Dokumente, Frankfurt am Main, ohne Jahr, {Copyright 1959}, S. 114 f.
47 Knieriem: Nürnberg... (siehe oben Anmerkung 40), S. 273 f.; dagegen vergleiche Donnedieu de Vabres: »Le Procès...« (siehe oben Anmerkung 22), S. 570.
48 Krupp-Prozeß (The Krupp Case. Amtliche Protokolle in englischer und deutscher Sprache, in hektographierten Exemplaren hergestellt von dem Generalsekretariat der Nürnberger Militärgerichtshöfe, Fall X), englisch S. 13396 f., deutsch S. 13794 f. (Verhandlung vom 29. Juni 1948).
49 Wilhelmstraßen-Prozeß (Ministries Case. Amtliche Protokolle..., a.a.O., Fall XI), englisch S. 28119, deutsch S. 27648 (Verhandlung vom 11. April 1949); auch in: Das Urteil im Wilhelmstraßen-Prozeß. Der amtliche Wortlaut der Entscheidung im Fall N. 11 des Nürnberger Militärtribunals gegen von Weizsäcker u. a., Schwäbisch-Gmünd, 1950, S. 14.
50 Flick-Prozeß (The Flick Case. Amtliche Protokolle..., a.a.O., Fall V), englisch S. 10993 ff., deutsch. S. 10736 (Verhandlung vom 22. Dezember 1947).

des Regimes ebensogut von der Oberfläche abtreten und im Schatten verschwinden. Aber eben aus diesem Grunde, der ein gewisses Maß an Bedrohung der persönlichen Sicherheit in sich birgt, ist die Bereitschaft, in Vergessenheit zu geraten, ein Prüfstein. Die Richtenden dürfen diesen Maßstab mit Recht anlegen, wenn sie über das Elitepersonal eines Regimes zu urteilen haben, das, solange es bestand, immer wieder neue Methoden entwickelte, die elementaren Voraussetzungen menschenwürdigen Daseins in den Staub zu treten.[51]

Dritter Einwand: Voreingenommenheit des Gerichts. Die zwei weiteren Argumente sind allgemeinerer Natur. Von den Kritikern der Nürnberger Prozesse sind sie bis zum äußersten ausgeschlachtet worden; ebenso gut könnten sie gegen alle von Nachfolgeregimes veranstalteten Prozesse vorgebracht werden. Der dritte Einwand besagt im Wesentlichen, dass die Richter von Nürnberg parteiisch gewesen seien, weil sie parteiisch hätten sein müssen: Sie seien, wird immer wieder gesagt, die Richter der Siegermächte gewesen; die Angeklagten hätten gerechterweise von einem aus Vertretern der Sieger, der Neutralen und der besiegten Deutschen zusammengesetzten Gericht oder von einem rein deutschen Gericht abgeurteilt werden müssen. Ein deutsches Gericht, wird argumentiert, hätte die Anwendung der den Angeklagten vertrauten deutschen Strafrechts- und Strafprozessvorschriften garantiert; in Nürnberg aber seien die Angeklagten und ihre deutschen Verteidiger einem Mischmasch von rückwirkend angewandten und *ad hoc* erlassenen ausländischen Strafrechtsbestimmungen ausgesetzt gewesen und hätten unter Verfahrensvorschriften hauptsächlich englisch-amerikanischen Ursprungs laborieren müssen, die ihnen fremd gewesen seien.

Der Einwand gegen Siegergerichte trifft im Grunde das ureigenste Wesen des politischen Prozesses. In allen politischen Prozessen, die vor Gerichten eines siegreichen neuen Regimes stattfinden, sind die Richter in gewissem Sinne Siegerrichter. Es ist nicht wesentlich, ob sie von den Siegern neu eingesetzt oder in ihrer Funktion – mit oder ohne Reorganisation – bestätigt worden sind; in jedem Fall sprechen sie Recht auf dem Boden und im Rahmen des Rechtssystems, das von der politischen Ordnung der Sieger geschaffen worden ist. In etwas weiterem Sinne arbeiten alle Richter, nicht nur die eines Nachfolgeregimes, auf der Basis des geltenden rechtlichen und politischen Systems; es ist eine ihrer vornehmsten Amtspflichten, für die Festigung und Erhaltung dieses Systems zu sorgen. Durfte der Rebell John Lilburne die Richter Karls I. oder des Langen Parlaments wegen Befangenheit ablehnen? War es

51 Vergleiche weiter unten Anhang B.

Gracchus Babeuf möglich, seinem Protest gegen die Haute Cour des Direktoriums Geltung zu verschaffen? Konnte sich General Malet weigern, mit Napoleons Kriegsgerichtskommission zu tun zu haben? Hatten Daladier und Léon Blum und drei Jahre später Pétain mehr Erfolg, als sie die Zuständigkeit der von den gerade herrschenden Regimes eingesetzten Sondergerichte anfochten?

Zuständigkeitseinwände gehören heute zum normalen Zubehör größerer politischer Prozesse. Gleich im Anfangsstadium, wenn das Publikumsinteresse am größten ist, verleihen solche Proteste dem Prozess den Anschein besonderer juristischer Sauberkeit und Regularität, ohne das Regime, das den Prozess inszeniert, in eine peinliche Situation zu bringen. Dass das Gericht den Einwand gegen seine Zuständigkeit zurückweist, versteht sich von selbst. Wie das aussieht, lässt sich einer neueren Episode entnehmen. Im April 1960 wurde vor dem Obersten Gericht der DDR ein Verfahren *in absentia* gegen Theodor Oberländer, den Vertriebenenminister der Bundesrepublik, wegen Teilnahme an Kriegsverbrechen eröffnet. Der Angeklagte nahm vom Prozess keine Notiz. Das Gericht bestellte zwei Offizialverteidiger; einer von ihnen war der Vorsitzende des Ost-Berliner Kollegiums der Rechtsanwälte. Pflichtgemäß reichten die Verteidiger schriftliche Einwendungen gegen die Zuständigkeit des DDR-Gerichts ein. Die Zurückweisung begründete mit großer Gelehrsamkeit ein professorales Mitglied des Gerichts.[52]

Darauf begann der Aufmarsch der von der Staatsanwaltschaft aufgebotenen Sachverständigen und Zeugen aus der DDR und anderen Oststaaten, die Oberländers Beteiligung an der Planung einer auf Kriegsverbrechen gerichteten Politik beweisen sollten; aus der Westukraine herbeigeschaffte Zeugen sagten außerdem aus, Oberländer sei bei Massenschlächtereien dabei gewesen und habe entsprechende Befehle erteilt. Der Prozessbericht erwähnt keinerlei Versuche der Offizialverteidiger, die Zeugen ins Kreuzverhör zu nehmen, ihre Glaubwürdigkeit anzuzweifeln oder Widersprüche in ihren Aussagen aufzudecken. Sogar die fast automatische Rückfrage, ob der Zeuge seiner Sache ganz sicher sei, blieb dem Gerichtsvorsitzenden überlassen.[53] Das einzige, was an das kontradiktorische Verfahren einer Gerichtsverhandlung erinnerte, war eben der obligate Zweifel der Verteidigung an der Zuständigkeit; im Übrigen war das Bühnenbuch so zusammengestellt, dass ein perfekter Propagandatext,

---

52 Neues Deutschland, Jahrgang 15, Berliner Ausgabe, Nr. 110, 21. April 1960, S. 1, Sp. 2 f., und S. 3, Sp. 1-4.
53 Zeugenaussagen von Helena Kuchar und Fritz Hübner, in: Neues Deutschland, Jahrgang 15, Berliner Ausgabe, Nr. 112, 23. April 1960, S. 2, Sp. 3 ff., und Nr. 113, 24. April 1960, S. 2, Sp. 2-5.

auf einwandfreiem Hintergrund dargeboten, ans Publikum gelangen musste. Der Kommentar zu den Urteilsgründen, der im amtlichen Justizorgan erschien, lieferte die Begleitmusik.[54]

Ein Ermittlungsverfahren bei der Bonner Staatsanwaltschaft, bei dem fast zur selben Zeit Zeugen vernommen wurden, die ihren Wohnsitz in westlichen Ländern hatten, endete mit einem Einstellungsbeschluss, in dem Oberländers Beteiligung an Greueln in den vom Dritten Reich besetzten Gebieten ausdrücklich verneint wurde. Natürlich wurden die Zeugen aus dem Osten und die aus dem Westen weder im einen noch im andern Verfahren miteinander konfrontiert: Das wäre sicherlich möglich gewesen, nur war keine der Parteien daran interessiert. Taktisch allerdings hatten sich die Propagandachefs im Osten einen Vorteil gesichert: Die DDR hatte eine gemeinsame Untersuchung vorgeschlagen, von der sie im Vorhinein wusste, dass sie die Bundesrepublik nicht akzeptieren konnte. Welches Gericht wäre wirklich zuständig, welches unparteiisch gewesen?

Über die Aufgabe der Richter bei der Aburteilung der Kriegsdelinquenten und über den Charakter des gewünschten Verfahrens hatte es schon bei den Londoner Beratungen der Alliierten 1945 eine grundsätzliche Kontroverse gegeben. In realistischer Beurteilung der geschichtlichen Rolle der geplanten Prozesse, aber mit einer, wenn man an die politischen Schauprozesse der Stalin-Zeit denkt, verständlichen Grobschlächtigkeit verlangte der Vertreter der Sowjetunion, General Nikičenko, eine Eilprozedur sowohl für die Prozesse als auch für die Vollstreckung der Entscheidungen hinsichtlich der Hauptkriegsverbrecher; er sprach ungeniert von »Verurteilungen«, wie sie ja auch von den alliierten Kriegschefs im Voraus angekündigt worden waren.[55] Dagegen hielt sich der amerikanische Bundesrichter Jackson für verpflichtet, die traditionelle westliche Position hervorzuheben: Danach bestand ein grundsätzlicher Unterschied zwischen der Befugnis der vollziehenden Gewalt, Gerichte ins Leben zu rufen und die Strafverfolgung zu organisieren, und der unabhängigen Aufgabe der zu bestellenden Richter, das ihnen vorgelegte Material zu prüfen, Beweise zu erheben,

---

54 Urteil des Obersten Gerichts der Deutschen Demokratischen Republik, 1 Zst (I) 1/60, Neue Justiz, Jahrgang 14, Beilage zu Nr. 10 (20. Mai 1960). Über drei Jahre später, im Juli 1963, wurde dieselbe Prozedur gegen Hans Globke, Staatssekretär im Bundeskanzleramt, in Gang gebracht, und natürlich wurde der abwesende »Angeklagte« ebenfalls »verurteilt«; siehe: Urteil des Obersten Gerichts... vom 23. Juli 1963, 1 Zst (I) 1/63, a.a.O., Jahrgang 17, S. 449-512a (Nr. 15, 5. August 1963). Ausgiebige »Prozeßberichte« lieferte Neues Deutschland, Jahrgang 18, Berliner Ausgabe, Nrn. 185-200, 10. - 24. Juli 1963.
55 US Department of State: Report of Robert H. Jackson... (siehe oben Anmerkung 27), S. 104 f.

Verteidigungsargumente zu würdigen und zu einem unparteiischen Urteil zu gelangen.[56]

Natürlich stellten sich die gegensätzlichen Positionen im betont realistischen Zynismus des Sowjetgenerals und im abstrakten Traditionalismus des amerikanischen Juristen in übertriebener Einseitigkeit dar. Selbstverständlich musste ein Prozess, der unmittelbar auf die militärische Niederlage des Dritten Reiches folgte, den politischen und ideologischen Zusammenbruch des Nationalsozialismus zum Ausgangspunkt nehmen. Aber nach der westlichen Vorstellung brauchte diese offenkundige Tatsache die Ermessensfreiheit der Richter bei der Bewertung der Rolle und Verantwortung der einzelnen deutschen Führer nicht auszuschließen, was denn auch unter anderem darin zum Ausdruck kam, dass der Internationale Militärgerichtshof drei Hauptangeklagte gegen den Protest des Sowjetrichters freisprach. Deswegen trifft die Gegenüberstellung von Rechtsprechung und Machtbekundung, die sich wie ein roter Faden durch manche Diskussionen über Kriegsverbrechen zieht und auch in einige der richterlichen Stellungnahmen Eingang gefunden hat,[57] nicht den wirklich entscheidenden Punkt. Über den Charakter des Gerichtsverfahrens entscheiden nicht unbedingt die Methode der Auswahl und Ernennung der Richter und die Art und Herkunft der gesetzlichen Bestimmungen, nach denen Recht gesprochen werden soll. Gerade wenn man sich ein Urteil darüber bilden will, was ein Prozess von Siegern gegen Besiegte leisten soll und tatsächlich leistet, muss man nicht minder auch die Methode beachten, nach der das Gericht die ihm vorgelegten Tatsachen prüft und würdigt, denn daran zeigt sich, inwieweit es seine Unabhängigkeit gegenüber Einflüssen, die von außen auf die Richter einwirken, zu wahren vermag.

56 Ebda., S. 113, 115.
57 Mit dem Hinweis auf diesen inneren Konflikt begründet zum Beispiel der indische Richter Pal seine Meinung, dass die Prozesse vor dem Internationalen Militärtribunal für den Fernen Osten keine echten Rechtsverfahren gewesen seien; siehe Radhabinod Pal: International Military Tribunal for the Far East: Dissentient Judgement, Calcutta, ohne Jahr {Copyright 1953}. Aus demselben Grund findet der amerikanische Bundesrichter William O. Douglas, dass das Oberste Gericht der Vereinigten Staaten die Entscheidungen dieses Tribunals nicht überprüfen könne; siehe Koki Hirota: *Pet. V. General of the Army Douglas MacArthur et al.*, United States Reports, Volume 330 (1950), S. 197 bis 215 ff. Vom fernöstlichen Militärtribunal sagt Douglas (S. 205): »Es bezog sein Gesetz von seinem Schöpfer und handelte nicht als freier und unabhängiger Gerichtshof, der die Rechte der Beschwerdeführer nach internationalem Recht hätte beurteilen können.« Die politische Entscheidung, die der amerikanische Präsident im Einvernehmen mit Amerikas Verbündeten über die Behandlung der feindlichen Führer getroffen hatte, stellt Douglas auf eine Stufe mit der Entscheidung der Siegermächte von 1814, Napoleon auf Elba zu internieren. Indes sagt die Tatsache, dass eine ähnliche Behandlung der japanischen Führer auf administrativem Weg hätte erreicht werden können, nichts darüber aus, welche Normen und Kriterien angewandt werden sollten, nachdem man sich für ein Gerichtsverfahren entschieden hatte.

Der internationale Militärgerichtshof hatte, nachdem der Nationalsozialismus politisch geschlagen war und seine Bestialität allgemeinen Abscheu hervorgerufen hatte, den Auftrag, die individuelle Verantwortung für die nationalsozialistische Politik und die Methoden ihrer praktischen Verwirklichung festzustellen. Insofern hätte die Hinzuziehung von Richtern aus neutralen Ländern, so nützlich sie sich in psychologischer Beziehung hätte auswirken können, sowohl den Alliierten als auch den Neutralen beträchtliche Ungelegenheiten bereitet. Sie hätte die neutralen Länder gezwungen, sich mit der alliierten Politik, die den Prozessen zugrunde lag, offiziell einverstanden zu erklären; sie hätte auf der anderen Seite das äußere Bild der einheitlichen Handhabung des Verfahrens durch Gericht und Anklagebehörde, das auch ohnehin nur mit Mühe zu erzielen war, so gut wie unmöglich gemacht. Praktisch hätte sie die Schaffung eines internationalen Strafgerichtshofes bedeutet, der trotz allen entsprechenden Projekten bis jetzt nicht zustande gekommen ist, weil eine einheitlich organisierte Weltgemeinschaft nicht besteht. So sind auch die ernsten Einwände gegen die fernöstlichen Kriegsverbrechertribunale nicht dadurch entkräftet worden, dass der Vertreter des neutralen Indiens, Richter Pal, ihren Urteilen seinen fulminanten grundsätzlichen Protest beifügen konnte.[58] So große juristische Schwächen das Abkommen über die Internationalen Militärgerichtshöfe aufwies, es brachte die objektiven Erfordernisse der politischen Situation am Ausgang des Krieges zum Ausdruck, die in diesem Fall – ein seltenes, aber heilsames Zusammentreffen – mit den moralischen Vorstellungen der meisten Menschen übereinstimmten.

Die Meinung, dass sich ein deutsches Gericht, von dem die Angeklagten nach deutschem Recht abgeurteilt worden wären, für die Zwecke der Prozesse besser geeignet hätte, geht über eine rein verfahrensmäßige Kritik am Nürnberger Unternehmen hinaus; sie will den Eindruck vermitteln, dass ein einheimisches deutsches Gericht einen höheren Grad von »Objektivität« hätte garantieren können. Die gegenteilige These dürfte der Wahrheit näher sein. Natürlich konnten die siegreichen Alliierten dem nationalsozialistischen System als Ganzem nur Feindschaft entgegenbringen; aber die Fälle der einzelnen Angeklagten hatten für die Richter keine tiefere persönliche Bedeutung als Meldungen, die sie in den Zeitungen lasen, und hatten kaum eine Beziehung zu ihrer eigenen Lebenssphäre. Eben darum konnten die Richter bei der

---

58 Die mannigfaltigen und durchgreifenden Einwände gegen das Verfahren des Internationalen Militärtribunals für den Fernen Osten finden eine ausführliche Behandlung bei John A. Appleman: Military Tribunals and International Crimes, Indianapolis, ohne Jahr {Copyright 1954}, Kapitel 38.

Würdigung des Belastungsmaterials gegen die einzelnen Personen, die auf der Anklagebank saßen, das Höchstmaß an Fairness und Unvoreingenommenheit aufbringen.

Es wäre wahrscheinlich anders gewesen, wenn deutsche Gerichte über die Größen des Dritten Reiches hätten urteilen müssen. Nach der Katastrophe von 1945 hätte es keine Wiederholung der Vorgänge nach dem Ersten Weltkrieg gegeben: Kein Reichsgericht in alter Besetzung wäre dagewesen, das die wegen Kriegsverbrechen angeklagten Offiziere der kaiserlichen Armee mit Glacéhandschuhen anfasste. Deutsche Prozesse gegen führende Männer des Nationalsozialismus wären von Richtern und Staatsanwälten geführt worden, die mit der Justiz des Dritten Reiches nichts zu tun gehabt hatten; zum größten Teil hätten es Gegner und Opfer des Nationalsozialismus sein müssen. Möglich ist gewiss, dass solche Prozesse ganz andere Lebensbereiche erfasst und die Handlungsweise der Angeklagten gründlicher und mit größerem Instinkt für innere Zusammenhänge durchleuchtet hätten. Ob das ein Vorteil für die Angeklagten gewesen wäre, muss man füglich bezweifeln.

Ein mit dem prozessualen Rüstzeug des kontinentaleuropäischen Strafprozesses versehenes Gericht hätte die gesamte Prozessführung in der eigenen Hand behalten und sich nicht darauf beschränkt, die zeitraubenden Duelle zwischen Staatsanwälten und Verteidigern nach angelsächsischer Art unparteiisch zu überwachen. Ohne gezwungen zu sein, sich auf einen langen Streit über die Zulässigkeit des Beweismaterials nach Regeln aus der Praxis der englisch-amerikanischen Geschworenengerichte einzulassen, und ohne sich mit mühseligen mehrsprachigen Übersetzungen aufhalten zu müssen, hätte ein deutsches Gericht dokumentarische Beweise auf Grund seiner eigenen Kenntnis der nationalsozialistischen Politik und Praxis und seines eigenen Einblicks in die Zusammenhänge würdigen können. Wäre es frei gewesen, den Prozess nach eigenem Gutdünken zu führen, so hätte es natürlich viel geringeres Interesse an einem der problematischsten Aspekte der verschiedenen Nürnberger Verfahren bekundet: der Geltung der Vorschriften des Kriegsrechts mitten in der militärischen Auseinandersetzung. Statt sich mit abstrakten Erörterungen der Verbrechen gegen den Frieden zu beschäftigen, hätte es sich gerade den innenpolitischen Aspekten des nationalsozialistischen Systems zugewandt, die der Internationale Militärgerichtshof ausdrücklich ausgeklammert hatte.

Eine ganz andere Frage ist allerdings, ob die Urteile deutscher Gerichte positivere deutsche Reaktionen ausgelöst und dem deutschen Volk eher dazu verholfen hätten, die unmittelbare Vergangenheit mit größerer Entschiedenheit, klarerem Bewusstsein und weniger opportunistisch zu bewältigen. Fraglich ist ebenfalls, ob sich daraus eine rationalere Methode der Behandlung der vielen Arten von Verstößen gegen die elementarsten Gebote menschenwürdigen Daseins hätte entwickeln lassen und ob die bruchstückhaften, lotterieähnlichen Prozesse vermieden worden wären, die heute – viel zu spät, viel zu sporadisch und mit oft recht fragwürdigen Ergebnissen – vor deutschen Gerichten stattfinden.

Mehrere Jahre früher lagen die Dinge anders. Die Empörung über die Barbarei war akuter, das Verlangen nach moralischer Läuterung und Erneuerung stärker und einheitlicher. Die These, dass die einheimische deutsche Gerichtsbarkeit die Liquidierung der üblen Hinterlassenschaft der Hitlerei 1946 oder 1947 weniger parteiisch und leidenschaftsloser in Angriff genommen hätte als die Gerichte der Siegermächte, ist, vorsichtig ausgedrückt, alles andere denn überzeugend.

(Erst 1958 haben sich die Justizverwaltungen der deutschen Länder darauf geeinigt, eine gemeinsame Stelle zu schaffen, die Material über einzelne der Teilnahme an nationalsozialistischen Greueltaten verdächtige Personen zentral zusammenträgt und die Ermittlungen koordiniert. Seit Mai 1960 ist aber die Verfolgung der entsprechenden Straftaten, sofern es sich nicht um Mordfälle handelt, durch Verjährungsfristen behindert. Parlamentarische Versuche, die gesetzliche Verjährungsfrist außer Kraft zu setzen, sind ergebnislos ausgegangen. Nach Kriterien der Rechtsstaatlichkeit mit Recht, denn die deutschen Strafverfolgungsbehörden hatten mehr als ein Jahrzehnt Zeit, in Aktion zu treten, und hätten – amtlichen Erklärungen zum Trotz – mehr Strafverfahren einleiten und früher bearbeiten können, als sie zuwege brachten; Zufallsveränderungen in Stimmungen und Haltungen dieser oder jener Teile der Öffentlichkeit und des Behördenapparats sind kein zureichender Grund, die Vorteile der für alle geltenden Verjährungsfristen einzelnen Kategorien von Delinquenten vorzuenthalten.)

Vierter Einwand: tu quoque. Die Justiz der siegreichen Nachfolger will nicht nur zurückblicken, sondern auch in die Zukunft schauen. Indem sie die Wurzeln der Ungerechtigkeit in den Taten des beseitigten Regimes bloßlegt, versucht sie, die Ergebnisse der gerichtlichen Klärung als Bausteine für die Fundamente der neuen Ordnung zu benutzen. Sie proklamiert die moralische Überlegenheit der neuen Machthaber; sie unterstreicht nachdrücklich und angelegentlich den grundlegenden Unterschied zwischen dem verächtlichen Tun der Unterdrücker von gestern und den Träumen, Absichten und befreienden Taten der Regierenden von heute. Gegen diesen moralischen Anspruch greifen die angeklagten

Gestrigen zur Taktik des *tu quoque*. »Ihr seid nicht besser«, schleudern sie den Siegern entgegen.

Diese vierte Einrede hält dem neuen Regime dieselbe Handlungsweise vor, für die sich das alte vor Gericht verantworten muss. Dem Bemühen der Sieger, die Rechtmäßigkeit der Taten der Besiegten in Frage zu stellen, wird damit ein Riegel vorgeschoben. Bei den Londoner Beratungen über die Bestrafung der Kriegsverbrechen war dieser Einwand vorausgesehen worden,[59] und tatsächlich brachte ihn die Verteidigung in Nürnberg immer wieder vor; auch später kamen Kritiker der Prozesse wiederholt darauf zurück: Es hieß, der rechtliche Charakter der Nürnberger Verfahren sei schon durch die Tatsache widerlegt, dass die Sowjetunion im Internationalen Militärgerichtshof vertreten gewesen sei.

Fasst man den Einwand weiter, so lässt er sich gegen jede Art irdischer Justiz anführen. Nur der Erzengel, der am Tage des Jüngsten Gerichts zur Erde herabstiege, wäre von dem Vorwurf frei, Tadel und Lob nicht nach Gebühr ausgeteilt zu haben. Nur ein Richter, dem die Aufgabe zufiele, die Regelung der Eigentumsverhältnisse in einer Gesellschaft zu überwachen, die ihre Wirtschaftsverfassungsprobleme gelöst, die Positionsansprüche ihrer Angehörigen befriedigt und ihrem Geltungsbedürfnis Rechnung getragen hat, wäre befugt, über Eigentumsdelikte zu urteilen. In politischen Angelegenheiten dürfte nur ein Staatsgebilde, das sich nie mit Zwang und unsauberen Mitteln an die Macht geklammert hat, über Gegner zu Gericht sitzen, weil sie mit Zwang und unsauberen Mitteln versucht haben, an die Macht zu kommen. Senecas Frage, wie viele Ankläger wohl einer Verurteilung nach dem Gesetz, auf das sie sich berufen, entgehen könnten,[60] drückt eine elementare Lebenswahrheit aus. Deswegen ist *tu quoque* in politischen Prozessen viel eher für die Öffentlichkeit und für den künftigen Historiker bestimmt als zur Begründung der häufig ohnehin ausgeschlossenen Revision.[61] Dem Sinne nach besagt der Einwand, dass nicht die Qualität der Leistung derer, die herrschen, sondern ein geschichtlicher Zufall darüber entscheidet, wer zu Gericht sitzt und wer sich zu

---

59 US Department of State: Report of Robert H. Jackson ... (siehe oben Anmerkung 27), S. 102, 304 ff.
60 L. Annaeus Seneca: De clementia, I, 7.
61 In neuerer Zeit wurde das Argument von Verteidigern algerischer FLN-Angehöriger vor einem Pariser Militärgericht vorgebracht: Das ihren Mandanten vorgeworfene Attentat auf Soustelle führten sie auf französische Missetaten in Algerien zurück, an denen eben Soustelle schuld gewesen sei; siehe: Le Monde, Jahrgang 16, Nr. 4368, 7. Februar 1959, S. 5.

verantworten hat; damit wird von vornherein versucht, Bedeutung und Gewicht des Urteils abzuwerten.

Zu einer rechtlich durchschlagenden Einrede kann *tu quoque* nur werden, wenn die Umkehrung der Schuld so plausibel ist, dass damit das Fehlen allgemeingültiger Normen dargetan werden kann. Man kann sich nicht bloß darauf berufen, dass die Anklagebehörde, was nicht ungewöhnlich ist, Verstöße gegen allgemeingültige Normen nicht mit demselben Eifer verfolge, wenn die Delinquenten zum Lager der Herrschenden gehören.[62] Erst die Nachwelt wird die Frage beantworten können, ob die Rechtsansprüche der neuen Ordnung je zu moralischen Geboten geworden sind und ob die neuen Machthaber die Fähigkeit und den Willen aufgebracht haben, sich nach den von ihnen verkündeten Ordnungsprinzipien zu richten. Wenn ein Richter nicht bloß ein Techniker ist, der die vorherrschenden Tendenzen in staatlich genehmigte Rechtssätze übersetzt, sollte er – wenigstens in seinen Urteilen – bestrebt sein, die bekannten, vermuteten oder zu erwartenden Sünden und Unterlassungen seines eigenen Lagers mit den Freveln derer zu vergleichen, die der Gang der Ereignisse auf die Anklagebank gebracht hat. Indes wäre es töricht, wenn ein Angeklagter sich darauf verlassen wollte, dass sein Richter einfühlsam und furchtlos sein werde. Das kann nur ein Glücksfall sein.

Was das Argument *tu quoque* vor dem Internationalen Militärgerichtshof in Nürnberg anging, so gab sich das Gericht sowohl bei den Freisprüchen als auch bei der Bemessung der Strafe, die sich keineswegs mechanisch nach der Zahl der Straftaten richtete, deren die Angeklagten überführt worden waren, Mühe, die für einzelne Delikte verschiedene Vergleichbarkeit der Nazi-Taten mit Taten anderer zu berücksichtigen. Bei Untaten, in denen wir Verstöße gegen die menschliche Daseinsnorm sehen, gab es schlechterdings keine vergleichbaren Praktiken irgendeines im Gericht vertretenen oder nicht vertretenen Staates, die zur Entschuldigung oder Strafmilderung hätten herangezogen werden können; sie wären auch nicht dadurch greifbar geworden, dass der Verteidigung mehr Freiheit gegeben worden wäre, analoge Verbrechen der Siegermächte nachzuweisen. Es gab aber auch Fälle – zum Beispiel in der Frage des uneingeschränkten U-Boot-Krieges –, in denen die

---

62 Neuerdings wird darauf hingewiesen, dass die *tu quoque*-Einrede zwar nicht im Strafrecht der einzelnen Staaten, dafür aber im Völkerstrafrecht gelten sollte: im staatlichen Rahmen könne jeder wegen Gesetzesübertretung eine Anzeige erstatten, der die Anklagebehörde nachgehen müsse, also faktisch ein Strafverfahren in Gang bringen, was im internationalen Strafrecht nicht möglich sei; siehe Jescheck: Die Verantwortlichkeit der Staatsorgane... (siehe oben Anmerkung 21), S. 277. Das träfe aber nur zu, wenn das Legalitätsprinzip überall befolgt würde; das automatische Funktionieren der Rechtspflege sollte man doch nicht ganz so gläubig unterstellen.

Einrede so zwingend war, dass den Richtern Zweifel daran kamen, ob es eine klare, allgemeingültige strafrechtliche Regelung gegeben habe; in solchen Fällen ließ das Gericht die entsprechenden Anklagepunkte fallen.[63] In den Fällen jedoch, in denen die Verteidigung vorbrachte, dass die Sowjetunion an kriegerischer Aggression teilgenommen oder Kriegsgefangene in Gefahrenzonen eingesetzt habe, wurde die Einrede vom Gericht verworfen. Je enger sich die den Alliierten vorgehaltenen Praktiken mit den Handlungen berührten, über die das Gericht zu urteilen hatte, umso weniger ließ sich die Zurückweisung des von der Verteidigung angebotenen Beweises moralisch rechtfertigen.[64]

c) Beitrag eines überstaatlichen Gerichts

Der Nürnberger Prozess hatte seine eigene sonderbare Dialektik. Versucht wurde, schuldhaftes politisches Handeln, das in der Ausführung Verbrechen gegen die menschliche Daseinsnorm hervorbrachte, in der überstaatlichen Ebene strafrechtlich zu verfolgen. Dabei mochte das verbrecherische Tun – zum Beispiel die Ausrottung der Juden – als Bestandteil des politischen Gesamtprogramms von Anfang an geplant gewesen oder – zum Beispiel die Ermordung und Aushungerung von Millionen von Kriegsgefangenen – als besonders wirksames oder bequemes Mittel, bestimmte militärische oder politische Ziele zu erreichen, improvisiert worden sein. Da es für das Verfahren als Ganzes keine Präzedenzfälle gab, fehlten sie auch für das Vorgehen der Anklagebehörde (und erst recht für das gesamte Vorgehen der Anklagestäbe von vier Mächten), aber auch für die im Londoner Abkommen festgelegten und in Nürnberg notwendigerweise weiterentwickelten strafrechtlichen und strafprozessualen Vorschriften.

Daher lassen sich beliebig viele Anomalien aufweisen, sobald man den Prozess mit einem beliebigen Exempel normaler heimischer Strafrechtspflege vergleicht. Addiert man diese Anomalien, so erhält man den Eindruck grober Rechtswidrigkeit und ist versucht, dem Prozess selbst den Prozess zu machen. Was bleibt dann übrig als ein moralisierendes Lehrstück, das, vom weiteren Verlauf der Geschichte sogleich widerlegt, noch nicht einmal etwas zu lehren hat?

---

63 Siehe zum Beispiel die Begründung des Dönitz-Urteils, IMT (siehe oben Anmerkung 22), Band XXII, S. 556-561 (HKV, Band XXII, S. 633-638), und das Raeder-Urteil, ebda., S. 561 ff. (638 ff.).
64 Eine Pauschalablehnung der Einrede *tu quoque* durch die Nürnberger Richter findet sich in IMT (siehe oben Anmerkung 22), Band XIII, S. 52 (HKV, Band XIII, S. 575).

Aus neuerer Erfahrung wissen wir genug über Verfahren, die den Namen Prozess nicht verdienen; wir erkennen den Unterschied zwischen einem Prozess – mit allen Merkmalen eines politischen Prozesses – und einer Veranstaltung, die nur zu Propagandazwecken Prozess genannt wird, in Wirklichkeit aber mehr von einem Bühnenstück an sich hat, dessen Ausgang im Voraus feststeht. Zu einem echten Prozess gehört ein gewisses Risiko, das alle Beteiligten eingehen und das nicht ausgeschaltet werden kann, solange Richter und Geschworene frei und willens sind, die Darstellung des Sachverhalts, wie sie von der Anklagebehörde einerseits, vom Angeklagten anderseits dargeboten wird, im Lichte einer bestimmten Verhaltensnorm zu würdigen. Im Großen und Ganzen ist diese Norm den Angeklagten nicht unbekannt.

Dagegen will der Richter, der auf seine Freiheit – aus Angst oder Liebedienerei – im Voraus verzichtet, gar nicht als Richter handeln. Deutsche und französische Gerichte haben das verschiedentlich hervorheben müssen.»Wer gar nicht Recht sprechen will und die Formen der richterlichen Tätigkeit nur zur Erreichung anderer, sachfremder Ziele benutzt, kann sich nicht darauf berufen, daß er sich – äußerlich gesehen – an die bestehenden Gesetze gehalten habe; denn dies ist bei einer solchen inneren Haltung nur zum Schein geschehen.«[65] Ein Richter, der in einem Prozess den Vorsitz führen will, nachdem er dem zum Prozess drängenden Justizminister versichert hat, er könne auf ihn rechnen, und der die rückwirkend eingeführte (aber im Gesetzesanzeiger verschleierte) Strafverschärfung dazu benutzt, die Angeklagten zum Tode zu verurteilen, hat mit Rechtspflege nichts zu tun.[66] Von einem Kriegsgericht, dessen Mitglieder vom Sicherheitsbeauftragten der Regierung eigens zu diesem Zweck ausgesiebt worden sind, das im Büro des Gefängnisdirektors ohne Verteidiger verhandelt und nach vierstündiger Beratung Todesurteile gegen achtundzwanzig Angeklagte wegen Teilnahme an einer Gefängnisrevolte fällt, könne, sagt der französische Kassationsgerichtshof,»nicht angenommen werden, dass es eine richterliche Entscheidung getroffen habe.«[67]

---

65 Urteil des Bundesgerichtshofs vom 7. Dezember 1956, 1 StR 56/56, in: Entscheidungen des Bundesgerichtshofes in Strafsachen, Band 10, Köln/Berlin, 1958, S. 295-304, insbesondere 301.
66 Über diesen Vorfall aus dem Sommer 1941 berichtet im Detail Robert Aron: Histoire de Vichy. 1940 - 1944, Paris, ohne Jahr {Copyright 1954}, S. 416. Den schwächlichen Versuch eines der Hauptbeteiligten, seine Rolle in der Angelegenheit hinwegzuerklären, hat: France under the German Occupation, Band 2, Stanford (California), 1959, S. 595, festgehalten.
67 Cour de Cassation, 1948, No. 133, S. 199.

Auch in der Unrechtspflege gibt es Gradunterschiede. In den Kriegsgerichten der Vichy-Miliz und in den französischen Volkstribunalen der ersten Befreiungstage wurden Feinde, über deren Schicksal man sich vorher geeinigt hatte, einfach hingeschlachtet. Die späteren Gerichtshöfe der Befreiungszeit ließen bei all ihrer Voreingenommenheit einige primitive Rechte der Verteidigung zu.[68] Einen Grenzfall bildete die mit erheblichem Aufwand an gerichtlichem Zeremoniell arbeitende Militärkommission der Vereinigten Staaten zur Aburteilung besiegter japanischer Kriegsgegner. Die Kommission verhandelte monatelang unter Wahrung prozessualer Formen. Man musste ihr dennoch mit großer Skepsis begegnen, denn man wusste nicht so recht, wie sie das Beweismaterial behandelte und inwieweit sie direkten Befehlen des amerikanischen Oberbefehlshabers Folge leistete.[69] In jedem abgeurteilten Fall lag dem Gericht lediglich an der mechanischen Sicherung des Prozessausgangs; dabei suchte es unberechtigterweise, die gleichsam schöpferische Spannung des nicht festgelegten Ausgangs hervorzuzaubern, die nur echt sein kann, wenn sie aus der kontradiktorischen Natur des Prozesses erwächst.

Unter diesem Gesichtswinkel betrachtet, war das Verfahren vor dem Internationalen Militärgerichtshof in Nürnberg kein Scheinprozess. Zwar wurden in gewissem Umfang rückwirkende Bestimmungen angewandt, aber nicht nur waren sich die Angeklagten, als sie ihre Taten begingen, der möglichen Konsequenzen bewusst gewesen, sondern es hätten sich auch dieselben Urteile ohne Heranziehung rückwirkender Bestimmungen begründen lassen. Die Anfechtung der Zuständigkeit des Gerichts war, wiewohl durch den mehrstaatlichen Charakter des Verfahrens besonders neuralgisch gemacht, nichts für diesen Prozess Spezifisches. Sie ist – davon war bereits die Rede – für alle politischen Prozesse charakteristisch und bei Prozessen siegreicher gegen besiegte Regimes unausweichlich.

Wie in allen Prozessen dieser Art war der allgemeine Rahmen, wenn auch nicht die Entscheidung im Fall jedes einzelnen Angeklagten, durch die politische und militärische Situation bestimmt, in der der Prozess

---

68 Über die graduellen Unterschiede siehe Robert Aron: Histoire de la Libération de la France, juin 1944 - mai 1945, Paris, ohne Jahr {Copyright 1959}, S. 532 ff.
69 Siehe das ablehnende Votum des Bundesrichters Rutledge im Fall re Yamashita, United States Reports, Volume 327 (1947), S. 1-81, insbesondere 48 und 56; vergleiche auch A. Frank Reel: The Case of General Yamashita, Chicago, ohne Jahr {Copyright 1949}, S. 162 ff. Der Gerechtigkeit halber sei festgehalten, dass das angefochtene Urteil Yamashita hauptsächlich zum Vorwurf machte, die ihm unterstellten Truppen nicht ausreichend beaufsichtigt zu haben. Die Verteidigung dagegen wollte beweisen, dass die Gräuel, um die es ging, nicht im Kommandobereich Yamashitas verübt worden seien oder dass ihm die Macht gefehlt habe, sie zu verhindern. Beweise dafür, dass er sich bemüht habe, Exzesse zu verhindern, wurden kaum vorgelegt.

stattfand: Selbstverständlich war den Urteilen die Aufgabe zugedacht, die Niederlage des Nationalsozialismus zu besiegeln. Wenn es einen Druck auf das Gericht gab, so lag er in dieser Situation, nicht in der Einwirkung einer organisierten Gruppe, die ihren Willen hätte durchsetzen wollen. Hier gab es keine geschlossene Berg-Partei, die den Kopf des Königs forderte, keine erregte Straßenmenge, die Polignac zum Tode verurteilt sehen wollte. Der Druck, der auf das Gericht ausgeübt wurde, kam von den Vergasungsöfen, von den Massenschlachthäusern, von den Millionen, die Eltern, Familie, Heim verloren hatten. Falls die Unbeeinflussbarkeit des richterlichen Ratschlusses gegen diesen Druck hätte abgeschirmt werden können oder sollen, so war die Abschirmung im stillen Kämmerlein der alliierten oder amerikanischen Gerichtsbürokratie eher gewährleistet als in den desorientierten Köpfen und kahlen Gerichtssälen der Deutschen von 1946 und 1947.

In Zukunft wird es schwerlich möglich sein, gewaltsame politische Veränderungen überstaatlichen Ausmaßes herbeizuführen, ohne dass damit zugleich Situationen geschaffen werden, in denen die Grundvoraussetzungen menschlichen Daseins verneint werden. Den unzähligen Angaben über Massenvernichtung und Massenversklavung, die bis jetzt – zum Teil in Nürnberg – zusammengetragen worden sind, lassen sich eindeutige Erkennungsmale der inzwischen »Genozid« genannten Abschlachtung von Menschen entnehmen; die barbarischsten Verstöße gegen die menschliche Daseinsnorm liegen außerhalb des Bereichs veränderlicher und vielleicht auch zufälliger Methoden außergewöhnlichen politischen Handelns, über die es je nach dem politischen Regime verschiedene Meinungen geben kann. Nürnberg hat in diesem Sinne einen bleibenden Beitrag geleistet, auch wenn es angesichts der konkreten Umstände, unter denen die Nürnberger Prozesse zustande gekommen waren, und des allzu umfassenden Rahmens der Anklage schwierig sein mag, die Situationsmomente, die diesen ebenso wie anderen Prozessen siegreicher gegen besiegte Regimes[70] anhaften, von dem zu scheiden, was wesentlich ist.

70 Und nicht nur mit solchen! Die Spaltung Deutschlands bringt es mit sich, dass Richter des einen Regimes über flüchtige Richter des anderen zu Gericht sitzen; siehe das Urteil des Bundesgerichtshofs vom 10. Dezember 1957, 5 SR 519/57, in: Recht in Ost und West, Jahrgang 2, S. 204 f. (Heft 5, 15. September 1958). Der angeklagte DDR-Richter, der in einem Prozess gegen fünf Zeugen Jehovas den Vorsitz geführt hatte, war in der ersten Instanz wegen vorsätzlicher Rechtsbeugung zum Nachteil einer Partei nach § 336 des Strafgesetzbuches verurteilt worden. Das Urteil wurde vom Bundesgerichtshof aufgehoben; er sah die Frage als entscheidend an, ob der angeklagte Richter überzeugt davon gewesen sei, dass ihm das Gesetz eine bindende Verpflichtung auflegte. Diese Begründung warf allerdings Fragen auf, die der Bundesgerichtshof nicht zu beantworten wünschte; jedenfalls fügte er konkretere Anfechtungsgründe gegen das Urteil der unte-

Nürnberg hat aufgewiesen, wo die Sphäre des Politischen aufhört oder vielmehr wo das Politische in die unabweisbare Sorge um die Erhaltung der menschlichen Daseinsnorm, um den Fortbestand der Menschheit in ihrer Universalität und Vielfalt umschlägt. Bei allen Schwächen der Nürnberger Verfahren erheben die ersten Anfänge einer überstaatlichen Kontrolle der Verbrechen gegen Menschentum und Menschenwürde die Nürnberger Urteile auf eine doch etwas höhere Stufe, als sie gemeinhin die politische Justiz der Siegreichen gegen die Träger eines besiegten Regimes kennzeichnet.

5. Ideale Prozesstechnik?

Von allen Schwächen der Nürnberger Verfahren ist keine so systematisch angegriffen worden wie die ungleiche Stellung der Anklagebehörde und der Verteidigung. Sie ergab sich aus den in Nürnberg befolgten strafprozessualen Grundsätzen. Da der Militärgerichtshof in den Vorbereitungsstadien des Prozesses noch nicht bestand (er wurde erst nach der Erhebung der Anklage errichtet), lag die gesamte Vorbereitungsarbeit in den Händen der Anklagebehörde, die aber der englisch-amerikanischen, nicht der kontinentaleuropäischen Praxis folgte. Während die Voruntersuchung nach kontinentaleuropäischem Muster wenigstens in der Theorie besagt, dass ein staatliches Organ alles verfügbare Material unparteiisch sichtet, hatte die Anklagebehörde von Nürnberg nach englisch-amerikanischem Brauch nur das Ziel, die Verurteilung der Angeklagten herbeizuführen. Auf der anderen Seite war aber den Angeklagten im Voruntersuchungsstadium nicht gestattet worden, Rechtsanwälte heranzuziehen.

Die zweite Benachteiligung lag in der großen faktischen Ungleichheit. Die mächtige, wenn auch nicht gut organisierte Anklagebehörde hatte bei der Sammlung des Materials und der Suche nach Zeugen die größte finanzielle und geographische Manövrierfreiheit. Dagegen verfügte die Verteidigung nur über geringe finanzielle Mittel und war in ihrer Bewegungsfreiheit außerhalb des Gerichtssaals durch die allgemeine

ren Instanz an, zum Beispiel dass der DDR-Richter unter Zwang gehandelt haben könne. Die gesetzliche Verpflichtung als Unrechtsausschließungsgrund kann natürlich auch von Nazi-Richtern geltend gemacht werden; vergleiche Max Güde: Justiz im Schatten von gestern. Wie wirkt sich die totalitäre Vergangenheit auf die heutige Rechtsprechung aus? (Akademie-Vorträge zu sozialethischen Grundfragen in Wirtschaft, Gesellschaft und Kirche, Heft 3), Hamburg, 1959, S. 7 f., 18 f.

Zerrüttung und das Besatzungsregime aufs äußerste eingeengt. Den Ausgang des Prozesses hat diese Ungleichheit allerdings, obgleich auf Schritt und Tritt spürbar, weniger beeinflusst, als hätte angenommen werden können. Das Schwergewicht der Anklage lag weniger in Zeugenaussagen als in unzähligen Dokumenten, die sich in deutschen Regierungsakten gefunden hatten. Der Verteidigung war damit die schwierige Aufgabe erspart, sich mit einem Massenaufgebot parteiischer Zeugen des siegreichen Lagers auseinanderzusetzen und genug Gegenzeugen zu mobilisieren. Ihre Hauptschwierigkeit bot ein geistiges Problem: Sie musste begründen, warum ihre Mandanten nicht mit der Verantwortung für all das, was geschehen war, belastet werden konnten oder durften. Dies Problem zu bewältigen, war aber die Verteidigung trotz vielen Behinderungen durchaus imstande.

Freilich sind das bekannte Dinge. Weniger geklärt ist die Frage, ob es sich hier um besondere Schwierigkeiten gerade der Prozesse von Nürnberg oder um Erschwerungen der Verteidigung, die für die meisten Strafverfahren charakteristisch sind, handelt. Zur Klärung dieser Frage mögen zwei Überlegungen beitragen: Einmal wird sich zeigen, dass die Ungleichheit der Prozessparteien in der Hauptverhandlung eine besonders unerfreuliche Begleiterscheinung der englisch-amerikanischen Prozesspraxis ist; zum andern muss festgehalten werden, dass die ganz andere europäische Praxis, die von so vielen Kritikern von Nürnberg als die bessere empfohlen wurde, ihrerseits, wenn auch aus anderen Gründen, ein nicht minder starkes Zufallselement in sich birgt.

In welchem Maße hängt der Ausgang des politischen Prozesses von der Organisation des Geschehens im Gerichtssaal ab? Die englisch-amerikanische und die kontinentaleuropäische Verfahrensorganisation gehen von grundlegend verschiedenen Prämissen aus. Der englisch-amerikanische Prozess ist im Wesentlichen der Schauplatz der Auseinandersetzung der Prozessparteien; der kontinentaleuropäische Prozess dagegen ist auf der Eigenverantwortung des Richters für die Ermittlung der Wahrheit aufgebaut. Das kontradiktorische englisch-amerikanische Verfahren organisiert den Prozess als geistige Schlacht zwischen Anklagebehörde und Verteidigung – mit dem Richter als Schiedsmann, der immer wieder zu entscheiden hat, mit welcher Art Fragestellung und welchen Beweismitteln die Geschworenen befasst werden dürfen; freilich kann diese Befugnis des Richters mehr Schein als Wirklichkeit sein: Einem geschickten Juristen als Vertreter der Anklage oder der Verteidigung gelingt es oft, das, worauf es ihm ankommt, an die Geschworenen heranzubringen, ehe die Gegenpartei dazu gekommen ist, gegen die Zulässigkeit der Fragestellung oder Beweisführung zu protestieren.

Kommt es dann zum Streit über die Zulässigkeit oder Unzulässigkeit des Gesagten oder Gefragten und zur rituellen Ermahnung des Richters an die Geschworenen, bestimmte Momente außer Acht zu lassen (in einem Spionageprozess zum Beispiel die politischen Neigungen oder Beziehungen des Angeklagten), so bleibt solche verbotene Frucht erst recht im Bewusstsein der Geschworenen haften und kann das gesamte übrige Prozessmaterial in den Schatten stellen. Nicht ganz zu Unrecht betrachtet der amerikanische Richter Jerome Frank solche Ermahnungen als »leeres Ritual«, woraus er dann die Schlussfolgerung zieht, der Angeklagte könne sich gegen eine solche einseitige Beeinflussung der Geschworenen überhaupt nur dadurch schützen, dass er von seinem Recht Gebrauch mache, auf die Aburteilung durch ein Geschworenengericht zu verzichten.[71]

Die englisch-amerikanische Praxis behält dennoch diese Gefahrenquelle bei, weil noch allgemein die Überzeugung besteht, dass das fortgesetzte Für und Wider der Parteienargumente am Ende doch die Wahrheit oder Unwahrheit der Beschuldigungen offenbaren muss, weil dem zentralen Bemühen der Anklagebehörde, die Verurteilung des Angeklagten durchzusetzen, die unbehinderten Anstrengungen der Verteidigung entgegenstehen, das Gewebe der Anklage zu zerfetzen, weil die gegenseitigen Positionen unermüdlich angegriffen und ihre Schwächen und Widersprüche erbarmungslos bloßgestellt werden können. Am besten wirkt sich diese Methode aus, wenn plötzliches Blitzlicht die Schleier zerreißt und die Gesamtsituation überraschend beleuchtet. Auch wenn die Geschworenen vom scheinbar ungeordneten Chaos der Themen und Beweismittel erdrückt sind, die je nach den Launen und Einfällen der Parteienvertreter bald aufgegriffen, bald beiseitegeschoben werden, kann ihnen ein solches Blitzlicht nicht entgehen, zumal es ja den Parteienvertretern freisteht, es in ihren Schlussplädoyers wieder aufblitzen zu lassen und seine Tragweite herauszuarbeiten. Wenn keiner der beiden Parteien solches Glück beschieden ist, bleibt ihren Juristen natürlich nichts anderes übrig, als sich systematisch durch das gesamte Material hindurchzuarbeiten, eine im kontradiktorischen Verfahren

71 *United States v. Rosenberg*, United States Federal Reporter, Second Series, Volume 195 (1952), S. 583-611, insbesondere 596 (Appellationsgericht für den 2. Bundesgerichtsbezirk). Dass das englisch-amerikanische Verfahren, bei dem die Parteien über die Prozessmaterie entscheiden, der Wahrheitsermittlung abträglich sei, betont neuerdings Karl S. Bader: »Politische und historische Schuld und die staatliche Rechtsprechung«, in: Vierteljahrshefte für Zeitgeschichte, Jahrgang 10, S. 113-125 (Heft 2, April 1962); daneben werden in dem Aufsatz die Momente untersucht, die dazu beigetragen hatten, dass die Bewältigung der nationalsozialistischen Hinterlassenschaft durch die Gerichte mit so vielen Schlacken behaftet war.

undankbare Aufgabe; sie müssen dann alle isolierten Teilmomente zu einem einheitlichen Bild zusammenfügen oder sie so auseinanderreißen, dass sie nicht mehr zusammengefügt werden können.

Annehmbare Ergebnisse sind beim kontradiktorischen Verfahren natürlich nur zu erzielen, wenn zwischen den Parteien strikte Rechtsgleichheit besteht und erhalten bleibt, wenn sie über dieselben finanziellen Mittel und dieselben Ermittlungs- und Vorbereitungsmöglichkeiten verfügen und wenn ihre Vertreter gleich intelligent und mit dem gleichen forensischen Geschick begabt sind. Kann die Gleichheit, wenn einem Verteidiger diese Attribute abgehen, durch die Dazwischenkunft des Richters wiederhergestellt werden? Viele Autoritäten bejahen das vorbehaltlos und setzen sich für eine Prozedur ein, bei der der Richter nicht nur zusätzliche Fragen zur Aufhellung eines Problems an die Zeugen richten, sondern nötigenfalls auch zusätzliche Zeugen, insbesondere Sachverständige, laden darf; es sei sein gutes Recht, meinen sie, das aus eigenem Ermessen zu tun.[72] Auf dem Papier nimmt sich das plausibel aus. Wie aber würde sich ein solches Verfahren in den kontradiktorischen Prozess einfügen?

Am besten lässt sich das Problem an einem konkreten Beispiel aus der neueren politischen Prozesspraxis demonstrieren. Im Rosenberg-Spionageprozess behauptete der einzige Zeuge, der über die Begehung der konkreten Straftat etwas auszusagen wusste, David Greenglass, dass er dem Angeklagten Julius Rosenberg aus dem Gedächtnis nachgezeichnete Konstruktionsskizzen übergeben habe. Damit erhielten die Umstände, unter denen Greenglass Kopien solcher Zeichnungen im Gefängnis anfertigte, zentrale Bedeutung für die Beurteilung seiner

---

72 Nachdrücklicher vertritt diese Position John Henry Wigmore: A Treatise on the Anglo-American System of Evidence in Trials at Common Law Including the Statutes and Juridical Decisions of All Jurisdictions of the United States and Canada, 3. Auflage, Boston, 1940, Band 1, § 151, und Band 9, § 2484. Siehe auch die Begründung des ablehnenden Votums des Bundesrichters Felix Frankfurter im Fall Johnson v. United States, United States Reports, Volume 333 (1948), S. 46-56, insbesondere 54: »Die Bundesrichter sind nicht Schiedsrichter bei Wettkämpfen, sondern Funktionäre der Gerechtigkeit.« Vergleiche die Notiz »The Trial Judge's Views of His Power to Call Witnesses – An Aid to Adversary Presentation«, in: Northwestern University Law Review, Jahrgang 51, S. 761-774 (Heft 6, Januar/ Februar 1957). Besonders instruktiv ist die Betrachtung des Richters Charles E. Wyzanski, Jr., »A Trial Judge's Freedom and Responsibility«, in: Harvard Law Review, Jahrgang LXV, S. 1281-1304 (Heft 8, Juni 1952). Allerdings beweisen die beiden Beispiele, die Wyzanski aus seiner Gerichtspraxis anführt, dass der Richter in politischen Beleidigungsfällen »nicht der Befehlshaber, sondern nur der Schiedsmann« ist. Wie schwach die Position des Richters sein kann, wenn Anklagebehörde und Verteidigung über die Gestaltung des Prozessverlaufs entscheiden, ohne an der Aufdeckung der historisch relevanten Tatsachen – aus welchen gegensätzlichen Gründen auch immer – allzu lebhaft interessiert zu sein, hebt Hannah Arendt, Eichmann in Jerusalem, New York, 1963, Kapitel 1 und 14, mit Nachdruck hervor.

Glaubwürdigkeit. Rosenbergs Hauptverteidiger, E. H. Bloch, Jr., lud keine Gefängnisbeamten als Zeugen vor, um etwa zu erfahren, wie die Zeichnungsabschriften entstanden seien. Hatte er diese Möglichkeit übersehen? Das ist nicht sehr wahrscheinlich. Oder hatte er sich, da er sich dem Richter gegenüber im Allgemeinen gefügig und übertrieben ehrerbietig gab – seine Unsicherheit war deutlich spürbar –, an die Bemerkung des Richters[73] gehalten, dass die Anklage die Übergabe von Geheimmaterial betreffe, nicht die Exaktheit des übergebenen Materials? Einem unsicheren Verteidiger konnte es da wirklich zweifelhaft vorkommen, ob die Frage der Anfertigung der Zeichnungen wichtig sei. Oder befolgte der Anwalt ausdrückliche Weisungen seiner Mandanten, weil sie sich von der Ladung der entsprechenden Zeugen nichts Gutes versprachen?

Ähnliches gilt von der Möglichkeit, von einem qualifizierten Sachverständigen ein ernstes Urteil darüber zu erhalten, wie sich ein Mensch mit Greenglass' sehr mäßiger Schulbildung die Fähigkeit habe aneignen können, komplizierte technische Zeichnungen aus dem Gedächtnis zu reproduzieren. Wiederum: Hatte Bloch nicht an diese Möglichkeit gedacht? Hatte er oder hatten seine Mandanten nicht die nötigen Mittel, um solche Sachverständigen zu laden? Oder wollten seine Mandanten einer solchen Fragestellung aus Gründen besonderer Art nicht nachgehen? Dem Vorsitz führenden Richter Irving Kaufman ist nachgesagt worden, er habe Bloch daran gehindert, dem Zeugen Derry die »entscheidende« Frage über Greenglass' Fähigkeit zu stellen, solche Skizzen ohne jede Hilfe zu zeichnen.[74] Aber gerade diese Frage hatte der Richter mit Recht zurückgewiesen, weil der Zeuge für ihre Beantwortung keine Voraussetzungen mitbrachte. Der Kritiker, der diesen Vorwurf erhebt, erklärt jedoch nicht, warum Bloch darauf verzichtet hatte, einen eigenen Sachverständigen zu bestellen, der Greenglass' geistige Fähigkeiten hätte beurteilen können, wie es zum Beispiel die Verteidigung im Hiss-Prozess zur Klärung des Geisteszustands des Belastungszeugen Chambers getan hatte.[75]

---

73 The Rosenberg Case, Transcript of the Record, Nachdruck des Sobell-Komitees, Band 1, S. 613.
74 John Wexley: The Judgment of Julius and Ethel Rosenberg, New York, 1955, S. 430.
75 Wexley: ebda., S. 432, behauptet, dass »der Verteidigung während des Prozesses keine Zeit eingeräumt worden« sei, »Sachverständigenurteile zu der Frage einzuholen.« In einer Fußnote fügt er hinzu, es sei höchst zweifelhaft, dass ein amerikanischer Gelehrter seine Karriere gefährdet hätte, um den Kernpunkt der Anklage zu entkräften. Aber das Prozessprotokoll weist keinerlei Bemühungen der Verteidigung auf, einen solchen Sachverständigen zu laden oder, nachdem ihr die Bedeutung der Frage aus der Aussage Greenglass' klargeworden sein muss, eine Vertagung zu diesem Zweck zu beantragen.

Es ist vorstellbar, dass der Richter einige dieser Unterlassungen, sofern es Unterlassungen waren, hätte reparieren können. Aber es ist ebenso gut möglich, dass dem Richter die Angaben des FBI-Zeugen über den Ursprung der Konstruktionszeichnungen und die Antworten Greenglass' auf die Fragen des Verteidigers über den Umfang seiner technischen Kenntnisse genau genug erschienen waren.[76] Mehr noch: Hätten in diesem Prozess mit seinen deutlichen politischen Untertönen zusätzlich vom Richter geladene Zeugen die Sache der Anklage gestützt, so wäre der Eindruck entstanden, als habe es sich der Richter zur Aufgabe gemacht, die Waage mit mehr Gewichten gegen die Angeklagten zu belasten.[77] Ein Richter, der einem weniger erfahrenen Verteidiger mit eigenen Fragen zu Hilfe kommen will, kann leicht zu hören bekommen: »Herr Richter, ich habe ja nichts dagegen, daß Sie die Vertretung meines Mandanten übernehmen, aber verlieren Sie um Himmels willen nicht den Prozeß!«[78]

Die Möglichkeiten des amerikanischen Richters, auf Art, Inhalt und Richtung der Beweiserhebung Einfluss zu nehmen, sind notwendigerweise begrenzt; in einem Verfahren, dessen Gestaltung die Prozessparteien bestimmen und das unter ihrer Verantwortung abläuft, muss ein solcher Eingriff des Richters immer eine Ausnahme bleiben. Anders als im englischen Verfahren dürfen die amerikanischen Bundesrichter und die Richter an den meisten Gerichten der einzelnen Gliedstaaten in ihrer Schlussansprache an die Geschworenen das Belastungs- und Entlastungsmaterial nur in sehr begrenztem Rahmen würdigen.[79] Wenn also die Ratschläge der Anhänger aktiven richterlichen Eingreifens befolgt würden, könnte sich der Richter zwar wiederholt in die Prozessführung einschalten, aber er hätte nicht das Recht, den Geschworenen mitzuteilen, warum und wozu er sich eingemischt habe. Sehr sinnvoll wäre die Lösung nicht. Außerdem muss eine der schicksalhaftesten Entscheidungen des englisch-amerikanischen Prozesses, ob nämlich der Angeklagte selbst aussagen solle oder nicht, grundsätzlich außerhalb des richterlichen Ermessensbereichs bleiben.

Richterlicher Eingriff und kontradiktorisches Verfahren lassen sich eben nicht ohne weiteres vereinbaren. Allerdings zeigt der Rosenberg-

---

76 The Rosenberg Case... (siehe oben Anmerkung 73), Band 1, S. 610 f.
77 Wyzanski: »A Trial Judge's Freedom...« (siehe oben Anmerkung 72).
78 {Bernard Botein:} Trial Judge. The Candid, behind-the-Bench Story of Justice Bernard Botein, New York, 1952, S. 104.
79 Die entsprechenden Regeln sind im Fall *Querica v. United States*, United States Reports, Volume 286 (1933), S. 466, niedergelegt worden.

Prozess, in dem sich gegenüber der gut funktionierenden und mit Hilfsmitteln, Personal, Scharfsinn und Selbstvertrauen reichlich versehenen Anklagebehörde ein Verteidiger abstrampelte, der zu seinen Fähigkeiten wenig Zutrauen hatte, auch die Schranken, über die ein als Parteiengefecht geführter Prozess nicht hinweg kann. Da die von der Anklagebehörde präsentierte Anklage logisch folgerichtig war und den tatsächlichen Ablauf der Ereignisse, wenigstens soweit es um die Rosenbergs ging, richtig erfasst haben konnte, war das Fehlen einer kraftvoll aufgebauten und geführten Verteidigung erst recht spürbar.[80]

Ist es mit der kontinentaleuropäischen Prozedur anders? Während die Anklagebehörde im englisch-amerikanischen Verfahren die Richtigkeit der im Anklageakt aufgestellten Behauptungen zu erweisen und die Verteidigung sie zu widerlegen sucht, gibt die Anklageschrift in der kontinentaleuropäischen Praxis nur eine vorläufige Version dessen, was sich ereignet haben kann. Es ist dann Sache des Gerichts, das Geschehene so zu rekonstruieren, dass darauf ein Urteil aufgebaut werden kann. Beim Rekonstruieren ist der Richter durchaus nicht an das gebunden, was die eine oder die andere Partei zu behaupten oder zu offerieren hat; Anklagebehörde und Verteidigung sind gewissermaßen nur Hilfsorgane des Gerichts, obschon ihnen manche prozessualen Vorrechte zustehen, darunter auch das Recht, Zeugen und Sachverständige zu laden.[81]

Das europäische Gericht, dem meistens auch Laienbeisitzer angehören, steht nicht vor der schwierigen Aufgabe, für die Unterrichtung der Geschworenen zu sorgen und ihnen zugleich Informationen vorzuenthalten, die eine unbillige Beeinflussung zum Nachteil des Angeklagten bewirken könnten. Deswegen kann das Gericht nahezu jede Art von Beweismitteln zulassen, die geeignet sind, zur Klärung der zu untersuchenden Vorgänge beizutragen, und in der Regel ist es auch geneigt, sie im weitesten Umfang zuzulassen. Dann aber ist es wiederum Sache des

---

80 Über die möglichen Auswirkungen der Ungleichheit in der Parteivertretung siehe Joseph B. Warner: »The Responsibilities of the Lawyer«, in: Reports of the American Bar Association, Jahrgang 19 (1896), S. 326. Wie entscheidend ungenügende Verteidigung den Gang eines Prozesses beeinflussen kann, zeigen G. Louis Joughin und Edmund M. Morgan: The Legacy of Sacco and Vanzetti, New York, 1948, Kapitel III.
81 Ursula Westhoff: Über die Grundlagen des Strafprozesses mit besonderer Berücksichtigung des Beweisrechts, Berlin, 1955, insbesondere S. 173; vergleiche auch Karl Binding: Strafrechtliche und strafprozessuale Abhandlungen {zuerst 1878, umgearbeitet 1914}, München/Leipzig, Band 2, 1915, S. 191-201. Die neue französische Strafprozessordnung bestimmt in Artikel 166 Absatz 11, dass, sofern das Gericht die Ladung von Sachverständigen für nötig befindet, zwei Sachverständige sofort von Gerichts wegen zu bestellen sind; sie müssen einen gemeinsamen Bericht vorlegen oder begründen, warum sie zu verschiedenen Schlussfolgerungen gelangt sind.

Gerichts, das dargebotene Material zu einem möglichst sinnvollen Bild zusammenzufügen. Der erste Schwerpunkt des Verfahrens ist die Vernehmung des Angeklagten, der, da er nicht als Zeuge aussagt, die ihm vorgelegten Fragen so beantworten kann, wie er will. Auch die Zeugen werden vom Richter vernommen, und von den Prozessparteien wird erwartet, dass sie ihre Fragen an die Zeugen durch den Richter stellen lassen. In einem solchen Verfahren, das vom Richter beherrscht wird, versteht es sich von selbst, dass er auf der Suche nach der objektiven Wahrheit auch zusätzliche Zeugen laden und Sachverständige nach seiner Wahl berufen kann.

Indes ist diese Machtkonzentration in den Händen des Richters, der in seiner Person die Funktionen des Anklägers, des Verteidigers und des Wahrheitsermittlers vereinigt, mit einer organischen Schwäche belastet. Um die Verhandlung autoritativ und wirksam zu leiten und sie von vornherein auf die entscheidenden Punkte zu konzentrieren, anstatt auf das hören zu müssen, was die Parteien vorzubringen für richtig befinden, muss der Richter in vollem Umfang über alles unterrichtet sein, was in den dem Prozess vorauf gehenden Stadien ermittelt worden ist. Wenn der englisch-amerikanische Richter den Gerichtsaal betritt, ist, sofern er nicht zufällig von einem vor dem Prozess gestellten Antrag Kenntnis genommen hat, in seinem Kopf *tabula rasa*. Dagegen muss der kontinentaleuropäische Richter die gesamten ihm von der Anklagebehörde vorgelegten Akten vor dem Prozess genauestens studiert haben. Diese Akten enthalten alles, was bis dahin bekannt geworden ist, also auch Polizeiberichte, in der Voruntersuchung gemachte Aussagen der Angeklagten und der Zeugen, schließlich auch die Anträge der Verteidigung hinsichtlich der Vorstrafen des Angeklagten. Da sich der Richter auf diese Weise eine bestimmte Meinung über den Fall gebildet hat, kann er versucht sein, das wirkliche Geschehen so aussehen zu lassen, dass es nach Möglichkeit mit den Akten übereinstimmt.[82]

Im Gegensatz zu seinen englisch-amerikanischen Kollegen kann er mit der Ladung und Vernehmung von Zeugen immer weiter fortfahren, bis er zu einer Rekonstruktion des Geschehens gelangt, die ihn befriedigt. Er kann sich aber ebenso gut mit sehr viel Geringerem begnügen: Er kann es für ausreichend befinden, dass das, was seine Rot- und Blaustifte im Sinne seiner Interpretation in den Akten angestrichen haben, mehr oder minder oberflächlich bestätigt wird. Natürlich ist auch

---

82 Vergleiche Fritz Hartung {Reichsgerichtsrat a. D.}: »Einführung anglo-amerikanischen Strafverfahrensrechts in Deutschland?«, in: Festschrift für Ernst Heinrich Rosenfeld zu seinem 80. Geburtstag am 14. August 1949, Berlin, 1949, und Maurice Garçon: Histoire de la Justice sous la IIIe République, Band 3, Paris, 1957, S. 26.

das ein extremer Fall. Zeugen, Verteidiger und Staatsanwälte haben Gelegenheit, das hervorzuheben, was ihnen wichtig erscheint, und mögen sogar die erste Hypothese des Richters entkräften. Der europäische Richter, der das Gericht beherrscht und mit vorgefassten Meinungen über die »Gestalt« des Falles in den Prozess hineingeht, und sein englisch-amerikanischer Kollege, der als Schiedsmann mit dem zufrieden sein muss, was ihm die oft ungleich vertretenen Prozessparteien zu offerieren haben,[83] stehen in Wirklichkeit, wenn sie bis zum bestmöglichen Ergebnis Vordringen wollen, vor gleich großen Mühsalen und Schwierigkeiten.

---

[83] Hermine Herta Meyer: »German Criminal Procedure: The Position of the Defendant in Court«, in: American Bar Association Journal, Jahrgang 41, S. 592 ff. (Heft 7, Juli 1955), betont die prekäre Lage des amerikanischen Angeklagten, der vom Geschick seiner Anwälte abhängt, und zeigt zugleich die stärkere Rechtsposition, die dem Anwalt im kontinentaleuropäischen Voruntersuchungsverfahren zukommt. Die schwache Position des amerikanischen Angeklagten vor der Hauptverhandlung bildet den Gegenstand der neueren eindringlichen Studie von Abraham S. Goldstein: »The State and the Accused: Balance of Advantage in Criminal Procedure«, in: Yale Law Journal, Jahrgang 69, S. 1149-1199, insbesondere 1163 und 1182 f. (Heft 7, Juni 1960).

Dritter Teil
Abwandlungen und Korrekturen

Kapitel IX

Asylrecht

Nachdem wir wissen, wie politische Justiz funktioniert, müssen wir uns vor Augen führen, auf welche Weise sie gemildert, um ihre Wirkung gebracht oder vereitelt wird. Je problematischer politische Justiz ist, umso größer muss das Interesse an den Vorkehrungen sein, mit deren Hilfe man ihren Anschlägen entrinnen oder sie abschwächen kann. Asyl und Gnade stellen sich in den Weg der politischen Justiz. Der Asylsuchende entrinnt der Zone einer Gerichtsbarkeit, die er für feindlich hält, und bewirbt sich um die Aufnahme in ein Gebiet, wo er bis auf weiteres keine feindliche Behandlung von Seiten der Machthaber erwartet. Gnade beruht darauf, dass die Machthaber erkennen, was ihre in der Vergangenheit liegenden Taten mit sich gebracht haben, oder vermuten, dass eine Korrektur dieser Taten ihnen in Zukunft Vorteile bringen müsste.

Oft kann der Kausalzusammenhang zwischen der Gewährung oder Verweigerung von Asyl oder Gnade und der Haltung der Herrschenden und der Massen in anderen Ländern nur erraten werden; oft gibt es nur Vermutungen über das künftige Verhalten derer, die von Asyl und Gnade direkt profitieren, und dessen Zusammenhang mit allgemeineren Momenten der inneren Politik. Nicht ohne Bedeutung ist das unbewusste, halbbewusste oder bewusste Verlangen nach Rückversicherung im Angesicht vieler Ungewissheiten künftiger Entwicklungen, deren Tragweite sich nicht sicher ermessen lässt. Schließlich gibt es auch noch das vielerörterte Gerechtigkeitsempfinden, das heißt die Fähigkeit der Machthaber, über Zwänge und Notwendigkeiten des Augenblicks hinwegzusehen und menschliche Angelegenheiten mit größerer Gelassenheit zu betrachten.

Die Ergründung der rationalen Elemente der Asyl- und Gnadengewährung braucht gleichwohl nicht fruchtlos zu sein. Dass rechtliche Normen, namentlich in Fragen der Auslieferung Asylsuchender, eingeführt und hin und wieder mit Erfolg angewandt werden, besagt nicht, dass sich die grundlegende enge Beziehung der Asyl- und Gnadengewährung zu den politischen Zielen der Machthaber wesentlich verändert hat. Es ist daher unvermeidlich, dass sich der in neuerer Zeit recht schnelle Wandel der politischen Konstellationen und der politischen Sitten in entsprechende Abwandlungen der Asylrechts- und

Begnadigungspolitik umsetzt. Was bedeuten solche Veränderungen für die Haltung derer, die die Entscheidungen treffen? Und was bedeuten sie für das Schicksal derer, die von den Entscheidungen betroffen sind? Wie sieht die Wechselwirkung zwischen den neuen Maßnahmen, einer altehrwürdigen Praxis und traditionellen Grundsätzen aus? Wie verhalten sich die Tagesentscheidungen zu irrationalen Faktoren, die sich hinter rationalen Motiven und Begründungen verbergen?

1. Im Zeitalter des Massenexodus

Nach der Eroberung Lydiens hatte Kyros einen Lyder namens Paktyas mit der Verwaltung der erbeuteten Schätze in der besetzten Hauptstadt Sardes betraut. Kaum aber hatte der Eroberer der Stadt den Rücken gekehrt, als Paktyas auch schon einen Aufstand gegen die persisch-medische Herrschaft anzettelte. Auf die Kunde vom Herannahen des gegen ihn ausgesandten Heeres floh der Rebell nach Kyme. Nun verlangte der Befehlshaber des Strafexpeditionskorps seine Auslieferung. Das Branchidenorakel im Tempel des Apollon im Milesischen, bei dem Kyme den Willen der Götter zu ergründen suchte, riet zur Auslieferung, und Kymes Bürgerschaft schickte sich an, den Rat zu befolgen. Protestierend erhob sich Aristodikos, ein Bürger von Rang. Er fand Gehör. Auf sein Betreiben wurde eine zweite Abordnung zu den Branchidenpriestern entsandt. Vergebens: Das Orakel ließ sich nicht umstimmen.

Darauf ging Aristodikos, der zur Abordnung gehörte, um den Tempel des Apollon herum und nahm alle Vogelnester aus, die er an den Tempelmauern fand. Da erscholl aus dem Innern des Tempels eine Stimme. »Frevler«, sprach der Gott, »was ist dein Beginnen? Die Schutz in meinem Tempel suchen, wirfst du hinaus?« Empört entgegnete Aristodikos: »Herr! Deiner Schutzflehenden nimmst du dich an, aber den Bewohnern von Kyme befiehlst du, ihren Schützling auszuliefern?« Und wieder ließ sich die Stimme des Gottes vernehmen: »Ja, das befehle ich! Denn schnell wird euch Gottlose dann das Schicksal ereilen, und nimmer werdet ihr kommen und fragen, ob ihr einen Schutzflehenden ausliefern sollt.«

Solchermaßen beschieden, konnte sich Kyme weder zu dem einen noch zu dem andern entschließen. Es wollte die Götter nicht erzürnen, aber auch keine Belagerung durch die Perser auf sich nehmen. Die Bürger entzogen sich der Schwierigkeit, indem sie Paktyas kurzerhand nach Mytilene abzuschieben versuchten. Aber unter dem Druck der Perser zeigten sich die Mytilener nicht abgeneigt, den Asylsuchenden gegen Bezahlung preiszugeben. Um dieser neuen Gefahr zu wehren, ließ Kymes Bürgerschaft den Paktyas nach Chios auf Lesbos schaffen, wo sie ihn im Heiligtum der Athene gut aufgehoben wähnte. Die Chier jedoch machten mit den Persern ein Tauschgeschäft: sie holten den Flüchtling aus der geweihten Asylstätte heraus, übergaben ihn den Verfolgern und ließen sich dafür einen Landstrich auf dem nahen asiatischen Festland übereignen. Freilich haben sie sich dann lange gescheut, den Bodenertrag der so erkauften Kolonie für Opfer oder andere Kulthandlungen zu verwenden.

Seit der Zeit, da Herodot diese Geschichte aus Kleinasien[1] erzählte, ist die Frage des politischen Asyls voller Rätsel und Tücken geblieben. Nicht immer setzt sich, wer das tut, was rechtens ist, einer so akuten Gefahr aus, wie sie Kyme bedrohte; mancher Vorfall aus unseren Zeitläuften birgt Zündstoff in sich, der nicht gleich auch Flammen schlägt. Und doch ist es heute, da Propagandakriege und ideologische Schlachten rings um uns toben, mitunter ebenso schwer wie damals, den rechten Weg zu finden. Nicht minder als das Orakel der Branchiden bedarf das Orakel der Gegenwart – die Rechtsklausel – der Prägung durch die Gebote eines nur zu selten vernehmbaren Aristodikos-Gewissens.

Die Einrichtung des Asyls ist in einem schmalen Grenzstreifen beheimatet, in dem sich mancherlei stößt: nationales und internationales Recht, Mitgefühl und egoistisches Interesse, Staatsräson und das dem Menschen eigene Vermögen, Scham zu empfinden. Obgleich ihr damit enge Grenzen gezogen sind, hat diese Einrichtung mit dem Schrumpfen der Entfernungen zwischen den Ländern der Erde an Bedeutung gewonnen. Staatsgebilde und politische Bewegungen, die sich der Gewalt verschrieben haben oder für sie mindestens empfänglich sind, haben an Zahl und Reichweite zugenommen. Immer mehr neigen sie dazu, die politische und gesellschaftliche Ordnung unter minimaler Mitwirkung der Menschen, mit denen sie es zu tun haben, zu formen. Für das Asylrechtsproblem sind infolgedessen Resolutionen internationaler Juristentagungen,[2] gesetzgeberische Kodifizierungsentwürfe und die neuerdings beliebten nationalen und internationalen Menschenrechtserklärungen,[3] auch wenn rechtskräftige zwischenstaatliche

---

1 Nach Herodot: Historien, Erstes Buch, Abschnitt 153-160.
2 Siehe zum Beispiel die umfassende juristische Diskussion auf der Tagung des Instituts für internationales Recht in Bath, wiedergegeben im Annuaire de l'Institut de Droit International, Jahrgang 43 (1950), Band I, S. 132-207; Band II, S. 198-256.
3 Dazu siehe Art. 14 der Allgemeinen Erklärung der Menschenrechte, wo in vorsichtiger Formulierung von dem »Recht, in anderen Ländern Asyl vor Verfolgungen zu suchen und zu genießen«, die Rede ist.

Abkommen[4] sie untermauern, von geringerer Tragweite als die jeweilige Haltung der herrschenden politischen Systeme und die durch politische Machtverschiebungen bedingte Veränderung in der Zusammensetzung der Masse derer, die auf Asyl angewiesen sind.

Der typische Asylsuchende des 20. Jahrhunderts unterscheidet sich wesentlich von seinem Vorgänger im 19. Jahrhundert. Damals war der Verbannte ein Rebell: ein Mazzini oder Marx, ein Herzen oder Bakunin. Wo immer Verbannte in größerer Anzahl auftreten mochten, waren sie Überlebende von Revolutionskämpfen; man denke an die Achtundvierziger oder an die Männer der Pariser Kommune. Sie alle hatten den bestehenden Gewalten zu trotzen gewagt: die einen mit dem geschriebenen Wort, die anderen mit Pistole und Dynamit, wieder andere in offener Feldschlacht; auch wenn sie aus Tarnungsgründen das Gegenteil beteuern mochten, haben viele von ihnen – vor allem die, die nie bis nach Amerika gelangten –, den Kampf gegen die heimatlichen Machthaber zeit ihres Lebens nicht aufgegeben.

Der Strom ist auch heute noch nicht versickert, aber das Strombett hat sich verengt, und die Deiche sind undurchdringlicher geworden. An dem Haus, in dem Lenin in Zürich wohnte, erinnert eine Gedenktafel an die Tage des freien Asyls. In unserer Ära ist es anders: als Lenins Kampfgefährte Trockij nach einer Zufluchtsstätte fern dem Zugriff der heimatlichen »Leninisten« suchte, sah er nur noch einen »Planeten ohne Visum« vor sich.[5] Politisch Verfolgte irren immer noch über den Erdball, und nicht selten stehen Flüchtlinge aus faschistischen Ländern, Menschen, die dem totalitären Kommunismus entronnen sind, und Kommunisten, die vor Kommunistenverfolgungen in freiere Länder fliehen, Seite an Seite; manchmal gesellen sich dazu totalitäre Herrscher vom Typ Perón, die der Verfolgung durch weniger totalitäre Nachfolger zu entgehen suchen.

Manchmal heißt es, der Verzicht des Asylsuchenden auf politische Betätigung sei die unerlässliche Voraussetzung der Asylgewährung. Sogar Jawaharlal Nehru hat diesen Grundsatz bei der Aufnahme des fliehenden Dalai-Lama vertreten: Das Oberhaupt des Lamaismus, sagte er, werde zwar seine »religiöse Tätigkeit« auch in Indien entfalten dürfen,

---

4 Die Genfer Flüchtlingskonvention vom 28. Juli 1951 (siehe weiter unten Abschnitt 2) möge als Beispiel dienen; vergleiche die Analyse von P. Weiss: »Legal Aspects of the Convention of 28 July 1951 Relating to the Status of Refugees«, in: The British Yearbook of International Law 1953 (Jahrgang 30), S. 478-489.
5 Leo Trotzki {L. D. Trockij}: Mein Leben. Versuch einer Autobiographie, Berlin, 1930, S. 552-569.

jedoch nicht die Freiheit haben, »der Politik zu frönen«.[6] Bisweilen mag es nicht ganz einfach sein, zwischen »legitimer« religiöser und »unzulässiger« politischer Tätigkeit zu unterscheiden; jedenfalls aber hängt die Entschlossenheit des Zufluchtslandes, eine solche Unterscheidung mit Ausweisungen zu untermauern, von seinen eigenen Interessen ab, die sich in Zeit und Raum verändern.

Den politischen Gegnern recht vieler Staatsgebilde bleibt nach wie vor nichts anderes übrig, als sich der Verfolgung durch Flucht ins Ausland zu entziehen. Doch über das Schicksal solcher wirklich politischen Flüchtlinge wird in einem Rahmen entschieden, der ganz anders aussieht als im 19. Jahrhundert. Der weltumspannende Charakter des Ersten Weltkriegs, die durch ihn bedingte Neugestaltung der politischen Landkarte und die tiefgreifenden sozialen Umwälzungen der darauffolgenden Jahrzehnte haben ganze Gesellschaftsschichten oder Völkerschaften in blinde Flucht versetzt oder zum geplanten Auszug getrieben; dabei bemaßen sich die Menschenscharen – Männer, Frauen und Kinder –, die so in Bewegung gerieten, nach sechs- bis siebenstelligen Zahlen.[7] Diese Völkerwanderung entsprang zwar ohne Zweifel politischen Ursachen, aber die Masse der neuen Wanderer setzte sich nur zum geringsten Teil aus Menschen zusammen, die aus politischer Betätigung kamen oder entschlossen waren, den Kampf gegen das Regierungssystem, dem sie entronnen waren, bis zum logischen Ende, bis zu dessen Sturz also, fortzuführen.

Die neuartige Situation stellte die Aufnahmeländer vor sozialpolitische und verwaltungstechnische Aufgaben von gewaltigem Ausmaß; sie komplizierte aber auch unendlich die vertraute Rechts- und Gerechtigkeitsproblematik der Asylgewährung. Die Überlebenden der türkischen Armeniermassaker, die russischen »Bourgeois« der zwanziger Jahre, die europäischen Juden im Hitlerschen Europa, die spanischen Militärdienstpflichtigen, die im Bürgerkrieg auf Seiten der rechtmäßigen republikanischen Regierung gefochten hatten, Angehörige der während des zweiten Weltkrieges in der Sowjetunion auf die Proskriptionsliste gesetzten nationalen Minderheiten: Alle diese Exilierten neuer Prägung entflohen der drohenden Bestrafung für was sie waren, nicht

---

6 »Nehru Restricts Dalai Lama Role«, in: The New York Times, Jahrgang CVIII, Nr. 36977, 21. April 1959, S. 4, Sp. 1.
7 Jacques Vernant: The Refugee in the Post-war World: Preliminary Report of a Survey, Genf, 1951, S. 77; neueres Material bei Heinrich Rogge: »Das Flüchtlingsproblem als internationale Rechtsfrage«, in: Internationales Recht und Diplomatie, Band IV, S. 28-41, 109-115 und 236-241 (1958, Hefte 1-3).

für was sie getan hatten, noch taten oder künftighin zu tun vorhatten. Ihr Auftauchen gab dem »Asyl« eine neue Sinnbedeutung und veranlasste die Aufnahmeländer, nach neuen Begriffsbestimmungen Ausschau zu halten.

Das Asylbegehren des Rebellen des 19. Jahrhunderts warf politische Probleme auf. In erster Linie musste die Haltung des Heimatlandes in Rechnung gestellt werden: Würde es Schwierigkeiten machen oder nicht? Was würde weniger gefährlich sein: den Asylantrag zu genehmigen oder ihn zu verwerfen und den Antragsteller auszuweisen oder gar seinen Feinden zu übergeben? Würde das Bekenntnis zum Asylrecht das Aufnahmeland zu teuer zu stehen kommen? Oder würde solche Grundsatztreue umgekehrt sein Prestige drinnen und draußen erhöhen und die asylfreundliche Regierung bei der Auseinandersetzung mit dem die Entfernung des Rebellen verlangenden Land an den längeren Hebel setzen? Solche Überlegungen gegeneinander abzuwägen und miteinander in Einklang zu bringen, war eine Angelegenheit der Politik oder – auf der unteren Ebene – der Handhabung der Polizeigewalt; das erforderte allerdings auch noch die Überwachung der Emigranten und besondere Vorkehrungen zur Eindämmung ihrer »schädlichen« Einwirkungen auf Einheimische. Probleme sozialpolitischer, fürsorgerischer oder verwaltungsmäßiger Natur entstanden nicht. War dem Asylsuchenden der Aufenthalt gestattet worden, so war er von Stund an sich selbst überlassen, und seine ferneren Schicksale gingen die Behörden des Aufnahmelandes nichts mehr an – es sei denn, dass er sich gegen Polizeigebote oder anerkannte Erfordernisse des Allgemeinwohls und der Landessicherheit verging.

Der heutige Durchschnittsflüchtling ist in einer anderen Lage. Gewöhnlich ist er durchaus nicht eine Persönlichkeit, die sich durch Gedanken oder Taten hervorgetan oder persönliche Feindschaft der Heimatregierung auf sich gezogen hätte. Er ist nicht mehr als einer von Hunderttausenden oder Millionen, die von einer gegen eine bestimmte Schicht oder eine bestimmte ethnische Kategorie gerichteten Politik bedroht sind. Es mag sogar sein, dass das heimatliche Regime seine Flucht zwar nicht direkt gefördert, aber ihr auch nicht unbedingt gewaltige Hindernisse in den Weg gelegt hat. Auf einen niederen sozialen Stand hinabgestoßen, mögen die Opfer einen gewissen Ausbeutungs- oder Ausplünderungs- und Ausrottungswert dargestellt haben; sie mögen aber auch als Unruhe stiftende Fremdkörper und belastender Kostenfaktor angesehen worden sein, durch Abschiebung über die Grenze eher loszuwerden als durch eine »Liquidierung«, die die Liquidierenden in Verruf bringt. So gesehen, macht der neue Flüchtling weniger Umstände als der Rebell von der alten Sorte, der – eine nicht alltägliche und nicht uninteressante Figur – beträchtliches Aufsehen erregen, Ansehen gewinnen und sogar Einfluss auf die Politik des gastfreundlichen Landes nehmen konnte, anderseits aber die von ihm bekämpften Machtgruppen in der alten Heimat in ständiger Unruhe hielt; ihnen wäre nur mit seiner Kapitulation oder seinem zeitigen Ableben gedient gewesen.

Für die Heimatregierung sind die entfliehenden nichtaktiven Präsumtivopfer einer Kollektivdiskriminierung oder Kollektivausrottung noch nicht einmal als Massenerscheinung eine strategische Belastung. Indem sie die Unerwünschten exportiert und ihnen vielleicht gerade noch gestattet, ihre letzten Mittel in die Beschaffung einer Auswanderungserlaubnis zu stecken, wälzt die Heimatregierung auf das Aufnahmeland nicht nur eine Vielzahl von Menschen, sondern auch noch eine Fülle schwerwiegender Probleme ab. Die Rollen sind vertauscht. Das Heimatland sieht in der Beherbergung der Rebellen keine feindliche Handlung mehr, gegen die es protestieren müsste. Dafür wendet sich aber das Land, das plötzlich eine Masse neuer Flüchtlinge aufgebürdet bekommt, dagegen, dass ihre Heimat sie ausstößt, oder es erhebt Einspruch gegen eine Politik, die den Massenauszug herbeigeführt hat; die Ausstoßung oder der Druck, der zur Massenflucht führt, erscheint als unfreundlicher Akt des Ursprungslandes des Menschenexports, der die Sicherheit und die nationalen Interessen des Bestimmungslandes beeinträchtigt.

Der Massenzustrom desorganisiert den Arbeitsmarkt des Aufnahmelandes, belastet dessen Sozialfürsorge mit unerträglichen Kosten, stellt die Verwaltung vor schwer lösbare Wohnraumbeschaffungs-, Gesundheits-, Erziehungs- und Berufsumschulungsaufgaben und vermehrt konfessionelle und nationale Reibungsflächen; Gefahren, die vom möglichen Druck eines neuen Erwerbslosenheeres herrühren, bringen zweideutige, widerspruchsvolle und sogar offen feindselige Reaktionen innerhalb der gewerkschaftlichen Organisationen hervor und stürzen sie in einen inneren Konflikt, in dem der Grundsatz der Freizügigkeit gegen das Gebot der Verteidigung des Arbeitsplatzes steht. Nur selten wirkt sich die stolze Erinnerung an Vorfahren, die in längst vergangenen Zeiten fliehenden Juden oder Hugenotten Schutz vor den politischen Umwälzungen ihrer Heimatländer gewährten, so aus, dass den Wanderern von heute Zufluchtsrechte eingeräumt werden.

Zweifellos gibt es auch weiterhin beträchtliche Gruppen politischer Flüchtlinge und politisch Verfolgter. Der Begriff »politisch Verfolgter« sollte sich auf alle tatsächlichen und präsumtiven Opfer rassischer, nationaler, religiöser oder politischer Verfolgung und auf aktive politische Kämpfer beziehen; dagegen sollte unter den Begriff »politischer Flüchtling« jeder fallen, der aus politischen oder ideologischen Gründen seinen ständigen Wohnsitz verlassen hat, ohne notwendigerweise Verfolgungen erlitten zu haben oder ihnen ausgesetzt gewesen zu sein. Eine scharfe Grenzziehung ist gewiss nicht einfach; der Unterscheidung käme aber im Falle einer gesetzlichen oder vertraglichen Festlegung von Vorzugsrechten politisch Verfolgter erhebliche Bedeutung zu.[8] Sieht man von kleineren Gruppen ab, die von den Aufnahmeländern als früher aktiv im politischen Leben Beteiligte anerkannt worden sind, so wäre die Zubilligung einer besonderen Rechtsstellung für die meisten Kategorien politisch Verfolgter ein Novum. Wie eng der Begriff des politischen Exils gewöhnlich ausgelegt wird, lässt sich an Hand der schweizerischen Praxis zeigen: von 1933 bis 1948 haben in der Schweiz nur 2.124 Personen Anerkennung als politisch Verfolgte beantragt, und davon haben nur 746 die Anerkennung erhalten. Das entspricht der inzwischen auch offiziell eingestandenen Tatsache, dass die Schweiz »Flüchtlingen aus nur {!!} rassischen Gründen« das Asylrecht Ende der dreißiger und Anfang der vierziger Jahre formal nicht einräumte.[9] Bis auf Einzelfälle, in denen unmittelbar persönliche Bedrohung unterstellt wurde, hat die Schweiz auch Anhängern General Charles de Gaulles, deutschen Sozialdemokraten und Franzosen, die der Verschleppung zur Zwangsarbeit nach Deutschland zu entgehen suchten, die Zubilligung des Asylrechts verweigert.[10]

Wie aber soll man nun den »politischen Flüchtling«, von dem sich der »politisch Verfolgte« als besonders gefährdeter Sonderfall abhebt, vom »Sozialflüchtling« unterscheiden, der »lediglich« dem Gesamtzustand der allgemeinen Unterdrückung und Hoffnungslosigkeit und der ausweglosen Eintönigkeit des grauen totalitären Alltags entrinnt oder möglicher zukünftiger Entrechtung und Verfolgung aus dem Wege

---

8 Vergleiche Heinrich Grützner: »Auslieferungsverbot und Asylrecht«, in: Franz L. Neumann, Hans Carl Nipperdey und Ulrich Scheuner (Hg.): Die Grundrechte. Handbuch der Theorie und Praxis der Grundrechte, Band II, Berlin, 1955, S. 583-604, insbesondere 601, und Hermann von Mangoldt: Das Bonner Grundgesetz, 2., von Friedrich Klein neubearbeitete Auflage, Band I, Berlin/Frankfurt, 1957, Abteilung I, »Die Grundrechte«, Art. 16, Anmerkung V, S. 498 ff.

9 Aufschluss darüber geben im Auftrag der Regierung zusammengestellte Dokumente: Carl Ludwig: »Die Flüchtlingspolitik der Schweiz in den Jahren 1933 bis 1955. Bericht an den Bundesrat zuhanden der eidgenössischen Räte«, in: Die Flüchtlingspolitik der Schweiz seit 1933 bis zur Gegenwart, Beilage zum Bericht des Bundesrates an die Bundesversammlung, in: Bundesblatt der Schweizer Eidgenossenschaft, Jahrgang 109 (1957), Band II, Nr. 7347, S. 1-376, insbesondere 250 f.

10 Ebda., S. 230 f.

geht? Es passt schon eher auf diesen die Heimatvertreibung Vorwegnehmenden, was Grotius einmal gesagt hat: Die staatlich geordnete Gesellschaft würde sich auflösen, wenn das Recht zu emigrieren einem jeden zugestanden würde.[11] Im 20. Jahrhundert liefe das darauf hinaus, dass man den Sozialflüchtlingen die Anerkennung als politisch Verfolgte zu versagen hätte. Wie schwer da die Grenze zu ziehen ist, zeigt das Dilemma Österreichs: Die ständige Zunahme von Flüchtlingen aus Jugoslawien und der zeitweilige Masseneinbruch aus Ungarn stellen die österreichische Regierung vor Probleme, die sie unmöglich lösen kann. In Ländern, die von beiden Kategorien der Entweichenden überflutet werden, ruft die Frage des politischen Asyls nicht nur eine politische, sondern auch eine einschneidende administrative Reaktion hervor, die notwendigerweise negativ ist. Auch dort, wo Regierungskreise der Beibehaltung der traditionellen Asylgewährung freundlich gegenüberstehen mögen, müssen die neuen Dimensionen des Problems die Art seiner Bewältigung entscheidend beeinflussen.

2. Ehrenpflicht oder beschwerliche Last?

Eine Typologie der vorherrschenden Einstellung zur Asylfrage muss mit diesen veränderten Dimensionen rechnen. In neuerer Zeit ist das Recht auf politisches Asyl in eine ganze Reihe von Nachkriegsverfassungen auf beiden Seiten des ideologischen Vorhangs ebenso wie in den reichlich vagen Katalog guter Vorsätze, der als Menschenrechtserklärung der Vereinten Nationen amtlich niedergelegt ist, aufgenommen worden. Außer in Ausnahmefällen ist das jedoch keineswegs gleichbedeutend mit der Bereitschaft zur Übernahme bindender Verpflichtungen. Im Allgemeinen bleibt es bei dem Grundsatz, dass die Gewährung des Asyls zum Bereich des freien Ermessens der Regierungen gehöre und dass es einen Rechtsanspruch darauf nicht gebe.[12] In der Menschenrechtskommission des Wirtschafts- und Sozial-

---

11 Hugo Grotius: De iure belli ac pacis (1625), liber II, 5, XXIV. Ein Beispiel zur Veranschaulichung: Während der Weltausstellung in Belgien 1958 suchten bei den belgischen Behörden rund 300 Besucher aus totalitären Ländern um politisches Asyl nach; man darf vermuten, dass beim größten Teil weniger direkte Verfolgungsgefahr vorlag als das Bedürfnis, außerhalb des totalitären Bereichs und unter materiell günstigeren Bedingungen zu leben.
12 Zur vorherrschenden Meinung, wonach die Asylgewährungsverpflichtung nicht geltendes Recht sei, siehe Lassa Francis Lawrence Oppenheim und Hersch Lauterpacht: International Law, 8. Auflage, London/New York/Toronto, 1955, § 316. Nach

rates der Vereinten Nationen ist vor einigen Jahren sogar die zweideutige Formulierung: »Jeder, der unter Missachtung der Grundsätze der Allgemeinen Erklärung der Menschenrechte an Leib, Leben oder Freiheit bedroht wird, soll als asylberechtigt angesehen werden«, auf Widerstand gestoßen. In der abgeänderten französischen Entschließung, die anderen interessierten Körperschaften zur Erörterung empfohlen wurde, wurde daher das Asylrecht traditionsgemäß als »das Recht jedes Staates, Asyl zu gewähren«, definiert.[13]

Die dem liberalen 19. Jahrhundert eigene Bejahung des politischen Asyls zielte auf alle ab, die ihrer politischen Überzeugungen wegen Schaden genommen hatten oder bedroht wurden; welcher Art diese Überzeugungen waren, spielte keine Rolle. Im Gegensatz dazu hängt die Auslegung der erwähnten Nachkriegsdokumente von der Lesart ab, die aus den ideologischen Kämpfen unserer Tage jeweils als die allein gültige hervorgeht. Zum Teil sind die Verheißungen dieser Dokumente bloße agitatorische Floskeln.

So verspricht zum Beispiel die italienische Verfassung ihren Schutz denen, die vom »Genuß demokratischer Freiheit« ausgeschlossen sind, und die Präambel zur französischen Verfassung von 1946 verbürgt das Asylrecht allen, die verfolgt werden, weil sie »für die Freiheit mit Taten eingetreten« sind.[14] Indes nehmen diese beiden Verfassungsurkunden, die mit kommunistischer Unterstützung zustande gekommen sind, davon Abstand, »Freiheit« näher zu definieren. Ob die Flüchtenden als asylberechtigte Freiheitskämpfer anerkannt werden oder nicht, bleibt wandelbaren Auslegungen überlassen.

Verfassungen aus dem kommunistischen Bereich sind – schon aus propagandistischen Gründen – etwas präziser in der Bezeichnung der anzuerkennenden Asylansprüche. Die gegenwärtig geltende Verfassung der UdSSR übergeht zwar die in einer früheren Verfassungsurkunde genannten Opfer religiöser Verfolgungen, bietet aber eine Zufluchtsstätte

---

M. A. Raestad wird das allgemein als Bejahung des Rechts jedes einzelnen Landes, Asyl zu gewähren, gedeutet; siehe: Kommissionsbericht von 1939 in: Annuaire de l'Institut de Droit International, Jahrgang 43 (1950), Band I, S. 135. Richard Lange: Grundfragen des Auslieferung- und Asylrechts (Juristische Studiengesellschaft Karlsruhe, Schriftenreihe, Heft 5), Karlsruhe, ohne Jahr {Copyright 1953}, S. 20, stellt mit Recht fest, dass die großzügigen Bestimmungen des Grundgesetzes über die geltende internationale Rechtspraxis hinausgehen.

13 United Nations Economic and Social Council, Commission on Human Rights, Fifteenth Session, 634th and 633th meetings (3. April 1959), Tagesordnungspunkt 13, E/CN. 4/ SR 634-635.

14 Verfassung Italiens vom 27. Dezember 1947, Art. 19, 3; Verfassung Frankreichs vom 27. Oktober 1946, Präambel; die neueste französische Verfassung verzichtet auf eine detaillierte Präambel.

all denen an, die wegen Wahrnehmung der Interessen der Werktätigen, wegen wissenschaftlicher Tätigkeit oder wegen Teilnahme an nationalen Befreiungskämpfen bedroht sind. Verfassungen anderer Länder aus dem Sowjetbereich unterscheiden sich nur im Detail der Formulierung.[15]

Wie die Verfassungsverheißungen hüben und drüben in die Praxis umgesetzt werden, richtet sich nach den ideologischen Auseinandersetzungen und politischen Erfordernissen des Augenblicks; nationale Einzelvarianten gibt es in Hülle und Fülle. Kleinere und mittlere Staaten, die kraft ihrer geographischen Lage den Flüchtlingsstrom am ehesten zu spüren bekommen, müssen notgedrungen auch die leisesten Schwankungen in der Haltung der mächtigeren Staatsgebilde im Auge behalten. In ihren veränderlichen Reaktionen auf Augenblickssituationen sind sie eher geneigt, sich empirisch von Fall zu Fall zu entscheiden; demgegenüber sind die Groß- und Seemächte dank ihrer größeren Entfernung von den Einbruchsstellen in der glücklichen Lage, systematischer durchdachte Richtlinien für die Asylgewährung aufstellen zu können; darin wird versucht, zwischen den eigenen Bedürfnissen und dem Druck von außen eine Balance herzustellen.

In der Sowjetunion und den anderen Ländern des Sowjetbereichs klaffen dem 19. Jahrhundert entlehnte Vorstellungen vom Asyl für politisch Verfolgte als nobile officium und die tatsächliche Asylpraxis weit auseinander; fast drängt sich ein für die Kommunisten wenig vorteilhafter Vergleich mit dem Zarenreich auf. Auf Asylrechtstagungen unter kommunistischer Regie, wie sie im Westen nach dem Einbruch des Dritten Reichs verschiedentlich veranstaltet wurden, für vielversprechende Verfassungsformeln Reklame zu machen, ist etwas grundsätzlich anderes, als tatsächlich Asyl zu gewähren. Keineswegs sind die Grenzen der Sowjetunion zu irgendeiner Zeit für alle verfolgten Werktätigen offen gewesen; ob sie geöffnet wurden oder nicht, hing stets ausschließlich von den politischen und wirtschaftlichen Interessen der Sowjetregierung ab. Wohl hat einer begrenzten Zahl zumeist rassisch verfolgter Flüchtlinge besonderes fachliches Können die Einreise erleichtert; organisierte Kommunisten und bewährte Mitläufer aber waren auf der Flucht aus der Heimat oder dem ersten Emigrationsland erst dann willkommen, wenn die Parteiinstanzen nach strenger Siebung ihr Plazet erteilt hatten. Ohne ausdrückliche Genehmigung der Parteibehörden des Sowjetlandes, die wiederum im Einvernehmen mit den einzelnen

---

15 Verfassung der UdSSR vom 21. Januar 1937, Art. 133. Die jüngere Verfassung der Volksrepublik China, vom 20. September 1954, Art. 99, sichert Asyl allen Ausländern zu, die wegen der Verteidigung einer gerechten Sache, wegen Teilnahme am Kampf für die Freiheit oder wegen wissenschaftlicher Betätigung verfolgt werden.

Landessektionen der Kommunistischen Internationale arbeiteten, wurden noch nicht einmal verdiente kommunistische Kämpfer, denen draußen der sichere Tod drohte, über die Grenze zugelassen.[16] Nicht die Größe der Gefahr entschied über die Aussicht des Flüchtenden, Sowjetasyl zu genießen, sondern einzig und allein seine Brauchbarkeit vom Standpunkt des Parteiapparats. In wenigen Fällen nur gestatteten Sowjetbehörden die Durchreise politisch verfolgter Nichtkommunisten, die aus der Gefahrenzone des Nazi-Terrors anders nicht entkommen konnten. Mit dieser Ausnahme war Zuflucht im Sowjetbereich nur auf dem Weg über einen konkreten Parteiauftrag zu erlangen; erteilt wurden solche Aufträge nur nach den Personalerfordernissen und Zukunftsplänen der Parteibürokratie. Politische Zuverlässigkeit und Gefügigkeit des Asylsuchenden, nicht seine Notlage war das bestimmende Kriterium. Von der Anwerbung gefährdeter qualifizierter Spezialisten abgesehen, liegt dem Denken der Sowjetführung die Vorstellung völlig fern, dass man Verfolgte und Gefährdete retten muss, auch wenn sie mit dem kommunistischen Organisationsnetz nichts zu tun haben.[17]

Unter den anderen Großmächten bewahren die Vereinigten Staaten noch manche Anklänge an die Tradition des rettenden Hafens für alle Gestrandeten, wenn auch dreißig Jahre Einwanderungsbeschränkung die realen Asylchancen der Verfolgten beträchtlich reduziert haben. Ungeachtet der Größe und Dringlichkeit der Verfolgungsgefahr wurde an den Grundsätzen der Einwanderungsbeschränkung, der Kontingentierung der Zulassung nach Herkunftsländern und dem Verlangen des Nachweises eigener Unterhaltsmittel streng festgehalten. Unmittelbare Notzuflucht gab es lange Zeit nur im Rahmen von Besuchsvisa; damit wurde die Zulassung des Verfolgten von seiner gesellschaftlichen und finanziellen Position abhängig gemacht, was die Erlangung des Notasyls im Vergleich zur regulären Einwanderung fast noch

---

16 In einer Schweizer Dokumentennachlese vom 21. Mai 1946 (zu 4919): »Bericht an die Bundesversammlung über die antidemokratische Tätigkeit von Schweizern und Ausländern im Zusammenhang mit dem Kriegsgeschehen 1939 - 1945«, III. Teil, in: Bundesblatt der Schweizer Eidgenossenschaft, Band II, Jahrgang 98, S. 227 (Nr. 21, 23. Mai 1946), findet sich der Hinweis auf ein in diesem Sinne unmissverständliches Rundschreiben der in Moskau residierenden Exekutive der Internationalen Roten Hilfe, der kommunistischen Fürsorgeorganisation.

17 Schon vor Jahren hatte ein führender spanischer Emigrant, der einst dem Exekutivkomitee der Kommunistischen Internationale angehört hatte, die ausschließliche Berücksichtigung des Verwendbarkeits- und Zuverlässigkeitsgesichtspunkts in der Praxis der Sowjetunion, sofern es sich um die Aufnahme verfolgter europäischer Kommunisten handelte, mit vielen Einzelheiten belegt; siehe Jesus Hernandez: La Grande Trahison, Paris, ohne Jahr {Copyright 1953}. Seitdem sind in Memoiren und Monographien viele erschütternde Berichte hinzugekommen.

erschwerte. Wirksame Einlösung der traditionellen Asylverheißungen erforderte gesetzgeberische Maßnahmen, die nicht leicht durchzusetzen und ohne weitgehende diskriminierende Einschränkungen überhaupt nicht zu erreichen waren. Es kamen immerhin Sondergesetze zustande, die jeweils für den Augenblick wesentliche Erleichterungen brachten: »Gefährdungsvisa« für politisch und rassisch Verfolgte nach der Eroberung Frankreichs durch Hitlers Armeen, Einwanderungserleichterungen nach 1950 für Verschleppte, Zwangsausgesiedelte und Heimatvertriebene, schließlich 1956 »Einwanderung auf Bewährung« für Teilnehmer an der ungarischen Volkserhebung gegen die Sowjetherrschaft.

Heftige Einbrüche in die Tradition des Nothafens für alle kamen Ende der vierziger und Anfang der fünfziger Jahre, als die Fernhaltung politisch Unerwünschter zu einer stärkeren Triebkraft wurde als die Rettung Verfolgter. Unter den komplexen und widerstreitenden Faktoren, die die Einwanderungspolitik der Vereinigten Staaten formen, kommt der Not des Asylsuchenden nur das Gewicht einer neben vielen anderen Überlegungen zu; die entscheidende Überlegung ist es nicht. Grundsätzlich richtet sich die Einreiseerlaubnis für politische Flüchtlinge nach der allgemeinen Einwanderungsgesetzgebung, die von »Quoten« für die einzelnen Ursprungsländer ausgeht und die Zahl der jedem Land zugebilligten Einwanderer nach längst überholten Prozentsätzen der nationalen Zusammensetzung der amerikanischen Bevölkerung festlegt. Das Stichjahr gehört einer vergangenen Zeit an, die von den politischen Umwälzungen der letzten Jahrzehnte und der von ihnen ausgelösten Völkerwanderung noch nichts geahnt hatte. Im Schatten des Massenexodus büßen die alten Maßstäbe jeden Sinn, sofern sie je einen hatten, ein.

Aber auch die neuen Maßstäbe der Sonderregelungen, die erhebliche Verbesserungen gebracht haben, ergaben sich viel eher aus innenpolitischen Erwägungen und ideologischen Zielsetzungen als aus Rücksichten auf die Größe der Gefahr oder auf die Berechtigung des Asylanspruchs. Die 1952 beschlossene Durchbrechung des Quotensystems für eine begrenzte Anzahl von Einwanderungsgenehmigungen war eindeutig von politischen Interessen diktiert. Ebenso erwuchs aus politischen Vorstellungen, bei denen die objektive Dringlichkeit des Asylbegehrens keine Rolle spielte, die Einwanderungssperre für Flüchtlinge, die sich in den engen Maschen des gegen »Unerwünschte« ausgespannten Paragraphennetzes verfangen haben mochten.

Die Möglichkeit, in Amerika Zuflucht vor Verfolgungen zu suchen, ist gewiss beschränkt: Vor allem stehen ihr im Wege die Quotenbarrieren (einst ersonnen zur Fernhaltung als »minderwertig«

angesehener Nationalitäten oder »Rassen« und – in geringerem Maße – zur Förderung der Einwanderung besonders »anpassungsfähiger« Elemente) und die Tatsache, dass die Größe der dem Flüchtling drohenden Gefahr nur ein beiläufiges Moment ist. Trotzdem hat das von den Vereinigten Staaten befolgte System zahlreichen und verschiedenartigen Kategorien politischer Flüchtlinge die Tore geöffnet. Es steht im eklatanten Gegensatz zu den Ausleseprinzipien der Sowjetländer. Die in den Vereinigten Staaten geltenden gesetzlichen Gesichtspunkte beschränken die Aufnahmebereitschaft nicht auf kleine Häuflein hochqualifizierter Fachleute, und die politischen Gesichtspunkte – wesentlich negativer Art – bezwecken lediglich die Fernhaltung bestimmter Kategorien, die als Quelle potentieller Belastungen und Gefahren angesehen werden; das im Sowjetbereich ausschlaggebende Kriterium der politischen Verwendbarkeit spielt in der amerikanischen Praxis eine geringe Rolle.[18]

Mit politisch scharf profilierten Persönlichkeiten, die ihre ursprünglichen politischen Ziele im Zufluchtsland aktiv weiterverfolgen wollen, haben es die Vereinigten Staaten nicht allzu häufig zu tun. Die Praxis des letzten Jahrzehnts schließt von der Aufnahme alle Personen aus, von denen auf Grund ihrer allgemeinen Haltung oder früherer Verbindungen vermutet wird, dass sie den Kommunismus nicht eindeutig ablehnen. Weniger sperrt sich die Praxis gegen die Einreise aktiver Politiker aus Süd- und Mittelamerika und den Antillen, die in den Vereinigten Staaten nur vorübergehend Asyl suchen – in der Absicht, die Asylstätte zur Operationsbasis gegen das heimatliche Regime zu machen. Obgleich von diesen politischen Aktivisten angenommen werden kann,

---

18 Über den Zusammenhang zwischen Einwanderung und Flüchtlingsproblem siehe Richard Robbins: »The Refugee Status: Challenge and Response«, in: Law and Contemporary Problems, Jahrgang 21, S. 311-333 (Heft 2, Frühjahr 1956); dort auch einige Beiträge über die Auswirkungen des McCarran-Walter-Einwanderungsgesetzes von 1952. Unterhalb der vielen aufeinandergetürmten Bestimmungen über die Nichtzulassung politisch unerwünschter Personen erhält sich in einer tieferen Schicht noch ein Überrest alter Vorschriften, die politisch Verfolgten Vergünstigungen gewähren: Rein politische Verbrechen fallen nicht unter die moralisch verwerflichen Handlungen, die Einwanderungsverbot zur Folge haben (United States Code, Titel 8, § 1182, Abschnitt a, Art. 9 und 10); Analphabeten, die von der Einwanderung ausgeschlossen sind (ebda., Art. 25), dürfen einwandern, wenn sie Opfer von Religionsverfolgungen sind (ebda., Abschnitt b, Art. 2). Material über die aus Sicherheitsgründen praktizierten Einwanderungsbeschränkungen liegt in einer Studie vor, an der verschiedene Behörden mitgewirkt haben: Anthony T. Bouscaren, Winston C. Smith und William J. Mulligan: The Security Aspects of Immigration Work, Milwaukee, ohne Jahr {Copyright 1959}. Danach (S. 90 f.) hatte sich der Anteil der Nichtzulassungen wegen »anarchistischer« oder »umstürzlerischer« Tätigkeit von nicht ganz 3 Prozent 1950 auf über 33 Prozent 1937 und fast 35 Prozent 1958 erhöht; von den Bewerbern, die Einwanderungsvisa auf Grund des Flüchtlingshilfegesetzes von 1953 beantragt hatten, waren bis Mitte 1938 2,2 Prozent aus politischen Gründen zurückgewiesen worden.

dass sie »Unruhe stiften« und der Regierung in Washington Ungelegenheiten bereiten könnten, besteht hier eine generelle Sperre nicht: Wer einflussreiche Gönner in den Vereinigten Staaten hat, kann mitunter auch trotz behördlichem Widerstand einreisen; manchmal ist die Anwesenheit solcher Kreise den oberen Behörden willkommen, weil sie den Vereinigten Staaten im diplomatischen Spiel zusätzliche Trümpfe verschafft, und manchmal kann sie – wie 1961 – das Rüstzeug für eine kaum verschleierte Interventionspolitik liefern.

Die amerikanische Asylgewährungspolitik ist zugleich dogmatisch und pragmatisch. In ihr vermengen sich Erfordernisse und Wunschträume der Außenpolitik, Interessen gegensätzlicher Art, die von mächtigen Organisationen und Pressionsgruppen geltend gemacht werden, und die Symbolik der Zufluchtsstätte für alle Verfolgten und Geknechteten. Der Zusammenprall dieser Tendenzen spiegelt sich in einer widerspruchsreichen Praxis, die von den Bevorzugten gepriesen und von den Benachteiligten verdammt wird.

Am kontinuierlichsten erhält sich die liberale Tradition in der Asylpraxis Großbritanniens. Die geographische Lage der Inseln, zu denen es einen Zugang nur auf See- und Luftwegen gibt, hat das Einhalten einer großherzigen Politik leichter gemacht. Um auf britischem Boden zu landen, hätten Massenwanderungen eine Reihe kontinentaleuropäischer Länder durchqueren müssen. Dies natürliche Hindernis gab dem britischen Staat die Möglichkeit, sich auf programmatische Grundsätze festzulegen und eine gleichsam automatische Auslese walten zu lassen.

Auch wenn – besonders nach dem Soblen-Fall – bezweifelt werden darf, ob die im 19. Jahrhundert festgelegten Idealmaßstäbe der Gastfreundschaft und des uneingeschränkten politischen Asyls heute noch in vollem Umfang in die Praxis umgesetzt werden,[19] bleibt doch die Tradition bestehen, wonach die Aufnahme eines Asylsuchenden grundsätzlich nicht von seiner politischen Haltung abhängig gemacht wird.[20] Von

---

19 Siehe die nüchternen Betrachtungen »Speeding the Paying Guest«, in: The Economist, Band CLXXIX, S. 121 f. (Nr. 5877, 14. April 1956); siehe auch weiter unten Kapitel XII, Abschnitt 3.
20 Einen allgemeinen Überblick über die englische Einreise- und Aufenthaltsgenehmigungspraxis gibt Felice Morgenstern: »The Right of Asylum«, in: The British Yearbook of International Law 1949 (Jahrgang 26), S. 327-337. Über eine charakteristische Episode berichtet Hugh Dalton: Call Back Yesterday. Memoirs 1887 - 1931, London, 1953, S. 219: Trockij hatte 1929 das Labour-Kabinett MacDonald um eine Einreiseerlaubnis gebeten und war von Innenminister John Robert Clynes abschlägig beschieden worden. Zu der Frage hatten sich die einzelnen Ministerien geäußert; Arthur Henderson, der Außenminister, war ungehalten darüber, dass seine Beamten, ohne an das Prinzip des Asylrechts zu denken, nur hätten wissen wollen, welche Entscheidung für England »von Vorteil« sein könne.

englischen Behörden ist der weithin bekannte Spitzenfunktionär der deutschen Kommunisten, Gerhart Eisler, der auf der Flucht vor amerikanischer Strafverfolgung in einem englischen Hafen gestrandet war, mitnichten ausgeliefert worden. Das englische Gericht, das darüber zu befinden hatte, schob den politischen Komplex einfach beiseite, indem es feststellte, dass ein Auslieferungsbegehren im Falle Eisler nicht statthaft sei, weil das ihm zugrunde liegende Delikt – Meineid – vom englischen Recht anders definiert werde als vom amerikanischen.[21] Und nachdem Auslieferung nicht in Frage kam, waren die Behörden sogar bereit, Eisler Asyl zu gewähren; an ihnen lag es nicht, dass er es vorzog, davon keinen Gebrauch zu machen.

Unter den Ländern Kontinentaleuropas verdient die Bundesrepublik Deutschland besondere Erwähnung. Unter dem frischen Eindruck der schonungslosen Verfolgung politischer Gegner im Dritten Reich hatten die Väter des Bonner Grundgesetzes den Grundsatz des politischen Asyls als unmittelbar rechtswirksame Vorschrift in die Verfassung aufgenommen. Die Asylrechtsinterpretation der Oberlandesgerichte und des Bundesverwaltungsgerichts ebenso wie die Praxis des Bundesverfassungsgerichts erkennen politisches Asyl als unmittelbaren Rechtsanspruch des politisch Verfolgten an.[22] Wer im Zusammenhang mit Krieg und Besetzung ins Gebiet der Bundesrepublik verschlagen worden ist und nicht in die Heimat (ob im Westen, ob im Osten) zurück kann, ohne das Risiko einer politisch bedingten Verfolgung auf sich zu nehmen, genießt vollen Asylschutz. Am wichtigsten unter den Fällen, die sich aus neueren politischen Konstellationen ergeben, ist der Asylschutz für Tausende von Algeriern, die aus Frankreich zugewandert sind: Die Behörden der Bundesrepublik hatten verschiedenerlei Druck in entgegengesetzten Richtungen zu spüren bekommen und sich mit befristeten polizeilichen Aufenthaltsgenehmigungen beholfen; sie waren damit der schwierigen Aufgabe ausgewichen, die Lage der Algerier in Frankreich vor dem Ende der Unabhängigkeitskämpfe zu beurteilen: Die Algerier waren vielleicht nicht ständig direkten politischen Verfolgungen

21 Philip E. Jacob: »International Extradition: Implications of the Eisler Case«, in: Yale Law Journal, Jahrgang 59, S. 622-634 (Heft 4, März 1950). Eine etwas eigenartige Kritik übt L. C. Green: »Recent Practice in the Law of Extradition«, in: Current Legal Problems, Jahrgang 6, S. 274-296 (1953, Nr. 14).
22 Vergleiche Lange: Grundfragen ... (siehe oben Anmerkung 12), und Grützner: »Auslieferungsverbot ...« (siehe oben Anmerkung 8). Das Urteil des Bundesverfassungsgerichts vom 14. Mai 1957, 1 BvR 193/37, in: Entscheidungen des Bundesverfassungsgerichts, Band 6, Tübingen, 1958, S. 443-445, insbesondere 443, gab der Verfassungsbeschwerde gegen eine Oberlandesgerichtsentscheidung statt, in der die Voraussetzungen für die Auslieferung eines Flüchtlings bejaht worden waren, weil die ihm zur Last gelegten Straftaten nicht politischer Natur gewesen seien.

ausgesetzt, standen aber unzweifelhaft unter dem schweren polizeilichen Druck, der natürlich nicht ohne weiteres zu beweisen war. Wenn man von plötzlichen überdimensionalen Ausbrüchen der Flüchtlingsflut absieht, ist es mithin nicht unmöglich, politischen Emigranten den Schutz des Gesetzes angedeihen zu lassen. Die Genfer Konvention vom 28. Juli 1951 verhilft dieser Schutzmöglichkeit zur Anerkennung auf breiterer Basis. Allerdings enthält sie sich vorsichtigerweise in ihren praktischen Bestimmungen einer präzisen Stellungnahme zur eigentlichen Hauptfrage, der Zulassung von Flüchtlingen. Auf den ersten Blick scheint sogar Artikel 32 der Konvention, der die Ausweisung von Flüchtlingen »aus Gründen der nationalen Sicherheit und der öffentlichen Ordnung« erlaubt, die Schutzbestimmungen wieder zunichte zu machen. Aber in Wirklichkeit liegt seine Bedeutung darin, dass er einige internationale Verfahrensnormen festlegt, zum Beispiel das Recht des von der Ausweisung Betroffenen, Beweismittel vorzulegen, sich durch einen Rechtsbeistand vertreten zu lassen, gegen eine negative Entscheidung Einspruch zu erheben und eine »angemessene Frist« eingeräumt zu bekommen, in der er sich in einem anderen Land um Aufnahme bemühen kann. Von diesem Rechtsverfahren kann nicht nach dem Gutdünken eines beliebigen Beamten, sondern nur aus »zwingenden Gründen der öffentlichen Sicherheit« abgegangen werden. Bei alledem schützt freilich die Genfer Konvention nur eine begrenzte Anzahl von Menschen: Nach Artikel 2 gilt der 1. Januar 1951 als Stichtag.

Die Konvention ist immerhin ein Schritt vorwärts: Sie definiert den Begriff »Flüchtling«, sieht ein geordnetes Verfahren zur Klärung seiner Rechtsstellung auf der Grundlage ständigen Zusammenwirkens des Flüchtlingskommissars der Vereinten Nationen mit den Regierungen der einzelnen Staaten vor und regelt in gewisser Weise die Rechte der Flüchtlinge in den Asylländern. Am wichtigsten ist, dass die Artikel 32 und 33 die Voraussetzungen kodifizieren und – wenn auch nicht ganz eindeutig – einschränken, unter denen Flüchtlinge ausgewiesen werden dürfen. Gewiss legen die Erfahrungen, die manche europäischen Länder schon in den dreißiger und vierziger Jahren machen konnten, den Schluss nahe, dass man weder eine Asylgarantie noch auch vorübergehende Aufnahme großer Flüchtlingsmassen von Staatsgebilden erwarten darf, die am Rande der Ausbruchssphäre vulkanartiger sozialer und politischer Umwälzungen liegen. Alle Länder aufzuzählen, die sich im Laufe der Zeit der Verletzung der Asylgrundsätze schuldig gemacht haben, wäre beinahe schon pure Bosheit. Nach objektiven Maßstäben ließe sich schwerlich entscheiden, wen da die meiste Schuld trifft.

Wen sollte man auch in der Tat an erster Stelle anprangern? Etwa die Schweizer, weil sie das Nazi-Reich angestiftet haben, Maßnahmen zur Kenntlichmachung der Auslandspässe deutscher Staatsangehöriger jüdischer Abstammung zu treffen, damit die schweizerische Passkontrolle asylsuchende Juden erkennen und zurückweisen[23] konnte, ohne die als »Touristen« mit dickem Geldbeutel willkommenen »arischen« Inhaber deutscher Reisepapiere zu belästigen? Dass sich die Schweiz eifrig darum bemüht hat, den Zustrom deutscher Juden zu unterbinden, und dass zu diesem Zweck Verhandlungen mit Amtsstellen des Dritten Reichs geführt wurden, unterliegt keinem Zweifel. Nobler wird die Sache auch dadurch nicht, dass die Wahl der geeigneten Prozedur den Nazis überlassen wurde, die sich dann für die Kenntlichmachung der »Judenpässe« entschieden.[24] In einem Fall allerdings hat sich die Schweiz diskriminierenden Maßnahmen mit Entschiedenheit widersetzt: Die Anregung der Nazis, die Eidgenossenschaft möge doch auch die Pässe schweizerischer Juden besonders kennzeichnen, wurde rundweg abgelehnt. Diese Anregung war offenbar als Verhandlungstrumpf gedacht: Sie sollte die Schweizer mit der Nase darauf stoßen, dass ihnen das Dritte Reich einen besonders großen Gefallen tat, indem es eine Sperrung der schweizerischen Grenze für Juden aus Deutschland zu einer Zeit erlaubte, zu der die Nazi-Regierung primär daran interessiert war, möglichst viele Juden auf die Nachbarländer abzuwälzen.

Die unerfreuliche Haltung der Schweiz im Zeitalter der totalitären Verfolgungen fällt deswegen besonders auf, weil sie in krassem Gegensatz zur schweizerischen Tradition steht. In den dreißiger Jahren des 19. Jahrhunderts und dann wieder in den Revolutionsjahren 1848 und 1849 und danach strömten Scharen fliehender italienischer und deutscher Revolutionäre (1849 allein waren es 15.000) über die Schweizer Grenze und fanden freundliche Aufnahme bei der Bevölkerung. Die Sympathien der Schweizer gingen den Revolutionären auch dann nicht ganz verloren, als Mazzini und Garibaldi versuchten, die Schweiz als Aufmarschgebiet für die Fortführung ihres Kampfes gegen Österreich

---

23 Ludwig: »Die Flüchtlingspolitik ...« (siehe oben Anmerkung 9), hat diese Vorgänge einwandfrei belegt. Die Härte der offiziellen Politik der Schweiz gegenüber Flüchtlingen aus dem Dritten Reich, die vordem schon aus der Aktenpublikation des United States Department of State: Documents on German Foreign Policy, 1918 - 1945, Series D, Volume 5, Washington, D. C., 1953, S. 895 ff. (Nrn. 642-644), erschreckend deutlich geworden war, hat damit an Hand amtlichen schweizerischen Materials ihre Bestätigung gefunden.
24 Ludwig: a.a.O., S. 148.

zu benutzen, und den Lenkern der schweizerischen Außenpolitik unzählige Schwierigkeiten bereiteten.[25]

Die Sünden der Schweiz sind im totalitären Zeitalter keine Ausnahme. Benahmen sich die Schweden edelmütiger, als sie um 1944/45 aus Angst vor dem Zorn der russischen Sieger Flüchtlinge aus den gerade erst von der Sowjetunion annektierten baltischen Ländern in denselben seeuntüchtigen Ruderbooten heimschickten,[26] in denen sie aus dem Sowjetbereich entkommen waren? Oder die Franzosen, als sie eine ständige Übung daraus machten, heimatlose Ausländer auszuweisen, ohne sie mit für die Einreise in ein anderes Land unentbehrlichen Reisepapieren zu versehen, und die Gerichte Gefängnisstrafen wegen Übertretung des Ausweisungsbefehls verhängen ließen,[27] wobei sich das Strafmaß mit jeder neuerlichen Feststellung der Dauerübertretung erhöhte, die zu unterlassen die Ausgewiesenen keine Möglichkeit hatten? Wieder die Franzosen, als sie illegalen Grenzübertritt in weitestem Ausmaß duldeten, aber die illegal ins Land kommenden Flüchtlinge zu legalisieren sich weigerten und sie damit einerseits um jeden Broterwerb, anderseits um die Möglichkeit brachten, das Land je wieder zu verlassen? Und noch einmal die Franzosen, als sie 1938/39 die von den Franco-Armeen verfolgten spanischen Loyalisten zwar ins Land ließen, sie aber dann in Lagern zusammenpferchten,[28] in denen es an allem fehlte, was auch nur zum primitivsten menschlichen Dasein gehört?

25 Johann Langhard: Die politische Polizei der Schweizer Eidgenossenschaft, Bern, 1909, S. 159; Edgar Bonjour: »Geschichte der Schweiz im 19. und 20. Jahrhundert«, in: Hans Nabholz, Leonhard von Muralt, Richard Feiler und Edgar Bonjour (Hg.): Geschichte der Schweiz, Band 2, Zürich, 1938, Abschnitt 29, S. 484-489.
26 Hellmuth Hecker: Praktische Fragen des Staatsangehörigkeit-, Entschädigungs- und Völkerrechts (Hektographierte Veröffentlichungen der Forschungsstelle für Völkerrecht und ausländisches öffentliches Recht der Universität Hamburg, Band 36), Hamburg, 1960, S. 1-71, insbesondere 2 ff.
27 Nach der Genfer Flüchtlingskonvention von 1951 sind solche Praktiken nunmehr untersagt; siehe »Gesetz betreffend das Abkommen vom 28. Juli 1951 über die Rechtsstellung der Flüchtlinge« vom 1. September 1953, Bundesgesetzblatt, 1953, Teil II, S. 559-589 (Nr. 19, 24. November 1953). Danach soll kein Asylsuchender wegen illegalen Grenzübertritts oder unerlaubten Aufenthalts bestraft werden, vorausgesetzt, dass er sich unverzüglich bei der zuständigen Behörde des Landes meldet, bei dem er die erforderliche Erlaubnis nicht vorher eingeholt oder nicht erhalten hatte. Eine Bestimmung zugunsten der Asylsuchenden, die nicht mehr wegen illegalen Grenzübertritts bestraft werden sollen, gibt es sogar im UdSSR-Gesetz über Verbrechen gegen den Staat vom 25. Dezember 1958, Art. 20; siehe: Highlights of Current Legislation and Activities in Mid-Europe, Jahrgang 7, S. 37-42, insbesondere 41 (Nr. 1, Januar 1959). Man könnte daraus schließen, dass die Praxis der Behörden in jedem politischen und sozialen System in so akuten Gegensatz zu den politischen Zielen der Staatsspitze geraten kann, dass sich generelle Rechtsvorschriften als nötig erweisen.
28 Centre d'Orientation Sociale des Étrangers (Hg.): À la Recherche d'une Patrie. La France devant l'Immigration, Vorwort von Abbé A. Glasberg, Paris, 1946, S. 107-155.

Bei all ihrer moralischen Dickfelligkeit, die in der Schweiz scharf genug kritisiert worden ist, haben die eidgenössischen Behörden wenigstens niemandem einzureden versucht, dass sie sich bei künftigen Notständen als kompromisslose Hüter des Asylrechts bewähren würden. In den Verhandlungen, die dem Abschluss der Genfer Konvention von 1951 voraufgingen, erreichte die Schweiz ein Übereinkommen darüber, dass die Konventionsbestimmungen im Falle von Massenwanderungen nicht als eine bindende Verpflichtung der Unterzeichnermächte gelten sollten, Asylsuchende unter keinen Umständen in ein Land abzuschieben, in dem sie wegen ihrer Rasse, Religion, Nationalität, Gruppenzugehörigkeit oder politischen Überzeugung bedroht wären.[29] Mit besonderem Nachdruck hatte der Schweizer Bundesrat in seiner Befürwortung der Annahme der Konvention diesen Standpunkt unterstrichen.[30] Inzwischen wird er in der Theorie nicht mehr aufrechterhalten. Die Vorstellung, dass bei zunehmender internationaler Spannung oder im Kriegsfall die Aufnahme von Flüchtlingen über ein äußerst bescheidenes Höchstmaß hinaus – ursprünglich nicht mehr als 7.000[31] – den Interessen der Landesverteidigung widerspreche, ist aufgegeben worden: Das Recht auf Asyl sei eine Tatsache, die die Landesverteidigung in Rechnung stellen müsse; Asyl solle gewährt werden, sofern nicht ausgesprochen militärische Notwendigkeiten dem im Wege ständen. Indes fällt diese liberale Verheißung sogleich einer einschränkenden Bestimmung zum Opfer: Keine Aufnahme von Flüchtlingen darf während einer Mobilmachungsperiode erfolgen, wobei aber auch die Einberufung einzelner Jahrgänge und die Indienststellung von Grenzschutzverstärkungen als Mobilmachung gelten und unbekannt bleibt, wodurch die Sperrfrist jeweils wieder aufgehoben wird.[32]

Eine im Prinzip freundlichere Haltung wird man von Ländern erwarten dürfen, die abseits vom Mahlstrom der plötzlichen Massentrecks gelegen sind; sie wird umso freundlicher sein, je sympathischer der jeweiligen Regierung des Aufnahmelandes die politische Sache ist, die die Asylsuchenden vertreten: Man denke etwa an die warme Aufnahme, die Mexiko den spanischen Franco-Gegnern bereitete.

Wegen ihrer freiheitlichen Gesinnung verfolgten Flüchtlingen gegenüber in früheren Zeiten immer freundlich eingestellt, wurde Frankreich in

---

29 Vergleiche Weiss: »Legal Aspects...« (siehe oben Anmerkung 4), S. 482.
30 »Botschaft des Bundesrates an die Bundesversammlung zum Beschlussesentwurf über die Genehmigung des Abkommens über die Rechtsstellung der Flüchtlinge vom 28. Juli 1951«, Bundesblatt der Schweizer Eidgenossenschaft, Jahrgang 105, Band II, S. 69-83, insbesondere 81 (Nr. 28, 15. Juli 1954).
31 Ludwig: »Die Flüchtlingspolitik...« (siehe oben Anmerkung 9), S. 214.
32 Ebda., S. 404.

seiner Bereitschaft, Emigranten aufzunehmen, lange Zeit noch dadurch bestärkt, dass ihm für bestimmte Wirtschaftszweige billige Arbeitskräfte fehlten. Hinzu kamen – wiederum seit eh und je – laxe Verwaltungsbräuche, die, wenn die Eingangstore geschlossen waren, Hintertüren zu öffnen pflegten; ab 1936 gab es dann auch eine emigrantenfreundliche Gesetzgebung. Die eigenartige Großzügigkeit, mit der die legale oder illegale Masseneinwanderung hingenommen wurde, löste sich jedoch zu einem erheblichen Teil in nichts auf, weil für die Aufnahme der Zufluchtsuchenden und ihre wirtschaftliche Akklimatisierung verwaltungsmäßig und sozialpolitisch keine ausreichende Vorsorge getroffen wurde.

Was im Allgemeinen auf dem Kontinent geschah, blieb Flickwerk. Zu generell geltenden Leitsätzen für die Bewältigung der Notstandsprobleme des Massenexodus ist es, sosehr man sich um sie bemühen mochte, in der europäischen Praxis nie gekommen. Weder auf die Anerkennung eines Rechtsanspruchs auf Asyl noch auf eine wenigstens lose Übereinkunft über die Aufnahme der von Nachbarländern aus politischen Gründen ausgestoßenen Menschenmassen haben sich die demokratischen Mächte Europas je zu einigen vermocht. Nie hat auch nur zeitweilige Asylgewährung – bis zur Schaffung weiterreichender internationaler Regelungen – allgemeine Anerkennung als verbindlicher Grundsatz gefunden.

Es kann auch nicht davon die Rede sein, dass der politisch aktive Asylsuchende größere Sicherheit erlangt habe. Grundsätze, vor allem solche, für die sich mächtige organisatorische Gebilde einsetzen, mögen ein gewisses Gewicht haben; politische Sympathien mögen ein größeres Gewicht haben, sogar in Ländern, wo Grundsätze über Bord geworfen worden sind; das größte Gewicht, unabhängig von allen politischen Sympathien, kommt stets der politischen Zweckmäßigkeit zu. Gelegentlich schlägt sie sich als Hoffnung auf die Anerkennung guter Dienste nieder, wie sie die französische Regierung bekundete, als sie russischen »Nihilisten« das Asyl verweigerte, um dem zaristischen Russland einen Gefallen zu tun.[33] Manchmal äußert sie sich in der Angst vor Repressalien und im Bestreben, Komplikationen aus dem Wege zu gehen. Beides zusammen hat zum Beispiel Ende der dreißiger Jahre dazu beigetragen, dass Trockijs eigenwillige politische Schaffenskraft in keinem Lande Aufnahme fand außer im abgelegenen Mexiko.

---

33 Einen Dankesbrief des damaligen russischen Botschafters in Frankreich, Baron Mohrenheim, an den Pariser Polizeipräfekten Lozé vom 29. Mai 1890, in dem dessen »unschätzbare« und »unvergessliche« Dienste »von ganzem Herzen« und mit der »wärmsten und unwandelbarsten Anhänglichkeit« gepriesen werden, teilt zum Beispiel Maurice Paléologue: Journal de l'Affaire Dreyfus: l'affaire Dreyfus et le Quai d'Orsay, Paris, ohne Jahr {Copyright 1955}, S. 66, Anmerkung 1, mit.

Das Stärkeverhältnis der Mächte ist oft der Schlüssel, der Geheimnisse enträtselt. Da Belgien nicht mächtig genug war, Vergeltungsmaßnahmen zu ergreifen, konnte sich das Franco-Regime den Luxus leisten, dem belgischen Faschisten Léon Degrelle Obdach zu bieten. So eng aber die freundschaftlichen Beziehungen zwischen Francos Außenminister Lequerica und Pierre Laval einst gewesen sein mochten, sie konnten Laval nicht davor bewahren, mit demselben Flugzeug, mit dem er nach Spanien geflohen war, zwangsweise auf alliiertes Territorium zurückbefördert zu werden. Über den Unterschied zwischen Asylgewährung für die, die unverdientermaßen leiden, und Asylverweigerung im Fall von Politikern, denen Schädigung der Interessen der Menschheit vorgeworfen wird, möge philosophieren, wem so etwas Spaß macht. Grotius, selbst politischer Emigrant, hätte daran seine Freude gehabt: Wie sehr Zweckmäßigkeitserwägungen zur Konstruktion juristischer Menschenfallen verhelfen können, war ihm hinlänglich bekannt.[34] Es ist keine Kunst, mannhaft jemanden zu beschützen, der seinen Feinden entronnen ist und das Glück (oder den weisen Einfall) gehabt hat, in einem seinen Überzeugungen und seiner politischen Haltung freundlich gesinnten Lande Unterschlupf zu finden. Die wahre Bewährungsprobe stellt sich im Grenzfall ein: Wenn sich der Asylsuchende nicht nur unzählige Menschen in seiner Heimat zu Feinden gemacht hat, sondern auch noch zu Gedanken und Handlungen steht, die aus der Mode gekommen sind und allgemein missbilligt und verworfen werden.

3. Damoklesschwert: Auslieferung ohne Rechtsverfahren

Nur in einer revolutionären Ablösung politischer Ordnungsgefüge vertauschen Unterdrücker und Unterdrückte ihre Rollen. Die Niederlage des Kaiserreichs und seiner Heere öffnete Karl Liebknecht die Zuchthaustore. Pétain und Laval mussten fallen, damit Daladier und Blum frei wurden; was blieb dann Lavals Anwalt übrig, als Blum zu beschwören, sich bei Charles de Gaulle für die Rettung Lavals einzusetzen? Nur wenn sich eine Grenzschranke zwischen die gestern Unterdrückten und ihre entmachteten Unterdrücker schiebt, wird es anders. Wer dem direkten Zugriff der heimatlichen Regierung entschlüpft ist, »koexistiert« im Ausland mit dem Heimatregime, das er bekämpft. Es ist nicht unwahrscheinlich, dass diese Art »Koexistenz« dem Regime unerträglich vorkommt; es wird dann manches versuchen, um des Gegners und Kritikers

---

34 Grotius: De iure ... (siehe oben Anmerkung 11), liber II, 21, V.

habhaft zu werden. Der Erfolg wird von der offiziellen und nichtoffiziellen Haltung des Aufnahmelandes abhängen. Wenn es ein Anhängsel oder ein Trabant des den Flüchtling verfolgenden Staates ist oder sonst Gründe hat, sich gefällig zu erweisen, werden sich die Dinge mehr oder minder formlos arrangieren lassen, und der Paktyas des 20. Jahrhunderts wird ohne viel Aufhebens ausgeliefert werden; der auf Auslieferung pochende Staat wird der Unannehmlichkeit enthoben sein, ein stich- und hiebfestes Auslieferungsbegehren mit Hilfe drittrangiger Strafdelikte zu konstruieren oder einen strafrechtlichen Tatbestand aus dem blauen Dunst zu erfinden.

Zur Verletzung des Asylrechts um freundnachbarlicher Beziehungen willen bedarf es nicht einmal ideologischer Sympathien zwischen den beteiligten Staaten. Die Asylrechtsverletzung kann als Höflichkeitsbezeigung dienen, mit deren Hilfe ein totalitäres Regime seine Beziehungen zu einem anderen (von anderer politischer Couleur) zu glätten versucht. So hat Stalins Sowjetunion im Zuge einer »Ausweisung« unter Berufung auf ein dem Nazi-Sowjet-Pakt vom August 1939 angehängtes Protokoll[35] nicht nur den Nazi-Behörden eine beträchtliche Anzahl deutscher Staatsangehöriger (meist Techniker) überstellt; sie hat auch zwischen September 1939 und Frühjahr 1940 zahlreiche Linksintellektuelle und Kommunisten, die in der UdSSR gelebt hatten, aber nach kommunistischen Maßstäben nicht mehr zuverlässig genug waren, ins Reich »repatriiert« und damit mehreren von ihnen die Gelegenheit verschafft, vergleichende Studien über totalitäre Gefängnis- und KZ-Systeme anzustellen.[36]

Bei der Regelung der Asylfragen zwischen einer totalitären Großmacht und ihren Satelliten oder unter solchen Satellitenstaaten ist die Ausschließung eines Rechtsverfahrens die Regel. Die Sowjetunion hat es zum Beispiel nie für nötig befunden, den im Jahre 1924 diskutierten mustergültigen Entwurf eines Gesetzes zur Regelung von Auslieferungsfragen mit Gesetzeskraft auszustatten. Erst neuerdings sind von der Sowjetunion Rechtshilfeverträge, die sich auf viele Dinge beziehen und auch Auslieferungsbestimmungen enthalten, mit mehreren Staaten im Sowjetbereich abgeschlossen worden; Abmachungen solcher Staaten untereinander haben sich angeschlossen. Zur Illustration mag man die von der DDR unterzeichneten Abkommen heranziehen: Sie sehen Auslieferung bei allen

---

35 United States Department of State, Documents... (siehe oben Anmerkung 23), Volume 8, Washington, D.C., 1954, S. 165, enthält den Wortlaut des Protokolls vom 29. September 1939.
36 F. Beck und W. Godin: Russian Purge and the Extraction of Confession, New York, 1951, S. 106; Margarete Buber-Neumann: Als Gefangene bei Stalin und Hitler. Eine Welt im Dunkeln, Stuttgart, ohne Jahr {Copyright 1958}, S. 174 ff.

Straftaten vor, für die das Strafmaß ein Jahr überschreitet; für politische Straftaten sind keinerlei Ausnahmen vereinbart.[37]

Abmachungen formloser und gleichsam außerrechtlicher Natur zugunsten des Mächtigeren, wie sie bis vor kurzem für die Sowjetwelt charakteristisch waren, gibt es natürlich auch außerhalb der Sowjetsphäre, wenn es um Beziehungen zwischen ungleich starken Staatsgebilden geht.[38] Gegenüber dem übermächtigen Dritten Reich war zum Beispiel die französische Vichy-Regierung in einer prekären Position, die sie – zum Teil folgte das logisch aus dem Waffenstillstandsabkommen von 1940 – dazu zwang, deutschen Auslieferungsbegehren stattzugeben. Schwerlich hätte sich aber die Vichy-Regierung auf die machtlose Stellung eines abhängigen Satelliten berufen können, als sie Lluis Companys, den einstigen Regierungschef Kataloniens, seinen spanischen Henkern auslieferte. Wie sich die Praxis der Asylgewährung je nach der Machtposition des Rückschaffungsinteressenten variieren lässt, zeigt sich am Fall Mexikos: Uneingeschränkte Asylgewährung für Flüchtlinge aus süd- und mittelamerikanischen Staaten weicht einem viel elastischeren Verfahren, wenn es um Personenkreise geht, an denen der mächtige Nachbar im Norden ein erhöhtes Interesse bekundet.

Im Gefolge des Zweiten Weltkriegs sind aus der besonderen Nachkriegssituation heraus, die sich kaum wiederholen dürfte, Verletzungen des Asylrechts verschiedentlich vorgekommen. So ließen Dienststellen der Alliierten in Deutschland zu, dass sowohl Deutsche als auch Schweizer, die sich während des Krieges in der Schweiz als Nazi-Agenten betätigt hatten, von schweizerischen Behörden ohne jedes Rechtsverfahren

---

37 Das am 28. November 1957 unterzeichnete Abkommen zwischen der DDR und der UdSSR ist seit dem 12. Juni 1958 in Kraft; siehe: Gesetzblatt der Deutschen Demokratischen Republik, 1958, Teil I, S. 241-260 (Nr. 19, 20. März 1958); S. 509 (Nr. 45, 25. Juni 1958). Ähnliche Abkommen mit der Tschechoslowakei, Polen, Bulgarien, Rumänien und Ungarn sind seit 1957 beziehungsweise 1958 wirksam; siehe Helmut Ostmann: »Die Rechtshilfeverträge der Deutschen Demokratischen Republik«, in: Neue Justiz, Jahrgang 12, S. 545-550 (Nr. 16, 20. April 1958). Einen entsprechenden Vertrag mit Jugoslawien gibt es nicht. Der tschechisch-polnische vom 21. Januar 1949 (United Nations, Treaty Series, Band 31, 1949, Nr. 480, S. 205-323) ist dagegen noch ein Überbleibsel aus der Zeit, in der einzelne Staaten im Sowjetbereich auf eigene Faust Vorgehen durften: Er schließt (Art. 60, Punkt b) Auslieferung bei politischen Delikten aus. Umgekehrt sind im Vertrag zwischen der Tschechoslowakei und der DDR vom 11. September 1956 in der Aufzählung der von der Auslieferungspflicht ausgenommenen Fälle politische Klauseln nicht enthalten; siehe: Gesetzblatt der Deutschen Demokratischen Republik, 1956, Teil I, S. 1187-1206 (Nr. 99, 12. November 1956).
38 Rein verwaltungsmäßiger Natur ist die Handhabung der Auslieferung zwischen Irland und Großbritannien; dabei gibt es auch keine Ermessensentscheidungen über Nichtauslieferung politischer Delinquenten. Näheres bei Paul O'Higgins: »Irish Extradition Law and Practice«, in: The British Yearbook of International Law 1958 (Jahrgang 34), S. 274-311, insbesondere 304 f.

festgenommen wurden. Von solchen Verstößen abgesehen, haben Großbritannien und die Vereinigten Staaten an einer Rechtsordnung festgehalten, die in der gegenwärtig akzeptierten Lesart die verfahrenslose Auslieferung Asylberechtigter verbietet.[39] Das schafft dennoch nicht die Tatsache aus der Welt, dass es beide Länder mitunter nicht verschmähen, ihre eigenen Staatsangehörigen von Staaten zu übernehmen, von denen sie auf der Flucht vor heimatlicher Verfolgung unter Missachtung des Asylanspruchs und ohne Einhaltung von Rechtsgarantien festgenommen und abgeschoben worden sind. Sie genieren sich auch nicht, diesen widerrechtlich gefassten Flüchtlingen den Prozess zu machen.

Die rechtliche Lage der Staaten, die verfahrenslose Auslieferung zulassen, kann, wenn sie auch keineswegs unangreifbar ist, doch als bequem abgeschirmt gelten. Die Theorie, auf die sie sich stützt, ist in einer der Urteilsbegründungen des amerikanischen Richters Irving Kaufman im weltbekannten Sobell-Spionageverfahren erneut vorgetragen worden.[40] Nicht dem festgenommenen Asylsuchenden, sondern nur einem Staat, wird da deduziert, stehe das Recht zu, auf der strikten Einhaltung von Schutzbestimmungen der Auslieferungsverträge (die zumeist Auslieferung bei politischen Delikten versagen) zu bestehen; der Staat, der einen Asylsuchenden ausliefere, habe damit offensichtlich auf die Geltendmachung des der Auslieferung entgegenstehenden Rechtes Verzicht geleistet. Ähnliche Regeln gelten offenbar, wenn es sich um Asylsuchende handelt, die vom Territorium des Aufnahmelandes verschleppt worden sind: Ihr Schicksal hängt in der Regel davon ab, ob die Regierung des Aufnahmelandes ihre Rückgabe erwirkt. So hat sich seinerzeit die Schweiz mit Erfolg bemüht, die Freilassung des von der Gestapo verschleppten deutschen Emigranten Berthold Jacob zu erreichen.[41]

39 Urteilsbegründung des Obersten Bundesrichters Charles Evans Hughes in *Valentine v. United States, ex rel.* Neidecker, United States Reports, Volume 299 (1936), S. 5. Zur Umgehung dieser Grundsätze im aufsehenerregenden Soblen-Fall siehe weiter unten Kapitel XII, Abschnitt 3.
40 *United States v. Sobell,* United States Federal Supplement, Volume 142 (1956), S. 515-532; siehe auch die Fälle *Chandler v. United States,* United States Federal Reporter, Second Series, Volume 171 (1949), S. 921-945, und *Ker v. Illinois,* United States Reports, Volume 119 (1887), S. 436, 443. Zur analogen Haltung in der deutschen Rechtsprechung vergleiche das Urteil des Reichsgerichts vom 13. August 1936, 2 D 459/36, in Entscheidungen des Reichsgerichts in Strafsachen, Band 70, Berlin/Leipzig, 1937, S. 286-289, wo auszuliefernde Personen (S. 287) als »Gegenstände der Auslieferung« bezeichnet werden; »Gegenstände« können selbstverständlich weder Asylansprüche geltend machen noch die Gesetzmäßigkeit der Auslieferung anfechten.
41 Lawrence Preuss: »Kidnaping of Fugitives from Justice on Foreign Territory«, in: The American Journal of International Law, Jahrgang 29, S. 502-507 (Heft 4, Oktober 1935). Über das Umsichgreifen der Verschleppungspraktiken siehe weiter unten Kapitel XII, Abschnitt 3.

Meinungsverschiedenheiten bestehen über die rechtliche Würdigung einer lediglich durch Übereifer oder Käuflichkeit von unteren Beamten des Aufnahmelandes bewirkten »Überstellung« eines Flüchtigen an seine Heimatregierung. Im Falle eines aus Mexiko verschleppten USA-Staatsangehörigen, der wegen Rauschgiftverbrechens gesucht wurde, hat zum Beispiel ein amerikanisches Bundesdistriktgericht entschieden, dass dem Habeaskorpusantrag auf Freilassung des Verschleppten nicht stattzugeben sei, weil sich die Zuständigkeit des Gerichts nicht auf Vorgänge im Souveränitätsbereich der mexikanischen Regierung erstrecke; der Verschleppte könne die Beanstandung seiner Festnahme nur über das Außenministerium der Vereinigten Staaten bei den mexikanischen Behörden geltend machen.[42] Wenn es zutrifft, dass die Geltendmachung des Asylrechts Sache des Aufnahmelandes ist, so hatte Argentiniens Vertreter Mario Amadeo recht, wenn er bei der Beratung des Falles Eichmann vor dem Sicherheitsrat der Vereinten Nationen auf einer »angemessenen Entschädigung« für die Verletzung der argentinischen Souveränität mit der Begründung bestand, dass Eichmanns angebliches Einverständnis mit seiner Zwangsverbringung nach Israel nicht Argentiniens Recht berühre, sich seiner Entführung aus argentinischem Staatsgebiet zu widersetzen.[43] Allerdings hat Argentinien nicht von der Möglichkeit Gebrauch gemacht, die Rückführung des von Israel Verschleppten zu betreiben.

Nach der gegenteiligen Rechtsauffassung – in der internationalen Rechtsprechung in zwei weniger bedeutenden Fällen ohne gravierende politische Hintergründe dargetan[44] – hat der Asylsuchende, der ohne das in Auslieferungsverträgen vorgesehene ordentliche Verfahren seiner Heimatregierung überstellt und darauf von ihr gerichtlich belangt worden ist, das Recht, das gegen ihn eingeleitete Gerichtsverfahren unter Berufung darauf anzufechten, dass er seiner Freiheit widerrechtlich

---

42 *Ex parte* Lopez, United States Federal Supplement, Volume 6 (1934), S. 342-344.
43 »Argentine U.N. Bid in Eichmann Case Supported by U.S.«, in: The New York Times, Jahrgang CIX, Nr. 37406, 23. Juni 1960, S. 4, Sp. 4; S. 5, Sp. 1-2; Wortlaut S. 4, Sp. 1-4.
44 In dem einen Fall war ein des Diebstahls verdächtiger Belgier von französischen Beamten aus Belgien entführt worden; das französische Gericht – Tribunal Correctionnel d'Avesnes, Recueil Sirey, 1934, Teil II, S. 105 ff. – ordnete seine Freilassung an: Die widerrechtliche Festnahme des Entführten auf belgischem Boden begründe die Nichtigkeit des Verfahrens. In dem anderen Fall, der in einem Schadenersatzverfahren vor dem amerikanisch-panamaischen Schiedsausschuss – wiedergegeben in: Annual Digest and Reports of Public International Law Cases, Years 1933 and 1934, London, 1940, S. 250 f. (Nr. 96) – eine Rolle spielte, wurde ein ähnlicher Verschleppungsvorfall auf fremdem Gebiet gleichermaßen als rechtswidrig beurteilt. Zu beiden Fällen vergleiche die Analyse von Manuel R. Garcia-Mora: »Criminal Jurisdiction of a State over Fugitives Brought from a Foreign Country by Force or Fraud. A Comparative Study«, in: Indiana Law Journal, Jahrgang 32, S. 427-449 (1957, Heft 4).

beraubt worden sei. Mit den Geboten menschlichen Anstands ist diese Lehre weit eher im Einklang als die von Kaufman formulierte. Mit guten Gründen lässt sich die Meinung vertreten, dass Auslieferungsverträge in den Ländern, die sie unterzeichnet haben, Rechte für die verfolgte Person begründen und dass jeder Asylsuchende, der in einem solchen Lande Zuflucht findet, einen Rechtsanspruch darauf hat, des Asyls nicht ohne Befolgung der im Auslieferungsvertrag festgelegten Vorschriften beraubt zu werden. Allzu realistisch ist diese Meinung allerdings nicht. Solange es ein achtunggebietendes internationales Tribunal nicht gibt, an das sich der Bedrohte wenden könnte, wird sich kaum ein nationales Gericht finden, das ihn vor der Auslieferung beschützt, wenn die Verweigerung des Auslieferungsbegehrens von Staats wegen als Gefährdung vaterländischer Interessen hingestellt werden kann.

Wenn es gegen die verfahrenslose »Überstellung« an das Heimatland, die mit einer Ausweisung besorgt wird, eine Abhilfe gibt, so liegt sie in der Anerkennung des in Artikel 33 der Genfer Konvention von 1951 verankerten, wenn auch die Unterzeichnermächte nicht uneingeschränkt bindenden Rechtsgrundsatzes. Danach darf kein Flüchtling in ein Land ausgewiesen (oder an die Grenze eines Landes zurückbefördert) werden, wo sein Leben oder seine Freiheit wegen seiner Rasse, seiner Religion, seiner Nationalität, seiner Zugehörigkeit zu einer bestimmten Gesellschaftsschicht oder seiner politischen Überzeugung gefährdet wäre.

In dieser oder jener Gestalt ist das Genfer Postulat in die reguläre Praxis vieler Länder eingegangen. In den Vereinigten Staaten hat es so gut wie allgemeine Anerkennung gefunden, wenn auch die geltende Ziffer 243-h der National Security Legislation von 1952 dem Chef der Justizverwaltung eine größere Ermessensvollmacht für die Entscheidung darüber einräumt, ob die Verbringung eines Ausgewiesenen in ein Land, in dem ihm Gefahr an Leib und Leben droht, unterbunden werden solle oder nicht.[45] Die Rechtslage des von der Ausweisung Betroffenen ist nach dem Wortlaut von 1952 weniger gesichert als vorher. Nach dem Internal Security Act von 1950[46] war die Ausweisung unwirksam, sofern der Attorney General entschied, dass sie wegen Gefährdung des Auszuweisenden zu unterbleiben hatte. Der jetzt geltende Wortlaut des Gesetzes unterbindet lediglich die Abschiebung in Länder, in denen der Auszuweisende eine Strafverfolgung zu gewärtigen hätte. Dazu liegen gerichtliche Entscheidungen vor, wonach die Abänderung des Wortlauts die Absicht des Gesetzgebers bekunde, die Entscheidung über die

---

45 United States Code, Titel 8, § 1253; Immigration and Nationality Act vom 27. Juni 1952, United States Statutes, Volume 66 (1953), S. 163 ff., insbesondere 212.
46 United States Statutes, Volume 64 (1952), S. 987 ff., insbesondere 1010 f.

tatsächliche Vornahme einer verfügten Ausweisung dem Ermessen der Verwaltung anheimzustellen und den Gerichten lediglich die Überprüfung der Einhaltung verfahrensmäßiger Vorschriften zu überlassen.[47] Vordem galt die gegenteilige Auslegung, und Verwaltungsentscheidungen sind auch tatsächlich von Gerichten aufgehoben worden, die es für ihre Sache hielten, selbständig zu prüfen, ob dem von der Ausweisung Betroffenen physisch Verfolgung drohte.[48]
Auch in den europäischen Ländern hat sich der Grundsatz weitgehend durchgesetzt.[49] Gewiss ist es denkbar, dass auch verfassungstreue Regierungen von Großmächten die ihnen zuliebe von Schwächeren begangenen Verstöße gegen das Asylrecht weiterhin freundlich tolerieren und die Früchte solcher Verstöße auch in Zukunft einheimsen werden; es ist aber kaum anzunehmen, dass sie versucht sein könnten, das in Genf proklamierte Prinzip aus eigener Initiative mit Füßen zu treten. Bis 1962 schien die Hoffnung nicht unberechtigt, dass diese Selbstbeschränkung lange genug Vorhalten und sich der Grundsatz der Nichtausweisung Asylsuchender mit der Zeit zur gewohnheitsmäßig anerkannten Rechtsvorschrift im internationalen Zusammenleben der nichttotalitären Staaten verfestigen könnte. Das seltsame Verhalten englischer Behörden im Soblen-Fall hat diesen bescheidenen Optimismus schwer erschüttert.

---

47 United States *ex rel. Dolenz v. Shaughnessy*, United States Federal Reporter, Second Series, Volume 206 (1953), S. 392-395, und United States *ex rel. Leong Choy Moon v. Shaughnessy*, a.a.O., Volume 218 (1955), S. 316-320.
48 United States *ex rel. Watts v. Shaughnessy*, United States Federal Supplement, Volume 107 (1953), S. 613-621. Im Jahre 1956 lagen der Bundesjustizverwaltung 1.493 Gesuche vor, von der Ausweisung nach Ziffer 243-h der National Security Legislation abzusehen; davon wurden 629 Fälle im Laufe des Jahres erledigt, und zwar 470 positiv und 159 negativ; siehe: Annual Report of the Attorney General of the United States for 1956, Washington, D.C., 1957, S. 422. Entsprechend statistische Angaben fehlen im Bericht der Justizverwaltung für 1957.
49 In der Bundesrepublik haben neuere höchstinstanzliche Entscheidungen der Verwaltungsgerichtsbarkeit die Ausweisung von Ausländern nach Verurteilung wegen eines Verbrechens oder Vergehens zwar grundsätzlich zugelassen, aber die Abschiebung in Länder, in denen dem Ausgewiesenen Strafverfolgung aus politischen Gründen droht, untersagt; siehe Urteil des Bundesverwaltungsgerichts vom 17. Januar 1959, Ic 65/56, in: Entscheidungen des Bundesverwaltungsgerichts, Band 4, Berlin, 1957, S. 235-238.

4. Politischer und diplomatischer Schutz

Wo es mit den verfahrenslosen »Überstellungen« nicht geht, ist jedes Land, das einen flüchtigen Staatsangehörigen in seine Gewalt bekommen möchte, auf den Weg des ordentlichen Auslieferungsbegehrens angewiesen; damit das Begehren wirksam sei, muss Anklage erhoben werden, und sie muss sich auf Straftaten stützen, die nicht durch Verträge von der Auslieferung ausgenommen sind. Nun wurden aber seit den dreißiger Jahren des 19. Jahrhunderts politische Delikte, bei denen bis dahin Auslieferung am leichtesten zu erlangen war, wiederholt zu einer Sonderkategorie erklärt, bei der es keine Auslieferung geben sollte. Daraus erwuchs die zentrale Frage, was denn ein politisches Delikt sei. Aus den vielen Theorien, die zu diesem Thema entwickelt worden sind, lassen sich drei grundsätzliche Positionen herausschälen: 1. Betonung der objektiven Struktur der Tat, etwa im Sinne der belgisch-französischen Unterscheidung zwischen einem rein politischen Verbrechen, einem Mischdelikt und einem gemeinen Verbrechen mit politischen Beiklängen; 2. der weniger eindeutige englisch-amerikanische Ansatz, der vom »politischen Charakter« der Tat ausgeht; 3. die subjektivistische schweizerische Lehre vom überwiegenden Beweggrund der Tat.[50] Unter diesen Umständen kommt den politischen Verhältnissen, aus denen die behördlichen und gerichtlichen Entscheidungen hervorgehen und auf die sie sich ausrichten, erhöhte Bedeutung zu.

Die meisten Auslieferungsbegehren betreffen Personen, die vor der Flucht ins Ausland keine überragende Rolle gespielt hatten und von denen nicht angenommen werden konnte, dass ihre politische Tätigkeit oder gar der konkrete Tatbestand, dessentwegen die Auslieferung verlangt wird, eine einschneidende Veränderung der vorherrschenden politischen Konstellation herbeiführen werde. Nur in seltenen Fällen

---

50 Vergleiche Pierre Achille Papadatos: Le Délit politique. Contribution à l'Étude des Crimes contre l'État, jur. Diss., Genf, 1954, S. 71. Vor einigen Jahrzehnten wurde von einer Studiengruppe an der Harvard-Universität der Versuch unternommen, Delikte politischer Natur erschöpfend zu definieren: Mit großer Akribie wurden gesetzliche und vertragliche Begriffsbestimmungen nebst in der Definition angelegten Ausnahmen zusammengestellt und analysiert. Das Ergebnis war enttäuschend: Es kam lediglich heraus, dass Auslieferung unterbleiben sollte bei Landesverrat, Aufruhr und Spionage; ebenso sollten Teilnehmer an Anschlägen organisierter Gruppen auf das Regierungssystem des die Auslieferung begehrenden Landes und an damit zusammenhängenden Handlungen von der Auslieferung ausgenommen sein. Aber auch sonstige auf politische Ziele ausgerichtete Straftaten wurden nicht grundsätzlich aus der Liste der Delikte gestrichen, bei denen Auslieferung nicht erfolgen soll. Statt einer eindeutigen Begriffsbestimmung hatte die Studie nur einen Katalog von Deliktkategorien hervorgebracht, die möglicherweise, aber nicht unbedingt als politisch anzusehen wären. Siehe den Bericht in: The American Journal of International Law, Jahrgang 29 (1935), Supplement, S. 107-119.

handelt es sich um Personen und Tatbestände, an denen die antragstellende Regierung ein besonderes Interesse hat: Man denke an die Inanspruchnahme des holländischen Asyls durch Wilhelm II. am Ausgang des Ersten Weltkriegs oder an die Flucht des kroatischen Faschistenführers Ante Pavelić nach Italien nach dem erfolgreichen Anschlag auf das Leben König Alexanders von Jugoslawien in Marseille 1934.

Der holländischen Regierung fiel es nicht schwer, die wegen Verletzung der internationalen Gesittung und der Unverbrüchlichkeit der Verträge verlangte Auslieferung des Kaisers zu verweigern. Zwar hatte Englands Premierminister David Lloyd George seinen Wählern den Kopf des Kaisers versprochen, aber dass die Ententemächte, die mit gewaltigen Schwierigkeiten aller Art genug zu tun hatten, die Nichtauslieferung mit schweren Sanktionen beantworten würden, war nicht wahrscheinlich. Umgekehrt hätte Hollands Zustimmung zur Auslieferung Unwillen und Erbitterung in Deutschland ausgelöst und holländischen Interessen beträchtlichen und dauerhaften Schaden zugefügt, denn schließlich blieb Deutschland Hollands mächtigster und bedeutendster Nachbar. Überdies ließ sich die Verweigerung der Auslieferung mit einer weithin anerkannten Rechtsauffassung begründen. Auch in den Ententeländern stimmten viele Juristen mit ihren deutschen Kollegen darin überein, dass die dem Kaiser zur Last gelegten Verbrechen durchaus politischer Natur waren, dass sie Handlungen betrafen, die zu der Zeit, zu der sie begangen worden waren, in keinem Strafgesetzbuch der Welt als strafbar gekennzeichnet waren, und dass der Sache der Gerechtigkeit mit der Anwendung eines im Nachhinein konstruierten Straftatbestandes kaum ein Dienst erwiesen werden konnte.

Wie schnell moralische Entrüstung vor politischen Opportunitätserwägungen den Rückzug antreten kann, zeigt sich in diesem Zusammenhang an der erstaunlichen Sinnesänderung Lord Curzons. Am 13. November 1918 hatte er seinem Chef Lloyd George einen detaillierten Plan auseinandergesetzt, wie der Kaiser in England vor Gericht gestellt und zum Tode verurteilt werden sollte. Aber schon am 7. Juli 1919 schrieb er einen Brief, in dem er mit Nachdruck darauf bestand, dass der Prozess gegen den Kaiser in Holland durchgeführt werde; Begründung: werde Wilhelm II. in England verurteilt, so sei die Freundschaft mit Deutschland für immer dahin; werde er in England freigesprochen, so werde England zum Gespött.[51]

---

51 Briefe Lord Curzons an Lloyd George, abgedruckt bei Lord Beaverbrook: Men and Power. 1917, 1918, London, 1956, Anhang IV, S. 385-391.

Im Fall Pavelić waren juristisch überzeugende Präzedenzfälle nicht so leicht herbeizuzitieren; ebenso klar wie die Motive Hollands in der Angelegenheit Wilhelms II. waren aber die politischen Beweggründe Italiens. Die Schüsse von Marseille, die von Pavelić und einem seiner engsten Gesinnungsgenossen – beides Jugoslawen – abgegeben worden waren, hatten den Tod nicht nur des Königs, sondern auch des französischen Außenministers Louis Barthou herbeigeführt und einen General aus der Begleitung Barthous schwer verwundet. Aber eine Auslieferung des Verantwortlichen wäre unvereinbar gewesen mit den Lebensinteressen Italiens, wie sie sich der Regierung Mussolini darstellten: Der italienische Faschismus hatte für Jugoslawien nicht viel übrig; seine Balkan-Politik zielte auf die Zerreißung des Staatenbundes der Südslawen; im Gefolge der von den Nazis betriebenen Zerstückelung Jugoslawiens sollte Pavelić selbst wenige Jahre später zum Hauptorganisator des »unabhängigen« kroatischen Staates unter italienischer Schutzhoheit werden. Dass Italien das französische Auslieferungsbegehren zurückwies, rief in Frankreich Stürme der Entrüstung hervor; aber angesichts der Machtverschiebung, die sich aus der stürmischen deutschen Wiederaufrüstung ergeben hatte, war das für die italienische Regierung weniger wichtig als der Wunsch, den Generalstab der jugoslawienfeindlichen Verschwörung unversehrt und aktionsfähig zu erhalten.

Die Entscheidung, mit der es Frankreichs Auslieferungsbegehren verwarf, begründete das Turiner Appellationsgericht damit, dass politische Verbrechen nicht unter die Bestimmungen des französisch-italienischen Auslieferungsabkommens fielen und dass der Marseiller Anschlag nach Artikel 8 des italienischen Strafgesetzbuches als politisches Delikt anzusehen sei.[52] In Frankreich wurde die Entscheidung heftig kritisiert.[53] Tatsächlich war die reichlich magere Urteilsbegründung auf die üblichen engeren Fassungen des Begriffs des politischen Verbrechens überhaupt nicht eingegangen, hatte sie also auch nicht widerlegt; ebensowenig hatte sie sich mit dem naheliegenden Einwand befasst, dass die kroatischen

---

52 Entscheidung des Turiner Appellationsgerichts vom 23. November 1934, Il Foro Italiano, Jahrgang LX, Teil II, Sp. 20-22. Nach dem Krieg war Pavelić nach Argentinien entkommen. Jugoslawien verlangte seine Auslieferung im Zusammenhang mit Morden, die unter seinem Ustaši-Regime in Kroatien verübt worden waren, aber die Perón-Regierung ließ ihn unauffindbar werden. Nach dem Sturz Peróns wurde er zufällig entdeckt, konnte indes Argentinien verlassen und ist 1959 in Spanien gestorben. (Über den anders gehandhabten Fall des venezuelischen Ex-Diktators Pérez Jiménez in den Vereinigten Staaten siehe weiter unten Kapitel XII, Abschnitt 3.) Zur Geschichte des Marseiller Attentats vergleiche Joseph Bornstein: The Politics of Murder, New York, ohne Jahr {Copyright 1950}, Kapitel VI. S. 166-185.
53 Typisch: Henri Rousseau in einer Anmerkung zum Turiner Urteil in: Revue Critique de Droit International, Jahrgang XXX, S. 766 ff. (Heft 4, Oktober/Dezember 1935).

Terroristen mit der Ermordung eines französischen Staatsmanns und der Verwundung eines französischen Generals keine politischen Ziele verfolgt haben könnten.[54] Anderseits überzeugte die französische Kritik insofern nicht, als sie gewichtige politische Faktoren unberücksichtigt ließ: schließlich war Frankreich viele Jahre der treueste Bundesgenosse des den Kroaten verhassten Einheitsstaates König Alexanders gewesen, und dass Frankreichs Interessen in Jugoslawiens innenpolitischen Verwicklungen auf dem Spiele standen, unterlag keinem Zweifel.

Als entscheidendes Motiv bei der Behandlung von Auslieferungsangelegenheiten sind die Selbsterhaltungs- und Selbstbehauptungsinteressen der jeweiligen Machthaber nicht immer so durchsichtig wie strategische Überlegungen der Außenpolitik. Strenge Asylschutzbestimmungen, dazu noch verstärkt durch ein unantastbares Verbot der Auslieferung bei politischen Straftaten, dienen häufig zur Lebensrettung politisch führender Männer in Ländern mit schwankenden politischen Systemen, wo revolutionärer Regierungswechsel häufig zur physischen Vernichtung der Gestürzten auszuarten droht. Aus der gegenseitigen Anerkennung solcher Schutzvorrichtungen, die bei Revolutionen, Juntastaatsstreichen und ähnlichen Fällen der Herrscherauslese durch Blutvergießen geeignet sind, Menschen vor dem sicheren Tod zu bewahren, wird gleichsam ein überstaatliches Versicherungskartell der Regierungseliten. Typische Illustrationen liefern die südamerikanischen Diktaturen.

Ergänzt wird Nichtauslieferung bei politischen Delikten durch die Einrichtung des »diplomatischen« Asyls: Statt über die Landesgrenze zu entkommen, verschanzen sich Gefährdete hinter den Mauern einer ausländischen Gesandtschaft, die Exterritorialität genießt; das Regime aber, vor dem sie fliehen, respektiert die Unverletzlichkeit einer solchen Zufluchtsstätte und findet sich sogar bereit, den ihm Entwischenden freies Geleit zu garantieren, sofern sie sich geneigt zeigen, das schützende Obdach der diplomatischen Immunität im Heimatland zu verlassen und wirklich ins Ausland zu gehen. Von Zeit zu Zeit wird die allzu häufige Benutzung dieses Privilegs scharf angegriffen: Offensichtlich behindert es das Aufspüren politischer Gegner, denn es schützt ihre Unverletzlichkeit in unmittelbarer Nähe des Schauplatzes ihrer rebellischen Umtriebe, indem es sie »exterritorial« macht.

---

54 Über die verschiedene juristische Beurteilung der Ermordung des jugoslawischen Königs und der des französischen Außenministers siehe Maximilien Philonenko: »Le refus d'extradition des terroristes croates«, in: Journal du Droit International, Jahrgang 61, S. 1157-1169 (November/Dezember 1943).

Zweifellos wurde zum Beispiel das diplomatische Asyl im spanischen Bürgerkrieg überbeansprucht: Etwa 12.000 Gegner der gesetzmäßigen republikanischen Regierung wurden von ausländischen – größtenteils südamerikanischen – Gesandtschaften beherbergt. Die republikanische Regierung tat nichts dagegen, weil sie bei ihren Bemühungen um eine Völkerbundsintervention nicht auf den geschlossenen Widerstand der südamerikanischen Staaten stoßen wollte.[55] Ein charakteristischer Streitfall ergab sich 1948, als die Botschaft Kolumbiens in Lima dem peruanischen APRA-Führer Víctor Raúl Haya de la Torre Obdach gewährte. Die peruanische Regierung bestritt in diesem Fall die Berechtigung des diplomatischen Asyls, und die juristischen Auseinandersetzungen, die sich daraus entspannen, gipfelten in nicht ganz eindeutigen Entscheidungen des Haager Internationalen Gerichtshofs. Das Gericht mühte sich ab, die Rechtmäßigkeit des diplomatischen Asyls auf Fälle unmittelbarer Lebensgefahr zu beschränken, und sprach dem um Asylgewährung angegangenen Land das Recht ab, aus eigener Machtvollkommenheit über die Berechtigung des Asylanspruchs zu entscheiden. Es legte aber auch keine Maßstäbe für eine wirklichkeitsgerechte Beurteilung der Rechtsgrundlagen und Rechtsgarantien fest, die fremde Staaten von einem Lande sollten verlangen dürfen, wenn sie seinen schutzsuchenden Staatsangehörigen die Abschirmung gegen die heimatliche Justiz versagen wollten. Von beiden Parteien um eine Entscheidung zur Sache ersucht, wich das Gericht aus; es begnügte sich mit dem Hinweis, dass direkte Verhandlungen am ehesten dazu beitragen könnten, den Aufenthalt Haya de la Torres auf exterritorialem kolumbianischem Boden in der peruanischen Heimat zu beenden.[56]

Zu einer rechtsverbindlichen Klärung und Begrenzung des diplomatischen Asyls ist es bisher nicht gekommen. Inzwischen findet die Einrichtung angesichts der Verschiebungen im internationalen Kräftegleichgewicht auch bei den Großmächten Wohlgefallen. Sogar die Vereinigten Staaten legen einen Sinneswandel an den Tag. Früher war das diplomatische Asyl maßgeblichen amerikanischen Kreisen alles andere als sympathisch; bestenfalls schien es gerade noch gut genug für Länder und politische Systeme, denen die nötige Reife und Solidität abging. Die Meinung überwog, dass diplomatisch-exterritoriales Obdach nur

---

55 R. B. Greenburgh: »Recent Developments in the Law of Diplomatie Asylum«, in: Problems of Public and Private International Law, Volume 41 (The Grotius Society, Transactions for the Year 1955), London, 1956, S. 103-122; Norman J. Padelford: International Law and Diplomacy in the Spanish Civil Strife, New York, 1939, S. 158 ff.
56 ICJ Reports, Jahrgang 5 (1951), S. 81 f.; vergleiche Alona E. Evans: »The Columbian-Peruvian Asylum Case: Termination of the Judicial Phase«, in: The American Journal of International Law, Jahrgang 45, S. 755-762 (Heft 4, Oktober 1951).

präsumtiven Opfern von Straßenunruhen und Ausschreitungen eines unkontrollierbaren Mobs gewährt und dass es nicht dazu missbraucht werden sollte, legitime Vollzugsorgane der Landesregierung an der Ausübung ihrer Amtspflichten zu hindern. Die Bewilligung diplomatischen Schutzes für Kardinal Mindszenty, der nun schon seit Ende 1956 im Botschaftsgebäude der Vereinigten Staaten in Budapest untergebracht ist, zeigt eine Abkehr von der herkömmlichen Lehre und Praxis an.[57]

Dass Ungarn gegen die Beherbergung des Kardinals in der USA-Botschaft nicht energisch einschritt, drückte nicht etwa grundsätzliche Anerkennung des diplomatischen Asyls aus, sondern entsprang taktischen Überlegungen. In dem gleichartigen Fall der vom Schicksal gezeichneten Mitglieder der Nagy-Regierung, die in der jugoslawischen Botschaft Schutz gesucht hatten, haben die Ungarn (und ihre Sowjetprotektoren) die Herausgabe der Flüchtlinge gegen die Zusicherung der Straffreiheit und freien Geleits erzwungen, ein Versprechen, das auf der Stelle gebrochen wurde. Auf die scharfe Protestnote der jugoslawischen Regierung an die Adresse Ungarns und der Sowjetunion vom 24. November 1956, in der zugleich Auskunft über den Verbleib der Opfer verlangt wurde, erwiderte die ungarische Regierung am 1. Dezember, es habe sich um eine ausschließlich innere Angelegenheit Ungarns gehandelt. Vergebens protestierte Jugoslawien erneut am 6. Dezember. Mehr als einen diplomatischen Protest konnte Jugoslawien auch am 23. Juni 1958, nachdem die Hinrichtung Imre Nagys offiziell bekanntgegeben worden war, nicht anbringen. Offenbar ist diplomatisches Asyl keine wirksame Vorkehrung, wenn der Staat, vor dem die Schutzsuchenden fliehen, die stärkeren Bataillone auf seiner Seite hat. Während das süd- und mittelamerikanische »Kartell« die herrschenden Gruppen der einzelnen Länder mit Hilfe eines weitgefassten Asylbegriffs und recht konsequenter Auslieferungsverweigerung bei politischen Delikten schützt, tritt in gemäßigterem politischem Klima die entgegengesetzte Tendenz stärker hervor, denn hier ist die geltende politische Ordnung nicht vom Umsturz bedroht, und die Machthaber brauchen keine Angst vor dem gewaltsamen Tod zu haben. In solchen stabileren Verhältnissen ist es für die Regierungseliten in den einzelnen Ländern bequemer, einander auf die Weise Sicherheit vor umstürzlerischen Umtrieben zu verbürgen, dass die Fassung der Delikte, deren politischer Charakter den Täter vor der Auslieferung an die

---

57 Zur traditionellen Großmachtauffassung siehe Green Haywood Hackworth: Digest of International Law, Band II, Washington, D.C., 1941, §§ 191-196, S. 623-649; ein bezeichnendes Zitat bei Padelford: International Law... (siehe oben Anmerkung 55), S. 162.

Heimatregierung behüten würde, so eng wie möglich gehalten wird. Das Leitmotiv ist dabei das gemeinsame Interesse an der Verwässerung des Asylschutzes nie gewesen; es war aber wohl die beständige Konstante neben den Variablen, die Regierungshaltungen bestimmen, und oft war es gewichtig genug, den Ausschlag zu geben.

5. Auslieferungsverweigerung im Wandel der Lehrmeinungen

In der zweiten Hälfte des 19. Jahrhunderts wirkten Gesetzgebung und Rechtsprechung auf eine immer engere Begriffsbestimmung der politischen Straftat hin. Der missglückte Sprengstoffanschlag eines gewissen Célestin Jacquin auf den Eisenbahnzug, in dem sich Napoleon III. befand, führte schon 1856 dazu, dass das belgische Auslieferungsgesetz um eine einschränkende Bestimmung, die sogenannte Attentatsklausel, bereichert wurde. Ähnliche Bestimmungen, die den Mordanschlag auf die Person eines fremden Staatsoberhauptes von den auslieferungsgeschützten politischen Straftaten ausnahmen, wurden in der Folge in eine Anzahl von Auslieferungsverträgen eingefügt. Andere einengende Klauseln schlossen sich an.

Erhebliche Mühe wurde darauf verwandt, Handlungen, die zur Vorbereitung oder Durchführung einer Revolution oder eines Aufstandes gehören und mithin als politisch gelten, von individuellen Gewaltakten zu unterscheiden, die nicht dazu angetan sind, zum Wechsel des politischen Regimes beizutragen, und denen deswegen die Anerkennung als politischen Straftaten versagt wird.[58] Die Logik dieser Unterscheidung leuchtet nicht auf den ersten Blick ein: Da werden politische Herrschaftssysteme vor einzelnen Terroranschlägen geschützt, die – was immer ihre Fernwirkung – den Bestand der etablierten Ordnung nur selten (wenn überhaupt) bedrohen; dagegen kommen die Segnungen der Unterscheidung den Teilnehmern an misslungenen revolutionären Aktionen zugute, die, wenn sie gelungen wären, die bestehende Ordnung vernichtet hätten.

Für die in Europa vor dem Ersten Weltkrieg herrschenden Schichten hatte diese scheinparadoxe Logik ihren konkreten politischen Sinn. Seit der Niederwerfung des Pariser Kommuneaufstands von 1871, wenn nicht schon früher, drohte ihnen in kaum einem Lande die Gefahr größerer Volkserhebungen, während ihnen zahlreiche Akte

---

58 Das Exempel wurde in zwei britischen Prozessen statuiert: *In re* Castioni, The Law Reporter, Queen's Bench Division, Volume 1, London, 1891, S. 149 ff., und *In re* Meunier, a.a.O., Volume 2, London, 1894, S. 415 ff.

individuellen Terrors schwer zu schaffen machten. Vor allem um die Jahrhundertwende störten terroristische Akte westlicher Anarchisten und russischer Revolutionäre der verschiedensten Schattierungen die Ruhe so mancher europäischen Regierung, wenn nicht gar den normalen Ablauf der Regierungsgeschäfte. Daher die weitläufigen Versuche, von dem Asylschutz, der politisch Straffälligen gewährt wurde, zwei Kategorien grundsätzlich auszuschließen: einmal – als vermeintliche Gegner jeder gesellschaftlichen Ordnung, nicht bloß eines bestimmten politischen Regimes – die Anarchisten, zum andern Personen, die wegen besonders grausamer und brutaler Verbrechen verfolgt wurden.

Die Kategorie »Gegner jeder gesellschaftlichen Ordnung« ist so unbestimmt, dass sie jederzeit Ausweitungen erlaubt, die der jeweils herrschenden Mode Rechnung tragen können. In der allerneuesten Zeit ist zum Beispiel der Vorschlag gemacht worden, die Formel auf alle anzuwenden, für die im Sinne des amerikanischen politischen Jargons der fünfziger Jahre die Bezeichnung »subversiv« gelten mochte.[59] Wird eine solche Formel zur Richtschnur genommen, so muss sich die Rechtsprechung im Gestrüpp der phantastischsten Schwierigkeiten und Widersprüche verlieren. Eine Fülle von Beispielen findet man in den Rechtsannalen der Schweiz, die wegen ihrer geographischen Lage in den letzten sieben oder acht Jahrzehnten im Verhältnis weit mehr Auslieferungsverfahren zu bewältigen hatte als die meisten anderen Länder.

Ursprünglich waren die Dinge etwas anders angelaufen. Aber seit Ende des 19. Jahrhunderts neigten die meisten schweizerischen Gerichte immer mehr dazu, politisch gezielte Handlungen einerseits und individuelle Gewaltakte anderseits verschieden zu behandeln. Zur Geltung kam das vor allem angesichts der Ersuchen der Zarenregierung, wegen Gewalttätigkeit oder Mordes verfolgte Angehörige der Partei der Sozialrevolutionäre (SR) auszuliefern. Immer wieder ging das Bestreben der Richter dahin, revolutionärer Gewalt, die möglicherweise einen Regimewechsel hätte herbeiführen können, ein gewisses Maß an Anerkennung zuzubilligen, jede solche Rücksichtnahme aber der verbotenen Frucht individueller Gewalt zu versagen, die nach dieser Auffassung als Rache- oder Protesttat ihr Ziel in sich selbst beschließt und die politischen Zustände nicht verändert. (Ähnliche Unterscheidungen ließen sich aus der Spruchpraxis britischer Gerichte in den achtziger und neunziger Jahren des 19. Jahrhunderts heranziehen: das war noch ein Echo der gesetzgeberischen Bemühungen eines John

---

59 Manuel R. García-Mora: International Law and Asylum as a Human Right, Washington, D.C., ohne Jahr {Copyright 1956}, S. 77 f.

Stuart Mill und der Erfindungsgabe des bedeutendsten englischen Strafjuristen der zweiten Jahrhunderthälfte James Stephen.) Gewalt wurde hier gleichsam mit Nutzeffektmaßstäben gemessen und ein im Hinblick auf das gesetzte Ziel – den Sturz der bekämpften politischen Ordnung – hoher Wirkungsgrad mit dem Bonus der Nichtauslieferung belohnt; es sah so aus, als entspreche der Wirkungsgrad der SR-Gewaltakte nicht dem in der Schweiz, dem bestgeordneten Land Europas, vorausgesetzten Nutzeffekt organisierten Handelns.

Ob denn überhaupt die gewählten Mittel dem von der SR-Partei verfolgten ideellen Ziel angemessen gewesen seien, fragte das Bundesgericht der Schweiz im Falle eines Flüchtlings, der einen zaristischen Polizeikommandeur in Pensa laut Parteibeschluss »hingerichtet« hatte. Das SR-Todesurteil gegen den Polizeigewaltigen, der auf dem Höhepunkt der revolutionären Freiheitswelle vom Oktober 1905 eine friedliche Straßendemonstration mit ungewöhnlicher Brutalität hatte niederschlagen lassen, erschien den eidgenössischen Richtern in Ansehung der Parteiziele nicht als zweckgerecht; sie sahen infolgedessen keinen Grund, die von der russischen Regierung begehrte Auslieferung zu verweigern.[60] Dasselbe Gericht verwarf jedoch die Auslieferung zweier georgischer Revolutionäre, die einen Raubüberfall auf die Tifliser Niederlassung des zaristischen Schatzamtes verübt hatten.[61] Galt den Richtern Raub als eine sichere Methode, den Zarismus zu stürzen, denn Rache an einem schießwütigen Polizeichef? Was war eher dazu angetan, die Grundlagen der bestehenden Ordnung zu erschüttern: Der bewaffnete Griff in die Regierungskasse oder eine Tat, die zeigte, dass die Organisatoren der Revolution auf Gewalttätigkeiten der Regierung mit der »Hinrichtung« des Verantwortlichen zu antworten wussten?

Oder verhielt sich die Sache einfach so, dass gesetzestreue Rechtswahrer eines ordnungsliebenden Gemeinwesens zutiefst erschrocken waren über die Anmaßung einer illegalen Parteigruppe, die das Recht beanspruchte, über Amtshandlungen der Obrigkeit zu Gericht zu sitzen und Todesurteile zu fällen und zu vollstrecken? Machten im Vergleich dazu die am Tifliser Raubüberfall Beteiligten, immerhin Söhne wohlhabender Familien und frühere Zöglinge schweizerischer Hochschulen,

---

60 Fall Wasilieff: Urteil vom 13. Juli 1908, in: Entscheidungen des Schweizerischen Bundesgerichts, im Folgenden abgekürzt ESB, Band 34 (1908), Teil I, S. 557-580. Vergleiche Papadatos: Le Délit... (siehe oben Anmerkung 50), S. 80, und Hans Schultz: Das Schweizer Auslieferungsrecht, Basel, 1953.
61 Fall Keresselidse, Urteil vom 12. Februar 1907, ESB, Band 33 (1907), Teil I, S. 169-195.

einen zivilisierteren Eindruck auf das nüchtern und zweckrational denkende Gericht? Und wie war im Lichte des Nutzeffektkalküls über einen Streik zu befinden? War einem Streik politischer Charakter nur zuzubilligen, wenn er reibungslos und ohne Gewalttätigkeiten verlief? In einer deutschen Stadt an der Schweizer Grenze hatte ein Streik von erheblichen Ausmaßen stattgefunden, bei dem es um Verbesserung der Arbeitsbedingungen ging; die Regierung hatte den Belagerungszustand verhängt und die Stadt von Truppen besetzen lassen. Um den Abzug der Truppen zu erzwingen, hatten die Streikenden Geisel festgenommen; es war auch zu tätlichen Angriffen auf einen unbeliebten Geschäftsmann gekommen. Repressalien folgten, denen einige Teilnehmer an den Unruhen durch Flucht in die Schweiz entgingen. Verweigerte nun das Gericht die Auslieferung? Keineswegs: Es entschied, dass der Streik kein politisches Ziel verfolgt habe und die etwa begangenen Straftaten demzufolge nicht als politische zu werten seien.[62]

Handelt es sich um ein politisches Delikt, wenn ein Lockspitzel ums Leben kommt? In Paris hatte ein italienischer Antifaschist einen faschistischen Agenten ermordet, von dem es hieß, er sei nach Frankreich entsandt worden, um italienische Emigranten zu Terrorakten anzustiften, die die französische Polizei zwingen würden, gegen sie drakonische Maßnahmen zu ergreifen. Dem Täter war die Flucht in die Schweiz geglückt, und das Gericht hatte wieder einmal darüber zu befinden, ob wegen des politischen Charakters der Tat die Auslieferung zu versagen sei. Die Richter fanden, dass der Pariser Mord nicht dazu angetan gewesen sei, die politischen Verhältnisse in Italien zu beeinflussen; auch um der Emigranten willen hätte man ihn nicht als geboten ansehen können, denn die französische Polizei sei durchaus Herr der Lage gewesen. Dem Auslieferungsgesuch wurde stattgegeben; Nichtauslieferung, fügte das Gericht hinzu, hätte als Ermutigung politischer Terrorakte von Emigranten auf dem Territorium eines dritten Landes (lies: der Schweiz!) ausgelegt werden können.[63]

Die Beweggründe solcher richterlichen Entscheidungen sind nicht immer eindeutig. Hat im Streikfall ein Gefühl der Solidarität mit den rechtmäßig eingesetzten deutschen Behörden den Ausschlag gegeben, möglicherweise verstärkt durch die Befürchtung, dass radikale Elemente aus Deutschland, durch eine freundliche Entscheidung

---

62 Fall Vogt, Urteil vom 26. Januar 1924, ESB, Band 50 (1924), Teil I, S. 249-265, vergleiche Fall Kaphengst, Urteil vom 17. Oktober 1930, ESB, Band 56 (1930), Teil I, S. 457-465.
63 Fall Pavan, Urteil vom 13. Juni 1928, ESB, Band 54 (1928), Teil I, S. 207-216.

schweizerischer Richter ermutigt, ihren gefährlichen Einfluss im benachbarten Basel, dem Zentrum von Arbeiterunruhen in der Schweiz, geltend machen würden? Hat im Spitzelmordfall das Bedürfnis überwogen, den italienischen Bruderkrieg vom Schweizer Boden fernzuhalten? Waren solche Erwägungen von größerer Tragweite als Theorien über das rechte Verhältnis von Mittel und Zweck in durch Gewaltakte besonders gekennzeichneten politischen Kampfhandlungen?

Als die Schweizer Gerichte in den zwanziger Jahren mit mehreren Auslieferungsfällen befasst wurden, die italienische Antifaschisten betrafen, hatte der Wirkungsgrad der Straftat im Hinblick auf politische Fernziele seine Bedeutung als Maßstab zur Beurteilung der politischen Natur der inkriminierten Handlungen bereits weitgehend eingebüßt. So wurden Mord und Totschlag im Wahlkampf, selbst wenn sich die Straftat zu einer Zeit ereignet hatte, da das faschistische Regime durch einzelne Gewaltakte nicht mehr gefährdet werden konnte, als politische Delikte anerkannt, und die Täter wurden nicht ausgeliefert.[64] Hatte die vom faschistischen Regime an den Tag gelegte Geringschätzung der herkömmlichen Grundsätze rechtsstaatlichen Verfahrens die traditionelle Rechtsauffassung der eidgenössischen Richter erschüttert?

Wenigstens eine Gerichtsentscheidung aus dieser Zeit spricht eine reichlich unverblümte Sprache. Die italienische Regierung hatte wegen der Ermordung eines Faschisten die Auslieferung eines Flüchtlings beantragt und dabei ausdrücklich bestritten, dass der Gesuchte unter den königlichen Erlass vom 22. Dezember 1922 falle, mit dem alle um der nationalen Sache willen begangenen Gewaltakte ohne Berücksichtigung eines angemessenen Verhältnisses zwischen Beweggrund und Tat amnestiert worden waren. Dem schweizerischen Gericht konnte nicht entgehen, dass die faschistische Regierung den Amnestieerlass dazu benutzte, Gewaltakte, die ihr den Weg zur Macht geebnet hatten, straffrei zu lassen, ja sie als Verdienste um die nationale Sache zu verherrlichen, während sie analoge Taten ihrer besiegten Gegner als höchst strafwürdige Verbrechen ahndete. Die Verletzung des Grundsatzes der Gleichheit vor dem Gesetz war eklatant, und das Gericht hielt sich, als es die Verweigerung der Auslieferung begründete, in der Wahl der Ausdrücke nicht zurück.[65]

---

64 Fall Camporini, Urteil vom 19. September 1924, ESB, Band 50 (1924), Teil I, S. 299-307.
65 Fall Ragni, Urteil vom 14. Juli 1923, ESB, Band 49 (1923), Teil I, S. 266-276. Ähnliche Handlungen wurden gelegentlich als Folgeerscheinungen politischer Auseinandersetzungen angesehen, so zum Beispiel die Ermordung eines

Einen radikalen Bruch mit der Lehre vom wirkungsvoll zweckgerechten Mittel, das zum politischen Delikt gehöre, vollzog die Schweiz – etwas früher als England – in einer Bundesgerichtsentscheidung, die sich mit dem Schicksal einiger Flüchtlinge aus dem totalitären Herrschaftsbereich befasste. Die jugoslawische Regierung hatte an die Schweiz das Ersuchen gerichtet, die Besatzung eines staatlichen Flugzeugs auszuliefern, die mit ihrer Maschine entflohen war und Fluggäste, die sich widersetzten, gewaltsam mitgenommen hatte. Die Anklage lautete auf Gewalttätigkeit, Gefährdung des Lebens und der Sicherheit der Fluggäste und Aneignung fremden Besitztums. Da die Flugzeugmannschaft lediglich den Zweck verfolgt hatte, den heimatlichen Verhältnissen zu entrinnen, die sie als bedrückend empfand, hatte das Gericht gar keine Möglichkeit, die Straftat als ein – angemessenes oder unangemessenes – Mittel zur Herbeiführung eines grundlegenden Wandels in der Herrschaftsordnung Jugoslawiens zu konstruieren; die Frage, ob das Mittel dem Zweck entsprochen habe, konnte gar nicht erst aufgeworfen werden.

Das Gericht tat denn auch das logisch Gebotene: Es revidierte die bis dahin stets aufrechterhaltene Theorie und gab die restriktive Auslegung des politischen Delikts preis, wobei es mit Nachdruck auf den Wandel historischer und politischer Bedingungen als einen notwendigen Bestandteil richterlicher Tatsachenermittlung hinwies. Die Flucht vor den Zwängen eines politischen Regimes, das Opposition und Kampf um die Macht ausschließt, wurde als ausreichendes politisches Moment bei strafbaren Handlungen anerkannt und die Auslieferung verweigert.[66] Ähnlich hat ein englisches Gericht 1955 entschieden, die früher akzeptierte Konzeption, die Nichtauslieferung auf mit politischen Unruhen

---

Nationalsozialisten durch einen Reichsbannermann: Fall Ockert, Urteil vom 20. Oktober 1933, ESB, Band 59 (1933), Teil I, S. 136-158. Dass die Prüfung der Wirksamkeit der Straftat als Mittel zur Erreichung eines politischen Fernziels 1923 etwas anderes bedeutete als 1907, hat mit Recht Roger Corbaz: Le Délit politique d'après le Tribunal Fédéral Suisse, jur. Diss., Lausanne, 1927, S. 37, hervorgehoben. Indes gab es auch nach dem Sturz des Faschismus – und sei es auch nur vorübergehend – Rückgriffe auf die ursprüngliche Auslegung: Fälle Peruzzo, Urteil vom 24. Januar 1951, ESB, Band 77 (1951), Teil I, S. 50-55, und Nappi, Urteil vom 23. Januar 1952, ESB, Band 78 (1952), Teil I, S. 134-139. Aber im Fall Ficorilli, Urteil vom 14. Februar 1951, ESB, Band 77 (1951), S. 57, verweigerte das Bundesgericht die Auslieferung eines Angehörigen einer neofaschistischen Truppeneinheit, der im Dezember 1944 das Todesurteil gegen einen »Verräter« vollstreckt hatte: Die Richter stellten fest, dass Ende 1944 die Kriegshandlungen gegen sowohl äußere als auch innere Feinde noch im Gange gewesen seien, dass von einem persönlichen Mordmotiv keine Rede sein könne und dass allen Divisionskameraden des Angeklagten für den Fall der Rückkehr nach Italien dieselbe Strafe drohe.

66 Fall Kavić, Bjelanović und Arsnijević, Urteil vom 30. April 1952, ESB, Band 78 (1952), Teil I, S. 39-55.

zusammenhängende Delikte beschränkte, lasse sich nicht mehr aufrechterhalten.[67]

In Tatbestand und Entscheidung erinnerte die Stellungnahme der Weimarer Republik im Fall Fort-Concepción 1922 an den schweizerischen Fall des wegen Ermordung des zaristischen Polizeikommandeurs ausgelieferten russischen Revolutionärs, und der älteren Theorie der Schweizer Gerichte entsprach auch die offizielle Begründung. Es ging um ein spanisches Auslieferungsbegehren, das, da es gerichtliche Prüfung von Auslieferungseinsprüchen in Deutschland bis 1929 nicht gab, im Verwaltungsweg erledigt wurde. Das Auslieferungsbegehren betraf zwei Angehörige einer anarchistischen Gruppe, die an der Ermordung des Ministerpräsidenten Dato teilgenommen hatten; die Tötung des Ministerpräsidenten war als Vergeltung für drakonische Unterdrückungsmaßnahmen gedacht. Die Entscheidung der Reichsregierung, dem Auslieferungsbegehren stattzugeben, vertrat im Reichstag der als Strafrechtstheoretiker, Reformvorkämpfer und Rechtsphilosoph verehrungswürdige, aber in Dingen der praktischen Politik und des Verwaltungsgetriebes wenig bewanderte und etwas naive Reichsjustizminister Gustav Radbruch. Er sprach von einem »unbiegsamen Recht«, das mit politischen Handlungen verknüpfte Delikte definiere und den politischen Mord nicht einbegreife; es führe zu einem rechtlich und menschlich »höchst unerfreulichen« Ergebnis, denn der Grundsatz der Vertragstreue verlange, dass einem Auslieferungsbegehren wegen Mordes stattgegeben werde.[68] Diese Haltung schien aus taktischen Gründen geboten: Die deutsche Regierung hatte die Auslieferung der flüchtigen Erzberger-Mörder beantragt, die nach Ungarn entkommen waren; ein Präzedenzfall schien erforderlich zu sein. Trotz Präzedenzfall wurde allerdings das Auslieferungsbegehren von Horthy-Ungarn prompt abgelehnt.

Beim Vorbild der zwanziger Jahre blieb zunächst auch noch der Bundesgerichtshof der Bundesrepublik dreißig Jahre später: Die griechische Regierung hatte die Auslieferung des ELAS-Angehörigen Skantzos beantragt, der wegen Teilnahme an einem Mord in contumaciam zum Tode verurteilt worden war. (Allerdings hatte die griechische Regierung zugesichert, dass das Todesurteil nicht vollstreckt werden würde.) Der

---

67 *Ex parte* Kolczynski, All English Law Reports, 1955, Band 1, S. 31; dazu siehe die Betrachtungen von William E. Denny: »An Offense of a Political Character«, in: The Modern Law Review, Jahrgang 18, S. 380-385 (1955, Heft 3).
68 Deutscher Reichstag, Stenographische Berichte, I. Wahlperiode 1920, S. 6042 f. (176. Sitzung vom 23. Februar 1922). Siehe auch die Begründung des Sachbearbeiters, Wolfgang Mettgenberg in Karl Strupp (Hg.): Wörterbuch des Völkerrechts und der Diplomatie, Band 1, Berlin/Leipzig, 1924, S. 323.

Bundesgerichtshof beschloss, dass die Auslieferung zulässig sei, und berief sich auf Artikel 3 Absatz 3 des Auslieferungsgesetzes von 1929, wonach Mord vom Grundsatz der Nichtauslieferung in politischen Fällen ausgenommen blieb. Die Überlegungen der Richter galten mehr dem Charakter der verübten Tat als der politischen Verfolgungssituation im Heimatland des Täters. Mit wenig überzeugenden Hinweisen auf den Parlamentarischen Rat und spätere Gesetzesmotive widersprach das Gericht der Auffassung, dass Artikel 16 Absatz 2 Satz 2 des Grundgesetzes subsidiär an die Stelle der Attentatsklausel des Auslieferungsgesetzes von 1929 getreten sei, und stellte die vertraglichen Verpflichtungen der Bundesrepublik den berechtigten Interessen des Asylsuchenden voran.[69] Allgemein sprach die Entscheidung vom »Grundzug« der Asylverweigerung »bei politischen Verbrechen gegen das Leben«. Immerhin hob der Bundesgerichtshof hervor, dass die Attentatsklausel keine Norm des allgemeinen Völkerrechts darstelle.[70]

Solchen Auslegungsschwierigkeiten entzog sich in einem neueren Fall das Oberlandesgericht Stuttgart. Hier handelte es sich um zwei Algerier, Hammouche Belkai und Ouramdan Ait Hammou, die einen Landsmann ermordet hatten, weil sie ihn für einen Frankreich-Freund hielten. Frankreich verlangte die Auslieferung. Das Stuttgarter Gericht lehnte sie am 7. Dezember 1960 mit der Begründung ab, dass sich Frankreich geweigert habe, der Bundesrepublik bei der Festnahme von Personen, die einen Algerier auf deutschem Gebiet ermordet hatten, Rechtshilfe zu leisten, und zwar weil die Straftat politischer Natur gewesen sei; demnach verbürge Frankreich bei einschlägigen Delikten nicht den Grundsatz der Gegenseitigkeit, und nach § 4 Ziffer 1 des deutschen Auslieferungsgesetzes könne nur auf der Basis der Gegenseitigkeit ausgeliefert werden.[71]

Die Stuttgarter Richter waren nicht der Entscheidung des Bundesgerichtshofes im Fall Skantzos, sondern dem Sinne nach, wenn auch nicht in den Entscheidungsgründen, einer früheren Entscheidung desselben Bundesgerichtshofes im Fall Lestrel gefolgt: In diesem Fall hatte

---

69 Beschluss des 3. Strafsenats des Bundesgerichtshofs vom 12. Juli 1955, 3 ARs 86/55, in Entscheidungen des Bundesgerichtshofes in Strafsachen, Band 8, Köln/Berlin, 1956, S. 59-66.
70 Ebda., S. 62.
71 Beschluss des 1. Strafsenats des Oberlandesgerichts Stuttgart vom 7. Dezember 1960, 1 Ausl. Reg. 43/59. Das Gericht hat es abgelehnt, den Fall dem Bundesgerichtshof zur Prüfung vorzulegen, da es sich nicht um die Interpretation des Auslieferungsvertrages, sondern um einen Umstand tatsächlicher Art gehandelt habe. Es hat hinzugefügt, dass einer Strafverfolgung der beiden Algerier durch die deutschen Justizbehörden nichts im Wege stehe.

der Bundesgerichtshof die von Ekuador wegen Diebstahls begehrte Auslieferung verweigert, weil er das politische Motiv der Strafverfolgung unterstellen zu können glaubte.[72] Inzwischen hat das Bundesverfassungsgericht – im Gegensatz zur Skantzos-Entscheidung – den Grundsatz der Lestrel-Entscheidung untermauert und ausgeweitet. Nachdem es zunächst die Zulässigkeit einer einstweiligen Anordnung in einer Verfassungsbeschwerde wegen Verletzung des Art. 16 Abs. 2 Satz 2 des Grundgesetzes bejaht hatte,[73] hob es später das angefochtene Urteil des Oberlandesgerichts auf, das dem Auslieferungsbegehren im Fall eines jugoslawischen Staatsbürgers zugestimmt hatte; die Auslieferung war wegen Betrugs und Untreue beantragt worden, die der Flüchtling als kaufmännischer Leiter eines staatlichen jugoslawischen Verlagsunternehmens begangen haben sollte.[74]

Die weitreichende Entscheidung des Bundesverfassungsgerichts stellte drei Grundsätze auf: 1. Die Versicherung des Heimatlandes, dass der Angeklagte nur wegen der konkreten Beschuldigungen zur Rechenschaft gezogen werden solle, die im Auslieferungsbegehren genannt worden sind, sei keine ausreichende Garantie dafür, dass die Strafe nicht durch politische Momente bestimmt sein werde, sofern es sich um einen Staat handle, in dem alle Lebensbereiche politisiert seien; 2. Auslieferungsschutz werde nicht dadurch ausgeschlossen, dass die politische Betätigung des Flüchtlings erst nach seiner Ankunft im Asylland begonnen habe, wenn kein Grund zu der Annahme bestehe, dass der Flüchtling seine gegen die Heimatregierung gerichtete Tätigkeit nur aufgenommen habe, um sich in den Genuss des Asylschutzes zu setzen; 3. Gerichtlicher Asylschutz könne nicht deswegen wegfallen, weil dem Schutzsuchenden die Eigenschaft eines »politischen Flüchtlings« nach der Asylverordnung vom 6. Januar 1953 behördlich nicht zuerkannt worden sei.

Mit dieser Konstruktion, die die politische Tätigkeit des Flüchtlings nach Ankunft im Asylland als Rechtsgrund des Auslieferungsschutzes anerkennt, ist das Bundesverfassungsgericht zu denselben Ergebnissen gekommen wie die schweizerischen und englischen Gerichte, die sich ohne eine solche Hilfskonstruktion zu behelfen wussten.[75]

---

72 Beschluss des Bundesgerichtshofs vom 21. Januar 1953, 4 ARs 2/53, in: Entscheidungen des Bundesgerichtshofes in Strafsachen, Band 3, Köln/Berlin, 1953, S. 392-395; zur Kritik vergleiche Lange: Grundfragen... (siehe oben Anmerkung 12), S. 19.
73 Beschluss des Bundesverfassungsgerichts vom 14. Mai 1957, 1 BvR 193/57, in: Entscheidungen des Bundesverfassungsgerichts, Band 6, Tübingen, 1957, S. 443-445.
74 Beschluss des Bundesverfassungsgerichts vom 4. Februar 1953, 1 BvR 193/57, a. a. O, Band 9, Tübingen, 1959, S. 174-185.
75 Dagegen siehe die ältere Entscheidung eines englischen Gerichts, das die Einrede eines

Die Kehrtwendung ist grundsätzlicher Natur. Angefangen hatte die Auslieferungstheorie mit dem Schutz des politischen Streiters, dem wenigstens hypothetisch reale Erfolgsaussichten zugebilligt wurden. Sie endet damit, dass sie ihre schützende Hand über jedes etwaige Opfer hält, auch wenn das Opfer nur ein harmloser Zuschauer ist, der zwar aus dem unmittelbaren Machtbereich der Unrechtsherrschaft entflohen ist, von ihren Fangarmen aber immer noch erreicht werden kann. Zunehmend setzt sich die Vorstellung durch, dass es ein nobile officium sei, auch unpolitische Flüchtlinge zu beschirmen, wenn totalitäre Mächte sie mit politisch bedingter Verfolgung bedrohen.

Entgegengesetzte Tendenzen, die aufs engste mit den Nachwirkungen des zweiten Weltkriegs zusammenhängen, lassen sich dennoch nicht abstreiten. Die auf übernationaler Ebene unternommenen Anstrengungen der Regierungen, der Kriegsverbrecher habhaft zu werden, bedürfen kaum einer detaillierten Erörterung.[76] Schon auf ihrer ersten Tagung hatte sich die Generalversammlung der Vereinten Nationen mit einem Antrag der Sowjetunion zu befassen, wonach »Quislinge und Verräter« nicht in den Genuss der UN-Schutzbestimmungen für Verschleppte kommen sollten. Der Antrag wurde verworfen. Dagegen wurden »Kriegsverbrecher« von diesen Schutzbestimmungen in der Tat ausgenommen.[77] Die Resolution der Generalversammlung vom 31. Oktober 1947 empfiehlt erneut die Auslieferung von Kriegsverbrechern, wirft aber dabei Kriegsverbrecher und Verräter in einen Topf, indem sie von Personen spricht, die von ihren Heimatbehörden beschuldigt werden, Verrat oder aktive Kollaboration mit dem Feind begangen zu haben, und eben auf solche Personen den Begriff »Kriegsverbrecher« anwendet.[78] Die Ostblockstaaten stimmten gegen diese Resolution, weil sie eine Bestimmung enthielt, die die Überstellung an den ersuchenden Staat vom Vorhandensein eines prima facie case abhängig machte; die Annahme erfolgte mit 42 gegen 7 Stimmen bei 6 Enthaltungen.[79]

---

von Indien wegen Unterschlagung gesuchten Angeklagten, er werde aus politischen Gründen verfolgt und könne in der Heimat ein objektives Gerichtsverfahren nicht erwarten, zurückwies: *In re* Government of India and Mubarak Ali Ahmed, All English Law Reports, 1952, Band 1, S. 1060 ff.

76 Vergleiche Robert G. Neumann: »Neutral States and Extradition of War Criminals«, in: The American Journal of International Law, Jahrgang 45, S. 495-508 (Heft 3, Juli 1951).
77 Näheres in United Nations, Journal of the General Assembly, First Session, Nr. 31, S. 542-564 (30. Plenarsitzung, 12. Februar 1946), und Nr. 34, S. 661 (Resolutions Adopted on the Report of the First Committee).
78 United Nations Department of Public Information, Yearbook of the United Nations 1947 - 48, Lake Success, N.Y., 1949, S. 220-222, insbesondere 22a.
79 Die Schwierigkeiten der unerlässlichen Unterscheidung von politischen Delikten und Verbrechen gegen die Menschlichkeit behandelt – etwas abgeschwächt – Manuel R.

Natürlich haben die Bemühungen um die Strafverfolgung der Kriegsverbrecher ihre Spuren in der Gesetzgebung einzelner Länder hinterlassen: Die üblichen Normen des politischen Asyls haben in ihrem Gefolge Einschränkungen erfahren. Es genüge der Hinweis auf zwei besonders markante Fälle: Einmal hat Italien im Friedensvertrag mit den Alliierten[80] die Verpflichtung übernommen, Staatsangehörige der alliierten Mächte, denen nach den entsprechenden Landesgesetzen strafbare Verrats- oder Kollaborationshandlungen zur Last gelegt werden, an ihre Heimatregierungen auszuliefern; zum andern sind ähnliche und sogar weiterreichende Vereinbarungen in ein Gegenseitigkeitsabkommen zwischen Frankreich einerseits und Belgien und Luxemburg anderseits hineingeschrieben worden.

Dabei hat sich Italien an die ihm von den siegreichen Alliierten auferlegte Bestimmung notgedrungen halten müssen,[81] wenn es auch in neuerer Zeit einer die Auslieferungspflicht einschränkenden Auslegung gefolgt ist.[82] Anders in Frankreich: Das Abkommen mit den Nachbarländern, das auf gemeinsame Nachkriegserfahrungen zurückgeht, hat beträchtliche Meinungsverschiedenheiten unter der Richterschaft ausgelöst, und die meisten französischen Gerichte, die mit Auslieferungsfällen zu tun hatten, haben aus ihrer starken Abneigung, sich nach dem Gegenseitigkeitsabkommen zu richten und nach seinen Vorschriften Auslieferungen gutzuheißen, kein Hehl gemacht; nach ihrer Ansicht hätten sich die Unterzeichner des Gegenseitigkeitsabkommens, das nicht mehr als eine rein verwaltungsmäßige Vereinbarung sei, widerrechtlich Vertragsschließungsbefugnisse angemaßt: sie seien in keiner Weise befugt gewesen, eine Durchbrechung des Grundsatzes der Nichtauslieferung bei politischen Delikten zu vereinbaren.[83]

García-Mora: »The Present State of Political Offenses in the Law of Extradition and Asylum«, in: University of Pittsburgh Law Review, Jahrgang 14, S. 371-396 (1953, Heft 2).
80 Dass andere ähnliche Friedensvertragsbestimmungen auf dem Papier geblieben sind, weil die betroffenen Länder verschiedenen Mächtegruppierungen angehörten, unterstreicht Edvard Hambro: »New Trends in the Law of Extradition and Asylum«, in: The Western Political Quarterly, Jahrgang V, S. 1-19 (Heft 1, März 1952).
81 Vergleiche die Entscheidung des Consiglio de Stato vom 22. Februar 1952, Il Foro Italiano, Jahrgang LXXVII, Teil II, Sp. 113-115.
82 *In re* de Serclaes, International Law Reports, Year 1952, London, 1957, S. 366 ff. Nicht zu Unrecht werden solche Friedensvertragsbestimmungen von Oppenheim/Lauterpacht, International... (siehe oben Anmerkung 12), §§ 338-340, Anmerkung 5, als »rückschrittlich« bezeichnet.
83 Urteil des Pariser Appellationsgerichts vom 28. November 1950 im Fall Van Bellinghen: Recueil Dalloz, 1951, S. 440. Es gab allerdings auch abweichende Entscheidungen. Zur Kritik siehe den Strafrechtskommentar von Émile Garçon: Code pénal annoté, Neubearbeitung von Marcel Rousselet, Maurice Patin und Marc Ancel, Band I, Buch III, Paris, 1952, Kapitel I, Art. 84, Nrn. 42-44, S. 402 f.

Auch wenn diesen ersten Schritten kein großer Erfolg beschieden war, ist es nicht ausgeschlossen, dass sich neue Eingriffe in Nichtauslieferungsgarantien aus dem gemeinschaftlichen Vorgehen der NATO-Mächte zur koordinierten Wahrnehmung ihrer jeweiligen Staats- und Landessicherheitsinteressen ergeben könnten. Aus ihrer Zusammenarbeit sind bereits neue Strafgesetzbestimmungen hervorgegangen, in denen die Länder, die sie erlassen haben, die Sicherheit ihrer Verbündeten, das heißt eben der NATO- Mächte, unter denselben Schutz stellen, unter dem ihre eigene Sicherheit steht.[84] In diesen Ländern wird somit die Zuständigkeit der Gerichte auf alle Handlungen ausgedehnt, die die äußere Sicherheit jedes Mitunterzeichnerstaates des Nordatlantikpaktes antasten. Geltende Auslieferungsbestimmungen sind davon bisher zwar noch nicht betroffen worden, aber Versuche in dieser Richtung haben sich schon bemerkbar gemacht. Bei weiterer Verstärkung gemeinsamer Anstrengungen auf militärischem, wirtschaftlichem, administrativem, polizeilichem und nachrichtendienstlichem Gebiete könnte »äußere Sicherheit« zu einem so vereinfachend-dehnbaren Begriff werden, dass jede der Sicherheit einer oder mehrerer NATO-Mächte abträglich erscheinende Handlung des Schutzes verlustig gehen müsste, der einem politischen Delikt zukommt; Verweigerung der Auslieferung wäre dann nicht möglich. Freilich ist damit zu rechnen, dass entsprechende Maßnahmen auf Widerstand stoßen würden, weil in ihnen Unterwerfung unter den Druck ausländischer Mächte, vielleicht sogar einer einzigen Hegemonialmacht zum Ausdruck käme, und kein Staat gibt diese Art Abhängigkeit gern öffentlich zu; außerdem ließe sich sagen, dass der besondere Sicherheitsschutz für verbündete Staaten, falls sie seiner bedürften, schon durch die erwähnten neuen Strafgesetzbestimmungen ausreichend gewährleistet sei.[85]

Richtig ist überdies nach wie vor, dass auch eng miteinander verbundene Mächte ihre Beziehungen selten so gestalten, dass sie dabei die

---

84 Für Frankreich Art. 86 Abs. 3 des Strafgesetzbuches und Art. 1 des Dekrets Nr. 52-813 vom 11. Juli 1952, Journal Officiel de la République Française, Jahrgang 84, S. 7024 (Nr. 167, 12. Juli 1952). Zu denselben Ergebnissen führen die Sicherheitsvorstellungen der Sowjetunion: Art. 10 des Gesetzes vom 26. Dezember 1958 (siehe oben Anmerkung 27) bestraft »besonders gefährliche staatsfeindliche Handlungen«, die sich gegen »einen anderen Staat der Werktätigen« richten.
85 In diesem Sinne hat sich Frankreich, wie in Annual Report of the Attorney General of the United States for 1957, Washington, D.C., 1958, S. 52, berichtet wird, nicht dazu bereitgefunden, der Auslieferung des in den Vereinigten Staaten wegen nachrichtendienstlicher Tätigkeit für die UdSSR unter Anklage gestellten Ehepaars Zlavotsky zuzustimmen. Einen anderen Ausgang hatte vor kurzem der Fall Keitel: Die Bundesrepublik hatte in Italien die Auslieferung des wegen gewinnsüchtiger Preisgabe technischer Geheimnisse Gesuchten beantragt; die italienische Regierung gab dem Antrag statt.

Freiheit des selbständigen Handelns einbüßen. Das ist immer noch eine Ausnahmeerscheinung; die Verschiedenheit der politischen Handlungsweise, die auf der Verschiedenheit der politischen Ordnungssysteme fußt, bleibt die Regel. Noch unter dem Eindruck der Ermordung König Alexanders von Jugoslawien wurde am 16. November 1937 unter den Auspizien des Völkerbundes von 23 Staaten ein Abkommen abgeschlossen, in dem sich die Unterzeichnermächte verpflichteten, bei Terrorakten und Vorbereitung dazu die Auslieferung nicht zu versagen. Das Abkommen ist nie in Kraft getreten. Ein Zusatzabkommen, auf das sich 10 Mächte einigten, sah die Schaffung eines internationalen Strafgerichtshofs vor, der für die Aburteilung von Urhebern terroristischer Akte zuständig sein sollte, deren Auslieferung von einer der Unterzeichnermächte verweigert worden wäre.[86]

In den letzten Jahren ist die Gegensätzlichkeit innerhalb der beiden großen Koalitionen der Mächte schärfer geworden. Auseinanderstrebende Meinungen über die Grundsätze der Staatsführung sind deutlicher ausgeprägt als ein Jahrzehnt zuvor. Infolgedessen dürfte auch Auslieferung bei politischen Delikten auf starken Widerstand stoßen. Die einengende Begriffsbestimmung des politischen Delikts wurzelte zu einem erheblichen Teil im Bedürfnis so mancher Staaten, ihre Regierungseliten vor individuellen Terrorakten zu behüten; mit der schwindenden Gefahr solcher Berufsrisiken schrumpft auch das Schutzbedürfnis zusammen; vom organisierten Terror der Anarchisten oder anderer kleiner Gruppen sind kaum noch Spuren zu entdecken. An die Stelle ihres »individuellen Terrors« ist die systematische Gewaltanwendung zugunsten und auf Geheiß bestimmter Staatsgebilde (und staatlich gebundener und gelenkter »Bewegungen«) getreten, die entweder mächtig genug sind, Gewalt auf organisierte Weise zu üben, oder aber ein vordringliches Interesse daran haben, Gewalt einzudämmen, die sich gegen sie richtet.

6. Und wieder Asylprinzip!

Vor achtzig Jahren unternahm Heinrich Lammasch, der letzte Ministerpräsident des Habsburgerreichs, den Versuch, das Postulat der Nichtauslieferung bei politischen Straftaten auf das Prinzip der Nichteinmischung in innere Angelegenheiten fremder Staaten zurückzuführen. Eine Regierung, meinte er, die gegen einen Gegner strafrechtlich vorgehe,

---

86 Über das totgeborene Projekt, das sich in einer Welt feindlicher Mächtegruppierungen nicht verwirklichen ließ, ist viel geschrieben worden; siehe bibliographische Hinweise bei Oppenheim/Lauterpacht, International ... (Siehe oben Anmerkung 12), § 127a.

könne noch nicht einmal hypothetisch die Berechtigung der dem Verfolgten zur Last gelegten Tat unterstellen; eine fremde Regierung dagegen, die einen Ausländer wegen gesetzwidriger politischer Handlungen gegen seinen Heimatstaat ausliefern solle, müsse sich zuallererst die Frage vorlegen, ob gesetzwidriges Handeln in der Tat vorgelegen habe, und zu diesem Zweck die Gesamtheit der politischen Zustände in jenem Lande prüfen und bewerten, was notwendigerweise eine Einmischung in dessen innere Angelegenheiten darstelle. Solle eine solche Einmischung vermieden werden, so dürfe es grundsätzlich keine Auslieferung bei politischen Straftaten geben.[87] So erwägenswert die Ansicht ist, so verschieden verteilen sich die Schwergewichte in einer Zeit wie der unsrigen, da sich jedes Land fortwährend und mit Nachdruck in die inneren Angelegenheiten aller anderen Länder einmischt: sei es mit Propaganda, sei es mit öffentlicher Kritik, sei es mit der Gewährung oder Verweigerung militärischer oder wirtschaftlicher Hilfeleistung.

Mit einer Umkehrung des Gedankenganges kommt man weiter. Statt die Nichtauslieferung politisch Straffälliger aus dem reichlich blass gewordenen Nichteinmischungsgrundsatz abzuleiten, sollte man sie einmal als eine Vorkehrung betrachten, die verhindern könnte, dass die häuslichen Wirren des Landes, das die Auslieferung begehrt, auf das Land übergriffen, das den Auszuliefernden beherbergt. Nationale Staaten sind unvollkommene Wesen; was ihnen von Bedeutung ist, unterliegt jederzeit der Kritik von Freund und Feind drinnen und draußen, und ihre politischen Zustände sind gewöhnlich ohnehin mit genug Amtsmissbrauch und Rechtswidrigkeiten behaftet; zusätzliche Schwierigkeiten brauchen sie nicht. Ein verbrieftes Recht auf politisches Asyl mit garantierter Nichtauslieferung bei politischen Straftaten könnte bewirken, dass, was das eine oder andere Land an Schwächen und Gebrechen aufzuweisen hat, zu Hause bliebe und das politische Getriebe anderswo nicht in Verstrickungen hineinzöge, die Positives nicht bewirken, dafür aber eine lange Reihe unübersehbarer Konsequenzen nach sich ziehen.

Strenge Befolgung des Grundsatzes der Nichtauslieferung politischer Delinquenten bedeutet für das Land, das zu ihm hält, auch noch ein anderes. Indem es trotz Druck und Beeinflussung keinen Standpunkt unterdrückt, sondern sowohl dem Schutzsuchenden als auch seiner Heimatregierung Gelegenheit gibt, ihre entgegengesetzten Positionen zu vertreten, ermöglicht es ihnen, die Austragung ihres politischen Disputs

---

87 Heinrich Lammasch: Das Recht der Auslieferung wegen politischer Verbrechen, Wien, 1884, S. 51.

bis zu einem günstigeren Zeitpunkt zu vertagen. Insofern erhält Lammaschs Betrachtungsweise einen tieferen Sinn: Das Asylland braucht im politischen Konflikt, der dem Auslieferungsbegehren zugrunde liegt, keine Stellung zu beziehen und soll es auch nicht tun. Der Sachverhalt geht es nur in dem Maße an, in dem es vom äußeren Rahmen des Streitfalls Kenntnis haben muss; für die Zukunft mag es vormerken, dass dem Verfolgten von heute eines Tages Anerkennung beschieden sein kann als dem wahren Sachwalter der Interessen seines Heimatlandes. Indem das Asylland beiden Streitparteien die Chance – mag sie noch so ungleich sein – zusichert, ihre Kräfte in einer veränderten Situation zu messen, verteidigt es nicht nur seinen eigenen Ruf; es rehabilitiert auch im Voraus die Heimat des Schutzsuchenden, deren Ansehen vor der Geschichte durch das Verhalten der Machthaber des Tages schwer geschädigt worden sein mag.

In der Auslieferungsdiskussion ist wiederholt die Frage erörtert worden, unter welchen Voraussetzungen ein Flüchtling an seine Heimatbehörden zur Aburteilung überhaupt ausgeliefert werden darf: Wie muss die heimatliche Justiz beschaffen sein, damit ihr das nötige Vertrauen entgegengebracht werde? Die Gesetzgebung einzelner Länder und einige in Auslieferungssachen erlassene Gerichtsurteile – neuerdings zum Beispiel das Urteil des Internationalen Gerichtshofes im peruanisch-kolumbianischen Konflikt[88] (mit freilich ziemlich müßigen Ratschlägen) – bestehen darauf, dass kein Flüchtling, der ausgeliefert wird, vor ein Kriegsgericht, ein militärisches Standgericht oder sonstige Sondergerichte gestellt werden dürfe. Das zeugt zwar von berechtigter Sorge um saubere Justiz, geht aber am Entscheidenden vorbei. Solange es eine Weltregierung nicht gibt, werden Formen und Maßstäbe der Gerichtsbarkeit von Land zu Land verschieden sein. In Fragen des Eigentums-, des Handels- und möglicherweise auch des Familienrechts braucht das keinen Anlass zur Beunruhigung zu geben. Die Unterschiedlichkeit der Verfahren und Maßstäbe wird aber in dem Augenblick äußerst bedenklich, in dem sie unverkennbar zum Ausdruck bringt, auf wie verschiedene Weise voneinander abweichende politische Systeme sogar unter »normal« anmutenden Bedingungen die Rechtspflege tangieren.

Mögen die in verschiedenen Ländern angelegten politischen Maßstäbe verwandt und die Unterschiede in Bezug auf das System der Gerichtsbarkeit geringfügig sein: Auch in Ländern, die demselben politischen Kulturbereich angehören, werden sich im Funktionieren der Justiz tiefgreifende Abweichungen ergeben, da die tagtägliche Handhabung

---

88 ICJ Reports, Jahrgang 4 (1950), S. 284.

des Rechts durch verfahrensmäßige Garantien oft sehr viel weniger bestimmt wird als durch die politische Gesamtatmosphäre, die mit Tageskämpfen zusammenhängt. Erst recht gilt das, wenn es sich um Länder handelt, deren politische Systeme durch einen unüberbrückbaren Abgrund voneinander getrennt sind. Bisweilen ist es ein Trost, dass man die Zurückdrängung oder Überlagerung der eigenen Maßstäbe durch fremde verhindern kann, zum Beispiel bei der Behandlung von Menschen, die totalitärer Herrschaft entrinnen. In einer andersgearteten Situation – wenn etwa der Unterdrücker zum Opfer politischer Verfolgung wird – kann es aber durchaus passieren, dass unsere Rechtsgrundsätze und Pflichtvorstellungen mit unseren Sympathien und Antipathien in Widerstreit geraten.[89] Das ist der Grund, warum Francos Spanien, Peróns Argentinien, Trujillos Dominikanische Republik, Stroessners Paraguay und Nassers Ägypten nach dem Krieg zum Paradies für totalitäre Asylsuchende wurden. Aber auch diese Staaten haben keine Freude daran, in Dispute über die Unterscheidung von politischen Delikten und Verbrechen gegen die Menschlichkeit hineingezogen zu werden. Es kann geschehen, dass sie erklären, von ihren »Gästen« nichts zu wissen, ihnen den Rat geben, sich nach einer anderen Heimstatt umzusehen, oder, wenn sie einer Entscheidung nicht mehr ausweichen können, die Nichtauslieferung auf irgendeine unverfängliche Weise begründen, ohne sich auf die Frage des politischen Charakters der Vergehen einzulassen, auf die sich der die Auslieferung begehrende Staat beruft.[90]

Wie dem auch sei: Strenge Einhaltung der Grundregel der Nichtauslieferung bei politischen Straftaten wird auf jeden Fall den Gerichten die Möglichkeit geben, sich gegen noch so starken Druck von außen zur Wehr zu setzen; man braucht sich bloß daran zu erinnern, wie sehr sich das Festhalten an dieser Grundregel in den Auseinandersetzungen zwischen der französischen Vichy-Regierung und Franco-Spanien bewährt hat: Die Gerichte, die sich der Regel zu bedienen wussten, hatten damit einen ganz besonderen Trumpf in der Hand.[91] In Ländern, deren Position schwach ist, werden allerdings auch die Gerichte leise treten

---

89 Über Brasiliens Weigerung, einen dänischen Kollaborateur auszuliefern, siehe Annual Digest and Reports of Public International Law Cases, Year 1947, London 1951, S. 146 f. (Nr. 71).

90 Als Ägypten den Antrag der Bundesrepublik auf Auslieferung des »KZ-Doktors« Eisele zurückwies, berief es sich auf Unterschiede in den deutschen und ägyptischen Bestimmungen über Verjährungsfristen; siehe »Frau Eisele noch in München«, in: Frankfurter Allgemeine Zeitung, S-Ausg., Nr. 241, 17. Oktober 1958, S. 4, Sp. 4-5. Vergleiche weiter unten Anmerkung 99.

91 Joseph Magnol, Kommentare zu Urteilen der Appellationsgerichte von Aix (12. Mai 1941), Toulouse (6. Juni 1941) und Algier (10. Oktober 1941), in: La Semaine Juridique, Jahrgang 12 (1942), Nr. 1795.

müssen, um die eigene Regierung nicht in unnötige Schwierigkeiten zu stürzen. In mächtigen Ländern, wie es die Vereinigten Staaten sind, haben sie seit eh und je die Gepflogenheit an den Tag gelegt, den Verfolgten den erforderlichen Schutz angedeihen zu lassen. Zwar haben sie die armen Teufel und wunderlichen Heiligen aus einer unverständlich chaotischen, gefahrenreichen und undurchsichtig verkehrten Welt mitunter herablassend[92] behandelt; dennoch haben sie ihre Pflicht getan. Allerdings haben sie die Probe aufs Exempel noch nicht ganz bestanden: Seit die Vereinigten Staaten ein direktes Interesse am Weiterbestehen verschiedener Auslandsregierungen von höchst fragwürdigem innenpolitischem Ruf haben, ist das Problem der Auslieferung ungerecht Verfolgter akuter geworden.

Erwähnt seien drei Fälle aus der jüngsten amerikanischen Praxis, die einiges Aufsehen erregt haben. Der eine betraf fünf Angehörige der spanischen Kriegsmarine, die von einem Hafenurlaub in den Vereinigten Staaten nicht auf ihr Schiff zurückgekommen und von Amerika nach Mexiko geflohen waren. Sie wurden dort von mexikanischen Beamten festgenommen, unter Mitwirkung amerikanischer und spanischer Marineoffiziere wieder an die Grenze geleitet und, wie es im Gerichtsurteil heißt, »ziemlich unfreiwillig« auf amerikanischen Boden zurückgebracht. In seiner etwas gezwungenen Urteilsbegründung verschonte zwar das amerikanische Appellationsgericht für den 9. Bundesgerichtsbezirk die Verwaltungsbehörden nicht mit einigen wohlgezielten sarkastischen Hieben, enthielt sich aber jeder Bezugnahme auf den politischen Charakter der Desertion der fünf Seeleute; es begnügte sich mit der Feststellung, dass die Rückschaffungsbestimmungen (Art. 24) des spanisch-amerikanischen Vertrags von 1902 nicht angewandt werden könnten, und motivierte das damit, dass die Desertion erst mit dem Betreten des mexikanischen Bodens als erfolgt anzusehen sei. Da die Seeleute unfreiwillig auf amerikanischen Boden verbracht worden seien, seien sie, so verfügte das Gericht, nach Mexiko zu überstellen; die mexikanische Regierung war mittlerweile von der Handlungsweise der unteren Verwaltungsorgane abgerückt und hatte den Seeleuten die Aufenthaltsgenehmigung erteilt.[93]

---

92 *In re* Ezeta, United States Federal Reporter, Volume 62 (1894), S. 972 (Bundesdistriktgericht für Nordkalifornien); siehe auch den Fall Kristian Rudewitz in Hackworth; Digest... (siehe oben Anmerkung 57), Band IV, S. 49 f.
93 *Medina v. Hartmann,* United States Federal Reporter, Second Series, Volume 260 (1959), S. 569-574 (Appellationsgericht für den 9. Bundesgerichtsbezirk).

Im zweiten Fall ging es um die Bemühungen der jugoslawischen Regierung, die Auslieferung des früheren kroatischen Innenministers Andrija Artucović, der der »autonomen« Regierung Ante Pavelićs als Innenminister angehört hatte, zu erreichen. Dasselbe Bundesappellationsgericht unterstellte den politischen Charakter der Morde, die auf Befehl Artucovićs verübt worden sein sollten und die die jugoslawische Regierung als Kriegsverbrechen ansah. Es verneinte ausdrücklich die Anwendbarkeit der Resolutionen der Vereinten Nationen von 1946 und 1947 (siehe oben Anmerkungen 77 und 78): Sie seien »keine ausreichende Grundlage für eine Abkehr von seit langem geltenden Rechtsinterpretationen ähnlicher vertraglicher Bestimmungen«.[94] Vom Obersten Gericht der Vereinigten Staaten wurde der Fall gegen die Stimmen der Bundesrichter Black und Douglas an das Bundesdistriktgericht zur Prüfung des von jugoslawischer Seite vorgelegten Materials zurückverwiesen.[95] Das Distriktgericht schloss sich aber den Feststellungen des Appellationsgerichts an.

Im dritten Fall wurde in zwei Instanzen der Auslieferung des Sizilianers Gallina, der in Italien als »Bandit« in contumaciam verurteilt worden war, zugestimmt. Die Richter glaubten Gallina nicht, dass er als Mitglied einer separatistischen Gruppe gehandelt habe; das Oberste Gericht hat eine Überprüfung des Verfahrens abgelehnt. Angesichts widersprechender Zeugenaussagen stützte sich das Urteil der unteren Instanz auf die Erklärung eines früheren Agenten des amerikanischen Nachrichtendienstes aus der Kriegszeit, der Gallina belastete.[96] Die Angelegenheit ist damit nur noch zwielichtiger geworden.

Je wichtiger es wird, politische Delikte von Verbrechen gegen die Menschlichkeit abzugrenzen, um so mehr kommt es darauf an, Auslieferungsanträge bei Meinungsdelikten zu vermeiden, auch wenn es sich um Meinungen handelt, die ein fortgeschrittenes Stadium moralischen Verfalls anzeigen. Die deutschen Behörden missachteten den Unterschied, als sie die italienische Regierung aufforderten, den wegen extremer antisemitischer Äußerungen verurteilten Studienrat Zind auszuliefern. Vom Appellationsgericht in Neapel und vom italienischen Kassationsgerichtshof wurde dies Ersuchen mit Recht zurückgewiesen (das letzte Urteil erging 1961). Das Verhalten des Bundesjustiz-

---

94 *Karadzole v. Artucović*, United States Federal Reporter, Second Series, Volume 247 (1957), S. 198-205 (Appellationsgericht für den 9. Bundesgerichtsbezirk).
95 United States Reports, Volume 355 (1958), S. 393.
96 *Gallina v. Fraser*: United States Federal Supplement, Volume 177, S. 856 (Distriktgericht Connecticut); im Berufungsverfahren bestätigt: United States Federal Reporter, Second Series, Volume 287 (1960), S. 77; Überprüfung abgelehnt: United States Supreme Court Reports, Lawyers' Edition, Second Series, Volume 5 (1960), S. 74.

ministeriums im Fall Zind steht in auffallendem Gegensatz zu seinem Verhalten im Fall Eichmann: Die von den unteren Behörden vorgelegten Anträge auf Auslieferung Eichmanns wurden an höherer Stelle nicht aufgegriffen, obgleich ein Auslieferungsbegehren moralisch als erforderlich und juristisch mindestens als diskutabel angesehen werden musste. Freilich war die »Optik« verschieden: Zind war ein für Propagandazwecke brauchbares Symbol ohne weitere Bedeutung; dagegen hätte ein deutsches Verfahren gegen Eichmann, wäre es je zustande gekommen, das deutsche Volk einem düsteren Abschnitt aus seiner Vergangenheit gegenübergestellt und zu tief aufwühlenden Auseinandersetzungen geführt.[97]

Muss man sich fragen, was der Asylsuchende unter den gegenwärtigen Bedingungen sollte erwarten können? Mit der veränderten Zusammensetzung der Masse der Schutzsuchenden haben sich im Laufe der Jahrzehnte auch die weithin anerkannten Asylrechtspositionen gewandelt. Für die Machthaber des 19. Jahrhunderts war die Behandlung der für die damaligen Zeiten typischen politischen Emigranten schlimmstenfalls ein Problem der politischen Taktik. Für die Regierungen des 20. Jahrhunderts, die es mit großen Massen von Verfolgungsobjekten zu tun haben, ist die Asylgewährung mit ihren wirtschaftlichen, sozialpolitischen und verwaltungsmäßigen Konsequenzen ein Problemkomplex von ganz anderen Ausmaßen und Folgewirkungen. Wie an diesen Komplex herangegangen wird, entscheidet sich nach vielen sachlichen Erwägungen und Zweckmäßigkeitsgesichtspunkten außen- und innenpolitischer Natur. Da unendlich viel mehr Heimatlose beherbergt werden müssen als je zuvor, haben sich die Aussichten des einzelnen Verfolgten, eine Zufluchtsstätte zu finden, gewaltig verschlechtert.

Dafür kann der Schutzflehende, dem es geglückt ist, in einem Lande, das ihn nicht bedroht, aufgenommen zu werden, zumeist – jedenfalls in den meisten Ländern außerhalb des totalitären Bereichs – damit rechnen, dass er nicht ohne Rechtsschutz und nicht ohne seine Sicherheit berücksichtigendes Verfahren an eine fremde Macht ausgeliefert werden wird, die seine Freiheit oder sein Leben gefährdet. Ausnahmen werden jedoch auch weiterhin zu befürchten sein in Ländern, die politisch von anderen abhängen.

Die Handhabung der formgerechten, mit Verfahrensgarantien ausgestatteten Auslieferung war lange Zeit die Spezialdomäne juristischer

---

97 Vergleiche jetzt Karl S. Bader: »Politische und historische Schuld und die staatliche Rechtsprechung«, in: Vierteljahrshefte für Zeitgeschichte, Jahrgang 10, S. 113-125 (Heft 2, April 1962). Ich freue mich festzustellen, dass Professor Bader meine Auffassung im Auslieferungsfall Zind teilt.

Haarspalterei. Komplizierte Rechtskonstruktionen, mit deren Hilfe die der Auslieferung nicht unterliegenden Kategorien politischer Delinquenten festgelegt wurden, verschleierten nicht selten – in von Land zu Land und von Regime zu Regime variierenden Kombinationen – die Opportunitätsgesichtspunkte und Sicherheitsinteressen, nach denen sich nicht wenige Regierungen bei ihren Entscheidungen richteten. Das ist anders geworden. Keiner Asyl gewährenden Regierung droht heute die Gefahr, dass individueller Terror von denen ausgehen könnte, denen sie Obdach gewährt. Und dass totalitäre Systeme denen, die in ihre Hände fallen, keinerlei Rechte zubilligen, ist inzwischen allgemein bekannt. In neuerer Zeit überwiegt darum die Tendenz zur Errichtung und Durchsetzung rechtlicher Vorkehrungen gegen die Auslieferung politisch Verfolgter. Die entgegengesetzte Tendenz gedieh eine Weile unter den politischen Sonderbedingungen der ersten Nachkriegsjahre, war aber nicht stark genug, die Abneigung der Gerichte gegen einen Abbau der Schutzbarrieren zu übertönen. Die neue, weitere Fassung des Begriffes der politischen Straftat scheint sich durchgesetzt zu haben; es haben sich keine nennenswerten Bestrebungen bemerkbar gemacht, sie wieder preiszugeben.

Das politische Asyl – schon Herodot war das bekannt – hat seine Schwächen; häufig wird es nur deswegen wirksam, weil die Menschen die Fähigkeit, sich zu schämen, nicht gänzlich eingebüßt haben. Bei all seiner Gebrechlichkeit ist aber das politische Asyl eine notwendige, unerlässliche Einrichtung, namentlich im 20. Jahrhundert, in dem es beinahe schon zur Normalerscheinung geworden ist, dass, wer gestern an der Macht war, heute zum Flüchtling wird und morgen der Gefahr der Auslieferung ausgesetzt ist. Dass die Institution des Asyls als solche zu gering geachtet werde, braucht unter solchen Umständen vielleicht nicht einmal befürchtet zu werden. Es liegt indes eine ernste Gefahr darin, dass Augenblicksinteressen und vergängliche Zweckmäßigkeitserwägungen, die das Asylrecht beschneiden, für innere, zur Institution des Asyls unzertrennlich gehörende und ihre Unvollkommenheit wesenhaft bedingende Schranken gehalten werden: Das sind sie nur, wenn man sie dazu macht.[98]

---

[98] Die sich häufenden Fälle der Durchlöcherung des Asylrechts im traditionellen Asylland England erörtert, allerdings ohne allzu klare Linienführung, L. C. Green: »Political Offenses, War Crimes, and Extradition«, in: The International and Comparative Law Quarterly, Jahrgang 11 (1962), Teil II, 4. Serie, S. 329-354. Dabei geht es um Auslieferung von Kriegsverbrechern, politisch bedingte Schwankungen in der Auslieferungspraxis, Ausweisung als Auslieferungsersatz und Schwierigkeiten der Abgrenzung von politischen Delikten und Kriegsverbrechen.

Wird ein umfassender Auslieferungsschutz als notwendiger Bestandteil des politischen Asylrechts anerkannt, so drängen sich schwerwiegende Abgrenzungsprobleme auf. Sogar in einem Zeitalter, in dem so viele in die reißenden Fluten des politischen Geschehens wider Willen hineingerissen werden, mag der politische Ursprung des Handelns des Einzelnen zu blass sein, als dass es unter den vereinbarten Auslieferungsschutz fiele. Überdies stellt die Abgrenzung gegenüber dem *odium generis humani*, dem Verbrechen gegen die Menschlichkeit, ein dringliches Problem dar.

Undichte Kontrollen, die für junge Länder ohne bewährten bürokratischen Apparat typisch sind, ermöglichen das Eindringen Verfolgter auch ohne authentische Ausweispapiere. Dass es solche Länder gibt, ist eine der wirksamsten Freiheitsgarantien für Menschen, die politischer Unterdrückung entgehen wollen. Damit werden aber zugleich auch Zufluchtsstätten für Delinquenten geschaffen, die sich in keine politische Kategorie einordnen lassen. »Es war nicht immer leicht, reines Metall von der Erzmasse zu trennen«, sagte der Vertreter Argentiniens zur Beratung des Falles Eichmann im UN-Sicherheitsrat. Unter solchen Umständen können Auslieferungsbegehren nicht nur hinsichtlich des Nachweises des nichtpolitischen Charakters der Straftat auf Schwierigkeiten stoßen, sondern auch daran scheitern, dass der Kriminelle geschickt genug ist, von persönlichen Beziehungen und von der Ausdehnung des Landes, in dem er sich aufhält, Gebrauch zu machen, um sich der Strafverfolgung zu entziehen, ohne das ihm dabei Behörden Vorschub leisten.[99]

Dabei liegt die Schwierigkeit nicht nur in der Entscheidung darüber, wie weit oder wie eng der Kreis derer zu ziehen ist, die als Verantwortliche angesehen werden sollen; die Hauptschwierigkeit wurzelt darin, dass die alten Mittel-Zweck-Kategorien im Zeitalter der Wasserstoffbombe sinnlos geworden sind. Gegenüber der Gefahr für die Menschheit muss auch die Asylrechtsforderung in einem Teilbereich abdanken. Mit Vorbedacht wird hier einschränkend von einem Teilbereich gesprochen, denn im selben Zeichen der Bedrohung der Menschheit beansprucht die positive Funktion des Asylrechts ihre Geltung: Die Freiheit politischen Wettstreits im internationalen Maßstab ist eine – wenn auch unzureichende – Abwehrwaffe gegen das Hereinbrechen der allgemeinen Barbarei. Das ist auch der eigentliche Grund, warum das politische Asylrecht nach jeder der Sturzfluten, die es hinwegzuschwemmen scheinen, von neuem sein Haupt erhebt.

---

99 Siehe die Geschichte des KZ-Arztes Mengele: »Haftbefehl gegen Mengele«, in: Frankfurter Allgemeine Zeitung, S-Ausg., Nr. 153, 4. Juli 1960, S. 1, Sp. 2.

Kapitel X

Die Art der Gnade

Wenn das Gericht über die Strafe entscheidet, die es einem für schuldig Befundenen auferlegt, muss es zweierlei abwägen und ineinandergreifen lassen: einmal das, was die Gesellschaft verlangt und was aus Gesetzbüchern und geltenden Verhaltensnormen hervorgeht oder durch politischen, administrativen oder gesellschaftlichen Druck zur Geltung gebracht wird, zum andern die Eindrücke, die es selbst im Verlauf des Verfahrens und aus der Beobachtung des Angeklagten gewonnen hat. Gewiss kann sich das Gericht in der Beurteilung dessen, was die Gesellschaft will, irren oder die Dinge, die gegen den Angeklagten vorgebracht werden, missdeuten; achtlos Vorbeigehen darf es weder an dem einen noch an dem andern.

An solche Überlegungen ist der Träger der Staatsgewalt, der über die Begnadigung eines Verurteilten zu entscheiden hat, nicht unbedingt gebunden. Zwar kann er sich von gesellschaftlichen Erfordernissen leiten lassen, aber im Gegensatz zum Gerichtsverfahren dient der Gnadenakt nicht schon seiner Wesensbestimmung nach dazu, das öffentliche Interesse wahrzunehmen. Auf der anderen Seite braucht die Gnadenentscheidung auch nicht mit dem Verhalten des Verurteilten zusammenzuhängen, obschon es oft genug vorkommt, dass dies Verhalten für die Entscheidung von Bedeutung ist.

Der Verurteilte selbst ist von dem Augenblick an, da das Urteil ergangen ist, in seiner Entscheidungsfreiheit ganz anders eingeengt als der Angeklagte vor Gericht: Ob er sich bewegen und mit der Außenwelt Beziehungen unterhalten kann, hängt nunmehr fast ausschließlich von den Entscheidungen anderer ab; sofern er überhaupt noch über Mittel verfügt, die Menschen zu beeinflussen, die über sein Schicksal zu befinden haben, ist die Durchschlagskraft solcher Mittel fraglich, und unter Umständen muss für sie ein Preis erlegt werden, der ihre Benutzung verbietet.

Kurzum: dem Gnadenverfahren haften – anders als dem gerichtlichen Verfahren – neben den Elementen des Zweckhaften auch wesentliche Elemente der Willkür an. Was ist dann aber die Rolle, die dieser Aspekt der Machtausübung im Justizgeschehen spielt? Erfüllt er, obgleich er nicht zum alltäglichen Instrumentarium der Herrschaftsordnung gehört, eine besondere Funktion bei der Aufrechterhaltung des jeweiligen Gesellschaftssystems? Welche Rolle kommt ihm namentlich in der Sphäre der politischen Vergehen zu, wo es doch um Anschläge auf die nämliche Autorität geht, der die Gnadenentscheidung zusteht? Zur Aufhellung dieser Fragen möge einiges Anschauungsmaterial beitragen.

1. Politischer Kalkül, Willkür oder Milde?

Im Frühjahr 1921 fand eine der ironischsten und symbolischsten Begegnungen in der Geschichte der politischen Gnadenakte statt: zwischen Harry Daugherty, dem politischen Mentor und Handlanger des Präsidenten Harding und zugleich Chef seiner Justizverwaltung, und Eugene Debs, dem personifizierten Sinnbild des amerikanischen Sozialismus in seiner letzten bodenständigen Variante. Um diese Zeit büßte Debs im Bundesstrafgefängnis von Atlanta die zehnjährige Gefängnisstrafe ab, die ihm eine »aufwieglerische« Rede vom 18. Juni 1918 in Canton (Ohio) eingebracht hatte: Debs hatte sich mit der Sache derer solidarisiert, denen die Behörden vorwarfen, sie hätten die Einziehung von Rekruten für die Teilnahme der Vereinigten Staaten am Ersten Weltkrieg sabotiert. Das Urteil gegen Debs war mit einer einstimmigen Entscheidung des Obersten Gerichts bekräftigt worden, die Bundesrichter Oliver Wendell Holmes formuliert hatte.[1] Dabei hatten sich die Richter nicht entschließen können, ein anderes Delikt heranzuziehen als »Anstiftung zu Ungehorsam« nach dem Spionagegesetz vom Juni 1917; sie verzichteten auf jeden Versuch, den Debs zur Last gelegten Tatbestand als »offensichtliche und unmittelbare Gefahr« für die verfassungsmäßige Ordnung im Sinne der von Holmes wenige Monate vorher zum ersten Mal entwickelten Rechtsansicht[2] zu interpretieren.

Über die Behandlung des Falles Debs war Holmes, wie man seinem privaten Briefwechsel entnehmen kann, nicht sehr glücklich.[3] Nicht dass er die Rechtmäßigkeit des Urteils in Zweifel gezogen hätte: die

---

1 Debs v. United States, United States Reports, Volume 249 (1919), S. 211 ff.
2 Schenck v. United States, United States Reports, Volume 249 (1919), S. 47 ff., insbesondere 52.
3 Mark DeWolfe Howe (Hg.): Holmes-Pollock Letters: The Correspondence of Mr. Justice Holmes and Sir Frederick Pollock, 1874 - 1932, Cambridge (Massachusetts), 1941, Band 2, S. 7 und 11; ders. Hg., Holmes-Laski Letters: The Correspondence of Mr. Justice Holmes and Harold J. Laski, Cambridge (Massachusetts), 1953, Band I, S. 190, 197, 203.

Anstiftungsklausel des Spionagegesetzes hielt er für verfassungsmäßig und die Äußerungen des Sozialistenführers grundsätzlich für strafbar in Kriegszeiten. Dagegen erschien es ihm als wenig weise, dass die Anklagebehörde Debs wegen dieser Äußerungen vor Gericht gestellt hatte. Was Holmes an seine Freunde schrieb, klang so, als hätte er, wenn er auf der Geschworenenbank gesessen hätte, die Schuld Debs' anders beurteilen müssen als die Gerichte, denen er als Bundesrichter rechtmäßiges Vorgehen nicht absprechen konnte. Die lange Kette der politischen Anklagen, die Kriegsgegner wegen ihrer kriegsfeindlichen Gesinnung zu einer Zeit belangten, da der Krieg schon längst vorbei war, hatte ihn bedenklich gestimmt; die veränderte Situation der Nachkriegszeit berechtigte den Staat nach seiner Meinung nicht mehr dazu, ein Kriegsurteil weiterhin zu vollstrecken, auch wenn Geschworene – in Kriegszeiten – einen Schuldspruch gefällt und die höheren Gerichte – aus einer patriotischen Stimmung heraus – das Urteil für Rechtens befunden hatten. Er bekannte freimütig: »Ich habe {…}, wo immer es angebracht war, meine Überzeugung ausgesprochen, dass der Präsident einen Haufen armer Teufel begnadigen sollte, bei deren Verurteilung ich das Pech hatte, die Urteilsbegründungen schreiben zu müssen.«[4]

Für Debs' Begnadigung setzten sich kleinere, wenn auch deutlich vernehmbare politische Minderheitsgruppen[5] ebenso wie namhafte Persönlichkeiten des öffentlichen Lebens ein, von denen viele die politische Haltung des sozialistischen Kriegsgegners durchaus nicht teilten. Bei Woodrow Wilson, dem Präsidenten der Vereinigten Staaten, fanden sie kein Gehör. Seit eh und je von unbeugsamem Starrsinn erfüllt, war er am Ende seiner politischen Laufbahn am allerwenigsten geneigt, sich politische Entscheidungen von einer Berechnung der möglichen Vorteile und Nachteile vorschreiben zu lassen, und es lag ihm nicht, auch nur im Nachhinein die Sünden derer zu vergeben, die sich seiner Politik widersetzt hatten. Bei den Präsidentschaftswahlen von 1920 hatten eine Million Wähler im 65-jährigen Strafgefangenen von Atlanta, der für die Sozialistische Partei kandidierte, ein Fanal gesehen; anderen erschien er als lästiger Störenfried, wenn auch kaum als ernste Gefahr für das Staatsganze. Was mit ihm geschehen sollte, musste nun der neue

---

4 Holmes-Pollock Letters, a.a.O., Band 2, S. 15.
5 Über die Haltung der überwältigenden Mehrheit notierte am 18. Oktober 1920 der Publizist und Kritiker Mencken, das Orakel für Kulturkritik der zwanziger Jahre: »Die große Masse der einfachen Leute ist in solch melodramatischen Angelegenheiten immer fast einmütig auf seiten der Anklagebehörde.« (Abgedruckt in H. L. Mencken: A Carnival of Buncombe, hg. von Malcolm Moos, Baltimore, ohne Jahr {Copyright 1956}, S. 26.)

Präsident Warren G. Harding, entscheiden. Er übertrug den Fall seinem Vertrauten Daugherty.

Über sein Zusammentreffen mit dem Sträfling von Atlanta, den er in sein Amtszimmer kommen ließ, hat Daugherty zwei Darstellungen hinterlassen: in seinem Bericht an den Präsidenten,[6] dem er einen Straferlass und die vorzeitige Haftentlassung Debs' zum 31. Dezember 1921 empfahl, und in seinen Memoiren, die erst nach seinem Tod im Druck[7] erschienen. Die erste Version, die noch in der Hitze des Gefechts entstanden war, klingt, wenn sie auch vermutlich nicht bloß Daugherty zum Urheber hatte, echter als die ein Jahrzehnt später von einem Mitarbeiter propagandistisch aufpolierte Autobiographie. Da Daugherty seinen Zeitgenossen im Wesentlichen durch Amtsmissbrauch und Handel mit Alkoholgenehmigungen und Begnadigungen bekanntgeworden war, musste in der postumen Rechtfertigung seine humane Gesinnung herausgestellt werden: Das ritterliche und zugleich herablassende Wohlwollen des Attorney General gegenüber dem Strafgefangenen Debs, einem Irrenden, dem aber gleichwohl Tapferkeit und Selbstlosigkeit bescheinigt werden konnten, wurde daher reichlich dick aufgetragen.[8]

Daugherty empfing Debs am 19. April 1921. Zu diesem Zeitpunkt stand bereits fest – Daugherty und Harding hatten es eindeutig bekundet –, dass die Regierung nicht gewillt war, politische Vergehen anders zu behandeln als gemeine Verbrechen.[9] Auch in seiner Debs-Denkschrift an den Präsidenten hatte Daugherty diese Rechtsauffassung vertreten. Nachträglich mag darin gewollte oder ungewollte Selbstironisierung zu entdecken sein; damals erschwerte jedenfalls der Rechtsstandpunkt der Regierung das Auffinden einer juristisch-rationalen Begründung, mit der sich die Freilassung Debs' hätte rechtfertigen lassen. Auf keinen Fall tat Debs dem Chef der Justizverwaltung den Gefallen, als reuiger Sünder aufzutreten, der seine Missetaten aufs tiefste bedauerte. Mit einer solchen Begründung konnte also die Justizverwaltung nicht aufwarten.

Selten sind politische »Delinquenten« so einfallsreich und klug wie Bakunin, der seine für den Zaren bestimmte »Beichte« von 1857 so

---

6 Brief des Attorney General an den Präsidenten: »Application for Pardon of Eugene V. Debs«, Senate Document no. 113, 67th Congress, 2d Session (1922).
7 Harry M. Daugherty, in collaboration with Thomas Dixon: The Inside Story of the Harding Tragedy, New York, 1932, S. 115 und 121.
8 Debs selbst hat über die Unterredung mit Daugherty geschwiegen: Er hatte dem Gefängnisdirektor Diskretion versprochen; siehe McAlister Coleman, Eugene V. Debs: A Man Unafraid, New York, ohne Jahr {Copyright 1930}, S. 324.
9 Harry M. Daugherty: »Respect for Law«, in: American Bar Association Journal, Jahrgang 7, S. 505-511, insbesondere 508 f. (Oktober 1921).

abfasste, dass der Despot Berührungspunkte mit dem Umstürzler entdecken konnte: Verachtung für alles Deutsche, Lobpreisung des Slawentums, Ablehnung der polnischen und tschechischen Eigenbestrebungen; das war weniger Lüge als raffinierte Akzentverschiebung, die es Bakunin bei aller Würdelosigkeit des verzweifelten Versuchs, eine Strafumwandlung zu erreichen, doch noch erlaubte, den Anschein einer selbständigen politischen Konzeption aufrechtzuerhalten.[10]

Nichts dergleichen wurde Daugherty von Debs angeboten. Debs blieb bei seiner theoretischen Position, bekannte sich zu allem, was er getan und gesagt hatte, und bestand darauf, dass er rechtmäßig gehandelt habe. Daugherty, dem die Welt der Ideen und Überzeugungen wenig vertraut war, konnte sich dem Eindruck der Würde und Gesinnungsstärke, den der Gefangene ausstrahlte, gewiss nicht verschließen, war aber nun erst recht irritiert und aufgebracht. »In dem Maße, wie er richtig denkt«, schrieb er über Debs, »ist er vielleicht gewissenhaft, aber er denkt nicht richtig und kann in den Fragen, um die es in seinem Fall geht, anscheinend überhaupt nicht richtig denken«.

Was aber sollte man mit einem Menschen anfangen, der nicht »richtig« zu denken vermochte und »nach dessen Prinzipien kein denkender Mensch einen Staat aufbauen« könnte? Eine volle Begnadigung mit Zuerkennung der staatsbürgerlichen Rechte konnte sich Daugherty nicht abringen. Er plädierte für die Streichung der von Debs noch nicht verbüßten Strafe und führte zur Begründung Dinge an, die auf der Hand lagen: Debs' unverkennbare Lauterkeit und Selbstlosigkeit, sein vorbildliches Verhalten in der Strafanstalt, die Außerkraftsetzung des Strafrechtsparagraphen, nach dem er verurteilt worden war, sein hohes Alter, seine geschwächte Gesundheit und die, gemessen an den wenigen Debs noch verbleibenden Lebensjahren, ungebührliche Härte der langen Gefängnisstrafe.

Indes blieb ein gewichtiger Gegengrund. Kein Gnadenakt konnte den Gnadenempfänger zu dem machen, was er nie vorher gewesen: zum staatsfrommen Patrioten. Im Endeffekt war aber die Gewissheit, dass weder Gefängnis noch Gnade Debs umzumodeln vermöchten, für Daugherty nicht ganz so wichtig wie die Tatsache, dass eine beträchtliche Anzahl von Menschen die Haftentlassung forderte. Die zugegebenermaßen geringe Wirkung der Strafe auf den Verurteilten trat zurück hinter der möglicherweise erheblichen negativen Wirkung auf andere. In der Ebene der Abstraktion kann man die Feststellung, dass

---

10 M. A. Bakunin: Beichte aus der Peter-Pauls-Festung an Zar Nikolaus I., hg. von Kurt Kersten, Vorwort von Vjačeslav Polonskij, Berlin, 1926, S. 29 ff., 50 ff., 76 ff.

Daugherty das Gewicht des Verlangens nach der Freilassung Debs' richtig einschätzte, in eine theoretische Formel kleiden und von einer Umkehrung der allgemeinen Vorbeugungsfunktion des Strafgesetzes sprechen: Der Verzicht auf die Vollstreckung des Urteils folgt dann aus der Überlegung, dass die erwünschte Wirkung der Bestrafung auf potentielle Gesetzesübertreter ausbleiben würde.

Freilich könnte man den Debs-Film, wie das in manchen in der Öffentlichkeit weniger erörterten Fällen geschehen ist, auch rückwärts abrollen lassen. Die Gegner der Gnade könnten, statt die Aussichtslosigkeit der Beeinflussung anderer zu betonen, als Grund für die Verweigerung oder Hinauszögerung des Gnadenerweises anführen, dass es in gefährlichen politischen Situationen unumgänglich sei, potentiellen Gegnern klarzumachen, wie mühelos die Staatsgewalt über die erforderlichen Machtmittel verfügen könne.[11] So kann man aber auch in der Daugherty-Debs-Begegnung bloß eine der endlosen Sinnwidrigkeiten der Geschichte sehen – oder die tiefere Ironie der Situation genießen: dass gerade ein Daugherty unvergessen bleiben sollte, weil er stundenlang – notgedrungen, aber zugleich auch kopfschüttelnd fasziniert – Eugene Debs hatte zuhören müssen. Er hat dann den Fall Debs mit dem Geschick des politischen Routiniers erledigt: die Haftentlassung war darauf angelegt, die Erwartungen und Hoffnungen der Anhängerschar Debs' und die Unantastbarkeit der Glaubenssätze der Regierungspolitik im Gleichgewicht zu halten.

Auch außerhalb des Bereichs politischer Straftaten sind die Wege der Gnade schwer zu entwirren. Von ihren Verkettungen und Verzweigungen wusste schon Shakespeare in *Maß für Maß* Beachtliches zu berichten. In seinem imaginären Wien hat der laxe Vollzug des Strafgesetzes, zur Tradition geworden, eine Lockerung der Sitten zur Folge, die den regierenden Herzog auf die Idee bringt, einen Statthalter mit dem besonderen Auftrag einzusetzen, dem Buchstaben des Gesetzes Geltung zu verschaffen. Für den leichtsinnigen Claudio, der eine unbescholtene Jungfrau geschwängert hat, sieht aber der Buchstabe des Gesetzes die Todesstrafe vor. Beim herzoglichen Statthalter Angelo erscheint nun Claudios Schwester Isabella, um für den Verurteilten Gnade zu erbitten.

---

11 Nähere Erörterung mit reichlichem Anschauungsmaterial bei William Preston: »The Ideology and Technique of Repression«, in: Harvey Goldberg (Hg.): American Radicals. Some Problems and Personalities, New York, 1957.

Dass ihr Bruder »dem Gesetz verfallen« sei, überzeugt sie nicht. Gnade soll Härte brechen.

Sie plädiert: »Die ganze Menschheit war einst so verfallen, und Er, dem Fug und Recht zur Strafe war, ward ihr Erlöser. Was würd' aus Euch, wenn Er, der alles Rechtes Krone, so nur Euch wollt' richten, wie Ihr seid? O daran denkt, und Eurer Lippe Hauch wird Gnade sein, wie sie Erlösten ziemt.« Indessen ist Angelo, ein »Mann von strengem, keuschem Sinn«, ein Diener des Gesetzes, nicht der Gnade. Von ihm hat der Herzog, der ihn ins Amt berufen, gesagt: »Lord Angelo ist streng, stets auf der Tugendwacht, und gibt kaum zu, dass Blut in seinen Adern fließt und er's mit Brot mehr hält als Stein.«

Aber den Gesetzestreuen berauscht die Schönheit Isabellas. Sie ist das »starke schwell'nde Gift«, sie will er haben, und nun ist der Staat »schal und verhaßt«. Unverblümt stellt er der um Gnade Flehenden sein Ultimatum: »Was wähltet Ihr: daß ein gerecht Gesetz des Bruders Leben kürzte oder daß zu seiner Rettung du den eignen Leib preisgäbst zu solcher lieblichen Entweihung wie sie, die er entehrt?« Für den Machthaber Angelo ist die Gewährung der Gnade ein Machtmittel wie jedes andere, ein Mittel zum Zweck: Zahlt Isabella den geforderten Preis, so ist er bereit, auf die Vollstreckung des Gesetzes zu verzichten. Für Isabella dagegen ist Gnade etwas Höheres, Erhabenes: »Des Rechtes Gnade hat nichts gemein mit schnödem Sündenhandel.«

Shakespeare lässt seinen Herzog Gnade gewähren, sogar in drei Fällen: Nicht nur Claudio wird begnadigt, sondern auch Angelo, obgleich schweren Amtsmissbrauchs schuldig, und dazu noch der unbekümmerte Raufbold und Totschläger Bernardin, der dank einem »Glücksfall, den der Himmel sendet«, gerade erst der Hinrichtung entgangen ist. Er hatte wegen eines Verbrechens, das »ganz offenbar und von ihm selbst eingestanden« war, enthauptet werden sollen; damit wäre die Hinrichtung Claudios hinausgezögert worden. Zu seinem Glück war ein anderer Sträfling gerade zur rechten Zeit gestorben, und dessen Kopf konnte als Hinrichtungsbeweis vorgewiesen werden.

Dass Bernardin begnadigt wird, ist also das Ergebnis puren Zufalls, der etwa so bewertet wird wie eine missglückte Hinrichtung, die im Mittelalter die Annullierung des Todesurteils nach sich zog.[12] Aber in

---

12 Eine historische Übersicht findet sich in United States Attorney General: Survey of Release Procedures, Band 3: Pardon, Washington, 1939, S. 16 und 42. In der modernen amerikanischen Praxis wird dieser mittelalterliche Brauch nicht mehr befolgt, obgleich er sich mit dem Verbot »grausamer und gewohnheitswidriger Strafe« im Achten Verfassungszusatz rechtfertigen ließe; vergleiche den Fall *Francis v. Resweber*, United States Reports, Volume 329 (1947), S. 459-481.

der Begründung, die der Herzog gibt, schwingt noch ein anderes Moment mit: »Du bist verurteilt; doch deine Schuld auf Erden sei verziehn, und nutze diese Gnade, dich zu rüsten für eine bessre Welt.« Damit wird das Recht des Souveräns proklamiert, Gnade walten zu lassen, ohne für den konkreten Begnadigungsfall besondere Gründe anführen zu müssen.

Für die Begnadigung Claudios lässt Shakespeare ein anderes Motiv gelten. Da Isabella Angelo anfleht, Claudios Leben zu schonen, gibt sie die Begründung: »Wer hat für dies Vergehn je sterben müssen? Sehr viele sind gleich schuldig.« Das Argument wäre dubios, wenn es eine Verurteilung abwenden sollte; im Gnadenverfahren kann man es im Einklang mit dem, was die Naturrechtstheorie die »innere«[13] Begründung der Gnade nannte, als nahezu zwingend ansehen.

Am problematischsten bleibt die Begnadigung Angelos, von dem der Herzog sagt: »{…} da er den Tod gesprochen deinem Bruder und schuldig ist der doppelten Verletzung geweihter Keuschheit und gelobten Schwurs, mit dem er dir des Bruders Rettung bürgte, ruft des Gesetzes Gnade selber nun vernehmlich, aus seinem eignen Mund, uns zu: ›Ein Angelo für Claudio, Tod für Tod {…}‹« Dennoch bittet Isabella, obgleich sie meint, ihr Bruder sei bereits hingerichtet worden, um Gnade für Angelo. Das von ihm vorgeschlagene Tauschgeschäft – Gnade gegen Liebesnacht das sie allerdings nicht selbst erfüllt hat, sondern von Angelos früherer Verlobten Mariane hat erfüllen lassen, stellt sie als straffreie Absicht hin: »{…} sein Tun ereilte nicht den sünd'gen Vorsatz und muß begraben sein als bloße Absicht, die umkam unterwegs; Gedanken sind nicht Untertanen, und Vorsätze doch nur Gedanken.«

Aber diese Konstruktion sieht darüber hinweg, dass sich Angelo noch nicht einmal an den »Sündenhandel« gehalten, dass er den vereinbarten Preis kassiert, die Hinrichtung Claudios aber trotzdem angeordnet hat. Damit kann Angelos Amtsmissbrauch unmöglich aus der Welt geschafft werden. Unwirsch weist der Herzog Isabellas Theorie vom irrealen Vorsatz ab: »Eu'r Flehn erweicht mich nicht.«

Und doch wird Angelo begnadigt. Hat sich der Herzog von der Ergebenheit der verschmähten Verlobten Mariane, die er zur legitimen Ehefrau und künftigen erbberechtigten Witwe des Hinzurichtenden erklärt, beeindrucken lassen? Oder ist Angelos Reue ein hinreichender Begnadigungsgrund? (Inzwischen hat Angelo bekannt: »Mich schmerzt, daß ich Euch diesen Schmerz bereitet, und solche Reu' durchdringt

---

13 So heißt es bei Hugo Grotius: De iure belli ac pacis, liber II, cap. 20, XXV: »Causae autem liberandi aliquem a poena legis solent esse aut intrinsecae, aut extrinsecae. Intrinseca cum si non iniusta, dura tarnen est poena ad factum comparata.«

mein wundes Herz, daß mir der Tod willkommener scheint als Gnade. Ich hab' ihn wohl verdient und bitte drum!«) Hoffnung und Reue können nach der Naturrechtslehre wahrscheinliche und auch »innere« Gründe der Gnade sein,[14] scheinen aber doch wohl zu mager, als dass man darauf bauen könnte. Stützen sich die Überlegungen des Herzogs am Ende auf die äußere, aber doch nur scheinbare Ähnlichkeit der Fälle Claudio und Angelo?

Das Zuviel an möglichen Gnadenmotiven reduziert sich bei näherem Zusehen auf ein Zuwenig. Die Begnadigung Bernardins ließe sich noch als fürstliche Laune deuten, die eine zufällige Verkettung von Umständen zum Anlass nimmt, einem vom Schicksal Benachteiligten trotz seiner Aufsässigkeit das Leben neu zu schenken. Doch die Begnadigung Angelos kann nur das sein, was Hegel die »grundlose Entscheidung« nannte.[15] Es ist eine Gnade, die mit den besonderen Umständen des sie Gewährenden ebensowenig zu tun hat wie mit denen des sie Empfangenden; sie entspringt der demütigen Einsicht in die Allgemeinheit menschlicher Verworfenheit und in die Unendlichkeit der Erlösungsaussicht. Mit keinerlei Hintergedanken oder Zwecküberlegungen verbunden, scheint sie aus der allumfassenden, alles vergebenden Barmherzigkeit des Herzogs zu fließen.

In dieser Beziehung spricht aus der Begnadigung Angelos derselbe Geist wie aus den Mahnworten Porzias: »Die Art der Gnade weiß von keinem Zwang, sie träufelt wie des Himmels milder Regen zur Erde unter ihr.« Freilich hat die Gnade im *Kaufmann von Venedig* eine etwas andere Funktion: sie soll die Unvollkommenheit des Rechtssystems als solchen korrigieren, denn rechtlich ist Shylocks Anspruch unanfechtbar; Porzia selbst bestätigt: »Von wunderlicher Art ist Euer Handel, doch in der Form, dass das Gesetz Venedigs Euch nicht anfechten kann, wie Ihr verfahrt.« Wird der Vertrag nicht erfüllt, so gibt es keine gesetzliche Abhilfe und keine Ersatzleistung. Gnade wäre hier ein Ablassventil der Justiz, mit dem sich strukturelle Unzulänglichkeiten des Rechtsverfahrens oder ungerechte Konsequenzen, zu denen es im einzelnen Fall führen kann, korrigieren ließen.[16]

---

14 Ebda., XXIV und XXVI.
15 G. W. F. Hegel: Grundlinien der Philosophie des Rechts, Zusatz zu § 282.
16 Dass die Funktion der Gnade als »Sicherheitsventil des Rechts« und »Selbst-Korrektiv der Gerechtigkeit«, wie sie zum Beispiel Rudolf von Ihering: Zweck im Recht, Band I, 4. Auflage, 1904, S. 331 und 333, betont, nur eine ihrer Komponenten ist, hat Gustav Radbruch: Rechtsphilosophie, 5. Auflage, Stuttgart, 1956, S. 279 ff. und 337 ff., besonders hervorgehoben. Bei ihm hat das Problem seine bei weitem beste und knappste Behandlung gefunden.

Soll man in der Gnade demnach nur eine Abhilfe gegen das schlechthin Sinnentleerte des irdischen Daseins sehen? Wenn Shakespeare das anklingen lässt, ist es ein Nachhall des Augustinus und seines Gnadenbegriffs. Für Augustinus bedeutete die Freiheit Gottes die souveräne Möglichkeit der Auswahl der Heilswürdigen nach eigenem Ratschluss, und der Heilsglaube des christlichen Menschen, der Glaube an die *gratia cooperans*, war damit nur eine Vorbedingung des Heils. Unabhängig davon, ob man diese Auslegung der Gnade akzeptiert oder nicht, kann man nicht verkennen, dass sich der Machthaber bei der Gewährung der Gnade in einer problematischen Lage befindet. Wer bürgt dafür, dass er nicht persönlichen Interessen nachgeht, und inwieweit ist sein Interesse berechtigt? Josef Kohler, ein Sohn der gutartigen zweiten Hälfte des 19. Jahrhunderts, stand in Hegels Schuld, als er verlangte, dass die Gnade »als Geistestat des Machthabers durch die höchste Kulturbestrebung geadelt sein müssen«.[17] Er wusste allerdings, dass das nur zu erreichen ist, wenn der Herrscher den Versuchungen des persönlichen Vorteils entgeht und »die heiligste Sorge« um das Recht und die gesellschaftliche Ordnung in den Vordergrund rückt.

2. Dialektik der Gnade

In langen Phasen der Geschichte hat die Gnade verschiedene Gestalten angenommen und vielen Zwecken gedient. In der griechischen und römischen Frühzeit durfte der normale Lauf des Rechtsgeschehens keine Unterbrechung – es sei denn aus gewichtigen politischen Gründen – erleiden. Erst die späteren Zivilisationsprodukte, die φιλανθρωπεία der hellenistischen Herrscher und die weidlich publizierte *clementia* des römischen Imperators, brachten den rapiden Wechsel von Grausamkeit und Milde, berechnenden Ränken und schrankenloser Großzügigkeit.

Zu verschiedenen Zeiten gab es indes Unterströmungen magischer, religiöser, ja auch gesellschaftlicher Bräuche, die abseits von den Plänen und Ratschlüssen der wichtigsten Machthaber obwalteten. Bisweilen trat die Wirkung automatisch ein: Begegnete der verurteilte Missetäter zufällig einer Vestalin oder – in späteren Zeiten – einem Kardinal, so ließ man ihn laufen; bisweilen aber bedurfte es dazu aktiver Hilfsbereitschaft: Mancherorts war der Verurteilte gerettet, wenn eine Jungfrau ihn zu heiraten gedachte oder wenn ein kirchlicher Würdenträger oder ein

---

17 Josef Kohler: Shakespeare vor dem Forum der Jurisprudenz, 2. Auflage, Berlin/Leipzig, 1919, S. 178.

Feudalherr mit amtlichem oder erblichem Fürspracheprivileg für ihn Gnade erbat. Manch armer und hungriger Vagant, aber auch mancher Übeltäter von gefährlicherer, politischerer Couleur ist auf diese Weise dem Henker entgangen. Dies *bon plaisir* Höhergestellter, die über Menschen und Gedanken nur geringe Macht hatten und dennoch Vorsehung spielen durften, diente als Gegengift gegen brutale und willkürliche Machtausübung; in der Regel schwand es mit der Zentralisierung der politischen Herrschaft dahin.[18]

Man kann darüber streiten, ob die Ablösung des gottähnlichen Herrschers des Altertums durch den christlichen Fürsten, der sich auf die Gnade und Güte Gottes berief, einen entscheidenden Umbruch in der Gnadenpraxis mit sich gebracht hat.[19] Bacon hat sich große Mühe gegeben, im lotterieähnlichen Wechsel von Begnadigungen und Hinrichtungen unter Heinrich VII. ein Prinzip der Staatskunst zu entdecken, aber auch für ihn blieb diese königliche Technik bestenfalls ein *arcanum imperii*. Jedes Mal wenn sich der König für Milde entschied, hatte er einen konkreten Vorteil im Auge: Zurschaustellung seiner Stärke und Überlegenheit, Auffüllung der königlichen Kasse oder – wie bei seinem letzten, allgemeinen Gnadenerlass – »sichere Krönung in einem besseren Königreich«.[20]

In den theologischen und verfassungsrechtlichen Reaktionen auf den augustinisch-jansenistischen Gnadenbegriff und das in ihm wurzelnde uneingeschränkte Begnadigungsrecht des Souveräns spiegelte sich eine neue gesellschaftliche Erscheinung wider: das Sicherheitsbedürfnis des aufsteigenden Bürgertums. Im 18. Jahrhundert fand es seinen Ausdruck im Rationalismus der Aufklärungsphilosophie. Unvereinbar war damit ein jansenistisch gedachtes Gnadenrecht: mit Gott als Spender der Gnade, auf die kein Sterblicher einen verbrieften Anspruch hatte und deren Gewährung in Gottes souveränem Ratschluss lag. Schon die jesuitische Theorie des 18. Jahrhunderts sah in der Gnade eine berechenbare Belohnung, die Gott dem schuldig war, der sie verdiente. Und unter dem Einfluss der Kritik Filangieris, Beccarias und Kants kam schließlich die Gnade überhaupt aus der Mode. Was bei Montesquieu noch ein »schönes Attribut« der Souveränität des Fürsten

---

18 Näheres bei Heinrich Gwinner: Der Einfluß des Standes im gemeinen Strafrecht (Strafrechtliche Abhandlungen, Heft 345), Breslau-Neukirch, 1934, S. 150-159, 247-259.

19 Interessant, aber nicht ganz schlüssig ist die Erörterung bei Wilhelm Grewe: Gnade und Recht, Hamburg, ohne Jahr {Copyright 1936}, S. 81-96.

20 Francis Bacon: History of the Reign of Henry VII, in Works, hg. von James Spedding, Robert Leslie Ellis und Douglas Denon Heath, Band 11, S. 274 f., 347; vergleiche Howard B. White: »The English Solomon: Francis Bacon on Henry VII«, in Social Research, Jahrgang 24, S. 457-481 (Heft 4, Winter 1957).

gewesen, wurde ein halbes Jahrhundert später bei Kant zum »schlüpfrigsten« aller Rechte des Souveräns, nur dazu bestimmt, »den Glanz seiner Hoheit zu beweisen und dadurch doch im hohen Grade Unrecht zu tun«.[21] An die Stelle des fürstlichen Wohlwollens mit seinen Gefahren sollte die Sicherheit des guten und weisen Gesetzes treten. Hatte man sich nach Beccarias Formulierung zwischen dem »schönsten Vorrecht des Thrones« und einer vollkommenen Gesetzgebung mit »milden Strafen und regelrechtem und schnellem Verfahren« zu entscheiden, so fiel der Sieg ohne Frage dem allwissenden Gesetz zu.[22] Das französische Strafgesetzbuch von 1791 schaffte die Gnadenpraxis überhaupt ab.[23]

Das neuartige Phänomen der napoleonischen Herrschaft, das der Rationalismus nicht vorausgesehen hatte, zerriss die rationalistische Illusion vom allwissenden Gesetzgeber, der den Richter bloß aufzuklären und zu instruieren brauche, damit sich nach abgeschlossenem Gerichtsverfahren jede weitere Prüfung des Falles erübrige. Seitdem gibt es kaum einen Streit über die Unumgänglichkeit eines Verfahrens für die Begnadigung Verurteilter. Ja schon in der napoleonischen Ära hielt Bentham bei all seiner Befangenheit in den Illusionen der Aufklärungszeit, die ihn die Begnadigung einen »wahren Verrat am Vertrauen« nennen ließ, den Straferlass im – peripheren – politischen Bereich für einen notwendigen Bestandteil der Rechtsordnung.[24]

Natürlich gab es immer wieder Kämpfe darum, wem die letzte Entscheidung über die Gewährung der Gnade zustehen sollte, und das Ergebnis dieser Kämpfe waren verschiedene verfassungsmäßige Regelungen. In einigen europäischen Ländern ist der Erlass allgemeiner Amnestien für ganze Kategorien von Delikten und Delinquenten den gesetzgebenden Körperschaften Vorbehalten, während es für individuelle Begnadigungsakte die verschiedensten Lösungen gibt – von der Übertragung der in ihrer Form genau festgelegten Gnadenbefugnis auf das Staatsoberhaupt bis zur uneingeschränkten Entschlussfreiheit der jeweiligen Parlamentsmehrheit; dazwischen steht die höchst problematische

---

21 {Charles-Louis de Secondat, baron de la Brède et de} Montesquieu: De l'Ésprit des Lois, Buch VI, Kapitel 5; Immanuel Kant: Metaphysische Anfangsgründe der Rechtslehre, Teil II, 1. Abschnitt, § 49 E, II.
22 Cesare Beccaria: Des delitti e delle pene {zuerst 1764}, Kapitel 46.
23 Code pénal, Erster Teil, Titel VII, Art. 7. Die Nationalversammlung, der es in der Hauptsache um die Beschneidung der Vorrechte des Königs ging, wollte die »Löschung des Verbrechens« ausschließlich den Gerichten Vorbehalten. Siehe Bulletin des Lois. Lois et Actes du Gouvernement, Band IV (August - Oktober 1791), Paris, 1806, S. 390 ff., insbesondere 400.
24 Jeremy Bentham: Theory of Legislation, hg. von Charles Milner Atkinson, London, 1914, Band 2, S. 171.

Verlagerung des Gnadenrechts zum Justizapparat, das heißt die Auslieferung eines unzweifelhaft politischen Vorrechts an eine Organisation außerhalb des politischen Verantwortungsbereichs.[25] In der englisch-amerikanischen Praxis hat sich nach vielen Eifersüchteleien und Disputen zwischen der Krone, beziehungsweise der Präsidentschaft und der Volksvertretung (man denke nur an den Streit Andrew Johnsons mit dem amerikanischen Kongress), eine Regelung durchgesetzt, bei der Amnestie und Begnadigung Sache der vollziehenden Gewalt sind. So verschieden die Ausübung der Gnade geregelt sein mag, der Grundsatz selbst, dass ein Instrument zur Berichtigung gerichtlicher Entscheidungen unerlässlich ist, wird seit dem rationalistischen Intermezzo der Aufklärungsepoche nicht mehr in Frage gestellt.

Gewöhnlich macht die Gesellschaft die vorzeitige Freilassung ihrer Häftlinge davon abhängig, dass sie Reue bekunden, wozu einerseits gute Führung während der Strafverbüßung, anderseits Einsicht in die Verwerflichkeit der Straftat gehört. Aber in unserer Massengesellschaft ist der bedingte Straferlass häufig schon ein allgemeines und mehr oder minder standardisiertes Verfahren: Einmal werden dadurch die Organe des Staates entlastet, zum andern lässt sich auf diese Weise, was wichtiger ist, die Betätigung der Verurteilten nach der Freilassung wirksamer überwachen. (Etwas anderes ist der Teilerlass der Strafe, wie ihn manche Strafvollzugsbestimmungen vorsehen, wonach der Strafgefangene durch mustergültiges Verhalten während der Strafverbüßung ungeachtet seiner inneren Einstellung und seines späteren Verhaltens einen gesetzlichen Anspruch auf Strafminderung erwirkt.) Diese Praxis verleiht der Gnade einen qualitativ anderen Charakter: Sie wird damit zu einer allgemeinen gesetzlichen Regelung und zu einem Element der Bemessung der Strafe, in gewissem Sinne dem mittelalterlichen Richten auf Gnade ähnlich. Auch die dem Delinquenten abverlangte Reue wird in diesem Rahmen zu einer formalen Angelegenheit: Von ihm wird nur noch erwartet, dass er bei der Strafverbüßung keine neuen Schwierigkeiten mache; was er

---

25 Ein Beispiel verhängnisvollen Gebrauchs dieser richterlichen Prärogative war 1924 die Freilassung des zu einer fünfjährigen Freiheitsstrafe verurteilten Adolf Hitler nach Verbüßung einer Haft von sechs Monaten: vergleiche Karl Schwend: Bayern zwischen Monarchie und Diktatur. Beiträge zur bayerischen Frage in der Zeit von 1918 bis 1933, München, ohne Jahr {Copyright 1954}, S. 292-302. In Frankreich hatte die Vierte Republik die Gewährung der Gnade dem Präsidenten im Zusammenwirken mit dem Rat der Magistratur überlassen; trotz Konflikten in der Frage der Gegenzeichnung durch den zuständigen Minister und des Anteils des Justizministeriums führte dies Verfahren zu einem erträglichen Gleichgewicht zwischen richterlichen und politischen Einflüssen. In der Fünften Republik liegt das Gnadenrecht wieder beim Präsidenten (Art. 65 der Verfassung), und der Rat der Magistratur braucht nur noch gehört zu werden.

nach der Entlassung darf oder nicht darf, lässt sich dann von einer schematisierten Bewährungsordnung ablesen.

Vor allem bei politischen Strafgefangenen ist die Begnadigung ein umstrittenes Problem, dessen Lösung von vielen Faktoren und Gegenfaktoren abhängt. Vom Standpunkt der Bewährungsgrundsätze bietet häufig gerade der politische Strafgefangene die beste Gewähr für einwandfreie Führung im Leben der Gemeinschaft; aber auf sein Mittun werden die Behörden gerade in dem einen Punkt nicht rechnen können, auf den es dem Staat ankommt: Auf den Kampf gegen das bestehende politische System, auf die Arbeit an der Zersetzung und Zerstörung des Systems, wird er schwerlich verzichten. Oft genug wird er – außer mit schweren moralischen Vorbehalten – nicht einmal gewillt sein, die Gesuche und sonstigen Papiere zu unterschreiben, die das Gnadenverfahren in Gang bringen.[26]

Dafür gibt es genug Beispiele. Den im Exil weilenden Linksrepublikanern hatte Napoleon III. 1856 die Heimkehr unter der Bedingung angeboten, dass sie der Regierung ein entsprechendes Gesuch einreichen und das kaiserliche Regime anerkennen sollten; seine Amnestie von 1859 verzichtete auch noch auf das Erfordernis des Gesuchs und schloss nur noch Ledru-Rollin aus, der als Krimineller hingestellt wurde. Nichtsdestoweniger weigerten sich prominente Emigranten, darunter Louis Blanc und Victor Hugo, von dem Angebot Gebrauch zu machen, und warteten lieber ein weiteres Jahrzehnt auf den Sturz des Bonapartismus. In der Regel wollen die Gegner des herrschenden Regimes alles vermeiden, was auch nur entfernt so aussieht, als billigten sie den Machthabern das Recht zu, gegen sie vorzugehen. Für solche Delinquenten sind Haft, Gefängnis, Verbannung lediglich physische Ereignisse ohne innere Würde oder rechtliche Bedeutung. Als sich Armand Barbès nach dem Fehlschlag der Erhebung von 1839 vor der Pairskammer zu verantworten hatte, warf er seinen Anklägern die hochmütigen Worte hin: »Ist der Indianer besiegt, hat ihn das Kriegsgeschick seinem Feind

---

26 Über solche Skrupel, mit denen er sich selbst 1933 auseinandersetzen musste, berichtet Richard Scheringer: Das große Los unter Soldaten, Bauern und Rebellen, Hamburg, ohne Jahr {Copyright 1959}, S. 279-285; siehe auf S. 283 den Brief des Generals Walther von Reichenau, der ihm ein Gnadengesuch nahelegte. Über die analoge Problematik der IWW-Verfolgten in Amerika siehe Ralph Chaplin: Wobbly: The Rough-and-Tumble Story of an American Radical, Chicago, ohne Jahr {Copyright 1948}, S. 322. Mehr als ein Jahrhundert früher wälzte der nach der Juli-Revolution zu lebenslänglicher Haft verurteilte Fürst Jules de Polignac, der extrem royalistische letzte Ministerpräsident Karls X., ähnliche Probleme: Für ihn ging es darum, ob er sich vom »Bürgerkönig« Ludwig Philipp begnadigen lassen durfte; vergleiche Pierre Robin-Harmel: Le Prince Jules de Polignac, Ministre de Charles X; sa vie de 1829 à 1847, Avignon, ohne Jahr {Copyright 1950}, S. 191 f.

ausgeliefert, so denkt er nicht daran, sich zu rechtfertigen, und verzichtet auf müßiges Gerede: Er fügt sich in sein Schicksal und hält seinen Kopf zum Skalpieren hin.«[27] Wenn die, die an der Macht sind, die Unterwerfung ihrer Gegner nicht erreichen können, liegt ihnen nicht selten daran, alle im Gerichtsurteil enthaltenen Strafmöglichkeiten auszuschöpfen.[28] Hinter solchen Haltungen verbergen sich mitunter die verschiedensten Motive: moralische Entrüstung, das Gefühl überwältigender Stärke, manchmal aber auch umgekehrt das Bedürfnis, die eigene Schwäche zu übertönen. Nicht minder oft haben aber Staatsorgane ihre Strafansprüche heruntergeschraubt oder ganz preisgegeben. Dazu sind sie eher geneigt, wenn man ihnen eine Formel anbietet, die den Eindruck vermeiden lässt, als ob sie dem Druck der Straße nachgäben.

Nachdem Barbès im erwähnten Hochverratsverfahren am 12. Juli 1839 zum Tode verurteilt worden war, wurde die königliche Regierung von verschiedenen Seiten unter Druck gesetzt: Mit Nachdruck wurde eine Milderung des Urteils verlangt. Zugleich aber appellierte Victor Hugo an das souveräne Gnadenrecht des Monarchen. Er stellte keine politische Forderung auf, sondern beschränkte sich auf ein sentimentales Gedicht, das Ludwig Philipps Herz erweichen sollte: Er flehte um Gnade im Namen der Königstochter (Marie von Orléans Prinzessin von Württemberg), die gerade gestorben war, und des in der Wiege verwaisten Königsenkels:

> Par votre ange envolée ainsi qu'une colombe!
> Par ce royal enfant, doux et frêle roseau!
> Grâce encore une fois! Grâce au nom de la tombe!
> Grâce au nom du berceau![29]

---

27 Louis Blanc: Révolution Française, Histoire de dix ans. 1830 - 1840, Band 16, Brüssel, 1844, Kapitel LVI, S. 125.
28 Siehe unter diesem Aspekt die Erlebnisse von John Gates: The Story of an American Communist, New York, ohne Jahr {Copyright 1958}, S. 139. Zur amerikanischen Politik in der jüngsten Vergangenheit vergleiche den Brief an die Times-Redaktion von Nathan Glazer, Sidney Hook, Irving Kristol und Dwight Macdonald: »To Free Gold and Sobell. Clemency Believed in Order in View of Ten Years' Imprisonment«, in: The New York Times, Jahrgang CIX, Nr. 37278, 16. Februar 1960, S. 36, Sp. 5. Zu dem nicht unähnlichen schweizerischen Fall Pierre Nicole siehe den III. Bericht des Bundesrates an die Bundesversammlung (Juni-Session 1932, zu 6629) über Begnadigungsgesuche vom 11. Juni 1952, Bundesblatt der Schweizer Eidgenossenschaft, Jahrgang 104, Band II (Nr. 25 vom 19. Juni 1952), S. 325 ff.
29 Victor Hugo: »Au roi Louis-Philippe après l'arrêt de mort prononcé le 12 juillet 1839«, in: Les Rayons et les Ombres (Band Poésie II in Oeuvres Complètes, Ausgabe Ollendorf), Paris, 1909, S. 555; vergleiche Georges Weill: Histoire du parti républicain en France de 1814 à 1870, Paris, 1900, S. 175.

Der souveräne Monarch konnte sich, von einem großen Dichter angerufen, erlauben, menschliches Mitgefühl zu zeigen; das hieß nicht, Schwäche bekunden oder dem Diktat eines revolutionären Mobs weichen. Insofern mag Hugos Taktik richtig gewesen sein. Der kämpferischen Haltung des Verurteilten entsprach sie nicht.

Freilich kann es ebenso gut vorkommen, dass sich der Herrscher überhaupt nicht um den Widerhall kümmert, den seine Taten hervorbringen. Der letzte Zar von Russland war jederzeit bereit, Anhängern der »Schwarzen Hundertschaften«, die des Mordes an Juden oder liberalen Politikern schuldig waren, Straferlass, ja volle Straffreiheit zu gewähren, sah aber keinen Anlass, in den Lauf der Justizmaschine einzugreifen, wenn es um die Verurteilung von Revolutionären ging, die Militärpersonen angegriffen hatten. Und seine bolschewistischen Nachfolger kümmerten sich in den Anfängen ihrer Herrschaft so wenig um Sicherheitsgarantien und Rechtsformen, dass es ihnen als selbstverständlich erschien, Todesurteile zum Gegenstand eines Kuhhandels zu machen: Sie waren bereit, auf die Vollstreckung solcher Urteile zu verzichten, sofern sich die politische Organisation, der der Verurteilte angehörte, zu einer weniger kämpferischen Haltung verpflichtete.[30]

In Fällen, die politische Straftaten betreffen, wird das Begnadigungsrecht reichlich oft für Tauschgeschäfte benutzt, wenn auch der Zusammenhang zwischen dem Erlass der Strafe und dem politischen Preis, der dafür gezahlt werden muss, nicht immer ganz so handgreiflich ist wie in der Frühzeit des Sowjetstaates. Dass De Valera und andere führende Sinn Féiner nach dem blutigen Dubliner Ostersonntag von 1916 am Leben blieben, verdankten sie der englischen Manöverstrategie, ohne direkt Partner an einem Tauschgeschäft zu sein: Die englische Regierung hielt es für opportun, die geschlagenen Aufstandsführer zu amnestieren, um amerikanische Empfindlichkeiten nicht zu verletzen, die zahlreichen Freunde der irischen Unabhängigkeitsbewegung in den Vereinigten Staaten nicht gegen sich aufzubringen und den amerikanischen Kriegsbeitrag nicht zu gefährden.

Auch die Verweigerung der Gnade kann Gegenstand verschiedenartiger politischer Berechnungen sein. In der Haymarket-Affäre hatte der Entschluss des Gouverneurs von Illinois, nur in zwei Fällen Gnade zu gewähren und fünf Angeklagten (darunter einem, der in einer Art Reueerklärung die politischen Methoden seiner Freunde verurteilt hatte) die Gnade zu verweigern, mit der Reue der Angeklagten und seinen

---

30 Hierzu siehe den bei Edward Hallett Carr: The Bolshevik Revolution, 1917 - 1923 (first part of A History of Soviet Russia), Band I, London, 1960 {zuerst 1950}, S. 183, veröffentlichten Text.

eigenen Ansichten über ihre Schuld sehr wenig zu tun; sein Entschluss war ein normaler politischer Kompromiss, auf einem Gebiet freilich, auf dem die Kategorie Kompromiss nicht sehr viel Sinn hat.[31]
Der politische Zweck gibt allerdings nicht immer den Ausschlag. Natürlich hatte Lincoln bei seiner Begnadigungspraxis auch das Ziel vor Augen, die Menschen der Südstaaten für den gemeinsamen Staat zu gewinnen. Das allein aber erklärt nicht die Grundtendenz, die er verfolgte, mochte es sich um Personen handeln, die von ordentlichen Gerichten wegen Verrats verurteilt worden, oder um solche, die in die Mühle der Militärgerichte geraten waren. Bezeichnend für ihn war die Entscheidung, die er traf, als ihm 313 Todesurteile gegen Indianer aus Minnesota vorgelegt wurden, die kriegsgerichtlich verurteilt worden waren: Er prüfte jeden einzelnen Fall, begnadigte die meisten Verurteilten und bestätigte das Todesurteil nur in 38 Fällen.[32] In der Welt, in der Lincoln lebte, war der Gnadenerweis noch nicht zu einer Angelegenheit des Instanzenzugs, bürokratischer Memoranden und von Ressortbeamten zuständigkeitshalber gefertigter Schriftsätze geworden. Für ihn war Gewährung oder Verweigerung der Gnade noch eine zutiefst persönliche Entscheidung, eine qualvolle Last. Bei der schweren Gewissensprüfung fielen verschiedene Faktoren ins Gewicht: die unerschütterliche Überzeugung vom Wert des menschlichen Lebens, die Einsicht in die Zufallsbedingtheit aller politischen Entschlüsse und das Gefühl der schwerwiegenden Verantwortung dem verfassungsmäßigen Amt und dem Volk gegenüber.[33]

Ob Gnade gewährt oder verweigert wird, muss zwar der einzelne Amtsträger allein entscheiden,[34] aber er unterliegt dabei mannigfachem Druck, der umso größer ist, je mehr der Amtsträger im Mittelpunkt

---

31 Henry David: The History of the Haymarket Affair: A Study in the American Social-revolutionary and Labor Movements, 1. Auflage, New York, ohne Jahr {Copyright 1958}, *passim*, insbesondere S. 457.
32 Carl Sandburg: Abraham Lincoln: The War Years, Band 1, New York, 1939, S. 614; über den Grundzug der Lincolnschen Gnadenpraxis siehe Sandburg, a.a.O., Band 4, S. 132.
33 Vergleiche J. T. Dorris: »President Lincoln's Clemency«, in: Journal of the Illinois State Historical Society, Jahrgang XX, S. 547-568 (Heft 4, Januar 1928).
34 Die Zeit, in der führende Amtsträger Aktenkonvolute in Leben und Freiheit bedrohenden Verfahren noch selbst mit innerer Beteiligung studierten, hat ihren richterlichen Widerhall im abweichenden Votum des Bundesrichters Felix Frankfurter zum Fall *Jay v. Boyd*, United States Reports, Volume 351 (1956), S. 345 ff., insbesondere 370 ff., gefunden. Zum Vergleich mit heutigen Gepflogenheiten darf man dagegen A. Frank Reel: The Case of General Yamashita, Chicago, ohne Jahr {Copyright 1949}, Kapitel 35, heranziehen; auch wenn man die Darstellungskunst des Autors abzieht, bleibt der Vergleich schmerzlich.

politischer Kämpfe steht.³⁵ Im August 1932 hatten vertierte nationalsozialistische Schläger in Potempa in Oberschlesien einen hilflosen politischen Gegner zu Tode geprügelt und waren für diese Untat zum Tode verurteilt worden. Reichskanzler Franz von Papen, der als Reichskommissar für Preußen die Entscheidung in der Hand hatte, mag gegen die Vollstreckung des Urteils ernste moralische, juristische und politische Bedenken gehabt haben; dass er aber die Todesstrafe in lebenslängliches Zuchthaus umwandelte, nachdem gerade dieser Fall von Hitler als Kraftprobe im Kampf gegen die Staatsgewalt ausersehen worden war, ließ den Eindruck entstehen, als habe er der unverschämtesten Art politischer Pression nachgegeben.³⁶

Häufig löst der Druck auf die Staatsgewalt auch die gegenteilige Wirkung aus. Geht er von einer organisierten Propagandamaschine aus, so ist es verständlich, dass die systematisch berannte Regierung Widerstand leistet. So war es zum Beispiel 1953 im Fall des französischen kommunistischen Marineoffiziers Henri Martin, der wegen Anstiftung zur Sabotage auf einem Kriegsschiff zu einer schweren Zuchthausstrafe verurteilt worden war: Der massive Propagandadruck führte nur dazu, dass der Präsident der Republik Vincent Auriol die Begnadigung ablehnte.³⁷ Aber in solchen Fällen ist es den Organisatoren der Propaganda meistens auch gleichgültig, ob Gnade geübt wird. Wird der Verurteilte begnadigt, so kann man sagen, der Gnadenakt sei von einer mächtigen Volksbewegung ertrotzt worden; wird die Begnadigung abgelehnt, so wird der Trommelwirbel der Propaganda erst recht verstärkt.

Unabhängig davon, ob die Machthaber einem solchen konzentrischen Druck erliegen oder ob sie sich wehren, werden sie in eine Kraftprobe hineingezogen. Ein interessanter Fall dieser Art ereignete sich in der Bundesrepublik Deutschland im April 1957: Die Staatsgewalt, die

---

35 Das englische Innenministerium folgt in neuerer Zeit der Übung, parlamentarische Anfragen über Gnadenentscheidungen nicht zu beantworten. Zur Kritik an dieser Praxis siehe Geoffrey Marshall, »Parliament and the Prerogative of Mercy«, in: Public Law (The British Journal of Administrative Law), Jahrgang 5, S. 8-25 (Heft 1, Frühjahr 1961); dort auch einiges Material über den politischen Druck, dem der Innenminister bei seinen Gnadenentscheidungen ausgesetzt ist. Allerdings steht hier die parlamentarische Verantwortlichkeit des Ministers im Mittelpunkt, nicht die Frage, wie im Rahmen einer bestimmten Gesellschaftsordnung eine möglichst »gerechte« Entscheidung herbeigeführt werden kann.
36 Vergleiche Paul Kluke: »Der Fall Potempa«, in: Vierteljahrshefte für Zeitgeschichte, Jahrgang 5, S. 279-297 (Heft 3, Juli 1957), und neuerdings Gerhard Schulz: »Die Anfänge des totalitären Maßnahmenstaates«, in: Karl Dietrich Bracher, Wolfgang Sauer und Gerhard Schulz: Die nationalsozialistische Machtergreifung (Schriften des Instituts für politische Wissenschaft, Band 14), Köln/Opladen, 1960, S. 522, Anmerkung 29.
37 Jean-Paul Sartre und andere: L'Affaire Henri Martin, 8. Auflage, Paris, 1953, S. 220.

eine allgemeine politische Amnestie gerade erst abgelehnt hatte, verfügte die Haftentlassung des kommunistischen Jugendfunktionärs Jupp Angerforth, der zu fünf Jahren Zuchthaus verurteilt worden war, was weder in der Strafart noch im Strafmaß dem bei der Strafverfolgung kommunistischer Funktionäre üblichen Verfahren entsprach; obgleich mit der Entlassung vor allem das Maßvolle und Humane des Vorgehens der Bundesbehörden in politischen Strafsachen dargetan werden sollte, brachte es der kommunistische Propagandaapparat fertig, den wohlüberlegten Gnadenakt als gewaltigen Sieg einer von ihm inspirierten Massenbewegung hinauszuposaunen.

Druck kann natürlich auch die Staatsgewalt ausüben, wenn sie die Begnadigung als Belohnung für bestimmte Dienste in Aussicht stellt. In arger Bedrängnis ist mancher Verurteilte, namentlich mancher zum Tode Verurteilte bereit, die Gnade mit einem Preis zu erkaufen, der ihm vorher unerträglich schien: Er wird zum Denunzianten. Für den Staat ist das unter Umständen eine zweischneidige Waffe, da sich der verzweifelt um sein Leben Kämpfende auch zu Beschuldigungen versteht, deren Fadenscheinigkeit den Behörden nur Schaden bringt.[38] Die Nachwelt mag über den Wert solcher Dienste anders urteilen als die Zeitgenossen. Aber den jeweiligen Machthabern kann man schwerlich verdenken, dass sie, wenn lebenswichtige Interessen auf dem Spiel stehen, solche Situationen ausnutzen, zumal wenn die Initiative vom Verurteilten ausgeht und die Behörden nicht selbst, um Aussagen hervorzulocken, entsprechende Angebote machen.[39]

Eine solche Ausnutzung des Begnadigungsrechts stößt indes auf innere Schranken. Wenn es eine der Funktionen der Gnade ist, die Mängel des Gerichtsverfahrens zu korrigieren und auszulöschen, so widerspricht das umgekehrte Verfahren, die Ausnutzung der Gnadenerwartung zur Erlangung eines Geständnisses, das ein problematisches Urteil erst wirklich stich- und hiebfest macht, dem Wesen der Gnade

---

38 Vergleiche die Geschichte der Begnadigung des Stuart-Anhängers Richard Graham Viscount Preston durch Wilhelm III. (1691) bei T. B. Macauly: History of England from the Accessions of James the Second, Kap. XVII (in den deutschen Übersetzungen von Friedrich Bülau in Band 8, Leipzig, 1856, von Heinrich Paret in Band 7, Stuttgart, 1856, von Wilhelm Beseler in Band 7, Braunschweig, 1856).

39 Caillaux (siehe oben Kapitel III, Abschnitt 3-a) hält die Annahme für erhärtet, dass die französischen Behörden belastendes Material gegen ihn dem zum Tode verurteilten Bolo mit der Zusicherung einer Begnadigung hätten entlocken wollen. Doch sind Caillaux' Beweisgründe nicht schlüssig, am wenigsten wohl der besonders vorsichtige Begleitbrief, mit dem Poincaré als Präsident der Republik den abschlägigen Bescheid dem Ministerpräsidenten Clemenceau übermittelte: vergleiche Joseph Caillaux, Mes Mémoires, Band III: Clairvoyance et force d'âme dans les épreuves, 1912 - 1930, Paris, ohne Jahr {Copyright 1947}, S. 204 ff.; Poincaré-Brief siehe S. 381.

und der Gerechtigkeit. Ein Geständnis nach der Verurteilung darf nicht die Vorbedingung für die Nichtvollstreckung des Todesurteils sein. Zu einer solchen Vorbedingung versuchte die amerikanische Regierung das geforderte Geständnis im vielerörterten Atomspionagefall Rosenberg zu machen. Formell schien die ständig verfügbare Telefonleitung von den Todeszellen zum Weißen Haus die zum Tode Verurteilten nur aufzufordern, Angaben über ihre Mittäter zu machen; logisch lag darin natürlich der Ansporn, das verweigerte Geständnis doch noch abzulegen. Dem Todesurteil lagen außer Indizienbeweisen im Wesentlichen nur die Aussagen eines Mitangeklagten zugrunde, der seine Haut hatte retten wollen. Selbstverständlich hatte der Staat ein Interesse daran, das Urteil mit dem Geständnis der Haupttäter zu untermauern.

Wurde daraus und aus dem legitimen Bedürfnis, einiges über Komplizen und Hintermänner zu erfahren, ein Handelsobjekt nach der Verurteilung der Rosenbergs gemacht, so widersprach das jedoch zutiefst der Integrität des Rechtsverfahrens. Schloss sich die Regierung den nur von wenigen geteilten juristischen und tatbestandsmäßigen Zweifeln am Schuldspruch oder den von vielen geteilten Zweifeln an der Berechtigung des Strafmaßes an (von dem man schon bei der Urteilsverkündung erkennen konnte, dass es weitgehend mit Vermutungen begründet wurde), so musste sie das Todesurteil im Gnadenwege umwandeln.[40] Auch wenn der Propagandasturm um das Urteil die leidenschaftslose Erörterung des Falles erschwerte, war eine solche Entscheidung geboten. Wenn aber die Regierung weder die Zweifel an Schuldspruch und Urteil teilte noch die Begnadigung von Menschen für statthaft hielt, die ihrem Lande die Treue aufgesagt hatten, hätte sie sich, ohne Umwege einzuschlagen, nach dem Spruch der Geschworenen und dem Urteil des Richters richten müssen.

Beides wäre diskutabel gewesen. Nicht diskutabel war das, was die Regierung getan hat. Unter keinen Umständen durfte sie den Angeklagten nahelegen, die Voraussetzungen des von ihnen angefochtenen Schuldspruchs zu erhärten, um von der Todesstrafe loszukommen. Damit, dass sie das tat, verschlechterte sie nicht nur die eigene Position, indem sie den Rosenbergs unwiderruflich zur Märtyrergloriole verhalf, sondern sie entwertete auch das Endgültige, Abschließende des Gerichtsverfahrens. Sie machte die Begnadigungsaussicht zu einem Mittel, die Bestätigung für etwas zu erlangen, was seiner Definition nach einer

---

40 Eine knappe Darstellung der einschlägigen Problematik gibt W. Howard Mann in seiner Besprechung des Buches von Malcolm P. Sharp: »Was Justice Done? The Rosenberg-Sobell Case«, New York, 1956, in: Yale Law Journal, Jahrgang 67, S. 528-538 (Hefz 3, Januar 1958).

Bestätigung nicht bedurfte und – außer im Rahmen des gesetzlichen Instanzenzuges – eine Bestätigung gar nicht zuließ: für den Spruch der Geschworenen und das Urteil des Richters.

Dieser Fall illustriert noch einmal die unausweichliche Dialektik der Gnade. Die Gnade ist in hohem Maße in das Getriebe der Politik, in ihre Kampagnen und Strategien, in ihre Voraussetzungen und Symbole verstrickt. In ihr liegt aber auch die Möglichkeit, die Zwänge des Tagesgeschehens zu durchbrechen und in die rationale Herrschaftsordnung, mit der wir die zwischenmenschlichen Beziehungen zu regeln versuchen, ein Quäntchen Subjektivität hineinzutragen. So unsympathisch es den Vertretern der reinen Theorie sein mag, erscheint dies subjektive Moment den vielen als unerlässlich, die von den gegenwärtigen Leistungen der Menschheit nicht entzückt sind. Auf dem begrenzten, aber sehr bedeutsamen Gebiet, auf dem der Präsident der Vereinigten Staaten mit solchen Dingen befasst wird, könnte er eine entsprechende Aufgabe erfüllen, denn er verfügt über die Autorität, die ihm die demokratische Grundstruktur des Staates verleiht, und der große Aktionsrahmen seines Amtes gibt ihm die Möglichkeit, sowohl im politischen Gefilde als auch über das politische Gefilde hinaus zu handeln. In einem seiner kritischsten Augenblicke hat das Präsidentenamt in Lincoln einen Träger gefunden, der dieser Aufgabe gewachsen war.

3. Typen der politischen Amnestie

Was Inhaber der Macht einem einzelnen Menschen an Güte oder Bosheit, an Härte oder Nachsicht bezeigen mögen, lässt sich immer mit den besonderen Umständen des Falles, den Verdiensten und Verfehlungen des »Kandidaten« in den Augen derer, die zu entscheiden haben, begründen. Dabei können Betrachtungen allgemeiner Natur, sich ins Ungewisse verflüchtigend, in der Schwebe bleiben, zwar nicht ausdrücklich ausgeschaltet, aber durch Wichtigeres und Dringlicheres verdrängt. Darin kann Methode liegen. Wird eine allgemeine Regelung abgelehnt und an individuellen Entscheidungen festgehalten, so liegt der Verdacht nahe, dass bestimmte politische Absichten den Ausschlag geben. So hat die französische Kammer 1875, der Senat 1876 die Amnestierung von zehntausend Teilnehmern am Kommune-Aufstand von 1871 verworfen. Die Regierung hatte die Auffassung vertreten, dass sich alle Fälle, die Berücksichtigung verdienten, bereits durch individuellen Straferlass erledigt hätten. Indem das Parlament der Regierung beipflichtete, erreichte es zweierlei: Eine allgemeine Freilassung der Strafgefangenen und Deportierten erfolgte nicht, und zugleich wurde die Wiederherstellung der bürgerlichen Ehrenrechte der früher entlassenen Minderheit der Kommune-Kämpfer verhindert.[41]

Zweifellos ist es eine sachgerechtere und planvoller organisierbare Prozedur, die Angelegenheiten vieler in einem festgelegten Verfahren zu regeln, statt mit Einzelschicksalen zu hantieren. In der individuellen Begnadigung treffen Zufall, Laune und Berechnung aufeinander. Dagegen muss eine Amnestie auf einer bündigeren, sinnvollen Beurteilung der angestrebten oder sich aus der Sachlage aufdrängenden Ziele des Gnadenverfahrens beruhen; ein Machthaber kann nicht einfach sich selbst oder einem Untergebenen die Blankovollmacht ausstellen, Strafgefangene nach Gutdünken nach Hause zu schicken.

Aber auch der kollektive Straferlass kann den verschiedensten Beweggründen entspringen. Er kann ein neues Mittel für die Machthaber sein, ihre Taschen zu füllen.[42] Er kann – um der Konsolidierung der eigenen Macht oder um der allgemeinen Stabilität willen – eine Brücke zum Gegner schlagen. Er kann in Anknüpfung an ein freudiges Staatsereignis, zum Beispiel die Geburt eines Thronfolgers oder – wie bei der Sowjetamnestie von 1953 – den Tod eines Tyrannen, dazu dienen, den gedrückten Untertanen das Gefühl zu geben, dass der Druck nachlässt. Was immer die Gründe und Aushängeschilder sein mögen, auf jeden Fall münzt die Amnestie diffuse Motive in allgemeine Regeln um, die sowohl die Behörden als auch die Amnestiesuchenden bei ihren Plänen und Entschlüssen als Orientierungsmittel benutzen können.

Das gesetzliche Ritual einer politischen Amnestie folgt meistens ausgetretenen Pfaden. Gewöhnlich verzichtet der Machthaber auf die Vollstreckung der vorgesehenen Strafe in zwei Situationen: Entweder hat er von der Möglichkeit der Bestrafung des politischen Gegners bereits Gebrauch gemacht – oder er ist noch dabei, die Feinde damit einzuschüchtern, dass er die Schrecken der ihnen drohenden Strafen an die Wand malt. Er kann den Straferlass vorbehaltlos gewähren oder an Bedingungen knüpfen: die Amnestieerlasse Lincolns vom Dezember 1863 und Johnsons vom 29. Mai 1865 und 7. September 1867 machten

---

41 Im Detail behandelt das Problem Jean T. Joughin: The Paris Commune in French Politics, 1871 - 1880. The History of the Amnesty of 1880 (John Hopkins University Studies in Historical and Political Science, Series 73, no. 1-2), Baltimore, 1955.

42 Dass politische Ziele bei Amnestien und Begnadigungen mit finanziellen Gewinnabsichten verquickt werden, ist nicht neu; siehe Beispiele aus älteren Zeiten bei Robert Davidsohn: Geschichte von Florenz, Band 3: Die letzten Kämpfe gegen die Reichsgewalt, Berlin, 1912, S. 592.

die Gnade, die sie bestimmten Kategorien der Südstaatenrebellen anboten, von einem Treueid abhängig. Ferner kann die Amnestie volle Löschung der Strafe und all ihrer Folgen, also auch etwaiger Vermögensbeschlagnahme oder Aberkennung der bürgerlichen Ehrenrechte, verfügen – oder sich auf die Streichung oder Milderung bestimmter Freiheits- und Geldstrafen beschränken.

Natürlich muss immer geprüft werden, ob der einzelne Fall unter die Amnestiebestimmungen fällt; in der Regel wird darauf gesehen, dass diese Prüfung möglichst wenig administrative oder (je nach der vorgesehenen Prozedur) richterliche Arbeit verursacht. Es kann aber auch, wie das bei der französischen Praxis der *grâce amnistiante* der Fall ist, grundsätzlich der Ermessensentscheidung einer bestimmten Behörde überlassen sein, über die Anwendbarkeit der Amnestiebestimmungen auf die vorliegenden Fälle zu befinden. Die Amnestievorschriften können sich entweder auf alle oder nur auf bestimmte Delikte beziehen; sie können eine bestimmte Art der Verübung der Straftat oder bestimmte daraus ersichtliche Beweggründe des Täters, die der Gesetzgeber für besonders strafwürdig erachtet, ausnehmen.

Obgleich Amnestiegesetze in die Sprache allgemeiner Vorschriften gekleidet sind, ist es durchaus möglich, dass die Fassung der unter die Amnestie fallenden Delikte oder konkreter Ausnahmebestimmungen im Hinblick auf bestimmte Personen gewählt wird. Ein Beispiel dafür war die deutsche Amnestiegesetznovelle vom 24. Oktober 1930.[43] Von den im politischen Kampf begangenen Verbrechen gegen das Leben, für die Straffreiheit in Aussicht gestellt worden war, wurden hier Anschläge auf Mitglieder der Reichsregierung ausdrücklich ausgenommen: Es sollte die Möglichkeit gesichert werden, die flüchtigen Mörder des 1921 ermordeten Reichsfinanzministers Erzberger zu bestrafen; noch 1947 wurde einer von ihnen festgenommen und abgeurteilt. Umgekehrt war die erste französische Nachkriegsamnestie von 1947 vornehmlich darauf bedacht, Straffreiheit einem ganz bestimmten Personenkreis zuzusichern, und zwar Menschen, die sich im Krieg besonders hervorgetan oder unter dem Krieg besonders gelitten hatten.

Den Versuch, eine grundsätzlich anfechtbare Amnestienorm, die sich ausschließlich auf bestimmte konkrete Fälle bezieht, von einer allgemeinen Amestienorm mit klar umgrenztem Anwendungsbereich (also mit spezifisch begrenzter Wirkung) zu unterscheiden, hat vor

---

43 Gesetz zur Änderung des Gesetzes über die Straffreiheit vom 14. Juli 1928, Reichsgesetzblatt, 1930, Teil I, S. 467(Nr. 43, 25. Oktober 1930).

einigen Jahren das deutsche Bundesverfassungsgericht unternommen. Umstritten war die Verfassungsmäßigkeit des § 8 des Amnestiegesetzes von 1954, das bei rechtswidriger Beschaffung und Weitergabe amtlichen Nachrichtenmaterials vollen Straferlass gewährte, soweit die strafbaren Handlungen vor dem 1. Januar 1952 begangen worden waren.[44] Das Bundesverfassungsgericht entschied: »Ist eine Norm nach ihrem objektiven Inhalt und ihrer möglichen Auswirkung als allgemeiner Rechtssatz anzusprechen, so wird sie nicht dadurch zum getarnten Individualgesetz, dass die am Gesetzgebungsverfahren beteiligten Organe beabsichtigen, vorwiegend bestimmte Einzelfälle zu treffen oder dass für ihre Entschließung die Vorstellung entscheidend war, jedenfalls werde ein bestimmter Komplex von Fällen von der gesetzlichen Regelung erfasst.«[45]

Je nach den verfassungs- oder verwaltungsrechtlichen Gepflogenheiten der einzelnen Länder werden Amnestien entweder durch Verfügung der Exekutive (so der allgemeine Straferlass in den angelsächsischen Ländern) oder durch gesetzgeberische Akte erlassen. Die Form ist indes für die politische Bedeutung der Amnestie weniger wichtig als die politische Gesamtsituation und das Stärkeverhältnis der politischen Kräfte. Insofern braucht kaum auf Amnestieangebote eingegangen zu werden, die ein um seine Existenz kämpfendes Regime seinen Gegnern macht oder die an die Bedingung geknüpft sind, dass die Gnadenempfänger kapitulieren oder aus dem Kampf ausscheiden. Seit der römische Senat die Soldaten des Antonius mit einem solchen Angebot hat ködern wollen,[46] wurde diese Taktik immer wieder angewandt, manchmal mit Erfolg. Einen solchen Vorstoß unternahm Napoleon, als er von der Insel Elba heimkehrte. Ähnliches versuchte auch, wie erwähnt, Lincoln schon 1863. Allerdings begnügte er sich nicht mit der Forderung des Treueids, sondern versagte die Straffreiheit im Grunde allen Richtern, Beamten und Offizieren der Südstaaten.[47] Es ging im Wesentlichen darum, einen Keil zwischen Führung und Gefolgschaft im gegnerischen Lager zu treiben.

Amnestien, die Ausdruck der politischen oder militärischen Konsolidierung eines Regimes sind, besagen oft nur, dass sich die siegreiche

---

44 Gesetz über den Erlass von Strafen und Geldbußen und die Niederschlagung von Strafverfahren im Bußgeldverfahren vom 17. Juni 1954, Bundesgesetzblatt, 1954, Teil I, S. 203-209 (Nr. 21, 17. Juni 1934).
45 Beschluss des Bundesverfassungsgerichts vom 15. Dezember 1959, I BvL 10/55, in: Entscheidungen des Bundesverfassungsgerichts, Band 10, Tübingen, 1960, S. 234-250, insbesondere 250.
46 Marcus Tullius Cicero: Philippica, V, 12, 34; VIII, 11, 33.
47 United States Statutes, Volume 13 (1866), S. 736 f.

Partei eine gesetzliche Form der Mäßigung auferlegt. Sie verzichtet auf den zweifelhaften Rechtsanspruch, die Besiegten so zu behandeln, als hätten sie Hoch- oder Landesverrat begangen. Andrew Johnsons nicht ganz erschöpfende Amnestie vom September 1867 war auch noch – wie die Amnestien seines ermordeten Vorgängers Lincoln – an einen Treueid geknüpft.[48] Von der Amnestie grundsätzlich ausgenommen blieben weiterhin einige Kategorien, insgesamt etwa zweihundert Personen.[49] Aber am 25. Dezember 1868 entschloss sich Johnson, die Vergangenheit ganz auf sich beruhen zu lassen, um der peinlichen Notwendigkeit zu entgehen, den geschlagenen Präsidenten des Südens Jefferson Davis vor Gericht zu stellen. Verrat und Parteinahme für den Feind im Bürgerkrieg fielen nun unter volle Straffreiheit unter Wiederherstellung aller Vorrechte und Eigentumstitel; freilich war der wichtigste Eigentumstitel des Südens, der Besitz an Sklaven, ohnehin verfallen, und die Aberkennung politischer Rechte auf Grund des Art. 3 des Vierzehnten Zusatzartikels zur Verfassung der Vereinigten Staaten blieb, soweit nicht schon durch Gesetze gemildert, bestehen.[50] Immerhin ließ die Johnson-Amnestie erkennen, dass es der Regierung des siegreichen Nordens um gründliche und schnelle Befriedigung zu tun war; sie zog es vor, die Besiegten nicht als Rebellen zu behandeln.

Das genaue Gegenteil war 1871 die Haltung der Regierung Thiers gegenüber den Kämpfern der Pariser Kommune. Thiers weigerte sich, den Rebellen Rechte einer kriegführenden Partei einzuräumen. Von militärischen Standgerichtskommissionen wurden 10.137 Personen verurteilt, davon 270 zum Tode, die meisten anderen zur Verbannung nach den Südseeinseln; nur 2.443 Personen wurden freigesprochen. Ohne jegliches Verfahren oder auf Geheiß der sogenannten Cours Prévôtales wurden rund 20.000 Menschen erschossen: das größte mit Vorbedacht vollbrachte Blutbad der neueren französischen Geschichte – bis zu den Zeiten der Nazi-Besetzung und ihres Befreiungsnachspiels.

Da Thiers weder das allgemeine Wahlrecht noch das parlamentarische Regime abschaffte, fiel seinen Nachfolgern eine dornenreiche

---

48 United States Statutes, Volume 15 (1869), S. 700.
49 Schätzung von J. T. Dorris: »Pardoning the Leaders of the Confederacy«, in: Mississippi Valley Historical Review, Jahrgang XV, S. 3-21 (Heft 1, Juni 1928), insbesondere S. 20, Anmerkung 48.
50 Jefferson Davis erhielt die bürgerlichen Ehrenrechte nicht wieder, da er sich weigerte, ein Gnadengesuch einzureichen. Aus einer Rede, die er noch 1884 als Greis gehalten hat, zitiert Dorris: a.a.O., S. 21, folgenden Ausspruch: »Es wurde gesagt, ich sollte die Vereinigten Staaten um Begnadigung ersuchen, aber dem Anspruch auf Begnadigung soll Reue vorausgehen, und bereut habe ich nicht. Wenn alles noch einmal zu machen wäre, täte ich wieder genau das, was ich 1861 getan habe.«

Erbschaft zu. Der Kampf um eine volle Amnestie wurde in den siebziger Jahren zu einem wesentlichen Faktor der französischen Politik. Für eine kleine Minderheit war die Amnestieforderung ein persönliches Anliegen und eine Sache tiefer innerer Überzeugung; für viele andere wurde sie zur opportunen politischen Sammlungsparole. Die demokratischen Veteranen der Revolution von 1848, die Victor Hugo und Louis Blanc, die sich um Clemenceau gruppierende neue Mittelstandslinke, die Sozialisten, die nach der vernichtenden Niederlage ihre Kader neu organisierten: Sie alle zogen in der Amnestiefrage an einem Strang. Vor allem fanden sie sich zusammen, wenn zu Wahlzeiten ein im Exil oder im Gefängnis schmachtender Kommune-Kämpfer als symbolischer Kandidat aufgestellt wurde.

Für das Gros der republikanischen Politiker war die Amnestie allerdings eine taktische Fage, je nach den Bedürfnissen der Situation oder je nach dem gerade fühlbaren Druck mit Vorrecht zu behandeln. Solange der Bestand der Republik von den Monarchisten und vom Präsidenten MacMahon, dem militärischen Kolonisator Nordafrikas, bedroht schien, solange die Monarchisten das Schreckgespenst der Wiederkehr der Kommune mit Erfolg heraufbeschwören konnten, widersetzte sich die offizielle Politik jeder allgemeinen Amnestie; günstigstenfalls wurden einzelne Fälle überprüft.

In diesem Zeichen stand auch noch die Teilamnestie vom März 1879. Im Rahmen des Verfahrens der *grâce amnistiante* blieben alle wichtigen Entscheidungen in der Hand der Regierung. Erst die Senatswahlen von 1879, bei denen sich zeigte, dass sich die Republik im allgemeinen Bewusstsein durchgesetzt hatte, brachten eine Wendung. Unter der Führung desselben Léon Gambetta, der bis dahin eine klare Stellungnahme vermieden hatte, rückte die Amnestie in den Vordergrund der parlamentarischen Auseinandersetzung.[51] Im Juli 1880 beschloss die Kammer mit 312 gegen 136 Stimmen den Erlass einer Vollamnestie. Vom Senat nur geringfügig eingeengt, erlaubte sie der überwältigenden Mehrheit der Kommune-Kämpfer die Heimkehr und die Wiedereingliederung ins politische System. Nach neun Jahren hatte die Linke ihren Kampf gewonnen und ihre wirksamste politische Sammlungsparole eingebüßt.

Was bringt der Amnestieerfolg den Siegern? Mitunter – wie beim Erfolg des französischen Linkskartells im Frühjahr 1924 – nicht mehr als eine geringfügige Verschiebung auf dem parlamentarischen Schachbrett.

---

51 Ich folge hier der Darstellung von Joughin: The Paris Commune... (siehe oben Anmerkung 41), S. 493.

Damals war die Amnestie eine Art symbolische Wiedergutmachung: Caillaux und Malvy durften wieder die politische Bühne betreten, von der sie am Ausgang des Krieges verbannt worden waren. Die Amnestiedebatte im Senat ließ aber nicht darauf schließen, dass die Mehrheit der Senatoren ihr oder ihrer Vorgänger Unrecht aus der ersten Nachkriegszeit eingesehen oder gar bereut hatte. Der Mehrheit, die im Siegesrausch nach Kriegsende die Verurteilung der beiden Männer aus patriotischen Gründen für geboten gehalten hatte, entsprach zahlenmäßig die politisch etwas anders zusammengesetzte Mehrheit, die sich jetzt der Mahnung des Ministerpräsidenten Edouard Herriot anschloss, »alles in Vergessenheit versinken zu lassen, was an die Streitigkeiten und Zwistigkeiten erinnern könnte, die aufhören müssen«.[52] Und obgleich ein Senator vom rechten Flügel ironisch meinte, zur Debatte stehe »nicht Amnestie, sondern Amnesie, die Krankheit der Greise«,[53] einigte man sich auf einen Text, der, in ein allgemeines Amnestiegesetz eingefügt, die volle Rehabilitierung der einstigen »Landesverräter« brachte.[54]

Bei totalitären Siegern ist die Amnestie meistens nichts anderes als ein technisches Mittel, die Anhänger des neuen Regimes vor der Strafverfolgung zu schützen, das heißt die Missetaten und Brutalitäten, die den totalitären Siegesmarsch begleiten, in Vergessenheit geraten zu lassen. Sowohl Mussolini als auch Hitler erließen nach der Machtergreifung mehrere Amnestien. In den meisten Fällen wurde volle Straffreiheit für alle Arten von Delikten und Strafen gewährt, soweit die Straftat direkt oder indirekt nationalen Zielen gedient hatte oder – in der deutschen Version – bei der Vorbereitung der nationalen Erhebung oder im Kampf für das deutsche Bauerntum (das heißt bei der Abwehr von Zwangsversteigerungen mit Waffen und Sprengstoff) begangen worden war.[55]

Besonders weit wurde die strafbefreiende Mitwirkung an der nationalen Erhebung von Hermann Göring gefasst: sie diente als Vorwand für Straferlass und Verfahrenseinstellung in gravierenden Steuerhinterziehungsfällen, wobei den Steuersündern Gelegenheit gegeben wurde,

---

52 Journal Officiel de la République Française. Débats Parlementaires: Sénat, 1924, Nr. 120 (Sitzung vom 18. November 1924), S. 1409.
53 Ebda., S. 1410.
54 Amnestiegesetz vom 3. Januar 1925, Art. 2, in J.-B. Sirey, Recueil Général des Lois et des Arrêts, 1925, S. 2007 f.
55 Über die verschiedenen Amnestien des Faschismus seit dem 22. Dezember 1922 siehe Giuseppe Biagini: Amnestie, Condoni e Indulti. Raccolta cronologica completa delle proclamazione del regno d'Italia, 2. Auflage, Santa Maria Caputa Vetere, 1950; die Amnestiegesetzgebung des Dritten Reiches seit dem 21. März 1933 ist bei Wolfgang Menschell: Gnadenrecht. Das gesamte deutsche Gnadenrecht nebst verwandten Gebieten, Berlin/Leipzig/Wien, ohne Jahr {Copyright 1943}, zusammengestellt.

ihren Dank an den preußischen Ministerpräsidenten auf eine Weise abzustatten, die eher den Praktiken Heinrichs VII., Jakobs II. und Lord Jeffreys' als denen der neueren Zeit verwandt scheint. Begründet wurde die Glorifizierung der Steuervergehen mit der Propagandathese, dass die Steuerhinterzieher ja nur das »bolschewistische« Steuersystem der Weimarer Republik bekämpft hätten.[56]

Wer ein Detailstudium über die Art der Anwendung des eigenartigen Amnestieerlasses anstellt, wird nicht nur Lehrreiches über die Entstehungsgeschichte des Göringschen Privatvermögens erfahren, sondern auch einen unauslöschlichen Eindruck von den Moralvorstellungen der »Wirtschaft« und des nationalsozialistischen Regierungspersonals um die Mitte der dreißiger Jahre bekommen. Göring hatte es so eilig, sich Amnestiebefugnisse in Steuersachen außerhalb des Zuständigkeitsbereichs der preußischen Verwaltung zuzulegen, dass zur Legalisierung seiner Vorstöße in die Kompetenzsphäre der Reichsbehörden besondere reichsgesetzliche Bestimmungen erlassen werden mussten. Während die Sieger, legal reingewaschen, ihre Taschen füllten, blieben den besiegten Gegnern – im faschistischen Italien war es nicht anders als im nationalsozialistischen Deutschland – nur Brosamen der staatlichen Gnade: Nur mindere Vergehen wurden amnestiert, und auch noch mit so vielen Einschränkungen und Ausnahmen, dass es den Behörden und Parteistellen ein leichtes war, die Amnestierten weiterhin mit gesetzlichen Mitteln zu schikanieren.

Weder die Großmut des Siegers noch sein Interesse an beschleunigten Befriedungsaktionen oder an der Sicherung und Nutzung der moralischen und materiellen Früchte des Sieges braucht die alleinige Ursache von Amnestieakten zu sein. Amnestien können sich auch daraus ergeben, dass sich allgemein das Bedürfnis geltend macht, eine Zeit der Wirren und Machtkämpfe mit Sicherheitsmaßnahmen zum Abschluss zu bringen: Einem solchen Bedürfnis entsprang 1495 das *De-facto*-Gesetz Heinrichs VII. (Tudor).[57] Eine Amnestie muss auch nicht unbedingt die Liquidierung der vielleicht verhängnisvollen Konsequenzen einer politischen Fehlentscheidung zum Ziel haben. Ihr Inhalt kann ein Kompromiss sein, der ein neues Kräfteverhältnis der Kampfparteien zum Ausdruck bringt.

---

56 Zweiter Erlass des Preußischen Ministerpräsidenten über Gnadenerweise aus Anlass der Beendigung der nationalsozialistischen Revolution vom 28. Juni 1933, abgedruckt bei Menschell: Gnadenrecht ... (siehe vorige Anmerkung), S. 255 ff.

57 The Statutes of the Realm. From Original Records and Authentic Manuscripts, printed by command of H. M. King George the Third in pursuance of an address of the House of Commons, Volume II, London, 1816, S. 568; vergleiche Ernst H. Kantorowicz: The King's Two Bodies. A Study in Mediaeval Political Theory, Princeton, 1957, S. 371 f.

Bisweilen gehört ein solcher Kompromiss zu einem umfassenderen Friedens- oder Waffenstillstandsabkommen, das nicht nur allen Bürgerkriegsparteien die Auslöschung der Vergangenheit zusichert, sondern auch die Erhaltung eines gewissen Gleichgewichts für die Zukunft gewährleistet. Der geschichtlich berühmteste Fall ist Heinrichs IV. Edikt von Nantes vom April 1598, das in seinem zweiten Absatz verfügt: »dass die Erinnerung an alle Dinge, die sich auf der einen oder der anderen Seite vom Beginn des Monats März 1585 bis zu unserer Thronbesteigung wie auch während der anderen diesen Dingen voraufgehenden oder sie begleitenden Wirren ereignet haben, ausgelöscht und unterdrückt bleiben möge, als seien es Dinge, die sich nicht ereignet haben; und daß es weder unseren Generalstaatsanwälten noch irgendwelchen anderen öffentlichen oder privaten Personen erlaubt oder gestattet sein möge, sie – zu welcher Zeit und bei welcher Gelegenheit, vor welchem Gericht und in welcher Zuständigkeit auch immer – zu erwähnen oder zum Gegenstand eines Gerichtsverfahrens oder einer Strafverfolgung zu machen.«[58]

Die Vollstreckung des Edikts blieb nicht dem Gutdünken des Königs und seiner Beamten überlassen; sie beruhte auf der Vertretung der religiösen Minderheit in den Ämtern und Gerichten und auf den ihr konzedierten besonderen Garantien. Ob das Edikt befolgt oder missachtet wurde, hing, was für Kompromisse immer gilt, von den Umständen und den Verschiebungen der Interessenlagerung ab. Über Verfolgungen, die gegen das Edikt verstießen, hätten sich in der Regierungszeit Heinrichs IV. eher die Jesuiten, die geistigen Stützpfeiler der katholischen Liga, beklagen dürfen als die Hugenotten, die einstigen Waffengefährten des Königs, der zum Katholizismus übergetreten war.

In abgeschwächter Form ist die Kompromissfunktion der Gnade noch in den Amnestiemühsalen von Regierungen sichtbar, die ihre Zugeständnisse an die Widersacher gleichsam proportional auf die einzelnen feindlichen Gruppen verteilen. Aber auch wenn sie von der Regierung angestrebt wird, ist diese Proportionalität nicht immer leicht zu erreichen. Vergeblich rief die deutsche Linke nach »Gegenleistungen«, als 1924 manche Rechtsradikalen, darunter auch Hitler, vorzeitig aus bayerischen Gefängnissen entlassen wurden.[59] Ihre Kraft reichte nicht dazu,

---

58 François-André Isambert: Recueil Général des Anciennes Lois Françaises depuis l'an 420 jusqu'à la Révolution de 1789, Band XV, Paris, 1829, S. 170. Ähnlich auch die Art. 58 und 59, die alle Urteile und Verfahren gegen »Anhänger der genannten vorgeblich reformierten Religion« niederschlagen.
59 Dem Straferlass für die »Rechtsputschisten« müsse eine allgemeine Amnestierung der »Linksputschisten« folgen, forderte ein dreispaltiger Artikel »Fechenbach, Mühsam und Hitler frei. Die bayerische Austausch-Amnestie«, in: Vorwärts, Jahrgang 41, Nr. 599, Morgenausgabe, 20. Dezember 1924, S. 1, Sp. 1-3. Politisch sei, hieß es Sp. 2, die

die »Gegenleistungen« zu erzwingen. Einen proportionalen Ausgleich eigener Art konstruierte – wohl aus Gründen taktischer Opportunität – die Kádár- Regierung in Ungarn in ihrer Amnestie vom 1. April 1960: amnestiert wurden einerseits einige führende Gestalten der Revolution von 1956, darunter Tibor Déry, anderseits aber auch ehemalige Funktionäre der politischen Polizei, die in der Ära Rákosi hohe Posten bekleidet hatten.[60] Wie solche Ausgleichsüberlegungen parlamentarische Amnestiekämpfe beeinflussen, wird noch darzulegen sein.

4. Ein halbes Jahrhundert Amnestieschicksale

In neuerer Zeit ist die Amnestiegesetzgebung zu einem Thermometer geworden, an dem sich Temperaturschwankungen im Ringen zwischen der Staatsgewalt und ihren verschiedenen Widersachern ablesen lassen. Der uneingeschränkte, aber nur für die Anhänger der siegreichen Sache geltende Straferlass mit Niederschlagung schwebender Verfahren, der totalitäre Siege begleitet, sagt an sich schon aus, dass der demokratische Rechtsstaat aufgehört hat zu existieren. Solange sich aber demokratische Ordnungen behaupten, wird es immer Bemühungen geben, einen Ausgleich zwischen zwei Tendenzen herbeizuführen: einerseits dem Verlangen der Staatsgewalt nach verstärkter Unterstützung in ihrem Kampf gegen politische Gegner, anderseits dem Wunsch, keine Unterdrückungsmethoden anzuwenden und einen Zustand zu vermeiden, bei dem sich

Freilassung Hitlers »nicht zu bedauern«, denn politisch sei er »keine Gefahr«; mit der von ihm geleiteten Bewegung habe der Münchner Putsch »aufgeräumt«. »Soweit es noch eine rechtsputschistische Bewegung gibt, hat sie ihren Sitz viel weniger in der von Hitler gegründeten ›Nationalsozialistischen Freiheitsbewegung‹ als im radikalen Flügel der Deutschnationalen und den ihm angeschlossenen rechtsradikalen Verbänden.« Die Möglichkeit einer nationalsozialistischen Massenbewegung musste dem sozialdemokratischen Zentralorgan als reine Phantasie erscheinen. Es begnügte sich damit, eine ausgleichende Amnestie zu verlangen, und lehnte polizeiliche Maßnahmen gegen die aus der Haft entlassenen »Rechtsputschisten« ab. Wörtlich hieß es in der redaktionellen Stellungnahme, deren Stil den Vorwärts-Chefredakteur Friedrich Stampfer als ihren Verfasser vermuten lässt, anschließend: »Doch ganz abgesehen davon, ob Hitler eine Gefahr ist oder nicht – jedenfalls ist das Gerede von seiner angeblich geplanten Ausweisung Unfug. Hitler ist als Deutscher einige Kilometer hinter der reichsdeutschen Grenze geboren, er ist Angehöriger eines deutschen Volksstammes, dessen Anschluß an das Deutsche Reich erstrebt wird, er hat im deutschen Heer gedient – ihn aus dem Lande zu schaffen, weil seine Papiere nicht in Ordnung sind, wäre ein Polizeipartikularismus übelster Art.«

60 Erlass des Präsidialrates Nr. 10/1960 über die Durchführung einer Teilamnestie und die Beendigung der Haftmaßnahmen zum Schutze der Staatssicherheit, Magyar Közlöny, 1960, S. 141 f., Nr. 27, 1. April 1960); § 1 Abs. 1 sieht die Haftentlassung von Personen vor, die vor dem 1. Mai 1917 zu weniger als sechs Jahren Freiheitsentzug verurteilt worden waren.

eine Flut von Protesten der Unterdrückten und Verfolgten über Gerichte, Strafanstalten, Versammlungslokale und Zeitungsredaktionen ergießt. Sind die Beschwerdeführer und ihre Freunde in den parlamentarischen Körperschaften stark vertreten, so beherrschen sie die Amnestiedebatten und bestimmen manchmal auch den Ausgang der Amnestiekämpfe. Solche Debatten sind in der jüngsten Vergangenheit in den angelsächsischen Volksvertretungen unterblieben, weil im Innern überwiegend Ruhe herrschte und weil die Gewährung der Gnade in den Händen der Exekutive lag.[61] Umso häufiger und ausgiebiger haben sie die kontinentaleuropäischen Parlamente beschäftigt.

In Deutschland brachte die Revolution von 1918 mit dem ersten Aufruf des Rates der Volksbeauftragten eine allgemeine Amnestie für alle politischen Straftaten. Aber schon die erste parlamentarische Amnestie des Weimarer Staates liest sich wie ein Verzeichnis der unüberbrückbaren Konflikte, an denen die Republik bis an ihr Ende laborieren sollte. Die Amnestie war eine Nachlese zum Kapp-Putsch vom März 1920 und zu den ihm folgenden regionalen Versuchen der äußersten Linken, die Abwehr des Putschismus von rechts zum radikalen Umbau der politischen und sozialen Struktur des Regimes zu benutzen. Die Regierung hatte nach beiden Seiten hin Milde verheißen: Nach links hin hatten diese Versprechungen ihren Niederschlag in einem formalen Abkommen gefunden; was die Rechte betraf, gab es, genau besehen, nur die mündliche, später von anderen Ministern zum Teil desavouierte Zusicherung eines Kabinettsmitglied.[62]

Da die meisten politischen Strafverfahren vor unteren Instanzen stattfanden, war die Haltung der Länder von großer Bedeutung; einige der Länder, namentlich Bayern, sprachen aber dem Reich die ausschließliche Zuständigkeit für die Amnestiegesetzgebung ab. Im Hinblick auf Länderwiderstände schien es daher zweckmäßig, für Amnestiegesetze die verfassungsändernde Zweidrittelmehrheit zu sichern. Dazu mussten indes die divergierenden politischen Interessen sowohl der Rechten als auch der Linken in hohem Maße berücksichtigt werden. Hinzu kam ein gleichsam strukturelles Moment, das jede Einigung über Inhalt und

---

61 Das gilt allerdings nicht für Fragen der Straffreiheit von politischen Delinquenten, die durch Aussagezwang dazu gebracht worden sind, sich selbst zu bezichtigen; hier bedeutet Straferlass nicht selten, dass man die Kleinen laufen lässt, um Größere zu erwischen. Vergleiche *Brown v. Walter*, United States Reports, Volume 161 (1896), S. 591 ff., und neuerdings *Ullman v. United States*, a.a.O., Volume 350 (1956), S. 422 ff.; siehe auch W. H. Humbert: The Pardoning Power of the President, mit Vorwort von W. W. Willoughby, Washington, ohne Jahr [Copyright 1941], Kapitel 2.
62 Deutscher Reichstag, Stenographische Berichte, I. Wahlperiode 1920, S. 522-553 (16. Sitzung vom 2. August 1920).

Formulierung der Amnestiebestimmungen erschwerte: Gerichte und Staatsanwaltschaft waren zu einem erheblichen Teil mit Personen besetzt, die Linke und Rechte mit verschiedenem Maß maßen; Männern der Linken, die wegen Mordes oder Körperverletzung bei offenen Kämpfen mit Reichswehr und Polizei vor Gericht kamen, war die Verurteilung sicher, während auf der anderen Seite ebenso sicher zu sein schien, dass von den Führern des Kapp-Putsches, die von der Amnestie ausdrücklich ausgenommen waren, nur wenige festgenommen oder, falls festgenommen, verurteilt werden würden.[63] Die Linke hatte allerdings erreicht, dass auch Teilnehmer an den Revolutionskämpfen von 1919 unter die Amnestie fielen.[64] Die erste parlamentarische Amnestie des Weimarer Staates löschte Vergangenes nicht aus, sie besiegelte bestenfalls einen Waffenstillstand.

In den zwanziger Jahren folgten (wenn man von Länderamnestien und Amnestien auf Grund internationaler Verpflichtungen absieht) drei weitere bedeutende Amnestiegesetze.[65] Bei der Beratung des dritten, vom Juli 1928, spielte das Problem der Straffreiheit bei politischen Mordtaten eine erhebliche Rolle. Die Rechte trat für eine Vollamnestie ein, um Straffreiheit auch für Angehörige der geheimen militärischen Verbände (»Schwarze Reichswehr«) zu erlangen, die Morde (»Fememorde«) an ihren eigenen Kameraden wegen angeblichen Verrats verübt hatten. Dagegen hatten die Kommunisten ein überragendes Interesse an der Regelung der Rechtslage von Parteimitgliedern, die unter Hochverratsanklage standen oder, um einer solchen Anklage zu entgehen, ins Ausland geflohen waren. Der mühselig erreichte Kompromiss verweigerte Straferlass und Verfahrenseinstellung bei Mordsachen, reduzierte aber lebenslängliche Freiheitsstrafen in politischen Fällen auf siebeneinhalb Jahre.[66]

Eine Vollamnestie für politische Mordtaten gab es erst, nachdem 1930 über hundert Nationalsozialisten in den Reichstag eingezogen

---

63 Einiges Material, darunter die Auskunft des Reichsjustizministers Radbruch über die Strafverfolgung Ludendorffs und eine Analyse des richterlichen Verhaltens gegenüber Rechtsradikalen, enthält Karl Brammer, Bearbeiter: Verfassungsgrundlagen und Hochverrat. Beiträge zur Geschichte des neuen Deutschlands. Nach stenographischen Verhandlungsberichten und amtlichen Urkunden des Jagow-Prozesses, Berlin, 1922, insbesondere S. 82 ff.
64 Gesetz über die Gewährung von Straffreiheit vom 4. August 1920, Reichsgesetzblatt, 1920, Teil I, S. 1487 f. (Nr. 163 vom 4. August 1920).
65 Eine fleißige Sammlung des einschlägigen Materials, allerdings mit der gewohnten Trübung des kritischen Blicks für die Entwicklung nach 1932, bietet Ulrich Kuß: Die materielle Problematik der politischen Reichsamnestie 1918 - 1933 (Strafrechtliche Abhandlungen, Heft 343), Breslau-Neukirch, 1934.
66 Gesetz über Straffreiheit vom 14. Juli 1928, Reichsgesetzblatt, 1928, Teil I, S. 195 f. (Nr. 27, 16. Juli 1928).

waren.[67] Schon im Reichstag von 1928 hatten sich die Parteien der Rechten und die politisch schillernden Mittelstandsgruppen aus Respekt vor dem wachsenden Nationalismus für eine entsprechende Abänderung der im Juli 1928 erlassenen Amnestie mit großem Eifer eingesetzt, waren aber auf den Widerstand der Sozialdemokraten und einiger Länderregierungen gestoßen. Maßgebend für die Haltung der gemäßigten Rechten war die in politischen und juristischen Kreisen seit Jahren propagierte Ansicht, dass Mordtaten zwar nicht unbedingt zu rechtfertigen, aber doch mindestens zu entschuldigen seien, wenn den Tätern zugutegehalten werden könne, dass sie in der Überzeugung gehandelt hätten, mit der physischen Vernichtung politischer Gegner dem »nationalen Interesse« zu dienen. Gerade diese amnestiefreudigen Gruppen sollten später bitter bereuen, dass sie sich von einer Lehre hatten einfangen lassen, deren logische Fortführung wenige Jahre später unter dem Nationalsozialismus in der Massenermordung unbequemer Widersacher gipfelte.

Seit Mitte 1932 war der Reichstag infolge der negativen Mehrheit der Nationalsozialisten und Kommunisten funktionsunfähig geworden. Aber sowohl Nationalsozialisten als auch Kommunisten verlangten eine erneute Ausweitung der Amnestievorschriften, auch der Fassung von 1930. Noch in der letzten Sitzung, die der Reichstag vor der nationalsozialistischen Machtergreifung abhielt, brachte er ein Amnestiegesetz zustande. Kompromisse, zu denen sich die beiden extremen Parteien bequemten, verhalfen ihnen zu einer Zweidrittelmehrheit.[68] Politische Strafen bis zu fünf Jahren wurden erlassen, höhere Strafen entsprechend reduziert. Ausgenommen von der Amnestie waren zu lebenslänglichem Zuchthaus Verurteilte: die Potempa-Mörder mussten noch über drei Monate warten, bis sie die Hitlersche Amnestie für »Vorkämpfer der nationalen Erhebung« am 23. März 1933 befreite; ausgenommen waren ferner Versuche, den Kampfgeist der Reichswehr zu untergraben.[69]

Viel weniger als der Reichstag von Weimar zeigte sich von Anfang an der Bonner Bundestag geneigt, sich mit Amnestieproblemen zu befassen. Das politische Leben schien wieder in normalen Bahnen zu verlaufen; die Gewalt, die gestern noch zur täglichen Kost gehört hatte,

---

67 Gesetz vom 24. Oktober 1930 zur Änderung des Gesetzes über Straffreiheit vom 14. Juli 1928, Reichsgesetzblatt, 1930, Teil I, S. 467 (Nr. 43, 25. Oktober 1930).
68 Deutscher Reichstag, Stenographische Berichte, VII. Wahlperiode 1932; S. 93-110 (3. Sitzung vom 9. Dezember 1932).
69 Scheringer: Das große Los ... (siehe oben Anmerkung 26), S. 275 f., glaubt dem Ausschluss von der Amnestie sein Leben zu verdanken: Der Rache der Nationalsozialisten, die ihm seine Bekehrung zum Kommunismus nicht verziehen, konnte er am ehesten hinter Gefängnismauern entgehen.

verblasste in der Erinnerung. Die Maßstäbe hatten sich verschoben. Bei alledem blieb aber das drückende Erbe des Nazi-Regimes, das Alpträume, Leidenschaften, Hassgefühle weiterschwelen ließ. Die erste Amnestie der Bundesrepublik, vom 31. Dezember 1949,[70] ging auf Nationalsozialismus und Kriegsverbrechen nur insoweit ein, als Personen, die sich falsche Namen zugelegt hatten, Strafen wegen Urkundenfälschung erlassen bekamen, sofern sie sich bis zu einem festgesetzten Stichtag zu erkennen gaben: zweitrangigen Nazis, die bereit waren, dem neuen Staat auf diese Weise die Aufräumungsarbeit zu erleichtern, wurde damit eine kleine Belohnung in Aussicht gestellt.

Weniger vorsichtig, wenn auch nach der Meinung ehemaliger Nazis und Berufsmilitärs noch viel zu zaghaft, packte dagegen die zweite (und bisher letzte) Amnestie, vom 17. Juli 1954,[71] den Komplex der Kriegsverbrechen an: Amnestiert wurden Gewalthandlungen, deren Täter entweder durch ihre amtliche Stellung zur Verübung der Straftat gebracht worden zu sein glaubten oder sich zur Tatzeit über das Rechtswidrige ihres Tuns nicht im Klaren waren, und auch nur soweit die strafbaren Handlungen in der Zeit vom 1. Oktober 1944 bis zum 31. Juli 1945 begangen worden waren und nicht mehr als drei Jahre Freiheitsentzug nach sich gezogen hatten oder hätten nach sich ziehen können. Vielseitigem Druck zugunsten weiterer Amnestierung von Kriegsverbrechen hat der Bundestag seitdem widerstanden. Falls man ihrer noch habhaft wird, können Angehörige des KZ-Personals, Wehrmachtsoffiziere, die widerrechtliche Erschießungen angeordnet hatten, ja auch einstige deutsche Kriegsgefangene, die bei der Misshandlung Mitgefangener mitgewirkt hatten, vor Gericht gestellt werden, solange die Straftaten nicht verjährt sind (und Mord verjährt erst nach zwanzig Jahren).

Straffreiheit für alles, was bis Kriegsende geschehen war, hatten in den ersten Jahren des Nachkriegsstaates frühere Angehörige der Rechten und ehemalige Nationalsozialisten gefordert. Soweit sich ihre Klagen auf Rechts- und Freiheitsbeschränkungen bezogen, die nicht auf Mord und Gewalt, sondern auf ein bestimmtes politisches Verhalten in der Zeit des Nationalsozialismus zurückgingen, haben sie sich – nach dem totalen Fiasko der alliierten und namentlich der amerikanischen Entnazifizierungspolitik – weitgehend dadurch erledigt, dass die Gesetzgebung des Bundes und der Länder die Entnazifizierung beendet hat.

---

70 Gesetz über die Gewährung von Straffreiheit vom 31. Dezember 1949, Bundesgesetzblatt, 1949, Teil I, S. 37 f. (Nr. 9, 31. Dezember 1949).
71 Gesetz über den Erlass von Strafen und Geldbußen und die Niederschlagung von Strafverfahren und Bußgeldverfahren vom 17. Juli 1954, Bundesgesetzblatt, 1954, Teil I, S. 203 ff. (Nr. 21, 17. Juli 1954).

Neue Amnestieinteressen, die sich zum größten Teil auf die aufgelöste Kommunistische Partei konzentrieren, sind aus der umfassenden Staatssicherheitsgesetzgebung der Bundesrepublik erwachsen. Im Bundestag seit 1953 nicht mehr vertreten, mussten sich die Kommunisten bei ihren Amnestiebestrebungen um die Unterstützung nichtkommunistischer Kreise bemühen, die ihnen in gewissem Umfang zuteilwurde. Was ihnen zunächst Anlass zu Befürchtungen gab, war die unverkennbare Tatsache, dass sich die neu einsetzende politische Strafverfolgung auf eine Rechtsprechung stützte, die den vagen Wortlaut der Bestimmungen über die Staatssicherheit in einem verschärfenden Sinn auslegte. Vernehmlicher wurde die Unruhe, als sich Bundesanwaltschaft und Bundesgerichtshof die Auffassung zur Richtschnur machten, dass es zulässig sei, kommunistische Funktionäre wegen organisatorischer oder propagandistischer Parteiarbeit vor Gericht zu stellen, die sie *vor* dem Verbot ihrer Partei durch das Bundesverfassungsgericht (27. August 1956) geleistet hatten.[72]

Mit zwingender Logik musste eine solche Strafverfolgungspolitik zu einer Flut von Strafprozessen führen oder mindestens einen uferlosen Papierkrieg um die Einstellung oder Einengung solcher Verfahren und um die Abschwächung ihrer nachteiligen Folgen auslösen. Diese Perspektive wurde zwar durch Erklärungen des Bundesjustizministers[73] abgeschwächt, ist aber nicht gegenstandslos geworden.[74] Erst 1961 hat das Bundesverfassungsgericht den § 90a Abs. 3 des Strafgesetzbuches, der faktisch die Fehleinschätzung künftiger Legalitätsaussichten einer politischen Partei unter Strafe stellte, für ungültig erklärt[75] und damit einer fragwürdigen Praxis, die schon längst keine strategischen Waffen zur Niederhaltung politischer Gegner mehr lieferte, die rechtliche Grundlage entzogen.

72 Urteil des 3. Strafsenats des Bundesgerichtshofs vom 30. Januar 1958, 1 StE 10/57, in: Entscheidungen des Bundesgerichtshofes in Strafsachen, Band 11, Köln/Berlin, 1958, S. 233-241: Beschluss des Bundesverfassungsgerichts vom 3. Februar 1959, 1 BvR 419/54, in: Entscheidungen des Bundesverfassungsgerichts, Band 9, Tübingen, 1959, S. 162-166.
73 Verhandlungen des Deutschen Bundestages, 2. Wahlperiode 1953, Stenographische Berichte, Band 36, S. 11427-11461, insbesondere 11429 ff. (201. Sitzung vom 4. April 1957).
74 Nach Auskunft des Bundesjustizministers, ebda., S. 11430, schwebten am 1. Januar 1957, vier Monate nach dem Verbot der KPD, bereits 2.358 staatsanwaltschaftliche Ermittlungsverfahren, von denen allerdings nur 900 mit einer Gesamtzahl von 1.400 Angeklagten die Gerichte erreichten. Abgeurteilt wegen Hochverrats oder Staatsgefährdung wurden 1957 indes nur 141 Personen (siehe oben Kapitel III, Anmerkung 78).
75 Beschluss des Bundesverfassungsgerichts vom 21. März 1961, 2 BvR 27/60, in Entscheidungen des Bundesverfassungsgerichts, Band 12, Tübingen, 1962, S. 296-308.

Überlegungen dieser Art traten indes hinter einer viel allgemeineren Sorge zurück: In manchen Kreisen wurde darauf gebaut, dass es der DDR angesichts einer Politik der Milde in der Bundesrepublik schwerfallen würde, keinerlei Gegenleistungen zur Schau zu stellen und nicht wenigstens einen Teil ihrer politischen Gefangenen freizugeben. Politiker aus dem westdeutschen Regierungslager hatten bei der 1956 geführten Debatte über das Schicksal der mitteldeutschen Bevölkerung zu erkennen gegeben, dass sie den Kommunisten in der Bundesrepublik unter Umständen nachsichtiger begegnen könnten, wenn damit eine günstigere Atmosphäre für die Entlassung ihrer im Osten eingekerkerten Gesinnungsgenossen zu schaffen wäre.[76] Aber die Bundesregierung blieb hart und lehnte alle Amnestievorschläge ab.

Es ist schwer zu entscheiden, was dabei den Ausschlag gab. In der Bundestagsdebatte wurde von Sprechern der Regierungsmehrheit darauf hingewiesen, dass das Missverhältnis zwischen den Zahlen der politischen Gefangenen in der Bundesrepublik und in der DDR – eine dreistellige gegen eine fünfstellige Zahl – zu groß sei, als dass von einem westdeutschen Gnadenakt eine Wirkung im Osten erwartet werden könnte. Gelegentlich tauchte daneben die Überlegung auf, ob nicht die Zeit gekommen sei, die Weimarer Praxis des Austauschs politischer Strafgefangener mit der Sowjetunion nachzuahmen. Neben solchen taktischen Berechnungen muss natürlich die grundsätzliche Haltung der Bundesregierung gegenüber der DDR ins Gewicht gefallen sein. Eine größere Rolle als in der Weimarer Zeit dürften bei der Ablehnung jeder Art Straferlass auch konservative Ordnungsprinzipien gespielt haben. Was immer die Gründe gewesen sein mögen, in der parlamentarischen Ebene haben Amnestieerörterungen nicht mehr stattgefunden. Und der zähflüssige Rhythmus, in dem das politische Leben in der Bundesrepublik abläuft, gibt weder extremen noch peripheren politischen Gruppierungen die Chance, ums Amnestieproblem herum Lärm zu machen.

Die vier großen Nachkriegsamnestien in Frankreich drehen sich um ähnliche politische Komplexe wie die deutschen: im Mittelpunkt stehen Kollaborateure und Kommunisten. Mögliche Straffreiheit für Kollaborateure, von der bei der ersten Amnestie nicht die Rede war, und wachsender Widerstand gegen die Forderungen der Kommunisten zeigen den Wandel der politischen Atmosphäre und die Verschiebung der parlamentarischen Mehrheit seit der frühen Nachkriegsperiode. Ein wesentlicher Faktor der politischen Atmosphäre unterscheidet aber auch

---

76 Verhandlungen des Deutschen Bundestages, 2. Wahlperiode 1953, Stenographische Berichte, Band 30, S. 7699-7740, insbesondere Rede Ernst Lemmers, S. 7725 ff. (146. Sitzung vom 30. Mai 1956).

weiterhin die Situation in Frankreich von der in der Bundesrepublik. Gefühlsmäßig und moralisch musste das westdeutsche Regime sozusagen von vorn anfangen: Es gab keine Möglichkeit, auf eine gemeinsame, allgemein akzeptierte Sinngebung der unmittelbaren Vergangenheit zurückzugreifen, aus der sich bindende Verhaltensnormen für den Einzelnen hätten ableiten lassen. In Frankreich bleibt lange Zeit – trotz dem schnellen Verblassen des Widerstandsmythos, trotz der vollen Wiedereingliederung der Vichy-Anhänger in die nationale Gemeinschaft – die patriotische Norm der Résistance, die auch die Mitwirkung der Kommunistischen Partei einbegreift, ein fast allgemeingültiger Bewertungsmaßstab, auf den sich die verschiedenen Amnestiegesetze unabänderlich beziehen müssen.

Bei der Beratung der ersten Nachkriegsamnestie von 1947, die hauptsächlich dem Zweck diente, Kriegshelden und Kriegsopfern Amnestievorteile zu verschaffen, galt die einzige echte, anfänglich politisch gefärbte Auseinandersetzung der Amnestierung eines Delikts eigener Art: des fälschlich erhobenen Kollaborationsvorwurfs; die Straffreiheit wurde mit den Stimmen der Rechten gegen die Stimmen der Kommunisten und Sozialisten beschlossen.[77] In der Amnestie vom Januar 1951, die noch im Zeichen des ersten 1946 gewählten Nachkriegsparlaments stand, spiegelte sich ein gewisses Gleichgewicht der Kräfte. Den Kollaborateuren wurde einige Milde zuteil, noch kein echtes Entgegenkommen. Die ursprünglich der Haute Cour vorbehaltenen symbolisch wichtigen Fälle blieben von der Amnestie ausgenommen. Bei Urteilen anderer Gerichte wurden Strafen unter drei Jahren erlassen, aber die Staatsanwälte, denen die Prüfung der Amnestiefälle oblag, angewiesen, Delinquenten, die ihre Opfer grausam behandelt oder der Deportation ausgeliefert oder Polizeiagenten oder Spionen geholfen hatten, vom Genuss der Amnestie auszuschließen. Am Gegenpol galt voller Straferlass für jedes zwischen Juni 1940 und Januar 1946 »im Interesse der Sache der Befreiung« begangene Verbrechen. Damit wurden fast alle Gewaltakte aus der Zeit vor und während der Befreiung amnestiert, auch wenn der Täter seine besonderen kommunistischen Parteiinteressen den allgemeinen Interessen der Befreiungsbewegung nicht untergeordnet hatte.

Die endgültige Wende kam Mitte 1953. Das Gewicht der Kommunisten war durch die Auswirkungen des Wahlgesetzes reduziert worden, und die neue, nach rechts tendierende Regierung trachtete nach einer

---

[77] Journal Officiel de la République Française, Débats Parlementaires: Assemblée Nationale, 1ᵉ Législature, 1947, Nr. 87, S. 3840-3849 (2. Abschnitt der 129. Sitzung, 1. August 1947).

umfassenderen Amnestie für Kollaborateure; die schlimmsten Kollaborationsfälle blieben allerdings auch weiterhin ausgenommen. Aber Parlamentarier, denen das passive Wahlrecht genommen worden war, weil sie dem Pétain-Regime Ermächtigungsgesetze bewilligt hatten, durften sich wieder um Parlamentssitze bewerben; überdies erhielten, was im Alltag wichtiger war, die einst beamteten Kollaborateure, auch wenn Wiedereinstellung in den Dienst nicht in Frage kam, ihre Beamtenpensionen wieder. Entgegen anfänglich ventilierten Plänen bestand die Parlamentsmehrheit nicht einmal mehr darauf, diese »Wiedergutmachung« von einer befriedigenden Regelung der Kriegsopferversorgung abhängig zu machen.

Kommunistische Forderungen wurden kaum noch berücksichtigt: Die Mehrheit lehnte es ab, die schon traditionell gewordene Bestimmung über den Straferlass bei Unruhen, die im unmittelbaren Zusammenhang mit Arbeitskonflikten entstanden waren, zu erweitern; der kommunistische Antrag, die Amnestie auch auf gesetzwidrige Zusammenstöße (politischer und sonstiger Natur) aus Anlass von Arbeitskonflikten auszudehnen, wurde verworfen; ebenso weigerte sich die Mehrheit, die Anstiftung von Militärpersonen zu Ungehorsam, die während des Indochina-Krieges häufig genug vorkam, zu amnestieren.[78] Immerhin fanden die Kommunisten eine Gelegenheit, ihre besondere Abart von Patriotismus zur Schau zu stellen: Mit ihrer Hilfe unterlag ein sozialistischer Antrag auf Überprüfung und eventuelle Amnestierung von Kriegsdienstverweigerungsfällen, womit der Bannkreis hatte zerrissen werden sollen, den Kriegsdienstverweigerer durchlaufen mussten: aus der Arrestzelle vor die Musterungskommission, von dort vors Kriegsgericht, aus dem Gerichtssaal wieder in die Arrestzelle und so weiter in ewigem Kreislauf.

General de Gaulles Fünfte Republik verabschiedete ihr erstes Amnestiegesetz im Juli 1959. Nach dem Brauch der Amnestiegesetze neuer Machthaber wurde zunächst für alle gesorgt, die in der Werdezeit der neuen Ordnung – zwischen dem 1. Mai und dem 28. September 1958 – widerrechtliche Handlungen begangen hatten. Indes erlaubte die Formulierung (Art. 7) »Verstöße im direkten Zusammenhang mit den Ereignissen, die in dieser Zeit stattgefunden haben«, die Amnestierung nicht nur der Freunde des neues Regimes, sondern auch der wenigen, die ihre Ablehnung der Neuordnung aktiv bekundet hatten. Kommunistische Versuche, jede sich aus dem Widerstand gegen die Militärpolitik

---

78 Journal Officiel de la République Française, Débats Parlementaires: Assemblée Nationale, 2ᵉ Législature, 1953, Nr. 63, S. 3908-3912, 3927-3947 (2. und 3. Abschnitt der 110. Sitzung, 24. Juli 1953).

ergebende Handlung in die Amnestie einzubeziehen, wurden von der Regierung und der Parlamentsmehrheit im Namen der »Moral« und des »Patriotismus« zurückgewiesen.[79]

Absolut ablehnend verhielt sich die Regierung allerdings nicht. Da sie den Eindruck vermeiden wollte, als wirke die Amnestie nur in *einer* Richtung, war sie damit einverstanden, dass Fälle von Militärpersonen und Angehörigen der algerischen Widerstandsbewegung, die verräterischer Handlungen im Algerien-Konflikt beschuldigt wurden, binnen sechs Monaten überprüft werden sollten. Das neue Regime war offensichtlich bemüht, zwischen den widerstreitenden Kräften und Tendenzen eine gewisse Balance zu halten. War es sich bereits darüber im Klaren, dass die Freunde von heute die Feinde von morgen – und umgekehrt – sein mochten? Die Regierungsanhänger auf der Rechten gaben jedenfalls, auch wenn sie gegen die Kommunisten polemisierten, deutlich zu verstehen, dass sie sich den möglichen Wohltaten einer Amnestie nicht verschlossen. Der Abgeordnete Jean-Baptiste Biaggi, ein Sprecher des rechten Flügels, der bald selbst in Konflikt mit den Behörden geraten sollte, drückte es fast prophetisch aus: »Man soll Amnestiegesetze nie schlechtmachen, und sei es auch nur aus dem Grunde, weil in den wirren Zeiten, in denen wir leben, früher oder später jeder dazu kommen kann, dass er eines Tages aus ihnen Vorteile zieht.«[80]

Biaggis Maxime fasst Tugenden und Bitternisse politischer Amnestien treffend zusammen. Als technisches Mittel können sie jedem dienen: denen, die an der Macht oder an der Schwelle der Macht sind, denen, die ihre Machtpositionen verloren haben, denen, die sich zum Angriff gegen die Inhaber der Macht rüsten, und denen, die einen strategischen Rückzug vorbereiten. Man hat Amnestien Akte des Vergessens getauft. Aber das ist nur die Visitenkarte, mit der sie von jedem eingeführt oder eingeschmuggelt werden, der für eine besondere Gruppe künftiger Gnadenempfänger plädiert.

Was eine Amnestie will, ist, die Erinnerung an frühere Handlungen ebenso auszulöschen wie ihre möglichen Konsequenzen. Am besten glückt das Auslöschen, wenn sich die Situation, mit der die Tat im Zusammenhang gestanden hatte, bis zur Unkenntlichkeit verändert hat. Dann, aber auch nur dann schließt die Amnestie ein Kapitel ab und erleichtert den Anfang von etwas Neuem.

---

79 Journal Officiel de la République Française, Débats Parlamentaires: Assemblée Nationale (Constitution du 4 octobre 1958), 1ᵉ Législature, 1958/59, Nrn. 46 und 47, S. 1330-1334, 1349-1370 (Sitzungen vom 7. und 8. Juli 1959).
80 Ebda., S. 1332 (Sitzung vom 7. Juli 1959).

Ist ein solcher Wandel nicht eingetreten, so liegt in der politischen Amnestie weder Vergessen noch Auslöschen; sie ist nur noch Waffenstillstand und Atempause. Sie kann eine Umgruppierung der Kräfte ankündigen, aber ebenso gut auch die Wiederaufrüstung und Fortsetzung des Kampfes unter Beibehaltung der alten Schlachtordnung vorbereiten. Und es passiert nicht selten, dass Umgruppierung beabsichtigt, aber nur Wiederaufnahme der Kampfhandlungen erreicht wird. Der umgekehrte Vorgang: ein Waffenstillstand, der dazu führt, dass der abgebrochene Kampf in Vergessenheit gerät, tritt, so erfreulich er sein mag, sehr viel seltener ein.

Kapitel XI

Versuch einer Zusammenfassung

> »Gerechtigkeit unterliegt dem Streit; Macht ist klar zu erkennen und unstreitig. Deshalb konnte man die Gerechtigkeit nicht mit Macht ausstatten, denn die Macht hat der Gerechtigkeit widersprochen und gesagt, sie sei ungerecht; vielmehr sei sie, die Macht, gerecht. Da man also nicht zuwege bringen konnte, dass das, was gerecht ist, mächtig werde, hat man dafür gesorgt, dass das, was mächtig ist, Rechtens sei.«
>
> Blaise Pascal, *Pensées*, I, VIII, 9.

Von politischer Justiz ist die Rede, wenn Gerichte für politische Zwecke in Anspruch genommen werden, so dass das Feld politischen Handelns ausgeweitet und abgesichert werden kann. Die Funktionsweise der politischen Justiz besteht darin, dass das politische Handeln von Gruppen und Individuen der gerichtlichen Prüfung unterworfen wird. Eine solche gerichtliche Kontrolle des Handelns strebt an, wer seine eigene Position festigen und die seiner politischen Gegner schwächen will.

Dass man die Gerichte einschaltet, kann je nach der Sachlage die Folge einer Zwangslage, das Ergebnis der freien Wahl zwischen verschiedenen Möglichkeiten oder die Ausnutzung des Opportunen und Bequemen sein. Ist ein namhafter politischer Würdenträger ermordet worden, während das Staatsgebilde als Ganzes unangetastet geblieben ist und im Rahmen der Gesetze auch weiterhin funktioniert, so erscheint den Staatsorganen die Aburteilung des Täters in der Regel als eine *zwingende*, unausweichliche Konsequenz. Sieht sich ein Herrschaftssystem einer feindlichen Bewegung gegenüber, die Opposition aus grundsätzlicher Gegnerschaft betreibt, so kann es sich für eine von vielen Verfahrensweisen – von uneingeschränkter Duldung der gegnerischen Tätigkeit bis zu ihrer völligen Unterdrückung – entscheiden; ob es den Feind zu tolerieren richtig findet oder ihm mit diesen oder jenen legalen Unterdrückungsmaßnahmen entgegentritt, bleibt seiner freien *Wahl* überlassen. Schließlich kann man aber auch politische Positionen erobern, konsolidieren oder zerstören wollen, indem man das Mittel des politischen Prozesses zur Manipulierung der öffentlichen Meinung benutzt; dass man das Gericht einspannt, ist Sache der *Opportunität*: Politische Justiz erscheint hier als der bequemere, günstigere der variablen Wege, die im politischen Kampf zwischen Personen und Gruppen begangen werden können.

Wie Zwang der Umstände, freie Entscheidung und Opportunität miteinander zusammenhängen, lässt sich an einem Beispiel zeigen. Im Falle der Ermordung eines prominenten Regierungspolitikers wird es ein im gesetzlichen Rahmen gut funktionierendes Staatssystem für *unumgänglich* befinden, den Mörder vor Gericht zu stellen. Eine Frage der Taktik, das heißt der Wahl des *opportunen* Mittels, wird es sein, ob der Mordprozess dazu benutzt wird, die politische Gruppe, der der Mörder angehörte oder nahestand, als gemeine Mörderbande anzuprangern. Dabei kann die Mordtat ihrerseits eine nicht unwesentliche, vielleicht sogar die entscheidende Rolle spielen, wenn die Staatsführung den Kurs *wählt*, den sie künftighin einschlagen will: zum Beispiel die feindliche Gruppe, die man zur Not mit dem Mord belasten kann, um jede legale Existenz- und Betätigungsmöglichkeit zu bringen.

In der Praxis können sich solche Erwägungen überschneiden; es ist kein Zweifel, dass sie bei den Entscheidungen der Staatsorgane häufig ineinandergreifen, bisweilen miteinander verschmelzen. Man wird sie dennoch auseinanderhalten müssen, wenn man sich im Labyrinth der politischen Justiz zurechtfinden will.

1. Strategie der politischen Justiz

In einer rechtsstaatlichen Ordnung verfügen die jeweiligen Machthaber über ein reichhaltiges Waffenarsenal zur Bekämpfung politischer Gegner: Es reicht von der Besetzung von Arbeitsplätzen und der Beeinflussung der öffentlichen Meinung bis zu polizeilichen Mitteln der striktesten Überwachung und systematischen Schikane. Versuchen aber die Gegner, das bestehende Regime zu sprengen, so können die Träger der Staatsgewalt zu der Überzeugung gelangen, dass sie gar keine andere Wahl hätten, als den »erklärten Staatsfeinden« den Garaus zu machen. Dazu werden selbstverständlich auch die Gerichte bemüht. Dem Gerichtsverfahren fallen dabei verschiedene Funktionen zu: Einmal dienen dann die Gerichte als Tribüne, von der aus die Niedertracht der angriffsbereiten Widersacher publik gemacht wird; zum andern wird ihnen die Aufgabe zugewiesen, die auf die Unschädlichmachung des Gegners gerichteten Maßnahmen der Machthaber zu bestätigen und zu legitimieren; und am Ende kann es passieren, dass die Justiz sogar noch die Machthaber selbst vor der Versuchung bewahrt, die günstige Gelegenheit des Staatsnotstands bis zur Neige auszuschöpfen und sämtliche politischen Opponenten, auch solche, die mit der als unmittelbar bedrohlich angesehenen Gruppe nichts zu tun haben, in einem Aufwasch zu liquidieren.

Schwierigere und kompliziertere Probleme gibt den Machthabern die Behandlung großer Parteien oder Massenorganisationen auf, deren Führer, Mitglieder oder Anhänger in das Staatsgebilde nicht eingegliedert sind und deren Staatstreue im günstigsten Fall zweifelhaft ist. Politische Gemeinschaften von der Art der englischen Chartisten oder der deutschen Sozialdemokraten im 19. Jahrhundert, der deutschen Nationalsozialisten vor 1933 oder der heutigen französischen und italienischen Kommunisten schwanken gewöhnlich zwischen der Hoffnung, ins Staatsganze einbezogen zu werden, dem Verlangen, sich an die Stelle der jeweiligen Machthaber zu setzen, und blindem rebellischem Zerstörungsdrang. Was aus ihnen wird, hängt von vielerlei Umständen ab. Abhängige Variablen sind dabei die Beschaffenheit der Führung und die innere Organisation der aufsässigen Gruppe, der Druck oder die Aufnahmebereitschaft der gesellschaftlichen Umgebung und natürlich auch die konkreten Maßnahmen der herrschenden Gewalten. Wie mit solchen Massenbewegungen verfahren wird, hängt also nicht zuletzt von der Entscheidung derer ab, die über die staatliche und gesellschaftliche Macht verfügen.

Von den Überlegungen, die sowohl für die Beweggründe der Machthaber als auch für ihre Bewusstseinsbildung und propagandistische Rechtfertigung von Bedeutung sind, kehrt eine mit ziemlicher Konstanz wieder: Sie hat mit der Beobachtung zu tun, dass zwischen einer staatsentfremdeten inneren Opposition und äußeren Feinden des Staatsganzen Verbindungen bestehen können. Von den Zeiten Pausanias' und Alkibiades' über die französischen Religionskriege des 16. Jahrhunderts und die Epoche des jüngeren Pitt, Thomas Hardys und Thomas Paines bis zur Ära der sozialistischen und kommunistischen Internationalen haben solche Verbindungen bei den jeweiligen Machthabern und deren Anhängern Angst, Besorgnisse, Entrüstung und Wut entfacht und bei den inneren Feinden der herrschenden Ordnung Hoffnungen geweckt. Die Wirkungen, die von solchen Dingen in unserem Zeitalter ausgehen können, werden von Freund und Feind nur zu leicht überschätzt. Die heutige Welt sieht anders aus, als die europäische Welt vor der Französischen Revolution ausgesehen hatte: Vor allem hat es der Nationalstaat der neueren Zeit verstanden, unter seinen Staatsbürgern einen starken inneren Zusammenhalt zu entwickeln. Für die Invasionserfolge eroberungssüchtiger fremder Mächte war die Hilfeleistung der »fünften Kolonnen«, wie eine neuere Untersuchung[1] überzeugend dargetan hat, auch in den kritischsten Situationen nicht entscheidend.

Die Staaten der Nachkriegswelt halten sich trotz manchmal beträchtlichen inneren Widerständen an die Regierungsstrukturen und Bündnissysteme, zu denen sie um 1944/45 hinneigten; die Ausnahmen sind selten. Was den Regierenden immer Angst einflößt, sind einerseits ideologische Wahlverwandtschaften und Sympathien mit fremden Gesellschaftssystemen, anderseits organisatorische Vorkehrungen, die der gegenseitigen Verstärkung der Positionen des inneren und des potentiellen äußeren Feindes dienen sollen, wenn sie dies Ziel auch nicht immer erreichen. Und es hängt vornehmlich von künftigen Konstellationen ab, ob eine solche Parallelität der Perspektiven und Sympathien, wie sie in vielen Ländern – sei es vag und nebelhaft, sei es in mehr oder minder organisierter Form – besteht, mehr hervorbringen wird, als dass hin und wieder vergängliche Schatten über die politische Bühne huschen. Im politischen Kalkül müssen freilich auch solche ephemeren Erscheinungen berücksichtigt werden.

Was die Vertreter der Staatsgewalt dazu bringt, sich für oder gegen die Unterdrückung einer »Opposition aus Prinzip« zu entscheiden, fällt nicht unbedingt mit den Argumenten zusammen, mit denen eine solche Entscheidung in den Kategorien der geltenden Rechtsordnung gerechtfertigt werden kann. Rationale oder pseudorationale Gründe, auf die sich die eine oder die andere Politik stützen kann, lassen sich immer finden: Aktionspläne der »staatsfeindlichen« Organisationen, Erklärungen ihrer Führer, unbedachte Äußerungen und Ausschreitungen der Anhänger liefern der Staatsgewalt jederzeit genug Material für die Rechtfertigung ihrer Maßnahmen. Hat man sich aber einmal für die Unterdrückung einer »umstürzlerischen« Bewegung entschieden, so bedarf es im Rahmen einer rechtsstaatlichen Ordnung der vorbehaltlosen Mitwirkung aller Organe der Gesetzgebung, Verwaltung und Justiz, damit die Entscheidung in die Praxis umgesetzt werden kann.

Schon die Schaffung einer verfassungsmäßigen Grundlage für die Anwendung des Unterdrückungsplans erfordert unter Umständen die aktive Mitarbeit des Justizapparats. Ist diese – möglicherweise recht schwierige – Hürde genommen, so geht es nicht ohne richterliche Sanktion in all den Einzelfällen, in denen die für unerlaubt erklärte

---

1 Louis De Jong: The German Fifth Column in the Second World War, Chicago, 1956.

politische Tätigkeit fortgeführt wird oder die Entscheidung darüber, was erlaubt und was verboten ist, nicht einfach den ausführenden Organen der Staatsgewalt überlassen werden soll. Dann kommen die paradoxen Züge zum Vorschein, die politischer Unterdrückung im Rahmen einer rechtsstaatlichen Ordnung gewisse Schranken setzen. Die Tatsache, dass es solche Schranken gibt, erzwingt eine Art Wettkampf zwischen der Staatsgewalt und den Feinden, die sie knebeln will. Die Natur des Rechtssystems, die in ihm wurzelnden Verfahrensgarantien und die faktischen Barrieren der Publikumsreaktionen, auf die die Machthaber stoßen, wenn sie, ohne die Rechtsstaatlichkeit abzuschaffen, aus eigener Machtvollkommenheit alles kontrollieren und überall herumschnüffeln wollen, führen häufig dazu, dass die Ergebnisse der Unterdrückungspolitik nicht an das herankommen, was sie hatte bewirken sollen.

Wo die Regierenden weder dem Druck einer Zwangslage nachgeben noch aus freier Entscheidung der einen oder der anderen sachlichen Überlegung den Vorzug geben, beginnt die Domäne der Opportunität, das Reich der reinen Taktik. Da geht es nicht um die notwendige Abwehr eines Gegners, der sich des Staatssteuers mit allen Mitteln zu bemächtigen sucht, und auch nicht um das oft qualvoll schwierige Problem der Behandlung eines Volksteils, der am Gemeinwesen keinen Anteil hat oder ihm feindlich gegenübersteht. Da ist entscheidend, dass der psychologischen Wirkung auf die Gesamtheit oder auf die zum Regime stehenden vorhandenen oder etwa noch werdenden Parteien größere Bedeutung zukommt als der eigentlichen Eindämmung der gegnerischen Tätigkeit. Um die erstrebte psychologische Wirkung zu erzielen, können sowohl totalitäre als auch rechtsstaatlich-konstitutionelle Regierungssysteme zum Aushilfsmittel des gerichtlichen Verfahrens greifen.

In beiden Systemen benutzen die Ankläger – Regierungen, Parteien, Individuen – etwas, was der Gegner früher getan hat, als Operationsfeld, von dem aus politisches Geschehen geformt werden kann. Ist der Gegner aus dem politischen Konkurrenzkampf bereits ausgeschaltet, so bemühen sich die Ankläger, seine Niederlage im Lichte einer weiter gespannten geschichtlichen oder moralischen Rechtfertigungsargumentation als unumgänglich und gerecht hinzustellen. Gegebenenfalls kann man das damit erreichen, dass man den Beweisstoff auf einen dramatisch aufgebauschten Teilausschnitt reduziert, so dass dem Publikum das entsprechend verzerrte und entstellte Bild des unterlegenen Gegners auf dem Hintergrund eines spannenden Kriminalromans vorgeführt werden kann. Oder es kann der Versuch unternommen werden, eine geschlossene Geschichtsdeutung im Sinne der Urheber des Gerichtsverfahrens als Ergebnis der richterlichen Tatbestandsermittlung auszubreiten. Die Technik kann variieren. Wesentlich ist, dass vor Gericht Geschehnisse, die der Vergangenheit angehören, in einer Version rekonstruiert werden, die es ermöglicht, dem allgemeinen Bewusstsein das von den Machthabern gewünschte Bild bestimmter Personen oder Gruppen einzuprägen.

Die Gerichte sind gewiss nicht die einzige Stelle, an der solche Identifizierungen oder Projektionen zu politischen Zwecken vorgenommen werden können. Jede Gruppe von Machthabenden oder Machtsuchenden bemüht sich mit allen ihr zugänglichen propagandistischen Mitteln unablässig darum, solche ihren eigenen Absichten und Plänen günstigen und ihren Gegnern und Rivalen abträglichen Identifizierungen und Projektionen zustande zu bringen. Indes bleibt die Wirkung begrenzt, solange das gleichsam privat, in der Ebene unverbindlicher Aussagen geschieht. Zwar werden bestimmte Eindrücke wunschgemäß erweckt, aber ob sie haften, hängt von der glücklichen Wahl einprägsamer Bilder ab und davon, ob die Wirkung durch ständige Wiederholung verstärkt werden kann; überdies können Gegenbilder und vor allem der endlose Strom neuer Eindrücke die Wirkung zunichtemachen und das anfänglich entworfene politische Bild zerflattern lassen. Dem ist die bildprägende Wirkung des Gerichtsprozesses bei weitem überlegen.

Das Gerichtsverfahren nimmt das angestrebte Bild aus dem Bereich privaten Geschehens und parteiischer Konstruktion heraus und hebt es auf ein offizielles, autoritatives, gewissermaßen neutrales Postament hinauf. Dem Publikum wird die einmalige Gelegenheit geboten, an der Rekonstruktion der Geschichte zum Zweck der Gestaltung der Zukunft teilzunehmen. Unwichtig ist dabei, dass der zum Beweis angeführte Ausschnitt aus der Vergangenheit äußerst schmal ausfällt oder dass die Zeugen, aus deren Berichten die Geschichte zusammengestückelt wird, mit den zu rekonstruierenden Ereignissen zu eng verflochten oder von ihnen zu weit entfernt gewesen sein mögen. Worauf es ankommt, ist, dass das Entweder-Oder, in das sich die historische Wirklichkeit vor Gericht auflöst, dem Publikum ein unendlich vereinfachtes Geschichtsbild präsentiert und aufzwingt. Außerdem wird die öffentliche Vorführung auf diese Weise bewegt und lebendig gestaltet. Der einzige Maßstab ist die Einprägsamkeit, nicht das Sinngerechte des Bildes.

Das hat seine Nachteile. Erfolgreiche Photomontage kann verblüffen und die gewünschte Sofortwirkung erzielen. Die Zerreißprobe der Zeit besteht ein Bild aber nur, wenn es die Ganzheit des Geschehens einfängt. Der politische Prozess, der aus purer Opportunität veranstaltet wird, weil er sich so bequem handhaben lässt, erweist sich daher häufig nur als Scharmützel, als einer von vielen miteinander zusammenhängenden Faktoren, die den geschichtlichen Verlauf beeinflussen können und mitunter tatsächlich, wenn auch in einer ganz anderen Weise, zum endgültigen Urteilsspruch der Geschichte beitragen. Und wiewohl er zum Gegenstand der Geschichte werden kann, wird der politische Prozess selbst nur selten zu einem Bestandteil des historischen Urteils.

In Ausnahmefällen – so zum Beispiel beim Nürnberger Prozess – ist die Gesamtbilanz eines Regimes, das dahingegangen ist, so eindeutig, dass das vor Gericht erbrachte Bild als ein ausreichend wahrheitsgetreues Abbild der Wirklichkeit erscheinen muss, dessen Gültigkeit durch keinerlei Kritik verwischt oder wesentlich eingeschränkt werden kann, mögen gegen die Methoden, die Interessenrichtung oder die Zuständigkeit und Urteilsfähigkeit der Anklagebehörde oder des Gerichts noch so viele Einwände erhoben werden. Zweifellos klang im Nürnberger Prozess mit allem Heuchlerischen und Grotesken, das im Prozessgegenstand begründet lag, auch vieles an, was den reinen Opportunitätsprozess kennzeichnet. Wird man nicht dennoch feststellen müssen, dass das Gerichtsverfahren von Nürnberg in die Kategorie des geschichtlich und moralisch Notwendigen einzureihen ist?

2. Geplante Justiz und richterlicher Spielraum

Ist der politische Prozess demnach nichts als ein technisches Mittel, mit besiegten Gegnern aufzuräumen? Zweifellos kann er den mehr oder minder sorgfältig überlegten und geplanten Versuch darstellen, das Staatsgebilde von politischen Feinden zu befreien; oder er kann die Schaffung einprägsamer politischer Symbolbilder zum Ziel haben. In fast allen Fällen dieser Art muss der Richter seine eigene Rolle mit gemischten Gefühlen ansehen. Solange das Regime mehr Freunde als Feinde hat, ist er wahrscheinlich nicht abgeneigt, aus der Alltagsroutine herausgeholt und in das Zentrum des Geschehens hineingestellt zu werden. Aber er ist sich auch der Risiken der Situation bewusst: Er muss zu komplexen und gegensätzlichen politischen Ansprüchen Stellung beziehen, denn von ihm hängt es ab, welche von diesen Ansprüchen im Gerichtsverfahren besser oder schlechter abschneiden.

Der Richter (oder entsprechend das Geschworenengericht) waltet seines Amtes im Rahmen einer festgelegten gesellschaftlichen und staatlichen Ordnung. Er ist – ebenso wie der Staatsanwalt oder der Polizeibeamte – das Werkzeug eines konkreten politischen Systems, das zu einer bestimmten Zeit und in einem bestimmten Raum operiert. Gibt es allgemeines Einverständnis über Methoden und Ziele, ist die staatliche Ordnung so alt und so festverwurzelt, dass sie allen Volksschichten als selbstverständlich gilt, so findet der Richter als Sprachrohr eines gottgewollten gerechten Systems Gehör. Aber normalerweise sind nicht alle Gesellschaftsschichten gleichermaßen zufrieden und mit den Dingen einverstanden; Systeme und Machthaber kommen und gehen. Das beeinträchtigt die Aussicht des Richters, als Verkörperung der Autorität des Ganzen zu gelten und auch dann noch, wenn er über Angriffe auf die bestehende Ordnung zu Gericht sitzt, dem Einzelmenschen Gerechtigkeit widerfahren zu lassen. Es kann ihm nicht leicht fallen, das zu vollbringen, wofür ihn das Gemeinwesen erkoren hat: in jedem Einzelfall, der ihm zugeschoben wird, ein gerechtes Urteil zu fällen. Denn »gerecht« wäre hier nur die Entscheidung, die nicht allein den Augenblicksnöten und dem Druck der Tageserfordernisse Rechnung trägt, sondern auch dazu angetan ist, in weiterem Umkreis und auf längere Dauer Anerkennung zu finden, eine rational wohlausgewogene Entscheidung also, die der affektfreien Prüfung der richterlichen Beweggründe standzuhalten vermag.

In weitem Maße kann der Richter den Erwartungen der Allgemeinheit gerecht werden, wenn er sich darauf beschränkt, auch auf den politischen Fall, den er abzuurteilen hat, die weithin akzeptierten Normen und Verfahrensvorschriften anzuwenden. Dabei kann er allerdings auf Schwierigkeiten stoßen, die seine Aufgabe in größerem oder geringerem Maß komplizieren. Zur Beschleunigung des Verfahrens und – indirekt – zur Schwächung der Widerstände, mit denen die Staatsgewalt fertig werden muss, können Bestimmungen erlassen worden sein, die die gewöhnten Verfahrensgarantien beschneiden (Kürzung der für die Vorbereitung der Verteidigung zugestandenen Zeit, Abänderung der Vorschriften für die Vorladung von Zeugen, Beschränkung der dem Verurteilten verbürgten Rechtsmittel und so weiter). Regierungsorgane können auf den Richter inoffiziell Druck ausüben, um ihn zur Eile anzutreiben oder ein ihnen genehmes Urteil zu erwirken. Auch Rechtsbeistände der Angeklagten können Schwierigkeiten machen, wenn ihnen besonders daran liegt, die Unbilden der bestehenden Ordnung und das Unrecht ihrer Rechtsprechung zu plakatieren, statt die verfügbaren rechtlichen Möglichkeiten auszunutzen, um die Anklage wirksam zu entkräften.

Bleibt der Richter fest und entschlossen, so kann er die Hürden nehmen, die inoffizieller Druck vor ihm auftürmt. Wenn er die eingeschränkten Verfahrensgarantien geschickt handhabt, kann er vielleicht sogar die schädlichen Wirkungen einer Sondergesetzgebung mildern. Mehr noch: Unter günstigen Umständen kann er fragwürdigen Vorverfahren Zügel anlegen, zum Beispiel polizeiliche Maßnahmen für unstatthaft erklären oder Ergebnisse der Voruntersuchung mit dem Odium der Rechtlosigkeit in Frage stellen und so verhindern, dass das Gerichtsverfahren selbst unglaubwürdig wird.

Verfahrensgarantien funktionieren bis zu einem gewissen Grade als automatische Vorkehrungen; dem Verstoß folgt die Strafe auf dem Fuße: Da die Nichteinhaltung jedem sichtbar ist, führt sie dazu, dass der Prozess an Glaubwürdigkeit verliert und das böse Bild, das er von den Angeklagten oder ihren Hintermännern entwerfen sollte, zerfließt. Dem Angeklagten kann indes daran liegen, die Befugnisse des Gerichts sehr weit auszulegen und zu verlangen, dass es über die Rechtswidrigkeit des anzuwendenden Gesetzes oder über die Gesellschaftsordnung und das politische Regime, die sich auf das Gesetz berufen, Urteile fälle. Nur selten führt ein solcher Frontalangriff zum Erfolg, meistens auch dort nicht, wo die Verfassungsgrundsätze, was heutzutage etwas häufiger vorkommt, es theoretisch erlauben, dass die einzelnen Gesetze am Verfassungsbild gemessen werden. Am wenigsten kann der Angeklagte diese Waffe dort gebrauchen, wo ihr Gebrauch am ehesten geboten wäre: in den Gerichten der totalitären Staaten.

Erfahrungen mit politischen Systemen, die eine Scheidewand zwischen einer gerade noch diskutablen Politik der Härte und einer menschlich untragbaren Politik nicht kennen, sollten den Richtern, die es vordem nicht gespürt hatten, wenigstens eins klargemacht haben: wie jeder andere Amtsträger trägt der Richter die Bürde des Regimes, dem er dient. Bricht das Regime zusammen, so muss er imstande sein, sich auf die Vertretbarkeit seiner Handlungen in konkreten Situationen zu berufen, statt sich mit zweifelhaften Hinweisen auf den Zwang gesetzlicher Bestimmungen, die verwerflich gewesen sein mögen, zu entschuldigen.

Sieht man von solchen Ausnahmesituationen ab, so bleiben die Absichten des Gesetzes und die Zielsetzung derer, die die politische Verfolgung vor Gericht – im Rahmen der gerade geltenden Gesetze – betreiben, zumeist außerhalb der Prüfungs- und Entscheidungsdomäne des Richters. Allerdings kann er, wenn er will, andere, subtilere und weniger demonstrative Möglichkeiten finden, eine aktivere Rolle zu spielen. Die begrifflichen Werkzeuge, die ihm eine Mittlerrolle zwischen gesellschaftlichem Druck und eigener Beurteilung der Rangordnung der Werte und Motivprioritäten erlauben, nennt man Gesetzesinterpretation, Beweiswürdigung und Verhängung der Strafe, in den oberen Instanzen dazu noch Prüfung der Rechtsgrundlagen der Entscheidung. Die Staatsgewalt kann neue Gesetze erlassen, unabänderliche Direktiven auf Gebieten ausgeben, die vorher dem richterlichen Ermessen anheimgestellt waren, oder, sofern sich dazu Gelegenheit bietet, neue Richter ernennen, von denen sie erwartet, dass sie ihre Wünsche und Absichten mit größerer Ergebenheit beherzigen. Aber der richterliche Spielraum kann, solange die Institution der Gerichte bestehen bleibt, zwar weitgehend eingeschränkt, jedoch nie völlig abgeschafft werden.

Die Ausschaltung des richterlichen Spielraums, die Verwandlung des Richters in einen bloßen Handlanger des Justizapparats soll die sichere Garantie der Urteilsergebnisse erbringen, die die Machthaber überall anstreben, die aber nur eine mit dem politischen Machtapparat völlig verschmolzene und ihm absolut hörige Justizorganisation zu erzielen vermag. Ist dies vorgeplante Urteil den Preis wert, der dafür erlegt werden muss?

Der totalitäre Gerichtsfunktionär muss versuchen, die sicherste, das heißt die der Staatsspitze genehmste Auslegung der gesetzlichen Bestimmungen zu erraten. Das entspricht dem Grundsatz des Systems: Danach ist es zweckmäßiger, Fehler mitzumachen und jeden politischen Kurswechsel unverzüglich bis aufs i-Tüpfelchen zu befolgen, statt der Gesellschaft die Freiheit zu geben, durch die Aufteilung der Macht auf ihre einzelnen Bestandteile oder Organe ihr eigenes Gleichgewicht zu finden. Der einzelne Staatsbürger darf sich auf die Autorität der Gerichte gar nicht berufen, solange eine eindeutige, allgemeinverbindliche Marschroute nicht an höchster Stelle festgelegt worden ist. Damit schützt sich das System vor peinlichen Überraschungen.

Dass man, wie das mancherorts geschieht, den Justizapparat davon abhält, die offizielle politische Linie mutwillig zu durchkreuzen, ist doch noch etwas ganz anderes, als wenn man diesem Apparat durch Eingliederung in die zentralisiert geplanten Gesamtbemühungen des Staates den höchsten Nutzeffekt abzugewinnen sucht. Kann man Justiz ebenso planen wie Produktionsprogramme oder Propagandakampagnen? Das ist zum mindesten zweifelhaft. Ohne dass die Stalinsche Praxis der Vorfabrikation von Schauprozessen wiederbelebt wird, lassen sich Vergehen gegen den Staat nicht nach einem im Voraus festgelegten Plan künstlich hervorbringen. Wohl kann man aber den Justizapparat im Voraus darauf abrichten, dass er bestimmte politische oder soziale Direktiven haargenau ausführt. Gerichte können darauf gedrillt werden, für bestimmte voraussehbare gesellschaftliche oder politische Störungen – zum Beispiel für den Widerstand der Bauern gegen die Kollektivisierung der Landwirtschaft – ideologisch und organisatorisch Gewehr bei Fuß zu stehen. Besondere Formen des Widerstands können für gerichtliche Behandlung ausgesondert werden, so dass sich ihre Verfolgung mühelos in ein kombiniertes Schulungs- und Einschüchterungsprogramm einfügt. Die Szenerie lässt sich so zurechtrücken, dass das Risiko eines Prozessfiaskos auf das Mindestmaß reduziert und der Propagandaaufwand am wirksamsten entfaltet wird.

Nichtsdestoweniger bleibt eine risikolose politische Justiz ein Widerspruch in sich. Sie ist das totalitäre Gegenstück zur westlichen Fiktion von der lückenlosen Staatssicherheit. Wie eine solche Sicherheitsphantasie zum Stagnieren des politischen Lebens führt, so führt der politische Prozess mit vorbestimmtem Ausgang dazu, dass sein eigentliches Ziel verfehlt wird: Die Bilder, die dieser Prozess heraufbeschwört, sind nicht besser und nicht schlechter als die Staatsgewalt, die den Prozess veranstaltet; in diesem Sinne wird der Prozess, der nur zur Verkündung einer bestimmten Rangfolge von Zielsetzungen geplant wird, lediglich zu einer zusätzlichen Apparatur, mit der offizielle Standpunkte der Bevölkerung bekanntgegeben werden.

Was der Prozess eigentlich bewirken soll: Dass die an ihm nicht direkt Beteiligten auf eine bestimmte Art reagieren, wird nicht erreicht, denn diese Wirkung hängt nicht von der mit dem Urteil publik gemachten Aussage, sondern von der Spannung ab, die in der Bevölkerung durch das Bewusstsein der Teilnahme an einer dramatischen Handlung erzeugt wird. Die Spannung bleibt aus, wenn das Publikum draußen nicht das Gefühl hat, dass der Ausgang des Dramas erst in letzter Minute entschieden wird. Geplante Justiz kann ein solches Erlebnis schwerlich vermitteln.

3. Der Richter und das Risiko der politischen Freiheit

Dass es einen richterlichen Spielraum gibt, womit ein gewisses Element von Unsicherheit, Ungewissheit und Risiko verbunden ist, unterscheidet den Prozess von der pseudogerichtlichen Propagandaveranstaltung, dem bloß maskierten Verwaltungsakt. Wie groß ist dieser richterliche Spielraum in Gesellschaften, die sowohl auf die organisatorisch-mechanische als auch auf die ideologische Gleichschaltung ihrer Gerichtsinstitutionen mit ihren politischen Staatsorganen verzichten? Die Antwort fällt je nach der Art der politischen Handlungen, um die es geht, verschieden aus. Geht es um einen echten, nicht um einen gestellten Versuch, die verfassungsmäßigen Gewalten zu stürzen, so ist die Amtswaltung des Gerichts gleichsam eine Pflichtzeremonie, die der offiziellen Version des Ereignisses einen legitimen Anstrich verleiht; Tempo und Genauigkeit der Beweisausbreitung richten sich nach den propagandistischen und strategischen Bedürfnissen der Machthaber. Ungeachtet der persönlichen Neigung des Richters, der sich bis zu einem gewissen Grad an den Leistungen und Mängeln des Regimes orientiert, ist der Ausgang des Verfahrens vorbestimmt: Wo die Autorität der bestehenden Ordnung frontal angegriffen wird, muss der Richter sie in Schutz nehmen und ihre Verletzung ahnden. Bevor er aber über den Angeklagten die Strafe verhängt, die einem missglückten Umsturz gebührt, kann er ihm gestatten, noch ein letztes Mal den Proklamationen des herrschenden Systems sein eigenes rebellisches Glaubensbekenntnis entgegenzustellen. Die skeptischeren oder zynischeren Richter der konstitutionellen oder halbabsoluten Monarchien des 19. Jahrhunderts stellten die Gerichtstribüne für solche Erklärungen großzügiger zur Verfügung, als es ihre Nachfolger in der Gegenwart tun, die mit einem größeren, manchmal die ganze Welt umfassenden Auditorium rechnen müssen.

Freilich kann schon die Feststellung, ob die dem Angeklagten zur Last gelegten Handlungen auch wirklich einen Frontalangriff auf die bestehende Ordnung darstellen, Gegenstand des richterlichen Ermessens sein. Wo der Sachverhalt zweideutig ist und verschieden interpretiert werden kann, weitet sich der richterliche Spielraum. Wo der Richter auf eine konkrete politische Situation einen schillernden juristischen Begriff – etwa aus dem Sprachbereich der »Bedrohung der Staatssicherheit« – anwenden kann, ist dieser Spielraum größer als dort, wo es der Anklagebehörde überlassen bleibt, das Verhalten des Angeklagten in das häufig sachinadäquate Schema der Feststellungen, ob dies und jenes wahr oder unwahr sei, hineinzuzwängen. Aber auch noch bei einem solchen Schema bleibt dem Richter insofern ein gewisser Bewertungsspielraum, als er die Gesamthaltung des Angeklagten und dessen Vorstellungen von dem Sinn und der Tragweite seines Tuns berücksichtigen muss.

Dadurch, dass sich der Richter nur mit den Problemen, die ihm vorgelegt werden, und nur unter den besonderen Umständen, unter denen sie ihm vorgelegt werden, befassen kann, ist das richterliche Amt eingeengt, aber zugleich auch mit einem Sicherheitsmechanismus versehen. Hier sind dem Richter Grenzen gezogen: Er hat es immer nur mit einem Teilstück der Wirklichkeit zu tun. Deswegen verspürt er nicht selten das Bedürfnis, die ihm zugeschobene Materie anders zu sehen, den Sachverhalt in ein anderes Bezugssystem – seinen eigenen Vorstellungen entsprechend – einzuordnen. Aber nicht minder oft ist er heilfroh, dass andere bereits auf den Knopf gedrückt haben und dass sich seine Verantwortung darin erschöpft, die verschiedenen Komponenten einer Situation zu ordnen, für die er nichts kann.

Diese Trennung von der wirklichen Welt der politischen und administrativen Entscheidungen kann sich als unvermeidlicher Hemmschuh erweisen, wenn der Richter seiner Aufgabe nachgeht, die ungeordneten Elemente des gesellschaftlichen Bewusstseins in das auf Hochglanz polierte Endprodukt des Gerichtsverfahrens, den abschließenden Urteilsspruch, umzuformen. Auch wenn er dem Ansturm der gesetzgeberischen und staatspolitischen Überlegungen widerstehen wollte, aus denen sich ergibt, wie gefährlich es wäre, der Politik des Staates die richterliche Sanktion zu verweigern, hätte der Richter schwerlich das geistige Rüstzeug oder den politischen Orientierungssinn, um einen vom Alltäglichen abweichenden Weg einzuschlagen. Und dennoch: So normal die Rücksichtnahme des Richters auf die Staatsautorität auch ist, die unverbrüchliche Regel ist sie nicht. Soziologische Betrachtungen über die Auswirkungen der gesellschaftlichen Homogenität oder Heterogenität auf die Einstellung der Richter genügen nicht zur Erklärung der vielfältigen Schattierungen richterlichen Verhaltens. Mit neuen Situationen wandelt sich unversehens der Druck, dem der Richter unterliegt, verändern sich aber auch seine Vorstellungen und Perspektiven.

In Ländern, in denen der richterliche Wahrspruch nicht das Kollektivergebnis des Kompromisses zwischen bürokratischen Apparaten mit Überwertigkeit der niedrigsten Komponente ist, sondern eher aus den persönlichen Orientierungsbemühungen der Richter hervorgeht, ist die Skala der Motive und Überlegungen, die in die richterlichen Vorstellungen von der Gerechtigkeit und vom Sinn der Rechtsprechung eingehen, deutlicher zu erkennen. Am leichtesten lässt sich das Verhalten der Richterschaft dort deuten, wo die persönlichen Rechtsansichten der einzelnen Mitglieder der Gerichtshöfe als Bestandteil des offiziellen Prozessprotokolls veröffentlicht werden.[2] Ob eine solche

---

2 Siehe die Zusammenstellung der einschlägigen Praxis aus verschiedenen Ländern bei Kurt H. Nadelmann: »The Judicial Dissent; Publication and Secrecy«, in: The American Journal of Comparative Law, Jahrgang 8, S. 415-432 (Heft 4, März 1959), der die Bekanntgabe abweichender Meinungen befürwortet, ohne allerdings zu untersuchen, wie sie die innere Struktur der Gerichte beeinflusst.

Praxis dem Interesse der Rechtsprechung dient, hängt von verschiedenen Momenten ab. Mancherlei wäre da zu klären. Fördert oder hindert die Veröffentlichung abweichender Meinungen die allgemeine Anerkennung der als Gerichtsbeschluss verkündeten offiziellen richterlichen Auffassung? Hindert die Beschränkung der Publizität auf die offiziellen Urteilsgründe unter Ausschluss der auch nur für einen engeren Kreis bestimmten Bekanntgabe einzelrichterlicher Meinungen die Minderheit des Gerichts daran, auf die allgemeine Meinungsbildung Einfluss zu nehmen? Begünstigt der Zwang zur beschleunigten Abwicklung des richterlichen Pensums bei gleichzeitiger Aufrechterhaltung einer freundschaftlichen Atmosphäre im Gericht – unter Ausschluss der öffentlichen Diskussion – die Erzielung innergerichtlicher Kompromisse,[3] und wie wird dadurch der Charakter dieser Kompromisse berührt? Und schließlich: Ist die stimulierende Wirkung der Bekanntgabe abweichender, vielleicht unpopulärer Meinungen vom Sitz der Autorität aus, wenn auch nicht mit dem Siegel der Autorität, so wesentlich, dass sie die Unterrichtung der Öffentlichkeit über die internen Meinungsstreitigkeiten der Richter rechtfertigt? In der jüngsten deutschen Diskussion sind beachtliche Argumente zugunsten der Bekanntgabe abweichender Meinungen der Bundesverfassungsrichter geltend gemacht worden.[4]

Wichtig für die Formung des richterlichen Bewusstseins ist die verschiedenartige Reaktion auf Wünsche und Forderungen der jeweiligen Machthaber: Sie kann darin bestehen, dass sich die Richter aus einer patriotischen Ideologie heraus mit den Zielsetzungen der Machthaber identifizieren und ihren Auffassungen in jeder Beziehung anpassen; oder sie kommen den Auffassungen der Staatsspitze nur widerwillig und bedingt entgegen und schieben die Verantwortung anderen Staatsorganen zu; es ist aber auch nicht unmöglich, dass sie den »oben« vertretenen Ansichten mit kühler Zurückhaltung gegenüberstehen und die

---

[3] Zitiert sei aus der umfangreichen Literatur die Ansicht des verstorbenen amerikanischen Bundesrichters Robert H. Jackson: The Supreme Court in the American System of Government, Cambridge (Massachusetts), 1955, S. 19: »Jede abweichende Meinung ist das Eingeständnis des Schreibers, daß es ihm nicht gelungen sei, seine Kollegen zu überzeugen; die wirkliche Bewährungsprobe eines Richters besteht darin, daß sich erweisen muß, ob sein Einfluß ausreicht, das Gericht, dem er angehört, hinter sich zu führen, statt sich gegen das Gericht zu stellen.«
[4] Joachim H. Kaiser: »Die Erfüllung der völkerrechtlichen Verträge des Bundes durch die Länder. Zum Konkordatsurteil des Bundesverfassungsgerichts«, in: Zeitschrift für ausländisches öffentliches Recht und Völkerrecht, Jahrgang 18, S. 526-558, insbesondere 556 (Heft 3, 1958).

den Problemen der Rechtsfindung zugrunde liegenden gesellschaftlichen Faktoren selbständig zu analysieren und zu beurteilen suchen.
Ebenso verschieden können auch die Beweggründe der Richter sein. Von Interesse sind in dieser Beziehung die auseinanderstrebenden Haltungen einzelner Mitglieder des Obersten Gerichts der Vereinigten Staaten in den letzten Jahrzehnten: Felix Frankfurters Sorge um die Erhaltung der umkämpften Staatsautorität in der Massengesellschaft; die aus der Gedankenwelt des gehobenen Mittelstandes stammenden Vorstellungen John M. Harlans von der begrenzten Fürsorgepflicht des Staates gegenüber einzelnen Gesellschaftsklassen; Thomas C. Clarks dem FBI-Chef J. Edgar Hoover abgelauschte Idee von der Staatsgewalt als dem »älteren Bruder«, der auf die jüngeren Geschwister aufzupassen habe; schließlich William O. Douglas' zielbewusste und energische Bemühungen um die Mobilisierung der Rechtsordnung für die Schaffung einer besseren Gesellschaftsordnung.

Der Vielfalt der Haltungen entspricht die Verschiedenheit der rationalen Begründungen, die für diese oder jene Position angeführt werden. Hinter systematisch ausgearbeiteten Lehrmeinungen oder durch Tradition geheiligten Theorien verbergen sich mitunter grundlegende Konflikte: Die einen setzen sich leidenschaftlich für leidende Menschen ein, die anderen beharren starren Sinnes auf herkömmlichen, in langer Praxis erprobten gesetzestechnischen Konstruktionen, die den Wünschen und Interessen der etablierten Gewalten entgegenkommen. Höchst subtile Textauslegungen und kaum spürbare Korrekturen an geltenden Rechtsformeln dienen bisweilen zur Erreichung von Zielen, die von der sanktionierten Praxis wesentlich abweichen, ohne dass das Neue sofort erkennbar würde. Gelegentlich – zumeist in abweichenden einzelrichterlichen Meinungen – macht sich die Neigung bemerkbar, den Schleier der juristischen Verklausulierungen zu zerreißen und zu einer geistigen Kraftprobe vorzustoßen, in der sich der Machtanspruch der bestehenden Gewalten mit der Bereitschaft der Gesellschaft misst, die im Voraus schwer durchschaubaren Risiken der politischen Freiheit auf sich zu nehmen.

Die politischen Direktiven, denen der Richter im Westen – in einem ganz anderen Sinne als seine totalitären Kollegen – folgt, fließen nicht aus seiner ausdrücklichen oder intuitiven Beziehung zu einer Parteihierarchie. Sie ergeben sich vielmehr aus seiner eigenen Einsicht in die Erfordernisse des staatlichen und gesellschaftlichen Daseins, und darin wurzelt ihre Rechtfertigung, aber auch ihre Enge. Im günstigsten Fall bezeugt diese Einsicht des Richters nur, dass die in Aussicht genommene Lösung den Erfordernissen der Allgemeinheit unter den gegebenen

Umständen Rechnung trage. Aber das Politische ist seinem Wesen nach unbeständig. Gewiss gibt es fundamentale Mindestansprüche menschlichen Anstands, die allen politischen Ordnungen und allen vorgeschlagenen Lösungen gegenüber Geltung haben und auf die weder im Voraus noch im Nachhinein verzichtet werden darf; gleichwohl liegt es in der Natur der Dinge, dass politische Erfordernisse und Gesichtspunkte ständigem Wandel unterliegen.

Es ist eine Ironie der politischen Justiz, dass ihr Auftrag zwar notwendigerweise immer nur ambivalent und zeitgebunden sein kann, dass aber ihre Vollstrecker stets proklamieren müssen, ihr Verfahren und ihre Ergebnisse seien nicht nur formal unanfechtbar, sondern auch um der Erhaltung der Autorität und um der Gerechtigkeit willen unerlässlich. Dass zur Erreichung politischer Ziele ein Umweg über die Justiz eingeschlagen wird, ergibt sich einerseits aus dem Bedürfnis, dem politischen Tun größere Würde zu verleihen und in weiterem Umkreis Anerkennung zu sichern, anderseits aus den formalen Anforderungen der verfassungsmäßigen Ordnung. Aber Justiz in politischen Angelegenheiten ist der ephemerste aller Justizbereiche; die geringfügigste historische Verschiebung kann alles, was sie vollbringt, zunichtemachen.

Étienne-Denis Pasquier (1767 - 1862), ein bewährtes politisches und juristisches Chamäleon, Parlamentsrat unter dem vorrevolutionären Regime, Polizeipräfekt unter Napoleon, Justizminister unter Ludwig XVIII. und als Präsident der Pairskammer unter Ludwig Philipp mit der Durchführung aller politischen Prozesse des »Geldsack«regimes betraut, hat als Greis 1850 bemerkt: »Ich bin der eine Mensch in Frankreich, der die verschiedenen Regierungen, die bei uns seit 1848 einander ablösen, am besten gekannt hat: ich habe ihnen allen den Prozess gemacht«.[5] Hatte er wirklich über sie alle zu Gericht gesessen? Oder hatte er lediglich jedes Mal die Tatsache registriert, dass die Richtung X die Richtung Y ausgestochen hatte? Den Vollstreckern der politischen Justiz bleibt in jedem Fall nichts anderes übrig als zu behaupten, dass sie nicht bloß jeweils die Tatsache des Sieges bescheinigen, sondern auch wirklich den von Rechts wegen Besten nach ihren Verdiensten und Tugenden die Siegerpalme zubilligen.

---

5 Paul Thureau-Dangin: Histoire de la Monarchie de Juillet, Band II: La Politique de Résistance (13 mars 1831 - 22 février 1836), 2. Auflage, Paris, 1888, S. 306.

4. Gerechtigkeit auf Umwegen angestrebt

Nachdem die politische Justiz ihren Eselsfuß offenbart hat, gebietet die Gerechtigkeit, dass auch ihre Vorzüge genannt werden: 1. Die Alternativlösung: Politische Willkür ohne jede Möglichkeit der Anrufung der Gerichte kann nur Grauen erregen. 2. Sofern die politische Justiz nur die Ergebnisse einer voraufgehenden politischen Niederlage mit dem Amtssiegel beglaubigt, ist sie weder schmerzvoller noch weniger schmerzvoll als die Niederlage selbst; fast möchte man zynisch hinzufügen: Die meisten Menschen, die wissen, dass sie an den Galgen kommen, begrüßen jede Gelegenheit, dagegen protestieren zu dürfen. 3. Dient die politische Justiz nicht der Besiegelung feststehender politischer oder militärischer Kampfergebnisse, sondern der Hervorbringung neuer politischer Symbolbilder, so kann man sie unter den politischen Spielen als eins der zivilisierteren bezeichnen; vielleicht gibt sie den Massen sogar das Gefühl einer innigeren Teilnahme am politischen Geschehen, als es heutzutage von parlamentarischen Darbietungen ausgeht.

Die Spielregeln der politischen Justiz sind verwickelt. Ihre unmittelbaren Ergebnisse können sensationelle Wirkungen auslösen. Ihre Illusionen sind dem Auge des Zuschauers so entrückt, dass sein Sinn für das Dramatische unter ihnen ebenso wenig zu leiden braucht wie sein ästhetisches Vergnügen. Diese Illusionen beeinträchtigen aber auch nicht den direkten Erfolg des politischen Prozesses, sein Vermögen, Symbolbilder zu prägen.

Bei den Illusionen geht es um die Hauptprämisse der politischen Justiz überhaupt: die Unterstellung, dass der Radius des politischen Tuns durch die Inanspruchnahme der Gerichte verlängert werde. Im Endergebnis hängt das Schicksal politischer Ansprüche und Forderungen von ihrer inneren Haltbarkeit ab. Der politische Prozess kann Schwäche- oder Stärkemomente eines politischen Begehrens oder einer politischen Organisation herausstellen und die Aufmerksamkeit der Öffentlichkeit darauf konzentrieren; aber die Autorität des Prozesses kann die elementare Berechtigung des politischen Anspruchs – den Gerechtigkeitsgehalt der Sache, um die gestritten wird – weder verstärken noch abschwächen.

In diesem Sinne ist die politische Justiz immer nur ein Umweg. Der Umweg mag unumgänglich oder grotesk, nützlich oder grausig sein; er bleibt stets ein Umweg. Er *ist* unumgänglich und nützlich, denn ohne die Dazwischenkunft der Justizmaschine ginge der Kampf um die politische Macht genauso unablässig weiter, nur in weniger geordneten Bahnen. Insofern geht von dem, was Pascal die »Grimassen« nennt: von den äußeren Kennzeichen, mit denen die Richter ihren Titel und ihre Würde behaupten, eine günstige Wirkung aus.

Das Nützliche und Günstige ist aber zugleich unvermeidlich grotesk und grausig, denn wer politische Justiz übt, muss die Gerechtigkeit der Sache unterstellen, in deren Namen er seines Amtes waltet. Wie sollte er sonst dem Angeklagten gegenübertreten, dessen Tun, dessen Dasein auf dem Glauben an die Rechtlichkeit seiner Sache und auf den Zukunftsansprüchen, die er daraus ableitet, beruht? Wie sonst sollte der Richter dem Angeklagten vorhalten können, dass sein Begehren ein Unrecht sei, weil es mit der Erhaltung des Glücks der lebenden Generation – Rechts- und Staatssicherheit genannt – kollidiere? Muss der Richter nicht an der Behauptung festhalten, dass die vom Angeklagten angestrebte Alternativlösung die obersten Werte der Gesellschaft gefährde? Oder soll er sich damit begnügen, dem Angeklagten zu sagen, dass seine Forderungen nach den geltenden Regeln gewogen und zu leicht befunden worden seien und dass alles künftige Gerechtigkeitsgerede nichts weiter sein könne als eine der plausiblen »Illusionen, die dadurch Erregung hervorrufen, dass sie die Tätigkeit der Nebennieren anregen«?[6] Ich bezweifle, dass es dem Richter oder dem Angeklagten möglich wäre, eine sei es selbstgewählte, sei es ihm aufgedrängte Rolle zu spielen, wenn nicht jeder von ihnen auch weiterhin an die größere Gerechtigkeit und den höheren Wert *seiner* Sache glauben könnte. Wenn das Selbstbetrug ist, ist es einer, den eine auf inneren Gegensätzen aufgebaute Gesellschaft nötig macht.

Klio, die Mitfühlende, mag dem Angeklagten wie dem Richter verhehlen, wessen Vorhaben und wessen Anspruch am Ende das Missgeschick erleiden wird, widerlegt zu werden. Vielleicht wird der Richter zu guter Letzt bekennen müssen, er habe einem unwürdigen System gedient; vielleicht wird der Angeklagte zugeben müssen, dass sich seine Sache, gemessen an den Verheißungen, an die er geglaubt, als wenig erstrebenswert erwiesen habe. Wer wäre von solch tragischem Ausgang schwerer betroffen? Und kann es nicht auch geschehen, dass Klio eine unmissverständliche Antwort verweigert und beide als Narren hinstellt, weil ihre Anstrengungen für die, denen sie hätten zugutekommen sollen, weder vonnöten noch heilsam waren? Überraschend wäre es nicht, wenn beide der Fürbitte in der Sprache der Totenmesse bedürften:

---

6 Alf Ross: On Law and Justice, London, 1958, S. 275.

Liber scriptus proferetur
in quo totum continetur
unde mundus iudicetur.

Iudex ergo cum censebit,
quidquid latet appararebit,
nil inultum remanebit.

Lacrimosa dies illa
qua resurget ex favilla
iudicandus homo reus.
Huic ergo parce, Deus![7]

---

7 Aus Thomas von Celano: In commemoratione omnium animarum, Anfang des 13. Jahrhunderts, mit der später hinzugefügten Schlussstrophe in die Sequenz der Totenmesse eingegangen. In undichterischer Übertragung:

> Offen liegt, das Ganze enthaltend,
> bis zur Aburteilung der Welt
> das Buch der Eintragungen.
>
> Alles, was verborgen, kommt zum Vorschein,
> wenn der Richter es bewertet,
> nichts bleibt unvergolten.
>
> Tränenreich wird sein die Zeit,
> da aus Asche aufersteht der Mensch,
> angeklagt, und wird gerichtet.
> Dann schone ihn, Gott!

Kapitel XII

Vorläufige Nachtragsbilanz

Mancherlei Ergänzendes ist in den zwei Jahren, die seit der Veröffentlichung der amerikanischen Fassung dieses Buches verstrichen sind, auf dem Gebiet des politischen Prozesses hinzugekommen. Verschiedene Erscheinungen sind klarer hervorgetreten. Es ist nicht unwichtig, sie aus der unübersichtlichen Fülle des tagtäglichen Geschehens herauszuheben.

In dem Teil der Welt, in dem das Sowjetsystem regiert, wird die weiter anhaltende Entstalinisierungswelle von juristischen Rehabilitierungsverfahren begleitet. Die Opfer des Stalinismus oder ihre Hinterbliebenen werden entschädigt und in beschränktem Umfang wieder in ihre Rechte eingesetzt. Angeprangert wird nicht nur der »Persönlichkeitskult«, sondern auch die stalinistische Sonderform des politischen Prozesses, die Fabrikation fiktiver Vorkommnisse zur Untermauerung der im jeweiligen Augenblick für erforderlich gehaltenen politisch-propagandistischen Projektionen.

Will man in diesem Zusammenhang die neueste »Justizreform« in der DDR deuten, so drängt sich die Vermutung auf, dass es sich hier – anders als in der Sowjetunion – nicht schon um die Folge innenpolitischer Konsolidierung handelt, sondern um Ausstrahlungen eines ganzen Bündels von Maßnahmen, die eine angestrebte Konsolidierung vorbereiten sollen. Über den Charakter der »Reform« und die Art ihrer Durchführung ist noch nicht viel bekanntgeworden; noch weniger weiß man über etwaige Schwerpunktverschiebungen des gesamten Herrschaftsapparats und seiner einzelnen Teilapparate. Eine sinnvolle Analyse der neueren Entwicklung ist noch nicht möglich.

In anderen Teilen der Welt wird die Praxis des politischen Prozesses in seiner vorkonstitutionellen oder außerkonstitutionellen Form je nach den örtlichen Bedürfnissen mit verschiedenen Variationen abgewandelt. Da mag dann – wie in Spanien oder Jugoslawien – gegenüber möglicherweise regierungsfeindlichen Einzelpersonen oder Strömungen das Sicherungs- oder das Unterdrückungsbedürfnis überwiegen, und beide Bedürfnisse können mit der Ausrichtung auf innere Propagandabedürfnisse gekoppelt sein; oder es kann sich – wie beim Abbruch des

Prozesses gegen französische Regierungsvertreter in Kairo – mehr um außenpolitisches Prestigebedürfnis handeln.

Wesentlich schwieriger stellt sich in neuester Zeit die unumschränkte Benutzung der Mechanismen der Justiz in Ländern, in denen auf rechtsstaatliche Garantien oder auf parlamentarische Kontrolle Wert gelegt wird. Aus den Hindernissen, auf die das politische Hantieren mit strafrechtlichen Instrumenten hier stößt, können sich eigenartige Folgen ergeben: Die Staatsgewalt, die sich übernimmt, muss schwere Niederlagen einstecken oder beizeiten darauf hinwirken, dass konfliktreiche Problembündel administrativen Lösungen zugeführt werden.

1. Grenzen der staatlichen Strafmacht

Eine Kontroverse innerhalb des Justizapparats hat in der Bundesrepublik auf dem Gebiet des Staatsschutzes starke Tendenzen zu lückenlosem Perfektionismus hervortreten lassen: Nach der Gesetzesinterpretation des Bundesgerichtshofs wurde es möglich, den § 90a des Strafgesetzbuches auf allgemeine Agitationstatbestände anzuwenden[1] und seine Strafvorschrift in eine Generalklausel für die Bestrafung jeder Art gesteuerter verfassungsfeindlicher Betätigung umzuwandeln.[2] Damit hing die Gleichsetzung von politischer Berichterstattung und »Nachrichtensammlung«[3] zusammen, die eine Handhabe bot, jeden politischen SED-Reisenden zum Objekt der Strafverfolgung zu machen und die Bürger der Bundesrepublik von allen Trägern feindlicher Meinungen hermetisch abzusperren.

Diese justizpolitische Linie kann sich aber in ihrer ganzen Tragweite nur auswirken, wenn sie von allen Organen der Rechtspflege befolgt wird. Den Tragpfeiler stellen dabei weniger die Instanzengerichte, die an

---

1 Urteil des Bundesgerichtshofs vom 4. Oktober 1960, 1 StE 3/60, in: Entscheidungen des Bundesgerichtshofes in Strafsachen, Band 15, Köln/Berlin, 1961, S. 167-178.
2 Die publizistische und juristische Vertretung der von dieser Rechtsprechung betroffenen Kreise kommt auf den »Arbeitstagungen des erweiterten Initiativ-Ausschusses für die Amnestie und der Verteidiger in politischen Strafsachen« zum Ausdruck, die seit Mai 1957 in unregelmäßigen Abständen in Frankfurt am Main zusammenkommen; von zehn Zusammenkünften liegen unter leicht variierenden Titeln Tagungsberichte vor, meistens als Referate der ... Arbeitstagungen und Gesamtaussprache (Heidelberg, 1957 - 1963); vergleiche auch Walther Ammann und Diether Posser, Denkschrift und 2. Denkschrift über Probleme der Justiz in politischen Strafsachen, Heidelberg, ohne Jahr {1956 und 1957}, und die von Rechtsanwalt Dr. Walther Ammann verbreiteten hektographierten Rundbriefe.
3 Urteil des Bundesgerichtshofs vom 29. März 1961, 3 StR 6/61, in: Entscheidungen des Bundesgerichtshofes in Strafsachen, Band 16, Köln/Berlin, 1962, S. 26-33.

die höchstgerichtliche Rechtsprechung gebunden sind, als die zentrale Anklagebehörde, die Bundesanwaltschaft. Aber eine einheitliche Anpassung des Vorgehens der Bundesanwaltschaft an die Rechtsprechungsrichtlinien des 3. Strafsenats war nicht zu erzielen – wenigstens nicht in der Amtszeit des Generalbundesanwalts Dr. Max Güde, der inzwischen die Anklagebehörde verlassen hat und im Herbst 1961 in die Politik übergesiedelt ist.

Ihren sichtbaren Niederschlag findet die Leitlinie des 3. Strafsenats in einer Entscheidung, die den Leiter der zentralen Anklagebehörde auf die Rechtsinterpretation der im 3. Senat amtierenden Bundesrichter festzulegen und ihm damit jeden Ermessensspielraum in Fragen der Strafwürdigkeit politischen Verhaltens zu nehmen sucht.[4] Auf jeden Fall ist das ein bemerkenswerter Versuch, die Gesamtpraxis des politischen Strafrechts unter Berufung auf das »Legalitätsprinzip« (das die obligatorische Anklageerhebung bei allen ermittelten Gesetzesübertretungen verlangt) einheitlich von einem Zentrum aus zu bestimmen, und zwar unmissverständlich von einer einzelnen Abteilung der obersten strafgerichtlichen Instanz.

Damit wäre diese eine Abteilung, obgleich sie nach der Gerichtsverfassung nur auf Antrag einer von ihr unabhängigen Stelle – eben der Bundesanwaltschaft – tätig werden darf, in der Lage, mit Hilfe einer verbindlichen Interpretation zur alleinigen Kontrollstelle zu werden, die darüber zu befinden hätte, welches politische Verhalten zu erlauben und welches nicht zu erlauben sei, und anfechten könnte man diese Interpretation höchstens vor dem Bundesverfassungsgericht. Auf die in der juristischen Fachpresse vorgetragenen Begründungen der gegensätzlichen Standpunkte[5] braucht hier nicht im Einzelnen eingegangen zu werden. In der Hauptsache ging es darum, dass an einigen wichtigen Schalthebeln Richter saßen, die ihren Standpunkt gleichsam allgemeinverbindlich zu machen versuchten; als ihr Wortführer galt Dr. Heinrich Jagusch, der seitdem den Vorsitz des 3. Strafsenats abgegeben hat. Ihre unter der Marke »streitbare Demokratie« vertretenen Ansichten über die Unumgänglichkeit einer möglichst breiten Strafverfolgung stützten sich freilich nicht nur auf das politische Prinzip der maximalen Abwehrbereitschaft, sondern wiesen daneben auch charakteristische justizstaat-

---

4 Urteil des Bundesgerichtshofs vom 23. September 1960, 3 StR 28/60, in: Entscheidungen des Bundesgerichtshofes in Strafsachen, Band 15, Köln/Berlin, 1961, S. 151-161.
5 Zur Begründung der Position des 3. Strafsenats siehe unter anderem Günther Willms: Staatsschutz im Geiste der Verfassung (in: Ferdinand A. Hermens (Hg.): Schriften des Forschungsinstituts für politische Wissenschaft an der Universität Köln, Heft 7); zur Kritik: Adolf Arndt: »Umwelt und Recht«, in: Neue Juristische Wochenschrift, Jahrgang 14, S. 1615 ff. (Heft 36, 7. September 1961).

liche Züge auf.⁶ Diese Ansichten sollten den Polizei- und Anklagebehörden aufgezwungen werden, die im Allgemeinen skeptischer zu sein pflegen und sich mehr für praktische Tageserfordernisse interessieren. Ob die vom 3. Strafsenat im Prinzip geforderte gerichtliche Verfolgung aller SED-Agitationsreisenden wirklich in weitem Umkreis praktiziert werden kann, ist vorderhand schwer zu beurteilen, da die statistischen Daten über gerichtliche Hochverrats- und Staatsgefährdungsverfahren (§§ 80-87, beziehungsweise 88-98 des Strafgesetzbuchs) nur bis 1960 reichen. Bis dahin hatten sich die Zahlen der abgeurteilten und verurteilten Personen[7] wie folgt entwickelt:

Jahr	Hochverrat		Staatsgefährdung	
	Abgeurteilte	Davon: Verurteilte	Abgeurteilte	Davon: Verurteilte
1954	49	22	231	115
1955	542	9	246	154
1956	13	10	195	154
1957	14	2	127	109
1958	4	1	152	117
1959	3	1	230	175
1960	4	4	209	173

Natürlich wird die Zahl der Gerichtsverfahren nicht nur durch den Grad der Befolgung des »Legalitätsprinzips«, sondern auch durch Wandlungen der SED-Direktiven für Agitationsarbeit außerhalb der DDR beeinflusst. Wie sich die einzelnen Faktoren auswirken, lässt sich

6 Die justizpolitischen Linien der Auseinandersetzung zeichnen sich mit wünschenswerter Deutlichkeit in einer Diskussion ab, die durch Richard Schmid: »Kritisches zu unserer politischen Justiz«, in: Die Zeit, Jahrgang 16, Nr. 53, 29. Dezember 1961, S. 4, ausgelöst worden ist. Es antwortete Heinrich Jagusch: »Ist streitbare Demokratie noch modern?«, a.a.O., Jahrgang 17, Nr. 6, 9. Februar 1962, S. 3, und Nr. 7, 16. Februar 1962, S. 4; siehe ferner die Repliken: Richard Schmid: »Streitbare Demokratie – ja, aber anders«, und Max Güde: »Gesetzesanwendung und Rechtspolitik«, a.a.O., Nr. 8, 23. Februar 1962, S. 5; später – aus Anlass der *Spiegel*-Affäre – Güde: »Bundesanwaltschaft zwischen Politik und Justiz«, a.a.O., Nr. 48, 30. November 1962, S. 4.
7 Angaben (ohne Saarland und West-Berlin) für 1954 - 1958 nach: Statistisches Jahrbuch für die Bundesrepublik Deutschland, 1956, S. 98; 1957, S. 106; 1958, S. 98; 1959, S. 102; 1960, S. 130; für 1959 nach: Statistisches Bundesamt, Bevölkerung und Kultur, Reihe 9: Rechtspflege, »Jahrgang 1959, Jahreszusammenfassung«, S. 24; für 1960, a.a.O., »1960, II, Strafverfolgung«, S. 6, 12, 18 und 24. (Das »Statistische Jahrbuch« hat die Publikation dieser Reihen eingestellt; Angaben über die in denselben Deliktkategorien festgestellten Zahlen der bekanntgewordenen Straftaten und der ermittelten Täter werden bezeichnenderweise ab 1959 an keiner Stelle mehr mitgeteilt.)

noch nicht übersehen. Ob sich der 3. Strafsenat nach dem Wechsel im Vorsitz weiter darum bemühen wird, seinen Ausschließlichkeitsanspruch auf die Bestimmung des Umfangs der politischen Strafverfolgung aufrechtzuerhalten, steht dahin. Gewisse Anhaltspunkte sprechen dafür, dass sich sein Interesse an der absoluten Geltung des »Legalitätsprinzips« abgekühlt hat. Aber auch wenn es bei der bisherigen Haltung bliebe, wäre es, weil die mitbestimmenden Interessen vielfältig sind und weil viele Fragenkomplexe bei der Bundesanwaltschaft neu auftreten und nicht immer nach Richtlinien früherer Entscheidungen behandelt werden können, einigermaßen schwierig, die geforderte einheitliche Marschroute einzuhalten.

Gelegentlich wird die strikte Befolgung des »Legalitätsprinzips« damit begründet, dass in der Bundesrepublik – anders als in der Rechtsprechung des Reichsgerichts in der Weimarer Zeit – alle Staatsfeinde ohne Unterschied der politischen Richtung strafrechtlich erfasst würden. Dass sich die Gerichte der Bundesrepublik auch mit Verfassungsfeinden von rechts befassen, trifft im Allgemeinen zu. Es fragt sich aber, ob die schalldichte Isolierung feindlicher Meinungen unter einer undurchdringlichen Glasglocke extra noch damit gerechtfertigt werden kann, dass jeder rechtsradikale Schreier und Lästerer verfolgt wird, ohne dass versucht würde, zwischen bewusster systematischer Herabwürdigung der Staatssymbole (»schwarzrothühnereigelb«) und polemischen Ausfällen gegen einzelne Würdenträger zu unterscheiden.[8]

Eins ist offensichtlich: Einem politischen Strafverfolgungsperfektionismus, und dazu unter der Leitung einer außerhalb des politischen Raumes stehenden Abteilung des obersten Gerichts und bei oft nur zögernder Gefolgschaft der unteren Instanzen, kann nur in einem Land nachgeeifert werden, in dem staatsfeindliche Bestrebungen weder in Gestalt von Aktivistengruppen noch in Gestalt von Massenorganisationen auftreten, sondern sich nur als Ausfluss der Betätigung bürokratischer Gegenapparate mit begrenztem Wirkungsradius und der von ihnen dirigierten und beaufsichtigten Propagandafunktionäre geltend machen. Man kann nur wieder das Walten eines paradoxen Gesetzes feststellen: Unbesorgt breitet sich das politische Strafrecht dort aus, wo es als Mittel zur Stabilisierung der bestehenden Herrschaftsordnung am wenigsten gebraucht wird.

Im öffentlichen Bewusstsein fanden diese Probleme nur sehr gedämpften Widerhall, solange sich die politische Justiz vorwiegend mit

---

[8] Urteil des Bundesgerichtshofs vom 1. Dezember 1961, 3 StR 38/61, in: Entscheidungen des Bundesgerichtshofes in Strafsachen, Band 16, Köln/Berlin, 1962, S. 338-341.

Spezialfällen der kommunistischen »Infiltration« und des gewerbsmäßigen Landesverrats beschäftigte. Erst die *Spiegel*-Affäre hat – zum ersten Mal seit den Tagen der Weimarer Republik – die ganze Problematik der politischen Justiz von neuem in einer die Öffentlichkeit aufwühlenden Weise in den Vordergrund gerückt.

Den unmittelbaren Anlass zu diesem Aufflammen des Interesses für politisches Strafrecht gab die Anwendung der strafrechtlichen Kategorie »Landesverrat«[9] auf die journalistische Tätigkeit des einen deutschen Presseorgans, das seit Jahren versucht hatte, das zu tun, was die parlamentarische Opposition nur zu häufig versäumte: am Funktionieren oder Nichtfunktionieren des reichlich selbstherrlichen Regierungssystems Kritik zu üben. Ihren paradigmatischen Charakter erhielt aber die Angelegenheit nicht nur durch die Prominenz der Beteiligten, sondern vor allem auch durch das immer noch nicht befriedigend aufgeklärte Zusammentreffen der rein bürokratischen, einem demokratischen Regierungssystem schwerlich angemessenen Verfahrensweise der Bundesanwaltschaft und ihrer Hilfstruppen mit der Interessenwahrnehmung mächtiger Faktoren der deutschen Politik. Die subtilsten Fragen der Grenzen, die der zulässigen und für ein demokratisches Staatswesen unerlässlichen Nachrichtenbeschaffung über strittige militärpolitische Komplexe zum eindeutigen Zweck der Unterrichtung der Öffentlichkeit gezogen werden sollten oder dürften, wurden mit Methoden angepackt, die nicht nur ungeschickt waren, sondern in manchen Fällen auch der ausreichenden gesetzlichen oder verfassungsmäßigen Grundlage entbehrten.[10]

9 Zur Regierungsposition siehe »Strafverfahren gegen das Nachrichtenmagazin ›Der Spiegel‹«, in: Bulletin des Presse- und Informationsamtes der Bundesregierung, 1962, S. 1716 (Nr. 203, 31. Oktober 1962), und »Landesverrat und Presse«, a.a.O., S. 1841 (Nr. 216, 23. November 1962); zur Kritik unter anderem: Adolf Arndt: »Staatsschutz und Pressefreiheit«, in: Pressemitteilungen und Informationen der SPD, Nr. 322/62 (22. November 1962); Richard Schmid: »Landesverrat«, in: Gewerkschaftliche Monatshefte, Jahrgang 13, S. 705-710 (Heft 12, Dezember 1963); Fritz Bauer: »Was ist Landesverrat?«, in: Der Spiegel, Jahrgang 16, Nr. 5, S. 93-97 (7. November 1962); Erich Küchenhoff: »Landesverrat, Oppositionsfreiheit und Verfassungsverrat«, in: Die Neue Gesellschaft, Jahrgang 10, S. 124-139 (Heft 2, März/April 1963); Gerd Ruge (Hg.): Landesverrat und Pressefreiheit. Ein Protokoll, Köln/Berlin, ohne Jahr {1963}.

10 Zum Ablauf der Aktion siehe »Spiegel-Aktion. Sie kamen in der Nacht«, in: Der Spiegel, Jahrgang 16, Nr. 45, S. 55-85, und die folgenden Nrn. des Wochenmagazins; zur Rechtslage: Beschluss des Bundesverfassungsgerichts vom 9. November 1962, BvR 586/62, in: Neue Juristische Wochenschrift, Jahrgang 15, S. 2243 (Heft 49, 6. Dezember 1962); Johann Georg Reißmüller: »Der Fall ›Spiegel‹ vor dem Bundesverfassungsgericht«, in: Frankfurter Allgemeine Zeitung, S-Ausg., Nr. 264, 12. November 1962, S. 2; »›Spiegel‹-Antrag in Karlsruhe«, a.a.O., S-Ausg., Nr. 69, 22. März 1962, S. 4; ferner: Verfassungsbeschwerde der »Spiegel«-Verlag Rudolf Augstein GmbH & Co., K.-G., Hamburg, 1 BvR 586/62, Schriftsatz der Beschwerdeführerin vom 1. Mai 1963 {verfasst

Nach der Erörterung der Affäre im Bundestag,[11] nach Vorliegen des amtlichen Untersuchungsberichtes[12] und der an ihm geübten Kritik[13] und nach der ausgiebigen Erörterung unzähliger Einzelheiten des Falles in der Literatur[14] erscheint eine zentrale Tatsache als unzweifelhaft: Nachdem sich der traditionelle deutsche Griff nach der Beleidigungsklage als wirkungslos, wenn nicht gar abträglich erwiesen hatte, versuchte der damalige Bundesverteidigungsminister Franz Josef Strauß, ein nach altgewohnten bürokratischen Spielregeln in die Wege geleitetes Verfahren dazu zu benutzen, den einen Gegner, der sich als gefährlich erwiesen hatte, entscheidend zu treffen. Anscheinend ist dabei die Bundesanwaltschaft – wie einst ihre Vorgänger in der Weimarer Republik – auf weiten Strecken dem Einfluss der vom Bundesverteidigungsministerium bestellten Gutachter erlegen. Allerdings trat dann das Unerwartete ein, dass sich die Betroffenen 1962 viel besser zu wehren wussten als die fast schutzlosen Opfer damals: einmal ist der rechtsstaatliche Apparat besser ausgebaut, und zum andern bringt es eine vielgelesene und wegen ihrer »Sensationsmache« weithin beachtete Zeitschrift im Streit mit einer Staatsautorität, die sich autokratisch gebärdet, heute viel eher fertig, die öffentliche Meinung für sich zu gewinnen.

  von Prof. Dr. Horst Ehmke; als Manuskript gedruckt}. Aus der juristischen Diskussion sind hervorzuheben: Ernst Werner Fuß: »Pressefreiheit und Geheimnisschutz«, in: Neue Juristische Wochenschrift, Jahrgang 15, S. 2225-2228 (Heft 49, 6. Dezember 1962); Gustav W. Heinemann: »Der publizistische Landesverrat«, a.a.O., Jahrgang 16, S. 4-8 (Heft 1/2, 10. Januar 1963); Heinrich Jagusch: »Pressefreiheit, Redaktionsgeheimnis, Bekanntmachung von Staatsgeheimnissen«, a.a.O., S. 177-183 (Heft 5, 31. Januar 1963); Günther Willms, »Der Sachverständige im Landesverratsprozeß«, ebda., S. 190 f.; Adolf Arndt: »Das Staatsgeheimnis als Rechtsbegriff und als Beweisfrage«, a.a.O., S. 465-470 (Heft 11, 14. März 1963); Günther Willms: »Landesverrat durch die Presse«, in: Deutsche Richterzeitung, Jahrgang 41, S. 14 ff. (Heft 1, Januar 1963); Werner Maihofer: »Pressefreiheit und Landesverrat«, in: Blätter für deutsche und internationale Politik, Jahrgang VIII, S. 26-34 und 107-112 (Heft 1 und 2, Januar und Februar 1963).
11 Verhandlungen des Deutschen Bundestages, 4. Wahlperiode 1961, Stenographische Berichte, S. 1949-1963, 1981-2010, 2013-2025 und 2075-2090 (45., 46. und 47. Sitzung am 7., 8. und 9. November 1962), und Drucksachen IV/698, 708, 755, 809, 845; vergleiche Theodor Eschenburg (Hg.): Die Affäre. Eine Analyse. Protokolle der »Spiegel«-Debatten des Deutschen Bundestages, ohne Ort, ohne Jahr {Hamburg, 1962}.
12 »Spiegel«-Bericht des Bundesministers der Justiz an den Bundeskanzler der Bundesrepublik Deutschland, Herrn Dr. Konrad Adenauer«, in: Bulletin des Presse- und Informationsamtes der Bundesregierung, 1963, S. 195-204 (Nr. 23, 5. Februar 1963).
13 Fraktion der SPD im Deutschen Bundestag (Hg.): Bericht der Sozialdemokratischen Bundestagsfraktion über die Behandlung der »Spiegel«-Affäre durch die Bundesregierung, Bonn, ohne Jahr (ausgegeben am 11. März 1963).
14 Siehe die detaillierte Chronik mit umfassenden bibliographischen Angaben bei Jürgen Seifert: »Die *Spiegel*-Affaire«, in: Erich Kuby, mit Eugen Kogon, Otto von Loewenstern, Jürgen Seifert: Franz Josef Strauß. Ein Typus unserer Zeit, Wien/München/Basel, ohne Jahr {Copyright 1963}, S. 233-314.

Dass die Strafverfolgung des vielgelästerten »Nachrichtenmagazins« in einem Maße die Öffentlichkeit erregte, das in der jüngsten deutschen Geschichte einmalig ist, lässt sich auf zwei charakteristische Momente zurückführen. Einerseits war die strafrechtliche Aktion mit politischen Gleichgewichtsstörungen von ungewöhnlicher Tragweite verflochten, an denen beinah die Regierungskoalition zerbrochen wäre und die die auf jeden Fall den Abgang einiger Minister und die Umbildung der für die Aktion verantwortlichen Regierung[15] zur Folge hatten; anderseits brachte es die Art der Durchführung der Aktion mit sich, dass die Rollen aller Beteiligten höchst einprägsam dramatisiert und mit schlaglichtartigen persönlichen Akzenten versehen wurden; zudem ließen sich die Positionen der Streitparteien mit prinzipiellen Argumenten auf eine höhere, fast überzeitliche Ebene bringen: die eine mit der übergreifenden Idee der militärischen Sicherheit, die andere mit dem Alarmruf »Meinungsfreiheit und Demokratie in Gefahr!«

Gewiss ist das letzte Wort in der »*Spiegel*-Affäre« noch nicht gesprochen. Jetzt schon lässt sich indes feststellen, dass sie zur Relativierung der politischen Justiz beigetragen hat. Dem allgemeinen Bewusstsein beginnt sich die Erkenntnis einzuprägen, dass Konflikte, wie sie hier ausgetragen werden sollten, mit Mitteln der politischen Justiz nicht autoritativ beizulegen sind. Logisch müsste sich daraus eine Verengung der Grenzen des politischen Strafrechts ergeben.

Werden solche Tendenzen schon im innerstaatlichen Raum sichtbar, so sollten sie sich erst recht im zwischenstaatlichen Raum aufdrängen. Die Verhaftung des Chefredakteurs des Ost-Berliner Deutschland-Senders Georg Grasnick, die auf dem Territorium der Bundesrepublik wegen seiner Tätigkeit außerhalb der Bundesrepublik vorgenommen worden war, die sogleich eingeleiteten Gegenmaßnahmen der DDR und Grasnicks bedingungslose Haftentlassung demonstrieren anschaulich, dass es auch für den paragraphengläubigsten Staat nicht gar so einfach ist, seine Strafmacht auf Menschen auszudehnen, die in keinem Treueverhältnis zu ihm stehen.[16]

---

15 Seit dem Ende des ersten Kabinetts MacDonald 1924 (siehe oben Kapitel V, Abschnitt 2-b) war es nicht mehr vorgekommen, dass eine Regierung an einem strafrechtlichen Eingriff gescheitert wäre; ohne eine sogar für deutsche Verhältnisse außergewöhnliche Missachtung der Gebote parlamentarischer Ministerverantwortung wäre dieser revolutionäre Ausgang kaum denkbar gewesen.
16 Siehe »Zonenjournalisten in Solingen festgenommen«, in: Frankfurter Allgemeine Zeitung, S-Ausg., Nr. 126, 1. Juni 1963, S. 3, Sp. 3; »Martin unterrichtet Bucher über Grasnick«, a.a.O., Nr. 136, 15. Juni 1963, S. 3, Sp. 4-5; Johann Georg Reißmüller: »Wenn Strafe mehr schadet als nützt«, ebda., S. 2, Sp. 2-4; Diether Posser: »Das Fragwürdige am Fall des Dr. Grasnick. Treuepflicht gegenüber der Bundesrepublik – für wen?«, in: Die Zeit, Jahrgang 18, Nr. 25, 21. Juni 1963, S. 2; »Haftbefehl gegen Grasnick wie-

Damit sind aber auch die von Zeit zu Zeit unternommenen deutschen Versuche, ein ausschließlich von Gerichten beherrschtes, den Wandel der politischen Verhältnisse außer Acht lassendes Strafrecht zurechtzuzimmern, *ad absurdum* geführt. Eine intelligente politische Strafrechtspflege müsste sich, wenn es sie gäbe, darum bemühen, Gerichte, Staatsanwälte und politische Organe der Staatsgewalt zu gleichen Teilen an der Verantwortung für politische Prozesse zu beteiligen. Solange es als zu riskant gilt, die Stimme des Volkes bei der Handhabung des politischen Strafrechts anders vernehmbar werden zu lassen als über den Zerrspiegel der öffentlichen Meinung, wäre damit immerhin eine etwas größere Chance gegeben, politischer Vernunft und rechtem Augenmaß wenigstens an einer Stelle zu Einfluss zu verhelfen.

2. Gaullismus und Prozesspädagogik

In Frankreich, wo der politischen Justiz in den letzten zwei Jahren eine überragende Rolle zukam, wäre der deutsche Justizperfektionismus kaum im Bereich des Möglichen gewesen. Hier ging es aber auch nicht um das Absolutum des Legalitätsprinzips bei der Strafverfolgung, sondern um eine konkrete politische Zielsetzung: Ein System, das um die Anerkennung seiner Autorität ringt, dessen Funktionsweise teils autoritär-bürokratisch, teils plebiszitär ist und dem aktive Gegner mit der Waffe in der Hand gegenübertreten, musste diese Gegner niederzuringen trachten, ohne dabei die Gerichte um jede wirksame Eingriffsmöglichkeit zu bringen; davor warnte beredt genug das algerische Beispiel. Die Aufrechterhaltung eines in seiner Verfahrensweise und Personalzusammensetzung allerdings starken Schwankungen unterworfenen Gerichtsapparats war nicht nur durch die autoritär-konservative Vorstellungswelt des gaullistischen Regimes vorgeschrieben, sondern wurde zugleich auch dadurch ermöglicht, dass die aktiven Regimegegner im Innern Frankreichs die Regierung zwar durch ein reichliches Maß an

---

der aufgehoben. Karlsruhe: Nicht der strafrechtlichen Bedeutung seiner Tätigkeit bewusst gewesen«, in: Frankfurter Allgemeine Zeitung, S-Ausg., Nr. 141, 22. Juni 1963, S. 1, Sp. 1-2; über die Begründung der Haftentlassung durch den Ermittlungsrichter der Bundesanwaltschaft wurde berichtet, es könne Grasnick »nicht nachgewiesen werden, daß ihm die strafrechtliche Bedeutung seiner Ost-Berliner Tätigkeit bewußt gewesen sei«, und der Tatverdacht könne »zur inneren Tatseite« daher »nicht mit hinreichender Sicherheit bejaht werden«. Zur Haftentlassung Grasnicks schrieb D{ettmar} C{ramer}, »Ungewöhnlicher Schlussstrich«, a.a.O., Nr. 142, 24. Juni 1963, S. 2, Sp. 1: »Der Gesetzgeber bleibt aufgefordert, unser Strafrecht dahin abzuändern, daß die Justizbehörden und Gerichte nicht mehr, wie {Bundesjustizminister Dr. Ewald} Bucher sagt, ›Gefangene der Gesetze‹ sind.«

Terrorakten in arge Verlegenheit zu bringen, aber niemals lahmzulegen vermochten. Zugute kam dem Regime, dass die Auflehnung gegen seine Politik und Autorität in Wellen kam, die wieder abebbten, auch wenn gelegentlich die eine Welle, ohne ganz abzuflauen, in die andere überging.

Die Terroraktion des Front de Libération Nationale in Frankreich, die sich ohnehin viel weniger gegen die Regierung als gegen profranzösische oder neutrale Elemente unter den in Frankreich lebenden Algeriern richtete, war zum Beispiel schon im Abklingen, als das allmähliche Einschwenken de Gaulles auf die Linie der Unabhängigkeit Algeriens dem Regime neue Feinde bescherte: Gegner jeglichen Kompromisses mit dem algerischen Nationalismus, die teils aus Afrika eingeströmt, teils in Frankreich zu Hause waren und die nun zum individuellen Terror gegen das Staatsoberhaupt und unzählige politische Widersacher griffen. Da die FLN-Organisation nie auf die Idee gekommen war, der französischen Regierung die Herrschaft im Mutterland selbst streitig zu machen, handelte es sich für das Regime gegenüber den Algeriern im Wesentlichen nur darum, eine rudimentäre, oft mit polizeilichen Terrormitteln[17] gehandhabte Überwachung und Zähmung des algerischen Proletariats in Frankreich zu organisieren. Gleichzeitig sollte aber auch jede aus Frankreich – sei es von Algeriern, sei es von politisch oder religiös sympathisierenden französischen Freunden – kommende Hilfeleistung für die algerische Revolution mit Hilfe eines dafür noch ausreichend gefügigen Apparats der Militärgerichte unterbunden werden.

Die seit 1960 viel wichtigere Bekämpfung der Algerienfranzosen (Zivilisten und Militärs aus algerischen Armeeeinheiten), die dem Regime Verrat an der *Algérie française* vorwerfen und mit allen Mitteln auf seinen Sturz hinarbeiten (selbstverständlich mit Hilfe ihrer seit eh und je in Frankreich ansässigen Gesinnungsgenossen), ist Militärgerichten, Ausnahmegerichten – erst der Haute Cour de Justice, zwischen Juni 1962 und März 1963 der Cour Militaire de Justice und jetzt der Cour de Sûreté de l'État[18] – und gelegentlich auch den örtlich zuständigen Schwurgerichten anvertraut. Die gerichtliche Auseinandersetzung mit den Kolonialpatrioten, die um ihre angestammten Heimatrechte zu kämpfen glauben, hat sich als schwieriges Unterfangen erwiesen. Auch wenn die Richter ihre eigenen politischen Zu- und Abneigungen, die namentlich bei Militärrichtern deutlich spürbar sind, aus dem Spiel

---

17 Michel Legris: »Le malaise de la police«, in: Le Monde, Jahrgang 19, Nrn. 5283 und 5284, 11. und 11. Januar 1960, jeweils S. 5.
18 Siehe oben Kapitel VI, Anmerkung 65.

lassen, fällt es keinem Gericht leicht, den Kausalzusammenhang zu ignorieren, der den erfolgreichen Putsch des Generals de Gaulle vom Mai 1958 mit seinen erfolglosen Nachahmern von 1960 und besonders 1961 verbindet. Wird die politische Verwandtschaft aus dem Auge verloren, so sind die Verteidiger dazu da, an sie zu erinnern, vor allem der Veteran Jean-Louis Tixier-Vignancour, der unermüdliche und fast schon legendäre Hauptanwalt der Rechtsputschisten.[19]

Hinzu kommt ein ganzes Bukett von Argumenten, die dort einen Sinn haben, wo Gewaltanwendung nicht als letzter Ausweg erscheint, sondern zum gewöhnten tagtäglichen Mittel der Lösung von Konflikten geworden ist. Der Übergang vom Terror, der gestern im Namen der herrschenden Ordnung geübt wurde, zu einem anderen Terror, der sich heute gegen dieselbe Ordnung richtet, entbehrt nicht einer inneren Logik. Wie gestern, vor dem Evian-Abkommen, der Zwiespalt der Treueverpflichtungen bei den FLN-Kämpfern und ihren Freunden und Helfern, so stellt heute ein ähnlicher Zwiespalt bei den Algerienfranzosen und den Armeeputschisten der Zeit seit 1960 die Gerichte ihrerseits vor Gewissenskonflikte, die sie nicht immer auf dieselbe Weise zu bewältigen wissen.

Gerade weil das Staatsgebilde des Generals keine reine und eindeutige Unterdrückungsordnung ist, gerade weil es – jedenfalls bisher – kein monolithisches Gefüge aufweist, gerade weil ihm ein stark konservativer Zug innewohnt, muss es den größten Wert darauf legen, sich auf Gerichtssprüche stützen zu können, von ihnen bestätigt zu werden. Eben diese Situation hat das Regime in so manchen verhaltenen oder offenen Konflikt mit den Gerichten getrieben, deren Zusammensetzung zwar manchmal von der Regierung bestimmt werden kann und die immer im Rahmen der staatsanwaltschaftlichen Zuständigkeitsverteilung operieren müssen, die aber in ihren Entscheidungen keinen Weisungen unterliegen. Der bei weitem bedeutendste Konfliktfall zeigte sich in der Entscheidung der Haute Cour de Justice, eines Ausnahmegerichts also, dem angeklagten General Salan mildernde Umstände zugute zu halten.

Diese Entscheidung hatte weiterreichende Konsequenzen: In einem Staatswesen, in dem rechtsstaatliche Gedankengänge in allen Kreisen

---

19 Siehe namentlich sein Plädoyer im Salan-Prozess, das in Frankreich inzwischen auf Schallplatten verbreitet wird: Le Procès de Raoul Salan. Compte-rendu sténographique, Paris, 1962, S. 507-548; dort auch, S. 496-506, die Verteidigungsrede des Anwalts Goutermanoff aus Algerien, die die Richter mit der eindringlichen Darstellung der Lage und des Gemütszustandes der französischen Bevölkerung Algeriens besonders stark beeindruckt hat. Das Resultat war, dass sie dem angeklagten militärischen Haupt des Aufstands gegen die Regierung de Gaulle mildernde Umstände zubilligten.

noch beachtlich viele Anhänger finden, richtete sie sozusagen automatisch eine Barriere auf, an der die Vollstreckung des vom selben Gericht verhängten Todesurteils gegen General Jouhaud scheitern musste, denn Jouhaud hatte im Namen Salans gehandelt.[20] Staatschef de Gaulle hob darauf das unbotmäßige Ausnahmegericht auf und ersetzte es durch eine Neuschöpfung, die Cour Militaire de Justice, bei der es nur noch wesentlich geschmälerte prozessuale Garantien geben sollte. Aber der zum Vorsitzenden dieses Ersatzgerichts ernannte General Edgar-René de Larminat spielte dem Staatschef einen noch böseren Streich: Er zog es vor, Selbstmord zu begehen, statt über einstige Armeekameraden zu Gericht zu sitzen. Und unterdes wuchs auch der Widerstand der Juristen gegen die gröbsten Auswüchse politischer Prozessführung.

Im Gefolge der nicht vorher einkalkulierten Widerstandsregungen fiel der ursprüngliche Plan der Regierung, den bereits abgeurteilten Salan unter Umgehung des Grundsatzes *ne bis in idem* vor das gerade erst aus der Taufe gehobene neue Ausnahmegericht zu stellen. Und vier Monate später, am 19. Oktober 1962, entschied der Conseil d'État, dass die Aufhebung von Verfahrensgarantien in der Verordnung vom 1. Juni 1962,[21] mit der die Cour Militaire de Justice errichtet worden war, über die der Regierung im Referendumsgesetz vom 13. April eingeräumten Befugnisse hinausgehe und deswegen ungültig sei.[22]

Den von der Cour Militaire de Justice gefällten Todesurteilen – im Fall Degueldre bereits vollstreckt, im Fall Canal damals noch in der Schwebe – war damit die Rechtsgrundlage entzogen; nur das im Oktober 1962 neugewählte Parlament konnte das unrechtmäßig ins Leben gerufene Gericht nachträglich legalisieren. Im Dezember 1962 verfügte ein Gnadenakt der Regierung die Umwandlung der Todesurteile gegen Jouhaud und Canal in Freiheitsstrafen; das Parlament aber beschloss die Errichtung eines neuen Gerichtshofs für politische Vergehen, der bereits erwähnten Cour de Sûreté de l'État. Seitdem hat den Conseil d'État die Strafe für seine Unbotmäßigkeit ereilt: er wird reorganisiert. Die zwei Regierungsverordnungen, die sich mit seinem Umbau beschäftigen, wollen die Quadratur des Zirkels lösen; nach einer Erklärung des Justizministers Jean Foyer besteht das Ziel der Reform darin, »die Verwaltung einer Gesetzlichkeitskontrolle zu unterwerfen, sie dazu anzuhalten, die

---

20 Le Procès d'Edmond Jouhaud. Compte-rendu sténographique, Paris, 1962.
21 Siehe den Wortlaut des Erkenntnisses des Conseil d'État in: Le Monde, Jahrgang 19, Nr. 5525, 23. Oktober 1962, S. 3.
22 Verordnung Nr. 61-618 vom 1. Juni 1962: Journal Officiel de la République Française, Jahrgang 941 S. 5316 (Nr. 130, 1./2. Juni 1962).

Gesetze zu achten, ohne diese verwaltungsgerichtliche Kontrolle für die jeweilige Regierung unerträglich werden zu lassen«.[23]

Aus der Fülle der sonstigen politischen Strafverfahren, die eine Nachlese zu den algerischen Kämpfen brachten, ist für die Entwicklung des politischen Prozesses eins von besonderer Bedeutung: Vor dem ordentlichen Strafgericht, dem Pariser Tribunal Correctionnel, sollten im November 1961 sechs französische und algerische Anwälte, die als ständige Verteidiger algerischer Angeklagter bekanntgeworden waren, wegen Gefährdung der Staatssicherheit verurteilt werden. Das Verfahren, das gegen erhebliche Widerstände im Justizministerium in Gang gekommen war, endete jedoch am 18. Dezember 1961 mit dem Freispruch der angeklagten Anwälte in allen wesentlichen Punkten. Dabei hatten sie die ihnen zur Last gelegten konkreten Handlungen keineswegs bestritten: Sie hatten tatsächlich Prozesshonorare vom FLN bezogen, die vom FLN zu Propagandazwecken vorgezeichnete Verteidigungstaktik befolgt, individuelle Verteidigungsmöglichkeiten durch Kollektivverteidigung ausgeschaltet, ja als Mittelsmänner zwischen Organisationsinstanzen des FLN und den von ihnen verteidigten Untersuchungsgefangenen fungiert. Mehr noch: Sie bekannten sich in ihren Erklärungen vor Gericht nachdrücklich zur Verteidigungstaktik der vorbehaltlosen Identifizierung mit dem FLN.[24] Nichts blieb hier unausgesprochen, und

---

23 Nach der Wiedergabe von Jean-Marc Théolleyre: »La Réforme du Conseil d'État«, in: Le Monde, Jahrgang 20, Nr. 5766, 1. August 1963, S. 1, Sp. 5.
24 Siehe Marcel Péju: »Le Procès des Avocats«, in: Les Temps Modernes, Jahrgang 17, S. 776-779 (Nr. 187, Dezember 1961), und die Erklärung eines der angeklagten Anwälte: »Déclaration de Jacques Vergès«, ebda., S. 780-783; fortlaufende Prozessberichte in: Le Monde, Jahrgang 18, Nrn. 5228, S. 3; 5229, S. 2; 5230, S. 4; 5234, S. 3; 5235, S. 2; 5236, S. 4 (8. - 17. November 1961). Das Pariser Urteil hebt sich vorteilhaft von der bisherigen Praxis des deutschen Bundesgerichtshofs (siehe oben Kapitel VI, Abschnitt 7, insbesondere Anmerkung 72 und 73) ab. Dagegen scheint die höchstrichterliche amerikanische Rechtsprechung mit der französischen insofern übereinzustimmen, als sie dem von einer politischen Organisation beauftragten Anwalt neuerdings die Freiheit belassen will, bei der Verteidigung oder Vertretung der von der Organisation betreuten Personenkreise nach Weisungen der Organisation zu handeln. Gegenstand der richterlichen Entscheidung war ein Gesetz des Staates Virginia, das der als gemäßigt bekannten Negerschutzorganisation National Association for the Advancement of Colored People in Bezug auf Instruierung von Anwälten unerträgliche Handfesseln angelegt hatte. Das Oberste Gericht der Vereinigten Staaten hat dies Gesetz am 14. Januar 1963 mit einer Mehrheit von 6 gegen 3 Stimmen wegen Verstoßes gegen die Meinungs- und Vereinigungsfreiheit für verfassungswidrig erklärt; siehe NAACP v. Button, United States Supreme Court Reports Lawyers' Edition, Second Series, Volume 9 (1963), S. 405-440. Die Ablehnungsgründe des Bundesrichters John M. Harlan (S. 427-440), der diversen hypothetischen Möglichkeiten einer Interessenkollision zwischen der Organisation und den von ihr betreuten Personenkreisen nachging, um zu begründen, warum das Gesetz in Kraft bleiben sollte, hatten die Gerichtsmehrheit nicht von ihrem Standpunkt abbringen können.

insofern stellt der Freispruch einen nicht unbeachtlichen Erfolg für das Prinzip der unbehinderten politischen Verteidigung dar.

Die Taktik der Verteidiger von FLN-Angeklagten war freilich von Anfang an darauf ausgerichtet, die Gerichte als Machtorgane einer der algerischen Befreiungsbewegung feindlichen französischen Staatsgewalt hinzustellen. Ganz anders verhielten sich die Verteidiger der rechtsradikalen Putschisten. Ihnen kam es darauf an, nur die Regierung als den Feind zu entlarven und sowohl die Richter als auch die öffentliche Meinung in einen Gegensatz zur Regierung zu bringen. Das ist ihnen manchmal, aber nicht immer gelungen. Gegen Jacques Isorni, einen der führenden Anwälte der Rechten, sind sogar von Gerichts wegen die schärfsten disziplinarischen Maßnahmen angeordnet worden.[25]

Obwohl diese Phase der gerichtlichen Auseinandersetzung noch keineswegs abgeschlossen ist, steht bereits die Frage einer politischen Amnestie auf der Tagesordnung. Unter den algerischen Bürgerkrieg hat das Abkommen von Evian einen Schlussstrich gezogen. Die in Evian vereinbarte Formel ist weit gespannt: »Niemand darf auf Grund von Handlungen, die im Zusammenhang mit den algerischen politischen Ereignissen vor der Verkündung der Waffenruhe begangen worden sind, belästigt, festgenommen, verfolgt, strafrechtlich oder disziplinarisch belangt oder sonst ungleicher Behandlung unterworfen werden.« In Algerien findet dieser Grundsatz keineswegs allgemeine Beachtung.[26] Die französische Regierung hat die ihr aus dem Straffreiheitsgrundsatz erwachsenden und durch Verordnungen[27] festgelegten Verpflichtungen in der Hauptsache erfüllt. Ihre Kritiker werfen ihr sogar vor, sie sei zu weit gegangen und habe überführten Sadisten, die eigentlich als Kriegsverbrecher angesehen werden müssten, Straffreiheit gewährt.[28]

Damit, dass die Evian-Amnestie eine endgültige Bereinigung der algerisch-französischen Feindseligkeiten herbeiführen soll, ist nicht gesagt, dass sie auch die mit dem Algerien-Krieg zusammenhängenden

---

25 Im Prozess gegen die Attentäter von Petit-Clamart wurde Jaques Isorni von der Verhandlung ausgeschlossen und auf drei Jahre aus der Anwaltsliste gestrichen, weil er aus seinen Privatakten ein Schriftstück über die Vergangenheit eines der Gerichtsmitglieder verlesen hatte; siehe »La Cour Militaire de Justice inflige à Me Isorni une peine de trois ans d'interdiction«, in: Le Monde, Jahrgang 20, Nr. 5617, 7. Februar 1963, S. 1.
26 Jean Lacouture, »Plus de dix mille harkis auraient été tués en Algerie«, in: Le Monde, Jahrgang 19, Nr. 5543, 13. November 1962, S. 7.
27 Dekrete Nrn. 62-327 und 62-328 vom 22. März 1962, Journal Officiel de la République Française, Jahrgang 94, S. 3143 f. (Nr. 70, 23. März 1962).
28 Proteste in Frankreich hat zum Beispiel der Straferlass für französische Beamte, die an Folterungen von Gefangenen beteiligt waren, ausgelöst; siehe René-William Thorp, »L'amnistie des gardiens de l'ordre«, in: Le Monde, Jahrgang 19, Nr. 5419, 21. Juni 1962, S. 4, und »Un Appel du Comité Maurice Audin«, a.a.O., Nr. 5423, 28. Juni 1962, S. 4.

innerfranzösischen Fehden aus der Welt schafft. Die Regierung ist zum Beispiel nicht der Meinung, dass auch französische Helfer des FLN in Frankreich unter den Straferlass fallen, und die Gerichte haben darüber noch nicht entschieden.[29] Ob die in Frankreich begangenen Gewalttaten der rechtsradikalen OAS (Organisation de l'Armée Secrète) amnestiert werden sollen, ist heftig umstritten.[30] Während es bei den Bestimmungen des Evian-Abkommens um die Beseitigung von Kriegsfolgen ging, handelt es sich bei der Frage der Amnestierung der OAS-Terroristen im Innern Frankreichs darum, mit welchen taktischen Maßnahmen sich das gaullistische Regime innenpolitisch am ehesten durchsetzen kann.

Über die Arbeit des Justizapparats in der sehr ausgedehnten gegenwärtigen Praxis der politischen Prozesse in Frankreich gibt es verschiedene Meinungen; die scharf kritische Beurteilung überwiegt. Dennoch kommt den Prozessen, von welcher Instanz sie auch geführt werden mögen, ein unbestreitbares Verdienst zu: In einem Land, das in der Frage Algerien wie auch darüber hinaus in der Beurteilung des herrschenden Regierungssystems gespalten ist, haben sie allen Beteiligten die Möglichkeit geboten, nicht nur die konkreten Anklagepunkte zu erörtern, sondern auch die Hintergründe und Begleitumstände der umstrittenen Aktionen zu durchleuchten, und diese Möglichkeit ist weidlich ausgenutzt worden. Die französischen Prozesse haben also in diesem Sinn – im Gegensatz zu vielen anderen politischen Prozessen der neueren Zeit – eine echte politisch-pädagogische Aufgabe erfüllt.

Natürlich werden die Beteiligten damit in die Lage versetzt, Anhänger um sich zu scharen und für ihre Sache zu werben. Da aber die beiderseitigen Positionen eingehend genug diskutiert wurden, konnten die Gerichtsverhandlungen Siege und Niederlagen aus der Sicht der regimefreundlichen und regimefeindlichen Propaganda herauslösen. Und noch ein anderes: In den Prozessen ist das Bild der Kämpfenden fixiert, für geraume Zeit festgehalten worden, und zwar das echte Bild, nicht das Zerrbild, das vom herrschenden Regime und seinen Gerichten so gern gezeichnet und verbreitet wird.

---

29 Vergleiche Simone de Beauvoir: »Les Otages«, und M^e Le Coroller: »Libérez-les!«, in: Le Monde, Jahrgang 20, Nr. 5734, 25. Juni 1963, S. 7.
30 Für die Amnestierung auch der Terroristen setzen sich unter anderem auch prominente Kirchenmänner ein; siehe zum Beispiel die Botschaft von Emile Guerry, Erzbischof von Cambrai: »Une déclaration de Mgr Guerry sur l'amnistie«, in: Le Monde, Jahrgang 20, Nr. 5732, 22. Juni 1963, S. 9. Einen umfassenden Appell für die Amnestierung der OAS-Leute, denen böses Unrecht zugefügt werde, präsentiert Michel de Saint-Pierre: Plaidoyer pour l'Amnistie, Paris (Schriften L'Esprit Nouveau), ohne Jahr {Copyright 1963}.

3. Staatsräson gegen Asylrecht

Im Zwielicht unserer gegenwärtigen Welt ist der Begriff Staatssouveränität weitgehend zur Fiktion geworden. Soweit das Verteidigungs- und Sicherheitspotential der einzelnen Länder aus dieser Situation heraus erhöht wird, stehen die Politiker und ihre Gefolgschaften dem Verfall der Souveränitätsidee positiv oder allenfalls gleichgültig gegenüber. Die Einstellung der Öffentlichkeit ist jedoch mindestens in den Staaten Schwankungen unterworfen, in denen die psychologische Anpassung an die neuen Abhängigkeitsverhältnisse noch nicht stabil genug ist. Das macht sich bemerkbar, wenn die brodelnden Dämpfe innenpolitischer Vulkane in die Atmosphäre fremder Länder eindringen und deren Luftgehalt verändern. Zwar mögen die Dinge, die in der Abgeschiedenheit unzugänglicher Amtsräume abgemacht werden können, von größerer Bedeutung und Tragweite sein; aber der winzige Bruchteil des Geschehens, den der von seinen Heimatbehörden verfolgte Flüchtling verkörpert, ist weithin sichtbar, kann leicht in den Brennpunkt der öffentlichen Diskussion geraten und gibt oft den Gegenstand erbitterter Auseinandersetzungen ab, in denen die alten Souveränitätssymbole und die neue, veränderte Wirklichkeit aufeinanderprallen.

Unter Umständen bietet sich ein solcher Zusammenstoß als unaufregendes Geplänkel zwischen dem voll autoritären Spanien und der halbautoritären französischen Variante dar: Die politischen Flüchtlingsgruppen in dem einen Land werden als Vorwand oder Köder benutzt, damit auf ihre Kosten der Versuch unternommen werden könne, die als unbequem empfundene Tätigkeit der eigenen Emigranten im anderen Land nach Möglichkeit einzuschränken. Wird dies Verfahren in Spanien als mehr oder minder normal angesehen, so ruft es in Frankreich, das in dieser Beziehung noch in alten Überlieferungen lebt, Bestürzung hervor: Solche Formen der Staatsräson sind da noch nicht ganz alltäglich geworden.

Der wirklich kritische Punkt ist die Praxis der politischen Auslieferung oder der formlosen »Überstellung« von Emigranten, mit der manche juristischen Schwierigkeiten dort umgangen werden können, wo Gesetze oder Verträge die Auslieferung bei politischen Straftaten wenigstens der Form nach verbieten. Am leichtesten haben es da totalitär regierte Staaten, in denen in der Regel keine Kritik öffentlich geübt werden kann. Ein der Spionage angeklagter englischer Staatsbürger konnte von Ungarn im November 1962 den Behörden der Sowjetunion übergeben werden, ohne dass irgendein Verfahren stattgefunden hätte und ohne dass eine öffentliche Meinung in Ungarn den englischen Protesten zu größerem Widerhall hätte verhelfen können.

Schwieriger wird es, wenn ein Land wie die Bundesrepublik, in dem die Behörden öffentlich kritisiert und vielleicht sogar zur Rechenschaft gezogen werden können, ohne Einhaltung der vorgeschriebenen Formen die Festnahme eines deutschen Staatsbürgers in Spanien bewerkstelligt, um gegen den Festgenommenen einen politischen Prozess anzustrengen. Da der im Ausland seiner Freiheit Beraubte allen Anlass hatte, sich den Gerichten zu stellen, weil er den Kampf für seine Auslegung der Meinungsfreiheit unbedingt aufnehmen wollte, gab es keine rechtliche Auseinandersetzung und einstweilen nichts, was über eine polemische Erörterung des Verhaltens der deutschen Behörden hinausgegangen wäre. Beachtenswert ist aber jedenfalls, dass amtliche Stellen die Herausnahme bestimmter politischer Tatbestände aus dem Auslieferungsschutz mit militärpolitischen Gesichtspunkten begründen, die allen westeuropäischen Ländern gemeinsam und grundsätzlich wichtiger seien als der Schutz der Rechte und Freiheiten des Individuums.

Auf einer ähnlichen Linie liegt der meistererörterte Fall des Jahres 1962: das Auslieferungsbegehren der Vereinigten Staaten in Sachen Soblen und das Verhalten Israels und Englands. Am deutlichsten ist hier der Zwiespalt zwischen der formal noch fortbestehenden nationalen Souveränität und politischen Stärkeverhältnissen, die eine Einschränkung des politischen Auslieferungsschutzes bewirken, zutage getreten. Den Fall Soblen erledigten die damit befassten englischen Gerichte zur Zufriedenheit der beteiligten Regierungen – Englands und der Vereinigten Staaten – damit, dass sie den Nichtauslieferungsgrundsatz mit dem Notbehelf der Ausweisung *de facto* aufhoben. Sie genehmigten die Rückgabe des Flüchtigen an den Verfolgerstaat, obgleich sie in Wirklichkeit in kaum verkleideter Form nichts anderes war als die unzulässige Auslieferung, der ausgewichen werden sollte. In einer besonders ausführlichen richterlichen Bekundung war dazu die eigenartige These entwickelt worden, dass die formlose Überstellung des Flüchtlings an den Verfolgerstaat rechtlich unanfechtbar sei, sofern das Auslieferungsbegehren nicht der einzige Grund sei, weswegen der Betroffene in den Machtbereich des Staates abgeschoben werde, der seine Auslieferung verlange.[31]

---

31 *Regina v. Governor of Brixton Prison ex parte* Soblen, Court of Appeal (14. August 1962), in: The Weekly Law Reports, 1962, Part 3, S. 1154-1172. In Presseerörterungen zu dem Fall ist die Ansicht vertreten worden, dass angesichts der gegenwärtigen weltpolitischen Situation unter verbündeten Mächten davon Abstand genommen werden sollte, den Grundsatz der Nichtauslieferung bei politischen Straftaten weiterhin auch für Spionagedelikte gelten zu lassen; was allerdings geschehen soll, wenn Spionage nicht aus Gewinnsucht, sondern aus Gesinnungsgründen getrieben wird, haben die Befürworter einer solchen Durchlöcherung der Asylrechtsgrundsätze nicht angeben können. Siehe

Dass der Staat, der einen Flüchtling abschiebt, es im Wesentlichen tut, weil er einen unerwünschten Asylsuchenden loswerden möchte, liegt auf der Hand. Er braucht ihn aber deswegen nicht den Behörden des Landes zu übergeben, das seine Auslieferung verlangt und damit gewährt bekommt. Dieser Überlegung ist das englische Berufungsgericht ausgewichen: Es hat lediglich festgestellt, die Vereinigten Staaten seien das einzige Land, das rechtlich verpflichtet sei, Soblen aufzunehmen. Die bisherige Praxis der Asylgewährung hatte sich dagegen – im Einklang zum Beispiel mit der in diesem Fall allerdings nicht anwendbaren Genfer Konvention vom 28. Juli 1951[32] – nach dem Grundsatz gerichtet, dass kein Flüchtling in ein Land abgeschoben werden dürfe, in dem ihm Verfolgung drohe. Im Fall Soblen wäre dies Prinzip leicht zu befolgen gewesen, denn die Tschechoslowakei hatte sich erboten, Soblen Zuflucht zu gewähren.

Ob Spionage bei Auslieferungsvereinbarungen von Ländern, die militärisch und politisch eng zusammenwirken, nicht mehr als politisches Delikt betrachtet und von der Auslieferung nicht mehr ausgenommen werden solle, bleibt nach dem Fall Soblen eine offene Frage. Vielleicht ist es kein wesentlicher Unterschied, ob zwei Länder gleichen Ranges, die an rechtsstaatlichen Vorstellungen festhalten, gleichberechtigte Bundesgenossen sind oder ob ein Kleinstaat (Israel) seine Politik den Wünschen einer Großmacht (USA) unterordnet, von der er politisch und wirtschaftlich in hohem Maße abhängt, ohne offiziell an ihr Bündnissystem angeschlossen zu sein.

Jedenfalls hat das Verhalten Israels im Fall Soblen die verschlungenen Pfade beleuchtet, auf die eine Regierung gerät, wenn sie sich ihre taktischen Entscheidungen von Staatsräson, innenpolitischer Taktik und nationalem Stolz vorschreiben lässt. Die von der Israel-Regierung zunächst versuchte formlose Zurückschaffung Soblens nach Amerika scheiterte an seinem Verhalten, das die israelische Luftlinie nötigte, ihn in England an Land zu bringen. Dann aber schwoll die Welle parlamentarischer und außerparlamentarischer Kritik an, und die

> dazu auch C. H. Rolph: »What Right of Asylum?«, in: New Statesman, Jahrgang LXIV, S. 359 f. (Nr. 1645, 21. September 1962). Anhand mehrerer Fälle weist neuerdings Cedric Thornberry, »The Soblen Case«, in: Political Quarterly, Jahrgang 34, S. 162-173 (Heft 2, April - Juni 1963), darauf hin, dass sich die englischen Gerichte nicht für befugt halten, Ermessensentscheidungen der Verwaltung in Fragen der Abschiebung von Ausländern anzufechten, sofern nicht der Nachweis erbracht wird, dass die Abschiebung einem rechtlich unzulässigen Zweck dient; dass Nichtauslieferungsgrundsätze mit Hilfe fremdenpolizeilicher Bestimmungen umgangen würden, sei nicht neu (S. 169), und die parlamentarische Überwachung der Ausweisungspraxis des Innenministeriums sei bis jetzt nicht wirksam ausgeübt worden (S. 173).

32 Siehe oben Kapitel IX, Abschnitt 2, insbesondere Anmerkung 27.

Israel-Regierung zog es vor, ihre Taktik zu ändern. Sie lehnte es ab, Soblen nach Amerika zu befördern; man hätte annehmen können, sie habe sich mit Entschlossenheit dem von den Vereinigten Staaten ausgeübten Druck widersetzt. Sie breitete aber über diese Entscheidung nicht den Schleier der Diskretion; sie dachte nicht daran, Soblen wieder nach Israel kommen zu lassen; sie transportierte ihn nicht in ein anderes Land (etwa in die Tschechoslowakei); sie publizierte ihren Entschluss und gab damit der amerikanischen Regierung die erwünschte Gelegenheit, sich nunmehr zu überlegen, wie Soblen doch noch dinghaft zu machen sei.

Da es bis jetzt keinerlei Vereinbarungen über die Einengung der Nichtauslieferung bei politischen Delikten gibt, kann man sich natürlich fragen, warum die Vereinigten Staaten darauf bestehen, Länder, denen die Berücksichtigung solcher Ansinnen erhebliche Schwierigkeiten bereitet, dazu zu drängen, vertraglich nicht gerechtfertigten Auslieferungsbegehren stattzugeben. Eine gewisse Rolle spielt dabei die Tatsache, dass es sich um die Konsequenzen von Strafverfahren handelt, die in Amerika nur von wenigen angefochten worden sind und die weithin als einwandfrei und rechtmäßig gelten; aus der amerikanischen Perspektive kann die Forderung, dass das Urteil eines ordentlichen Gerichts vollstreckt werde, unter solchen Umständen sogar mit Emphase und unter Berufung auf die Gebote demokratischer Rechtsstaatlichkeit vertreten werden. Diese Überlegung kann indes für das Land, das Asyl gewähren soll, unmöglich gelten, wenn Auslieferung bei dem Delikt, das der Flüchtling begangen hat, vertraglich ausgeschlossen ist. Gibt dies Land dem Druck nach, mit dem das amerikanische Auslieferungsbegehren geltend gemacht wird, so missachtet es um der Staatsräson willen den Schutzanspruch des Asylsuchenden: Das Recht weicht der Macht.

Ebenfalls ein Sieg der Staatsräson über das Asylrecht war die Entscheidung des englischen Innenministeriums im Fall des Häuptlings Enahoro aus Nigeria, der beschuldigt wurde, an einer Verschwörung der sogenannten »Aktionsgruppe« gegen die heimatliche Regierung teilgenommen zu haben. Während in Lagos ein Prozess gegen verschiedene Führer dieser Gruppe stattfand, wurde England von Nigeria ersucht, Enahoro festzunehmen und dem Gericht in Lagos zuzuführen, damit auch gegen ihn verhandelt werden könne; nach der Fugitive Offenders Act bedurfte es dazu, weil Nigeria dem Commonwealth angehört, keines Auslieferungsverfahrens.[33] In diesem Sinne hatten sich englische Gerichte schon früher ausgesprochen.

33 Vergleiche Kapitel IX, Anmerkung 38. Auf diese Weise sichern die Commonwealth-Staaten einander Rechtshilfe in Strafverfolgung und Strafvollzug zu, ohne dass die Frage der Auslieferung oder ihrer Umgehung durch Ausweisung aufgeworfen zu wer-

Da aber Öffentlichkeit und Parlament Besorgnisse ob der Gefährdung der traditionellen englischen Asylgrundsätze anmeldeten, musste eine politische Entscheidung getroffen werden. Und hierzu wurde von verschiedener Seite zu bedenken gegeben, dass die Nichtauslieferung Enahoros in Nigeria als Misstrauensvotum Englands gegen die rechtsstaatliche Verlässlichkeit des nigeranischen Staatswesens und als Hilfe für die »Aktionsgruppe« zum Schaden der demokratisch gewählten Regierung aufgefasst werden würde.[34] Der Innenminister ordnete, um die Regierung Nigerias nicht zu kränken, an, dass nach den Bestimmungen der Fugitive Offenders Act zu verfahren sei.

Anders als im Fall Soblen konnte hier die formlose »Überstellung« mit einer unter Commonwealth-Ländern üblichen Rechtspraxis begründet werden. Enahoro wurde in Lagos vor Gericht gestellt, durfte jedoch entgegen der Zusicherung der nigerianischen Regierung nicht von dem Anwalt verteidigt werden, den er sich in London ausgesucht hatte. Freilich war das nicht das erste Mal, dass in England im Hinblick auf die labile Situation in manchen jungen Commonwealth-Staaten das Postulat der Nichtauslieferung bei politischen Delikten mit dem Hilfsmittel der formlosen Abschiebung durchlöchert wurde. An scharfer Kritik im Parlament und in der Presse hat es nicht gefehlt.

Umgekehrt hat England im Fall der Entführung eines politischen Flüchtlings energischen Widerstand geleistet und seinen Rechtsstandpunkt durchgesetzt. Ganyile, ein Führer des Pondo-Stammes in der Südafrikanischen Union, der bereits eine längere Gefängnishaft hinter sich

 den brauchte. Nach der englischen Commonwealth Immigrant Act von 1962 dürfen Commonwealth-Staatsbürger (denen irische Staatsangehörige gleichgestellt sind) nur ausgewiesen werden, wenn sie wegen einer Straftat verurteilt worden sind und das erkennende Gericht die Ausweisung empfohlen hat. (Commonwealth-Staatsbürger, die seit mehr als fünf Jahren in England ansässig sind, können überhaupt nicht mehr ausgewiesen werden.) Im ersten Jahr seit dem Inkrafttreten dieser Bestimmungen, das heißt bis Ende Mai 1963, sind solche gerichtlichen Empfehlungen in 671 Fällen ergangen, aber zunächst nur in 241 Fällen vom Innenminister befolgt worden. Näheres dazu in: House of Commons: Eleventh Report from the Estimates Committee, Session 1962 - 1963: The Home Office, London, 1963, S. 77 ff., 244 ff. Rechtlich ist die Lage von Nichtbürgern der Commonwealth-Staaten viel ungünstiger, da sie durch Ermessensentscheidung des Innenministers auch ohne Verurteilung und gerichtliche Empfehlung ausgewiesen werden können. Es ist ein magerer Trost, dass, während bis zu 2 Millionen Ausländer jährlich nach England einreisen, nur rund 120 ausgewiesen (und in die Heimat abgeschoben) werden; siehe: Eleventh Report..., S. 71-76, 241 f. Die Zahl der Ausgewiesenen, denen in der Heimat politische Verfolgung droht, ist nicht bekannt.
34 Dazu siehe John Hatch: »Political Asylum«, in: New Statesman, Jahrgang LXV, S. 296 (Nr. 1668, 1. März 1963). Enahoro ist inzwischen in Lagos zu einer hohen Gefängnisstrafe verurteilt worden. Damit dürfte die bereits vorher ventilierte Revision der Fugitive Offenders Act – vergleiche House of Commons: Eleventh Report... (siehe vorige Anmerkung), S. 246 f. – wieder aktuell werden.

gebracht hatte, wurde 1960 in ein Internierungslager (»Native Trust Farm«) in der Nördlichen Kapprovinz verbracht, weil er einem Deportationsbefehl nicht Folge geleistet hatte. Von dort entfloh er ins Basutoland, meldete sich bei den englischen Behörden und durfte bleiben; aber am 26. August 1961 brachen sechs südafrikanische Polizisten ins Basutoland ein, überfielen Ganyile und verschleppten ihn auf Unionsgebiet; dort wurde gegen ihn wegen angeblicher Ermordung eines der Kidnapper Anklage erhoben. Auf beharrliche Vorstellungen der englischen Diplomatie musste sich die Südafrikanische Union dazu bequemen, den Verschleppten, dem Großbritannien unter dem Schutz seiner Souveränität Asylrecht gewährt hatte, ins Basutoland zurückzubringen; mehr noch: Sie musste in aller Form ihr Bedauern über den Zwischenfall aussprechen.[35]

Heutzutage reagieren durchaus nicht alle Staaten auf politische Entführungsversuche mit derselben Entschlossenheit und Energie. Sieht man von der Entführung Eichmanns aus Argentinien durch Geheimagenten der Israel-Regierung ab, die immerhin eine Reihe von Besonderheiten aufwies und von Argentinien dennoch nicht stillschweigend hingenommen wurde, so bleibt aus der jüngsten Zeit das befremdend passive Verhalten der deutschen Regierungsstellen gegenüber der Entführung des französischen Obersten Argoud. Zur Not kann man den

35 Commission Internationale de Juristes: Chronique de l'Afrique du Sud; l'Affaire Ganyile, Genf, 1962. Seit dem Fall Ganyile hat die Praxis der Verschleppung von Flüchtlingen aus der Südafrikanischen Union, die im benachbarten Betschuanaland (oder auch in anderen noch unter britischer Verwaltung stehenden Gebieten) Asyl finden, Schule gemacht. Internationales Aufsehen erregte der Fall des farbigen Arztes Kenneth Abrahams aus Johannesburg, der am 11. August 1963 mit drei Gefährten auf Betschuana-Boden überfallen und nach Kapstadt gebracht wurde. Abrahams behauptete, unter den Entführern seien südafrikanische Polizisten gewesen; die südafrikanische Regierung bestritt es, und das Oberste Gericht der Union erklärte, seine Festnahme sei legal erfolgt. Dennoch hat der von England ausgeübte diplomatische Druck erneut seine Wirkung getan: die südafrikanischen Behörden brachten Abrahams und seine Begleiter am 31. August wieder nach Betschuanaland zurück. Näheres in »London verlangt Abrahams' Auslieferung«, Frankfurter Allgemeine Zeitung, S-Ausg., Nr. 199, 29. August 1963, S. 4, Sp. 2-3, und »Entführung ›rechtlich unerheblich‹«, a.a.O., Nr. 202, 2. September 1963, S. 4, Sp. 1-2. Die starke Zunahme der Zahl südafrikanischer Flüchtlinge in den englischen Schutzgebieten steigert indes nicht nur den Verfolgungseifer der südafrikanischen Polizei, sondern auch die Unlust der britischen Behörden, immer wieder neue Konflikte mit Pretoria auszufechten; über die dadurch bedingte englische Zurückhaltung siehe: »Großbritannien und die südafrikanischen Flüchtlinge«, Neue Zürcher Zeitung, Jahrgang 184, Fernausg., Nr. 240, 1. September 1963, Blatt 4, S. 1. Solche Konflikte häufen sich aber auch an anderer Stelle. Neunzehn kubanische Flüchtlinge, die auf der unbewohnten englischen Bahama-Insel Anguilla Cayo Unterschlupf gefunden hatten, wurden am 13. August 1963 von einem Kutter der kubanischen Marine »gekapert« und entführt; am 21. August überreichte die englische Regierung in Habana ihre Protestnote, in der sie die Rückführung der Verschleppten verlangte; siehe: »La Grande-Bretagne exige que le gouvernement cubain restitue les réfugiés capturés…«, in: Le Monde, Jahrgang 20, Nr. 5786, 24. August 1963, S. 4, Sp. 2-3.

bayerischen Behörden zubilligen, dass sie sich im Rahmen des Herkömmlichen hielten, als sie vom einstigen französischen Außenminister und Ministerpräsidenten Georges Bidault verlangten, dass er, um das Asylrecht gewährt zu bekommen, auf jegliche politische Betätigung verzichte, was denn auch erwartungsgemäß zur Folge hatte, dass er der gastlichen Bundesrepublik den Rücken kehrte. (Ein ehemaliger alliierter Regierungschef hat, auch wenn er ein wütender Gegner des gaullistischen Staates ist, größere Bewegungsfreiheit als ein durchschnittlicher geld- und passloser Emigrant.) Als aber der OAS-Führer Argoud mit Gewalt aus Bayern entführt und nach Frankreich gebracht wurde, wobei kaum daran gezweifelt werden konnte, dass die Entführer im Auftrag amtlicher französischer Stellen gehandelt hatten, war die hinter amtlichen Ermittlungen nur dürftig verschleierte Abstinenz derselben bayerischen Behörden nur schwer verständlich.[36]

Im Fall des von Nazi-Agenten verschleppten deutschen Emigranten Berthold Jacob hatte seinerzeit die kleine Schweiz prompt und nachdrücklich Protest erhoben und beim mächtigen nationalsozialistischen Reich durchgesetzt, dass der Entführte zurückgebracht wurde.[37] Die behauptete Beteiligung Argouds an politischen Gewalttaten auf französischem Boden kann für die Bundesrepublik schwerlich ein ausreichender Grund sein, sich dem brutalen Akt einer gewaltsamen politischen Entführung zu beugen und die Verletzung ihrer Souveränität widerspruchslos hinzunehmen.[38] Ob dem Auslieferungsantrag der französischen

36 Über die Entführung des ehemaligen Obersten Antoine Argoud siehe: »L'Arrestation du Délégué du CNR en Métropole«, in: Le Monde, Jahrgang 20, Nr. 5635, 28. Februar 1963, S. 1-3; »Argoud aurait été enlevé par deux anciens membres de l'OAS«, a.a.O., Nr. 5640, 6. März 1963, S. 5.
37 Auf die in diesem Zusammenhang im Bundestag gestellte Frage des SPD-Abgeordneten Prof. Dr. Carlo Schmid, ob ihm der Fall Jacob mit der Rückgabe des Entführten an die Schweiz bekannt sei, erwiderte Bundesjustizminister Bucher: »Das ist mir nicht bekannt, aber ich nehme es zur Kenntnis.« Siehe Verhandlungen des Deutschen Bundestages, 4. Wahlperiode 1961, Stenographische Berichte, S. 2903 (63. Sitzung vom 8. März 1963).
38 Das Bundestagsprotokoll, ebda., S. 2904, verzeichnet folgendes Zwiegespräch: »*Dr. Schmid* (Frankfurt) (SPD): Herr Minister, halten Sie es mit der Selbstachtung, die sich ein souveräner Staat schuldet, für vereinbar, solche Dinge, das heißt solche Verletzungen seines Hoheitsgebiets, auf sich beruhen zu lassen? *Dr. Bucher*, Bundesminister der Justiz: Nein, der Ansicht ist die Bundesregierung nicht; denn die Art und Weise, wie hier – von wem auch immer – verfahren wurde, kann nicht gebilligt werden.« In einer Kleinen Anfrage der Fraktion der SPD (Deutscher Bundestag, 4. Wahlperiode, Drucksache IV/106) wurde am 13. März 1963 gefragt, ob die Bundesregierung die Rückschaffung Argouds nach Deutschland betreiben wolle, damit eine Strafverfolgung gegen ihn eingeleitet werden könne. Der Bundesjustizminister erwiderte schriftlich (a.a.O., Drucksache IV/1152) am 27. März, dass das nur im Wege der Auslieferung betrieben werden könne, dass aber die Auslieferung eines Franzosen aus Frankreich weder nach französischem Recht noch nach dem deutsch-französischen Auslieferungsvertrag in Frage komme. (Das hätte auch der SPD-Fraktion bekannt sein dürfen.) Indes fügte der Minister aus eigenem etwas hinzu, wonach ihn die SPD-

Regierung, falls sie ihn je gestellt hätte, im Fall Argoud stattzugeben gewesen wäre, ist zum mindesten nicht erwiesen. Dass aber Auslieferungsanträge, deren Ausgang nicht sicher ist, durch gewaltsame Verschleppungen ersetzt werden, darf ein Rechtsstaat, wie immer die Umstände aussehen mögen, schlechterdings nicht dulden. Das Argument, dass Gewalt Gegengewalt auslöse, könnte vielleicht eher einleuchten, wenn nicht zu vermuten wäre, dass die Bundesrepublik zu ihrer Passivität[39] durch die besonders herzlichen Beziehungen veranlasst worden sei, die sie mit dem Regierungssystem Charles de Gaulles verbinden.

Kann man aber von einer Regierung, die keinen der Mitwirkenden an der listenreichen Aktion zur Festnahme des *Spiegel*-Redakteurs Conrad Ahlers in Spanien zur Verantwortung gezogen hat, erwarten, dass sie

Fraktion nicht gefragt hatte: »Soweit unter der ›Überstellung‹ lediglich eine Rückführung von Argoud in die Bundesrepublik zum Zwecke der Rückgängigmachung der Verbringung aus München nach Frankreich zu verstehen sein sollte, ist eine abschließende Antwort der Bundesregierung noch nicht möglich, weil der Sachverhalt durch die Ermittlungsbehörde noch nicht hinreichend geklärt ist.« Auf eine weitere SPD-Anfrage vom 14. Mai (a.a.O., Drucksache IV/1261), ob der Sachverhalt »nunmehr« hinreichend geklärt sei, teilte der Bundesjustizminister am 29. Mai (Drucksache IV/1283) mit, die ermittelnde Behörde – der Oberstaatsanwalt beim Landgericht München I – sei »im wesentlichen« über den Stand vom 27. März nicht hinausgekommen. An die französische Regierung wurde auch weiterhin nicht die Forderung nach Wiedergutmachung der Souveränitätsverletzung und nach Rückgabe des Verschleppten gerichtet.

39 Nach Auskunft des Bundesjustizministers (siehe vorige Anmerkung) hat sich die Bundesregierung damit begnügt, an das französische Außenministerium Rechtshilfeersuchen der Staatsanwaltschaft weiterzuleiten, die um die Vernehmung Argouds und mehrerer Personen, die an der Entführung beteiligt gewesen sein oder mit den Entführern in Verbindung gestanden haben sollten, und wohl auch um weitere Schritte gebeten hatte. Die Übermittlung dieser Ersuchen war mit Noten vom 29. März und 29. April erfolgt. Und am 29. Mai stellte der Bundesjustizminister fest, die deutsche Botschaft in Paris habe »die französische Regierung noch kürzlich mündlich und schriftlich gebeten, für ... baldige Erledigung Sorge zu tragen.« Mehr war in den drei Monaten, die seit dem Menschenraub von München verstrichen waren, nicht geschehen. Einen erneuten Vorstoß unternahm die Fraktion der SPD mit dem Antrag (Drucksache IV/1528), die Bundesregierung aufzufordern, die »Rückführung« Argouds – unabhängig von allen Ermittlungen über seine Entführung – zu verlangen. Laut Bundestagsprotokoll – Stenographische Berichte, S. 4342-4347 (94. Sitzung vom 6. November 1963) – stimmten die beiden Regierungsparteien der Forderung der Opposition nachdrücklich zu. Am 30. Dezember wurde Argoud in Paris von der Cour de Sûreté de l'État zu lebenslänglichem Freiheitsentzug verurteilt, und am selben Tag richtete endlich die Bundesregierung eine Note an Frankreich, in der sie um die Rückführung Argouds ersuchte. Dies Ersuchen wurde von Frankreich ohne Verzug verworfen. (Die entsprechenden Texte sind nicht veröffentlicht worden.) Eine weitere deutsche Note war, wie der Bundesminister des Auswärtigen im Bundestag – a.a.O., S. 4929 (107. Sitzung vom 22. Januar 1964) – mitteilte, drei Wochen später noch nicht beantwortet worden. Am 4. Juni 1964 brachte schließlich die Fraktion der SPD einen neuen Antrag (Drucksache IV/2300) ein, vom Auswärtigen Ausschuss einen Bericht über das Schicksal des im November im Plenum von allen Parteien gutgeheißenen Antrags zu erbitten. Seit der gewaltsamen Verschleppung Argouds waren unterdes über fünfzehn Monate vergangen.

sich für die Grundsätze des Asylrechts mit größerem Enthusiasmus schlage als ihre sozialdemokratische Opposition? In der Bundestagsitzung vom 26. Juni 1963 hatte Bundesinnenminister Höcherl gleich vier Fragen sozialdemokratischer Abgeordneter über die Tätigkeit kroatischer Emigrantenorganisationen auf deutschem Boden zu beantworten; zwei dieser Fragen legten der Bundesregierung nahe, Maßnahmen zur Beschneidung des Asylrechts zu treffen: sei es im Wege einfacher Ausweisung, sei es unter Berufung auf Art. 18 des Grundgesetzes, wonach »politisch Verfolgte«, die nach Art. 16 das Asylrecht genießen, es verwirken, sofern sie es »zum Kampfe gegen die freiheitliche demokratische Grundordnung« missbrauchen.

Der Minister bedauerte: »Das Asylrecht und all die Bestimmungen, die uns binden, geben uns leider {...} wenig Möglichkeiten.« Auf das Drängen der SPD-Interpellanten hin ließ er sich indes – vielleicht nicht ungern – zu der Zusage bewegen, eine Untersuchung darüber anzustellen, ob ein politischer Flüchtling unter »erschwerten Bedingungen« nicht sogar in seine Heimat ausgewiesen werden dürfe; ausländische Flüchtlinge könnten

»nach Art. 33 des Genfer Abkommens selbst in diejenigen Staaten ausgewiesen werden, die sie wegen politischer Verfolgung verlassen haben, wenn sie aus schwerwiegenden Gründen als eine Gefahr für die Sicherheit des Staates anzusehen sind oder eine Gefahr für die Allgemeinheit des Staates bedeuten, weil sie wegen eines Verbrechens oder eines besonders schweren Vergehens rechtskräftig verurteilt worden sind.«

Schließlich ließ sich der Minister das Versprechen abnehmen, »bei der Verschärfung der Vorschriften im Vereinsgesetz und im Ausländergesetz« dem Parlament eine helfende Hand zu reichen.[40]

In erster Linie sollten von der »Verschärfung der Vorschriften« im Sinne der Interpellanten kroatische Faschisten betroffen werden, die sich terroristischer Methoden gegen Andersdenkende oder gegen diplomatische Missionen der ihnen verhassten Tito-Regierung bedienen. Deutlich schwingt hier die Erinnerung an die Terrorpraxis des deutschen Nationalsozialismus und des italienischen Faschismus mit. Muss nicht aber gerade unter diesem Aspekt gefragt werden, ob sich ein funktionierendes demokratisches Staatswesen einer kleinen antidemokratischen Gruppe nicht anders entledigen kann, als indem es die Grundsätze des Asyls für Verfolgte einem taktischen Vorteil oder der bürokratischen Bequemlichkeit opfert?

---

40 Verhandlungen des Deutschen Bundestages, 4. Wahlperiode 1961, Stenographische Berichte, S. 3894-3896 (81. Sitzung vom 26. Juni 1963).

Im Gefolge totalitärer Verfolgungen war in manchen demokratischen Staaten die Garantie gegen aus politischen Motiven vorgebrachte Auslieferungsbegehren ausgeweitet worden. Soll sie zugunsten der älteren These, wonach das politische Delikt, um schutzwürdig zu sein, als wirkungsvoll zweckgerechtes Mittel zur Erreichung des angestrebten Ziels erscheinen müsse, wieder eingeengt werden? Einen theoretischen Rückfall in diese ältere Denkweise[41] zeigte vor einiger Zeit eine Entscheidung des höchsten Gerichts der Schweiz: die Auslieferung eines Algeriers, der in Frankreich auf Anordnung des FLN einen Verräter ermordet hatte, wurde mit der Begründung bejaht, dass Mord nicht als geeignetes Mittel zur Verwirklichung der höheren Ziele der FLN angesehen werden könne; dementsprechend ließ das Gericht das politische Motiv der Tat nicht gelten.[42]

Die praktische Folgerung aus dieser Grundsatzentscheidung hat allerdings das Schweizerische Bundesgericht in einem Nachtragsbeschluss selbst abgebogen: Es stellte fest, dass Frankreich einschlägige Straftaten als politisch und deshalb als nicht auslieferungspflichtig betrachte; da aber Auslieferungsverfahren auf Gegenseitigkeit beruhen müssten, entfalle für die Eidgenossenschaft die Auslieferungspflicht.[43] Ähnlich bewegt sich eine neuere deutsche Entscheidung auf der Linie der Überlegungen zum Fall Skantzos aus dem Jahr 1955, in dem Mordtaten vom Auslieferungsschutz für politische Delikte ausgenommen wurden,[44] lässt aber immerhin die Frage offen, ob die Auslieferung nicht gegen Art. 102 des Grundgesetzes verstieße, wenn sie ohne die vorherige Zusicherung der französischen Regierung erfolgte, dass die Todesstrafe, wenn verhängt, nicht vollstreckt werden würde.[45]

---

41 Gelegentlich macht sich diese Denkweise in anderen Ländern in ganz anderen Zusammenhängen bemerkbar. Damit, dass ein Verhalten als politisch nur gewertet werden könne, wenn es zur Herbeiführung des angestrebten Zieles geeignet sei, begründete vor einiger Zeit der deutsche Bundesgerichtshof die Ablehnung eines Entschädigungsanspruches wegen beruflicher Schädigung durch den Nationalsozialismus. Dazu siehe Adolf Arndt: »Umwelt und Recht«, in: Neue Juristische Wochenschrift, Jahrgang 15, S. 430-433 (Heft 10, 8. März 1963).
42 Fall Belkacem Ktir, Urteil vom 17. Mai 1961, in: Entscheidungen des Schweizerischen Bundesgerichts, Band 87 (1961), Teil I, S. 134-142, insbesondere 138.
43 Beschluss vom 24. Januar 1962, zitiert in »Das Bundesgericht hebt einen eigenen Auslieferungsentscheid wieder auf«, in: Der Bund, Jahrgang 113, Abendausgabe, Nr. 356, 22. August 1962, S. 3, Sp. 1-2.
44 Siehe oben Kapitel IX, Anmerkungen 68 und 69.
45 Beschluss des Bundesgerichtshofs vom 11. Januar 1961, 4 ARs 32/60, in: Entscheidungen des Bundesgerichtshofes in Strafsachen, Band 15, Köln/Berlin, 1962, S. 297-305. Während der Drucklegung des vorliegenden Buches ist zu dieser Frage ein Beschluss des Bundesverfassungsgerichts vom 30. Juli 1964, 1 BvR 93/64, ergangen. Darin lehnt das Gericht die Auffassung ab, dass Art. 102 des Grundgesetzes die Auslieferung wegen einer Straftat, die in dem ersuchenden Staat mit dem Tode bedacht sei, schlecht-

In einer etwas späteren Entscheidung des House of Lords, die sich ihrerseits den Deliktsdefinitionen des 19. Jahrhunderts zuwendet und die Auslieferung bejaht, weicht der Tatbestand vom Normaltyp des politischen Auslieferungsfalles so wesentlich ab, dass sich Leitsätze für künftige Entscheidungen daraus kaum ableiten ließen, auch wenn die Richter in ihren Urteilsgründen nicht ausdrücklich davor gewarnt hätten. Hier ging es um den Mittäter bei einer aus religiösen Motiven vorgenommenen Kindesentführung, dessen Auslieferung von Israel verlangt wurde. Das House of Lords fand nicht, dass ein Familienzwist, der religiöse Formen annimmt und mithin in Israel auch bestimmte parteipolitische Konflikte widerspiegelt, dem an der Entführung Beteiligten automatisch einen Anspruch auf politischen Auslieferungsschutz verleihen könne, zumal nicht die Befürchtung bestehe, dass die Entscheidung des israelischen Gerichts von parteipolitischen Gesichtspunkten diktiert sein werde.[46]

Anders verhält es sich mit dem amerikanischen Berufungsurteil in Sachen Marcos Pérez Jiménez, das alle Einwände gegen die Auslieferung des Ex-Diktators an Venezuela zurückweist.[47] Das Oberste Gericht der Vereinigten Staaten hat es am 13. Mai 1963 abgelehnt, den Fall an sich zu ziehen, womit das Urteil des Appellationsgerichts rechtskräftig geworden ist.[48] Das Appellationsgericht hatte aber entschieden, dass die Jiménez zur Last gelegte gigantische Korruption weder in das Kapitel souveräner Staatsakte eingereiht noch mit politischen Delikten in Zusammenhang gebracht werden könne; im übrigen hatte es das Gericht nicht für nötig befunden, in Erwägungen darüber einzutreten, ob in dem zu erwartenden venezuelischen Gerichtsverfahren gegen Jiménez rechtsstaatliche Garantien gewahrt sein würden.

    hin verbiete. Es verbaut mit diesem Beschluss – siehe Neue Juristische Wochenschrift, Jahrgang 17, S. 1783 f. (Heft 38/39, 17. September 1964) – den Umweg, auf dem der Bundesgerichtshof noch im Januar 1961 der Einengung des Auslieferungsschutzes auszuweichen suchte.
46 *Regina v. Governor of Brixton Prison ex parte* Shtraks, House of Lords (6. September 1962), in: The Weekly Law Reports, 1962, Part 3, S. 1013-1050, insbesondere 1033 (Lord Radcliffe, Begründung).
47 *Jiménez v. Aristeguieta*, United States Federal Reporter, Second Series, Volume 311 (1962), S. 547 ff., insbesondere 557-560 (Appellationsgericht für den 5. Bundesgerichtsbezirk). Jiménez war, nach über neunjähriger diktatorischer Herrschaft im Januar 1938 gestürzt, ins Ausland geflohen und hatte sich (nach kurzem Aufenthalt in der Dominikanischen Republik) in Florida niedergelassen.
48 *Jiménez v. Hixon*, Überprüfung abgelehnt: United States Supreme Court Reports, Lawyer's Edition, Second Series, Volume 10 (1963), S. 415; vergleiche »Pérez Jiménez Loses Key Test on Extradition«, in: The New York Times, Jahrgang CXII, Nr. 38461, 14. Mai 1963, S. 4, Sp. 3-6.

Die Verneinung der Möglichkeit, den vielseitigen finanziellen Transaktionen des Staatschefs Jiménez den Charakter von Staatsakten beizulegen, entspricht den in den Nürnberger Kriegsverbrecherprozessen entwickelten Grundsätzen. Wesentlich ist darüber hinaus, dass von der Gleichartigkeit der Diktatoreninteressen, die zu einer Art Schutzkartell auf Gegenseitigkeit zwischen diversen lateinamerikanischen Regierungen geführt hat und auch flüchtigen Diktatoren eine gewisse Immunität gewährleistet, im Verhältnis der Weltmacht USA zu ihren süd- und mittelamerikanischen Nachbarn natürlich keine Rede ist. Im Fall Venezuela kann man eher vom Gegenteil sprechen: Die einst recht freundschaftlichen Beziehungen zum Jiménez-Regime können der Regierung der Vereinigten Staaten heute nur als unangenehme Belastung erscheinen, unter die ein dicker Schlussstrich gezogen werden muss; wirksamer kann das Vertrauen der Vereinigten Staaten zur Liberalität und Rechtsstaatlichkeit des in Venezuela seit 1958 herrschenden (zweifellos demokratischeren) Regimes kaum bekundet werden, als indem dem Auslieferungsbegehren stattgegeben wird. Die venezuelische Justiz soll gewissermaßen beweisen, wie korrekt und gerecht sie ist.

Ob die Rechnung aufgeht, ist fraglich. Nur zu leicht wird in Venezuela begriffen, dass den nicht ganz so aufgeklärten Lateinamerikanern die obligate Washingtoner Lektion in politischer Moral erteilt werden soll. Da am politischen Charakter des bevorstehenden Prozesses ohnehin kaum gezweifelt werden kann, kommt die Auslieferung des Ex-Diktators dem Ansehen der Vereinigten Staaten schwerlich zugute.[49] Sollte es am Ende nicht auch politisch-taktisch von Vorteil sein, Asylgrundsätze nicht zu durchbrechen?

Schwerlich kann im Lichte der geschilderten Einzeltatsachen von einer einheitlichen Entwicklung der Asylrechtswirklichkeit in den letzten Jahren gesprochen werden. Unverkennbar ist nur, dass sich mehrere Staaten aktiver als in früheren Jahren darum bemühten, Gegner, die ihnen entschlüpft waren, wieder einzufangen, und sei es mit Gewalt und unter Missachtung der Souveränität der Asylländer. Und in vermehrtem Maße führten politische Rücksichten dazu, dass nicht nur die Regeln der Asylgewährung, sondern auch die Grundsätze des Auslieferungsschutzes durchlöchert wurden. Dabei hat sich gezeigt, dass die einzelnen nationalen Rechtsordnungen ihren Gerichten genug Spielraum lassen, für verschiedene, zum Teil gegensätzliche Entscheidungen die passenden Begründungen zu finden.

49 Einzelheiten enthält der Bericht »Die Auslieferung Pérez Jiménez' an Betancourt. Venezolanische Kritik an den USA«, in: Neue Zürcher Zeitung, Jahrgang 184, Fernausg., Nr. 240, 1. September 1963, Blatt 3, S. 1.

4. Chancen für die Gerechtigkeit?

Allen Rechtstheoretikern ist, ob sie sich naturrechtlicher oder positivistischer Formeln bedienen, eins gemein: Mit den Vorkehrungen, die sie jeweils schaffen, wollen sie – sei es auf dem Weg über die Rechtssicherheit, sei es auf dem Weg der Gewährleistung materialer Rechtsgüter – die Chancen für das Obsiegen der Gerechtigkeit vermehren.

Der Leser dieses Buches, dem sich politische Justiz in erster Linie als gesellschaftliches Phänomen, als eine bestimmte Methode der Verwirklichung politischer Macht aufgedrängt hat, wird in Bezug auf die Aussichten des Sieges der Gerechtigkeit im Rahmen der politischen Justiz – nur um sie handelt es sich hier – zu einer in höherem Maße differenzierenden Sicht gelangen. Er hat sich an Hand des ausgebreiteten Materials davon überzeugen können, in welch wechselnder Gemengelage das Bedürfnis nach Rechtssicherheit und bestimmte materiale Wertvorstellungen hinsichtlich der Freiheitssphäre in den Prozess der Machtdurchsetzung einfließen: einmal als hemmende, zum andern aber auch als legitimierende Elemente.

In dieser Sicht erscheinen Politik und Justiz als ein Kontinuum. Die Politik bedient sich der Justiz, unterliegt aber zugleich auf diesem scheinbaren Umweg, weil er Zeitverlust bedeutet, die anwendbaren Methoden und Techniken beschränkt und alternative Ziele des Beharrens oder der Veränderung sichtbar macht.

Man braucht sich nur die Akten der Prozesse aus der Zeit vor dem ersten Weltkrieg, die Reaktion der Öffentlichkeit auf diese Prozesse oder das nicht minder aufschlussreiche Gesetzgebungsmaterial derselben Periode anzusehen: Wie behutsam wurde damals die Verlegung der Grenzen zwischen erlaubter Meinungsäußerung und Agitation und der notwendigen staatlichen Integration vorgenommen, und wie wenig war man geneigt, den Ruf der Gerichte etwa dadurch aufs Spiel zu setzen, dass man die prozessualen Rechte der Angeklagten, in denen immer ein gewisses Agitationsprivileg steckt, einschränkte! Wie sehr haben sich dagegen im Herrschaftsbereich Hitlers oder Stalins die Gewichte zugunsten politischer Ziele verschoben, die als unabdingbar galten, und bis zu welchem Grad ist die juristische Form zur Legitimierungsfarce herabgesunken!

In der nachfaschistischen und nachstalinistischen Ära ist im Verhältnis von Justiz und Politik eine neue Ambivalenz zu beobachten. Dass prozessuale Garantien eingehalten werden müssen, werden heute nur wenige bezweifeln. Die jüngsten französischen Ereignisse zeigen, wie empfindlich die Öffentlichkeit auf die Verletzung solcher Garantien auch dann reagiert, wenn Zonen akuter Gefahr in nächster Nähe liegen, und wie sehr die Gerichte darauf bedacht sind, die Möglichkeiten des Widerstands gegen flagrante Durchbrechung der Verfahrensgarantien auszuschöpfen, auch auf die Gefahr hin, sich den größten Widrigkeiten auszusetzen.

Daraus aber, dass die strikte Einhaltung prozessualer Garantien mehr oder minder allgemein befürwortet wird, darf leider nicht geschlossen werden, dass es möglich sei, die politische Justiz zu entpolitisieren. Ein solcher Schluss wäre bestenfalls eine optische Illusion, schlimmstenfalls eine arge Selbsttäuschung. Gewiss kann in einem Staatswesen, in dem die übergroße Mehrheit der Bevölkerung das bestehende System der öffentlichen Ordnung vollauf akzeptiert, einiges in dieser Richtung veranstaltet werden: Man kann die wenigen grundsätzlichen Gegner des Staatsgebildes durch geschickte rechtstechnische Behelfe davon abhalten, ihre politische Meinung zum Prozessgegenstand zu machen, und man kann sie unter Umständen zu einer Prozessführung zwingen, die sich äußerlich dem Tabu der Unparteilichkeit des Gerichts beugt und darauf verzichtet, das Gericht als einen Teil des Herrschaftsapparats bloßzustellen. Was aber wird damit erreicht?

Immer sind das nur Kunstgriffe, die die Justiz nicht aus dem politischen Zusammenhang herauslösen: weder im Bewusstsein der Volksmassen, an die man appelliert, noch im gegenteiligen Bewusstsein der Gegner, denen man den Prozess macht. Gerade wegen ihres politischen Inhalts wird die gefällte politische Entscheidung von den einen gutgeheißen, von den anderen als Kardinalunrecht verworfen.

Wenn die Entpolitisierung der politischen Justiz daher nur eine technische Äußerlichkeit ist, die noch nicht einmal oberflächlicher Prüfung standhält, so ist die durchgängige Politisierung eine Konsequenz unseres Zeitalters mit seinen allumfassenden Ideologiekriegen, von der oft angenommen wird, sie sei unumgänglich; ihr entspricht das Gebot der einheitlichen und streitbaren Abwehr politischer Gefahren, aus dem die Forderung abgeleitet wird, dass sich die Bevölkerung in ihrer Gesamtheit mit der offiziellen staatlichen Politik solidarisiere.

Dabei stellt sich allerdings etwas Paradoxes ein: die einheitliche ideologische Ausrichtung der Bevölkerung, der Exekutivgewalt und der Richterschaft ist entweder – wenn von vornherein ein hoher Grad politischer Einmütigkeit aller Beteiligten gegeben war – überflüssig oder aber gar nicht zu erzielen, dann nämlich, wenn gegensätzliche Auffassungen über Gefahrenzonen und politische Generallinie weit auseinanderklaffen. Das heißt: Im zuerst genannten Fall wäre die gemeinsame Ausrichtung aller Staatsorgane und gesellschaftlichen Gruppierungen unnötig, im zuletzt genannten Fall – bei tiefer Zerklüftung des gesellschaftlichen Bewusstseins – schwer möglich.

Sogar in unserer Zeit des raschen Wechsels politischer Ideen und politischer Regimes ergeben sich daraus gewisse Chancen, die Belastung, die jeder Akt der politischen Justiz mit sich bringt, auf ein erträgliches Maß zu verringern.

Anhang A

Das römische Reich und die Christen

Die Politik des römischen Reichs gegenüber dem Christentum von der zweiten Hälfte des 2. Jahrhunderts bis zum Anfang des 4. ist ein Beispiel dafür, wie man sich in der Praxis der Verfolgung der unterschiedlichen Behandlung von Führern und Massen bedienen kann. Schon Kaiser Trajan hatte (um 111 - 113) dem jüngeren Plinius eine Verwaltungspraxis nahegelegt, bei der es ohne Verbote und Kontrollen zugehen sollte; wer dem christlichen Glauben anhing, sollte nur dann hart angefasst werden, wenn er sich weigerte, den römischen Göttern Opfer darzubringen.[1] Die den Göttern Roms erwiesene Huldigung ersetzte einen staatsbürgerlichen Treueid.

Sofern der Verdacht christlicher Gesinnung nicht auf die vorgeschriebene Weise in aller Form entkräftet wurde, rechtfertigte er nach römischer Auffassung eine Anklage wegen Verrats und Gotteslästerung, die Todesstrafe nach sich zog; die Art der Hinrichtung war dem Ermessen des mit dem Verfahren befassten Amtsträger überlassen. »Der angeklagte Christ war als solcher des Majestätsverbrechens *verdächtig*. Der Prozess ward so geführt, dass der Angeklagte, falls er bei seinem Christentum verharrte, des Majestätsverbrechens *schuldig* werden musste.[2]

In dem Schreiben an Plinius legte Trajan großen Wert darauf, dass den äußeren Formen der Gehorsamsbezeigung gegenüber dem Staat und seinen Göttern Genüge getan werde, zeigte aber nicht das geringste Interesse an einer Praxis, die aus den christlichen Untertanen Märtyrer machen könnte. Von Amts wegen sollten keinerlei polizeiliche oder gerichtliche Untersuchungen automatisch eingeleitet werden. Der Kaiser war bereit, jede Strafverfolgung zurückzustellen, bis der Verdächtige mit der Weigerung, den Göttern zu opfern, ein Schuldgeständnis abgelegt hatte. Mit dieser Regelung wurde die Zahl der möglichen Verfahren von vornherein in engen Grenzen gehalten.[3]

---

1 Gaius Plinius Caecilius Secundus: Briefe, Nr. 97.
2 Rudolf Sohm: Kirchengeschichte im Grundriß, Leipzig, 7. Auflage, 1892, S. 12.
3 Karl Johannes Neumann: Der römische Staat und die allgemeine Kirche bis auf Diocletian, Band 1, Leipzig, 1890, S. 239, betont, dass den römischen Behörden viel weniger daran lag, die Christen zu verfolgen und zu Märtyrern zu machen, als sie dazu zu bringen, sich der Staatsgewalt zu fügen und die vorgeschriebenen Kulthandlungen wenigstens äußerlich zu vollziehen.

In diesem Stadium der geschichtlichen Entwicklung waren die Christen, auch wenn sie sich gegen die staatliche Lebensform mit ihren Symbolen und Riten auflehnten und sie verhöhnten, noch nicht darauf aus, das bestehende gesellschaftliche oder politische System offen in Frage zu stellen oder gar anzugreifen. Obwohl sie den Verkündungen des Staatskults verständnislos gegenüberstanden, gefährdeten sie die bestehenden staatlichen und Kulteinrichtungen unmittelbar höchstens dadurch, dass sie hartnäckig dabei blieben, sich in eigenen Gemeinschaften zusammenzuschließen und den staatlich festgelegten Bräuchen und Riten auszuweichen. Wer bereit war, den römischen Göttern zu huldigen, ordnete sich in das staatliche Gefüge ein und stellte keine Gefahr mehr dar. Vom Standpunkt der römischen Obrigkeit waren die Christen keine aktiven Staatsfeinde, sondern eher widerspenstige, fremdartige, verachtenswerte Geschöpfe, die von Zeit zu Zeit zur Vernunft gebracht werden mussten.

Nachdem sich diese Verfahrensweise eingebürgert hatte, war es nicht ganz einfach, sie abzustellen. Deswegen richteten sich die Verfolgungen des 3. und 4. Jahrhunderts – ob unsystematisch und fragmentarisch wie unter Maximin dem Thraker (235), ob mehr systematisiert wie bei der Ausweitung der Verfolgung unter Valerian (257) oder beim großen Finale unter Diokletian (303) – hauptsächlich gegen die schmale Schicht der geistigen und gesellschaftlichen Führer der abartigen Glaubensgemeinschaft. »Wo die Apostasie als Massendelikt auftritt, trifft die Bestrafung, wie bei dem Aufstand, nicht ausschließlich, aber vorzugsweise die Führer.«[4]

Dagegen blieb der Versuch des Decius (250), aus dem gigantischen Reich in seiner Gesamtheit ein Militärlager mit striktester Disziplin zu machen, ein isolierter Einzelfall; das Experiment ließ sich nicht ohne weiteres wiederholen. Die Masse der christlichen Gefolgschaft war weniger einer organisierten Verfolgung ausgesetzt als einer Anzahl von Rechtsbeschränkungen: So durften Christen zum Beispiel keine Klagen anstrengen und keine rechtsverbindlichen letztwilligen Verfügungen treffen.

Das Schema war festgelegt. Als sich das Blatt gewendet hatte und das Christentum zum staatlichen Glaubenssystem geworden war, wurde dasselbe Verfahren gegen alle in Gang gesetzt, die sich unrechtgläubigen

---

4 Theodor Mommsen: Römisches Strafrecht, Graz, 1955 (unveränderter photomechanischer Nachdruck der Ausgabe von 1899), S. 577; siehe auch Erich Caspar: Geschichte des Papsttums. Von den Anfängen bis zur Höhe der Weltherrschaft, Band I, Tübingen, 1930, insbesondere S. 71. Die Unentschlossenheit der römischen Politik kritisiert in diesem Zusammenhang Neumann: Der römische Staat ... (siehe vorige Anmerkung), S. 25.

christlichen Sekten verschrieben oder sich ganz und gar weigerten, sich zum Christentum zu bekennen.

Anders gestalteten sich die Dinge nach vielen Jahrhunderten christlicher Vorherrschaft im Mittelalter: Die Verfolgung ketzerischer Sekten durch die kirchliche Autorität, die einen bedingungsloseren Gehorsam forderte, führte oft dazu, dass alle Widersacher abgeschlachtet wurden, ohne Rücksicht darauf, wer sich am Widerstand gegen die kirchliche Obrigkeit aktiv beteiligt und wer nur passiv zugeschaut hatte.[5] Viele historische Dokumente bezeugen Massenhinrichtungen von Christen, die lediglich am offiziellen Bekenntnis oder am Alltag des Kirchenlebens irre geworden waren und weder Städte oder Festungen verteidigt, noch ketzerischen Gottesdienst oder abtrünnige Gemeinden organisiert hatten.[6]

---

5 Siehe die unanfechtbaren Belege bei Jean Guiraud: Histoire de l'Inquisition au moyen âge, Paris, 1938; Guiraud ist zweifellos unvoreingenommen: Er verteidigt die katholische Position ebenso konsequent, wie Henry C. Lea: History of the Inquisition in the Middle Ages, London, 1933, sie angreift.

6 Ein gutes Beispiel ist die Eroberung Montségurs im März 1244; siehe Guiraud, a.a.O., Band II, S. 136-145.

Anhang B

Treubruch mit Erfolg: Guillaume du Vair

Unter den vielen Büchern, die sich mit dem Widerstreit der Treuepflichten beschäftigen, sticht eins hervor, weil es aus solchem Widerstreit hervorgegangen ist und weil sein Autor, ein hoher Beamter, seinem Diensteid untreu war, als er schrieb. Es ist Guillaume du Vairs *Traktat über Standhaftigkeit und Trost in Kalamitäten, die das Staatswesen befallen*, offenbar 1590 verfasst, zuerst 1595 veröffentlicht und in der ersten Hälfte des 17. Jahrhunderts oft nachgedruckt.[1]

Der dritte Teil des Buches ist ein Rechtfertigungsversuch: Du Vair, damals *conseiller* am Pariser Parlament, und seine Kollegen hatten es im Februar 1589 abgelehnt, auf Befehl Heinrichs III., ihres letzten Königs, die aufständische Hauptstadt zu verlassen und ihren Amtssitz in Tours aufzuschlagen. Das grenzte an Hochverrat. In Paris regierte der Rat der Sechzehn, das selbstherrliche lokale Vertretungsorgan der Königsfeinde, der katholischen Liga: Militärisch war die Hauptstadt in den Händen des Herzogs von Mayenne, der der Liga in ihrem Kampf um die Beherrschung des Landes gegen Heinrich von Navarra, Schwager des Königs und mutmaßlichen Thronfolger, als Schwert und Schild diente.

In dieser aufsässigen Stadt blieben nun Du Vair und seine Kollegen die höchsten juristischen Beamten des Königreichs. Was hatten sie da zu suchen? Du Vair antwortete mit einer Parabel von dem Affen, der ein Kind aus der Wiege gehoben und aufs Dach getragen hat. Was sollen die entsetzten Eltern tun? Dem Affen nachlaufen, Lärm machen? Das hieße, den Affen erschrecken; er würde das Kind loslassen, und das Kind »würde sich hundertmal den Hals brechen«. Ohnmächtig schwitzen die Eltern Blut und Wasser, bis Gott es so fügt, dass der Affe ganz vorsichtig hinunterklettert und das Kind zurückbringt.[2]

So hatte sich Du Vair und seine Kollegen zwischen wütenden Volkshaufen eingekeilt gefunden, die von »Prädikanten« aufgehetzt worden

---

1 Guillaume du Vair: Traité de la Constance et Consolation ès Calamitez Publiques, écrit pendant le siège de Paris de 1590, herausgegeben von Jaques Flach und F. Funck-Brentano, Paris 1915.

2 A.a.O., S. 204. Der Du Vair keineswegs unfreundliche Biograph, René Radouant: Guillaume du Vair, 1556 - 1596, Paris, 1908, S. 205, bemerkt nicht ohne Ironie: »Aber die Geschichte der Liga zeigt, dass der Affe unterdes nicht unbeträchtlichen Schaden angerichtet hatte.«

waren: Der Zorn der Masse richtete sich gegen die königlichen Beamten, die (mit Recht) verdächtigt wurden, sich für die Liga nicht sonderlich zu erwärmen. Was aber taten die Beamten für die Sache des Königs? Da nicht ausgeschlossen schien, dass Heinrich von Navarra siegen könnte, bedurfte es auch da einer Rechtfertigung. Beamte, meinte Du Vair, seien nicht anders als Eltern, die den Affen auf dem Dach anstarren: »Wenn anständige Menschen am Rande des Abgrunds stehen, ist es sehr wohl möglich, dass sie sich so benehmen.« Man halte den Atem an und warte auf das Wunder.

Dem ranghohen königlichen Rat entging nicht die Schwäche seiner Position. Freilich konnte er sich auf gewichtige persönliche Gründe berufen: Er hatte für einen hilflosen alten Vater zu sorgen und sein Besitz wäre verfallen, wenn er Paris verlassen hätte. Dennoch hielt er es für geraten, Betrachtungen anzustellen, die seiner hohen Stellung eher entsprachen: »{…} wenn die Dinge«, schrieb er, »so weit gediehen sind und eine so böse Wendung genommen haben, dass die Gewalt die Gesetze umwirft und die Macht über die Gerechtigkeit siegt, möchte ich deshalb einer ungerechten Sache doch nie zustimmen, es sei denn, um eine noch bösere und ungerechtere, die sonst einträte, zu vermeiden. Die Regel aber, die ich in diesem Fall befolgt sehen möchte, wäre, dass wir bei dieser Gegenüberstellung von Übeln – und aus Angst vor einem schlimmeren – das Übel, das uns selbst zustößt, niemals aufrechnen sollten, um es mit dem Übel zu vergleichen, das der Allgemeinheit zustößt. Denn wer sich aus Angst vor einem privaten Übel zum Urheber oder Helfershelfer einer Kalamität für die Allgemeinheit macht, kann sich auf nichts berufen, was ihn entschuldigen könnte. Aber mit Sorgfalt und Umsicht muss abgewogen werden, ob dem größeren Übel, von dem wir befürchten, dass es die Allgemeinheit befallen könnte, überhaupt auf andere Weise ausgewichen werden kann: Ob sich die Allgemeinheit nicht in diesem Fall mit der Gewalt abfinden kann, das heißt ob man nicht das tun sollte, was man bei einem Sturm auf hoher See tut: einen Teil der Ladung über Bord werfen, um zu versuchen, den Rest zu retten …«[3]

Immerhin wusste Du Vair dieser Variante der Theorie vom kleineren Übel eine Verhaltensregel vorauszuschicken, die aktiveres Eingreifen in einer bestimmten Richtung gebot:

»Wer sich … durch den Zwang der Umstände oder durch die ehrliche Absicht, seinem Lande zu helfen, in ein widerrechtliches Parteiunternehmen verwickeln lässt, kann nur eins tun: alle sich bietenden Gelegenheiten wahrnehmen, auf den Willen seiner Mitbürger einen sanften

---

3 Du Vair: Traité … (siehe oben Anmerkung 1), S. 207.

Druck auszuüben, damit sie erkennen, was ihnen nottut, und es erstreben.«[4]

Bis zu einem gewissen Grade umreißen die Theoreme das tatsächliche Verhalten Du Vairs zu Beginn des letzten Jahrzehnts des 16. Jahrhunderts. Das Pariser Parlament, auf dessen Tätigkeit er einen gewichtigen Einfluss ausübte, fand sich mit der faktischen Befehlsgewalt des Herzogs von Mayenne ab, solange es keine andere Möglichkeit gab, die Ordnung in Paris wenigstens notdürftig aufrechtzuerhalten. Aber spätestens von 1592 an (in einer weniger aktiven Form vielleicht auch schon früher) wirkte Du Vair auf die Anerkennung der Königsherrschaft von Navarra (Heinrichs IV. von Frankreich) hin.

Seinen großen Coup, der bei den Zeitgenossen Bewunderung auslöste, vollbrachte er am 28. Juni 1593. In einer vorhergehenden Rede hatte er alle Versuche, die *Lex Salica*, die weibliche Thronfolge ausschloss, und die grundlegenden Gesetze des Königreichs mit ihrer Thronsperre für ausländische Prätendenten zu umgehen, als rechtswidrig gebrandmarkt. Nun brachte er seine Kollegen im Parlament dazu, einen Beschluss zu unterschreiben, den er mit einigen anderen vorher ausgearbeitet hatte und der alle gegen das salische Recht verstoßenden Verträge für null und nichtig erklärte.[5] Den in den Generalständen erörterten Plänen der Übertragung der Krone auf eine spanische Prinzessin und einen von den Generalständen für sie zu bestimmenden Gemahl war damit ein Riegel vorgeschoben.

Das war gewiss ein brillanter Schachzug, freilich nicht nur für die Sache Heinrichs IV., sondern vor allem auch für die Sache Guillaume du Vairs. Ein Unschuldsengel war der philosophierende Jurist ganz gewiss nicht.[6] In den letzten Regierungsjahren Heinrichs III. hatte er die Feinde des Königs, die katholische Liga, geflissentlich begünstigt, ohne sich ihnen offiziell anzuschließen. Auf den Herzog von Guise, den ermordeten Chef der Liga, und auf Mary Stuart, die verehrte Märtyrerin des militanten Katholizismus, hatte er Gedenkreden verfasst. Dass er den Befehl Heinrichs III., das Parlament nach Tours zu verlegen, unbeachtet gelassen hatte, hatte außer dem Affen auf dem Dach noch ganz andere Gründe. Die Gehorsamsverweigerung entsprach durchaus der

---

4 Ebda., S. 199.
5 »Arrêt du parlament séant à Paris qui annulle tous traités faits ou à faire qui appelleraient au trône de France un prince ou une princesse ètrangère...«, abgedruckt bei François-André Isambert: Recueil Général des Anciennes Lois Françaises depuis l'an 420 jusqu'à la Révolution de 1789, Band XV, Paris, 1829, S.71.
6 Über seine vieldeutige Rolle siehe Édouard Maugis: Histoire du Parlament de Paris de l'avènement des rois Valois à la mort de Henri IV., Band II: Période des guerres de religion, de la Ligue et de Henri IV., Paris, 1914, S. 109-121.

politischen Haltung, die Du Vair am Ende der achtziger Jahre einnahm. Wahrscheinlich war aber für ihn die optimistische Berechnung ausschlaggebend, dass seinem eigenem Aufstieg mit der zentralen Rolle eines in Paris amtierenden Parlaments in der Folgezeit viel mehr gedient wäre als mit der Untertanentreue gegenüber dem schwachen und geldlosen Valois-König Heinrich III. Weder die Fürsten, die die Katholische Liga unterstützten, noch Heinrich III. und Heinrich IV. dachten oder handelten nach totalitären Rezepten; die kämpften um die Macht mit den Waffen und Methoden ihrer Zeit. Das Störende, Gefährliche und Unberechenbare war der Einbruch der ideologisch durchsetzten Reaktionen der Pariser Bevölkerung und ihrer geistlichen Führer in die politischen und militärischen Machtkämpfe, denn damit wurde den führenden Schichten der offiziellen Gesellschaft an Leib und Seele Gewalt angetan.[7] Der Pariser Volksstrudel mit seinen religiös-ideologischen Leidenschaften war der »Abgrund«, in den einige der Kollegen Du Vairs hineingestoßen wurden und in dem sie ihr Leben ließen. Eben darum sah sich Du Vair genötigt, einerseits des Tagesbedürfnissen Rechnung zu tragen und sich »mit der Gewalt abzufinden«, andererseits aber in weiser Berechnung »auf den Willen seiner Mitbürger einen sanften Druck auszuüben« und für die Anerkennung Heinrichs IV. die nötige Vorarbeit zu leisten.

In einem ziemlich frühen Stadium war Du Vair zu einem »widerrechtlichen Parteiunternehmen« hinübergewechselt, das am Ende den Sieg davontrug. Über das Problem des Treubruchs war er mit seinem Gewissen, das sich Karriere- und Opportunitätsargumenten augenscheinlich nicht ganz verschloss, nach etlichem Schwanken doch endlich ins reine gekommen. Dann schien es ihm aber auch geziemend, die Gefahren auf sich zu nehmen, die aus seiner Position und seinem Anspruch auf Wirksamkeit erwachsen mussten. Die geistreichen Ratschläge, die er zur literarischen Verschönerung seines zwiespältigen politischen Tuns ersonnen hatte, waren für ihn plötzlich, soweit sie vor Parteinahme warnten, unverbindlich geworden.[8] Gerade das verleiht seinem Fall ein mehr als aktenkundliches Interesse.

---

7 Die bis jetzt beste Darstellung bleibt Charles Labitte: De la Démocratie chez les Prédicatuers de la Ligue, 2. Auflage, Paris, 1866 {zuerst 1841}.
8 Vergleiche neuerdings Roman Schnur: »Französische Juristen im konfessionellen Bürgerkrieg des 16. Jahrhunderts«, in: Hans Barion, Ernst Forsthoff und Werner Weber (Hg.): Festschrift für Carl Schmitt. Zum 70. Geburtstag dargebracht von Freunden und Schülern, Berlin 1959, S. 179-219. Was das Pariser Parlament kennzeichnete, war allerdings weniger eine »Neutralisation großen Stils« als ständige Anpassung an rasch wechselnden Situationen; wer die tonangebende Gruppe der Parlamentsjuristen rechtzeitig in die gewünschte Richtung zu drängen wusste, konnte eine Sonderprämie kassieren.

Register der Rechtsfälle

Getrennt nach Ländern, sind nachstehend die herangezogenen Gerichtsentscheidungen (in einigen Fällen auch Gerichtsverhandlungen und einschlägige Verwaltungsentscheidungen) angeführt. Gerade Ziffern bezeichnen die Seitenzahlen, Kursivziffern die Nummern der Anmerkungen, die jeweils voraufgehenden römischen Zahlen die Kapitel, auf die sich die Anmerkungen beziehen.

Deutsche Gerichte
(Nach Gerichten und chronologisch geordnet)

Reichsgericht

Hochverratsprozeß gegen Karl Liebknecht (9. - 12.10.07), 324ff.; *V, 112, 114*
Rechtsfolgen der Geldentwertung (28.11.23), 316f.; *V, 99*
Jorns-Bornstein-Prozeß (7.7.30), 319f.; *V, 103, 104*
Tatbestandsmerkmale des Landesverrats; Rehabilitierung Eberts (20. 10. 31), 132ff.; *III, 68*
Auszuliefernde als »Gegenstände der Auslieferung« ohne Rechtsanspruch (13.8.36), 535; *IX, 40*

Schöffengericht Magdeburg

Ebert-Rothardt-Prozeß (Dezember 1924), 124-132; III, 59, 64, 65, 66, 67

Bundesverfassungsgericht

Verbot der SRP (23.10.52), 220, 229-232; *IV, 72*
Verbot der KPD (27.8.56), 211, 218 f, 220-224, 229, 232-235; *IV, 38, 44, 45, 48, 49, 50, 51*
Wirkungslosigkeit und Geltungskraft der nationalsozialistischen Gesetzgebung (19.2.57), 481; *VIII, 38*
Zulässigkeit der einstweiligen Anordnung bei Verfassungsbeschwerde (Auslieferungsschutz 14.5.57), 526, 553, *IX, 22, 73*
Verfolgung von Parteifunktionären wegen Hochverrats auch ohne festgestellte Verfassungswidrigkeit ihrer Partei (3.2.59), 600; *X, 72*

Grundsätzliche Bejahung des Auslieferungsschutzes auch bei erst im Asylland Gefährdeten und nicht als »politische Flüchtlinge« Anerkannten (4.2.59), 552f.; *IX, 74*
Merkmale von Individualgesetzen (15.12.59), 588f.; *X, 45*
Formalrechtsstaatlicher Charakter nationalsozialistischer Gesetze (31.5.60), 470f.; *VIII, 23*
Verfassungswidrigkeit des §90a Abs. 3 StGB (21.3.61), 600; *X, 75*
Keine einstweilige Anordnung in der *Spiegel*-Verfassungsbeschwerde (9.11.62), *XII, 10*
Aufhebung einer vom Bundesgerichtshof verfügten Ausschließung eines Verteidigers (19.12.62), *VI, 71*
Auslieferung bei drohender Todesstrafe nicht schlechthin verfassungswidrig (30.6.64) *XII, 45*

Bundesgerichtshof

Auslegung des Verbots grausamer oder übermäßig harter Strafe (8.7.52), 483; *VIII, 43*
Auslieferungsschutz bei kriminellen Delikten im Falle politischer Gefährdung des Auszuliefernden (Fall Lestrell, 21.1.53), 552f.; *IX, 72*
Demonstrieren vor einem Gerichtsgebäude als strafbarer Druck auf Staatsorgane (3.7.53), 307f.; *V, 80*
Verfassungsfeindlichkeit des »Hauptausschusses für Volksbefragung« (2.8.54), 74; *II, 49,50*
Asylverweigerung bei politischen Verbrechen gegen das Leben (Fall Skantzos, 12.7.55), 551 ff., 649; *IX, 69,70*
Geforderte Übereinstimmung mit dem Sittengesetz als Merkmal des Überzeugungstäters (Verfahren gegen Funktionäre der »Gesellschaft für Deutsch-Sowjetische Freundschaft«, 28.7.55), 357; *VI, 38*
Ausschluss eines Verteidigers wegen Übermittlung einer Protestresolution (Druck auf das Gericht, 15.2.56), 376f.; *VI, 71*
Verhängung übermäßig harter Strafen als Rechtsbeugung (7.12.56), 483, 497; *VIII, 43, 65*
Verfahren gegen Otto John (22.12.56), 144 ff.; *III, 81, 83*
Strafbarkeit der Herstellung und Verbreitung antisemitischer Schriften (11.9.57), 75; *II, 52*
Fragwürdigkeit vorsätzlicher Rechtsbeugung in der Tätigkeit von DDR-Richtern (10.12.57), *VIII, 70*
Verfahren gegen Viktor Agartz (13.12.57), 146-150; *III, 85, 86, 87, 88, 89*
Strafverfolgung von KPD-Funktionären wegen Parteiarbeit vor dem KPD-Verbot (30.1.58), 600; *X, 72*

Verfahren gegen Funktionäre des »Zentralrats zum Schutze demokratischer Rechte und zur Verteidigung deutscher Patrioten« (20.5.58), *VI, 54*
Verfahren wegen Wolfgang Wohlgemuth (6.1.59), 150f.; *III, 89*
Strafbarkeit öffentlicher Bediensteter bei Annahme von Geschenken (27.10.59), 309f.; *V, 85*
Weitergabe parteiinternen CDU-Materials als strafbare Preisgabe von Staatsgeheimnissen (27.11.59), 52; *II, 3*
Verpflichtung der Anklagebehörde zur Anklageerhebung nach dem Legalitätsprinzip (23.9.60), 627; *XII, 4*
Bewertung der SED und aller von ihr geleiteten Personen und Gruppen in der Bundesrepublik als einer verfassungsfeindlichen Vereinigung (4.10.60), 626; *XII, 1*
Zulässigkeit der Auslieferung bei politischen Delikten gegen das Leben, wenn dem Auszuliefernden nicht aus politischen Gründen Gefahr droht (11.1.61), 649; *XII, 45*
Grundsätzliche Zurückweisung eines Verteidigers, der Weisungen am Verfahren unbeteiligter politischer Stellen befolgt (2.3.61), 377; *VI, 73; XII, 24*
Strafbarkeit des Nachrichtensammelns und der Beziehungen zu Personen, die in verfassungsfeindlichen Organisationen tätig sind (29.3.61), 626; *XII, 3*
Anzweiflung des Charakters des Bundespräsidenten als strafbare Verunglimpfung (1.12.61), 629; *XII, 8*

Andere Gerichte in der Bundesrepublik

Bundesverwaltungsgericht: Unzulässigkeit der Abschiebung eines Asylsuchenden in ein Land, in dem ihm Gefahr droht (17.1.59), *IX, 49*
Oberlandesgericht Stuttgart: Eröffnungsbeschluss in einem Bestechungsverfahren wegen Annahme von Geburtstagsgeschenken (1960), *V, 83*
Oberlandesgericht Stuttgart: Unzulässigkeit der Auslieferung, wenn Gegenseitigkeit nicht gewährleistet ist (7.12.60), 552; *IX, 71*
Landgericht Frankfurt, Oberstaatsanwalt: Einstellung des Verfahrens gegen Martin Niemöller (20.5.59), 76f.; *II, 54*
Landgericht Flensburg: Massenmordprozess Fellenz (1962/63), 478; *VIII, 33*

Oberstes Gericht der DDR

Kassation von Urteilen gegen einen von unteren Parteiinstanzen verfolgten Funktionär (20.3.54), 386 ff.; *VII, 2*
Straffreiheit übler Nachrede, wenn sie als dem gesellschaftlichen Aufbau dienliche Kritik angesehen wird (1.9.55), 49; *VII, 67*
Straffreiheit gesellschaftlich nützlicher Kritik an Personen (2.3.56), 418; *VII, 66*
Verfahren gegen die Harich-Gruppe (9.3.57), *III, 110*

Straffreiheit ehrenkränkender Äußerungen als gesellschaftlich nützlicher Kritik (21.2.58), 419; *VII, 69*
Tätlichkeiten gegen einen »Helden der Arbeit« als strafbare staatsgefährdende Hetze (11.3.58), 417f.; *VII, 65*
Bestrafung staatsgefährdender Hetze bei fehlender Einsicht in die Staatsgefährlichkeit der verfolgten Tat (25.4.58), *VII, 65*
Oberländer-Prozess (April/Mai 1960), 488f.; *VIII, 52, 53, 54*
Globke-Prozess (Juli 1963), *VIII, 54*

Internationale Militär-Tribunale

Prozess gegen die Hauptkriegsverbrecher in Nürnberg, 469-496; *VIII, 22, 32, 25, 63, 64*
Flick-Prozess, 486, *VIII, 50*
Juristen-Prozess, 482f.; *V, 1; VII, 104; VIII, 21, 39*
Krupp-Prozess, 486; *VIII, 48*
Wilhelmstraßen-Prozess, 486; *VII, 49*
International Military Tribunal of the Far East, 490f.; *VIII, 57, 58*

Internationale Gerichtsbarkeit

Amerikanisch-panamaischer Schiedsausschuss: Rechtswidrigkeit der Entführung eines im Ausland lebenden Angeklagten, 536; *IX, 44*
Internationaler Gerichtshof: Konflikt zwischen Peru und Kolumbien über Asylgewährung im exterritorialen diplomatischen Raum, 543, 559; *IX, 56, 88*

Vereinigte Staaten
(Alphabetisch geordnet)

Anastaplo v. Illinios 475; *VI, 69*
Anastaplo v. US, 378; *VI, 75*
Barenblatt v. US, 79, 224f.; *II, 59; IV, 56*
Braden v. US, 79; *II, 59*
Brown v. Walter, *X, 61*
Chandler v. US, 535; *IX, 40*
Chaunt v. US, 281f.; *V, 37*
Colyet v. Skeffington, *VI, 20*
Communist Party of the United States v. Subversive Activities Control Board, 226f.; *IV, 58*

Debs v. US, 567f.; *X, 1*
Dennis v. US, 208f., 212 ff., 219, 235f., 330f., 348; *IV, 33, 39, 42, 46, 74; V, 123, 130; VI, 20*
Dunne v. US, 296f.; *V, 60, 62, 63*
In re Ezeta, 561; *IX, 92*
Fay v. New York, 330f.; *V, 123, 125*
Fleming v. Nestor, *IV, 80*
Francis v. Reisweber, *X, 12*
Frazier v. US, 330f., 333; *V, 123, 129*
Fujimoto v. US, 225; *IV, 57*
Gallina v. Frazer, 562; *IX, 96*
Gold v. US, 333; *V, 130*
Green v. US, 330f.; *V, 124*
Hannah v. Larche, 89f.; *III, 5*
In re disbarment Abraham J. Issermann, 375f.; *VI, 70*
Jay v. Boyd, 582; *X, 34*
Jiménes v. Aristeguieta, 650f.; *XII, 48*
Jiménez v. Hixton, 650f.; *XII, 48*
Johnson v. US, 503; *VIII, 72*
Karadzole v. Arturović, 562; *IX, 94, 95*
Ker v. Illinois, 535; *IX, 40*
Koki Hirota, Pet. v. MacArthur *et al.*, 490f.; *VIII, 57*
Konigsberg v. State Bar of California, 375; *VI, 69*
Ex parte Lopez, 536; *IX, 42*
Medina v. Hartmann, 561; *IX, 93*
Moore v. New York, 330f.; *V, 123, 125*
NAACP v. Alabama, 353; *VI, 32*
NAACP v. Button, *XII, 24*
Noto v. US, 226; *IV, 60*
Powers v. Commonwealth of Kentucky, 97f.; *III, 21*
Querica v. US, 505; *VIII, 79*
Reynolds v. US, 355; *VI, 35*
In re Rudewitz, 561; *IX, 92*
Sacher v. US, 375f.; *V, 20; VI, 35*
Sacher v. Association of the Bar of the City New York, 378; *VI, 76*
In re Sawyer, 378; *VI, 52, 62, 76*
Scales v. US, 226; *IV, 59*
Schenck v. US, 214f., 567; *IV, 41; X, 2*
Schware v. Board of Bar Examiners, 375; *VI, 69*

Sheiner v. Florida, 375; *VI, 69*
Sweezy v. New Hampshire, 79; *II, 59*
Taylor v. Beckham, 95f.; *III, 15*
Taylor and Marshall v. Beckham, 94 ff.; *III, 13, 16, 17*
Ullmann v. US, *X, 61*
United States v. Dennis, 213f., 217, 332, 348f.; *IV, 40; V, 127; VI, 20, 21*
US *ex rel.* Dolenz v. Shaughnessy, 537f.; *IX, 47*
US *ex rel.* Leon Choy Moon v. Shaughnessy, 537f.; *IX, 47*
US v. Lovett, 277; *V, 29*
US v. McWilliams, 196 ff.; *V, 63*
US v. Rosenberg, 367, 503-506, 585f.; *V, 81; VIII, 71, 73, 74, 75, 76*
US v. Sobell, 535; *IX, 40*
US ex rel. Watts v. Shaughnessy, 538; *IX, 48*
US v. Yates, 224f., 294; *V, 54*
Uphaus v. Wyman, 79; *II, 59; VI, 32*
Valentine v. US, *ex rel.* Neidecker, 535; *IX, 39*
Watkins v. US, 79; *II, 59*
Wilkinson v. US, 79; *II, 59*
Yates v. US, 224f., 294; *IV, 47, 54, 55, 56, 57; V, 76; VI, 29, 30, 31*

England
(Chronologisch geordnet)

Fall Edmund Peacham, 114; *III, 39*
Fall der sieben Bischöfe, 58f.; *II, 12*
Fall Thomas Hardy, 60; *II, 15*
Queen v. Collins, 64; *II, 25*
Queen v. O'Connell and others, 63; *II, 22, 23*
In re Castioni, 545; *IX, 58*
In re Meunier, 545; *IX, 58*
In re Government of India and Mubarak Ali Ahmed, 553; *IX, 75*
Ex parte Kolczynski, 550f.; *IX, 67*
Regina v. Governor of Brixton Prison *ex parte* Soblen, 641 ff.; *XII, 31*
Regina v. Governor of Brixton Prison *ex parte* Shtraks, 650; *XII, 46*

Frankreich
(Chronologisch geordnet)

Prozess Caillaux, 1920, 116-121; *III, 38, 40, 47, 48, 49, 52*
Entführung eines Angeklagten aus dem Ausland, 1934, *IX, 44*

Missbrauch des richterlichen Amtes, 1941, 497; *VIII, 66*
Auslieferungsschutz (Appellationsgerichte von Aix und Toulouse), 1941, 560; *IX, 91*
Prozess von Riom, 1942, 460 ff.; *VIII, 13*
Fall Suarez, 1944, *VIII, 17*
Pétain-Prozess, 1945, 466f.; *VIII, 19*
Richterliche Kollaborateure, 1948, 497; *VIII, 67*
Prozess Kravčenko, 1949, 179f.; *III, 113*
Antikriegspropaganda (Strafgerichte von Château-Thierry und Montpellier), 1950, 307; *V, 79*
Auslieferungsschutz (Fall Van Bellinghen), 1950, 555; *IX, 83*
Fall Dorly, 1953, 286; *V, 43*
Fall Barel, 1954, 247; *IV, 85*
Auslieferungsschutz (Fall Zlatkovsky), 1957, *IX, 85*
Attentat auf Soustelle, 1959, 374, 494; *VI, 65; VIII, 61*
Fall Grange, 1959, 247; *IV, 86*
Fall Lemaire, 1959, 247; *IV, 85*
Prozess Jeanson, 1960, 374f.
Prozess der FLN-Anwälte, 1961, 637; *XII, 24*
Prozess Salan, 1962, 635f.; *XII, 19*
Prozess Jouhaud, 1962, 636, *XII, 20*
Verfassungswidrigkeit der Cour Militaire de Justice, 1962, 636; *XII, 21*

Italien
Nichtauslieferung von Pavelić (Appellationsgericht Turin, 1934), 541f.; *IX, 52*
Auslieferung von Verrätern und Kollaborateuren (Consiglio de Stato, 1952), 555; *IX, 81, 82*
Zuständigkeit der Justiz für innerkirchliche Konflikte (Appellationsgericht Florenz, 1958), 52; *II, 2*
Auslieferung bei Geheimnisverrat (Fall Keitel, Verwaltungsentscheidung), *IX, 85*

Schweiz, Bundesgericht
(Alphabetisch geordnet)
Arnold (1953), 140; *III, 76*
Balkacem Ktir (1961, 1962), 649; *XII, 42, 43*
Bonnard (1954), 137 ff.; *III, 74*
Camporini (1924), 549; *IX, 64*

Ficorilli (1951), 549; *IX,* 65
Kaphengst (1930), 548; *IX,* 62
Kavić, Bjelanović und Arsenijević, 550; *IX,* 66
Keresselidse (1907), 547; *IX,* 61
Nappi (1952), 549; *IX,* 65
Ockert (1933), 549; *IX,* 65
Pavan (1928), 548; *IX,* 63
Ragni (1923), 549; *IX,* 65
Vogt (1924), 548; *IX,* 62
Wasilieff (1908), 547; *IX,* 60

Südafrikanische Gerichte
(Alphabetisch geordnet)
Collins v. Minister of Interior, 313; *V,* 91
Harris v. Minister of Interior, 312; *V,* 88
Minister of Interior v. Harris, 312f.; *V,* 89
Pieter Maritzburg City Council v. Road Transportation Board, 313; *V,* 94
Rex v. Milne and Erleigh, 322; *V,* 107
Regina v. MPekwa and others, 313; *V,* 93
Regina v. Mtetve, 191; *IV,* 10
Regina v. Sachs, 190, 313f.; *IV,* 6; *V,* 96
Regina v. Sibande, 191; *IV,* 11
Rex v. Zihlangu, 190; *IV,* 6
Regina v. Zulu, 313; *V,* 92
Tayob v. Ermelo Local Road Transportation Company, 190; *IV,* 6
Tsose v. Minister of Interior, 313; V, 92

Namenregister

Mit geraden Ziffern sind die Seiten angegeben, auf denen die Namen im Text vorkommen. Kursivziffern bezeichnen ohne Angabe der Seiten die Nummern der Anmerkungen, in denen sich die Namen finden; die voraufgehende römische Zahl gibt jeweils das Kapitel an, auf das sich die Anmerkungen beziehen.

Abendroth, Wolfgang, *IV, 53*
Abrahams, Kenneth, *XII, 35*
Adenauer, Konrad, 21, 235, 324; *XII, 12*
Adler, Friedrich, 344; *VI, 12*
Agartz, Viktor, 146-150; *III, 86, 89*
Augustín Martínez, José, *VIII, 18*
Ahlers, Conrad, 641, 647
Ait Hammou, Ouramdan, 552
Alexander, Franz, *VI, 33, 36*
Alexander I. Karadjordjevič, König von Jugoslawien, 374, 540 ff., 557
Alexander II. (Aleksandr Nikolaevič), Kaiser von Russland, 343
Alkibiades, 608
Allen, Sir Carlton, *V, 10*
Allybone, Richard, 58 f.
Almereyda, Miguel (*recte* Eugène-Bonaventure-Vigo), 112 f.
Almond, Gabriel A., *VI, 34*
Altgeld, John Peter, Gouverneur von Illinois, 581 f.
Amadeo, Mario, 536
Ammann, Walther, *XII, 2*
Ancel, Marc, *II, 37, 45*; *III, 54*; *VIII, 17*; *IX, 83*
Anderson, George W., *VI, 20*
Andrieux, Louis, *III, 117*
Angenforth, Jupp, 584
Anschütz, Gerhard, *V, 5*

Antonius, Marcus, 589
Appleman, John Alan, *VIII, 58*
Arendt, Hannah, *V, 37*; *VIII, 72*
Argoud, Antoine, 645 ff.; *XII, 36, 38, 39*
Aristodikos aus Kyme, 512 f.
Arndt, Adolf, *V, 27, 46*; *VI, 71*; *XII, 5, 9, 10, 41*
Arnim, Harry, Graf von, 53; *II, 4*
Aron, Robert, *VIII, 66, 68*
Artucović, Andrija, 562; *IX, 94, 95*
Artzt, Werner, 430; *VII, 89*
Asquith, Herbert Henry (später Earl of A. and Oxford), 200
Atkinson, Charles Milner, *X, 24*
Attlee, Clement Richard (später Earl of A.), 183
Audin, Maurice, *XII, 28*
Augstein, Rudolf, *XII, 10*
Augustinus, Aurelius, 575
Auriol, Vincent, 583

Babeuf, Gracchus (*recte* François-Noël), 488
Bacon, Francis, 576; *X, 20*
Bader, Karl S., *V, 45*; *VIII, 71*; *IX, 97*
Badinter, Robert, *V, 69*
Bakunin, Michail Aleksandrovič, 67, 514, 569 f.; *VI, 27*; *X, 10*
Balzac, Honoré de, 261
Barbès, Armand, 579 ff.

Barion, Hans, *V, 28*; *Anh. B, 8*
Barnard, Chester I., *V, 6*
Barrett, C. Waller, *VI, 15*
Barth, Emil, *III, 63*
Barth, Karl, *VI, 2*
Barthou, Louis, 374, 541
Batista y Zalvidar, Fulgencio, 454
Battaglia, Achille, *IV, 84*; *VIII, 5*
Battel, Albert, 478; *VIII, 33*
Bauer, Fritz, *XII, 9*
Beauvoir, Simone de, *XII, 29*
Beaverbrook, Lord (William Maxwell Aitken, Baron Beaverbrook), *IX, 51*
Bebel, August, 240, 365, 379; *IV, 21*
Beccaria, Cesare, 59, 576 f.; *X, 22*
Beck, David D. (»Dave«), 296 f.
Beck, F., *IX, 36*
Becker, Max, *VII, 34*
Beckham, J. Cripps Wickliffe, 95, 100 ff.; *III, 13, 15, 16, 17*
Beckner, Lucien, *III, 8*
Belkai, Hammouche, 552
Belknap, William W., 460
Benjamin, Hilde, 171 f., 390 f., 435; *III, 110*; *VII, 3, 5, 6, 8, 16, 18, 37, 62, 93, 95*
Bentham, Jeremy, 577; *X, 24*
Berg, Wolfgang, *VII, 59*
Berger, Max, *VII, 15*
Berman, Harold J., *VII, 72*
Bernaut, Elsa, *III, 102, 105, 107*
Berner, Albert Friedrich, *II, 29*
Bérulle, Pierre de, 266; *V, 3*
Beseler, Wilhelm, *II, 12*; *X, 38*
Bessin, Antonin, *V, 68*
Betancourt, Rómulo, *XII, 49*
Bevin, Ernest, 123
Biaggi, Jean-Baptiste, 604; *X, 80*
Biagini, Giuseppe, *X, 55*
Bidault, Georges, 646

Biddle, Francis, 298
Bien, David D., *III, 111*
Bill, Helga, 16
Billerbeck, Rudolf, 16
Binding, Karl, *II, 4*; *V, 78, 118*; *VIII, 81*
Binion, Rudolph, *III, 30*
Birkmeyer, Karl, *II, 30*
Biscaretti di Ruffia, Paolo, *IV, 88*
Bismarck, Otto, Fürst, 53, 197 f., 202, 314; *II, 4*
Black, Hugo L., 225, 273, 331, 562; *IV, 56*; *V, 124, 130*
Black, James D. (als demokratischer Gouverneur), *III, 23*
Blair, John G., 93
Blanc, Louis, 579, 591; *VI, 55*; *X, 27*
Blanqui, [Louis-] Auguste, 379
Blinzler, Josef, *VI, 3*
Bloch, E. H., Jr., 504
Blomeyer, Arwed, *VII, 45*
Blum, Léon, 21, 462, 488, 532; *VIII, 13*
Bohm, Günther, *VII, 53*
Böhme, Fritz, *VII, 32, 35*
Boissier, Pierre, *VIII, 44*
Boisson, Marius, *IV, 26*
Bolo, Paul-Marie (Bolo-Pacha), 112 f.; *X, 39*
Bonar Law, Andrew, 201
Bonjour, Edgar, *IX, 25*
Bonnard, André, 137 ff.; *III, 74*
Bonner, Robert J., *I, 7*
Bonnet, Georges, 161 f.
Bon Valsassina, Marino, *IV, 84*
Bornstein, Josef [Joseph], 320; *V, 103, 104*; *IX, 52*
Boswell, James, 59, 360 f., 363; *II, 13*; *VI, 42*
Botein, Bernard, *VIII, 78*
Bouchardon, Pierre, *V, 1, 23, 120*

Boulanger, Georges, 64
Bourdoncle, René, *IV*, 86
Bouscaren, Anthony T., *IX*, 18
Bracher, Karl Dietrich, *IV*, 37; *X*, 36
Bradley, William O., 91; *III*, 26
Brammer, Karl, *III*, 59, 64, 66; *X*, 63
Brandeis, Louis Dembitz, 273
Bratus', Sergej Nikitič, 428; *VII*, 84
Brecht, Bert[olt], 384
Brecht, Christoph Heinrich, *II*, 6
Breughel, Pieter, 349
Briand, Aristide, 106, 116 f.; *III*, 47
Briggs, Asa, *II*, 26
Broch, Hermann, *V*, 37
Bromberger, Merry, *V*, 64
Bromberger, Serge, *V*, 64
Brookes, Edgar H., *IV*, 6, 15; *V*, 87
Broszat, Martin, *V*, 42
Brown, John Young, 93
Brüning, Heinrich, 21
Brusiin, Otto, *V*, 86
Bryan, William Jennings, 91, 99, 102
Buber-Neumann, Margarete, *IX*, 36
Bucharin, Nikolaj Ivanovič, 12; *III*, 93
Bucher, Ewald, *XII*, 12, 16, 37, 38, 39
Buck, Herbert, *IV*, 22
Budenz, Louis F., *IV*, 46
Bülau, Friedrich, *II*, 12; *X*, 38
Burckhardt, Jacob, 340 f.; *VI*, 4, 9
Bürger, Horst, *VII*, 36
Busch, Francis X., *III*, 20
Busch, Louis, *V*, 99
Büsch, Otto, *IV*, 68, 69, 70, 72
Buttinger, Joseph, *VI*, 52

Caillaux, Joseph-Marie-Auguste, 104, 106-121, 130, 134, 181, 449, 592; *III*, 28, 30, 31, 32, 33, 35, 36, 37, 45, 49, 50, 55, 56; *V*, 23; *X*, 39

Caillaux, Mme Joseph, geb. Rainouard, gesch. Claretie, 111, 113
Calamandrei, Piero, *IV*, 84; *V*, 21, 77; *VIII*, 5
Calas, Jean, *III*, 111
Calker, Fritz von, *II*, 30
Calmette, Gaston, 111, 116
Campbell, John Ross, 295 f.; *V*, 59
Camus, Albert, 261
Canal, André, 636
Carr, Edward Hallett, *III*, 93; *X*, 30
Carrel, Armand, 44
Carson, Edward, 201
Casamayor, Louis, *V*, 68
Caspar, Erich, *Anh. A*, 4
Cassandro, Giovanni, *IV*, 88
Castberg, Frede, *II*, 39
Castleman, John B., 95; *III*, 14
Castro, Fidel, 454
Centlivres, Albert van de Sandt, *V*, 96
Chadefaux, Robert, *V*, 117
Chambers, Whittacker, 178 f., 504
Chaplin, Ralph, *X*, 26
Charlot, Jean, *VI*, 77
Charlot, Monica, *VI*, 77
Chase, Samuel, 449, 459
Chateaubriand, François-René Vicomte de, 196 f.
Chautemps, Camille, *V*, 23
Chruščëv, Nikita Sergeevič, *VII*, 71
Cicero, Marcus Tullius, 33; *X*, 46
Cinq-Mars, Henri Coiffier de Ruzé, Marquis de, 448
Clark, Thomas C. (Tom), 352, 620; *V*, 37
Clark, Thomas D., *III*, 9, 19
Clemenceau, Georges, 104-107, 114 ff., 121, 181, 591; *III*, 50; *X*, 39
Clerc, Francis, *V*, 41
Clynes, John Robert, *IX*, 20

673

Cockburn, Henry Thomas, 293, 333; *III, 1; V, 20, 52,131*
Coeur, Jacques, 448
Cole, G. D. H., *IV, 26*
Coleman, McAlister, *X, 8*
Companys y Jover, Lluis, 534
Constant [de Rebecque], Benjamin, 450 f., 458 f.; *VIII, 3, 10*
Cooke, Alistair, *III, 112*
Corbaz, Roger, *IX, 65*
Corbino, Epicarmo, *IV, 84; VIII, 5*
Coulter, E. Merton, *III, 18*
Courrégé, Maurice, *VI, 66*
Cowen, V. D., *V, 90*
Cramer, Dettmar, *V, 46, 84; XII, 16*
Creuzburg, Harry, *VII, 69*
Cromwell, Oliver, 454, 456
Curtis, Benjamin A., *VIII, 12*
Curzon, Lord (George Nathaniel Scarsdale, Baron C.; später Earl Curzon of Kedleston), 540; *IX, 51*

Dagens, Jean, V, 3
Dahrendorf, Ralf, *V, 14*
Dahs, Hans, *VI, 47*
Daladier, Édouard, 462, 488, 532
Dalai-Lama s. Ngawang Lobsang
Dallin, David J., *IV, 75*
Dalton, Hugh, *IX, 20*
Darlan, Francois, 21
Darrow, Clarence, 370
Dato y Iradier, Eduardo, 551
Daugherty, Harry M., 358, 567-571; *VI, 40; X, 6, 7, 8, 9*
David, Henry, *X, 31*
David, René, *VII, 28, 100*
Davidsohn, Robert, *X, 42*
Davis, Jefferson, 590; *X, 50*
Debs, Eugene Victor, 358, 567-571; *V, 55; X, 1, 6, 8*

Decius (Gaius Messius Quintus Decius Traianus), 656
Degaev, Sergej Petrovič [später: Pell, Alexander], V. Figners »Kampfgefährte«, 350
Degrelle, Léon, 532
Degueldre, Roger, 636
De Jong, Louis, *XI, 1*
Demange, Charles-Gabriel-Edgar, 118 f.
Denikin, Anton Ivanovič, 156
Denisov, Andrej Ivanovič, 427; *VII, 81*
Dennis, Lawrence, *V, 63*
Denny, William E., *IX, 67*
Déroulède, Paul, 64 f.
Derry, Prozesszeuge, 504
Déry, Tibor, 595
Desjardins, Albert, *II, 43*
De Valera, Eamon, 379, 581
Devlin, Sir Patrick Arthur, *V, 70, 120*
Dewey, John, *III, 108*
Dimitrov, Georgij, 165, 372, 380
Diokletian (Gaius Aurelius Valerius Diocletianus), 656
Dittmann, Wilhelm, 126
Dixon, Sir Owen (oberster Bundesrichter in Australien), 227; *IV, 63, 64, 65*
Dixon, Thomas (Mitarbeiter von Daugherty), 569; *X, 7*
Dohna, Alexander Graf zu, *III, 66*
Dombois, Hans Adolf, *VIII, 7*
Dönitz, Karl, *VIII, 63*
Donnedieu de Vabres, Henri, 477; *VIII, 22, 25, 26, 29, 34, 47*
Donnelly, Richard C., *V, 71, 82; VI, 16, 22*
Dorris, J. T., *X, 33, 49, 50*
Dostoevskij, Fëdor Michajlovič, 261, 361; *VI, 43*

Douglas, William O., 225, 352, 562, 620; *III*,*5; VI, 32, 35; VIII*, 57
Doumergue, Gaston, *III, 33*
Draper, Theodore, *VI, 23*
Drath, Martin, *V, 115*
Dreyfus, Alfred, 12, 41, 64, 77, 100, 110, 115 f., *IX, 33*
Dreyfus, Benjamin, *VI, 76*
Dunne, Grant, 296 f.
Dunne, Vincent R., 296 f.
Du Vair, Guillaume, 658-661; *Anh.B, 1, 2, 3, 4, 6*
Duval (Pseudonym: Badin), französischer Journalist, 112 f.

Eberhardt, Gerhard, *VII, 33*
Ebert, Friedrich, 121-134, 158, 182 f.; *III, 59,67*
Eduard I. (Plantagenet), König von England, *II, 8*
Eduard III. (Plantagenet), König von England, 61
Ehlers, Hermann, *VIII, 7*
Ehrenberg, Victor, *II, 9*
Ehrenwall, Lucie von, *VII, 36*
Eichenberger, Kurt, *V, 19*
Eichmann, Adolf, 44, 163, 536, 563, 565, 645; *III, 99; VIII, 72; IX, 43*
Eildermann, Hermann, *VII, 37*
Eisele, Hans, *IX, 90*
Eisler, Gerhart, 525 f.; *IX, 21*
Ekbert, Markgraf von Meißen, *II, 9*
Eliáš, Alois, *IV, 3*
Eliasberg, Alexander, *VI, 43*
Elisabeth, Landgräfin von Thüringen, 262
Ellis, Robert Leslie, *X, 20*
Emerson, Thomas L, *II, 60*
Enahoro, nigerianischer Häuptling, 643 f.; *XII, 34*

Enghien, Louis-Antoine-Henri de Bourbon-Condé (due d'E.), 468
Engster, J., *V, 65*
Epstein, Klaus, *III, 58*
Erler, Julius, *V, 99*
Erskine, Thomas, 60, 368
Erzberger, Matthias, 122, 551, 588; *III, 58*
Eschenburg, Theodor, *XII, 11*
Evans, Alona E., *IX, 56*
Ewers, Hans, *II, 47*
Eyre, Sir James, 60

Fabreguettes, Polydore-Jean-Étienne, *II, 28*
Fabre-Luce, Alfred, *III, 55*
Fairbairn, James, *IV, 9*
Farinacci (Farinacius), Prospero, *III, 14*
Fauvet, Jacques, *V, 74*
Favre, Jules, 351, 368; *VI, 28, 55*
Fechenbach, Felix, *X, 59*
Fellenz, Martin, *VIII, 33*
Feiler, Richard, *IX, 25*
Feuerbach, Anselm, 62 f.
Figner, Vera Nikolaevna, 343, 350; *VI, 11, 25*
Filangieri, Gaetano, 576
Flach, Jacques, *Anh. B, 1*
Fleischmann, Günter, *III, 86*
Foch, Ferdinand, 105
Forer, Lois G., *V, 110*
Forsthoff, Ernst, *V, 28; Anh. B, 8*
Fouquet, Nicolas, 448
Foyer, Jean, 636; *II, 46*
Fraenkel, Ernst, *V, 115; VII, 105; VIII, 24*
Franco y Bahamonde, Francisco, 454, 529 f., 532, 560
Frank, Jerome N., 308, 502; *V, 106*
Fränkel, Wolfgang Immerwahr, 30

Frankfurter, Felix, 620; *IV, 74; V,20, 130; VIII, 72; X, 34*
Freytag, Bernhard, 365
Freytag, Otto, 365
Friedrich, Carl J., *III, 90*
Friedrich Wilhelm IV., König von Preußen, 348
Friesenhahn, Ernst, 324; *V, 5,111*
Frost, Jack, 44
Fullagar, Sir Wilfried Kelsham, *IV, 63, 66*
Fuller, Lon L., *V, 97; VIII, 37*
Funck-Brentano, Frantz, *Anh. B, 1*
Furth, Peter, *IV, 68, 69,70,72*
Fuß, Ernst Werner, *XII, 10*

Gambetta, Léon, 591
Gandhi, Mōhandās Karamchand (genannt Mahatma), 379
Ganyile, Stammeshäuptling, 644f f.; *XII,35*
García-Mora, Manuel R., *IX, 44,59,79*
Garçon, Émile, *II, 37, 46; III, 54; VIII, 17; IX, 83*
Garçon, Maurice, 77; *II, 29, 57; V, 46, 50, 51; VIII, 19, 82*
Gardiner, Samuel Rawson, *VIII, 6*
Garibaldi, Giuseppe, 528 f.
Garraud, René, 120; *III, 53*
Gartman, Lev [Hartmann, Leo], *VI, 26*
Gates, John [Regenstreif, Sol], 346; *VI, 16, 53; X, 28*
Gaulle, Charles de, 250, 302, 462, 464, 518, 532, 603, 634 f., 647
Gehlen, Reinhard, 144
Geib, Gustav, *I, 9*
Gellhorn, Walter, *IV, 57, 59*
Gentz, Jürgen, *VII, 101*
Georg III. (Hannover), König von England, *II, 5; X, 57*

Georg V. (Windsor), König von England, *V, 59*
Gersdorff, Rudolf Christoph Freiherr von, *VIII, 45*
Gimbel, John, *I, 5*
Gladstein, Richard, *IV, 46*
Glasberg, A., Abbé, *IX, 28*
Glaser, Julius Anton, *II, 32; V 118*
Glatz, Konrad, *VI, 45*
Glazer, Nathan, *X, 28*
Glickman, Harold, *IV, 89*
Gliksman, Jerzy G., *III, 90*
Globke, Hans, *VIII, 54*
Goddard, Lord (Rayner, Baron Goddard of Aldbourne), V, 121
Godin, W. [*recte* Šteppa, Konstantin], *IX, 36*
Goebbels, Josef, 161 f., 164; *III, 101*
Goebel, William, 91-102; *III, 6, 11, 21*
Gold, Harry, *X, 28*
Goldberg, Harvey, *X, 11*
Goldschmidt, James, *V, 2*
Goldstein, Abraham S., *VIII, 83*
Goldstein, Joseph, *VI, 24*
Gonzalez de Gaspard, Pierre, *VI, 66*
Goodrich, Herbert F., *VI, 64*
Göring, Hermann, 53, 592 f.
Goutermanoff, Georges, *XII, 19*
Gracchus, Gaius Sempronius, 36
Gracchus, Tiberius, 36
Grasnick, Georg, 632; *XII, 16*
Grass, Gerichtsdirektor in Leipzig, *VII, 29*
Graubard, Stephen Richards, *V, 59*
Grave, Jean, 293; *III, 117*
Green, L.C., *IX, 21, 98*
Greenburgh, R. B., *IX, 55*
Greenglass, David, 503 ff.; *VIII, 75*
Grevenrath, Annemarie, *VII, 58*
Grewe, Wilhelm, *X, 19*

Grimm, Friedrich, 162, 368 f., 462; *III*, 98; *VI, 57, 58; VIII, 13*
Grodzins, Morton, *II, 35*
Grosz, George, 15
Grotewohl, Otto, 436; *VII, 97*
Grotius (de Groot), Hugo, 519, 532; *IX, 11, 34; X, 13, 14*
Grünspan, Herschel (Grynszpan, Herszel), 81, 159-166; *III, 98, 99*
Grützner, Heinrich, *IX, 8, 22*
Gruzenberg, Oskar Osipovič, 368
Grzybowski, Kazimierz, *VII, 11*
Gsovski, Vladimir, *VII, 11*
Güde, Max, 30, 145, 289 f., 627; *I, 6; III, 81; V, 38, 39, 47, 48, 56; VIII, 70; XII, 6*
Guerry, Émile, *XII, 30*
Guillaume, Jean-Gustave-Jules-Paul Baron de, *III, 33, 34*
Guiraud, Jean, *Anh. A, 5, 6*
Guise, Henri de Lorraine, Duc de (1550-1588), 660
Guizot, François-Pierre-Guillaume, 63, 348; *VI, 17*
Gumbel, Emil Julius, *V 100,101*
Gurland, Arcadius R. L. 15 f. ; *IV, 18; VII, 70*
Gürtner, Franz, 442; *V 42*
Gustloff, Wilhelm, 369
Gutterer, Leopold, 163
Gwinner, Heinrich, *X, 18*

Haas, Ernst B., *II 34; IV, 87*
Haber, David, *II, 60*
Hackworth, Green Haywood, *IX, 57, 92*
Haid, Bruno, *VII, 52*
Halimi, Gisèle, *VI, 66*
Halle, Felix, *VI, 14*
Hamilton, Alexander, *VIII, 11*

Hambro, Edvard, *IX, 80*
Hand, Learned, 72, 213 f., 349; *V, 106, 127*
Harding, Warren Gamaliel, 567 ff.; *X, 6, 7*
Hardy, Thomas, 60, 368, 608
Harich, Wolfgang, *III, 110*
Harlan, John Marshall (1833-1911), 95 f.; *III, 18*
Harlan, John Marshall (*1899), 620; *IV, 80; V, 76; XII, 24*
Hartmann, Leo s. Gartman, Lev
Hartmann, Ludo Moritz, *IV, 1*
Hartung, Fritz, *VIII, 82*
Hastings, Sir Patrick, 182, 295; *III, 115; V, 59*
Hastings, Warren, 449
Hatch, John, *XII, 34*
Hawley, Lowell Stillwell, *VI, 56, 59*
Haya de la Torre, Victor Raúl, 543
Hazard, John N., VII, 28, 100
Heath, Douglas Denon, *X, 20*
Hecker, Hellmuth, *IX, 26*
Hegel, Georg Wilhelm Friedrich, 262, 574 f.; *X, 15*
Heiber, Helmut, *III, 98, IV, 3*
Heidrich, Heinz, *VII, 40*
Heine, Wolfgang, *V, 64*
Heinemann, Gustav W., 149; *II, 47; III, 86; XII, 10*
Heinrich (Henri) III. (Valois), König von Frankreich, 658, 660 f.
Heinrich IV. (Henri de Navarre), König von Frankreich, 594, 658-661; *Anh. B, 6*
Heinrich (Henry) II. (Plantagenet), König von England, 51
Heinrich (Henry) VII. (Tudor), König von England, 576, 593; *X, 20*
Heinrich (Henry) VIII. (Tudor), König von England, 53

Helfferich, Karl, 122
Helm, Rolf, *VII, 42, 44*
Henderson, Arthur, *IX, 20*
Henkel, Heinrich, *V, 66, 84*
Herlan, Wilhelm, *V, 66*
Hermens, Ferdinand A., *XII, 5*
Hernández Tomás, Jesús, *IX, 17*
Herodot, 513, 564; *IX, 1*
Herriot, Édouard, 121, 592
Herrmann, Rudolf, *V, 126*
Herzen, Alexander (*recte* Gercen, Aleksandr Ivanovič), 514
Hesse, Hermann, 355
Himmler, Heinrich, *VIII, 45*
Hindenburg, Paul von [Beneckendorf und H.], 128
Hiss, Alger, 177 ff., 504; *III, 112*
Hitler, Adolf, 33, 44, 78, 135, 160-165, 187, 212 f., 216, 284, 316, 320, 369, 442, 467, 470, 474 f., 523, 583, 592, 594, 598, 652; *VIII, 13, 45; IX, 36;X, 25, 59*
Höcherl, Hermann, 648
Hoegner, Wilhelm, *V, 101*
Hoffa, James (»Himmy«) Riddle, *V, 128*
Holdsworth, William H., *II, 16*
Holmes, Oliver Wendell, 214 f., 567 f.; *V, 55; X, 3, 4*
Hölper, Wilhelm, *VIII, 45*
Hook, Sidney, *X, 28*
Hoover, J. Edgar, 303, 620; *V, 73*
Horeni, Ernst, *VII, 17*
Horthy von Nagybánya, Miklos (Nikolaus von), 551
Hovell, Mark, *II, 24*
Howard, James B., 97 ff., 101; *III, 23*
Howe, Mark De Wolfe, *V, 55; X, 3, 4*
Howell, Thomas Baily, *II, 12,15; III, 39*
Huber, Ernst Rudolf, *VI, 6*

Hughes, Charles Evans, *IX, 39*
Hugo, Victor, 579 ff., 591; *X, 29*
Humbert, W. H., *X, 61*
Hurst, Willard, *II, 19*
Husserl, Gerhart, *V, 115*
Hyde, Harford Montgomery, *V, 59*

Ihering, Rudolf von, 270, 329; *V, 15, 118; X, 16*
Inskip, Sir Thomas, 261
Isambert, François-André, *X, 58; Anh. B, 5*
Isorni, Jacques, 638; *XII, 25*
Iustinianus, Flavius Anicius, oströmischer Kaiser, *I, 9; II, 7*
Iuvenalis (Juvenal), Decimus Iunius, 360; *VI, 41*

Jackson, Richard Meredith, *V, 22, 132; VI, 48*
Jackson, Robert H., 212, 224 f., 475 f., 489 f.; *IV, 39; V, 38, 129; VI, 70; VIII, 27, 28, 55, 56, 59; XI, 3*
Jacob, Berthold, 535, 646; *XII, 37*
Jacob, Philipp E., *IX, 21*
Jacquin, Célestin, 545
Jaeger, August, *VII, 104*
Jagow, Traugott von, *X, 63*
Jagusch, Heinrich, 627 f.; *XII, 6, 10*
Jahn, Gustav, *VII, 4, 13*
Jahrreiß, Hermann, 470; *V,4; VIII, 22*
Jakob (James) II. (Stuart), König von England, 58, 593; *II, 12; X, 38*
James, Rita M., *V, 133*
Jann, Edmond, 15
Jasper, Gotthard, *V, 48, 101, 126*
Jaurès, Jean, 110 f., 240
Jay, John, *VIII, 11*
Jeanne d'Arc, 36
Jeanson, Francis, 374 f.

Jeffreys, George (Baron J. of Wem), 593
Jescheck, Hans-Heinrich, *VIII, 21, 62*
Jesus Christus, 335-338, 341; *VI, 1, 3*
Jiménez s. Pérez Jiménez, Marcos
Joël, Kurt, 290
Johann (John Lack-land), König von England, 55
John, Otto, 144 ff., 147 f., 150; *III, 81, 83; V 56*
Johnson, Andrew, 449, 460, 578, 587, 590; *VIII, 12*
Johnson, L. F., 99; *III, 24*
Johnson, Samuel, 59, 360 f.; *II,13; VI,42*
Joliot-Curie, Fréderic, 137 f.
Jordan, Gerald I., *VIII, 15*
Jorns, Paul, 319 f.; *V, 102, 105*
Joughin, G. Louis, *VIII, 80*
Joughin, Jean T., *X, 41, 51*
Jouhaud, Edmond, 636; *XII, 20*
Jouvenel, Henry de, 120; *III, 30*
Julliot de la Morandière, Léon, *VII, 28, 100*
Justinian s. Iustinianus
Juvenal s. Iuvenalis

Kabes, Vladimir, *VI, 78*
Kádár, János, 595
Kaganovič, Lazar' Mojseevič, 429
Kaiser, Joachim H., *XI, 4*
Kampffmeyer, Paul, *IV, 21*
Kant, Immanuel, 63, 576 f.; *X, 21*
Kantorowicz, Ernst Hartwig, *X, 57*
Kantorowicz, Hermann, *V, 100*
Kapp, Wolfgang, 596 f.
Karis, Thomas G., *IV, 16*
Karl (Charles) I., König von England, 34, 37, 447, 454 ff., 487

Karl (Charles) II., König von England, 454, 457
Karl (Charles) X. (Bourbon), König von Frankreich, 458; *X, 26*
Kastari, Paavo, *IV, 82, 83*
Kaufman, Irving, 504 f., 535, 537
Kaul, Friedrich Karl, 377; *III,59; VI, 72, 73, 79*
Kautsky, Karl, 204; *IV, 28*
Kelsen, Hans, V, 6; *VII, 100*
Kerimov, D. A., *VII, 57, 91*
Kersten, Kurt, *VI, 27; X, 10*
Kiefert, Hans, *VII, 1*
Kielinger, Valentin, *V, 46*
Kiewiet, Cornelis Willem de, *IV, 14*
Kirchheimer, Otto, *VII, 79, 99*
Kissinger, Henry A., *IV, 76*
Kitto, Sir Frank Walters, *IV, 65*
Klein, Friedrich, *IV, 32; IX, 8*
Klett, Arnulf, Oberbürgermeister von Stuttgart, *V, 83*
Kluke, Paul, *X, 36*
Knieriem, August von, 482 f.; *VIII ,40, 42, 47*
Koestler, Arthur, 325; *V, 113*
Kogon, Eugen, *XII, 14*
Kohler, Josef, 575; *X, 17*
Konvitz, Milton R., *IV, 61*
Korolenko, Vladimir Galaktionovič, *VI, 27*
Kostoff, Traitscho s. Kostov, Trajčo
Kostov, Trajčo, 166 f.; *III, 103, 106*
Kravenko, Victor Michajlovič, 179 f.; *III, 113*
Krestinskij, Nikolaj Nikolaevič, 167; *III, 103, 104*
Kristol, Irving, *X, 28*
Kroll, Luise, *VII, 15*
Kröger, Herbert, *IV, 49; VII, 66*
Kropotkin, Petr Alekseevič, Fürst, 379

679

Krüger, Gerhard, *VII, 32, 35*
Krutzsch, Walter, *VII, 23*
Kübler, Friedrich Karl, *V, 97, 115*
Kuby, Erich, *XII, 14*
Küchenhoff, Erich, *XII, 9*
Kucherov, Samuel, *VI, 46*
Kuper, Leo, *IV, 4, II, 13*
Kurskij, Dmitrij Ivánovič, *VII, 78*
Kuß, Ulrich, *X, 65*
Kyros II. der Große, Perserkönig, 512

Labitte, Charles, *Anh. B, 7*
Lacouture, Jean, VI, 79; *XII, 26*
Lally-Tolendal, Thomas Arthur, 459
Lammasch, Heinrich, 557 ff.; *IX, 87*
Landis, Elizabeth S., *IV, 11*
Landsberg, Otto, *III, 59, 65*
Langa, Nelson, *IV, 9*
Lange, Richard, *VII, 45; IX, 12, 22, 72*
Langhard, Johann, *IX, 25*
Laniel, Joseph, 21
Lansbury, George, 201; *IV, 24*
Lantecaze, P., *V, 24*
La Palombara, Joseph, *IV, 87*
Larminat, Edgar-René de, 636
Laschi, Rodolfo, *VI, 37*
Laski, Harold J., 182 f.; *III, 114; V. 55, 121; X, 3*
Lasswell, Harold D., *V, 82; VI, 16*
Laud, William, 37, 449
Lauterpacht, Hersh, *IX, 12, 82, 86*
Lautz, Ernst, 163; *III, 100*
Laval, Pierre, 21, 466, 532; *V, 23*
Lea, Henry C., *Anh. A, 5*
Lecelot, Alain, *IV, 87*
Le Coroller, Bernard, *XII, 29*
Ledebour, Georg, 125; *V, 126*
Ledru-Rollin, Alexandre-Auguste, 579
Legris, Michel, *XII, 17*

Leites, Nathan, *III, 102, 105, 107*
Lemmer, Ernst, *X, 76*
Lenin, Vladimir Il'ič, 105, 152, 204., 352, 360, 364, 379, 422-425, 427 f., 514; *III, 93; IV, 28; VI, 49; VII, 74, 77, 78, 84*
Lequerica y Erquiza, José Félix de, 532
Levi, Paul, *V, 102; VI, 52*
Lewis, John Llewellyn, 297
Lewy, Guenter, *VIII, 25*
Leymann, Julius, *VII, 95*
Liebknecht, Karl, 320, 324 ff., 532; *V, 112, 114; VI, 52*
Liebknecht, Theodor (als Anwalt im SR-Prozess), 155 f.; *III, 93*
Liebknecht, Wilhelm, 365, 379
Lilburne, John, 487
Lincoln, Abraham, 582, 586 f., 589 f.; *II, 19; X, 32, 33*
Lindert, Alfred, *VII, 15*
Liepmann, Moritz, *II, 41*
Lloyd George, David, 540; *IX, 51*
Loewenstein, Karl, 15; I, 5; *IV, 30*
Loewenstern, Otto von, *XII, 14*
Lombroso, Cesare, 356 f.; *VI, 37*
Lorwin, Val R., *V, 44*
Louis, Joe, *V, 128*
Löwenfeld, Philipp, *V, 101*
Lowenthal, Max, *V, 75*
Lozé, Henri-Auguste, *IX, 33*
Ludendorff, Erich, 125, 131; *X, 63*
Ludwig (Louis) XVI., König von Frankreich, 34, 447, 453, 456 f. 499
Ludwig (Louis) XVIII., König von Frankreich, 454, 457, 621
Ludwig Philipp (Louis-Philippe d'Orléans), König von Frankreich, 63, 197, 348, 458, 580, 621; *X, 29*
Ludwig, Carl, *IX, 9, 24, 31, 32*
Lussu, Emilio, *IV, 84; VIII, 5*

Lüthi, Werner, *III*, 73
Luxburg, Karl-Ludwig, Graf von, 112
Luxemburg, Rosa, 320; *VI*, 52

MacArthur, Douglas, *VIII*, 57
Macaulay, J. B., *IV*, 6, 15; *V*, 87
Macaulay, Thomas Babington, *II*, 12; *X*, 38
McCarran, Patrick, 226; *IV*, 59; *IX*, 18
McCarthy, Joseph R., 137
Maccoby, Simon, *I*, 8
Macdonald, Dwight, *X*, 28
MacDonald, James Ramsay, 122, 295 f.; *V*, 59; *IX*, 20; *XII*, 15
Macdonell, John, *II*, 25
McDowell, Robert Brendan, *II*, 22, 23
Mack, 311
McKinley, William, 93, 99, 102
MacMahon, Patrice-Maurice de, duc de Magenta, 591
McNair, John, *VI*, 50
McTiernan, Sir Edward Aloysius, *IV*, 63

Madison, James, *VIII*, 11
Magnol, Joseph, *IX*, 91
Maihofer, Werner, *XII*, 10
Maitland, Frederick William, *II*, 8, 9
Maitron, Jean, *IV*, 26; *V*, 51
Malan, Daniel Francois, Ministerpräsident der Südafrikanischen Union, 190
Malatesta, Enrico, 379
Malenkov, Georgij Maksimilianovič, 429
Malet, Claude-François de, 488
Malvy, Louis-Jean, 105, 116, 449, 459, 592; *III*, 56
Mandel, Georges, 107
Mangoldt, Hermann von, *IV*, 32; *IX*, 8
Mann, W. Howard, *X*, 40

Mansfield, Lord (William Murray, Baron M. of M., später Earl of M.), 52
Manteuffel, Otto Theodor, Freiherr von, 348
Marquard, Leopold, *IV*, 5, 7
Marschall von Bieberstein, Fritz, Freiherr, *V*, 98
Marshall, Geoffrey, *X*, 35
Marshall, John (1755-1835), *V*, 96
Marshall, John (1856-1922), 95; *III*, 13, 16, 17
Martignac, Jean Baptiste Gay, Vicomte de, 458
Martin I., Papst, 36
Martin, Henri, 583; *II*, 37; *X*, 37
Martin, Kingsley, *III*, 114
Martin, Ludwig, *XII*, 16
Marx, Karl, 44, 67, 352, 514
Mason, Henry L., *VIII*, 15
Massu, Jacques, 464
Mathers, F. C., *II*, 26
Maugis, Edouard, *Anh. B*, 6
Maunoir, Jean-Pierre, *VIII*, 44
Maximin der Thraker (Gaius Iulius Veras Maximinus), 656
Maxton, James, *VI*, 50
Mayenne, Charles de Guise, Duc de (1554-1611), 658, 660
Mazzini, Giuseppe, 514, 528
Medina, Harold R., 12, 217, 224, 346; *V*, 20; *VI*, 15
Mehren, Arthur von, *V*, 17
Mehring, Franz, *VI*, 18
Meinecke, Friedrich, *II*, 33
Meletos, 339
Mellor, Alec, *V*, 67
Melsheimer, Ernst, *VII*, 16, 47, 54, 55, 94
Mencken, Henry Louis, *X*, 5

Mendelson, Wallace, V, 82
Mendès-France, Pierre, 21, 303
Menelaos, König von Sparta, 53
Mengele, Josef, *IX, 99*
Menschell, Wolfgang, *X, 55, 56*
Menthon, Francois, 479
Merkatz, Hans-Joachim von (als Bundesjustizminister), 600; *X, 73, 74*
Merlino, Francesco Saverio, 365
Mettgenberg, Wolfgang, *IX, 68*
Meyer, Hermine Herta, *VIII, 83*
Meynaud, Jean, *IV, 87*
Michaelis, Richard, *V, 99*
Mill, John Stuart, 215, 546 f.; *IV, 43*
Mindszenty, József, 544
Minotto, Gräfin s. Sorma, Agnes
Minotto, Idamay, geb. Swift, *III, 37*
Minotto, James (bis 1921 Graf M.), 112; *III, 36, 37*
Mitteis, Heinrich, *II, 9; III, 3*
Mitterand, François, 303
Mohrenheim [Morengejm], Artur Pavlovič, Baron, *IX, 33*
Molotov, Vjačeslav Michajlovič, 429
Mommsen, Theodor, 36 f., 55, 186, 447; *I, 10; II, 1, 10; IV, 1, 2; Anh. A, 4*
Montespan, Françoise-Athenaiïs Marquise de, 448
Montesquieu, Charles-Louis de Secondat, Baron de la Brède et de, 576; *X 21*
Morgan, Edmund M., *VIII, 80*
Morgan, Glenn G., *VII, 57*
Morgenstern, Felice, *IX, 20*
Moro-Giafferri, Vincent de, 118
Moutet, Marius, 118
Mühsam, Erich, *X, 59*
Müller, Henning, *V, 111*
Müller, Richard, 127; *III, 61*

Müller-Franken, Hermann, 21
Mulligan, William J., *IX, 18*
Mumm, Reinhard (Pfarrer, MdL), 127
Muralt, Leonhard von, *IX, 25*
Murphy, Frank, *V, 125*
Murray, Robert K., *IV, 36*
Mussolini, Benito, 463, 473, 541, 592

Nabholz, Hans, *IX, 25*
Nadelmann, Kurt H., *XI, 2*
Nagy, Imre, 544
Napoleon I., Kaiser der Franzosen, 62, 455, 468, 470, 488, 589, 621; *VIII, 57*
Napoleon III, Kaiser der Franzosen, 351, 545, 579; *VI, 28*
Nasser (*recte* Abd an-Nasir), Gamal Abdel-, 560
Nebelung, Günter, *V, 1*
Nehru, Jawaharlal, 379, 514 f.; *IX, 6*
Nelson, Steve, *VI, 50*
Neumann, Franz L., *IX, 8*
Neumann, Karl Johannes, *Anh.A, 3, 4*
Neumann, Robert G., *IX, 76*
Neumayer, Fritz, 145 f.; *III 82*
Ngawang Lobsang Yishey Tenzing Gyatso, Dalai-Lama, *IX, 6*
Nicole, Pierre, *II, 28*
Nicolson, Harold, *V, 59*
Niemöller, Martin, 76 f.
Nikičenko, Vitalij Fedotovič, 489
Nikolaeva, L. A., *VII, 57*
Nikolaus I. (Nikolaj Pavlovič), Kaiser von Russland, 569 f.; *VI, 27; X, 10*
Nikolaus II. (Nikolaj Aleksandrovič), Kaiser von Russland, 152, 581
Nipperdey, Hans Carl, *IX, 8*
Nissen, Walter, *II, 36*
Nivelle, Robert-Georges, 104
Nussbaum, Aaron, *V, 36*

Oates, Titus, 100
Oberländer, Theodor, 488 f.; *VIII, 52, 53, 54*
O'Connell, Daniel, 63
O'Connor, Feargus, 44
Oegg, Friedrich, *V, 99*
Oeri, Jacob, *VI, 4*
O'Higgins, Paul, *IX, 38*
Ohlendorf, Otto, 440, 444; *VII, 102*
Olender, Jack H., *VI, 61*
Olshausen, Justus (Reichsanwalt), 326; *II, 31*
Oppenheim, Lassa Francis Lawrence, *IX, 12, 82, 86*
Oppenheimer, Benton S., *V, 122*
Orsini, Felice, 351; *VI, 28*
Ortolan, Joseph, *II, 43*
Ostmann, Helmut, *VII, 8, 32; IX, 37*
Ouraghi, Mouloud, 342

Packe, Michael St. John, *VI, 28*
Padelford, Norman J., *IX, 55, 57*
Paine, Thomas, 608
Painlevé, Paul, 104 ff.
Paktyas aus Lydien, 512 f., 533
Pal, Radha Binode, 491; *VIII, 57*
Paléologue, Maurice, *IX, 33*
Pankhurst, Sylvia, 200
Papadatos, Pierre Achille, *II, 38; IX, 50, 60*
Papen, Franz von, 583
Paret, Heinrich, *II, 12; X, 38*
Pareto, Vilfredo, 339; *VI, 6*
Paris, trojanischer Königssohn, 53
Pascal, Blaise, 606, 622 f.
Pasquier, Étienne-Denis, 621
Patin, Maurice, *II, 37; III, 54; VIII, 17; IX, 83*
Pattee, Richard, *III, 94, 95, 96, 97*
Paulus, Friedrich von, *VIII, 32*

Pausanias, 608
Pavelić, Ante, 157 f., 540 ff., 562; *IX, 52*
Peacham, Edmund, 114
Péju, Marcel, *III, 104; VI, 10; XII, 24*
Pennefather, englischer Richter, 63; *II, 22*
Pérez Jiménez, Marcos, 650 f.; *IX, 52; XII, 47, 48, 49*
Perón, Juan, 514, 560; *IX, 52*
Pétain, Henri-Philippe, 21, 454, 457, 460 ff., 464, 466, 488, 532, 603; *VIII, 19*
Petzold, Siegfried, *VII, 95*
Pfannkuche, Viktor Henning, *III, 28*
Pfeiffer, Gerd, *IV, 38, 44, 45, 48, 49, 50, 51*
Philipp, König der Makedonier, 26
Philonenko, Maximilien, *IX, 54*
Pilatus, Pontius, 336 ff.; *VI, 3*
Pinto, Roger, *II, 29, 37*
Pitt, William, 608
Platon, 339; *VI, 5, 7, 8*
Plinius Caecilius Secundus, Gaius, 655; *Anh. A, 1*
Plutarch, 25; *I, 3*
Poincaré, Raymond, 105 ff., 114, 116, 121, 181; *III, 27, 29, 33, 35, 44; X, 39*
Polignac, Auguste-Jules-Armand-Marie prince de, 449, 458, 499; *X, 26*
Pollock, Sir Frederick, *II, 8, 9; X, 3, 4*
Polonskij, Vjačeslav, *VI, 27; X, 10*
Posser, Diether, *II, 47; XII, 2, 16*
Postgate, Raymond, *IV, 24*
Potts, Ralph Bushnell, *VI, 56, 59*
Powers, Caleb, 94, 97 ff., 101, 183; *III, 21, 23*
Powers, Francis Gary, 372 f.; *VI, 63*
Preston, Richard Graham, Viscount, *X, 38*

683

Preston, William, *X, 11*
Preuss, Lawrence, *IX, 41*

Quesnay de Beaurepaire, Jules, 263
Quisling, Vidkun, 462

Radbruch, Gustav, 483, 551; *III, 66; V, 64; VIII, 21, 37, 41; IX, 68; X, 16, 63*
Radcliffe of Werneth, Cyril John, Baron, *XII, 46*
Radek, Karl, *III, 93*
Radouant, René, *Anh. B, 2*
Raeder, Erich, *VIII, 63*
Raestad, M. A., *IX, 12*
Rajk, László, 166; *III, 106, 109*
Rákosi, Mátyás, 379, 595
Randall, James Garfield, *II, 19*
Rath, Ernst vom, 160-163
Ravachol (*recte* Koenigstein, François Claudius), genannt Léger, Léon, 263
Reclus, Élisée, *I, 12*
Reclus, Maurice, *VI, 55*
Reclus, Paul, 293
Reel, Adolph Frank, *VIII, 69; X, 34*
Reichenau, Walther von, *X, 26*
Reißmüller, Johann Georg, *XII, 10, 16*
Renan, Ernest, 336
Ribbentrop, Joachim von, 161 ff.
Ribet, Maurice, *VIII, 13, 14*
Richelieu, Armand du Plessis, duc de, 57; *II, 11*
Richert, Ernst, *VII, 25, 51*
Richter, Heinz, *VII, 23*
Ridder, Helmut K. J., 271; *IV, 53; V, 7, 18; VIII, 30*
Riesman, David, *III, 57*
Rilke, Rainer Maria, 335
Ripley, Garnett D., 99

Ritter, Johannes Martin, *II, 14, 20*
Rivlin, A. L., 428; *VII, 85*
Robbins, Richard, *IX, 18*
Roberts, Carl Eric Bechhofer, *V, 57*
Robin-Harmel, Pierre, *X, 26*
Robin Hood, 262
Roche, Emile, *III, 30*
Rogers, William P., *V, 19*
Roget, französischer General, 65
Rogge, Heinrich, *IX, 7*
Rogolly, Joe, *IV, 17*
Rohde, Günter, *VII, 24*
Röhm, Ernst, 33
Rolph, C. H., *XII, 31*
Roosevelt, Franklin Delano, 296 f.
Rosa, Gabriele de, *IV, 84; VIII, 5*
Rosenberg, Ethel, 367, 503-506, 585 f.; *VIII, 71, 73, 74, 75, 76; X, 40*
Rosenberg, Julius, 367, 503-506, 585 f.; *VIII, 71, 73, 74, 75, 76; X, 40*
Rosenfeld, Ernst Heinrich, *VIII, 82*
Rosenfeld, Kurt (als Anwalt im SR-Prozess), 155 f.; *III, 93*
Rosenthal, Walther, *VII, 45*
Ross, Alf, *V, 33, 77; XI, 6*
Rossignol, Henri, *V, 25*
Rothardt, völkischer Redakteur, 125 f., 132 f.; *III, 59, 65*
Rothenberger, Curt, 442 f.; *VII, 104*
Rousseau, Henri, *IX, 53*
Rousseau, Jean-Jacques, 63
Rousselet, Marcel, *II, 37; III, 54; VIII, 17; IX, 83*
Rucellai, Bernardo, 80
Rudenko, Roman Andreevič, 426 f.; *VII, 79*
Ruge, Gerd, *XII, 9*
Ruhrmann, H. W., *III, 77*
Rutledge, Wiley B., *VIII, 69*

Sabatini, Giuseppe, *VIII, 16*
Sacco, Nicola, *VI, 13*
St. George, Maximilian J., *V 63*
Saint-Germain, Philippe, *VI, 60*
Saint-Just, Antoine de, 453, 456; *VIII, 4*
Saint-Pierre, Michel de, *XII, 30*
Salan, Raoul, 635 f.; *XII, 19*
Sandburg, Carl, *X, 32*
Sanders, Paul H., *V, 76*
Sansone, Mario, *IV, 84; VIII, 5*
Sartre, Jean-Paul, *II, 37; X, 37*
Sauer, Wolfgang, *X, 36*
Sauvageot, Andre, *V, 14*
Savary, Anne-Jean-Marie-René, duc de Rovigo, 468
Savonarola, Girolamo, 80
Sawicki, Jerzy, *VII, 68*
Sayn, Otto, *V, 99*
Schapiro, Leonard, *III, 93*
Schaul, Hans, *VII, 66*
Scheringer, Richard, *X, 26, 69*
Scheuner, Ulrich, *IX, 8*
Schild, Hermann, *VIII, 13*
Schlabrendorff, Fabian von, *V, 84*
Schlegelberger, Franz, 483; *V, 42; VIII, 21*
Schlesinger, Rudolph, *VII, 76*
Schmid, Carlo, *XII, 37, 38*
Schmid, Richard, *XII, 6, 9*
Schmidt, Eberhard, *V, 45, 66*
Schmitt, Carl, *V, 28; Anh. B, 8*
Schmutzler, Siegfried, *III, 86*
Schneider, Hans, *V, 28*
Schneider, Peter, *V, 111; VII, 102, 106*
Schnur, Roman, *Anh. B, 8*
Scholochow s. Šolochov
Schorn, Hubert, 485 f.; *VII, 103; VIII, 46*
Schrader, Gerhard, *IV, 25*

Schreiber, Hermann, *V, 84*
Schreier, Gerhard, *VII, 14*
Schultz, Hans, *IX, 60*
Schultz, Walter, *VII, 58*
Schulz, Gerhard, *X, 36*
Schumann, Kurt, 396; *VII, 9, 21*
Schwab, Gerald, *III, 98*
Schwend, Karl, *X, 25*
Schwinge, Erich, *V, 119*
Seifert, Jürgen, 16; *XII, 14*
Seifert, Wolfgang, *VII, 58*
Seneca, Lucius Annaeus, 494; *VIII, 60*
Sergot, Alfons, *VI, 78*
Seyffarth, Fritz, *V, 99*
Shakespeare, William, 571-575; *X, 17*
Sharp, Malcolm P., *X, 40*
Shawcross, Sir Hartley William (später Lord Shawcross), *VI, 44, 48*
Simon, Sir John (später Viscount S.), 295; *V, 57*
Sinowjew s. Zinov'ev
Sinzheimer, Hugo, *III, 64*
Sirey, Jean-Baptiste, *X, 54*
Slansky, Rudolf, 166; *III, 104*
Slesser, Sir Henry Herman, *VI, 50*
Smend, Rudolf, 16, 23; *I, 2*
Smith, Frederick Edwin (später Earl of Birkenhead), 201
Smith, Gertrude, *I, 7*
Smith, Howard W., 78, 208, 218, 224 ff., 297 f. 346; *IV, 59, 60*
Smith, James Morton, *II, 18; IV, 36*
Smith, J. C., *V, 38*
Smith, Winston C., *IX, 18*
Sobell, Morton, 535; *X, 20, 40*
Soblen, Robert, 525, 538, 641-644; *IX, 39; XII, 31*
Sohm, Rudolf, *Anh. A, 2*
Sokrates, 339 ff.; *VI, 1*

Šolochov, Michail Aleksandrovič, 171
Solon, 25
Soltikow, Michael, Graf, 163; *III, 100*
Sorma, Agnes (Gräfin Agnes Minotto, geb. Zaremba), *III, 37*
Soustelle, Jacques, 342; *VI, 65; VIII, 61*
Spranger, Martin, *VII, 48, 63*
Spedding, James, *X, 20*
Stalin, Iosif Vissarionovič, 81, 154, 166, 172f., 216, 379, 420, 422 f., 425, 427 f., 489, 533, 587, 615, 652; *IX, 36*
Stamfordham, Lord (Arthur John Bigge, Baron S.), *V, 59*
Stampfer, Friedrich, *X, 59*
Stasova, Elena Dmitrievna, *VI, 49*
Staub, Hugo, *VI, 33, 36*
Stein, Werner, V, 46
Steinberg I. N. [Štejnberg, Isaak Zacharovič], 422; *VII, 73*
Stephen, Sir James Fitzjames, 61, 547; *II, 17*
Stepinač, Aloysius, 157 f; *III, 94-97*
Stern, Leo, *II, 36; IV, 22, 23*
Stieber, Wilhelm, 348
Stiller, Oberrichter in Leipzig, *VII, 29*
Stouffer, Samuel, *IV, 77, 78*
Strafford, Thomas Wentworth, Earl of, 37, 449
Strauß, Franz Josef, 631; *XII, 14*
Streit, Josef, *VII, 20, 32, 36, 38, 46, 56, 59, 63, 66, 96*
Stresemann, Gustav, 21
Strickert, Hans-Georg, *IV, 38, 44, 45, 48, 49, 50, 51*
Stroessner, Alfredo, 560
Strogovič, Michail Solomonovič, 427; *VII, 75, 80, 82, 86*
Strohbach, Heinz, *VII, 24*
Struckmeier, Johanna, 16
Strupp, Karl, *IX, 68*

Stuart, Mary, Königin von Schottland, 660
Stumm-Halberg, Carl Ferdinand, Freiherr von, 199 f.
Stürgkh, Karl, Graf von, 344
Such, Heinz, *VII, 66*
Summers, Clyde W., *IV, 79*
Sutherland, Arthur E., *V, 96*

Tacitus, Publius Cornelius, *II, 1*
Taft, William Howard, *VIII, 12*
Talleyrand-Périgord, prince de Benevent, Charles-Maurice, duc de, 468 ff.; *VIII, 20*
Tapp, Hambleton, *III, 8*
Tarde, Gabriel, *VI, 37*
Tardieu, Andre, 21; *III, 30*
Taylor, William S., 93, 95, 97, 100; *III, 11, 13, 15, 16, 17, 25*
Théolleyre, Jean-Marc, *II, 46; V, 74; XII, 23*
Thibaud, Paul, *II, 58*
Thierack, Georg Otto, 161 ff.; *V, 105*
Thiers, Adolphe, 368, 590 f.
Thoma, Richard, *V, 5*
Thomas à Becket, 51
Thomas von Celano, *XI, 7*
Thompson, Kenneth W., 15
Thorez, Maurice, 88
Thornberry, Cedric, *XII, 31*
Thorp, René-William, *XII, 28*
Thureau-Dangin, Paul, *IV, 20; XI, 5*
Tiberius (T. Claudius Nero, später Caesar Augustus), 57
Tito (Broz, Josip), 157 f., 648
Tixier-Vignancour, Jean-Louis, 635
Tobin, Dan, 296 f.
Tocqueville, Alexis de, 21
Toeplitz, Heinrich, 398; *VII, 27*
Tompkins, William F., *VI, 24*

Torgier, Ernst (als Angeklagter im Reichstagsbrandprozess), 165
Toulouse, Andre, *VI*, 67
Tout, T. E., *II*, 24
Toynbee, Arnold J., *VI*, 1
Träger, Ludwig, *III*, 67
Trajan (Marcus Ulpius Traianus, später Nerva Traianus Augustus), 655
Trautzsch, Oberrichter in Leipzig, *VII*, 30
Trochu, Andre, *VIII*, 19
Trockij, Lev Davidovič, 152 f., 204 f., 297, 368, 514; *III*, 91, 108; *IX*, 5, 20
Trotzki, Leo; Trotsky, Leon s. Trockij, L. D.
Trujillo Molina, Rafael Leónidas, 560
Truman, Harry S., 303; *V*, 73

Ulbricht, Walter, 386 ff., 436

Valerian (Publius Licinius Valerianus), 656
Valiani, Leo, *IV*, 84; *VII*, 5
Van der Lubbe, Marinus, 165
Vanderveer, George Francis, 368, 370; *VI*, 56, 59
Vandervelde, Émile (als Anwalt im SR-Prozess), 155 f.; *III*, 93
Vanzetti, Bartolomeo, *VI*, 13
Vassalli, Giuliano, *VIII*, 16
Vedel, Georges, *V*, 43
Vellay, Charles, *VIII*, 4
Verges, Jacques, *VI*, 66; *XII*, 24
Vernant, Jacques, *IX*, 7
Victoria, Königin von England, 63
Villari, Luigi, *VIII*, 5
Vinson, Fred M., 224
Vitu, André, *V*, 40
Volkland, Eberhard, *VII*, 26
Voltaire [Arouet, François-Marie], 77

Vyšinskij, Andrej Januarievič, 12, 169

Wagner, Klaus, *VI*, 79
Wagner, Walter, *II*, 49, 52; *III*, 85, 87, 88; *VI*, 38, 54
Wahl, Adalbert, *IV*, 26
Wahl, Eduard, *II*, 48
Waline, Marcel, *IV*, 85
Walker, Doris Brin, *VI*, 76
Wallis, Frederick A., *III*, 8
Wallis, John E. P., *II*, 22
Walter, Francis E., *IX*, 18
Warin, Roger-Paul-Pierre (Deckname: Wybott), 302
Warner, Joseph B., *VI*, 44; *VIII*, 80
Watterson, Henry W., 92
Wauters, Arthur (als Anwalt im SR-Prozess), 155 f.; *III*, 93
Webb, Leicester, *IV*, 31, 67
Webb, Sidney (Lord Passfield), *V*, 58
Weber, Hellmuth von, *V*, 80
Weber, Herwig, *III*, 100
Weber, Werner, *V*, 28, 31; *Anh. B*, 8
Weil, Simone, 327; *V*, 116
Weill, Georges, *IV*, 19; *X*, 29
Weiss, P., *IX*, 4, 29
Wenger, Jean-Claude, *III*, 71
Westhoff, Ursula, *VIII*, 81
Wexley, John, *VIII*, 74, 75
White, Harry Dexter, 303
White, Howard B., *X*, 20
Whitehead, Don, *V*, 72, 75
Whiteside, 311
Wigmore, John Henry, *VIII*, 72
Wilhelm II., Deutscher Kaiser, 540 f.
Wilhelm (William) III. (Oranien), König von England, *X*, 38
Willard, Marcel, *III*, 116; *VI*, 14, 49
Williams, Sir Dudley, *IV*, 66
Williams, Edward Bennett, *V*, 128

Williams, Glanville L., *V, 32, 122*
Willms, Günther, *XII, 5, 10*
Willoughby, Westel Woodbry, *VIII, 12; X, 61*
Willson, Augustus E. (als republikanischer Gouverneur), *III, 23*
Wilson, H. H., *IV, 89*
Wilson, [Thomas] Woodrow, 104 f., 568
Windisch, Gernot, *VII, 32*
Woetzel, Robert K., *VIII, 30, 31*
Wohlgemuth, Wolfgang, 150 f.; *III, 89*
Wolff, Friedrich, *VII, 45*
Wollweber, Ernst, 411
Woodson, Urey, 91; *III, 6*
Wunsch, Rudolf, *V, 11, 48, 63*
Württemberg, Marie, Prinzessin von, geb. Prinzessin von Orléans, 580
Wybott s. Warin

Wyzanski, Charles E., Jr., *V, 16; VIII, 72, 77*

Xenophon, 339

Yamashita, Tomoyuki, *VIII, 69; X, 34*
Yarmolinsky, Avrahm, *VI, 26*
Yerkes, John Watson, *III, 26*
Youtsey, Henry E., 97 ff.; *III, 23*

Zanardelli, Giuseppe, *II, 27*
Zavrian, Michel, *VI, 66*
Zelt, Johannes, *VI, 13*
Zenger, John Peter, *VI, 70*
Ziegler, Walter, *VII, 30*
Zind, Ludwig Pankraz, 562 f.; *IX, 97*
Zinov'ev, Grigorij Evseevič, 296

Sachregister

Abschiebung 161, 516, 537, 644
Action Française 110, 114
African National Congress (ANC, Südafrika) 190
Ägypten 560
Alliierte (2. Weltkrieg) 29, 104, 118, 121, 230, 489-491, 496, 499, 532, 534, 555, 599, 646
Allparteienkoalition 104
Amalgam-Fälle 158, 292, 293
Amerika
  Lateinamerika 112, 207, 651
  Mittelamerika 524, 534, 544, 651
  Südamerika 534, 542, 543, 651
Amnestie 30, 369, 577, 578, 586, 587, 589, 590, 592, 593, 596, 597, 598-605, 638, 639
Amnestiegesetz 589, 596, 602, 603, 604
Anarchismus 72, 203, 263, 293, 354, 365, 551
Anarchosyndikalismus 243
Anwalt, politischer 373-376
Aristokratie 34-37, 54, 67
Armeniermassaker 515
Asyl 46, 47, 350, 511, 513-516, 519-528, 530-537, 538, 540, 542-544, 552, 553, 557, 559, 560, 563, 564, 642-644, 648, 651
  politisches 513, 519, 520, 525, 526, 555, 558, 564, 565
Asylrecht (→ Recht)
Asylschutz 526, 542, 545, 546, 553
Attentat 71, 97, 342, 351, 374
  Attentatsklausel 545, 552

Aufruhr 72, 89, 201, 293, 387
Aufruhrgesetz 61, 79, 208, 210
Auslieferung 73, 97, 511, 512, 526, 532-537, 539-542, 545, 546-565, 578, 640-645, 647, 649-651
Auslieferungsbegehren 526, 533, 534, 539, 541, 551, 553, 559, 563, 565, 641, 643, 649, 651
Auslieferungsschutz 553, 565, 641, 649, 650, 651
Auslieferungsvertrag 535, 536, 537, 545
Ausnahmegesetz 194, 201
Australien 207, 226-228, 235
Balkan-Föderation 169
Begnadigung 100-102, 358, 566-570, 573-579, 583-587
Begnadigungsrecht (→ Recht)
Befehlsnotstand 483
Beleidigung 66, 77, 80, 132, 332, 407, 418, 419
Beleidigungsklage 52, 86, 89, 121, 122, 125, 141, 181, 631
Beleidigungsprozeß (→ Prozeß)
Beleidigungsverfahren 86, 291, 319, 419
Berlin 112, 125-127, 155, 160, 197, 319, 320, 462
  Berlin (Ost, Hauptstadt der DDR) 138, 144, 145, 146, 148, 150, 359, 436, 488, 632
  Berlin (West) 143, 147, 270, 377
Berufsjurist 38, 290
Berufungsverfahren 36, 285, 355, 387, 399
Bill of attainder 37

689

Blankovollmacht 27, 54, 481, 587
Bolschewismus 72, 581, 593
Boxheimer Dokumente 298
Brest-Litowsk 124
Bundesgerichtshof (BRD) 144, 145, 146, 283, 310, 357, 376, 377, 483, 551, 552, 600, 626
Bundesrepublik Deutschland (BRD) 21, 30, 43, 78, 141, 142, 143, 145, 146-150, 207, 208, 217, 270, 307, 451, 489, 526, 551, 552, 583, 599, 600-602, 626, 629, 632, 641, 646, 647
Bundesverfassungsgericht (BRD) 148, 209, 211, 217, 218, 221, 224, 229, 231, 233, 324, 451, 481, 526, 553, 589, 600, 627
Bürokratie 39, 67, 78, 164, 196, 242, 248, 278, 316, 351
   Gerichtsbürokratie 499
   Ministerialbürokratie 123, 290
   Parteibürokratie 522
   Regierungsbürokratie 70, 202, 304
   Verwaltungsbürokratie 299
Chartisten 31, 64, 608
Commonwealth 91, 95, 251, 643, 644
Conseil d'État 78, 247, 269, 286, 636
crimen laesae maiestatis 54, 114
custodia honesta 73
Demokratie 41, 70, 74, 183, 196, 201, 204, 206, 207, 209, 221, 222, 242, 250, 252, 254, 256, 257, 275, 291, 390, 632
   bürgerliche 205
   Massendemokratie 41, 54, 66, 103, 134, 277
   Parteidemokratie 388
   Sozialdemokratie 125, 129, 130, 186, 198, 199, 344, 364
   streitbare 627

Demokratisierung 124, 189, 194, 200-202
Derivatverfahren 103
Deutsche Demokratische Republik (DDR) 30, 144-149, 171, 359, 376, 378, 377, 385, 386, 388-393, 396-399, 404-411, 414, 417-420, 423, 430, 434, 436-441, 445, 488, 489, 534, 601, 602, 625, 628, 632
Diktatur 204, 205, 443, 542
Distriktgericht (USA) 225, 287, 297, 353, 355, 536, 562
Dolchstoßlegende 124, 130
Doppelstaat (→ Staat)
Drittes Reich 30, 81, 135, 153, 162, 230, 368, 393, 440, 442, 445, 471, 481, 483, 485, 486, 489, 490, 492, 521, 526, 528, 534
   Nazi-Deutschland 157, 169
Eichmann-Prozess 44, 163
Eigentum 31, 54, 108, 253, 388, 423, 434, 590
Eigentumsordnung 394, 441
England / Großbritannien 37, 43, 58, 61, 78, 87, 105, 109, 123, 152, 200-202, 251, 252, 269, 274, 284, 285, 301, 331, 449, 450, 454, 525, 535, 540, 550, 641-645
Entnazifizierung 29, 30, 386, 599, 600
Entpolitisierung 42, 288, 653
Europa 62, 119, 186, 192, 200, 207, 240, 244, 268, 271, 273, 286, 328, 331, 332, 345, 471, 474, 476, 477, 501, 506, 508, 527, 531, 538, 545, 546, 547, 577, 608
   Kontinentaleuropa 34, 37, 39, 269, 271, 357, 390, 408, 409, 492, 500, 501, 506, 507, 525, 526, 596
   Osteuropa 154, 166, 169
   Westeuropa 38, 68, 73, 241, 246, 359, 395, 641

Exekutive 23, 33, 39, 44, 46, 136, 153, 188, 196, 290, 314, 329, 330, 384, 385, 390, 396, 411, 441, 452, 589, 596
  Staatsexekutive 33, 44, 95, 100, 385, 390
Faschismus 31, 41, 67, 68, 73, 216, 223, 229, 245, 248, 252, 297, 455, 463, 514, 532, 541, 548, 549, 593, 648, 652
Feind
  politischer 25, 26, 31, 299, 356, 448, 612
  Regimefeindlichkeit 31, 75, 82, 152, 167, 242, 303, 314, 382, 383, 639
  Staatsfeind 71, 72, 74, 89, 177, 199, 226, 227, 291, 294, 299, 349, 358, 371, 377, 417, 456, 607, 609, 629, 656
Fememord 368, 597
Finnland 246
Flüchtling 230, 513-524, 527-537, 544, 547, 549, 550, 553, 554, 559, 564, 640-645, 648
  politischer 515, 517, 518, 523, 524, 553, 640, 645, 648
  Sozialflüchtling 518, 519
Frankfort (USA) 94, 97-99
Frankreich 21, 34, 41, 42, 60, 70, 71, 78, 104, 106-109, 112, 113, 119, 144, 152, 163, 181, 196, 197, 241-247, 256, 269, 270, 275, 276, 283, 288, 300, 328, 351, 373, 447, 448, 454, 456, 457, 461-467, 523, 526, 530, 541, 542, 548, 552, 555, 601, 602, 621, 633, 634, 639-640, 646, 649, 660
Französische Republik
  Dritte 21, 108, 288, 449, 459, 460, 461, 464
  Fünfte 21, 245, 449, 454, 464, 603
  Vierte 21
Freiheit
  Ermessensfreiheit 249, 278, 282, 490
  Meinungsfreiheit 632, 641
  politische 24, 51, 60, 151, 616, 620
  Pressefreiheit 355, 356 214
  Redefreiheit 355, 356 214
  Straffreiheit 25, 347, 544, 581, 588-590, 592, 597, 599, 601, 602, 638
Funktionär 45, 87, 97, 126, 139, 147, 156, 229, 243, 299, 349, 354, 357, 359, 362, 408, 416, 417, 437, 440, 452, 526, 584, 595, 600
  Gewerkschaftsfunktionär 192, 225, 434
  Justizfunktionär 384, 385, 394, 395, 403, 441
  Parteifunktionär 216, 220, 388, 401, 417, 422
Gegner, politischer 28, 31, 74, 80, 89, 103, 121, 134, 184, 293, 357, 459, 515, 583, 587, 606
Geheime Staatspolizei (GeStaPo) 187, 444, 535
Generalstaatsanwalt 169, 275, 388, 391-393, 401, 407, 408, 411, 412, 419, 426-427
Gerechtigkeit 11, 14, 15, 47, 119, 263, 327, 394, 403, 422, 453, 469, 511, 515, 540, 585, 606, 613, 618, 621-623, 652, 659
Gericht
  Appellationsgericht 541, 561, 562, 650
  Geschworenengericht 39, 59, 66, 111, 328-335, 349, 374, 416, 452, 502, 612

691

Kassationsgerichtshof 275, 388,
  450, 497, 562
Kriegsgericht 115, 116, 125, 126,
  320, 473, 488, 497, 498, 559, 582,
  603
Militärgericht 12, 244, 342, 343,
  374, 375, 451, 473, 477, 479, 482,
  486, 490, 491, 492, 494, 495, 498,
  500, 582, 634
Sondergericht 187, 444, 447-452,
  482, 485, 486, 488, 559
Strafgericht 29, 137, 140, 407, 491,
  557, 627, 637
Verfassungsgericht 38, 248, 249,
  269, 450, 451, 481
Gerichtsbarkeit, politische 35, 116,
  450, 451
Gerichtsmaschinerie (→ Maschine)
Gerichtsverfahren 26, 27, 29, 30, 44,
  81-83, 85, 87, 88, 97, 103, 115, 134,
  153, 154, 159, 172, 173, 178, 182-
  184, 211, 231, 233, 257, 258, 267,
  292, 364, 391, 447, 490, 536, 566,
  584, 585, 607, 611-614, 618, 650
Geschichtsbild 611
Gesellschaft
  bürgerliche 278
  demokratische 209, 253, 256, 257
  klassenlose 223
  kapitalistische 221
  Massengesellschaft 42, 44, 54, 255,
    354, 578, 620
  westliche 51, 148, 180
Gesellschaftsordnung 191, 198, 200,
  311, 347, 363, 614, 620
Gesetzgebung 54, 62, 70, 71, 73, 78,
  79, 89, 101, 136, 142, 194, 196, 198,
  202, 214, 227, 239, 246, 265, 277,
  316, 390, 425, 427, 431, 432, 463,
  480, 481, 483, 545, 559, 577, 589,
  600, 609, 614, 652

Staatsschutzgesetzgebung 53, 67,
  134
Gesetzgebungsmaschinerie
  (→ Maschine)
Gesetzlichkeit 13, 188, 384, 401, 411-
  413, 420-439, 636
  Sowjetgesetzlichkeit 420-423
  sozialistische Gesetzlichkeit 420,
    421, 427, 438
GeStaPo (→ Geheime Staatspolizei)
Gewerkschaft 43, 85, 124, 146-150,
  191, 225, 226, 230, 236, 238, 248,
  252, 253, 264, 296, 297, 434, 517
Gewerkschaftsfunktionär
  (→ Funktionär)
Gleichberechtigung 196, 201, 207,
  246, 250, 251, 252
Gleichheit 46, 190, 196, 197, 198, 244,
  247, 249, 250, 277, 312, 482, 500,
  501, 503, 549
  vor dem Gesetz 190, 196, 197, 244,
    249, 277, 312, 482, 549
Gnade 46, 47, 58, 98, 120, 511, 566,
  567, 570-589, 593-596, 601, 604
Gnadenakt 566, 570, 583, 584, 601,
  636
Gnadenrecht (→ Recht)
Grammophontheorie 398
Habeaskorpusantrag 536
Haymarket-Prozess 39
Herrschaft
  Mehrheitsherrschaft 204-205, 250
  Minderheitsherrschaft 186, 189,
    193, 194, 195, 196
  Politische 23, 45, 152, 174, 440,
    545
Herrschaftsordnung 159, 326, 452,
  550, 567, 586, 629
Hitler-Stalin-Pakt 216
Hochverrat (→ Verrat)
Homosexualität 90, 160-164

Immunität 107, 115, 199, 243, 244, 268, 542, 651
Imperialismus 68, 171, 216, 411
Indien 194, 459, 491, 515, 530
Indochina 183, 307, 603
Industrialisierung 92, 195, 471
Internationale (kommunistische) 67, 137, 138, 155, 296, 522, 608
Internationaler Gerichtshof, den Haag (Ständiger Internationaler Gerichtshof) 543
Internationaler Militärgerichtshof (IMT) 473, 477, 479, 490, 491, 492, 494, 495, 498
Israel 44, 155, 536, 641-643, 650
Italien 42, 52, 113, 157, 241, 242, 244, 245, 247, 248, 249, 256, 283, 351, 365, 450, 451, 455, 463, 464, 473, 520, 528, 540, 541, 548, 549, 555, 562, 593, 608, 648
Jude 44, 161, 162, 322, 337, 338, 445, 474, 478, 480, 482, 496, 515, 517, 528, 581
Weltjudentum 161-165
Judenausrottungspolitik 467
Jugoslawien 171, 374, 519, 540-542, 544, 550, 557, 625
Justiz
Klassenjustiz 324-327
Militärjustiz 107
Justizapparat 152, 290, 316, 317, 394, 440, 609, 615, 626, 639
Justizfunktionär (→ Funktionär)
Justizmaschine (→ Maschine)
Justizminister 171, 275, 248, 249, 288, 289, 390-392, 407, 435, 497, 600, 621, 636
Justizministerium 160, 162, 187, 270, 274, 275, 282, 286, 288, 299, 318, 390, 391, 395, 398, 401-402, 406, 409, 417, 435, 444, 636

Justizverwaltung (→ Verwaltung)
Kampf, politischer 22, 25, 87, 109, 173, 215, 249, 294, 318, 319, 329, 355, 372, 381, 549, 588, 607
Kapitalismus 53, 220
Kapp-Putsch 596, 597
Kassation 392, 393, 396, 400, 407, 419
Klasse
Arbeiterklasse 123, 124, 221, 222, 223, 315, 332, 421, 425
Gesellschaftsklasse 22, 84, 620
Klassenjustiz (→ Justiz)
klassenfreie Gesellschaft (→ Gesellschaft)
Klassenkampf 147, 233, 370
klassenlose Gesellschaft (→ Gesellschaft)
Kollektiv
Kollektivausrottung 517
Kollektivdiskriminierung 517
Kölner Kommunistenprozess 44
Kolonialismus 109, 189, 196, 379, 634
Kommunismus 41, 207, 215, 219, 235, 236, 237, 241, 348, 430, 514, 524
Kompromissfrieden 118, 123, 174
Konstitutionalismus 56, 329, 459
Konzentrationslager 153, 160, 444, 470, 533, 599
Korea
Nordkorea 137-139
Südkorea 32
Körperschaft
gesetzgebende 91, 396, 426, 431, 577
parlamentarische 411, 449, 450, 596
Korruption 32, 90, 170, 253, 254, 369, 650
Krieg
Indochina-Krieg 183, 307, 603

693

Koreakrieg 183, 237, 483
Spanischer Bürgerkrieg 454, 515, 543
U-Boot-Krieg 474, 496
Kriegsführung, psychologische 117
Kriegsstandrecht (→ Recht)
Kriegsverbrechen 468, 474, 475, 476, 477, 479, 483, 488, 490, 492, 494, 562, 599
Landesverrat (→ Verrat)
Legalität 187-189, 193, 249, 252, 254, 316, 421, 441
Legalitätsprinzip 281, 283, 290, 422, 627, 628, 629
Legislative 196, 330, 352
Legitimität 122, 197, 204, 206, 207, 326
Legitimierung 15, 26, 33, 204, 205, 242, 263, 264-266, 277, 652
Lydien 512
Macht
  politische 22, 85, 121, 622
  Machtergreifung 114, 193, 211, 241, 298, 315, 592, 598
  Machtmissbrauch 92, 103, 422
  Machtverhältnisse 26, 86, 312, 421
  Machtverschiebung 85, 314, 514, 541
Maschine
  Gerichtsmaschinerie 323
  Gesetzgebungsmaschinerie 432
  Justizmaschine 24, 581, 622
  Propagandamaschine 583
  Staatsmaschine 40
  Verbotsmaschinerie 294
Masse 28, 31, 52, 67, 69, 123, 124, 153, 192, 193, 194, 195, 196, 204, 210, 242, 243, 244, 250, 255, 256, 351, 397, 420, 441, 511, 563, 622, 655
Massendemokratie (→ Demokratie)
Massengesellschaft (→ Gesellschaft)

Massenmedien 334
Massenorganisation 40, 44, 195, 197, 198, 203, 256, 608, 629
Massenpartei (→ Partei)
Meineid 80, 82, 88, 89, 291, 306, 526
Menschenrechte 60, 114, 380, 381, 473, 519, 520
Menschenwürde 77, 467, 473, 479, 500
Mord, politischer 369, 551, 552, 597, 598
Moskauer Schauprozess 167, 372
Münchner Volksgericht 213
Nachrichtendienst 139, 140, 142, 143, 144, 150, 379, 556, 562
Nationalismus 65, 126, 133, 230, 315, 342, 343, 369, 598, 634
Nationalsozialismus 30, 67, 135, 166, 230, 315, 393, 394, 416, 440-442, 445, 463, 490-492, 499, 598-599, 648
Nationalstaat 35, 64, 65, 67, 68
Naturrecht (→ Recht)
Neger [sic!] 332, 333, 637
Negerbevölkerung [sic!] 478
Neutralität 135, 140, 216, 289, 319
New York 217, 218, 330, 346, 347, 366
Nordatlantikpakt (NATO) 556
Notverordnung 136
Nürnberger Prozesse (Nürnberger Kriegsverbrecherprozesse) 257, 258, 473, 482, 487, 492, 494, 496, 499, 612, 650
  Nürnberger Hauptkriegsverbrecherprozess 470, 473, 475, 489
Nürnberger Juristenprozess 480
Öffentlichkeit 27, 66, 88, 344, 345, 346, 382, 494, 619, 630, 631, 640, 641
  Interesse, öffentliches 24, 33, 83, 200, 566

Meinung, öffentliche 39, 42, 43, 94, 201, 292, 303, 631, 638, 641

Opposition 74, 103, 104, 153, 206, 210, 236, 243, 249, 250, 550, 606, 608, 609

Pairskammer (Frankreich) 44, 368, 458, 579, 621

Panafrikanischer Kongress 194

Parlament 23, 39, 59, 63, 66, 94, 105-108, 113, 181, 189, 191, 198, 199, 201, 227, 243-246, 251, 278, 289, 290, 312, 314, 456, 459, 587, 636, 648, 658, 660, 661

Parlamentsmehrheit 66, 114, 203, 233, 252, 290, 451, 578, 601-604

Parteien, politische

Communist Party (USA) 224, 226, 227, 235, 253, 254, 297, 347, 348, 349

Communist Party of Australia (CPA) 226, 235

Communist Party of Great Britain (CPGB) 252

Democratic Party (USA) 91-102, 147, 272

Deutschnationale Volkspartei (DNVP, Weimarer Republik) 122, 126, 594

Kommunistische Partei Deutschlands (KPD, Weimarer Republik) 72, 131, 289, 597

Kommunistische Partei Deutschlands (KPD, Bundesrepublik) 74, 148, 209, 211, 216-218, 220-224, 229, 232-235, 244, 307, 359, 600

Massenpartei 39

Nationalsozialistische Deutsche Arbeiterpartei (NSDAP) 135, 232, 396, 441, 444

Ordnungspartei 186

Parti communiste français (PCF, Kommunistische Partei Frankreichs) 241, 242, 245, 246, 602

Partito Comunista d'Italia (PCd'I, Kommunistische Partei Italiens) 241, 242, 245, 247

People's Party (USA) 92, 93, 100

Republican Party (USA) 91-102, 183, 543, 591

revolutionäre 209, 215, 216, 225, 244

Sozialdemokratische Arbeiterpartei (SDAP, Österreich-Ungarn) 344

Sozialdemokratische Partei Deutschlands (SPD, Deutsches Kaiserreich) 31, 123-129, 131, 198-200, 608

Sozialdemokratische Partei Deutschlands (SPD, Weimarer Republik) 122, 130, 131, 324, 518, 598

Sozialdemokratische Partei Deutschlands (SPD, Bundesrepublik Deutschland) 231, 233, 648

Sozialistische Einheitspartei Deutschlands (SED, Deutsche Demokratische Republik) 234, 387-389, 394, 396, 400, 401, 406, 412, 418, 436, 439, 440, 443, 445, 626-628, 665

Sozialistische Reichspartei (SRP, Bundesrepublik Deutschland) 209, 220, 229-232

Suomen Kommunistinen Puolue (SKP, Kommunistische Partei Finnlands) 246

totalitäre 256

Umsturzpartei 186

Unabhängige Sozialdemokratische Partei Deutschlands (USPD, Deutsches Kaiserreich) 124, 125, 126

Parteifunktionär (→ Funktionär)

Parteiinstanzen 168, 387, 388, 398,
  407, 415, 416, 431, 521
Parteilehre 216, 218, 220
Parteienverbot 209, 229
perduellio 36, 54, 62
Polen 76, 160, 171, 445, 480, 482
Polizei, politische 299, 301, 302, 303,
  304, 595
Polizeigewalt 82, 516
Polizeistaat (→ Staat)
Präzedenzfall 33, 150, 224, 305, 393,
  475, 477, 496, 541, 551
Presse 23, 83, 96, 112, 113, 129, 132,
  230, 329, 408, 630, 644
Pressefreiheit (→ Freiheit)
proditio 55
Propaganda 44, 63, 64, 75, 133, 134,
  144, 145, 159, 195, 202, 203, 228,
  231, 251, 255, 307, 409, 485, 583,
  584, 615-616, 629, 639
Propagandamaschine (→ Maschine)
Propagandazweck 163, 185, 497, 563,
  637
provocatio 33, 36
Prozess
  Beleidigungsprozess 24, 88, 122,
    158
  Hochverratsprozess 194, 293, 326,
    344, 368, 381
  kontinentaleuropäischer 501, 506
  Mordprozess 82, 90, 370, 607
  politischer 45, 46, 80, 81, 83, 85-87,
    90, 154, 166, 173, 351, 353, 378,
    379, 380, 382, 487, 488, 497, 498,
    501
  Schauprozess 81, 154, 162, 163,
    164, 173, 325, 386, 409, 489, 615
  Siegerprozess 447, 453, 473
  Strafprozess 179, 217, 353, 405,
    429, 486, 492, 600
Rationalität 35

Rasse 68, 191, 207, 209, 254, 314, 332,
  474, 478, 524, 530, 537
Recht
  Asylrecht 511, 512, 516-521, 530,
    533, 534, 536, 538, 563-565, 640,
    643, 645, 646, 647, 648
  Gnadenrecht 576, 580, 581, 584
  Kriegsstandrecht 32
  Naturrecht 15, 315, 573, 574, 652
  Strafrecht 136, 409, 426, 444, 465,
    480, 482, 487, 570, 633
  politisches 627, 629, 630, 631, 633
  Verfassungsrecht 145, 450, 456,
    576
  Völkerrecht 552
  Widerstandsrecht 56, 485
  Zivilrecht 450
Rechte
  politische 24, 56, 196, 246, 590
  staatsbürgerliche 32, 96, 238, 244,
    369, 420, 427, 570
Rechtlosigkeit 443, 472, 614
Rechtsordnung 68, 186, 188, 190, 191,
  192, 194, 250, 252, 263, 312, 361,
  399, 421, 432, 434, 443, 480, 481,
  535, 577, 609, 620, 651
Rechtspositivismus 15, 312, 313, 315,
  316, 437
Rechtssicherheit 480, 481, 652
Rechtsstaat 200, 647
  demokratischer 595
Rechtsstaatlichkeit 13, 58, 172, 189,
  242, 250, 381, 493, 610, 643, 651
Rechtstheorie 317, 369, 394, 430, 473
Redefreiheit (→ Freiheit)
Regime
  ancien régime 459
  politisches 21, 22, 25, 31, 41, 130,
  154, 452, 485, 499, 545, 546, 550,
  614, 654

Regimewechsel 131, 302, 459, 464, 547
Reichsanwaltschaft 160, 289
Reichsgericht 132, 133, 320, 324, 444, 482, 629
Reichsjustizministerium 160, 289, 290, 442, 444
Reichspräsident 122, 123, 125, 131, 132, 133
Reichstag 165, 198-200, 289, 290, 551, 598
Reichstagsbrandprozess 165, 372, 380
Reichstagswahlen (→ Wahlen)
Remilitarisierungspolitik 223
Repressalien 26, 149, 187, 204, 332, 333, 359, 374, 453, 478, 531, 548
res publica 53, 54
Résistance 602
Revolution
  Algerische 374, 634
  Englische (Glorreiche Revolution) 58, 454
  Französische 38, 59, 60, 119, 292, 399, 608
  proletarische 205
  Revolutionstribunal 38
  Russische 66, 72, 104, 155, 204, 352, 379, 421-425, 546
Richter
  Berufsrichter 34, 35, 37, 38, 126, 220, 328, 329, 334, 416
  Siegerrichter 487
  Volksrichter 37, 394
Russland 66, 104, 106, 108, 155, 180, 202, 531, 581
Sanktion 22, 25, 33, 78, 89, 196, 209, 265, 389, 449, 450, 540, 618, 620
Schattenkabinett 240
Schöffen 126, 133, 328, 416, 417, 434
Schweiz 71, 80, 112, 134-140, 285, 292, 369, 451, 518, 528-530, 534, 535, 539, 546, 547, 551, 553, 646, 649, 669
Siegermächte (2. Weltkrieg) 474, 487, 493, 495
South Africa Act (1909) 312
South African Indian Congress (SAIC, Südafrika) 190
Souveränität 141, 187, 250, 426, 430, 536, 577, 641, 645, 646, 651
Sowjetunion 88, 137, 144, 153, 166, 167, 169, 180, 234, 295, 385, 392, 411, 415, 420, 426, 430, 489, 494, 496, 515, 521, 529, 533, 544, 554, 601, 625, 640
Sozialismus 171, 203, 215, 221, 396, 423, 567
Sozialistengesetz 198, 199, 200
Spanien 155, 454, 515, 529, 530, 532, 534, 543, 551, 560, 561, 625, 640, 641, 647, 660
Spiegelaffäre 630, 632
Spionage 64, 78, 79, 140, 141-144, 168, 177, 178, 235, 236, 237, 291, 302, 306, 377, 379, 503, 535, 567, 568, 585, 640, 642
Staat
  demokratischer 221, 230, 239, 252, 271
  Doppelstaat 443, 472
  Polizeistaat 200
  Satellitenstaat 169, 533
  totalitärer 538, 614
Staatsautorität 40, 59, 65, 75, 197, 240, 308, 315, 618, 620, 631
Staatsgeheimnis 52, 144, 146
Staatsmaschine (→ Maschine)
Staatsorgane 23, 37, 40, 144, 147, 172, 203, 265, 307, 405, 412, 433, 451, 580, 606, 607, 617, 619, 654,
Staatsschutz 14, 51-53, 136, 292, 626

697

Staatsschutzgesetzgebung
(→ Gesetzgebung)
Staatssicherheit 52, 60, 70, 71, 80, 140, 210, 417, 449, 458, 600, 616, 617, 623, 637
Staatssicherheitsdienst (SSD, Deutsche Demokratische Republik) 410, 411
Stalinismus 354, 426, 428, 625
Straffreiheit (→ Freiheit)
Strafprozessordnung 283, 292, 300, 390, 392, 399, 405, 410
Strafrecht (→ Recht)
Strafverfolgung, politische 61, 280, 293, 294, 295, 360, 448, 596, 600, 629
Strafverfolgungsbehörden 360
Suffragetten 200, 201
Südafrika
Republik Südafrika 16
Südafrikanische Union 190, 194, 207, 312, 321, 344, 381, 478, 645
Terror 155, 158, 171, 202, 343, 344, 346, 350, 423, 424, 440, 443, 445, 454, 472, 481, 522, 542, 545, 546, 548, 557, 564, 633, 634, 635, 639, 648
Todesstrafe 73, 571, 583, 585, 649, 655
Todesurteil 36, 116, 125, 156, 340, 482, 497, 547, 552, 572, 581, 582, 585, 636, 664
tu quoque 493, 494, 495
Überzeugungstäter 357, 664
United Nations (UN, Vereinte Nationen) 554, 565
Unterdrückungsmaßnahmen 24, 43, 187-189, 201-204, 227, 242, 255-256, 349, 359, 379, 443, 551
Untertan 26, 55, 56, 59, 314, 437, 439, 573, 587, 655, 661
Urbanisierung 195

Vereinigte Staaten von Amerika (USA) 16, 29, 34, 36, 37, 39, 72, 79, 89, 91, 102, 137, 177, 179, 207, 208, 210-213, 217, 219, 221, 228, 235-239, 254, 271, 273, 274, 275, 281, 282, 287, 294, 308, 328, 332, 346, 349, 352-358, 368, 369, 372, 373, 452, 475, 476, 482, 486, 487, 489, 490, 492, 498-502, 505-508, 514, 522, 523-526, 535, 536, 539, 543, 544, 546, 561, 562, 567, 578, 581, 585, 599, 625, 642, 643, 650, 651
Verfassung
Verfassung (USA) 214, 590
Soviet constitution 421, 426, 430, 520
Verfassungsrecht (→ Recht)
Verfassungsschutz (BRD) 144
Verfassungstheorie 456
Verleumdung 24, 76, 77, 80, 82, 121, 122
Verrat
Hochverrat 53, 60, 74, 75, 89, 114, 142, 160, 194, 289, 290, 293, 324, 326, 344, 368, 381, 449, 450, 456, 459, 580, 597, 628, 658, 663
Landesverrat 52, 64, 89, 102-133, 142-150, 177, 319, 464, 465, 590, 592, 630, 663
Versailler Friedensvertrag 124
Verschwörung 104, 105, 163, 165, 348, 541, 643
Verteidiger, politischer 365, 376, 378
Verwaltung 23, 104, 181, 213, 214, 247, 249, 253, 336, 389, 413, 423, 455, 512, 517, 538, 593, 636
Justizverwaltung 164, 171, 269, 282, 284, 285, 286, 298, 300, 324, 358, 390, 391, 401, 402, 442, 493, 537, 567, 569
Verwaltungsapparat 40

Verwaltungsmaschinerie
(→ Maschine)
Verwaltungswillkür 432
Vichy-Regime 163, 460-467, 534, 560
Viermächteverhandlungen 234
Völkerrecht (→ Recht)
Volksgerichtshof (Drittes Reich) 160-163, 187, 320, 444, 445
Volkspolizei (DDR) 410, 411, 414
Vollzugsapparat 29
Wahlen
    Bundestagswahlen 232
    Landtagswahlen 230-232
    Reichstagswahlen 165, 199
    Verhältniswahl 244, 245
Wahlrecht
    Dreiklassenwahlrecht 124
    Frauenwahlrecht 200, 201
Washington, D.C. 101, 180, 330, 332, 333, 525, 651
Weimarer Republik 21, 33, 72, 122, 123, 134, 213, 231, 289, 298, 314, 316, 317, 321, 369, 551, 593, 596, 597, 601, 629, 630
Weltfriedensbewegung 137, 138, 139
Weltfriedensrat 137, 138
Weltkrieg
    Erster Weltkrieg 44, 66, 67, 70, 72, 73, 102, 103, 134, 240, 326, 349, 354, 368, 492, 515, 540, 545, 567, 652

Zweiter Weltkrieg 73, 134, 135, 138, 166, 237, 241, 247, 393, 451, 457, 469, 515, 534, 554
Werte 40, 41, 261, 279, 288, 315, 323, 335, 346, 615, 623
Widerstandsrecht (→ Recht)
Widerstandskämpfer 230
Willensbildungsprozess 255
Wirklichkeit
    gesellschaftliche 324
Wirtschaft 23, 30, 42, 47, 68, 69, 85, 91, 94, 104, 107-110, 113, 124, 133, 138, 146, 147, 155, 180, 190, 196, 204, 230, 242, 253, 271, 273, 281, 309, 310, 317, 319, 391, 406, 413, 416, 423, 425, 428, 432, 434-436, 443, 445, 471, 474, 485, 494, 520, 521, 531, 556, 558, 563, 593, 616, 642
Zwang
Zwangsaussiedlung 153
Zwangsdomizil 153
Zwangsmaßnahmen 43, 187, 188, 193, 196, 213, 240, 255, 256, 424
Zweckmäßigkeitserwägung 427, 532, 564

Lisa Klingsporn und Christiane Wilke

Nachwort zur Neuausgabe

Otto Kirchheimers Spätwerk *Politische Justiz: Die Verwendung juristischer Verfahrensmöglichkeiten zu politischen Zwecken* hat an Aktualität nicht verloren. 1962 erstmals in den USA veröffentlicht und 1965 von Arkadij Gurland ins Deutsche übersetzt, stand das Buch *Politische Justiz* im Zentrum eines thematischen Schaffenskreises, in dem Kirchheimer sich mit dem Konzept der politischen Justiz, mit Strafverfahren als öffentlichen Ereignissen, mit Entwicklungen der Rechtsstaatlichkeit in Theorie und Praxis und mit dem Auseinanderdriften von sowjetisch beeinflusster und westlicher Rechtstheorie auseinandersetzte.[1] Die Analyse der Nürnberger Prozesse und die Rechtstheorie und Rechtspraxis der Sowjetunion und der DDR werden bis heute lebhaft diskutiert. Vor dem Hintergrund aktueller politischer Ereignisse erscheinen aber auch andere Teile der umfangreichen Monografie einer erneuten Lektüre wert. Insbesondere Kirchheimers historisch-komparative Analyse des Asylrechts als Abwandlung und Korrektur politischer Justiz, seine gesellschaftskritische Analyse des Wandels in der Struktur des Staatsschutzes sowie seine durchgängigen Reflexionen zur Rolle des Richters und der Justiz in liberal-demokratischen Regimen rufen Fragen nach den Grenzen in der Transformation dieser Institutionen auf. Darüber hinaus gibt das Buch noch immer analytische Instrumente an die Hand, um gegenwärtige Entwicklungstendenzen der Justiz in liberalen Rechtsstaaten und Autokratien zu fassen und zu kritisieren.

In diesem *Nachwort* wird zunächst (1) kurz auf Kirchheimers Biografie zwischen 1945 und 1965 eingegangen. Insbesondere werden die Hintergründe, die für die Entstehung der Monografie *Politische Justiz* zentral sind, beleuchtet sowie Otto Kirchheimers Weg vom Staatsdienst an die Universität nachvollzogen. Im zweiten Teil (2) wird der konzeptionelle Wandel des Begriffes ›Politische Justiz‹ in Kirchheimers Werk von seinen Weimarer Schriften bis zur Veröffentlichung der gleichnamigen Monografie betrachtet. Zudem werden der nähere Entstehungskontext sowie das Antragsverfahren Kirchheimers für das Forschungs-

---

[1] Ausführlicher zum werkbiografischen Kontext von *Politische Justiz* siehe Klingsporn/Wilke (2019: 69-86).

vorhaben »Political Justice« bei der Rockefeller-Stiftung bis zur Fertigstellung des englischsprachigen Manuskripts, welches bis 1961 in enger Zusammenarbeit mit Arkadij Gurland entstand, geschildert. Es folgt (3) die Editionsgeschichte der deutschen Ausgabe, die 1965 in der von Wilhelm Hennis, Roman Schnur und Hans Maier herausgegebenen Schriftenreihe *Politica* erschien. In Abschnitt (4) wird die Monografie inhaltlich erläutert.[2] Hinweise zur Rezeption der beiden Ausgaben des Buches stehen im Zentrum des dann folgenden Abschnitts (5).

1. Leben und Werk

Otto Kirchheimer (1905-1965) war ein deutsch-jüdischer Jurist, der sich im Exil in Frankreich und den USA der Politikwissenschaft zuwandte. Sein Werk ist durch die politischen Konflikte seit der Weimarer Republik, die Gründungs- und Etablierungsphase der beiden nach 1945 neu entstandenen deutschen Teilstaaten und seine wissenschaftliche Umorientierung von der Kritischen Rechtstheorie der Weimarer Republik hin zur interdisziplinären Politikforschung der Bundesrepublik und der USA geprägt. Der Fokus der folgenden biografischen Skizze liegt auf den Jahren nach 1950,[3] in denen Kirchheimer sein Forschungsvorhaben zu politischer Justiz zu entwickeln begann.

Otto Kirchheimer wurde am 11. November 1905 in Heilbronn geboren. Er war das jüngste von sechs Kindern und stammte aus einem wohlhabenden Elternhaus. Da seine Eltern früh verstorben waren, absolvierte er seine schulische Ausbildung größtenteils in einem Internat in Heidelberg. In seiner Jugend war Kirchheimer Teil einer jüdisch-deutschen Wandervogelbewegung und wurde schon damals zum Verfechter sozialistischer Ideen. Im Sommersemester 1924 begann er ein Studium in den Fächern Philosophie, Geschichte und Soziologie in Münster. Er wechselte 1924/25 an die Universität Köln, wo er das Studium der Staats- und Rechtswissenschaft aufnahm, das er schließlich in Berlin beendete. Auf Empfehlung von Rudolf Smend begann Kirchheimer 1926 bei Carl Schmitt in Bonn zu promovieren. Auf die Promotion folgte in den turbulenten Jahren 1928-1931 ein Referendariat in Erfurt

---

2 Im vorliegenden *Nachwort der Herausgeberinnen* wird bei Seitenverweisen auf die Monografie die Seitenangabe aus der vorliegenden Ausgabe herangezogen. Alle Zitate aus *Politische Justiz* sind der in diesem Band enthaltenen korrigierten Neuausgabe entnommen und an die heute gültigen Regeln der Rechtschreibung angepasst.
3 Für ausführliche Informationen zu Otto Kirchheimers Leben und Werk zwischen 1950 und 1965 siehe Buchstein (2020: 7-176).

und Berlin. Neben der offiziellen Anstellung publizierte Kirchheimer regelmäßig in der sozialistischen Presse wie *Die Gesellschaft* oder *Die Arbeit*. In zahlreichen tagespolitischen Artikeln nahm er Stellung zu parteiinternen Konflikten und parteipolitischen Entscheidungen, wobei er dezidert Stellung gegen den reformorientierten Flügel der Sozialdemokraten bezog. Kirchheimer hatte zwar an einer wissenschaftlichen Karriere Interesse, ließ sich aber aus pragmatischen Gründen 1932 in Berlin als Rechtsanwalt nieder.[4]

Kurz nach der »Machtergreifung« wurde Kirchheimer die Zulassung als Anwalt entzogen; er wurde auch für kurze Zeit inhaftiert. Daraufhin flüchtete er zunächst nach Paris, wo er für Pressedienste der sozialistischen Emigration arbeitete und auch kleinere wissenschaftliche Arbeiten für die Pariser Zweigstelle des Instituts für Sozialforschung durchführte. Im Winter 1937 gelang die Weiterreise in die USA, wo er am Institute for Social Research an der Columbia University in New York tätig war.[5] Ab 1943 wurde er zunächst Mitarbeiter in der Forschungsabteilung des ersten amerikanischen Geheimdienstes Office of Strategic Services (OSS) in Washington D.C., die Forschungsabteilung des OSS wurde 1946 in das State Department überführt. Hier arbeitete Kirchheimer noch weitere 8 Jahre, in denen er bei Tage die politischen Entwicklungen im Nachkriegseuropa analysierte und an den Abenden seine eigenen wissenschaftlichen Studien betrieb, die in der Monografie *Politische Justiz* kulminieren würden.

Ab dem Ende der 1940er Jahre suchte Kirchheimer einen Weg von seiner Arbeit im State Department zur universitären Forschungsarbeit. Einigen seiner engen Freunde und Kollegen, mit denen er im Außenministerium zusammengearbeitet hatte, war dieser Schritt bereits gelungen: Franz L. Neumann war 1947 aus dem State Department an die Columbia University gewechselt und zur gleichen Zeit maßgeblich am Aufbau der Freien Universität zu Berlin beteiligt. Herbert Marcuse trat 1950 – nach dem Tod seiner Frau – aus dem Staatsdienst aus. Finanziert durch ein Stipendium der Rockefeller-Stiftung konnte er von 1952 bis 1954 an der Columbia University und 1954 bis 1955 an der Harvard University am Institut für Russlandstudien zum sowjetischen Kommunismus forschen. John Herz wurde bereits 1948 Professor for Political Science an der Howard University und war ab 1952 Associate

---

4 Für ausführliche Informationen zu Otto Kirchheimers Leben und Werk in der Weimarer Republik siehe Buchstein (2017: 15-126).

5 Für ausführliche Informationen zu Otto Kirchheimers Leben und Werk während seiner Tätigkeit im Pariser Exil und am Institute for Social Research in New York siehe Buchstein (2018: 7-116).

Professor am City College in New York. Otto Kirchheimer selbst gelang es schließlich, ab 1955 eine Professur in Comparative Government an der Graduate Faculty der New School for Social Research in New York zu erhalten. In diese Zeit der Umorientierung fielen auch seine ersten Entwürfe für sein Forschungsvorhaben zu *Political Justice*. So veröffentlichte er 1955 den Aufsatz »Politics and Justice« in der Zeitschrift ›Social Research‹. Die Veröffentlichung der deutschen Fassung folgte kurz darauf in der von Theodor Adorno herausgegebenen Festschrift zu Ehren von Max Horkheimers 60. Geburtstag. Kirchheimers Text liest sich phasenweise wie eine Programmskizze für ein Forschungsprojekt: Der Text umreißt ein Problem, liefert einige konzeptionelle Ansätze und ist im Tonfall programmatisch. Politische Justiz erscheint als ein Fall, in dem »gerichtsförmige Verfahren politischen Zwecken dienstbar gemacht werden« (Kirchheimer 1955: 102). Dabei spielen für Kirchheimer die Inhalte der politischen Ideologien keine Rolle: »Für uns geht es nicht um die Legitimation derer, die zur gerichtsförmigen Austragung ihrer Machtansprüche schreiten, sondern lediglich um die Tatsache, dass dabei die Form eines gerichtlichen Verfahrens gewählt wird« (Kirchheimer 1955: 102).

Mit der Berufung an die Graduate Faculty of Political and Social Science der New School for Social Research im Frühjahr 1955 gelang Kirchheimer endlich der lang ersehnte Ausstieg aus dem State Department. Zuvor hatte er im *Fall Term* 1954/55 eine Anstellung als Visiting Professor an der Graduate Faculty erhalten. Die New School hatte als »University in Exile« seit den 1930er Jahren viele europäische Emigranten in ihre Reihen aufgenommen.[6]

Innerhalb des akademischen Jahres 1956/57 gab Kirchheimer insgesamt sieben Kurse an der New School. Die Inhalte der Kurse deckten sich sowohl thematisch als auch methodisch mit dem Forschungsvorhaben zu *Political Justice*. Im *Fall Term* hielt er Seminare zur amerikanischen Verfassung, zur Kriminologie sowie zum Vergleich der historischen Entwicklung von Rechtssystemen. In der Beschreibung zum Kurs *Crime and the Administration of Criminal Justice* heißt es: »The nature of twentieth century crime. Society and its court system. The evil of political justice. Punishment and Social Structure«.[7] Im *Spring Term* gab er

---

6 Zur Rolle der New School for Social Research für Wissenschaftler im Exil siehe Krohn (1987).
7 New School (New York, N.Y.). *Graduate Faculty 1956-1957 Vol. XIII No. 35.* 30 Apr 1956. New School course catalogs; New School for Social Research. *New School Archives and Special Collections Digital Archive.* Web. 18 Aug 2017, 31.

Kurse zum Rechtsvergleich gegenwärtiger europäischer Institutionen, zur aktuellen Politik in Frankreich und zu *Civil Liberties in a Period of Transition*. Zum letztgenannten Seminar führte Kirchheimer in der Kursbeschreibung aus: »Discussion will center around the relations of individuals to media of communications, governmental agencies and private groups. The role and effectiveness of courts as guarantors of freedom of individuals and groups will be analyzed in detail.«[8]

Das Kursangebot Kirchheimers an der New School spiegelt die Vielfalt seiner Forschungstätigkeit in den 1950er Jahren wider. Zwischen 1955 und 1965 publizierte er neben ersten Vorstudien zu *Politische Justiz* auch seine Aufsätze zur Analyse des deutschen Parteiensystems und zum Wandel der Opposition, mit denen er in der US-amerikanischen Politikwissenschaft an Bekanntheit gewann.

2. Zur Entstehung von »Political Justice«

2.1 Zur Genese des Begriffs ›Politische Justiz‹ in Kirchheimers Werk

Bevor die editionshistorischen Hintergründe der englischsprachigen Ausgabe von *Political Justice* besprochen werden, folgt ein kurzer ideengeschichtlicher Einblick in die Verwendung des Begriffs der ›politischen Justiz‹ in Kirchheimers Gesamtwerk. Bereits in seinen Weimarer Schriften besprach er das Zusammenwirken politischer und rechtlicher Bedingungen und Haltungen im Hinblick auf die Urteilspraxis des Reichsgerichts. So nahm Kirchheimer in einem seiner frühsten justizpolitischen Kommentare »*Die Lehre von Stettin*« (1928)[9] einen damals viel beachteten Fememordprozess zum Anlass, um auf die Prozessstrategien der Richter am Reichsgericht aufmerksam zu machen. Die »geschickte Prozessleitung« der Richter habe es bis jetzt immer verstanden, »politische Geschehnisse zu Fragen juristischer Tatsachenbestandsfeststellung zu vereinfachen« (Kirchheimer 1928: 127). Noch deutlicher wurde er in dem 1929 veröffentlichten Artikel »*50 Jahre Deutsches Reichsgericht*«.[10] In diesem verteidigt er die These, dass das Reichsgericht ein »getreues Spiegelbild der Anschauung und Vorstellung der in Deutschland herrschenden Klasse« bilde (Kirchheimer 1929: 187). Nicht nur die einseitige Spruchpraxis gegen die politische Linke, sondern auch der Einfluss der Richter auf soziale Gesetzgebungsvorhaben

---

8 Ebenda, 32.
9 Vgl. zu den Hintergründen dieser Schrift Buchstein (2017: 36-37).
10 Vgl. zu den Hintergründen dieser Schrift Buchstein (2017: 43-48).

und Eingriffe in das Enteignungsrecht wurden von Kirchheimer in diesen frühen Aufsätzen als politisch motivierte Rechtsauslegung kritisiert. Sein Verständnis der politischen Justiz in Weimar entsprach zu dieser Zeit noch dem der Klassenjustiz.[11]

Die erste Erwähnung des Begriffes ›politische Justiz‹ bei Kirchheimer findet sich in seiner 1935 verfassten Schrift »*Staatsgefüge und Recht des Dritten Reiches*«,[12] die er unter dem Pseudonym Herman Seitz veröffentlicht hatte, um ihre Verbreitung in Deutschland zu erleichtern. Der Text war eine Anklage des NS-Regimes und eine Auseinandersetzung mit Carl Schmitt. Seien verfahrensrechtliche Garantien und die Unabhängigkeit der Justiz im nationalsozialistischen Strafrecht schon auf ein Minimum reduziert, wären diese in der »*politischen* Strafjustiz«[13] zur Verfolgung politischer Gegner nun gänzlich durch exekutive Anweisungen ersetzt worden. Die »strafverfolgende Behörde« sei nun nicht mehr »eine gewöhnlich, nach bürokratischen Gesichtspunkten arbeitende Staatsanwaltschaft, sondern eine Zentralanwaltschaft im Justizministerium, die ihre Weisungen unmittelbar für jeden Einzelfall von der Regierung bezieht« (Kirchheimer 1935: 165). Auch sei im Falle der politischen Strafjustiz nicht mehr die ordentliche Polizei, sondern die Geheime Staatspolizei (GeStaPo) die ausführende Gewalt. »Man kann daher ruhig sagen, dass die politische Justiz in Deutschland in erster Instanz immer von der Staatspolizei ausgeübt wird, die nach ihrem Gutdünken und mit Mitteln bestraft, die in keiner Gesetzgebung der Welt vorgesehen sind. Und nur im Fall der Opportunität gibt sie nach Beendigung ihres eigenen Verfahrens den Fall an das Volksgericht oder ein Sondergericht zur nochmaligen Verhandlung auf Grund der von ihr und mit ihren spezifischen Mitteln gesammelten Beweise ab« (Kirchheimer 1935: 166). Kirchheimer verwendet politische Justiz hier als Synonym für eine einseitige politische Strafjustiz, die sich durch absolute politische Weisungsgebundenheit sowie die freie Wahl der Mittel zur möglichst effektiven und schnellen Umsetzung der Befehle auszeichnet. Dies entspricht Kirchheimers Begriff der »technischen Rationalität«, den er als Modus des Rechtssystems im Nationalsozialismus zur gesellschaftlichen Reproduktion identifiziert (Kirchheimer 1941a: 321-322).

Zwischen dem Verständnis politischer Justiz als Befehlsausübung der Staatspolizei bis hin zu Kirchheimers Verständnis politischer Justiz

---

11 Zum Thema der politischen Justiz in Kirchheimers Weimarer Schriften siehe Buchstein/Klingsporn (2017).
12 Vgl. zu den Hintergründen dieser Schrift Buchstein (2018b: 26-36).
13 Die Hervorhebung im Zitat stammt von Otto Kirchheimer.

als Verwendung juristischer Verfahrensmöglichkeiten zu politischen Zwecken in demokratischen Rechtsstaaten liegen zwei Jahrzehnte. Neben seinen kriminalsoziologischen Studien enthalten auch seine am Institut für Sozialforschung verfassten Analysen zum Nationalsozialismus weiterführende Überlegungen zur Entwicklung des politischen Strafrechts.[14] Die politische Justiz, von der er 1961 – und bereits 1955 in dem gleichnamigen Artikel –, spricht, weist jedoch über politische *Straf*justiz hinaus. Der Begriff beinhaltet einerseits immer noch die Anrüchigkeit des politischen Kampfes in justiziellen Verfahren im Schmitt'schen Sinne, ist aber gleichzeitig in seiner Funktion inspiriert von einem zentralen Gedanken aus Rudolf Smends Integrationslehre.

In seinen Arbeiten seit 1955 geht Kirchheimer nun davon aus, dass politische Justiz einen notwendigen Teil eines jeden Rechtsstaates bildet. Diese These wird von ihm bereits in seinem ersten Projektantrag von 1954 bei der Rockefeller-Stiftung formuliert.[15] Politische Justiz wird von ihm als eine Modalität verstanden, mit den reellen oder eingebildeten Feinden eines politischen Regimes umzugehen (S. 21); sie sei ein »Notbehelf der Politik« (S. 48).

Diese Verquickung von Politik und Feindschaft hat auf den ersten Blick Anklänge an die Theorie von Carl Schmitt, auch wenn dieser von Kirchheimer im Buch *Politische Justiz* kaum namentlich erwähnt wird. Tatsächlich hatte Schmitt in seiner *Verfassungslehre* (1928) dem Konzept der politischen Justiz einen Unterabschnitt gewidmet. Das »Politische«, so Schmitt, könne nicht vom Staatlichen getrennt werden. Somit sei politische Justiz, verstanden als das Auftreten von justizförmigen Auseinandersetzungen, die eine »politische Besonderheit« hätten (Schmitt 1928: 134), auch im bürgerlichen Rechtsstaat unvermeidbar. Ähnlich wie später Kirchheimer distanziert sich Schmitt von einem polemischen Begriff der politischen Justiz: Politische Justiz sei nicht durch das Ignorieren von Gesetzlichkeit aus politischem Kalkül gekennzeichnet. Stattdessen werde »für besondere Arten echter Rechtsstreitigkeiten [...] wegen ihres politischen Charakters ein besonderes Verfahren oder eine besondere Instanz vorgesehen« (Schmitt 1928: 134). Schmitt zählt sechs Typen von politischen Verfahren auf, von denen auch Kirchheimer später einige aufgreifen wird. Prozesse wegen Hochverrat, parlamentarische Präsidentenanklagen und Prozesse vor gesonderten Staatsgerichtshöfen werden von Schmitt und Kirchheimer übereinstimmend als politische

---

14 Zu Kirchheimers Analysen des Nationalsozialismus siehe ausführlich Scheuermann (1994), Schale (2006), Saage (2011), Buchstein (2018b: 50-72).
15 Projektantrag zu »Political Justice« vom 23. Februar 1954. In: Archiv der Rockefeller Foundation, RF RG1.2 Series 200 U.S.-Social Sciences, Box 539, Folder 4614.

Justiz eingestuft. Allerdings betrachtet Schmitt auch »*Wahlprüfungen* der politisch wichtigsten Wahlen« (Schmitt 1028: 138) sowie die »Sonderbehandlung von *Regierungsakten* oder spezifisch *politischen Akten* auf dem Gebiet der Rechtspflege« (Schmitt 1928: 137) als politische Justiz und fügt hinzu, »[e]chte *Verfassungsstreitigkeiten* sind immer politische Streitigkeiten« (Schmitt 1928: 136). Damit zeigt Schmitt ein weitreichenderes Grundverständnis politischer Justiz als Kirchheimer, dessen Konzeption von Politik in *Politische Justiz* auf den politischen Wettstreit fokussiert, aber Grundentscheidungen über die Normen der politischen Gemeinschaft nicht zwingend als Fälle politischer Justiz klassifiziert.

Dem von Schmitt erkannten Problem politischer Justiz begegnet Kirchheimer mit Grundgedanken von Rudolf Smend zur »Staatsfunktion« der Justiz im demokratischen Rechtsstaat. »Vor mehr als drei Jahrzehnten hat Rudolf Smend zwar eindringlich auseinandergesetzt, dass die Verfassung die Gerichte von der Staatsleitung unabhängig gemacht und sie damit ausdrücklich von der Pflicht befreit habe, sich in den Dienst der staatlichen Integration zu stellen; praktisch aber, meinte er anschließend, könne es sein, dass die Gerichte nicht nur der Integration der Rechtsgemeinschaft, sondern auch der staatlichen Integration dienen. Mit dem Bemühen, den Gerichten auf den verschlungenen Pfaden ihrer Doppelrolle nachzuspüren, versuche ich, in die Fährnisse der von Smend betonten Befreiung der Gerichte von der Staatsleitung einzudringen« (S. 23).

An der von Kirchheimer zitierten Stelle aus *Verfassung und Verfassungsrecht* (Smend 1928: 207-209) beschrieb Smend die veränderte Rolle der Justiz mit der Überwindung des mittelalterlichen Jurisdiktionsstaates. Sie stehe gewissermaßen zwischen zwei Stühlen, sei staatliche Lebensform, aber mit dem staatlichen Gewaltensystem sei ihre Aufgabe nicht mehr die Sicherung der Einheit des Staates unter der Formel »im Namen des Königs«, sondern die der Rechtsgemeinschaft unter der Formel »im Namen des Volkes« (Smend 1928: 208). Auch wenn die Verfassung die Justiz von der Aufgabe der Integration, der Einheitsbildung des Staates, befreit habe, fungierten die Justiz und die Gesetzgebung als Teil der dialektischen Einheit zur Wirklichkeit des Rechtslebens und praktisch gesehen diene sie damit zugleich in ihrer »Doppelrolle« der staatlichen Integration.[16] Während im Nationalsozialismus die Justiz zu

---

16 So heißt es bei Smend zur Staatsfunktion der Justiz: »Auch die Justiz soll integrieren – aber die Rechts-, nicht die Staatsgemeinschaft, also einen wenigstens im Prinzip anderen Kreis. Praktisch mag sie zugleich der staatlichen Integration dienen, aber die Verfassung befreit sie ausdrücklich von dieser Aufgabe, indem sie sie von der Staatsleitung unabhängig stellt, in scharfem Gegensatz zur Verwaltung, die zunächst vom technischen

einem reinen Verwaltungsorgan verkommen sei, zeichne sich die Justiz in liberalen Rechtsstaaten gerade durch ihren justiziellen Ermessensspielraum und ihre darin liegenden politischen Gestaltungsmöglichkeiten des Staates *und* der Gesellschaft aus.

Vor diesem Hintergrund bestand Kirchheimer in seiner gleichnamigen Vorstudie *Politische Justiz* von 1955 auf einer Abgrenzung zu ideologisch aufgeladenen Begrifflichkeiten. Werke wie *Politische Justiz: Die Krankheit unserer Zeit* (1953) des bekennenden Nationalsozialisten Friedrich Grimms, das marxistische Verständnis Karl Liebknechts in *Antimilitarismus und Hochverrat: Das Hochverratsurteil gegen Karl Liebknecht nebst einem kritischen Beitrag zur Naturgeschichte der politischen Justiz* (1907/8) sowie Friedrich K. Kauls *Justiz wird zum Verbrechen* (1953) bildeten Ausgangspunkte seiner Kritik. Auch wenn Kirchheimer bei den genannten Autoren gleichermaßen rechtspolitische Zwecke identifiziert, fällt seine Abgrenzung in der Auseinandersetzung mit ihren politischen und theoretischen Hintergründen sehr unterschiedlich aus.

Karl Liebknechts Verständnis ›politischer Justiz‹ entspricht dem Begriff der ›Klassenjustiz‹. Die erste Verwendung findet der Begriff in Liebknechts Schriften *Rechtsstaat und Klassenjustiz* sowie *Antimilitarismus und Hochverrat: Das Hochverratsurteil gegen Karl Liebknecht nebst einem kritischen Beitrag zur Naturgeschichte der politischen Justiz*. Letztere verfasste er 1907 anlässlich des gegen ihn geführten Hochverratsprozesses. Die Justiz wird von Liebknecht in allen Rechtsbereichen als Instrument der herrschenden Klasse verstanden. Justiz sei danach zwangsläufig politisch und es sei Richtern nicht möglich, sich von ihrer Sozialisierung zu distanzieren. Sie würden ihre Entscheidungen immer im Geiste des ihnen zugehörigen Klassencharakters fällen.[17] In *Politische Justiz* nimmt Kirchheimer explizit Abstand von Liebknechts Konzep-

---

Verwaltungswert, vermöge ihrer Unterstellung unter die Regierung [...] aber mindestens eventuell auch vom politischen, vom Integrationswert beherrscht wird – ein Gegensatz, um dessen Abschwächung oder Beseitigung es sich in dem heutigen Kampfe um die Justiz mindestens zum Teil handelt« (Smend 1928: 208-209).

17 Ein kurzer Überblick zur Geschichte des Begriffs ›politische Justiz‹ findet sich bei Hermann und Hackler (2015: 184-187). In der Weimarer Republik etablierte sich eine differenzierte Verwendung der Begriffe politische Justiz und Klassenjustiz. Die ersten Definitionen finden sich 1927. Die Liga für Menschenrechte veröffentlichte im Frühsommer (Vgl. Mertens 1997: 68) *Acht Jahre politische Justiz. Das Zuchthaus – die politische Waffe*. Im Januar 1927 hatte Ernst Fraenkel bereits seinen Aufsatz *Zur Soziologie der Klassenjustiz* fertiggestellt (Ladwig-Winters 2009: 60): »Klassenjustiz ist auch nicht mit politischer Justiz identisch. Letztere liegt vor, wenn der Richter bei der Urteilsfällung sich von seiner politischen Einstellung zu einseitiger Rechtsprechung hat verleiten lassen. Wird von einem Rechtsspruch behauptet, er sei ein Ausfluß der Klassenjustiz, so liegt darin kein Urteil über die subjektive Einstellung des Richters, vielmehr eine Kritik an dem Ergebnis seiner Tätigkeit« (Fraenkel 1927/2011: 207).

tion politischer Justiz. Mit dem Sinnbild der »ewigen Wiederkehr« (S. 325) erkennt Kirchheimer in der These der Unüberwindbarkeit der eigenen sozialen Herkunft bei Liebknecht ein Verständnis des Rechtsstaates als bloßes Instrument der staatlichen Unterdrückung. Nach Kirchheimer ermögliche der Spielraum des Rechts den Richtern hingegen auch, die »Unvollkommenheit und Ungerechtigkeit« von Staatsgebilden »zu berücksichtigen und zu korrigieren« (S. 327) und die Ansprüche der gesellschaftlichen Verhältnisse in ihre Urteilsfindung einzubeziehen. Dies würde auch aus dem Selbstverständnis ihrer Tätigkeit und ihrem »Verlangen nach Legitimität und Respektabilität« gegenüber den »Augenblicksbedürfnissen« des politischen Regimes resultieren (S. 326). Indem Liebknecht Klassenjustiz und politische Justiz gleichermaßen als »menschliche Eigenschaften« (Liebknecht 1907/1957: 66) auffasse und damit anthropologisch begründe, werde jede Art von Rechtsprechung zu einem Spiegel der Herrschaftsordnung und verliere jegliche Grundlage der Objektivität. Schon allein in dem abgemilderten Urteil der Richter im Hochverratsprozess gegen Karl Liebknecht habe man jedoch die Eigenständigkeit der Richter in der Festsetzung des Strafmaßes erkennen können (S. 326).

Kirchheimers Abgrenzung zum Heidelberger Völkerrechtler Friedrich Grimm hatte einen ganz anderen politischen Hintergrund. Friedrich Grimm gehörte in der Weimarer Republik zu den Hauptverteidigern in Verfahren gegen Angehörige der NSDAP und agierte auch als Verteidiger in Fememordprozessen. Während des Nationalsozialismus hatte er das »Reichsrechtsamt – Amt für Rechtsbetreuung des deutschen Volkes« inne. Ab 1949 war Grimm erneut als Anwalt tätig, unterstützte den Aufbau des rechtsextremistischen Blattes »Nation und Europa« und publizierte in kleineren rechts-intellektuellen Verlagen. *Politische Justiz: Die Krankheit unserer Zeit: 40 Jahre im Dienst am Recht – Erlebnis und Erkenntnis* (1953) wurde hingegen vom Bonner Universitätsverlag herausgegeben.[18] Darin leugnete Grimm den Holocaust (Grimm 1953: 146-148), deklarierte die Nürnberger Prozesse als rechtswidrig und sah

---

18 1957 erweiterte Friedrich Grimm diese Reihe mit dem Buch *Unrecht im Rechtsstaat: Tatsachen und Dokumente zur politischen Justiz, dargestellt am Fall Naumann*. Werner Naumann, der letzte Staatssekretär von Joseph Goebbels und spätere FDP-Politiker, war nach seinem Versuch, eine »Gauleiter-FDP« zu gründen, verhaftet worden. Grimm hatte ihn in diesem Prozess verteidigt. Mit dem FDP-Landtagsabgeordneten Ernst Achenbach, der ebenfalls im Naumann-Kreis aktiv war, hatte Grimm 1951 den »Vorbereitenden Ausschuß zur Herbeiführung einer Generalamnestie« gegründet, die er in *Politische Justiz. Die Krankheit unserer Zeit* schon propagierte (Eichmüller 2012: 109).

eine Generalamnestie als das einzige »Heilmittel«, wieder einen Bund der Völker zu garantieren.[19] Ein weiteres Beispiel für die rechtspolitische Nutzung des Begriffs politischer Justiz sieht Kirchheimer in Friedrich K. Kauls *Justiz wird zum Verbrechen* (1953). Kirchheimer beurteilt das Buch des prominenten DDR-Anwalts, der auch in der BRD und Westberlin als Anwalt zugelassen war und als Gesandter der DDR-Regierung galt, als eine Justizgeschichte, »um künftige SED-Generationen zu belehren« (Kirchheimer 1955: S. 123). Für Kirchheimer erwies sich durch diese Schriften, dass der Begriff als rechtspolitischer Kampfbegriff von Autoren je nach politischer Gesinnung genutzt wurde, um Gerichtsprozesse ihrer Ideologie folgend historisch zu interpretieren (Kirchheimer 1955: S. 124-125).

2.2 Zur Editionsgeschichte von »Political Justice«

Die editorische Vorgeschichte des Buches nahm ihren Ausgang im Oktober 1952, als die Rockefeller-Stiftung unter der Leitung von Franz L. Neumann ein Programm zur Förderung von »Legal and Political Philosophy« (LAPP) einrichtete, um eine Antwort auf den in der amerikanischen Politikwissenschaft dominierenden Positivismus zu finden. Gleichzeitig sollten Alternativen zur in den USA dominierenden analytischen Philosophie gestärkt werden. Die Rockefeller-Stiftung wendete innerhalb von zehn Jahren über das Förderprogramm 1,7 Millionen US-Dollar für das sich in den USA noch entwickelnde Fach der Politischen Theorie und Ideengeschichte auf. In dem Antragsverfahren war Kenneth Thompson für Kirchheimer die zentrale Kontaktperson. Im Kontext des Kalten Krieges war es das Anliegen Thompsons und des Stiftungspräsidenten Dean Rusk, demokratietheoretische Antworten auf den Marxismus zu formulieren. Rusk betonte jedoch, dass »intellektuelle Hilfeleistungen ohne den Beiklang des Kalten Krieges« vergeben werden würden. *Political Justice* erhielt 1957 als 18. Projekt finanzielle Förderung durch das Programm. Neben dem Projekt von Otto Kirchheimer wurden auch Arbeiten von Herbert Marcuse, Hannah Arendt, Felix Gilbert, Henry Kissinger, Leo Strauss und Eric Voegelin gefördert.

---

19 Grimm schreibt in seinem Schlusswort: »Der Gedanke der Generalamnestie ist also auf dem Marsche. Möge ein gütiger Gott den Mächtigen dieser Erde die Einsicht geben, daß der Schlußstrich gezogen werden muß, der allein den Frieden verbürgt, den die gequälte Menschheit erfleht« (Grimm 1953: 178).

Den ersten Projektantrag an die Rockefeller-Stiftung stellte Kirchheimer am 23. Februar 1954.[20] Im Antrag formuliert er seine Hoffnung, wieder in das akademische Leben eintreten zu können und eine Anstellung an der New School zu erhalten. Die Arbeit am State Department habe ihm zwar wichtige Einblicke in Dokumente für Gerichtsverfahren gegeben, ermögliche ihm aber erst am späten Abend seine Forschung fortzusetzen. Deshalb habe er in den letzten Jahren auch nur kurze Artikel zu dieser Thematik veröffentlicht.[21] Sollte er die Stelle an der New School erhalten, plane er ein bis zwei Jahre Forschungsarbeit und intensives Schreiben ab *Spring Term* 1955 bis 1956 ein. Er erwähnt ebenfalls die Aussicht, bei einer Ablehnung durch die New School auch von Franz L. Neumann betreut werden zu können, der zu dieser Zeit das University Affairs Center der Columbia University leitete. Als Referenzen nennt Kirchheimer unter anderem Carl J. Friedrich, Hans J. Morgenthau, Hans Speier, Hajo Holborn, John Herz und Herbert Marcuse.

Im Antrag benennt Kirchheimer als Forschungsziel, »legal and socio-political aspects of political justice« auszuarbeiten.[22] Ohne die normativen Annahmen der Totalitarismustheorie will Kirchheimer sowohl in Demokratien als auch in Diktaturen politische Justiz untersuchen. Nach einem Gespräch mit Kirchheimer protokolliert Kenneth Thompson: »OK justified this practice in terms of certain problems common to both forms of government«.[23] Die anvisierte Struktur des Buches im ersten Projektantrag umfasst sechs Kapitel, die in der englischen Ausgabe auf elf und in der deutschen auf zwölf Kapitel erweitert wird. Noch nicht vorgesehen sind hier das Einleitungskapitel zum Begriff der ›politischen Justiz‹, das Kapitel zu Justizfunktionären in der DDR sowie die Kapitel zum Asylrecht und zu den Nürnberger Prozessen.[24] Nach einem Telefonat notiert Kenneth Thompson im November 1954, dass Kirchheimer neben dem beantragten Projekt zur politischen

20 Projektantrag zu »Political Justice« vom 23. Februar 1954. In: Archiv der Rockefeller Foundation, RF RG1.2 Series 200 U.S.-Social Science Box 539 Folder 4614.
21 Protokoll zum Interview zwischen Kenneth W. Thompson und Otto Kirchheimer vom 23. Februar 1954. In: Archiv der Rockefeller Foundation, RF RG1.2 Series 200 U.S.-Social Science Box 539, Folder 4614.
22 Protokoll zum Interview zwischen Kenneth W. Thompson und Otto Kirchheimer vom 23. Februar 1954. In: Archiv der Rockefeller Foundation, RF RG1.2 Series 200 U.S.-Social Science Box 539, Folder 4614.
23 Protokoll zum Interview zwischen Kenneth W. Thompson und Otto Kirchheimer 23. Februar 1954. In: Archiv der Rockefeller Foundation, RF RG1.2 Series 200 U.S.-Social Science Box 539, Folder 4614.
24 Projektantrag zu »Political Justice« vom 23. Februar 1954, Archiv der Rockefeller Foundation, RF RG1.2 Series 200 U.S.-Social Science Box 539, Folder 4614.

Justiz auch über ein Forschungsprojekt zum Regierungssystem der Schweiz mit Schwerpunkt auf deren Außenpolitik nachdenken würde. »OK would like to examine the concessions the system has made on matters such as immigration and determine to what extent these concessions affect the whole moral and political structure of society.«[25] Dieses Projekt wird sich bis 1956 zu dem Artikel *Gegenwartsprobleme der Asylgewährung* entwickeln, der sich mit dem abschwächenden Asylschutz als Folge politischer Justiz beschäftigt.[26] Er wird als neuntes Kapitel des Buches Teil III: »Abwandlungen und Korrekturen [Politischer Justiz]« einleiten. In diesem ersten Entwurf strukturiert sich das Buch jedoch ausschließlich nach den Akteuren eines Gerichtsprozesses; im Zentrum der Analyse stehen die Rollen von Verteidigern, Anwälten, Angeklagten und Richtern.

Kirchheimer will sich mit seinem Projekt von politisch aufgeladenen Begriffsverwendungen wie dem orthodox marxistischen, sowie dem rechtspositivistischen Verständnis der Justiz als neutrale Instanz abgrenzen. Im anglo-amerikanischen Raum habe es zur Thematik der politischen Justiz lediglich Einzelstudien zu den Prozessen gegen Ethel und Julius Rosenberg sowie Nicola Sacco und Bartolomeo Vanzetti gegeben. Diese hätten sich jedoch mit der Frage der individuellen Schuld beschäftigt. Kirchheimer will explizit die sozialen und politischen Beweggründe der Einleitung eines Gerichtsprozesses im politischen Kampf betrachten. »Most of the studies on these subjects have been written by either Nazis or Communists. Law reviews, as a rule, have not dealt with the subject as a whole.«[27]

In dieser Hinsicht beurteilt Kirchheimer Nathan Leites'[28] und Elsa Bernauts[29] 1954 veröffentlichte Studie *Ritual of Liquidation: The Case of the Moscow Trials*[30] als die bisher weitreichendste.[31] Die Arbeit wurde im

---

25 Protokoll zum Telefonat zwischen Otto Kirchheimer und Kenneth Thompson vom 18. November 1954. In: Archiv der Rockefeller Foundation, RF RG1.2 Series 200 U.S.-Social Sciences Box 539 Folder 4614.
26 *Gegenwartsprobleme der Asylgewährung* entspricht weitestgehend dem neunten Kapitel des Buches *Politische Justiz*.
27 Protokoll zum Interview zwischen Kenneth W. Thompson und Otto Kirchheimer vom 23. Februar 1954. In: Archiv der Rockefeller Foundation, RF RG1.2 Series 200 U.S.-Social Sciences, Box 539, Folder 4614.
28 Zur Biografie Nathan Leites' vgl. die Erinnerungsessays in RAND-Cooperation (1988).
29 Zu Elsa Bernaut (verh. Elisabeth K. Poretsky) ist bisher nicht viel geforscht worden. Sie veröffentlichte 1969 ein biografisches Werk zu ihrem Ehemann Ludwik Poretsky *Our own people: A memoir of ›Ignace Reiss‹ and his friends*.
30 Protokoll zum Interview zwischen Kenneth W. Thompson und Otto Kirchheimer vom 23. Februar 1954. In: Archiv der Rockefeller Foundation, RF RG1.2 Series 200 U.S.-Social Sciences, Box 539, Folder 4614.
31 »Nathan Leites in his study of terror has concentrated on the institution of the court;

Rahmen der Forschung für die RAND-Corporation für die United States Air Force veröffentlicht. Nathan Leites war ab 1949 als Analyst der RAND-Corporation tätig und veröffentlichte zwischen 1949 und 1984 eigenständige Studien zur UdSSR. Leites und Kirchheimer kannten sich bereits aus Weimar, wo sie 1933 gemeinsam den Artikel »*Bemerkungen zu Carl Schmitts Legalität und Legitimität*« veröffentlicht hatten.[32] Leites' bekannteste Arbeiten sind die Studien zum »operational code« des Politbüros zur Zeit des Bolschewismus. Elsa Bernaut war nach ihrer Flucht in die USA 1941 ebenfalls als Beraterin bei der RAND-Corporation tätig. Sie schrieb gemeinsam mit Nathan Leites einige Studien, so auch *The Ritual of Liquidation*. Die Moskauer Schauprozesse fanden von 1936 bis 1938 statt. Sie galten in den 1950er Jahren als wichtiger Bestandteil der Konsolidierung von Josef Stalins Alleinherrschaft sowie als Paradebeispiel politischer Justiz. Die Prozesse richteten sich gegen die politischen Hauptvertreter des Politbüros der Oktoberrevolution 1917: Grigori Sinowjew, Lew Kamenew, Alexei Rykow, Nikolai Bucharin und Leo Trotzki. Leites und Bernaut wählten für ihre Analyse einen literaturwissenschaftlichen und psychoanalytischen Ansatz, um Gefühle und Haltung der Verteidiger gegenüber dem Bolschewismus nachzuzeichnen. Leites' und Bernauts Anliegen war es, Aussagen über die Werte, Haltungen und Beziehungen innerhalb der Parteiführung unter Stalin treffen zu können.

Kirchheimer ging es demgegenüber darum, die Nuancen in den Formen politischer Justiz zwischen den Schauprozessen der UdSSR, der Justizpraxis der DDR, des Nationalsozialismus und der demokratischen Rechtsstaaten zu untersuchen, um einen wissenschaftlich nutzbaren Begriff der politischen Justiz zu formulieren. Seine Methode war daher rechtsvergleichend und auf die Rollen der Prozessteilnehmer und die machtrealistischen Funktionen des Prozesses konzentriert. Bis auf eine kurze Erwähnung des Strukturwandels politischer Justiz im Zeitalter der Massendemokratie sucht man daher auch vergeblich nach sozioökonomischen oder sozialpsychologischen Theorieansätzen.

Im April 1954 erhielt Kirchheimer eine Rückmeldung von der Rockefeller-Stiftung zu seinem Projektantrag. Kenneth Thompson teilte Kirchheimer mit, dass sie derzeit das Projekt aufgrund seiner komplizierten

---

OK would go beyond the court to discuss more general questions.« Protokoll zum Interview zwischen Kenneth W. Thompson und Otto Kirchheimer vom 23. Februar 1954, Archiv der Rockefeller Foundation, RF RG1.2 Series 200 U.S.-Social Sciences, Box 539, Folder 4614.

32 Ausführlicher zur Verbindung zwischen Leites und Kirchheimer siehe Buchstein (2017: 90-93).

Natur nicht finanzieren könnten.[33] Als kompliziert wurde weniger die Thematik als die ungeklärte institutionelle Anbindung Kirchheimers empfunden, der zwischen 1954 und 1955 als Gastprofessor an der New School tätig war und zusätzlich weiterhin für das Außenministerium arbeitete. Für die Stiftung war es wichtig, dass Kirchheimer eine reguläre akademische Vollzeitstelle habe, da das Stipendium vor allem eine Freistellung von der universitären Lehre finanzieren würde. Am 18. November 1954 unternahm Kirchheimer einen erneuten Versuch zur Finanzierung seines Projekts,[34] welcher durch ein Empfehlungsschreiben Marcuses unterstützt wurde.[35] Aber erst im Mai 1955 erhielt er eine sichere Zusage der New School für eine Vollzeitstelle.[36] Mit der Festanstellung war eine wesentliche Voraussetzung für ein Stipendium der Rockefeller-Stiftung für sein Forschungsprojekt »Political Justice« geschaffen worden. Jedoch war die New School nicht bereit, Kirchheimer gleich zu Beginn seiner Anstellung von der Lehre zu befreien. Universitätspräsident Hans Simons teilte der Rockefeller-Stiftung mit, dass er Kirchheimer im ersten Jahr 1956/57 vollständig in der Lehre benötige und daher den Antrag zurückziehen müsse.[37] Nach erneuter Bewerbung bewilligte die Rockefeller-Stiftung ihm für den Zeitraum vom 1. Juli 1957 bis Dezember 1958 ein Stipendium von 9.000 Dollar.[38]

Der englischsprachige Text von *Political Justice* entstand in enger Zusammenarbeit mit Otto Kirchheimers Freund und Kollegen Arkadij Gurland.[39] Seit ihrer gemeinsamen Tätigkeit im linken Flügel der Weimarer Sozialdemokratie und dem Pariser Exil waren sie freundschaftlich verbunden.[40] Bereits in der Entstehungsphase der amerikanischen Aus-

---

33 Brief von Kenneth Thompson an Otto Kirchheimer vom 8. April 1954. In: Archiv der Rockefeller Foundation, RF RG1.2 Series 200 U.S.-Social Sciences, Box 539, Folder 4615.
34 Protokoll zum Interview zwischen Kenneth W. Thompson und Otto Kirchheimer vom 18. November 1954. In: Archiv der Rockefeller Foundation, RF RG1.2 Series 200 U.S.-Social Sciences, Box 539, Folder 4614.
35 Marcuse bezeichnet ihn als »one of the most gifted and original scholars in the field of political science and political philosophy«. Brief von Herbert Marcuse an John Stewart vom 20. Dezember 1954. In: Archiv der Rockefeller Foundation, RF RG1.2 Series 200 U.S.-Social Sciences, Box 539, Folder 4614.
36 Brief von Hans Simons an John B. Stewart vom 14. Juli 1954. In: Archiv der Rockefeller Foundation, RF RG1.2 Series 200 U.S.-Social Sciences, Box 539 Folder 4615.
37 Brief von Hans Simons an John B. Stewart vom 14. Juli 1955. In: Archiv der Rockefeller Foundation, RF RG1.2 Series 200 U.S.-Social Sciences, Box 539, Folder 4615.
38 Brief von Hans Simons an Flora M. Rhind vom 15. Januar 1957. In: Archiv der Rockefeller Foundation, RF RG1.2 Series 200 U.S.-Social Sciences, Box 539, Folder 4615.
39 Zu Arkadij Gurlands Biografie siehe Buchstein (2018a).
40 Zur Verbindung zwischen Gurland und Kirchheimer vgl. Buchstein (2017: 68, 73, 109; 2018: 51-54, 78-80).

gabe redigierte Gurland Manuskripte, die Kirchheimer ihm in regelmäßigen Abständen zukommen ließ. Insbesondere Gurlands Gefühl für die englische Sprache erwies sich bei der adäquaten Übertragung von Kirchheimers Konzepten als grundlegend. Die enge Freundschaft ermöglichte zusätzlich eine im besonderen Maße offene und ehrliche Kritik an der Arbeit des Anderen. Neben Beratungen zum Buch redigierte Gurland auch Artikel Kirchheimers zu Analysen des deutschen Parteiensystems. Die ersten Briefe von Gurland zur Kommentierung des Manuskripts *Political Justice* datieren vom Dezember 1957, ein halbes Jahr nach dem Beginn der Finanzierung durch die Rockefeller-Stiftung. Dem Briefwechsel lässt sich entnehmen, dass Kirchheimer während des Schreibprozesses Gurland neue Manuskriptseiten, die von seiner Sekretärin und seiner Frau Anne an der Schreibmaschine nach Kirchheimers Diktat niedergeschrieben wurden, zur Überarbeitung zusandte.[41] Im Dezember schreibt Gurland an Kirchheimer: »Just got pp. 81-86 of what you now refer to as »Integrated Justice«. The last page I had was 77; pp. 78-80 are missing.« Der Titel »Integrated Justice« weist auf Kirchheimers Anlehnung an Rudolf Smends Integrationslehre hin. Gurland nahm sprachliche Anpassungen vor und kommentierte auch analytisch unklare Kategorisierungen oder Ausdrücke Kirchheimers. »I don't like ›Integrated Justice‹ at all; ›Directed‹ […] would be better. After all you do mean something like ›Gelenkte Justiz‹ – or don't you? […] There is nothing objectionable in the judicial powers being integrated with society as a whole.« Im Nachlass finden sich keine kommentierten Manuskriptseiten, sondern inhaltliche Diskussionen zu Begriffen wie »legal repression« oder »justice«.[42] Vor allem kritisiert Gurland die Verwendung des titelgebenden Begriffes ›Justice‹ für Justiz im Englischen und weist schon in diesem frühen Stadium der Arbeit an dem Buch auf die Begriffsverwirrung zwischen »justice« als Justiz, aber auch Gerechtigkeit hin. Er solle für den englischen Leser eher »administration of justice« verwenden.[43] Nach eigener Schilderung ist Gurland das gesamte Manuskript durchgegangen und hat insbesondere auf die Grammatik sowie die Struktur

---

41 In der amerikanischen Ausgabe dankt Kirchheimer »my suffering spouse« sowie »Mrs. Anne Walker« für »the time-consuming and burdensome technical job involved in producing a book« (Kirchheimer 1961: ix).
42 Brief von Arkadij Gurland an Otto Kirchheimer vom 4. Dezember 1957. In: State University of New York, University at Albany, Special Collections & Archives, Otto Kirchheimer Papers, Series 2, Box 1, Folder 68.
43 Brief von Arkadij Gurland an Otto Kirchheimer vom 31. Dezember 1957. In: State University of New York, University at Albany, Special Collections & Archives, Otto Kirchheimer Papers, Series 2, Box 1, Folder 68.

der Argumentation geachtet.⁴⁴ Der Briefwechsel fand hauptsächlich in englischer Sprache statt und auch die Zitate Gurlands und Diskussionen zu bestimmten Begriffen sind in Englisch verfasst. Kirchheimers Tochter Hanna hat berichtet, dass das Manuskript, das Kirchheimer an Gurland sandte, bereits englischsprachig war.⁴⁵

Im Januar 1958 schickte Gurland ihm die überarbeiteten Versionen der Kapitel »Asylum«, »Legal Repression« und »The Administration of Justice and the Concept of Legality in East Germany«. Der Artikel zum Justizsystem der DDR war bereits 1959 im ›Yale Law Journal‹ erschienen, musste nun aber sprachlich an den Rest des Manuskripts angepasst werden. Dies war ebenfalls bei dem Artikel »Asylum« der Fall, der in englischer Übersetzung im selben Jahr in der ›American Political Science Review‹ veröffentlicht worden war. Gurland hatte bereits in den Anfängen mit Kirchheimers Schreib- und Arbeitsstil zu kämpfen: »And still the immensity of the rewriting chore remains. I have been trying to check myself a number of times, exploring possibilities of limiting my contribution to minor editorial corrections. It just doesn't work. Your writing – i.e., quite obviously, your dictation (damn you) – does not become less diffuse while Teutonization of the language progresses far beyond the minimum excusable on account of German sources and haste.«⁴⁶

Im November 1958 beantragte Kirchheimer eine Verlängerung des Stipendiums,⁴⁷ welche im Februar 1959 für den Zeitraum vom Februar 1960 bis September 1960 über 4.650 Dollar genehmigt wurde.⁴⁸ Diesmal verfasste Stuart Hughes ein Empfehlungsschreiben. Hughes weist darauf hin, dass Kirchheimer als Emigrant neben sprachlichen auch psychologische Schwierigkeiten mit dem neuen Kontext hatte: »I felt that he was hampered by linguistic difficulties and a psychological failure to adjust to the American scene.« Hughes sieht jedoch in den

---

44 Brief von Arkadij Gurland an Otto Kirchheimer vom 21. Dezember 1957. In: State University of New York, University at Albany, Special Collections & Archives, Otto Kirchheimer Papers, Series 2, Box 1, Folder 68.
45 Bericht von Hanna Kirchheimer-Grossmann an Hubertus Buchstein am 12. April 2019 in Arlington.
46 Brief von Arkadij Gurland an Otto Kirchheimer von 11. Januar 1958. In: State University of New York, University at Albany, Special Collections & Archives, Otto Kirchheimer Papers, Series 2, Box 1, Folder 68.
47 Brief von Otto Kirchheimer an Kenneth Thompson vom 2. November 1958. In: Archiv der Rockefeller Foundation, RF RG1.2 Series 200 U.S.-Social Sciences, Box 539, Folder 4615.
48 Brief von Kenneth Thompson an Otto Kirchheimer vom 19. Februar 1959. In: Archiv der Rockefeller Foundation, RF RG1.2 Series 200 U.S.-Social Sciences, Box 539, Folder 4615.

letzten Arbeiten Kirchheimers eine starke sprachliche Verbesserung: »His recent work shows that this is no longer the case: the last two or three articles I have seen are well written and presented in a fashion fully comprehensible to an American audience.«[49] Kirchheimer würde in seinen Arbeiten nun amerikanische empirische Methoden mit seinem deutschen soziologischen Verständnis kombinieren. Weitere Empfehlungsschreiben wurden von Erich Hula,[50] Karl Loewenstein[51] und John Herz[52] verfasst.

Die Konzeption des Buches wurde nicht nur durch Gurlands stetige Mitarbeit beeinflusst, sondern auch durch Karl Loewensteins Kritik des Manuskripts. Loewenstein und Kirchheimer hatten sich an der Deutschen Hochschule für Politik (DHfP) kennengelernt. Zwischen ihnen entwickelte sich ein regelmäßiger Austausch zu verfassungsrechtlichen und politischen Fragen. Im Auftrag der Princeton University Press verfasste Loewenstein im Mai 1960 ein Gutachten zum Manuskript von *Political Justice*. Loewensteins Wertschätzung für Kirchheimers Arbeit ist in seiner eingehenden Kritik des Manuskripts zu erkennen. Das Gutachten umfasst neun Seiten und fällt im Vergleich zu den zwei weiteren Gutachten, die gerade einmal je eine Seite füllen, auffallend detailliert aus. Es beginnt mit einem Lob der Arbeit. Sowohl in der Originalität des Themas, der Interdisziplinarität sowie der Vielfalt an Wissen und Quellen sei die Arbeit beeindruckend und stehe für sich: »[...] drawn from criminal law and procedure, constituional law, social psychology and [...] ›politics‹ [...]. Both the choice of the subject as such and the documentation applied to it are definitely outside the ordinary and the commonplace.«[53] Als am theoretisch wertvollsten beurteilt Loewenstein die Kapitel zu den Nürnberger Prozessen sowie zu den Gegenwartsproblemen der Asylgewährung.

---

49 Brief von Stuart H. Hughes an Kenneth Thompson vom 26. November 1958. In: Archiv der Rockefeller Foundation, RF RG1.2 Series 200 U.S.-Social Sciences, Box 539, Folder 4615.
50 Brief von Erich Hula an Kenneth Thompson vom 24. Dezember 1958. In: Archiv der Rockefeller Foundation, RF RG1.2 Series 200 U.S.-Social Sciences, Box 539, Folder 4615.
51 Brief von Karl Loewenstein an Kenneth Thompson vom 28. November 1958. In: Archiv der Rockefeller Foundation, RF RG1.2 Series 200 U.S.-Social Sciences, Box 539, Folder 4615.
52 Brief von John Herz an Kenneth Thompson vom 24. November 1958. In: Archiv der Rockefeller Foundation, RF RG1.2 Series 200 U.S.-Social Sciences, Box 539, Folder 4615.
53 Review Reader B [Karl Loewenstein] von Princeton University Press. In: State University of New York, University at Albany, Special Collections & Archives, Otto Kirchheimer Papers, Series 3, Box 2, Folder 64.

Loewenstein kommt dennoch zu dem Schluss, das Manuskript in seiner vorliegenden Gestalt nicht zur Veröffentlichung zu empfehlen. Die mangelnde Organisation der Kapitel und die fehlende einheitliche Konzeption würden es erschweren, Kirchheimers Argumentation zu folgen. Die rechtsphilosophischen Grundlagen seien weder explizit ausformuliert noch systematisch hergeleitet und daher für die durchschnittlichen Leser schwer nachzuvollziehen. Derzeit lese sich das Buch wie eine Sammlung einzelner Studien zum Thema. Diesen konzeptionellen Problemen könne man jedoch schnell begegnen. Mit einem einleitenden und einem zusammenfassenden Kapitel hätte die Arbeit einen theoretischen Rahmen. Ebenso wäre eine editorische Überarbeitung des Manuskripts vonnöten. An einigen Stellen sei Kirchheimers Sprache brillant, in manchen vorab veröffentlichten Kapiteln sei noch das Lektorat durch juristische Fachzeitschriften erkennbar und an anderen Stellen müsse man die Teutonisierung der Sprache korrigieren. Außerdem sei es unabdingbar für das Buch, dass Kirchheimer seine Unterscheidung zwischen politischer Justiz gegen einzelne politische Überzeugungstäter und politischer Justiz gegen kollektive politische Taten systematisch ausarbeite. Loewenstein beendet sein Gutachten mit der Einschätzung, dass das Manuskript alle Grundlagen habe, um »one of the major books on the science of politics of this decade«[54] zu werden, und seine detaillierte Kritik daher nicht als Absage missverstanden werden solle.

Ein Jahr nachdem Loewenstein das anonymisierte Gutachten formuliert hatte, klärte er Kirchheimer in einem Brief über die Autorschaft auf und äußerte die Hoffnung, dass dieser die Kritik als wohlwollend und wertschätzend verstehe. »I take such assignments seriously [...]. But beyond this it is indicative of the very high esteem I hold for you and your work that I devoted several weeks to the reading and evaluating job [...].«[55] Kirchheimer bedankte sich für die konstruktive Kritik: »[...] you will realize to what great extent I followed your suggestions, especially in regard to the introduction and the importance to differentiate clearly between collective mass action and the repression of individual acts of non conformism«.[56] Ab dem 1. Februar 1960 begann die neue

---

54 Review Reader B [Karl Loewenstein] von Princeton University Press. In: State University of New York, University at Albany, Special Collections & Archives, Otto Kirchheimer Papers, Series 3, Box 2, Folder 64.
55 Brief von Otto Kirchheimer an Karl Loewenstein vom 11. September 1960. In: State University of New York, University at Albany, Special Collections & Archives, Otto Kirchheimer Papers, Series 2, Box 2, Folder 104.
56 Brief von Otto Kirchheimer an Karl Loewenstein vom 11. September 1960. In: State University of New York, University at Albany, Special Collections & Archives, Otto Kirchheimer Papers, Series 2, Box 2, Folder 104.

Finanzierung durch die Rockefeller-Stiftung.[57] Im ausgehandelten Vertrag mit der Princeton University Press vom 14. Juni 1960 wurde das Buch noch unter dem Titel »Politics and the Administration of Justice« geführt. Den Anstoß zum finalen Titel *Political Justice: The Use of Legal Procedure for Political Ends* gab die Lektorin Judy Walton,[58] die damit Klarheit für den amerikanischen Leser schaffen wollte.

Kirchheimer beendete die Arbeit an dem englischsprachigen Manuskript, bevor er im Mai 1961 auf Einladung der Smend-Schüler Konrad Hesse und Horst Ehmke für ein Semester eine Fulbright-Gastprofessor an der Universität Freiburg übernahm.[59] Konrad Hesse war bereits 1955 von Göttingen nach Freiburg gegangen und Horst Ehmke war ihm 1961 gefolgt. Ehmke und Hesse waren bemüht, gleichgesinnte Staatsrechtler (Günther 2004: 224), die Smends Überlegungen auf unterschiedlichste Weise fortsetzten, nach Freiburg zu berufen (Schefold 2012: 198-202). Das Stipendium wurde Kirchheimer im Mai 1960 zugesichert[60] und galt für die Zeit von Mai bis Juli 1961.[61] Damit begann eine bis zu Kirchheimers Tod im Jahre 1965 reichende, enge Beziehung zwischen ihm und der Universität Freiburg.

3. Die editionshistorischen Hintergründe der deutschen Ausgabe »Politische Justiz«

Während die englischsprachige Ausgabe des Buches kaum eine Positionierung zu den Weimarer Staatsrechtsdebatten und deren Transformationen in der Bundesrepublik verlangte, musste sich die deutsche Ausgabe zu diesen Fragen äußern. 1965 waren die Gräben zwischen den zwei großen verbliebenen Schulen der Weimarer Staatsrechtslehre so tief wie nie zuvor. Seit der Veröffentlichung der Festschrift zum 70. Geburtstag

---

57 Brief von John Greenfieldt an Isaak Hosiosky vom 8. Januar 1960. In: Archiv der Rockefeller Foundation, RF RG1.2 Series 200 U.S.-Social Sciences, Box 539, Folder 4615.
58 Brief von Judy Walton an Otto Kirchheimer vom 17. Januar 1961. In: State University of New York, University at Albany, Special Collections & Archives, Otto Kirchheimer Papers, Series 2, Box 2, Folder 65.
59 Brief von Otto Kirchheimer an Horst Ehmke vom 26. Januar 1961. In: Archiv der Sozialen Demokratie, Horst Ehmke Depositum, Box 1/HAEE 000504.
60 Brief von Fulbright Commission an Otto Kirchheimer vom 10. Mai 1960. In: State University of New York, University at Albany, Special Collections & Archives, Otto Kirchheimer Papers, Series 2, Box 1, Folder 62.
61 Brief von Otto Kirchheimer an Carl Anthon vom 9. Oktober 1960. In: State University of New York, University at Albany, Special Collections & Archives, Otto Kirchheimer Papers, Series 2, Box 1, Folder 62.

von Carl Schmitt 1959 durch Ernst Forsthoff, Werner Weber und Hans Barion war eine Debatte über das Verfassungsverständnis und die Methoden der Verfassungsauslegung in der Bundesrepublik entbrannt, die durch einen immer deutlicheren Bruch zwischen diesen Denktraditionen strukturiert war. Der Schmitt-Schule standen die Vertreter des Öffentlichen Rechts gegenüber, die sich Rudolf Smends Integrationslehre zuwandten und sich für eine Öffnung des Faches hin zur »westlichen Demokratiewissenschaft« einsetzten. Paradigmatisch für diese Entwicklung ist der endgültige Bruch zwischen Rudolf Smend und Carl Schmitt im Zuge der Kontroverse.[62] Zuvor hatten sich beide zwar voneinander distanziert, aber immer kollegial gegenübergestanden (Meinel 2011: 406). Die Editionsgeschichte der deutschen Ausgabe verdeutlicht Kirchheimers Positionierung auf Seiten der Smend-Schule. Den ideengeschichtlichen Einfluss seines Doktorvaters Carl Schmitt auf Kirchheimers Verständnis von »politischer Justiz« kann man jedoch ebenso wenig bestreiten. *Politische Justiz* kann als eine Smend'sche Antwort auf ein Schmitt'sches Problem gelesen werden.[63]

Political Justice hatte seit seinem Erscheinen in den USA, wie Karl Loewenstein es vorhergesehen hatte, wenig Anklang gefunden. In den rechtswissenschaftlichen und politikwissenschaftlichen Fachzeitschriften wurde es zwar besprochen, dort überwogen jedoch die Kritik an Kirchheimers Ausdruck und Beschwerden über die mangelnden rechtsphilosophischen Begründungen. Ebenso meldeten sich einige Anwälte und Richter zu Wort, welche die Annahme, dass Politik und Justiz niemals voneinander zu trennen seien, kategorisch ablehnten. Kirchheimer war angesichts dieser Rezensionen umso mehr bemüht, möglichst schnell eine überarbeitete deutsche Version herauszubringen.[64] Er strebte an, das Buch binnen eines Jahres auf dem deutschen Buchmarkt zu veröffentlichen. Neben berufsstrategischen Gründen sprach auch die ab 1960 mit Nachdruck geführte Diskussion um politische Justiz in der Bundesrepublik dafür.

Wilhelm Hennis kontaktierte Otto Kirchheimer im Januar 1960, um die deutsche Übersetzung des Buches zu besprechen.[65] Hennis wollte die

---

62 Die Einleitung folgt der Darstellung Frieder Günthers (2004), der die Staatsrechtslehre zwischen 1949 und 1970 in Deutschland anhand des Gegensatzes zwischen den Schulen Carl Schmitts und Rudolf Smends beschreibt. Zum Überblick über die verschiedenen Interpretationsansätze siehe Stolleis (2012).
63 Die Autorinnen danken Hubertus Buchstein für diese Formulierung.
64 Brief von Otto Kirchheimer an Arkadij Gurland vom 5. März 1962. In: State University of New York, University at Albany, Special Collections & Archives, Otto Kirchheimer Papers, Series 2, Box 1, Folder 68.
65 Brief von Frank Benseler an Otto Kirchheimer vom 14. Januar 1960. In: State University

Monografie in der von ihm zusammen mit Roman Schnur herausgegebenen Schriftenreihe *Politica: Abhandlungen und Texte zur politischen Wissenschaft* veröffentlichen. Hennis und Kirchheimer hatten sich bei einem von Kirchheimers Besuchen bei Rudolf Smend in Göttingen kennengelernt (Hennis 1999: 406). Im April 1960 schlossen die Princeton University Press und der Luchterhand Verlag, bei dem *Politica* erschien, einen Vertrag über die Rechte an einer Übersetzung des Buches ab. Sowohl die Erfahrung Arkadij Gurlands als Übersetzer als auch seine eingehende Kenntnis des englischsprachigen Manuskripts prädestinierten ihn für die Übertragung des Werkes ins Deutsche.[66] Die Übersetzung wurde im März 1965 unter dem Titel *Politische Justiz: Verwendung juristischer Verfahrensmöglichkeiten zu politischen Zwecken* veröffentlicht.

Die Schriftenreihe *Politica* erschien seit 1960 im Luchterhand Verlag. Ziel der Herausgeber war es, die Kluft zwischen den Schülern Carl Schmitts und Rudolf Smends zu überwinden. Auf einer Postkarte an seinen Mitherausgeber Roman Schnur, welcher der Schmitt-Schule nahestand, bezeichnet Wilhelm Hennis zu Beginn des Projekts die »Entideologisierung« der weltanschaulichen Gegensätze der Weimarer Staatsrechtslehrer und ihrer Schüler als ein gemeinsames Ziel (Schlak 2008: 78). Der wesentliche Streitpunkt, an dem sich die Smend-Schule und die Schmitt-Schule in den fünfziger Jahren schieden, war das Verhältnis von Staat und Gesellschaft.[67] So kritisierte Konrad Hesse 1958 auf der Tagung der Vereinigung der deutschen Staatsrechtler die Vorstellung der Schmitt-Schüler, dass der Staat eine von der Gesellschaft unabhängige und vorgegebene Entität sei, die dem Volk unveränderlich gegenübertrete. Dies entspreche nicht dem Wesen des Grundgesetzes. Ganz im Gegenteil wären die Ordnungszusammenhänge Staat und Gesellschaft miteinander verwoben und dem Grundgesetz entsprechend seien die politischen Parteien zentrales Bindeglied zwischen Volk und Regierung zur Legitimation politischer Entscheidungen. Ein Höhepunkt dieser Debatte war die Herausgabe der Festschrift für Rudolf Smend zum 80. Geburtstag 1962 durch Konrad Hesse, Ulrich Scheuner und Siegfried Reicke, in der Otto Kirchheimer mit »Die Justiz in der Politik« das erste Kapitel seines Buches vorveröffentlichte. In dieser angespannten Atmosphäre zwischen den deutschen Staatsrechtslehrern

of New York, University at Albany, Special Collections & Archives, Otto Kirchheimer Papers, Series 3, Box 2, Folder 57.
66 Brief von Frank Benseler an Otto Kirchheimer vom 5. Mai 1961. In: State University of New York, University at Albany, Special Collections & Archives, Otto Kirchheimer Papers, Series 3, Box 2, Folder 57.
67 Zu einem Überblick über diese Diskussion siehe Stolleis 2012, insbesondere Kapitel IV.

war die Zusammenarbeit von Wilhelm Hennis und Roman Schnur daher ein starkes und wirkmächtiges Symbol. Hennis hatte insbesondere das theoriepolitische Anliegen, mit einer »der Wirklichkeit verpflichteten Wissenschaft die alten weltanschaulichen Gegensätze« zu überwinden (Schlak 2008: 78). Er postulierte mit der Reihe die Orientierung weg vom deutschen Geist des Idealismus und dem erstarkten Rechtspositivismus zum Ende der Weimarer Republik, hin zur »Politik als praktische Wissenschaft«.[68]

In dieses Programm reihte sich Kirchheimer mit *Politische Justiz* und seinem wissenschaftlichen Werdegang nahtlos ein. Ein Buch, das so klar an Problemstellungen Schmitts anknüpfte und gleichzeitig den Gedanken Smends folgte, war prädestiniert, von Hennis aufgenommen zu werden. Angesichts dieser günstigen Konstellation ist es verwunderlich, dass Gurland sich gegenüber der Veröffentlichung in dieser Reihe anfangs skeptisch zeigte. Sie sei für Studierende gedacht und würde daher nicht das akademische Publikum ansprechen, das es für einen Erfolg bräuchte.[69]

Die Zusammenarbeit zwischen Wilhelm Hennis und Roman Schnur endete 1963 im Streit. Hennis hatte gegen Schnur durchgesetzt, dass 1963 *Theorie und Praxis* von Jürgen Habermas in die Reihe aufgenommen wurde, woraufhin Schnur seine Herausgeberschaft niederlegte (vgl. Schlak 2008: 77). Schnur stellte die Bedingung, dass er sich nur dann wieder beteilige, wenn auch eine Aufsatzsammlung Hans Kelsens veröffentlicht werden würde. Da die positivistische Rechtslehre

---

68 In seiner Habilitationsschrift *Politik und praktische Philosophie* (1963) hatte Hennis sein Wissenschaftsverständnis dargelegt. Er ging von der durch Aristoteles getroffenen Unterscheidung zwischen Theorie und Praxis aus. Für theoretische Wissenschaften seien Erkenntnisse Selbstzweck, praktische Wissenschaften würden dagegen immer auf ein menschliches Handeln und ein bewusstes Wählen Bezug nehmen. Politikwissenschaft als praktische Wissenschaft ist in dieser Tradition für Hennis durch zwei Charakteristika bestimmt. Einerseits sei sie durch ihre teleologische Orientierung, immer auf Sinn und Zweck von Herrschaft bezogen und würde daher zwingenderweise normative Elemente enthalten (vgl. Hennis 1963: 75-77). Andererseits sei sie durch ihre Methode bestimmt, die in der Topik – dem Zusammentragen und Abwägen von Argumenten – ihre adäquate Arbeitsweise finde (vgl. Hennis 1963: 111-114) und niemals exakte Ergebnisse wie die theoretischen Wissenschaften formulieren könne.
69 Gurland äußerte sich in dem Brief an Hennis skeptisch gegenüber einer Veröffentlichung des Buches in der Reihe *Politica*, da diese »doch sehr stark den Charakter eines primär zu Studienzwecken bestimmten Publikationsbildes« habe und »auch nur von studieninteressierten Lesern, d. h. Unterrichtenden und Studierenden, beachtet wird«. Sie erscheine »fast unter Ausschluss der Öffentlichkeit«. Außerdem befürchtete Gurland, dass der Verlag die Verbreitung des Werkes in Fachkreisen nicht vorantrieb: »Ich bin fast überzeugt davon, daß Juristen die Serie gar nicht erst zu Gesicht bekommen«. Brief von Arkadij R.L. Gurland an Wilhelm Hennis, 30. Januar 1961. In: Universitätsarchiv der Goethe Universität Frankfurt am Main, Na5/658(1).

Kelsens mit Hennis' Intention von einer praktischen Wissenschaft nicht kompatibel war, kam es nicht zu einer solchen Versöhnungsgeste und es blieb bei dem Bruch. Die Veröffentlichung von *Politische Justiz* in *Politica* kann somit auch als eine Positionsbestimmung in dieser Debatte der Staatsrechtslehrer der fünfziger und sechziger Jahre in der Bundesrepublik gelesen werden. Die Reihe stand fortan für die Verknüpfung von Rechtswissenschaft und politischer Wissenschaft der Smend-Schule.

Auch die von Kirchheimer vorab veröffentlichten Aufsätze erschienen größtenteils in Publikationen, die im Umkreis der Smend-Schule angesiedelt waren. Die erste Vorveröffentlichung »Die Justiz in der Politik« erschien in der Festschrift für Rudolf Smend zum 80. Geburtstag, in der nur Texte von engen Freunden, Schülern und Kollegen Smends enthalten waren. Die Herausgeber Konrad Hesse, Ulrich Scheuner und Siegfried Reicke achteten penibel darauf, dass sich keine Spuren von Kirchheimers ehemaligem akademischen Lehrer Carl Schmitt in dessen Aufsatz fanden. So schlug Ulrich Scheuner Kirchheimer vor, im Manuskript die unverkennbar Schmitt'sche Terminologie »Freund-Feind-Beziehung«[70] durch das Wort »Kontrastbeziehung« zu ersetzen.[71] Kirchheimer folgte diesem Ratschlag.

Die Studie zur DDR-Justiz, die das siebente Kapitel des Buches werden würde, war 1960 im ›Archiv des öffentlichen Rechts‹ (AöR) unter dem Titel »*Die Rechtspflege und der Begriff der Gesetzlichkeit in der DDR*« veröffentlicht worden. Herausgeber der Zeitschrift waren Otto Bachof und Walter Mallmann. Es ist zu vermuten, dass insbesondere Otto Bachof sich für die Veröffentlichung von Kirchheimers Aufsatzes einsetzte. Er war sein Korrespondenzpartner für die Zeitschrift. Bachof, der von 1958 bis 1961 Rektor der Universität Tübingen war, lud Kirchheimer im Sommer 1961 ein, dort einen Vortrag zu politischer

---

70 Im Nachlass von Carl Schmitt findet sich eine Ausgabe von *Political Justice*. In dieser unterstrich Schmitt vor allem Stellen, die seiner Ansicht nach auf seinen Politikbegriff hindeuteten. In die leeren Seiten des Buches notierte er die dazugehörigen Seitenzahlen. Er konzentrierte sich insbesondere auf den Abschnitt »The Informer: Enemy from Within« im sechsten Kapitel »The Defendant, His Lawyer, and the Court«, hier insbesondere die Seiten 239-242. Unter Kirchheimers Widmung »To the Past, Present, and Future Victims of Political Justice« findet sich zudem ein handschriftlicher Kommentar von Carl Schmitt:»Ich vergleiche nicht die Opfer (zu denen ich – past, present and future – gehöre), ich vergleiche nur die Richter.« In: Landesarchiv Nordrhein-Westfalen, Nachlass Carl Schmitt, RW 0265, Nr. 25665.
71 Brief von Ulrich Scheuner an Otto Kirchheimer vom 25. August 1961. In: State University of New York, University at Albany, Special Collections & Archives, Otto Kirchheimer Papers, Series 2, Box 2, Folder 7.

Justiz zu halten.⁷² Bachof stand ebenfalls den Mitgliedern der Smend-Schule nahe und bewirkte, dass Horst Ehmke und Konrad Hesse 1963 in den Herausgeberkreis des ›Archivs für öffentliches Recht‹ aufgenommen wurden.⁷³

Das zweite Kapitel (»*Wandel in der Struktur des Staatsschutzes*«) erschien 1964 in der ›Zeitschrift für Politik‹ (ZfP), jedoch ohne Otto Kirchheimers Wissen. Hans Maier war nicht nur Mitherausgeber der ZfP, sondern ab 1964 auch Mitherausgeber der Schriftenreihe *Politica*. Er war dem Projekt beigetreten, nachdem sich Wilhelm Hennis und Roman Schnur zerstritten hatten. Als Herausgeber hatten Wilhelm Hennis und Hans Maier ebenfalls die Druckfahnen von *Politische Justiz* erhalten,⁷⁴ woraufhin Maier das Kapitel offensichtlich so zusagte, dass er beschloss, es in der ›Zeitschrift für Politik‹ zu veröffentlichen.⁷⁵ Maier hatte dazu weder die Erlaubnis des Verlages noch die von Kirchheimer eingeholt. Kirchheimer schrieb in dieser Angelegenheit Gurland: »Eine Veröffentlichung in dieser Zeitschrift ist mir deshalb so unangenehm, weil ich Fränkel [sic!] bei seinem Hiersein Vorwürfe gemacht habe, daß er dort veröffentlicht, nachdem ich sah, daß diese Zeitschrift vor ca. 6 oder 8 Monaten eine dumme Rechtfertigung des Nazibeamtentums gebracht hat, von der Fränkel [sic!] natürlich sagte, er habe sie nie gesehen.«⁷⁶ Das Kapitel zum Asylrecht war bereits 1956 in deutscher Übersetzung »*Gegenwartsprobleme der Asylgewährung*« erschienen und 1961 in der ›Politischen Vierteljahresschrift‹ das zehnte Kapitel unter dem Titel »*Gnade der politischen Strafverfolgung*«.

Vier Kapitel waren also bereits bis Ende 1961 übersetzt. Dennoch dauerte es weitere vier Jahre, bis der gesamte Text ins Deutsche übertragen worden war. Dies hatte mehrere Gründe. 1962 hatte Arkadij

---

72 Zum Vortragsbericht siehe ›Schwäbisches Tagesblatt‹ vom 13. Juli 1961.
73 Kurz nach seiner Aufnahme wandte sich Horst Ehmke an Otto Kirchheimer, Ulrich Scheuner und Richard Bäumlin mit der Bitte, eine Arbeit über die Lage der Staats- und Verfassungstheorie in der Bundesrepublik zu verfassen (Günther 2004: 230).
74 Die Druckfahnen für die deutsche Ausgabe wurden auch an erfahrene Juristen weitergeleitet, so beispielsweise an Richard Schmid und Horst Ehmke (Brief von Arkadij Gurland an Otto Kirchheimer vom 30. August 1960. In: State University of New York, University at Albany, Special Collections & Archives, Otto Kirchheimer Papers, Series 2, Box 1, Folder 68; Brief von Horst Ehmke an Otto Kirchheimer vom 18. August [vermutlich 1960], Archiv der Sozialen Demokratie, Horst Ehmke Depositum, Box 1/ HAEE 000504).
75 Brief von Arkadij Gurland an Otto Kirchheimer vom 22. Dezember 1964, State University of New York. In: University at Albany, Special Collections & Archives, Otto Kirchheimer Papers, Series 2, Box 1, Folder 68.
76 Brief von Otto Kirchheimer an Arkadij Gurland vom 2. Juli 1964. In: State University of New York, University at Albany, Special Collections & Archives, Otto Kirchheimer Papers, Series 2, Box 1, Folder 68.

Gurland einen Ruf an die Technische Universität Darmstadt auf die Professur für Wissenschaftliche Politik erhalten und war nun mehr mit den damit verbundenen Verpflichtungen als mit Übersetzungsarbeiten beschäftigt. Zum anderen gab es eine Reihe administrativer Konflikte zwischen Gurland, dem zuständigen Lektor Frank Benseler vom Luchterhand Verlag und den Herausgebern von *Politica*, die zu einer Verzögerung der Veröffentlichung der deutschen Ausgabe von *Political Justice* führten. Bereits die Unstimmigkeiten über die Höhe der Bezahlung und das Mitspracherecht des Verlags bei den Übersetzungen hatten die Vertragsunterzeichnung mit Gurland um ein Jahr verzögert. Zusätzlich wurden über die Jahre mehrere Konflikte zwischen Benseler und Gurland zur Einarbeitung seiner Übersetzungen und über die Länge des Manuskripts ausgefochten. Nach der langjährigen Auseinandersetzung in unzähligen Korrespondenzen zwischen Kirchheimer, Gurland und Benseler wurde die Veröffentlichung durch die schlechte Koordination bei der Bearbeitung der Korrekturbögen zusätzlich belastet. In einem Brief von 1964 beschwerte sich Gurland heftig bei Benseler über Bögen, die ohne Korrektur in den Druck gegangen waren. Er betonte den Arbeitsaufwand, der in den vergangenen Jahren in das Buch eingeflossen war, und bat darum, dass man der deutschen Ausgabe »das Schicksal der amerikanischen« erspare.[77]

Die Nachlässigkeiten des Verlages und die Unstimmigkeiten bei der Zusammenarbeit zwischen Verlag, Autor und Übersetzer sind bis heute in der Erstausgabe des Buches zu erkennen: Noch immer findet sich in vielen Bibliotheken diese erste Auflage der deutschen Übersetzung mit dem falschen Untertitel »Die Verwendungen juristischer Verfahrensmöglichkeiten zu juristischen Zwecken«, welcher den Sinn der Studie ad absurdum führt. Kirchheimer forderte Benseler auf, alle fehlerhaften Exemplare aus dem Handel zu nehmen.[78] Der Verlag ignorierte diese Bitte und löste das Problem erst nach einigen Wochen dadurch, dass den fehlerhaften Exemplaren nachträglich ein Zettel beigelegt wurde, der auf die Verwechselung von »politischen« anstatt »juristischen Zwecken« im Titel aufmerksam machte.

Zum Zeitpunkt der Veröffentlichung von *Politische Justiz* im März 1965 war Kirchheimer bereits eine anerkannte Größe in der

---

77 Brief von Arkadij Gurland an Frank Benseler vom 23. November 1964. In: Universitätsbibliothek Frankfurt, Archivzentrum, Na 5, A. R. L. Gurland Ordner 687 (53).
78 Brief von Otto Kirchheimer an Frank Benseler vom 29. März 1965. In: State University of New York, University at Albany, Special Collections & Archives, Otto Kirchheimer Papers, Series 3, Box 2, Folder 57.

westdeutschen und US-amerikanischen Politikwissenschaft.[79] Als das Buch erschien, war er ›Professor of Public Law and Government‹ an der Columbia University in New York und Mitherausgeber der führenden US-amerikanischen politikwissenschaftlichen Fachzeitschrift ›American Political Science Review‹. Trotz seiner akademischen Etablierung in den USA suchte Kirchheimer ab den sechziger Jahren wieder verstärkt nach Möglichkeiten, seine akademischen Bindungen an die Bundesrepublik zu vertiefen. 1962 erhielt er einen Ruf aus Frankfurt als Nachfolger von Carlo Schmid für den Lehrstuhl für Politische Wissenschaft. Kirchheimer lehnte jedoch nach längerem Überlegen ab. »Prinzipiell« wolle er schon den USA den »Rücken kehren«, er müsse sich aber mit Rücksicht auf seinen 1947 geborenen Sohn Peter bis zum Beginn von dessen Studium regelmäßig in den USA aufhalten und dürfe dabei auch die finanzielle Sicherung der Anfangsstudienjahre nicht aus den Augen verlieren.[80] Aufgrund dieser Prioritäten hätte Kirchheimer die folgenden vier Jahre zwischen Frankfurt und Washington bzw. New York pendeln müssen, um gleichermaßen beide Stellen bedienen zu können. Schlussendlich führte er die Ratschläge seiner Ärzte an, um zu erklären, warum er die angebotene Stelle in Frankfurt nicht antrat.[81]

1965 erhielt Kirchheimer dann einen Ruf aus Freiburg für die Nachfolge Arnold Bergstraessers. Insbesondere Horst Ehmke hatte sich für diese Berufung eingesetzt.[82] Dieses Angebot aus Deutschland wollte er annehmen. Otto Kirchheimer starb am 22. November 1965, bevor er dem Ruf nach Freiburg folgen konnte.

---

79 Er hatte vor allem für seine Schriften zur Parteien- und Oppositionsforschung an Bekanntheit gewonnen. Ausführlicher zu diesem Teil seines Werkes und seiner Wirkung siehe Buchstein (2020: 7-176).
80 Brief von Otto Kirchheimer, ohne Adressat und ohne Datum. In: State University of New York, University at Albany, Special Collections & Archives, Otto Kirchheimer Papers, Series 2, Box 2, Folder 48.
81 Brief von Otto Kirchheimer an Carlo Schmid vom 3. Mai 1962. In: State University of New York, University at Albany, Special Collections & Archives, Otto Kirchheimer Papers, Series 2, Box 2, Folder 10.
82 Siehe hierzu Günther (2004: 224); Killian (2018: 816).

4. Das Buch »Politische Justiz«

Politische Justiz ist das einzige Buch, das Otto Kirchheimer nach seiner Emigration 1933 als Alleinautor verfasst hat. Sowohl der Anspruch, »die konkrete Beschaffenheit und Zweckbedingtheit der politischen Justiz in bestimmten politischen und gesellschaftlichen Situationen, in denen an sie appelliert wird, zu beleuchten« (S. 15), als auch der Seitenumfang (661 Textseiten in der Ausgabe der Europäischen Verlagsanstalt, 436 Textseiten in der amerikanischen Originalausgabe) deuten seine Ambitionen an. Die Thematik der politischen Justiz erlaubte Kirchheimer, sowohl seine in der Weimarer Republik geformten und in der Emigration erweiterten vergleichenden juristischen Kenntnisse als auch kriminologischen Studien und die vergleichende Parteienforschung einzubringen. Das Resultat ist eine Monografie, die sowohl die großen Entwicklungslinien der politischen Justiz aufzeichnet als auch mit Detailanalysen zu politischen Prozessen von der Antike bis zur Mitte der 20. Jahrhunderts aufwartet.

Den Schutzumschlag der englischsprachigen Originalausgabe ziert eine Zeichnung von George Grosz, die für Kirchheimer »the theme of reversal of political roles« kommentiert:[83] »Wie der Staatsgerichtshof aussehen müsste!«[84] Diese Grafik ist ursprünglich das Titelbild der 1919 erschienenen dritten Sonderausgabe »Die Schuldigen« der von den Dadaisten George Grosz und Carl Einstein herausgegebenen politisch-satirischen Wochenzeitschrift »Der blutige Ernst«.[85] In einer satirischen Zeichnung stellt sich George Grosz vor, wie sich Vertreter der deutschen militärischen Eliten vor einem Staatsgerichtshof für den Krieg verantworten müssten. Durch Epauletten, Lampassen und Knopfleiste lassen sich im Vordergrund die mit Handschellen und Fußeisen gefesselten Beschuldigten als Mitglieder der preußischen Armee identifizieren. Aus dieser Gruppe heraus kann man anhand des charakteristischen Schnauzbartes und der Gesichtszüge eine Karikatur des Generalfeldmarschalls und späteren Reichspräsidenten Paul von

---

83 Brief von Otto Kirchheimer an Miriam Brokaw vom 9. November 1960. In: State University of New York, University at Albany, Special Collections & Archives, Otto Kirchheimer Papers, Series 3, Box 2, Folder 64.
84 »Der Blutige Ernst«, Satirische Wochenschrift, 1. Jahr, Nr. 3 (Sondernummer III., Die Schuldigen), archiviert vom John Heartfield Archiv: https://heartfield.adk.de/node/2876 (zuletzt aufgerufen am 20. Dezember 2018).
85 Miriam Brokaw von der Princeton University Press hatte Kirchheimer die Zeichnung als Illustration für das Kapitel zur Person des Verteidigers vorgeschlagen. Sie hatte sie im Busch-Reisinger Museum entdeckt (Brief von Miriam Brokaw an Otto Kirchheimer vom 28. Oktober 1960. In: State University of New York, University at Albany, Special Collections & Archives, Otto Kirchheimer Papers, Series 3, Box 2, Folder 64).

Hindenburg erkennen. Die Beschuldigten stehen einem erhöht positionierten Gericht gegenüber, in dem Arbeiter und Bauern als Richter über sie urteilen. Grosz' Aussage über die Schuld am Ersten Weltkrieg fließt zusammen mit seiner impliziten Analyse der Klassenposition der Gerichte: Nur ein Gericht der einfachen Leute würde die militärischen Eliten für schuldig und verantwortlich erklären. Damit deutet die von dem Konzept der Klassenjustiz inspirierte Zeichnung auf dem Schutzumschlag der amerikanischen Ausgabe die Rolle der Weimarer Debatten zu politischer Justiz und Klassenjustiz als Inspiration für *Politische Justiz* an.

Politische Justiz bringt anhand vieler Beispiele politischer Prozesse von der europäischen Antike an bis zur aktuellen Situation des Herausgabezeitpunkts einen enzyklopädischen Überblick über die Materie. Der Schwerpunkt liegt auf Beispielen aus den USA, Großbritannien, der Weimarer Republik, der Bundesrepublik, der DDR, Frankreichs sowie Russlands und der späteren Sowjetunion. Während Kirchheimer eine ungewöhnlich genaue und abgeklärte Kenntnis verschiedener europäischer Rechtssysteme hatte, versucht das Buch nicht, über den Rahmen der europäischen – oder von Europäern nach Nordamerika und Afrika exportierten und aufgezwungenen – Rechtssysteme hinauszugehen. Vielmehr ist für Kirchheimer die Geschichte und Problematik der politischen Justiz mit der Entwicklung der europäischen Verfassungsstaaten verknüpft, wobei die justiziellen Reaktionen auf die europäischen Komponenten des Zweiten Weltkrieges und des Kalten Krieges einen Schwerpunkt bilden.

Das Buch ist in drei Hauptteile mit insgesamt zwölf Kapiteln gegliedert. Im ersten Teil (»Politische Justiz: Fälle, Gründe, Methoden«) zeichnet Kirchheimer das Entstehen der Kategorie eines spezifisch politischen Delikts nach und widmet je ein Kapitel den Grundformen des politischen Prozesses gegen einzelne Personen und den Maßnahmen, denen politische Organisationen ausgesetzt werden können. Im zweiten Teil (»Der Apparat der Justiz und der Angeklagte«) befasst sich Kirchheimer in drei Kapiteln mit den Institutionen und Akteuren politischer Justiz: den Staatsanwaltschaften, den Gerichten, den Richtern, den Verteidigern und den Angeklagten. Zwei weitere, im ersten Konzept des Buches noch nicht vorgesehene Kapitel wenden sich konkreten Konstellationen politischer Justiz zu: Kapitel VII präsentiert eine Rechtssoziologie der DDR-Justiz der 1950er Jahre, und Kapitel VIII nimmt sich der Problematik von Prozessen an, die gegen ehemalige politische und militärische Eliten durch Nachfolgeregime geführt wurden, vor allem jenen der Nürnberger Prozesse. Im dritten Teil des Buchs (»Abwandlungen und Korrekturen«) beschäftigt sich Kirchheimer mit zwei Phänomenen, die im engen Zusammenhang mit politischen Prozessen stehen: zum einen dem Asylrecht, verstanden als die Möglichkeit, politisch motivierter Strafverfolgung durch Flucht und Asylgewährung zu entkommen; zum anderen der Institution der Gnade, verstanden als die nachträgliche Abmilderung oder Tilgung der Strafe für politische Vergehen, die zu einem späteren Zeitpunkt als übermäßig hart erscheint. Asylrecht und Gnade werden somit zu räumlichen und zeitlichen Ausweichmanövern oder Korrekturen von politischer Justiz, die einer politischen Verfolgung nahekommt. Das elfte Kapitel, »Versuch einer Zusammenfassung« (in der amerikanischen Ausgabe noch selbstbewusster: »Summing Up«), kehrt wieder auf eine abstraktere theoretische Ebene zurück, bevor im zwölften Kapitel (»Vorläufige Nachtragsbilanz«) Prozesse der Jahre zwischen dem Erscheinen der englischsprachigen Ausgabe und der deutschen Übersetzung kommentiert werden. Die einzelnen Kapitel des Buches sind in sich geschlossen, bewegen sich auf verschiedenen Ebenen und sprechen jeweils unterschiedliche Diskussionszusammenhänge an. Sie können somit auch einzeln gelesen und diskutiert werden. Das trifft insbesondere für jene Kapitel zu, die von Kirchheimer schon vorab als eigenständige Zeitschriftenaufsätze publiziert wurden: Kapitel VII zur DDR-Justiz erschien 1959 im ›Yale Law Journal‹ und 1960 im ›Archiv des öffentlichen Rechts‹, Kapitel IX zum Asylrecht erschien 1959 in der ›American Political Science Review‹ und in Heft 82 der Arbeitsgemeinschaft für Forschung des Landes Nordrhein-Westfalen, und ein Teil von Kapitel X zum Gnadenrecht erschien 1961 in ›Social Research‹.

Kirchheimer widmet das Buch eingangs »Allen Opfern der politischen Justiz in Vergangenheit, Gegenwart und Zukunft«, jedoch verurteilt er nicht alle politischen Prozesse. Er versteht politische Justiz grundsätzlich als unabwendbar, aber selten hilfreich. Zwar betont er die Unterschiede zwischen stalinistischen Schauprozessen mit vorherbestimmtem Ergebnis und politischer Justiz im rechtsstaatlichen Rahmen und lobt insbesondere die Nürnberger Kriegsverbrecherprozesse, jedoch sieht er in politischen Prozessen riskantes, vielmals kurzsichtiges, und moralisch fragwürdiges politisches Handeln. Bezeichnend für diese Orientierung ist, dass Kirchheimer dem elften Kapitel, der Zusammenfassung, ein Zitat von Blaise Pascal zum Verhältnis von Macht und Gerechtigkeit vorangestellt, das später auch von Jacques Derrida in seinem einflussreichen Text zu Dekonstruktion und Gerechtigkeit analysiert wurde (Derrida 1992: 11). Pascal erkennt resigniert, dass in der Praxis Macht und Gerechtigkeit oft nicht zusammenfallen: »Da man also nicht zuwege bringen konnte, daß das, was gerecht ist, mächtig werde[,] hat man dafür gesorgt, daß das, was mächtig ist, Rechtens sei« (S. 606).

Derrida nahm Pascals Gedanken zum Anlass für eine Elaboration von Gerechtigkeit, die geradezu »verrückt« oder unmöglich sei: »for a decision to be just and responsible, it must, in its proper moment if there is one, be both regulated and without regulation: it must conserve the law and also destroy it or suspend it enough to have to reinvent it in each case [...]« (Derrida 1992: 23). Was ist für Kirchheimer Gerechtigkeit in einem politischen Prozess? Er versteht Entscheidungen nur dann als gerecht, wenn sie sowohl »dem Einzelmenschen Gerechtigkeit widerfahren [...] lassen« als auch geeignet sind, »in weiterem Umkreis und auf längere Dauer Anerkennung zu finden« (S. 613). Auch bei ihm schwingt die auf Pascal aufbauende resignierte Erkenntnis, dass ohne Macht kein Recht sein könne, immer mit.

Das *erste Kapitel* »Die Justiz in der Politik« beginnt mit den Worten: »Jedes politische Regime hat seine Feinde oder produziert sie zu gegebener Zeit« (S. 21). Kirchheimers Verständnis von Politik hat zwei für den Begriff der politischen Justiz wesentliche Dimensionen. Zum einen ist dieses Verständnis geprägt von einer Perspektive, welche die Politik als Gegnerschaft und Wettbewerb und nicht als Suche nach Kompromissen und Verständigung charakterisiert. Dementsprechend werden politische Ereignisse und die Effekte politischer Justiz in Kategorien wie Sieg und Niederlage kommentiert. Andererseits ist in dem Verständnis von Politik ein Appell an die Massen um eben diese Unterstützung, die für das Obsiegen im politischen Wettbewerb unerlässlich ist, enthalten. Somit kommt Kirchheimer nicht umhin, politische Prozesse, die mit viel öffentlicher Anteilnahme stattfinden, als Ereignisse zu verstehen, die eine theatralische Dimension haben. Das Vokabular von Bühne, Publikum, Regie, Drama und Skript, das aus der Sphäre des Theaters und nicht des Justizbetriebs entlehnt ist, wird in späteren Kapiteln wesentlich für die Analyse politischer Prozesse. Politische Prozesse dienten, so Kirchheimer, »primär der Legitimierung, damit aber auch der Einengung politischen Handelns« (S. 26). Sie verquicken Öffentlichkeit und Wettbewerb: »In einem Verfahren aber, das der Öffentlichkeit zugänglich ist, kann sich die Authentifizierung, die Regularisierung des Außerordentlichen, unter günstigen Umständen so auswirken, dass die Volksmasse dem Regime Verständnis, Sympathie und Bereitschaft zum Mitmachen entgegenbringt« (S. 27). In diesem Verständnis mischt sich das theatralische Verständnis von Öffentlichkeit als Bühne mit dem ergebnisorientierten Konzept der Politik als Machtkampf.

Der Begriff »Politische Justiz« kann, je nach Vorverständnis und Kontext, ein analytischer Begriff, eine zynische Feststellung oder ein Vorwurf sein. Wenn Politik und Recht (oder Justiz) als komplett getrennte Sphären verstanden werden, so erscheint ihre Vermischung in einer »politischen Justiz« als Skandal, aber auch als Ausnahme vom normalen Justizbetrieb. Hingegen ist in einem Politikverständnis, das dem Recht keine strukturelle Unabhängigkeit von der Politik einräumt, jede Form von Justiz »politisch«. Würde Politik als die gemeinsame Gestaltung öffentlicher Belange verstanden, dann wäre »politische Justiz« weder Novum noch Vorwurf, sondern ein alltäglicher Normalfall. Auch wenn Kirchheimer darauf besteht, dass der Begriff der politischen Justiz nichts »Zynisches« an sich habe (S. 11), sieht er die politische Justiz als »den dubiosesten Abschnitt der ›Rechtspflege‹ [...], in dem die Vorkehrungen und Einrichtungen des staatlich betreuten Rechts dazu benutzt werden, bestehende Machtpositionen zu festigen oder neue zu schaffen« (S. 11).

Im *zweiten Kapitel*, »Wandel in der Struktur des Staatsschutzes«, entwirft Kirchheimer ein Bild des Verhältnisses von Staat, Politik und Justiz von der römischen Antike bis hin zum 20. Jahrhundert. Sein Augenmerk ist auf das Selbstbild des Staates und die Sicherheitsvorstellungen des Regimes, aus denen sich engere oder weitere Handlungsspielräume für andere politische Meinungen, Organisationen und Handlungsformen ergäben, gerichtet. Einen merklichen Wandel im Staatsschutzverständnis gäbe es im 18. Jahrhundert, als mit der ersten Englischen Revolution erreicht wurde, »dass dem Staatsbürger die Freiheit zugebilligt wurde, für seine beruflichen, besitzrechtlichen, und auch – was allerdings zweifelhaft blieb – religiösen Interessen einzutreten« (S. 58). Jedoch wären mit der Französischen Revolution auch neue staatsbürgerliche Pflichten der »Treue zu den jeweiligen politischen Visionen der Mehrheit« (S. 59-60) zu den Rechten hinzugetreten. In diesem Abschnitt, der einen weitschweifenden Überblick über die Vorstellungen von staatsgefährdendem Verhalten in Großbritannien, Frankreich und Deutschland gibt, betont Kirchheimer, dass das »Zeitalter der Rechtsstaatlichkeit« (S. 58) trotz seiner vielgestaltigen Ausformung im Zusammenhang mit dem Aufstieg des Nationalstaates in Europa zu bestimmten charakteristischen Konturen des Staatsschutzes führte. Bei dieser Analyse schwingt scheinbar ein Hauch Nostalgie mit. Jedoch gab es für Kirchheimer kein goldenes Zeitalter der Freiheit, sondern nur sich wandelnde Konturen von Staatsformen, Verfassungsdenken, politischem Spielraum und Repression. Dennoch spürt man Kirchheimers Respekt und Verunsicherung angesichts der politischen Kräfte der »Massendemokratie und der totalitären Herrschaft« (S. 66), die seit dem Ende des Ersten Weltkrieges zu beobachten waren. Im Zeitalter der konstitutionellen Monarchien und der liberalen Nationalstaaten wurde, so

Kirchheimer, »der Unterschied zwischen politischen und gewöhnlichen Straftaten von der öffentlichen Meinung und unter ihrem Druck auch von den Organen der Staatsgewalt oft anerkannt« (S. 72). Daraus folgte, dass es eine Kategorie von »politischen« Strafgefangenen gab, die gegenüber »gewöhnlichen« Straftätern Vorrechte genossen (S. 72). Seit dem Ersten Weltkrieg würden jedoch politische Täter »auf die Stufe des gewöhnlichen Kriminellen« gestellt (S. 73). Zwar wusste Kirchheimer aus seinen kriminologischen Studien, dass »gewöhnliche Kriminelle« vor allem arme und marginalisierte Menschen waren, jedoch behält er für das Buch die Unterscheidung von »gewöhnlicher« und »politischer« Kriminalität, in der den politischen Täter eine Aura des Heldenhaften umweht, bei. Andererseits sieht Kirchheimer ein Problem des Zusammentreffens von Rechtsstaatlichkeit und politischer Polarisierung darin, »daß es angesichts der spezifischen Funktionsweise der Demokratie nicht möglich sei, die politischen Gegner daran zu hindern, von den demokratischen Rechten und Freiheiten zur Zerstörung von Recht und Freiheit Gebrauch zu machen« (S. 74). Ein Schwerpunkt seiner Fallstudien im Buch ist somit das Verhältnis von Verfassungsstaaten und politischen Gruppen, die zwar der Ideologie nach dem Rechtsstaat und der Demokratie fern stehen, sich in der Praxis jedoch darin unterschieden, ob, wie und mit welchem potentiell realistischen Erfolg sie eine Gefahr für die Demokratie sein könnten.

Im *dritten Kapitel* entwickelt Kirchheimer eine Definition des »politischen Prozesses« in Abgrenzung von normalen Strafverfahren. Kirchheimers Verständnis des politischen Prozesses geht davon aus, dass nicht alle Strafverfahren »politisch« seien und es sich deshalb analytisch lohnen würde, politische Prozesse von »gewöhnlichen« Strafrechtsfällen zu unterscheiden (S. 80). Obgleich Kirchheimer durch seine eigene Terminologie einen Fokus auf Strafprozesse suggeriert, nimmt er in diesem und folgenden Kapiteln auch Bezug auf zivilrechtliche und verwaltungsrechtliche Verfahren. Da jene Rechtsgebiete anderen Regeln der Beweislast unterliegen sowie sich die Art der Sanktionen und die Rolle des Staates und insbesondere der Exekutive im Verfahren unterscheiden, ist die Erweiterung des Begriffes ›politische Justiz‹ über das Strafverfahren hinaus sowohl vielversprechend als auch potentiell komplizierend.

Kirchheimer unterscheidet zunächst drei Typen von politischen Prozessen. Erstens gäbe es den »Prozeß, in dem eine mit politischer Zielsetzung verübte kriminelle Tat abgeurteilt und die Verurteilung des Täters um bestimmter Vorteile willen angestrebt wird« (S. 80). Zweitens gäbe es den »klassischen politischen Prozeß, mit dem das herrschende Regime das politische Verhalten seiner Widersacher als kriminell zu brandmarken trachtet, um sie auf diese Weise von der politischen Bühne zu entfernen« (S. 80). Drittens betrachtet Kirchheimer den »gleichsam abgeleiteten politischen Prozeß, in dem zur Diskreditierung des politischen Gegners Delikte eigener Art herhalten müssen: Beleidigung oder Verleumdung, Meineid, Ungebühr vor Gericht« (S. 80).

Diese Typisierung unterscheidet zwischen politischen Prozessen vor allem nach dem Grade, zu dem die Handlungen, die vor Gericht verhandelt werden, als genuin kriminell unabhängig von der politischen Einstellung der Handelnden gesehen werden. So fiele ein politisch motivierter Mord in die erste Kategorie (mit politischer Absicht begangenes Verbrechen). Ein Verstoß gegen Gesetzgebung, die anarchistische, rassistische oder pazifistische Pamphlete kriminalisiert, wäre hingegen Gegenstand eines Prozesses der zweiten Kategorie, da in diesen Fällen die Handlung nur im Zusammenhang mit der politischen Aussage kriminalisiert ist. Die dritte Kategorie ist hingegen amorpher: Prozesse wegen Beleidigung oder Verleumdung werden vielmals nicht vom Staat, sondern von den Opfern initiiert; Prozesse wegen Meineid oder Ungebühr vor Gericht sind dann zu erwarten, wenn Zeugen oder Angeklagte sich den Normen des Gerichtes widersetzen. In diesen Fällen wird der Fokus des Verfahrens von der ursprünglichen Anklage auf das Verhalten der Angeklagten vor Gericht abgelenkt.

Kirchheimer ist bedacht, politische Prozesse, die in einem rechtsstaatlichen Kontext stattfinden, von jenen Prozessen abzugrenzen, die »außerhalb der Domäne des Rechtsstaatlichen« liegen (S. 80): Bei Letzteren seien die »Missachtung der prozessualen Rechte des Angeklagten und der Versuch, tatsächlich Geschehenes so umzubiegen oder zu entstellen, dass es sich propagandistisch ausschlachten lässt«, charakteristisch (S. 80). Eine solche Art der Prozessführung, sei es in stalinistischen Schauprozessen oder im Reichstagsbrandprozess, ist analytisch weniger interessant, da dem Staat und dem Gericht bei der »Konstruktion einer erdichteten Ersatzwirklichkeit« (S. 81) kaum effektive Grenzen gesetzt seien.

Normale Strafprozesse, so Kirchheimer, dienten der »Bejahung und Bekräftigung des gesellschaftlichen Ordnungssystems« (S. 84). In politischen Prozessen hingegen werde »das Räderwerk der Justiz und ihre Prozessmechanismen [...] um politischer Ziele willen in Bewegung gesetzt«, die über das normale Interesse des Staates am Erhalt der bestehenden Ordnung hinausgeht (S. 84). Kirchheimer unterscheidet zwischen zweierlei Zielen: »entweder bestehende Machtpositionen umzustoßen, indem man Stücke aus ihnen herausbricht, sie untergräbt oder in Stücke schlägt, oder umgekehrt den Anstrengungen um die Erhaltung dieser Machtpositionen vermehrte Kraft zu verleihen« (S. 85).

Kirchheimer schneidet kurz an, dass je nach Prozessform und Staatsordnung mehr oder weniger Personen berechtigt sind, einen Gerichtsprozess zu beginnen. Zum einen könnten in einem Verfassungsstaat »fast unbegrenzt viele Privatpersonen die Gerichte in Anspruch nehmen« (S. 86), zum anderen könnten Verfahren »von Amts wegen« nur von staatlichen Organen in Gang gebracht werden (S. 86). Über die unterschiedlichen Befugnisse, Prozesse der verschiedenen Verfahrenstypen anzustrengen oder zu verhindern, reflektiert Kirchheimer jedoch kaum. Dabei wäre gerade dieser Punkt des Einflusses auf justizielle Entscheidungen zentral in einem Argument, das davon ausgeht, dass politische Prozesse von einer Partei bewusst mit dem Ziel der Veränderung politischer Machtverhältnisse angestrengt würden.

Im letzten Teil des dritten Kapitels widmet Kirchheimer sich der Frage von politischen Prozessen »außerhalb des rechtsstaatlichen Raums« (S. 151), der für ihn analytisch weniger interessanten Konstellation. Während Regierungen, die die Freiheit ihrer Gegner in einem rechtsstaatlich geprägten Prozess einzuschränken gedenken, ein Risiko eingingen, führe der Mangel an Rechtsstaatlichkeit zu einem berechenbaren Prozess, da den Vorstellungen der Regierenden kaum Akteure und Institutionen im Wege stehen würden. Kirchheimer beschreibt das Fehlen der Rechtsstaatlichkeit vor allem durch »ein hohes Maß der Unterordnung des Justizapparats unter die politische Herrschaftsstruktur der Gesellschaft«, woraus folge, dass die Gerichte beim Interessenausgleich zwischen dem Staat und den Bürgern kaum eine Rolle spielten (S. 152). Auch in nicht-rechtsstaatlichen Gesellschaften gäbe es unterschiedliche Formen von politischen Prozessen. So seien Schauprozesse stalinistischer Prägung mit vorher angefertigten Inszenierungen von den gängigeren Prozessen zu unterscheiden, in denen die Verfahrensrechte der Angeklagten weitgehend beschnitten würden (S. 154). Ein traditioneller politischer Prozess berge Risiken für die Inhaber politischer Machtpositionen; »sowohl in seinen unmittelbaren Wirkungen als auch in seinen Fernstrahlungen haftet ihm das Element des Ungewissen, Lotteriehaften an« (S. 173).

Selbst wenn politische Prozesse kurzfristig Propagandazwecke erfüllten, sei nicht klar, wie langanhaltend ihre Effekte seien: »Die inszenierte Sittenparabel wird, nachdem sie den politischen Bedürfnissen des Tages Genüge getan hat, hauptsächlich als Dokument der geistigen Verfassung ihrer Urheber fortleben, und es kann passieren, dass die Nachwelt darin eine viel ärgere Trübung und viel größere Störungen entdecken wird als in der geistigen Verfassung der wehrlos gemachten Opfer« (S. 185).

Im *vierten Kapitel* »Gesetzlicher Zwang gegen politische Organisationen« geht Kirchheimer auf eine Sonderform der politischen Justiz ein, die sich nicht gegen Einzelpersonen, sondern gegen Gruppen und Organisationen richtet. Das Kapitel geht auf drei verschiedene Umgangsweisen mit potentiell systemfeindlichen Parteien und Gruppierungen ein: gleiches Recht für alle, Benachteiligung in der Praxis und gesetzliche Unterdrückung (S. 250).

In diesem Kapitel weicht Kirchheimer auch von dem Fokus auf Europa und Nordamerika ab und analysiert die rassistischen Unterdrückungssysteme von weißen Minderheitenregierungen am Beispiel der Apartheidregierung Südafrikas in den 1940er und 1950er Jahren (S. 189-191). Undemokratische Minderheitsregierungen hätten jedoch kein Monopol auf kollektive Exklusionsmechanismen. Kirchheimer beschreibt das Problem ebenso für demokratisch orientierte Staaten: »wie soll man mit Gruppen verfahren, von denen man annimmt, dass sie dem herrschenden demokratischen Regime feindlich sind, die aber darauf bestehen, innerhalb dieses Regimes eine sozusagen grundsätzliche Opposition zu betreiben?« (S. 206). Kirchheimer behandelt dieses Problem nicht als eine Frage, die in der Theorie geklärt werden kann, sondern begreift sie als politische Entscheidung. Demzufolge wäre in der Bundesrepublik das Recht, »ein Gerichtsverfahren mit dem Ziel der Auflösung einer antidemokratischen Partei« anzustrengen, der Bundesregierung vorbehalten (S. 211). Die politische und rechtliche Praxis des Parteienverbots in den 1950er Jahren, an die Kirchheimer seine Überlegungen anknüpft, war komplex, jedoch in westlichen Ländern vor allem gegen kommunistische Parteien gerichtet. Demzufolge spielten Einschätzungen der festgestellten und antizipierten Gefährlichkeit der Partei ebenso eine Rolle wie die Frage, inwiefern die Parteidoktrin wörtlich zu nehmen sei.

Obwohl Kirchheimer sich der Strategien und Gefährlichkeit von faschistischen, nationalsozialistischen und kommunistischen Parteien bewusst ist, plädiert er für eine Gleichbehandlung aller politischen Parteien in Recht und Verwaltungspraxis. Verbote und Einschränkungen seien einerseits rechtsstaatlich problematisch und andererseits in der Praxis durchaus ineffektiv. Demgegenüber könne eine »tiefverwurzelte demokratische Legalität« (S. 252) viel wirkungsvoller als Basis eines gesellschaftlichen Konsenses und als Abwehr gegen antidemokratische Kräfte dienen (S. 253).

In diesem Kapitel fließen rechtliche Analyse und Parteienforschung zusammen: »Das Schicksal der gesetzlichen Unterdrückung von Gegnern ist in einer demokratischen Gesellschaft bis zum Grotesken paradox. Kann sie nach menschlichem Ermessen zum Ziel führen, so ist sie in der Regel unnötig; ist sie aber angesichts einer ernsten Bedrohung der demokratischen Einrichtungen angezeigt, so ist ihr Nutzen begrenzt, und sie birgt dann die Keime neuer, womöglich größerer Gefahren für die Demokratie in sich« (S. 257). Kirchheimers Perspektive in diesem Kapitel ist die eines beratenden Politikpraktikers, der skeptisch ist, dass Maßnahmen gegen Minderheitsparteien, auch wenn sie verfassungskonform sein könnten, strategisch klug und praktisch effektiv seien. Diese Parteien dienten »als Kanäle, durch deren Vermittlung grundsätzliche Systemfeindschaft [...] auf mehr oder minder geordnete Weise zum Ausdruck gebracht werden kann« (S. 242).

Im *fünften Kapitel* des Buches widmet sich Kirchheimer den institutionellen und gesellschaftlichen Voraussetzungen politischer Justiz: der Rolle und dem Selbstverständnis der Gerichtsbarkeit sowie den prozessualen Schritten und politischen Entscheidungen, die zu einem politischen Prozess führen.

Die traditionelle Aufgabe des Richterstandes sei es, »die noch gestaltlosen Elemente gesellschaftlichen Bewusstseins in die geformte Sprachgestalt des Rechtsbewusstseins zu übersetzen« (S. 321). Jedoch seien Überlegungen zu traditionellen gesellschaftlichen Positionen von Richtern und politischen Eliten in dem Moment hinfällig, wenn sich politische Normen und Mehrheiten schlagartig ändern oder wenn Gesellschaften tief gespalten und polarisiert seien. In solchen Fällen »können Richter ihrer traditionellen Rolle nicht gerecht werden: ein nicht mehr anerkanntes gesellschaftliches Wertsystem können sie weder in Verhaltensnormen ummünzen noch in seiner Bezogenheit auf bestimmte Komplexe herausarbeiten« (S. 320). Politische Prozesse können zwar Versuche sein, die öffentliche Meinung zu beeinflussen; jedoch können sie auch als Abbilder des wandelbaren gesellschaftlichen Mehrheitsurteils gesehen werden (S. 308). Kirchheimer schlägt vor, politische Prozesse und öffentliche Meinung als Teil »eines kontinuierlichen Prozesses wechselhafter Beeinflussung« zu verstehen (S. 308).

Die Rolle von Gerichten in politisch umstrittenen Verfahren bestehe in der »Legitimierung oder ›Illegitimierung‹ einer bestimmten Art des Handelns« (S. 265). Kirchheimer stellt fest, dass »sich die Träger der Macht um gerichtliche Billigung umso eifriger bemühen, je wichtiger es ihnen ist, das Ungewöhnliche und Schockartige einer Neuerung hinter einer traditionellen Verfahrensweise zu verbergen« (S. 265). Die Legitimationswirkung der Gerichte sei jedoch an die Möglichkeit gekoppelt, dass die Gerichte anders entscheiden können. Dieses »Risiko«, das Kirchheimer schon 1955 in seinem Artikel »Politische Justiz« betonte, sei entscheidend für die Legitimationswirkung von Gerichtsurteilen (S. 265); es markiere die Grenze zwischen »Gericht« und »Gerichtsstaffage« (S. 265). Diese Wortwahl lässt erkennen, dass nicht nur Legalität, sondern auch der Anschein von Legalität politisch bedeutsam sein kann. Dementsprechend streift Kirchheimer politische Prozesse in autoritären und totalitären Kontexten, wo nur von einer »Gerichtsstaffage« zu reden sei, aber er widmet das Gros des Buches den Prozessen, in denen die Legitimierung politischen Handelns durch Gerichte keinen Automatismus darstellt. Die Prozesse, in denen es primär um »Anschein« und »Staffage« geht, lassen sich für ihn eher als Theater denn als Rechtsstreit analysieren.

Worin besteht das Risiko eines politischen Prozesses für eine Regierung? Zum einen kann sie den Fall vor Gericht verlieren (S. 294). Zum anderen kann die Entscheidung, politisch motiviertes Handeln strafrechtlich zu verfolgen, dem öffentlichen Ansehen der Regierung Schaden zufügen (S. 294). Viel bedeutsamer, so Kirchheimer, sei jedoch das »historische Risiko«: »Wenn spätere Generationen auf Grund genauer Kenntnis der Zusammenhänge die Motive, Erwartungen und Befürchtungen aller Beteiligten beurteilen, können sie für die Urheber politischer Strafverfolgungsaktionen schwer allzu nachsichtiges Verständnis aufbringen« (S. 296). Die Stärke des Regimes, das sich politischer Justiz bedienen kann, ist entscheidend und suggeriert, dass Regime, die es sich leisten können, gegen politisch motivierte Straftaten vorzugehen, dies nicht nötig haben, während Regime, die um ihr politisches Überleben kämpfen, oft »das Rüstzeug der Gesetze nicht mehr zu handhaben« in der Lage seien (S. 299).

Im zweiten Teil des Kapitels widmet sich Kirchheimer der Frage, wie es überhaupt zur politischen Strafverfolgung komme (S. 280). Diese Frage ist zentral für Kirchheimers Konzeption politischer Justiz, da er diese als Ausdruck des Machtstrebens der Initiatoren von Prozessen versteht. Hier kommt dem »Staatsapparat« eine tragende Rolle zu: Bei vielen Prozessformen liegt die Entscheidung zur Anklage oder Verfahrenseinstellung im Ermessen der Staatsanwaltschaft oder des Justizministeriums (S. 281); diese Schlüsselrolle sei unabhängig davon zu beobachten, ob es sich um ein englisch-amerikanisches System mit »Opportunitätsprinzip« und Ermessensentscheidung der Staatsanwaltschaft oder ein kontinentaleuropäisches Rechtssystem mit »Legalitätsprinzip« handle (S. 282-283). In beiden Systemen gelte: »Die Beurteilung der Aussichten des Strafverfahrens, vor allem der Art des verfügbaren Belastungsmaterials und seiner Beweiskraft, eröffnet der legitimen Ermessensentscheidung […] ein weites Feld« (S. 283-284). Dem Justizministerium als dem Bindeglied zwischen der Justiz und der Regierung, die, anders als die Justiz, legitimer politischer Akteur ist, kommt bei diesen Verfahren und den Ermessensentscheidungen zu Anklageerhebung und staatsanwaltlicher Strategie eine entscheidende Rolle zu (S. 284).

Das *sechste Kapitel* ist den Protagonisten in politischen Prozessen gewidmet: den Angeklagten, Verteidigern und dem Gericht. Die Grundfrage ist erneut, inwiefern und wie sich für die Beteiligten politische Prozesse von normalen Prozessen unterscheiden: »Wo beginnt der grundlegende Unterschied zwischen einer normalen Verteidigung und der anderen, der Verteidigung auf höherer Ebene, die auf andere Werte blickt als auf eine dem Angeklagten günstige Entscheidung des Gerichts?« (S. 335).

Die Konstellation, in der Angeklagte als Mitglieder politischer Gruppen vor Gericht stehen, führt zu Abweichungen von den Rollenverständnissen eines regulären Strafprozesses. Wenn zum Beispiel die Angeklagten und ihre Organisationen kein Vertrauen in die Unparteilichkeit der Justiz und die Gerechtigkeit der Gesetze haben, wird der Prozess leicht zu einer Bühne, auf der für ein Publikum außerhalb des Gerichtssaals gespielt wird.[86] In diesen Kontexten treten die spezifisch rechtlichen Argumentationsformen, mit denen Angeklagte versuchen, das Gericht von ihrer Unschuld (oder minderen Schwere der Schuld) zu überzeugen, in den Hintergrund (S. 344). Je enger das Kollektiv sei, dem die Angeklagten angehören, desto wichtiger würden die »organisatorischen Interessen« der Partei gegenüber den individuellen Interessen der Angeklagten an einer geringen Strafe (S. 345). Im zweiten Teil des Kapitels geht Kirchheimer spezifischer auf verschiedene Typen politischer Organisationen und deren Grad von Konformitätszwang und Erwartung an die Aufopferung des Einzelnen ein. Ebenso entwickelt er eine Typologie von Verteidigern in politischen Prozessen (S. 365).

Das *siebente Kapitel* (»Die ›Gesetzlichkeit‹ der Justizfunktionäre«, in der amerikanischen Ausgabe »›Democratic Centralism‹ and Political Integration of the Judiciary«) ist eine Fallstudie zur Justiz in der DDR. Kirchheimer besteht darauf, dass zwischen der »Rechtspflege der westlichen Gesellschaft« (S. 384), die durchaus nicht jeder Kritik erhaben sei, und der Justizpraxis in Ländern, in denen »die staatlichen Institutionen nach Sowjetmodellen aufgebaut sind« (S. 385), wesentliche Unterschiede bestünden. In letzteren Staaten sei das »angestrebte Ziel […] die größtmögliche Übereinstimmung der richterlichen Entscheidung mit der Regierungspolitik« (S. 385).

---

86 Siehe Grunwald (2012).

Kirchheimers Tonfall in diesem Kapitel weicht vom Stil des restlichen Buches ab: Während in den Kapiteln zu politischer Justiz im rechtsstaatlichen Rahmen ein melancholischer Ton herrscht (vgl. Schale 2006: 289), wird im Kapitel zur Justiz in der DDR vielmals eine ironische Distanz zum Gegenstand sichtbar (siehe zum Beispiel S. 386-387). Jedoch argumentiert Kirchheimer nicht polemisch. Seine Leistung in dieser frühen Studie zur Justiz in der DDR ist es, die Rechtspraxis der DDR aus ihren eigenen Quellen heraus zu dokumentieren und anhand ihrer eigenen Logik zu verstehen. Am Fußnotenapparat ist ersichtlich, dass Kirchheimer seine Analysen vor allem auf Quellen aus der DDR, vor allem auf die ›Neue Justiz‹, die einzige juristische Zeitschrift der DDR, stützt.

Es wäre für Kirchheimer ein Leichtes gewesen, die DDR mit der Bundesrepublik zu vergleichen und somit die Bundesrepublik zum Maßstab für Rechtsstaatlichkeit zu machen, wie es in der Forschung unter den Stichworten »Rechtsstaat« und »Unrechtsstaat« bis heute oft getan wird.[87] Kirchheimer hingegen legt dar, dass sich beispielsweise das Verhalten und die Optionen von DDR-Justizangestellten nicht mit dem Vokabular und den Maßstäben der bundesdeutschen Justiz verstehen oder gar beurteilen lassen. So seien Richter in der DDR verpflichtet, sich »vorbehaltlos für den Sieg des Sozialismus in der Deutschen Demokratischen Republik« einzusetzen (S. 396). Aus diesem Grund müsse die Vorstellung widerlegt werden, es stehe »dem DDR-Richter unter Berufung auf die Verfassung frei, die ihm vorgelegten Fälle auf Grund des verfügbaren Beweismaterials nach feststehenden Vorschriften zu entscheiden« (S. 397). Die Frage nach dem Entscheidungsspielraum der DDR-Richter wurde im Zuge der Rechtsbeugungsprozesse der 1990er Jahre wieder aktuell. Nach welchen Maßstäben konnten, sollten und durften die Staatsanwälte und Richter in der DDR handeln?[88] Wie war das Verhältnis zwischen eigenem Rechtsbewusstsein und den gesetzlichen und institutionellen Rahmenbedingungen? Kirchheimers Analyse hält dazu an, die Justiz in der DDR (und in anderen Staaten, die dem sowjetischen Modell folgten oder folgen mussten) nicht mit Hilfe der im Westen üblichen Schemata zu beurteilen. In dem vom »demokratischen Zentralismus« und Parteidisziplin geprägten System stehe das Justizministerium und nicht etwa das Oberste Gericht an der Spitze der Hierarchie (S. 391). Das Oberste Gericht wurde zum »Hilfsorgan der zentralen Regierungsbehörden« (S. 392), das seinerseits jedes unliebsame Urteil unterer Gerichte »kassieren« konnte (S. 392). Während in rechtsstaatlichen

---

87 Siehe Jarausch/Geyer (2003).
88 Siehe Hohoff (2001).

Kontexten die individuelle Prozessführung und das Urteil des einzelnen Richters wichtig blieben und es unter Gerichten Uneinigkeit in der Beurteilung ähnlich gelagerter Situationen geben könne, spielten im demokratischen Zentralismus individuelle Einstellungen kaum noch eine Rolle, da das System so strukturiert sei, dass von der Norm abweichende Urteile von den oberen Gerichten korrigiert werden können.

Der letzte Abschnitt des Kapitels widmet sich der Frage des Vergleichs zwischen den Rechtsordnungen des nationalsozialistischen Staates und der DDR. Hier besteht Kirchheimer auf deutlichen Unterschieden: »Im Gegensatz zu den kommunistischen DDR-Planern erstrebte die nationalsozialistische Führung weder einen grundlegenden Umbau der Eigentumsordnung noch eine gesellschaftliche Umschichtung. Sie hatte keine Veranlassung, die entscheidenden Züge des ererbten Rechts auszuradieren« (S. 441). Die NS-Rechtsordnung basiere auf einer weitgehenden Fiktion der Kontinuität von Form und Inhalt des Rechts. Aus diesem Grund »fiel es dem Gros der Richterschaft nicht schwer, die neue politische Ordnung zu akzeptieren« (S. 441). Entgegen der schon früh verbreiteten These, dass die Juristenschaft aufgrund des vorherrschenden Rechtspositivismus dem Nationalsozialismus gegenüber wehrlos gewesen sei,[89] legt Kirchheimer dar, dass die Koexistenz von politischem Druck und dem Anschein rechtlicher Kontinuität zu einer Situation führte, in der zwei verschiedene Modalitäten der Rechtspraxis nebeneinander existierten: »Rechtskontinuität und legalistischer Konservatismus auf der einen, Rechtlosigkeit, Gewalt und willkürliche Neuerung auf der anderen Seite« (S. 443). Das entsprach Ernst Fraenkels Analyse des Doppelstaates (Fraenkel 1974). Demgegenüber war in der DDR die »grundlegende Umstülpung der Sozial- und Wirtschaftsstruktur« von Anfang an Staatsziel; es sollte ein neues Rechtssystem geschaffen werden (S. 445). Die kurze Gegenüberstellung von NS-Recht und DDR-Recht am Ende des Kapitels zur Rechtspraxis der DDR zeigt Kirchheimers Methode, bei der vergleichenden Analyse nicht nur auf die formale Ebene, sondern auch auf das Zusammenspiel von Rekrutierungsmustern, Druckmitteln innerhalb der Justiz und Kontinuitäten sowie Brüchen im Rechtsdenken zu achten.

Das Bundesministerium für Gesamtdeutsche Fragen wandte sich im Oktober 1960 an Kirchheimer sowie die Herausgeber des ›Archiv des öffentlichen Rechts‹ mit der Bitte, einen Sonderdruck des Beitrags »Die Rechtspflege und der Begriff der Gesetzlichkeit in der DDR«, welcher die Grundlage für dieses Kapitel war, in einer Auflage von 2.000

---

89 Dazu kritisch Foljanty (2013).

Exemplaren zu genehmigen. Allerdings, so das Ministerium, müsse der Beitrag neu gesetzt werden, da man »aus unabweisbaren Gründen die Bezeichnung ›DDR‹ grundsätzlich nur in Apostrophierung akzeptieren« könne. Ein Dr. Murawski schrieb im Auftrag des Ministers, das Ministerium wollte »keine Zweifel lassen, daß die Einfügung der Anführungsstriche eine Conditio sine qua non ist, wie ich andererseits auch nicht verhehlen will, dass ich es sehr bedauern würde, wenn das Projekt, einen Sonderdruck herzustellen, an dieser Voraussetzung scheitern würde.«[90] Die Herausgeber waren zwar der Meinung, dass »der Abdruck nur unverändert erfolgen könne«, seien aber zu einem Kompromiss, der eine klare Kennzeichnung der Änderungen beinhalten müsse, prinzipiell bereit.[91] Kirchheimer hingegen antwortete: »Etwaigen Änderungen in dem Artikel mit dem Ziel dessen Form oder Inhalt mit den Sprachregelungen politischer Stellen in Einklang zu bringen, kann ich nicht zustimmen.«[92] Jedoch ließ er dem Ministerium die Option, den Artikel mit einem Begleitschreiben zu veröffentlichen, in dem darauf hingewiesen werde, »dass dieser Artikel photomechanisch hergestellt worden ist und schon aus diesem Grunde keine Änderungen vorgenommen werden konnten.«[93] Dieser Kompromiss war jedoch vom Ministerium von Anfang an ausgeschlossen worden. Diese Distanzierung von der Sprachpolitik der Bundesregierung, welche die DDR nicht als Staat anerkennen wollte, verdeutlicht Kirchheimers Prinzipien des wissenschaftlichen und politischen Umgangs mit dem Systemkonflikt.

Kirchheimer bestand darauf, Rechtssysteme nicht pauschal zu beurteilen, sondern auf Rechtswirklichkeit und alltäglichen Rechtspraxis abzustellen. Allerdings fehlte ihm der direkte Zugang zu den Gerichten der DDR. Als Horst Ehmke Mitherausgeber des ‚Archivs des Öffentlichen Rechts' wurde und Kirchheimer um einen verfassungstheoretischen Artikel bat, um die Zeitschrift „wieder etwas lebendiger zu gestalten," lehnte Kirchheimer ab, schlug aber stattdessen einen vergleichenden Beitrag zur Rechtspraxis in der DDR und der Bundesrepublik

90 Brief von Dr. Murawski an den Verlag J.C.B. Mohr vom 7. Oktober 1960. In: State University of New York, University at Albany, Special Collections & Archives, Otto Kirchheimer Papers, Series 3, Box 2, Folder 59.
91 Brief Otto Bachof an Otto Kirchheimer vom 31. Oktober 1960. In: State University of New York, University at Albany, Special Collections & Archives, Otto Kirchheimer Papers, Series 3, Box 2, Folder 59.
92 Brief von Otto Kirchheimer an den Verlag J.C.B. Mohr vom 23. November 1960. In: State University of New York, University at Albany, Special Collections & Archives, Otto Kirchheimer Papers, Series 3, Box 2, Folder 59.
93 Brief von Otto Kirchheimer an den Verlag J.C.B. Mohr vom 23. November 1960. In: State University of New York, University at Albany, Special Collections & Archives, Otto Kirchheimer Papers, Series 3, Box 2, Folder 59.

vor.[94] Kirchheimer schrieb: „Ich habe aber einen Vorschlag Ihr Archiv flott zu machen, den ich wirklich ernsthaft meine, wenn Sie es der Mühe wert halten. Ich bin bereit einen Brief an Hilde Benjamin zu schreiben und sie zu fragen ob sie mir erlaubt für 6 Wochen nach der DDR zu kommen und ihre Justiz an Hand der Gerichtspraxis zu studieren. Ich würde entsprechende 6 Wochen in den westdeutschen Gerichten zubringen. Den Bericht darüber könnten Sie veröffentlichen. Wie wäre es?"[95] Ehmke antwortete im Oktober 1964: „Die Herausgeber des Archivs sind ebenso schnell wie übereinstimmend zum Ergebnis gekommen, daß wir eine Berichterstattung über die Praxis deutscher Gerichte in Ost und West aus Ihrer Feder sehr begrüßen würden."[96]

Im März 1965 schrieb Kirchheimer in einem Brief an die Justizministerin der DDR Hilde Benjamin, dass er plane, »einen vergleichenden Artikel über die Justiz in der Deutschen Demokratischen Republik und der Bundesrepublik Deutschland zu schreiben«, der sich »mit der Rolle der Gerichte sowohl im Hinblick auf die Gestaltung interpersonaler Beziehungen als auch als Institution zur Erzielung gesamtgesellschaftlicher Zwecke beschäftigen« solle. Er bat Benjamin um eine Erlaubnis, »an von mir in diesem Zusammenhang als zweckdienlich erachteten Gerichtsverhandlungen teilzunehmen und soweit notwendig den daran beteiligten Justizfunktionären Fragen zu stellen«, und betonte, dass er »keinen Wert darauf lege die politische Strafjustiz besonders herauszuheben«, sondern dass sein Interesse »der Stellung der Justiz innerhalb der gegenwärtigen Gesellschaftsordnung« gelte. Er erbat eine Erlaubnis, diese Feldstudien im Juni und Juli 1965 durchzuführen.[97] Zuvor hatte Kirchheimer schon den Luchterhand Verlag gebeten, Benjamin ein Exemplar der gerade erschienenen Monografie *Politische Justiz* zukommen zu lassen. Hilde Benjamins positive Antwort erreichte Kirchheimer Ende Mai und damit zu spät, um die Reise noch für den Sommer 1965 zu planen. Benjamin betonte, dass die DDR „für die Herstellung normaler sachlicher Beziehungen zwischen beiden deutschen Staaten" eintrete, und versicherte Kirchheimer, dass sein Anliegen,

---

94 Brief von Horst Ehmke an Otto Kirchheimer vom 18. August 1964; Brief von Otto Kirchheimer an Horst Ehmke vom 23. August 1964. Archiv der Sozialen Demokratie, Horst Ehmke Depositum, Box 1/HAEE 000504.
95 Brief von Otto Kirchheimer an Horst Ehmke vom 23. August 1964. Archiv der Sozialen Demokratie, Horst Ehmke Depositum, Box 1/HAEE 000504.
96 Brief von Horst Ehmke an Otto Kirchheimer vom 20. Oktober 1964; Archiv der Sozialen Demokratie, Horst Ehmke Depositum, Box 1/HAEE 000504.
97 Brief von Otto Kirchheimer an Hilde Benjamin vom 11. März 1965, State University of New York, University at Albany, Special Collections & Archives, Otto Kirchheimer Papers, Series 2, Box 1, Folder 19.

„unmittelbar die Tätigkeit der Rechtspflegeorgane kennenzulernen und über Aufgaben und die Stellung der Rechtspflege in beiden deutschen Staaten zu schreiben, auch im Sinne dieser unserer Vorstellungen nützlich wirken kann".[98] Benjamin bat Kirchheimer, ihr einen Terminvorschlag für die Reise sowie genauere Vorstellungen über den Ablauf mitzuteilen. Kirchheimer interpretierte diese Antwort als „von der dick aufgetragenen Propaganda abgesehen [...] unbefriedigend", da sie keine hinreichend konkrete Antwort auf sein Anliegen enthielt.[99] Kirchheimer entschloss sich dazu, die geplante Reise in die DDR für den Sommer 1966 in Begleitung seines Sohnes Peter zu planen.[100] Zu dieser Reise sollte es wegen des Todes von Otto Kirchheimer nicht mehr kommen. Damit ist das in *Politische Justiz* enthaltene Kapitel zur Rolle der Justizfunktionäre in der DDR der einzige längere Text, in dem sich Kirchheimer mit der Rechtspraxis der DDR auseinandersetzt.

Im *achten Kapitel* widmet sich Kirchheimer Prozessen, die heute vielfach unter dem Stichwort »transitional justice« analysiert werden.[101] »Siegerprozesse gegen gestürzte Vorgänger«, so Kirchheimers Terminologie, kombinierten die Dramatik eines politischen Prozesses mit der Dynamik rasanten politischen Wandels.

Während reguläre Strafprozesse um die Klärung und Bestrafung von vergangenem Verhalten anhand von existierenden Standards bemüht sind, seien Prozesse von Nachfolgerregimen vielmehr bemüht, das neue Regime von dem alten zu distanzieren. Bei Nachfolgerprozessen ist nicht immer offensichtlich, »dass das neue Regime einen Weg einschlägt, für den es keine Vorbilder gibt« (S. 455). Oft wirkten die Rechtsnormen, nach denen geurteilt wird, rückwirkend (S. 461). Kirchheimer konzentriert sich bei der Diskussion dieser Problemfelder auf westeuropäische Staaten der Nachkriegszeit, die nach der Befreiung die Kollaboration mit den Nationalsozialisten bestraften (S. 464-466).

Kirchheimer unterscheidet zwischen Fällen, in denen ein Staat »gelegentlich von der gesellschaftlichen Norm abwich« (S. 470), von Situationen, in denen ein Regime »schlechterdings das Prinzip des Bösen verkörperte« (S. 470). Die Reinform des »verbrecherischen Staates« gäbe es in der Realität nicht (S. 470). Stattdessen seien »im Alltagsdasein der Menschen [...] die Elemente der Freiheit und des Zwanges, des begeisterten,

---

98 Brief von Hilde Benjamin an Otto Kirchheimer vom 18. Mai 1965, Archiv der Sozialen Demokratie, Horst Ehmke Depositum, Box 1/HAEE 000504.
99 Brief von Otto Kirchheimer an Horst Ehmke vom 12. Juni 1965, Archiv der Sozialen Demokratie, Horst Ehmke Depositum, Box 1/HAEE 000504.
100 So der Bericht von Peter Kirchheimer an Hubertus Buchstein am 12. März 2019 in New York.
101 Siehe Teitel (2000); Arthur (2009).

selbstverständlichen, resignierenden oder widerwilligen Gehorsams und der mehr oder minder versteckten Widerspenstigkeit und Aufsässigkeit auch im Grenzfall unentwirrbar verflochten« (S. 470). Diese parallelen Elemente von Zwang und Freiheit setzt Kirchheimer in Verbindung mit der Theorie des Doppelstaates von Ernst Fraenkel (siehe S. 472): Auch ein »despotisches Staatsgebilde« müsse »für die elementarsten Bedürfnisse eines beträchtlichen Teils der Bevölkerung sorgen und viele mehr oder minder ›neutralen‹ Dienste betreiben« (S. 471). Kein Staat ist ein reiner Verbrecherstaat und keine Bevölkerung wird komplett »in den Stand von Lagerhäftlingen versetzt« (S. 470).[102] Diese Betrachtungen sind nicht nur von soziologischer Bedeutung. Vielmehr steht für Kirchheimer die schon früher von Hannah Arendt aufgeworfene Frage im Raum (Arendt 1964b: 17-48), wie »der Grundsatz der persönlichen Verantwortung des Einzelnen« zu behandeln sei, wenn komplette Staatsgebilde zu verbrecherischen Organisationen geworden sind (S. 470).

In Kirchheimers Analyse des Nürnberger Hauptkriegsverbrecherprozesses wird der melancholische und leicht resignierende Grundton des Buches mit der Anerkennung für ein neues und wichtiges Projekt von Rechtlichkeit gemischt. Kirchheimer bezeichnet die Prozesse analytisch korrekt als »Siegerprozesse« (S. 473), zieht daraus aber nicht den Kurzschluss der Illegitimität. Die Errungenschaften des Prozesses wurden dadurch untergraben, dass »das Mächtebündnis, das den Nürnberger Versuch unternommen hatte«, »auseinandergebrochen« war, »bevor die Unterschriftstinte von Nürnberg trocken geworden war« (S. 475).

Kirchheimer widmet sich den vier Haupteinwänden der Verteidiger gegen die Nürnberger Anklage und widerlegt diese: Erstens hatten sich die Angeklagten darauf berufen, dass sie Anweisungen und Gesetze befolgt hätten (S. 480). In einer Argumentation, die sich stark an Gustav Radbruch und Lon Fuller anlehnt, legt Kirchheimer dar, dass sich die Angeklagten »in so offenkundigen Ausnahmefällen« nicht auf die Umsetzung geltenden Gesetzes oder die Legalität ihres Verhaltens berufen könnten (S. 480).[103]

Zweitens wurde das Argument des Befehlsnotstands geltend gemacht: Die Täter wären nicht nur an das allgemeine Gesetz, sondern

---

102 Otto Kirchheimer lehnte Ernst Fraenkels Theorie des Doppelstaates und seine analytische Unterscheidung zwischen Normen- und Maßnahmestaat in den 1940er Jahren noch ab. Kirchheimers Rezension im ›Political Science Quarterly‹ war die einzig negative Besprechung des Werkes (vgl. Ladwig-Winters 2009: 163). Fraenkels Argument, der Kapitalismus benötige einen kalkulierbaren Normenkatalog, hielt Kirchheimer für falsch. Fraenkel hätte erkennen müssen, dass es im Nationalsozialismus keinen Einfluss der Judikative auf die Wirtschaft mehr gäbe (Kirchheimer 1941: 302).
103 Siehe Radbruch (1946); Fuller (1958).

auch an konkrete und bindende Befehle gebunden gewesen (S. 483). Hier argumentiert Kirchheimer, dass auf den unteren militärischen Ebenen zwar öfter ein echter Befehlsnotstand geherrscht hätte, so dass Soldaten eine Befehlsverweigerung mit dem Leben bezahlt hätten. Jedoch entspräche »das Befehlsverhältnis in der höheren Ebene eher den Beziehungen innerhalb der Elite der Mächtigen und sollte auch entsprechend beurteilt werden« (S. 484). Zum Beispiel hätten sich Richter der Berufung an Sondergerichte entziehen können (S. 485).

Der dritte Einwand der Verteidigung betraf die angebliche Voreingenommenheit des Gerichtes. Obwohl Kirchheimer diesen Einwand im Fall des IMT-Prozesses zurückweist, legt er dar, dass zu einem gewissen Maße jeder politische Prozess von politischen Siegern durchgeführt wird: »In allen Prozessen, die vor Gerichten eines siegreichen neuen Regimes stattfinden, sind die Richter in gewissem Sinne Siegerrichter« (S. 487). Durch Rekrutierung und Amtspflichten bedingt, würden Richter im Allgemeinen »für die Festigung und Erhaltung« des Regimes, das sie mit ihrem Amt betraut hat, sorgen (S. 487). Zwar hätte es die theoretischen Möglichkeiten gegeben, Ankläger und Richter aus im Krieg neutralen Staaten hinzuzuziehen und dem Gericht eine breitere internationale Basis zu geben, jedoch hätte das in der Praxis erhebliche Koordinationsprobleme bereitet und an der Arbeit des Gerichtes nicht notwendigerweise viel geändert (S. 491). Kirchheimer widerspricht – wie auch Arendt – entschieden der Behauptung, ein deutsches Gericht wäre objektiver gewesen (S. 491). Deutsche Richter, die das NS-Regime nicht unterstützt hatten, hätten womöglich andere Akzente gesetzt, wären aber nicht zu für die Angeklagten günstigeren Ergebnissen gekommen (S. 493).

Der vierte Einwand, mit dem sich Kirchheimer auseinandersetzt, betrifft den Vorwurf des *tu quoque*: Es seien Taten abgeurteilt worden, derer sich auch die Alliierten schuldig gemacht hätten (S. 493). Generell zeige dieser Vorwurf, dass es bei politischen Prozessen nicht nur um die Vergangenheit, sondern auch um die Zukunft ginge: »Indem sie die Wurzeln der Ungerechtigkeit in den Taten des beseitigten Regimes bloßlegt, versucht sie, die Ergebnisse der gerichtlichen Klärung als Bausteine für die Fundamente der neuen Ordnung zu benutzen« (S. 493). Es gehe um die berechtigte oder unberechtigte Demonstration von moralischer Überlegenheit. Im Falle des IMT-Prozesses sei der *tu quoque*-Vorwurf absurd und zeige nur, wie wenig seine Anhänger die Verbrechen des NS-Staates verstanden haben: »Bei Untaten, in denen wir Verstöße gegen die menschliche Daseinsnorm sehen, gab es schlechterdings keine vergleichbaren Praktiken irgendeines im Gericht vertretenen oder nicht vertretenen Staates, die zur Entschuldigung oder Strafminderung hätten herangezogen werden können« (S. 495).

Kirchheimers Analyse des IMT-Prozesses gehört zu den Kernstücken des Buches. Hier fließen seine Studien zum NS-System, zu politischer Justiz, zu politischen Systemwechseln und zu politischen Parteien zusammen. Der Nürnberger Hauptkriegsverbrecherprozess war, so Kirchheimer, ein Verfahren ohne Vorbilder und Präzedenzfälle (S. 496). Aus diesem Grunde weiche der Prozess in vielerlei Hinsicht von anderen Prozessen ab, ohne dass diese »Anomalien« zu einer »groben Rechtswidrigkeit« addiert werden könnten (S. 496). Die klaren Erwartungen an das Gericht seien ein Ausdruck der Situation und nicht politischer Einflussnahme gewesen: »Der Druck, der auf das Gericht ausgeübt wurde, kam von den Vergasungsöfen, von den Massenschlachthäusern, von den Millionen, die Eltern, Familie, Heim verloren hatten« (S. 499). An dem Punkt scheint Kirchheimer, der immer wieder die Variabilität von rechtlichen Normen und die Instrumentalisierung von moralischem Urteil im politischen Handeln thematisiert, sich zu einer Universalnorm zu bekennen: »[D]ie barbarischsten Verstöße gegen die menschliche Daseinsnorm liegen außerhalb des Bereichs veränderlicher und vielleicht auch zufälliger Methoden außergewöhnlichen politischen Handelns, über die es je nach dem politischen Regime verschiedene Meinungen geben kann« (S. 499).

Im *dritten Teil* des Buches befasst sich Kirchheimer mit »Abwandlungen und Korrekturen« politischer Justiz, vor allem dem Asylrecht und dem Gnadenrecht. Das Buch schließt mit einer Zusammenfassung, die von einer Nachtragsbilanz gefolgt wird. Kirchheimer begreift Asylrecht und Gnadenrecht als Abmilderungen oder gar Vereitelungen von politischer Justiz (S. 511): Das Gnadenrecht beendet oder unterbindet eine Bestrafung innerhalb des Staates; mithilfe des Asylrechts könnten politisch Verfolgte außerhalb des Staates Schutz finden.

Im *neunten Kapitel* fragt Kirchheimer, wie das Asylrecht theoretisch und praktisch mit der politischen Justiz in Verbindung stehe. Wie Hannah Arendt (Arendt 1951: 267 ff.) sieht auch Kirchheimer wesentliche Unterschiede zwischen der Asylpraxis des 19. Jahrhunderts und der des 20. Jahrhunderts (S. 514). Während im 19. Jahrhundert einige wenige exponierte politische Rebellen um politisches Asyl bitten mussten, so wurde im 20. Jahrhundert Flucht vor gruppenbezogener Verfolgung zum Massenphänomen (S. 515). Die Fluchtgründe hatten in der Mehrzahl keine Verbindung zum Themenkomplex politische Justiz: Die Geflüchteten wurden nicht verfolgt, weil sie etwas getan hätten, sondern weil sie einer unliebsamen ethnischen, sozialen oder religiösen Gruppe angehörten. Der »heutige Durchschnittsflüchtling« sei »nicht mehr als einer von Hunderttausenden oder Millionen, die von einer gegen eine bestimmte Schicht oder eine bestimmte ethnische Kategorie gerichteten Politik bedroht« seien (S. 516). In der zweiten Hälfte des Kapitels thematisiert Kirchheimer die sowohl theoretisch wie auch in der Praxis wichtigen Probleme des Schutzes politisch Verfolgter vor Auslieferung (S. 539). Seit dem 19. Jahrhundert haben europäische Gerichte Auslieferungsbegehren dann nicht stattgegeben, wenn der Auszuliefernde eines politischen Deliktes angeklagt war (S. 539). Gerade bei Delikten mit einer Gewaltkomponente sei die Abgrenzung zwischen normalen Gewaltdelikten und politisch motivierter Gewalt umstritten, so etwa bei Mordanschlägen oder bei revolutionärer Gewalt (S. 545).

Das *zehnte Kapitel* widmet sich einem Zitat von Shakespeare folgend der »Art der Gnade«. Im »Kaufmann von Venedig« lässt William Shakespeare Portia zur Frage der Gnade zu bedenken geben: »Die Art der Gnade weiß von keinem Zwang, sie träufelt wie des Himmels milder Regen zur Erde unter ihr« (S. 574). Strafe und Gnade, so Kirchheimer, folgten unterschiedlichen Prinzipien (S. 566). Während die vom Gericht verhängte Strafe sich nach dem Gesetz und Abwägungen von öffentlichem Interesse, Schuld und Reue bemesse, erscheine der Gnadenakt geradezu willkürlich (S. 566). Er wird nicht verdient, sondern erscheint als Geschenk.

Begnadigungen könnten als stillschweigende oder gar ausdrückliche Korrekturen von Gerichtsentscheidungen fungieren (S. 568). Sie können Milde gegenüber gealterten Gefangenen ausdrücken (S. 570), aber auch die Arbeit der Gerichte systematisch unterlaufen, wenn Gewalttätern mit einer bestimmten politischen Gesinnung regelmäßig die Strafe erlassen wird (S. 581). Von dem individuellen Gnadenakt unterscheide sich die politische Amnestie dadurch, dass sie sich an klar definierte Gruppen von Verurteilten richte und somit ein gewisses Maß von Regelung und Berechenbarkeit aufweise (S. 587). Jedoch könnten Amnestien leicht zu Werkzeugen im politischen Kampf werden, wenn sie nur Anhängern bestimmter Gruppen zugutekommen: »Der uneingeschränkte, aber nur für Anhänger der siegreichen Sache geltende Straferlass mit Niederschlagung schwebender Verfahren, der totalitäre Siege begleitet, sagt an sich schon aus, dass der demokratische Rechtsstaat aufgehört hat zu existieren« (S. 595).

Das *elfte Kapitel* bietet den »Versuch einer Zusammenfassung« (S. 606). Politische Justiz, resümiert Kirchheimer, finde statt, »wenn Gerichte für politische Zwecke in Anspruch genommen werden, so dass das Feld politischen Handelns ausgeweitet und abgesichert werden kann« (S. 606). Die Einschaltung der Gerichte kann sich je nach dem Handeln der Beschuldigten und der Rechtslage entweder »zwingend« ergeben oder Entscheidungsträgern zur »freien Wahl« überlassen sein (S. 606). Unscharf bleibt wiederum, welche Akteure am Entstehen eines politischen Prozesses beteiligt sind, wie jeweils ihre Entscheidungsspielräume und Einschätzungen der rechtlichen und politischen Lage bedingt sind und wie sie aufeinander Einfluss nehmen könnten. Kirchheimer postuliert, dass ein politischer Prozess oft »als der bequemere, günstigere der variablen Wege, die im politischen Kampf zwischen Personen und Gruppen begangen werden können«, erscheine (S. 607).

Kirchheimers Verständnis von Politik verengt sich auf den Wettbewerb zwischen politischen Parteien und anderen Akteuren, die öffentliche Meinung in ihrem Sinne zu beeinflussen. Maßgebend sind Wahlergebnisse, Sitze im Parlament, Koalitionen und Regierungsposten (S. 611). Politik wird wie ein Boxkampf oder ein Nullsummenspiel verstanden, in dem es um den Gewinn oder Verlust von Macht und nicht um Inhalte, Werte oder Ideale geht. Kirchheimer betont, dass es sich bei politischer Justiz immer um einen »Umweg« im politischen Prozess handele (S. 622); schon in dieser Formulierung wird deutlich, dass er die Exekutive als die den Prozess anstoßende Gewalt sieht und das Gericht als Schauplatz einer Auseinandersetzung, die originär an einem anderen Ort stattfindet. Politische Prozesse seien immer noch besser als »politische Willkür ohne jede Möglichkeit der Anrufung der Gerichte« und würden oft nur eine politische Niederlage besiegeln (S. 622). Lediglich wenn die politische Justiz »nicht der Besiegelung feststehender politischer oder militärischer Kampfergebnisse, sondern der Hervorbringung neuer politischer Symbolbilder« diene, »kann man sie unter den politischen Spielen als eins der zivilisiertesten bezeichnen« (S. 622).

Jedoch zeigt das Buch auch eine andere Dimension von Politik und politischer Justiz, die von späteren Autoren aufgegriffen wurde: Kirchheimer analysiert den Gerichtssaal als Bühne mit manchmal vorgefertigten Skripten und »die bildprägende Wirkung des Gerichtsprozesses« (S. 611). Politische Prozesse erreichen oft ein viel breiteres »Publikum« (S. 611) als reguläre Prozesse. In ihnen werden nicht nur einzelne in der Vergangenheit liegende Taten verhandelt, sondern »[d]em Publikum wird die einmalige Gelegenheit geboten, an der Rekonstruktion der Geschichte zum Zweck der Gestaltung der Zukunft teilzunehmen« (S. 611). Die Theatralik und Performativität der politischen Justiz, auf die Kirchheimer aufmerksam gemacht hat, wird in späteren Studien (Bilsky 2004, Ertür 2015) theoretisch erfasst und analysiert.

Da für Kirchheimer die Urteile in den meisten politischen Prozessen nicht gegen politischen Wandel gefeit sind, sieht er politische Justiz vielmals als einen Ausdruck politischer Eitelkeiten ohne Aussicht auf eine positive normative Wirkung, die über den nächsten Regimewechsel hinausginge; »die geringfügigste historische Verschiebung kann alles, was sie [die politische Justiz, L. K. und C. W.] vollbringt, zunichte machen« (S. 621). Nur der Nürnberger Hauptkriegsverbrecherprozess erscheint als Ausnahme von diesem Urteil der Vergänglichkeit. Kirchheimer beendet die amerikanische Version des Buches mit einem Abdruck der Fürbitte in der christlichen Totenmesse: Tränenreich wird die Zeit, da der Mensch von Gott gerichtet werde (S. 624). In der deutschen Ausgabe folgt auf diesen Schluss noch ein zwölftes Kapitel, in dem Kirchheimer Entwicklungen in der politischen Justiz der Bundesrepublik, Frankreichs und Großbritanniens kommentiert, die sich in der Zeit zwischen der Fertigstellung der amerikanischen Ausgabe und der deutschen Überarbeitung ereignet hatten.

In einem 1968 posthum veröffentlichten Überblicksartikel in der *International Encyclopedia of the Social Sciences* lässt sich erneut ein Wandel in Kirchheimers Verständnis politischer Justiz erkennen. Während er in seinen früheren Publikationen zur politischen Justiz versucht hatte, von den Inhalten der jeweiligen politischen Ideologien zu abstrahieren, finden sich in diesem Eintrag dezidierte Werturteile. So schreibt er, dass die Form der politischen Justiz von »strength or weakness of the liberal tradition« abhinge. Sein Urteil *über* Prozesse gegen Vorgängerregime wird auch normativ klarer: »They are largely directed toward the creation of politically useful imagery. Nevertheless, the trials of predecessor regimes carry their own justification to the extent that the procedural irregularities are outbalanced by the weight of the intrinsic evils that they bring before the bar« (Kirchheimer 1968: 100). Im Buch *Politische Justiz* war diese Hierarchie politischer Ideologien und Regime allenfalls angedeutet. Der Ansatz, der Vermischung von Politik und Gerichtsprozessen nicht generell skeptisch gegenüber zu stehen, sondern zu fragen, welche Art von Politik ein politischer Prozess betreibt, findet sich schon in Judith Shklars *Legalism*, das 1964 erschien: »It is the quality of the politics pursued in them that distinguishes one political trial from another« (Shklar 1986: 145). Kirchheimer hatte im Herbst 1962 das Manuskript zu *Legalism* für die Princeton University Press begutachtet.[104] Er lobte es als »quite an

---

[104] Brief von Herbert S. Bailey an Otto Kirchheimer vom 26. Oktober 1962; Brief von Herbert S. Bailey an Otto Kirchheimer vom 13. Dezember 1964. In: State University of New York, University at Albany, Special Collections & Archives, Otto Kirchheimer Papers, Series 3, Box 2, Folder 65.

intelligent performance« und betonte, »its vividness, its challenge to established thought patterns, its critical comments on institutions and theories give it a distinct flavor [...].«[105] In Kirchheimers eigenen Schriften zu politischer Justiz und Rechtsstaatlichkeit findet sich das Bestehen auf Prinzipien und Werthierarchien erst spät. Neben dem genannten Eintrag in der Enzyklopädie der Sozialwissenschaften finden sich dementsprechende Aussagen auch in dem Artikel »*Prinzipien der* Verfassungsinterpretation in den Vereinigten Staaten« und in seinem Aufsatz »Über den Rechtsstaat«. Dort bekennt sich Kirchheimer im Zusammenhang mit Diskussionen zu Rechtsstaatlichkeit sehr deutlich zu Werten wie sozialer Gleichheit (Kirchheimer 1967: 896) und befindet, dass es »keine scharfe Trennungslinie zwischen den formalen Rechtsmitteln und den substantiellen Zielen einer Sozialordnung« gäbe (Kirchheimer 1967: 903).

5. Die Rezeption von »Political Justice« und »Politische Justiz«

Die Veröffentlichung von *Political Justice* brachte Kirchheimer in den USA nicht die erhoffte Resonanz. Vier Monate nach Erscheinen des Buches schrieb er enttäuscht an Gurland: »As my reviews except for one isolated leftwinger show complete lack of understanding and often bad will to match – I am somehow angewiesen on the German translation [...]«.[106]

Sein Unmut war insbesondere durch die erste Besprechung seines Buches am 3. Dezember 1961 durch William O. Douglas in der ›Washington Post‹ hervorgerufen worden. William O. Douglas war nicht irgendein Rezensent. Bevor er von Franklin D. Roosevelt 1939 zum Richter am Obersten Gerichtshof ernannt wurde, war er Professor an der Columbia University und schließlich Sterling Professor an der Yale University. Er spielte auch in *Political Justice* eine Rolle, Kirchheimer hatte einige Beispiele Urteilen entnommen, in denen Douglas selbst eine führende Rolle am Supreme Court eingenommen hatte. Douglas' Kernkritik betrifft die Auswahl des Materials, das ausschließlich »extremes of monstrous decisions« und »*arguably* prejudiced decisions« [Hervorhebung vom

---

105 Gutachten zu Judith Shklar, Legalism. In: State University of New York, University at Albany, Special Collections & Archives, Otto Kirchheimer Papers, Series 3, Box 2, Folder 65.
106 Brief von Otto Kirchheimer an Arkadij Gurland vom 5. März 1962. In: State University of New York, University at Albany, Special Collections & Archives, Otto Kirchheimer Papers, Series 2, Box 1, Folder 68.

Autor] zeige. Er kommt zu dem Schluss: »the entire library of the American cases does not fit as neatly into the theme of the book as the author makes out. [...] One gets the impression that in no land – either Communist or democratic – are judges independent and able to do justice in political or politically-tinged cases«.[107]

Nach dieser negativen Beurteilung eines der einflussreichsten Juristen in den USA in einer der wichtigsten amerikanischen Tageszeitungen, in der auch Kirchheimer häufig Rezensionen publiziert hatte, folgte einen Monat später im Januar 1962 eine Besprechung in der ›New York Times‹. Sie stammt von Edmond Cahn, Professor of Law an der New York University. Cahn bezeichnet Kirchheimers Haltung in dem Buch als »cool, distant, disengaged« und kritisiert ebenfalls die Verzerrung durch die Auswahl der Fälle, die alle nur in eine Richtung zeigen würden (Cahn 1962). Weitere Besprechungen folgten von Peter Magrath im ›Commentary‹[108] sowie kürzere Rezensionen und Buchnotizen in der ›Baltimore Sun‹ und einigen Lokalzeitungen.[109]

Am 2. Februar 1962 rezensiert Robert Kempner Kirchheimers Buch im ›Aufbau‹, einem in New York herausgegebenen deutsch-jüdischen Monatsmagazin, das in deutscher Sprache publiziert wurde. Diese Besprechung besticht durch ihre historische Einordnung des Werkes und geht besonders auf Kirchheimers Analyse der Nürnberger Prozesse ein. Kempner und Kirchheimer kannten sich aus der Weimarer Republik. Kempner fungierte beim Nürnberger Prozess gegen die Hauptkriegsverbrecher als stellvertretender Hauptankläger der USA und arbeitete in diesem Zusammenhang auch mit Kirchheimer zusammen. Kempner pries Kirchheimers »wissenschaftliche Analyse der nationalsozialistischen Einwände gegen die Nürnberger Prozesse« als eine »notwendige [...] Klarstellung«. Er stellte die Studie zudem in die Tradition der in Weimar durch Kempner mitbegründeten Liga für Menschenrechte. *Politische Justiz* sei die wissenschaftliche Weiterführung der Denkschrift der deutschen Liga für Menschenrechte »Acht Jahre Politische Justiz«, die zeige, wie die »Unterminierung der Demokratie auch durch antidemokratische Justiz-Kräfte erfolgen kann, die politische Mörder laufen

---

107 William O. Douglas: How Politics can tilt the Scales of Justice, in: Washington Post, 3. Dezember 1961.
108 »No one can put down Kirchheimer's large-scale study without having acquired a new insight into the way modern governmental systems make political use of law and legal apparatuses« (Magrath 1962: 173).
109 Eine Mappe mit Zeitungsausschnitten zu dem Buch und Rezensionen findet sich im Nachlass von Otto Kirchheimer. In: State University of New York, University at Albany, Special Collections & Archives, Otto Kirchheimer Papers, Series 5, Box 3, Folder 12.

lassen und Anhänger der Demokratie durch ›Urteile‹ diffamieren« (Kempner 1962). Mehrere ausführliche Besprechungen erhielt das Buch in den führenden Fachzeitschriften der Soziologie, Politikwissenschaft, Geschichtswissenschaft und Rechtswissenschaft der USA. Den Reigen der rechtswissenschaftlichen Rezensionen eröffnete Max Rheinstein. Er bezeichnete das Buch in der ›Chicago Law Review‹ als »high achievement of comparative law as well as jurisprudence« (Rheinstein 1962: 203) und lobte es entgegen dem Verdikt von Douglas als eine »well-balanced [...] investigation of a topic that easily provokes partisan approaches« (Rheinstein 1962: 202). Er empfahl es nicht nur als »indispensable work« für Rechtswissenschaftler, sondern auch als einen »practical guide« für Anwälte und Richter (Rheinstein 1962: 203). Vincent Strazinger lobte in der ›Yale Law Review‹ Kirchheimers Buch als »richly detailed study« und merkte jedoch kritisch an, dass »the author might have worked more explicitly within the configuration of history, as he did in his earlier co-authored book, *Punishment and Social Structure*« (Strazinger 1962: 1366). Weitere Rezensionen von Rechtswissenschaftlern[110] finden sich in der ›Modern Law Review‹ von einem anonymen Autor C., von Norman Dorsen in der ›Natural Law Review‹ und von Hilliard Gardiner in der ›American Review of Comparative Law‹. Die meisten Rezensenten äußerten sich beeindruckt von der Fülle des Materials, standen jedoch verschiedenen generellen Aussagen Kirchheimers zurückhaltend bis skeptisch gegenüber.[111]

Die Rezensionen in den führenden politikwissenschaftlichen und soziologischen Fachzeitschriften der USA fielen demgegenüber sehr viel wohlwollender aus. Thomas Emerson von der Yale Law School kam im ›Political Science Quarterly‹ zu dem Schluss, Kirchheimer schreibe »with cosmic objectivity but with a feeling for the human beings involved – both the judges and the judged« (Emerson 1962: 269). Weitere positive Rezensionen finden sich in der ›American Political Science Review‹ von John Paul Duncan, in der ›American Sociological Review‹, in ›The Journal of Politics‹ und im ›Dissent‹. Mit dem »isolated leftwinger« meinte Kirchheimer Francis Worthmuth, dem er für seine Rezension in ›Social Research‹, dem Hausorgan der New School for

---

110 Zur rechtswissenschaftlichen Rezeption von Kirchheimers *Political Justice* in den USA vgl. auch Arzt (1993: 50).
111 Moses Finley teilte Kirchheimer in einem Brief mit: »The American reactions are mixed, I am afraid on a straight left-right basis.« Brief von Moses Finley an Otto Kirchheimer vom 29. Mai 1962. In: State University of New York, University at Albany, Special Collections & Archives, Otto Kirchheimer Papers, Series 2, Box 1, Folder 55.

Social Research, dankte. Es sei die erste Besprechung, die zeige, dass der Rezensent das Buch verstanden habe.[112] Wormuth betont den ästhetischen Charakter politischer Justiz und das theatralische Moment sowie die Relevanz der Öffentlichkeit: »Political Justice is a morality play« (Wormuth 1962: 119).

Obwohl die zeitgenössischen Rezensenten das Buch nicht mit Lob überschütteten, verkaufte es sich aus Sicht des Verlages gut. Im Oktober 1962, ein knappes Jahr nach der Veröffentlichung, hatte Princeton University Press bereits 1.100 Exemplare abgesetzt.[113] Eine der Käuferinnen war offensichtlich Judith Shklar, die in ihrem 1964 veröffentlichten Werk *Legalism. Law, Morals, and Political Trials* ausführlich auf *Political Justice* Bezug nahm.[114] Den größten Anklang fand in der weiteren angelsächsischen Debatte das achte Kapitel »Trial by Fiat of the Successor Regime« zu den Nürnberger Prozessen. Kirchheimer wird heute angerechnet, darin die erste Konzeptualisierung von »transitional trials« vorgenommen zu haben[115] und seine Arbeit wird in diesem Forschungsfeld bis heute rezipiert.[116] Auch Hannah Arendt hatte *Political Justice* gleich nach Erscheinen gelesen und nahm in ihren Bericht über den Eichmann-Prozess darauf Bezug. Arendt und Kirchheimer kannten sich aus ihrer gemeinsamen Zeit im Pariser Exil, hatten aber nie ein näheres persönliches Verhältnis zueinander entwickeln können und blieben sich auch in New York persönlich fremd.[117] Wissenschaftlich hingegen achteten sie sich. Auch Arendt interessierte sich besonders für das achte

112 Brief von Otto Kirchheimer an Francis D. Wormuth vom 12. März 1962. In: State University of New York, University at Albany, Special Collections & Archives, Otto Kirchheimer Papers, Series 2, Box 2, Folder 45.
113 Brief von Herbert Bailey an Otto Kirchheimer vom 26. Oktober 1962. In: State University of New York, University at Albany, Special Collections & Archives, Otto Kirchheimer Papers, Series 3, Box 2, Folder 51.
114 Kirchheimer hatte Shklars Manuskript von *Legalism* für die Princeton University Press begutachtet. Herbert Bailey hatte im Oktober 1962 das Manuskript erhalten und bat Kirchheimer darum, es zu begutachten. Das Buch erschien 1964 bei der Harvard University Press. (Brief von Herbert Bailey an Otto Kirchheimer vom 26. Oktober 1962, State University of New York, University at Albany, Special Collections & Archives, Otto Kirchheimer Papers, Series 3, Box 2, Folder 51.)
115 »The credit for conceptualizing transitional trials […] must go to Otto Kirchheimer« (Priemel 2016: 7).
116 Weitere Bezugnahmen findet sich in der Einleitung zum Modell politischer Verfahren bei Meierhenrich/Pendas (2017); Priemel (2016), Priemel/Stiller (2012) und (2013); Teitel (2008), Bilsky (2004). Zur Weiterführung der performativen Dimension politischer Justiz und der Funktion der Öffentlichkeit siehe die Arbeiten von Allo, Christodoulidis, Cowan (2016), Allo (2015), Cole (2010), Ertür (2015). Es wurde erneut in dem 1995 erschienen Sammelband *Transitional Justice: How Emerging Democracies reckon with former Regimes* abgedruckt.
117 So der Bericht von Peter Kirchheimer an Hubertus Buchstein am 12. März 2019 in New York.

Kapitel des Buches, wie die Unterstreichungen in ihrem Exemplar belegen.[118] In *Eichmann in Jerusalem* verwies sie explizit auf Kirchheimers Analysen zum politischen Kontext der Nürnberger Prozesse (vgl. Arendt 1964a: 305; 306). Ebenso baute sie auf Kirchheimers Überlegungen zur theatralischen Dimension politischer Justiz und zum »irreducible risk« politischer Prozesse auf (vgl. Arendt 1964a: 315). Darüber hinaus zog sie Kirchheimer heran, um die Grenze zwischen Schuld und Schuldlosigkeit zu ziehen. »In Wahrheit gab es nur einen Weg, im Dritten Reich zu leben, ohne sich als Nazi zu betätigen: sich aus dem öffentlichen Leben nach Möglichkeit ganz und gar fernzuhalten war die einzige Möglichkeit, in die Verbrechen nicht verstrickt zu werden, und dies *Nichtteilnehmen* war das einzige Kriterium, an dem wir heute Schuld und Schuldlosigkeit des einzelnen messen können [...]« [Hervorhebung im Originaltext] (Arendt 1964a: 164). Kirchheimer seinerseits las Arendts Reportagen im ›New Yorker‹,[119] auf denen ihr Buch basierte, mit großem Interesse und berichtete ihr: »my family of non-professionals is reading it also with great interest and seem to share my enthusiasm.«[120] Im gleichen Brief bekundete er seine generelle Zustimmung[121] zu Arendts Analyse, die sich wiederum sehr an seinen eigenen theoretischen Überlegungen zu Prozessen gegen NS-Täter orientierte: »I agreed with about two thirds of what you said and my disagreements are minor.«[122]

Der Zeitpunkt der Veröffentlichung der deutschen Ausgabe war im Hinblick auf die politischen Diskussionen günstiger gelegen. Schon 1961 war in einer öffentlich ausgetragenen Auseinandersetzung zwischen Richard Schmid (Schmid 1961), damaliger Oberlandesgerichts-

---

118 Siehe Bard College, Hannah Arendt Collection, Marginalia, Kirchheimer, Otto Political Justice Princeton, N.J., Princeton University Press, 1961 Call #: KF310.P65 K56.
119 In einem Brief an Richard Schmid kündigt Kirchheimer ihm das baldige Erscheinen des Buches *Eichmann in Jerusalem* an. Zur Artikelserie im ›New Yorker‹ schreibt er: »Der 5. Artikel ist vom Juristen aus gesehen manchmal etwas schief, aber in den meisten Positionen stimme ich ihr zu«. Brief von Otto Kirchheimer an Richard Schmid vom 1. April 1963. In: State University of New York, University at Albany, Special Collections & Archives, Otto Kirchheimer Papers, Series 2, Box 2, Folder 11.
120 Brief von Otto Kirchheimer an Hannah Arendt vom 15. März 1963. In: State University of New York, University at Albany, Special Collections & Archives, Otto Kirchheimer Papers, Series 2, Box 1, Folder 11.
121 Otto Kirchheimer stimmt in einem Brief an Arthur Bergmann mit Arendts theoretischem Punkt zum US-Prozessrecht in den Aufsätzen im ›New Yorker‹ überein, »dass die anglo-amerikanische Verfügung der Parteien über den Prozessstoff der Wahrheitsforschung nicht zuträglich ist«. Brief von Otto Kirchheimer an Arthur Bergmann vom 15. März 1963. In: State University of New York, University at Albany, Special Collections & Archives, Otto Kirchheimer Papers, Series 2, Box 1, Folder 20.
122 Brief von Otto Kirchheimer an Hannah Arendt vom 15. März 1963. In: State University of New York, University at Albany, Special Collections & Archives, Otto Kirchheimer Papers, Series 2, Box 1, Folder 11.

präsident in Stuttgart, und Max Güde (Güde 1961), Generalbundesanwalt in Karlsruhe, das Schlagwort der politischen Justiz als Kritik an der Strafverfolgungspraxis gegenüber Kommunisten in der Bundesrepublik gefallen. Als das Buch dann 1965 endlich in seiner überarbeiteten deutschen Fassung erschien, wurde es in sämtlichen einschlägigen Tages- und Wochenzeitungen besprochen.

Eine der ersten Besprechungen kam von Kirchheimers Freund Richard Schmid am 3. Juli 1965 in der ›Stuttgarter Zeitung‹ und kurz darauf in ›Die Zeit‹. Unter dem Titel »Fortsetzung der Politik mit den Mitteln der Justiz« wurden die Thesen des Buches referiert und deren Darlegungen sehr gelobt.[123] Bald darauf folgte eine Rezension im ›Spiegel‹ von Gustav Heinemann, damals Bundesminister des Inneren und späterer Bundespräsident. Er führte das Buch gegen die »Jünger des unbefleckten Rechts« ins Feld. Der »angelsächsischen Gepflogenheit entsprechend« gehe es in dem Buch »weniger um die Juristerei als vielmehr um Sozialpsychologie und die Soziologie des politischen Lebens«. In der ›Süddeutschen Zeitung‹ wurde das Buch von Ernst Müller-Meininger Jr. besprochen, der es in der »unübersehbaren« Fülle an Literatur zur politischen Justiz als das »umfassendste und beste« bewertete. Auch zahlreiche Lokalzeitungen rezensierten das Werk.[124] Der Berliner ›Kurier‹ empfahl das Buch auch dem »unsachkundigen Leser«, denn Kirchheimer sei ein Werk gelungen, das nicht nur einen »Beitrag zur Kriminologie, Rechtswissenschaft, Sozialpsychologie und Politologie« darstelle, sondern darüber hinaus ein »zeitgeschichtliches Dokument« sei. Als Standardwerk der politischen Wissenschaft und Rechtswissenschaft wurde es in der ›Berliner Stimme‹ und der ›Freien Presse‹ gelobt. Weitere positive Rezensionen erschienen in der ›Allgemeinen Zeitung Mannheim‹ und den ›Nürnberger Nachrichten‹.

Carl Schmitt hatte bereits 1962 die Veröffentlichung der englischen Ausgabe für einen kurzen Kommentar in der Zeitschrift ›Politische Meinung‹ genutzt. Sein erster Kritikpunkt betraf Kirchheimers Urteil im Fall Josef Bornstein und Paul Jorns. Jorns war als Kriegsgerichtsrat mit der Untersuchung des Mordes an Karl Liebknecht und Rosa Luxemburg betraut worden. Kirchheimer schließt sich in *Politische Justiz* dem Urteil Berthold Jacobs an, der 1928 in ›Das Tagebuch‹ berichtete,

---

123 Insgesamt rezensierte Richard Schmid *Politische Justiz* viermal: 1965 in der ›Stuttgarter Zeitung‹, in ›Die Zeit‹, in den ›Gewerkschaftlichen Monatsheften‹ und in der ›Juristenzeitung‹, wo die Besprechung 1966 nach Kirchheimers Tod zugleich als Nachruf erschien.
124 Eine Mappe mit Zeitungsausschnitten zu dem Buch und Rezensionen findet sich im Nachlass von Otto Kirchheimer. State University of New York, University at Albany, Special Collections & Archives, Otto Kirchheimer Papers, Series 5, Box 3, Folder 13.

Jorns habe den »Mördern Vorschub geleistet« und zur Flucht verholfen (S. 467/320). Jorns hatte daraufhin ein Verleumdungsverfahren gegen Berthold Jacobs angestrebt. Das Gericht stimmte in erster Instanz Jacobs Urteil der Vorschubleistung und Mörderbegünstigung zu. Nach Kirchheimers Darstellung in *Politische Justiz* leitete das Reichsgericht daraufhin den Fall mit »unerfüllbaren Kriterien« (S. 467/320) an ein anderes Berliner Gericht weiter. Um einer erneuten Aufhebung des Urteils durch das Reichsgericht zu entgehen, zogen die Richter es im vierten Verfahren vor, einem Freispruch des Journalisten auszuweichen, indem sie Jorns »keine willentliche Vorschubleistung« nachwiesen (S. 468/321). Carl Schmitt bezeichnete Kirchheimers »Angriff [...] im Fall Bornstein/Jorns«, ohne dies zu begründen, als »ungerechtfertigt« (Schmitt 1962: 94). Das Buch gehe zudem nicht über den bereits 1955 veröffentlichten Aufsatz »Politische Justiz« in *Sociologica* hinaus. Hier hätte Kirchheimer wesentlich »konzentrierter« und »prägnanter« zum Ausdruck gebracht, »was ihn bewegt« (Schmitt 1962, 94). Das Buch sei »interessant« und »belehrend«, auch wenn man nicht mit allem übereinstimmt, was der Autor sagt.[125]

Der Tenor weiterer Besprechungen in den einschlägigen Fachzeitschriften der Sozialwissenschaften, Politikwissenschaft, Rechtswissenschaft und Geschichtswissenschaft war durchgehend positiv. Gotthard Jasper,[126] einer der damals führenden Historiker der jüngeren Generation, ordnete die Studie eindeutig der politischen Wissenschaft zu, »denn K. geht das vielschichtige Phänomen der politischen Justiz weniger mit den Begriffen und Problemstellungen des Fachjuristen an, sondern zugleich und primär mit soziologischen und politischen, wobei auch die historische Dimension nie übersehen wird« (Jasper 1966: 99).

---

125 Anhand des Redaktionskürzels C.S. erkannte Kirchheimer eindeutig Schmitt. An Friesenhahn schrieb er: »Uebrigens hat Freund Carl Schmitt es wieder zu Wege gebracht [,] sich halb anonym an mir zu raechen dafuer [,] dass seinem jungen Mann die Doktorarbeit nicht angenommen worden ist. Er hat unter der Signatur C.S. in einer deutschen Zeitschrift, ich glaube es war ›[Die] Politische Meinung‹ [,] eine unfreundliche Anmerkung gemacht [,] indem er mehr oder minder sagt, dass in dem ganzen Buch [Politische Justiz] eigentlich nicht mehr drinsteht [,] als in meinem Aufsatz von 1955.« Brief von Otto Kirchheimer an Ernst Friesenhahn vom 31. März 1963, State University of New York, University at Albany, Special Collections & Archives, Otto Kirchheimer Papers, Series 2, Box 2, Folder 61. Kirchheimer war Teil des Dissertationskomitees von George Schwab, der an der Columbia University 1960 mit einer Arbeit zu Carl Schmitts Schriften promovieren wollte. Aufgrund von Kirchheimers vehementer Kritik an Schwabs Dissertation wurde diese wiederholt vom Komitee abgelehnt. Ausführlichere Informationen zu der Auseinandersetzung zwischen Otto Kirchheimer, Carl Schmitt und George Schwab finden sich im 5. Abschnitt der Einleitung von Buchstein in den Gesammelten Schriften, Band 5 (2020).
126 Zur Verwendung von Kirchheimers Begriff siehe Jasper (1982).

Rezensionen in juristischen Fachzeitschriften verbanden Kirchheimers Werk oft mit einer Kritik der politischen Nutzbarmachung des Konzepts der wehrhaften Demokratie zur präventiven Strafverfolgung politischer Gegner. So verfasste Hans Čopić im Juli 1965 eine dreiseitige Sammelrezension in den ›Frankfurter Heften‹, in der er neben Kirchheimers *Politische Justiz* Gotthard Jaspers *Der Schutz der Republik* (1963) und Diether Possers *Politische Strafjustiz aus der Sicht des Verteidigers* (1961) besprach. Čopić hob insbesondere das Kapitel zum Wandel der Struktur des Staatsschutzes sowie zur These der justiziellen Verfolgung von Oppositionen hervor, nach der die Effektivität justizieller Verfolgung mit schwindender Notwendigkeit steige und in Zeiten umfassender politischer Unruhen oder sozialer Gruppenkonflikte auf null sinke. In Possers Werk zur politischen Strafjustiz in der Bundesrepublik sah Čopić Kirchheimers »These der Paradoxie des Staatsschutzsystems« bestätigt. 1967 nahm Čopić diese zum Ausgangspunkt seiner Studie *Grundgesetz und politisches Strafrecht neuer Art*.

In Deutschland wurde das Buch einige Jahre später von den Autoren und Autorinnen der 1968 neubegründeten Zeitschrift ›Kritische Justiz‹ rezensiert.[127] Die Zeitschrift stellte sich in die Tradition der »*Streitbaren Juristen*« (1988) der Weimarer Republik und verschiedene Aufsätze darin bezogen sich auch positiv auf Kirchheimers rechtstheoretische Frühschriften und seine Analysen des Nationalsozialismus. Der Kreis um die Zeitschrift sah in Kirchheimers Buch *Politische Justiz* einen analytischen Rahmen, der es ihnen erlauben sollte, auch in demokratischen Regierungssystemen wie der Bundesrepublik eine fundierte Kritik der Rechtspraxis zu formulieren (vgl. Schale 2006: 17f.). Zu nennen sind in diesem Zusammenhang beispielsweise Alexander von Brünnecks Buch *Politische Justiz gegen Kommunisten in der Bundesrepublik 1949-1968* aus dem Jahre 1978 sowie Heinrich Hannovers und Elisabeth Hannover-Drücks *Politische Justiz 1918-1933*, eine der bis heute bekanntesten Arbeiten zur Justiz in der Weimarer Republik.[128]

In der neueren englischsprachigen Literatur zur politischen Justiz wird Kirchheimers *Politische Justiz* als einer der drei in den 1960er Jahren veröffentlichten Klassiker zum Themenkomplex Strafprozesse, Öffentlichkeit und Politik anerkannt. So gründet Başak Ertür (2015) ihre

---

[127] Zur Rezension von *Politische Justiz* in ›Kritische Justiz‹ siehe Dieter Hart (1970: 360 f.).
[128] Weitere Arbeiten, die Kirchheimers Werk diskutieren und oder seinen Begriff aufnehmen, sind u. a. Blasius (1983), Görlitz (1996), Hermann/Hackler (2016), Limbach (1999), Preuß (1989), Ridder (1957) und (1965), Seliger (2016), Teubner (1993), van Ooyen/Schale (2011), zur Ideengeschichte *Politischer Justiz* van Ooyen (2014); Walther (1996).

Studie zur Performativität politischer Strafprozesse auf den Arbeiten von Kirchheimer, Shklar (1986) und Arendt (1964a). Für Awol Allo (2015) und Leora Bilsky (2004) bietet Kirchheimers Konzeptionalisierung der Verbindungslinien zwischen Politik und Justiz eine Grundlage für die empirische Analyse politischer Justiz, kollektiver Identitäten und Vergangenheitspolitik. In ihrer Einleitung zum Sammelband *Political Trials: Interdisciplinary Perspectives* (2017) entwerfen Devin Pendas und Jens Meierhenrich eine Typologie politischer Prozesse auf der Basis von Kirchheimers Verständnis von politischer Justiz. Die neuere Rezeption beruft sich sowohl auf Kirchheimers grundlegendes Verständnis von politischer Justiz als auch auf die von ihm eher peripher gehaltenen Überlegungen zu den theatralischen Dimensionen politischer Prozesse. Die Kombination von Verrechtlichung politischer Konflikte und politischer Polarisierung mit der digitalen medialen Zirkulation von Berichterstattung zu politischen Prozessen legt nahe, dass von Kirchheimer entwickelte Erkenntnisse zur politischen Justiz auch weiterhin konzeptionell relevant sind.

Verwendete Literatur

Alemann, Ulrich von 2016: A hidden champion – Otto Kirchheimer, in: Schrenk, Christhard (Hg.): Heilbronner Köpfe VIII. Lebensbilder aus dem 19. und 20. Jahrhundert. Heilbronn. S. 131-144.

Alexy, Robert 1993: Mauerschützen. Zum Verhältnis von Recht, Moral und Strafbarkeit. Göttingen.

Allo, Awol K. 2015: The Courtroom as a Site of Epistemic Resistance. Mandela at Rivonia, in: Law, Culture and the Humanities, S. 1-24.

Allo, Awol K./ Christodoulidis, Emilios/ Cowan, Sharon 2016: The Courtroom as a Space of Resistance. Reflections on the Legacy of the Rivonia Trial. London.

Arendt, Hannah 1951: The Origins of Totalitarianism. New York.

Arendt, Hannah 1964a: Eichmann in Jerusalem. Ein Bericht von der Banalität des Bösen. 8. Auflage. München 1992.

Arendt Hannah 1964b: Personal Responsibility Under Dictatorship, in: dies., Responsibility and Judgment. New York, 2003, S. 17-48.

Arthur, Paige 2009: How Transitions Reshaped Human Rights: A Conceptual History of Transitional Justice, in: Human Rights Quarterly, 2009, S. 321-367.

Arzt, Donna 1993: Otto Kirchheimer: Critique of the Administration of Justice, in: Stiefel, Ernst/ Lutter, Marcus/ Hoeflich, Michael (Hg.): Der Einfluß deutscher Emigranten auf die Rechtsentwicklung in den USA und in Deutschland. Vorträge und Referate des Bonner Symposiums im September 1991. Tübingen. S. 33-56.

Bilsky, Leora 2004: Transformative Justice. Israeli Identity on Trial, Ann Arbor. Michigan.

Blasius, Dirk 1983: Die Geschichte der politischen Kriminalität in Deutschland 1800-1980. Frankfurt am Main.

Bornemann, John 1997: Unsettling Accounts. Princeton.

Brünneck, Alexander von 1978: Politische Justiz gegen Kommunisten in der Bundesrepublik Deutschland 1949-1968. Frankfurt am Main.

Buchstein, Hubertus 2012: Demokratiepolitik. Theoriebiographische Studien zu deutschen Nachkriegspolitologen. Baden-Baden.

Buchstein, Hubertus 2017: Einleitung des Herausgebers, in: ders. (Hg.), Recht und Politik in der Weimarer Republik, Band 1, Otto Kirchheimer – Gesammelte Schriften, Baden-Baden, S. 15-126.

Buchstein, Hubertus 2018a: Arkadij Gurland – Political Science as Critical Theory. In: SAGE Handbook of Frankfurt School Critical Theory. London. S. 268-283.

Buchstein, Hubertus 2018b: Einleitung des Herausgebers, in: Buchstein, Hubertus/Hochstein, Henning (Hg.), Faschismus, Demokratie und Kapitalismus, Band 2, Otto Kirchheimer – Gesammelte Schriften, Baden-Baden, S. 7-116.

Buchstein, Hubertus 2020: Einleitung des Herausgebers, in: Buchstein, Hubertus/Langfeldt, Moritz (Hg.), Politische Systeme im Nachkriegseuropa, Band 5, Otto Kirchheimer – Gesammelte Schriften, Baden-Baden, S. 7-176.

Buchstein, Hubertus/ Klingsporn, Lisa 2017: Weimar als rechtspolitischer Erfahrungsraum. Otto Kirchheimers ›Politische Justiz‹ im Lichte seiner Erfahrungen mit der Gerichtsbarkeit der Weimarer Republik. In: Detlef Lehnert (Hg.): ›Das deutsche Volk und die Politik‹. Hugo Preuß und der Streit um ›Sonderwege‹ (Reihe Historische Demokratieforschung, Band 12). Berlin. S. 217-250.

C. [anonymer Autor] 1963: Review Otto Kirchheimer, Political Justice. The Use of Legal Procedure for Political Ends, in: The Modern Law Review 26, 1963. S. 456-459.

Cahn, Edmond 1962: Review Otto Kirchheimer, Political Justice. The Use of Legal Procedure for Political Ends, in: The New York Times Book Review, 16. Januar 1962.

Cole, Catherine M. 2010: Performing South Africa's Truth Commission: Stages of Transition. Bloomington and Indianapolis.

Čopić, Hans 1965: Sammelbesprechung Otto Kirchheimer »Politische Justiz«, Gerhard Jasper »Schutz der Weimarer Republik« und Diether Posser »Politische Strafjustiz aus der Sicht des Verteidigers«, in: Frankfurter Hefte, Jahrgang 20, Juli 1965. S. 507-510.

Čopić, Hans 1967: Grundgesetz und das politische Strafrecht neuer Art. Tübingen.

Derrida, Jacques 1992: Force of Law. The ›Mystical Foundation of Authority‹, in: Drucilla Cornell, Michel Rosenfeld und David Gray Carlson (Hg.), Deconstruction and the Possibility of Justice. London. S. 3-67.

Dorsen, Norman 1963: Review Otto Kirchheimer, Political Justice. The Use of Legal Procedure for Political Ends, in: Natural Law Forum 8, 1963. S. 166-170.

Douglas, William O. 1961: How Politics can tilt the Scales of Justice, in: Washington Post, 3. Dezember 1961.

Duncan, John Paul 1962: Review Otto Kirchheimer, Political Justice. The Use of Legal Procedure for Political Ends, in: American Political Science Review 56, Heft 2, 1962. S. 438-448.

Eichmüller, Andreas 2012: Keine Generalamnestie: Die Strafverfolgung von NS-Verbrechen in der frühen Bundesrepublik. München.

Emerson, Thomas I. 1962: Review Otto Kirchheimer, Political Justice. The Use of Legal Procedure for Political Ends, in: Political Science Quarterly LXXVII (June), 1962. S. 267-269.

Ertür, Başak 2015: Spectacles and spectres: political trials, performativity and scenes of sovereignty. PhD thesis, Birkbeck, University of London. http://bbktheses.da.ulcc.ac.uk/110/.

Foljanty, Lena 2013: Recht oder Gesetz. Tübingen.

Fraenkel, Ernst 1974: Der Doppelstaat, in: Alexander v. Brünneck, Hubertus Buchstein und Gerhard Göhler (Hg.): Ernst Fraenkel – Gesammelte Schriften, Band 2: Nationalsozialismus und Widerstand. Baden-Baden 1999. S. 33-266.

Frank, Elk 1962: Besprechung Otto Kirchheimer, Political Justice: The Use of Legal Procedure for Political Ends, in: The Journal of Politics 24, 1962. S. 598-600.

Fuller, Lon 1958: Positivism and Fidelity to Law: A Reply to Professor Hart, in: Harvard Law Review, 1958. S. 630-672.

Gardiner, Hilliard A. 1963: Besprechung Otto Kirchheimer, Political Justice. The Use of Legal Procedure for Political Ends. In: American Journal of Comparative Law (Fall), 1963. S. 680-682.

Görlitz, Axel (Hg.) 1996: Politische Justiz. Baden-Baden.

Grimm, Friedrich 1953: Politische Justiz. Die Krankheit unserer Zeit: 40 Jahre im Dienst am Recht – Erlebnis und Erkenntnis. Bonn.

Grunwald, Henning 2012: Courtroom to Revolutionary Stage. Performance and Ideology in Weimar Political Trials. Oxford.

Günther, Frieder 2004: Denken vom Staat her: Die bundesdeutsche Staatsrechtslehre zwischen Dezision und Integration 1949-1970. München/Göttingen.

Hackler, Ruben/Hermann, Lucia 2015: »Political Justice«. Otto Kirchheimer und die Formulierung eines wissenschaftlich-politischen Begriffs, in: Monika Dommann, Kijan Espahangizi und Svenja Goltermann (Hg.): Wissen, was Recht ist. Berlin. S. 181-193.

Hannover, Heinrich/Hannover-Drück, Elisabeth: Politische Justiz 1918-1933. Hamburg.

Hart, Dieter 1970: Besprechung Otto Kirchheimer, Politische Justiz, in: Kritische Justiz, Jahrgang 3, 1970. S. 360-361.

Heinemann, Gustav 1977: Otto Kirchheimer: »Politische Justiz«. Das befleckte Recht, in: Der Spiegel (36), 1. September 1965. Hannover.

Hennis, Wilhelm 1963: Politik und praktische Philosophie, in: ders.: Politikwissenschaftliche Abhandlungen, Band 2: Politikwissenschaft und politisches Denken. Tübingen 2000. S. 1-126.

Hennis, Wilhelm 1999: Regieren im modernen Staat. Tübingen.

Herz, John H. 1989: Otto Kirchheimer – Leben und Werk, in: Wolfgang Luthardt/Alfons Söllner (Hg.), Verfassungsstaat, Souveränität, Pluralismus. Otto Kirchheimer zum Gedächtnis. Opladen. S. 11-23.

Herz, John H./Hula, Erich 1969: Otto Kirchheimer – An Introduction to his Life and Work, in: Fredric S. Burin/Kurt L. Shell (Hg.), Politics, Law, and Social Change. Selected Essays by Otto Kirchheimer. New York/London. S. ix-viii.

Hohoff, Ute 2001: An den Grenzen des Rechtsbeugungstatbestandes. Eine Studie zu den Strafverfahren gegen DDR-Juristen. Berlin.

Jarausch, Konrad/Geyer, Michael 2003: Shattered Past. Reconstructing German Histories. Princeton.

Jasper, Gotthard 1966: Besprechung Otto Kirchheimer, Politische Justiz, in: Zeitschrift für Politik, Jahrgang 13, März 1966. S. 99-102.

Jasper, Gotthard 1982: Justiz und Politik in der Weimarer Republik, in: Vierteljahreshefte für Zeitgeschichte 30 (2), 1982. S. 167-205.

Kaul, Friedrich K. 1953: Justiz wird zum Verbrechen – Der Pitaval der Weimarer Republik. Berlin.

Kempner, Robert M. 1961: Die Justiz als politische Waffe, in: Aufbau, 2. Februar 1962.

Kirchheimer, Otto 1928: Die Lehre von Stettin, in: Buchstein, Hubertus (Hg.): Otto Kirchheimer – Gesammelte Schriften, Band 1: Recht und Politik in der Weimarer Republik. Baden-Baden 2017. S. 127-128.

Kirchheimer, Otto 1929: 50 Jahre Deutsches Reichsgericht, in: Buchstein, Hubertus (Hg.): Otto Kirchheimer – Gesammelte Schriften, Band 1: Recht und Politik in der Weimarer Republik. Baden-Baden 2017. S. 187-191.

Kirchheimer, Otto 1935: Staatsgefüge und Recht des dritten Reiches, in: Buchstein, Hubertus/ Hochstein, Henning (Hg.): Otto Kirchheimer – Gesammelte Schriften, Band 2: Faschismus, Demokratie und Kapitalismus. Baden-Baden 2018. S. 152-181.

Kirchheimer, Otto 1941: Rezension: Ernst Fraenkel The Dual State, in: Buchstein, Hubertus/Hochstein, Henning (Hg.): Otto Kirchheimer – Gesammelte Schriften, Band 2: Faschismus, Demokratie, Kapitalismus. Baden-Baden 2018, S. 301-303.

Kirchheimer, Otto 1941a: Die Rechtsordnung des Nationalsozialismus, in: Buchstein, Hubertus/ Hochstein, Henning (Hg.): Otto Kirchheimer – Gesammelte Schriften, Band 2: Faschismus, Demokratie und Kapitalismus. Baden-Baden 2018. S. 309-330.

Kirchheimer, Otto 1955: Politische Justiz, in: Klingsporn, Lisa/Peetz, Merete/Wilke, Christiane (Hg.), Politische Justiz und Wandel der Rechtsstaatlichkeit, Band 5, Otto Kirchheimer – Gesammelte Schriften, Baden-Baden 2019, S. 102-134.

Kirchheimer, Otto 1961: Political Justice. The Use of Legal Procedure for Political Ends. Princeton.

Kirchheimer, Otto 1962: Die Justiz in der Politik, in: Hesse, Konrad/Reicke, Siegfried/Scheuner, Ulrich (Hg.): Staatsverfassung und Kirchenordnung: Festgabe für Rudolf Smend zum 80. Geburtstag. Tübingen 1962. S. 97-118.

Kirchheimer, Otto 1967: Über den Rechtsstaat, in: Klingsporn, Lisa/Peetz, Merete/Wilke, Christiane (Hg.), Politische Justiz und Wandel der Rechtsstaatlichkeit, Band 5, Otto Kirchheimer – Gesammelte Schriften, Baden-Baden 2019, S. 890-914.

Kirchheimer, Otto 1968: Political Justice, in: Klingsporn, Lisa/Peetz, Merete/ Wilke, Christiane (Hg.), Politische Justiz und Wandel der Rechtsstaatlichkeit, Band 5, Otto Kirchheimer – Gesammelte Schriften, Baden-Baden 2019, S. 97-101.

Knigge-Tesche, Renate/Reif-Spirek, Peter (Hg.) 2011: Hermann Louis Brill 1895-1959. Widerstandskämpfer und unbeugsamer Demokrat. Wiesbaden.

Knütel, Rolf/Salzwedel, Jürgen 1985: In Memoriam Ernst Friesenhahn. Reden gehalten am 8. Juni 1985 bei der Gedenkfeier der Rheinischen Friedrich-Wilhelms-Universität Bonn. Bonn.

Kritische Justiz (Hg.) 1988: Streitbare Juristen. Baden-Baden.

Kritz, Neil J. (Hg.): Transitional Justice. How Emerging Democracies reckon with former Regimes, Foreword by Nelson Mandela, Band 1. Washington D.C. 1995.

Krohn, Claus-Dieter 1987: Wissenschaft im Exil. Deutsche Sozial- und Wirtschaftswissenschaftler in den USA und die New School for Social Research. Frankfurt am Main/New York.

Kropat, Wolfgang-Arno 2002: Der Konflikt zwischen Kultusminister Stein und der Universität Frankfurt um eine demokratische Hochschulreform und der »Fall Brill«, in: Nassauische Annalen, Band 113. S. 505-540.

Ladwig-Winters, Simone 2009: Ernst Fraenkel. Ein politisches Leben. Frankfurt am Main.

Laudani, Raffael (ed.) 2013: Secret Reports on Nazi Germany: The Frankfurt School Contribution to the War Effort, Princeton.

Leites, Nathan/Bernaut, Elsa 1954: The Ritual of Liquidation. The Case of the Moscow Trials. Glencoe.

Liebknecht, Karl 1907: Rechtsstaat und Klassenjustiz. Bericht über einen Vortrag in einer Massenversammlung in Stuttgart, in: ders.: Gesammelte Reden und Schriften, Band 2. Berlin 1960. S. 17-42.

Liebknecht, Karl 1907/8: Antimilitarismus und Hochverrat. Das Hochverratsurteil gegen Karl Liebknecht nebst einem kritischen Beitrag zur Naturgeschichte der politischen Justiz, in: ders.: Gesammelte Reden und Schriften, Band 2. Berlin 1960. S. 163-220.

Limbach, Jutta 1999: »Im Namen des Volkes«. Macht und Verantwortung der Richter. Stuttgart.

Loewenstein, Karl 1957: Political Power and the Governmental Process. Chicago.

Loewenstein, Karl 1959: Verfassungslehre. Heidelberg.

Magrath, C. Peter 1962: Review Otto Kirchheimer, Political Justice. The Use of Legal Procedure for Political Ends, in: Commentary, 1962, S. 172-174.

Meierhenrich, Jens/Pendas, Devin O. (Hg.) 2017: Political Trials in Theory and History. New York.

Mertens, Lothar 1997: Unermüdlicher Kämpfer für Frieden und Menschenrechte. Leben und Wirken von Kurt L. Grossmann. Berlin.

Ooyen, Robert van/Schale, Frank 2011: Kritische Verfassungspolitologie. Das Staatsverständnis von Otto Kirchheimer. Baden-Baden.

Ooyen, Robert van 2014: Rechts- und Verfassungspolitologie bei Ernst Fraenkel und Otto Kirchheimer: Kritik und Rezeption des Rechtspositivismus von Hans Kelsen und der politischen »Freund-Feind-Theologie« von Carl Schmitt. Berliner Schriften zur Rechts- und Verfassungspolitologie. Band 3. Frankfurt am Main.

Patcher, Henry M. 1962: Review Otto Kirchheimer, Political Justice, in: Dissent (Summer), 1962. S. 298-300.

Perels, Joachim 2001: Marxismus in der Restaurationszeit, in: Friedrich-Martin Balzer, Hans Manfred Bock, Uli Schöler (Hg.): Wolfgang Abendroth. Wissenschaftlicher Politiker, Bio-bibliographische Beiträge, Opladen. S. 138-143.

Poretsky, Elisabeth K. 1969: Our own people: A memoir of ›Ignace Reiss‹ and his friends. Oxford.

Preuß, Ulrich K. 1989: Politische Justiz im demokratischen Verfassungsstaat. In: Luthardt, Wolfgang/Söllner, Alfons (Hg.): Verfassungsstaat, Souveränität, Pluralismus. Otto Kirchheimer zum Gedächtnis. Opladen. S. 129-152.

Priemel, Kim Christian 2016: The Betrayal. The Nuremberg Trial and German Divergence. Oxford.

Priemel, Kim Christian/ Stiller, Alexandra (Hg.) 2012: Reassessing the Nuremberg Military Tribunals: Transitional Justice, Trial Narratives, and Historiography. Oxford/New York.

Priemel, Kim Christian/ Stiller, Alexandra (Hg.) 2013: NMT: Die Nürnberger Militärtribunale zwischen Geschichte, Gerechtigkeit und Rechtschöpfung.

Radbruch, Gustav 1946: Gesetzliches Unrecht und übergesetzliches Recht, in: SJZ, S. 105-108.

RAND Corporation 1988: Remembering Nathan Leites. An Appreciation. Santa Monica.

Requate, Jörg 2004: Der Kampf um die Demokratisierung der Justiz. Richter, Politik und Öffentlichkeit in der Bundesrepublik. Frankfurt am Main.

Rheinstein, Max 1962: Review Otto Kirchheimer, Political Justice. The Use of Legal Procedure for Political Ends, in: The University of Chicago Law Review 30 (1), S. 197-203.

Ridder, Helmut: Grundgesetz, Notstand und politisches Strafrecht, in: Deiseroth, Dieter/Derleder, Peter/Koch, Christoph/Steinmeier, Frank-Walter (Hg.): Helmut Ridder. Gesammelte Schriften. Baden-Baden 2010. S. 493-520.

Ridder, Helmut: Streitbare Demokratie?, in: Deiseroth, Dieter/Derleder, Peter/ Koch, Christoph/Steinmeier, Frank-Walter (Hg.): Helmut Ridder. Gesammelte Schriften. Baden-Baden 2010. S. 540-552.

Ruskola, Teemu 2013: Legal Orientalism. Cambridge.

Saage, Richard 2011: Otto Kirchheimers Analyse des nationalsozialistischen Herrschaftssystems 1933-1941. In: Robert van Ooyen/Frank Schale (Hg.), Kritische Verfassungspolitologie. Das Staatsverständnis von Otto Kirchheimer. Baden-Baden, 119-137.

Schale, Frank 2006: Zwischen Engagement und Skepsis. Eine Studie zu den Schriften von Otto Kirchheimer. Baden-Baden.

Schefold, Dian 2012: Bewahrung der Demokratie. Ausgewählte Aufsätze. Berlin.

Scheuerman, William E. 1994: Between the Norm and the Exception. The Frankfurt School and the Rule of Law. Cambridge/Mass.

Schlak, Stephan 2008: Wilhelm Hennis. Szenen einer Ideengeschichte der Bundesrepublik. München.

Schmid, Richard 1961: Kritisches zu unserer politischen Justiz, in: Die Zeit (53), 29. Dezember 1961.

Schmid, Richard 1965: Justiz mit politischen Zwecken. Otto Kirchheimers klärende Untersuchung über das Verhältnis von Macht und Recht, in: Die Zeit (38), 17. September 1965.

Schmid, Richard 1965: Besprechung zu Otto Kirchheimer, Politische Justiz, in: Gewerkschaftliche Monatshefte, September 1965, S. 569-570.

Schmid, Richard 1966: Besprechung Otto Kirchheimer, Politische Justiz und Nachruf, in: Juristenzeitung, Jahrgang 21, Nummer 9, 1966, S. 325.

Schwab, George 1988: Carl Schmitt Through a Glass Darkly, in: Eclectica, Volume 17, 70-87.

Shklar, Judith N. 1986: Legalism. Law, Morals and Political Trials. 2. Aufl. Cambridge/London.

Söllner, Alfons 1996: Deutsche Politikwissenschaftler in der Emigration. Studien zu ihrer Akkulturation und Wirkungsgeschichte. Mit einer Bibliographie. Wiesbaden.

Stolleis, Michael 2012: Geschichte des öffentlichen Rechts in Deutschland, Vierter Band: Staats- und Verwaltungsrechtswissenschaft in West und Ost 1945-1990. München.

Strazinger, Vincent E. 1962: Review Otto Kirchheimer, Political Justice. The Use of Legal Procedure for Political Ends, in: The Yale Law Journal 71. S. 1364-1369.

Teitel, Ruti G. 2000: Transitional Justice. Oxford.

Temkin, Moshik 2009: The Sacco-Vanzetti Affair. America on Trial. New Haven.

Teubner, Gunther 1993: »Man Schritt auf allen Gebieten zur Verrechtlichung«. Rechtssoziologische Theorie im Werk Otto Kirchheimers, in: Marcus Lutter, Ernst Steifel und Michael H. Hoeflich (Hg.): Der Einfluß deutscher Emigranten auf die Rechtsentwicklung in den USA und in Deutschland. Vorträge und Referate des Bonner Symposions im September 1991. Tübingen. S. 505-520.

Walther, Manfred 1996: Arenen politischer Justiz: Sondergerichtsbarkeit. In: Görlitz, Axel (Hg.): Politische Justiz. Baden-Baden. S. 31-90.

Wiegandt, Martin 1995: Norm und Wirklichkeit: Gerhard Leibholz (1901-1982) – Leben, Werk und Richteramt (Studien und Materialien zur Verfassungsgerichtsbarkeit). Baden-Baden.

Wilke, Christiane 2015: Law on a Slanted Globe: Traveling Models of Criminal Responsibility for State Violence, in: Social & Legal Studies, Volume 24. S. 555-576.

Wormuth, Francis D. 1962: Besprechung Otto Kirchheimer, Political Justice, in: Social Research (Summer), 1962. S. 117-119.

Zibell, Stephanie 2011: Der »Fall Brill« oder die Schwierigkeit, die Hessischen Hochschulen zu demokratisieren, in: Renate Knigge-Tesche und Peter Reif-Spirek (Hg.), Hermann Louis Brill 1895-1959. Widerstandskämpfer und unbeugsamer Demokrat, Wiesbaden, S. 151-172.

Struktur und Praxis des Nationalsozialismus

Franz Neumann
Behemoth
Struktur und Praxis
des Nationalsozialismus
1933–1944
Neu herausgegeben von Alfons Söllner
und Michael Wildt
757 Seiten, Klappenbroschur
ISBN 978-3-86393-048-6

Franz Neumanns »Behemoth« gilt heute als ein »moderner Klassiker« der Sozialwissenschaft. Das Buch, 1942 in der Entscheidungsphase des Zweiten Weltkrieges publiziert, bot die erste Gesamtdarstellung Hitler-Deutschlands aus der Feder eines Emigranten. Die empirische Analyse der vier Säulen der NS-Gesellschaft und die kühne These von der chaotischen Struktur des nationalsozialistischen »Unstaates«, auf die der Name aus der jüdischen Mythologie verweist, sind eine Herausforderung für die historische NS-Forschung geblieben.
Das Vorwort von Alfons Söllner zu dieser Neuedition skizziert die Biographie von Franz Neumann als »political scholar«. Das Nachwort von Michael Wildt stellt den »Behemoth« in den Kontext der internationalen NS-Forschung und fragt insbesondere danach, warum seine Rezeption in der historischen Holocaust-Forschung keine Entsprechung im Nachkriegs-Deutschland fand.

Alfons Söllner ist Professor für Politische Theorie und Ideengeschichte und lehrte bis 2012 an der Technischen Universität Chemnitz. Buchpublikation u.a.: *Fluchtpunkte. Studien zur politischen Ideengeschichte des 20. Jahrhunderts*, Baden-Baden 2006.

Michael Wildt ist Professor für Deutsche Geschichte im 20. Jahrhundert mit Schwerpunkt im Nationalsozialismus und lehrt an der Humboldt-Universität zu Berlin. Buchpublikation u.a.: *Generation des Unbedingten. Das Führungskorps des Reichssicherheitshauptamtes*, Hamburg 2002.

Ein Standardwerk über Politik, Justiz und Recht im Nationalsozialismus

Ernst Fraenkel
Der Doppelstaat
Herausgegeben von Alexander von Brünneck
Mit einem Nachwort von Horst Dreier: Was ist doppelt am »Doppelstaat«? Zu Rezeption und Bedeutung der klassischen Studie von Ernst Fraenkel
4. Auflage
315 Seiten, Broschur
ISBN 978-3-86393-019-6

Fraenkels These ist, dass im Nationalsozialismus zwei Formen der Herrschaft nebeneinander bestehen: Im »Normenstaat« gelten die bisherigen Rechtsvorschriften in dem Umfang weiter, wie es zur Funktionsfähigkeit des fortexistierenden kapitalistischen Wirtschaftssystems erforderlich ist. Im »Maßnahmenstaat« wird nicht nach rechtlichen Regeln, sondern nach Kriterien politischer Opportunität entschieden, um die Herrschaft des Regimes zu sichern und um seine spezifischen Ziele – wie die Judenverfolgung – durchzusetzen. Im Zweifel entscheidet der Maßnahmenstaat nach seinem Interesse, ob eine Angelegenheit nach den Regeln des Normenstaates oder nach den Bedürfnissen des Maßnahmenstaates behandelt wird.

Das Buch fand seit Mitte der siebziger Jahre in der wissenschaftlichen Literatur und der Publizistik eine breite Resonanz. Der »Doppelstaat« erreichte den Rang eines Klassikers.

Ernst Fraenkel (1898–1975) war von 1927 bis zu seiner Flucht aus Berlin 1938 als Anwalt tätig. In der Zeit des Nationalsozialismus hielt Fraenkel Verbindungen zu mehreren Widerstandsgruppen. 1941 veröffentlichte Fraenkel das Buch »Der Doppelstaat«, in dem er das politische System des NS-Staates analysierte.

Informationen zu unserem Verlagsprogramm finden Sie im Internet unter
www.europaeische-verlagsanstalt.de